JIANCHA JIGUAN SHENRU TUIJIN
XINYILUN SIFA TIZHI GAIGE DE
ZHONGDA LILUN YU SHIJIAN WENTI YANJIU

DILIUJIE ZHONGGUO JIANCHA JICHU LILUN LUNTAN WENJI

中国法学会检察学研究会检察基础理论专业委员会 编

检察机关深入推进
新一轮司法体制改革的
重大理论与实践问题研究

第六届中国检察基础理论论坛文集

中国检察出版社

图书在版编目（CIP）数据

检察机关深入推进新一轮司法体制改革的重大理论与实践问题研究：第六届中国检察基础理论论坛文集/中国法学会检察学研究会检察基础理论专业委员会编. —北京：中国检察出版社，2017.9
ISBN 978-7-5102-1961-0

Ⅰ.①检…　Ⅱ.①中…　Ⅲ.①司法制度-体制改革-研究-中国
Ⅳ.①D926

中国版本图书馆 CIP 数据核字（2017）第 214988 号

检察机关深入推进新一轮司法体制改革的重大理论与实践问题研究
——第六届中国检察基础理论论坛文集
中国法学会检察学研究会检察基础理论专业委员会　编

出版发行：中国检察出版社
社　　址：北京市石景山区香山南路 109 号（100144）
网　　址：中国检察出版社（www.zgjccbs.com）
编辑电话：（010）86423707
发行电话：（010）86423726　86423727　86423728
经　　销：新华书店
印　　刷：北京朝阳印刷厂有限责任公司
开　　本：710 mm×960 mm　16 开
印　　张：51.25　插页 6
字　　数：948 千字
版　　次：2017 年 9 月第一版　2017 年 9 月第一次印刷
书　　号：ISBN 978-7-5102-1961-0
定　　价：132.00 元

第六届中国检察基础理论论坛会场

中国法学会检察学研究会检察基础理论专业委员会主任、湖北省人民检察院检察长王晋致辞

专业委员会顾问、中国政法大学教授樊崇义做点评

▶ 专业委员会顾问、中国人民大学教授陈卫东做点评

▶ 专业委员会副主任、北京大学教授朱苏力做点评

▶ 专业委员会副主任、中南财经政法大学教授徐汉明做点评

▶ 专业委员会副主任、华东政法大学教授蒋德海做点评

▶ 专业委员会常务副主任、最高人民检察院法律政策研究室主任万春做总结讲话

▶ 中国法学会检察学研究会秘书长、最高人民检察院检察理论研究所原所长王守安主持论坛开幕式

突出重点　抓住关键
深化司法体制改革重大理论与实践问题研究*

（代序一）

王　晋**

九月的武汉，秋风送爽，丹桂飘香。第六届中国检察基础理论论坛在这里拉开帷幕，各位新老朋友相聚一堂，共同研讨检察机关司法体制改革的重大理论与实践问题。在此，我谨代表中国检察学研究会检察基础理论专业委员会，向大家表示热烈的欢迎！向长期关心和支持论坛建设的领导和专家，表示衷心的感谢！

改革是当今时代的主旋律。在前不久召开的中央全面深化改革领导小组第二十七次会议上，习近平总书记强调，当前和今后一个时期，是全面深化改革的施工高峰期，是落实改革任务的攻坚期，抓谋划、抓统筹、抓落实的任务依然艰巨繁重，要按照既定的时间表、路线图，不断提高改革精准化、精细化水平，坚定不移把全面深化改革推向前进。2016年7月，中央政法委和高检院相继召开了全国司法体制改革推进会和第十四次全国检察工作会议，明确了下一步深化司法体制改革的方向、任务和措施，吹响了推动中国特色社会主义检察制度更加成熟定型的进军号。在这样一种大背景下，我们以“检察机关深入推进新一轮司法体制改革的重大理论与实践问题研究”为主题举办本届论坛，可谓恰逢其时，具有重要理论意义和现实意义。

改革需要突出重点、抓住关键。司法责任制改革是整个司法体

---

* 本文系中国法学会检察学研究会检察基础理论专业委员会主任、湖北省人民检察院检察长王晋于2016年9月24日在第六届中国检察基础理论论坛上的致辞。

** 中国法学会检察学研究会检察基础理论专业委员会主任，湖北省人民检察院党组书记、检察长。

制改革的“牛鼻子”，居于核心地位。以审判为中心的诉讼制度改革事关刑事司法公正，牵一发而动全身。检察机关提起公益诉讼试点，有利于促进依法行政、严格执法，维护宪法法律权威，维护社会公平正义，维护国家和社会公共利益。这些都是司法体制改革领域标志性、支柱性的改革任务，对建设公正高效权威的社会主义司法制度具有引领性、全局性意义。近年来，我们围绕这些重大改革任务，真刀真枪，大刀阔斧，涉险滩、破坚冰、啃硬骨头，突破了一些过去认为不可能突破的关口，解决了一些多年来想解决但一直没有很好解决的难题，取得的进展和成效有目共睹。但是，下一步的改革任务仍然十分艰巨，我们许多实践经验需要上升为制度，许多实践创新需要理论廓清，许多实践难题需要深入探索。总之，无论是在法学理论上，还是在司法实践中，我们还有一系列问题迫切需要回答，我们离这些制度的成熟定型还有很长的路要走。我想，这就是我们举办这次论坛的初衷所在，意义所在。

改革需要理论支撑，实践需要智力支持。为深化司法和检察改革、发展和完善中国特色社会主义检察制度提供理论支持，是专业委员会的宗旨和使命。委员会成立以来，先后举办了6届“中国检察基础理论论坛”，围绕优化检察职能配置、深化检察改革、发展完善检察制度进行了一系列深入研讨，形成了一批有影响的理论研究成果。这一次，经中国检察学研究会批准和专业委员会主任会议审议，理事会选举我为专业委员会主任。对此，我既深感荣幸，也感到责任重大。这次还增选高检院铁检厅厅长徐向春同志、国家检察官学院副院长徐鹤喃同志为副主任，改选了一批理事，增强了专业委员会的学术研究实力。我将团结带领专业委员会全体成员，广泛联系学界专家和检察同仁，求真务实，开拓创新，不辱使命，为基础理论专业委员会的自身建设和发展，为中国特色社会主义检察理论研究的繁荣，尽力而为、多做贡献。同时，我们衷心希望各位专家学者和检察同仁，一如既往地积极参与、鼎力支持，发挥好“智囊”作用，着眼于新的实践和新的发展，不断丰富研究成果，提高研究质量，扩大影响力和辐射面，发挥好决策支持和实践支撑作用，进一步将基础理论专业委员会打造成为全国检察机关的高端“智库”。

各位领导、专家、同仁，希望大家在本届论坛期间畅所欲言，充分交流，多发表真知灼见，多碰撞思想火花，为丰富研讨成果、促进改革深化贡献宝贵的经验与智慧。湖北省人民检察院将全力做好论坛服务和保障工作。最后，预祝本次论坛圆满成功！

加强检察基础理论研究
为司法体制改革提供理论武装和智力储备*

（代序二）

万　春**

经过一天半紧张热烈的深入研讨，由中国检察学研究会检察基础理论专业委员会主办的第六届中国检察基础理论论坛，在湖北省人民检察院的精心组织安排下，在与会代表的积极支持参与下，完成了各项议程，即将圆满闭幕。此次论坛会议在全面推开司法体制改革的重要时期举办，具有较强现实意义和深远影响。此次论坛有以下显著特点：

一是主题鲜明。司法体制改革在全面深化改革、全面依法治国中居于重要地位，是建设中国特色社会主义法制体系、推进国家治理体系和治理能力现代化的重要组成部分。本次论坛以“检察机关深入推进新一轮司法体制改革的重大理论与实践问题研究”为主题，围绕检察机关司法责任制改革研究、以审判为中心的诉讼制度改革研究和检察机关公益诉讼制度研究展开研讨，具有鲜明的时代性和现实需求性，研讨主题与司法改革精神高度契合。此次论坛的研讨，有了一段时间改革实践的探索，研究的问题导向更加突出，实践需求更加明确，理论支持更加深厚，是对住届研究论坛成果的深化，是理论到实践、实践到理论的升华。

二是参与广泛。本届论坛收到来自全国各地的论文500余篇，

---

* 本文系中国法学会检察学研究会检察基础理论专业委员会常务副主任、最高人民检察院法律政策研究室主任万春于2016年9月25日在第六届中国检察基础理论论坛上的总结讲话。

** 中国法学会检察学研究会检察基础理论专业委员会常务副主任、最高人民检察院法律政策研究室主任。

经认真审核入选论文集共85篇。论坛论文来源以检察系统为主，同时得到了高等院校的学者的大力支持。论文作者来自高检院到基层院的各层级检察院，既有资深检察长，又有一线检察官，有的是全国检察业务专家、全国检察理论研究人才，有的是初出茅庐的青年干警。经统计，论文来自北京、天津、河北、内蒙古、上海、安徽、福建、江西、贵州、山东、湖北、广西、四川、重庆等二十多个省市。论文数量为历届以来最多，提交论文的省份也为历届最多，这充分反映了检察基础理论论坛的影响力逐渐扩大，已经成为检察基础理论研究的品牌和阵地。

三是研讨深入。论坛研讨内容涉及司法改革的理论与实践重大问题。大家坚持问题导向，从不同的视角、不同的层面进行了深入研讨；坚持实证研究，有许多论文作者来自改革试点省份，对改革问题既有理性思考、比较借鉴，又有对司法改革实践经验的总结，体现了较高的研究能力和学术水平。大家在研讨交流过程中坦诚相见畅所欲言，既有共鸣又有碰撞，开拓了思路，启迪了思想。中国人民大学、北京大学、清华大学、中国政法大学、北京师范大学、华东政法大学、四川大学、武汉大学、中南财经政法大学等著名高等院校和科研院所的法学专家还在点评中发表了真知灼见。

通过研讨，大家对司法责任制中办案组织、权力清单、司法责任的认定、划分和承担、检委会运行机制等提出了有益的建议；对以审判为中心的诉讼改革中证据审查、侦诉关系、诉审关系、检律关系等进行了实证分析；对检察机关提起公益诉讼的法理基础、诉前程序、举证规则、撤诉和解调解等问题达成了共识。总体上讲，本次论坛取得了预期效果，对下一步全面推开司法体制改革提供了理论武装和智力储备。在此，我谨代表本专业委员会，对莅临会议的各位领导、专家学者以及检察官同仁们的辛勤付出和出色表现表示衷心的感谢！

当前，司法体制改革已经到了攻坚克难的关键时期，中央对全面推开司法责任制改革作出了新的部署，把抓改革落实作为一项重大政治责任。司法责任制改革作为司法体制改革的基石，是建设公正高效权威的社会主义司法制度的必由之路，对提高司法质量、效率和公信力具有重要意义；以审判为中心的诉讼制度改革，是实现惩治犯罪和保障人权相统一的重要举措；检察机关提起公益诉讼制度，是党中央在依法治国框架下，立足全局作出的一项重要制度设计，是赋予检察机关的重要改革任务。下一步，我们要围绕上述改革重点开展研究：

一是继续深入研究司法责任制相关问题。全面正确理解司法责任制的内涵和要求，突出检察官在司法办案中的主体地位，完善检察权运行机制，并建立相配套的司法责任体系。继续深入研究制定完善检察官权力清单，明确检察委员会、检察长、检察官在司法办案工作中的职责权限。继续深入研究办案组织，组建好办案组织，科学界定检察官、检察官助理、书记员的职责及法律地位，形成科学合理的办案组织结构和模式。继续深入研究监督制约机制，处理好依法授权和加强监督制约的关系，保证检察官依法公正行使检察权。继续深入研究司法责任，正确理解司法责任的认定，坚持主观过错与客观行为相一致的原则，对于应当追责的情形，严格依程序追究相关检察人员司法责任。二是全面深化以审判为中心的刑事诉讼制度改革，加强对检察机关介入侦查、引导取证机制、审查逮捕案件诉讼式审查机制、捕诉衔接机制、非法证据排除制度、审前过滤机制等工作机制的研究论证。三是加强对公益诉讼相关制度的研究。继续研究公益诉讼的法理基础，正确把握民事公益诉讼和行政公益诉讼的监督范围，进一步加强对公益诉讼诉前程序、举证规则等制度的研究论证。另外，司法改革正在进行时，《人民检察院组织法》和《检察官法》的修改也正在抓紧进行中，我们在全面推开司法改革过程中要注重理论联系实际，广泛开展立法研究，将研究成果上升到立法高度，积极为人民检察院组织法、检察官法等法律修改提出立法建议。

同时，我们要把习近平总书记“不忘初心、继续前进”的要求融入检察工作，推进检察理论创新，加强对检察基础理论的研究，深化对法律监督理论、检察制度发展规律、检察职权配置和检察管理规律、检察权运行规律的认识，丰富中国特色社会主义检察理论体系。检察基础理论专业委员会在此方面责无旁贷，有责任有义务作出应有的努力。

2016年9月24日上午，中国检察学研究会检察基础理论专业委员会选举王晋检察长担任主任，我将积极协助王晋主任开展工作，突出抓好专业委员会组织建设，拓展研究平台和载体，积极加强与理论界、实务界专家学者、检察同仁的沟通联系，团结动员各方面的研究力量与实务工作者参与检察基础理论研究，不断提升研究成果质量、不断扩大学术影响，更好地服务于检察基础理论建设与司法办案工作实践。

本届论坛会议，我们聆听了来自全国各地专家和检察同仁的精彩演讲，感受到了学术观点交汇的异彩纷呈，收获了许多宝贵的观点与新鲜的经验，再次对专家学者和同志们的热情参与和大力支持表示感谢！希望各位专家学者一如既往地关注检察事业发展和检察理论研究，继续对“中国检察基础理论论坛”给予大力支持，办成充满生机与活力的检察学理论研究和学术交流的重要平台。

目　录

第二专题　以审判为中心的诉讼制度改革研究

第三专题　检察机关提起公益诉讼制度研究

论坛综述

第一专题

检察机关司法责任制改革研究

司法体制改革要勇于改革“体制”

蒋德海*

作为改革开放组成部分的我国司法体制改革已经十多年。上一轮司法体制改革（2008—2013 年）刚刚结束，新一轮司法体制立马就拉开了序幕，甚至都没有一个缓冲期，一方面表明了我国司法改革深化的需要，另一方面也说明上一轮司法体制改革并不理想。不理想的原因就在于司法体制改革并没有涉及体制。为此，新一轮司法体制改革中必须深刻反思，司法改革所面对的“体制”究竟是什么？

一、何为司法体制

司法体制改革，首先要明确司法体制是什么？我们绝大多数人把司法体制理解为司法制度，这并不准确，也是我国司法体制改革了那么多年，但司法公信力仍然不高的根源之一。体制和制度是两个不同的概念。中国古人大多从体裁或构架的角度来理解体制。如东汉末孔颖达为郑玄著的《诗谱·周颂》作的疏中写道：“然《鲁颂》之文，尤类《小稚》，比之《商颂》，体制又异。”三国嵇康著的《琴赋》中也有“历世才士并为了赋颂，其体制风流，莫不相袭”的说法，这里的体制就是体裁和框架。从这个角度来理解司法体制，则它应当是一种保证司法公正的框架或结构，这种决定能够明显地将司法行为与权力机关的决策行为和行政的执法行为区分开来。也就是说，司法体制和司法制度在司法中的性质和作用是不同的。

从性质来看，司法体制是决定司法公正的形式。司法是否公正，司法体制是一种公开的形式要件。司法是不是公正，首先是由司法体制的形式决定的。不公正的司法，体制肯定不公正。古罗马人信奉“为了正义，哪怕它天翻地覆”的司法观，但以今天的司法理念看，古罗马的司法体制并不公正。公元

* 中国立法学会理事，中国检察学基础理论委员会副主任，华东政法大学政党理论研究所所长，教授，博士生导师。

19 年的皮索案（叙利亚总督）[①] 是由 500 名议员组成的元老院投票决定的，其间经过了陈述、辩护和元老院审议的 10 多天程序，在院老院判决后，皇帝还有最后裁决的权力。但多数人难以价值中立，而且往往会受欺骗和误导。古希腊的苏格拉底同样是死于多数人之手。同样，中世纪欧洲的司法体制更加倒退。法国封建时代实施纠问式诉讼，法官集侦、控、审三权于一身，几乎拥有无限的诉讼权力，而被告人的权利却“被牺牲得干干净净”。[②] 一直到法国大革命前，欧洲大陆的司法体制仍以野蛮和残暴而著称，“个人没有丝毫的安全保障足以避免国家在镇压犯罪时的过火行为”。[③] 正是对司法公正的这种形式要求，促进了近代司法体制的变革。而司法制度的范围很广，比如我国近期司法体制改革中司法人员入额的规定及有关审判程序和审判责任的规定等，都属于司法制度的范畴。

从作用上看，司法体制决定了司法制度效能的发挥。司法体制是体现司法目的的结构性框架，它能在很大程度上决定一般司法制度的作用。比如，同样是员额制，在以行政化为特点的司法体制和以司法中立为特点的司法体制中的作用就有极大的差别。在前者，虽然也讲司法公正，但对于司法官来说，决定其适用法律的不是员额制，而是向上负责的行政化体制。在后者，因为司法中立，司法官适用法律完全依据法律的规定，员额制能够大大保证司法的质量。故司法体制在一定意义上决定了司法制度的效能，可以说，司法制度的作用是体制决定的。正如不同的作品有不同的体裁和框架一样，不同的司法体制，决定了司法权行使的不同的方向。如果说散文的体裁和框架不能用来写论文，则行政权、人大议会的权力框架同样不适用司法。行政权要体现效率，人大和议会的权力要体现民主，它们应当有不同的体制来保证，才能有效实现权力行使的目的。

因此，体制和制度既有同也有异。体制也是一种制度，这是同。但司法体制又是一种特殊的制度，这是异。所谓特殊，不仅在于它能够体现司法公正的特殊性要求，承载司法公正的目的，而且能够在很大程度上决定司法制度的方向和成效。由此可以概括出司法体制的如下特点：

1. 司法体制是司法的基本结构和形式。所谓基本结构和形式，是能够决定司法走向、决定司法制度效能和司法结果的力量。比如近年司改中推进的员

---

① 参见［日］盐野七生：《罗马人的故事》，中信出版社 2012 年版，第 86 页。

② ［法］卡斯东·斯特法尼等：《法国刑事诉讼精义》，罗结珍译，中国政法大学出版社 1998 年版，第 83 页。

③ 陈兴良：《刑法价值构造》，中国人民大学出版社 1998 年版，第 257 页。

额制，无疑具有合理性。但员额制能否促进司法公正，还要有良好的司法体制的保障。如果我们的司法官在司法活动中，不能对法律负责，始终要以领导的意志为转移，员额制就发挥不了司法公正的作用。现代司法的某种共同性，通过司法体制的形式正义体现出来，使司法体制的基本结构具有普遍性、相似性，并构成了司法与政治、文化、经济体制等的不同特点。司法体制不公正，就不可能有公正司法。

2. 司法体制的性质与司法的目的有关。司法的目的是公正，司法体制必须具有正义的形式，即这一体制本身必须具有正义性。司法正义的目的必须首先通过司法体制的正义性表现出来。如果司法体制本身是不正义的，则司法追求正义的目的就根本不可能。比如，律师制是现代重要的司法制度，但司法制度能否有效发挥促进司法正义的作用，本质上取决于司法体制。没有良好的司法体制，一般司法制度包括律师制度就无法有效地发挥作用。司法体制是约束司法活动使之实现司法正义的结构和构架。正是这一特点，使司法体制与科学体制和政治体制等区别开来。司法的中立性成为司法与科学体制和政治体制的重大区别。

3. 司法体制的核心是程序正义，而司法程序正义的关键是司法中立。司法不中立，程序就不公正，而不公正的程序根本就不可能有公平正义。原因在于程序正义是看得见的公正，司法活动如果连看得见的公正都不具备，就不可能有起码的实体正义，故美国法官道格拉斯说："正是程序决定了法治和恣意的人治之间的基本区别。"① 而司法中立是判断程序是否正义的核心要素。古罗马时期，就曾有过饭桌上的议论能否构成犯罪的不同看法，作为"第一公民"的皇帝提比略就明确加以否定："进食之闲谈成检举之证词，让人不胜唏嘘。"② 相比之下，司法中立作为程序正义的核心要素更为宝贵，司法中立决定了程序正义，没有司法中立，程序正义根本就无从谈起，也不可能有公正的司法。而正是司法活动是否中立的体制性要素决定了程序是否公正及司法的性质，并决定了司法制度的运行。

可见，司法体制改革，不是一般的司法制度改革。而是决定司法走向、规范司法活动性质和确立程序正义的制度改革。新中国成立后，我国长期把司法当成阶级阶级斗争的"刀把子"，并在此基础上形成了行政化的司法体制。实践证明，这种司法体制不利于保障司法公正，容易为权力所滥用。改革开放以后，随着市场经济的发展，虽然司法制度也面临改革，但司法体制和司法制度

① 转引自季卫东：《法治秩序的建构》，中国政法大学出版社 1999 年版，第 3 页。

② ［日］盐野七生：《罗马人的故事》，中信出版社 2012 年版，第 155 页。

的区别长期不受重视，这不能不影响我国司法体制的改革及其走向。比如，虽然我国宪法对司法有明确的“依法独立”行使司法权的要求，但在实践中，我国司法的这一体制性要求和结构并没有真正建立起来。

以2014年中共中央公厅、国务院办公厅的司法体制改革纲要[①]和上海《改革框架意见》[②]为例，确实有许多亮点，但从司法体制改革的角度，仍有一个如何真正涉及司法体制改革及司法制度和司法体制的关系如何摆正的问题。纲要提出要加大人权司法保障力度，建立和完善以庭审为中心的审判机制，严格实行非法证据排除规则，审判环节重视律师辩护、代理意见，以确保司法公正等，这些设想当然是需要的。但所有这些改革意见，仍然只停留在一般的司法制度层面。而中国近年的司法腐败，仅靠这些改革是不够的。同理，上海司体改革对法官、检察官实行有别于普通公务员的管理制度无疑是需要的，但仅仅有别于公务员是不够的，关键在于司法官办案如何遵循司法规律。此外，增加法官的薪酬无疑也是合理的。但法官增薪并不是衡量这一轮司法体制改革是否成功的标志。如果法官增薪目标实现，而司法官仍不能依司法规律来行使司法权，这样的增薪只能看作司法机关增长福利，并不具有体制改革的意义。即使目前正在尝试的合议庭共同负责下的主任法官责任制等，与我国宪法规定的司法机关“依法中立”的体制要求仍有较大距离。

二、司法体制改革的关键是落实向法律负责的宪法原则

司法官向法律负责是我国宪法的基本原则。《宪法》第126条规定：“人民法院依照法律规定独立行使审判权，不受行政机关、社会团体和个人的干涉。”第131条规定：“人民检察院依照法律规定独立行使检察权，不受行政机关、社会团体和个人的干涉。”这里所规定的“依照法律”就是要求司法机关向法律负责。此外，《宪法》第128条和第133条还规定法院对人大负责，而我国全国人大是立法机关，对人大负责也就是向法律负责。司法追求的是公正。要保证司法公正，就必须保证司法官向法律负责，这是我国宪法的基本原则也是法律是否有权威的基本标志。

但从我国来看，宪法明确规定的向法律负责却并没有形成。司法实践中，主要存在三个问题：

---

① 《关于贯彻落实党的十八届四中全会决定进一步深化司法体制和社会体制改革的实施方案》，载新华网，2015年4月19日。

② 《司法体制改革〈框架意见〉和〈上海改革方案〉获中央通过》，载www.shanghai.gov.cn/sh.，2014年6月16日。

一是行政化管理模式长期遏制了司法官向法律负责。所谓行政化，就是下级服从上级的管理模式，与宪法规定的向法律负责明显一致。新一轮司法体制改革虽然提出了去行政化的目标，但去行政化后的中国司法应当是一种什么样的司体制，目前仍然很不乐观。比如，法院院长、检察院检察长与法官、检察官是什么关系？司法机关内部的领导和普通办案人员是什么关系？从目前正在进行的改革看，并没有解决。最高人民法院提出的改革纲要，提出要建立分类科学、结构合理、分工明确、保障有力的法院人员管理制度。[①] 并已经实现了四项重大改革，其一是在省一级设立法官遴选委员会；其二是三大诉讼法对法院的一审、二审和再审都规定了明确的职责范围，规定了严格的审判程序；其三是推出了审判责任制，确保每一级法院独立行使审判权；其四是推出了审判流程、裁判文书、执行信息要公开。这些措施无疑是合理的。三大诉讼法可以规定严格的审判程序，但程序再严格仍有一个向人负责还是向法律负责的问题；同时，审判责任与审判权力相联系，最高人民法院提出的改革目标是“确保每一级法院独立行使审判权，”但如果司法官没有向法律负责的权力，又如何承担司法责任？没有独立向法律负责的法官，每一级法院的独立又有什么意义？至于审判公开，是我国宪法早就明确规定的原则，为什么还要新的规定？司法体制不变，这些新的规定有用吗？所有这些问题的核心，就是行政化的问题，或司法官与领导和司法与法律的关系没有合理解决。法官判案当然要承担司法责任，但司法责任的前提为案子是法官决定的。但在司法独立只限于“每一级法院”整体之时，没有独立性的个体法官，又怎么可能独立的承担责任？而每一级独立的法院又如何追究每个不独立的法官责任？

二是片面理解宪法的原则规定，使宪法关于依法独立的原则难以现实化。虽然宪法规定了司法机关依法独立行使司法权的原则，但主流司法理论将依法独立的主体理解为司法机关的整体。按这样的理解，宪法规定的依法独立“是一种集体独立，或称官署独立，而非个人独立即官员独立”。[②]“由于检察权具有一种由检察一体制所产生的统一性，检察权的独立行使的第一种形式，是集体独立，即检察机关独立行使检察权。”[③]新一轮司法体制改革中，最高人民法院关于深化司法体制改革的决定提到的依法独立仍然是“确保每一级法院

---

① 参见最高人民法院：《人民法院第四个五年改革纲要（2014—2018）》，载人民网，2014年7月9日。

② 龙宗智：《论依法独立行使检察权》，载《中国刑事法杂志》2002年第1期。

③ 参见龙宗智：《论依法独立行使检察权》，载《中国刑事法杂志》2002年第1期。

独立行使审判权”。[①]整体独立的依据是宪法的规定，即宪法规定的依法独立的主体是“人民法院”和“人民检察院”。这显然是对宪法的一种片面理解。因为整体不是行为主体，司法机关行使司法权的主体总是个体，法庭上站着或坐着的不是整体的检察院和法院，而是作为检察院和法院代表的检察官和法官，他们依法独立的形象体现了法院和检察院的依法独立的程度。正像在国外旅游的中国旅客，个别人形象不好，你不能说他们不是中国整体而否认中国人的旅游形象不好。整体是由一个个的个体组成的，整体的形象是通过一个个的个体来表现和体现的。司法机关依法独立同样是通过每个司法官来体现的。就像苹果的香甜我们是通过一个个苹果来感知的一样。黑格尔说得好：“一切事物都是个体的，而个体事物又是具有普通性或内在本性于其自身。”[②] 因此，整体和部分之间是转化的，“全体过渡为部分，部分过渡为全体……因为每一方面，无论全体一面，或个别一面都各自被认为是独立存在”。[③] 也就是说，依法独立是一个互相包容和渗透的概念，不仅表现为司法机关和司法官都是独立的，而且这种独立是相互转化和互为表现的。司法机关的整体独立通过个体司法官来实现的，没有个体司法官的个体独立，也就没有司法机关的整体独立。反之亦然，没有司法机关的整体独立，司法官个人的独立得不到保障，也难有司法官的个体独立。

三是将党的领导和依法独立审判的关系片面化，遏制了宪法的依法独立原则。依法独立是宪法的原则，党的领导是我国社会主义的政治原则，在坚持党的领导的同时，如何保障宪法规定的依法独立原则的实现，始终是我国司法体制改革绕不开的问题。习近平总书记在中央政法工作会议上的重要讲话中强调谈到党对政法工作的领导时，明确提出要处理好“两个关系”，即要正确处理好党的政策和国家法律、坚持党的领导和确保司法机关依法独立公正行使职权的关系，也表达了对这个问题的关注。从理论和实践看，这两者关系并没有处理好。司法实践中，人们往往强调要加强党对司法的领导，并明确党对司法的领导是保障司法公正的政治基础。但从中国司法实践看，司法不公和大量司法腐败的问题根源，恰恰是党的领导和依法独立的关系出了问题，党的领导被理解为直接决定司法机关定性或判案。为此，进一步深化司法体制改革必须就如何加强党的领导作出明确的规定，要明确坚持党的领导并不是意味着党可以主

① 参见最高人民法院：《人民法院第四个五年改革纲要（2014—2018）》，载人民网，2014年7月9日。

② ［德］里格尔：《小逻辑》，商务印书馆1980年版，第340页。

③ ［德］里格尔：《小逻辑》，商务印书馆1980年版，第283页。

导或直接决定法院的判案。如果党可以主导和直接决定法院的判案，则宪法规定的司法机关依法独立行政司法权就没有必要，也违背我国宪法规定的司法机关依法独立的原则的初衷。在党的领导和依法独立的关系上，必须坚持司法机关依法独立的原则。党的领导不是主导和直接决定判案，而是保障司法机关依法独立地行使司法权。这一点，敬大力检察长说得好："我国法律是党领导人民制定的。实施法律就是贯彻党的意志，依法办事就是执行党的政策，保证国家法律的统一正确实施就是坚持党的领导、维护中央权威。"①

事实上，宪法关于依法独立的表述虽然仅仅概括了行政机关、社会团体和个人，并不能说行政机关、社会团体和个人之外的机关、组织或成员就可以正当地干涉司法机关办案。尤其是，党作为社会组织即使是执政党，其"社会团体"的属性没有变。政党是以政治和权力为目标和对象的社会团体，是社会团体中的一种。政党的执政行为没有也不可能改革政党的社会团体性质。从这个意义上说，我国宪法关于司法机关依法独立的三个对象，实际上包括了党。这一点，即使党的相关文件也已经有了明确的规定。关于党的领导的内涵，《党章》规定："党的领导主要是政治、思想和组织的领导。"党的十六大以来历次党代会都一再强调"党的领导主要是政治、思想和组织领导"，②显然，不能因为坚持党的领导，党组织就可以直接主导或决定法院的判案。

其实，向法律负责就是司法为民的基本要求，我们的法律都是人民意志的体现，向法律负责，就是向人民负责，就是司法为民。但在向法律负责的同时，再要求司法为民，似乎向法律负责有一个司法不为民的问题。这显然是不合理的。此外，检察机关既是司法机关，就必须坚持宪法的依法独立原则。检察机关的检察一体、上命下从也必须服从于依法独立，而不能用这些原则否认甚至排斥宪法规定的依法独立原则。同样，政治效果、社会效果、法律效果三者统一问题，本质上仍然是向法律负责的问题，把向法律负责改变为司法向三个效果负责，客观上淡化了向法律负责的严肃性。司法官在办案的时候，既要考虑政治效果，又要考虑社会效果，还如何能够做到向法律负责？其实，向法律负责就是一种政治和社会效果，就是要通过向法律负责，在社会确立起法律的权威。而只有当法律有权威的时候，才可能有社会公正，这正是最大的政治和社会效果。

司法官是不是对法律负责，不仅是我国宪法原则，也是司法责任的前提。

---

① 邱春艳、李钰之：《正确处理"两个关系"　始终坚持党的领导》，载《检察日报》2014年1月19日。

② 转引自《十六大以来重要文献选编》（上），中央文献出版社2005年版，第559页。

司法向法律负责基本上决定了司法的性质和结果。司法官对法律负责，才会有司法责任；司法官不对法律负责，司法官又凭什么承担司法责任？司法责任的前提就是司法权力。推进司法官向法律负责的制度建设，必须体现权力和责任相统一的原则。责任来源于权力，无权力就无责任，有多大的权力就有多大的责任。司法不向法律负责，司法官没有司法权，司法责任从何而来？让一个不能向法律负责的司法官承担法律责任是不合逻辑的。新一轮以司法责任为核心的司法体制改革，必须将司法权力和司法责任统一起来，并落实到向法律负责的体制再造上来。否则，司法责任讲得再多，也难以真正落实。必须深刻认识到整体依法独立和个体司法责任存在无法克服的矛盾。司法责任是个体化的，司法权的行使也必须是个体化的。而且只有当依法独立行使司法权也个体化的时候，司法责任才有意义并具有正当性。司法官没有独立的司法权却要独立地承担司法责任，这不但不正当，甚至是不合逻辑。

向法律负责也是民主政治的司法要求。向法律负责的基本精神就是司法官在承办案子的时候，只对人民负责。在一个民主和法治的国家，法律是人民意志的体现，司法官办案向法律负责就是向人民负责。正如马克思所说："中立的法官既不属于我，也不属于政府"，[①] 而是属于法律和人民。反之，司法官办案不向法律负责而向领导负责，在法理上和政治上是极不严肃的。从法理上看，领导代表着一定的权力，而权力干预司法官办案，是司法公正的大忌。所谓防止权力的滥用，一个重要的领域就是要防止权力对司法的干扰。故司法权向上级负责就是公然主张权力不受制约，甚至是一种鼓励权力滥用的做法。从政治上看，保证司法公正是民主法治最重要的政治伦理。一个民主和法治的国家，人民是国家的主人，但人民的利益诉求往往是多元的。这就要求解决纠纷的司法体制必须保障司法人员向法律负责，"法官除了法律就没有别的上司。法官有义务在把法律运用于个别事件时，根据了在认真考察后的理解来解释法律"。[②] 而任何破坏司法公正的行为首先就是对司法向法律负责的原则的破坏，这种破坏，不仅损害社会的公正，而且是对我们社会民主基础的破坏，正如丹宁爵士所说："法院在所有必须维护法律秩序的地方，是最需要法律秩序的。司法过程必须不受干扰或干涉。冲击司法正常进行就是冲击我们社会的基础。"[③]

① 《马克思恩格斯全集》（第1卷），人民出版社1995年版，第181页。

② 《马克思恩格斯全集》（第1卷），人民出版社1995年版，第180～181页。

③ 转引自王利明：《司法改革研究》，法律出版社2001年版，第147页。

三、深化司法体制改革要进一步解放思想

从向领导负责到向法律负责是中国司法真正的体制变革，也是一场深刻的革命。中国有着几千年的官本位传统，推进向法律负责的司法体制变革之所以艰难，在于它不仅是一种司法体制变革，同时也是一场与官本位传统决裂的思想和社会革命。为此，深化司法体制变革，确立向法律负责的司法体制，必须进一步解放思想：

第一，司法体制改革要体现人民是司法主体的理念。党的文件（十八届三中全会、四中全会决议）明确提出："改革是人民的事业"，"依法治国的主体是人民"。中国司法体制改革的主体当然是人民。根据这个原则，司法体制改革不仅应当由人民群众推动，而且司法体制改革的方向应当体现民意并由人民来决定。但在我国，这场司法体制改革一开始就是由被改革者或者说是司法体制内的人们进行的。在这过程中，也会听取一些人民群众的意见，但听取人民群众的意见和"人民的事业"及由人民来决定并不是一回事。必须看到由于公众参与的不足。2003 年以前，司法体制改革基本上是部门之间的权力再分配。2004 年以来，中央加大了对司法体制改革的领导，但三轮司法体制改革，司法体制的改革仍然主要是被改革者，即司法机关自己在改。这种被改革的主体来主导改革本身就是不合理的。现行司法体制是新中国成立 60 多年历史和社会的产物，它在维护计划经济时期的人治传统、治理观念及其他诸多方面有许多独特的作用。但它同时也形成了依附于现行司法体制的一些既得利益群体，它既包括司法体制内的利益群体，也包括与此司法体制具有相同利益关系的其他利益群体。他们在现行司法体制下能够感受和享受到普通公众享受不到的诸多优越性及其利益。而司法体制改革必然涉及现有司法体制内的利益格局的改变。这就要求司法体制改革必须体现"改革人民的事业"和"依法治国的主体是人民"的原则，让人民群众真正参与到司法体制改革中来，使司法体制改革成为人民自己的事业。只有当人民广泛地参与到司法体制改革中来，并把司法体制作为自己的事业的时候，我国司法体制改革才能真正成为人民的事业，真正有效推进司法体制的变革，建构起向法律负责的司法体制。

第二，司法体制改革必须对准体制。我国现行司法体制是新中国成立后产生的。众所周知，我国近四十年的改革开放，主要是经济体制改革。虽然这十多年的司法改革已经明确提出司法体制的改革，但对司法体制的概念并没有形成共识。看一看这十多年的改革，如死刑复核权力的收回，死刑的程序改革，员额制的推进，判决书的公开，财政拨款制度的推进等，都有进步意义。但这些改革更主要的是司法制度层面的改革。深化司法体制改革，必须进一步解放

思想。事实上，与市场经济一样，司法独立不姓“资”，更不是西方的专利。早在古罗马就确立了司法独立的理念。在当代，司法独立已经成为是司法公正的基本要素，是程序正义的核心。司法不独立，就没有程序正义，而没有程序正义就没有司法公正。在今天的世界上，司法独立早已成为司法的本质要求，并成为国际社会的共识。《世界人权宣言》第10条、“国际法官、检察官协会”及“二战”后联合国制定的不少司法文件的文件都明确规定了司法独立。我国是联合国安理会五个常任理事国之一，有责任和义务在实施这些原则与制度方面采取行动和作出表率。而我国宪法明确规定的依法独立虽然提法上与司法独立有所不同，但其实质是一样的，就是要让司法权保持中立，在适用法律的时候只能对法律负责。

第三，要正确理解人和制度的关系。全面深化司法体制改革，面临较大的一个难题是如何正确认识目前中国司法官的司法素养。由于历史和文化的传统，我国司法队伍的法律文化素养确实有待提高。但也应当看到，无论是我国法官选任制度还是法官本身的素质都在进步。短短20多年来，我国司法从1983年人民法院组织法对法官任职方提出“具有法律专业知识”的要求以来，到1995年《法官法》规定法官任职必须具有高等学校专科学历，并开始实行初任审判员全国统一考试，我国司法官选任制度日益进步。同时，司法人员的法律文化及其素养也有了明确的提高，各级法院、检察院司法从业人员的法律素养有了大幅提高。早在1992年，全国法院法官的学历水平就已经超过2000年全国公务员的学历水平。① 而到2005年，从《中华人民共和国法官法》实施以后10年，全国法官中拥有大学本科以上学历的法官占法官总数的比例从15.6%提高到了51.6%，具有硕士研究生以上学历的法官则从216人增加到4690人，法官素质结构明显优化。② 但从近年我国司法不公的现象看，不少牵涉腐败的司法官，本身就有很好的法学背景，如最高人民法院原副院长黄松有在民事法律领域还有相当好的造诣。看一下中国司法系统的腐败案，不少腐败的司法官都有相当的学历。“近年来，发生的法官腐败案件，高学历法官占了相当比重，这说明有知识不一定有学问，有学问不一定有涵养。纵观一些法官滥用审判权枉法裁判、违法犯罪，基本上都有一个共同点，就是耐不住、受不了清贫，以权图利，以权谋私。”③ 显然，司法是否依法独立，与中国司法官的法律素养没有直接的关系。须知目前中国司法人员的素养如果说素质不高，

---

① 许前飞：《中国法官素质评析》，载《人民司法》2001年第9期。

② 吴兢：《我国法官整体素质不断提高，出现三大转变》，载《人民日报》2005年7月15日。

③ 田成有：《从文化的视角看法官的廉洁公正》，载《人民法院报》2010年1月1日。

腐败比较严重，恰恰与司法体制有关。正因为司法体制的缺陷，司法官具有的一些人性弱点被放大了。而不受约束的权力，是导致司法不公现象仍有存在的根本原因。正如邓小平早前所说："制度好可以使坏人无法任意横行，制度不好可以使好人无法充分做好事，甚至会走向反面。"①

显然，正确理解宪法所规定的依法独立，是深化我国司法体制改革的前提，也是将司法权还归司法官，确立司法向法律负责的基本要求，是落实党的十八届四中全会"判者审，审者担责"和实现司法体制转型的不二选择。二千多年前，罗马人为了司法公正，就喊出过"为了正义，哪怕天崩地裂"的口号，今天中国的司法体制改革，为了实现"让人民群众在每一个司法案件中都感受到公平正义"，② 同样必须遵循基本的司法基本规律。这就要求我们在全面推进依法治国，深化司法体制改革的过程中，要勇于直面体制改革的难点，理直气壮地高扬宪法确立的依法独立的旗帜，积极有效地推进司法官向法律负责的制度。这是全面贯彻落实宪法原则的需要，也是社会民主、社会发展、权利保障、法治国家的基本要求，更有马克思主义基本理论的依据，让我们为之而努力。

---

① 《十一届三中全会以来重要文献选读》(下)，人民出版社1987年版，第1187页。

② 习近平：《努力让人民群众在每一个司法案件中都感受到公平》，载新华网，2013年2月24日。

司法责任制是牵引司法领域变革的“冷聚变”

——对检察责任制改革若干问题的法治思考

周　平*

一、司法改革必须探究的基础理论问题

（一）检察权独立说主体范围的争议

司法理论洞识告诫我们，司法责任制体制的改造，从源头上颠覆了我国《宪法》对检察机关的法律定位的组织构架和责任主体的要素制约。我国宪法第131条规定：“人民检察院依照法律规定独立行使检察权，不受行政机关、社会团体和个人的干涉。”鉴于此，表明了各级人民检察院是检察权行使的主体，而非检察官个体；简言之，检察官在履行法律职能的过程中，是以所属的检察院为独立的执法单位，进行法律监督执法活动的，所以，出具的任何法律检察文书或检察活动的作为，均以所属的检察院的名义送达或发布及实施，由此，在学界主流观点归纳为：“人民检察院依法独立行使检察权，分解为以外部独立为特点的检察院集体依法独立和内部检察官相对独立两个方面。”①而检察院集体独立的范畴，有学者指出：“是一种集体独立，或称官署独立，而非个人独立即检察官独立。”“由于检察权具有一种由检察一体制所产生的统一性，检察权的独立行使的第一种形式，是集体独立，即检察机关独立行使检察权。”② 从比较法的角度而言，“西方国家所讲的司法独立是法官个人的独立……我国的司法独立是法院、检察院作为整体的独立，而不是作为个体的法官、检察官的独立。”③ 综上，要分辨出上述理论争议的焦点，就必须用法治的理念进行理论论证，达到“去伪存真、正本清源、知行合一”的法哲学和法价值

---

* 新疆生产建设兵团人民检察院副检察长，二级高级检察官。

① 参见谢鹏程：《关于检察官办案责任制的综定研究报告》，载《诉讼法修改与检察制度的发展完善——第三届中国检察基础理论论坛论文集》，中国检察出版社2013年版。

② 参见龙宗智：《论依法独立行使检察权》，载《中国刑事法杂志》2002年第1期。

③ 参见陈光中：《比较法视野下的中国特色司法独立原则》，载《比较法研究》2013年第2期。

及司法规律的洞识同一取向。检察官司法责任制的导入，是以其司法权力为存在基础的，依据权力义务对价的原则、法律职责与客观义务契合的原则、应有司法权力与现有司法权力授权的原则、动态性司法权与静态性司法权共融的原则。首先，明确司法的法治属性。其次，确定司法的执行主体。再次，司法产品的制造者和司法质量的检验机理。最后，司法责任制的范围的匡正及表现形态。

（二）检察权属性的法理判断

从不同的侧重点出发，辨析其属性的实质内涵：极端的表述词意是司法权的属性；中性的表达是司法权与行政权的结合；理性的归位则产生了检察权是三种职权即司法权、行政权与法律监督权的黏合体。理性的归位是不以人们的主观的意念而转移的。鉴于此，检察权具有司法的属性已经形成学界和实务界的共识。司法的重要性和独特魅力，可以从“司法先于立法产生”、“司法在现代社会对法治的作用高于立法”这两个尚有争议的论断中得到一些领悟。[①]我国虽然已经具备了相对完整的法律体系，然而，“从精神王国进入现实王国”，真正“降临尘世”还有一个衔接的过程。[②] 由此可以得出：“只有在司法中，法律才能成为法律，没有司法就没有法律。”[③] 司法顾名思义，就是“法律的操作”。“司”乃主持、操作、经营之义。[④] 司法权作为保障正义的最后一道屏障，一直以来在西方都是充当“权力限制权力”这种外在限制的重要角色。我国学者对司法的内涵及外延有三种主流观点。第一种观点是以西方为代表的，源于“三权分立”的学说，认为司法仅指法院的审判。[⑤] 第二种观点认为，司法就是执法。[⑥] 第三种观点认为，司法是指，国家司法机关及司法组织在办理诉讼案件和非讼事件过程中的执法活动。这里的司法机关是指公安机关、检察机关、审判机关、监狱机关；这里的司法组织是指律师、公证、仲裁组织。将司法用司法制度进行表述是指，国家的司法机关及司法组织适用法律处理诉讼案件及非讼事件的制度。[⑦] 对国外司法观点的比较，倾向于多元化。日本法学家竹下守夫认为：“司法是将所有的个人与团体置于平等对待的

① 参见程汉大、李培锋：《英国司法制度史》，清华大学出版社 2007 年版，前言第 7～9 页。

② 参见［德］拉德布鲁赫：《法学导论》，米健等译，中国大百科全书出版社 1997 年版，第 100 页。

③ 转引自程汉大、李培锋：《英国司法制度史》，清华大学出版社 2007 年版，前言第 8 页。

④ 参见《现代汉语词典》，商务印书馆 1996 年版，第 1191 页。

⑤ 参见鲁明健主编：《中国司法制度教程》，中国政法大学出版社 1996 年版，第 2 页。

⑥ 参见《中国大百科全书·法学卷》，中国大百科全书出版社 1984 年版，第 83 页。

⑦ 参见章武生、左卫民主编：《中国司法制度导论》，法律出版社 1994 年版，第 2 页。

地位，并仅依照透明、公正的规则和理性作出妥当与否之判断的行为。"[①] 英国《布莱克威尔政治学百科全书》对司法的界定是"法院或法庭将法律规则适用于具体案件或争议"的活动，是"在诉讼案件中，对有关当事人之间的权利分配问题做出有约束的裁决；而这些权利被认为在已为现行的法律所确定"。[②] 综上所述，司法的本质内涵体现了如下特质：一是独立性是司法的政治生命；二是中立性是司法的核心要素；三是权威性是司法公信力的要义；四是公正性是司法的价值取向，涵盖了程序正义和实体正义的平衡，公平优先、兼顾效率的统一，政治效果、法律效果、社会效果的和谐一致性；五是统一性是司法均衡性、一致性的要义；六是终结性是司法的程序性了结的规制；七是被动性是司法活动的前提；八是专属性是司法的法定权责；九是抗辩性是司法规律特征；十是公平公正优先是司法的本质属性。仅就司法社会效应而言，司法责任制从更广阔的视域起到净化法治环境和规范法治秩序的目的。秩序是指"人与事物所在的位置，含有整齐守规则之意"。[③] 美国法学家埃德加·博登海默把秩序定义为："在自然进程中都存在着某种程度的一致性、连续性和确定性。"[④] 鉴于此，司法秩序的特点不外乎以下三个方面：一是秩序的形成以规则的存在为前提，规则的存在是秩序形成的前提条件；二是秩序具有动态性，不可否认，秩序更多的具有稳定、静态的特质；三是秩序具有连续性、确定性。[⑤]

（三）司法责任制是司法权力、司法义务及司法责任的混合体

司法权力和司法义务是司法的基本元素。认识了权利也就认识了法，揭示了权利的真谛也就揭示了法的真谛。[⑥] 耶林认为："权利就是由受到法律保护的一种利益。所有的利益并不都是权利。只有为法律所承认和保护的利益才是权利。"[⑦]霍菲尔德认为，"权利"一词可能包含"特权"、"要求"、"权力"和

---

① 参见竹下守夫：《日本民事司法改革的动向》，载张卫平主编：《司法改革论评》（第二辑），中国法制出版社2002年版，第335页。

② 参见〔英〕戴维·米勒、韦农·波格丹诺：《布莱克威尔政治学百科全书》，邓正来译，中国政法大学出版社1992年版，第6页。

③ 参见《辞海》，上海辞书出版社1999年版缩印本，第2201页。

④ 参见［美］E. 博登海默：《法理学：法律哲学与法律方法》，邓正来译，中国政法大学出版社2004年版，第228页。

⑤ 参见夏锦文主编：《法哲学关键词》，江苏人民出版社2013年版，第64页。

⑥ 参见郭道晖：《论法定权利与权利立法》，载《法制现代化研究》（第1卷），南京师范大学出版社1995年版，第23页。

⑦ 参见［美］罗斯科·庞德：《通过法律的控制、法律的任务》，沈宗灵、黄世忠译，商务印书馆1984年版，第46页。

“豁免”四种含义。其中“特权”是指权利人对任何人都不负有做某事的义务。“要求”是指权利人有权要求他人对自己给予积极协助或不得干涉。“权力”是指权利人有资格或能力创制或改变某种法律关系。“豁免”是指权利人具有免除某种责任的资格。① 美国自由主义法学代表人罗纳德·德沃金对权利理论的发展作出了杰出的贡献，他明确指出：“任何以权利为基础的理论都必然认为权利不仅仅是有目的的立法的产物，或者明确的社会习俗的产物，而是判断立法和习俗的独立根据。”② 笔者认为，司法责任制中的权利与法律上的逻辑关系是，我国法律是司法责任中司法权力的母体，司法权力来自法律的授予或认可，即司法权力是法律意义上的权利。由此，我国《中国大百科全书·法学卷》对“权利”进行了注释：“权利指法律对法律关系主体能够作出或不作出一定行为，以及要求他人相应作出或不作出一定行为的许可或保障。”③ 我国学者指出：“权利是规定或隐含在法律规范中、实现于法律关系中的主体以相对自由的作为或不作为的方式获得利益的一种手段。”④ 又如，“权利是指国家对人们依照法律规定可以自主决定作出的某种行为的许可和保障，人们通过实施这样的行为直接或间接地获取一定的利益”。⑤ 检察官的司法责任制，实际上是以应有权利向实有权利或现实权利转化的过程为基础的。换言之，检察官承担的司法责任是一种以法律授予的权力为前提的法律责任，其权能的履行有赖于法定权利或应有权利的固化；并以此达到现实权利的实施和运用，因此，检察官的法定权利是实有权利和现实权利的基础和前提；而实有权利和现实权利是实现法定权利、履职尽责的表现形态。由此可见，上述的司法权力反映出静态与动态、应有与实有、原权与派生权、价值与实证、合法与违法、评价与矫正、抽象与具体、目标与结果、概括与实务、权利本位与义务本位价值均等的结构功能。仅从司法责任制的应有权利和实有权利探析可以得出，“应有权利是被制度化、法律化为现有权利第一个从应然到实然的转化过程；现有权利在现实生活中真正实现为社会主体的实有权利是第二个从应然到实然的过程。应有权利是权利的主张形态；现有权利是权利的制度形态；而实有权利是

① 参见［英］A. J. M. 米尔恩：《人的权利与人的多样性——人权哲学》，夏勇、张志铭译，中国大百科全书出版社1995年版，第118页。

② 参见［美］罗纳德·德沃金：《认真对待权利》，信春鹰、吴玉章译，上海三联书店2008年版，第238页。

③ 参见《中国大百科全书·法学卷》，中国大百科全书出版社1984年版，第458页。

④ 参见张文显：《法学基本范畴研究》，中国政法大学出版社1993年版，第82页；张文显主编：《马克思主义法理学》，吉林大学出版社1993年版，第320页。

⑤ 参见王勇飞、张贵成主编：《中国法理学研究综述与评价》，中国政法大学出版社1992年版，第286页。

权利的结果形态。这三个形态的权利分别侧重体现了权利的三种属性——正当性、合法性、现实性”。[①] 从司法权力和司法义务之间的关系而言，梅因曾经提出了一个“概括的权利”用来指称抽象的、作为一个范畴的概念。他特别强调：“在这个用语中不但应当包括权利并且也应当包括义务。[②] 因此，权利只是“权利和义务统一体”的一种简约表达。在法治建设的长河中，人类法律文明的认知是从权利本位向义务本位的过渡。综上，现阶段开展的全国司法体制改革，无外乎呈现出“3+2”的规律性模式，即司法权力及司法权运行程序和司法责任制+实际司法责任的落实和司法责任的确认，包括司法无责、司法免责、司法追责等三个判断取向的内涵。

（四）解析司法责任制与司法规律的契合

从我国检察机关而言，司法规律简约表述为：公开性、独立性、中立性、程序性、公正性等。司法的公开性是司法的社会属性、公众的监督属性的集中体现；司法权的独立性是司法规律的基本属性，是由司法权的特性决定的，是社会民主政治的需要；司法权的中立性是司法规律的核心内容，是司法权法理存在的基础和灵魂，司法权的中立性是指，检察院及检察官在行使法律监督的职能过程中，“对于法律的实施过程中所发生的各种不同主体间的法律诉求，以中立的身份和地位，依法、公正、科学地运用司法程序，居中加以解决涉法问题”，换言之，“没有中立也就没有司法存在的必要性；司法的程序性是司法规律中司法权能表现的权威性的载体”。司法权的程序性是指：“司法权的运作是依据程序法律所规定的顺序、步骤、程式所展开的表现形态”，主要特征是：程序的正当性、程序的独立性、程序的保障性、程序的终局性，据此，司法的权威性是由司法的程序性和司法终局性所决定的；诚然，各级检察机关虽然在各类诉讼案件中具有法定的部分案件司法终局权，但不影响检察机关对全面实行诉讼案件裁判的审判机关的案件终局裁判实行整体的法律监督、法律救济、法律纠错。司法权的公正性是司法活动的价值取向，司法权说到底是法律的实施权，司法权的公正性是源于法律的平等、公平、公正的价值内涵，若没有法律的公正价值，司法权的公正性就无法体现，司法权的公正性表现为两个价值取向：首先是程序公正的价值取向；其次是实体公正的价值取向。二者之间的关系是程序公正与实体公正并重，然而在司法实践中更加注重程序的前置性、正当性。司法权的统一性体现了司法一致性特质，司法权的统一性是指在我国统一的司法管辖权视域内，同性质的案件的适用程序和法律及处理结果

① 参见夏锦文主编：《法哲学关键词》，江苏人民出版社2013年版，第21页。

② 参见［英］梅因：《古代法》，沈景一译，商务印书馆1959年版，第102页。

是一致的，法律评价是统一的。司法的统一性的决定因素是法律的同一性和国家的统一性。陈光中教授认为：司法规律是规律和司法两个词语的组合。规律就是一种事物内在的必然联系，是一种事物发展的必然趋势；而司法规律也就是诉讼的规律，是司法运行过程里面的一种带有客观性的法则。规律是事物本身所固有的本质的、必然的、稳定的联系，是事物运动变化发展中确定不移的秩序。学界对基本的司法规律包括哪些内容的观点并不统一，但多数学者都把独立性、中立性、公正性、亲历性、被动性等纳入了基本的司法规律。据此，只有司法责任制与司法规律的高度契合，才能发挥司法责任制的应有功效。

二、司法责任制实施过程中的检察实务权能划分的难题破解

（一）由过去松散的办案组织向现在集约的、司法办案责任边界清晰的办案组织过渡中的矛盾及冲突

司法体制改革以前的检察机关办案模式分为：依法授权独立个体检察官办案的模式、依法授权若干检察官联合办案的模式、依法重新授权变更承办人和调整办案组成员的办案模式；并附加法定的“三级审批”复核程序。依据最高人民检察院《关于完善人民检察院司法责任制的若干意见》第4条的规定，司法办案组织形式：实行独任检察官或检察官办案组的办案组织形式。由此可见，司法体制改革前后的检察机关办案组织形态在分类上，没有产生质的变化；但在办案组织结构上有所不同，一是无论独任检察官或检察官办案组的主任检察官对办案的质量实行终身负责制。二是独任检察官或检察官办案组都需配备必要的检察辅助人员，独任检察官采取一名检察官加检察辅助人员加书记员的模式；检察官办案组采取一名至若干名检察官加检察辅助人员加书记员的模式。三是由于司法体制改革检察官员额制的导入，使部分具有检察官身份的检察员和助理检察员丧失了办案的资格，只能作为检察官的助理行使辅助办案职能。四是对独任检察官或检察官办案组的办案形态确定了固定和临时的路径。五是对独任检察官或检察官办案组的主任检察官检察权能放宽独立行使的幅度并进行了严格的界定。六是对独任检察官或检察官办案组的主任检察官在办案中，涉及的以人民检察院的名义制作的法律文书，其只有建议权，决定权由检察长（分管副检察长）或检察委员会行使；以及以人民检察院的名义制发的法律文书，由检察长（分管副检察长）签发的规定。七是检察长（分管副检察长）对独任检察官或检察官办案组的主任检察官在办案中，直接决定的意见以书面形式作出，归入案件卷宗，实行全程留痕，以备司法责任划分及核查，需要强调的是，检察长（分管副检察长）对案件处置的决定“口头表示无效”，实行针对性的“排除规则”。八是明晰了独任检察官或检察官办案

组的主任检察官在办案中的免责规定，即检察官执行检察长（分管副检察长）决定时，认为决定有错误的，可以提出异议，检察长（分管副检察长）不改变决定的，决定执行后果由检察长（分管副检察长）负责，检察官不承担司法责任。检察官执行检察长（分管副检察长）明显违法的决定的，应当承担相应的司法责任。

上述办案组织结构存在的比较集中的难点和冲突：一是从《关于完善人民检察院司法责任制的若干意见》规定可以得出，趋于检察人员的分类管理，使部分具有检察官身份的检察员和助理检察员丧失了办案的资格，客观上影响了他们履行检察职能的积极性；加之检察官与检察官助理办案津贴的差异性，应然性地遏制了他们的主动参与、配合办案的主观的能动性；鉴于办案组司法责任的主体是检察官或主任检察官，而非检察官助理，故检察官助理对检察官分配的事项消极性、被动性、敷衍性实然体现。解决的路径有四种方式：第一，对未入额的检察官，因入额指数受限且具备独立办案能力，可以采取“老人老办法”，由检察长的依法授权行使独立办案权，利用五年过渡期，通过程序考试、考核合格，再行入额；第二，通过检察人员的合理配置，担任检察官助理，完成办案组的辅助性工作；第三，离开办案一线，调整为司法行政人员；第四，五年过渡期届满后，符合退休条件的批准退休。二是对独任检察官或检察官办案组的主任检察官对办案的质量实行终身负责制适用探讨。这一司法责任制的规范是理性的规范而非感性的规范，也就是说，对已亡者的检察官司法责任追究是道义上的、舆论上的，而不可殃及家人；对已退休检察官的司法责任追究，除法定的刑事责任和党纪政纪责任外，不涉及其他司法责任的追究；在岗的检察官适情给予法定的适格的司法追究。三是司法责任制不仅涉及独任检察官或检察官办案组的主任检察官主体责任，而且涉及具有案件决定权的检察长、副检察长和相关的检察委员会委员故意违反法律法规责任、重大过失责任和监督管理责任，以及检察官助理、书记员的相应的司法责任，换言之，司法责任的主体追究单一性是特例，多元性是通例。四是独任检察官或检察官办案组的主任检察官独立行使检察权的权能幅度有所拓宽，但鉴于我国宪法、刑事诉讼法、人民检察院组织法、检察官法、刑事诉讼规则的规定，独任检察官或检察官办案组的主任检察官独立行使检察权的权能幅度有限，掌握依法授权的原则是：凡是必须由各级检察长行使决定以外的检察职权，均应依法授权给独任检察官或检察官办案组的主任检察官独立行使，以此实现权责对等、“谁办案，谁负责”、“谁决定，谁负责”的司法责任目标。五是依据最高人民检察院《关于完善人民检察院司法责任制的若干意见》第10条第2款的规定：“检察官执行检察长（分管副检察长）明显违法的决定的，应当承担相应的司法责任。”在上述情形下，检察官在执行检察长（分管副检察长）明显违法的决定时，免责的两个必备要素是：第一，必须明确提出纠正错误的检察建议或决定不当的异议；第二，必须以书面的形式报批，若检察长（分管副检察长）不改变该决定，检察官应当执行，执行的后果由检察长（分管副检察长）负责，检察官不承担司法责任。

（二）检察长（分管副检察长）与检察官检察权能在检察实务运用中上下交叉司法责任的划分

1. 是否决定对犯罪嫌疑人刑事拘留。承办案件检察官具有如下法定客观义务和职责：审查犯罪嫌疑人拘留的条件必须适格；承办检察官对拘留犯罪嫌疑人提出意见；对被拘留的对象涉及各级人大代表身份的必须向该代表所属的人大主席团或常委会报告并许可；拘留上级人大代表须层报该代表所属的人大同级的检察院报请许可；对犯罪嫌疑人拘留后，24 小时内通知其家属，无法通知的，应当向检察长报告；并在 24 小时内进行讯问；承办检察官发现不应拘留犯罪嫌疑人的情形时，应当提出释放或变更的意见；对拘留犯罪嫌疑人需要逮捕的，按法律规定办理逮捕手续；决定不予逮捕的，应当及时变更强制措施；承办检察官认为法定期限届满的，应当提出释放犯罪嫌疑人或者变更强制措施的意见，需要注意的是，承办检察官对刑事拘留犯罪嫌疑人的犯罪事实的认定、犯罪证据采信及诉讼程序的合法性承担全责。检察长（分管副检察长）在拘留环节行使的职权是：对犯罪嫌疑人刑事拘留的决定权、释放被拘留的犯罪嫌疑人或者变更强制措施的批准权。在审查拘留环节，检察长（分管副检察长）具有拘留适格的审查义务和拘留决定权及释放、变更强制措施的批准权。检察长（分管副检察长）与承办案件检察官在审查刑事拘留方面共同的连带责任是对案件事实、证据以及公正诉讼程序的审查承担共同责任；承办案件检察官的司法责任偏重于案件事实的认定、案件证据的采信、正当程序的运用；检察长（分管副检察长）侧重于行使是否刑事拘留的决定。

2. 对犯罪嫌疑人是否决定或者批准逮捕的检察职权。承办案件检察官具有如下法定客观义务和职责：提请逮捕犯罪嫌疑人的法定条件必须符合《刑事诉讼法》第 79 条规定的逮捕规格；全面审查提请批准逮捕的合法证据材料；依法讯问犯罪嫌疑人、询问证人等诉讼参与人，听取辩护律师的意见和要求；对批准逮捕的决定监督公安机关执行；对不批准逮捕的，承办案件检察官应当说明不捕的理由，需要补充侦查的，应当出具补充侦查通知书，监督公安机关对犯罪嫌疑人立即释放；依法审查公安机关要求对检察机关不批准逮捕、认为有错误决定的复议、复核；承办案件检察官在犯罪嫌疑人、被告人被逮捕后，仍然应当对羁押的必要性进行跟踪性司法审查，对不需要羁押的，建议释放或变更强制措施；在侦查中，承办案件的检察官受理诉讼参与人、近亲属对犯罪嫌疑人、被告人变更、解除强制措施的申请；承办案件检察官在审查批准逮捕工作中，对侦查活动中的违法行为依法实行诉讼监督。检察长（分管副检察长）在审查批捕环节的检察职责是：依据《刑事诉讼法》第 87 条的规定：“人民检察院审查批准逮捕犯罪嫌疑人由检察长决定。重大案件应当提交检察委员会讨论决定。”检察长（分管副检察长）在审查批捕环节依法享有对逮捕适格的犯罪嫌疑人批准、决定逮捕权；对犯罪嫌疑人及其法定代理人、近亲属或者辩护人因采取强制措施法定期限届满，要求解除强制措施的和上述人员提出变更强制措施的，检察长（分管副检察长）依法具有决定权。批捕决定与否的基础是逮捕的条件是否适格、诉讼证据是否合法、充分；检察长（分管副检察长）的司法判断有赖于承办案件的检察官提交的案件材料书面性审查，而非司法实务的亲临核查。

3. 对犯罪嫌疑人决定是否起诉、不起诉的检察职权。承办案件检察官具有如下法定客观义务和职责：必须查明《刑事诉讼法》第 168 条规定的五项事实；在法定的诉讼期限内审查完毕；承办案件检察官应当亲自讯问犯罪嫌疑人，听取辩护人、被害人及其诉讼代理人的意见，并记录在案；在审查案件中，认为可能存在《刑事诉讼法》第 54 条规定的以非法方法收集证据情形的，可以要求侦查机关对证据收集的合法性作出说明；对于需要补充侦查的，具有退回侦查机关二次补充侦查权和自行侦查权；经审查，对不符合起诉条件的、具有《刑事诉讼法》第 15 条规定的情形之一的、或者犯罪情节轻微，依照刑法规定不需要判处刑罚或者免除刑罚的，符合上述三种情况之一的情形，检察官应当提出不起诉的司法建议，不起诉意见批准后，被不起诉人在押的，检察官有义务立即释放，被采取其他强制措施的，应当通知执行机关解除；对案件犯罪嫌疑人不起诉的，公安机关提出异议的，检察官有责任审查复议、复核；被害人不服的、被不起诉人不服的，检察官有责任审查当事人的申诉；对不起诉案件的复议、复核、申诉，检察官应当严格遵守办案审查期限。检察长（分管副检察长）有权对检察官提出的起诉、不起诉、需要提起附带民事诉讼的意见、量刑建议作出决定；对案件审查起诉法定期限的延长由检察长（分管副检察长）决定；公安机关提请对不起诉决定的复议、复核，检察官审查的意见由检察长（分管副检察长）决定；被害人不服不起诉决定不服不起诉决定的，检察官经审查提出的复查意见，报请检察长（分管副检察长）决定；被不起诉人对不起诉决定不服的，检察官经审查提出的复查意见，报请检察长（分管副检察长）决定；检察长（分管副检察长）对撤销不起诉决定具有终局权。

4. 第一审程序公诉案件检察官的法定职责是：检察官对移送审查起诉的案件，除对案件的诉讼证据进行审查以外，还必须讯问被告人、询问证人、鉴定人以及专门知识的人；制定举证方案、质证方案、证据合法性提纲、拟定公诉意见、准备辩论提纲、保护证人建议；准备对证据收集的合法性进行说明或者提供相关证明材料，必要时可以自行调查核实；对全案刑事诉讼证据的合法性进行审查；检察官应当允许辩护律师在检察院查阅、摘抄、复制案件材料；检察官提起公诉的案件向法院移送全部案卷材料和证据；严格遵守普通程序和简易程序的审查期限；检察官依据《人民检察院刑事诉讼规则（试行）》第576条的规定，对审判活动是否合法实行监督；检察官依据《人民检察院刑事诉讼规则（试行）》第577条的规定，对审判活动及纠正违法涉及十六个方面；依据《人民检察院刑事诉讼规则（试行）》第431条的规定，公诉人参加庭前会议对涉及庭审的九个方面的问题提出和交换意见；参加庭前会议对辩护人提出的反方证据有异议的提出异议意见；公诉人出席法庭支持公诉的权利；公诉人出庭支持公诉活动按法定程序进行；法庭上宣读起诉书的追诉权利；公诉人有对被告人指控犯罪的有罪、罪重、罪轻证据举证权利；定罪证据与量刑证据需要分开举证的，应当分别举证；公诉人可以申请法庭出示、宣读、播放相关证据；公诉人在法庭上应当依法讯问被告人、询问证人、被害人、鉴定人，出示物证，宣读书证、未出庭证人的证言、鉴定人的鉴定意见、勘验、检查、辨认、侦查实验等笔录和其他证据文书，播放证据视听资料、电子数据；对证据的采信、法律适用和案件情况发表意见，提出量刑建议及理由，针对辩护意见进行答辩，全面阐述公诉意见；维护诉讼参与人的合法权利；在法庭上，公诉人依据《人民检察院刑事诉讼规则（试行）》第434条的规定，依法控制下列八个方面的活动；公诉人讯问被告人、询问证人、被害人、鉴定人，出示物证、宣读书证、证人证言应当围绕《人民检察院刑事诉讼规则（试行）》第436条规定的九个方面的事实进行；法庭在审理过程中，公诉人依据《人民检察院刑事诉讼规则（试行）》第437条的规定对六个方面的事实不必提出证据证明；公诉人应当讯问被告人、询问证人，应当避免诱导性发问以及不当的讯问和询问；在法庭上对辩护人诱导性讯问、询问，公诉人可以要求审判长予以制止或不予采纳；公诉人讯问共同犯罪的被告人、询问证人应当个别进行；被告人在庭审的陈述与其他诉讼阶段的供述不一致，足以影响定罪量刑，可以宣读供述笔录、进行讯问，或者提出其他证据予以证实；对同一事实的陈述需要对质的，公诉人可以建议法庭传唤被告人、证人同时到庭质证；公诉人具有对言词证据的异议提出权，可以申请法庭传唤证人出庭作证，证人未到庭的，公诉人可以申请法庭强制证人到庭作证和接受质证；公诉人对于证人的发问，应当针对证言中有遗漏的、矛盾、模糊不清和有争议的内容，围绕定罪量刑事实进行；证人进行虚假陈述，公诉人应当通过发问、笔录出示、宣读证据对证人进行询问；公诉人对鉴定意见有异议可以提出质疑，可以申请法庭传唤鉴定人出庭作证；鉴定人拒不出庭作证的，公诉人可以建议法庭不得采纳鉴定意见作为定案的依据；公诉人可以申请法庭重新鉴定；必要时，公诉人可以申请法庭通知有专门知识的人出庭，对鉴定意见提出意见；对书证、物证均要在法庭进行辨认；公诉人在法庭上依法行使举证权、质证权；审判人员认为可能存在《刑事诉讼法》第54条规定的非法收集的证据，公诉人可以对证据收集的合法性进行说明，当庭不能说明的、需要调查核实的，公诉人在庭审前或庭审中，发现有法定的《人民检察院刑事诉讼规则（试行）》第455条规定的八种情形，可以建议法庭延期审理，但不得超过两次，每次不得超过一个月，延期审理后，在补充侦查期限内，提起法庭恢复审理或撤回起诉；撤回起诉必须符合《人民检察院刑事诉讼规则（试行）》第459条规定的七种情形；对撤回起诉的案件，在没有新的事实、新的证据，检察院不得再行起诉；对撤回起诉的案件，检察院应当在三十日内作出不起诉的决定；在法院宣告判决前，检察院根据罪名和适用法律的情况，可以变更起诉；发现遗漏的犯罪嫌疑人或罪行，可以一并起诉和审理，可以追加起诉、补充起诉；在庭审中，法院建议检察院补充侦查、补充起诉、追加起诉、变更起诉的，公诉人应当进行审查并报检察长或检察委员会决定；公诉人参与法庭调查和直接、相互辩论的诉讼权利；公诉人具有补充侦查的建议权；公诉人应当严格依法在法定的期限内补充侦查完毕；公诉人具有补充侦查完毕移送法庭继续审理的权能；法庭向检察院调取被告人无罪或罪轻的证据材料，检察院应当在三日内移交，并说明情况；公诉人依法对庭审活动实行法律监督的权利、提出纠正违法的意见；公诉人对被告人的量刑建议应当在发表公诉意见时提出；检察院对查封、扣押、冻结的被告人财物及其孳息，按照《人民检察院刑事诉讼规则（试行）》第464条的规定处理。检察办案人员对符合《刑事诉讼法》第208条规定的条件，具有案件审理适用简易程序的建议权；依据《人民检察院刑事诉讼规则（试行）》第466条的规定，检察院对不应当适用简易程序的公诉案件依法实行监督；适用简易程序审理的公诉案件检察官履行出席法庭的义务；对适用简易程序的案件，检察院可以集中提起公诉，并建议法院集中审理；公诉人出席简易程序法庭时，应当围绕量刑及有争议的问题进行法庭调查和法庭辩论；适用简易程序审理案件，检察官可以不受送达期限、讯问被告人、询问证人、鉴定人、出示证据、法庭辩论程序的限制；简易程序审理的公诉案件检察官具有与被告人、辩护人相互辩论的权利；公诉人发现不宜适用简易程序审理的案件，具有建议法庭按照第一审普通程序重新审理的权利；公诉人对转为普通程序审理的案件，具有向法院提出延期审理的建议权；出庭的检察官发现合议庭违法诉讼程序，应当及时向检察长报告；检察官对法院错误的判决、裁定具有依法审查权和建议提请抗诉的权利；根据《人民检察院刑事诉讼规则（试行）》第584条的规定，应当把握抗诉适格的六个条件；上级检察院检察官在上诉、抗诉期限内，发现下级检察院应当抗诉而未抗诉的案件，应当提出抗诉的意见，经检察长批准，指令下级检察院依法提出抗诉。在一审程序中检察长的职权：一是依据《人民检察院刑事诉讼规则（试行）》第461条的规定，检察长或者检察委员会对变更、追加、补充或者撤回起诉具有决定权；二是依据《人民检察院刑事诉讼规则（试行）》第452条的规定，检察长或者检察委员会具有对法院审判活动的违法行为提出纠正意见以及法院错误裁判提出抗诉的决定权；三是检察长依法列席法院审判委员会，对审判委员会讨论的案件发表意见，依法履行法律监督职能。

5. 第二审程序公诉案件检察官的法定职责是：一审出庭的检察官认为本级法院一审的判决、裁定确有错误，行使提出抗诉的建议权；对被害人及其法定代理人不服一审判决并请求检察院提出抗诉的，检察官具有依法审查权和作出是否抗诉的建议权；各级检察院对同级法院的抗诉，检察官应当通过原审法院提出抗诉书，并抄报上级检察院；上级检察院检察官经审查认为抗诉不当的，可以提出撤回抗诉的建议；对于检察院提出抗诉的案件或公诉案件二审法院开庭审理的上诉案件，同级检察院应当派员出席法庭，即检察官具有二审出庭支持公诉的义务和对诉讼实体及程序监督的职责；检察官在二审前具有查阅案卷的权利，并在一个月内查阅完毕的义务，查阅案卷材料在法定期限无法完成的，检察官可以商请法院延期审理；检察官审查原审案卷材料不受上诉、抗诉范围的限制，其范围根据《人民检察院刑事诉讼规则（试行）》第475条规定的五个方面入手；检察官审查原审案卷材料的重点是：案件主要证据、讯问原审被告人、补充收集证据、重新鉴定、或者补充鉴定；对被告人自首、立功等可能影响定罪量刑的材料和线索，检察院可以交侦查机关调查核实，也可以自行对于调查核实，对于遗漏罪行或同案嫌疑人的，应当建议侦查机关侦查；检察官对法定的原审被告人，应当进行讯问；检察院办理死刑上诉、抗诉案件，应当按照《人民检察院刑事诉讼规则（试行）》第477条规定的六大职能进行；检察官出席二审法庭前，应当制作讯问被告人，询问被害人、证人、鉴定人和出示、宣读、播放证据计划，拟写答辩提纲，并制作出庭意见；在法庭审理中，检察官应当针对原审裁判认定事实或法律适用、量刑方面的问题，围绕抗诉或上诉理由及辩护人的辩护意见，讯问被告人，询问被害人、证人、鉴定人，出示和宣读证据，并提出意见和进行辩论；出庭的检察官可以申请法庭出示、宣读、播放在一审期间已移交法院的证据；上诉案件不得加重被告人刑罚的规制实行监督以及检察院抗诉或自诉人上诉的案件不受“上诉不加刑”的限制；检察官二审出庭除《刑事诉讼法》第三章已有的规定程序外，参照第一审程序的规定进行；依据《刑事诉讼法》第 234 条的规定，检察院对查封、扣押、冻结的犯罪嫌疑人、被告人财物及其孳息，应当妥善保管、以供核查、并制定清单、随案移送；对作为证据使用的实物应当随案移送，对不宜移送的，应当将其清单、照片或者其他证明文件随案移送；检察官出席二审法庭的任务，依照《人民检察院刑事诉讼规则（试行）》第 473 条的规定执行；检察机关对司法工作人员贪污、挪用或者私自处理查封、扣押、冻结的财物及其孳息的，依法追究刑事责任。二审程序检察长的职权是：对一审法院未生效的错误的裁判依法提起或决定抗诉。

6. 审判监督程序检察官的法定职责是：检察院对当事人及其法定代理人、近亲属，对已经发生法律效力的判决、裁定提出的申诉具有审查的权利；依据《刑事诉讼法》第 242 条规定，法院应当依法重新审判的条件，是检察官履行审判监督职权的法律根据；另外，依据《人民检察院刑事诉讼规则（试行）》第 591 条的规定，检察官履行抗诉的审查依据还应当符合该条规定的十大情形；依据《刑事诉讼法》第 243 条第 3 款的规定，最高人民检察院对各级人民法院已经发生法律效力的判决和裁定，上级人民检察院对下级人民法院已经发生法律效力的判决和裁定，如果发现确有错误，有权按照审判监督程序向同级人民法院提出抗诉；法院开庭审理的再审案件，同级检察院应当派员出席法庭，及检察官具有再审案件开庭的出席权；检察院提出抗诉的再审案件，需要对被告人采取强制措施的，由检察院依法决定，即检察官具有采取强制措施的建议权；检察官对依法重新审判的案件，具有对原判决、裁定认定的事实、证据、适用法律进行全面审查的权利，其中，重点审查有争议的案件事实、证据和法律适用问题；检察官出席再审法庭，再审案件按照第一审程序审理的，参照第一审程序规定执行，再审案件按照第二审程序审理的，参照第二审程序规定执行。检察长对法院已生效的错误的裁判依法提起再审或决定再审具有批准权；检察院提出抗诉的再审案件，需要对被告人采取强制措施的，由检察长依法决定，即检察长具有对再审案件被告人采取强制措施的批准权。

7. 死刑复核程序中检察官的职责是：最高人民检察院的检察官对最高人民法院的死刑复核活动实行法律监督；具有《人民检察院刑事诉讼规则（试行）》第 604 条规定的五个条件，检察官应当提出纠正的建议；检察官对死刑复核监督案件，具有延长审查期限的建议权；省级检察院的检察官对进入最高人民法院的死刑复核案件，依据《人民检察院刑事诉讼规则（试行）》第606条规定的六种情形，具有监督报告权。最高人民检察院和省级检察院检察长的职权是：最高人民检察院检察长对死刑复核案件，具有向最高人民法院提出意见的审批权；省级检察院检察长对进入最高人民法院死刑复核程序的案件，对提请监督报告具有审批权；省级检察院检察长发现死刑复核案件被告人具有可能影响死刑适用的情形，具有依法及时报告最高人民检察院的职权；最高人民检察院的检察官对死刑复核监督案件需要延长审查期限的，最高人民检察院检察长具有批准权；针对死刑复核监督案件必须提出检察建议的，应当报请检察长或检察委员会决定；最高人民检察院提出应当核准死刑意见的案件，最高人民法院经审查仍拟不核准死刑的，且决定将案件提交审判委员会讨论的，最高人民检察院检察长或受检察长委托的副检察长应当列席最高人民法院的审判委员会。

8. 刑罚执行中检察官的职责是：法院在交付执行死刑前，应当通知同级检察院派员临场监督，即检察官具有执行死刑的临场监督权；检察官在执行死刑前，发现《人民检察院刑事诉讼规则（试行）》第637条规定的五种情形之一的，应当建议法院立即停止执行；检察官在执行死刑的临场监督过程中，发现违法情形，应当提出纠正意见；检察官对死缓罪犯在执行期间又故意犯罪，具有受理权、审查权、是否提起公诉的建议权；检察官发现法院、公安机关、看守所在交付执行活动中有违法行为的，具有提出纠正违法的建议权；检察官发现监狱在收押罪犯活动中，有违法行为的应当提出纠正违法的建议；各级检察院的检察官对看守所收押、监管、释放犯罪嫌疑人、被告人以及留所服刑罪犯执行刑罚等执法活动依法实行法律监督的权力；检察官对监狱、看守所的违法行为依法实行法律监督，具有纠正违法建议权；检察官发现监狱、看守所、公安机关提出的暂予监外执行活动中，有违法行为的，具有审查权及法律监督权和纠正权；检察官对暂予监外执行不当的具有依法纠正权；检察官对暂予监外执行条件丧失的，依法具有及时收监的检察建议权；检察官发现减刑、假释建议不当或者违法法定程序的，应当提出书面检察意见和纠正意见；法院开庭审理的减刑、假释案件，检察官具有审查、出席法庭和发表意见的权利；检察官审查法院减刑、假释裁定，具有调查权和调阅权；检察官发现监狱、看守所对刑满或依法应当释放的人员未依法释放，对被假释的罪犯不交付社区矫正、主刑执行完毕而附加刑仍需执行，而未交付罪犯居住地执行的，或者服刑期未满予以释放的违法行为，应当提出检察纠正意见；检察官依法对公安机关执行剥夺政治权利活动实行法律监督；检察官对法院执行罚金刑、没收财产刑、没收违法所得实行法律监督；检察官对社区矫正执法活动进行法律监督；检察官对被判处管制、宣告缓刑、假释或者暂予监外执行的罪犯，依法具有社会矫正法律监督权；检察官对罪犯在服刑期间又犯罪的或判决时未发现的罪行依法具有侦查权；检察官对罪犯在服刑期间依法申报的减刑、假释负有法律监督的职责是；检察官认为法院减刑、假释的裁定不当，依法具有纠正权；罪犯在刑罚执行中，检察官认为判决有错误或罪犯提出申诉，具有依法受理审查的权利；检察官对刑罚执行活动实行全程法律监督，并对违法情形依法予以纠正。刑罚执行中检察长的职责是：检察官对看守所严重的违法行为，应当报经检察长批准，向看守所发出纠正违法通知书；检察官经审查认为，暂于监外执行不当的，报经检察长批准，向决定或批准暂于监外执行机关提出书面纠正意见；检察官经审查认为，法院减刑、假释裁定不当，报经检察长批准，向作出减刑、假释裁定的法院提出书面纠正意见。

9. 在未成年人刑事案件诉讼程序中检察官的法定职责是：由于我国对犯罪的未成年人实行教育、感化、挽救的基本方针和坚持教育为主、惩罚为辅的原则，因此，检察官在办理未成年人刑事案件时，具有保障其诉讼权利和提供法律帮助的职责；检察官行使社会调查的权利；检察官对未成年人犯罪嫌疑人、被告人应当严格限制适用逮捕的强制措施；对被拘留、逮捕和执行刑罚的未成年人采取与成年人分别关押、分别管理、分别教育的方式；对未成年人的讯问设定了法定代理人到场诉讼制度，到场的法定代理人可以代为行使未成年犯罪嫌疑人、被告人的诉讼权利；检察官对符合起诉条件、有悔罪表现的未成年人，建议作出附条件不起诉的决定，未成年犯罪嫌疑人及其法定代理人对检察院决定附条件不起诉有异议的，检察院应当作出起诉的决定；检察官对附条件不起诉的未成年犯罪嫌疑人具有监督考察的权利和义务；检察官对附条件不起诉的未成年犯罪嫌疑人，在考验期限内具有《刑事诉讼法》第 273 条规定的情形，应当建议撤销附条件不起诉的决定，提起公诉；检察官对附条件不起诉的未成年犯罪嫌疑人，考验期满的，建议作出不起诉的决定；检察官对审判时被告人不满十八周岁的案件，实行“审判不公开”的监督；检察官对犯罪时不满十八周岁，被判处五年有期徒刑以下刑罚的，应当监督对“相关犯罪记录予以封存”诉讼制度的执行。检察长在未成年人刑事案件诉讼程序中的法定职权是：具有对附条件不起诉的决定权；撤销附条件不起诉的决定权；决定提起公诉的权利；决定不起诉的权利等。

10. 当事人和解的公诉案件诉讼程序检察官的职责是：检察官具有对当事人和解的自愿性及合法性进行审查的权利；检察官对达成和解协议的案件可以向法院提出从宽处理的检察建议和依法作出不起诉决定的建议。检察长在该程序中的职权是：对达成和解协议的案件当事人向法院提出从宽处理的决定权和不起诉的决定权。

11. 犯罪嫌疑人、被告人逃匿、死亡案件违法所得的没收程序检察官的权利是：检察官对贪污贿赂犯罪、恐怖活动犯罪等重大犯罪案件，犯罪嫌疑人、被告人逃匿，在通缉一年后不能到案，或者犯罪嫌疑人、被告人死亡，可以向法院提出没收违法所得的申请建议；检察官对法院违法裁定没收涉案财产的，依法可以提出抗诉的建议。检察长在该程序中行使的职权是：向法院提出没收违法所得的决定权；对法院违法裁定没收涉案财产的抗诉决定权。

12. 依法不负刑事责任的精神病人的强制医疗程序中检察官的权利是：检察官依法具有申请对精神病人强制医疗的审查权和建议权；检察官依法应当受理被强制医疗人及其近亲属、法定代理人的控告、举报和申诉，并行使及时审查权；检察官对法院批准解除强制医疗的决定实行法律监督；检察官对强制医疗的决定和执行实行全程法律监督。检察长在该程序中行使的职权是：对精神病人强制医疗建议的批准权；对法院强制医疗的决定和执行实行全程法律监督的检察建议的批准权和对法院违法强制医疗的决定和违法执行的纠正权。

综上，鉴于刑事诉讼法、人民检察院刑事诉讼规则（试行）、人民检察院组织法、检察官法的规定，目前检察官行使的职权是有限的、受限的，在执法活动中，履行的职权绝大部分属于程序性的司法检察事务性权能，而非决定权和批准权。为了推进司法责任制改革，归位于扁平化司法规律管理程式，需要将检察长的职权依法适度地让渡给亲临性、责任性的检察官行使，以此实现检察官司法权力和司法责任的高度统一，在基本法律规范未修改之前，其契合的路径只能是——依法授权委托；需要强调的是，检察长依法授权委托检察官的权能范围越彻底，司法体制改革责任制的效能就会越大；司法责任制的边界就会更加清晰，司法责任的追究针对性就会凸显；反之，则效能锐减。

三、司法责任制展开的检察实务准备

司法责任制的初衷解决的是司法任性的问题、司法责任主体定位的问题、司法权能的程序性问题、司法责任追究的形态问题、司法责任理性判断的问题、司法责任追究后的公正归位的辐射效应问题、司法责任制是满足人民群众日益增长的法治需求的期盼问题；与斯拉雪麦格鼓吹的“强权即公理”南辕北辙。[①] 正如柏拉图认识到的：“如果某人管理人类事务可以不承担责任，那

① 参见［美］E. 博登海默：《法理学：法律哲学与法律方法》，邓正来译，中国政法大学出版社2004年版，第7页。

么就必然产生傲慢和不正义。”[①] 这恰恰说明，司法责任制的创制是司法文明的标志，是司法法治化的表现形态，而该制度的行使体现出“规则运行”、“执法统一”、“追责一致”、“系统控制”、“边界管理”、“底线思维”、“权力被限”的合理内核。

霍布斯及斯宾诺莎均认为，在自然状态下，人受欲望和权力意志支配的程度要高于受理性支配的程度。每个人都有为其所能为的最高之权利；换言之，个人之权利达于他的力量的极限，而这也是他的权利的限制条件。[②] 司法权的终极目标是维护法治秩序、彰显法治权威、维系法治人权。正如洛克指出的：法律的目的“不是废除或限制自由，而是保护和扩大自由。”[③]在良法运行的前提下，如果“司法任性”得不到遏制，司法权威就会受到质疑，法律体系就会遭遇破坏，法治生态环境就难以为继。孟德斯鸠认为：“每个有权力的人都趋于滥用权力，而且还趋于把权力用至极致，这是一条万古不易的经验。”为了防止滥用权力，就必须以权力制约权力。[④] 司法责任制是制约司法权力扩张的一剂良药。

司法责任制遵循的原则是：“谁办案，谁负责”，“谁决定，谁负责”。鉴于刑事诉讼法、人民检察院刑事诉讼规则（试行）的法治化的规制，相当一部分的司法决定权，法定归属于检察长或检察委员会，由此形成了“办案者不决定，决定者不办案”的权、责、利非均衡性的司法布局，对司法责任制的推行产生了机制性障碍。其破解难题的方法是：检察长或检察委员会司法决定权的适当让渡，才能实现司法责任制的完整运行；我们强调司法改革是在法律的基本框架内进行，也就是司法改革不能突破法律规范，在上述法律规范未修订之前，司法责任制的操作原则是：办案的司法事务性权利和程序性权利的指导及司法决定性权利应当由检察长或检察委员会让渡于承办案件的检察官和主任检察官；检察长仅仅行使审批司法决定的签字权，检察长司法责任的承担主要在于审批司法决定内容的意识导向；换言之，只要检察长在司法决定权行使过程中，同意承办检察官的意见，即刻发生司法连带责任；若检察长不同意

---

① 参见［美］E. 博登海默：《法理学：法律哲学与法律方法》，邓正来译，中国政法大学出版社2004年版，第12页。

② 参见［美］E. 博登海默：《法理学：法律哲学与法律方法》，邓正来译，中国政法大学出版社2004年版，第56页。

③ 参见［美］E. 博登海默：《法理学：法律哲学与法律方法》，邓正来译，中国政法大学出版社2004年版，第61页。

④ 参见［美］E. 博登海默：《法理学：法律哲学与法律方法》，邓正来译，中国政法大学出版社2004年版，第63页。

承办检察官的意见，而作出相反的司法决定，导致的案件错误，则承担全部的司法责任，承办检察官则予以依法免责。各级检察机关检察委员会的功能，除最高人民检察院法定的职能外，省级以下各级检察机关检察委员会的职能将会大幅度萎缩，仅仅局限于法律适用的参考性意见和法律适用空白的司法解释及立法建议权。

司法责任制对入额的检察官，由于司法责任制的导入，是否法律专业水平和办案能力骤然提升？或适应度的契合满足于司法的法治需求？是目前司法体制改革的难点。涉及五个方面的取向：一是依赖性传统司法惯性思维的印记不可能悄然消失。迷茫、无助、孤立、困惑的心态强化，判断力、抉择力处于左右摆动状态。二是司法活动“心智构造”受限。德国哲学家伊曼努尔·康德认为。“感觉”是我们关于经验世界客体的知识的唯一渊源。然而，他同时又认为感觉经验受到人之心智构造的受限；人脑包含有一些认识和理解的形式，通过这些形式，飞逝的感觉印象被吸收、协调和整合。在这些人脑固有的认知形式和范畴中，他列出了空间、时间、因果等概念和一些数学命题。他认为所有这些都不是经验的产物，而是具有知性的观察者赋予感觉材料的先验范畴。[①] 检察官应然的法律水准与实然的法律水准之间的差异，形成了法律知识恐慌、法律适用选择、法律判断疑惑、司法产品社会检验的考验。三是检察官能动主义的形成，对办案智力的无限力量给予了整体和全面的肯定。四是从一般意义上讲，法律制度是用来从外部形式方面实现法治理性的；而司法责任制是从内部形式方面实现法治理性的，表现在对外界非理性干扰的排除、法律适用理解的准确性、证据规则认知体系性、法治效果判断的统一性。五是黑格尔在《法哲学》一书中指出：“凡是合理的都是现实的，凡是现实的都是合理的，只有理念才是现实的。”[②]由此不难看出，当下的司法活动在理念上应当实现再造工程，即由过去以“侦查为中心”转变为以“审判为中心”、由以“供述证据为中心”转变为以“实物证据为中心”、由以“实体法律为中心”转变为以“程序法律为中心”、由以“法律效果为中心”转变为以“法律效果、社会效果、政治效果叠加为中心”、由以“刑罚打击为中心”转变为以“打防结合为中心”的司法运行模式。

梅因在论著中，得出了一个经常被人们征引的结论，即“迄今为止的进

---

① 参见［美］E. 博登海默：《法理学：法律哲学与法律方法》，邓正来译，中国政法大学出版社2004年版，第79页。

② 参见［美］E. 博登海默：《法理学：法律哲学与法律方法》，邓正来译，中国政法大学出版社2004年版，第89页。

步社会运动，乃是一个从身份到契约的运动”。身份乃是一种固定的状态，个人在这种状态中的位置并非处于他的意志，而是他也不能通过自己的努力而否弃这种状态。① 司法责任制到目前为止，仅仅体现出“规则之治”，而未上升到“法律性规范”，检察官的身份通过司法体制改革中遴选活动，完成了精英检察队伍的创建，附加的契约性责任体现在“办案质量终身负责”。其追责的形态：故意违反法律规定、重大过失导致的严重后果。而执法过程中的“瑕疵”不在此列，这说明司法责任制是有限责任，而非无限责任。斯宾塞认为，文明和法律乃是生物的和有机的进化的结果，而生存竞争、自然选择、“适者生存”则是这一进化过程的主要决定因素。文明是社会生活从简单的形式到较为复杂的形式、从原来的同质到最终的异质这样一种渐进的过程。② 据此，法律是调整社会关系的行为规范，而司法责任制是调整检察官执法行为的规范。边沁认为：“法律控制的主要目的并不是自由，而是安全与平等。”③所以，司法责任制对每个检察官在适用上必须做到一视同仁。司法责任制虽然是“规则之治”，而未上升到“法律性规范”，可以视为“准法律性规范”，根据凯尔森纯粹法学理论，法律科学的研究对象乃是那些“具有法律规范性质的、能确定某些行为合法或非法的规范，某事应当是或应当发生，尤其是指人们应当以一定的方式行事。法律规范的特点：就是通过用一种强制性命令对逆向行为进行制裁的方式来规定某种行为”。故法律规范既存在有效性又包含了实效性。④ 因此，司法责任制具有强制性的功能。耶林对“强制”的洞见是：“国家乃是为了确保人们遵循法律规范而实施强制力的，没有强制力的法律规则是‘一把不燃烧的火’，‘一缕不发亮的光’。”⑤

司法责任制的实行需要操作规则的支持和保障，而规则又可以分为首位规则和次位规则。英国法律哲学家哈特指出：“首位规则是行为的标准方式，这种方式强制社会成员为或不为某类行为，这些规则源于社会的需要。一个发达的法律制度还必须有一套次位规则，这些规则为承认和执行首位规则确立了一

---

① 参见［美］E. 博登海默：《法理学：法律哲学与法律方法》，邓正来译，中国政法大学出版社2004年版，第97页。

② 参见［美］E. 博登海默：《法理学：法律哲学与法律方法》，邓正来译，中国政法大学出版社2004年版，第101页。

③ 参见［美］E. 博登海默：《法理学：法律哲学与法律方法》，邓正来译，中国政法大学出版社2004年版，第112页。

④ 参见［美］E. 博登海默：《法理学：法律哲学与法律方法》，邓正来译，中国政法大学出版社2004年版，第132~133页。

⑤ 参见［美］E. 博登海默：《法理学：法律哲学与法律方法》，邓正来译，中国政法大学出版社2004年版，第116页。

种法定手段。首先，这些规则有助于用某种权威的方式识别法律制度中的有效规则；第二，这些规则对那些旨在改变首位规则的正式日常规定性的程序作出了规定；第三，这些规则通过建立详尽的执法程序确保首位规则的实施。”[①] 司法责任制的首位规则是执法主体必须适用的各类基本法律规范，涵盖了实体法和程序法；司法责任制的次位规则是司法权力清单、司法责任清单、司法权运行规则、司法责任的判断规则、司法责任的追究程序等。检察官的司法权力清单主要是法律的规定性和检察长依法授权委托的权能；检察官的司法责任清单是与司法权力清单对应的客观义务及责任；检察官的司法权运行规则就是各种法律的程序性规制和司法责任制的具体性规范；检察官的司法责任的判断规则涉及实体标准和程序规制以及检察官的检察权运行范围、程度、效果等；检察官的司法责任的追究程序触及责任的种类、责任的大小、处罚的定位、资格的存留等。综上，检察官司法责任制的操作程式，不外乎司法权力的范围、应当行使的检察客观义务、实然性的司法责任对象、应然性的司法责任契合，以及司法责任追究的内外法治效果的显现。

司法责任制的诉讼导入，无疑激活了检察官的执法潜能，使行为方式更具有创新精神和能动精神。法国弗朗索瓦·惹尼认为，法律的正式渊源并不能够覆盖司法活动的全部领域，总是有些领域依靠法官的自由裁量权来决定，这种自由裁量权不应当根据那种不受控制的和专断的个人感情来行使，而应当根据客观的原则来行使；实行这个任务的方法应当是“认识所涉及的利益、评价这些利益各自的分量、在正义的天平上对它们进行衡量，以便根据某种社会标准去确保其间最为重要的利益的优先地位，最终达到最为可欲的平衡”。[②]检察官司法潜能发挥的前提要素是，依法的授权委托和司法的有效放权。司法权力对应的则是司法义务，属“洛克理论的倒置”，即“个人被认为可以拥有的唯一权利便是永远履行其义务的权利”。[③] 在司法实务中，检察官的潜能喻意于基础物理学与宇宙学中的“暗物质”，表现出密度小、数量大、总质量不可低估的特质，从案件的质量而言，具体反映在检察实践中，对案件立与不立、对犯罪嫌疑人追与不追、捕与不捕、强制措施的变更及转换、诉与不诉、抗与不抗、遏制选择性司法等实体司法效能的发挥。从办案风险的预测和法律、社

---

① 参见［美］E. 博登海默：《法理学：法律哲学与法律方法》，邓正来译，中国政法大学出版社 2004 年版，第 138 页。

② 参见［美］E. 博登海默：《法理学：法律哲学与法律方法》，邓正来译，中国政法大学出版社 2004 年版，第 152 页。

③ 参见［美］E. 博登海默：《法理学：法律哲学与法律方法》，邓正来译，中国政法大学出版社 2004 年版，第 194 页。

会、政治效果的统一度上看，检察机关输送出的司法产品，受众度由于新媒体和自媒体平台的广域性，加之检务公开的外部监督效应，对规范司法行为的社会期盼将会产生“引力波”效应，对司法执法的评判主体由司法机关内部向可视的空间延伸；无疑催生了司法责任制的强化和完善。

检察官在司法责任制中的司法权力正向和逆向漂移。检察官的司法权力依法授权委托并非一劳永逸，实属动态的任用过程，检察官在执法中的严重违反司法责任制的规定，将会产生检察官执法权的被剥夺。如违法犯罪、违反司法责任制被责任追究、政治素养失缺等。符合检察官任用条件的检察官助理以及下级检察官依法通过司法遴选程序，可以被任命成同级和上一级的检察官，依法履行检察官的法定职能。借助自然界中有序模式的普遍性理论，人体正常的新陈代谢就是按照一种有序的系统而发生的，根据这一系统，它只会生长出为替换衰弱和损坏的细胞所需数量的新细胞。[①]

司法责任制是由司法权力、司法责任、司法权运行机制和司法保障共同完成的综合体；根据权力与义务对等、权利与责任对等、权利与保障对等的基本原则，司法保障的显性和隐性功能体现了检察官内聚性合理需求，即司法权力依法授权委托的权限越大，司法责任则越大，司法保障的幅度越大，上述的关系是成正比的，符合司法的规律；反之，则违背司法规律。入额的检察官内聚性程度——这是维续文明的社会生活所必需的——就是正义的目标。[②] 在司法权力的赋予上，存在一个权能分配正义性的关节点——司法权力的行使产生的不良或负面的法治后果是可以追究到司法责任的，这是因为检察权的行使在每个诉讼阶段都有不同的权力主体行使法定的交叉权能，由于权力行使的交叉而形成的重叠，是划分司法责任的难点。司法责任边界的设定越宽泛，将出现司法责任追究或辐射的空白：故意违反法律规定的司法责任偏重于主观内核；重大过失导致的严重后果偏重于客观内核；而司法瑕疵是介于主观内核与客观内核的中间环节。司法权运行机制既有实体法的依法选择，同时，也涉及程序法的准确运用，其判断的理性规则是：个案的评查及联动的业绩考核。司法保障系统目前采取的是分级管理的职能业态：司法责任大——意味着司法权力大——司法保障标准高。法律对于权力来讲是一种稳定器，而对于失控的权

① 参见［美］E. 博登海默：《法理学：法律哲学与法律方法》，邓正来译，中国政法大学出版社2004年版，第229页。

② 参见［美］E. 博登海默：《法理学：法律哲学与法律方法》，邓正来译，中国政法大学出版社2004年版，第261页。

力来讲则是一种抑制器。[1] 因此，法律正义是检察官追求的价值目标的底线。检察官职业群体在司法权力、司法义务、司法责任、司法保障的权责分配和保障分配应然性是统一的。

① 参见［美］E. 博登海默：《法理学：法律哲学与法律方法》，邓正来译，中国政法大学出版社2004年版，第317页。

司法责任制改革实践中的冲突与平衡

王　磊*

司法责任制改革在司法体制与运行机制改革中居于核心地位，对检察司法办案传统的权限划分、办案组织、运行机制都产生了深刻影响。当前全面推进司法责任制改革实践中，要坚持检察制度基本原理和检察工作基本规律，坚持长远考虑和从现实出发，坚持寻求理论与实践、理想与现实间的联结点和平衡点，以推进司法责任制改革的落地生根。

一、检察一体化与检察官相对独立的平衡

（一）两者关系

检察一体化是检察制度的重要组织原则。检察一体对外指检察独立，对内指检察一体，体现在上命下从的检察领导体制、横向协作，总体统筹的工作机制等各方面。检察官相对独立是指检察官在行使检察权时，有权以事实为根据、以法律为准绳，在职权范围内自主处理有关事务，而不受行政机关、社会团体和个人的干涉。[①] 检察官的相对独立是检察机关整体独立的基础，检察机关的整体独立要以检察官个体的相对独立为基础。检察权依法独立行使的第一种形式是检察机关集体独立；检察权依法独立行使的第二种形式是确认检察官在检察机关内部的相对独立，从而以检察官为主体，独立地行使职权。[②] 两者对外都是检察权独立的体现，但在内部运作中也存在一定的矛盾和冲突。一是检察一体的行政属性与检察官办案的司法属性相冲突。检察权属性具有复合型，兼具司法属性、行政属性和监督属性。检察一体化和行政属性要求上命下从、统一指挥，检察官办案特别是司法属性较强的检察业务又强调司法判断性、独立性、亲历性。二是上命下从与检察官相对独立性的冲突。司法责任制

---

* 湖北省人民检察院法律政策研究室主任。

① 朱孝清：《检察官相对独立论》，载《法学研究》2015 年第 1 期。

② 参见龙宗智：《论依法独立行使检察权》，载《中国刑事法杂志》2002 年第 1 期。

要求突出检察官办案主体地位，简化审批层级，而检察一体化则强调上命下从，强调审批指挥指令。体现在具体司法办案中，两者的运行方式要求相悖。

（二）实践难题

司法责任制改革应当改变强调检察机关整体独立而忽视检察官个体独立的倾向，改变司法办案中“三级审批制”的模式。从司法责任制改革的实践来看，各地对此普遍持审慎态度。一是授权力度不大。各地在司法责任制改革中，根据不同业务类型做了不同的授权，案件决定权的授权主要在司法属性较强的批捕公诉业务，职务犯罪侦查基于行政属性和统一指挥需求授权不明显，诉讼监督业务工作大部分都会影响到其他执法司法机关活动，授权也不大。通常一般性案件的批捕起诉决定权授权给检察官，办案中非终局性事项、事务性工作授权给检察官。所谓非终局性事项和事务性工作，更多是检察官应尽职责和义务，而一般案件和重大复杂疑难案件的标准也不易把握。二是审批程序“简化”不彻底。改革要求简化审批程序，取消内设机构负责人审核层级，但放一点又收一点，同时强调加强内设机构负责人监督职责，对于检察长决定案件、检察官会议意见不一致，检察官意见需通过内设机构负责人报送，有不同意见同时报送，报送程序和环节未发生变化，还给内设机构负责人带来难以把握监督把关尺度的困惑。诚然，司法责任制改革不能一蹴而就，检察官相对独立的真正落实还需要精英化检察群体的培育作基础。各地在改革之初，可以根据人员素质和实际办案情况循序渐进，但指导思想和改革指向要明确。

（三）改革设想

作为检察制度的基本原则，检察一体与检察官相对独立的原则在不同的历史时期，应当根据不同情势和任务作出相应调适、有所偏向，寻求最佳平衡点，以满足实践需求，保障检察工作科学发展。司法责任制改革的价值追求，在目前阶段应当更加偏重于突出检察官相对独立的办案主体地位。基于此来平衡两者关系、完善制度设计。

1. 逐步扩大授权范围。改革要使一线办案检察官成为有职有权、相对独立而且要承担责任的办案主体。随着改革的实施，检察官队伍精英化、专业化的实现，检察官办案能力水平的提高，应当逐步扩大授权范围。检察工作基于程序性、中间性的特点，大部分案件办理还要受到后一环节的监督制约，救济渠道是畅通的。既然一般性案件批捕公诉决定权可以授权，可以在时机成熟时明确应当由检察长行使的权力，让检察官拥有更多案件和事项的决定权。

2. 优化权力运行方式。授权范围只是考量的一个方面，在短时期内不可能大幅授权的情况下，应当优化权力运行方式，促进意识养成和习惯养成，保证检察官相对独立的办案主体地位。现实办案中，无论是否授权，检察官对于案件都会提出处理意见，在坚持检察一体化的前提下，应当充分尊重和保障检察官的独立判断和处理权，增强检察长的弹性指挥指令。一是加强沟通和指导，在正式流转程序之外，检察官就案件处理向检察长求教，检察长提供意见供其参考。检察长对检察官报送的案件，如不同意其决定，采取指导和说服的方式，也可以更多地采取发回的方式提出意见和建议。二是充分利用职务收取权和职务转移权，在保障检察官异议权的前提下，检察长可以通过职务收取和职务移转的方式实现对案件的控制。三是检察长的改变决定权作为救济和补充。根据检察长一体化原则，检察长对任何案件都可以改变和作出决定，检察长的改变决定权应审慎行使，只有在说服和职务移转均无法达到效果之后，才能行使。

二、内设机构和办案组织之间的平衡

（一）两者关系

内设机构和办案组织都是检察机关组织体系的重要组成部分。检察机关组织体系建设包括检察机关领导体制、建制层次设置、内设机构设置、办案组织设置、派出机构设置等诸多内容。两者的目的都是优化职权、整合资源、规范运行，最终促进检察权有效行使，保障司法办案顺利进行。两者要遵循同样的原则和规律，如检察一体化原则，案件办理和案件管理相分离、检察权和检察事务管理权相分离的原则，还要遵循组织构造的基本规律和原理。

但是两者也有区别。从组织管理的角度来看，两者都形成了管理单元，但各自的价值目标和管理要求有所不同，内设机构更加强调管理功能，办案组织则要突出检察官的办案主体地位。因此，在司法改革中要注意平衡协调好两者关系。

（二）实践难题

内设机构改革和办案组织建设都是司法责任制改革的重要内容，是司法办案运行的组织保障。从各地改革共识来看，内设机构整合的重点在基层院，省市院则应当以专业化、精细化为方向，优化内设机构职能。基层院则以大部门制改革为主。两者最直观的关系体现在，办案组织设于内设机构之中。就业务机构而言，与办案组织在司法责任制改革实践中的最大矛盾是两者价值取向的差异。司法责任制改革要求改革原有的三级审批制，淡化行政色彩，简化审批层级，取消内设机构负责人审核环节。内设机构改革则要坚持中间管理层级不能削弱。检察机关内设业务机构机关只是履行具体检察职能的组织者，负责本部门的政治思想、业务基础建设、日常行政管理和协调工作，具有明显的管理属性。[①] 内设机构作为组织者管理者，还包括对案件的监督管理，而案件管理与行政管理也密切相关，如对办案人员、办案资源的整合调度，直接影响到办案活动。两者在价值取向上的不同，直接影响到两方面功能的协调平衡：一是内设机构对司法办案监督功能。办案组织成为有权有责的办案单元，而且本身也成为自成一体的管理单元。在办案组织独立性增强的情况下，同时要有效发挥院领导和内设机构的监督管理作用，院领导和内设机构负责人还负有监督管理的司法责任。需要明确两者的职权、责任和关系，以免顾虑太多束缚手脚。二是有效发挥作为管理单元的内设机构和作为办案单元的办案组织的合力。两者在实际中存在重合或交叉的情形。人数较少基层院，有些业务机构只有一名检察官，机构与办案组织完全重合。但在人数较多、检察官较多的业务机构，形成了大团队下还有小团队的情形，更需要协调好彼此的关系，内设机构的组织、管理、监督和协调功能与办案组的监督管理职能要做到各自发挥作用而不相互掣肘。

（三）改革设想

内设机构应当成为业务平台和管理单元，办案组织作为司法办案的基本单元，在司法改革中有效发挥各自的功能作用。

1. 深化检察权与检察事务权的分离。检察机关内设机构的设置，围绕司法办案，根据其职能和作用，可以大致为分检察决策及执行机构、检察业务机构、检察业务保障机构（包括案件管理部门和综合管理部门）。大部门制改革是将小的管理单元整合为较大的管理单元，对于业务机构的职能还可以进行分离，对于办案部门中大量的综合业务、司法行政事务，从提高效率、专门分工的角度，可以交由案件管理、综合管理部门承担，形成专司办案部门与服务办案部门的合理分工。还可以考虑在人数较少的检察院，进一步整合管理单元，成立固定式检察官办案组直接对检察长负责的体制，行政党建事务等由司法行政部门专司，通过对不同办案组工作任务的明确，实现职权配置专业化的需要。

2. 发挥内设机构与办案组织的合力。内设机构职责主要通过负责人来实现。就司法办案而言，内设机构负责调配办案资源、做好保障服务、监督办案活动，但不干涉具体案件的决定。对于成立固定办案组的，内设机构主要负责

---

① 阮志勇：《检察机关办案组织的理论探讨》，载《新一轮检察改革与检察制度的发展完善——第四届中国检察基础理论论坛文集》，中国检察出版社2015年版，第311～325页。

人召集检察官会议，根据负责办案组的检察官要求，对办案人员进行合理配置。对于以临时办案组为主的，内设机构还要负责调配人员组建办案组。需要注意的是，在以检察官办案组为主的内设机构如职务犯罪侦查部门，需要充分发挥主任检察官作用，主任检察官对本办案组的办案活动要承担更多的组织协调职能。

三、检察官与检察官助理职责的平衡

（一）两者关系

司法责任制改革要求突出检察官主体地位，意即检察官才是办案主体，要围绕检察官来搭配人员组建办案组，以检察官名义开展司法办案工作。作为办案主体，检察官才能拥有完整的办案权利并承担办案义务和责任。检察官助理属于检察辅助人员，作为独立的人员分类，也有其权利义务。在检察官的指导下履行职责，可以从事除决定性事项外的任何办案工作。对于亲历性事项，检察官助理也可以参与，如讯问、询问、协助检察官出庭。对于亲历性事项，最高人民检察院指导意见只规定了检察官必须履职的最低限度，如依法应当讯问犯罪嫌疑人、被告人的，至少亲自讯问一次。应该说，检察官助理职责具有广泛性。两类人员在司法办案中都有相应的职责和义务，区别仅仅在于是否具有司法办案的决定权。在司法办案中需要平衡好两者关系，既突出检察官办案主体地位，又发挥检察官助理辅助办案作用。

（二）实践难题

当前案多人少矛盾较为突出，能够独立办案的检察官数量减少，其中还包括需要承担较少办案量的领导和部门负责人，检察官需要承办更多的案件，更需要检察官助理充分发挥辅助作用。从改革实践来看，主要问题是：一是检察官和检察官助理数量不成比例，办案组织难以搭建，检察官之间采取互为辅助或共用辅助人员的形式，有些地方探索采取聘用制文员的形式补充辅助人员，但聘用制文员不具有司法办案主体资格，能够承担的办案工作受到限制，作用发挥有限。虽然办案组织搭建不一定完全采取标配形式，但在互为辅助和共用辅助的形式下，各自的职责和作用难以区分，尤其在改革初期，司法责任制的制度效应难以体现。二是检察官和检察官助理职责区别仅在于是否具有案件决定权，案多人少的现实矛盾要求检察官助理分担相当部分办案工作，容易造成检察官助理承办案件报由检察官审核审批，在检察官和检察官助理之间形成新的审批层级。三是要改变长期单独办案的习惯，检察官和检察官助理双方的积极性都受到影响，检察官不愿意对检察官助理的办案活动负责，检察官助理心理和待遇上的落差导致出工不出力。

（三）改革设想

处理好检察官和检察官助理的职责定位，要从长远和现实两个方面考虑。

1. 从长远考虑，比较理想的模式是形成“检察官+检察辅助人员”的标准配备，无论是固定办案组还是临时办案组，都能够做到主体和协助的明确定位。检察官和检察官助理在办案经验水平上形成梯队，检察官助理在检察官指导下从事办案活动，其职责依附于检察官，其办案活动是检察官职务行为的延伸。坚持检察官亲历性的要求，检察官应当全程参与办案，检察官助理在亲历性事项中做好配合和协助，承担主要事务性工作，避免检察官助理承办、检察官审批案件的情形，形成检察官成为好教员、检察官助理成为好帮手的和谐局面。

2. 建立检察官助理发展通道。检察人员分类管理后，检察官来源不应将检察官助理排除在外。检察官助理应当作为检察官的候任人员，其业务能力办案水平作为其晋升的考评依据。同时建立相应配套制度如检察官助理考评制度，检察官对其履职考评要提供意见，通过其明确的发展预期提高其积极性。

3. 从现实情况考虑，对于已有检察官身份并有独立办案能力但未入额的检察官助理，可以由其独立承办案件。在改革试点期内，对转任为检察官助理的现任检察员、助理检察员，基于对其原有的检察身份以及办案经历、能力的认可，以及为缓解案多人少现实矛盾，经检察长特别授权后，可以独立承办事实清楚、证据充分的简单案件。[①] 这一做法取决于改革的力度，是基于现实平稳过渡还是以经历阵痛实现改革要求。同时，对于曾经作为试点的有职有权的主办检察官制度，也不失为解决这一问题的选项。

四、授权与控权的平衡

（一）两者关系

有权力必有监督。我国检察权运行过程中始终注重监督制约，并建立完善了相应的制度机制，以解决“监督者谁来监督的问题”。司法责任制改革中授予检察官更多司法办案权力，在授权的同时要加强控权。实行司法责任制并不意味着对检察官职务行为和职业伦理管理监督的弱化，加强监督管理也不能影响检察官积极性主动性的发挥。两者的最终目的是统一的，都是为了保障案件

① 桂万先、杨吉高：《检察办案组织若干问题研究》，载《人民检察院组织法与检察官法修改——第十二届国家高级检察官论坛文集》，中国检察出版社2016年版。

质量、提高司法公信力。但在具体制度设计和操作中还存在协调衔接的难题。

（二）实践难题

司法责任制改革中对于权力控制的制度设计涉及方方面面，主要包括：一是内外部监督体系。经过长期的努力，目前检察机关内外部监督体系已经建成。针对司法责任制改革的需求，主要加强了对司法办案活动的监督，包括检察长、内设机构负责人的监督管理指导，还包括办案组内部的双向监督，即检察官和办案组成员之间的相互监督。这些监督措施既体现了专门性，又融合到司法办案中，与司法办案指挥指令审批密不可分。二是司法责任认定与追究。司法责任认定与追究也是与司法责任制改革相辅相成，制度的初衷应是监督而非追究，其具体程序中的案件评查、个案评查更是已经运行较为成熟的监督手段和措施。

在司法责任制改革实践中，检察官对于控权还有一些担心和困惑：一是司法责任认定与追究在增强检察官责任心的同时，也会扩大其趋利避害心理，导致不敢担当、不愿作决定、规避责任的情形；二是检察长、内设机构负责人的监督管理与司法办案指挥指令审批在某些情形下相重合，在自身不能理性界定职责边界的情况下，影响到检察官司法办案主体地位；三是各类监督措施叠加，操作设计较为复杂全面，对于检察官的主观感受和实际操作而言，过于烦琐，需要投入相当精力，给分管检察长、内设机构和检察官增加了额外的工作负担。

（三）改革设想

在推进司法责任制改革中，处理好授权与控权的平衡，一方面要准确理解司法责任体系，另一方面要形成精准的具有可操作性的制度设计。

1. 有限的司法责任与全面的职业保障相结合。司法责任认定与追究不意味着仅仅追责，是包含检察官职责、权限、责任三方面内容的有机整体。追究责任的前提是明确检察官职责、落实检察官权力，在此基础上才能实现谁办案谁负责、谁决定谁负责。司法责任也不是泛泛的凡出现问题都要检察官负责，某种意义上更是一种有限责任，即有明确的责任分配原则，责任情形有严格限定，主观意识为必要条件，并非凡有情形必追责，还有免责事由的限制。意即检察官只要秉承公心和法律，便无担责之虞。在强调对检察官权力控制的同时，还不能忽视对检察官权力的保障。根据相关的规定，将检察官充分的行使职权的职务保障落实到位，免除检察官后顾之忧。

2. 案件管理和案件办理适当分离。将“人盯人”的监督转变为“人盯案”的监督，通过对司法办案的监督，实现对检察官的监督。一是强化常规管理职责。目前案件管理主要是对案件流程和节点的监督管理，在此基础上强化对案件办理结果的监督管理，注意跟进案件后续处理、法院判决等情况，进行核对。二是强化专项管理，即由案件管理部门组织开展案件评查活动和个案评查，甄别是否属于问题案件。总体考虑，更多发挥专门监督管理部门的职能作用，有效减少检察官负担。三是充分利用检察信息化技术，发挥搜索、抓取等功能，为案件管理工作助力。

人民检察院司法责任制的进步与局限

——评《关于完善人民检察院司法责任制的若干意见》

王玄玮*

2015年8月18日，《关于完善人民检察院司法责任制的若干意见》（以下简称《若干意见》）经中央全面深化改革领导小组审议通过。一个检察机关自身关于完善检察权运行机制的改革性文件经中央有关领导机构审议通过，这在检察机关历史上还是第一次。《若干意见》内容丰富，涉及检察人员分类管理、检察官员额制、检察机关基本办案组织、检察业务运行方式、检察委员会运行机制、检察管理和监督机制、司法责任认定和追究机制等多个领域，不少内容对于现行检察制度而言都是变革性突破，在检察制度发展史上具有里程碑式的重大意义。同时，依笔者愚见，在个别地方也存在疏漏、遗憾之处。笔者结合自己长期在检察机关工作的观察和思考以及亲身参与省级检察机关司法体制改革的实践，对《若干意见》的成就与遗憾谈一点粗浅的体会。

一、《若干意见》的重大意义

（一）引导检察办案模式从“行政化”向“司法化”转型发展

长期以来，检察机关办案的主导模式是“承办人承办—部门负责人审核—检察长（检委会）审批决定”的“三级审批”模式。这种办案模式的优点是能够较好地体现检察一体，保证法律的统一适用；能够较好地集中集体智慧，强化对检察办案工作的领导和监督，防止检察权的滥用，等等。但是，随着法治建设的深入推进和检察官专业素质的提升，这种办案模式在司法实践中也暴露出一些突出问题，已不能完全适应工作需要。比如，审批层级过多，影响办案效率；行政色彩较浓，难以适应检察官队伍专业化、职业化建设的发展方向；各层级执法权限不明、责任不清，司法过错责任难以严格落实，等等。

* 云南省人民检察院研究室副主任，全国检察业务专家，全国检察理论研究人才，法学博士。

这次《若干意见》针对审查逮捕、审查起诉、诉讼监督等不同案件类型，明确规定“检察官对检察长（分管副检察长）负责，在职权范围内对办案事项作出决定”，业务部门负责人不再对案件进行审核、审批。通过对检察官的合理授权，凸显了检察官在司法办案中的主体地位，较好地体现了“谁办案谁负责、谁决定谁负责”的改革要求，为检察机关办案模式的“司法化”转型发展奠定了坚实的制度基础。有些评论认为，《若干意见》对检察官授权太少，甚至认为“检察官几乎没有任何检察事项的决定权”，[①] 这样的认识是错误的。另外，针对职务犯罪侦查等行政属性较强的业务工作，《若干意见》保留了长期以来行之有效的行政化办案模式，使得检察权运行方式既遵循司法活动的一般规律，又符合检察职业的特殊规律。总体来讲，《若干意见》在检察办案模式的转型发展方面迈出了至关重要的一步。

（二）第一次明确了检察机关基本办案组织

长期以来，检察机关司法办案工作中只有“案件承办人”的概念，没有办案组织的概念。可以说，检察机关基本办案组织不够清晰，组织形式不够健全。这次《若干意见》明确规定：“根据履行职能需要、案件类型及复杂难易程度，实行独任检察官或检察官办案组的办案组织形式。”自此，检察机关的两种基本办案组织形式得到了明确：一种是独任检察官，另一种是检察官办案组。对于两种基本办案组织形式的运行，《若干意见》规定了不同的人员构成，即“独任检察官承办案件，配备必要的检察辅助人员。检察官办案组由两名以上检察官组成，配备必要的检察辅助人员。检察官办案组可以相对固定设置，也可以根据司法办案需要临时组成，办案组负责人为主任检察官”。与人民法院的基本办案组织比较可以看出，“独任检察官”与“独任法官”较为相似，但“检察官办案组”与人民法院的“合议庭”有所不同：一是合议庭实行合议制，而检察官办案组并不实行合议制，办案决定权由主任检察官行使，主任检察官在职权范围内对办案事项作出决定。因此，主任检察官也不等同于人民法院的“审判长”。二是合议庭既可以由审判员组成，也可以由审判员和人民陪审员组成，人数应当为单数；检察官办案组只能检察官组成，人数为两名以上，并不限定为单数。可以说，《若干意见》建立了符合检察权运行特点的办案组织形式。检察机关在保留法律监督机关权力运行传统的同时，司法属性得到进一步凸显。

（三）各层级检察人员的职责权限进一步明晰

在《若干意见》中，检察长、检察官、主任检察官、业务部门负责人、

---

① 彭丁云：《完善司法责任制需重视的几个问题》，载《民主与法制》2015年第34期。

检察官助理的职责权限以列举式分别进行规定，其中不乏亮点。一是明确了检察官的亲历性职责。《若干意见》规定，检察官承办案件，依法应当讯问犯罪嫌疑人、被告人的，至少亲自讯问一次。此外，检察官还应当亲自承担询问关键证人、组织现场勘验、主持公开审查、出席法庭等办案事项。这一规定符合司法活动的亲历性要求，能够更好地保证司法办案质量，也体现了检察官的办案主体地位。不过，这一规定本身还不是检察官职权的全部。检察官在司法办案过程中具体行使哪些职权，要根据各省级人民检察院发布的“检察官权力清单”来确定。二是明确了业务负责人的职责。实行司法责任制后，业务部门负责人原则上不再对案件行使审核、审批权，那么他们应当发挥什么样的作用？对此，《若干意见》指出，业务部门负责人除作为检察官承办案件外，还要履行组织研究涉及本部门业务的法律政策问题、召集检察官联席会议、对下级人民检察院办案工作进行指导、负责本部门司法行政管理工作等职责。这样，既发挥了部门负责人作为资深检察官的经验优势，又保障了检察官依据授权范围开展工作的独立性。三是明确了检察官助理的职责。检察官助理是本轮司法体制改革的新生事物，其职责此前众说纷纭。根据《若干意见》，检察官助理履行的是司法办案职责，有权介入对案件实质性内容的处理。与书记员主要从事事务性工作相比，检察官助理的工作更侧重于“司法性”、“业务性”。但与检察官的职权相比，检察官助理对处理事项没有决定权，必须在检察官领导下开展工作。可以说，检察官不仅是“办案”的人，还是“定案”的人，而检察官助理就是协助办案的人。这样一来，检察官助理的定位也就十分清楚了。以上这些，都是本轮司法责任制改革中出现的新规定、新内容，具有开创性意义。

（四）构建了检察人员司法责任体系，明确了责任追究原则

本轮改革之初，一些地方的检察人员对办案质量终身负责制存在一定误解，认为检察官办案责任过大，责权利不对等。特别是在当前法院裁判终局性不足等的现实情况下，对终身追责的要求存在较大担忧。在试点过程中，一些办案骨干主动放弃入额机会、自愿选择担任助理的现象也并不鲜见，有人形象地将此形容为得了“责任制恐慌症”。其实从大多数国家的经验和中国司法实践来看，对司法责任包括错案责任的界定基本都坚持主观过错与客观行为相一致，责任与处罚相匹配。司法责任体系的建立既要促使检察人员恪尽职守、忠诚履职，又要确保依法履行职责、尽到注意义务的检察人员不受追究，鼓励检察官在职权范围内依法对案件作出决定。根据《若干意见》，司法责任主要是对检察官在办案中存在故意或重大过失，造成严重后果或恶劣影响等情况的追责，分为故意违反法律法规责任、重大过失责任和监督管理责任三种类型。一

方面，规定检察官对其决定权限范围内的事项，承担完全的司法责任，所有检察人员对自己承办案件的行为承担行为责任。另一方面，将错案责任追究的情形限定于检察人员履行职责过程中的故意或重大违法失职行为。也就是说，司法办案工作中虽有错案发生，但检察人员履行职责中尽到必要注意义务，没有故意或重大过失的，实行司法责任豁免。另外，在办案程序、文书制作以及司法作风等方面存在瑕疵，但不影响案件结论的正确性和效力的，《若干意见》也不作为司法责任追究，而是依照相关纪律规定处理。这样的司法责任体系，就较好地做到了授权与担责之间的合理平衡。

（五）对“检察一体”和“独立办案”做到了合理兼顾

这样的合理兼顾，在上下级检察院的关系、检察长与检察官的关系等两个方面都得到了体现。在上下级检察院的关系上，一方面，按照“检察一体”组织原则，《若干意见》要求加强上级检察院对下级检察院司法办案工作的领导，规定上级检察院可以指令下级检察院纠正错误决定，或依法撤销、变更下级检察院对案件的决定。同时也明确了上级检察院的司法责任，规定“上级人民检察院不采纳或改变下级人民检察院正确意见的，应当由上级人民检察院有关人员承担相应的责任”。在检察长与检察官的关系上，按照“检察一体”原则，《若干意见》规定检察长有权对独任检察官、检察官办案组承办的案件进行审核；检察长不同意检察官处理意见的，可以要求检察官复核或提请检察委员会讨论决定，也可以直接作出决定。另一方面，也要求检察长的意见、决定应当以书面形式作出并归入案件卷宗，同时赋予检察官“异议权”，规定检察官执行检察长决定时认为决定错误的，可以提出异议；检察长不改变该决定，或要求立即执行的，检察官应当执行，执行的后果由检察长负责，检察官不承担司法责任。

以上这些内容，都是《若干意见》的亮点，对现行检察制度和检察理论来说都是重大的创新和突破，值得检察人员为之“点赞”。从长远来看，这些改革措施的逐步落实，将对提高检察队伍整体素质、推动检察工作全面发展、完善中国特色社会主义检察制度产生重要而深远的影响。

二、《若干意见》的些许遗憾

（一）检察官办案主体地位落实得不彻底

主要体现在，《若干意见》赋予检察官一定程度的定案权，却不赋予检察官以法律文书的签发权。《若干意见》规定：“以人民检察院名义制发的法律文书，由检察长（分管副检察长）签发。”在检察机关司法实务中，绝大多数法律文书都以人民检察院名义制发，特别是体现定案权的主要法律文书——批准逮捕决定书、起诉书、抗诉书、检察建议书等，无一例外均是如此。检察官负责办案、授权定案，但无权签发法律文书，这样的“定案权”显得不完整。《若干意见》还规定：“对于检察官在职权范围内作出决定的事项，检察长（副检察长）不因签发法律文书承担司法责任。”显然，授权范围内案件的司法责任仍然由检察官承担。这样一来，有权签发法律文书的不承担责任，实际承担责任的无权签发文书，造成司法责任制下责权关系的不对等。对照人民法院司法责任制的规定，区别就很明显了。最高人民法院《关于完善人民法院司法责任制的若干意见》规定，独任法官审理案件形成的裁判文书，由独任法官直接签署；合议庭审理案件形成的裁判文书，由承办法官、合议庭其他成员、审判长依次签署。审判组织的法官依次签署完毕后，裁判文书即可印发。除审判委员会讨论决定的案件以外，院长、副院长、庭长对其未直接参加审理案件的裁判文书不再进行审核签发。这样的规定，在落实“让审理者裁判，由裁判者负责”的要求方面显然更加到位。当然，检察人员都明白检察机关有“检察一体”的组织特征，检察权运行方式与审判权不完全相同，司法责任制也不能与法院简单类比。但是，责权关系的对等能够更好保证司法责任制的良性运转。检察长对检察院工作的统一领导，可以体现在调整授权范围、指定承办人、更换承办人、重大案件决定等其他环节。检察长（副检察长）保留法律文书签发权，体现的是检察机关司法环境中长期追求的对统一执法尺度的努力和对案件质量的审慎把关，但多少也带有对自身队伍素质的不自信和对放权后发生案件质量问题甚至廉洁问题的担忧，这样的制度设计情有可原。然而，过去的实践已经说明，层层审批也不能杜绝发生冤案错案，“人盯人”式的监督并非提升司法公正程度的治本之策。相反，只有司法责任得到清晰的界定，让检察官对自己决定的案件承担终身办案责任，才是从根本上解决公正司法、廉洁司法问题的正道。

（二）检察权运行和管理机制存在“盲点”

这里所说的“盲点”，指的是一个被普遍忽视的问题：如果副检察长未入额，该如何履行所承担的检察管理职责？司法责任制的前提是检察官员额制，检察人员中进入员额的成为员额制检察官，按照检察官权力清单独立办案并承担司法责任；未入额的成为检察辅助人员或司法行政人员。在原有检察官中，检察长由人民代表大会选举产生，系当然入额人选，不存在不入额的问题；检察委员会委员、检察员、助理检察员经考试、考核等遴选程序选拔，入额的成为检察官，未入额的辅助办案，也没有什么问题。但副检察长不同，这个岗位需要履行大量的监督管理职责。《若干意见》第二部分规定得很明确，副检察长要对独任检察官、检察官办案组承办的案件进行审核，有权否决检察官的处理意见或要求复核，还要负责签发法律文书。那么对于未入额的副检察长来说，一方面要领导员额制检察官从事司法办案，同时因未入额又成为员额制检察官的“辅助人员”，角色上存在冲突，理论上也不好解释。自《若干意见》颁布以来，这个问题尚未引起足够重视。2016 年 4 月，最高人民检察院召开“司法责任制改革中权力清单调研交流会”，从会议交流情况来看，只有一个省检察机关建议对这个问题予以进一步明确。① 或许有人认为，副检察长必定能进入员额，这样的担心是多余的。但从司法体制改革试点情况看，副检察长不一定都是员额制检察官。在实践中，副检察长未入额有以下几种可能：一是组织原因。如云南省昆明市西山区人民检察院因办案任务沉重，决定首次检察官遴选充分保障一线办案骨干入额，院领导暂不参加竞争。2015 年 12 月产生首批员额制检察官后，第二次遴选一直未启动，于是该院所有副检察长至今都未入额。二是考试原因。三是个人原因。一些年龄偏大、接近退休年限的副检察长，因不愿重返一线办案，主动放弃入额。对于这些未入额的副检察长，当然不能因为未入额就免除职务，毕竟一次不入额不等于永远不入额；但也不能因为今后还有遴选机会就一切照旧，入不入额一个样。比较可行的办法，或许是调整分工，让未入额的副检察长分管综合部门或司法行政部门，可以暂时解决角色冲突问题。在这个问题上，新旧检察管理模式的转换确实存在不协调、不顺畅之处，需要进一步研究解决。

（三）司法责任的认定和追究存在遗漏

如前所述，《若干意见》构建了检察人员司法责任体系，明确了检察人员司法责任包括故意违反法律法规责任、重大过失责任和监督管理责任三种。那么，对这三种司法责任应当怎样认定和追究呢？对于前两种司法责任，《若干意见》给出了回答：人民检察院纪检监察机构受理对检察人员在司法办案工作中违纪违法行为和司法过错行为的检举控告，并进行调查核实。经调查后认为应当追究检察官故意违反法律法规责任或重大过失责任的，应当报请检察长决定后，移送省、自治区、直辖市检察官惩戒委员会审议。纪检监察机构应当及时通报相关事实及拟处理建议、依据，并就当事检察官故意违反法律法规或重大过失承担举证责任。检察官惩戒委员会根据查明的事实和法律规定，作出无责、免责或给予惩戒处分的建议。之后，检察机关再根据《检察官法》、《检察人员纪律处分条例（试行）》、《检察人员执法过错责任追究条例》等有

① 王玄玮：《制定检察官权力清单的思考》，载《检察风云》2016 年第 13 期。

关规定作出相应处理。通过明确、具体的规定，前两种司法责任的认定和追究得到了落实。然而，对于如何认定和追究第三种司法责任——监督管理责任，《若干意见》未作具体规定。从《若干意见》规定的检察权运行机制相关内容看，检察司法办案的监督管理职责主要由检察长和副检察长（含受委托履行副检察长职责的检察委员会专职委员）履行，他们都属于各级检察机关的领导层。要让各级院的纪检监察机构认定并追究院领导的司法责任，实属勉为其难。监督管理类司法责任的认定和追究程序应该不同于一般检察官，这能够理解。但是，对监督管理类司法责任的认定和追究只字不提，就会让人有些不解了。在人民法院司法责任制中，院领导也有监督管理职责，但控制力和影响力有一定限度，如院长、副院长在监督管理过程中不得直接改变合议庭的意见，除参加审判委员会、专业法官会议外，不得对其没有参加审理的案件发表倾向性意见。但检察机关不同，检察长统一领导检察院各项工作，院领导的监督管理是检察权运行机制中的重要内容，检察官对检察长（副检察长）负责，检察长（副检察长）有权对检察官承办案件进行审核，如不同意检察官处理意见，可以要求检察官复核或提请检察委员会讨论决定，也可以直接作出决定。在这样的制度背景下，不应该对监督管理类司法责任的认定和追究语焉不详，给人留下权责关系不对等的错误印象。至少，应该在《若干意见》作出原则性规定，追究负有监督管理职责的检察人员司法责任的，依照干部管理有关规定和程序办理。

（四）对检察官履职保障的相关规定较为欠缺

在《若干意见》中，对检察官履职保障的规定只有一条："检察官依法履职受法律保护。非因法定事由、非经法定程序，不得将检察官调离、辞退或作出免职、降级等处分。检察官依法办理案件不受行政机关、社会团体和个人的干涉。检察官对法定职责范围之外的事务有权拒绝执行。"进一步具体分析，"非因法定事由、非经法定程序，不得将检察官调离、辞退或作出免职、降级等处分"是《检察官法》中的规定，"不受行政机关、社会团体和个人的干涉"是《宪法》和《人民检察院组织法》中的规定，《若干意见》作了简单的宣示性重申，对检察官履职保障不能提供任何制度增量。最后一句"检察官对法定职责范围之外的事务有权拒绝执行"倒是新内容，但却很难做到。在围绕中心、服务大局的社会主义法治理念背景下，检察机关经常会承担党委、政府安排的法定职责之外的工作任务，如维稳、扶贫、新农村建设乃至植树造林、招商引资等，检察长都不一定能拒绝执行，更不用指望检察官个体能够拒绝执行。在强化履职保障这一点上，人民法院的相关规定较为完善。在《关于完善人民法院司法责任制的若干意见》中，用单独一个部分、七个条文的篇幅，对“加强法官的履职保障”作了规定，而且内容上不乏亮点。例如，规定“法官因依法履职受不实举报、诬告陷害致使名誉受到损害的，或者经法官惩戒委员会认定不应追究法律和纪律责任的，人民法院监察部门、新闻宣传部门应当在适当范围以适当形式及时澄清事实，消除不良影响，维护法官良好声誉”，这样的规定很实在，确实能起到依法履职法官的“定心丸”的作用。又如，规定“依法保护法官及其近亲属的人身和财产安全，依法及时惩治在法庭内外恐吓、威胁、侮辱、跟踪、骚扰、伤害法官及其近亲属等违法犯罪行为”，将保护范围从“法庭内”扩大到“法庭内外”，将惩治范围从殴打、伤害法官扩大到“恐吓、威胁、侮辱、跟踪、骚扰”等违法行为，这样的规定在当前的执法环境下确实很有必要。完善司法责任制改革是本轮司法体制改革的“牛鼻子”，我们不应该将其简单理解为责任认定和追究，而是必须“授权、责任、保障”三位一体，改革内容才完整。“两院”作为司法体制改革的责任主体，这些方面的好的制度建设成果应当相互借鉴，共同营造维护司法公正与司法权威的良好环境。不过，随着2016年7月中央印发《保护司法人员依法履行法定职责规定》①，这个问题已经得到了较好的解决。

尽管存在这些遗憾之处，但瑕不掩瑜，《若干意见》的历史进步和重大贡献是第一位的，它对检察制度的完善和检察理论的发展的巨大意义绝对不容忽视和低估。在当前和今后一段时期，《若干意见》将是全国检察机关完善司法责任制改革的工作指引和基本遵循。相信随着司法体制改革的逐步深入，这些问题都能得到逐一解决，完全实现“构建公正高效的检察权运行机制和公平合理的司法责任认定、追究机制”的改革目标。

① 陈菲、罗沙：《两办发布首个保护司法人员依法履职规定》，载《法制日报》2016年7月29日第1版。

关于完善检察机关司法责任制和检察一体化关系的思考

杨新义*

完善司法责任制与司法权运行机制高度关联，有什么样的司法运行机制，就应当有什么样的司法责任体系。最高人民检察院制定的《关于完善人民检察院司法责任制的若干意见》（以下简称《若干意见》），依据宪法规定的领导体制和检察实践，对检察权力运行和检察机关责任体系进行了制度性安排，既赋予检察官相对独立的依法对案件作出处理决定的职权，又坚持检察一体原则，加强上级人民检察院、检察长、检察委员会对司法办案工作的领导。正确认识分析完善司法责任制和检察一体化关系，突出检察官执法主体和责任主体地位，有助于理顺检察机关内部关系，健全责任机制，确保检察机关依法独立公正行使检察权。

一、顺应国际司法实践发展趋势，正确认识检察一体化与检察官相对独立行使职权的辩证关系

完善司法责任制，突出检察官执法主体地位，检察官相对独立行使检察权与检察一体化原则之间如何协调的问题，已经讨论多年。从国内外司法实践看，检察制度就是在检察一体化原则与检察官相对独立原则相协调、相结合的基础上形成的一系列制度安排。一切检察改革都围绕着调整检察一体化原则与检察官相对独立原则之间的矛盾而展开的。[①] 检察一体化和检察官相对独立行使检察权之间虽有矛盾，但矛盾的对立统一成为促进检察制度不断发展完善的动力。

第一，许多国家确立了检察一体化原则，并注重发挥检察官在执法中的主体地位作用。审检分离的英国在全国设立完全独立、自成体系的检察机构，在中央设总检察长，下设各级皇家检察院，实行垂直领导，统一行使职权，为检

---

* 河北省人民检察院法律政策研究室主任。

① 张智辉、谢鹏程：《现代检察制度的法理基础》，载《国家检察官学报》2002 年第 4 期。

察官相对独立行使职权、完善司法责任创造了良好环境。审检合署的法国，各级普通法院均设有院长、检察长，除分工不同，二人地位平等，检察官分若干等级。法国检察官受司法部长的领导，但为了保证其相对独立性，法律规定最高检察长处于独立的法律地位，与最高法院院长同为国家最高司法官。国际检察官联合会《关于检察官职业责任标准和基本义务与权利》第2条第2~3款规定："如果检察机关以外的机关享有对检察官下达一般的或具体的指令权，那么，这种指令应当是透明的，与法律机构一致的，并需符合既定的保障检察独立现实与理念的准则。检察机关以外的任何机关指令启动诉讼程序或终止合法启动的诉讼程序均应当按照类似的方式行使。"这一规定承认并限制了非检察机关对检察官的指令权。

第二，强调检察一体化是我国检察机关组织体制和推进法治建设的需要。我国宪法规定，最高人民检察院领导地方各级人民检察院和专门人民检察院的工作，上级人民检察院领导下级人民检察院的工作。人民检察院组织法规定，检察长统一领导检察院的工作。这一组织架构是中国特色检察制度的基础，是检察机关所有司法改革和完善人民检察院司法责任制的出发点。强调检察一体化，有利于发挥检察机关刑事、民事诉讼监督和特别是做好行政监督工作，严密法治监督体系，提高法治社会建设水平；强调检察一体化，有利于打破地方保护主义倾向，维护宪法和法律在全国统一正确实施；强调检察一体化，有利于按照中央坚定不移地反腐败斗争部署，整体协调，调集检察力量，办理贪污贿赂大要案特别是重特大专案。

第三，完善司法责任制既要遵循一体化原则，又要体现检察官相对独立原则要求。完善司法责任制，突出检察官主体地位与检察一体化，是对立统一的，二者互相融合、有机统一。检察一体化是指检察系统内上下级检察院之间，上命下从，检察长领导检察官，上级检察院领导下级检察院，最高人民检察院领导全国各级检察院，结成法律共同体，共同履行法律监督职责，不受外来势力的不当影响。检察官相对独立制度，是指依法确立检察官的突出执法主体地位，在法律规定的范围内相对独立行使其职权，独立承担司法责任，不受其他权力干涉，只向检察长、检委会和上级检察院负责的检察工作制度，包括检察官独立职责、权限、目标和考核、监督。从长期检察实践来看，检察一体应当尊重法定范围的检察官相对独立，注意协调检察一体化与检察官独立之间的关系，使"上级的指挥监督权和检察官的独立性相协调"。检察官独立行使职权必须要有一个"度"，要在检察长、检察委员会和上级检察院的领导下工作，不能离开检察一体化，片面讲求检察权独立极端化、绝对化。检察官独立绝不能是"任性"的和无约束的。即使在独立检察官制度发源地的美国，实际工作中，独立检察官的活动也处处受到国会、司法部的限制、干预。独立检察官必须向国会提供弹劾案所需的资料和提交经费支出报告。司法部长也控制着何时任命和管辖权限，同时还有一部有期限的独立检察官法，建立一系列配套监督措施，防止独立检察工作陷入被动或走向极端。没有检察官相对独立依法行使决定权的检察一体化，或者没有检察一体化的检察官独立，都不符合我国检察工作的特点和要求。这一辩证关系贯彻于检察机关司法体制改革全过程。

二、完善检察机关司法责任制目标与审判机关司法责任制目标的区别

人民检察院与人民法院，共同作为中国特色社会主义司法制度组成的司法机关。人民检察院司法责任制和人民法院司法责任制有共同之处，即都由最高审判或检察机关研究制定、内容结构相似、经过中央全面深化改革领导小组审议通过、终身负责。由检察工作特殊规律所决定，检察机关司法责任制也有自身特殊性。同审判权相比，检察权具有多元化特征明显。曹建明检察长指出："我国检察机关不仅拥有批捕权、公诉权、侦查权，还有法律监督权、司法救济权等；检察权既有司法属性，又有行政属性，还有监督属性；检察职能既具有司法职能的基本属性，又与审判职能相区别。"我国检察机关作为法律监督机关，有与法院独立相同的特征，即在国家体制上的地位独立、运用法律和实施法律的活动独立等。但检察机关在上下级关系、组织构建、业务运行、内部管理与独立审判上具有某些不同的特点，必须要受上级领导指挥，必须符合国家政策，特别是办理涉及国家外交、国家安全、民族宗教、社会稳定等重大复杂敏感案件更是如此。

（一）责任目标不同

由我国检察权、审判权不同的运行组织体制决定。检察官相对独立性受检察一体化影响明显，导致法官、检察官责任体系承担责任的构建方式和结果迥然不同。人民法院司法责任制的目标是："让审理者裁判、由裁判者负责"，体现了审理者—裁判者—责任主体三者合一。人民检察院司法责任制的目标是"谁办案谁负责、谁决定谁负责"，涵盖了办案责任、定案责任两个责任机制，将二者区别开来。检察官在职权范围内对自己的办案行为负责；检察长可以决定案件、可以对案件作出指令，但必须对自己的决定和指令负责。由此可见，检察机关司法责任制中，责任主体可以是办案者、决定者或者他们共同负责。

（二）承担主体数量多少不同

由法官、检察官在法治社会角色决定，居中裁判是法官的天然职责，法院

合议庭独立行使裁判权，采取法官个人独任审判或合议庭决定案件，承担责任的主体人数较少。而检察官既不是上命下从的行政官员，亦不是完全独立自主之法官，是一个代表国家追求法制统一和追求公平正义的职位。除了少数职权可以检察官个体独立行使外，检察机关的许多工作特别是贪污贿赂大要案专案侦查工作、诉讼监督案件，需要集合众多检察院、众多检察官、在一个时期内集中办案，共同为之；检察建议、纠正违法、抗诉，只能由办案组织共同研究以检察院的名义作出。即检察权独立的相对性，具有相对自由裁量权，办案人往往不具有决定权，检察机关的司法责任主体，是多层次的、复杂的、集体的。

（三）责任主体层级不同

审判权具有司法属性，法官和合议庭个体独立性强，法官决定内容多，基本不需要上级决定。人民检察院整体行使法律监督权，个体独立性弱，检察长、副检察长或上级检察院决定内容多，检察机关司法责任层次较高。

三、确立检察官履行职权的相对独立性，构建检察机关内部新型工作关系

在法治建设新形势下，检察一体化不是排斥或否定检察官相对独立的单纯的一体化机制，而是既要有利于发挥检察官独立办案的作用，保证高效公正地行使检察权，有利于检察职能的统一有效履行的一体化。完善人民检察院司法责任制，必须通过科学划分系统内部不同层级权限和改革现有办案方式，减少审批环节，赋予检察官相对独立对所办案件作出决定的权力，使检察官在司法办案中发挥主体作用。

（一）通过规定赋予检察官职权

使检察官与检察长一样，同样成为行使检察权的主体，成为推进法治建设、保障法制统一的重要力量。一是检察官成为有职有权的检察官。有权是检察官履职和承担责任的前提。《若干意见》要求科学划分检察长、检察委员会、上级检察院的检察官职权。根据现行法律和有关规定，确定各层级检察人员职权的基本框架，省级检察院可以将检察长的部分职权委托检察官行使。权力清单的划分，省级检察机关的职权除应当由检察长或检察委员会行使外，其余职权均可授权其他检察官或主任检察官依法行使。通过大幅度下放办案权力，突出了检察官的办案主体地位，成为办案中一般事项的承办与决定相统一的责任主体，成为相对独立的司法官，而不仅仅是承办具体工作的检察事务人员。表明检察官行使检察权的身份是法律赋予的，检察官能够有保障和无忧无虑地独立行使检察权，不受外来干涉。《若干意见》首次将检察人员的权力明

确列举，采用“清单”形式展现，不仅有利于检察官行使其职权，同时还有利于对检察官实施监督题，为司法责任制的实施奠定了基础。二是资深检察官参加检察委员会。这一规定，打破了检察官非到一定级别不能成为检察委员会委员的限制，加强了检察委员会专业化建设，提高了科学决策水平。建议除了刑事案件资深检察官进入检委会外，也要注意配备民事、商事、行政检察等各专业领域资深检察官。三是赋予检察官提请检委会讨论案件的请求权。但要防范检察官推诿责任，建立检委会议题过滤机制，按照“按程序报检察长决定”的规定，由检察长把好关。

（二）建立符合检察工作规律的内部工作关系

完善检察机关内部关系，是完善司法责任制的一项重要任务。长期以来，在原有一体化模式下，检察机关行政化倾向突出，机构设置、人员设置行政色彩浓厚，检察官行使职权以领导者的意志为转移，检察官作为独立主体地位不能得到保证。完善人民检察院司法责任制，特别是通过制度完善检察官与检察长之间的关系、检察长和检察官的职能、行政管理与独立执法及其相互间的关系，使其从笼统抽样变为具体明确，科学配置，确保检察权的独立运行。

一是推进领导权内容法定化。明确检察长、检察委员会、上级检察院对检察官的领导、指导和监督关系，确立检察长、上级检察院和检察委员会对检察官的指令权和监督权。包括三个方面：（1）审核权、要求复核权、提请检察委员会讨论决定权和直接作出决定权。（2）上级人民检察院领导权，包括纠正错误权、撤销权、变更权、指定异地管辖权、调配检察官异地履行职务权。（3）检察长要求检察官报告办案情况权、更换承办案件的检察官权。

二是对领导权作出必要限制。领导权不能无限扩张，否则就容易干预司法，混淆责任。必须对检察长、检察委员会和上级检察院的领导做出必要限制。限制包括以下几种：（1）以书面形式下达指令。“检察长（分管副检察长）不同意检察官处理意见，可以要求检察官复核的意见、决定应当以书面形式作出，归入案件卷宗。”“检察官根据检察长（副检察长）的要求进行复核并改变原处理意见的，由检察长（副检察长）与检察官共同承担责任。检察长（副检察长）改变检察官决定的，对改变部分承担责任。”（2）以检察院名义作出。“上级人民检察院对下级人民检察院司法办案工作的指令，应当由检察长决定或由检察委员会讨论决定，以人民检察院的名义作出。”（3）赋予检察官提出异议权。“检察官执行检察长（分管副检察长）决定时，认为决定错误的，可以提出异议；检察长（分管副检察长）不改变该决定，或要求立即执行的，检察官应当执行，执行的后果由检察长（分管副检察长）负责，检察官不承担司法责任。”（4）规定了例外条款。“检察官执行检察长（分管副检察长）明显违法的决定的，应当承担相应的司法责任。”这在一定程度上赋予了检察官拒绝权。

三是注重协作配合。特别是要理顺检察官之间、行政负责人和检察官之间的协作配合关系。实施分类管理后，检察机关业务部门负责人必须由检察官担任，其主要职能从审核案件，转变为检察官提供物质上、管理上的服务和加强对检察官政治思想、职业道德教育，是检察官树立忠于国家、忠于法律的高尚品德，增强敢于舍身护法的信念。但是检察官独立办案，并不是孤立办案、封闭办案，加强检察官相互之间配合也很重要。特别是对于重大疑难复杂案件，可以通过业务部门负责人召集检察官联席会议加强业务学习、交流办案经验、共同研究、为办案工作提供辅助帮助，确立了“检察官联席会议”这个崭新的业务组织架构，服务依法公正办案。

四、完善对检察官履行职权内外双重监督制约机制，确保司法责任落实到位

在落实司法责任制的实践中，需要克服两方面不良倾向：一方面，检察权在行使中因监督制约而导致检察权独立性缺乏保障；另一方面，又因监督制约的缺失容易导致权力的滥用。在我国检察发展史上，片面追求与上级保持高度一致，执法外部监督机制不健全，内部制约机制不规范是执法责任落实不力、造成执法不严的根本原因。有权必有责，用权受监督，权力下放的幅度越大，权力受到监督的力度就要越大，否则权力必然导致失控或必致滥用，司法改革的初衷难以实现。《若干意见》通过内外两个监督系统的建设，使检察权既能最大限度地独立行使，又处在接受监督的网格化机制中，把检察权包括上级检察机关的指令权、监督权紧紧地关进制度的笼子里，检察官既成为司法办案主体也成为司法责任主体。司法责任制的最终落实需要建立健全司法追责的机构、程序和机制，否则司法责任依然无法落实。在内部纪检监察部门监督，其职责只是通过案件监管发现需司法问责的问题。“人民检察院纪检监察机构经调查后认为应当追究检察官故意违反法律法规责任或重大过失责任的，应当报请检察长决定后，移送省、自治区、直辖市检察官惩戒委员会审议。人民检察院纪检监察机构应当及时向检察官惩戒委员会通报当事检察官的故意违反法律法规或重大过失事实及拟处理建议、依据，并就其故意违反法律法规或重大过失承担举证责任。”在该问题被发现后，是否需要追责、如何追责、追怎样的责等问题，需由法官惩戒委员会来决断。在省一级成立相关专业人士组成法官惩戒委员会，专门负责惩戒职责，根据查明的事实和法律规定作出无责、免责或给予惩戒处分的建议。检察官惩戒委员会工作章程另行制定。通过监督制度

最大限度地制约人的弱点，最大限度地防范权利的滥用，最大限度地寻求和努力实现公平正义。

五、健全检察官履职保障制度，调动基层检察官公正执法积极性

司法责任制是司法改革的两翼之一，它与司法保障制相伴相随，相互促进。[①] 完善身份保障制度、物质保障制度与检察一体化并不矛盾。相反，完善检察官有效履职保障是推进完善司法责任制落实、确保检察权正确行使的重要条件。过去我国《人民检察院组织法》、《检察官法》分别规定了对检察官的身份保障、物质保障制度，但由于规定不具体，忽视履职保障制度作用，保障制度特别是基层检察人员保障并没有得到很好地执行。国外大量研究成果表明，使执法者具有优厚的生活条件，使执法这一职业成为人们崇尚的职业，培养执法者对职业的珍惜和追求是执法的基本条件。[②] 长期以来，检察官没有职业的尊荣和保障，也使检察官在来自社会的各种诱惑面前，没有可以抵御人情、关系、私欲的盾牌，以至于社会上有什么腐败现象，检察机关就可能出现什么样的腐败；检察队伍中存在的问题，始终难以得到有效遏制。[③]《若干意见》在重点强调司法责任的同时，还专门完善了"加强检察官的履职保障"。一是检察官任职特别保障制度。赋予检察官任职特别保护权，解决检察官后顾之忧。"检察官依法履职受法律保护。非因法定事由、非经法定程序，不得将检察官调离、辞退或作出免职、降级等处分。""检察官依法办理案件不受行政机关、社会团体和个人的干涉。"二是处分申辩权。确保检察官在受责任追究的过程中有充分的申辩权。"检察人员不服处理决定的，有权依照《人民检察院监察工作条例》等有关规定提出申诉。"三是物质保障权。通过提高物质待遇，使检察官权力、责任和利益能够统一、协调，使检察官享有优厚的物质条件，维护其生活需要和体面。《法官、检察官工资制度改革试点方案》还明确，在工资制度改革中要给法官、检察官以特殊政策，突出法官、检察官的社会地位。四是非本职工作拒绝权。"检察官对法定职责范围之外的事务有权拒绝执行"。在检察实践中，检察官作无关检察工作的事务太多，牵涉精力太大。这一规定对于检察官超越社会利益之上，心无旁骛、集中精力、全身心投入本职，专司检察工作具有重要意义。

---

① 汤维建：《让司法责任落地落实落细》，载《经济日报》2015年10月9日第10版。

② 孙谦：《论职务犯罪监督的强化》，载《人民检察》1995年第2期。

③ 张智辉：《论检察改革的切入点》，载《人民检察》2003年第11期。

浅谈“检察官相对独立论”语境下的检察活动制约

——以主任检察官制度为视角

陈新永*

如何使检察权客观公正行使，不被恣意和滥用，一直是检察理论界常谈常新的话题。对检察活动进行适当和必要的制约自然是无可厚非的，但笔者认为，如果对检察活动束缚过多、过严、过度，则会影响检察权独立的实现。2015 年第 1 期《法学研究》发表了朱孝清同志的《检察官相对独立论》一文，笔者对其观点很是赞同。结合对此文的学习，笔者认为，深化检察活动制约，可以在全面推进依法治国的背景下，在“检察官相对独立论”的语境下，以主任检察官制度为视角进行考量。

一、“检察官相对独立论”之理论渊源及理论要点

“检察官相对独立论”是在借鉴国内外检察官制度、理论学说的基础上，结合当前我国全面推进依法治国，深化司法体制改革的背景下提出的，具有很强的现实意义，对于未来检察官制度设立、检察活动运行具有指导性意义。

（一）域外理论制度渊源

从域外检察官制度的相关规定和学说来看，检察官独立一直有别于法官独立。西方国家长期以来把司法独立仅定义为法官独立，而不涵盖检察官独立。只有在我国特色社会主义法治体系内，将检察机关列入司法机关，并在宪法中将检察权、审判权并列，赋予法院、检察院依法独立行使审判权、检察权的权力。从国际性文件对检察官独立与法官独立的不同表述，也可以看出检察官的相对独立性被国际普遍认可。国际法律协会《司法独立最低标准》中明确表明：“法官应享有身份之独立及实质之独立。身份独立指法官执行其司法职务

---

* 安徽省亳州市人民检察院研究室副主任，四川大学法学理论专业硕士。

时，除受法律及其良知之拘束外，不受任何干涉”；“法官在作成裁判之过程中，应独立于其同僚及其监督者”。可见法官在行使裁判权时，不受任何指令约束。而对检察官的独立，联合国《关于检察官作用的准则》第 4 条规定：“各国应确保检察官得以在没有任何恐吓、阻碍、侵扰，不正当干预或不合理地承担民事、刑事或其他责任的情况下履行其专业职责。”第 20 条规定：“为了确保起诉公平而有效，检察官应尽力与警察局、法院、法律界、公共辩护人和政府其他机构进行合作。”此外，从法国、英国、美国、意大利等国家的检察制度来看，域外检察官是以独立为原则、以上级指令为意外。可见，检察官独立不同程度地受到检察一体、上命下从检察体制的影响，不能像法官那样拥有绝对独立的权限，是一种相对而言的独立。即使是独立性较强的英美法系检察制度中的检察官，也只能保持与法官高度近似的独立性，在职务、身份保障上与法官近似或相同，难以绝对的避免来自上级的指令。

（二）国内学术理论渊源

虽然我国法学界的主流认识主张，人民检察院依照法律规定独立行使检察权的独立，指检察机关作为整体的独立，而非检察官独立。但在我国，检察官或检察机关相对独立的观点和认识却由来已久。如谢鹏程认为由于检察机关和检察官的性质，决定检察官的独立只能是相对的。[①] 陈卫东、李训虎在《检察一体与检察官独立》一文中，对检察一体、上命下从的制度建构表示认可，但同时强调检察官独立只是一种与检察一体调和下的相对独立。[②] 龙宗智教授也在论著中谈道：“我们应当承认检察机关依法独立行使职权只是一种相对的独立，因为它是国家政策的执行机构，需要服从于服务于国家政策的贯彻。”[③] 在谈到检察权的独立行使时，龙宗智教授指出，检察权的独立行使的第一种形式，是集体独立，即检察机关独立行使检察权。第二种形式，是确认检察官在检察机关内部的相对独立，从而以检察官为主体，独立地行使检察权。[④] 这些观点，多是针对检察一体、上命下从的检察体制过于行政化的弊端作出的思考，认为应当赋予检察官更多的自主裁断权，实现检察官权与责的统一；认为检察机关的独立应该以检察官独立为基础。

（三）检察官“相对独立论”的提出意义及理论要点

中共中央《关于全面推进依法治国若干重大问题的决定》在十八届四中

---

① 参见谢鹏程：《论检察官独立于检察一体》，载《法学杂志》2003 年第 3 期。

② 参见陈卫东、李训虎：《检察一体与检察官独立》，载《法学研究》2006 年第 1 期。

③ 参见龙宗智：《论检察》，中国检察出版社 2013 年版，第 28 页。

④ 参见龙宗智：《论检察》，中国检察出版社 2013 年版，第 66 页。

全会获得通过，检察体制改革必须顺应该决定的要求。完善主任检察官办案责任制，实行办案质量终身负责制和错案责任倒查问责制，改变当前普遍存在的"办案者无权决定，决定者不直接办案"的违反司法亲历性规律的现状，以顺应人民群众对司法公正、公信的期待，要求必须在理论上解决检察官相对独立问题。

在全面推进依法治国，全面深化司法体制改革的背景下，朱孝清同志站在全国检察体制改革的制高点，应势而为，提出了"检察官相对独立论"，并作了迄今为止最为全面、详尽、系统的论述，对于未来我国检察体制改革具有很强的现实意义和指导性作用。

朱孝清同志认为："我国检察官相对独立具有内在的必然性和现实必要性。因为检察官相对独立是检察机关依法整体独立的基础；检察官相对独立既是'检察一体'的基础，又是防止'检察一体'弊端的重要措施；检察官独立是检察官法律地位、活动原则、司法特性和诉讼规律的必然要求；检察官相对独立是深化司法体制改革的必然要求。"①

朱孝清同志认为我国检察官相对独立是指检察官在行使检察权时，有权以事实为根据、以法律为准绳，在职权范围内自主处理有关事务，而不受行政机关、社会团体和个人的干涉。其主要特点有：（1）是依照法律规定的独立；（2）是党的领导和人大监督下的独立；（3）是重大事项决定权归属于检察长的"检察一体、上命下从"体制下的独立；（4）是独立性小于法官的独立。检察官的相对独立主要体现在：（1）检察官有权对所承办案件提出独立意见，任何机关、团体和个人都无权干涉或要求改变；（2）检察官除服从本院检察长、检委会的决定外，有权不受任何干涉；（3）检察官有权拒绝服从检察长和检委会的违法和错误指令；（4）检察官有权对一定范围内的事项依法自主决定。②

从上述理论要点不难看出，检察官相对独立是在我国特有的检察体制框架内，为满足检察体制改革需要而提出的，其界定的检察官的独立是检察一体、上命下从结构下的有限独立。其理论设想目的在于突破高度集中的、行政性特点较强的检察权运行机制，克服司法行政化难题，力求寻找"检察一体"与检察官独立之间的平衡。

---

① 参见朱孝清：《检察官相对独立论》，载《法学研究》2015年第1期。

② 参见朱孝清：《检察官相对独立论》，载《法学研究》2015年第1期。

二、“检察活动”的范围界定

检察机关作为上层建筑的一部分，检察人员作为国家机关工作人员的一部分，从这一性质出发，检察活动属于国家活动的范畴。又因检察权运行具有鲜明的司法属性，其又是一项重要的司法活动。检察活动在内涵上有广义和狭义之分，有人认为，广义的检察活动的内容是多方面的，包括检察业务活动、检察技术活动、检察政治活动、检察组织活动、检察行政活动、检察教育活动等。[①] 而笔者认为，检察活动是指以检察官身份或以检察机关名义主导或参与的各类活动，不仅包括上述活动，还应包括以检察机关或检察官名义参加的各类社会活动，诸如，参与慈善事业、法律普及活动等。狭义的检察活动仅指检察业务活动，检察业务活动是检察活动的根本所在，最能反映检察活动的特点。检察业务活动包括职务犯罪侦查和预防活动、审判监督活动、批准和决定逮捕活动、公诉活动、刑罚执行监督活动等。

在司法体制改革全面推进的背景下，主任检察官制度是未来检察制度的重要内容，主任检察官则是检察活动的重要主体。因此，本文考量的检察活动制约，则是以主任检察官从事的业务活动，以及检察行政活动中，主任检察官的任免活动为对象。因为人事权是检察官难以独立履行职权的重要原因。林钰雄在《检察官论》一书中谈道：“人事权干预司法的实质威力，不下于指令权，这是不移的历史经验……人事操纵，正是令下级检察官于‘有疑处不疑’的秘诀。”制度上如果欠缺必要的身份保障，等而下之的承办检察官，亟须揣摩上意还来不及，哪里需要动用上命下从。[②] 因此，对检察活动的制约，除对检察业务活动的制约之外，对于有碍于主任检察官职业保障的检察行政活动，也必然是制约的对象之一。

三、制约检察活动应遵循的原则

一切有权力的人都容易滥用权力，这是万古不易的一条经验。[③] 检察制度的设计之初，就是为了防范法官恣意、警察滥权，检察活动的主线和中心就是履行法律监督职责。但同时也孪生了“如何监督监督者”、“如何防范检察官滥权”的现实难题。在检察官相对独立论的语境下，在全面推进依法治国，主任检察官制度将要全面普及的背景下，检察官业务活动的“三级审批”模

---

① 黄常明：《检察活动的基本规律》，载《人民检察》2008年第9期。

② 林钰雄：《检察官论》，法律出版社2008年版，第120页。

③ 孟德斯鸠：《论法的精神》（上册），张雁深译，商务印书馆1987年版，第154页。

式将被突破，检察官将在业务活动范围内的权限将被扩大。对以主任检察官为活动主体的检察活动，虽为防止滥权，确需制约，但需适度，持一种审慎的态度。因为，我们在努力破解“如何监督监督者”疑难的同时，应当不给检察官带来羁绊或束缚，进而影响检察权的独立高效行使。为此，笔者认为，检察活动制约应当遵循以下几个原则。

（一）法定性原则

对检察活动进行制约的行为，必然是一种公权力的行使，公权力的行使必须以法定的条件、程序、形式进行。即凡是对主任检察官从事的业务活动进行制约的行为，都应当于法有据；凡是对主任检察官的职业保障带来影响的决定都应当于法有据，一切制约活动都应当以法律的规定为前提，制约的主体、缘由、程序、方式乃至处理结果都应当有法律的明确规定。如此，可以避免或防范制约权的滥用，医治检察一体体制的弊端，防范机关、团体、个人，借制约监督之名行不当干预之实，从而避免主任检察官在制约下难以独立行使职权情形的发生。此外，笔者认为，此处的“法”定，必须是由全国人大或其常委会通过的法律，而不应是一些部门规章或者内部的工作管理性规定。因为，检察活动作为司法活动的一部分，是国家事权，唯有法律才有权威对其权力作出限制。

（二）公开性原则

检察活动的制约除了于法有据，依法制约之外，还应当遵循公开原则。对检察活动的制约应当公开进行，以公开为原则，以不公开为例外，只有在涉及国家机密或公民隐私时，方可不予公开。因为公开这一“阳光法则”，是限制权力滥用的最为有效途径，通过公开可以对制约者进行有效的反制约。通过对主体、对象、缘由、程序以及处理结论的公开，可以让制约行为受到广泛的评判，对制约活动的正当性、合理性、合法性进行公开的审查，也给受到制约的主任检察官搭建一个反思或者辩解的平台。制约公开更能增强制约活动的说服性、权威性、有效性，更有利于促进司法公正、公信。

（三）有限性原则

对检察活动的制约应当是有限的，而不是无边界的、随意的。一方面，对检察活动的制约应当遵循法律的规定，没有法律依据不能制约检察活动。更不能凭借某次党组会议、某个领导指示就随意发起对检察活动的制约。应当列出详尽的主任检察官、检察长、检委会权力清单，列出能够行使检察活动制约权力的权力清单。另一方面，对检察活动的制约应当不直接触及检察官的职业保障，不能随意行使开除、降级等权力。在认为检察官活动可能有碍司法公正，有损国家社会利益，可能给当事人造成人身、财产伤害时，应当及时行使职务收取权或职务移转权，将案件收归自己或者移交其他检察官办理。只有在经过侦查取证、提起诉讼、经过法院判决，认为检察官确实具有违反法律规定，滥用职权、徇私枉法、玩忽职守的犯罪事实后，或者具有其他违反法律规定的情形，方可触及对检察官的职业保障。

（四）必要性原则

对检察活动的制约手段，是否必须实施，冲向前台，应当视情而定，遵循必要性原则。必要性原则也被称为不可替代性原则，多在行政法话语体系内论述。指“如果对于既定的目标，有多种相同有效的手段，政府必须选择对个人自由限制最小的手段”。[①] 笔者认为，对于检察活动的制约应当在确有必要之时，方可实施，即只有在确有证据证明检察活动明显违反法律规定，明显侵害公民人身、财产安全、国家和社会公共利益，如不及时加以制约限制，就将必然造成利益损失或不良社会影响的情况下，方可实施制约行动。如在证据不足情况下，主任检察官决定批准逮捕，决定提起诉讼；或者职务犯罪侦查环节中的刑讯逼供等，必须及时加以制止。

（五）谦抑性原则

谦抑性原则是现代法治理念中非常重要的概念，其基本含义是：国际公权力机关，特别是司法机关在行使权力时要保持克制，要尽量避免与其他及观点冲突以及对于公民生活的过度干预。这种干预既包括对公民的干预，也包括对国家公权力的干预。在此，笔者将谦抑性作为制约检察活动的一项原则，亦是认为对检察活动实施制约应当作为防止主任检察官滥权的最后手段，并持克制和谦让的态度，以保障主任检察官的相对独立性，保障其在法定权限内行使检察权，免受不当干预。

四、检察活动的制约方式

笔者认为，在防范检察官滥权和促进检察权独立行使的矛盾平衡中，我们不仅要对制约检察活动的行为进行约束，也要对检察官的活动进行制约。从国内外学术成果来看，对于检察官活动的制约，既有内部的，也有外部的，主要有权力制约、公开制约、上级制约、诉讼制约。

权力制约，在西方国家则被称为国会制约，通过立法权制约检察活动，主要是通过实体法和程序法的制定，确立检察官的活动程序、权力范围、活动期

---

① 蒋红珍：《论必要性原则适用的困境及其出路》，载《现代法学》2006 年第 6 期。

限、活动方式、检察官的任免等制约检察活动。在我国，还指检察机关对人大负责，受人大监督，在每年的人代会上向人大汇报工作。公开制约，则是通过公开执法办案信息，推动检察活动上网等方式把检察活动置于阳光之下，接受人民群众的监督。这也是我国检察机关正在着力推进的一项工作。上级制约，则是指在检察一体的体制下，上级检察机关有权对下级检察机关的活动进行监督，有权改变下级不正确的决定，对于一些较为复杂疑难的、难以自主处理的案件要向上级检察机关请示汇报，以此防范下级检察机关发生不正当的检察活动，还包括检察长、检察委员会对检察官业务活动的监督。诉讼制约，通过律师的法庭有效辩论，法官客观公正的法庭审理，对检察活动进行制约。这种通过诉讼渠道对检察活动监督制约的方式极为有效，尤其在推进以审判为中心的诉讼机制改革的话语体系内，未来这一制约方式将会成为主流。

以上制约方式，学界论述较多。笔者仅针对当前的法律规定中对检察活动制约不够完善的地方，对于以主任检察官为主体的检察活动，建议探索以下几种制约方式。

第一种是实行主任检察官异籍任命。笔者认为，主任检察官必须实行同检察长一样的异籍任命制度。虽然我国正在从“熟人社会”走向“陌生人社会”，法律日益成为解决纠纷的唯一规则，但是，熟人社会下的“打官司就是打关系”的熟人思维阴影依然存在。人们遇到了刑事案件，仍然习惯于层层托人，找熟人运作。实行主任检察官制度后，主任检察官自主决断的权力得以扩张，如果将其置于熟人社会里，其行使检察权受到人情世故干扰的概率很大。实行异籍任命，使主任检察官脱离其所在的熟人环境，到一个社会关系单纯的陌生环境中，其所受到的干扰必然很小。在一个“真空”的环境下，检察官的活动必然相对纯洁。

第二种是通过诉讼制约终局性的检察活动。这种制约方式，实质上是通过法定的诉讼程序对检察活动进行监督制约。林钰雄将这一方法称为“围魏救赵”，以诉讼上的监督机制制衡检察权，进而间接制衡指令权。[①] 从我国刑事诉讼法的现行规定来看，对不起诉决定的司法救济手段是复议、复核、申诉；对于被害人请求抗诉是否同意的决定，提起诉讼的检察机关则可在收到请求后5日内自主决定。这种上下级之间，检察机关内部之间行政化的决定方式，司法属性不强，缺乏足够的公开与公正，很难得到当事人的满意，不利于实现司法公信。为此，笔者建议，可以借鉴德国的诉讼监督模式，一旦检察官不侦查或不起诉，皆允许被害人径行提起诉讼，由法院审查不起诉决定的合法性，并

① 林钰雄：《检察官论》，法律出版社2008年版，第109页。

赋予法院强制起诉决定权，必要时强制检察机关提起诉讼。比如，针对不起诉、不抗诉的决定，可由当事人向上一级法院提起诉讼，由上一级法院负责审查检察机关的决定是否适当合法。如不合法则可由上一级法院强制下一级检察院提起公诉或抗诉。

第三种是推进检察官客观义务立法。检察官客观义务是指，检察官在刑事诉讼中应当超越追诉立场，坚持客观公正办案。检察官客观义务，现已被联合国《关于检察官作用的准则》所确认。我国虽然在宪法、刑事诉讼法、人民检察院组织法和检察官法等法律中间接勾勒了检察官客观义务的轮廓，但不够具体明确系统，没有相关的立法规定，也不能做到同国际接轨。“禁奸之法。太上禁其心，其次禁其言，其次禁其事。”应当加快推进检察官客观义务的相关立法，使检察官树立正确的司法理念，实现检察活动的自我制约，使检察官能够站在客观公正的立场进行活动，不以追诉成败论英雄，超越其在诉讼中的追诉人地位，做一名真正的法律监督者，公平正义的维护者。

论检察官办案责任制中的审批和审核

姜　伟*

完善司法责任制在当前司法体制改革中居于核心地位,[①] 突出检察官的主体地位，通过科学划分系统内部不同层级权限和改革现有办案方式，减少审批环节，赋予检察官相对独立对所办案件作出决定的权力，使检察官在司法办案中发挥主体作用，是检察机关落实完善司法责任制的重要目标。[②] 然而，检察机关长期以来实行的是“检察人员承办，办案部门负责人审核，检察长或者检察委员会决定”的办案模式。“审批”和“审核”一直以来被认为是检察官独立行使办案权力的“对立因素”，同样以往法院实行的也是类似的院长、庭长审批制。2015 年最高人民检察院《关于完善人民检察院司法责任制的若干意见》（以下简称《若干意见》）中保留有“检察长（分管副检察长）有权对独任检察官、检察官办案组承办的案件进行审核”的内容。同年最高人民法院的《关于完善人民法院司法责任制的若干意见》尽管强调“除审判委员会讨论决定的案件以外，院长、副院长、庭长对其未直接参加审理案件的裁判文书不再进行审核签发”，但是也保留了院长、副院长、庭长特定情形下有权要求独任法官或者合议庭报告案件进展和评议结果的规定，可以说是强度降低的“审核”。审批和审核是推进司法责任制改革难以回避的问题。

一、审批和审核的来源考证

“审批”一词来源于行政管理领域。综合各类规范性文件对“审批”一词的使用，可以发现其包含两阶段活动，一是许可，二是为了许可进行的审查。行政审批曾经被作为行政许可的同义语。但是，行政审批的外延远大于行政许

---

* 上海市人民检察院第一分院研究室检察官助理，法学博士。

① 参见 2016 年 7 月 19 日最高人民检察院曹建明检察长在全国司法体制改革推进会上的讲话《坚决贯彻落实党中央改革决策部署 坚定推动司法责任制改革全面开展》，载《检察日报》2016 年 7 月 20 日。

② 参见 2015 年最高人民检察院《关于完善人民检察院司法责任制的若干意见》第 1 条。

可。行政许可是行政机关对作为行政相对人的公民、法人或者其他组织从事特定活动的准许；[①] 而行政审批不仅包括行政机关对相对人的许可，还包括行政机关内部上级机关对下级机关、内设机构，上级公务员对下级公务员意见、行为和资格的许可。如根据《土地管理法》第21条规定，土地利用总体规划实行分级审批，各行政区的土地利用规划要报上一级政府审批，有的还要层报国务院审批。又如，公安部《公安机关办理刑事案件程序规定》第59条规定，公安机关向有关单位和个人调取证据，应当经办案部门负责人批准，开具调取证据通知书。据此，在行政领域审批不仅是指对外的行政许可，还涉及行政机关内部的许可和决策。

"审核"一词，其一，来源于会计学和银行学。会计学上的审核是指为获得证据并对其进行客观评价，以满足审核准则的程度所进行的系统的、独立的并形成文件的过程。[②] 银行业中典型的审核活动如信用证的审核，即对信用证及其附随的合同、单据进行比较审查，发现其中的不相符合之处，保证相关交易和支付过程的顺利进行。其二，在管理学上，审核是一种管理活动，是对管理体系的符合性、有效性和适宜性进行的检查活动和过程。审核的目的是预防或纠正管理中的问题。由此可见，审核与审批一样都包含审查活动，但是，两者区别在于审批的目的是批准、许可，而审核的目的是监督、预防和纠错。

在传统的检察办案模式下，审核和审批包含在所谓"三级审批制"的办案权力运行机制中。"三级审批制"也存在于公安机关的刑事侦查程序中，通过与公安机关"三级审批制"的比较，有助于全面认识检察机关"三级审批制"的含义。虽然根据公安部《公安机关办理刑事案件程序》规定，采取强制措施、侦查措施一般由办案人员提出意见或报告，办案部门负责人或县级以上公安机关负责人直接批准，提交公安机关负责人批准之前，有的地方会增加办案部门负责人审核这一程序。如公安机关传唤的审批程序是：侦查人员填报《呈请传唤报告书》，由办案部门领导签署意见，然后交局领导作出审批决定，最后由承办人员签发《传唤通知书》。有的地方公安机关对拘传、拘留等限制人身自由的强制措施还会在其中增加一级法制部门的审核，成为"四级审批"。[③] 不论中间的审核环节，目的都是保证决定的合法、准确和稳妥，并服务于最后的审批环节，提高审批效率，降低审批风险。机关首长的审批环节没

---

① 参见《中华人民共和国行政许可法》第2条。

② 参见ISO9000体系基本术语定义。

③ 马静华：《侦查到案制度：从现实到理想——一个实证角度的研究》，载《现代法学》2007年第2期。

有统一的要求，有的会进行实质审查，但是多数情况下只是“走过场”，机关首长一般都看到有部门负责人的审核同意就直接予以批准。机关首长逐案都像承办人一样进行实质性审查根本不现实，多数情况下只能依赖部门负责人的审核意见。

二、检察机关办案活动中的审批和审核

传统上检察机关办案程序中的“三级审批制”与公安机关基本相同，而且这一做法在《人民检察院刑事诉讼规则（试行）》的“通则”中得到原则性的确认，在其后的具体规则中也被反复重述。如在1999年版和2012年版的刑事诉讼规则中都规定“拘留犯罪嫌疑人，应当由办案人员提出意见，部门负责人审核，检察长决定”；2012年版《刑事诉讼规则》第304条对审查逮捕程序的规定也是由办案人员进行审查，提出批准或者不批准逮捕的意见，经部门负责人审核后，报请检察长批准或者决定。另一些办案活动中没有直接表述为“三级审批”程序，而是直接规定“应当经检察长批准”。如勘验、检查、搜查、查封、扣押、冻结涉案款物等侦查措施的适用。但是，在实际办案中一般不会由承办人直接向检察长提出意见，而是有部门负责人的审核为前提。部门负责人是办案决策层级中的一级，高于承办检察人员，但是低于检察长和检委会。部门负责人的审核有许可承办人员的意见提交检察长作最终决定的效果，也有否定承办人意见的实际效果。承办人并无反对部门负责人审核意见的权力，不同意部门负责人的审核意见仍然要执行，只是可以向检察长提出更换案件承办人的申请，作为不同意部门负责人意见的制约手段。

“三级审批制”贯彻了上命下从的管理机制，将案件的决定权在形式上集中于检察长，而部门负责人的审核发挥更加实际的作用。多年以来，“三级审批制”的一些不足也更加明显，特别是违背司法活动的基本规律，“审者不定、定者不审”，检察官没有定案的权力。同时，也导致办案环节多，每个案件都要经过三级主体。最后，办案责任难以落实，出现执法过错也无法落实到人。

为此，2000年全国检察机关启动主诉（办）检察官办案责任制改革，在公诉、侦查等刑事检察部门实行以主诉（办）检察官作为独立办案主体的制度，随后又推广到民事行政检察部门和侦查部门。主诉检察官办案责任制改革的实质就是将一部分办案职权明确赋予主诉检察官，试图抽离部门负责人的审核。然而，主诉检察官负责制并不彻底，实际上运行的是一种“双轨制”，对于授权主诉检察官决定的事项由检察官决定，而其他应当提交检察长或检委会决定的、件或事项，如重大疑难复杂案件，以及一般刑事案件的不起诉、撤回

起诉等事项仍然实行“三级审批制”。[①] 主诉检察官责任制改革取得了一定效果，主诉检察官在一定程度上承担起了办案主体的职责，但是“三级审批制”的问题并未完全消除。部门负责人对检察官、主诉检察官仍然有一定的影响，审核在许多案件和决策事项中仍然存在。即使赋予主诉检察官的办案权力中，为了回避办案责任有时会主动将问题上交部门负责人和检察长。因此，通说观点也认为要根本取消部门负责人的审核环节，取消检察机关内部科、处、局的内部组织架构，建立以检察官办案组为基本办案组织的办案权力运行机制，并辅之以“大部制”的内设机构改革。此外，在主诉检察官领导的办案组内部，一般检察官（非主诉检察官）与主诉检察官之间的职权关系也不明确。各地在推行改革中有不同做法，有的检察院一般检察官只承担事务性的工作，由主诉检察官对案件事实和法律适用作出决定；还有的一般检察官独立承办案件，主诉检察官对一般检察官办理案件有权审核。

2013 年最高人民检察院启动新一轮主任检察官办案责任制改革，到 2015 年《若干意见》发布后，主任检察官办案责任制改革并入检察官办案责任制改革。相对于前一轮主诉检察官责任制改革的特点是确立了独任检察官和检察官办案组两种基本办案组织形式，检察官在办案权力配置体系中的独立地位得到加强，进一步明确检察官的各项办案权力和职责，从办案权力配置、职务保障等多方面保证检察官相对独立行使办案职权。同时兼顾检察一体化原则，加强检察长、检委会、部门负责人、案管部门、控申部门等内部主体的制约功能。[②] 由于案件的审批制作为检察工作一体化的重要体现，必须始终坚持。[③] 因此围绕审核和审批的新问题仍然层出不穷：（1）独任检察官的意见是否可以直接提交检察长审批，主任检察官或部门负责人是否要审核独任检察官的意见；（2）是否仍要保留部门负责人对检察官意见的审核，如何进行审核；（3）部门负责人或主任检察官的审核要承担何种责任。在多数案件数量多、检察官数量多的检察院，由检察长、副检察长直接审批检察官的意见难以实现，多数案件由检察官直接决定既不符合现行法律规定，又难以适应检察官办案能力参差不齐的现状。现实仍然需要依赖在检察长审批之前的审核环节。但是，保留审核又会导致“三级审批制”的“复活”，甚至形成主任检察官——部门负责人——检察长“四级审批”的危险。

---

① 参见张栋：《主任检察官制度改革应理顺“一体化”与“独立性”之关系》，载《法学》2014 年第 5 期。

② 参见最高人民检察院曹建明检察长 2016 年 6 月在江苏省检察机关调研时的讲话《强化主体责任注重制度创新统筹推进司改任务细化落实》，载《检察日报》2016 年 6 月 8 日。

③ 郑青：《深化司法责任制改革的几点思考》，载《人民检察》2016 年第 12~13 期。

三、历史与比较法视野中的审批和审核

司法机关办案组织的运行机制除了独任制和合议制以外，还有隐没在法律规定之后的层级审核、审批制。在中国古代官方的判案断案正式程序中，审核、审批这一类程序环节有着深厚的历史基础，在西方法治国家的司法实践中也离不开必要的审核和审批。从根本上认识司法活动的审批和审核需要回到历史和现实的比较中去。

从秦汉之际，古代中国逐步建立起专制主义的中央集权国家统治体系，包括层级化的司法机关。司法机关在审理案件时采取逐级审转复核的审案机制，审转复核制不同于上诉、申诉等法律救济程序，不以当事人的申请为前提，是司法机关或司法系统自主的决策程序，即特定案件由一级司法机关审理后提出裁判意见，逐级提交上级机关审批后定案。《汉书·景帝纪》中记载："狱，重事也。人有愚智，官有上下，狱疑者谳有司。有司不能决，移廷尉。有令谳而后不当，谳者不以为失。欲令治狱者务先宽。"根据该诏令以及张家山汉简《奏谳书》中记载的案例可以断定，汉朝司法机关的审判机制是由县、道司法官吏审理案件遇到难以定罪量刑的情形时，可以上奏郡长官请求决疑，郡长官不能判断，则要上报到廷尉处决定，廷尉都无法决定时就要由皇帝来决定。即使遇到不必上报而上报的情形，不属于下级审判组织的过失，如此是让下级尽量上报，防止定罪处刑严酷的问题。[①] 基于儒家恤刑思想，从唐朝到明清，对可能判处重刑的案件，也有相应的逐级审批制度。根据《唐律·名例律》规定，县级司法官只能判决仗刑以下的案件，判处徒刑以上的案件，先由县级审理判决后，移送州府一级复审，流刑以上的案件州府断案后移送尚书省复核。这项审案机制有着顽强的生命力，一直延续至清代。在审转复核制的办案机制中，州县衙门是直接办理案件的部门，而府道衙门主要承担将案件转报上级的审核职责，不同刑罚的案件由不同级别的衙门对判决作最终审批决定。

到北洋政府时期，审转复核制以覆审制形式发挥影响。1921 年北洋政府的《覆审暂行简章》规定，死刑、无期徒刑以及一、二等有期徒刑等重刑且当事人未上诉的案件应由省高等法院覆审；县知事审理的未经二审的案件也要由省高等法院覆审。直至新中国成立初期的人民司法制度中仍有类似制度。以"三反、五反"特别法庭为例。为了定罪量刑慎重期间，特别法庭实际上并无独立的审判权。其中，"三反"法庭一般案件的判决要经过行政公署和师一级单位。无期徒刑和贪污一亿元以上的免刑由省级政府和二级军区、兵团批准。

① 参见张建国：《汉简奏谳书和秦汉刑事诉讼程序初探》，载《中外法学》1997 年第 2 期。

判处死刑由中央人民政府政务院、大行政区人民政府、大军区批准。

除了上下级司法机关对案件处理的层层审批外，在司法机关内部，层层审批、审核也同样存在。以汉朝郡县两级基层司法机关的运行机制为例。县令、郡守是本级行政区划的最高司法长官，对案件处理有最终决定权，但是，多数情况下县令、郡守不会去直接审理案件，而是对下属司法官员对案件处理意见进行审批或监督。在县级一般由贼曹和亭长调查犯罪、讯问罪犯，交由县令或县丞“议决”。在郡一级，司法活动专业化分工程度更高，刑事案件的侦查、逮捕、讯问、审理、判决、执行都由不同的司法官员负责，流程职责清楚。案件由贼曹侦查、辞曹负责事实审理、决曹对案件进行“议决”。郡守名义上总揽军政大权，但是对司法案件一般承担形式上的监督职责，而且实际的监督管理职责也授权其副手郡丞来承担。① 从隋唐开始，虽然司法活动分工日益复杂，专门的司法官署和职位很多。但是，科举制度使儒士成为司法官员的主体，通过科举获得司法官职位的儒士不具备法律专业和审案实务经验，而实务经验丰富的胥吏永远不可能成为官员。因此，明清两朝的官员普遍只能管官，不善于管事。在司法活动中，只能在形式上监督管理司法吏员的办案活动，对胥吏的案件处理意见进行审批。州县官受理案件后大多委托幕友审理，“钱谷刑名，一切咨之幕友，主人画诺而已”。

即使在法律上确立“法官独立”、“检察官独立”原则的现代法治国家，只要在司法机关内部形成了复杂的专业合作体系，也就同样不可避免在司法办案活动中有类似“审批”和“审核”环节。首先，检察官对其下属的监督管理普遍存在。虽然在大陆法系国家传统上的职务指令权已经接近废除，检察官取得了近似于法官的独立地位，但是检察官对其下属的辅助人员仍然有监督管理之责。典型的如《德国法院组织法》第147条规定，州高等法院和州法院检察机关的首席检察官有权监督和指挥其管辖范围内所有检察人员。我国台湾地区“法院组织法”第66条之3第1项第3款的规定，检察事务官还得协助检察官行使法定的提起公诉、实行公诉、协助担当自诉及指挥刑事裁判之执行等职权。据此，几乎所有检察官的法律业务，包括勘验证据、分析卷证、开庭调查、公诉莅庭、刑罚执行、撰拟书类、法律倡导、内外勤等业务，都可以由检察事务官襄助，或委托检察事务官代为行使。② 在事务官代理检察官实施上述司法活动时，必然存在检察官对其意见的审核和审批。其次，美国检察机关

① 参见姚远：《东汉内郡县法官法吏复原研究——以长沙五一广场东汉简牍为核心》，载《华东政法大学学报》2016年第4期。

② 万毅：《检察事务官：台湾检察系统的“王朝、马汉”》，载《检察日报》2015年4月7日。

内部也有类似的“审核”和“审批”。美国检察机关是检察官事务所形式存在，检察官领导整个事务所，聘用助理检察官处理日常案件。在较大的检察官事务所，检察官不可能直接决定每个案件起诉与否，以及诉辩交易的条件，也难以逐案审查助理检察官对案件的处理意见，而是制定起诉指南和诉辩交易指南等抽象规则指导助理检察官的办案活动，但是一些重要的事项也要交由检察官审批决定。如根据美国律师协会《刑事司法标准：公诉职能》标准3－4.3规定，助理检察官发现刑事案件中被告人的有罪证据的质量、可信度、充分性方面有明显的怀疑，应当向上级报告，由检察官决定继续诉讼是否适当。最后，在以“法官独立”为原则的法院内部，由于法官的审案判案活动越来越多依赖法律助手的作用，法官对法律助手意见的“审核”和“审批”也是实际存在的。以美国联邦法院体系为例，由于案件数量巨大，从地区法院到上诉法院，甚至联邦最高法院法官都要严重依赖法律助手撰写法律意见，助手在一些情况下变成“看不见”的法官，而法官的主要工作成了监督和协调众多法律助手，[①] 对助手撰写的判决意见进行“审批”。有观点指出，美国联邦最高法院实际上已经变成了9个搭档的“法律事务所”。

四、审批和审核对司法活动的意义

从我国司法活动的历史到法治发达国家的实践，我们不难发现，司法机关内部的“审批”和“审核”程序，并非是实现上命下从的行政化管理的“任意”，而是有其适应司法活动规律的一面。本文认为，审批和审核程序对司法活动的积极意义表现在以下方面。

分工协作的必要环节。法官直接主持庭审，根据双方当事人的证据和辩解，作出自己对案件事实的判断，然后以孤独的圣贤姿态在卷帙浩繁的法典、判例中寻章摘句起草判决——这是理论家脑海中理想的法官办案图景。然而，实际上随着法院案件数量的指数增长，当今的法官已经不可能这样审案断案，或者说完全意义上的“审理者裁判”是难以实现的。在检察机关内部也面临同样问题，无论是检察官办案组还是独任检察官都要以团体合作的形式办理案件。虽然根据司法活动的规律和正当程序原则，定案的主体一定要“亲历”案件，对于法官来说，就是亲历案件庭审，而对于检察官来说，则是亲历证据材料的审查。实际上由有权决定案件的检察官亲历证据材料的全部审查多数情况下并无必要，也没有司法效率上的可行性。即使在司法责任制改革目标建立

① 参见［美］理查德·A. 波斯纳：《联邦法院：挑战与改革》，邓海平译，中国政法大学出版社2002年版，第147～167页。

的检察权运行机制中，亲历性的要求并非为绝对。《若干意见》规定，检察官助理可以在检察官指导下履行讯问犯罪嫌疑人、被告人，询问证人和其他诉讼参与人；接待律师及案件相关人员；现场勘验、检查，实施搜查；收集、调取、核实证据等调查活动。据此规定，检察官可以通过与检察官助理的分工协作，拓展自己收集、审查证据的“手”和“眼”，大大提升办案效率。同时，也就不能排除检察官在检察官助理讯问、询问、核实证据材料、听取律师意见的基础上作出判断，甚至直接审批或审核检察官助理草拟的案件审查报告和法律文书。《德国法院组织法》第142条直接规定，检察官助理可以承担地区检察官的职责或者在具体个案中在检察官的监督下履行检察官的职责。

办案权、事、责的有效连接。在司法机关内部办案的权力、办案事务、办案责任的承担者在理想状态下应当合一，但是，实际上常处于分离状态。在大陆法系国家，检察机关办案权力主体在法律上一般都是“检察院”。然而，实际上行使办案权力的是检察官，承担办案事务的是检察事务官，承担司法过错赔偿责任的主体仍然是检察院。因此，根据权责利相适应原则，在实行检察院依法独立的法律框架下，统一领导检察院工作的检察长应当有相应的审核和审批权限，以监督管理检察官办案情况，才能对案件的处理承担领导责任；在实行检察官独立的情况下，检察官当然有权审核和审批检察事务官的工作，才能保证权、事、责的有效连接。在法官独立的西方法治国家，同样的原理也在发挥作用。法官作为对案件处理有决定权的主体，对案件处理承担责任，承担具体办案事务的法律助手，就必须在法官的监督管理下履行职责，法官对法律助手起草的法律意见进行实质上的“审批”，才能实现法官审案权、事、责的统一。

司法公信力整体性的保证。对我国检察机关来说，审核和审批的主要作用是监督制约检察官的办案权力。但是，在实践中检察官受到的监督制约过多，而独立地位得不到充分保证。因此，从监督制约的角度认识审批和审核的积极作用已经显得不合时宜。法官独立为西方法治国家普遍接受，并且逐步扩展至检察官独立。但是，司法官独立原则并不能绝对化，在独立的同时还应该照顾到司法公信力的整体性。从西方国家的法治实践看，司法官个体政治观念、法律观念的差异、司法权缺少监督机制导致的适用法律的不统一会导致司法公信力的危机。在美国司法制度中，检察官在起诉和诉辩交易领域不受制约的巨大权力，正在受到越来越多的公信力质疑。[①] 法院、检察院依法独立行使审判

① 参见［美］安吉娜·J. 戴维斯：《专横的正义：美国检察官的权力》，李昌林译，中国法制出版社2012年版，第149页。

权、检察权是我国一项宪法原则，检察院整体是检察权的法律主体，也是检察院整体司法公信力的载体。检察官依法独立行使办案职权在现行法律体系下仅在检察权内部运行机制中有其地位。对社会公众来说，重要的是检察院的处理意见，而非检察官个人，检察官个体也没有足够的司法公信力取得公众的信任。因此，在分工配合的检察院内部，需要层级化的“审批”和“审核”，以确保适用法律的统一，监督制约检察官的裁量权，进而确保检察院整体的司法公信力。

五、司法责任制改革中审批和审核的前景

在检察机关进一步推进司法责任制改革的进程中，审批和审核这两项机制有必要继续存在。至少在授权检察官办理决定的事项之外，“三级审批制”仍然要发挥作用。[①] 我们在改革中需要全面认识审批和审核的正负价值，它的存在并非只是检察权运行机制行政化的象征，也不能说是行政服从逻辑的体现，更不能认为审批和审核就与司法规律根本抵触，而是植根于现代司法活动高度专业化和组织化的深层现实中。

首先，审批和审核的定性问题。有观点认为，审批和审核的区别在于能够改变作为审查客体的意见或决定，即在检察机关内部，检察长有权改变检察官的意见，而部门负责人对检察官意见进行审核时只能提出建议，而不能直接改变检察官意见。然而，即使在原有的“三级审批制”下检察长也未必可以强制检察官改变意见，检察官有权提出更换承办人的申请，与其说是检察长改变了坚持检察官的意见，不如说是检察长提出了自己的意见，行使了个案指令权，检察官作为检察长的下属执行其决定。类似于《公务员法》第54条规定的情形，公务员对上级的决定或命令有权提出改正或撤销的意见，上级不改变决定或命令，或者要求立即执行，公务员应当执行该命令或决定，执行后果由上级负责，公务员不承担责任。本文认为，审批和审核最核心的区别应当是审批具有许可效力，而审核不具有，经过审批程序以后检察人员对具体个案的意见或决定上升为检察机关具有法律效果的决定。但是，审批程序并非检察人员代表检察机关作出决定的唯一程序，在检察官办案责任制下，已经明确授权给检察官决定的事项，检察官作出决定后即为检察机关的决定。审核的核心作用在于监督，发现检察人员意见、决定、法律文书中的不正确、不规范或不恰当之处，甚至防止检察人员滥用办案权力以权谋私或者侵犯当事人合法权利。审

① 参见项谷、张菁：《检察官办案责任制改革实践的理性认识》，载《上海政法学院学报》2016年第2期。

核程序并不具有许可效力，即使是检察长对检察官决定的审核。如《若干意见》第10条规定，检察长（分管检察长）有权对独任检察官、检察官办案组承办的案件进行审核。这种审核与独任检察官、检察官办案组在授权范围内独立作出决定并不矛盾。审核的另一项重要作用则是降低决策风险，提高决策效率。从原有三级审批制的运行情况看，在案件数量较多的检察院，检察长的审批很难做到对案件进行实质化的审查，防止执法过错的风险主要靠部门负责人的审核。多数情况下，检察长的审批意见中部门负责人的审核意见具有重大的影响力。

其次，审批和审核如何进行。一直以来，在实务中都对审核和审批如何进行存在较大争议，主要是审核和审批是否要对案件的事实和证据材料、适用法律意见进行全面的实质化的审查。从有利于维护适用法律统一、防错纠错、维护检察院整体司法公信力的角度出发，检察官、部门负责人、检察长、分管副检察长不论在履行审核还是审批职责时都应该对案件进行实质化的审查。而从司法效率和可行性的角度出发，实质化的审查既不可行，也不利于巩固检察官相对独立的职务地位和履职责任心。本文认为，审核和审批中是要进行实质化审查还是形式审查不能一概而论，因为检察办案业务之间的差异较大、审查的对象、审查主体各不相同。从审查对象看，对是否逮捕、是否起诉的审核和审批，与对检察建议等法律文书的审核和审批要求不一样。从审查主体的角色看，检察长对检察官承办案件的逮捕决定进行的审批，与检察长直接办理职务犯罪侦查案件时对采取特定侦查措施的审批，两者之间的要求也会有所区别。从提交意见的主体看，检察长审批资深检察官的意见，与审批初任检察官的意见也会有所不同，甚至从各个检察院案件数量的具体情况出发，检察长审批案件数量多少就会导致其审查方式和程度的不同。因此，审核和审批究竟是实质化审查还是形式审查，可以由负有审核和审批职责的主体根据实际情况自己决定。

最后，审批和审核的办案责任及归属。审核程序的实质是对下级检察人员办案活动的监督管理，因此，审核者承担的责任应为监督管理责任，与案件的直接承办者承担的直接办理责任并列。[①] 审批主体承担的责任与直接办理责任应为同一性质。如《若干意见》第39条规定，检察长（副检察长）除承担监督管理的司法责任外，对在职权范围内作出的有关办案事项决定承担完全责任。检察官根据检察长要求改变原处理意见的，由检察长与检察官共同承担责任。此处所指共同责任应当同为直接办理责任。检察长不批准检察官的处理意

---

① 参见朱孝清：《试论“监督管理责任”》，载《人民检察》2016年第12～13期。

见，并指令检察官改变意见的，根据此规定对改变部分承担责任，性质也应当为直接办理责任。

审批和审核采取的方式和程度并非实务界纠结的关键，症结问题在于审批和审核的主体承担责任的性质和范围，这也是承担审批和审核职责的检察长、部门负责人和主任检察官所关注的。一方面，审批和审核对检察官独立行使办案权力的“威胁”显而易见；另一方面，也需要重视审批和审核主体干涉检察官独立性的“内在驱动力”。在司法责任制改革中，保障检察官相对独立行使办案权力的目标受到双重威胁：一重是对检察官履行办案职责时可能受到的错案责任终身追究；另一重是上级检察官对下级的监督管理责任。德国法官法规定：“法官只在不影响其独立性的范围内接受职务监督。”我国台湾地区相关法律也规定，法官司法职权范围内的司法行为不受追究，适用法律之见解，不得作为法官个案评鉴和惩戒的事由。对于检察官来说，上述原理也同样适用，尽管在司法责任制改革中检察官的独立地位相对于法官来说并不完全，但是仍有必要在司法责任的界定中重视保障检察官独立地位的问题。在前数轮司法改革中，检察机关都在努力取消部门负责人的审核职责，然而实际上效果甚微。与其设置新的审核环节（主任检察官）或者减少审核主体（大部制改革），不如直接豁免部门负责人的监督管理责任，则部门负责人的审核自然在实践中被取消。对检察官直接办理责任的追究和监督管理责任的追究都应当限制在必要的范围内，监督管理责任只有在明显失职造成重大错案的情况下才能启动，以减少检察长、副检察长、部门负责人、主任检察官等监督管理主体干涉检察官决定的内在动力。

司法责任制的认定研究

——兼议权力清单

汪长华[*] 杨春喜[**]

司法责任制是“牛鼻子”。人民检察院司法责任制改革也是检察机关推行“完善司法责任制、完善司法人员分类管理制度、健全司法人员职业保障制度、推动省以下地方检察院人财物统一管理”四项改革的“牛鼻子”。2015年9月，最高人民检察院出台《关于完善人民检察院司法责任制的若干意见》（以下简称《若干意见》），将司法责任通过办案组织传导给检察人员，以责任倒逼检察权公正行使和司法公信力提高。在传导方式上，设计者、实践者试图通过检察长与检察官权力清单式配置实现责任划分，突出检察官责任；这种方式是否可行？基于实践的考察更有意义。

一、办案组织的司法责任顶层设计思路

（一）现行体制中业务机构对实现司法责任的影响

业务机构是根据《人民检察院组织法》成立的人民检察院内部机构。在现行的检察权运行机制中，业务机构实际发挥着办案组织的作用。《人民检察院刑事诉讼规则（试行）》第5条规定：“人民检察院按照法律规定设置内部机构，在刑事诉讼中实行案件受理、立案侦查、侦查监督、公诉、控告、申诉、监所检察等业务分工，各司其职，互相制约，保证办案质量。”第4条规定：“人民检察院办理刑事案件，由检察人员承办，办案部门负责人审核，检察长或检察委员会决定。”这即人们通常说的“承办人承办—业务部门负责人审核—检察长（检委会）决定”的科层制模式。

这种结构办案模式是多年检察实践不断积累的结果，有其自身优点，但是，站在法治中国建设高度审视，这种结构办案模式实践中也存在一些问题，

* 安徽省六安市裕安区人民检察院检察长。

** 安徽省六安市裕安区人民检察院法律政策研究室主任。

主要有：

一是司法责任分散。业务机构引起办案组织结构层级增加，办案组织结构层级越多，责任越分散，司法责任追究越困难。

二是业务机构法律属性不足。《人民检察院组织法》规定了人民检察院设置业务机构的依据，却没有确立业务机构承担检察权运行的职权，《人民检察院刑事诉讼规则（试行）》也只是确立其“互相制约，保证办案质量”监督职责。“严格意义上说，检察院的内设机构还不是法律意义上的办案组织。”①

三是阻隔司法责任传递。实践中，业务机构往往对部门内案件采取集体讨论的方式作出判断，集体意见进一步分散了办案人员责任，阻隔了司法责任落实。

四是不利提高检察官办案责任意识。在科层制模式下，办案组织层级和集体讨论分散了办案责任，并且审核、审批易养成检察官依赖性，阻碍检察官积极性和创造性，这些都不利于提高检察官办案责任意识。

（二）办案组织的司法责任概念

党的十八届三中全会将完善司法体制改革作为推进法治中国建设的重要内容。2014 年 4 月 16 日，孟建柱在上海调研司法改革试点工作的讲话中提出“司法责任制是司法体制改革的关键”。党的十八届四中全会进一步要求“完善主审法官、合议庭、主任检察官、主办侦查员办案责任制、落实谁办案谁负责”。2015 年 3 月 24 日，习近平总书记在中央政治局第二十一次集体学习时讲话提出“要紧紧牵住司法责任制这个牛鼻子”。

2015 年 9 月，最高人民检察院《若干意见》要求“检察人员应当对其履行检察职责的行为承担司法责任”，司法责任包括故意违反法律法规责任、重大过失责任和监督管理责任。为区别于人民法院的司法责任制，我们把《若干意见》中的司法责任称为人民检察院司法责任。

《若干意见》第二部分“健全司法办案组织及运行机制”中提出推行检察官办案责任制，并确立以独任检察官和检察官办案组办案组织形式。独任检察官承办案件，配备必要的检察辅助人员，检察官办案组由两名以上检察官组成，配备必要的检察辅助人员。考察检察人员的司法责任离不开对办案组织结构和形态的考察，落实人民检察院司法责任宜从办案组织切入。基于此，本文以办案组织为研究对象、讨论人民检察院司法责任实现方式，文中采用办案组织的司法责任这一概念。若将独任检察官、主任检察官作为办案组织法律意义

① 曹建明：《在江苏调研时的讲话》，载《人民检察院司法责任制学习资料》，中国检察出版社 2015 年版，第 28 页。

上的代表，那么，独任检察官办案责任制或主任检察官办案责任制与办案组织的司法责任属于同一层次上的概念。

（三）办案组织司法责任的实现思路

因业务机构无法有效传递司法责任，在试点的基础上，《若干意见》提出以检察官责任制为基础的独任检察官和检察官办案组办案组织形式。

与业务机构相比，办案组织的司法责任实现思路主要有：

一是取消业务机构层级，办案组织的司法责任更明确、集中。《若干意见》在业务部门负责人职责中取消审核职责，也没有增加监督职能，缩减了办案组织层级，办案组织的司法责任更集中，认定难度减少。

二是办案组织法律属性增强，承担责任的法律依据更充分。人民检察院司法责任下的办案组织由独任检察官或主任检察官负责，《检察官法》第6条规定了检察官的职责，办案组织因检察官的法定职责取得自身法律属性，从而成为法律意义上的办案组织。

三是办案组织组合形态多，推行司法责任制更具可行性。《若干意见》确立了独任检察官和检察官办案组办案组织形式。若分别由检察长、副检察长、业务部门负责人担任独任检察官或主任检察官，则可形成多种形态的办案组织，既可适应复杂程度不同案件需求，也可适应过渡时期检察官办案责任养成需要。

《若干意见》在规定了办案组织及其运行机制后，又在“检察人员的职责权限”中，分别列举了检察长、检察官、主任检察官、业务部门负责人、检察官助理的职责。并要求省级人民检察院结合本地实际、业务类别、办案组织形式制定辖区各级检察院检察官权力清单。《若干意见》试图通过检察官权力清单实现司法归责。

二、权力清单实现司法责任存在的问题

《若干意见》出台后，各试点省相继制定了权力清单，为研究方便，本文选择西部、中部、东部的贵州、重庆、湖北、安徽、上海等五省、直辖市制定的司法责任制方案和权力清单为样本，分析权力清单实践中遇到的问题。

（一）权力清单属于谁存争议

制定权力清单，当然要明确权力清单是谁的，尽管《若干意见》要求试点省、直辖市制定检察官权力清单，但是，对于检察权力清单属于谁还存在争议。这种争议从上述五个试点的检察权力清单名称就可见一斑。有三个试点认为权力清单是检察官的。如贵州《贵州省人民检察院关于完善县（市、区、

特区）级检察院司法责任制明确检察官权限的暂行规定》、重庆《检察官办案权限配置办法》中称检察官权限，上海就称为检察官权力清单；有两个试点认为权力清单是检察机关的。如湖北称“检察机关司法办案权限清单”，安徽称“检察机关办案职权清单”。

（二）权力清单配置检察官权力的属性问题

“法无授权不可为”是权力清单制度的基础。在我国，法律规定，检察权属于人民检察院，检察长领导检察院工作，所以检察长的权力有法律依据。而对检察长以外的检察官办案权力，法律没有予以规定。《检察官法》规定检察官的职权只是一种资格，不是实际的权力；检察长以外的检察官实际就是“上案有权，下案无权”。而权力清单并没有明确检察官的具体“上案权”的初始取得。同时，有人认为有的省对一般检察官的赋权也违反了相关规定。如重庆市人民检察院制定的《检察官查办职务犯罪案件权力清单》中，将查封、扣押涉案财物和文件、搜查、辨认等权限授予检察官决定和组织实施，而《人民检察院刑事诉讼规则（试行）》对上述权限明确规定由检察长决定或批准，授予检察官权限超越了上述规定。

（三）权力清单面临难“清”的问题

在上述五省中，除安徽、贵州通过正面清单明确检察长的权力外，其他三个省采取列举式的方式确定检察长和检察官的权力清单；而统一业务系统配置了1606项权限①，显然清单没能一一列清；此外，还有新职能增加，如十八届四中全会提出的公益诉讼、行政违法行为监督和行政强制措施监督等。所以，权力清单并不能“清”。正如安徽等省所指出的“检察官的权力难以一一罗列”，依靠权力清单难免存在挂一漏万。

另外，由于各省的权力清单中配置的检察长和检察官的权力各异，这也给统一业务系统统一应用带来新的难题，增加了规范办案统一标准的难度。

（四）权力清单中增加了部门“监督”权力

从实践中看，五个试点省在制定权力清单时均按照业务类型分别制定清单，而这些业务类型与当前的业务部门相对应，虽然《意见》没有要求业务部门负责人“监督”职责。而试点省都有相关“监督”规定。如贵州省在职务犯罪侦查业务、侦查监督业务、民事行政检察业务部门保留业务部门负责人审核权。湖北规定“部门负责人负责本部门的司法办案管理工作，监督、检

① 参见《贵州省检察院制定省市县三级检察院检察官权力清单》，载最高人民检察院司法体制改革领导小组办公室编：《检察改革动态》2016年第5期。

查、协调检察员及检察辅助人员的司法办案工作”。上海规定业务部门负责人“负责授权刑检部门独任检察官和主任检察官承办决定案件的审核工作”。安徽规定部门负责人有监督职责等。“监督”权可能形成新的权力，增加办案组织层级。

值得注意的是，权力清单试点实践就是配置检察长和检察官的决定权，对办案组织运转所需检察人员职责配置关注不够。

三、权力清单存在问题的原因分析

（一）检察权力清单应属于检察院

1. 权力清单针对政府或部门提出。权力清单制度是针对政府或部门设计的。党的十八届三中全会首次提出权力清单制度。即“推行地方各级政府及其工作部门权力清单制度，依法公开权力运行流程”。十八届四中全会《中共中央关于全面推进依法治国若干重大问题的决定》中提出“推行政府权力清单制度，坚决消除权力设租寻租空间”。从这些规定中显然可以看出，权力清单属于依法取得权力的机构，机构具有法定性、固定性，机构职权具有法定性和固定性。

2. 政府或部门的权力都有相应法律依据。可以从实践中归纳得出的结论是，政府或部门的权力清单有明确的法律依据。如税务部门的权力来源于税法、国土部门的权力来源于土地法。显而易见的是，政府或部门权力清单的主体是固定的，如政府或部门都是法人；主体的权力范围也是法定的。比较而言，检察院内设机构或司法办案组织都没有相应的法律来调节、规制。

3. 检察权力应属于检察院。我国宪法规定，人民检察院独立行使检察权。也就是说，检察权属于检察院。对比政府或部门权力清单属性，检察权力属于检察院也与权力清单内在规定性相符。

比较而言，政府或部门权力清单有固定的内部机构执行，而检察机关的办案组织不是固定的法定机构，它以检察官取得权力而产生；因检察长代表检察院管理检察权，其他检察官受检察长委托行使权力，检察官不同，办案组织的权力来源不同、范围不同。

我们认为，通过权力清单配置检察长和检察官的权力可以视为某一事项的统一委托授权，但是这种统一授权的前提是要先解决检察官“上案权”问题，要处理好与现行规定的关系，显然试点中的权力清单还存在一定不足；特别是当前，在检察官专业化、职业化程度不高的背景下，统一委托授权可能使检察权运行变得机械，灵活性受到很大限制。

（二）权力清单配置检察官权力的影响

1. 省检察院统一定制检察官权力可能给人一种检察长和检察官分权的印象。这也是有人认为检察官办案责任制与检察长负责制存在冲突的原因。

2. 省检察院统一定制检察官权力可能削弱检察长领导权。我们认为授予检察官权力是检察长领导检察工作有力方式之一，由省检察院统一定制检察官权力会削弱检察长的领导权，不利检察长开展检察工作。

3. 省检察院统一定制检察官权力无法兼顾各地实际情况。检察官的权力大小因地域不同而应该有所不同，这点也为改革设计者确认，如最高人民检察院要求各省级人民检察院结合本地实际，根据检察业务类型、办案组织形式制定各级检察院的权力清单。而即便由各省检察院制定，因各省同一层级的检察院面临的检察业务和检察官素能也是千差万别的，由省检察院统一定制检察官权力也难符合各地实际情况。

4. 省检察院统一定制检察官权力可能造成权力真空。社会在发展，法律监督工作也面临新发展，如刑事诉讼法提出的诉讼违法行为审查纠正、非法取证调查核实、羁押必要性审查、对指定居所监视居住决定和执行监督、死刑复核法律监督、刑罚变更执行同步监督，党的十八届四中全会提出的公益诉讼、行政违法行为监督和行政强制措施监督等新增职能，省检察院统一定制检察官权力会给检察新职能留下权力真空。

5. 省检察院统一定制检察官权力不利于检察官专业化、职业化发展。检察官专业化、职业化发展是一个渐进的过程，此过程伴随检察官权力不断扩大，省检察院统一定制检察官权力是个固定模式，不适应检察官专业化、职业化发展过程中的检察权变化要求。

四、办案组织实现司法责任的适宜路径

落实人民检察院司法责任制的难点在于司法责任的归属明晰。与政府、部门追责需要明确岗位职责、组织结构相似，追究检察人员的司法责任同样需要考察办案组织中人员职责、办案组织结构；与政府、部门追责不同的是，办案组织权力来源不全相同，需要明确检察长和检察官的委托授权形式。我们认为在办案组织中实现司法责任宜从以下三个方面入手：

（一）完善检察人员职责，使司法责任认定全面

权力清单主要解决检察长不任独任检察官或主任检察官时，检察长和独任检察官或主任检察官的责任问题，清单对检察辅助人员的职权规定的也不全面。司法责任是办案组织检察人员的司法责任；办案组织不仅是独任检察官或

主任检察官，还包括其他检察官，检察官助理、书记员、技术人员和司法警察等；依靠权力清单不能做到全面落实司法责任。

办案组织是检察人员的组合，亦具有组织的一般特征，检察人员在组织中既有人的属性，同时也有岗位职能特征。司法办案组织要完成一定组织功能，组织中这些检察人员必须发挥各自岗位职能，保障岗位职能就是岗位职责。从科层制向办案组织转变中，需要制定完善办案组织中检察人员工作职责。

一是检察官助理需统一定位。司法改革中，设置了检察官助理，而检察官助理的范围、工作职责范围各省规定各不相同，因为检察长不需授权检察官助理，所以，检察官助理的功能定位宜统一。另外，未入额的原检察官、助理检察官也会参加办案，承担司法责任，这些人员的职责定位也是落实司法责任的一部分。

二是办案组织中检察人员工作职责要体现业务特征。检察业务不同，诉讼程序不同，办案组织中检察人员的工作职责也不同。从试点情况看，贵州、上海和重庆规定了办案组织中人员职责，但对检察辅助人员的职责采取的是统一规定方式。我们认为，应当根据业务实际运行特点，按照各业务需求制定适应相应业务的办案组织的检察人员工作职责。

三是办案组织中检察人员工作职责标准可参考最高人民检察院发布的《检察机关岗位素能标准（试行）》。办案组织司法责任改革既要变革，也要继承。最高人民检察院发布的《检察机关岗位素能标准（试行）》是根据业务实际需求制定的，制定检察人员工作职责标准可以借鉴。

（二）简化办案组织层级，使司法责任认定易行

如前所述，办案组织结构越复杂，划分司法责任越困难。我们认为，推行司法责任制，倒逼司法公正，就要简化办案组织层级。简化办案组织层级的措施有：

一是“重大、复杂、疑难”案件由检察长、副检察长、业务部门负责人负责办理。在试点的权力清单模式中，“重大、复杂、疑难”是划分检察长和检察官权力的重要因素，将“重大、复杂、疑难”案件交检察长、副检察长、业务部门负责人、担任独任检察官或主任检察官的办案组织办理既可减少配置检察长和检察官权力的困扰，也可减小办案组织层级，便于司法责任认定。

当前，检察官专业化、职业化程度不高，检察官专业化评价机制尚未形成，检察长、副检察长、业务部门负责人是经过组织部门选拔的业务精英，由这些人办理“重大、复杂、疑难”案件不仅可使司法责任制改革平稳过渡，还有助于培养年轻检察官。

二是一般案件检察长充分授权。对于一般案件，检察长可充分授权检察官

办理，使办案组织结构简单化。试点中，改革设计者花费了大量的精力配置检察权，若按照那种设计实施，检察长的工作量将增大。实践中，对于一般案件，检察长只在某些关键环节把关，其他则通过充分授权，完成检察办案工作。也就是说，通过省院制定检察官权力清单实现司法责任的方式还没有实践中的做法便捷、易行，司法责任制改革应当从检察实践中汲取营养。

三是将业务部门负责人“监督”视为检察长委托。从试点的五省情况看，除重庆外，有三个省明确业务部门负责人负责监督职能，上海则要求业务部门负责人审核。因监督职能和审核职能性质没有明确，这种监督、审核职能很可能会向办案组织层级演化，从而增加办案组织层级。办案组织层级增加不仅降低办案组织效率，同时也会使司法责任进一步分散，追究司法责任难度增加；取消这个层级，又会大大增加检察长的工作负荷。

鉴于司法责任制改革的趋势，可将业务部门负责人监督、审核职能看作检察长委托，作为检察长决定的前置程序，归属检察长决定机能。随着检察官专业化程度提高，检察长决定的广度、深度减少，业务部门负责人监督、审核职能也会逐步弱化，直至取消。

（三）规范委托授权行为，使司法责任认定有据

我们认为，检察官法规定的检察官职权是一种权力资格，实际权力的取得，对于检察长而言是人大任命或上级院临时指定（代检察长），其他检察官的权力源于检察长的委托授权。

有人认为，检察官责任制与检察长负责制存在冲突。我们认为这种认识是片面的，主要原因就是权力清单分割检察长和检察官权力造成的。

检察官办案责任制与检察长负责制是一致的。检察长参加办案组织办案并对办案负责，检察官办案责任与检察长负责制高度统一；检察长委托检察官办案，检察长委托行为是检察长负责制的一种表现，委托外的检察长决定是检察官办案的一种行为方式，对此行为承担责任也是检察官办案责任制的重要内容之一；检察官接受委托并承担责任是对检察长负责，是检察长负责制的延伸，其本身也是检察官责任制主要内容。

推行检察官办案责任制重要的就是处理好委托授权行为。实践中，委托授权要注意以下三点：

一是重视委托授权的规范审查。在当前的办案实践中，对于委托授权规范性并未给予过多关注，推行检察官办案责任制，需要规范委托授权形式。在案件内部评查时，不仅要审查谁审批、谁决定，还要审查委托授权形式的规范性，这既是权力规范行使的一部分，也是落实检察官办案责任制的基础。

二是准确识别委托授权。在权力清单中，有的将一些程序性的决定作为检

察长的权力，当然，从实质上说，这些是检察长的权力，但是这种决定的本身又可以理解为委托授权行为。如公诉业务中检察长“决定是否提前介入侦查”，职务犯罪业务中“决定、批准初查”，“批准提请立案”等审批决定，这些决定作出后实际上是授予检察官权力，检察官因此取得介入侦查权、初查权和侦查权。

三是利用统一业务系统规范授权。借助统一业务系统实现检察长与检察官的委托关系，不仅解决权力清单造成的统一业务应用的统一规范标准难题，还可以借助统一业务系统实现检察长与部门负责人的委托关系。如检察长将规定的职权委托检察官行使，在检察长审批一栏中可注明授权检察官决定。这样既明确了授权关系，便于责任认定，又不影响统一业务系统、统一应用。再如，检察长委托部门负责人监督，部门负责人可在部门审核意见中注明根据检察长委托，监督意见是什么，这样不仅明确了检察长和部门负责人之间的关系，确立了审核意见的属性，同时也让司法归责有了明确、具体的依据。

检察官权力清单配置的几点思考

江　涛*　邝邦永**

2014年6月6日，中央全面深化改革领导小组审议通过了中央政法委《关于司法体制改革试点若干问题的框架意见》和《上海市司法改革试点方案》，拉开了新一轮司法体制改革的大幕。以司法办案责任制为核心的“四项改革”是此轮司法体制改革的重点、难点，按照相对独立性、权力可救济性、检察一体化的原则，厘清检察权运行中各职能主体之间的关系，合理配置检察官权力，建立规范的权力清单制度，乃当前司法责任制改革之重心和关键所在。笔者坚持问题导向，拟从各试点单位检察官权力清单的配置入手，对检察官权力清单配置的原则、需要着重处理的关系进行解析，以期科学合理地划分办案权限，构建管理有序、权责统一、权责明晰的检察权力运行制度。

一、建立检察官权力清单的总体情况

（一）建立检察官权力清单的制度背景

党的十八届三中全会首次提出权力清单制度，主要是指各级政府和各个政府部门把所掌握的各项公共权力进行全面统计，并以列表清单的形式公之于众，主动接受社会各界监督。该制度的基本原则是法无授权不可为，其设置的关键是精确明细，核心是减政放权，即围绕减少层次、优化流程、提高效能、方便办事的目标，分析每项权力的运行过程，找准权力运行的关键节点，厘清各个节点的内在联系，优化权力运行流程，固化业务操作程序。顺应司法体制改革大潮，2014年7月，在山东青岛召开的大检察官研讨班上，最高人民检察院曹建明检察长提出检察机关为深入推进检察官办案责任制改革试点，将探索建立权力清单制度，明确应当由主任检察官行使的权力。检察官权力清单制度应势而生。

---

* 湖南省郴州市人民检察院党组书记、检察长。

** 湖南省郴州市人民检察院党组副书记、副检察长。

（二）试点检察院推出检察官权力清单的情况

目前，司法改革已进入“深水区”，特别是随着人员分类管理、检察官员额制等相关改革的整体推进，对如何理解和推进司法责任制及其组织形式产生不同认识，如何科学划分、合理配置检察委员会、检察长、检察官、业务部门负责人、检察官助理的司法办案权限，权力清单如何制定等问题，学术界和司法实务部门的各种不同观点和声音此起彼伏，各现行试点单位的做法也各种各样、各有千秋。总体来说，各试点单位坚持突出检察官办案主体和加强检察一体化相结合，坚持依法、合理放权与加强领导、科学监督制约相统一原则，根据审查逮捕、公诉、职务犯罪侦查等执法环节的不同特点和要求，在法律规定框架内，采用正面授权模式或负面清单管理模式，充分合理下放司法办案权限，弱化其对具体案件审核权，突出检察官的执法办案主体地位。由于目前全国试点单位比较多，不便一一列举，仅以上海、深圳、海南等3个第一批试点单位为例，分析其推出权力清单的成效。

上海市检察院制定《关于检察官办案职权的规定（试行）》，明确应由检察委员会或检察长行使的17项办案职权，除此之外的办案权限授权主任检察官或其他检察官依法行使，并且明确检察官直接承担的9项工作职责。另下发了《关于检察官助理职责的规定（试行）》，明确检察官助理的9项具体职责、书记员的3项职责。

深圳市检察院制定《检察官办案责任制职权配置暂行工作规定》及职权配置清单，根据岗位职责和业务类型，对706项逐项依法按检察委员会、检察长、主任检察官三个层级授权，主任检察官拥有392项职权，其中34项来自检察长“放权”。

海南省检察院制定《主任检察官办案责任制职权规范指引》，明确由检察委员会、检察长决定的重大决定事项、重大疑难复杂案件和6类情形的案件，对主任检察官的职权则根据业务类型分别授权。另印发了《主任检察官、检察官助理、书记员职责规范（试行）》，明确了主任检察官应亲自承担的8项职责、检察官助理的9项职责以及书记员的9项职责。

（三）当前检察官权力清单配置中暴露的问题

作为一项新鲜事务，我们在调研上述试点检察院在推行权力清单制度过程中，以及在与干警的座谈中，了解到检察官权力清单的制定仍然存在这样或那样的问题，主要体现在：

1. 合法性问题。我们对权责事项真正清理的时候发现数量极为庞大，涉及刑事诉讼法及其诉讼规则、民事诉讼法及其监督规则、行政诉讼法，以及各项法律法规及司法解释等，从各试点单位看，现有权力清单的标准都不一样，统一口径不一样，导致了权限数量上的差异。如前所述，上述试点单位的权力清单就各不相同、各有特色。深圳市检察院清理出706项职权。上海除对检察长或检察委员会行使的17项办案职权进行罗列外，对主任检察官和其他检察官的职权用一句话概括，即“除此之外的办案权限授权其他检察官或主任检察官依法行使”。有的试点单位在编制过程中存在一定程度的越权、违法现象。如广东省检察院制定的《广东省检察机关检察官权责划分暂行规定》中，将查封、扣押涉案财物和文件，搜查、辨认、侦查实验，采取、变更或解除强制措施等权限授予主任检察官决定和组织实施，虽然2015年9月，最高人民检察院印发的《关于完善人民检察院司法责任制的若干意见》明确各省级人民检察院结合本地实际，根据检察业务类别、办案组织形式，制定辖区内各级人民检察院检察官权力清单，可以将检察长的部分职权委托检察官行使，但《人民检察院刑事诉讼规则（试行）》对上述权限明确规定由检察长决定或批准，授予主任检察官权限超越了法律规定，与法律规定相冲突。

2. 合理性问题。推进权力清单制度，是实施简政放权的重要举措。如何在法律允许的范围内合理放权、提高效能，既突出检察官主体地位，又与法律规定不相冲突，是目前权力清单制定的难点。从各试点单位的情况看，其权力清单对于检察官、分管副检察长、检察长、检察委员会之间的权力责任分配还不够清晰。如上海市检察院、海南省检察院均将检察长与检察委员会的职权配置在一起，未分别授权加以区别，过于笼统，容易出现二者职责交叉问题。同时作为检察权的分解，权力清单中应分别体现审查逮捕、公诉、职务犯罪侦查、民事行政检察、诉讼监督等各项检察权能，但从目前我们掌握的资料来看，上海市检察院未根据不同的检察权能，对检察官、检察官助理在不同执法环节的职权进行细化和清单式罗列，用概括性的话语一句带过，缺乏具体可操作性；对书记员的职责也过于原则，不够具体。深圳市检察院则对检察官助理和书记员的职责未予明确和涉及，导致权责不清，容易出现扯皮推诿、效能低下等问题。

3. 立法滞后问题。从各试点单位权力清单看，在编制和公布权力清单的过程中，主任检察官、检察官和检察官助理的权限到底多大，能做到什么程度，目前没有法律的明文规定，只能根据现有法律规定，结合实践中的做法，进行一些梳理、整合。但要真正突出检察官主体地位，提高效能，就涉及要将检察长或检察委员会的部分职权下放给主任检察官或检察官，这也必将涉及相关法律的修改。

4. 配套机制不够完善的问题。在办案组织内部，没有完全厘清检察辅助人员、检察官、主任检察官之间的关系，如何管理协调以及调动其他成员工作积极性的配套措施尚未建立。对检察官及检察官助理的考核机制、监督机制、进退机制、保障机制尚需进一步探索加强，完善配套措施。

二、建立检察官权力清单的基本原则

2015年9月25日，最高人民检察院印发了《关于完善人民检察院司法责任制的若干意见》（以下简称《若干意见》），《若干意见》为我们科学划分检察委员会、检察长、（主任）检察官及与检察官助理的权责指明了方向，提供了基本框架，但尚属于原则性规定。如何在这个总体框架下进一步细化，制定检察官权力清单及与检察官助理的权责，需要我们在改革中进一步大胆探索。检察权既有司法属性，又有一定行政属性，权限划分十分复杂。笔者认为，必须以现行法律和《若干意见》为依据，遵循检察工作规律，坚持五项原则，厘清（主任）检察官和检察官助理的权力边界，才能科学划分（主任）检察官权力清单及与检察官助理的权责。

（一）职权法定原则

检察委员会、检察长、（主任）检察官的具体职权，应当依照法律法规、司法解释、单行规定及其他规范性文件的规定进行配置。法律、司法解释、单行规定及其他规范性文件明确规定"由检察委员会讨论决定"、"由检察长提交检察委员会讨论决定"的权力，或检察长认为应提交检察委员会行使的权力，应设置为检察委员会的权力。法律、司法解释、单行规定及其他规范性文件明确规定"由检察长决定"的权力，以及检察长认为应当由其行使的权力，应设置为检察长的职权；副检察长、检委会专职委员根据检察长的授权，对法律法规规定的案件及事项行使与检察长同等的权力。除法律、司法解释、单行规定及其他规范性文件明确规定由检察委员会或检察长行使的职权外，可以将相关案件和事项处理决定权等配置给（主任）检察官行使。

（二）依程序授权原则

法律法规、司法解释、单行规定及其他规范性文件虽明确规定由检察长或检察委员会行使，但根据实践和司法效率等需要将权力授权至（主任）检察官的，应当依照一定法定程序进行授权并予以说明。《若干意见》中确定了各层级检察人员职权的基本框架，对检察长的职权规定予以了明确，但对（主任）检察官的职权，除了强调其亲历性的一些事务性职责外，并未明确（主任）检察官的职权清单，仅规定"由省级人民检察院结合本地实际，根据检察业务类别、办案组织形式，制定辖区内各级人民检察院检察官权力清单，可以将检察长的部分职权委托检察官行使”。这也就意味着检察官的职责权限，主要由各省级检察院的权力清单决定的。对于逮捕权、提起公诉权，《若干意见》明确由检察长行使。办案实践中，各级检察院逮捕、公诉案件量相对都是较大的，如果普通案件的逮捕权、提起公诉权都由检察长（分管副检察长）决定，将难以达到减少审批层级、提高办案效率的目标。建议为提高办案效能，省级检察院在制定权力清单时，除重大疑难案件外，将检察长对普通案件、简易案件的逮捕、公诉权委托（主任）检察官行使，当然，还需进一步明确普通案件、简易案件的标准和范围。

（三）分层配置原则

要进一步明晰（主任）检察官、分管副检察长、检察长、检察委员会之间的权责边界，同时进一步厘清检察官助理、检察官、主任检察官之间的关系。根据《人民检察院组织法》第3条规定，我国人民检察院内部实行的是检察长负责制与检察委员会集体领导相结合的领导体制。（主任）检察官办案责任制不能违背这一规定，（主任）检察官办案责任制改革只是对检察权行使机制的调整，并不改变检察权行使主体的法定性。因此要区分检察委员会、（副）检察长、（主任）检察官和检察官助理四种角色，从检察委员会与检察长（副检察长）、检察长（副检察长）与（主任）检察官及业务部门负责人、检察官与检察官助理及书记员三个层面进行职权配置。

（四）分类配置管理原则

梳理我国检察机关的职权设置情况，可以根据不同检察业务和岗位职能，从检察权内容的横向分类，对检察权进行结构性分解，合理协调配置检察委员会、检察长、（主任）检察官及其与检察官助理的权限。检察权内容的横向分类，具体可以分为职务犯罪侦查权、侦查监督权、公诉权、民事行政检察权、控告申诉检察权、刑事执行检察权、职务犯罪预防权等执法权限，还有案件管理、法律政策研究室等管理类和保障类权限。

（五）权责一致原则

检察委员会、检察长、（主任）检察官、检察官助理在办案责任机制运作中所拥有的职权应当与其所承担的责任相适应。职权很多情况下也表现为工作职责，要求在建立权力清单的同时，要按照权责一致的原则，逐一厘清与执法职权相对应的责任事项，建立责任清单，明确责任主体，确定责任范围，如不依法履行职权和不依法履行职责的责任等，健全问责和责任追究机制。（主任）检察官办案责任制改革的重点和难点是要改变现有的行政管理模式以及与之相对应的三级审批办案方式。（主任）检察官直接对检察长和检察委员会负责，一般情况下，中间不存在其他层级。检察官及检察官助理对其履行职责的行为承担司法责任，应根据产生的影响力合理区分其责任大小。一是本着“谁办案谁负责、谁决定谁负责”的原则，（主任）检察官、检察长、检察委员会对各自依职权作出的决定负责，检察官助理参与司法办案工作的，根据其职权和分工承担相应的责任。二是本着“谁改变，谁负责”的原则，对于检察长或者检察委员会改变案件事实和证据的认定意见，以及由此产生的决定，（主任）检察官不承担责任。三是因（主任）检察官的意见未被采纳而造成冤假错案的，（主任）检察官不承担责任。四是（主任）检察官在办理案件过程中如有徇私舞弊、滥用职权等故意或重大过失行为造成冤假错案的，应承担相应法律责任。

三、正确把握和处理检察官权力清单配置的辩证关系

（一）授权与限权的关系

完善司法责任制改革，必须要给司法权力主体（主任）检察官以充分的授权，同时又要予以必要的限权，关键是要找到一个平衡点。处理好授权与限权的关系，可以按照三个方面的思路进行：一是根据检察业务的司法权属性强弱来授权与限权。对于司法权属性强的业务，如审查批捕、审查起诉等，可以授权充分一些；对于行政权属性强的业务，如职务犯罪侦查，可以限权多一些。二是根据检察业务运行的程序来授权与限权。对于在检察环节非终局性的业务处理，如批捕、起诉等可以授权充分一些；对于在检察环节终局性的业务处理，如不立案、不批捕、不起诉等，可以限权多一些。三是根据案件的性质和疑难复杂程度来授权与限权。对于一般的案件，可以授权充分一些；对于重大疑难复杂敏感案件，可以限权多一些。

（二）突出检察官主体地位与加强监督制约的关系

既要突出检察官在执法办案中的主体地位，充分发挥其主观能动性，多办案、办好案，做到“用人不疑，疑人不用”。同时又要加强监督制约，对办案实行全程留痕和终身负责。一是坚持检察长对检察工作的统一领导，加强检察长、检察委员会对执法办案活动的领导和监督。检察长可以检查（主任）检察官办案组的工作，指令汇报某一案件或一段时间内的办案情况。对于特别重大、疑难、复杂和社会关注度高的案件，以及对主任检察官的处理决定有不同意见的案件，检察长有权提请检察委员会讨论决定。二是完善部门管理制度。案件管理部门要强化对司法办案工作的统一集中管理，强化办案质量评查，并借助检察统一业务应用全程动态监督。纪检监察部门要强化监督检查，内设机

构负责人应当转变角色，主要负责本部门的执法办案管理工作，监督（主任）检察官行使职权、公正廉洁办案。同时加强办案组织成员之间相互监督和工作制约机制，明确检察官在职责范围内根据事实和法律独立办案，在对外作出法律决定前，须报主任检察官审核，签订书面审核意见。当主任检察官审核意见与承办检察官意见发生分歧时，主任检察官可提交检察长或检察委员会决定。三是建立科学的检察官业绩评价机制和进入退出机制，业绩优秀、作风优良、经考核合格的方可继续履行（主任）检察官职责，不合格的需退出（主任）检察官序列。四是构建开放动态透明便民的阳光司法机制，自觉接受各方面的监督，做到“以至公无私之心，行正大光明之事”，确保权力规范运行。建议扩大人民监督员参与监督的范围。

（三）责任与激励的关系

责权利的统一是改革的基本要求。实行（主任）检察官办案责任制，一方面扩大了检察官办案权力，另一方面又提高了办案要求，加重了办案责任。从目前上级下发的改革文件看，与正在逐步健全的“权”与“责”相比，“利”的保障机制还相对滞后，不利于职权和责任的真正落实。同时，检察工作运行是一个整体，需要各类人员的通力合作。但目前针对改革的研究相对集中于检察官，对检察辅助人员、司法行政人员的关注不多。而实际上，改革将使大部分检察辅助人员、司法行政人员失去检察官资格，在待遇上也将和（主任）检察官有较大差别。如何在突出（主任）检察官主体地位的同时又调动其他人员的积极性，是当前矛盾所在，也是较为棘手的问题，甚至是关系改革成败的重要问题。在干警座谈中，部分干警反映，人员分类后，如果待遇差距过大，势必影响干警思想稳定，人为造成同一机关上班却有三六九等之分，甚至出现一些负能量，并提出人员分类后工资待遇方面不能差距太大。对此，要按照权责利相协调、相统一的要求，给予检察官激励和保障，“既要马儿跑，又给马吃草”。要统筹考虑检察官、检察辅助人员和行政人员的职业发展通道、职级待遇及工资薪酬制度，还应完善有别于其他类别公务员的招录选任、岗位培训、保险、救助、抚恤等管理制度，建立检察官廉政保证金、检察官功勋荣誉等制度，增强检察官的职业尊荣感、使命感，以激发各类人员支持改革、参与改革的积极性，实现平稳过渡，最大限度调动各类人员的工作积极性。

（四）（主任）检察官与检察辅助人员、司法行政人员的关系

为防止（主任）检察官把应该承担的司法办案工作推卸给检察辅助人员，同时也调动检察辅助人员的工作积极性，必须明确（主任）检察官与检察官

助理、书记员的岗位职责，明确主任检察官直接承担的工作任务，用制度保障检察官司法办案的亲历性。同时建立检察官助理、书记员跨类别交流机制，对优秀的检察辅助人员、司法行政人员符合改革后纳入员额管理检察官任职条件的，可以择优遴选为纳入员额管理的检察官，畅通检察辅助人员、司法行政人员的职业上升通道，最大限度激发检察辅助人员、司法行政人员工作积极性。

（五）权力清单制定与其他改革措施相互配套的关系

随着司法体制改革的推进，人员分类管理、员额制、内设机构整合、省以下人财物统一管理等相关改革措施将相继出台。因此，在制定权力清单时，还要妥善处理与上述配套措施之间的协调和对接。特别是内设机构整合直接涉及权力清单的制定。权力清单的制定建立在内设机构整合基础上，需要依托内设机构整合这个载体。2015 年 5 月，最高人民检察院在重庆召开的全国检察机关检察官职务套改和主任检察官办案责任制试点工作经验交流会，提交研讨了《主任检察官办案责任制改革实施意见》，该实施意见要求“按照精简、统一、效能原则，根据刑事检察、职务犯罪侦查、民事行政检察以及诉讼监督等类别整合内设业务机构”。作为检察权的分解，权力清单中应分别体现刑事检察、职务犯罪侦查、民事行政检察以及诉讼监督等各项检察权能。同时，尽快修改完善人民检察院组织法、刑事诉讼法及其规则、民事诉讼法及其监督规则、行政诉讼法等法律法规，实现立法与改革决策相衔接，确保改革于法有据、立法主动适应改革和发展需要。

关于检察官权力清单设置的思考与建议

杨玲娜[*]　邓姗姗[**]

制定检察官权力清单是完善司法责任制的基础，也是“十三五”时期检察工作的重要内容。各地检察机关将制定检察官权力清单作为固定此次司法体制机制、检察改革成果的重要载体，进行了积极实践，积累了许多有益经验，但也暴露出不少认识上的分歧和误区。本文试从各地出台的检察官权力清单入手，分析检察官权力清单设置的考量因素和关系处理，并提出几点完善建议。

一、各地制定检察官权力清单概况

自 2015 年 9 月最高人民检察院印发《关于完善人民检察院司法责任制的若干意见》（以下简称《若干意见》）以来，截至 2016 年 4 月，已有上海、湖北、江苏、安徽、福建、山东、广东、广西、重庆、贵州、云南、宁夏等 12 个省、自治区、直辖市按照《若干意见》要求，结合当地检察工作实际，制定、发布了本辖区的检察官权力清单。这些检察官权力清单虽然都围绕检察官职责权限展开，但从形式到内容都各具特点，主要表现为三同三不同：

（一）三同

1. 各地权力清单都对检察长的权力进行了重申和强调，在明确检察长职权的基础上对检察官进行了分层级、有条件的授权，并规定了“依照法律归检察长行使的其他职权”的兜底条款。即这些权力清单均是在坚持检察一体的前提下，对检察长权力的授权分解。这与我国现行的人民检察院组织法、检察官法及相关诉讼法规定的检察机关对外独立行使检察权，检察长是唯一法定主体的精神是一致的，充分体现了此轮司法改革强调的“在现有法律框架内改革”的特点。同时，也为今后检察官职权的调整预留了空间。

2. 各地权力清单都对主要业务条线的检察官权力进行了罗列，有的还将

---

* 湖北省武汉市人民检察院法律政策研究室检察官。
** 湖北省武汉市人民检察院法律政策研究室检察官。

这些业务概括为职务犯罪侦查、审查逮捕、审查起诉、诉讼监督等几大门类。各地刑事检察业务的放权相对较多，大多赋予了检察官对一般、简单案件的批捕、起诉决定权；对职务犯罪侦查和诉讼监督业务则放权较为谨慎、保守，检察官一般只有建议权和执行权，关系到案件进展的关键环节、事项的决定权一般均由检察长或分管检察长行使。从实务操作层面看，上述做法尊重了过去的工作习惯，保证了工作节奏的延续性，为检察官逐步提高素质能力，适应“谁办案，谁负责”的司法责任制留下了时间和空间。但不可忽视的是，这些建议权、执行权，在实行检察官司法责任制之前，仅以此作为检察官的职权内容，检察官的主体地位突出不够，难以反映“谁决定，谁负责”的改革要求。

3. 各地检察官权力清单都充分体现了当地的改革试点工作特色。如上海的检察官权力清单规定了金融检察、社区检察部门的检察官权力，福建、贵州规定了生态资源检察部门的检察官权力。湖北基于实行“诉讼与诉讼监督适当分离”的改革试点，对审查逮捕、公诉、侦查监督检察、审判监督业务的检察官权力进行了分别规定。这表明各地在制定检察官权力清单时都充分结合了当地检察工作运行的实际情况，并将权力清单作为巩固成果，推进改革试点的重要载体。

（二）三不同

1. 形式不同。各地检察机关制定的检察官权力清单文本形式不一。从名称上看，有的为检察官权力清单，有的为检察官权限划分，有的为职责清单。从文本上看，大多采取的是条款式清单，其优点在于权力列举详细完整，但也有地方采取的是图表式清单，如重庆、湖北（湖北省检察官权力清单曾采取图表式列举），特点在于简洁明了。从体例上看，有的采取总则—分则的形式，先对检察官权力划分原则、各类检察人员基本权限等共性问题进行规定，再具体规定各具体检察业务条线的检察官权力；有的直接规定各业务条线的检察官权力。从确权方式上看，有的按诉讼程序进行规定，有的按业务类别进行规定；有的正面规定授权的内容，有的从反面规定检察长（检察委员会）保留行使的事项，其余进行概括授权。

2. 范围不同。各地检察官权力清单涉及的权力主体、业务门类的宽窄不一。从权力主体看，有的仅规定了检察长、检察委员会、检察官的职权，有的在此基础上还对副检察长、部门负责人、主任检察官、检察官助理的职权分别进行了规定，有的还规定了办案组织。从业务门类看，有的仅规定了职务犯罪侦查、审查逮捕、公诉、侦查监督、审判监督、民事行政检察、未成年人检察、刑事执行检察等“一线”业务门类的检察官权力清单，如上海、湖北；有的还规定了职务犯罪预防、控告申诉、法律政策研究、案件监督管理等

"二线"业务门类的检察官权力清单，如江苏、安徽、山东等；有的甚至将检察技术、司法警察等业务门类也列入检察官权力清单；有的清单不仅规定了检察官的权力，还规定了检察官责任。

3. 内容不同。各地检察官权力清单规定的内容也有粗细有别，繁简不一。从清单层级看，多数地方采取省、市、县三级检察院分别制定，但也有少数地方实行全省统一一个权力清单。从权力数量看，各地梳理出的检察官权力数量差距较大，如深圳市规定了678项权力，云南省则为287项。从放权程度看，有的放权比较宽松，审批程序相对简化；有的则较为谨慎，授权幅度较小，较多依赖"三级审批制"。

（三）亟须强化顶层设计

总体来说，各地检察官权力清单都在现有法律框架内容内制定，未逾越法律红线，并对检察权的复合性有清醒的认识，并严格遵循了具体问题具体分析方法，充分体现了工作智慧。但是这些形式不一、宽窄不同、繁简有别的权力清单，也反映出当前各地对检察官权力清单的功能定位、权力划分考量因素的认识不足，亟须通过加强顶层设计，进一步统一思想、深化认识。因此，我们建议，最高人民检察院在继续鼓励各地试点制定、运行检察官权力清单的基础上，及时总结吸收各地经验成果，尽快出台统一的检察官权力清单，再由各地作细化规定，作实检察官的主体地位。

二、检察官职权界定边界思考

不同层级检察官之间的权限划分是权力清单的核心问题。因此，制定检察官权力清单的关键在于明确检察官的职权边界，合理配权。"检察职能是多元的，包括行政职能、司法职能和监督职能。各种检察职能属性、运行方式等各不相同，必须分门别类，而不是概而论之。"① 各种权属的运行虽然统一于维护国家法律统一正确实施，维护社会公平正义的目标之下，但是有着不同的运行特点，其业务权限的下放分解的标准和方式，也有相应区别。因此，对于不同业务条线的检察官，应当结合检察权的不同属性，实行差异化分类配权。

（一）批准和决定逮捕权、刑事公诉权

上述权力主要涉及批捕、公诉、未检等刑检部门。检察官除了承担讯问犯罪嫌疑人、询问被害人、证人，对证据全面审核等基础性工作外，最主要的是以下权力的放权问题：

---

① 《"两法"修改推动检察理论和制度科学发展》，载《检察日报》2016年7月26日第3版。

1. 批捕权。批捕权可细分为批准逮捕、不批准逮捕、决定逮捕、不决定逮捕、附条件逮捕、撤销逮捕等权力。批捕权属于司法审查职权，涉及宪法基本权利的重大限制，利益较为重大。因此《刑事诉讼法》第87条规定："人民检察院审查批准逮捕犯罪嫌疑人由检察长决定。重大案件应当提交检察委员会讨论决定。"在各地的试点中，对于批捕权的放权幅度差异较大：如重庆市规定，除犯罪嫌疑人系人大代表、政协委员、外国人犯罪的案件，危害国家安全的犯罪，重大、疑难、复杂案件，上级检察院交办、督办案件外，审查批准逮捕和审查不批准逮捕权力都授权给检察官行使（以检察院名义制发的法律文书由检察长签发）。湖北省规定，市、区两级院检察官经检察长授权，有权"对符合逮捕条件的一般性案件批准逮捕"，而对重大、疑难、复杂案件、外国人、无国籍人犯罪案件以及人大代表、政协委员犯罪案件的批准逮捕以及不批准逮捕等其他逮捕情况，则由检察长或检委会决定。[①] 江苏省规定，决定批准逮捕或决定不批准逮捕都由检察长或检委会决定。

2. 公诉权。公诉权可细分为提起公诉、不起诉、变更、追加、补充或者撤回起诉等权力。对于提起公诉的权力，各试点院做法大同小异，大多将对事实清楚、证据确实充分的一般普通刑事案件提起公诉的权力放权给检察官，对于由检察长或检委会决定的特殊案件的范围的界定，则略有不同：如湖北省规定，对职务犯罪案件和重大、疑难、复杂案件决定提起公诉应由检察长决定；重庆市规定，对危害国家安全犯罪、恐怖活动犯罪、涉黑犯罪、邪教组织犯罪案件，重大、疑难、复杂案件，上级交办、督办案件提起公诉由检察长决定；江苏省规定，对职务犯罪案件、外国人犯罪案件及其他涉众面广社会影响重大的案件提起公诉由检察长决定。对于不起诉的权力，各试点院做法一致，根据《人民检察院刑事诉讼规则（试行）》第401条的规定，由检察长或者检委会决定。对于追诉漏罪、漏犯，追加、补充、变更起诉的权力，则存在较大差异：如湖北省规定，追诉漏罪、漏犯，追加、补充、变更起诉由检察长决定；重庆市规定，除危害国家安全犯罪、恐怖活动犯罪、涉黑犯罪、邪教组织犯罪案件，重大、疑难、复杂案件，上级交办、督办案件外，其他情形案件的追诉漏罪、漏犯，追加、补充、变更起诉权力由检察官行使。山东省规定，变更、补充起诉由检察官决定，追加起诉由检察长决定。不起诉的权力则严格由检察长掌握。

相对而言，此类权力的行使主要是在证据审查判断、法律适用上，特点在

① 根据职务犯罪案件决定逮捕权上提一级的规定，对基层检察院直接立案侦查案件决定逮捕或不逮捕由市级院检察长或检委会决定。

于司法属性强，亲身经历对于事实和法律问题的判断具有重要作用，其决定大多具有程序性、阶段性和非终局性的特点，在后续诉讼程序中会受到来自法院、律师、当事人以及检察机关内部各方面的制约。因此建议最大限度地授权给检察官，赋予检察官相对独立行使职权的空间，使其能够基于自身的法律素养和知识经验对案件事实与法律认定作出独立的分析判断，从而回归权力的司法本质。因此，对于批准和决定逮捕权，除重大、疑难、负责案件外，可以授权检察官决定。对于审查起诉（公诉权），除重大、疑难、负责案件外，排除非法证据、出庭支持公诉、在法定量刑幅度内提出量刑建议、提起附带民事诉讼等可以授权检察官决定，而对于不起诉、变更、追加、补充或者撤回起诉、提请、决定或者撤回抗诉等具有终局性效力的权力，则应当由检察长行使，检察官可以提出建议。

（二）诉讼监督权

诉讼监督权包括刑事立案监督权、侦查监督权、刑事审判监督权、刑罚执行监督权、民事行政诉讼监督权，涉及侦监、审监、监所、民事、行政等部门。在放权的问题上，各试点院虽然在具体权限授权上并非完全相同，[①] 但授权都较为谨慎，授权幅度差异较小。对于涉及法院既判力的权力，例如是否提请抗诉、提出抗诉、是否提出（发出）再审检察建议、对民事审判活动、民事执行监督案件是否决定立案或不支持监督申请等权力，各试点院规定较为一致，都是由检察长决定。对于公益诉讼案件，决定是否立案、决定申请保全、是否提起诉讼等也都是由检察长或者检委会决定。

刑事诉讼中，检察机关以法律监督者身份对侦查、裁判、审判、刑罚执行等行为提出异议，冲击的是侦查机关、审判机关、刑罚执行机关的独立性与权威性；民事、行政诉讼监督中，检察机关并非诉讼当事人，同样是以法律监督机关的身份提出对民事、行政裁判的抗诉，打破了民事、行政诉讼的当事人格局和诉讼救济机制，冲击的是法院裁判的既判力和权威性，尤其是备受关注的公益诉讼，检察机关以公益诉讼人身份提起行政公益诉讼，冲击的是行政机关。综上所述，这些权利的行使需要慎之又慎。因此，对于诉讼监督权限放权应谨慎，口头提出的意见、建议及一般的法律监督事项，可以授予检察官独立行使；需要作出书面决定的，尤其是重要案件的书面决定应当由检察官报检察长或检委会审批决定。

---

① 如侦查监督权限中“要求侦查机关（部门）书面说明不立案或者立案理由”，山东省、广东省授权由检察官决定，湖北省则认为应当由检察长决定。

(三) 职务犯罪侦查权

职务犯罪侦查权是检察机关的重要职能，主要适用于反贪、反渎等自侦部门。从各地试点情况看，较为一致的做法是：对于侦查工作中的基础性工作，例如实施初查、提出立案或者不立案意见、调取证据、组织指挥讯问犯罪嫌疑人或询问证人、勘验、检查等具体侦查活动，检察官有权决定；对于决定初查、决定是否立案、决定案件侦查终结、决定撤销案件、采取技术性侦查手段、采取通缉措施等较为重大的诉讼决定事项，由检察长决定。在一些事项上，各地放权力度不一：如对于采取搜查、查封、扣押、冻结等重要侦查措施、查询犯罪嫌疑人金融资产房产、车辆、通信等重要信息等事项，湖北省、江苏省等试点单位规定由检察长决定，重庆市则放权给检察官作出决定。又如，决定对犯罪嫌疑人传唤、拘传，湖北省、江苏省等试点单位规定由检察长决定，重庆市规定除上级检察院交办案件，要案，犯罪嫌疑人系人大代表、政协委员，社会关注度高的案件由检察长决定外，其他案件检察官决定。

侦查权具有其自身的特点：一是注重办案效率，因为犯罪嫌疑人逃脱、证据灭失、证言变化等都将大大增加侦查难度。二是注重协同配合，尤其是在收集证据和突破案件阶段，往往需要多个办案组共同参与，采取集团化作战。职务犯罪案件在立案侦查、采取各项侦查措施和强制措施时，办案组内侦查的整体性就显得尤为重要。因此，为保障侦查工作的整体统一性，对一些重大的诉讼决定如立案、撤案、侦查终结、移送起诉、根据相关规定的请示汇报等，以及可能侵犯当事人人身、财产等重要权益事项（如适用强制性侦查措施和强制措施）的决定，应当由检察长或检察委员会决定。除了实施初查、提请立案、搜查扣押、初审、调取有关证据、提请批准逮捕、聘请专家鉴定等侦查工作中程序性的权力外，检察官独立行使职权的范围相对较小。

三、关于检察官权力清单的几点具体建议

(一) 统一检察官权限的规定方式

目前各地检察官权力清单主要采取了列举式的正面清单的形式，概括式的负面清单较少。客观上，这两种形式各有利弊，前者的优势是比较直观，各层级的办案职权一目了然，但不足之处是可能会挂一漏万，同时有的职权可能存在重复交叉，导致执行过程中产生不同理解。后者的长处在于简单明了，不会重复、遗漏，但授权内容不够直观。实践运行过程中也发现，如果仅对检察官的权力以“正面清单”一一罗列的方式列举，可能会存在遗漏，导致实践中产生新的争议。因此，建议对权力划分采取“正面清单”和“负面清单”相

结合的方式，能更明确地体现权限归属。对于检察长或副检察长的权力作了进一步细分，通过文本的形式赋予副检察长相对独立的办案权力，确保检察长和副检察长权责清晰；在各权力主体之间相互分权，促进相互监督相互制约，确保合理放权与加强监督制约相结合。

（二）明确部门负责人的角色与职责

实行检察官司法责任制后，办案部门负责人不再对检察官所办案件进行审批，职权性质从办案决定向司法管理、监督制约转变。当前，应更加突出办案部门负责人对本部门其他检察官办案的监督管理作用，重点强化对案件调配、对外协调、业务指导以及监督管理职权。一是调配办案组织。对于上级交办或督办的案件，可以指定检察官办案组承办，同时可根据各个检察官办案组办理案件的进度调整办案力量。二是召集检察官联席会议。对于检察官授权范围内的案件，经办案组集体讨论仍存在重大分歧的，可以组织召开主任检察官联席会议，为办理案件提供有益参考。三是审核检察官所办案件的处理决定文书。可对检察官办理案件的相关文书进行备查并提出意见，检察官不接受的，可提请检察长决定，但备查不影响案件进入下一办案环节。

（三）尽快明确重大、疑难、复杂案件的标准

重大、疑难、复杂案件是检察委员会审议的重要内容，但对其标准不明确，各地做法不一。如湖北省实施的检察官权力清单对各个业务条线的重大疑难案件都作了原则规定，有的则没有。因此，建议尽快明确重大、疑难、复杂案件的标准，既防止检委会审议范围过宽，成为检察官回避矛盾、推卸责任的工具，虚化司法责任制；又避免范围太窄，不利于发挥检委会业务决策、宏观指导和监督把关的职能。

（四）同步调整统一业务系统

制定权力清单应同步考虑在统一业务系统内的实现问题。以武汉市检察官权力清单运行为例，大量的问题都集中在现有统一业务系统软件与权力清单衔接配套部分，如系统内检察官助理、书记员角色设置缺位，程序性文书审批层级多，程序烦琐等。因此，我们建议，根据权力清单设置，同步调整统一业务系统，一方面，调整软件系统的权限设置模式，使其案件流转审批程序与检察官司法责任制相匹配；另一方面，优化程序功能，发挥系统的流程管理、案件监督等功能，提高检察管理的效能，确保新的检察官司法责任制和办案形式平稳顺畅运行。

检察人员分类管理研究

黄维智[*]　丛　林[**]

美国经济学家弗雷德里克·温斯洛·泰勒在其撰写的《科学管理原理》中提到："诸种要素——不是个别要素的结合，构成了科学管理，它可以概括如下：科学，不是单凭经验的方法。协调，不是不和别人合作，不是个人主义。最高的产量，取代有限的产量。发挥每个人最高的效率，实现最大的富裕。"① 19世纪末20世纪初，美国从法律、制度这一层面上逐渐引入对公务人员的分类管理并不断改进，其基本思想就是"按照工作性质、难易程度、责任大小、素质要求等对职位进行科学分类，因事设位、以位择人、以位定级、以位给薪"② 现代管理思想主张人力资源的开发利用不仅人尽其才，还要使员工的才智、才能不断的增长。因此，职务分类管理成为管理的必然选择。中共十八届三中全会明确要求"改革司法体制，推动省以下地方法院、检察院人财物统一管理，探索……"③ 因此对检察人员进行分类管理势在必行。

一、域外检察人员分类管理考察

从域外各国检察权属性中不难发现，其产生、形成、定型、变革通常都是由该国的国家政权性质和国情决定的，资本主义"三权分立"的国家权力结构模式中，其检察权逐步从行政权体系中分离出来，检察职能虽然有了较大的发展，但从根本上是受制于其宪政制度下的"三权分立"体制和管理模式的，其形式上要么附属于审判，要么附属于行政。在检察机关设置方面，有的国家

---

* 四川省成都市武侯区人民检察院党组书记、检察长，全国检察业务专家。

** 四川省成都市武侯区人民检察院青少年犯罪刑事检察科科长。

① ［美］F. W. 泰勒：《科学管理原理》，胡隆昶等译，中国社会科学出版社1984年版，第221页。

② 孙谦、郑成良：《司法改革报告——中国的检察院、法院改革》，法律出版社2005年版，第177页。

③ 参见2013年11月12日中国共产党第十八届中央委员会第三次全体会议通过《中共中央关于全面深化改革若干重大问题的决定》，第32项。

检审合署，如法国、德国；有的国家检审分署，但检察机关隶属司法行政机关，如美国、英国；还有的国家检察机关则独立设置，检察权与行政权、审判权并列，如俄罗斯等。但世界各国的检察制度又有一基本共性，即各国检察权均遵循检察一体、上命下从之原则，在检察机关内部关系上，呈现出上下层次分明的垂直管理关系。这也是检察权具有行政权性质的主要缘由。我们在探索分类管理的制度设计中必须洞悉它们的根本性质，而不能做简单类比分析，更不能照搬照套、全盘移植。但其检察权与司法行政事务管理权适度分离机制层面的方式、方法及技术，则是值得学习借鉴的。

在上述检察权运行模式的情况下，对于从事侦查与检控以及法律监督（司法监督）的检察官，世界各国也就产生了不同的定位、管理以及保障的方式，从法律从业人员的角度出发，大致可区分为三种类型：

一是司法官及准司法官类型。大陆法系一些国家如德国、法国、意大利、俄罗斯等都可以列为此种类型，英美法系国家则一般不采取此种类型。在这些国家中，检察机关在体制上一般隶属于行政机关，然而考虑到检察官活动相对独立、其职能具有准司法性以及人员高素质的要求，采用司法官或类似司法官的管理模式来设置检察官制度。在人员来源和培养方式上，实行司法职业一体化，同样的学业教养、进修，具有同样资格，然后分别被委派为法官或检察官。在职业地位的平等性和可互换性上，法官、检察官并无高低之分，而且往往实行任职互换，具有相同或基本相同的待遇与身份保障，实行同样的任免奖惩程序。

二是政府公务员及类似公务员类型。多数英美法系国家以及某些大陆法系国家，如英国、日本、韩国的检察机关属于行政体系，直接作为政府司法部管理的机关，其检察官员更接近行政官员，即政府公务员或政府文官。在这些国家，司法独立的原则一般仅适用于法官，也只有法官享有特殊的身份保障，而且享有明显高于检察官的法律地位和社会地位。法官、检察官之间并无平等调换关系。

三是政府律师型。美国是这类的代表，主要通过聘用即雇佣关系产生检察官，他们不属于独立而有身份保障的法官系列，也不是稳定和职业化的政府公务员，他们作为检察官的身份产生于一种聘用合同关系，因此不稳定、非官僚化，以及非职业化是这类检察官的特征。但无论是那种类型的检察官管理模式，检察官客观、公正和独立行使检察职权是各国所共通的，对检察官的独立性都予以确保。检察官在检察组织体系中都拥有区别于其他工作人员的较高地位。

此外，几乎每个国家的检察机关和司法机关都有一定比例的辅助人员，这是机关运行和管理的必需。辅助人员一般从事机关的行政事务、财物管理、文秘资料等工作，有些国家检察机构的辅助人员还协助检察官执行侦查、搜查等事务性工作，承担技术鉴定、文书送达、对外联系联络等职责。而对辅助人员适用不同于司法官员的管理办法，确定不同的录用标准和职务待遇（司法人员或检察官的录用标准和待遇均比其辅助人员高），按经济和效益原理确定人员的适当编制比例，也是许多国家的共同点。如日本检察厅法规定在检察厅辅助检察官工作的还有检察事务官、检察技术官及其他职员。检察事务官受上级长官之命，掌管检察厅的事务，并辅佐检察官或受其指挥进行侦查。"检察技术官受检察官指挥，掌理技术。"① "平成三年，日本全国检察官总数为2092人，其他辅助官员和职员9165人，辅助人员约占81%。韩国的检察机关中除检察官（检事）外，还设有检察书记官、调查书记官、事务官、通信技术人员等辅助人员，检察官的总人数近一千人，其他辅助人员则有5千余名，是检察官人数的五倍。"② 德国检察机关"除检察官外的辅助人员有司法员、公务员、书记员等职员，主要从事行政事务和文秘等辅助工作。其中司法员从事检察行政、司法协理和公司辩护人等项工作，从司法员学校毕业生中选拔录用。联邦检察官机构约有工作人员670名，其中检察官约90名，占其总人数的13%。"③ 在法国，"检察机构中除检察官外还包含公务员和书记官等辅助人员，负责协助检察工作和事务管理，对他们的管理完全适用公务员法"。在意大利检察机关，"每个检察官都配备有书记员辅助工作，同时还有3~4名行政事务合作者协助工作。检察机关设书记处，书记长为其负责人，主要负责司法文书的管理、辅助人员的管理、财务管理和其他非法律事务的管理。书记长与检察长协商决定辅助人员的分工及职务。"④

二、现有检察人员管理中存在的问题

我国现有的检察人员管理存在人员配备不尽合理、考核指标不科学等问题，课题组以C市W区检察院为例进行实证分析，从中发现问题：

（一）检察人员岗位规范的笼统化及人员配置不合理

我国现在检察官存在混岗情况，检察员、助理检察员、书记员权责不明，业务部门与行政部门工作混同，因此出现了检察官地位定位不明的情况。一是

① 黄东熊：《中外检察制度之比较》，中央文物供应社1986年版，第23~24页。
② 参见《国外法制信息》1998年第6期。
③ 黄东熊：《中外检察制度之比较》，中央文物供应社1986年版，第23~24页。
④ 黄东熊：《中外检察制度之比较》，中央文物供应社1986年版，第23~24页。

名义上的混岗。名义上的混岗是指名义上具有某种职务实际上是另一种职务。以笔者所在的C市W区检察院为例，全院共有检察人员94人，临时聘用人员33人，人员分布详见下表：

类别	人数（人）	比例（%）
检察官	79	84
书记员	6	6
司法警察	7	7
工勤人员	2	2

可以看见在该院内，具有检察官身份的，占在编干警总数的84%，也就是绝大多数检察干警都为检察官。为解决司法辅助人员配比不足的问题，该院招募了33名临时聘用人员，这33名辅助人员有22名在业务部门，即便将这22名辅助人员均作为书记员使用，检察官与书记员的比例仍为79:28，也就是说，3个检察官只有1个书记员，因此，造成了检察官身兼办案人及辅助人员的身份，其职务内涵和外延不一致，不管是否行使检察权均成为检察官。一方面，混岗使检察官的数量膨胀，制约着检察官素质的提高，使真正行使检察权的检察官对自己的工作缺乏认同感，缺乏职业荣誉感和献身精神；什么人均能当的检察官使检察官的专业化、职业化进程举步维艰；另一方面，由于身份不明，大量书记员进院以后没有经过前期锻炼，直接开始办案，理念、经验、对程序的熟悉程度均不能满足实际需要，案件质量存在隐患。据有关统计资料显示，全国检察机关的书记员占检察人员总数不到10%；业务部门的书记员与检察官之比约为1:10①；有些检察院甚至没有书记员。检察官与书记员员额倒挂的比例已经影响到检察权的正常运行。长期缺乏书记员，检察官不得不在诸如复印案件材料、告知被告人家属、诉讼文书归档等事务性工作上耗费大量的时间和精力，难于在事实、证据的把握、案件的定性等主要方面做深做细，影响办案效率和案件质量。书记员的设置未能达到预期目标。同样，多种因素造成司法警察的人员比例过低，检察官也经常干司法警察的工作。如检察官在查询案件相关资料、查寻有关证人、诉讼文书送达和执行强制措施等方面行使了司法警察的多项职能。

（二）考核指标不尽科学、行政属性浓厚，导致考核效果不佳

检察机关现有的考核分为两类：一类是院对院的考核；另一类是针对内部

---

① 徐辉、姜丽娜：《浅议检察人员分类管理》，载方圆法治网，http://www.fyfzw.cn/a/fangyuanluntan/2014030356888.html，2014年3月3日访问。

人员的考核。作为分类管理的绩效考核来说，就要将两个考核相结合，将对院的目标分拆到人。但当前检察机关的考核主要是参照国家公务员的考核，一年考核一次，分为优秀、称职、不称职三个等次，每个等次却没有科学的评价指标，不论岗位，通通只笼统地分为德、能、勤、纪四个方面，不能客观地反映出被考核人的实际情况。结果必然出现考核普遍称职、评价“千人一面”的现象。尤其是在没有明确的标准和科学的评价指标情况下，负责考核的人员往往是打印象分，群众测评时则是人缘好的群众满意率高，有些敢于管理，严格管理的干部却因得罪人而出现满意率不高的情况。虽然C市制定了相应的考核方案及系统，但由于所有项目均需手工填录，增加了极大的工作量，且考核内容主观性过强，意义不大。此外，由于考核的行政属性浓厚，不论工作岗位、工作性质，不论职责轻重、强度大小，干多干少一个样，干好干坏一个样，助长了“大锅饭”思想，最终导致考核只是走走过场，考核的效果不明显。

（三）改革内外环境不匹配

我国的检察管理体系是一个“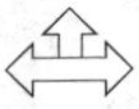”型的结构，检察管理分为两个部分：检察业务工作和其他工作。从实际运行来看，我国检察机关的检察业务受上级检察机关的管理，而其他方面的工作，包括人事管理，财政经费保证均受地方管理，即实行“分级财政，分灶吃饭”的管理体制。首先，检察机关内部作为领导与被领导的关系，在业务层面实行自上而下的管理，用“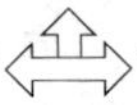”的竖直箭头来表示，其他工作服务于地方经济，同时受地方管理，财、物由地方资金配给，用“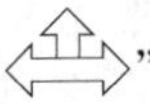”的一横来表示，这样，业务方面虽然受到上级检察院的领导，但是涉及检察官自身的晋升利益，检察院运行所需的财政经费，包括部分职务的任免权力均在地方政府手中，一旦地方利益受损，就会导致检察业务无法真正实现公正运行。其次，在行政工作方面，地方政府为其自身工作考虑，绝不可能花费精力对检察系统独立进行单独财政核算，更不可能对检察机关人员进行分类核算。最后，检察管理主体虽然存在两个，但在利益需求上有所不同，一个站在检察系统全局层面，另一个站在维护地方管理层面，导致在人员分类管理改革方面无法达成合意。

三、我国检察人员分类改革设想

（一）职业分类

课题组认为，将检察人员分为检察官、司法辅助人员、司法行政人员、专业技术人员四类进行分类管理，并建立健全各类人员录用、任免、考评、薪酬等级等各项管理制度，是实现对检察人员科学有效分类、建立一支职业化的检察人员队伍的必然要求，同时也是中央进行司法体制改革的初衷与提高案件质量的根本保障。

1. 检察官序列

检察官，就是指具有检察官资格，并通过法定程序任命，从事检察业务工作，符合《检察官法》规定的检察人员。从法律职务上划分为检察长、检察委员会委员、检察员、助理检察员。从岗位上主要包括从事侦查监督、公诉、贪污贿赂及渎职侦查、未成年人刑事检察、民事行政检察、监所检察、控告申诉检察、案件管理的等职责的检察人员，包括主任检察官与助理检察员。

2. 检察辅助人员序列

检察辅助人员包括三类，一为检察官助理，二为书记员，三为法警。其中检察官助理为检察官的后备梯队，一般从具有法律职业资格的人员中选聘，其具体职责是可以协助检察官开展侦查、讯问等具有司法属性的工作，只是不具体承办案件，不对案件决定负责。书记员是指辅助检察官从事各方面的事务性工作的人员，通常辅助从事记录（包括讯问记录及法庭记录等）、开具法律文书、装订管理诉讼案卷；送达法律文书、现场勘验、协助搜查、押解、看管犯罪嫌疑人等任务。其岗位职责类似于现在的书记员、法警等。从事这些工作的人员不需要按照检察官的标准，而只要具备与其岗位要求相适应的基本素质就能胜任工作，如书写、录入速度，身体素能等。因此，对于这类人员，不应与检察官同等要求，采用同样的管理方法，而应该单列管理。

对于检察辅助人员，可以参考人民法院的书记员及法警的管理模式，实行聘用合同制，通过社会公开招聘，选拔具有大中专学历并受过速录训练的人员，经考试考核合格，签订一定期限的聘用合同。合同期满后，业务能力强、表现突出的可以采取续签合同的方式继续使用，这样可以保持这一岗位上人员的高素质和队伍的相对稳定。

3. 检察行政人员序列

司法行政人员主要指检察机关的后勤保障人员，为业务岗位从事办公服务、计财装备管理及后勤服务管理的人员。又可分为两种：一种是管理人员；另一种是工勤人员。对于管理人员，应按照国家公务员的管理办法进行管理，按照公务员的职级享受相应的待遇；对于工勤人员，则采用合同制管理，后勤管理人员类似于厨师、清洁人员等可考虑外包给相应的物业管理公司进行管理，减少管理压力。

4. 专业技术人员系列

检察机关的专业技术人员，主要是从事现场勘验、法医、痕检、文检、司法会计、计算机、网络等工作的专业人员。他们不仅要熟悉检察业务，更要具备精通的专业知识。此类人员应按照国家对专业技术干部制定的各类专业技术系列的职称、考核、晋升办法进行管理，享受相应的工资待遇，实行评聘结合。目前全市检察系统中有的技术人员有技术职称，但没有同工资待遇挂钩，在一定程度上影响了该类人员的发展。

对于不同岗位人员进行分类管理，开辟了多条走向“高素质专业化”的通道，使各类人员都有自己的发展，必将激发各类人员工作的积极性、主动性，提高诉讼效率和工作效率，促进公正执法。

（二）职级分类

检察人员分类管理后，应该提供各类别人员与其工作性质相适应的待遇和发展空间，这样才有利于检察队伍的稳定和检察业务的纵深发展。

一是检察官。检察官法规定检察官分为四等十二级，为突出检察官的身份特色，应该将四等十二级的检察官职级与其专门的工资等级对等，单独适用于检察官，除检察长有名义上的行政级别以外，所有检察官主要以其等级确定工资标准。检察官级别的晋升主要考察资历和业绩，开放除“首席大检察官”以外的所有检察官等级给符合条件的检察官，同一等级的检察官职级按资历年限和正常的履职表现晋升，不同等级的检察官职级晋升（如从检察官晋升到高级检察官）除考虑职业年限和业绩外，也引入有限度的竞争机制，同时附加专业考试，比如升级考试等内容，尽量体现待遇和能力的对应关系。

二是检察辅助人员中检察官助理可以比照检察官标准降低待遇标准，而书记员和法警的晋升和工资待遇，可以参照法院书记员以及人民警察的标准执行。为赋予书记员和法警岗位合理的发展前景，调动二者的工作积极性，应考虑建立起法警、书记员和检察行政人员之间的职务通道。法警、书记员到一定年龄时，可能就难以胜任其工作要求了，但是他们熟悉检察事务性工作，并有长期检察院从业经历，这就初步具备了成为一名合格的检察行政人员的条件，可以规定从事法警或书记员工作若干年以后，在符合法律规定的标准下，可以经考试转变身份，从事检察行政管理工作；法警与书记员之间，也可以建立合理的流动通道。考虑到政法工作的特殊性，这种措施有利于维护检察队伍的稳定，更好地行使检察职权，当然，情况需要时，行政岗位也可以直接对外招录人员。

三是行政人员。行政人员可以考虑套用公务员工资待遇以及职位晋升体系（其中检察长可任选司法或行政级别），工资级别分科级（主任科员）、处级（调研员）或厅级（巡视员）等，内部职务晋升分科长、处长直至检察长（行政）助理等。检察行政人员一般不向检察官流动，如果本人愿意，又符合法律规定的检察官任职条件，可以通过遴选考试的方式进入检察官序列。

四是专业技术人员。专业技术人员本身具备专门的技术职称，类似于会计师、注册会计师；助理工程师，工程师，副高级工程师，高级工程师；主任法医师、副主任法医师、主检法医师、法医师等，依据其所处的专业，根据其技术职称设置级别及工资等级，做到人尽其才，提高专业技术人员等级提升的积极性。

（三）配套保障

1. 营造相应内外环境

当下推进检察改革，实现检察权独立行使的关键就是要建立确保办案者不受内外因素的不当干预，独立依据事实和法律作出决定的制度，并正确处理好与检察长和检委会的关系。与作为国家权力的独立和信仰层面上的独立相比，制度意义上的独立在某种程度上可以起到立竿见影的效果。通过制度设计来彰显检察权作为一种国家权力的独立，并强化制度实践层面的回应和落实，有助于将理论和理念层面的检察独立具体化为现实操作，而在长时间的实践中，检察独立精神的养成也会指日可待。正是考虑到制度层面检察独立的重要性，十八届三中全会公布的中共中央《关于全面深化改革若干重大问题的决定》特意从微观层面对构建检察独立的保障制度提出了要求，即改革司法管理体制，推动省以下地方法院、检察院人财物统一管理，探索建立与行政区划适当分离的司法管辖制度，保证国家法律统一正确实施。建立符合职业特点的司法人员管理制度，健全检察官统一招录、有序交流，逐级遴选机制，完善司法人员分类管理制度，健全检察官职业保障制度。这些举措，旨在助力检察机关摆脱对地方政府人财物的依赖并阻隔地方利益对检察机关独立办案的不当影响，使检察机关真正成为共和国的检察机关，真正做到“以事实为根据，以法律为准绳”，实现检察独立。此外，从信仰层面来看，检察权独立的制度生成和实现最为核心的应是检察官的客观公正义务。这种理念不仅应体现在检察官自身将客观公正精神深深烙刻在自己的内心并主导具体个案的办理，而且还需要社会大众对这种检察独立精神的信仰。检察官自身独立精神之养成，在很大程度上取决于检察官所处的外部环境，如检察体制问题、检察职务经费保障问题、检察官人事财物独立问题等。因此，社会大众对检察独立法治精神的信仰，不仅需要继续加大普法宣传的力度，而且还应通过个案扩大影响，通过客观中立地行使检察权，提升检察机关的地位、树立检察官客观公正的形象。

2. 建立符合司法规律的绩效考评机制

探索建立科学合理的绩效考核机制。核心是只和相同职位的人比较，不同职位之间不进行比较。主要内容包括：一是分业务设置考核指标。不同业务类型设置不同的考核内容，针对不同的考核内容设计不同的考核指标，这是分类管理改革的自然延伸。二是分序列设置考核指标。类别不同，考核的指标也应有所差别。检察官侧重于检察业务、办案数量质量的考核，检察辅助人员侧重于事务性工作、技术性工作的考核，行政人员侧重于保障性工作内容的考核。三是分类别设置考核指标。绩效考核的内容包括业务类（管理类）、综合类两类，由各考核指标构成。绩效考核采取百分制和加、减分计分法。基本分值为100分，业务类（管理类）基本分占70%，综合类基本分占30%，加分的总值不超过基本分的50%，减分不超过基本分。兼任工作占个人考核总分的比例由绩效考核委员会根据工作性质确定。四是分权限设置考核指标。拥有什么权限就承担什么责任，权限大的责任大。出台检察人员《职位设置目录》、《权力清单》、《权限分配办法》，对每个职位检察人员的权限进行了明确界定，这为实行科学的检察人员绩效考核提供了基础。检察长和检察官的权限不同，考核指标也不同；检察官和检察辅助人员的权限不同，其考核指标也有差别。

3. 建立检察官及各类人员的公开选拔及内部人员培养、保障机制

一是检察官类人员。根据检察业务与检察行政事务相分离的原则，我们认为，检察行政岗位上的人员不能被任命为检察官，如果这类人员想转入检察官序列，必须具备检察官的任职条件，并根据其从事检察业务的时间、经历、业绩等确认其检察官等级，而不能凭借其在检察行政岗位上的行政级别直接对应较高等级的检察官序列。反之，如果检察官因为岗位调整被任命到检察行政岗位上，其检察官等级及其相应的待遇都应当在其担任行政人员期间不再享有。同时，应当合理设置检察官的配比，控制检察官的职数，体现检察官的尊崇地位。建立统一司法考试、遴选、培训一体化制度，提升检察官任职条件。在人财物由省级院统管后，由省级院面向高校和社会，统一招录检察官，报考检察官职位的条件之一就是通过统一司法考试，由省级院统一组织职业培训。另外，还可建立见习检察官制度，设立两年见习期。见习期间，新招录人员身份是见习检察官，即检察官的助手。见习期满且经考核合格后，方能按照法定程序任命为检察官。

在检察官序列队伍完善方面，应该健全检察官的交流机制。建立横向、纵向和外部交流机制，实行逐级遴选制度，引入竞争机制打通外部优秀人才进入检察官队伍的通道，从社会上具备法律职业资格、法律工作从业经历的法官、律师、专家学者等人员中择优选拔检察官。

在职业保障方面，需设立单独的检察官职务序列和薪酬体系。建立检察官等级的单独序列取消行政级别，并建立与检察官等级配套的薪酬体系，检察官的薪酬应当较之同级别公务员高。一是检察官的身份保障，适当延长检察官的

退休年龄，检察官在从事检察业务工作 20 年以上且身体健康的情况下，可以到 65 周岁再退休；建立检察官管理委员会，由检察院、法院、组织部门、人大、律师团体及其他社会团体成员组成，负责对包括检察官在内的司法官的弹劾、撤职、调离或令其提前退休的审查。二是检察官的职位保障，赋予检察官一定程度的司法豁免权。

二是检察辅助人员的管理。检察辅助人员包括司法警察、书记员、检察技术人员三类，是检察机关辅助于检察官执法办案的工作人员。

首先，司法警察应当根据《人民检察院司法警察条例》的规定进行管理，参照人民警察的待遇和警衔晋升方式予以晋升警衔。招录和培训由省级院进行统一招录和培训，且对司法警察的培训应当由专门的培训机构进行，也可以委托公安的培训机构进行。

另外，对于部分法警，可以以合同制的方式招录，签订一定期限的合同，合同期满后解除聘用关系。具体做法是由用人单位与保安公司签订合同，按照用人单位的要求招收人员，共同培训，统一进行考试，合格后聘用为法警，考核合格可续聘一次。这些人员不授警衔，执行公务时着警服佩带学员标志。这项改革既可以优化法警队伍的人员结构，又解决了人员“出口”问题。

其次，书记员应当建立单独的书记员序列，实行定向招录，并参照公务员法中综合管理类公务员进行等级制管理。在设置书记员单独序列的情况下，书记员除了通过公务员考试进行招录之外，还可以借鉴法院书记员的招聘方式，实行聘任制等多种方式进行书记员的招录。

最后，行政及专门技术人员的管理。行政及专门技术人员不需要具备检察官的任职要求，只需要其具备相关的行政管理或者专业技术能力，职务层级和福利待遇参照公务员法中同类公务员的方式进行配备。招录可以招聘正式政法干警，也可以招录临时聘用人员，甚至于部分行政事务可以外包，减少检察机关的行政事务压力。

检察人员分类管理的实证考察

——基于对7省市13个检察院全体检察人员的调查*

陈宝富** 程金华*** 陈 鹤****

作为检察改革的重要内容，检察人员分类管理改革经历了十余年的探索与试点，① 其目的在于建立符合职业特点的司法人员管理制度，突出检察官的办案主体地位，健全有别于普通公务员的检察官专业职务序列。作为“顶层设计”的改革方案，分类管理方案的制定与落实，将会不可避免地受到作为利益直接相关方的检察人员的立场、态度的影响。基于此，本文通过实证调研与问卷调查相结合的方式，考察检察人员分类管理的现状及其所面临的困境，进而提出分类管理的框架性建议及完善进路。

一、检察人员分类管理制度运行的实践情况

（一）受访人员概况

1. 受访人员地区分布。本次调研选取的方式主要以问卷调查为主，以实地调研为辅。其中，实地调研的单位主要为在全国范围内检察人员分类管理试点改革中拥有较为丰富实践经验的人民检察院；问卷调查对象则为全国7省市13个地市级或者区县级检察院的全体检察人员，包括上海市的3个基层检察

* 本文系2013年度最高人民检察院理论研究重点课题《检察人员分类管理制度研究》（课题编号：GJ2013B13）的阶段研究成果。

** 上海市浦东新区人民检察院检察长（已退休）。

*** 华东政法大学教授。

**** 上海市浦东新区人民检察院检察官助理。

① 检察人员分类管理制度的探索与试点，最早可以追溯至1999年最高人民检察院提出的《检察工作五年发展规划》。在此之后的《检察改革三年实施意见》（2000年）、《检察人员分类改革框架方案》（2003年）、《2004—2008年全国检察人才队伍建设规划》（2004年）、《2009—2012年基层人民检察院建设规划》（2009年）、《检察官职务序列设置暂行规定》（2011年）以及《人民检察院工作人员分类管理制度改革意见》（2013年）均在实现检察人员分类管理目标的基础上作出了相关规定。

院，浙江省1个基层检察院，广东省1个地市级检察院和1个基层检察院，安徽省1个地市级检察院和1个基层检察院，山东省1个地市级检察院和1个基层检察院，重庆市2个基层检察院和四川省1个地市级检察院。针对上述13家检察院检察人员的问卷调查，共收回问卷1748份，其中有效问卷1744份。具体分布见图1：

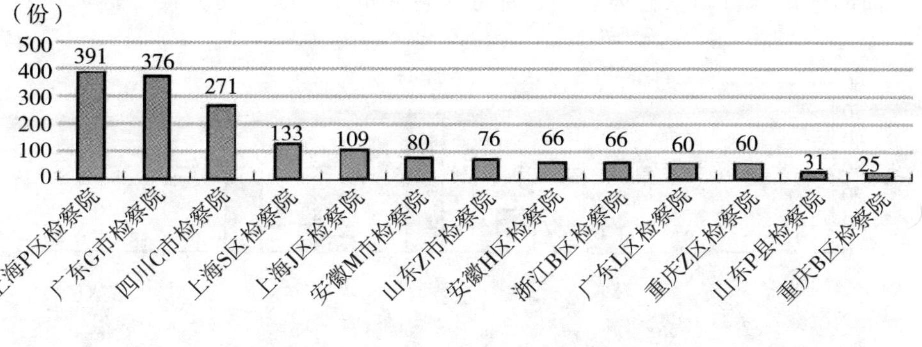

图1　受访单位分布（总样本1744）

从调研范围分析，选取的调研单位辐射了东部、中部、西部三大区域，涉及面广泛；从调研层级考虑，选取的调研单位涵盖了基层、市级两级人民检察院（这归因于分类管理制度的实施主要集中于基层、市级两级人民检察院），其中受访的基层检察人员占53.96%（941人），市级检察人员则占46.04%（803人）。

2. 受访人员类别。根据司法人员分类管理制度规定，将人民检察院工作人员主要划分为三类，即检察官、检察辅助人员以及检察行政人员，以便形成专业化、科学化的队伍体系。从人员类别的比例分析，检察官类人员和检察辅助人员是整个检察队伍的前线实务人员，其比例越高，则意味着检察人员分类管理愈加合理、科学，意味着检察职能发挥得愈加充分有效。通过对受访人员进行类别统计，发现检察行政人员和“其他人员”占了整个人数的29.46%。较高比例的检察行政人员和“其他人员”无疑是整个检察队伍冗杂化的表征，也是浪费司法资源的表现。

3. 受访人员受教育状况。检察工作的性质与特点，要求检察人员尤其是检察官和检察辅助人员必须具备较高的政治素质、职业道德素养以及专业化的法律知识，这是检察人员依法履行检察职责的基本条件。文化或专业素质状况（抑或教育状况）是直接影响检察人员依法正确履职的重要因素。较高的文化或专业素质有利于检察人员依法正确履行检察职责，从而能够以合法且合理的形式保障诉讼当事人、参与人的合法权益。

从受访人员的教育状况考察，大学本科（包括法学与非法学专业）以上学历占95.88%，这凸显出在国内法学教育的普及下，检察队伍的整体素质较以往已有了大幅度的提升。如图2所示，拥有法科学历的受访人员已达到70%以上，这对于深化检察人员分类管理改革而言具有一定的群众优势。如对于分类管理的理论依据及其所要达到的目标，以及分类管理对规范检察权行使等方面的理论分析与架构体系，这部分法科人员更易于认可并接受。

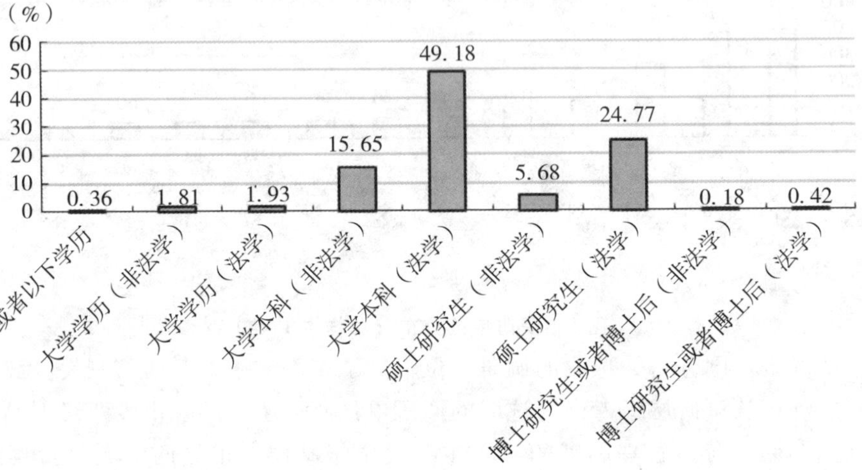

图2　受访人员学历状况（总样本1655）

（二）问卷调查：受访人员对检察人员分类管理改革的认知

1. 对“检察人员”与“检察官”关系的认识。“检察人员”是一个界限相对模糊的概念。从狭义上讲，根据分类管理规定，检察人员主要包括检察官、检察辅助人员以及检察行政人员三类；从广义上讲，检察人员还包括人民检察院中的领导以及其他人员。而检察官的概念则是比较确定的，是指人民检察院中依法行使国家检察权的人员。

据调查统计，对于“检察人员”与“检察官”两者的关系，高达83%的受访人员能够明确区分“检察人员”与“检察官”两者的内涵，认为两者是不等同的；8.81%的受访人员则认为“检察人员”与“检察官”在范围上是等同的，两者只不过是称谓的变化；尚有8.19%的受访人员对于两者的关系则表态“不清楚”。数据表明，对于“检察人员”与“检察官”两者的关系，17%的受访人员在识别上是存在偏差的，其原因可以归结为：现行检察机制的管理沿用的是行政化的人事管理体制。即无论是检察办案工作，还是对检察官的管理，都是通过行政管理的手段和方法来实现，检察职务的提升取决于行政职级的提升，个人的政治、经济待遇都同本人的行政级别严格对应。①

2. 对“检察人员分类管理改革”原因的认识。检察人员分类管理改革的实质在于按照各类检察人员的不同职责和工作性质，合理配置人力资源，优化人员结构，实现检察队伍科学分类与科学管理。因而，检察机关人员配置结构的不合理，司法资源的浪费，以及运作体制的低效率等成为了当下“检察人员分类管理改革”推行的原因所在。

据调查统计，受访人员在很大程度上认可了“检察人员分类管理改革”推行所带来的积极性，且其正面影响远大于负面因素。对于“检察人员分类管理改革”的原因，66.76%的受访人员认为改革可“提高检察机关的工作效率”，65.10%的受访人员认为改革可“改善检察人员的工作待遇”，57.89%的受访人员认为改革可“改善检察人员的整体社会声望以提高司法公信力”，55.83%的受访人员认为改革可“增加检察人员的职级晋升渠道”。

3. 对本单位检察人员分类管理现状及改革阻力的看法。最高人民检察院自1999年首次提出检察人员分类管理设想以来，已进行多区域多层次的试点，十余年的探索为推动和深化新形势下的检察改革积累了经验，但先前改革中遇到的阻力却不容忽视，改革不前甚或倒退、试点流于形式、保守的人事体制等因素都制约了多年来的改革。在探讨检察人员分类管理现状是否合理的问题上，46.73%的受访人员认为本单位检察人员分类管理现状不合理，仅有11.86%的受访人员认为本单位的人员分类状况是合理的，另外41.41%的受访人员既不选择“不合理”也不选择“合理”，对本单位人员分类管理的现状表示“不清楚”。

同时，有关分类管理改革的阻力问题，受访者认为它主要体现在对外部体制不配套、检察系统内部管理体制的约束、缺乏顶层设计、党政领导不够重视、改革方案不合理、检察人员的反对很大、时机不成熟等诸多因素。如图3所示，目前内、外部管理体制对于检察人员分类管理改革的制约最为严重，这一点获得了绝大部分检察人员的认可。因此，“去行政化”取向将会是实现检察权独立行使的重要路径。

① 张河洁：《检察官管理体制改革的理论与实践》，载《国家检察官学院学报》2005年第2期。

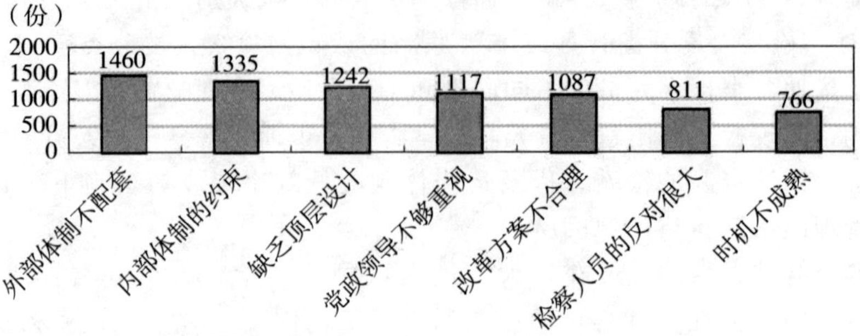

图3　先前检察人员分类管理改革试点的阻力（总样本1744）

4. 对于检察人员晋升方式与职业化的认知。目前，检察人员的晋升主要依据《公务员法》和《检察官法》，根据分类管理改革的规定，检察人员分为检察官（检察业务人员）、检察辅助人员以及检察行政人员，那么其晋升方法也应当根据人员岗位进行专门化、职业化的区分。对此问题，74.16%的受访人员表示认同按照《检察官法》晋升的方式，相反仅有10.32%的受访人员仍以旧认同按照《公务员法》晋升的方式，而采取折中路线的则占15.51%。此外，检察行政人员的晋升应直接根据《公务员法》进行，而检察辅助人员的晋升则须根据具体的工作岗位、职责确定晋升的法律依据。

（三）实地调研：分类管理改革试点的实践概况

自2002年以来，重庆、山东、上海等地的区县级、地市级人民检察院作为最高人民检察院政治部推进全国检察人员分类管理改革的试点单位，进行了阶段性的有益探索。对此，本次实地调研选取拥有较为丰富改革试点实践经验的上海市P区、山东省P县以及重庆市Z区、B区人民检察院作为研究对象。通过比较三个地区四家检察试点单位（见表1）在分类管理改革领域的实践历程与经验，从而为新形势下检察人员分类管理制度“先试先行”埋下可行性基调。

表1　沪渝鲁三地检察人员分类改革的试点对比

试点单位	上海市P区检察院	重庆市B区、Z区检察院	山东省P县检察院
试点时间	2000年	B区于2005年4月开始试点；Z区于2002年4月开始试点	2004年9月
分类类别	五类：检察官、检察技术官、书记员、检察行政官、司法警察	三类：检察官、检察辅助人员（检察官助理、检察侦查官、检察技术官、司法警察）、检察行政人员	三类：检察官、检察事务官、检察行政官
各类别人员比例	检察官57%，检察技术人员5%，书记员16.9%，检察行政人员16.9%，司法警察4.2%	检察官占30%，检察辅助人员占45%～50%，检察行政官占20%～25%（其中B区检察官占26.8%，检察辅助人员占51.2%，检察行政官占22%）	检察官占32.9%，检察事务官，占36%，检察行政占31.1%
各类别人员管理	检察官、书记员取消行政职级，按等级制；其他三类实行行政职级制	检察官序列：按照《检察官法》的规定，实行等级制度；检察辅助人员序列：实行级别管理；检察行政人员序列：行政职级制	全部按照《国家公务员暂行条例》、《检察官法》、《检察人员分类改革框架方案》和相关政策并行管理

续表

试点单位	上海市P区检察院	重庆市B区、Z区检察院	山东省P县检察院
各类别人员待遇	检察官享受上一级行政职级的待遇	检察官、检察辅助人员、检察行政人员的类别拉开500多/300多/200多收入差距，2008年取消了对检察官的津贴	检察官职位补助，高于标准参照检察官高于警察警衔10%
机构设置变化	没变化	将原来十余个内设部门整合为6个，形成“三局两部一办”（职务犯罪侦查局、刑事检察局、诉讼监督局、政治部、检察事务部、检察长办公室），这是内部试点结构，区编委还是保持原来的十余个	将原来21个机构整合为8个，形成“三局三室、两部”（刑事检察局、职务犯罪侦查一局、职务犯罪侦查二局、控告申诉检察室、民事行政检察室、检察长办公室、政治部、总务部），均为正科级部门
目前状况	2011年检察官不再按照检察官等级晋升，综合部门干警恢复了法律职务	Z区：内设机构恢复原来设置，人员也恢复原来的管理方式； B区：目前还是“三局两部一办”的机构格局，2010年7月增设监察室，2011年5月增设未成年人刑事检察局，人员管理遇到“瓶颈”	2009年6月，检察人员分类管理改革停滞下来

根据表1分析，沪渝鲁三地在检察人员分类改革试点实践领域均取得了一定的成效，主要表现为以下几方面：

首先，检察官主体地位的凸显。以检察官为主体的人事制度有效增强了检察官的职业荣誉感和认同感。检察人员分类管理体制最大限度地赋予检察官序列人员权力，保障检察官独立履行检察权，使其按照检察办案司法规律，领导检察官助理或者其他事务官工作，并对案件的事实和证据负责。

其次，检察院内设机构的精简。尽管上述各个院在机构整合方式上存在不同，但在检察人员分类改革试点后上述院的内设部门均有所减少，如山东P县人民检察院的内设部门由原来的21个整合为8个，从而使机构设置体现检察事务和行政事务相分离的原则。

最后，检察办案效率的显著提高。以山东P县人民检察院为例，在2005年至2009年6月，共批准逮捕犯罪嫌疑人1445人，在受理案件数量增长53.7%的情况下，平均每3天办结一起案件；提起公诉1584人，在受理案件数量增长54.1%的情况下，平均办案天数缩短到14天，办案节奏明显加快；立案审查民行申诉案件205件，建议抗诉和建议提请抗诉82件，监督改判56件，办案效率相对于试点之前都有很大提高。

二、分类管理改革试点的实践检讨

尽管试点院在检察人员分类管理改革试点过程中取得诸多成效，但部分院依旧面临较多现实问题，最终导致人员分类管理方式的停滞不前甚或失效，如山东P县、重庆Z区人民检察院相继于2009年、2013年停止改革试点，上海市P区人民检察院也在改革过程中遭遇严峻挑战。总结起来，检察人员分类管理改革试点中遇到了以下几个方面的问题：

（一）干部管理和人事体制的制约

现阶段，检察机关系统内的人员晋升只能依照《公务员法》进行行政职级的晋升。从基层院实际情况分析，检察机关人员分类管理后内设机构的整合在一定程度上是对检察人员晋升空间的挤压。例如，在山东P县人民检察院分类管理改革试点中，内设部门从原有的21个缩减为8个，造成科级单位的锐减，进而面临着中层正职职位数的大幅度缩减。后果则是，伴随着检察人员晋升空间的削减，检察官的职级待遇又无法得到解决，从而使得人员分类改革面对的压力不断加大。

（二）检察官的“权、责、利”未能做到有机统一

分类管理的实施，一方面将分管检察长的权限以“授权授责”等方式授予检察官，另一方面对检察官实行单独的薪酬待遇体系，从而实现了检察官对检察权地独立行使、对检察责任的独立承担以及有等级的薪酬待遇。然而，从

试点院的实践看，重庆Z区、B区、山东P县人民检察院在改革试点初期，尚能够对检察官给予一定的津贴福利，但在实行“阳光工资”后，检察官的津贴福利受到大幅度削减，从而导致检察官工作积极性的降低，甚至出现部分年龄较大的检察官主动辞职到非检察官岗位工作的现象。

三、检察人员分类管理的基本架构与管理

（一）准确把握检察人员分类管理改革的指导思想

“建立符合职业特点的司法人员管理制度，健全法官、检察官、人民警察统一招录、有序交流、逐级遴选机制，完善司法人员分类管理制度，健全法官、检察官、人民警察职业保障制度”是当前司法改革的一项重要任务。在指导思想层面，检察人员分类管理改革需要坚持以下几个方面：

1. 检察人员分类管理改革应当符合我国司法体制改革的基本方向。十八届三中全会提出了司法改革管理体制的基本观点，即推动省以下地方法院、检察院人财物统一管理，探索建立与行政区划适当分离的司法管辖制度，保证国家法律统一正确实施。从域外经验分析，建立区别于行政机关公务员的人事管理机制是较具借鉴性的人事制度，它赋予检察官独立的职务序列和薪酬体系，并根据不同的工作岗位、工作特性对其他检察人员实行分类管理；此外，检察机关及其检察人员具有较强的独立性，它表现在检察机关是脱离于地方政府而独立存在的，不受地方政府的任意干预，并且对检察人员的管理实行垂直化体系的运作。因此，提出建立省以下人财物统一管理的检察机关管理体制，是新形势下“去地方化”、“去行政化”司法改革理念的积极贯彻，也是充分保障检察机关公正执法、检察权独立行使的重要途径。

2. 检察人员分类管理改革应当使检察权的行使符合司法规律。检察权具有司法与行政双重属性，而其不同属性则应对应于检察机关不同的执法活动。从检察机关内部活动分析，职务犯罪侦查活动具有明显的行政色彩，而审查逮捕、审查起诉和抗诉活动等以适用法律为目的活动则具有鲜明的司法属性。面对检察一体化与检察独立的双重属性特征，检察人员分类管理改革的根本目的更多的是侧重司法独立的层面，确保检察机关独立行使检察权，保障检察官的独立性、中立性，使其执法办案只依照事实本身，而不受来自案件事实之外因素的干扰，以此提升检察办案的公正性以及司法公信力。

3. 检察人员分类管理改革应当遵循人力资源管理专业化、职业化的管理原则。长期以来，来自非检察人员岗位与检察人员岗位的人员共同竞争检察职称的现象较为普遍，这不仅导致检察官专业化水平难以提升，也引发了司法人才资源的不合理利用对此，解决上述不合理的人事管理机制，建立以科学的序

列管理为中心的人事制度势在必行，从而保证检察人员各司其职，在明确各自角色定位的基础上最大限度地提高专业技能与工作水平。因此，从人力资源管理角度分析，发挥检察人员效率最大化的重要途径在于实现人员的专业化和职业化，即在合理划分检察机关工作类别的基础上进行合理的人员配备，在保障检察人员各司其职的基础上，保证每个序列的人员平等地享有通畅的晋升渠道和足够的晋升空间，充分实现司法人力成本的合理使用。

4. 检察人员分类管理改革应当具有可操作性。改革应该在现行制度框架下进行，而不能脱离我国的基本国情。作为国家的法律监督机关，检察机关既要遵从党的领导，又要在宪法和国家制度的框架下进行改革。对此，检察人员分类管理的改革应在以检察一体为前提的基本检察体制下，充分保证检察机关依法独立执法、检察官依法独立办案。因此，我国检察人员分类管理的改革应当循序渐进，对目前检察机关不同岗位的工作人员进行合理梳理和归类，在减少改革阻力的同时保证改革地有效推进，切忌采取“一刀切”的方式。

（二）检察人员分类管理的基本架构与管理

改革试点经验的探索与域外检察人员分类管理实践对于建立检察人员分类管理体制具有积极的指导作用。具体操作中，可以将检察人员按照工作性质和工作特点分为三类：检察官、检察辅助人员（司法警察、书记员、检察技术人员）、检察行政人员。[①] 对这三类人员可以分别采取图4的管理方式：

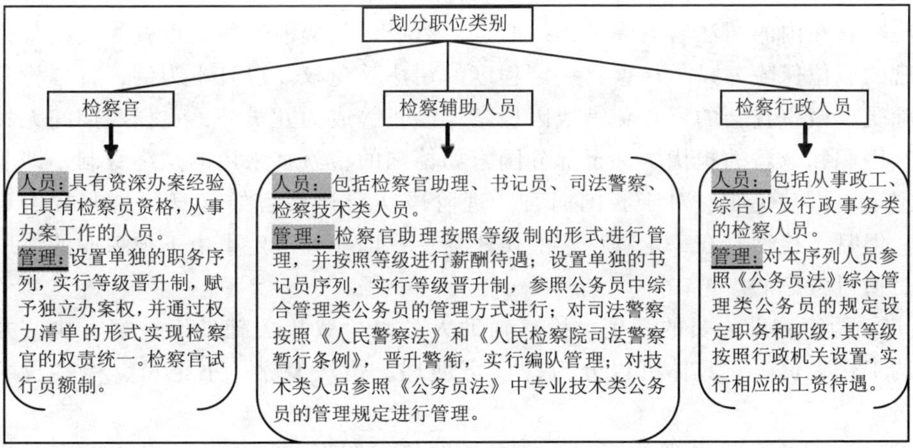

图4 检察人员分类

① 根据2013年中共中央组织部和最高人民检察院联合发布的《人民检察院工作人员分类管理制度改革意见》，将人民检察院工作人员划分为检察官、检察辅助人员、司法行政人员。

1. 检察官序列人员的管理。人员分类改革不仅应当明确各序列人员任职资格，还应当合理设置检察官的配比，控制检察官的职数，体现检察官的尊崇地位。[①] 建立统一司法考试、遴选、培训一体化制度，提升检察官任职条件。根据检察业务与检察行政事务相分离的原则，笔者认为，检察行政岗位上的人员原则上不应被任命为检察官。如果上述人员需转入检察官序列，则必须具备检察官的任职条件，并根据其从事检察业务的时间、经历、业绩等确认其检察官等级，而不能凭借其在检察行政岗位上的行政级别直接对应较高等级的检察官序列。反之，如果检察官因岗位调整被任命到检察行政岗位上，其检察官等级及其相应的待遇在其担任检察行政人员期间则不再享有。此外，在检察官序列队伍完善方面，应该健全检察官的交流机制。建立横向、纵向和外部交流机制，实行逐级遴选制度，引入竞争机制打通外部优秀人才进入检察官队伍的通道，从社会上具备法律职业资格、法律工作从业经历的法官、律师、专家学者等人员中择优选拔检察官。

在职业保障方面，需设立单独的检察官职务序列和薪酬体系。建立检察官等级的单独序列，取消行政级别，并建立与检察官等级配套的薪酬体系，检察官的薪酬应当实行比同等公务员高一等级的薪酬。首先是检察官的身份保障，适当延长检察官的退休年龄。对于从事检察业务工作 20 年以上且身体健康的检察官，可以建议至65 周岁实行退休。此外，建立司法官管理委员会，由检察院、法院、组织部门、人大、律师团体及其他社会团体成员组成，负责对包括检察官在内的司法官的弹劾、撤职、调离或令其提前退休的审查。其次是检察官的职位保障，赋予检察官一定程度的司法豁免权。以日本为例，日本检察官除受合格审查会的审查免官或因检察厅废止等成为冗员外，在任职期间无失官、停职和减薪的担忧，甚至部分国家如德国的检察官采用的是终身制，即非法定事由不被免职。对于我国而言，现阶段实行检察官的终身制是非常困难的，但赋予检察官在一定程度上的司法豁免权即非经法定事由不被免职的情形还是值得考虑的。

2. 检察辅助人员的管理。检察辅助人员是检察机关辅助于检察官执法办案的工作人员，它具体可以分为检察官助理、司法警察、书记员、检察技术人员。

（1）对检察官助理的管理，应当按照等级制形式进行，并以此进行薪酬待遇的分配。检察官助理享有部分办案权，其处理的检察案件须得到主任检察

---

① 上海市的试点方案中，检察官、检察辅助人员、检察行政人员的比例设定为 33%、52%、15%。

官（未实行主任检察官的单位由主诉、主办检察官代替）的审核并同意。作为检察官序列人员的后备人选，检察官助理应当具有专业的法律能力，应由省级院统一招录。

（2）对司法警察的管理，应当根据《人民检察院司法警察条例》进行，并参照人民警察的待遇和警衔晋升方式予以晋升警衔。在招录和培训方面，由省级院对其统一进行。

（3）对书记员的管理，应当建立单独的书记员序列，实行定向招录和终身制，并参照《公务员法》中综合管理类公务员进行等级制管理。在设置书记员单独序列的情况下，书记员应由省级院统一进行招录和分配。其中，对于书记员的招录，除了通过公务员考试进行外，还可以借鉴法院书记员的招聘方式，实行聘任制等多种方式进行招录。

（4）对检察技术人员的管理，与其他检察辅助人员的要求较不同。虽由省级院统一招录，但不需要具备检察官的任职要求，只需其具备较高的专业技术能力，其职务层级和福利待遇参照《公务员法》中专业技术类公务员的方式进行配备。从范围上讲，检察技术人员主要是指检察机关从事文件、证物的审查、检验及鉴定等刑事鉴定工作的人员，而不包含检察机关从事计算机维护、网络维护等方面工作的人员。此外，检察技术部门只需在省级院设置，省以下则没必要设置。

3. 检察行政人员的管理。检察行政人员的选任应当坚持定向招录的原则，以保持队伍的稳定性。非领导岗位的检察行政人员由省级检察机关统一招录，可以由省级检察院会同省级公务员招录部门进行，也可以委托省级公务员招录部门进行统一招录，并给予相应的经济待遇。

检察辅助人员辅助办案机制研究

高宗祥[*]　李领臣[**]

检察人员分类管理制度改革，应以检察官为中心并无异议，但并不意味着检察辅助人员相关制度构建与理论研究处于次要地位。检察辅助人员在我国检察视域中是个新生事物，在现有法律规范中没有体现，改革前也缺乏实践经验。检察辅助人员如何配置、具有哪些职权、如何承担责任，唯有这些相关问题厘清之后，才能构建科学合理的辅助办案机制，检察改革的目标才能真正实现。

一、检察辅助人员的构成与定位

检察辅助人员是指各级人民检察院中在检察官的指挥下从事与办案有关的辅助性工作，协助检察官履行检察职责的检察人员。① 对于检察辅助人员的范围，一直存在不同的认识，② 直至 2013 年 3 月中共中央组织部、最高人民检察院联合下发《人民检察院工作人员分类管理制度改革意见》后，才解决了认识上的纷争。《改革意见》明确“人民检察院工作人员是指各级人民检察院中纳入中央政法专项编制，依法履行检察、检察辅助、司法行政职能，由国家财政负担工资福利，在编在职的除工勤人员以外的人员”，对检察人员第一次作出明确的分类，并对检察辅助人员的内涵与范围作了明确界定，指出“检察辅助人员是协助检察官履行检察职责的工作人员，包括检察官助理、书记员、司法警察、检察技术人员等”。

各类检察辅助人员因为分工和承担的工作职责不同，具体定位和作用也不尽相同。检察官助理协助检察官办理案件，与其他辅助人员的区别在于其承担

---

* 安徽省人民检察院党组副书记、副检察长。

** 安徽省人民检察院研究室副主任。

① 李美容：《论我国检察人员分类管理改革》，载《河南社会科学》2014 年第 11 期。

② 参见黄维智、王沿琰：《检察人员分类管理改革研究——兼论“员额制”的落实》，载《四川大学学报（哲学社会科学版）》2016 年第 1 期。

的辅助事务是最为接近检察官职能的办案事务，是检察官的最得力办案助手，也是检察官的重要储备力量，与检察官具有一定的同质性。因而对于检察官助理的选任，我们倾向于应该以具备法律职业资格为前提条件。书记员主要承担案件记录、文件归档等以及检察官、检察官助理交办的事项，与检察官助理相比，书记员的辅助工作更具有事务性、程序性，已经不再参与案件的实体办理。对于书记员的组成，主要是没有取得法律职业资格的在编人员和聘用文员两部分，且今后主要以聘用文员为主。司法警察是人民警察的一种，其职责最高人民检察院有专门规定，多年来运作亦相对稳定，其辅助作用主要体现在维护办案秩序，保障办案工作顺利进行上。检察技术人员是以专业活动辅助办案，如法医鉴定、文件检验、司法会计鉴定等，专业性较强。司法警察和检察技术人员的选任、工作职责与运行等都有专门的规定，并有多年的实践经验，相对较为成熟。

二、检察辅助人员的配置

办案组织作为检察权运行的最基本组织单元，① 是检察权运行机制的载体和细胞，也是司法责任制的基础，为此必须构建办案组织。无论是独任检察官办案组织形式还是检察官办案组，都需配备必要的辅助人员。检察辅助人员各有特点，因而如何配置并不是千篇一律，需要逐个研究以下问题：

一是在检察机关内，是配置在业务部门还是不同部门分散配置的问题。四类辅助人员中，可以简单地做个二分法。检察技术人员和司法警察原本就有单独的管理部门，且除了个案办理之外，还有自身相对独立而明确的职责，因而不宜统一配置在业务部门，仍应固定配置在原有部门，根据办案需要再由院里临时调配。检察官助理和书记员本身的价值就在于辅助办案，行政部门原本就不需要配置检察官助理和书记员，也没有必要成立专门的检察官助理和书记员管理部门，因而应统一配置在业务部门，方便案件办理。

二是在业务部门内，是部门内统一配置还是固定配置给检察官的问题。固定配置与部门统一配置各有优劣，需要具体分析。固定配置好处在于，检察官和助理之间长期合作，相互熟悉，在案件办理中容易协调，但问题也比较明显，即难以确保检察官和助理按照司法责任制要求各司其职。检察官资历老，可能当甩手掌柜，将办案事务一体甩给助理，助理异化为检察官，检察官异化为新的行政官，增加办案层级，违背改革初衷。我国台湾地区检察署对于检察事务官的配置就是采取“集中运用”原则，由地检署统一、集中调用检察事

① 参见向泽选：《检察办案组织的改革应当彰显司法属性》，载《人民检察》2013 年第 22 期。

务官，检察官并无特定对应的检察事务官，就是为了防止检察事务官沦为“结案机器”或“结案替手”。[①] 统一配置，检察官和助理在个案的配合协调上难度会加大，但是不会增加过多成本，好处在于检察官和助理易于各司其职，且有利于业务部门加强对检察官办案的监督制约。因而，我们倾向于以业务部门统一配置为原则，固定配置给检察官为例外，以确保改革符合初衷。

三是在办案组织形式内，是否要明确固定配置比例的问题。就全国改革试点院而言，当前有两种做法：一种做法是确定检察官和辅助人员具体的配置比例，改革措施刚性强，优点是明确具体，但实践中可适应性较差；另一种做法是不明确具体配置比例，只是明确配置必要的检察辅助人员，优点是可适应性强，各个院可以根据实际因地制宜构建办案组织，但是缺乏明确的宏观指导，各地运作起来差异会比较大。对于是否要明确固定配置比例，我们认为要从两个方面分析：一方面，考虑到不同层级院办案上存在差异，不同业务部门存在差异，只规定一个具体配置比例可执行性较差，难以适应千差万别的办案情况。另一方面，若不规定辅助人员配置比例，可操作性太差。可以根据不同业务部门的特点规定不同的配置比例，即结合职务犯罪侦查、侦监、公诉等不同业务岗位的办案实际，规定一个指导性的比例，以增加改革的可操作性，同时各个院可以结合实际来因地、因案制宜确定具体配置比例。

三、检察辅助人员的职责

如上所述，司法警察、技术人员职责相对独立清楚，书记员也主要是从事纯事务性工作，与检察官的职责并无多少交叉，而检察官助理实质性地参与办案，故需要特别研究的是检察官助理的职责。

（一）确定检察官助理职责的考量标准

此轮司法改革前，原本并无检察官助理，所有案件办理任务一体由检察官承担。在人员分类管理情形下，各类人员应各得其所、各司其职。检察官助理的职责是辅助办案，看似明确，但是其辅助办案与检察官的办案存在交叉，因此，厘定检察官助理辅助办案的边界，即办案介入多深，并不是一件简单的事。确定检察官助理的职责，必须符合下列要求：

一要符合检察人员分类改革的价值取向。检察官助理设置的根本意义在于对检察业务的再分工，其根本目的在于让检察官能从繁忙的检察事务性工作中解脱出来，有足够的精力去考虑研究案件中的事实认定和法律适用问题，以保

① 参见万毅：《台湾地区检察官制度》，中国检察出版社2011年版，第177~178页。

障检察官能够专注于司法审查判断之核心工作，进而作出正确的决定。这种价值取向决定了检察官助理虽然能参与到几乎所有的案件办理活动中，但是案件的办理决定权只能由检察官行使，检察官助理无权染指，所享有的只是案件的具体事务承办权。

二要符合检察官助理的职责定位。四类辅助人员都是辅助办案，但是只有检察官助理是真正地参与案件实体办理，即辅助办案演进为参与办案，这是其存在的独特价值和意义。检察官是办案，检察官助理是参与办案，就性质上来讲，一种是独立办案，另一种是参与办案，两者存在质的不同；但从具体办案所涉内容上来讲，两者并无多少实质性区别，很难找出哪一种办案活动检察官助理不能参与，如包括出席法庭、讯问犯罪嫌疑人等实质性办案活动，检察官助理均可参与其中。

三要符合司法规律和检察工作规律的内在要求。检察官办案必须符合司法亲历性的要求，否则根据“信息递减”原理，其获得的信息客观性会不断受到侵蚀和削弱，很容易作出错误的判断和抉择。[①] 检察官助理可以参与案件各项办理活动中，但检察官为了保障事实认定和法律适用正确，必须要亲自接触讯问犯罪嫌疑人、询问关键证人、收集重要的证据等。所以司法办案规律要求一些办案职权必须由检察官亲自行使，检察官助理虽然可以参与，但是不能代替和包办。

（二）检察官助理职责的确定

检察官助理最早出现于最高人民检察院发布的《2004—2008年全国检察人才队伍建设规划》中。该规划将检察官助理定位于“在检察官的指导下履行对法律规定由人民检察院直接受理的犯罪案件进行侦查、协助检察官审查各类案件、对案件进行补充侦查、草拟案件审查报告及有关法律文书等职责”。最高人民检察院《关于完善人民检察院司法责任制的若干意见》第20条作了进一步明确：“检察官助理在检察官的指导下履行以下职责：（一）讯问犯罪嫌疑人、被告人，询问证人和其他诉讼参与人；（二）接待律师及案件相关人员；（三）现场勘验、检查，实施搜查，实施查封、扣押物证、书证；（四）收集、调取、核实证据；（五）草拟案件审查报告，草拟法律文书；（六）协助检察官出席法庭；（七）完成检察官交办的其他办案事项。”同时比照第17条

① 参见朱孝清：《司法的亲历性》，载《中外法学》2015年第4期。

对检察官职权的规定,[1] 可以发现：(1) 检察官助理虽然可以全程参与办案，但是不享有案件办理的决定权，享有的只是具体事务的承办权；(2) 检察官助理的职责范围极其广泛，涉及办案工作的方方面面，从讯问犯罪嫌疑人，到收集调查核实证据，直至到草拟案件审查报告和法律文书等，贯穿案件办理始终；(3) 对于一些强调司法亲历性的职权，检察官必须亲自行使，检察官助理虽然也可以行使这些职权，但不能代替和包办检察官的亲历性活动。如讯问犯罪嫌疑人，检察官必须亲自讯问一次，检察官助理可以参与讯问，但是不能代替检察官亲自讯问。

四、检察辅助人员的责任以及救济

权力意味着责任，有权力就有责任，有多大权力就有多大责任，检察辅助人员行使着办案职权，自然要承担相应责任。司法警察和检察技术人员以及书记员工作相对独立，相关规定亦明确了其责任承担。具体需要明确的是：一是这三类检察辅助人员的辅助办案工作与检察官的办案工作界限较为分明，相对独立，没有实质性地介入到案件实体办理中，故不需要对案件的实体结果负责任。检察官是独立办案的主体，行使案件的决定权，因而案件办理结果的责任应该由检察官来承担。二是不管哪类辅助人员，都需要对自己的行为负责，行为上若违反法律规定，存在不当或失范现象，就需要承担相应责任。司法警察和检察技术人员有自己相对独立的管理规则和行为规范，其责任相对明确。书记员主要承担纯事务性工作，与检察官的实体办案工作边界较为明确，确定其责任承担也相对容易。有责任就要有救济，保障责任适当。这三类辅助人员工作相对独立，责任承担易于确定，其救济渠道的设置也是相对较为容易。需要重点解决的，仍然是检察官助理的责任与救济问题。

(一) 检察官助理的责任

检察官对案件的结果负责，司法警察、检察技术人员和书记员只对自己行为负责而不需要对案件办理结果负责，这点是明确的，但是检察官助理是否要对案件办理结果负责，则存在一些不同看法。有的认为，检察官助理作为辅助人员，与其他辅助人员一样只是辅助办案，不能直接对办案结果负责，不对错

---

[1] 《关于完善人民检察院司法责任制的若干意见》第17条规定："检察官依照法律规定和检察长委托履行职责。检察官承办案件，依法应当讯问犯罪嫌疑人、被告人的，至少亲自讯问一次。下列办案事项应当由检察官亲自承担：（一）询问关键证人和对诉讼活动具有重要影响的其他诉讼参与人；（二）对重大案件组织现场勘验、检查，组织实施搜查，组织实施查封、扣押物证、书证，决定进行鉴定；（三）组织收集、调取、审核证据；（四）主持公开审查、宣布处理决定；（五）代表检察机关当面提出监督意见；（六）出席法庭；（七）其他应当由检察官亲自承担的事项。"

案负责；有的认为，检察官助理已经实质性地参与了案件办理，其辅助办案行为会直接影响到案件办理结果，因而应直接对案件办理结果负责，如果发生错案，应该与检察官一样承担责任。检察官助理是否应对案件结果负责，即对错案承担责任，之所以存在争议，就在于检察官助理办案上的特殊性：检察官助理与辅助人员有共性，即辅助办案；与检察官也有共性，即实质性地参与办案。

确定检察官助理是否负责任，负何种责任，还是要回到原点进行检视，即根据权责一致原则来确定。检察官助理虽然实质性地并且广泛参与案件办理活动，但是检察官助理在办案上不具有独立性：一是只享有案件办理的具体事务承办权，而不享有决定权；二是具体承办权如何行使，受制于检察官的指挥与领导，如收集调查核实哪些证据、如何收集调查核实证据，检察官助理都要听从于检察官。不管检察官助理在办案时介入多深，对案件办理结果影响多大，性质上终究是辅助办案，不具有独立性，[①] 这决定了检察官助理难以直接对办案结果负责，也就是说，办案结果只能由检察官直接负责。

检察官助理不直接对办案结果负责，并不意味着不要承担任何责任。每个人都要对自己的行为负责，检察人员履职亦是如此，这是另一个确定责任的原点。因而检察官助理必须对自己辅助办案行为负责，只要自身行为违反相关规定，存在不当或失范，不管案件办理结果是否适当，都要承担相应的责任。如检察官助理在辅助办案中，应该收集的证据没有及时收集导致证据缺失，实施搜查查封时不规范出现严重问题等，就应承担相应责任。

（二）检察官助理的救济问题

检察官助理的救济涉及两个层面，第一个层面是对自身责任的救济，即当自身被追究不当责任时的救济，如何反映、申诉等。检察系统相关责任追究规定，对于责任追究如何救济已有明确，检察官助理的救济并无多少特殊性，在此不再研究。第二个层面是对工作的救济，即当检察官助理与检察官存在不同意见，认为检察官在事实认定和法律适用上存在严重问题时，是否应当有救济手段，以及如何救济的问题，并不容易回答，需要认真对待。有的认为，检察官助理在办案中服从检察官的安排和指挥，办案结果由检察官负责，自然不需要救济。

我们认为，应当赋予检察官助理在办案工作上的救济权利：一是检察官助理在人身上是独立性的。此前已述，检察官助理办案上不具有独立性，但是检

---

① 参见马英川：《检察人员人类管理制度研究》，载《法学杂志》2014年第8期。

察官助理人身是独立的，并不依附于检察官，应该有独立表达的权利。二是检察官助理负有客观义务。虽然检察官助理办案不具有独立性，只是辅助办案，但是仍然负有办案的客观义务，应对案件事实负责，对法律负责。当从客观立场出发，在案件事实认定和法律适用上与检察官存在不同意见时，检察官助理应有渠道反映意见。三是检察官助理办案时接受双重领导。将检察官助理配置给检察官，并不意味着检察官助理只听从于检察官，而不接受院里和部门的管理与领导。这里存在一个双重领导的问题，在个案如何办理上，检察官助理听从于检察官，接受检察官的领导，同时，他们作为检察机关和办案部门中的一员，也应该接受机关和部门对办案的统一领导，符合办案共同的要求和规范。当检察官的要求不符合一般要求和规范时，检察官助理应当有权向有关部门和人员反映。

赋予检察官助理在工作上救济的权利，也有助于强化对办案的监督制约。虽然当前司法改革在合理放权的同时，也在积极构筑办案全方位的监督制约机制，但是存在一个“瓶颈”，就是难以掌握检察官办案的具体情况，难以及时发现检察官办案中存在的问题。检察官助理实际参与办案，在监督检察官履职、及时发现办案瑕疵甚至错误等方面天然具有优势。当检察官助理在参与办案中发现检察官在事实认定和法律适用上存在问题，可以获得救济时，会及时阻却办案错误，保障办案质量。

检察官助理协助办案，决定了只能以服从检察官为原则，以救济为例外。我们认为，救济应该存在一定的限制：一是只有当明确发现检察官的办案行为存在明显不当，或者与检察官在事实认定和法律适用上存在重大分歧，如不反映则可能导致错案发生等严重后果，才能向有关部门和人员寻求救济。二是检察官助理可以向所在部门负责人反映，由部门负责人决定下一步采取何种措施，而非无限制地向上反映。司法责任制改革取消了业务部门负责人的审批权，加大了其监督权，这种监督权正好可以通过检察官助理寻求救济来获得相关监督信息。

五、关于未入额人员的办案地位问题

对于未入额人员的办案地位问题，实践中存在争议。试点中，不少院为解决人少案多问题，确保原有办案力量不减少，仍然允许未入额人员继续办案，具体有两种模式：第一种模式是，未入额检察员仍独立承办案件，但与员额内检察官共同署名，且员额内检察官署名在前，由员额内检察官承担办案责任，未入额的按照辅助人员承担责任；第二种模式是，未入额检察员仍独立办案，只署自己的名字，独立承担办案责任。要评价上述两种办案模式是否合理，其实焦点在于未入额人员的办案地位问题，我们认为：

首先，未入额人员不适合以单独署名的形式去办案。虽然检察员是人大任命的，没有免职之前仍然具有办案资格，独立办案虽不违法，但不符合改革要求。从形式上看，司法责任制改革是以人员分类管理改革为基础，独立办案的主体只能是入额检察官，未入额的已经丧失了独立办案的资格。能否办案，既要考虑法律要求，又要符合改革要求，这是应有之义。从内涵上看，改革后的检察官，虽然经遴选委员会确认入额后没有经过人大的重新任命，从法律职务上看仍然是检察员，但是与改革前的检察员已经存在质的不同。改革前，检察员更多的是一种资历，当达到一定的工作年限和级别便可以任命为检察员，业务部门可以任命为检察官，行政部门也可以任命为检察官，甚至有的从未办过案，也不会办案，都可以任命为检察员。人员分类管理改革后，要求检察官的精英化，检察官必须配置在办案部门，必须能办案、会办案，因此改革前的检察员与入额后的检察官存在质的不同，已不再适合办案。

其次，未入额人员亦不适合以共同署名的形式去办案。共同署名从形式上符合了人员分类管理和司法责任制改革的要求，但是实质上与单独署名一样，是违背改革初衷的，而且在实践中容易产生办案责任纠纷。共同署名情况下，案件是未入额人员办的，自应当承担办案责任，但是在改革背景下，其不是责任承担主体。被署名的检察官虽然形式上是办案主体，但是实质上并没有办案，只是被动地被署名，承担责任并无合理基础。故可能会出现入额检察官不愿被署名的现象。

最后，未入额人员应该纳入辅助人员来参与案件办理。未入额人员不能再像检察官一样独立办案，应按照司法责任制改革要求模式来配置，只能以辅助人员身份参与办案。在办案部门人员未变，办案数量没有大的变化情况下，人员分类管理是对办案力量的重新整合，虽然检察官少了，但是办案力量没有减少，人少案多问题不会因此加剧。检察官除了行使办案决定权和司法亲历性职权之外，其他职权都可以授权给检察官助理行使，检察官和检察官助理各司其责，按规定运行，是可以实现的。

司法改革背景下检察官助理制度的梳理与展望

——以我国台湾地区检察事务官制度为镜鉴

郑　昱[*]　黄艾婧[**]

行至2016年，司法改革已步入全面深化的攻坚之年。依照中央精神，司法人员分类管理等四项改革将在试点基础上全面铺开，这就不可避免地需要直面“人”、“权”、“财”等核心难题。近两年，各地检察机关始终将更多目光置于“检察官”这一群体，对于检察官权限划分、身份保障等方面进行了有诸多探索与实践。相形之下，关于检察官助理这一更为庞大的群体反而受到忽视，导致检察队伍内部，尤其是青年检察人员群体对身份划分、未来发展、职业走向忧心忡忡，或选择转岗，或选择跳槽，或选择消极以待，这不仅无益于司法办案质效的提升，亦有悖于过硬队伍建设的目标追求。

一、检察官助理制度之现状

检察官助理，我国台湾地区称为检察事务官，系为分担检察官工作压力，减轻检察官办案负荷而生，许多人将之比喻为“包青天”身边的“王朝、马汉”。其无论在英美法系还是大陆法系诸多国家中均有身影，亦在检察实务中发挥重要作用。

（一）检察官助理制度的历史演变

现行人民检察院组织法、检察官法规定，各级人民检察院设检察长、副检察长、检察员、助理检察员和书记员。长期司法实务中，并无“检察官助理”这一角色，直到2004年，最高人民检察院在《2004—2008年全国检察人才队伍建设规划》中首次提出“检察官、检察事务官（检察官助理）和检察行政

---

* 福建省莆田市城厢区人民检察院法律政策研究室助理检察员，福建省检察理论调研骨干。

** 福建省莆田市城厢区人民检察院侦查监督科检察员。

人员”的分类，并将比例划定为30%、40%、30%。[1]

2013年，中共中央组织部和最高人民检察院联合下发的《人民检察院工作人员分类管理制度改革意见》（中组发〔2013〕11号）又提出“检察官、检察辅助人员和司法行政人员”的分类，将检察官助理归入检察辅助人员，并进一步明确“检察官助理在检察官的指导下履行法律规定由人民检察院直接受理的犯罪案件进行侦查、协助检察官审查各类案件、对案件进行补充侦查、草拟案件审查报告及有关法律文书等职责”。[2]

2014年，司法改革先行试点的上海任命全国首批法官助理、检察官助理，并规定“新招录的通过司法考试的司法人员见习期满后，直接任命为法官助理、检察官助理，助理任满五年，就可以择优选任为法官、检察官，选任一般每年组织一次。法官助理、检察官助理根据工作年限，由低到高依次设置五级至一级5个等级，五级至一级助理均实行按期晋升”。[3] 此后，重庆、广东等试点省份亦多有探索，并形成各具特色的分类管理制度。

2015年6月，中央全面深化改革领导小组第十三次会议审议通过《关于招录人民法院法官助理、人民检察院检察官助理的意见》。同年9月，最高人民检察院出台《关于完善人民检察院司法责任制的若干意见》（以下简称《意见》），明确了“检察长、分管副检察长、检察官、检察辅助人员（含检察官助理）”的司法办案人员分类层级，并在第20条首次界定了检察官助理的职责范围：（1）讯问犯罪嫌疑人、被告人，询问证人和其他诉讼参与人；（2）接待律师及案件相关人员；（3）现场勘验、检查，实施搜查，实施查封、扣押物证、书证；（4）收集、调取、核实证据；（5）草拟案件审查报告，草拟法律文书；（6）协助检察官出席法庭；（7）完成检察官交办的其他办案事项。

（一）当前检察官助理制度存在的问题

从表面看，在司法改革的有力推动下，检察人员结构失衡、检察官忙于事务性辅助工作的情况有所改善，检察官助理制度似乎沿着正轨不断发展完善，然而这一态势仍是较为缓慢且具有局限性。之所以说缓慢，是因为检察官助理这一概念提出已逾十年，然而即使是走在改革前列的上海，2015年5月出台的《市院机关检察人员分类管理工作实施方案》仍然仅止步于设定检察官助

---

① 《2004—2008年全国检察人才队伍建设规划》，载最高人民检察院，http://www.spp.gov.cn/flfg/nbgz/201208/t20120830_47864.shtml，2016年4月16日访问。

② 《人民检察院工作人员分类管理制度改革意见》，载法治论坛，http://bbs.chinacourt.org/index.php?showtopic=534904，2016年4月14日访问。

③ 《上海任命首批司法改革后法官助理 检察官助理》，载正义网，http://news.jcrb.com/jxsw/201409/t20140905_1429743.html，2016年4月14日访问。

理的选拔或转任条件上。同年9月印发的《上海检察机关深化司法体制改革试点年底前主要工作安排》中，更多着眼于完成检察官权力清单的细化，对于检察官助理的职责划分等内容几乎没有关注。之所以说局限，是因为即使是颇受期待的《意见》，仍将批捕、起诉决定权紧握在检察长一级手中，检察官名义上虽然赋予了诸多权限，但实质上难称得上突破，在此框架下设定检察官助理的权限，必然也难称得上全面具体。这就导致了如下几方面问题：

1. 检察官助理对未来的期待值降低，打击工作积极性。可以预期的是，按照目前39%的员额制“绝对红线”，部分检察员及绝大部分助理检察员在司法改革推行后，都没有进入检察官员额的机会，只能选择担任检察官助理或转任司法行政人员。从具备办案资格到丧失办案资格，心理落差是难免的，在入额成为漫长“排队等待”的情况下，检察官助理等级以及晋升机制的空白，必然会令人倍感“没有存在感”和“进步无望”，工作热情与效率难免会受影响。

2. 检察官与检察官助理的关系界限模糊，影响权责平衡性。以上海为例，《上海检察机关深化司法体制改革试点年底前主要工作安排》规定：“根据改革试点方案和本院办案需要，各级院可授权目前仍从事司法办案、且保留检察官法律职务的助理检察员（分类为检察官助理）继续行使检察办案职责，并将授权办案的助理检察员名单报市院检察官遴选办公室备案。”如此“拆东墙补西墙”的做法难免有“名不副实”之嫌，且无法享受入额待遇却令其承担入额之责，明显有违“权责利相统一”的办案原则。

3. 各地规定千差万别，有违改革稳妥性。对于检察官、检察辅助人员比例设置不同的问题，因各地情况不同，尚属正常调整的范畴。而对于检察官助理身份定位与权力内容问题，则涉及职业待遇与发展，关乎检察人员分类管理改革的成效，若各行其是，必然不利于队伍稳定。目前在人员分类管理改革思路上，北京、上海等地推行的是“增量改革”，而广东等地则实行“减量改革”，[①] 虽然实质权限相差不多，但头衔与待遇差异较大。同时，检察官助理在实务中更多充当的是“人力助手”而非“专业助手”的角色，并具有向检察官过渡的“跳板”属性。就此，有学者提出“违背改革终极目标”的质疑，认为检察官助理应有自身向上发展的职务序列，不应随意变更至检察官序列，

---

① “增量改革”指在现有具备检察官资格的人员中，择优选拔部分担任主任检察官，并赋予办案决定权，其他人仍然保留检察官资格，但不具有办案决定权，在主任检察官领导下开展工作。“减量改革”指否定现有检察官职务序列，直接择优选拔部分担任主任检察官或检察官，原先具有检察官资格但未被选拔的人员划入检察辅助人员职务序列。

对于现有具备检察官资格但未入额的年轻检察人员，应当增设“候补检察官”这一系列，按照检察官职务序列进行管理与消化。[①] 然而高层仍未对此予以明确，各地也多观望等待或自行探索。

二、我国台湾地区检察事务官制度之评介

1999年1月12日，我国台湾地区“立法院”第三届立法委员谢启大、蔡明宪等十八人在第六会期第十四次会议上，以促进司法改革，提高犯罪侦查品质，增进司法效能并减轻检察官工作负荷为由，提出“法院组织法”修正草案，提议在各级检察署增设“检察官助理”和“检察事务官”。其中，“检察官助理”侧重协助检察官办理诉讼案件程序审查、法律问题分析以及资料收集等工作，“检察事务官”则侧重在检察官指挥下，进行搜索、扣押、勘验及讯问等工作。后“立法院”在协商过程中，部分立法委员认为检察官助理与检察事务官功能重叠，故删除检察官助理有关条文，仅保留检察事务官。同年，我国台湾地区“法院组织法”增设第66条之2：“各级法院及其法院检察署设检察事务官室，置检察事务官，荐任第七职等至第九职等；检察事务官在二人以上者，置主任检察事务官，荐任第九职等或第十职等；并得视业务需要分组办事，各组组长由检察事务官兼任，不另列等。”该条款被民间戏称为“王朝、马汉条款。”[②] 2000年5月，我国台湾地区“法务部”颁布“地方法院检察署检察事务官事务分配原则”，次月第一期检察事务官就分配到各地检察署办公，检察事务官制度自此开始实务运用。

（一）检察事务官制度之缘起

我国台湾地区“法务部”认为，如能有相当员额的检察事务官加入各地检察署以襄助检察官，当有助于改善检察官沉重业务负担，提升检察官的办案效率。检察官的侦查负荷如能减轻，便可投入更多心力及人力实行公诉；检察事务官的员额如能充足，足可令部分检察事务官协助检察官从事莅庭前的准备工作，使检察官的莅庭功能更加充分发挥。[③] 因此，检察事务官创设目的可归纳为以下三个方面：

一是减轻检察官办案压力。我国台湾地区检察官的职权不仅贯穿整个刑事诉讼程序，基于“法律守护者”的定位与民众期待的提升，其还被赋予被害

① 万毅：《台湾地区检察事务官制度改革的经验及启示》，载《中国检察官》2013年第1期。

② 万毅：《检察事务官：台湾检察系统的“王朝、马汉”》，载《检察日报》2015年4月7日第3版。

③ 我国台湾地区“法务部”：《检察改革白皮书》，1999年3月编印，第150~151页。

人补偿、未成年子女监护等诸多涉及公益的非刑事业务。随着社会结构改变、犯罪数量增加以及刑事诉讼制度的变革，检察官员额的增加相较于工作量可谓缓难救急。据统计，检察官每月平均受理约六七十件侦查案件，势必会累积一定量的未结案件，而“法务部”对案件每三个月必须进行一次管考，超过八个月未办结便频繁稽催，使得检察官平日案件负担沉重，如为使未结案件运转顺利，每周大约要开二次至三次、每次半天的侦查庭，加上每月轮值至少各一次的内外勤，偶尔必须外出勘验现场，其余时间又必须阅卷、结案制作文书，故加班乃非常普遍现象。[①] 因此，增设检察事务官制度，协助检察官处理侦查等工作以减轻检察官的工作负担，实为情势所逼。

二是提升侦查质效。我国台湾地区检察官虽有指挥司法警察开展侦查工作的强大权限，然而司法警察终究不隶属于检察机关，无论是沟通、调度与监督均无法及时通畅，检警关系也颇为紧张，警界甚至时有脱离指挥独立侦查的意愿，故如果司法警察不听指挥或消极怠慢，检察官便会陷入“有将无兵”的窘境。检察事务官的设立，便是为了摆脱这种依赖状况，打造一支不受行政力量牵制，可以“召之即来，来之能战”的“检家军”。特别对于重大案件，如果遇到司法警察配合未臻周延的困境，而能由检察机关内部的司法辅助人员直接投入辅侦，并规划发动应有的布侦工作，会有利于突破侦查“瓶颈”，对部分司法警察可能的消极懈怠问题，也可以适时产生制衡效果。[②]

三是弥补其他领域专长缺失。经济社会的加速发展与科学技术的不断进步，在改变人们生活条件与方式的同时，也使违法犯罪逐渐呈现组织化、科技化与跨地域化等特征，对司法办案提出更大的专业技术挑战。在面对诸如金融、电子软件、工程建筑等领域新型犯罪，以法律为主业的检察官常对其中证据梳理、案情解剖感到无所适从，使案件突破陷入僵局。为更好提供专业知识技术的支持，我国台湾地区在检察事务官选任中吸收了部分专业领域人才，并在一般侦查组之外另设有财经组、电子组及营缮工程组等专业组，以特殊专长辅助检察官办案。[③]

（二）检察事务官的人数分配及选任方式

我国台湾地区“法院组织法”在 1999 年 1 月 12 日修正时，配合同法第

① 邱智宏：《论我国检察官与司法警察之关系》，台湾大学法律学研究所 2004 年硕士学位论文，第 23 页。

② 林炤宏：《检察事务官制度之检讨与展望——以台北地检署之运用经验为中心》，载《检察新论》2008 年第 4 期。

③ 万毅：《检察事务官：台湾检察系统的“王朝、马汉”》，载《检察日报》2015 年 4 月 7 日第 3 版。

66 条“检察事务官”的增订，修正同法第 73 条第 1 项附表关于“各级地方法院及其分院检察署”相关员额表，对于检察事务官的员额编制予以明确。以地方法院检察署为例：第一类（指每年受理案件八万件以上者）设置检察事务官员额为 111 名至 222 名；第二类（指每年受理案件四万件以上未满八万件者）设置检察事务官员额为 56 名至 111 名；第三类（指每年受理案件二万件以上未满四万件者）设置检察事务官员额为 28 名至 56 名；第四类（指每年受理案件一万件以上未满二万件者）设置检察事务官员额为 14 名至 28 名；第五类（指每年受理案件五千件以未满一万件者）设置检察事务官员额为 7 名至 14 名；第六类（指每年受理案件未满五千件者）设置检察事务官员额为 2 名至 7 名。总体而言，检察事务官的员额编制向基层倾斜，“地方法院”检察署一名检察官配一名检察事务官，至“高等法院”及其分院检察署一级为二配一，再至“最高法院”检察署则为三配一。

根据“法院组织法”第 66 条之 4 规定，我国台湾地区检察事务官的选任来源包括考试任用、警察官或调查员转任、律师转任以及书记官转任四种方式。从实践来看，除第一期检察事务官是由实务界的警察、调查员、律师及书记官转任以求迅速补充当时办案力量外，考虑到人员工作背景等诸多不同可能导致素质有所参差、观念有所不一、适应性有所强弱等情况，影响制度实效，之后均采取考试任用的方式。报考者通过专门的检察事务官考试后，还需要通过 9 个月的任职前培训，方可安排至各地检察署工作。

（三）检察事务官的职权范围与责任承担

我国台湾地区“法院组织法”第 66 条之 3 规定：“检察事务官受检察官的指挥，处理下列事务：一、实施搜索、扣押、勘验或执行拘提；二、询问告诉人、告发人、被告人、证人或鉴定人；三、襄助检察官执行其他第 60 条所定的职权。检察事务官处理前项前二款事务，视为‘刑事诉讼法’第 230 条第 1 项的司法警察官。”如前所述，由于检察事务官合并了最初议案中检察官助理的职能，故其在实务中表现出“检察官助理”与“司法警察官”的双重角色。具体来说，检察事务官在履行“司法警察官”角色，执行一系列侦查活动时，虽应听从检察官的指挥，但仍以自己的名义进行，对侦查取证中的违法行为需要独立承担相应责任。同时，因其视同“司法警察官”，故其并不能指挥司法警察，只能请求予以协助。而在履行“检察官助理”角色时，如撰写文书、卷证分析、莅庭公诉等工作，则不以自己的名义独立完成，责任应由检察官承担。

然而，即便检察事务官制度发展已久，仍有学者认为，“因为删除检察官助理之条文，肇致今日检察事务官角色地位之混沌不明，即协助检察官办理诉讼案件程序之审查、法律问题之分析及资料之收集等事项，又受检察官之指挥处理实施搜索、扣押、勘验或询问告诉人等事务，也造成各地检署检察事务官实际运作时，因权责不明而发生许多争议”。① 因此，目前我国台湾地区各地检署关于检察事务官的实务运作，也是处于“各自为政”的状态，不仅人员运用模式有所不同，赋予其独立办理案件的类型同样存在很大差异，其侦查行为所取得证据的能力如何，是否需要以及如何补强，也有待立法予以明示。

三、大陆检察官助理与我国台湾地区检察事务官之比较

两岸检察制度都起源于近代清末法律改革，引入日本、德国等大陆法系国家检察制度并逐步调整、改进与发展，但由于政治体制、社会环境、民众观念等诸多方面均有不同，故也呈现出不同的制度理念与发展趋势。基于思想文化根基的相似性，相关制度虽不宜照搬照抄，但仍可为我们提供许多破解困境的启示。

（一）大陆检察官助理与我国台湾地区检察事务官之差异

对比两岸制度，我们发现大陆检察官助理与我国台湾地区检察事务官在创设背景、角色定位等诸多方面均有所差别，甚至大相径庭。

1. 创设背景不同。如果说我国台湾地区设立检察事务官制度的目的主要是“补漏”的话，那么大陆的检察事务官制度改革则主要是为了过滤。② 因此，台湾设置检察事务官这一角色，是在“人力不济”下所做的“加法”，以缓解“有将无兵”的人力紧张，而大陆地区的检察官助理则是在“鱼龙混杂”下推行的“减法”，以实现“择优录取”的层次落差。从当前改革现状看，双方的出发点是截然不同的。

2. 选任方式不同。我国台湾地区检察事务官主要采用分组考试及格任用的方式（除第一期采用警察、调查员、律师及书记官等转任的方式外），通常考试录取率仅为3%左右，近年来其职位甚至更加难抢，如2013年侦查实务组的录取率低至0.9%，较司法官考试的难度可谓有过之而无不及。大陆地区检察官助理的来源，就现阶段来说，必然是从未入额的检察员及大部分助理检察员中任用，或从通过公职人员统一考试进入检察院的书记员中选任。

3. 角色定位不同。依目前大陆地区改革之现状，从书记员至检察官助理再至检察官，系一条逐级选拔任用的路线。也就是说，除律师等外界人士转任

① 林幸彬：《检察事务官在刑事程序中地位之研究——以美、日、德制度为借镜》，国立中正大学法学院法律学研究所2009年硕士学位论文，第63页。

② 万毅：《台湾地区检察事务官制度改革的经验及启示》，载《中国检察官》2013年第1期。

的情形，检察官一定是从检察官助理中遴选产生，而非通过专门的检察官考试录用，检察官助理可视为检察官的“预备队”。而我国台湾地区的检察官与检察事务官则是两条完全独立的职业序列，检察事务官同样实行员额编制，具有独立的晋升、薪资序列并严格控制，以求维持合理的比例，做到“足而不滥，精而不庸”。

4. 发展程度不同。我国台湾地区是在充分立法支撑的前提下实行检察事务官制度，前期论证严谨，配套制度完善；而大陆地区检察人员分类管理改革则是借助司法改革大势，在立法空白的情况下先行先试，《意见》已是目前最高层级的制度规定。这其中，检察官助理制度还只是分类管理改革这一司革命题中的一个处于弱势的子命题，无论高层还是学界，对于检察官助理制度的构建都鲜有深入探讨。不同的“待遇”也使得我国台湾地区能在较短时间内就积累了充分的实务经验，而大陆地区则仍显迷茫困惑，依赖各地自行尝试归根结底只是一时权宜之计。

（二）我国台湾地区检察事务官制度对当前司法改革之启示

我国台湾地区检察事务官制度发展至今，可谓已臻完备并贴合检察官系侦查指挥中心的特点，发挥着“司法警察官”和“检察官助理”的双重角色。对于大陆地区而言，若寄希望于“一口吃成大胖子”并无可能也不适宜。当前，务必先予厘清以下四个问题。

第一，职业如何规划？检察官助理的定位其实并无太大异议，其有别于书记员，系超脱于卷宗归档等事务性辅助工作之外的检察官“专业助手”。但对于其上升通道，目前仍有颇多争议：一是如上海等地的普遍做法，将检察官助理视为检察官的“后备军”，是入额的必经之路，其可以通过遴选进入检察官员额，并可能享有一定优先权。二是如前述万毅等学者的观点，检察官助理应完全独立于检察官的职务序列，检察官并不从检察官助理中遴选产生，以符合分类管理改革所追求的职业化、专业化目标。然而，无论选择哪条路径，员额的稀缺决定了众多检察官助理在这一岗位上的工作年限必然不短，而一部分检察官助理可能也适合或愿意长久从事这一岗位，故参照我国台湾地区检察事务官制度，建立科学有效的检察官助理晋升机制实有必要。

第二，权限如何划分？明确检察长、检察官、检察官助理等各类人员的职责与权限，是优化检察权运行质效、确保司法办案公正的前提，也是推进检察人员分类管理改革的必然要求，因此列出检察官权力清单逐渐成为各试点地区深化改革阶段的一项重点任务。笔者以为，检察长与检察官之间“放权尺度”的厘清固然重要，但检察官与检察官助理作为具体从事办案的两大群体，二者之间“分工界限”的划定更加关乎司法的秩序性，应当得到更多关注，否则执法办案中的推诿扯皮、拖拉懈怠等现象将在所难免。这也应是我国台湾地区检察事务官职权争议给我们的有益启发。

第三，比例如何确定？出于单位编制、财政开支等诸多因素的考虑，检察官助理的数量应当得到有效控制，人数过多不仅浪费资源，也无法给予检察官助理充分的锻炼机会，而人数过少又无法让检察官有效脱离事务性、辅助性工作，对于提升办案效率有所影响。进一步而言，由于各级检察院乃至不同地区同级检察院之间的受案量不尽相同，因此分配检察官助理人数的基本指标如何确定，向基层院倾斜的幅度又如何限定，值得多加考虑。如前所述，我国台湾地区早在1999年“法院组织法”修订时，便于第73条检察署相关员额表中明确了检察事务官的员额编制，并在不同级检察署之间采取1∶1、2∶1、3∶1的方式配置检察事务官员额，在同级检察署之间以年受案量为依据划定员额数范围。[①] 该做法的科学性值得借鉴。

第四，人员如何运用？为解决检察事务官之间工作分配劳逸不均的问题，我国台湾地区在实务中出现过三种人员运用模式：一是集中运用模式，即检察官无特定对应的检察事务官，检察事务官也不专属于特定的检察官，以公平轮分、统筹安排等方式分配工作；二是分组运用模式，即全署检察官分为若干组并配置相应的检察事务官，由各组检察官视案件需要灵活使用；三是分股配置模式，即与集中运用模式相反，检察官与检察事务官之间关系特定，各股检察官配置的检察事务官以抽签决定并每年重新分配。在2005年修订“地方法院检察署检察事务官事务分配原则”时，台湾地区“法务部”几经斟酌，还是维持了集中运用的原则。大陆检察权内容、工作特点、司法环境等皆与台湾地区有明显不同，如何确定一个符合本土实情的检察官助理运用模式，以充分发挥“专业助手”作用，削减内部不平衡，进而提升办案绩效，同样需要思考。

四、我国检察官助理制度之发展路径

我国台湾地区检察事务官制度虽已日趋成熟，但因其身兼“司法警察官”与“检察官助理”两个相互冲突的角色，实践中出现定位混乱、逾越权限等情形也屡遭诟病。大陆地区检察官并无指挥侦查的权力，故检察官助理必然没有“侦查人员”的角色担当，其制度设计更应当采取一种积极而稳妥的态度，正视自身缺陷，亦不盲目羡慕他方之优势。对此，笔者有以下几点思考。

---

① 甄贞、梁景明：《台湾地区检察事务官制度的实践与鉴镜》，载《员额制及司法改革实证研讨会论文集》，第224页。

（一）加快检察官助理制度立法，巩固改革成果

如前所述，当前改革的诸多举措与规定均是先行于立法，虽然这与我国长久以来追求实践先行检验的立法特点相符，但仍然容易遭受合法性质疑。而由于各地经济社会发展水平各不相同，检察工作重心、强度及人员素质等差别较大，也使立法者在出台规定之前需要进行大量调研论证，确保前瞻性又兼具普适性。完善某一制度立法依据，虽然是一个老生常谈、屡见不鲜的建议，但就长远而言，只有法律支撑才能确保制度的长效与稳定。在未来全国试点取得阶段性进展并趋于稳定时，检察官助理制度在《人民检察院组织法》、《检察官法》中的确认应当摆上议程，而非仅仅满足于内部意见的层面。对于规定要达到何种详细程度，笔者认为可以遵循如下原则：对于检察官助理的性质、地位、职权范围等重要问题，应作明确性规定，而对于工作安排、人员配备及晋升标准等具体问题，则可以作适度的授权性规定，既保证各地能依据本地实际情况灵活调整检察官助理的权限与比例，又防止赋予检察官助理过重的职责，使之异化为“助理检察官”，导致检察官助理“检察官化”、检察官“法官化”以及检察官办案能力萎缩等现象。[①]

（二）明确界定检察官助理的职权与责任范围，厘清身份定位

根据《意见》精神，检察内部基本将形成“检察官＋检察辅助人员（检察官助理＋书记员）”的办案组织模式，基于检察权运行机制的变化，三方的职责需要重新予以理顺与区分。其中，检察官的职责主要涉及“决定性”、“亲历性”事项，工作重心回归案件侦审与司法判断，其他事务性工作则交由辅助人员完成；检察官助理的职责主要协助检察官办案，除“决定性”、“亲历性”事项外，司法办案中涉及实质性内容的其他工作都可以由其负责，或在检察官指导下完成；书记员的职责主要面向事务性工作，不介入案件实质性内容。三方的职责结构如下图所示：

① 万毅：《检察事务官：台湾检察系统的“王朝、马汉”》，载《检察日报》2015年4月7日第3版。

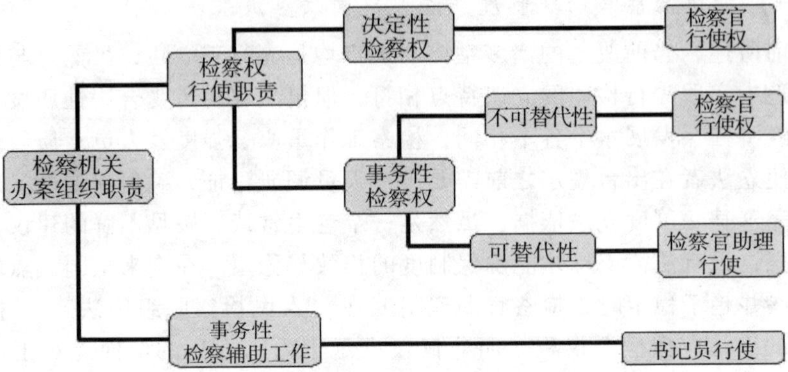

检察机关办案组织职责结构图

实务中，对于书记员的职责界定并无太大异议，而对于检察官与检察官助理之间的职责划分，因“决定性”、“亲历性”本身概念的不明确，有所谓“检察官对案件定性负责，检察官助理对证据审查负责”的非官方说法，这实有推卸检察官责任之嫌疑。对案件的正确定性必然是建立在充分的证据审查之上，检察官助理可以帮助检察官罗列梳理证据，但对于某一证据是否采信，应由检察官自行把握。也就是说，检察官助理名字出现的情形，仅适用于讯问犯罪嫌疑人、询问证人，制作勘验、检察笔录等一系列带有侦查性质的取证行为，也仅对此类行为负责，不对卷证分析负责。这也凸显出当前即便是检察内部，对于职责划分都有着不同看法。为消除疑惑、避免争议，实有厘清各方权力界限的必要，而非仅仅关注检察官权力清单。以下，笔者就暂把检察权划分为侦查权、公诉权、审查逮捕权、诉讼监督权及执行监督权五类，[①] 在此基础上尝试对一般性检察职责作一不完整细分，以求起到抛砖引玉之效。

① 尚爱国：《试论检察机关内设机构的科学设置与整合——以我国检察职权分类和检察规律为基础》，载《司法体制改革中司法责任制的发展与完善——第五届中国检察基础理论论坛论文集》，中国检察出版社2016年版，第289页。

检察机关办案组织职责细分表

检察职责类别	职责内容	职责性质	职责主体
侦查权	提请采取、解除或变更强制措施	不可替代性	检察官
	执行强制措施	可替代性	检察官助理（检察官带领或指导）
	核实举报线索材料	可替代性	检察官助理
	申请举报线索初查延期	不可替代性	检察官
	决定初查、公开进行初查或解除初查对象	决定性	检察官
	拟制初查方案	可替代性	检察官助理（检察官指导）
	审批初查方案	决定性	检察官
	提请批准立案侦查或不予立案	不可替代性	检察官
	决定采取侦查措施、申办特殊侦查措施	决定性	检察官
	采取侦查措施	可替代性	检察官助理（检察官带领或指导）
	拟制侦查终结报告、起诉意见书或不起诉意见书	可替代性	检察官助理（检察官指导）
	审批侦查终结报告、提请起诉或不起诉	不可替代性	检察官
公诉权	拟制审查报告	可替代性	检察官助理（检察官指导）
	审查、认定证据材料	不可替代性	检察官
	启动非法取证调查核实及确定处置意见	决定性	检察官
	决定查封、扣押、冻结涉案财物的处理	决定性	检察官
	执行查封、扣押、冻结涉案财物的处理决定	可替代性	检察官助理（检察官带领或指导）
	要求侦查机关提供材料、决定退回补充侦查或处理	决定性	检察官
	决定起诉及量刑建议、不起诉、附条件不起诉、变更、追加、补充起诉及延长案件审查期限15日	决定性	检察官

续表

检察职责类别	职责内容	职责性质	职责主体
	拟制起诉书、不起诉决定书等法律文书	可替代性	检察官助理（检察官指导）
	审批并签发起诉书、不起诉决定书等法律文书	不可替代性	检察官
	出庭支持公诉或申请检察官助理担任公诉人	不可替代性	检察官
	提出不起诉复议、撤回起诉、抗诉意见	不可替代性	检察官
审查逮捕权	拟制审查逮捕意见书	可替代性	检察官助理（检察官指导）
	审查、认定证据材料	不可替代性	检察官
	启动非法取证调查核实及确定处置意见	决定性	检察官
	决定批准逮捕、不批准逮捕、不予逮捕	决定性	检察官
	拟制批捕决定书、继续侦查取证提纲等法律文书	可替代性	检察官助理（检察官指导）
	审批并签发批捕决定书、继续侦查取证提纲等法律文书	不可替代性	检察官
	拟制延长羁押期限审查报告	可替代性	检察官助理（检察官指导）
	提出延长羁押期限意见并报上级	不可替代性	检察官
	决定重新计算侦查羁押期限或对不当予以纠正	决定性	检察官
诉讼监督权	受理材料登记及审查	可替代性	检察官助理
	决定立案或不立案、受理或不予受理	决定性	检察官
	拟制审查、处理报告	可替代性	检察官助理（检察官指导）
	作出审查、处理决定	决定性	检察官
	国家赔偿金执行、司法救助金发放等事宜	可替代性	检察官助理
	拟制民事再审、民事执行等各类检察建议	可替代性	检察官助理（检察官指导）

续表

检察职责类别	职责内容	职责性质	职责主体
	审核民事再审、民事执行等各类检察建议并提请审批	不可替代性	检察官
	拟制《提请抗诉报告书》	可替代性	检察官助理（检察官指导）
	审核《提请抗诉报告书》并提请抗诉	不可替代性	检察官
	拟制复查报告	可替代性	检察官助理（检察官指导）
	提出维持原决定的复查意见	不可替代性	检察官
	拟制《纠正违法通知书》	可替代性	检察官助理（检察官指导）
	审核并报请发出《纠正违法通知书》	不可替代性	检察官
	决定并参与提前介入	决定性	检察官
	拟制立案监督类法律文书	可替代性	检察官助理
	审批并签发立案监督类法律文书	决定性	检察官
执行监督权	监狱、看守所、监外执行等监察的日常工作	不可替代性	检察官（检察官助理协助）
	对暂予监外执行、减刑、假释等决定的纠正	决定性	检察官
	移交强制医疗错误材料	可替代性	检察官助理
	决定移送监所检察线索至自侦部门	决定性	检察官
通行及其他	讯问犯罪嫌疑人、询问证人、被害人等	可替代性	检察官助理（检察官认为有必要时应亲自为之）
	会见、接待律师、辩护人（除特别重大案件）	可替代性	检察官助理
	重大疑难等案件提请检委会研究	不可替代性	检察官
	宣告诉讼权利义务	可替代性	书记员
	安排同步录音、录像	可替代性	书记员
	收转登记、订卷归档事宜	可替代性	书记员

（三）统一检察官助理运用模式，有效发挥专业助手作用

首先，基于大陆地区检察职能的多样性，涵盖了职务犯罪侦查、刑事案件审查、民事行政案件监督、控告申诉案件审查、涉罪未成年人帮教等诸多领域并各具特点，如果采用全员集中运用的模式，难以保证检察官助理具备应付各项工作的全面能力。比如，让长期从事自侦工作的检察官助理从事案件审查工作，其可能需要耗费大量时间适应诸如业务系统录入、审查报告撰写等工作，而让长期从事案件审查工作的检察官助理参与侦查活动，其思维恐怕一时难以扭转，侦查技巧的熟稔运用也需时日，无疑会影响工作效率。其次，正如万毅教授对台湾检察事务官的评价："没有团队，一个检察事务官，顶多只是一个检察官助理的能量，但一群有系统组织分工的检察事务官，却等同于一个能够胜任大型侦查行动的调查站。"① 鉴于以上两个方面考虑，笔者建议对集中运用与分股运用两种模式予以折中，采取固定领域集中运用模式，即一方面，遵循大部制改革的方向，检察官助理仅从事所属部门相关工作，而不跨部门使用，保证"术业有专攻"；另一方面，在部门之内，检察官助理并不专属于特定的检察官，而是依照公平轮分、兼顾专长的原则安排工作，避免"不患多而患不均"的问题。此外，可以借鉴我国台湾地区的专责督导制度，以提升检察官助理工作品质。简言之，对于规模较大的检察院，由检察长指定主任检察官或资深检察官专项督导检察事务官工作，被指定的主任检察官不带领或督导检察官，检察事务官完成检察官交办、交查案件后，应经专责主任检察官或资深检察官审核，再送交还给检察官；对于规模较小的检察院，顾及主任检察官人力分配，检察长可以指定主任检察官或资深检察官兼办以行督导，而不强调专责。②

当然，就长远而言，一名高素质的资深检察官必然对所有检察工作均有所涉猎了解，所以在采用固定领域集中运用模式的大框架下，仍然应探索检察官助理定期轮岗机制，以促进"后备人才"的充分培训与历练。

（四）适时谋划长远发展路径，考虑专业领域人才引入等问题

对于检察官助理制度未来的发展方向，有人提出了"引入专业领域人才"与"独立承办简单轻罪案件"两点建议，但这实乃制度成熟后的远期谋划，对当下来说并不迫切，亦不务实。首先，司法改革已然是一项"牵一发而动全身"的巨大工程，仅以当前的人力财力，必然无法顾及"引入专业领域人

① 万毅：《检察事务官：台湾检察系统的"王朝、马汉"》，载《检察日报》2015 年 4 月 7 日第 3 版。

② 陈文琪：《检察事务官制度之检讨与展望》，载《检察新论》2008 年第 4 期。

才从事检察官助理工作”的设想。具体而言，如果准备开展此项工作，其考试任用的科学标准如何制定，无明确限定条件地引入又会否遭致变相解决“关系户”就业的质疑，这些都是必须要深切考虑的问题。更何况，即使确定要引入，其必要性有几何也得打个问号。如上海等一线大型城市，已经成立金融犯罪刑事检察部门，检察官或检察官助理自身就具备一定经济法知识，如果碰到棘手的经济犯罪案件，通过向外部专业人士咨询、业务外包等方式也能解决。因此，笔者认为，在目前改革形势之下，更为迫切需要解决的是办案人手的问题，而非特殊技能的问题。其次，“检察官助理独立承办简单轻罪案件”在现阶段同样不适宜推行。原因之一是，考虑到改革的方向性。从原先的检察员、助理检察员到改革后的检察官助理，这一群体的办案决定权实则已被“剥夺”，如果此时又加之以一定独立办案权，不仅有“走回头路”的倒退，也有违前述“权责相统一”的原则。原因之二是，我国台湾地区对这一问题也尚存争议。部分检察官在向检察事务官交办案件时往往不分案件类型，甚至案件收到后，即全案交予检察事务官侦办，由其自行拟定侦办方向、调查证据，侦办完毕即试拟结案文书，部分检察官甚至不开“侦查庭”。[①] 这使得部分地检察署检察官交予检察事务官办理的案件不限类型和性质（包括罪名、法定刑、复杂程度等），不论是否重大案件或贪渎案件，基于人性的弱点，导致部分地区检察署检察官将相对复杂的侦查案件均交办予检察事务官，招致了权责不明、定位混乱、违背立法初衷等诸多质疑。笔者认为，考虑到检察队伍整体素质仍需提高等因素，对于简单轻罪案件，如何完善快速办理机制或许是更值得探究的方向。

任何一项制度的价值与生命力，都取决于其能否随着时间推移而作出及时的反思与回应。即使是当前的海峡对岸，对于运行数十载的检察事务官制度，仍在毫不倦怠地争论是否有角色与职能转变的必须性这一基础性问题。作为司法改革新兴产物的大陆检察官助理制度，如何能满足与驻足，以妥适担当的处事准则，寻求正确的设计路径，构建长久稳固的制度体系，为检察官助理这一不可忽视的群体正名定位，当是目前司法改革态势下应当秉承的态度。

---

① 万毅：《台湾地区检察事务官制度改革的经验及启示》，载《中国检察官》2013 年第 1 期。

浅析检察机关办案组织

吴忠良*

检察机关办案组织是检察权运行的基本单元，是检察机关组织体系建设的重要部分，是深入推进司法责任制改革的基础。党的十八届三中、四中、五中全会对完善司法责任制，健全司法权运行机制作出重大部署。2016 年 7 月 18 日至 19 日，孟建柱书记在全国司法体制改革推进会上强调，要立足于挖掘内部潜力，把内设机构改革作为司法责任制改革的重要配套措施，坚持扁平化管理和专业化建设相结合，统筹考虑内部机构设置和办案组织建设。曹建明检察长要求各级检察机关，要组建好办案组织，科学界定检察官、检察官助理、书记员的职责及法律地位，结合不同类型检察业务的实际、案件复杂程度，注重人力资源的合理配置，形成科学合理的办案组织结构和模式。近年来，各地对建立检察机关办案组织进行了有益探索和积极实践，取得了一定成效，积累了宝贵经验。本文立足检察工作实践，通过对检察机关办案组织的几个重要问题进行分析研究，为推动检察机关办案组织制度进一步发展和完善建言献策。

一、检察机关办案组织的基本内涵和核心价值

检察机关办案组织是指在检察长领导下，由检察官负责，若干名检察官助理和书记员组成的，履行检察职能，开展执法活动，承担办案责任的基本单元。在司法体制改革的背景下，尤其是深入推进司法责任制改革的语境下，本文中所指的检察官，应该是在检察人员分类改革中计入员额的检察官。建立检察机关办案组织，是一项具有基础性和全局性的改革措施，首先要树立鲜明的价值追求。

（一）建立检察机关办案组织，必须遵循司法规律

亲历性、中立性、公开性，是司法活动的重要特征，体现了司法活动的内在规律。中共中央《关于进一步加强人民法院、人民检察院工作的决定》指

---

* 湖北省人民检察院汉江分院党组书记、检察长。

出，人民法院和人民检察院是国家司法机关。党的十八大、十八届三中、四中全会都对此予以明确。从宪法和法律赋予检察机关的职能来看，职务犯罪侦查、审查逮捕、公诉、民行诉讼监督等工作都属于司法活动，都要求检察官站在中立的立场，对案件事实和证据进行审查判断，具有较强的司法属性。全面推进依法治国，也要求检察官切实转变司法观念，大力推进检务公开。因此，建立检察机关办案组织，必须遵循司法规律，符合新形势下全面推进依法治国的新任务新要求。

（二）建立检察机关办案组织，必须凸显检察特色

检察机关办案组织，是检察机关组织体系建设的重要方面，是中国特色社会主义检察制度的重要一环。但是长期以来，检察机关办案组织的概念比较模糊。相对而言，审判机关的办案组织是十分清晰和明确的。人民法院组织法中关于独任制法官、合议庭、审判庭、审判委员会的规定明确，具有鲜明的法院特色。建立检察机关办案组织，就是要建立契合检察职能多样性、涵盖所有检察业务、凸显检察办案特色的组织形式，不断完善和发展中国特色社会主义检察制度。

（三）建立检察机关办案组织，必须突出检察官主体地位

检察官的主体地位，是建立检察机关办案组织的重要目标和关键环节。现行的办案制度，不能完全符合司法亲历性和中立性的要求，带来一系列问题：办案者没有决定权、决定者不亲自办案，检察官权责不明，看似层层负责，实际无人负责，一旦发生错案，也难以追究责任；层级审批造成办案效率不高；检察官的积极性主动性难以发挥，队伍素质得不到提高等。建立检察机关办案组织，必须突出检察官主体地位，赋予检察官承办权和部分案件的决定权，使检察官真正成为司法办案的主体，充分调动检察官的积极性和自主性，增强检察活动的判断性和亲历性，确保检察官依法独立公正行使检察权。

二、建立检察机关办案组织的现实依据

当前，建立检察机关办案组织，具有现实紧迫性和客观必要性。

（一）建立检察机关办案组织，是弥补现行法律规定不足的客观需要

关于检察机关办案组织，法律规定并不明确，实践中也比较模糊。在相关法律规定中，仅有《人民检察院组织法》第3条第2款规定："各级人民检察院设立检察委员会。检察委员会实行民主集中制，在检察长的主持下，讨论决定重大案件和其他重大问题。"对于其他绝大多数案件的办案组织形式，法律没有明确规定。此外，《人民检察院组织法》第20条规定："最高人民检察院

根据需要，设立若干检察厅和其他业务机构。地方各级人民检察院可以分别设立相应的检察处、科和其他业务机构。”一直以来，各地检察机关按照最高人民检察院《人民检察院刑事诉讼规则（试行）》第4条的规定，实行的办案模式是“检察人员承办——内设机构负责人审核——检察长或者检察委员会决定”的“三级审批制”。可以说，是以科处室等内设机构替代发挥了办案组织的功能。这种办案模式，在相当长的时期内，对于防止滥用检察权、保证国家法律统一正确实施发挥了重要作用，具有一定的合理性。但是随着经济社会发展，这种办案模式已不能完全适应全面依法治国的需要，突出表现为审批层级过多，办案效率不高，执法责任不清，责任追究较难。

（二）建立检察机关办案组织，是继承和发展有益探索的客观需要

2000年，最高人民检察院制定《检察改革三年实施意见》，明确要求改革检察官的办案机制。同年，最高人民检察院办公厅下发《关于在审查起诉部门全面推行主诉检察官办案责任制的工作方案》，在全国推行主诉检察官办案责任制。主诉检察官改革的实质是检察权配置方式的变化，将属于检察长和科处长的一部分对案件的决定权划归检察官，办案检察官既有办案职责，又有相对独立的办案决定权。主诉检察官办案责任制克服了处科室等内设机构的行政化特征，将传统的行政管理模式转化为司法业务运作模式，适应了实践需要，彰显了司法属性，在其中成立的办案组在办案组织上体现了相当的优越性，显示了较强的生命力。尽管由于种种原因，主诉检察官办案责任制并没有通过制度的层面予以固化，但这些实践探索，为建立检察机关办案组织提供了宝贵的素材和丰富的经验。

（三）建立检察机关办案组织，是深入推进司法责任制改革的客观需要

司法责任制形成的基础，在于检察机关建立的办案组织形式。不同的组织形式，就会形成不同的检察权运行机制，就会形成不同的司法责任制。中央全面深化改革领导小组第十五次会议指出，完善人民检察院司法责任制，目标是构建公正高效的检察权运行机制和公平合理的司法责任认定、追究机制，做到谁办案谁负责、谁决定谁负责；要建立司法办案组织和运行机制、建立检察委员会运行机制、明晰各类检察人员职权、建立检察管理和监督机制、严格责任认定和追究等举措，形成对检察人员司法办案工作的全方位、全过程规范监督制约体系。曹建明检察长在2015年7月大检察官研讨班上指出，完善司法责任制是建立检察权运行机制的核心内容，在司法改革中居于基础性地位；办案组织既是检察权运行机制的载体和细胞，也是司法责任制的基础。湖北省人民检察院王晋检察长强调完善检察机关组织体系建设（包括办案组织建设），是

司法责任制改革重要方面，可以为落实司法责任制提供组织保障。检察机关建立科学的办案组织，有利于构建公正高效的检察权运行机制，推动司法责任制的全面落实。

三、构建科学办案组织的初步设想

科学的办案组织，是在实行检察人员分类管理、落实检察官员额制等综合配套改革措施的基础上，结合内设机构改革，以检察官办案组为核心，综合考虑履行职能需要、不同案件类型及复杂难易程度，成立的不同类型办案组织。

（一）构建以检察官办案组为核心的办案组织

1. 健全基本办案组织。基本办案组织是一名检察官 + 检察辅助人员组成的检察官办案组，由检察官主持、组织办案组工作，带领、指导检察官助理等辅助人员履行职责，并承担相应责任。在办案组的具体构成形式上，可以考虑采取以下三种形式：一是固定办案组，由一名检察官和若干名检察官助理、书记员组成固定团队，检察官主办案件，对办案工作负主要责任，检察官助理和书记员在检察官的指挥下开展工作。二是临时办案组，办案组成员不固定，根据办案需要，对办理不同案件进行不同的人员组合，由若干检察官助理、书记员与临时指定承办案件的检察官组成。三是临时指派办案，人数较少的基层检察院，可以将检察官助理和书记员归口实行统一管理，根据办案需要临时指派其协助一名检察官办案。以上三种形式均有其自身的特点与优点，实践中可以根据人员情况、案件类型和特点，灵活确定，提升办案效率，提高办案质量。

2. 组合办案或协同办案。由两个以上的基本办案组织（检察官办案组）组成，由检察长、副检察长直接组织指挥，各检察官办案组各司其职、分工负责、共同办案的情况下，就是组合办案；由检察长指定一名检察官主办案件，其他检察官参与协助的情况下，就是协同办案。

3. 专案组。对于一些重大、复杂的专案，需要建立跨部门、跨区域，乃至全市统一、全省统一的办案组织。从我院在省检察院领导下成功办理上级院交办专案的实践来看，这种办案组织形式组合性更强，指挥指令层级系统更加复杂，更有利于保障办案效果。在办案组织的制度安排上，应当对专案组予以单独考量，区别于其他组织形式而独立存在。

（二）探索各项检察业务的办案组织设置

检察权既有司法属性，又有行政属性，还有监督属性。各项检察职能也是复杂多样的，而且随着全面依法治国的推进，检察职能还在不断的发展完善。由于各项检察职能性质的差异，案件类型的不同，建议因地制宜、机动灵活的设置办案组织。

1. 审查批捕、审查起诉案件，一般应当设置固定办案组，以其他组织形式为补充。审查批捕、审查起诉工作，司法属性较强，具有程序性、阶段性的特点，同时要接受侦查机关、审判机关和案件当事人、律师等诉讼参与人的制约，因此可充分授权检察官。除重大疑难复杂案件、认定的案件事实和性质与侦查机关有重大分歧的案件仍由检察长、副检察长决定之外，其余案件的决定权可以赋予检察官，其办案组织形式也以简单结构为宜。设置固定办案组，可以减少办案层级，优化办案审批，提高办案效率。

2. 职务犯罪案件，一般应当采取组合办案或协同办案为主。职务犯罪侦查工作，具有较强的行政属性，司法属性相对较弱，设置办案组织既要促进扁平化又要促进办案专业化，既要适当的去行政化又要强化司法管理。同时，案件办理敏感性强，相对复杂，客观上要求必须强化集中统一指挥，大都需要团队协同作战，因此，应当采取人数相对较多的办案组织形式，即组合办案或协同办案。对于一般自侦案件，应以协同办案为主，对于大案、要案，应以组合办案为主。对于个别重大复杂案件，则可采取专案组的模式，以增强组织指挥功能，提高工作效率。在实行专案组模式时，应落实案件主办人负责制，将侦查指挥与主办人对案件证据、事实负责有机结合，以取得最佳办案效果。

3. 诉讼监督案件，应当灵活采取固定办案组和临时办案组等多种组织形式。诉讼监督工作，监督属性较强，具有被动性、中立性的特点，一旦监督程序启动，又具有主动性。诉讼监督案件的情况更为复杂，因此设置办案组织也应当有别于其他案件类型。对于口头的监督建议及一般的法律监督事项，应当设置固定办案组；对于启动重要违法线索调查、发出书面纠正违法通知或检察建议书、对法院生效裁判的抗诉等具有司法救济性质的重大法律监督事项，可以灵活设置临时办案组，并且由检察长或检察委员会行使决定权。

四、正确处理办案组织与内设机构的关系

建立科学的检察机关办案组织，面临的一个突出问题是，如何正确处理办案组织和内设机构的关系。检察机关内设机构和办案组织都是检察机关组织体系建设的重要方面。两者在职能作用、目标任务上各有不同，又相互联系，办案组织一般设置在内设机构之下。内设机构改革是优化配置检察资源，直接关系到办案组织的设置和运行，其实质是减少中间层级，优化办案审批，对于办案组织实现扁平化业务管理具有重要意义。如果简单的撤销内设机构，换成检察官审批案件，仍然是“三级审批制”，“换汤不换药”；如果在内设机构之下增设办案组织这一管理层级，增设办案审批环节，加剧检察机关内部管理行政

化，也不符合改革的要求。

近年来，湖北、吉林等省检察机关对此进行了有益探索。2009 年，湖北检察机关在 13 个规模较小基层院开展内部整合改革试点，后来逐步扩大到 69 个基层院，整合过程中实行纵向扁平化、横向大部制，主办检察官直接对分管副检察长负责、分管副检察长对检察长负责的管理模式，取得了积极成效。吉林省检察机关在试点员额制的同时，整合内设机构，建立以主任检察官为核心，配备承办检察官、辅助人员的检察官办案组，作为办案主体，实现办案扁平化管理。

参考湖北、吉林检察机关的先进做法和成功经验，在建立科学的办案组织的同时，必须同步推进内设机构改革。

（一）重新定位内设机构的功能

当前工作中，检察机关内设机构大都是各项检察职能的组织表现形式，成为各类案件的业务决策部门，替代发挥了办案组织的功能，自身功能定位不够清晰。开展内设机构改革，首先要明确其功能定位。结合司法责任制，健全办案组织，应将内设机构定位为“专业平台”和“管理单元”。“专业平台”就是专门办理某类型案件或某类事务的集体，根据层级不同可大可小，但为了强化检察机关各项法律监督职能，突出检察工作专业化建设，应当尽量完整。比如在实践中探索总结的未成年人刑事检察工作，应当成立未检工作专业平台或专设未检检察官岗位。“管理单元”就是不在办案中发挥实质性作用，负责统合案件监督管理和相关行政性综合性事务，主要承担部门办案管理、党务管理、行政管理、队伍管理等职责。

（二）不同层级检察机关内设机构的设置

一直以来，检察机关在内设机构设置上强调上下一一对应，明显具有科层制机构设置的特征，没有体现检察工作的司法属性。客观上出现了在一些人数较少基层院，由于内设机构过多，存在“一人科”、“两人科”现象，分散人力资源，影响工作效率，需要在司法责任制背景下优化检察机关内设机构。

1. 规范设置省市两级院内设机构。在省市两级院按照精细化分工和对下指导要求改革相关内设机构，推动内设机构扁平化和专业化。一是变更机构名称。反贪局、反渎局继续保留“局”的设置，下设二级处变更为部，编制规模较小、职务犯罪案件较少的反贪局、反渎局可不设立部；公诉处、侦查监督处、控告申诉检察处等处室更名为部；其他管理部门的处室名称可不变。二是分设增设机构。应当从加强对执法办案活动监督制约的角度出发，将案件管理职能从控告申诉检察部门单列出来，分设案件管理部；根据最高人民检察院加强未成年人刑事检察工作的意见，增设未成年人刑事检察部；按照十八届四中全会探索实行司法行政事务管理权和检察权相分离的要求，增设司法行政事务管理局等。

2. 基层院全面推行内部整合。推行基层检察院内设机构整合，应该在充分吸收借鉴已有好经验的基础上，坚持“顺应司法责任制改革和检察权有效行使为必要”原则，根据各院综合业务量、人员配备和管理幅度制定具体改革框架结构，遵循“以权分岗、以岗定量、以量立部”的思路，即根据检察权的具体属性，按照刑事诉讼权利的结构，分类设立检察官办案组确定岗位，以岗位工作量结合本院人员状况，确定行使每项检察权的检察官岗位数量，再根据岗位数量和管理幅度需要，设立检察机关内设机构。①

根据基层检察院政法专项编制数，建议 50 人以下的基层院实行“五部制”，设立刑事检察部、职务犯罪侦查部（反贪污贿赂局）、综合检察部、案件管理部、司法行政事务管理局；51 人至 99 人的基层院实行“七部制”，设立侦查监督部、公诉部、职务犯罪侦查部（反贪污贿赂局）、综合检察部、民事行政检察部、案件管理部、司法行政事务管理局；100 人以上的基层院实行“九部制”，设立侦查监督部、公诉部、贪污贿赂犯罪侦查部（反贪污贿赂局）、渎职侵权犯罪侦查部（反渎职侵权局）、综合检察部、民事行政检察部、案件管理部、政治部、司法行政事务管理局。刑事执行检察院实行“四部制”，设立案件办理部、刑罚执行监督部、案件管理部、司法行政事务管理局。各业务部门一般应由副检察长分管负责，取消科长这一中间层级，而在各业务部门之内设置以检察官办案组为核心的办案组织，建立扁平化管理机制，可以起到相互促进的良好效果。同时，为加强对业务部各项工作的总体统筹和监督管理，可以在各业务部内配设一名主任，一般应由资深检察官担任，并可兼任所在部党支部书记，协助分管副检察长管理本部门党务、行政事务，负责召集检察官会议，对外沟通协调等，但主任不是一个办案层级，不能审批案件。对担任主任的检察官，可以核减一定的办案任务，在检察官等级晋升和提拔时予以优先考虑。

① 夏阳、高斌：《司法责任制视野下检察机关内设机构“大部制”改革思考》，载《人民检察》2015 年第 20 期。

司法责任制背景下检察机关办案组织形式及其运行机制研究

舒晓辉*

最高人民检察院《关于完善人民检察院司法责任制的若干意见》（以下简称《若干意见》）出台已近一年时间，但从各级试点改革检察院总体情况来看，司法责任制背景下的办案组织在实际办案中运行并不顺畅。究其原因，人员分类管理、内设机构改革、工资制度改革等基础性配套机制尚不完善、改革还未到位是其主要原因，但不可否认，各级检察院对司法责任制背景下应当采取什么形式办案组织以及办案组织如何有效运行等问题的思考还不够深入、探索还不够主动。鉴于此，本文对试图对司法责任制背景下的检察机关办案组织形式及其运行机制进行一些尝试性地思考和研究。

一、检察机关建立办案组织的必要性分析

（一）建立办案组织符合相关法律法规的要求

重大改革必须于法有据。建立健全办案组织的改革探索也是如此。我国《刑事诉讼法》第116条明确规定“讯问犯罪嫌疑人时，侦查人员不得少于二人”。《人民检察院刑事诉讼规则（试行）》（以下简称《刑事诉讼规则》）第192条和第204条规定“讯问犯罪嫌疑人和询问证人时，检察人员不得少于二人。讯问和询问是检察业务中最常见的工作内容，必须有两名以上检察人员进行”，这既是出于对当事人的一种保护，也是避免个人单独行使检察权时滥用职权的有效途径。《刑事诉讼规则》第209条规定，“检察人员对于与犯罪有关的场所、物品、人身、尸体应当进行勘验或者检查”、“在必要的时候，可以指派检察技术人员或者聘请其他具有专门知识的人，在检察人员的主持下进行勘验、检查”。从这些规定中可以看出，一方面，法律明确规定了检察办案

* 湖北省人民检察院干部。

中的一些履职行为不能由检察官单独完成；另一方面，一些具有一定专业性的工作，是检察官无法单独完成的，建立办案组织是检察机关按照法律规定开展办案工作的应有之义。在检察办案实践中，很多履职行为，如重大复杂疑难案件的出庭，以及证据收集中的勘验检查、搜查、查封、扣押相关证据材料等，都至少由两名以上检察人员共同完成。

（二）建立办案组织适应检察办案业务多样性的特征

检察权兼具行政权与司法权的双重属性。随着近年来我国刑事诉讼法、民事诉讼法的修改，检察机关被赋予更多的司法职责。[①] 检察办案业务既有司法属性较为明显的审查、批捕、公诉等职责，也有体现较强行政属性的职务犯罪侦查等办案业务。尤其是职务犯罪侦查业务需要检察机关凭借自身相对有限的资源开展侦查活动，强调内部高度统一和集中行动，在具体侦查方式上，往往按照实行上下一体的组织原则，突出分工协作、集中突破和整体联动，“行政模式”尤为明显。可以说，单凭一名检察官是无法有效开展职务犯罪侦查工作的。建立职责分工明晰、相互协作有力的办案组织，能够充分发挥集团作战、整体联动效应，有利于检察机关履行好职务犯罪侦查等职责。同时，在司法属性较强的审查、批捕、公诉等业务中，一旦遇到团伙犯罪、窝案、串案以及上级交办的一些专案等工作量相对较大、案情较为复杂的案件中，一名检察官很难在法律规定的期限内办结，即使临时安排其他检察官或书记员充当助理，但由于其组合的临时性，难以达到理想的办案效果。建立较为固定的办案组织，在简单案件中其他人员可以为检察官分担一些辅助性工作，在复杂案件中更可以充分发挥团队之间互相了解、团结协作的优势，大大提高办案效率和效果。

（三）建立办案组织是有效解决案多人少矛盾的现实需求

近年来，全国尤其是东部沿海地区的基层检察院普遍面临着案件持续增长与检察官人数相对不足的矛盾。随着本轮司法体制改革的深入推进，检察官员额制在一些试点省份得以实施。据不完全统计，员额制后的检察官数量将比改革前的检察官数量较少30%以上，在实行检察官精英化的同时，这也必将进一步加剧检察机关案多人少的矛盾。面对这一矛盾，在中央推行“减编减员”大的政策环境下，检察机关只有通过内部挖潜、整合资源、形成合力，才能有效化解。组织通过对人力资源的合理配置和责、权、利的明确界定，可以最大

① 黄灵：《顶层设计：构建科学办案组织模式》，载《检察风云》2013年第12期。

限度地调动人的工作积极性和责任心，实现组织的目标[①]。检察机关本身，以及其内设机构也是一种组织，但这更多的是在上下级领导、内部工作管理上的一种组织形式。检察机关办案业务中的大量基础性工作都是由检察官来完成，因此，建立以检察官为主体的分工明确、相互协作的办案组织，有利于真正发挥检察官的主体作用，将检察官从繁杂的非办案中心工作中解脱出来专心办案，增强检察官在办案中的的亲历性，达到多办案、办好案的效果。

二、建立符合检察工作规律的办案组织形式的探究

（一）我国检察机关实践和理论中的几种办案组织形式

从检察机关办案组织形式历史发展演变过程来看，其经历了两种形式[②]：一是科层制的复杂办案组织形式。在20世纪80年代检察机关确定的“承办人承办——部门负责人审核——检察长（检委会）决定”的“三级审批制”办案模式下的办案组织形式，即由检察长领导和负责，若干检察人员参与，分别行使办案决定权和承办权的科层制的复杂办案组织。二是主诉（主办）检察官办案责任制下的办案组织形式。这种办案组织形式从本世纪初期最高检推行的审查起诉、民事行政检察主诉（主办）检察官办案责任制改革试点中衍生而来，主要特点是在一般案件中实行简单办案组织这一形式，由主诉（主办）检察官领导办案组织工作，行使案件决定权并承担责任，案件承办权与决定权同时由主诉（主办）检察官行使。在这种办案组织下的检察业务办案行为中对科层制办案组织进行了扁平化改造，实现了一定意义上的人员分类、职能分工，但其更多的是强调主诉（主办）检察官在办案中的作用发挥，而没有突出提出检察辅助人员配备问题，忽视了检察辅助人员在办案组织中作用发挥的问题。

近年来，随着最高人民检察院部署的主任检察官改革不断深入推进，检察实务界和理论界也纷纷提应当建立主任检察官办案组，作为检察机关办案的基本组织形式。有的学者还对主任检察官办案组进行了进一步研究。如孟群、马朝阳认为只需要建立一种基本办案组织，即主任检察官下配1～2名检察官、书记员作为主任检察官的办案助手，形成基本的办案单元组织，并认为根据案件量的大小等工作需要，可在主任检察官下再设1～3个小主任检察官的办案组织单元。罗昌平认为，应当建立由主任检察官、检察官、书记员3级人员组

---

① 阮志勇：《检察机关办案组织的理论探讨》，载《新一轮检察改革与检察制度的发展完善——第四届中国检察基础理论论坛文集》，中国检察出版社2014年版，第311～325页。

② 郑青：《我国检察机关办案组织研究与重构》，载《人民检察》2015年第10期。

成的主任检察院办案组等。这里有必要指出湖北省检察机关在办案组织形式中的实践探索。2013 年，湖北省检察院制定下发了《关于开展主办检察官办案责任制试点工作的实施方案》，提出建立主办检察官 + 其他检察官 + 检察辅助人员的主办检察官执法办案团队（组），由主办检察官全面主持、组织该团队的执法办案工作。根据执法办案需要采取三种具体形式：（1）设立固定的主办检察官执法办案团队，配若干固定的辅助人员；（2）设立临时执法办案团队，主办检察官与辅助人员根据办案需要临时组成办案组织；（3）临时指派办案形式，对于实行内部机构整合改革的基层院，将辅助人员归口院“案件管理部”集中统一管理，根据办案需要，临时指派其协助主办检察官工作。

上述这些探讨和探索都是在最高人民检察院《若干意见》没有出台的情况下进行的。2015 年 9 月 25 日，最高人民检察院印发的《若干意见》中对检察机关办案组织形式进行了明确规定，即根据履行职能需要、案件类型及复杂难易程度，实行独任检察官或检察官办案组的办案组织形式。独任检察官承办案件，配备必要的检察辅助人员。检察官办案组由两名以上检察官组成，配备必要的检察辅助人员。检察官办案组可以相对固定设置，也可以根据司法办案需要临时组成，办案组负责人为主任检察官。根据《若干意见》的规定，在理论上吸收了学者们提出的主任检察官办案组的观念；在实践上则更多的吸纳了湖北省检察机关的做法，即独任检察官办案组以及检察官办案组可以根据需要采取固定设置形式或临时组成，符合检察工作规律。至此，关于检察机关办案组织形式的讨论暂时基本告一段落，至少在检察实践中，各级检察机关均要执行《若干意见》规定，以独任检察官或检察官办案组的办案组织形式开展检察办案业务。

（二）《若干意见》规定的两种办案组织形式分析

笔者认为，与检察机关以往的科层制的复杂办案组织形式和只强调主任（主办）检察官的办案组织形式相比，《若干意见》规定的两种办案组织形式在理论和实践上具有合理性，更加符合检察权运行规律和我国检察改革方向。

一是两种办案组织形式符合人力资源管理理论。法国古典管理理论学教亨利·法约尔（Henri Fayol）提出的 14 项人力资源管理原则，包括劳动分工原则、权力与责任原则、人员的稳定原则、人员的团队原则等。《若干意见》规定的独任检察官办案组织形式由检察官 + 检察辅助人员组成，检察官办案组由主任检察官 + 检察官 + 检察辅助人员组成，并通过进一步明确办案组织运行机制，在办案组织中体现了分工负责、权责对等、团队精神等，是符合人力资源管理理论的合理组织形式。

二是两种办案组织形式符合检察权运行规律。尽管世界各国的检察制度各不相同，但检察权的司法属性，在各国的检察制度设计中都得到了不同程度的体现。在大陆法系国家和英美法系国家的检察制度中，大都基于本国的检察机关职责，或以一级检察院作为办案组织，或以检察官为核心建立办案组织。无论是以一级检察院还是以检察官为基础建立办案组织，都配备了必要的辅助人员，尤其是在美国、英国、德国、日本等国家，辅助人员的数量庞大，这也是这些国家检察官人均办案数量远远高于我国的重要原因之一。总的来看，检察官办案组织形式都紧紧结合本国的检察机关职责设置。我国检察机关职责与很多国家一个重要区别就是具有职务犯罪侦查的职能，这使得我们在设计办案组织形式时必须要考虑职务犯罪侦查工作的特殊性，即行政属性强，突出团队合作。检察官以办案组的形式进行办案，尤其是检察官办案组的形式，有利于办理职务犯罪侦查案件以及其他重大复杂的公诉、批捕等案件，是符合我国检察机关职能特征和检察权运行规律。

三是两种办案组织形式符合检察改革方向。中央统一部署的司法体制改革中，对建立完善检察人员分类管理和司法责任制等提出了明确要求。办案组织作为检察机关履行法律监督职责的最基本单元，如何科学合理构建，使之符合改革趋势，对检察机关贯彻落实中央改革部署具有重要意义。《若干意见》规定的独任检察官或检察官办案组的办案组织形式，是在司法体制改革的总框架下进行的制度设计，有利于检察人员实现真正意义上的分类管理，有利用落实司法责任制改革，有利于检察队伍专业化、正规化、职业化建设。

三、司法责任制背景下检察机关办案组织的运行机制

办案组织对于检察机关来说不是新鲜事物，但司法责任制改革背景下的办案组织如何顺畅运行，却是值得思考的课题。笔者认为，建立完善司法责任制背景下检察机关办案组织的运行机制必须处理好三个关系、把握五个原则。

（一）处理好三个关系

一是处理好办案组织与本院内设机构之间的关系。检察机关建立了以检察官为主体的办案组织，作为检察机关履行法律监督职责的最基本单元，那检察机关的内设机构还有存在的必要性吗？笔者认为，在现有体制下保留检察机关内设机构十分具有必要性。理由如下：第一，将办案组织取代原有的内设机构，是混淆检察机关案件办理职能与案件管理职能，明显违背了检察权运行规律①。第二，取消了内设机构，直接由检察长领导、管理以检察官为主体的办

① 阮志勇：《检察机关办案组织的理论探讨》，载《新一轮检察改革与检察制度的发展完善——第四届中国检察基础理论论坛文集》，中国检察出版社2014年版，第311～325页。

案组织，条件还不成熟。如黄石市西塞山区法院在本轮司法体制改革中，就完全取消了原有的内设机构，直接建立了若干个法官带领下的办案组，这导致法院院长、副院长既要自办案件，还要对下管理，尤其是现有体制下还要承担大量的非办案工作，确实分身乏力。同时，还导致了上级院的部署在下级院没有对应机构和人员进行落实，案件之外的工作职责推诿扯皮现象屡见不鲜。第三，取消了内设机构，不符合检察机关上下级领导体制、检察一体化的要求。处理好办案组织和内设机构之间的关系，需要把握以下三个方面：内设机构是检察机关内部对检察业务和办案组织、检察人员进行管理的机构，承担者上传下达、组织管理、监督制约的重要作用；以检察官为主体的办案组织是检机关的最基本单元，是内设业务机构下的组织，受其领导、管理、监督；在针对重大、复杂案件而设立临时性的跨部门、跨检察机关的检察官办案组织时，且在检察长授权该办案组织直接对检察长或分管检察长负责等特殊情况下，才存在办案组织暂时脱离内设机构领导、管理、监督。

二是理顺办案组织内部成员之间的关系。《若干意见》规定的两种形式办案组织，基本的组成是检察官 + 检察辅助人员。根据《人民检察院工作人员分类管理制度改革意见》（中组发〔2013〕11 号）的规定，检察辅助人员包括检察官助理、书记员、司法警察和检察技术人员四大类。实践中，司法警察和检察技术人员只有在有需要的情况下才参与办案组织，履行其特殊的职责。就检察办案的日常运行而言，办案组织内部的主要成员就是检察官和检察官助理、书记员。理顺检察官和检察官助理、书记员之间的关系，就是要对其职责进行明确，形成权责明确、分工合理、团队协作的内部关系。一般来说，对内，检察官具有绝对的主导权，包括在检察官权限范围内相关案件处理的决定权、内部工作分工的领导权、内部成员业绩考评的建议权等；对外，检察官的意见就是办案组的意见，检察官的决定就是办案组的决定。检察官助理的主要职责是在检察官的指导下履行侦查、协助审查、草拟审查报告及相关法律文书等职责，承担检察官交办的其他工作。书记员的主要职责是承担案件的记录工作，负责案件的收转登记、归档和法律文书的收发传递、各类工作材料的管理以及检察官交办的其他事项等职责。检察官助理和书记员之间的分工不是绝对的，检察官可以根据工作需要进行调整和临时安排。在《若干意见》规定的检察官办案组中，成员由检察官（主任检察官）+ 其他检察官 + 检察辅助人员组成。其他检察官和检察辅助人员对检察官（主任检察官）负责，受其领导，完成其交代的工作。检察官（主任检察官）也可以授权其他检察官安排检察辅助人员完成具体工作。

三是理顺办案组织与检察长、副检察长、检委会、部门负责人之间的关系。理顺办案组织与检察长、副检察长、检委会、部门负责人之间的关系，要立足我国检察机关内部的领导体制，立足五者在检察机关案件办理过程中的职责定位，更要充分体现司法责任制下的检察官办案主体地位。检察长统一领导检察机关的工作，是我国检察机关内部领导体制明显特征。副检察长受检察长委托，可以代为行使检察长的相关职责。检察委员会作为我国检察机关最高的办案组织，其作出的决议具有法律效力，必须得到执行。与三级审批制不同，司法责任制下部门负责人不再承担案件审批职责，承担更多的是案件指导、组织管理等职责。办案组织是案件办理中最基本的组织单元，在检察长的领导下和授权下开展有关案件办理工作。基于以上分析，笔者认为，办案组织与检察长、检委会、部门负责人之间的关系可以作如下界定：办案组织受检察长、分管副检察长及部门负责人的领导，受其管理、监督，在检察长授权的范围内具有相应的办案决定权。当办案组织的意见与检察长、分管副检察长和检委会的意见不同时，办案组织可以提出、记录其意见，但同时必须执行检察长、分管副检察长和检委会的意见。

（二）把握五个原则

司法责任制下办案组织的科学有效运行，既需要不断优化完善办案组织的内部结构、人员配置、权限职责等，也依赖于外部配套制度的建立和完善。笔者认为，要充分发挥《若干意见》规定的两种办案组织对检察办案的促进作用，充分发挥检察官在检察办案中的主体地位，推动落实司法责任制改革，必须着重把握以下五个原则。

一是内设机构体现扁平化原则。一般来说，办案组织是检察机关内设机构下的最基本单元，内设机构的设立层级、职责分工直接影响办案组织的运行效率。近年来，内设机构改革一直是检察机关部署开展的重点改革项目。全国检察机关很多地方开展了改革探索。在最近召开的全国司法体制改革推进会上①，最高人民检察院检察长曹建明，就指出要按照精简、务实、效能的要求，遵循司法规律和检察工作规律，坚持向业务部门和办案一线倾斜，坚持扁平化管理与专业化建设相结合，以基层检察院为重点认真抓好检察机关内设机构改革。从现代管理学发展历程看，最早适用“扁平化管理”模式的是美国通用电气公司，该公司将管理层次由原来的24层减至5层，极大提高了工作效率。“组织扁平化”理论为我们正在探讨的优化资源配置、提升工作效率，

① 2016年7月19日，全国全国司法体制改革推进会在吉林召开。

提供了一个新视点。[①] 内设机构扁平化改革应当结合不同层级检察院的职责定位而有所区别。市县两级检察院的主要职责就是办案，其内设机构扁平化改革一方面要打破传统科室界限，减少机构层级，如大部制[②]。另一方面要确保改革后的内设机构有利于发挥检察官的主体地位，形成促使检察官多办案、办好案的管理体制。省级检察院和最高人民检察院的主要职责是对下领导、指导，兼顾司法办案，其改革后的内设机构应尽量对应检察机关的主要职能，以确保各项检察职能不被弱化，可按照扁平化要求，取消机构下的二级部门，但机构数量上不宜一味整合，更不适宜进行大部制改革。

二是组织形式运用体现因院制宜、因案制宜原则。《若干意见》规定了独任检察官或检察官办案组的两种办案组织形式。但这并不意味着两种办案组织形式是每个检察院的办案组织形式的“标配”。总的来看，独任检察官是检察机关办案组织的基础形式，检察官办案组是独任制检察官办案组的补充形式。具体到每个检察院或者不同类型案件采取什么形式的办案组织，要结合各检察院的人力资源配置情况、不同类型检察业务的实际、案件复杂程度等具体情况而定。一般来说，独任检察官办案组织的标准构成应当包括检察官和辅助人员共同组成。就当前检察人力条件而言，这种标准构成的独任检察官办案组一般适宜人力资源比较充沛的大院，毕竟很多检察院难以做到一个检察官配备1名至2名或更多的检察辅助人员。对于检察辅助人员不足的小院，可以采取灵活多变的形式为检察官配备辅助人员，如将本院或某几个类似业务部门的所有辅助人员集中管理，这些辅助人员分别对应协助若干名检察官办理案件。又如，加大聘用制辅助人员招聘力度，在书记员等岗位使用这类聘用制辅助人员，与检察官共同组建成办案组。独任检察官这种组织形式一般适宜于公诉、批捕、侦监等部门中工作量相对较小、业务面相对单纯等类型案件的办理，是检察机关办案中应当优先采取的一种办案组织形式。针对一些疑难、重大、复杂的公诉、批捕、侦监案件以及职务犯罪侦查案件，在独任检察官组难以完成的情况下，可以采取由“检察官+检察官+检察辅助人员”，即检察官办案组的形式开展办案。在作为办案组负责人的检察官领导、组织下，其他检察官带领检察辅助人员从旁协助、分工合作。

三是办案组织分工体现专业化原则。一般来说，检察机关的办案组织根据

---

① 王海光：《“扁平化”管理模式应对基层法院“案多人少”》，载《人民法院报》2014年4月16日第8版。

② 近年来，湖北、吉林等地在基层检察院开展了大部制改革。如湖北省院在2009年就开始了基层院内设机构大部制的改革探索，提出了“横向大部制、纵向扁平化”的改革方向，将基层检察院原来的“科室林立”按照编制人数分别改为“五、七、九”个部。

业务性质可分为侦查办案组织、侦查监督办案组织、审查起诉办案组织、刑罚执行和监管活动的监督组织等。随着经济社会发展，金融证券、知识产权等领域犯罪案件不断涌现，这类案件具有新型、专业性强等特点，需要具有该领域专业知识和法律知识的检察官办理。可以说，专业化是检察队伍未来发展的方向之一。在最高人民检察院2013年出台的《关于加强和改进新形势下检察队伍建设的意见》（高检发政字〔2013〕48号）中明确提出要构建符合执法办案专业要求的组织机构体系和办案组织模式，促进检察人员专业化、检察官专业化和检察执法办案组织专业化。办案组织专业化，主要体现在人员组成、职责分工以及教育培训上。在办案组织人员构成上，应当把检察官以及检察辅助人员的专业特长、工作经验、工作技能等与不同类型检察办案业务结合起来，整合、优化现有人力资源，结合案件办理实际情况对办案组织进行细分，最大化发挥各类专业人才作用，形成人员结构合理、精细化程度高的办案组织。在职责分工上，应当把案件的分配与各办案组织的办案专长结合起来，通过集中办理类案，培养各类案件业务专家、行家里手，依托办案组织提升队伍专业化水平，提高办案效率。在教育培训上，可以通过开展专项业务培训、岗位练兵和技能竞赛，既打造精品办案组织和办案团队，实现优者更优，也通过以老带新、专项培训等多种方式，让弱者变强、差者变优，打造专业齐备、结构合理、数量充足的各类高素质办案组织，提高检察队伍整体素质和法律监督能力。

四是办案责任体现权责一致原则。司法责任制改革被称为十八大以来的新一轮司法体制改革的“牛鼻子”，其核心要义就是要建立“谁办案谁负责，谁决定谁负责”的责任体系。“谁办案谁负责，谁决定谁负责”所体现的就是权责一致的原则。追究责任，首先要明确其具有哪些权力、哪项职责，是否应当承担这项责任。其一，明确权力清单。《若干意见》专门对检察长、副检察长、检察委员会专职委员、检察官、主任检察官以及检察官助理等检察人员在案件办理中的职责权限进行了规定。但总的来看，这些规定是比较原则性的，在各类案件办理中，还有许多职责权限没有进行明确具体规定，但这些职责权限的行使却直接影响到今后办案责任的承担问题。如职务犯罪侦查业务中的初查决定权、侦查阶段的律师会见权等在《若干意见》并没有明确。各级检察机关在实际推进司法责任制改革过程中，首当其冲就是要将办案组织在办理不同类型案件中的内外部权限进行具体明确，制作不同类型案件的权限清单，使办案组织在案件办理过程中有章可循、检察官在作出决定时有根有据。其二，建立书面指挥制度。仅仅明确了权力清单，并不能确保检察官能够真实履行其应当在办案中享有的权力。本该由检察官决定的事项，却被其领导“越俎代庇"，这种现象屡见不鲜，且屡禁不止，导致责任难以追究。笔者认为，可以借鉴我国台湾地区检察机关建立的"书面指挥制度"①，即案件办理过程中应当以"书面"方式作出指挥命令，尤其是在本该由检察官决定的事项由上级领导"代为决定"时，或者检察官对上级领导的指挥命名持有不同意见时，这种指挥命令必须采取书面方式，确保检察长对检察官办理具体案件的指挥命令能够在透明的程序下进行，也为事后明确责任承担时提供依据。

五是办案组织运行体现监督一体化原则。权力必须受到监督制约。司法责任制改革过程中赋予了检察官更多的办案决定权。检察官带领下的办案组织在履行法律监督职责时，更要牢固树立监督者更要接受监督的权力观，强化自身监督。办案组织的运行要体现监督一体化原则，主要是指建立办案组织从上到下、从外到内的一体化监督制约体系。从上到下监督制约体系，主要包括检察长、副检察长、检委会及检委会委员、部门负责人对检察官和办案组织履行办案职责情况的监督，以及检察辅助人员对检察官的监督。从外到内监督制约体系，主要包括办案组织内部成员之间的相互监督制约和办案组织外部对办案组织的监督制约。这里所说的办案组织外部包括来自办案组织之外的检察机关相关内设机构、其他检察人员，还包括检察机关外部的案件当事人及其家属、新闻媒体、人大代表、政协委员、社会大众等各个方面。这种一体化监督是与检察官在司法责任制背景下建立的办案组织中权力得到了"扩大"，或者说较之以往被授予了更多的办案权力是分不开的，而且这种监督制约也不能再停留在文件中或口头上，必须通过具体、完善的制度设计进行充分体现、充分履行。在放权、授权的同时加大监督制约力度，检察官带领的办案组织才能在依法履职的道路上越走越远、越走越稳。

① 我国台湾地区建立起"书面指挥"制度，即当承办检察官对指挥监督长官的命令有不同意见，经检察官请求，检察长应当以"书面"方式作出指挥命令，且必须附具理由。参见万毅：《台湾地区检察官：谁定案谁负责》，载《检察日报》2015年9月1日第3版。

检察机关基层院内设业务机构设置应当考量三大因素

肖振猛[*]　龙奕洁[**]

检察机关内设业务机构设置调整，也是司法改革的重要内容。检察机关内设业务机构设置改革，重点在基层院。检察机关业务机构设置一般为最高检与省级院应当相对一致，市级院与县级院应当相对一致。如何进行县级院内设机构设置的改革，我们认为应当考量三大因素。

一、应当考量职权属性的种类

职权属性是内设业务机构设置的首要因素。检察机关的职权可分为四种，属性可分为五类，主要为具有行政属性兼具司法属性的职务犯罪侦查职权；具有司法属性兼具制约属性的公诉职权；具有监督属性兼具救济属性的刑事检察、民事检察、行政检察等诉讼监督职权；具有制约属性兼具行政属性的自办收取转授职权即办案质量管理控制职权。内设业务机构设置应当按照这四种职权所具有的主导属性进行配置。从职权属性的价值作用任务影响在办案中的显现来看，目前，主导属性为行政属性的职务犯罪侦查职权行使影响最受关注，办案任务最为明确具体，完成任务最为困难；主导属性为司法属性的公诉职权履职影响最为明显，案件办理数量最多，办案质量终身负责最具体，完成任务压力最大；主导属性为监督属性的侦查监督、控告申诉检察、刑事执行检察、民行检察等诉讼监督部门履行职权的影响最为期盼，各类专项活动最多，任务分解最为多样，但与职务犯罪侦查职权、公诉职权相比较，任务完成相对轻松一些。

目前检察机关对县级院业务机构设置改革有这样的构想，即设为刑事检察部门、职务犯罪侦查部门、诉讼监督部门、业务管理部门。刑检部门主要是公

---

* 贵州省人民检察院党组成员、副检察长，法学博士。

** 贵州省人民检察院公诉三处助理检察员，法学学士。

诉部门和侦监部门的整合，业务管理部门主要是案管部门，我们认为简单地把公诉部门和侦监部门整合为“刑检部门”是不妥的，这种合并是一种简单的倒退，是一种落后的无奈，是对错误理论的妥协。公诉职权与职务犯罪侦查职权一样，应当都是独立的。反贪侦查、公诉出庭是检察机关现已形成的两大品牌即“名牌”（反贪局、公诉人），应当保留公诉部门并独立，只有独立的公诉部门，才会适应以审判为中心的改革新形势，抑制逐步萎缩的控诉职权。具有监督属性兼具救济属性的各种诉讼监督职权，如职务犯罪控告（举报）检察、侦查活动监督（侦查监督）、审判活动监督（公诉）、未成年人检察、刑事执行检察、刑事申诉检察、民事申诉检察（民事检察）、行政申诉控告（行政检察）、生态检察等诉讼监督，可以组建成一个独立的业务内设机构。在内设业务机构设置时，必须考虑上下级院领导关系、检察长统一领导检察工作、检察长也是办案主体这一最大特色，对检委会及检察长（副检察长、检委会专职委员）有权改变主任（独任）检察官办理案件的处理决定，这种自办收取转授的职权，应当从对其他业务部门办案起到制约监督来理解。这种职权应当有专门的工作机构或职能部门，这个部门可以整合含有检委办、检察技术部门、案件管理部门等。这个部门名称为“业务管理部门”好，还是其他如“案管部门”、“检委办”好，可在改革实践中探索。

二、应当考量案件办理的数量

我们认为，案件办理即办案与案件是不同的，也就是说，办案的数量即受理案件进行审查办理的量，与处理决定形成的性质不同案件的量是不同，如受理审查逮捕、受理审查起诉的办案量与批捕（不批捕）案件、提起公诉（不起诉）的案件性质的量是不同的。

办案数量是内设业务机构设置的关键因素。检察监督的主要途径是办理案件即办案。办案方式是多种多样的，基本方式为审查，还包括核查、调查、初查、侦查、复查、检查、评查等。办案是司法的运动形态，是动态形式，表现为一种活动、行为、过程。办案所依据的职权主要是控告侵权审查、检举违法活动调查、举报职务犯罪线索审查、职务犯罪受案初查、职务犯罪立案侦查、提请逮捕审查、移送起诉审查、提起公诉出庭、提请（提出）刑事抗诉审查、刑事执行审查、刑事申诉审查、民事申诉审查、行政申诉审查、公益起诉出庭、技术鉴定审查、请示案件审查、报备案件审查、职务犯罪预防、社会治理参与、法制宣传教育等。从××省检察机关的检察数据统计来看，自2013年以来，办理的受理审查起诉11.53余万件；办理的受理审查逮捕9.54余万件；办理的受理职务犯罪初查5896件；职务犯罪立案侦查3679件；民事、行政申诉立案复查案件2424件；刑事申诉立案复查案件513件；受理初查控告（举报）职务犯罪案件（线索性质不明）470件等，以上几类办案活动显现出一种大体的由多到少的次序关系。说办案活动是内设机构设置的关键因素，是说检察职权的行使首先当然看办案，而办案活动形态主要有职务犯罪初查侦查活动，审查逮捕、审查起诉活动，刑事控告申诉、刑事执行活动，民行检察活动等诉讼监督活动。这四种活动决定着机构设置的变数。

除办案数量这个因素外，案件是内设业务机构设置的重要因素。案件办理即办案重要，而处理决定的结论所形成不同性质的案件（控诉类、监督类等）也重要。案件是司法的结果形态，是静态形式，以处理结论来表现，是一种认可或否认的决定，形成于案卷或一本卷宗，检察机关的案件主要为两大类即控诉类案件、监督类案件。控诉类主要有四种，即职务犯罪侦查案件、批准（决定）逮捕案件、公诉案件、公益诉讼案件；监督类有十余种，即立案监督案件、不起诉案件、不批准逮捕案件、纠正漏捕漏诉案件、抗诉案件、纠正侦查活动违法案件、纠正审判活动违法案件、纠正刑事执行活动违法案件、非法证据排除案件、纠正检察官不当决定案件、刑事申诉立案复查案件、民事申诉立案复查案件、行政申诉立案复查案件、检察技术案件、纠正不当行政行为案件等。2013年至2016年6月，某省检察院作出处理决定后形成的控诉类案件有：批准（决定）逮捕案件7.65万件；提起公诉案件9.8万件；职务犯罪移送审查起诉3258件。作出处理决定后形成的监督类案件有：不批准逮捕案件1.78万件；提出纠正侦查活动违法案件9099件；立案监督案件5276件；不起诉案件5070件；纠正漏捕漏诉案件4678件；抗诉案件964件；提出纠正审判活动违法案件1958件；提出纠正不当减刑、假释、暂予监外执行1544人，提出民事、行政抗诉案件491件；提出再审检察建议177件；决定排除非法证据案件38件；刑事申诉立案复查提出抗诉案件16件。审查逮捕、审查起诉不是案件而是办案，即通过审查逮捕、审查起诉这种办案活动，履行多种属性的检察职权，从而产生两类不同的案件，这些案件数量多少直接关系设置内设业务机构的必要性和可行性。

三、应当考量入额的比例和领导的职数

检察官入额比例是内设业务机构设置的影响因素。检察官主体地位主要决定于检察官入额的素质和数量。精英化需求入额和任务需求入额都是对的，重要的是遵循诉讼规律、知行合一、符合实际。入额检察官应当以编定比、以职定岗、以案定员。政法编制、职能部门、办案数量决定检察官员额比例数量。以××省基层院为例，政法编制最多的基层院为114人，员额比例43%，员

额检察官总数49名；政法编制最少的基层院为32人，员额比例38%，员额检察官总数12人。编制不足50人，业务部门不超过4个、审查起诉办案量人均70件（高检院公诉厅通报县级院人均办理审查起诉量超过70件是难以保证办案质量）以下的入额检察官为41%（预留10%，实际仅为37%）为宜；编制50人以上不足100人，业务部门不超过4个，审查起诉办案量人均50件以上不足70件的入额检察官为40%（预留10%，实际仅为36%）为宜；编制100人以上、业务部门不超过4个，审查起诉办案量50件以下的入额检察官为39%（预留10%，实际仅为35%）左右为宜。机构设置，如果不考虑检察官入额数量，就会使机构成空设。

领导职数是内设业务机构设置的参考因素。入额检察官应当有一定数量的非领导人员。领导分为院级（正副检察长）、准院级（检委会专职委员）、中层级（内设机构负责人）。内设机构改革的主要目的是增强积极性，减少层级，整合功能。改革后，明确领导要办理一定数量的案件，办理多少正在探索实践，县级院中层领导办案量可为一般入额检察官的80%～90%，院级副职领导、准院级领导办案量可为中层领导办案量的40%～45%，院级主要领导办案量可为院级副职领导（含准院级领导）办案量的20%～25%。按此比例和以一般入额检察官办案量为70件，中层领导办案量为56～63件，院级副职领导、准院级领导办案量为13件左右，院级主要领导办案量为3件。县级基层院业务院级领导（一正三副）可有4名、业务准院级领导（专委）可有2名、业务中层领导可有12名（一正两副）。领导职数已达18名，说明入额检察官都是领导了。业务领导必须为员额内检察官，中层领导正职由院级副职领导（准院级领导）兼任为好。院级副职领导或准院级领导兼任中层领导正职后，配备中层领导副职可以应对会议、协调等相应工作之需。以××基层检察院为例，政法编制为41人，入额比例为37%，预留10%，可入额检察官为12名，其中8名员额检察官为该院院级领导及院级副职领导（含准院级领导），其余4名为业务中层领导，非领导检察官也没有了。可见，内设机构设置，领导职数设置不得不考虑。

任何改革都不能把自己形成的特色品牌改掉，内设业务机构设置改革也一样，反贪部门、公诉部门是检察机关内设业务机构的品牌，应当保留，其他业务机构如何设置，名称如何，可在改革实践中探索。

检察机关内设机构改革的理论基础和路径选择

张书华*

检察机关内设机构改革一直是检察改革的焦点之一，尤其是随着其他各项检察改革步伐不断加快，内设机构改革已经成为迫在眉睫的重大问题。吉林检察机关在深入调查研究的基础上，率先成建制、成体系推动了内设机构改革，我们为什么要推动内设机构改革？内设机构改革又有哪些理论支撑？在改革实践中又有哪些考量？我就这些问题向各位专家学者作专题汇报。

一、检察机关内设机构改革的动因

检察机关内设机构是检察机关发挥法定职能的重要载体。新中国成立之初，在《中央人民政府最高人民检察署试行组织条例》中就对检察机关内设机构的设置作出了规定。检察机关自恢复重建以来，内设机构先后经过了1978—1983年的发展和规范、1983—2000年的机构调整、2000—2003年的集中改革，以及近年来部分院的“大部制”探索等四个阶段的发展，可以说，检察机关内设机构始终在根据检察工作的形势、任务、环境的变化作出调整。截至目前，现行内设机构对保障检察机关依法履职尽责发挥了重要作用，但随着检察职能的不断发展和司法体制改革进程的不断深入，一些不适应检察规律、不符合改革要求的问题也在逐渐凸显，一位关注检察改革的学者就曾指出，“内设机构改革已经成为检察工作和检察改革发展的一个瓶颈”。我们对当前检察机关内设机构存在的问题进行了梳理，主要有以下四个方面：

（一）不断发展的检察职能与有限的机构编制存在矛盾

多年来，为了回应检察职能的扩展和细化，检察机关的内设机构越设越多。2000年，中央对各级检察机关内设机构的数量作出过限定，省级院15

* 吉林省人民检察院检察委员会专职委员。

个，市级院6到13个，基层院6到8个。事实上，这个限定早已被突破，机构数量超标一倍甚至两倍配置的检察院屡见不鲜，数量增长的“失控”成为检察机关内设机构设置的痼疾。当前，中央对机构和人员编制的控制越来越严，以增设机构来应对职能发展的模式已经到了必须转变的时候。

（二）内设机构的整体结构不平衡

一方面，综合管理类机构所占比例过大，政工、技术、行政装备等非业务机构的工作力量在基层院常常占总人数的40%甚至50%以上，形成了对司法办案这一主线工作争人力的局面。另一方面，业务部门发展规模不平衡，反贪、反渎、侦监、公诉等部门人员多、配置强，民行、控申、监所等部门相对薄弱，有些职能因人力配置问题无法开展。

（三）不同层级检察机关的内设机构未作明显区分

从工作需要来看，最高人民检察院和省级检察院侧重于检察政策制定和对下指导，市级院和基层院侧重于办理案件。但在实践中，上级院各部门往往从突出本条线工作重要性、便于对下管理等考虑出发，过于强调内设机构的对口设置，使基层院本就有限的人力资源进一步分散，出现了“一人科”、“两人科”现象，而且科室过度设置容易形成部门壁垒，导致推诿扯皮，影响工作效能。

（四）原有内设机构同落实司法责任制的改革要求不适应

检察机关司法责任制要求“谁办案谁负责，谁决定谁负责”，强调司法办案的亲历性，要求将主任检察官办案组作为办案单元、压实每名检察官的办案责任，事实上构建起了检察长（检委会、副检察长）——检察官（主任检察官办案组）的司法办案主线，部门及部门负责人对具体办案活动的介入将越来越少，原有的将处和科作为办案单位，由处长、科长进行层级审批的办案模式已经不再适应改革需要。

上述的这些问题不解决，检察工作的发展就会受到阻碍，司法责任制也难于落实。所以，我们在改革试点中认识到，内设机构改革势在必行。特别是，地方检察机关是国家法律和上级决策最直接的执行者，改革任务更加紧迫，在这一专题报告中，我们也是立足于地方检察机关的内设机构改革进行探索。

二、检察机关内设机构改革基础理论问题

进行改革探索，既需要实践创新，也蕴含理论创新，理论创新是改革具有长久生命力的根基。因此，我们在推动检察机关内设机构改革过程中，始终把实践中的调查研究和理论上的探索作为特别关注的重大问题。

（一）对检察机关内设机构设置理论的梳理

当前，检察理论研究者对我国检察机关内设机构设置的理论研究可归纳为三种学说：一是场所对应说，主张按照开展检察机关法律监督工作所对应的场所、关联的行政司法部门等来设置业务机构。比如，检察机关恢复重建之初设立的经济、法纪、监所等检察部门。二是职能适应说，主张按照检察职能来设立业务机构。随着检察职能的发展，业务机构的设置也日趋细化。比如，将信访检察部门分设为控告、申诉检察部门，增设预防、民行检察部门等，近年来，有些检察机关还探索设立了未成年人检察、知识产权检察等二级机构。三是监督回应说，主张从回应法律监督机关的宪法定位出发，按照法律监督工作的特点来设置检察机关的业务机构。比如，将监所检察部门调整为刑事执行检察部门，设立专门的诉讼监督部门对刑事、民事、行政诉讼进行专门的法律监督等。

上述各种检察机关内设机构设置理论，都是根据检察工作发展的实际情况，从各个角度出发为内设机构设置作出理论说明，这些理论解读，在不同时期、不同背景下对检察机关内设机构建设发挥了积极作用。但是，在这次检察改革试点探索中，我们研究发现，上述理论都存在不适应司法改革新形势、不适应检察改革新要求的情况，难以用既有理论解决当前检察机关内设机构存在的各种问题。场所对应说更适用于检察工作发展初期任务不甚复杂、职能比较简单的情况，但在检察职能不断发展的今天已经不再符合要求。职能适应说主张内设机构要随着检察职能的发展而发展似乎是无可非议的，但实践中存在大量一项检察职能由多个部门承担、同一部门又承担多项职能的现象，事实上按职能对内设机构进行分类设置无法成为内设机构设置的依据标准。更重要的是，作为“成长中”的检察机关，检察职能一直在不断发展，但机构和人员编制的增长是有限的，靠增设机构的办法来回应检察职能的发展模式是不可持续的。监督回应说体现了检察机关法律监督属性的回归，但将法律监督的定性作为设置内设机构的唯一标准，把本可在同一时间、同一场域内开展的办案工作和诉讼监督工作分别由不同部门承担，必然造成各自为战的局面，不仅浪费了人力、降低了效率，更可能使监督职能呈现碎片化，使法律监督信息的流通被部门壁垒阻断，影响监督的力度和效果。同时，经过深入研究，我们还发现，这几种理论的着眼点都单纯放在了业务机构上，对于司法责任制改革后检察官在检察长授权下如何以更加独立的“法律人格”履行办案主体责任，如何看待检察官同部门之间的关系，以及如何处理好业务部门和综合部门之间关系等问题缺乏深入的研究，造成研究不透、分析不透、实践难抉择的局面。

总之，目前的几种检察机关内设机构设置理论，既解决不了职能碎片化、机构和人员臃肿等问题，也在支持本轮司法体制改革时呈现出理论支撑不足的问题。因此，我们在改革试点工作中，注重加强调查研究，进行大胆理论创新，努力为内设机构改革提供更加有力的理论支撑。

（二）检察权运行说是检察机关内设机构改革的理论基石

十八届三中、四中全会要求健全、完善司法权运行机制，这为检察改革提出了明确的目标。我们认真学习领会中央改革要求，紧紧盯住落实司法责任制这个关键性问题，对影响制约检察权公正高效运行的问题进行“清障式”梳理，“一揽子”破解难点，这也是我们按“四位一体”理念推进检察改革试点的原因。具体到内设机构改革的问题，我们认为应从检察权运行状况和检察权运行本质要求入手来把握改革，其中也包括从这一视角审视内设机构是否需要改革和如何改革的问题。

检察权运行机制，是确保检察权实现其功能的静态制度体系和动态运行方式。我们研究认为，从检察权在检察机关的现实运行来看，主要包括以下几个要素：一是运行主体，包括含检察长、检委会委员在内的全部检察官，以及承担办案职能的检察辅助人员（其他人员是检察权实现不可缺少的组成部分，但不是主责主体）。二是运行组织体系，包括检察机关的横向、纵向组织机构，以及以院为单位的内设机构组成的制度体系。我国检察机关从建立时就形成了“品”字型基础组织结构，每个检察院的内设机构都可划分为领导机构、业务办理机构和综合管理机构。领导机构，即检察长、检委会，以及辅助检察长和检委会作出决策、统筹管理的相关部门；业务机构，即承载各项具体检察职能的业务部门；综合管理机构，即为检察权运行提供人力、物力等各方面保障的相关部门。三是运行环境。包括外部环境，即上级机关的领导和社会各界的支持，以及内部环境，即人、财、物等方面的保障。四是运行规则，检察机关履行职能的基本方式是办理法律规定的案件，而办案活动则依据和遵循三大诉讼法及相关诉讼规则。这些因素都对检察权的公正高效运行具有重要意义，并且交互作用、交互影响。如果有要素被忽略，或制度安排错位、缺位，必然会影响检察权的有效运行。所以在改革中切实关注这些问题，并进行适应性调整，才能更好地实现改革的目标要求。

围绕上述要素，从检察权运行的视角分析，目前检察机关检察权运行和内设机构设置中主要存在以下四个方面的问题：

一是直接办案的检察官这一要素出现观念性和制度性“缺位”。在长期沿用的“承办人承办——部门负责人审核——检察长（检委会）审批决定”这一科层制的办案模式中，混淆了司法管理责任和办案责任的界限，部门及其负责人成为办案责任承上启下的枢纽环节，一线办案检察官却长期被“工具化”，与行政机关的办事员地位等同，其办案主体地位得不到体现，其办案中亲历性价值被忽略。同时，从整个司法改革角度考量，随着以审判为中心的诉讼制度在各大诉讼法中逐步确立，检察机关办案的证据质量要求越来越高，直接在一线调查取证的检察官却不能就事实、证据作出决定并切实承担责任，违背了司法亲历性的基本要求，也不符合“谁办案谁负责，谁决定谁负责”的改革方向。

二是领导机构存在“多头管理”。目前，办公、法律政策研究、案件管理等部门各管一段，政务管理、业务管理、调查研究等工作各自为政，信息流通不畅，缺乏相互配合，各唱各的曲，各弹各的调，没有形成管理合力，也使检察一体化被弱化。

三是“品”字型组织结构出现异化。肩负检察权运行核心任务的领导机构、业务机构的设置相对比较规范，而负担保障功能的综合管理机构的设置标准、名称等缺乏统一的规定，数量、规模变化频繁，有的甚至膨胀到“喧宾夺主”的程度，影响了“品”字结构的稳定性，也使基本业务力量配置受到削弱。

四是检察权运行具体着力点不准。只把检察权的运行落到了业务机构，忽略了检察官的岗位作用，更不关注检察官办案组织的作用。

检察权运行说是根据检察权如何公正高效运行为出发点，建构相应运行制度和运行机制的理论。检察权运行说，既关注检察权公正高效运行本体问题，也是检察机关内设机构设置的理论原点，并成为确立检察机关内设机构设置的基本原则。我们考虑后认为，目前这种“品”字型的内设机构运行体系是有生命力的，也符合检察权运行规律，只是在具体的组成模式、功能设计上，要从破解上述问题、确保检察权公正高效运行出发，作进一步的调整完善。据此，我们认为，检察机关内设机构改革应该遵循以下五项原则：

1. 应按照检察权运行的需求设置内设机构、确定相应机构承担的职能。对领导机构，注重统合职能、集约管理，建构统一、高效的领导中枢。对业务机构，着重处理好司法管理和办案活动的关系，使其回归检察权运行平台的功能定位，并注重检察官办案组织的发育和完善。对综合管理机构，坚持必要、精简、效能原则，服从服务于检察权的实现。

2. 突出检察长——检察官这条司法办案主线。对居于检察权运行核心的司法办案工作，坚持“谁办案谁负责，谁决定谁负责”，特别要赋予检察官相对独立的办案主体地位，把办案责任压实到每位检察官。部门及部门负责人在具体办案活动中则突出监督管理职责，其工作重心向为办案活动提供政策支持、业务指导和运行保障转移。

3. 按照场域关联原则整合内设机构。对内设机构按检察基本职能进行划分是必要的，但从重视检察官作用、回归部门功能考虑，将工作场所、领域、性质相似的业务部门进行整合，实行统一的管理和指导，弥合碎片化的检察职能，促进办案力量统筹使用、人员素能全面发展，并有效降低组织成本。同时，通过设立主任检察官办案组等方式，在部门内部实现检察职能的精细化、专业化分工。需强调的是，检察官办案组只具有组织性功能，不再设定为行政性机构，检察官办案组从本质上体现检察办案规律。

4. 遵循比例均衡原则确定内设机构的数量、规模。在人员配置、部门规模上注重向一线办案部门倾斜，对综合管理机构也不是一味压缩人员，要根据实际需要配强精干力量，做到既要减员、又要提能增效。

5. 分层分类设置内设机构。不要求一个模型套到底，综合考虑不同层级、不同类别检察机关在办案数量、机构编制、人员素能方面的特点，因时因地进行调整，尽量实现现有条件下的最优配置。

三、吉林省检察机关内设机构改革的模式解读

我们按照前面提出的内设机构改革五条原则，结合我省检察工作实际，对吉林检察机关内设机构改革进行了设计谋划。

（一）将“多头”的领导机构整合为“一个大脑”

我们从统合决策机构、整合政务与业务管理出发，将办公室、法律政策研究室、案件管理办公室的职能整合到检务管理部，围绕检察长有效组织检察工作，负责检察政策、检察政务和案件管理等工作，更好地发挥检察长“外脑”和“神经中枢”的作用。同时，将技术处、信息处、司法警察总队等相关机构也整合到检务管理部，确保政务、业务运行更加顺畅。

（二）让业务机构回归检察权运行平台的功能定位

1. 围绕检察长—检察官这条司法办案主线，所有业务部门撤销二级机构，原有处、科长回归检察官身份，对办案活动取消科层制，实行扁平化管理，以主任检察官办案组取代二级机构作为基本办案单元。

2. 从场域关联原则出发，整合侦查监督、公诉等资源设立刑事检察部；整合反贪、反渎、预防等部门设立职务犯罪检察部；对分属不同场域的民事、行政检察工作，从长远看也作分设的考量。

3. 从比例均衡原则考虑，将规模相对较小的控申和刑事执行检察部门合并。

（三）使综合管理机构向精干高效转变

由政治部负责检察机关队伍建设和思想政治工作，由检务保障部负责财务、装备、后勤等保障工作，并严格按照有关规定设立监察部、机关党委。对这些机构，按照比例均衡原则确定适当的人员规模，并配备精干的工作人员，确保高效运转。

（四）分级分类设置不同检察机关的内设机构

1. 省院和市、县院在民行检察部门分设上有所区别。省院由于肩负统筹指导之责先行分设；考虑到公益诉讼等新增检察职能仍属于改革探索阶段，司法办案中的实际工作量尚未发生较大变化，市、县两级院暂时保持合并。

2. 允许各地检察院调整内设机构设置。特别是林业、铁路运输、监所派驻、开发区派出等检察院和人数较少的基层院，可根据自身实际情况，报省院批准后，对内设机构设置进行调整。有的检察院还取消了业务部门，直接设立办案组，就是要以检察权公正高效运行为目标，对内设机构作出符合实际的最优化设计。

我们按照检察权运行说开展的内设机构改革，目前已经初步体现出一些成效：一是检察长—检察官的司法办案主线进一步凸显，责任压实，质效提升，改革改出了检察生产力。二是“大部制”改革实现了“五个手指握成拳”。政务、业务实现了统一管理，增强了合力；碎片化的检察职能得到整合，业务工作力度、硬度增加；队伍管理、后勤保障等机构规模压缩，工作人员向素能提升要战斗力，学习本位、适应岗位的风气蔚然成风。三是检察官素能得到全面锻炼提升。同一场域内人员统一调配使用，长期以来检察人员思维、素能单一化问题将得到有效解决。四是为检察人员分类管理创造了更有利的内部氛围。领导机构、业务机构、综合管理机构按照各自特征进行运转，区分度显著增强，检察人员对自身能力、职责和所在部门性质的认知更为清晰、认同感更加强烈，将必然为下一步深化改革打下思想基础。

我国检察机关内设机构设置的原理、历史与现实

常本勇*

检察机关内设机构的设置与改革应当依据科学的原理，遵循一定的规律，在实践中已成为我国检察工作与检察改革发展的一个“瓶颈”。然而，目前，关于检察机关内设机构设置与改革的研究，缺乏原理性与规律性层面的深入探讨，对相关机构设置与改革的实践也较少地进行原理性与规律性层面的评判。本文立足于探寻检察机关内设机构设置遵循的基本原理以及我国检察机关内设机构设置的历史演变所反映的基本规律，对我国检察机关内设机构设置与改革的现实作原理与规律层面的反思，在此基础上对我国检察机关内设机构的设置与改革提出意见和建议。

一、检察机关内设机构设置遵循的基本原理

（一）内设机构设置的管理学原理

内设机构设置实际上是组织组合工作的方式。根据管理学关于组织结构设计的一般原理，组织设置内设机构大致依据以下原则：一是依据所履行的职能来组合工作设置部门（职能部门化）；二是依据产品线来组合工作设置部门（产品部门化）；三是依据地区进行工作组合设置部门（地区部门化）。[①] 这三种组合工作的方式，在检察组织内设机构设置中均有体现。职能部门化是检察组织内设机构设置最为一般化的形态，如设置批捕部门、公诉部门、职务犯罪侦查部门、诉讼监督部门等，都是依据检察职能进行工作组合设置的部门。产品部门化如近年来设置的未成年人刑事犯罪检察部门、金融检察部门和知识产权检察部门，负责履行涉及特定类型刑事案件的所有刑事检察职能和预防犯罪

* 湖北省襄阳市人民检察院党组书记、检察长。

① 参见［美］斯蒂芬·P. 罗宾斯：《管理学》（第九版），孙健敏等译，中国人民大学出版社2008年版，第257页。

检察职能。地区部门化是按管理的特定地域划分部门，如派出的检察院和跨行政区域的检察院，负责履行一定地域的所有或部分检察职能，只相当于派出其检察院的一个内设部门。上述这三种组合检察工作的方式，也是将事务性质相同检察官组合起来的三种基本途径。正如日本原检察总长伊藤荣树所说，检察机关内设部门的目的有两个："一是大体确定检察官相互之间的事务分工，根据业务分工以谋求提高工作效益，同时明确责任所在；二是对拥有多数检察官的官厅，可以大体上把分担事务性质相同的检察官集中在一起，便于上级进行适当的指挥监督"。[①]

（二）内设机构设置的边界原理

组织的内设机构设置并不是越来越分化，也不是无规则地随意合并，其分设与合并均具有一定的边界。一般而言，内设机构的分设会带来组织成本的上升，也会带来工作专门化的收益；内设机构的合并会带来组织成本的下降，但工作的专门化也会受到影响。组织内设机构的合并与分设遵循一定的规则：（1）内设机构合并的边界：相近的职能整合能够规避职能交叉，职能整合后能够发挥"1+1>2"的职能效应；或者两个职能部门联系过于紧密，合并后组织成本比机构分设时更低并且不违背职能之间的制约或监督的需要；或者机构数量过多而与人员编制规模、业务工作量较少不相协调的；等等。（2）内设机构分设的边界：有利于工作专业化的开展，强化某一项职能或工作时；或者通过剥离部分业务，另设机构承担，能够使组织运行整体的成本下降；或者内设机构所承担的任务数量、直接管理的人员数量超越了部门负责人的注意力跨度或管理跨度[②]；或者通过机构机构分设、职能分离，从而实现内部监督制约的；等等。

（三）"大部制"的动因原理

当前，检察机关还在进行整合内设机构的"大部制"改革，应当遵循

---

① ［日］伊藤荣树：《日本检察厅法逐条解释》，徐益初等译，中国检察出版社1990年版，第134页。

② 管理跨度（Span of Management），指管理人员有效地监督、管理其直接下属的人数是有限的，当超过这个限度时，管理效率会随之下降，因此主管人员要想有效率地领导下属，就必须增加管理层次，如此下去，形成了有层次的管理结构。该理论最早格莱库纳斯通过数学工具证明而来，即一位管理者的控制跨度限制在3~7名下属。基于心理学中"注意力跨度"概念，人的头脑只能够同时处理数量有限的独立因素，大多数情况下，这个限制是6个因素或数字。注意力跨度在管理领域的相对概念即为"控制跨度"。格莱库纳斯通过证明得出结论：管理者的直接下属数量应该被限制为最多5人。载百度百科，http://baike.baidu.com/link?url=3cqxCN5EVu6wlvO6p6T3wrSN2iQLzP_tA1J1ndP okvd-sNHAFadThZ-DbnhIWiVqoeHcORxVxyhFdrqAZLJ8Ah_，2016年7月14日访问。

"大部制"的动因原理。"大部制"的动因，是实施"大部制"内生动力。动因不存在，即无实行"大部制"必要。因此，必须探讨检察机关"大部制"的动因。而对检察机关"大部制"动因的考察，可以从考察公共行政领域的"大部制"入手。"大部制"是党的十七大对我国新时期加快行政管理体制改革作出的新部署，是指将职能相同或相近的部门整合，归并为一个较大的部门或者使相同相近的职能，由一个部门管理为主，以减少机构重叠、职责交叉、多头管理，增强政府履行职能的能力。① "大部制"与"小部制"相对应。"大部制"的特征是"大职能、宽领域、少机构"，政府部门的管理范围广，职能综合性强，部门扯皮少。"小部制"的特征是"窄职能、多机构"，部门管辖范围小，机构数量大、专业分工细、职能交叉多。

公共管理领域"大部制"的动因在于：（1）实现决策权、执行权与监督权相分离。（2）整合政府机构职能，统一管理协调相关领域的事务，落实政府责任。（3）减少机构数量，克服部门本位主义，防止部门沟通壁垒，降低管理成本。（4）解决机构之间由于职能分工过细，导致职能交叉、重叠引发内部管理与对外职能履行问题，如对内责任不清，不能落实问责；对外政出多门，不利于集中统一管理。（5）对于中央、省、市一级的政府部门，实行"大部制"更加有利于加强宏观指导与调控，统筹力量，有效解决现实的社会问题。（6）对于基层政府实行"大部制"，有利于建设服务型政府，充分发挥社会管理与公共服务职能，为公众提供更好的公共服务。②

政府履行公共管理职能与检察机关履行检察职能存在较大差别，上述公共管理领域"大部制"的一些动因，可能并不会成为检察机关实行"大部制"的动因。二者具有共同层面的动因，比如解决内设机构数量多和乱的问题，减少管理层级，实施"扁平化"管理，破除部门壁垒，降低管理成本和力量内耗，消除职能交叉，获得管理效能的提升，便于宏观统筹指导，等等。除此之外，检察机关还具有个性化的"大部制"动因，如：（1）分离与整合现有检察职能，使检察职能整体发挥效益更优并凸显中国特色；（2）通过减少机构从而减少行政管理人员，使更多的检察人员投入一线办案；（3）将需要协同推进的各项检察业务，整合在一个部门，更加便于实施"检察一体"；（4）通过职能

① 沈荣华：《积极稳妥地探索实行职能有机统一的大部门体制》，载《光明日报》2008年2月28日第2版。

② 参见沈荣华：《积极稳妥地探索实行职能有机统一的大部门体制》，载《光明日报》2008年2月28日第2版；汪玉凯：《冷静看待"大部制"改革》，载《理论视野》2008年第1期；石亚军、施正文：《探索推行大部制改革的几点思考》，载《中国行政管理》2008年第2期；杜冶洲：《大部制改革的理论基础、国际经验与推进策略》，载《现代管理科学》2009年第3期。

分离实现诉讼职能的内部制约以及内部监督的专门化。

（四）检察职能的分解与分离、合并与整合原理

检察机关内设机构是检察职能的分解和组织表现形式，[①] 是具体检察职能得以实现的组织载体。没有内设机构作为组织保障，相应的检察职能也难以运作起来。所以，检察职能是检察机关内设机构设置的标准。检察职能的分解与分离、合并与整合原理，是检察机关设置内设机构必须遵循的基本原理。

在我国，检察职能具有复合性。在宏观层面或宪法层面，检察职能就是法律监督职能；在微观运行层面，检察职能呈现多元性。这就涉及对检察职能的分解与分离、合并与整合。

检察职能的分解与分离，都是对检察职能在微观层面的划分。检察职能的分解，是检察工作专业化的结果，反映检察工作精细化分工。检察职能的分离，是在检察职能分解的基础上将职能运行主体分离开来，实现职能分离运行，可以导致检察机关内设机构的分设。检察工作专业化发展促进了检察职能的分解，但不一定会促进检察职能的分离与内设机构的分设。而检察工作的专业化也可以通过检察职能分解实现，而不一定要通过检察职能的分离实现。

检察职能的合并与整合，是在检察职能分离现状的基础上，确定将两项以上的检察职能合并或整合由一个职能运行主体承担。但合并是“物理”层面，两项职能虽然放在一起，但并列运行；整合是“化学”层面，两项职能放在一起交织运行。

目前，关于检察职能的分解与分离、合并与整合，从理论与实践层面看，可以作如下现象归纳：（1）对一些基本检察职能的分离是没有争议的。比如，职务犯罪侦查、侦查监督、公诉、刑事执行、民事行政、控告申诉、案件管理等职能相互分离。这些职能能够毫无争议的发生分离，是由于相应权力属性存在根本性差异。（2）对一些基本检察职能进行进一步的职能分解没有争议，但存在两种情况：第一，对被分解的职能是否能够得到分离存在争议。比如，在侦查监督职能内部存在立案监督、侦查活动监督、审查逮捕、对行政机关不移送涉嫌刑事犯罪案件的监督等职能分解，在公诉职能内部存在侦查监督、审判监督、审查起诉与出庭支持公诉、抗诉等职能分解，对上述职能分解没有争议，但对是否应将上述诉讼性质职能与监督性质职能作进一步的适当分离存在争议。反对分离的，认为分离之后，容易发生职能交叉，难以厘清诉讼监督相

① 徐鹤喃、张步洪：《检察机关内设机构设置的改革与立法完善》，载《西南政法大学学报》2007年第1期。

互的职能界限[①]，也不利于诉讼监督有效运行。第二，对被分解的职能能够作进一步分离也没有争议，但是否分离存在不同的实践选择。比如，对职务犯罪侦查职能能够分离成反贪职能与反渎职能，对民事行政检察职能能够分离成为民事检察职能与行政检察职能，对控告申诉检察职能能够分离成为控告检察职能与申诉检察职能，但实践中，有的选择分离，有的仍然合并在一起。不同的选择主要是基于内设机构数量要与人员编制数量、办案任务相协调的考量。(3) 对检察职能分解存在争议的。这一情形较少发生。比如，对生效刑事裁判申诉案件的办理职能，有的选择在申诉检察职能中予以分解，有的选择在公诉检察职能中予以分解。(4) 考虑修改后刑事诉讼法新增检察职能，对基本检察职能进行重新整合形成新的基本职能。如将审查逮捕职能、羁押必要性审查职能、对采取强制措施或查封、扣押、冻结措施存在违法的申诉控告进行受理和审查的职能，整合成为司法审查职能，认为这一职能是救济性法律监督，相对独立于侦查、公诉和诉讼监督职能，采取中立、客观的角色定位和更加诉讼化的工作方式。[②] (5) 对具有紧密联系的职能予以整合，以减少办案资源投入，提高行使职权的便捷和效率。这些职能不仅合并在一起，也能够相互交织运行。存在两种情形：第一，具有共识的，如将反贪职能、反渎职能与职务犯罪预防职能整合为职务犯罪侦查预防职能。这一整合能够同时发挥职能上和管理上的“1 +1 >2”的效应。第二，具有分歧的，如将审查逮捕、公诉职能整合。持反对观点的认为公诉是对逮捕的制约，二者不能整合。可见，对有碍于实现权力制衡的职能整合，并不会取得整合共识。(6) 对性质相同但不具有紧密联系的职能予以合并。这些职能虽然合并在一起，但仍然是分离运行。如将侦查监督、刑事审判监督、刑事执行监督职能整合成为刑事诉讼监督职能，但很难说履行这些性质相同的职能，在工作中会形成多少关联性。这种检察职能合并主要是基于提升管理效能，如减少管理层级，降低管理成本，共享办案资源，减少部门壁垒等。

针对以上检察职能的分解与分离、合并与整合，至少可以归纳出以下规律和共识：第一，检察职能发生分解，是检察工作专业化的发展趋势，反映检察工作分工的精细化。但检察职能的分解并不必然发生检察职能的分离。检察职能不分离，只要注重检察职能分解，仍然能够实现检察工作的专业化。检察职

---

① 因为是“适当”分离，哪些职能应当分离，哪些应予以保留，没有标准，也没有权威的说明，不好把握，必然发生职能交叉的现象。

② 参见汪建成、王一鸣：《检察职能与检察机关内设机构改革》，载《国家检察官学院学报》2015 年第 1 期。

能分解之后，能够相对独立运行，并且相对独立运行获得效能更高的，可以继而发生检察职能的分离。第二，检察职能基于各类检察权力属性的根本差异、权力制衡、人员编制规模、办案任务轻重等因素考量可以发生没有争议的分离，但对因职能分离而造成职能不清或运行障碍的，就会发生具有争议的分离。第三，检察职能整合能够实现不同职能的交织运行，而检察职能合并仍然是不同职能的并列平行运行，前者实现了职能上“1 +1 >2”的效应和管理效能提升，而后者只实现了管理效能提升。两项以上的检察职能如能够相互交织运行，并且能够实现职能上“1 +1 >2”效应的，可以实行职能整合；如虽然不能相互交织运行，只能并列平行运行，但能够实现运行效能与管理效能提升的，可以实行职能合并。对于职能整合有碍于权力制衡的，以及职能合并难以实现管理效能提升的，应当慎重开展职能整合与合并。

二、我国检察机关内设机构设置的历史演变

我国检察机关的内设机构可以分为决策机构即检察长和检察委员会、业务机构即检察机关各内设业务部门、综合管理机构等三大类型。由于检察机关的决策机构基本没有发生变化，本部分着重对我国检察机关内设业务机构和综合管理机构设置的历史演变进行梳理，并在本文第一部分理论的指引下，试图总结发现我国检察机关内设机构设置与改革的若干规律。

（一）内设业务机构的历史演变

1949 年新中国成立，在中央人民政府之下设置最高人民检察署，设置三个业务处，分别是：“一处”负责对政府机关、公务人员、全国国民执行法律法令进行检察，负责抗诉、刑事申诉工作；“二处”负责办理刑事案件之侦查、检举与公诉事项，监督监所改造事项；“三处”负责办理行政诉讼和民事案件。1954 年颁布的《人民检察院组织法》规定了 6 项检察权，各级检察机关内设业务机构由原来按照案件进行分工，改变成为按照各项法律监督职权进行分工，最高人民检察院共设置一般监督厅、侦查厅、侦查监督厅、审判监督厅、劳改监督厅等五个业务机构。1962 年在历经第一次裁撤检察机关风波之后，最高人民检察院内分设三个业务厅，一厅负责审查批捕、审查起诉工作，二厅负责劳改、监所检察工作，三厅负责同严重违法乱纪作斗争工作。这一设置回归到 1949 年的机构设置模式，采用一、二、三厅的名称，但取消了民行检察厅的设置。1966 年以后，检察机关被砸烂，检察机关的内设机构也不复存在。1978 年检察机关恢复重建，1979 年新修订的《人民检察院组织法》对内部机构的设置作了明确的规定，即最高人民检察院设刑事检察厅、法纪检察厅、监所检察厅、经济检察厅、信访厅，地方各级人民检察院和专门人民检察

院可以设置相应的业务机构。1983 年修订的《人民检察院组织法》对检察机关内设机构的设置改变了原来的规定模式，只作了原则性规定，即“最高人民检察院根据需要，设立若干检察厅和其他业务机构。地方各级人民检察院可以分别设立相应的检察处、科和其他业务机构”。此后，检察机关机构设置的变化主要表现为局部的、个别部门的更改。1987 年，检察机关自侦案件的审查批捕、起诉工作从经济检察、法纪检察部门划归刑事检察部门，最高人民检察院将信访厅改为控告申诉检察厅，1988 年设置民事行政检察厅。1988 年深圳市检察院在全国设置第一家举报中心，此后举报中心在全国检察机关遍地开花，1990 年，最高人民检察院将举报中心工作划归控告申诉检察厅。1996 年，随着刑事诉讼法的修改，最高人民检察院将刑事检察厅一分为二，分设审查批捕厅和审查起诉厅，同时，将经济检察部门更名为反贪污贿赂局。2000 年至 2001 年，最高人民检察院和地方人民检察院分别完成新一轮的机构改革，业务部门的名称进行了修改，主要变化是将审查批捕厅改为侦查监督厅，将审查起诉厅改为公诉厅，将法纪检察厅改为渎职侵权检察厅，将控告申诉检察厅拆分为控告检察厅和刑事申诉检察厅，增设了职务犯罪预防厅。此后，最高人民检察院一方面增设了一些内设业务机构。2007 年增设死刑复核检察工作办公室，2012 年更名为死刑复核检察厅；2011 年增设案件管理办公室；2015 年增设未成年人检察工作办公室。另一方面整合了职务犯罪侦查内设机构。2014 年 10 月，中央批准最高人民检察院党组提出的改革方案，整合既有的反贪污贿赂总局、渎职侵权检察厅、职务犯罪预防厅，成立新的反贪总局，新的反贪总局全方位升级提格，局长由副部级检察委员会专职委员兼任，高于原来的局级配备。

省、市、县三级检察院设置与变革内设业务机构大体上与高检院相对应、相同步，并于近年来大刀阔斧地开展内设机构的整合改革，分别又具有各自的特点。(1) 省级院主导的内设机构改革。湖北省检察院仍然采用“小部制”，新设与分离了一些业务机构，如新设联络处和职务犯罪大要案侦查指挥中心，分立设置侦查监督处和批捕处、公诉处和刑事审判监督处。地市级院大致与省院内设机构相对应。基层院编制在 50 名以下的整合为批捕公诉部、职务犯罪侦查部、诉讼监督部、案件管理部、综合管理部等五个大部；编制在 51 名至 99 名的整合为批捕部、公诉部、职务犯罪侦查部、刑事诉讼监督部、民事行政检察部、案件管理部、综合管理部等七个大部；编制在 100 名以上的整合为批捕部、公诉部、贪污贿赂犯罪侦查部、渎职侵权犯罪侦查部、刑事诉讼监督部、民事行政检察部、案件管理部、人事管理部、综合管理部等九个大部。

2016年7月，湖北省检察机关有对以上“五七九”部制大部改革作出了微调。[①] 与此不同，吉林省三级检察机关均采用“大部制”，合并为职务犯罪检察部、刑事检察部、民事检察部、行政检察部、控告申诉和刑事执行检察部。(2) 一些地方检察机关自行主导的内设机构改革。如江苏扬州市江都区检察院按照侦防一体化、诉讼监督一体化和检务保障一体化的工作思路，内设部门整合为职务犯罪侦防局、诉讼监督局、检务保障局。职务犯罪侦防局由反贪局、反渎局和预防局组成；诉讼监督局由侦监、公诉、民行、控申、监所等五个部门整合而成；检务保障局由办公室、研究室和案管科整合而成。广东深圳市福田区检察院设置职务犯罪侦查局、刑事犯罪检控局、诉讼监督局、犯罪预防和社会建设促进局等“四个业务职能局”。重庆市渝北区检察院设置刑事检察局、诉讼监督局、职务犯罪侦查局、未成年人刑事检察局。北京西城区检察院将反贪局与反渎局合并，公诉一处、二处和金融犯罪检察处合并成立公诉处，控申处与检务接待中心合并成立控告申诉检察处，案件管理办公室与法律政策研究室合并成立检察业务管理办公室，其他内设机构保留。[②] 之所以有上述诸多不同的做法，源于在没有权威表述的前提下，各院对检察职能分离与整合存在不同认识。

（二）综合机构的历史演变

1949年新中国检察机关初设之时，设置了办公厅、人事处和研究室三个综合机构，其中，研究室属于业务性综合机构。综合机构设置较为稳定，并未随业务机构那样进行较大变革，只是随着综合事务职能的丰富以及加强检察政治工作、党的纪律检查工作、党建工作、新闻宣传、计财装备等专项工作的实际需要，这些专项综合工作逐渐从办公厅中专门分离出来，人事处变更为政治部门，机关党委、纪检监察部门、新闻宣传、教育培训、计财装备等部门相继得以专门设置。省、地市级检察院在综合机构的设置上大致保持与高检院一致，但都以必要性为原则，有些综合机构上下级检察机关并未一一对应。基层院根据实际需要单设了部分综合机构，未设置专门综合机构的，相关工作由政治部门或者办公室承担。在近年开展的内设机构整合改革中，有的地方检察机

① 大致是将“五部制”的批捕公诉部更名为刑事检察部，诉讼监督部更名为综合检察部；将“七部制”、“九部制”的批捕部、刑事诉讼监督部分别更名为侦查监督部、综合检察部。同时，将侦查监督职能、刑事审判监督职能和控告申诉检察职能调整为分别由侦查监督部、公诉部和综合检察部行使。

② 检察机关内设机构改革是当前检察改革的重点、难点、敏感性问题，变化较快，以上改革措施只是各地方检察机关内设机构改革曾经的做法，并不代表各地检察机关当前仍然认同或者采用这一做法。

关又将已分化出来单设的综合机构合并成为承担综合职能的大部门，如湖北省检察机关在各基层院设置司法行政事务管理局，总揽了原来几乎所有综合机构的职能。

（三）反映的基本规律

从上述演变历史，大致可以归纳出检察机关内设机构设置所遵循的一些规律：

第一，检察机关内设机构主要依据检察职能的分离、合并与整合而设置。对检察职能分离、合并与整合的不同思路，影响到内设机构分设与合并。高检院内设业务机构的几经变化，都源于对检察职能的不同分离与整合，分离出新的检察职能就可能会设置新的内设机构，职能的变化也会带来机构的变化，对部分检察职能进行整合就会催生设置新的机构。在缺乏权威认识的前提下，对检察职能的分离、合并与整合存在不同认识，就会催生内设机构整合改革的不同实践。

第二，"大部制"既是检察机关内设机构的一种初始客观状态，也是检察机关内设机构重组与整合的过程。检察机关设置之初都是"大部制"，机构少，职能也相对单一。但内设机构随着职能的丰富与分化而增设，而内设机构重组改革又要回归到"大部制"状态。回归后的"大部制"，机构少，但职能丰富。

第三，新增职能不一定会增设机构。比如，新增受理举报职能，高检院并没有因此新增举报中心这一机构，而是将这一职能并入控告申诉检察部门。这表明设置新的机构要考虑成本，如由既有的机构可以行使新增的职能，就没有必要新设机构。此时，新增的职能可以看作对既有检察职能的新的分解，如上述受理举报职能可以看作是对控告申诉检察职能的进一步分解。职能分解是检察工作专业化的结果，但并不意味要增设机构。

第四，机构分设可以实现职能分离，从而加强内部监督制约。刑事检察部门分设成批捕部门和公诉部门，就是为了实现公诉职能对逮捕职能的制约。同时，将经济检察部门和法纪检察部门对所办理经济、法纪案件的批捕、起诉职能划归批捕部门和公诉部门，体现了批捕、公诉职能对侦查职能的制约。湖北省检察机关从职务犯罪侦查部门中分设职务犯罪大要案侦查指挥中心，负责集中统一管理职务犯罪案件线索，体现对职务犯罪侦查职能的制约。

第五，对于分解之后的检察职能，如能够相对独立运行并且效能更高，就可以进一步推进职能分离，实现机构分设。比如，控告申诉检察职能可以分解成为控告职能和申诉职能，并且，这两项职能能够相对独立运行。考虑到有的检察机关人员编制庞大以及这两项职能工作任务繁重，将这两项职能分离运行能够获得更高的效能，所以，有的院将控告申诉检察机构分设。相反，如果分解之后的检察职能不能够相对独立运行；或者虽然可以相对独立运行，但受制于人员编制规模较小或工作任务较少，相对独立运行会产生较大的成本，不能获得较高的分离运行效能，分设相应的机构就会产生较大争议。

第六，基于职能整合而整合机构，具有较高的共识，实践也采纳了一致的机构整合措施；而基于职能合并而整合机构，具有认识分歧，并且如何带来效能提升并不明确，因而，实践采用不同的机构整合措施。如高检院以及地方各级检察机关基于反贪、反渎、预防职务犯罪职能整合，提高职务犯罪侦查与预防的整体效能，设置新的职务犯罪侦查机构，对此认识一致，实践也采用一致的选择。而如仅仅是基于检察职能合并而设置新的机构，比如，前述所提到的，将侦查监督、审判监督、刑事执行监督职能整合成为刑事诉讼监督职能而设置刑事诉讼监督部门，将侦监、公诉、民行、控申、监所等五个部门整合成为诉讼监督局，虽然将多项业务置于一个部门统管之下但各项业务仍然分离运行，与整合之前相比较而言，履行各项职能如何带来效能提升并不十分明确，对此实践就产生不同选择。湖北省检察机关在 2016 年 7 月对基层院大部制改革作出的微调，也反映出其对检察职能的合并有了发展性的新认识。

第七，综合职能分解越来越细致，然而从高检院到基层院四级检察机关，越是具有综合指导职能、人员编制数量较多、相关事务较多的上级院，综合职能越容易发生分离，从而设置越多的专门的综合机构；越是只具有执行职能、人员编制数量小较少、相关事务较少的下级院特别是基层院，综合职能不会发生分离，往往是一个综合机构承担多项综合职能。这一规律直接表现为上级院设置综合机构较多，但很多综合机构在基层院都不能找到相对应的专门机构。

三、检察机关内设机构设置的现实

（一）现实问题及分析

检察机关内设机构设置存在诸多问题，诸如内设机构数量多、呈现“失控”和“失范”的态势，影响检察事业的顺利开展；[①] 内设机构设置行政化、不规范不统一、结构不合理、内设机构数量与人员编制不协调；[②] 内设机构的功能定位不清晰，内设机构担负了太多解决检察官职级待遇的负担，成为各项

① 王建成、王一鸣：《检察职能与检察机关内设机构改革》，载《国家检察官学院学报》2015 年第 1 期。

② 参见孔璋、程相鹏：《检察机关内设机构设置改革问题研究》，载《西南政法大学学报》2014 年第 6 期。

业务的决策部门，不同层级的检察机关的内设机构的职能没有很好的区分和体现，[①] 等等。除此之外，结合如火如荼开展的内设机构改革，笔者认为，还存在以下更深层次的问题，并且有些是违背机构设置原理与规律的。

1. 对检察职能如何进行分解与分离、合并与整合，缺乏权威有说服力的分析与论证，影响到内设机构分设与合并的统一设置。

（1）对部分检察职能的分离存在认识分歧，没有区分检察职能的分解与分离。实践中，对于一些检察职能的分离没有分歧，对相关机构设置也无争议。比如，对案件办理与案件管理职能适当分离取得共识，这一点落实为各级检察机关都设置了专门的案件管理机构；控告职能与申诉职能发生分离，对人员编制较多、办案任务较重的院而言没有争议，于是就分别设置了控告检察部门与申诉检察部门。而对于一些检察职能的分离存在分歧，既没有充分考虑职能分离的成本，也没有注重区分检察职能的分解与分离，从而导致发生机构设置上的混乱与争议。如对诉讼职能与诉讼监督职能，在职能分解上实际上是不存在认识分歧的，但对这两项职能是否应当得到进一步的适当分离存在认识分歧，进而也就对诉讼监督机构是否单设产生分歧。然而，既有的实践能够表明，诉讼与诉讼监督两个机构分设后，保障诉讼监督职能运行顺畅的成本较高、难度较大。而当初分离两项职能的重要动机在于实现诉讼监督工作专门化与加强诉讼监督工作。实际上，只要存在诉讼监督职能与诉讼职能的分解，在没有实现职能分离的条件下一样也能实现诉讼监督工作的专业化与加强诉讼监督工作的目的。如果承认上述诉讼职能与诉讼监督职能分解与分离的区分意义，也许就不会产生是否单设诉讼监督机构的争议。

（2）对部分检察职能的合并与整合存在分歧，没有区分检察职能的合并与整合。对反贪、反渎以及职务犯罪预防职能进行整合取得较多共识，这一点也落实为高检院内设机构改革的实践，即设置新的统一的反贪污贿赂总局。对一些职能没有注重区分整合与合并，导致存在“一体两制”或“一体多制”问题。只是笼统地将两项（或两项以上）职能合在一起，同体但不并轨，职能仍然相对分离运行。比如，整合各项诉讼监督职能成立了诉讼监督部，各项诉讼监督职能虽然同体，但没有有效地整合运行或合并运行。但对于诉讼监督的各项业务，实际上充满了“个性”，似乎难以实现职能整合运行，实际上只能发生职能的合并运行。如前所述，职能合并的正当性在于必须发生职能合并运行效能的提升与管理效能的提升。那么，如何实现诉讼监督职能合并运行之

---

① 参见徐鹤喃、张步洪：《检察机关内设机构设置的改革与立法完善》，载《西南政法大学学报》2007年第1期。

后合并运行效能与管理效能的提升，是选择这一整合方案必须解决的问题。但这一问题在实践中并没有得到关注与深入研究，导致有关内设机构整合实际上欠缺内生的动力。

2. 检察机关内设机构整合违背“大部制”动因的问题。“大部制”动因不存在则没有必要实行“大部制”整合。对“大部制”动因把握不准，“大部制”改革就不会是从“解决问题”入手，就不会延伸出内生改革动力，从而使这种制度变迁仅仅停留在人员整合与部门合并的表面功夫之上。然而，从目前检察机关实行“大部制”改革实践看，似乎没有全面综合考量实行“大部制”的动因。

（1）片面地认为“扁平化”是“大部制”主要动因。有观点认为，为实现“扁平化”管理，检察机关应采取“大部制”，取消原小部门负责人，从而减少管理层级。实际上，在原内设机构架构之下，只要取消内设机构负责人审批案件的职责，一样能够实现减少管理层级的目标。相反，实行“大部制”，如果不注意控制管理层级就无法实现“扁平化”，甚至有时需要增设管理层级才能使“大部制”有效运转。所以，“大部制”确实在一定情形下起到了减少管理层级的效果，但不能是因为要实现“扁平化”管理就要实行“大部制”。“大部制”并不必然导致“扁平化”管理，有时甚至需要增设管理层级。

（2）虽然考量凸显检察职能的中国特色，但对检察职能整体发挥效益更优的考量不多。比如，在内设机构整合的实践中，往往将具有监督性质的职能整合在同一个机构，虽然体现了中国特色，但实际上各种监督性质的职能，难以整合在一起交织运行，实际上只实现了职能的合并运行。各项监督性质的职能在同一个机构内部只能实现并列运行。此时，机构整合与职能合并运行的必要性与合理性在于实现职能合并运行效能或者管理效能的提升。然而，如何实现职能合并运行效能或管理效能的提升，在实践中可能并没有得到过多的关注和考量。换言之，如果不能实现职能合并运行效能或管理效能的提升，这样的整合就缺乏动力和必要性。又如，整合了案件管理、控告申诉、检委会、警务保障等多项业务职能到一个部门，这些职能差别较大，显然不能整合运行而只能合并运行，但如果不能通过合并运行，实现合并运行效能和管理效能的提升，这样的整合就不会具有其必要性与合理性了。

（3）批捕、公诉部门整合的动因不清。有观点认为，整合批捕、公诉部门存在违背诉讼职能的内部制约之虞。内设机构的整合，不能违背诉讼职能之间的内部制约。一般认为，公诉职能是对批捕职能的诉讼制约。实践中，存在将批捕、公诉部门整合的做法。但如果批捕、公诉部门发生整合，但这两项职能合并运行而不是整合运行，[①]就不会破坏职能制约。[②]这是因为，改革之后的办案责任制是以检察官为主体的责任制，内设机构只是一个管理单元和专业平台，案件由检察官决定，即使在同一个部门内部，只要是不同的检察官分别履行批捕、公诉职能，同样能够实现公诉对批捕职能的制约。相反，特别是对于检察人员较少的院，这一做法整合了批捕、公诉的办案力量，能够实现职能合并运行效能与管理效能的整体提升。然而，对批捕、公诉部门的整合实践，可能并没有认识到上述整合的真正动因。

（4）一些内设机构的整合与分设，恰恰违背了“大部制”整合的一些动因。“大部制”整合本身就是为了消除职能的重叠，解决对内责任不清，消除部门壁垒以及减少管理成本。但从诉讼监督部门与诉讼部门分设的实践看，恰恰容易造成职能重叠、部门壁垒和对内责任不清，也增加管理协调成本。

（5）对“大部制”更加有利于宏观指导与调控，便于统筹力量，有效解决问题的这一动因认识不到位。“小部制”确实有利于实现检察工作的专业化分工，有利于专门谋划与推进一项检察工作。但“大部制”在宏观统筹与谋划推进检察工作时也具有其优势。通过“大部制”将相关业务整合在一个大部门之内，更加便于将相关业务一同统筹谋划和推进，便于协调共同解决问题，较之“小部制”下单个业务“单兵突进”式的统筹谋划和推进更加具有效率。

3. 内设机构职能整合违背注意力跨度与管理跨度原理。内设机构整合的规模应当具有一个上线标准，不能超过管理者所能承受的管理跨度。然而，实践中，有的内设机构整合幅度可能过大，如整合原有办公室、研究室、纪检监察、干部人事、宣传等多个部门成为一个部门，整合控告申诉、案件管理、检委会、人民监督员、司法警察、检察技术等多个部门成为一个部门，这两个部门负责人都将面临管理幅度的大幅度扩张，对精细化管理造成一定难度，也因为超过注意力跨度或管理跨度，部门负责人开展有效管理就显得力不从心。实际上，“大部制”改革，开展内设机构整合，不能片面地追求“大部”的整齐划一，要充分考量上述的“大部制”动因，特别是要遵循注意力跨度与管理跨度的基本原理。如果要实现部门负责人的“扁平化”管理，就不能整合太多的事务到一个机构。如果确有必要整合多项事务到一个部门，超越了部门负

① 针对同一个案件，批捕环节和公诉环节如果由一名检察官承办，就发生批捕、公诉两项职能的整合运行；但如果分别由两名检察官承办，只能是批捕、公诉两项职能的合并运行。

② 如果是在传统办案模式下，内设机构是决策案件的一个环节，批捕、公诉部门整合确实破坏了公诉对批捕职能的制约。

责人实施直接管理的跨度，“大部”内部就要增设管理层级，才能有效实施管理。然而，实践却大大忽视了这一中间管理层级的设置。

4. 实行内设机构改革之后，基层检察机关的一些检察工作得到削弱。比如，立案监督和侦查监督工作，在整合之前一般由侦查监督部门的多名干警承担，而在整合之后归入刑事诉讼监督部门，往往只确定由一名检察干警承担。而综合部门整合以后，实践表明，各项综合事务都得到不同程度的削弱。其主要原因是，机构撤并对检察事务的具体运作产生了影响。实际上，对于基层检察机关而言，偏重于执行与操作具体事务，对于确定由专门人员负责执行与操作具体事务非常重要。然而，随着“大部制”的实行，部门壁垒虽然被打破，但也打破了“小部制”下“部门”对检察事务具体运作的制度保障。因为“部门”毕竟是实现检察事务具体化运作的组织保障。在新的对检察事务具体运作的相关制度保障建立之前，相关检察工作必然得到削弱。可见，实行“大部制”之后，如何在“大部”内部建立保障制度，确保由专门检察人员履行专项检察职能，负责执行与操作具体事务，是“大部制”改革必须面临的突出问题。

（二）意见和建议

1. 解决检察职能的划分问题，提供权威的、科学的划分方案，是解决检察机关内设机构设置问题的根本所在。曹建明检察长在第十四次全国检察长会议上首次提出了检察监督体系，包括刑事检察、职务犯罪侦查预防、民事检察、行政检察、控告申诉检察等五项工作机制，这一提法似乎将检察职能在第一层次作出上述五个方面的划分。这一划分可能成为对主要检察业务职能划分的一个权威表述，对内设机构设置产生可能会有重大影响。

（1）划分检察职能应当区分检察职能的分解与分离、合并与整合。检察职能分解的意义在于保障实现检察工作专业化分工。检察职能分离、合并与整合的意义在于实现检察职能整体效能与检察管理整体效能的提升。区分这“两对”概念有利于说明、分析与解决前述关于检察职能划分的诸多疑难问题并有力指导机构改革实践。同时，划分检察职能应当遵循前述“大部制”及检察职能的分解与分离、合并与整合原理。检察职能发生分解但可以不发生分离，检察工作的专业化也可以通过检察职能分解实现，而不一定要通过检察职能的分离实现；检察职能可以至少基于各类检察权力属性的根本差异、权力制衡、人员编制规模、办案任务轻重等因素发生分离，但如果职能分离可能影响到职能有效运作的话，就必须慎重考虑职能分离。检察职能分离在司改检察官实行相对独立办案之后并不意味着一定要实现机构分设。

（2）以检察职能整体效能与检察管理效能的提升，作为是否进行检察职能分离、合并与整合的重要衡量标准。同时，要注重开展职能分离、合并与整合的效能测算。实践中，有一些检察职能分离、合并与整合，能够显著提升职能效能与管理效能，这是显而易见的，比如，反贪、反渎与预防职务犯罪的职能整合能够显著提升职能效能与管理效能。而有一些检察职能分离、合并与整合，对于提升职能效能与管理效能不太具有显而易见的说服力，就需要开展具体的职能分离、合并与整合的效能测算。这些测算基于不同的职能整合选择方案而存在。具体而言，对于各项诉讼监督职能的合并运行、批捕公诉职能的合并运行、民事行政检察监督的分离运行、控告申诉检察监督的分离运行、诉讼职能与诉讼监督职能整合运行与分离运行等，都需要测算各项职能合并运行或分离运行之后，职能效能提升和管理效能提升可能存在的增长点。这些增长点如果可以得到较好地控制并取得较好的效果，就可以选择相应的检察职能分离、合并与整合模式。人员编制配备与办案任务，对检察职能的分离与合并也具有影响，那么这个具有影响力的具体的数量标准在哪里也需要进行测算。总之，对于一些比较具有争议的检察职能的分离、合并与整合，不是基于某种信念或价值观而作出的选择，而是依据上述的效能测算而作出理性选择。

（3）对于检察职能整合运行应当大力推进，而对于检察职能合并运行应当予以慎重对待。因为，对检察职能整合运行之后的职能效能与管理效能的提升是显而易见的；而对检察职能合并运行之后，职能效能与管理效能如何提升，目前仍然是不清晰的，就难以产生职能合并运行的实践动力。除非是针对人员编制配备较少、办案任务较少的院，对检察职能合并运行提升职能运行效能与管理效能是显而易见的情形，可以大力推进职能合并运行。

2. 检察机关开展内设机构改革必须以检察机关内设机构设置的基本原理为指导，遵循我国检察机关内设机构设置的历史演变所反映的基本规律。并且要综合考量上述基本原理与基本规律，注重把握原理与规律的适用条件，不能片面地尊奉单一原理与规律，否则就会陷入“公说公有理，婆说婆有理”的境界。具体而言：第一，遵循检察职能分离的规律，控告职能与申诉职能可以发生分离，反贪职能与反渎职能可以发生分离，民事检察职能与行政检察职能可以发生分离。但同时应当考虑内设机构分设的边界原理，对于机构分设与人员编制规模、业务工作任务不相适应的，就不应当实行职能分离与机构分设。第二，遵循“大部制”整合以凸显中国特色检察制度的原理，将具有监督性质的职能合并在一起，成立一个专门的监督机构。同时，应当考虑检察职能的分解与分离、合并与整合原理。如果将监督性质的职能整合在一起，就必须综合考量实行整合、合并或分离后职能效能与管理效能的提升问题，分离后是否能够相对独立运行，整合、合并或分离前后的成本与收益比较等诸多因素。只有确实具备有关职能分离、合并与整合的充分理由，并且在实践中能够充分实现其分离、合并与整合之后整体效能的提升，才能实施有关职能的分离、合并与整合。第三，遵循整合推进各项检察业务的“大部制”原理，便于发挥“检察一体”的整体效能。将诉讼监督业务与诉讼业务整合在一起，同时也可以考虑遵循内设机构分设的边界原理，将各项诉讼监督业务中一些需要对外调查的事务统一对外实行委托，如可以实现组织运行整体成本的下降，似乎也有必要设置专门的诉讼监督机构专门承担这一部分职责。第四，遵循“大部制”原理，为实现机构的整齐划一而将过多的事务整合在一个机构，同时必须遵循注意力跨度与管理跨度的基本原理，对于超越跨度的，注重为部门负责人增设管理层级。第五，遵循内设机构合并的边界原理，将工作联系紧密的批捕与公诉工作整合在一个机构，可以降低组织成本。但同时应当注意遵循职能分离制约的基本原理，同一个案件在批捕与公诉环节应由不同的检察官分别承办，才能实现同一部门内部批捕职能与公诉职能的分离与制约。

3. 注重岗位职责规范的科学设置，积极开展岗位目标管理。如前所述，“大部制”实行职能合并与整合以及内设机构整合之后，“大部”必然具有多项检察职能，并且存在各项职能之间的分解。然而，在“大部”之下，特别是针对基层检察机关，必须解决由专门人员履行专项职能，负责执行与操作具体事务的突出问题。对此，应当以职能分解为标准设置岗位并明确岗位职责，而不能“因人设岗”。对于检察人员较少的，或者发生职能整合运行的，可以实行“一人多岗”；对办案任务较重的，可以实行“一岗多人”。同时，积极开展岗位目标管理。上述措施有力解决了内设机构整合之后相关工作弱化的突出问题。

司法责任制背景下基层检委会规范化建设的下一个向度

杨卫国*

在本轮司法改革中，完善司法责任制在司法改革中居于基础性地位，被认为是必须紧紧牵住的“牛鼻子”。[①] 检察委员会制度作为我国独创的集体决策机制，在保障检察权正确运行方面发挥着不可替代的作用。然而随着检察官办案责任制的推行，如何解决现有检委会制度运行机制与司法责任制的适配性，实现协调共存良好运行，已成为当前检察理论和实务界关注的焦点。

一、制度解析：检委会与司法责任制的关系

所谓司法责任制，是指基于司法的属性而产生的一种责任体系，即司法主体依据法定程序行使法定职权，并承担相应法定责任的体系[②]。而检察司法责任制，是指检察司法办案组织依法行使检察权，并承担由此产生的相应法律责任的体系。就目前全国司法改革试点单位的做法而言，检察机关这种司法办案组织包括独任检察官和检察官办案组。在特殊情况下，检察委员会作为检察机关业务工作的最高决策机构，也是最高的检察办案组织[③]，其主要体现的是检察独立的原则。而检察委员会制度作为业务决策机制，本质上是一种检察权行使活动，主要体现的检察一体的原则。因此，就检察委员会与司法责任制的关系而言，其实质是检察一体原则与检察独立原则的关系。

没有检察一体的检察独立是纯粹的司法体制，没有检察独立的检察一体是

---

* 江西省赣州市人民检察院研究室助理检察员，法律硕士。

① 习近平总书记在中共中央政治局第二十一次集体学习时强调，要紧紧牵住司法责任制这个“牛鼻子”。参见《以提高司法公信力为根本尺度，坚定不移深化司法体制改革》，载《人民日报》2015年3月26日第1版。

② 参见金泽刚：《司法改革背景下的司法责任制》，载《东方法学》2015年第6期。

③ 参见2015年10月15日，最高人民检察院常务副检察长胡泽君在贯彻落实《关于完善人民检察院司法责任制的若干意见》部署会上的讲话。

纯粹的行政体制，它们都不符合目前我国检察工作的特点和要求。[①] 当前，新一轮司法体制改革推进的司法责任制改革也是在现有法律规定的检察领导体制下的改革，检察委员会制度的价值与司法责任制的要求之间，应该是相互补、协调与制约的关系。

（一）本质相融

从我国检察权职能配置来看，其是兼具司法属性和行政属性的复合性权力。具体而言，我国检察机关不仅具有司法属性较强的公诉权、批捕权，还有带有行政属性的侦查权，当然也包括了法律监督权以及司法救济权，因此多元化的检察权属性、多样化的业务职能也就决定了其权力运行方式的多元性。司法责任制必须符合司法活动的一般规律，但也得遵循我国检察工作的特性，因此从试点情况看，我国才折中地采取了独任检察官与检察官办案组相结合的办案组织形式。而就检察委员本身而言，也是由检察官组成的，因此从办案角度来看，检察委员会的存在及作用发挥与司法责任制改革并无矛盾冲突，恰恰是符合检察权复合性的需要。

（二）检察委员会在司法责任制中居于领导地位

按照我国《宪法》以及《人民检察院组织法》规定，我国检察机关内部以及上下级检察机关之间实行的都是上令下从的检察一体化领导体制。所谓的检察独立，其实质是检察机关整体对外的独立，而对内还是应遵循检察一体原则的。本轮司法责任制改革突出检察官办案主体地位，主要是源于旧有办案模式下，承办人实际享有办案决定权较少，权力配置向行政级别较高的部门负责人、分管副检察长、检察长集中，从而导致“办案者不定案，定案者不负责”的情形考虑。司法责任制改革给予案件承办人相对独立的办案决定权是司法属性的回归。在权责统一的情况下，相信承办人应是最专注、最用心、花时间最多了解案件的人，其基于法律对案件作出的独立判断应得到尊重。但这种尊重并非意味着完全放权于检察官个人，让检察官个人独立。因此，在当前复杂的司法环境下，面对纷繁复杂的司法案件，以及个人难以抵抗的压力和干预，坚持检察机关一体化领导体制下的最大限度放权给检察官，才是司法责任制改革的适当解读。

（三）检察委员会是司法责任制的有益补充

检察委员会与检察长、检察官个人决策的最大区别就是，可以发挥集体智慧共同作出决策。就个案办理而言，检察委员会作出的决定是多人充分讨论形

---

① 参见朱孝清、张智辉主编：《检察学》，中国检察出版社2014年版，第460页。

成，更具有权威性，尤其是对于疑难复杂案件的处理更完善、考虑更加周详，无论是内部的检察官还是涉案当事人、机构都更容易信服。检察委员会的优势还在于，其是经过长期的检察工作实践所检验，虽一直受到不同程度的质疑，但至今仍发挥着无法替代的作用。当然，检察委员会这种集体决策也存在效率低下等弊端。而司法责任制改革正是通过“放权”使那些高效运行、个人决策更适宜的权力由检察官个人行使，并通过明晰检察委员会委员责任，使检察委员会制度扬长避短，与检察官个人决策之间取长补短，实现良性运行。同时，还应看到检察委员会的集体决策机制，也是对检察长和检察官行使权力的监督，可以防止检察长独断专行和检察官滥用权力。放权强调的是检察权独立行使，监督强调的是保障检察权公正行使，二者的根本目都是保障公正司法。因此，检察委员会集体决策是司法责任制下检察官个人决策的有益补充和现实需要。

二、现状及困境：以J省G市为实证分析范本

（一）基层检委会职能异化与司法责任制部分原则相悖

1. 检委会等同于“案件审议会”的趋势难以凸显检察官办案主体地位。突出检察官相对独立的办案主体地位，是落实“谁办案谁负责，谁决定谁负责”的司法责任制目标的前提和基本原则。这一原则必然要求对检委会审议个案的严格限制。就现实而言，基层院检委会大多沦为“案件审议会”，且审议案件中并非都有“重大、疑难、复杂”之实，部分案件系承办人为规避办案风险而提请检委会讨论决定的。这一趋势有悖上述司法责任制原则。据统计，2013年至2015年，J省G市检察院下辖的19个基层院共召开检委会802次，审议议题共2046件，其中审议案件1853件，占议题总数的90.6%，审议事项193个，占议题总数的9.4%，议案明显偏多（如图1所示）。

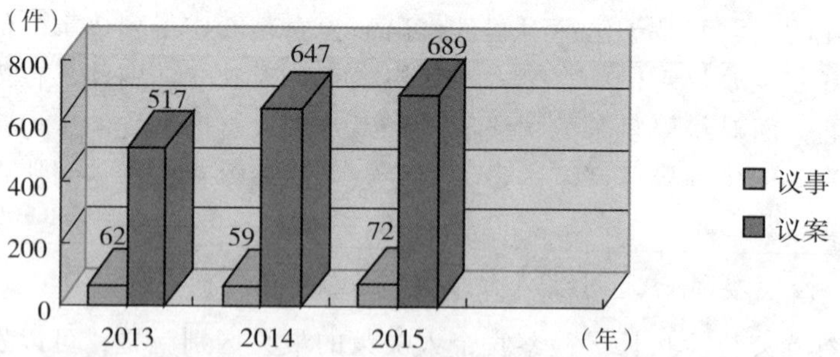

图1　2013—2015年G市基层院检委会审议议题情况

2. 检委会监督制约职能的弱化难以形成对司法办案组织的有效监管。司法责任制基本原则要求，不仅要突出检察官的办案主体地位，还要与加强监督

制约相结合。从检委会的地位（最高业务决策机构）和委员组成（检察精英）以及《关于完善人民检察院司法责任制的若干意见》第11条对检委会具有监督功能的定位来看，其具有担当监督制约司法办案组织这一主体的适格性。但反观基层院检委会现状，这一职能发挥不尽如人意。通常只将跟踪督促检委会决定的执行落实作为这一职能的直接体现，监督范围、方式、途径极为有限。

3. 宏观业务指导职能的虚化难以符合检察司法规律。司法责任制基本原则要求要遵循司法规律。而从检委会的职能是一种具有司法性和行政性相统一的复合型权能[①]。对检察业务工作中全局性、方向性问题的研究、办案经验的总结、新问题的研判分析等都是这一行政性权能的体现，是符合检察司法规律的。但这一职能往往被基层院检委会忽视。以2015年G市19个基层院检委会为例，共审议案件689件，审议业务报告仅53次，每个基层院平均不到3次，且再未以其他形式发挥宏观业务指导职能。

（二）基层检委会相关运行机制不完善与司法责任制缺乏适配性

1. 检委会议案模式简单化有违司法亲历性。司法亲历性是司法工作的重要原理，也是司法规律中行为规律的重要内容，在司法制度和诉讼制度中居于重要地位。[②] 亲历性和判断性要求司法不能简单的听汇报、做结论。[③] 但目前基层院检委会议案模式过于简单，一般为会前查阅案件报告——听取承办人口头汇报——部门负责人补充汇报——委员向承办人提问——专职委员发表意见（基层院配备有专职委员的）——依次发表审议意见——对案件处理进行表决。检委会委员无法通过阅卷、审查证据等方式亲历案件，仅依靠承办人汇报作出决定，缺乏对办案的直接参与，影响委员议决案件的质效。

2. 检委会委员组成不合理和管理制度缺失难以适应司法责任制要求。司法责任制提出了检察官要对办案质量终身负责的要求。这就要求不管是司法办案组织中的检察官还是参与检委会议决案件的委员检察官都要实现专业化和精英化，从而促使提高案件质量和司法公信力。对于检委会委员当然要具备比普通检察官更深厚的专业知识和更丰富的司法实践经验。但实践中基层院检委会委员还难以达到此要求。主要表现在委员组成和管理上。

（1）委员组成上“行政化”色彩浓厚，且专业化程度不高。基层院检委会委员选任，大多与行政级别挂钩，一定程度上弱化了委员专业化业务素质的考量。因此，检察长、副检察长这种“当然”的检委会委员人数偏多，且其

① 参见田涛：《检委会制度的二元化改造》，载《国家检察官学院学报》2009年第5期。

② 参见朱孝清：《对司法亲历性的几点认识》，载中国法学会网。

③ 参见彭巍：《司法规律学术研讨会纪要》，载《法制与社会发展》2015年第3期。

大多具有党组成员身份，属于院领导序列，留给部门负责人这种“选择性”委员的名额有限，委员行政化色彩明显。如G市19个基层院配备委员中，仅检察长、副检察长等具有院领导身份的委员和专职委员就占委员总数的60.7%，委员身份的“行政化”色彩十分明显（如图2所示）。加之基层院现有委员身份复杂，有的系从部队转业、有的系从其他非法律行业调入、有的系长期从事非检察业务工作，缺乏解决疑难、复杂和重大案件的能力。

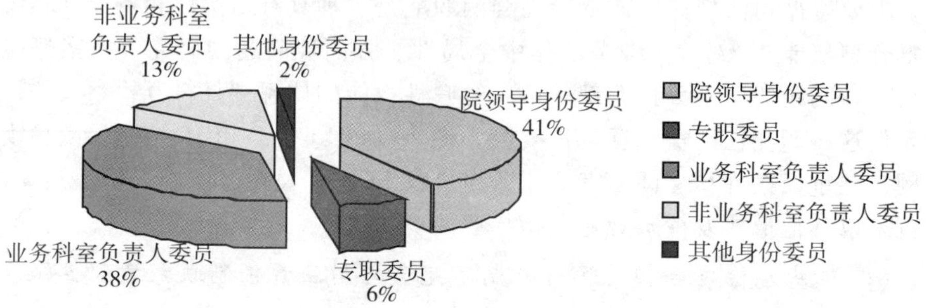

图2　G市基层院检委会委员身份构成分布情况

（2）委员管理上考核评价和退出机制不健全。由于缺乏考核评价机制，也没有明确规定检委会委员的任期和换届等退出机制，以至于出现了委员“一任终身”的现象。这种现象容易造成检委会委员出席会议不主动、讨论发言随声附和等怠于履职的现象。以G市基层院2014年召开检委会情况为例，19个基层院全年召开检委会270次，委员全部出席会议的仅178次，委员参会出勤率不高。

3. 检委会追责保障机制不完善不利于司法责任制的落实。司法责任制落实的前提是要有追责的可操作性。目前，基层院召开检委会时委员发言一般都先采取人工现场做笔记记录的方式，然后再整理电子文档上传业务软件系统，发送给委员审签认可，而后返回系统后归档保存。这种模式下难以反映委员原始发言的“原貌”。若日后检委会议决案件出现错误，以此归档的委员发言追究其责任，确有不妥。加之，司法责任制背景下，强调权责统一。检委会委员较一般检察官而言，由于这一特殊身份，将不可避免地承担错案追究责任的额外风险，但目前尚无平衡这一风险的制度设计。

4. 检委会办事机构缺失难以保证司法责任制的科学推进。检委会具有宏观业务指导职能，在研究、分析、制定与司法责任制推行有关的业务规范性制度方面，作为最高业务决策机构具有天然优势。这项职能的具体承担者需由检委会常设办事机构来担当。但当前基层院检委会办事机构长期缺失或“附属”挂靠在研究室、办公室、公诉、案管等内设部门的现象十分普遍，其重要职能难以发挥。

（三）基层检委会权力运行"边际"不清与司法责任制目标冲突

检委会与"三会"①、检察长、司法办案组织之间的权力界限模糊不清，是导致与"谁办案、谁决定、谁负责"的司法责任制目标相冲突的直接表现。

1. 与"三会"之间在重大事项议决上的权力界限模糊。由于检察机关内部存在党组会、检察长办公会、院务会多个决策机构，因此基层院在议决本单位重大事项过程中，大多情况下不会有意识区分各自的权力边际。往往造成该由检委会审议的重大业务事项未上会讨论，显得比较混乱。

2. 与检察长之间在"二择一"的选择决定权界限上不明。在修改后的《刑事诉讼法》或《人民检察院刑事诉讼规则（试行）》以及《关于完善人民检察院司法责任制的若干意见》中，某一事项由检察长决定、检委会决定、二者择一决定或检察长提交检委会决定的规定复杂交织，在《检委会议事和工作规则》中，将提交检委会审议案件和事项的决定权交给了检察长。就形式上而言，检察长这种案件或事项是否上会的决定权直接影响检委会检委会审议案件的范围。如果检察长不提交，检委会则无法讨论。如此难免会出现检委会与检察长权限混乱，以及出现检委会该议不议、不该议而议等情况。

3. 与司法办案组织之间在"重大疑难复杂"案件处置权界限上难以把握。2015 年，最高人民检察院颁布的《关于完善人民检察院司法责任制的若干意见》中，对于检委会、检察长、司法办案组织的职责权限作了详细的列举式规定②，同时也赋予了检察官就承办的案件向检委会提提请讨论的权力。但对于检察官拟提请检委会审议的案件中何为重大、疑难、复杂案件，如何认定确系检委会应讨论的案件范围等问题仍未提及，难免会给办案组织为规避风险，以此为由将案件提交检委会讨论决定留下缺口。

三、路径选择：基层院检委会规范化建设的下一个向度

在司法责任制背景下，基层院检委会在实践运行中出现的各种弊端和不足，既有制度设计的因素，也有制度执行的问题。主动适应检察司法责任制改革要求，明确检委会职能定位，完善检委会配合运行机制，清晰相关权力运行"责任田"，应当成为推进基层检委会规范化建设的三个维度。

（一）明确司法责任制下检委会的三种职能定位

1. 明确重大个案议决职能。综观检委会制度几十年的发展、改革、完善

① "三会"这里指检察机关内部的党组会、检察长办公会、院务会。

② 参见《关于完善人民检察院司法责任制的若干意见》第 11 条、第 16 条至第 20 条规定。

历程，重大个案的审议决策依然是其重要职能之一。检委会集体讨论议决个案是党的民主集中制原则在检察工作中的反应，也是集中集体智慧防治个人专断的有效方式。实践中，不管是独任检察官还是检察官办案组，其认识水平、司法经验，综合法律素养参差不齐。办案中遇到事实认定、证据采信、法律适用拿捏不准的案件在所难免。而检委会从成员组成看，聚集了本院具有较深的法学理论功底、丰富的司法实践经验和办理疑难复杂案件能力的检察精英，充分发挥检委会在重大、疑难、复杂个案上的议决职能，可以最大限度地保障办案质量。

2. 明确宏观业务指导职能。作为合议制的检委会议事模式，其明显的优势就是能够集中众人智慧，提供专业性的意见，从而为执法办案提供有力指导。而从指导的性质和形式上看，这种指导是一种宏观的指导、具有权威性的指导。就指导的途径而言可以考虑从四个方面开展：一是通过组织专家咨询委员会、专业研究小组加强对类案、疑难复杂案件的研究，向办案组织提供法律适用咨询意见，发挥检委会对执法办案的指导作用。二是通过对上级相关规范制度、指导性文件的研究，结合本地实际，制定检察业务、管理等方面规范性文件，发挥检委会的一般指导作用。三是通过听取和审议业务部门的专项工作报告，发挥对专项业务工作的指导作用。四是通过组织专题调研，总结检察工作经验、查究问题和不足、提出加强和改进工作的措施，发挥检委会对整体检察工作的宏观指导作用。

3. 明确监督制约职能。强化监督制约是本轮检察司法责任制改革的总体要求之一。这种监督职能主要体现在两个方面：一方面是对检察长业务决策权的监督；另一方面是对办案组织履行职责的监督。对前者的监督是通过对检委会审议议题的表决程序的限定性规定来实现的，如对于重大案件的逮捕、自侦案件的撤案、公诉案件的不起诉决定等规定必须经过检委会审议决定。对后者的监督可以通过两种方式来实现：一是检委会通过发挥重大案件审议决策权来实现监督。从而防止办案组织"揽权"和"推责"两种极端倾向。二是检委会通过授权办事机构或专职委员，开展执法检查、抽查阅卷、办案组织自主办理的案件文书向检委会备案等方式，加强对办案组织执法活动的监督。

（二）建立与司法责任制配套的检委会运行机制

最大限度地完善检委运行机制与司法责任制的适配性，是基层院检委会规范化建设的重点。

1. 完善委员履职配套机制。一是重构选拔条件，提高任职门槛。委员组成方面，要破除资历和职务对委员任命的束缚，除检察长、副检察长属于当然的委员之外，专职委员和资深检察业务委员应从主任检察官中通过考试、考核程序择优选任。二是建立考评机制，畅通退出通道。以一年为一个考核周期，由检委办将委员参会出勤、讨论发言、开展检委会理论研究、年度审议案件错案率等作为考核指标，评定优秀、称职、不称职三个等次，并将考核情况作为晋升、任职、委员岗位调整的参考指标，并以此建立委员资格动态管理制度，畅通委员“进退”通道。三是建立常态培训机制。采取专家学者授课、专题研讨、组织听庭、典型案例分析等多种形式，开展定期“充电培训”，以此提升检委会委员议案议事能力。

2. 完善追责保障机制。适应司法责任制的要求，应对检委会会议应实行同步录音录像制，将会议召开过程，委员发言表决原因、结论都一一记录，并将同步录音录像资料刻录光盘归档保存，作为追责依据。同时，按照权责相统一的原则，应给予检委会委员一定的政治待遇或经济补贴，作为委员追责制度的平衡砝码，以提高委员履职积极性。

3. 加强办事机构建设。根据司法改革提出的检察机关内设机构精简整合的要求，并兼顾基层院的实际情况，检委会办事机构独立设置有两种可选模式：模式一，与法律政策研究机构职能整合，设立独立办事机构。由于法律政策研究机构的某些职能与检委会办事机构的职能存在交叉和重叠，[①] 因此对于案件较多、已设立了法律政策研究机构的基层院，应设立独立的检委会办事机构，在履职中以检委会办事机构职能为主，保留法律政策研究机构的其他职能[②]。模式二，设立检委会专职秘书。对于案件较少，尚未设立法律政策研究机构的基层院，应当设立检委会专职秘书一职，专职专用，承担会办事机构日常职能。

（三）合理划归符合司法责任制要求的检委会权力运行“责任田”

通过合理划归与检委会职权相关的各种权力界限落实“谁办案、谁决定、谁负责”的检察司法责任制基本原则，是基层院检委会规范化建设的关键。

1. 合理划归与“三会”之间的权力边际。党组会主要体现的是党对检察事业的领导地位，是在路线、方针、政策等宏观方面的政治领导，不涉及对具体检察业务的领导；检察长办公会是协助检察长组织执行的一个决策机构，以处理检察院的行政事务作为主要职责；院务会是由检察长领导、副检察长和相关部门负责人参与，处理重大行政事务的机构，较检察长办公会处理的事务更

---

① 《人民检察院法律政策研究室工作条例（试行）》规定，法律政策研究机构是承担综合性检察业务工作的业务部门，其主要任务是在检察长的领导下，进行法律政策和其他检察业务工作方面的调查研究，发现、总结和分析检察实践中存在的法律、政策适用问题，提出对策性意见。

② 参见郭敏：《检察委员会办事机构的职能定位》，载《法制与经济·实务探讨》2015年第1期。

为细化、具体。

2. 合理划归与检察长的权力界限。根据司法责任制权责明晰的要求，有必要通过进一步完善立法，统一措辞用法，明确凡是检察机关办理的重大案件和其他涉及检察工作的重大问题，都应当由检委会讨论决定，尽量避免"检察长或检委会决定"这一类字眼。

3. 合理划归与司法办案组织的权力界限。司法办案组织的具体职责权限在《关于完善人民检察院司法责任制的若干意见》中已有规定，在此不再赘述。此处所提检委会与司法办案组织之间权力界限，仅指办案组织以重大、疑难、复杂案件为由拟提交检委会讨论的案件处置权归属问题。诚然，重大、疑难、复杂案件并不像辨别数学中的方程式难易那么简单。随着社会经济不断发展变化，司法案件的表现形式层出不穷。承认无法就"重大、疑难、复杂案件"给出明确定义的现实是尊重司法规律的，无可厚非。然而，在司法责任制背景下，办案检察官在"权力"扩大的同时，办案风险和压力也随之增大。趋利心理支配下，办案检察官难免会将案件以"重大、疑难、复杂"为由推向检委会讨论决定，以减轻自身责任。对此，我们应该从建立健全检委会决策咨询机构来设置一张"过滤网"，对检察官提请检委会讨论的案件进行甄别。在由法律专家、资深检察官组成的专家委员会评议下，提出是否认定的参考意见，最后由检察长决定案件由检察官继续办理或提交检委会讨论。

检察官办案责任制视角下的检委会合适议案范围研究

南京市栖霞区人民检察院课题组*

检察委员会制度（以下简称检委会）是中国特色社会主义检察制度的重要内容之一，其性质、职能、组织形式经历了一个发展变化的过程。在当前司法改革大背景下，进一步加强与改进检委会工作，应紧紧围绕检委会的性质职能和工作特点，优化检委会决策运行机制，完善检委会决策范围，加快检委会决策专业化建设步伐。

一、检委会运行机制与办案责任制的紧张与冲突

（一）办案责任制改革的内涵与要求

党的十八届三中全会《关于全面深化改革若干重大问题的决定》（以下简称《决定》）对司法体制和工作机制改革进行部署，既强调确保依法独立公正地行使检察权，又强调健全司法权力运行机制。在此形势下，检察机关从内部如何构建科学合理的运行机制，就成为不可回避的考验和迫切需要回答的问题。检察权的科学运行，必须明确检察官、检委会、检察长等各自的权力和责任。按照责、权、利相统一的原则，首先从健全和落实办案责任入手，推动检察权力和职业保障更好地落实到检察官，防范和抵御内外部对司法公正造成影响的各种因素，是问题的核心和关键。办案责任制，是指检察官对其不履行、不当履行或错误履行检察职务行为，致使办案质量出现瑕疵、错误，应当承担相应责任的制度。最高人民检察院《关于完善人民检察院司法责任制的若干意见》指出完善人民检察院司法责任制的目标是：健全司法办案组织，科学界定内部司法办案权限，完善司法办案责任体系，构建公正高效的检察权运行机制和公平合理的司法责任认定、追究机制，做到谁办案谁负责、谁决定谁负

* 课题组组长：倪一斌，江苏省南京市栖霞区人民检察院检察长；成员：刘和海、洪文杏，江苏省南京市栖霞区人民检察院干部。

责。同时指出，完善人民检察院司法责任制的基本原则是：坚持遵循司法规律，符合检察职业特点；坚持突出检察官办案主体地位与加强监督制约相结合；坚持权责明晰，权责相当；坚持主观过错与客观行为相一致，责任与处罚相适应。总之，办案责任制的指导思想就是：从司法规律出发，增强规范行使检察权的针对性，以明确的责任认定和追究机制，促使检察官进取、慎权、自律，从制度上确保检察官不想、不敢、不能消极用权和滥用职权，促进整体办案质量和效率的提升，最终实现司法为民、公正司法、提升检察公信力的目标。

办案责任制的功能定位是：第一，维护司法公正。办案责任制的本质目的不是惩罚，找麻烦，增加负担和压力，而是在于通过明确责任，为还权于检察官奠定基础，从而实现检察权的科学运行，完成好宪法法律赋予的维护社会公平正义的神圣使命。第二，促进慎权自律。科学的办案责任制既有利于发现问题、追究责任，惩戒少数违法违纪者，从而警示大多数检察官慎重对待手中司法权力，加强自我约束；也有利于检察官总结经验教训，总结司法规律，使可能出现的同类问题做到防患于未然。第三，激励保护检察官。对大多数恪守公正、勤勉敬业的检察官而言，明晰的责任不但有助于检察官减少办案的顾虑，保护检察官抵御检察机关内外的干预，也使自身的能力水平获得充分肯定，从而激励检察官积极投身于维护社会公平正义的神圣事业之中。第四，提升司法公信。通过上述措施，提升检察官个体公正廉洁司法的能力素质，最终达到社会对检察整体司法形象更加认同，司法更有权威、更有公信的目标。办案责任制是指检察官依规定享有案件处理的决定权和建议权。检察官的责任范围与其行使的权力相一致：第一，对其有权作出决定的案件或者事项而言，检察官对案件事实、证据的认定和所作的决定负责；第二，对于仅有建议权，需报请主管检察长、检察长或者检察委员会决定的案件或事项，检察官对案件事实和证据的认定负责；第三，检察官对案件事实和证据的认定意见以及案件处理意见如被主管检察长、检察长或者检委会改变，检察官对被改变的部分以及由此产生的决定不承担责任。同时，检察官根据案件的难易程度分别行使决定权与建议权：对于风险较小的简单案件，检察官可直接审批决定本组其他检察官的处理意见；对于风险较高的案件仍采层级审批制，检察官只有建议权，由其亲自承办后提出审查建议提交主管检察长审批决定。对需要提请检委会讨论的案件，经检察长同意提交检委会讨论决定。法律明确规定由检察长或检委会行使的权力风险较高，不得由检察官代为行使，如决定抗诉的权力。然而，除此之外的其他检察业务并非当然属于低风险案件。

（二）现行检委会运行机制的检视

讨论决定重大案件是检委会的重要职责之一。[①]《人民检察院检察委员会议事规则和工作规则》第3条第（六）至（八）项分别规定了经检察长决定，审议有重大社会影响或者重大意见分歧的案件，以及根据法律及其他规定应当提请检察委员会决定的案件；经检察长决定，审议按照有关规定向上一级人民检察院请示的重大事项、提请抗诉的案件，以及应当提请上一级人民检察院复议的事项或者案件；经检察长决定，审议下一级人民检察院提请复议的事项或者案件属于检委会审议议题的范围。由于提请抗诉案件和下级院提请复议案件均属于根据法律规定应当提请检委会决定的案件，所以，检委会研究案件基本可以分为重大影响类、重大分歧类和应当讨论类三种情况。那么司法实践中，哪些案件被提交检委会进行讨论表决了？为尽量全面客观地反映检委会运行情况，笔者选择作为办案主体的某市级院及其下辖基层院共12个单位相关工作数据作为样本进行比较分析。具体情况见表1。

表1 南京市检察机关讨论案件情况（2015年度）

院别 项目	实际办案规模						检委会讨论案件数（件）	检委会讨论案件数占总办案数比例（%）	讨论事项数（项）	事项占检委会议题比例（%）
	侦监受案数	公诉受案数（件）	自侦立案数（件）	民行办案数（件）	控申与刑执办案数（件）	各院年度各类案件办理总量（件）				
市院	87	110	5	1	377	580	3	0.5	12	80
玄武	344	452	22	16	32	834	8	0.9	20	71.4
秦淮	418	515	10	21	67	1031	6	0.5	2	25
建邺	124	275	5	0	13	417	13	3.1	4	23.5
鼓楼	494	620	12	4	23	1153	20	1.7	4	16.7
浦口	271	538	15	18	89	931	5	0.5	4	44.4
栖霞	176	363	11	10	122	682	11	1.6	6	35.3
雨花	181	310	9	5	39	544	0	0	1	100

① 检委会研究议题可以分为案件和事项两类。为均衡篇幅，本文将检委会研究非案件类事项单独成段进行研究。

续表

院别 项目	实际办案规模						检委会讨论案件数（件）	检委会讨论案件数占总办案数比例（%）	讨论事项数（项）	事项占检委会议题比例（%）
	侦监受案数（件）	公诉受案数（件）	自侦立案数（件）	民行办案数（件）	控申与刑执办案数（件）	各院年度各类案件办理总量（件）				
江宁	567	829	8	1	93	1498	4	0.3	0	0
六合	274	552	11	7	63	907	9	0.9	9	50
溧水	174	340	4	3	30	551	17	3.1	10	37
高淳	232	385	5	19	11	652	6	0.9	2	25

表 2　2012—2015 年全市检委会讨论议题分布情况

类别 数据	总数（件）	比例（%）
案件	786	65.5
事项	414	34.5

从表 1 我们可以清楚地看到检委会讨论案件总体占比较小，平均每年有 2% ~3% 的案件被提交检委会讨论，检委会讨论案件情况在院际间差别较大，有的院很少没讨论案件（如浦口、雨花），有的院讨论案件较多。在业务条线分布方面，我们以栖霞区院为样本进行深入调研（见表 3），发现侦监、公诉、民行案件上会讨论较多，而自侦、控申、刑执案件较少。

表 3 栖霞区院 2013—2015 年检委会审议案件情况明细

项目	自侦	侦监		公诉					民行（件）	刑事执行（件）	其他（件）
		是否批捕（件）	是否建议公安撤案（件）	存疑不起诉（件）	相对不起诉（件）	绝对不起诉（件）	附条件不起诉（件）	量刑建议（件）			
数据	2（1件为管辖问题，1件为是立案）	3	4	5	10	1	4	2	7	1	2（1件信访老户违法信访案，1件为领导批示案）

从表 2 表 3、表 4 可以看出检委会讨论议题中平均有 65.5% 是案件，34.5% 是事项。1200 件案件中必须讨论类占 18%，重大影响类占 20%，重大分歧类占 62%。调查发现，必须讨论类案件在实践中占比越来越小，这是因为作为应当讨论类“重头戏”的不起诉案件，在《人民检察院刑事诉讼规则（试行）》中修改为“经检察长或检委会决定”，也就是说，可以不提交检委会讨论，使得检委会必须讨论的案件数量急剧减少。目前法律、司法解释中规定必经检委会程序的主要是请示、抗诉、复议复核、信访终结、民行再审检察建议等，我们发现，这类案件市院比例高于基层院，这类案件越是上级院比例越高，这与不同层级检察院的功能定位密切相关。

表 4 检委会讨论案件类型

数据类别	重大影响类	重大分歧类		应当讨论类
		事实和证据类	法律适用类	
总数（件）	240	288	456	216
比例（%）	20	24	38	18

从承办部门提交的议题报告中承办人意见、科室意见、分管检察长意见以及检委办实体审查意见以及少数情况下上级院的答复意见“五个意见”是否一致以

及提请检委会研究的问题来分析，可以将检委会议案分为有争议和无争议两类。

其中，有争议案件又分为事实认定（事实是否清楚、证据是否确凿、是否形成证据链条）以及法律适用问题（定罪、是否共同犯罪、量刑情节认定等）两大类。调查发现，这类案件占了检委会讨论案件的最大比例，特别是在办案基数较大的鼓楼、江宁等区院。这里出现的问题是，检委会作为集体决策机构，是否有资格对案件法律适用进行判断？特别是检委会以会议方式对个案进行讨论，仅仅依据承办人口头汇报和有限的会议材料，在缺乏亲历性的前提下，需要对证据的客观性、关联性、合法性、全面性进行判断并对案件事实是否清楚、证据是否充分进行认定的合理性需要进一步讨论。实践中，检委会对证据进行研究非常普遍，许多法律适用方面甚至走程序的案件也会面临委员对个别证言、供述、鉴定意见等的反复追问，事实上将证据问题作为检委会研究的一个重点领域。这与基层院检委会委员大多办案出身，对于事实问题比较关心，而对法律讨论仅限于经验和以往判例层面，难以进行深层的法理分析和论证有关。

这里所说的无争议案件是指在检察机关内部无争议，一部分是前述走程序案件和承办人自己没足够把握的案件，另一部分就是所谓有重大社会影响类案件。重大影响类案件单纯从事实和法律角度来看，可能并不存在可讨论之处，甚至基层有人主张禁止检委会研究这类案件。从表5我们可以看出这类案件具体包括涉检信访、领导批示、部门意见分歧、上级机关交办协调、社会舆情以及涉案人数众多、涉黑涉恶、社会高度关注（如浦口虐童案、南京6·30宝马肇事案）等其他类型。这类案件承办人、部门负责人、分管检察长乃至检察长都不好定妥，最终进入检委会程序，处理难点往往在案外。因为检察机关不仅有办案任务，还肩负综合治理、法治建设、服务大局等综合任务。社会转型和经济转轨的背景下，大量的利益、矛盾和冲突以案件的形式进入检察机关，如何妥善处理其中的利益平衡、诉求表达与和谐稳定的关系，需要决策者的经验和智慧。因此，这类案件进入检委会具有现实的必要性和相对合理性。

表5　检委会讨论重大影响类案件构成情况

项目 数据	涉检信访、领导批示	公、检、法办案部门意见分歧	上级机关交办协调	社会舆情	其他（涉众、涉黑、关注度高等）
总数（件）	34	19	82	86	19
比例（%）	14	7.9	34	35.8	7.9

总之，检委会作为集体决策的领导机构，在保障检察决策的民主性、科学

性等方面发挥了重要作用，是检察权正确行使的一个重要的决策和保障机制。但是在当下实行以检察官办案责任制为核心的检察权运行机制改革背景下，检察官或作为办案组织负责人的检察官具有一定的办案决定权，那么，检察长或者检察委员会应当保留哪些案件和哪些环节的办案决定权而不交给检察官来行使呢？或者说，检察官与检察长和检委会的办案决定权限的界限在哪？这是司法实践中亟须解决的问题。这里可能会存在两方面问题：一方面，在严格的责任追究下，一些检察官不愿过多承担决策风险，尽量将案件提请检察长或者检委会来决定，使检察长和检委会限于案件拍板的"泥潭"，从根基上架空办案责任制的探索与改革；另一方面，出于某些因素的考虑，一些检察官将应提交给检察长或者检委会决定的案子不提交，自己擅作决定，从而影响办案效果和业务运行。另外，我国传统法律文化中实事求是、无限追求实体正义、偏爱结果正义、弱化程序正义的惯性也是检委会这种集体决策制度得以产生并长期存在的一个原因。

二、检委会合适议案范围的理论根据

虽然《人民检察院检委会议事规则和工作规则》中列举了十项，但由于比较原则、抽象，司法实践中哪些案件和事项必须向检委会提交、哪些案例和事项又不应该提交检委会审议，各地理解操作不尽相同。因此，科学划分检察长、检委会与检察官之间的办案决定权界限非常必要，直接影响办案责任制改革的推行以及检委会效能的提升。用什么标准来划分两者的办案决定的决策权限呢？

（一）分析框架——社会系统论

科学分析检委会讨论内容与范围问题，必须坚持检委会业务决策机构的属性，运用科学的决策理论进行研究分析。目前绝大多数关于检委会决策活动进行分析的主要框架和技术，主要还停留于形式合法性，即主要从主体、权限、程序、执行这几个方面来分析和评价决策的合法性。但是，如果我们面向真实的检委会决策过程，将会发现，在这种目标导向的决策过程中，形式合法性仅仅只是对检委会活动的"最低限度的要求"。① 在此基础上，检委会决策正当化还必须具备责任性要素以及理性要素。② 社会系统论中的决策理论（the theory of decisions）吸收了组织社会学、系统科学和信息科学的最新成果，把检委会决策活动看成是在检察院内部系统性地处理一种与业务相关的特殊信息的

① 参见王锡锌：《依法行政的合法化逻辑及其现实情境》，载《中国法学》2008年第5期。

② 参见王锡锌：《行政决策正当性要素的个案解读》，载《行政法学研究》2009年第1期。

决策过程。运用社会系统论观察检委会决策活动，把检委会看成是一类专门进行有关“法律”沟通和“法律”决策的组织，是尊重检察所特有的“专业属性”，是尊重具有法律属性的司法沟通的自组织属性。在社会系统论的分析框架下，检委会之所被称为组织（organization），是因为检委会的所有业务决策活动形成了一个分配“合法/非法”（legal/illegal）符码（code）的决策之网，每项决议都不断再生产着新的具有法律属性的决策决议（系统操作）。[①] 运用社会系统论的自创生理论（the theory of autopoesis）分析，检委会这种决策组织，类似于生物细胞内部通过自我指涉生产自身元素和结构的生命活动，亦即检委会具有与生物学的组织特征相似的自我组织、自我生产的能力。[②] 通过把检察院、检委会定位为一种决策组织并以社会系统论研究其决策活动，重新诠释检委会决策等法学理论与实务问题，寻求解决检委会决策机制优化的改革方案，推动构建科学顺畅的检察权运行机制。

（二）个体决策与群体决策

社会系统论认为决策有群体决策和个体决策两类。所谓群体决策，是指由委员会组成的众多成员讨论决定的决策。个体决策则是由个人作出决策。在司法实践中，大量的决策是由群体作出的，对于群体决策该如何评价呢？与个体决策相比，其优势与劣势表现在哪些方面呢？以自创生理论（the theory of autopoesis）分析，组织行为学从理论上回答了个人决策与集体决策的优劣和效能。一般来说，择优选择，即有多个合适选项备选，如何综合考虑各备选项利弊做出最优选择适合于群体或者集体决策；理性选择即需要经过逻辑推理判断特别是经过多重因果逻辑推理或多次归纳演绎推理才能得出结论的决策适合于个人决策。[③] 研究表明，当一群人各自独自为解决某一问题思考时，策划出的方案往往比大家面对面地在群体中策划创意要多，较有创造性，速度快，其主要原因是思维独立、不受干扰和影响、逻辑严密、前后连贯，容易发现独特的处理方式，其劣势是常常反映出考虑不周，带有偏颇的特点。群体决策则充分考虑了大量的综合性信息和知识，可以集思广益，激发多人智慧，穷尽可能的解决方案，作出比较理性的选择，在一定程度上防止盲目性和片面性。其劣势是容易产生话语霸权、信息交流不充分。[④] 比如，个体在表态时，往往会受到

① 这里的组织不是由大楼构成，也不是人员构成，而是指组织系统、沟通系统，组织决策就是系统内部最基本的沟通单位。参见 Luhmann, N.（1995）. Social Systems. Stanford: Stanford University Press, chap. 4，转引自宾凯：《从决策的观点看司法裁判活动》，载《中国法学》2011 年第 6 期。

② 参见宾凯：《从决策的观点看司法裁判活动》，载《中国法学》2011 年第 6 期。

③ 王颖：《审判中的群体决策》，载《政治与法律》1990 年第 1 期。

④ 王颖：《审判中的群体决策》，载《政治与法律》1990 年第 1 期。

某种倾向的压力或影响。而就人们一般的心理状态而言，在一个组织内部都希望受欢迎，因而往往把自己的独立意见加以掩饰而保持沉默，或附和别人的意见，甚至由于某种原因违背自己的真实意愿而屈就不同意见。在某些群体中，如果群体中有一位地位、威望和声势等方面均处于优势地位的主持人，其言行举止甚至表情、以前类似场合的表态都有可能左右这个群体的决策进程及结果，在实际上抑制群体成员的创造力和主动性，客观上阻碍了他们的内心意愿的真实表达。此外，在群体决策过程中，由于个别领导成员或某个成员对所议事项缺乏充分足够的全面了解，或由于专业知识欠缺，往往可能出现决策差错。

（三）检委会决策优势

我们可以将检察官个人对案件结果的分析认定称之为“个体决策”，将交由检委会决定的称为“群体决策”。从业务属性看，检察机关多数决策属于逻辑推理式的单方决策，适合于检察官个人决策；只有少数决策，属于多项选择的决策，具有最优选择的性质，通过民主评议和集体讨论有助于作出合理的判断，适合于检委会决策。譬如，备受关注的南京虐童案①，案件本身构成故意伤害没有争议，有争议、需要决策的是如何更好地实现儿童利益最大化，妥善地运用捕与不捕、诉与不诉等手段取得良好地办案效果和社会效果，这就适合集体决策。事实上，办案机关也确实经过检委会讨论程序。由此推理，检察官与检察委员会决策界限，有一条简单的明确的标准：凡是案件本身复杂，即有不同认识或者有争议的案件，对证据采信、事实认定或者法律适用把握上有一定难度，需要较深的理论功底和较高的业务水准的，适合于检察官个人判断决策；对于需要考虑的因素过多、面临多种选择、风险等级高的案件或者案件处理环节，都应当提交检委会集体研究决定②。社会系统论为我们深刻分析了检察官个体决策和检委会群体决策的优劣，检委会决策的优势在于民主讨论和择优判断，对于案件判断定性处理等并不具备优势。

三、检委会讨论案件合适范围研究

（一）检委会决策优势

在检察官办案责任制的深入推进、检察队伍素质和能力的大力提升以及综

---

① 因为孩子不认真学习，养母将孩子打伤，但受害儿童愿意继续呆在养母家并且其亲生父母也要求将孩子继续由继母收养。参见申琳：《南京虐童案中的法治温度》，载《人民日报》2015年4月20日第5版。

② 谢鹏程：《检察官办案责任制改革的三个问题》，载《国家检察官学院学报》2014年第6期。

合保障机制的逐步健全的背景下，我们不能走向极端，取消或否定检委会的定案权，而应当尊重并善于运用检委会的业务决策权。由于社会科学目前不能实现完全量化，对检委会议案范围硬性规定一个标准，做到既不遗漏也不宽泛，难度很大。我们可以考虑为检委会设置一个层级化标准，即一个议题申请被提交到检委办后，首先看其是否是应当讨论类，其次看其有无重大影响，最后看其是否为意见分歧与推卸责任类。然后对每一个层级分别细化条件，形成立体式范围标准，对检委会议案范围实施精准调控和类型化处理，确保必须讨论类案件得到充分讨论和研究，有实现对不应提交讨论案件的自动过滤。

1. 应当讨论类：目前法律和司法解释共规定以下几类必经检委会程序：（1）抗诉和再审检察建议；（2）请示和核准追诉；（3）拟报信访终结；（4）改变检委会原处理决定；（5）拟报省院决定立案查办国家机关工作人员利用职权实施的其他重大犯罪；（6）复议复核案件；（7）检察长不同意人民监督员表决意见；（8）检察长交办的其他事项。

2. 有重大影响类：对于重大影响的判定，宜采取客观标准 + 主观判断相结合模式，首先从客观上判断其是否具备以下一些特质，其次从主观上判断这些特质是否达到重大标准。这些特质包括但不限于：可能或已经出现涉检信访、领导批示、上级机关交办协调、办案部门意见分歧、社会舆情发酵以及涉案人数众多、涉黑涉恶涉恐、社会高度关注等。

3. 有重大分歧类：检委办一般从承办人意见、部门意见、分管领导意见、专家咨询意见、律师意见、内部侦捕诉意见是否一致角度进行判断。对于重大分歧类案件，由于检委会决策并无优势，特别是事实证据类争议案件，更是背离亲历性要求，所以，该类案件不宜提交讨论。

将必经程序类以及具有较高等级舆情信访风险、法律效果和社会效果难以平衡等重大影响案件的决定权以及宏观业务管理评价权赋予检委会，以确保检察决策的民主性和可接受性，但是不能走向另一个极端，无限强化检委会的案件讨论权、强化检委会的行政化倾向、强化集体决策的影响力，压缩个体决策的空间，甚至架空办案责任制，借以规避“谁办案谁决定，谁决定谁负责”的基本责任。检委会在办案决策机制中的地位和作用将会逐步集中到少数疑难案件的择优抉择和决定权上的同时，可以将工作重点转移到宏观业务指导上，加强上级院对下级院的业务指导、统一执法思想、规范执法行为、解决法律适用争议、总结典型工作经验，提升业务决策指导能力和水平，使检委会职能实现从办案决定机构为主转变为宏观业务决策管理机构，以期更好地发挥检委会群体决策的作用，更好地适应司法规律和特点。

（二）检委会合适议案范围下的内部权限划分问题

办案责任制要求检察官对授权范围内的案件独立行使决定权，并承担相应办案责任，这涉及检察长、检察委员会与检察官之间权限划分以及放权与制衡的问题。

分析检委会与检察官的职权关系的理论根据是检察一体原则。我国宪法和人民检察院组织法均规定人民检察院而非检察官个人依法独立行使检察权。检察一体原则承认上下级检察机关的领导关系以及在检察院内部检察长、检委会与检察官间的领导与从属关系，包括上级对下级的指令权、移转权和代理权，体现检察权的行政属性。[①] 同时，肩负客观公正义务的检察官在法律规定的范围内具有相对独立的职权，是一级办案组织，体现检察职权的司法属性。这两方面是一个统一整体，不可分割。但长期以来，检察实践中行政化趋势越来越强，而检察官相对独立的制度保障却不到位，过度强调检察一体、命令与服从，导致检察权过于集中，影响检察效率以及检察官履行客观公正义务，使得相关主体权力界限模糊、司法责任不明。

1. 科学划分检察长、检委会与检察官的职责

在检察机关办案组织中，检察长、检委会与检察官都是不同层级的办案组织。前者对后者有指令权，后者对前者有服从义务，但后者并不处于附属地位，而是在执法办案活动中对自身权力内事项可以进行独立判断并承担责任。对于检察长、检委会的违法干预或不当指令，检察官可以提出异议。[②]

一是检委会与检察长（包含副检察长，下同）的关系。在办案责任制改革相关问题上，很多试点工作规范性文件往往以“除法律规定由检察长或检委会行使的权力之外”一句笼统概括，在实践中缺乏可操作性，诸如哪些案件是提交给检察长，而哪些又是提交给检委会的？这是正确理解检委会与检察长关系时遇到的最棘手的问题。结合检察改革的推进，必须细化规定，明确两者的具体权限划分，根据业务性质差异，分别制定各自权利清单和负面清单，避免使用检察长或者检委会决定这种模糊字眼。

二是检委会与检察官的权限划分。如何科学划分检委会与检察官、检察官的职权界限是司法改革的难点问题之一。检委会制度与办案责任制并不相悖，但是检委会制度存在效率不高，亲历性、司法属性不足等特征，因此重新确定和完善二者关系，成为实践中亟须解决的问题。以检察官办案责任制改革为契

---

① 参见孙谦主编：《中国特色社会主义检察制度》，中国检察出版社2009年版，第227～228页。

② 周理松：《办案责任制改革背景下检委会与检察官关系的定位》，载《人民检察》2015年第16期。

机，将绝大多数案件授予检察官，由检察官直接承担办案责任。检委会重点研究背景和风险情况特殊的案件，将案件置于国家安全、社会稳定、经济发展的大局中去考量，以是否涉及国家政治、经济安全和人民群众切身利益，是否容易引发社会矛盾、影响社会稳定为判断标准。对于上级机关交办的、有关部门组织协调的、社会广泛关注的热点敏感问题等案件，一般应当通过检委会集体进行择优决策。

三是厘清检委会与党组会等相关会议的职权划分。检委会的业务范围主要是与检察业务相关的重大事项决策，具体包括审议、通过本院工作报告、专题报告和议案；总结检察工作经验，研究检察工作中的新情况、新问题；审议、决定疑难复杂案件等八种情形。党组是上级党委的派出机关，党组会是确保党的理论和路线方针政策得到贯彻落实的重要途径，是体现我党政治优势、组织优势和制度优势的载体。检察长办公会议事范围主要是组织管理方面的，如拟订工作计划、行政管理等。这三个会议相互关联，如检委会委员配备、专职委员分工由党组会定，检委会会议日期、会务保障由办公会安排，但不能相互之间替代。但在实践中，由于三会参加人员主要都是正副检察长（检委会包含部分业务部门负责人），人员高度混同，出于执行方便、习惯做法等考虑，往往将三会议题相互混淆，本该由检委会决策的事项往往被其他两会代劳。其实，我们可以将检委会比作高等学校内部专司学术管理、学科建设的学术委员会，检委会专司业务建设和业务管理。将探索中的检察官联席会议应定位于业务咨询机构，比作医院里的专家会诊，对于检察官、检察官以案情难以把握、专业知识牵涉面广等缘由提交讨论的案件把脉问诊，提供咨询意见供承办人参考，承办人自己决定是否采用咨询意见并独立承担办案责任。

2. 规范检察机关内部审批程序

在坚持坚持一体原则下，对应当由检察长、检委会决定的事项，承办检察官应提出处理意见，报请检察长、检委会决定。检察官应全面、客观地汇报案情，并尽量采用书面形式。遇到提抗、自侦等案件时间紧急可以采取口头汇报，事后补办手续的形式。建立全程留痕制度，检察长、检委会对案件的决定和处理必须采用书面形式，归入内卷存档备查，决不容许口头指令指挥案件处理。

检察官在办理案件过程中遇到自己把握不住的问题，可以自己召集检察官会议进行讨论或提交检察长召开检察官联席会议进行把脉。对检察官会议的意见，检察官可以参考借鉴。对检察长、检委会的决定，检察官必须执行并及时反馈执行情况。检察官有异议的，可以提出异议，在检察长、检委会未改变处理结论时应坚决执行检察长、检委会决议。如果检察官坚持己见，检察长、检委会可以依照规定程序更换承办人。

3. 完善检委会相关机制

检委会更好地履职，必须依赖制度创新。一是努力增强案件讨论的直接性、亲历性。检委会审议具体案件，不是行政会议，而是对案件实体和程序进行判断的司法办案活动，具有明显的司法属性。因此，需要尊重司法办案规律，增强亲历性。二是增强会议程序的类型化。根据会议功能的不同，将会议程序应分为讨论程序和表决程序两个阶段；根据议题性质不同，将程序分为议案程序和议事程序两个类别并分别设置程序规定。

检察委员会运行机制改革应正确理解和实践检察一体原则

沈红波*

“检察一体”是大陆法系检察制度当中的一个经典性理论和表述，它主要是有关检察制度内部组织构建和检察权能运行的原理。当今司法责任制改革背景下推进检委会运行机制改革，需要以这一重要理论为指导，正确处理检察委员会（以下简称检委会）与检察官独立的关系。特别是检察一体与检察官独立之制，自检察制度诞生以来，被奉为检察机关公正司法的利器。① 由此，可见检察一体在检委会运行机制改革中的重要地位。

一、检察一体原则的再审视

检察一体原则是大陆法系检察制度的重要理论，从我国法制史发展来看，近代以来我们的检察制度就深受大陆法系检察制度的影响。② 今天，检察一体原则在我国检察实践中发挥着重要作用，这种特征在我国检察机关表现得尤为明显。推进检委会运行机制改革，不能脱离检察一体原则。特别是当前司法实务界一些人员对检察一体原则理解存在偏差，因此需要我们重新审视这一理论。

我国宪法和人民检察院组织法均强调的是人民检察院依法独立行使检察权，并未明确规定检察官可以独立行使检察权。相对而言，许多国家或地区虽然也强调检察机关的独立，但更多地强调检察官的独立，甚至在十分强调检察一体之上命下从要求的德国、日本以及我国台湾地区都是如此，个别国家如意大利甚至将检察官独立等同于法官独立。③ 在“检察一体”原理的认识方面，

---

* 湖北省人民检察院检察官。

① 秦冠英：《检察一体与检察独立之分际与界限》，载《甘肃政法学院学报》2015 年第 2 期。

② 参见邵晖：《检察一体：基于历史维度的分析》，载《人大法律评论》2013 年第 1 期。

③ 参见陈卫东、李训虎：《检察一体与检察官独立》，载《法学研究》2006 年第 1 期。

法国、德国、日本都强调以检察官为主体构建“一体化”检察制度的同时，除了提倡上级对下级具有指令权、移转权和代理权之外，更要求检察官在履行其相应检察权能时，必须具有严格依照法律行使职权的“客观义务”以便保障其“相对独立”的特征。例如，日本法务省在有关检察官培训的主要教材中指出“检察官在行使检察权上被置于受上级指挥监督的地位，但这并不否定每个检察官是行使检察权的意志决定机关的原则。因此，上级的指挥监督权必须和检察官的独立性相协调”。[①] 日本前国家检察长伊藤荣树更是指明检察官的“客观义务”和“独立性”是“检察一体”原理创建的核心。他认为“检察官一体原则是检察官作为独立官厅行使权限，即检察事务方面的原则。总之，关于以依次分担上级官厅权限为原则的行政事务，提出一体的原则，是荒谬的。那么为什么认为只有检察中需要一体原则呢？若用一句话表示，那就是因为承认检察官的独立性”。[②] 即在检察官行使职权的过程中应该以法律的客观规定为基准，不能仅以上级之命令为依归，检察官应该是“法律的守护者”而不应该是“政府的喉舌”。检察制度在设计上要体现“一体”特征的同时，也应该将检察官的相对独立性特征在制度中予以反映。[③] 可见，“检察一体”中“检察官相对独立”是受到“检察官客观义务权”规定的影响。国内有观点认为，检察一体原则是指各级检察机关及其人员结成一个有机统一整体，内部上下之间遵循上命下从的领导原则，内部相互之间遵循相互配合的工作原则，对外则遵循独立判断、独立责任的原则。[④]

我们认为，检察一体原理的核心内容，一方面强调上下级检察机关之间以及作为上级的检察长、检委会和作为下级的检察官之间存在上命下从的领导关系，上级对下级具有指令权、移转权和代理权；各级检察机关之间应该相互协助；[⑤] 这也是检察权具有行政属性的反映。另一方面强调检察官具有客观公正义务，检察官必须严格依照法律的规定行使其职权，自身具有相对的独立性，这一特征是检察权具有司法属性的反映。两个方面是一个完整的整体，缺一不可。不可否认，检察一体原则上命下从的要求和检察官个体相对独立客观上存在制度的冲突。特别是我国，由于“行政国”的传统等原因，长期以来，司

---

① ［日］法务省刑事局编：《日本检察讲义》，杨磊、张仁等译，中国检察出版社1990年版，第20页。

② ［日］伊藤荣树：《日本检察厅法逐条解释》，徐益初、林青译，中国检察出版社1990年版，第56~57页。

③ 参见黄东熊：《刑事诉讼法论》，三民书局1985年版，第217页。

④ 参见甄贞等：《法律监督原论》，法律出版社2007年版，第90~99页。

⑤ 参见孙谦主编：《中国特色社会主义检察制度》，中国检察出版社2009年版，第227~228页。

法机关过于强调检察一体之上命下从的要求，而对检察一体还要保障检察官相对独立办案的要求征被淡化，甚至被遗忘，以至于有观点将检察一体原则等同于“上命下从”。我们认为，检察一体原则的两方面内容不可偏颇，并需要合适的制度加以规制。如果过度强调检察一体之上命下从要求，忽视对检察官相对独立办案的保障，那么容易导致检察权力高度集中于少数人员手中，这不仅不利于检察官正确履行其客观公正义务，而且也会使检察长、检委会与检察官之间的权力界限不明、司法责任不清。

二、检察一体原则在当前检委会运行机制改革中的贯彻

尊重检察一体规律，推进检委会运行机制改革，一方面应加强检委会自身建设，另一方面应妥善处理好检委会与检察长、检委会与检察官相对独立办案的关系。

（一）科学划分检察长、检委会与检察官之间的职责权限

对法律规定由检察长、检委会行使的职权，综合考虑案件性质和影响，可以授予检察官行使。[①] 重大、复杂、疑难案件和可能影响其他执法司法机关判决、裁定、决定的诉讼监督案件，由检察长或检委会决定；而对于一般案件，由于事实并不复杂，案情较为简单，检察长并无必要亲自办理或介入，因此完全可以通过授权，让检察官自行决定。另外，对于办案中的事务性工作，特别是一些非终局性的事项，也可以授权给检察官独立决定。同时，根据各项检察业务的不同，应分别制定检察长、检委会正面和负面权力清单。

对应当由检察长或检委会决定的重大、复杂、疑难案件，检察官可以作为承办人办理案件并提出意见，但最后处理意见应由检察长、检委会决定。确定重大、复杂、疑难案件，应综合考虑以下因素：涉案犯罪数额或标的额；案件类型；涉案人员情况，如较高级别人员或者涉外、涉港澳台人员，涉案人数众多等；案件社会影响力，属社会关注或者存在不稳定风险可能引发涉检涉诉信访等；案件来源（是否属上级院交办，人大代表反映或关注，下级院提请复议，公安机关提请复议复核等）。

（二）规范检察机关办案审批、指挥、指令程序

在坚持检察一体原则的基础上，探索实行“扁平化”改革，减少审批层级，精简办案流程，最终确保办案效率的提高。对应当由检察长、检委会决定

① 由于各个检察权能存在差异，有的司法属性较强，有的行政属性较强，因此对司法属性较强的公诉权、批捕权，可以更多地授予检察官独立行使；而对行政属性较强的侦查权，适当授予检察官行使。

的事项，检察官应当提出处理意见，报请检察长、检委会决定。检察官在办理案件过程中，可以提请召开检察官会议进行讨论，讨论意见供检察官参考。检察长也可以召集检察官会议进行讨论。省市级检察院办案中，检察官意见应通过部门负责人报送，部门负责人对检察官所承办案件有不同意见的，可以提出自己的意见一并呈报检察长；办理职务犯罪侦查案件时，先由检察官（办案组长）提出意见后报送局长先行审核，然后再由局长报请检察长审批。

对需要检察长、检委会审批、指挥、指令的事项，检察官应当提供确实、充分的案件材料，全面、客观地汇报案件情况。检察长、检委会在作出决定前，应全面掌握案情，切实做到“三思而行”。对办案的决定、指令，应当采取书面形式；在紧急或特殊情况下，可以采取口头形式，但事后应当补办书面手续。检察长、检委会作出的所有决定、指令，应归入案件档案备查。检察官认为检察长和检委会作出的决定、指令违反相关规定的，可以提出异议，向其阐明自己的理由。如果经过充分的沟通，检察长和检委会仍然要求检察官按原决定执行的，那么检察官应当执行，但对于明显违法的决定、指令除外。如果检察官坚持自己意见的，检察长、检委会在办案期限许可的条件下，可以将案件转交由其他检察官办理。①

（三）明确不同主体办案责任的划分

遵循“谁办案、谁决定、谁负责”的原则，明确不同办案主体的责任划分，即检察官在其职权范围内所作出的决定，检察官对其决定承担责任。需由检察长或者检委会决定的事项，检察长、检委会对其作出的决定负责，检察官对事实和证据负责；如果检察长或者检委会改变（或者部分改变）检察官决定的，那么检察官对改变的部分无须承担责任。提交检委会审议决定的案件，检察官对案件事实和证据负责，检委会对案件定性和法律适用问题负责。同时，凡报请检委会决定的案件，检察官应当明确提出需要审议决定的案件定性或法律适用问题。

赋予检察官一定办案责任的豁免权。对检察官办案责任的追究必须把握好与检察权依法独立行使的界限，不得将检察官对事实和法律的正常认识偏差作为追究责任的依据，否则将限制检察官独立思考和判断。在我国《检察官法》

① 正如检察一体原则所要求，虽然检委会、检察长对办案活动具有相应的指令权，检察官有服从义务，但这并不意味着检察官在办案中处于“附庸”地位，检委会、检察长就可以随意对检察官发出指令；相反，而是赋予了检察官在办案过程中依法享有独立办案的权力，检察官在自身权力范围内可以对案件作出独立判断。而且，由于不能保证检察机关决策主体指令的绝对无误，因此检察官对于违法指令或者不当指令可以提出异议，如果意见不被接受，检察官可以将案件交出，由检委会、检察长指令其他人员承办。

对检察官依法履行职责作了原则性规定的基础上，应进一步明确豁免检察官责任的情形，即对于因对法律理解和认识上的偏差①、出现新的证据、法律修订或政策调整、办案所依据的其他法律文书被撤销或变更等原因，不得认定为错案并要求检察官承担责任。

（四）加强检委会自身建设

加强检委会自身建设，有利于从制度机制上保障检委会委员更好地履职，有利于提升检委会议案决策能力，促进检委会公正、科学决策。

增强审议案件的亲历性。检委会审议案件不是行政活动，而是依照法定程序和条件对案件定性和适用法律作出判断的司法活动，无论决定是否侦查终结，还是决定是否提起公诉、批准逮捕等职能，均具有一定的司法属性，② 因此需要尊重司法办案规律，增强亲历性。特别是审议重大有争议案件，有必要听取当事人的意见。在信息条件下，还要善于借助现代通信手段，探索增强审议案件亲历性的方式方法，比如可以推行委员在讨论案件前观看录音录像等方式了解案情，增强委员审理案件的亲历性。

增强决策的透明化程度。司法公正离不开公开。检委会审议过程可以适当扩大参会人员的范围，除了通知检察机关内部人员列席检委会外，还可以邀请法官、律师以及高校专家学者等人员列席检委会。③ 此外，还可以利用现代高科技手段增加检委会的透明化，如利用多媒体对检委会召开实行全程同步录音录像，并将录音录像与检委会记录一起归档，做到有证可查。

探索建立对检委会委员的通报与责任追究机制。为增强检委会委员的责任意识，督促其认真履职，促进检委会公正、科学决策，有必要建立相应的通报与责任追究机制。关于通报机制设计，可将委员参会出勤情况、提案情况等内容列入通报指标中，定期进行通报。建立对检委会委员的责任追究制度。整体负责不等于无人负责。一旦出现案件质量问题，除了集体负责、集体承担责任

---

① 这里的“偏差”不同于“错误”，它是指不同检察官认识理解不一致，而不是完全背离事实和法律的明显错误。

② 龙宗智：《检察机关办案方式的适度司法化改革》，载《法学研究》2013 年第 1 期。

③ 对于检委会审议案件要不要扩大列席范围，有观点认为，检委会召开会议是检察机关决议的过程，属内部程序运作，因此不应邀请检察机关以外的人员列席。对此，笔者并不否认检委会会议是检察机关内部决策过程的看法，但列席会议并不意味着全程参会，也可以只列席会议的某一阶段。实质上，法官、律师、专家学者列席会议，有利于检委会更好地了解案情并作出正确的裁判。因此，可以进一步明确检委会审议案件的程序，在听取承办人汇报阶段，可以邀请律师到场，听取律师的意见，以防止偏听偏信；而在委员的发表意见及表决阶段，这些列席人员可以离场。

以外，还要追究发表违法意见的检委会委员的个人责任。[①] 当然在追究责任的时候，应当区分正常的认识偏差，并应当考虑其是否有违纪违规情况。

① 关于是否应追究委员责任，有观点认为，我国宪法和法律对人大代表的言论免责权作了明确规定，应参考人大代表发言免责的规定，明确规定检委会委员发言可以免责。对此，笔者不敢苟同。纵使人大会议和检委会会议都相似之处，但两者还有很多不同，不能简单地加以类比。言论免责制度主要是为了保障人大代表在会议中自由表达自己的意思，表决行为不受约束，最终使人大能够独立地形成本身的意志，它为代表提供的保护网主要是针对可能来自国家公权力的侵害。而检委会审议案件是一种司法办案行为，这和检察官办案并无实质差别。即使其他国家公权力干涉个案办理，也是直接影响检察机关作出决定，并非通过干涉检委会委员来实现，这和人大代表所处环境有明显差异。

检察机关司法责任体系的理论构建*

徐汉明** 简乐伟*** 苏永胜****

完善司法责任制在本轮司法体制改革中居于基础性地位，提高司法公信力必须"紧紧牵住司法责任制这个牛鼻子"。① 完善司法责任制的基本前提之一，即建立健全"权责一致"的司法责任体系。就检察机关而言，既需构建人民检察院司法责任的概念、特征、价值、功能等基本范畴，又需确立人民检察院司法责任制的类型、具体情形，司法责任豁免机制，以形成科学完备的人民检察院司法责任体系与运行机制，确保依法独立公正高效行使检察权，提高司法公信力。

一、司法责任的范畴

（一）司法责任的范畴界定

司法责任范畴是司法责任制的核心概念。对此，目前法学界、法律界持有不同的主张。概括有"否定评价说"、"法律责任说"、"不利后果说"等代表性观点。"否定评价说"论者认为，司法责任是指"司法责任是国家对司法机关的违法司法行为依法所作的否定性评价和谴责"。② "法律责任说"论者认为，司法责任是指"司法机关及司法人员对在行使司法职权过程中实施的司

---

* 本文系教育部人文社科重大项目《司法管理体制改革》阶段性成果。

** 中南财经政法大学法治发展与司法改革研究中心主任、湖北法治发展战略研究院院长，二级教授，博士生导师，中国法学会法治研究基地暨湖北省人文社科重点研究基地主任，教育部"社会治理法治建设"创新团队首席专家，首届全国检察业务专家，湖北省委深改领导小组首席专家兼省委法律顾问。

*** 湖北省襄阳市人民检察院检察官，博士。

**** 湖北省人民检察院检察官，硕士。

① 习近平在 2015 年 3 月 24 日中共中央政治局第二十一次集体学习时强调，参见《人民日报》2015 年 3 月 26 日第 1 版。

② 谢高仕：《从责任豁免制中走出的司法行为——简论司法责任》，载《湖北民族学院学报（哲学社会科学版）》2000 年第 1 期。

法违法行为所应承担的法律责任”。[①]“不利后果说”论者认为，司法责任是指“司法机关及其工作人员在履行司法职务过程中因未能履行职责或行为不当而应该承担的不利的法律后果”。[②] 这些界分各有优点，亦存在疏漏之处。而司法实践中特别是检察实践中，我国关于检察机关、检察人员司法责任的法律依据主要体现在《宪法》[③]、《国家赔偿法》[④]、《检察官法》[⑤] 的相关规定之中。如《宪法》第5条第4款规定：“一切国家机关和武装力量、各政党和各社会团体、各企业事业组织都必须遵守宪法和法律。一切违反宪法和法律的行为，必须予以追究。”该款中的国家机关自然包括司法机关，当司法机关违反宪法和法律时则应予以追究。《国家赔偿法》第17条、第18条分别规定了司法机关及其工作人员在行使职权时因侵犯人身权、财产权而负有的赔偿责任。《检察官法》[⑥] 第35条具体规定了检察官应当承担责任的13种情形。2013年8月出台的《中央政法委关于切实防止冤假错案的规定》[⑦]，则严格遵守法律程序制度，对坚守防止冤假错案底线进行了具体规定。此外，最高人民检察院制定的《关于检察机关办理案件必须严格执行的六条规定》[⑧]、《检察人员纪律处分条例（试行）》[⑨]、《检察人员执法过错责任追究条例》[⑩]、《检务督察工作暂行规定》[⑪]、《检察人员八小时外行为禁令》[⑫]、《人民检察院刑事诉讼涉案财物管理规定》[⑬] 等规定的部分条文也与检察人员的司法责任有关。这些规定构成了

---

① 刘后务：《论司法责任》，载《广西社会科学》2001年第3期。

② 张勇：《中国古代司法责任制度及其法文化分析》，中国政法大学2002年博士学位论文，第3页。

③ 1982年12月4日第五届全国人大第五次会议通过并颁布，1988年4月12日第七届全国人民代表大会第一次会议第1次修正……2004年3月14日第十届全国人民代表大会第二次会议第4次修正。

④ 1994年5月12日第八届全国人大常委会第七次会议通过，2010年4月29日第十一届全国人大常委会第14次会议第1次修正，2012年10月26日第十一届全国人大常委会第29次会议第2次修正。

⑤ 1995年2月28日第八届全国人大常委会第十二次会议通过，2001年6月30日第九届全国人大常委会第22次会议修正。

⑥ 1995年2月28日第八届全国人大常委会第十二次会议通过，2001年6月30日第九届全国人大常委会第22次会议修正。

⑦ 中政委〔2013〕27号。

⑧ 2001年4月9日最高人民检察院第九届检察委员会第八十五次会议通过。

⑨ 2004年6月1日第十届第十三次最高人民检察院检察长办公会通过。

⑩ 2007年7月5日最高人民检察院第十届检察委员会第七十九次会议通过。

⑪ 高检发〔2007〕10号。

⑫ 高检发纪字〔2013〕11号。

⑬ 2014年11月19日最高人民检察院第十二届检察委员会第二十九次会议通过。

司法责任法律属性、结构及其功能的逻辑体系。

从学理层面相对准确地界定司法责任，则需要兼顾法学的一般原理、我国司法实际及其“司法责任”这一偏正短语的组成形式。就“司法”这一修饰语而言，根据法学一般理论，“司法”是指国家司法机关及其司法人员依照法定职权和法定程序，具体运用法律办理案件的专门活动。根据我国司法实际，司法机关一般指法院、检察院，司法人员一般指办理具体案件的法官、检察官。就“责任”这一中心语而言，一般认为“责任”包括两层意思：一是指“分内应做的事”，二是指“没有做好分内应做的事，因而应当承担的过失”。[①] 结合我国司法实践，上述“分内”是指法院、检察院及法官、检察官在办理案件过程中的职责。以人民检察院为例，其司法责任[②]主要包括两个层面的含义：第一个层面是指检察院及检察官在办理案件过程中，依法应当履行的检察职责。该层面属于应然层面，一般从正面进行指引，如检察机关及检察人员在办案过程中，必须完成权力清单中相应的法定职责，即检察院及检察人员在代表国家行使司法权力的同时必须履行相应的义务。第二个层面是指检察院及检察官在办理案件过程中，因故意不当履行检察职责或因重大过失不履行检察职责产生严重后果而应当承担的不利后果。该层面属于实然层面，大多从负面进行约束，如检察机关及检察人员在办理具体案件的过程中，出现负面清单所列举的行为，则依法应当承担相应的不利后果，即检察院及检察人员在代表国家行使司法权力时不履行上述第一层面的义务，则会被追究相应责任。司法实践中，经常使用的是狭义的司法责任，如检察人员办理案件过程中因故意违反检察职责或因重大过失不当履行检察职责造成严重后果而被追责的情形。但是，广义的司法责任所包含的上述两层含义，尤其是第一层含义的重要性也不容忽视，要充分发挥该层面积极正面的指引作用，以尽可能避免第二层含义——狭义的司法责任——司法追责情形发生。

（二）司法责任的特征

司法责任的特征主要是：

1. 司法性。司法责任是司法机关及其司法人员在代表国家行使司法权力时所必须承担的责任。“它是由对司法人员严格追责的目的衍生出来的特定词汇；其强调的重点在于‘司法人员’这种特殊主体和‘在司法过程中’这一

---

① 中国社会科学院语言研究所辞典编辑室编：《现代汉语词典》（第5版），商务印书馆2005年版，第1702页。

② 本章以下内容关于司法责任的分析，一般以人民检察院司法责任为例。

特定时空范围。”[①] 这意味着，一是非司法机关、非司法人员不是承担司法责任的适格主体。二是司法机关及其司法人员在社会活动中以民事主体等其他角色出现而不行使司法权力的场合，如购买商品或服务等，也不产生司法责任；即使司法人员在司法办案活动以外违反司法人员职业道德准则或纪律、法律规定的违纪违法行为，也不承担司法责任。即司法责任因司法活动而产生，无司法则无司法责任。

2. 复合性。司法责任的复合性是由我国司法人员大多同时具有司法人员、国家公职人员、中共党员等多重特殊身份的实际所决定的。司法人员在司法活动中如果违反法律规定则要承担法律责任，如《刑法》[②] 规定的非法搜查罪，刑讯逼供罪，徇私枉法罪，民事、行政枉法裁判罪等，主要是针对其司法人员身份的追责。司法人员在司法活动中如果违反行政纪律规定则要承担纪律责任，如《公务员法》、[③]《检察人员纪律处分条例（试行）》等规定的警告、记过、记大过、降级、撤职、开除等处分，主要是针对其国家公职人员身份的追责。司法人员在司法活动中如果违反党员纪律规定则要承担党纪责任，如《中国共产党纪律处分条例》[④] 规定的警告、严重警告、撤销党内职务、留党察看、开除党籍等处分；《关于完善人民检察院司法责任制的若干意见》（以下简称《若干意见》）规定的停职、延期晋升、调离司法办案工作岗位以及免职、责令辞职、辞退等处分，主要是针对其中共党员身份的追责。

3. 过错性。狭义的司法责任因司法人员履行司法职责中的不当行为而引起，是一种过错责任。从《若干意见》第 32 条、第 34 ~ 36 条规定的故意违反法律法规责任、重大过失责任和监督管理责任等 3 种类型的司法责任来看，追责意义上的司法责任皆因司法人员在司法办案工作中没有尽到必要注意义务，主观上存在故意或重大过失等过错。如果检察人员在履行检察职责中尽到必要注意义务，主观上没有故意或重大过失的，即便有错案发生，根据《若干意见》第 33 条的规定也“不承担司法责任”。即司法追责因司法人员存在主观过错而启动，无过错则不启动。

4. 并罚性。狭义的司法责任都是因司法主体过错而承担的制裁性后果，从《若干意见》第 44 条规定的司法责任方式来看，司法人员承担具体司法责

---

① 葛琳：《追究意义上的司法责任有三个特点》，载《检察日报》2016 年 3 月 30 日第 3 版。

② 1979 年 7 月 1 日第五届全国人民代表大会第二次会议通过，1997 年 3 月 14 日第八届全国人民代表大会第五次会议第 1 次修正……2015 年 8 月 29 日第十二届全国人民代表大会常务委员会第十六次会议第 9 次修正。

③ 2005 年 4 月 27 日第十届全国人民代表大会常务委员会第十五次会议通过。

④ 中共中央 2015 年 10 月 21 日印发。

任的方式是按照党纪处分（组织处理）、纪律处分和刑事处理等3个层次排列的。司法责任在实际适用中，可以根据司法人员履行司法职责中不当行为的严重程度对司法人员进行并罚。① 即对应当承担司法责任这一不利后果的司法人员，优先适用党纪处分（组织处理）；如果司法人员在履行司法职责中的不当行为符合纪律处分条件的，则同时给予其党纪处分（组织处理）、纪律处分；如果司法人员在履行司法职责中的不当行为符合刑事处理条件的，则同时给予其党纪处分（组织处理）、纪律处分和刑事处理。

（三）司法责任的构成及方式

1. 司法责任的构成。根据主客观相统一的一般归责原则，司法责任的构成要件如下：

（1）客观要件。即司法人员履行司法职责过程中客观上存在不当行为。鉴于我国司法人员具有多重特殊身份的实际，司法人员履行司法职责过程中违反中国共产党纪律、国家公职人员纪律、法律规定的，均属于不当行为。在《若干意见》第32条第2款规定的司法责任3种类型中，故意违反法律法规责任主要是行为责任，只要司法人员履行司法职责中存在故意违反法律法规这一不当行为，无论是否发生司法错误，都应当承担司法责任；重大过失责任和监督管理责任则是结果责任，除具备司法人员因重大过失而怠于履行或不正确履行司法职责的不当行为之外，还必须有一定的后果发生，才承担司法责任。

（2）主体要件。即责任主体必须是可以依法代表国家行使司法权力，并办理、决定具体案件的适格司法人员。根据新一轮司法体制改革要求，我国司法机关的现有工作人员即将或已经进行司法人员分类管理改革，具体分为司法官（法官、检察官）、司法辅助人员（审判辅助人员、检察辅助人员）和司法行政人员三类。其中，办理、决定具体案件的司法官、部分司法辅助人员是司法责任的适格主体。不参与办理、决定具体案件办理的部分司法辅助人员（检察官助理）、司法行政人员，以及虽然有审判员、检察员身份而不参与办理、决定具体案件办理的人员，都不是适格人员，不符合司法责任的主体要件。

（3）主观要件。即司法人员履行司法职责过程中主观上存在过错，以及没有尽到必要注意的义务。司法人员的主观过错分为因故意而违反职责和因重大过失而怠于履行或不正确履行职责两种具体情形。如果司法人员在履行司法职责中尽到了必要注意义务，主观上没有过错，则不符合司法责任的主观要

① 如根据《检察人员执法过错责任追究条例》第4条第2款规定，批评教育、组织处理、纪律处分和刑事处理方式可以单独适用，也可以同时适用。

件，亦即不承担司法责任。

2. 司法责任的方式。司法责任方式是司法人员承担司法责任的形式，是司法责任的具体化，也是司法责任实现的载体。

（1）党纪处分（组织处理）。指具有中共党员身份的司法人员因自身履行司法职责中的不当行为而由党组织根据其行为严重程度给予其相应的处分。《若干意见》第 44 条第（一）项规定的具体处分形式有：停职、延期晋升、调离司法办案工作岗位以及免职、责令辞职、辞退等。对司法人员的上述处分，由组织人事部门按照干部管理权限和程序办理。

（2）纪律处分。指作为国家公职人员群体一分子的司法人员因自身履行司法职责中的不当行为而由国家行政部门根据其行为严重程度给予其相应的处分。《若干意见》第 44 条第（二）项规定的具体处分形式有：警告、记过、记大过、降级、撤职、开除等。对司法人员的上述处分，由司法机关纪检监察机构依照有关规定和程序办理。

（3）法律处理。指作为代表国家行使司法权力的专业人员，司法人员因自身履行司法职责中的不当行为而由国家司法机关根据其行为严重程度给予其相应的处分。结合上述关于司法责任分类中以承担司法责任方式为标准的分析，法律处理具体包括：民事责任、行政责任和刑事责任。《若干意见》第 44 条第（三）项只规定了刑事处理，对司法人员的上述处分，一般由司法机关纪检监察机构将犯罪线索移送其他司法机关处理。

二、司法责任的基本类型

（一）司法责任应坚持“两分法”

笔者认为，应将司法责任区分为司法责任分类和司法责任种类。司法责任分类是法学研究中常用的概念，主要是从多角度按照不同的标准，以两分法对司法责任进行分类研究，发现总结不同类别司法责任的特点及其运用规律，以便于司法实践中根据司法责任的分类确定相关责任主体及承担责任方式。司法责任种类是司法实践中常用的概念，主要是根据法律法规确定单一的分类标准，将司法责任划分为若干种类，以便于司法实践中根据承担司法责任的具体情形划入相应的司法责任种类，从而将不承担司法责任的具体情形排除在追责意义上的司法责任之外。

1. 司法责任的分类。根据不同的分类标准，可以将司法责任划分为不同的类别，司法责任常见的分类标准主要有：

（1）具体司法行为的司法责任。其以具体司法行为的性质为划分标准。根据该标准，可将司法责任划分为民事司法责任、行政司法责任和刑事司法责任。该类型划分的意义是便于司法实践中明确不同性质的不当司法行为所对应的司法责任。上述司法责任以党纪处分（组织处理）、纪律处分、法律处理等方式实现，其中处分力度最严重的是法律处理，即承担刑事责任，如《刑法》第 247 条规定的刑讯逼供罪，第 399 条第 1 款规定的徇私枉法罪是承担刑事司法责任的最严重方式；第 399 条第 2 款规定民事、行政枉法裁判罪则分别是承担民事司法责任、行政司法责任的最严重方式。

（2）适格司法人员主体承担责任的司法责任。其以承担司法责任的主体为标准。根据该标准，可将司法责任划分为司法机关的司法责任和司法人员的司法责任，该类型划分的意义是便于司法实践中明确承担司法责任的主体。司法机关的司法责任主要体现在《国家赔偿法》规定中，以承担经济赔偿的责任方式为主；《若干意见》主要规定的是司法人员的司法责任。司法人员之所以成为司法追责的对象主要是国家司法权力最终由司法人员代为行使，根据权责一致原则，司法人员应当对履行司法职责中的不当行为负责。

（3）机关法人主体承担责任的司法责任。其以承担司法责任的机关为标准。根据该标准，可将司法机关的司法责任划分为公安机关（含国家安全机关）的司法责任、检察机关的司法责任、审判机关的司法责任、看守所的司法责任、监狱管理机关的司法责任，该类型划分的意义是便于司法实践中明确承担司法责任的具体机关。司法机关的司法责任方式主要是司法赔偿，即向赔偿请求人支付赔偿金，如《国家赔偿法》第三章关于刑事赔偿的相关规定。

（4）类型化承担责任方式的司法责任。其以承担司法责任的方式为标准。根据该标准，可将司法人员的司法责任划分为党纪处分（组织处理）、纪律处分和法律处理，该类型划分的意义是便于司法实践中明确承担司法责任的具体方式。

（5）司法分类人员的司法责任。其以承担司法责任的司法人员类别为标准。根据该标准，以人民检察院司法责任为例，可将司法责任划分为检察官的司法责任、检察辅助人员的司法责任、检察长（副检察长）的司法责任、检察委员会委员的司法责任、上级人民检察院有关人员的司法责任，[①] 该类型划分的意义是便于司法实践中明确承担司法责任的具体责任人。

2. 司法责任的种类。《若干意见》第 32 条第 2 款规定了故意违反法律法规责任、重大过失责任和监督管理责任等三种形式的司法责任，其划分依据是以司法人员在履行司法职责中是否尽到必要注意义务。此外，还可以根据司法

① 与法院不同，上级人民检察院有关人员之所以要承担相应的司法责任，是因为我国检察机关上下级之间是领导关系，下级检察院必须执行上级检察院的命令、决定等。

人员的主要岗位职责将司法责任分为司法办案责任和监督管理责任。

（1）司法办案责任。司法办案责任是在司法办案工作中，司法人员因故意违反司法职责，重大过失怠于履行或不正确履行司法职责而应当承担的不利后果，是引起司法责任的直接原因，是主要责任，主要包括故意违反法律法规责任和重大过失责任两种。

（2）监督管理责任。监督管理责任是在司法办案工作中，负有监督管理职责的司法人员因故意或重大过失怠于行使或不当行使监督管理权而应当承担的不利后果，是引起司法责任的间接原因，是补充责任。

（二）故意违反法律法规责任的基本把握

1. 基本要素。故意违反法律法规责任，是指检察人员因司法办案工作中故意不遵守法律法规司法办案规定的不当履职行为而应当承担的不利后果。一是"检察人员"。以司法人员分类管理为标准，这里的检察人员指案件办理中参与案件事实认定和法律适用的检察员（包括检察官、检察委员会委员、副检察长和检察长）和部分检察辅助人员（检察官助理）。二是"故意"。故意是指办理案件的检察人员主观上明知自己不当履行检察职责的行为会违反法律法规关于司法办案的规定，而仍然希望或放任这种不当履行检察职责行为发生的主观心态。三是"法律法规"。主要是通过刑法、检察官法、诉讼程序法和司法办案规定实现对检察人员履行检察职责行为的指引和约束。

2. 基本特征。故意违反法律法规责任除了具有司法责任上述的司法性、复合性、过错性和并罚性等共同特征之外，相比较其他司法责任种类而言，还具有以下特征：

（1）行为人主观性确定。一方面，承担该类型司法责任的责任主体主观上属于明知。作为代表国家行使司法权力的检察人员，其应当知晓法律法规对自身职责以及违反职责不利后果的规定，仍然希望或放任自身不当履职行为的发生，违反法律法规对司法办案的规定，这反映出行为人的主观性确定。另一方面，作为司法专业人士，其故意违反法律法规行为对公正司法、司法公信力所造成的危害后果比其他人更为严重，所产生的影响更为恶劣。

（2）以行为责任为主。司法责任的归责原则一般包括两种：一是以行为人的不当行为作为归责原因，不当行为是否产生危害后果不影响责任的成立，只影响责任的大小，简称为行为责任；二是以行为人不当行为所产生的危害后果作为归责原因，简称为结果责任。不难发现，《若干意见》第 34 条规定的

11种应当承担故意违反法律法规责任的具体情形中的9种情形都属于行为归责，[①] 即检察人员在司法办案工作中，只要故意实施该9种不当行为之一的，无论是否产生危害后果，都应当承担司法责任。

（3）责任处分力度大。基于过错与责任相一致的追责原则，该责任主体主观恶性决定了责任主体所要承担的责任后果处分力度。从《若干意见》第34条规定的11种应当承担故意违反法律法规责任的具体情形来看，责任主体一般将面临《若干意见》第44条规定的党纪处分（组织处理）、纪律处分、刑事处理等并罚处分，由此可反映出该处分的力度和严重性。

3. "法律法规"限定。法律法规一般指法律、行政法规、司法解释、地方法规、地方规章、部门规章等。笔者认为，承担司法责任的法律法规不宜"过宽"，应限定为与司法办案相关的法律法规。这里的法律特指由全国人大及其常委会制定的与司法办案相关的法律，如《刑法》、《国家赔偿法》、《检察官法》、《刑事诉讼法》、《民事诉讼法》、《行政诉讼法》等。这里的法规有别于广义上的行政法规、地方法规、地方规章、部门规章等，应当是特指对检察人员司法办案中履行检察职责行为进行指引和约束的司法办案规定，如相关立法解释、司法解释以及最高人民检察院制定的《检察人员纪律处分条例（试行）》、《检察人员执法过错责任追究条例》、《关于检察机关办理案件必须严格执行的六条规定》、《检务督察工作暂行规定》等。需要注意的是，地方检察院制定的指引和约束检察人员司法办案活动的规范性文件能否纳入"司法办案规定"范畴，作为对检察人员不当履职行为处分的依据，应当谨慎。根据《若干意见》第44条规定的司法责任追究程序，以及维护司法责任追究的严肃性和检察人员履职保障的综合考虑，上述地方检察院应限定为省一级的人民检察院。

（三）重大过失责任的基本把握

1. 应把握主观心态。重大过失责任，指检察人员司法办案工作中应当预见其不当履职行为可能产生的严重后果，没有预见或已经预见到但轻信能够避免，怠于履行或不正确履行职责而造成严重后果或恶劣影响的，所应当承担的不利后果。重大过失是指作为司法专业人士的检察人员应当预见其不当履职行为可能产生的严重后果，却在司法办案中没有预见或已经预见到但轻信可以避

① 《若干意见》第34条第（五）项规定，违反规定限制诉讼参与人行使诉讼权利，造成严重后果或恶劣影响的；第（十一）项规定，"其他违反诉讼程序或司法办案规定，造成严重后果或恶劣影响的。"该款属于兜底条款，根据行为责任和结果责任的划分，从"造成严重后果或恶劣影响"的规定可知，该款属于结果责任。

免而怠于履行或不正确履行职责，造成严重后果或恶劣影响的一种主观心态。这里的重大过失包括两方面内容：

（1）疏忽大意的重大过失责任。即检察人员在司法办案工作中因疏忽大意没有预见其不当履职行为可能产生的严重后果或恶劣影响而怠于履行或不正确履行职责所应当承担的不利后果。如果检察人员履行职责中尽到必要注意义务，只是因为自身业务水平对法律、法规、规章、司法解释具体条文的理解和认识不一致，但在专业认知范围内能够予以合理说明的原因而没有预见的，不承担重大过失责任。

（2）过于自信的重大过失责任。即检察人员在司法办案工作中已经预见到其不当履职行为可能产生的严重后果或恶劣影响但轻信可以避免而怠于履行或不正确履行职责所应当承担的不利后果。其特点是检察人员履行职责中在主观上必须对危害结果的发生是持根本否定态度心理。如果检察人员履行职责中已经预见到其不当履职行为可能产生的严重后果或恶劣影响，而以放任的心态怠于履行或不正确履行职责，则应承担故意违反法律法规责任。

2. 应以危害结果作为规责要件。《若干意见》第35条规定的8种应当承担重大过失责任的具体情形都属于结果归责，即该责任的成立，必须以造成严重后果或恶劣影响为要件。易言之，检察人员在司法办案工作中虽然主观上有重大过失，客观上存在怠于履行或不正确履行职责行为，但是没有造成严重后果或恶劣影响的，不承担重大过失责任。

（四）监督管理责任的基本把握

人民检察院司法责任中的监督管理责任是指负有监督管理职责的检察人员因故意或重大过失怠于行使或不当行使监督管理权，导致司法办案工作出现严重错误的，所应当承担的不利后果。

1. 责任主体。人民检察院司法责任语境下的监督管理责任，其适格的责任主体是指在检察司法办案中履行监督管理职责的检察人员，即在办案主体与定案主体或案件办理权与案件决定权相分离的情况下，作为定案主体行使案件决定权的检察人员。根据刑事诉讼法、司法办案规定和人民检察院司法责任改革要求，承担监督管理责任的适格检察人员主要有：（1）检察长；（2）受检察长委托的副检察长、检察委员会专职委员；（3）参与检察委员会决定案件活动的检察委员会委员；（4）检察官办案组中的主任检察官；（5）上级人民检察院有关检察人员。此外，在尚未进行人民检察院司法责任改革的地区，检察机关内部的业务部门负责人也负有监督管理职责。

2. 监督管理职责。检察权兼具司法权、行政权等属性的特点，决定了人民检察院之间上级人民检察院领导下级人民检察院，人民检察院内部实行检察长统一领导与检察委员会集体领导相结合的领导体制，这一领导体制必然适用于检察司法办案工作中。检察司法办案中的监督管理职责在办案主体与定案主体相分离的情况下产生，包括重大疑难复杂的特殊案件、检察长（副检察长）没有授权给检察官行使部分决定权力的一般案件等情况。

3. 严重错误。严重错误可以从工作性质和轻重程度两方面把握。一是工作性质，限于司法办案工作。如果在司法办案工作以外的其他工作，即使出现严重错误的，则不承担监督管理责任。二是轻重程度，限于司法办案工作的严重错误。如果错误程度较轻，则不承担监督管理责任。检察人员在事实认定、证据采信、法律适用、办案程序、文书制作以及司法作风等方面不符合法律和有关规定，但不影响案件结论的正确性和效力的，属司法瑕疵，依照相关纪律规定处理。

4. 责任种类。根据监督管理责任责任主体的主观过错，分为两种情形。一是因故意不当履行监督管理职责的责任。即负有监督管理职责的检察人员，明知自己负有的监督职责，而故意怠于行使或不当行使监督管理权，导致司法办案工作出现严重错误的，所应当承担的不利后果。二是因重大过失不当履行监督管理职责的责任。即负有监督管理职责的检察人员，应当预见到其不当履职行为可能产生司法办案严重错误，因疏忽大意没有预见或已经预见到但轻信可以避免，而怠于行使或不当行使监督管理权，导致司法办案工作出现严重错误的，所应当承担的不利后果。

三、司法责任的豁免

英美法长久以来即有所谓的“司法官豁免权”，即法官判案时犯错，不论是故意或过失，均绝对不用负民事赔偿责任。美国印第安州的最高法院在1896年的Griffth案中，将此原则扩展到检察官。[①] 我国并未明确在法律规范性文件提出检察官豁免权或司法责任豁免的概念。一般认为，司法责任豁免是指检察人员司法办案中的履职行为或履职行为后果虽然形式上符合司法责任的（一个或多个）构成要件，但是检察人员具备违法阻却事由，其履职行为或履职行为后果实质上对司法公正、司法公信不具有危害性，国家因此不追究行为人的司法责任。

（一）应充分认识司法责任豁免的独立价值

司法责任与司法责任豁免都是促使检察人员在司法办案中积极地、正当地

① 参见陈瑞仁：《执法所思：陈瑞仁检察官的司改札记》，台湾商周出版社2014年版，第319页。

履行检察职责的制度设计，目的是维护司法的公正性，提高司法的公信力。司法责任豁免制度的价值主要是维护司法责任与司法独立之间的动态平衡。即以司法履职行为是否对司法公正、司法公信有实质危害为标准，该制度通过豁免方式对司法办案中正当履职行为的检察人员进行保护，或不豁免方式来惩戒司法办案中不当履职行为的检察人员。

任何制度都有两面性，司法责任制度也不例外。必须注意的是，司法责任制度在发挥指引和约束检察人员司法办案中履行检察职责行为，增强检察人员司法办案责任感，提高检察司法办案质量等作用的同时，其制度自身也存在因追责而影响司法独立，侵蚀司法中立等弊端。司法人员在司法办案中必须没有自身利益的干扰，才能中立地对案件事实和法律适用等问题作出公正的判断。一般而言，司法责任不可避免地把司法人员的切身利益牵扯到司法办案中，过重的司法责任更是迫使司法人员把如何避规自身责任风险放在首位，从而影响其司法判断的中立性，很可能产生司法判断偏离事实和法律的后果。“假如我这样做，我要负赔偿损害的责任吗?”① 特别是当案件事实出现争议而检察人员又不得不作出决定时，过重的司法责任就会迫使检察人员启动自我保护机制。如对案件事实有争议的案件，检察人员更倾向放弃自己独立办案和思考的职权，以重大疑难复杂为由通过提交检察委员会讨论或内部请示报告等方式，再以执行检察委员会或检察长决定的形式规避日后可能承担的司法责任。如果不克服其弊端，那么司法责任制度建立的初衷可能就难以实现。

（二）司法责任豁免事由

司法责任豁免事由是指那些因其存在而使得司法责任不能成立的事实。司法人员因具备司法责任豁免事由而不承担司法责任。法学理论上，司法责任豁免事由包括责任能力阻却和违法违规阻却两类。前者特指没有司法责任能力，如行为人存在年龄、精神等方面缺陷。违法违规阻却指虽然司法人员履职行为表面上侵犯了法益，但实质上对司法公正、司法公信不具有危害性，不视为违法违规，如正当履行司法职责行为、不当履职行为显著轻微且危害不大等。由于司法人员作为具备特殊身份的专业人员，其履行司法职责的前提条件之一就是具备司法责任能力，司法实践中并不存在责任能力阻却事由。因此，这里的主要是从违法违规阻却事由方面进行。

1. 常见的责任豁免事由。常见的责任豁免事由主要在民法和刑法中，如

① 参见［英］丹宁勋爵：《法律的正当程序》，李克强等译，群众出版社1984年版，第56～57页。

《侵权行为法》[①] 第27～31条规定了5种法定免责事由：（1）受害人故意，（2）第三人原因，（3）不可抗力，（4）正当防卫，（5）紧急避险。《刑法》第16条、第20条、第21条规定了4种法定免责事由：（1）不可抗力，（2）意外事件，（3）正当防卫，（4）紧急避险。此外，司法实践还认可行使权利、执行职务等免责事由。

2. 检察人员司法责任豁免事由。以行为人是否必须具备特殊身份为标准，检察人员司法责任豁免事由分为普遍免责事由和特殊免责事由。（1）普遍免责事由。即普通公民普遍享有的免于追究责任的事实，作为公民的一员，检察人员也可以享有。如上述常见的责任豁免事由，一般可作为检察人员司法责任豁免事由；但是必须符合检察人员履行司法办案职责的条件，如果不符合该条件，则不能成为司法责任豁免事由。（2）特殊免责事由。即司法办案的检察人员才能享有的免于追究司法责任的事实，主要是违法违规阻却事由，体现在《若干意见》第33条规定中。该条第1款规定的是正当履行检察职责行为的免责事由，即检察人员履行职责中尽到必要注意义务的，没有故意或重大过失的，即使有错案发生，也不承担司法责任。第2款规定的是违法违规行为情节显著轻微危害不大的免责事由，即检察人员在事实认定、证据采信、法律适用、办案程序、文书制作以及司法作风等方面不符合法律和有关规定，但不影响案件结论的正确性和效力的，属司法瑕疵，不属于司法责任，当然不承担司法责任。

（三）司法责任豁免的限制

笔者认为，司法责任豁免既要解决加重司法责任导致的检察官不敢担责、不愿担责的问题，也是防止问责泛化的问题。因此，对司法责任豁免应有所限制。由于中国现阶段的特殊国情，一旦出现错案，尤其是刑事冤假错案，往往会牵连众多的参与决策者。司法机关内部为了自身利益，就容易相互偏袒，而不是互相监督，错案追责往往容易变成烂尾工程。即使“业内评判”检察官、法官不必承担违法办案责任，社会公众也无法接受。[②] 如果过多强调司法责任豁免，在司法公信力还有很大改善空间的现实状况下，就会使之成为一些冤假错案相互推诿、问责无力的“护身符”。对于违反还超越职权，实施了违法违纪行为，仍需按照司法问责的程序追究相应的责任。

---

① 2009年12月26日第十一届全国人大常委会第十二次会议审议通过。

② 参见金泽刚：《司法改革背景下的司法责任制》，载《东方法学》2015年第6期。

统一、精细与协调："准司法型"检察官惩戒规则体系建构的价值维度与路径选择

——司改背景下完善检察官惩戒机制的反向思考与探索

谢　健[*]　刘　毅[**]

行政色彩的淡化和司法色调的增强，是司法改革背景下检察权运作机制所意欲突出强调的一大主题。作为其中的一项重要内容，检察官惩戒机制的合理构建也无法游离于这一旨趣之外。然而，通过惩戒功能、惩戒标准和惩戒内容等视角观察，以浓厚行政色调为底色的检察官惩戒机制仍然在很大程度上证明了其不成熟性。这就需要将检察官惩戒活动根植于"准司法型"的制度环境，并立足于这一定位，就完善检察官惩戒机制展开反向探索，即构建起一套适应检察改革和检察权运作的检察官惩戒规则体系。

一、检察官惩戒规则体系构成的学理分析

在任何一个现代化的国家中，对司法官的监督和惩戒都是作为权力制衡理论的一项核心表征而存在。与行使其他国家权力的公职人员不同，包括检察官在内的司法官员的行为举止更令人关注。因为，对于特定国家公民的正义观念的形成和形态而言，没有哪一个因素能够起到司法官员行为举止所负有的那样大的作用。尽管不同法域的不同地区在司法制度构建和司法权运作上的差异决定了其所制定和认可之检察官惩戒规则的形态各异，但仍可清晰地从学理上把握检察官惩戒规则体系的大致构成。同时，鉴于规则属性和调整内容的不同，对检察官惩戒规则体系的构成可以从宏观和微观两个方面来加以考察。

宏观层面的检察官惩戒规则体系，主要包括惩戒组织规则、惩戒事由规

---

* 江西省吉安市人民检察院党组书记、检察长，二级高级检察官。

** 江西省吉安市人民检察院法律政策研究室科员，助理检察员，首批全国检察机关调研骨干人才。

则、惩戒处分规则、惩戒程序规则等几个方面的内容，而这几大方面又分别由一些更具体的规则所构成（见表1）。

表1 检察官惩戒规则体系的大致构成（宏观）

<table>
<tr><td rowspan="11">检察官惩戒规则体系（宏观层面）</td><td rowspan="4">惩戒组织规则</td><td>惩戒机构规则</td></tr>
<tr><td>人员组成规则</td></tr>
<tr><td>经费保障规则</td></tr>
<tr><td>管辖规则</td></tr>
<tr><td rowspan="2">惩戒事由规则</td><td>司法内行为规则</td></tr>
<tr><td>司法外行为规则</td></tr>
<tr><td>惩戒处分规则</td><td></td></tr>
<tr><td rowspan="4">惩戒程序规则</td><td>启动程序规则</td></tr>
<tr><td>议决程序规则</td></tr>
<tr><td>执行程序规则</td></tr>
<tr><td>救济程序规则</td></tr>
</table>

与宏观层面的内容不同，微观层面的检察官惩戒规则主要是指那些关系宏观层面的具体规则的落实的规则（如在惩戒程序的不同阶段都可能需要涉及到的时效、回避、保密等方面的规则）。其总体特点是不宜归入宏观层面的规则中，但却和宏观层面中的具体规则息息相关，乃至直接关乎检察官惩戒机制整体运作的公正性和合理性的存在与否。

表2 检察官惩戒规则体系的大致构成（微观）

<table>
<tr><td rowspan="5">检察官惩戒规则体系（微观层面）</td><td>证明规则</td></tr>
<tr><td>保密规则</td></tr>
<tr><td>送达规则</td></tr>
<tr><td>时效规则</td></tr>
<tr><td>回避规则</td></tr>
</table>

值得说明的是，并非所有建立了检察官惩戒机制的国家在规范文本中都吸纳了上述规则，恰恰相反，以上对检察官惩戒规则体系的分门别类实则是建立在对不同地区惩戒规则的综合吸收的基础之上。其目的在于尽可能地提供一个反观我国检察官惩戒规范的全方位视角，进而对这套规范描绘下的检察官惩戒机制有一个既宏观又不乏细致的把握。

二、现行检察官惩戒规范的梳理、审视与评估

对检察官惩戒规则体系展开上述学理分析并明晰其内涵，有助于以此为标准，对我国当前施行的检察官惩戒规范进行条分缕析的细致梳理，从而明了我国检察官惩戒机制的基本特征，及引发对这一机制设计之科学性和运作之缺陷性的质疑的主要成因。

（一）我国现行检察官惩戒规范的分布与分析

1. 现行检察官惩戒规范的分布考察

我国检察官惩戒规范并非是以统一的文本形式出现的。在我国，检察官这一职业往往意味着多重身份的重叠，因此对检察官的惩戒实际上可能受到来自三方面目光的关注：一是着眼于“检察官”职业本身的检事规范，其中涉及惩戒规范的主要有《检察官法》、《检察官等级暂行规定》、《检察人员执法过错责任追究条例》、《检察官纪律处分条例》、《人民检察院监察工作条例》；二是着眼于检察官本身所同时具有的“国家公职人员”的公务员管理规范，其中涉及惩戒内容的规范主要包括《公务员法》、《行政监察法》；三是着眼于部分检察官可能具有的党员身份的党的纪律规范，其中涉及惩戒内容的规范主要为《中国共产党纪律处分条例》。由于公务员惩戒规范和党员惩戒规范并非以检察官为唯一的规制对象，故对检察官惩戒规范分布的考察将主要围绕相关的检事规范展开（见表3）。

表3 检察官惩戒规范分布一览表

规范名称	具体条款	主要内容
检察官法	第11章第35条	检察官行为禁止性规定
	第36条	惩戒原则性规定
	第37条	处分种类
	第38条	惩戒程序
	第47条	申述和复议
	第49条	申诉和控告的原则和禁止
	第50条	不当处分的补救措施
检察官等级暂行规定	第17条	违反纪律的等级降低

续表

规范名称	具体条款	主要内容
检察官纪律处分条例①	第 5 条	纪律处分适用的基本原则
	第 6 条	纪律处分的种类
	第 7 ~ 9 条	从轻、减轻处分；从重、加重处分的概念及情形
	第 10 ~ 12 条	纪律处分的适用规则
	第 13 ~ 17 条	纪律处分的影响及配套规则
	第 15 条	非法提讯被告人或传讯他人的处分
	第 18 ~ 21 条	对违法犯罪检察人员的处分
	第 22 ~ 26 条	处分的变更与解除
	第 27 ~ 33 条	违反政治纪律的行为
	第 34 ~ 39 条	违反组织、人事纪律的行为
	第 40 ~ 61 条	违反办案纪律的行为
	第 62 ~ 68 条	贪污贿赂行为
	第 69 ~ 76 条	违反廉洁从检规定的行为
	第 77 ~ 83 条	违反财经纪律的行为
	第 84 ~ 88 条	失职、渎职行为
	第 89 ~ 96 条	违反警械警具和车辆管理规定的行为
	第 97 ~ 101 条	严重违反社会主义道德的行为
	第 102 ~ 112 条	妨碍社会管理秩序的行为
人民检察院监察工作条例	第六章第 26 条	监察部门受理举报的案件范围
	第七章第 32 ~ 54 条	监察部门的调查
	第八章第 55 ~ 59 条	监察部门的审理
	第八章第 60 ~ 67 条	监察部门的处理
	第九章第 68 条	对纪律处分不服的申诉
	第九章第 69 ~ 75 条	复查与复核
	第 9 章第 76 ~ 81 条	结果处理及其程序

① 本条例自颁布之日起施行。1995 年 8 月 7 日颁布施行的《检察官纪律处分暂行规定》同时废止。

续表

规范名称	具体条款	主要内容
	第十章第 82 条	监察相对人责任
	第十章第 83 条	监察部门工作人员违规的责任
检察人员执法过错责任追究条例①	第 2 条	执法过错的概念
	第 3 条	追究执法过错责任的原则
	第 4 条	追究执法过错责任的种类
	第 5 条	从轻、减轻、从重的原则性规定
	第 7～8 条	应当追究执法过错责任的情形
	第 9～12 条	责任划分的办法
	第 13 条	不追究执法过错责任的情形
	第 14～24 条	责任追究程序

以上所列都属于在全国范围内业已生效、对四级检察院均具有约束力的惩戒性规范。在此之外，还有一部尤其值得注意和引起重视的规范性文件，即刚刚出台的《关于完善人民检察院司法责任制的若干意见》。该文件具有两个特征：其一，它是第一部尝试在司法责任追究中构建检察机关纪检监察机构与试点工作中探索建立的检察官惩戒委员会的衔接和配合机制的规范性文件；其二，其以“意见”的形式出现，且明确规定了它只对当前检察改革试点区域内的检察机关具有约束力，其他地区的检察机关得参照适用。鉴于该文件在推进检察体制改革转变过程中所必当具备的“承前启后”的价值，笔者在此采用直接引述条文的归纳方式对这一文件中的惩戒性规范进行梳理（见表 4）。

表 4　《关于完善人民检察院司法责任制的若干意见》中的惩戒性规范

第 32 条第（二）项	司法责任包括故意违反法律法规责任、重大过失责任和监督管理责任。检察人员与司法办案活动无关的其他违纪违法行为，依照法律及《检察人员纪律处分条例（试行）》等有关规定处理。
第 33 条第（一）项	司法办案工作中虽有错案发生，但检察人员履行职责中尽到必要注意义务，没有故意或重大过失的，不承担司法责任。

① 本条例自颁布之日起施行。1998 年 6 月 26 日颁布施行的《人民检察院错案责任追究条例（试行）》同时废止。

续表

第33条第（二）项	检察人员在事实认定、证据采信、法律适用、办案程序、文书制作以及司法作风等方面不符合法律和有关规定，但不影响案件结论的正确性和效力的，属司法瑕疵，依照相关纪律规定处理。
第34～36条	检察人员应当承担司法责任的具体情形①
第42条	人民检察院纪检监察机构受理对检察人员在司法办案工作中违纪违法行为和司法过错行为的检举控告，并进行调查核实。
第43条	人民检察院纪检监察机构经调查后认为应当追究检察官故意违反法律法规责任或重大过失责任的，应当报请检察长决定后，移送省、自治区、直辖市检察官惩戒委员会审议。 人民检察院纪检监察机构应当及时向检察官惩戒委员会通报当事检察官的故意违反法律法规或重大过失事实及拟处理建议、依据，并就其故意违反法律法规或重大过失承担举证责任。当事检察官有权进行陈述、辩解、申请复议。 检察官惩戒委员会根据查明的事实和法律规定作出无责、免责或给予惩戒处分的建议。 检察官惩戒委员会工作章程另行制定。
第44条	检察人员承担司法责任的程序
第45条	检察机关提出申诉的依据
第46条	检察人员的履职保障

① 此处采用脚注方式列明。该文件第34条规定："检察人员在司法办案工作中，故意实施下列行为之一的，应当承担司法责任：（一）包庇、放纵被举报人、犯罪嫌疑人、被告人，或使无罪的人受到刑事追究的；（二）毁灭、伪造、变造或隐匿证据的；（三）刑讯逼供、暴力取证或以其他非法方法获取证据的；（四）违反规定剥夺、限制当事人、证人人身自由的；（五）违反规定限制诉讼参与人行使诉讼权利，造成严重后果或恶劣影响的；（六）超越刑事案件管辖范围初查、立案的；（七）非法搜查或损毁当事人财物的；（八）违法违规查封、扣押、冻结、保管、处理涉案财物的；（九）对已经决定给予刑事赔偿的案件拒不赔偿或拖延赔偿的；（十）违法违规使用武器、警械的；（十一）其他违反诉讼程序或司法办案规定，造成严重后果或恶劣影响的。"第35条规定："检察人员在司法办案工作中有重大过失，怠于履行或不正确履行职责，造成下列后果之一的，应当承担司法责任：（一）认定事实、适用法律出现重大错误，或案件被错误处理的；（二）遗漏重要犯罪嫌疑人或重大罪行的；（三）错误羁押或超期羁押犯罪嫌疑人、被告人的；（四）涉案人员自杀、自伤、行凶的；（五）犯罪嫌疑人、被告人串供、毁证、逃跑的；（六）举报控告材料或其他案件材料、扣押财物遗失、严重损毁的；（七）举报控告材料内容或其他案件秘密泄露的；（八）其他严重后果或恶劣影响的。"第36条规定："负有监督管理职责的检察人员因故意或重大过失怠于行使或不当行使监督管理权，导致司法办案工作出现严重错误的，应当承担相应的司法责任。"

如表4所示，我国涉及检察官惩戒问题的检事规范是非常繁杂的。从规范性文件性质和位阶上来看，既有《检察官法》这类检察法律性规范，又有《检察官纪律处分条例》这类检察文件性规范；从规范性文件的调整对象来看，既有《检察官纪律处分条例》这类以检察官惩戒中的“纪律处分”为主体内容的规范性文件，又有《检察官等级暂行规定》这类对检察官惩戒问题略带染指的规范性文件。

2. 现行检察官惩戒规范的构成分析

在对我国现行检察官惩戒规范分布有初步的直观感知之后，就有必要将其代入此前所归纳的检察官惩戒规则体系中来加以审视（见表5）。

表5 现行检察官惩戒性规范的体系检视

		检察官法	检察人员执法过错责任追究条例	检察官纪律处分条例	人民检察院监察工作条例	检察官等级暂行规定	关于完善人民检察院司法责任制的若干意见
惩戒机构规则	是否规定了专门的惩戒机构	\	检察长办公会	\	监察部门	\	□
	是否明确了机构的管辖	\	\	\	□	\	□
	是否对机构经费保障作出规定	\	\	\	\	\	\
	是否明确了惩戒机构与现有纪律检查机构的衔接关系	\	\	\	\	\	□
人员组成规则	是否对人员组成作出规定	\	\	\	\	\	\
	是否对人员任免、填补作出规定	\	\	\	□	\	\
	是否对人员任期作出规定	\	\	\	\	\	\
惩戒事由规则	司法内行为	□（比重较大）	□	□（最细致）	□（较略）	\	□
	司法外行为	□（比重较小）	\	□（最细致，比重略大）	□（较略）	\	\

续表

		检察官法	检察人员执法过错责任追究条例	检察官纪律处分条例	人民检察院检察工作条例	检察官等级暂行规定	关于完善人民检察院司法责任制的若干意见
惩戒处分规则	是否明确了惩戒种类	□	□	□	\	\	\
	是否明确了惩戒措施的影响期及配套处分规则	□	\	□（最详）	\	□	\
启动程序规则	是否明确了惩戒程序的启动主体	\	□	\	□	\	\
	是否明确了惩戒程序的移付机关	\	□	\	\	\	\
调查程序规则	是否明确了调查的基本原则	\	\	\	□	\	\
	是否明确了指控主体	\	\	\	\	\	\
	是否明确了被调查人的基本权利	\	□（部分）	\	□（部分）	\	\
	是否明确了调查的主要手段	\	□	\	□（较全面）	\	\
	是否明确了调查文书的要素	\	□	\	□（较全面）	\	\
	是否明确了答辩规则	\	\	\	\	\	\
	是否明确了听证规则	\	\	\	\	\	\
	是否明确了举证规则	\	\	\	\	\	\
	是否明确了补充或退回举证/调查规则	\	□	\	□	\	\
	是否明确了辩论规则	\	\	\	\	\	\
	是否明确了保密规则	\	\	\	\	\	\

续表

		检察官法	检察人员执法过错责任追究条例	检察官纪律处分条例	人民检察院监察工作条例	检察官等级暂行规定	关于完善人民检察院司法责任制的若干意见
	是否明确了回避规则	\	\	\	□	\	\
	是否明确了时效规则	\	□	\	□	\	\
议决程序规则	是否明确了评议规则	\	\	\	\	\	\
	是否明确了议决前的责令停职规则	\	\	\	\	\	\
	是否明确了议决文书的要素及处理规则	\	□（部分）	\	\	\	\
	是否明确了回避规则	\	\	\	□	\	\
	是否明确了保密规则	\	\	\	\	\	\
	是否明确了时效规则	\	\	\	□	\	\
执行程序规则	是否明确了执行主体	\	□①	\	□	\	\
	是否明确了送达规则	\	\	\	□	\	\
	是否明确了时效规则	\	\	\	\	\	\
	是否明确了回避规则	\	\	\	\	\	\
	是否明确了监督规则	\	\	\	\	\	\

① 分别是指检察长办公会指定的部门或人员、政工部门、监察部门、有关司法机关。

续表

		检察官法	检察人员执法过错责任追究条例	检察官纪律处分条例	人民检察院监察工作条例	检察官等级暂行规定	关于完善人民检察院司法责任制的若干意见
救济程序规则	是否明确了救济权利	□	□	\	□	\	□
	是否明确了救济主体	\	□	\	□	\	\
	是否明确了救济方式	□	□	\	□	\	\
	是否明确了复查、复核程序	\	□	\	□	\	\
	是否明确了复查、符合的具体规则	\	\	\	□	\	\
	是否明确了举证和答辩规则	\	\	\	\	\	\
	是否明确了时效规则	\	□	\	\	\	\
	是否明确了送达规则	\	\	\	□	\	\

由此可见，我国现有检事规范对于惩戒性内容的注意和分配重心并不一致，即它们之间并非采取统一的惩戒标准和惩戒模式。明确了这一点，则能够为进一步评估当前检察官惩戒机制运作的实效提供良好的文本分析基础。

（二）司法属性的缺乏：检察官惩戒机制运作的实效评估

检察官惩戒机制的运作实效，实际上是以检察官惩戒规范为支撑和保障的。然而从对现有检事规范中的惩戒性条款的分析来看，检察官惩戒机制不仅难以保障检察权良性运作的目标要求的实现，甚至还在一定程度上形成了对后者的冲突乃至制约。

1. 惩戒主体非中立化与惩戒活动司法化之间的冲突

严格意义上而言，各类立法和检事规范确立的检察官的惩戒主体大致有两个：一是检察机关内部的有关机构，如检察长办公会、监察室、政工科等职能组织或部门；二是行使检察官任免权的各级人大及其常委会。从表面上看，全国人大及其常委会依据相应规定所作出的检察官免职的决定具有一定的直接惩戒或附带惩戒的性质，且其本身也独立于检察机关之外，似乎具有一定程度的中立性；然而从实际运作来看，人大及其常委会很少会对检察官的免职进行实质性的审查，更谈不上进行具有准司法性质的调查、评议和裁决活动，因此实际上行使惩戒职能的基本属于检察机关内部的有关职能部门。但无论是召开的检察长办公会，还是固定的监察室、政工科等部门，它们本身所处的依附地位使其难以完全摆脱来自有关方面力量的干预，而中立性裁决地位的缺失，将首先成为惩戒机制司法属性萎缩、行政属性强化的重要诱因。

2. 惩戒机制行政化与惩戒活动司法化之间的冲突

尽管《检察官法》从立法层面为检察官惩戒活动创设了一套初具雏形的规则，但无论是从条文数量还是条文内容来看，都无法保障惩戒机制的司法属性。相反，在实际的机制运作中，以《检察官纪律处分条例》、《检察人员执法过错责任追究条例》为主干的内部规范文件几乎无一例外地从不同层面为检察官惩戒机制涂上了一层浓厚的行政色彩，从而形成惩戒机制行政化与惩戒活动司法化要求之间的冲突。从以上文本规范的分析中不难发现，这一冲突又具体由如下几个层面的要素构成：

一是惩戒依据的行政化。其一，对于检察官的惩戒往往会因身份的重叠而采用公务员甚至党员的惩戒规则，看似“并行不悖”的惩戒依据实则会给检察官惩戒打上深深的行政化的烙印；其二，从规范位阶上来看，由高检院制定、高检院检委会通过的各类检事规范并不具有立法性质，而促使检察官惩戒活动回归司法化渠道的最佳途径就是将其纳入立法加以保障。在这个意义上来说，规范位阶的偏低实则也会成为造成惩戒活动行政化的一个潜层次的因素。

二是惩戒程序的行政化。从对上述检事规范的比较分析中可以看出，行政化是贯穿惩戒活动中各个具体程序的重要特征。无论是从启动程序、调查程序、议决程序、执行程序还是救济程序来看，我国的检察官惩戒性规范都相对强调有关部门职能主义主导下的价值取向，虽然有些规范也对相对人的申诉、复议权进行了规定，但与“两造参与，法院居中裁判”的司法诉讼活动相比，检察官惩戒活动的司法属性依然较为欠缺。

三是惩戒方式的行政化。从一定程度上而言，我国对于检察官违法违纪的处理方式与对行政机关公务员的惩戒方式并无太大的实质性的差异，即在针对某一具体的违法违纪行为时，某些基于公务员身份的处罚方式也可以在高检院制定的惩戒性规范中找到，这充分说明当前的惩戒机制实则未能完全突出检察官作为司法官员特殊身份的特殊性。

3. 错案追究制泛化与检察官职业保障之间的冲突

虽然以《检察官法》为最高位阶和代表的检事规范从一开始在惩戒事由

这一问题上就确立了司法内行为和司法外行为并重的规范制定取向，但实际情况却是在实践中更多地重视检察官的司法内行为，而相对忽视检察官的司法外行为。一方面，《检察官纪律处分条例》虽然用分节规定的方式规定了较多的检察官违反纪律的行为，但并没有将相应的罚则纳入准司法化的渠道来加以施行，本质上依然难逃行政化惩戒的窠臼；另一方面，从《人民检察院错案责任追究条例》到《检察人员执法过错责任追究条例》再到《关于完善人民检察院司法责任制的若干意见》等多部专门化规范文件的出台，可以很鲜明地反映出我国对于司法内行为尤其是检察机关执法活动本身的规制与惩戒，这在一定程度上难免会造成对检察官职业保障规则的侵蚀，从而弱化检察官惩戒活动的司法属性。

三、“准司法型”检察官惩戒规则体系建构的功能要义与价值维度

包含纪律处分在内的检察官惩戒活动一直被视为司法行政管理活动，这恰恰是司法改革背景下确立包括检察官办案责任制所涉及的一系列惩戒规则体系时必须首先打破的思维僵局。易言之，检察官惩戒活动应当定位为一种“准司法”活动，并按照这一定位进行规则体系的建构，使其全面具有“准司法”活动的一系列精神要义与规则功能。

（一）要义与功能：“准司法型”检察官惩戒规则体系的具体体现

从某种意义上来说，检察官惩戒活动应当定位为“司法中的司法”，“大司法”重在对“事”的裁决；“小司法”重在对“人”的评价[①]，从而通过对“人”的行为的纠偏来保障“大司法”活动的公允。这一初旨的最终实现需要从以下几个层面来加以体现与保障。

1. 惩戒主体：客观中立的立场

一个中立的评价或裁判主体，是司法活动的本质特征之一。“准司法型”检察官惩戒规则体系的构建，必须以一个客观独立的检察官惩戒机构的成立为基本的出发点。基于这一考虑，当前司法改革试点工作中，部分省市建立了专门的检察官惩戒委员会，以专门负责检察官惩戒这一工作。这一机构应当具有如下几个方面的特征：一是地位上的非依附性。检察官惩戒机构不能依附于某一级的检察机关而存在，以便在一定程度上保障其裁判地位的超然性。二是人员选任上的非依附性。惩戒机构的人员构成必须避免单一，以便保障惩戒活动

---

① 当然，此处并非是说对检察官的惩戒活动是一种“对人不对事”的评价活动。现代司法活动多采用“先客观后主观，从客观到主观”的分析模式，对检察官的惩戒亦无例外地需要落实到具体的行为和结果的考察中来。故此处它只是立足于直接对象而作的一种比喻。特此说明。

的公平公正。三是经费上的非依附性。强调经费保障上的相对独立，对于维护惩戒机构的中立立场往往具有基础性和决定性的价值。

2. 惩戒方式：去行政化的旨趣

目前我国检察官惩戒制度中的惩戒措施几乎完全比照公务员处分条例中的规则而制定，甚至与对党员干部进行处分的党章条例也存有雷同之处，这导致了在实际惩戒活动中，对检察官身份的认识与行政公务人员并无二致，无法体现出检察官的职业特点和检察官惩戒工作的现实需要。这就需要改变当前这种重叠而无特性的惩戒方式，充分吸收检察人员分类管理改革中的有益成果，以套用检察官等级这一标准来构建一套去行政化的惩戒方式，突出检察官的职业特点，以维护并增强检察官惩戒机制的司法属性。

3. 惩戒程序：司法色彩的回归

我国的《检察官法》并没有从立法上建立一套司法化的检察官惩戒程序，其他的检事规范不仅没有在其之外对这一缺漏进行适当的修正和弥补，其所拟定的惩戒程序甚至还在一定程度上加重了惩戒活动的司法色彩。"准司法型"检察官惩戒规则体系，就是要改变当前接近与行政管理模式的程序性制度，通过引入一些关键性的程序性规则，完善从启动、调查、评议到执行、救济等一系列程序，将司法属性贯穿于检察官惩戒活动的每一个环节。

4. 惩戒事由：规制对象的转向

检察官惩戒事由本身或许并不直接关系到惩戒程序的司法属性，但对于惩戒事由本身规定的不当却容易造成与检察官职业保障的干预甚至冲突，最终仍然有违于检察官惩戒活动司法属性的维护。换句话说，惩戒事由的界定决定着惩戒规范的规制对象，而何种行为应当被纳入惩治规范关注的视野，应当从有利于检察官职业保障和检察官惩戒机制的平衡中来加以确定。这就需要我们审视当前以"重结果，轻行为"和"重司法内，轻司法外"的惩戒事由的设置模式，使检察官惩戒活动真正成为同时有助于敦促检察官行为自律和检察权良性运作的守护神。

（二）"准司法型"检察官惩戒规则体系建构的价值维度

要促成检察官惩戒活动由行政化主导向司法化主导转变，就必然需要在现有的规范基础上，去粗取精，善于扬弃，构建一套"准司法型"的检察官惩戒规则体系。简言之，这套规则体系的构建要注意在如下三大维度内进行：

1. 统一

分散性是当前检察官惩戒规范的一大重要特征。在调整不同领域不同事项的检事规则中，都能或多或少地发现惩戒性规范的"身影"。这种规范制定模式本身往往就成为了"行政审批式"检察官惩戒模式的诱发因素。因为惩戒性规范与规范之间的冲突或重叠往往会导致在实际情况中无所适从。正如当对同一名检察官的同一行为的惩戒而言，基于公务员身份的行政惩戒往往会有意无意地替代专门依据《检察官法》而进行的专门化惩戒。这就需要整合当前杂乱无章的惩戒性规范，建立一套统一而无抵牾的司法型惩戒规范。

2. 精细

司法活动往往是精细的。因为任何一项小制度的细微安排都将影响到权利的最终实现与保障。检察官惩戒活动作为一项关系到检察官切身利益的准司法型活动，就更需要在制度安排和规范设计之时做到精益求精。这就需要在进行检察官惩戒规则体系的建构中，注意将宏观层面的惩戒规则与微观层面的惩戒规则结合起来，既注重组织性规则、流程性规则等宏观层面的规则构建，又注意将证据规则、送达规则、时效规则等微观层面的内容糅合进去，通过精细化的设计来保障权利与权力的对等与抗辩，促使检察官惩戒活动向准司法化的轨道转向。

3. 协调

虽然笔者主张检察官惩戒规则的制定应当“另起炉灶”，形成一整套独立而统一的规则体系，但亦要同时注意到规范与立法之间、规范与规范之间的协调性。由于检察官惩戒机制的构建并非是一项完全独立的改革项目，它与其他改革项目往往具有千丝万缕的联系。在具体惩戒程序的设计上，检察官惩戒规范需要兼顾与其他检事规范之间的协调性，确保惩戒规范的科学性和可操作性。

四、“准司法型”检察官惩戒规则体系构建的路径选择

在对我国当前制定的关于检察官惩戒的立法性规范和文件性规范进行比较、分析和概括的基础上，结合对域外检察官惩戒规范的学理分析，笔者将“准司法型”检察官惩戒规则体系的子规则体系区分为四大方面，即组织性规则、概念性规则、流程性规则和要素性规则。

（一）组织性规则

所谓检察官惩戒中的组织性规则，是指规范惩戒机构设置、人员组成、经费保障、管辖等问题的规范条款。它也是检察官惩戒规范中的基础性规则，旨在解决检察官惩戒机制中的裁决主体的问题。

1. 惩戒机构规则。即规定负责检察官惩戒工作的专门机构的条款。伴随着检察改革试点工作的持续深入推进，上海、山东、海南等级相继成立了检察官惩戒委员会，作为统一行使检察官惩戒权力的专门机构。虽然这一改革措施尚处于试点阶段，但在今后建立独立的检察官惩戒机构必然成为大势所趋。因

此，在检察官惩戒规则体系中，惩戒机构的设置应当占据一个单独的条款。如可以尝试规定："省、自治区、直辖市成立检察官惩戒委员会，作为负责检察官惩戒监察工作的专门机构，依照本条例和有关法律、法规、规定，对检察官实施惩戒。"

2. 人员组成规则。即有关检察官惩戒机构人员构成的条款。它应当规范如下几个层次的内容：一是检察官惩戒机构人员构成的根本原则。就目前的改革试点工作来看，在现职检察人员之外，同时吸收大学院校、科研院所的专家学者、法官、律师作为惩戒机构的组成人员，且适当压缩检察机关现职人员所占比例的做法是相对公允的，对此可以在检察官惩戒规则体系中予以认可。二是检察官惩戒机构人员的任职条件。鉴于检察官惩戒活动的审慎性，对检察官惩戒机构人员的任职资格，应当从学历、工作年限、道德品性方面设置较高的门槛和考核标准。三是检察官惩戒机构人员的任免规则。严格检察官惩戒机构如检察官惩戒委员会委员的任用和罢免，尤其是应注意为其履职提供必要的保障。

3. 经费保障规则。即有关规范检察官惩戒机构经费来源和经费管理等事项的规则。合理的经费保障制度是维系检察官惩戒机构独立运作的重要因素。当前试点工作中各惩戒机构都是在省一级行政区域内统一设置，往往也是由省级财政予以保障。但鉴于司法权是中央事权，检察官惩戒权的独立运作和非受干预性更应当被强调和保障，因此可以考虑由中央财政直接予以保障，从而能够更彻底地预防地方权力对检察官惩戒机构的不当干预。

4. 管辖规则。即有关规范检察官惩戒机构管辖范围和管辖事项的规则。首先，由于当前的试点工作都是分别在省级行政区域以下进行，随着改革试点经验的成熟，必然需要在全国范围内成立统一的检察官惩戒机构，故在管辖级别上，还必须考虑到如何划分不同层级检察官惩戒机构的管辖权限，尤其是在将行政职级与检察官等级相分离的情况下，应当按照何种标准来确定检察官惩戒的管辖主体。其次，就管辖事项而言，它实际上可以说是惩戒事由的另一种表述，因此笔者拟在惩戒事由中来加以说明。

（二）概念性规则

鉴于惩戒事由、惩戒方式等既无法纳入组织性规则，又非动态的流程性规则，故此处单独将其作为"概念性规则"来加以论述。

1. 惩戒事由条款。就内容而言，我国检察官惩戒事由却仍存在如下几个方面的不完善：一是对"贪污贿赂行为"等司法内不当行为的列举与刑法打击的行为相重合，在实践中其实很难直接适用相应的纪律处分条款。二是对有些惩戒事由的表述用词还比较过时。如《检察人员纪律处分条例》中还存在

"资产阶级自由化"等相对较老和政治色彩较为浓厚的词汇，对此应当予以适当修订。三是没有明确检察官惩戒活动的禁区。综观上文列举的规范性文件，虽然有的文件也对某些情况下检察人员的责任豁免作出了专门的条文规定，但相应的规定却显得较为笼统，在实践中往往很难把握，而针对检察官执法办案行为的惩戒性规范却相对严密，在一定程度上仍然凸显出对司法内行为的过分强调。四是以结果惩戒为主，以行为惩戒为辅。即相对来说较为重视产生了一定司法危害结果的惩戒，而对于一些影响司法公信力的不当行为却重视程度不够。笔者认为，《检察人员纪律处分条例》分则部分无论是对于司法内行为还是司法外行为都作了不厌其烦的列举。从一定程度上来说，这种分类模式为检察官惩戒规则体系中的子体系——惩戒事由体系提供了一个较好的格式。检察官惩戒事由条款可以参照这一条例来进行细致的划分和填补。

2. 惩戒方式条款。《检察人员纪律处分条例》第6条规定："检察纪律处分分为警告、记过、记大过、降级、撤职、开除。"这与《检察官法》所规定的惩戒方式是完全一致的，与适用于公务员的行政惩戒方式也基本一致。笔者认为，伴随着司法体制改革的深入，以及检察官行政职级与检察官等级相脱节等改革措施的推进，在检察官惩戒规则体系的构建中，应当尽量避免采用这种行政化的惩戒方式，而采用适合检察官身份特征的惩戒方式，即采用以降低检察官等级这一方式为主，同时明确相应的影响性和附带性条款，如工资、福利待遇以及等级晋升禁止等方面的内容，通过对行为危害的评估形成一套位阶分明的惩戒措施体系。

（三）流程性规则

流程性规则体系应当是对于检察官惩戒规则体系司法属性影响至为关键的子规则体系。根据流程的先后，大致可以区分为启动、议决、执行和救济四个程序方面的规则。

1. 启动程序规则。即规范检察官惩戒活动启动主体、启动方式的规则。因此，这一规则应当由如下两方面的内容构成：一是明确检察官惩戒活动的启动主体资格。在当前的检察官惩戒性规范中，这一问题恰恰受到了忽略。笔者认为，检察官惩戒活动的启动主体资格的确定，应当充分与作为惩戒事由的线索发现和提供相联系。它不仅包括在检察执法活动中被动收到侵害的当事人，也包括爱检察执法活动之外主动对检察官司法外不当行为进行监督的任何组织和个人。二是明确检察官惩戒活动的启动方式，既包括口头和书面两种方式，当然也可以是署名和匿名的方式。

2. 调查程序规则。调查程序中规则的设计样版，应当是划分原有的"职权主义"惩戒模式和司法化惩戒模式的一个重要的分水岭。在"准司法型"

检察官惩戒规则体系的设计中，尤其是要注意避免调查程序的设计陷入此前的泥潭。一方面，调查程序应当以包括检察机关内部职能机构在内的有关职能部门（如党的纪律检查机构）的主动调查为主，惩戒机构的被动介入为辅，即在启动主体是不具有调查权力的个人或组织的情况下，惩戒机构可以依申请要求有关职能部门提供相应的材料，但不得主动依职权调取材料或证据，也不得对依申请而主动要求调取的证据进行事先审查，避免先入为主，以确保自身地位的中立性。另一方面，对于调查活动的基本原则、调查的具体职权等问题，都应当在检察官惩戒规则体系中作出明确而严格的规定和限制。当然，调查中必然会与证据问题、辩论问题相联系，但鉴于相应问题在其他程序中也会出现，故对此笔者将在后文中专门加以论述。

3. 议决程序规则。议决程序规则主要解决的是如何进行评议，以及评议过程中特殊情况的处理规则。这就需要制定一个科学合理的评议制度。包括：（1）参与评议的人员数量，即满足多少人参与的条件评议才具有法律效力？（2）惩戒机构成员参与的方式，即是随机确定还是采取其他指定的方式来确定？（3）评议的方式，如评议时的发言顺序，表决方式——匿名还是署名；不同意见的处理方式等。（4）评议时出现特殊情况的处理，如涉及暂停职务的决定作出等。当然，在议决程序中，必然会出现回避以及评议文书等方面的问题，笔者对此也拟在要素性规则中加以说明。

4. 执行程序规则。执行程序规则主要解决由谁执行，以及执行结果的回馈等方面的问题。因此，它需要依次规范如下问题：一是明确检察官惩戒决定的执行主体。这就需要和惩戒方式结合起来分析。笔者认为，改革后的检察官惩戒要更加突出检察职业特征，即降低检察官等级甚至剥夺检察官资格。笔者认为，具体的程序可以由检察官惩戒机构作出惩戒决定，分别交由所在省级行政区域内的省级检察院内部的检察官惩戒工作委员会来负责落实，检察官惩戒工作委员会分别交由被处分人所在单位的对口部门（无对口部门可以是政工部门）来负责具体执行。二是建立相应的跟踪回馈机制。被处分人所在的单位执行完毕后，应当将执行结果层报所隶属之省级检察机关的检察官惩戒工作委员会，并由后者上报检察官惩戒机构。

5. 救济程序规则。无救济则无权利。检察官惩戒规则体系构建是否完备，最后一个标准是看是否具有完备的救济程序规则。这一规则将着重解决如下问题：一是救济途径问题。对于检察官惩戒机构作出的决定，应当允许有关指控部门和接受调查人员都进行复议和申诉，尤其是在建立中央和省级地方两级惩戒机构后，应当及时畅通向两级惩戒机构申诉、复议的具体渠道。二是明确复查复核程序。对于提交的复议和申诉，检察官惩戒机构应当另行指派其他成员组成评议庭主持复议和申诉，必要时可交上级惩戒机构裁决。

（四）要素性规则

所谓的要素性规则，是指某些具有程序性质，但又为每个流程都普遍具有的那一类规则。笔者初步将其分为七大类并依次阐释如下。

1. 回避规则。申请回避权是检察官惩戒机制中被调查人或被惩戒人所享有的一项基本的权利。在从程序启动到救济程序的整个环节，回避规则都应当得到尊重和适用。由于在检察官惩戒活动中，进行指控和作出评议的往往是公权力机关，故应当允许接受调查或惩戒的检察官享有申请相应职能部门中工作人员回避的权利。在评议乃至救济程序中，其也享有申请评议庭成员和另行组成的复议、复核组织成员回避的权利。

2. 证据规则。证据是司法活动的生命线。在涉及检察官重大切身利益的惩戒性活动中，更应当重视一套科学的证据规则的制定。无论是在调查程序中的举证和质证，还是在评议过程中的证据采信，都需要完善相应的证据规则，保障当事人的合法权益。笔者认为，刑事诉讼活动的审慎性和严肃性，可以成为惩戒活动套用刑事诉讼中证据规则的强有力的理由，包括非法证据排除、庭外证据规则等证据都可以在惩戒活动中加以借鉴和吸收。

3. 送达规则。送达是保障当事人知情权和救济权的重要内容，在检察官惩戒规则体系中断然不可轻视。无论是在调查流程、执行程序，抑或是救济程序中，都必须制定一套合理的送达规则，包括送达的方式等，都必须作出明确的规定。

4. 时效规则。为了切实保护当事人的合法权益，以及敦促有关部门积极主动地履行职责，检察官惩戒规则体系还必须同时建立符合实际的时效规则。如调查流程的必要时间、评议的最长时限等，都应当成为规范所直接明确的事项。

5. 文书规则。检察官惩戒活动的审慎性决定了其不能是任意进行的，而必须是有据可查。这就要求完善一系列的文书规则。如调查报告书、评议书、惩戒意见书、惩戒决定等文书，要尽快完善相应的格式，确保流程运转的权威。同时，还要完善相应的备案规则和存档规则，为检察官惩戒活动的有序进行提供制度上的保证。

6. 保密规则。检察官惩戒属于一项影响到检察公信力的重要活动，因此在相应的具体流程中还要贯彻保密的要求。如评议活动中的保密规定、调查过程中必要的保密需要都必须加以注意，避免因保密不当而影响当事人的合法利益。

7. 监督规则。裁判活动既需要权威，也需要监督。在检察官惩戒规则体系中，可以通过引入听证机制、公示机制等内容，强化对检察官惩戒活动的监督力度，明确有关机构和组织的监督权限和监督方式，促进检察官惩戒机制的良好运作。

“文书盈于几阁，典者不能遍睹”，是班固在《汉书》中对西汉律令的评价。在检察体制改革进行得如火如荼的当下，用这句话来审视当前检察官惩戒规范的繁杂以及内容上的冲突与抵牾，似乎也颇为相合。意识到规范的杂糅，这恰恰是规范清理的良机和立法科学性的开端。检察官惩戒规则体系的提出，既是对检察官惩戒机制建构的反向思考，更是对检察官认真履职的期待和希冀。

司法责任制改革视野下检察机关刑事错案责任追究制度的反思与重构

陈云衢*

错案①的发生对一个国家法治的破坏和恶劣影响是深远且难以弥补的，它不仅有损司法机关和司法人员的公信力，对于蒙冤者而言，错案的酿成则是一场灾难，除了本人身心方面所承受的极度痛苦和屈辱之外，家人、亲友也会因此蒙羞并对家人的生活、工作产生不可估量的消极影响。党的十八届四中全会指出"必须完善司法管理体制和司法权力运行机制，规范司法行为，加强对司法活动的监督，努力让人民群众在每一个司法案件中感受到公平正义"。因此，如何最大限度地预防错案就成为一个国家刑事法治的重要任务，也成为衡量一个国家刑事法治文明程度和司法公正的重要指标。错案的有效防范是一项系统工程，它不仅关涉刑事立法科学化、司法规范化、司法人员精英化、诉讼认识科学化、诉讼证据运用的合理性等，还取决于侦查机关、公诉机关和审判机关诉讼关系的科学化、理性化以及三机关在诉讼过程中的良性互动。我国检察机关是国家的法律监督机关，不仅承担刑事诉讼监督职能，同时还肩负着职务犯罪侦查、审查逮捕、审查起诉等职能。日本学者平野龙一教授曾说道："按刑事诉讼全程，检察官在侦查中有'司法警察官'职能，起诉决定裁量时有'审判官'之职能，莅庭实施公诉时有'公益辩护人'之职能，刑罚执行时有'罪犯矫正师'之职能。"② 在司法体制改革的时代背景下，检察官办案责任制成了改革的聚焦点，本文将对检察环节中可能产生错案的诱因进行梳理，通过归纳比较，借鉴域外法的一些合理做法，提出我国检察环节防范刑事错案的有益对策。

---

* 湖北省人民检察院武汉铁路运输分院公诉处副主任科员。

① 本文所称"错案"均限定为刑事错案，鉴于学界对于错案概念的界定较为充分，故不再纠缠于错案概念的厘定。

② ［日］平野龙一：《刑事诉讼法概说》，有斐阁昭和四十三年，第30页。

一、检察机关防范错案的重要性及特殊性

错案的有效防范在很大程度上依赖于侦查机关、公诉机关和审判机关的良性互动。而在这一互动过程中，三机关的诉讼功能和作用存在一定的差别。相对于侦查机关的有罪追诉积极性、证据收集的单向性和审判机关的中立性而言，检察机关在其中所发挥的作用显得极为特殊。其特殊性主要表现在以下几个方面：

（一）诉讼程序的贯通性和诉讼地位的特殊性

在我国的刑事诉讼中，检察机关不仅拥有审查起诉权，同时还享有职务犯罪侦查权、侦查监督权及对整个刑事诉讼活动进行法律监督的权力。因此，检察机关也是唯一有权参与整个刑事诉讼过程的专门机关，其所享有的立案监督权、起诉裁量权、抗诉权和法律监督权是其有效预防错案的重要诉讼权能，这些诉讼权能贯穿于整个刑事诉讼的各个诉讼阶段，侦查机关和审判机关则只能在各自环节内发挥相应的职权，客观上检察机关也是唯一能够全程对错案进行预防和救济的专门机关。就公诉权能而言，检察机关在整个刑事诉讼中处于承上启下的核心位置。承上是指负责审查侦查机关侦查终结移送审查起诉的案件，通过审查发现侦查过程中缺陷和不足，并通过退回补充侦查、自行补充侦查或者不起诉等方式监督检验侦查机关的侦查行为和侦查活动。启下则通过严把起诉关，严格控制审查起诉案件的证明标准，将不符合起诉条件和标准的刑事案件排除在审判程序之外，最大限度地保证将那些符合起诉条件和标准的案件起诉到法院。通过起诉裁量权的合理行使，充分发挥公诉程序的过滤作用，前防后堵，将错案排除在审判程序之外，并将无辜的或者没有必要追诉的被追诉人及时从刑事诉讼中解脱出来，避免冤枉无辜，浪费司法资源。

（二）诉讼角色和诉讼职能作用定位的特殊性

检察官不仅仅是刑事诉讼过程中的犯罪追诉者，同时还有追求公平正义的客观公正之义务。也就是说，检察官在刑事诉讼过程中有维护司法公正之责，而不仅仅在于追诉犯罪，将犯罪分子绳之以法。英国现行的《律师行为守则》规定："控方律师不应当千方百计地希望获得定罪，他不应把自己视为一方当事人出庭。他应当公正无偏的向法庭展现构成控诉案件的全部事实，并应当在本案可能出现的所有法律问题上协助法庭。"① 我国检察机关是专门法律监督

---

① ［英］迈克·麦康威尔：《英国刑事诉讼导言》，载《英国刑事诉讼法》（选编），中国政法大学出版社 2001 年版，第 70 页。

机关，在刑事诉讼过程中负有客观公正义务，对于自行侦查的职务犯罪案件，检察人员不仅要收集证实犯罪嫌疑人有罪、罪重的证据，同时还有注意收集证明犯罪嫌疑人无罪、罪轻的证据。在审查起诉过程中，既要依法对符合起诉标准的案件依法提起公诉，同时也要对不符合起诉条件的案件依法作出不起诉决定或者退回侦查机关处置。法庭审判过程中，检察官应当充分尊重和听取被告人及其辩护人的意见，重视辩护方提出的无罪、罪轻证据的证明价值和作用，通过依法行使诉讼权利，协助法官查明案件事实，作出正确裁判结论，且有权对法庭审判过程的违法行为进行法律监督。对于裁判结果，检察机关如果认为在认定事实和适用法律确有错误的，应提出抗诉，维护司法公正。

（三）“以侦查为中心”下的“职权主义”诉讼模式的特殊性

虽然现代世界各国的刑事诉讼立法和司法都高度重视充分发挥审判在整个刑事诉讼活动中的核心和主导作用，强调裁判结论要在法庭审判过程中形成，而不是通过庭前阅卷或者庭后阅卷形成，不是建立在对侦查卷宗的依赖上。经1996年修改后的《刑事诉讼法》借鉴了英美法系当事人主义诉讼的某些做法，在审判中引入了“控辩式”模式。但是由于历史传统等诸多因素，我国刑事诉讼过程中实质上仍是“侦查中心主义”模式，尤其是刑事起诉方式从“起诉状一本主义”回归到“全案卷移送”之后，法院裁判依然高度依赖侦查卷宗材料，处于拥有侦查监督权能的检察机关就成为监督和制约侦查机关依法、规范、高效行使侦查职权最重要的制约因素。因此，从程序上保障侦查机关充分发挥职能作用，依法、及时、迅速、科学、规范地收集证实犯罪证据，准确合理地审查判断证据并最终达到对案件事实的准确认定就在一定程度上成为我国实现刑事司法公正的基本保证，我国的检察机关在监督侦查机关依法履行职能方面发挥着不可替代的作用，刑事诉讼中防范错案的重要诉讼力量和诉讼角色。

二、检察环节刑事错案的成因分析

检察环节刑事错案产生和发展的原因多种多样，有学者总结为：“传统法律文化的影响、刑事诉讼机制、刑事司法机关工作机制和司法机关与外部关系。”① 还有学者总结为：“一是办案人员自身的原因，包括办案人员自身的职业道德素质和业务素质两个方面。二是宏观层面的原因，主要包括检察机关诉

① 李建明：《刑事错案的深层次原因——以检察环节为中心的分析》，载《中国法学》2007年第3期。

讼机制、工作机制等。三是检察外部关系方面的原因。”[①] 借鉴前述错案成因的分析思路和研究成果，刑事错案是多种复杂的因素共同作用的结果。尽管导致错案的具体原因不尽相同，分类方法也纷繁复杂，但是关键点在于检察权的运行，因此，笔者拟以检察权为中心，从检察权行使的外部因素和检察权行使的内部因素两个层面来探讨检察环节的刑事错案。

（一）检察权行使的外部因素

检察权受外界影响的实质在于独立性的丧失，“重配合、轻制约”的检警关系，以及检察机关内部不合理的绩效考核因素的影响。

1. 检察权对侦查权的制约不足

检察权行使的外部环境主要是指检察机关在宏观层面上与外部行政机关、人大或党委的权力关系，以及在刑事诉讼层面与公安、法院之间的关系。司法的独立性是确保司法公正的必要，我国《宪法》第131条、《刑事诉讼法》第5条都明确规定，“人民检察院依照法律规定独立行使检察权，不受行政机关、社会团体和个人的干涉”。依法独立行使检察权是保证检察机关抵御外部干预的根本准则，在检察机关的“人、财、物”由地方党委和政府“把控”的国情下，司法地方化的倾向尤为突出，行使检察职权时自然底气不足。尤其是面对那些影响当地经济、社会稳定等案件时，往往比较看重当地政府的意见。

作为近年出现的典型错案——佘祥林案中就暴露了上述问题。佘祥林“杀妻”冤案，当初就有一些办案人员对案件的事实和证据存在认识分歧，但经过市、县两级政法委组织有关办案单位、办案人员进行协调，并提出了明确处理意见，要求京山县法院“一审拉满（判15年），中院二审维持原判”，这样就绕开了省高级人民法院。

2. 检警之间“制约不足、配合有余”

立法上，我国“检警分隶、侦诉分离”的职权架构，意在保证公安机关和检察机关分工负责，各司其职。然而受制于“公检一家、追诉一体”的传统观念，二机关在案件处理上往往是“重配合、轻制约”，导致了检察权对侦查权的监督乏力，错案的纠正与防控欠缺内在驱动。在实践中，检察机关出于照顾公安机关的感受，对于公安机关的不立案监督常常以口头纠正的方式替代书面的《纠正违法通知书》，公安机关在犯罪侦查中程序方面的瑕疵，也有往往求于检察机关予以“关照”，对于“可捕可不捕”的案件也希望检察机关能够给予公安机关一定的倾斜。检察机关对某些瑕疵案件甚至违法手段也往往

① 刘志伟：《检察环节刑事错案现象的成因分析》，载《人民检察》2006年第9期（下）。

"睁一只眼闭一只眼"，监督过于柔性，这就为一些违法侦查的滋生蔓延，错误侦查结果的出现埋下了隐患，生成错案的风险大为增加。[①]

（二）检察权行使的内部因素

作为检察权的行使主体——检察官，由于其个体因素的差异，对案件的走向和发展也会施加不同的影响。因此，对错案的成因剖析自然也离不开对检察官个体因素的研究。

1. 检察官客观公正角色的偏差

在英美法系国家，检察官与被告人及辩护人的诉讼地位相对平等，皆为"当事人之一造"，他们同侦查机关几乎站在同一立场，往往从控诉犯罪的角度去考量问题，在这样的诉讼结构下，检察官并没有追求正义的"义务"，"打赢官司"就是他们的诉讼利益所在。我国的根本政治制度是人民代表大会制度。在"一府两院"的权力结构中，检察机关是与审判机关、行政机关处于平行站位、职能各分的并列关系，因此，我国的检察官具有极强的司法属性，是司法官，在案件的处理中应秉承客观公正义务，做法律的守护人。在庭审模式改革前，检察机关公诉人与法官一同坐在审判席上，对被告人进行"审判"，随着对抗制庭审模式的引进，部分检察官将自己视为"原告"，将被告人视为"对手"，将自身的职责限定为"追诉犯罪"、"打赢官司"，忽略了本该秉持的客观公正立场，角色定位出现了偏差。甚至将打击、追诉犯罪的视为模范检察官唯一"标尺"。

2. "有罪推定"观念根深蒂固

检察官由于自身职业的特殊性，基于"经验之谈"，往往断定犯罪嫌疑人"十之八九"就是犯罪分子，一旦产生先验的"有罪推定"，检察官在工作中就极易形成心理学上的"隧道视野"（Tunnel vision），各种"消极办案心理"也会滋生蔓延。[②] 基于有罪推定的先验，检察官常常会刻意收集和审查"偏重有罪证据"的心理。和侦查人员一样，基于对犯罪嫌疑人"有罪倾向"的认同，追诉犯罪的目标和打击犯罪的热情常常使检察官更为重视能够证明犯罪嫌疑人有罪或罪重的证据，不去刻意关注和审查犯罪嫌疑人无罪、罪轻的证据。在认定证据时，只认定有罪证据，对无罪证据常常心不在焉，无视其存在。部分检察机关抗诉理性不足，对无罪判决有罪轻罪重判的案件关注较少部分案件过分强调从重从快，导致审查逮捕审查起诉环节虚化。

---

① 李建明：《刑事错案的深层次原因——以检察环节为中心的分析》，载《中国法学》2007年第3期。

② 董坤：《检察环节刑事错案的成因及防治对策》，载《中国法学》2014年第6期。

3. 不甚合理的绩效考核指标

在我国，检察官与其他公务员一样，要接受系统内部的绩效考核，绩效考核一定程度上能够督促办案人提高工作效能，但也可能产生诸多负面影响。绩效考核结果直接与检察官奖惩、职务升降等职业利益相挂钩，一些检察官为了在绩效考核中获取考核利益、规避职业风险，往往倾向于遵行围绕考评指标所形成的"潜规则"，忽视法定程序和制度目的的实现。绩效考核中的一些指标设置并不科学合理，对检察办案造成了不当的引导。一些地区的绩效考评指标设置过分侧重于惩治犯罪，强调检察权的积极主动，欠缺对被追诉者权益的考虑，加剧了检察环节错案的形成和发展。一些指标设置重视对办案结果的考评而忽视对办案过程的考量，以案件在后续程序的处理结果作为考评依据，要求检察机关一旦作出批捕决定，该案件就应努力在审判中作实刑判决；检察机关一旦决定起诉某人，那么该案在审判后就务必要作有罪判决。这就形成了"批捕绑架起诉、起诉绑架判决"、"逮捕是定罪裁判的预演，羁押是刑罚量刑的预支"怪象，漠视诉讼规律中所衍生的正当法律程序与证据法则，犯罪嫌疑人被错误定罪的可能性在检察环节增强。

4. "检察一体"原则的误读

就检察权的内部运行而言，采用由上而下的架构，即"检察一体"。"在此依行政机关建构的组织下，上命下从，上级检察首长就下级检察官处理之检察事务，不但有指挥监督权，亦有职务收取权及职务移转权，下级检察官则有相应的服从义务及报告义务。"① 检察一体原则的设立有利于打击犯罪、防范滥权等诸多效用，为众多国家所采用。新中国成立以来，在检察体制的组织架构上采取了"检察一体"，检察一体的办案模式符合检察权内部运行的基本规律，但在实践中，部分上级检察机关或者检察机关的首长以"检察一体"的名义将具体办案权与行政管理权都集中于自己手中，导致对"检察一体"原则的误解，而有决定权的领导由于缺乏亲历性，不能全面、直接地知悉案情，在办理案件上往往以听从汇报和书面审查为主，往往导致判断的偏差。

三、借鉴与吸收——检察环节刑事错案的防治对策

由于检察机关在刑事诉讼过程中承上启下的特殊诉讼地位及检察机关诉讼权能的诉讼全面性、贯通性，检察机关在预防错案的过程居于不可替代的诉讼地位，发挥着不可替代的诉讼作用。要充分发挥检察机关在预防错案过程中的职能作用，应重点做好以下几个方面工作：

---

① 林钰雄：《检察官论》，法律出版社2008年版，第81页。

（一）检察权运行外部环境的完善——检察体制改革

从外部环境而言，要确保检察权独立行使不受干扰，应从两个层面把握。第一，从权力分工角度，应严格按照宪法和法律的规定，排除地方党委、人大或政府部门对司法个案的干预，确保检察机关独立行使检察权；第二，从诉讼结构角度，应当强化检察机关在审前程序中的地位，推进“刚性监督”，从“密切配合”走向“配合与制约并重”的良性互动。

1. 确保检察权依法独立行使

随着中共中央《关于全面深化改革若干重大问题的决定》（以下简称《决定》）指出，“应当改革司法管理体制，推动省以下地方法院、检察院人财物统一管理，探索建立与行政区划适当分离的司法管辖制度，保证国家法律统一正确实施”。推动检察机关去“行政化”、去“地方化”，确保检察权的独立运行。结合《决定》中谈到的改革，应从如下两方面着手：第一，推动地方检察机关“人、财、物”由省级检察院统管。改变以往由同级财政负担司法经费的模式，进一步理顺检察机关与地方党委、人大及政府之间的关系，摆脱“人、财、物”方面受制于地方的局面。第二，设立跨行政区划检察机关。对于部分敏感案件，地方检察机关在办理时往往受到同级党委或政府部门的干预，即使没有这种干预也难以避免“裙带关系”之嫌，因此，断绝地方检察机关与同级党委、政府的隶属关系，有利于维护司法公正及司法公信力，2014年12月，北京、上海两地分别依托铁检分院，挂牌成立北京人民检察院第四分院和上海人民检察院第三分院，探索跨行政区划检察院改革试点，对管辖知识产权、行政诉讼、环境资源保护、食品药品安全、海关、海事、航空、水运等类型案件，2016年5月，宁波行政案件实行异地交叉管辖，虽然这并非跨行政区划司法机关，但为我们提供了一个改革思路。

2. 强化对侦查权的监督

现代刑事诉讼之所以要将侦查权、起诉权和审判权交由不同的国家专门机关行使，基本的制度设置初衷就是通过分权达到互相制约、互相监督，从而最大限度地实现司法公正的目的。“创设检察官制度的另外一项重要功能，在于以一向受严格法律训练及法律拘束之公正客观的官署，控制警察活动的合法性，摆脱警察国家的梦魇。”① 检察机关在刑事诉讼环节上处于承上启下的重要诉讼位置上，检察权能设置的最重要诉讼功能应是监督和制约侦查机关和审判机关的诉讼活动，特别是对侦查机关的监督制约成为规范侦查活动、保障侦

① 林钰雄：《检察官论》，法律出版社2008年版，第7页。

查工作质量乃至于保障人权的关键所在。在既有的诉讼结构中，要想改变检察机关在检警关系中的尴尬境地，应当作出权力配置的调整，进一步强化检察机关在审前程序中的优势地位；加大检察监督的“刚性”，发挥对审前程序的主导作用。对于公安机关侦查部门不予配合、消极履行职责等不作为、乱作为的情形，检察机关应采取启动违法调查、检察建议、纠正违法甚至立案侦查等措施的，形成强有力的法律监督。

（二）检察权运行内部机制的优化——规范的检察一体化与科学的绩效考核

1. 构建权责明晰的检察权运行模式

从严把案件质量，防治错案的角度出发，应当对内部的检察权运行机制进行改良，从“超检察一体”回归“检察一体与检察官独立相结合”的办案机制。[①] 建立“检察一体与检察官独立相结合”的办案机制。

首先，明确检察首长（含本院及上级院相关负责领导）的权力清单。司法责任制是司法改革的核心，而检察官权力清单则是司法责任制的难点和重点。应明确“检察机关办案职权清单”，从纵向划分检察委员会、检察长、副检察长、业务部门负责人、检察官、检察辅助人员的责任和权限，从横向划分职务犯罪侦查、侦查监督、公诉、刑事执行、控告申诉等不同岗位的权力。还应采用“负面清单”的形式，只列举检察长、副检察长和检察委员会的职权，对于其他未列举的职权都赋予检察官。检察首长根据“职权清单”对个案行使指令权时应极其慎重，“职权清单”应当对关键权力的行使做出明确规定，如规定检察首长指令权行使的范围、适用情形以及效力，指令权的行使需以书面形式载明理由，并附入卷宗。切实建立起检察长负总责，班子成员分工负责，各办案部门、案管部门、政工部门、纪检监察部门各司其职，其他部门和检察人员共同参与的监督制约机制，确保检察权的良性运行。

其次，严格贯彻检察官办案责任制。检察机关内部现行的办案责任层层审批制度往往出现办案部门和办案人员权责不明，出了问题互相推诿的现象时有发生。针对执法司法中存在的突出问题，中央政法委出台了关于切实防止冤假错案的指导意见，要求法官、检察官、人民警察在职责范围内对办案质量要终身负责，建立健全权责一致的办案责任制，建立健全冤假错案的责任追究机制。最高人民检察院印发《检察官办案责任制改革试点方案》，并在全国7个省份的17个检察院试点开展检察官办案责任制改革，在实践中办案责任制主

① 董坤：《检察环节刑事错案的成因及防治对策》，载《中国法学》2014年第6期。

要有两种：一种是检察官审批决定制，对低风险案件由检察官办理并决定，或者由检察官助理办理，由检察官审批。如果检察官不同意检察官助理的意见，可以更改决定，但是需要书面说明理由并签字。另一种是对疑难复杂案件由主任检察官亲自办理，办案组其他成员完成辅助工作，主任检察官提出审查意见后直接提交分管检察长审批决定，对需提请本院检察委员会讨论的，由分管检察长提出提交检委会讨论决定。通过检察官办案责任制打破既往的“三级审批制”，通过减少办案部门负责人、检察首长或检委会的审批层级，实现了检察权的扁平化领导和管理，同时也将检察首长的部分权力予以限制。具体承办案件的检察官的权力更加自由，一定程度上做到了“让办案者决定，让决定者负责”的检察官独立办案目标。

2. 建立精英化的检察官队伍

在理性的法治社会中，由于“法律形式主义”规则规范着人们的行为并进行管理社会的活动而处于中心地位，对于这些规则加以解释、运用并对社会生活、生产中所发生的各种纠纷进行权威评判的法官们也就担负起了一种核心的社会功能。① 通过司法审判，他们不仅起着定分止争、惩戒违法犯罪的作用，还承载着导引民众行为、宣扬国家政策和政府立场、控制社会并维系统治秩序的重要使命。司法既然担负着如此重要的社会角色，承受着如此厚重的功能期待，司法官的素质便成为一个极其重要的问题。如果说司法机关是社会正义的最后一道防线，那么司法官员便是这道防线的守门人。司法官素质作为影响司法公正的重要因素和我国司法改革能否取得理想成效的决定力量。没有精英化的检察官队伍，即使法律再精良、再科学、再严密，要有效地防范错案恐怕也只能是一句空话。从检察机关的角度而言，精英化的检察官队伍建设无疑是检察机关防范错案的根本，这也是检察机关防范错案的努力方向之一。

检察官精英化要求我们建立一支精炼、坚强、经得住考验，具备深厚学识、丰富经验和良好品行的检察官队伍，建立起一套科学、完备符合检察权运行规律的检察官管理制度。本次司法体制改革主要是通过控制员额，提高司法人员综合素质，检察官不再以行政级别论晋升，而是按专业职务序列管理，并提高其薪资水平，推动队伍专业化、职业化、精英化。此外建立了与法官、检察官单独职务序列配套的薪酬保障制度。从此，法官、检察官的薪酬标准与行政职级脱钩，转而与法官、检察官等级挂钩。

---

① 夏锦文：《法官精英化与法学继续教育》，载《法学论坛》2002年第1期。

3. 完善绩效考核体系

考评机制具有导向作用。① 将管理学的绩效考核机制引入司法活动，能够有效调动检察干警工作的积极性和主动性，持续提高执法水平和办案质量。然而，绩效考核指标的设定不合理、不科学往往会误导广大检察干警的工作方向和重心，因此应进一步完善检察机关的绩效考核体系：

（1）建立现代管理学理念的绩效考评模式。目前，有的检察院已经开始将现代科学管理学中的绩效管理概念直接引入检察机关考评机制改革中，并根据自己院的实际建立绩效考核指标体系，对业务、行政、管理等各项工作分门别类予以量化、细化，制定了各项检察工作评价标准，作为考评的标尺和准绳，并实行百分制考核。以队伍建设、业务建设和信息化建设"三位一体"长效管理机制，构建质量管理的绩效考核体系的模式。

（2）明确考评机制的目标。考评机制的功能主要是起导向作用、监督与管理作用、激励作用和反馈调节作用，科学管理是为了确保业务工作各项程序流转和运行的合法有序，有效监督办案行为，同时有效监控办案质量。科学评估就是对本院人员进行科学考评和对上级领导机关报告评估情况，通过评估实现对检察人才的发掘与激励，保证各项检察职能的顺利履行。

（3）建立科学合理的考评指标体系。建立科学合理的考评指标体系是检察机关考评机制改革的关键环节，在考评指标的设定上必须贯彻宽严相济的刑事司法政策，摒弃落后的数量性、比例性指标，合理设置考评项目及评分标准。笔者建议：第一，应鼓励广大一线检察干警提出改革建议，删除现存考核体系中多余的项目，增加能够提高办案效果的考核项目；第二，考核主体的多元化，可以邀请部分当事人、律师、人民监督员或者庭审旁听人员对于某些考核指标进行打分，此举不仅更加客观公正，而且有利于推进检务公开；第三，考核指标设计的参数除体现实体公正外，还应当加入体现程序公正的要素；第四，摆脱片面追求立案数、批捕率和有罪判决率等指标，逐步完善案件质量等多项考核指标的体系建设；第五，绩效考核中应加入各个环节错案考核的要素，提高检察办案者的错案防控意识。②

总之，防范错案是一项系统工程，检察机关在其中具有独特的诉讼优势和诉讼特殊性。本轮司法体制改革为防范错案提供了有利契机，充分发挥检察机关在防范错案过程中的积极性、主导性，深入研究检察机关在其中的规律性、

① 曹水平：《完善检察工作考评机制的思考》，载正义网，http://www.jcrb.com/procuratorate/theories/practice/201206/t20120629_893477.html，2016年5月8日访问。

② 董坤：《检察环节刑事错案的成因及防治对策》，载《中国法学》2014年第6期。

特殊性和诉讼缺陷等问题，进而发现和探索我国刑事诉讼立法和诉讼程序在防范错案中的基本缺陷和疏漏，为将来从立法和司法两个维度更好地防范错案，确保通过刑事法治在全社会实现公平正义意义重大。

人民监督员制度与司法责任制的配套衔接

邱景辉*

习近平总书记反复强调，有权必有责、有责要担当、失责必追究。正在全面推开的司法责任制改革和人民监督员制度改革，都是为了进一步明晰权责，强化问责，更好地保障人民检察院依法独立公正行使检察权，提高司法公信力。

2016年7月18日至19日于吉林长春召开的全国司法体制改革推进会上，中共中央政治局委员、中央政法委书记孟建柱强调，司法体制改革是系统工程，各项改革之间关联度高、耦合性强，要统筹推进司法责任制改革和相关改革，进一步提高整体效能。①

司法责任制改革是司法体制改革的基石和“牛鼻子”。统筹推进司法责任制改革和相关改革，关键要完善司法责任制的配套制度和衔接机制。最高人民检察院《关于完善人民检察院司法责任制的若干意见》（以下简称《若干意见》），在“健全检察管理与监督机制”中明确要求，“自觉接受人大、政协、社会各界、新闻媒体及人民监督员的监督，依法保障律师执业权利”。

完善司法责任制要自觉接受人民监督员的监督，这并非简单地表态宣示，而应有精细的制度安排。

一、顺应检察监督体系的功能更新

2016年7月20日至21日召开的第十四次全国检察工作会议上，最高人民检察院首次提出了检察监督体系的概念，② 要求“以深化司法体制改革为契机，以维护社会公平正义和司法公正为目标，完善检察监督体系，提高检察监督能力”。检察监督体系作为全面发展、开放发展的体系，内含刑事检察、职

---

* 最高人民检察院民事行政检察厅案件指导处处长、检察员，全国检察理论研究人才。

① 参见王治国：《孟建柱在全国司法体制改革推进会上强调：统一思想 增强信心 攻坚克难 坚定不移推动司法责任制改革全面开展》，载《检察日报》2016年7月20日第1版。

② 参见社论《与时俱进不断完善检察监督体系》，载《检察日报》2016年7月26日第1版。

务犯罪侦查预防、民事检察、行政检察、控告申诉检察五个子系统，必须实现“功能互惠”与“功能自主”。[①] 同时，相应完善包括外部监督制约机制在内的检察管理与监督机制。

2015 年 2 月 27 日中央全面深化改革领导小组第十次会议审议通过的《深化人民监督员制度改革方案》（以下简称《方案》）提出，深化人民监督员制度改革，“以健全确保依法独立公正行使检察权的外部监督制约机制为目标，改革人民监督员选任和管理方式，扩大人民监督员监督范围，完善人民监督员监督程序，进一步拓宽人民群众有序参与司法渠道，充分保障人民群众对检察工作的知情权、参与权、表达权、监督权，推进人民监督员制度法制化，提高检察工作透明度和司法公信力”。

作为落实《方案》的制度成果，2015 年 12 月 21 日最高人民检察院第十二届检察委员会第四十六次会议通过了《关于人民监督员监督工作的规定》(以下简称《规定》)。《规定》指出，建立健全人民监督员制度的目的和意义，是“加强对人民检察院办理直接受理立案侦查案件工作的监督，健全检察权运行的外部监督制约机制，规范司法行为，促进司法公正”。

《方案》、《规定》、《若干意见》出台时，检察监督体系的基础理论尚未形成，主体结构尚未成型。现如今，全面推开司法责任制改革和人民监督员制度改革，应当在有关检察监督体系的新思路、新论断、新举措下再思考、再完善、再探索。

2016 年 7 月 27 日召开的深化人民监督员制度改革电视电话会议，各级检察机关主要领导、分管领导和各内设机构主要负责同志均参会。如此规格规模，自人民监督员制度创设以来是第一次，让我们对这项改革的全面覆盖和深度拓展有了更多期待。

（一）准确把握检察机关办理直接受理立案侦查案件工作的内涵外延

检察监督的基本内容是查控违法。检察机关的全部监督措施，可以概括为追查违法和检控违法，通过追查发现违法，并通过检控揭露违法、启动惩处程序，对不依法决定、执行惩处的行为进行查控。[②] 公权力运行中的职务违法行为和职务犯罪行为，是检察监督的核心。

人民监督员制度专门监督检察机关办理直接受理立案侦查案件工作。[③] 所

---

① 参见付子堂：《法律功能论》，中国政法大学出版社 1999 年版，第 19～20 页。

② 孙加瑞：《检察监督的基本内容是查控违法》，载《检察日报》2011 年 3 月 23 日第 3 版。

③ 孙灵珍：《人民监督员制度“八问”——专访最高检办公厅人民监督工作办公室主任》，载法制网，2015 年 5 月 8 日访问。

谓检察机关办理直接受理立案侦查案件工作，应当从以下六个方面准确把握：

1. 从部门职能看，不局限于职务犯罪侦查部门的司法办案工作，还包括检察机关反腐败工作格局下相关内设机构之间的信息共享、线索移送、协作配合、监督制约、技术保障等工作。

2. 从检察职权看，不局限于职务犯罪侦查权的运行活动，还包括围绕职务犯罪案件的审查逮捕权、审查起诉权、诉讼监督权以及相关司法行政权的依法行使。

3. 从检察环节看，不局限于从立案侦查到提起公诉的诉讼环节，还包括立案前的举报受理、线索处理和起诉后的审判监督、执行监督以及违法所得没收、申诉、国家赔偿等。

4. 从履职形式看，不局限于以人民检察院名义作出的处理决定，还包括检察官、检察辅助人员、司法行政人员在指挥、辅助、参与办理职务犯罪案件过程中的具体司法行为。

5. 从司法资源看，不局限于本院自侦，还包括检察领导体制和检察一体化机制下的上提一级、备案审查、指定管辖以及提办、交办、转办、督办、参办等。

6. 从法律功能上看，不局限于查办职务犯罪案件本身，还包括依法监督纠正因职务违法犯罪导致的执法司法不公，追究相关人员责任，预防类似的职务违法犯罪。

由此可见，人民监督员制度是以监督检察机关办理直接受理立案侦查案件工作为切入点和着力点，向监督检察工作纵深拓展和延伸。《若干意见》中没有特指在办理直接受理立案侦查案件工作中自觉接受人民监督员的监督，也是对人民监督员制度功能的充分肯定和期待。认识和认同这一点，就能更加自觉、自信地发展和完善人民监督员制度。

（二）重点监督司法工作人员在诉讼活动中的渎职行为

诉讼监督是检察监督的主业。诉讼监督既包括对事监督，也包括对人监督，两者相辅相成。“两高三部”2010年联合出台的《关于对司法工作人员在诉讼活动中的渎职行为加强法律监督的若干规定（试行）》，明确将12类严重违反刑事诉讼法、民事诉讼法、行政诉讼法和刑法规定，不依法履行职务，损害当事人合法权利，影响公正司法的诉讼违法行为和职务犯罪行为，认定为司法工作人员具有涉嫌渎职的行为，规定检察机关应当调查核实，并视情采取建议更换承办人、纠正违法、抗诉、查办职务犯罪等多元化监督手段加强法律监督。对检察人员在诉讼活动中涉嫌渎职的，一视同仁。

修改后的三大诉讼法，进一步明确了检察机关对诉讼活动实施法律监督的范围、方式、程序等，在强化监督职权的同时也增加了渎职风险。为加强诉讼监督风险防控，落实司法责任制和人民监督员制度应当共同推进三个目标：

1. 依法立案侦查司法工作人员在诉讼活动中的渎职犯罪。要求检察人员在履行诉讼监督职责时，善于发现依法负有侦查、检察、审判、监管和判决、裁定执行职责的国家工作人员在诉讼活动中的渎职犯罪线索，[①] 按照检察官权力清单的授权和程序，及时移送职务犯罪侦查部门依法办理。

2. 依法监督纠正因司法工作人员违法犯罪行为导致的诉讼程序错误、实体错误。要求检察人员在查办职务犯罪案件或相关工作中，注意发现涉嫌职务犯罪的司法工作人员在诉讼活动中的有关渎职行为，将有关线索和证据及时移送刑事审判监督或民事行政检察部门依法办理。

3. 依法查办和有效预防检察人员在诉讼活动、诉讼监督活动中的渎职行为。重点监督"检察人员在办案中有徇私舞弊、贪赃枉法、刑讯逼供、暴力取证等违法违纪情况的"情形。检察人员发现、掌握线索后应当移送而不移送的，可以作为"应当立案而不立案"的前因；检察人员明知司法工作人员在诉讼活动中的渎职行为系控告申诉举报内容或依申请、依职权监督事由，[②] 故意或者重大过失没有依法处理的，可以作为"阻碍当事人及其辩护人、诉讼代理人依法行使诉讼权利的"情形，在不需要修改《规定》的情况下，将上述薄弱环节纳入人民监督员监督案件范围。

特别强调的是，随着检察机关对民事、行政诉讼程序中审判人员违法行为和违法执行活动的监督不断深入，民事行政检察与职务犯罪侦查的互动越来越多。根据最高人民检察院《关于完善抗诉工作与职务犯罪侦查工作内部监督制约机制的规定》，民事行政抗诉与职务犯罪侦查分别由不同业务部门承办，要求建立案件线索双向移送、处理结果双向反馈机制。[③] 目前，对移送和反馈环节的内部监督制约缺乏刚性，未纳入统一业务应用系统管理，存在不规范情形和渎职风险隐患。将其纳入人民监督员监督范畴，有利于进一步规范民事行政检察与职务犯罪侦查配合协作中的司法行为，增强法律监督效能。

---

① 如湖北省检察机关2015年查实构成虚假诉讼201件，从中发现并移送审判、执行人员职务犯罪线索立案侦查9人。

② 以民事诉讼监督为例，《人民检察院民事诉讼监督规则（试行）》第24条规定，当事人认为民事审判程序中审判人员存在违法行为的，可以向人民检察院申请监督；第41条规定，审判、执行人员有贪污受贿、徇私舞弊、枉法裁判等行为的民事案件，人民检察院应当依职权进行监督。

③ 参见《最高人民检察院关于民事行政检察工作情况的报告（摘要）》，载《检察日报》2012年12月26日第2版。

（三）关注行政违法行为监督

党的十八届四中全会明确提出，“完善对涉及公民人身、财产权益的行政强制措施实行司法监督制度”，“检察机关在履行职责中发现行政机关违法行使职权或者不行使职权的行为，应该督促其纠正”，“探索建立检察机关提起公益诉讼制度”。

这三项司法改革，引领和推动行政检察成为一项开创性工作，也成为“十三五”时期检察监督发展的一个重点和重心。曹建明检察长在全国检察机关行政检察工作座谈会上指出，行政检察与侦监、公诉、反贪、渎检、预防、控告申诉等部门要加强协作配合，进一步完善信息共享、线索移送、协作配合等机制，形成以行政检察部门为主导、相关职能部门积极协作配合的行政检察工作格局，增强行政法律监督合力。在第十四次全国检察工作会议上，他强调要坚持行政诉讼监督与行政违法行为监督并举，构建符合我国国情的行政检察制度。

三项改革中除了提起民事公益诉讼属于民事检察监督范畴，其余均可纳入行政违法行为监督的内容和形式。在履行职责中发现行政机关违法行使职权或者不行使职权的行为并督促纠正，是针对检察机关对行政违法行为的监督，主要依靠依法查办行政机关工作人员涉嫌贪污贿赂、渎职侵权等职务犯罪案件，范围相对较窄，而多数行政违法行为是乱作为、不作为，不及时督促纠正可能使一些苗头性问题演变成职务犯罪的现状，专门设计的具有预防职务犯罪性质和功能的监督措施。对涉及公民人身、财产权益的行政强制措施进行监督，是针对检察机关依法查办违法实施行政强制措施严重侵犯人权构成犯罪的行政机关工作人员，以及对行政诉讼活动进行监督这两种监督方式都具有事后性的不足，着力强化对行政强制措施实施过程的检察监督，及时纠正违法行政强制措施，同样具有预防职务犯罪的属性。检察机关为维护国家和社会公共利益，在履行诉前程序督促行政机关纠正违法行政行为或依法履行职责无效的情况下，提起行政公益诉讼，是典型的查控违法，也与惩治预防职务犯罪密切相关。三项改革措施既各有侧重、各司其职，又相互交叉、相互支持，整合成行政违法行为监督。作为新生事物、新增职能，权力大，制约少，更需要加强风险防控。

最高人民检察院《关于对检察机关办案部门和办案人员违法行使职权行为纠正、记录、通报及责任追究的规定》第4条第（十七）项中明确，“未依法对诉讼活动、行政机关违法行使职权或者不行使职权的行为履行法律监督职责，造成不良影响的”属于违法行使职权行为。

这就要求在行政违法行为监督中，必须立足法律监督职能，以监督公权力为核心，依法坚持依职权发现，尊重行政权运行规律，严格依法规范监督，既要避免泛化为“一般监督”，也要防止出现“选择性监督”，切实克服检察监督中的不作为、乱作为、慢作为。对于此类违法行使职权行为，在认定和处理上既要严明纪律、严格要求，又要实事求是，坚持从法律效果、政治效果、社会效果来统一把握，只有造成《若干意见》列举的不良影响，才进行责任追究。人民监督员可以从移送行政机关工作人员涉嫌职务犯罪线索等环节入手加强监督。

二、细化追责情形与监督情形的对应关系

《若干意见》明确了检察人员在司法办案工作中应当承担司法责任的11种故意行为和8类重大过失情形，并规定负有监督管理职责的检察人员因故意或重大过失怠于行使或不当行使监督管理权，导致司法办案工作出现严重错误的，应当承担相应的司法责任。《规定》则列举了人民监督员监督的8种违法情形和3类案件。准确地将追责情形与监督情形进行对接，是增强司法责任制与人民监督员制度的关联度与耦合性的必由之路。

（一）对应和交集

1. 应当立案而不立案或者不应当立案而立案的监督情形，部分对应追责情形中超越刑事案件管辖范围初查、立案的；与包庇、放纵被举报人、犯罪嫌疑人、被告人，或使无罪的人受到刑事追究的情形有交集。

2. 超期羁押或者延长羁押期限决定违法的监督情形，与追责情形中错误羁押或超期羁押犯罪嫌疑人、被告人的，以及违反规定剥夺、限制当事人、证人人身自由的情形均有交集。

3. 采取指定居所监视居住强制措施违法的监督情形，与追责情形中错误羁押或超期羁押犯罪嫌疑人、被告人的，以及违反规定剥夺、限制当事人、证人人身自由的情形均有交集。

4. 违法搜查、查封、扣押、冻结或者违法处理查封、扣押、冻结财物的监督情形，对应追责情形中非法搜查或损毁当事人财物的；违法违规查封、扣押、冻结、保管、处理涉案财物的情形。

5. 阻碍当事人及其辩护人、诉讼代理人依法行使诉讼权利的监督情形，对应追责情形中违反规定限制诉讼参与人行使诉讼权利，造成严重后果或恶劣影响的。

6. 应当给予刑事赔偿而不依法予以赔偿的监督情形，对应追责情形中对已经决定给予刑事赔偿的案件拒不赔偿或拖延赔偿的情形。

7. 检察人员在办案中有徇私舞弊、贪赃枉法、刑讯逼供、暴力取证等违

法违纪情况的监督情形，部分对应追责情形中刑讯逼供、暴力取证或以其他非法方法获取证据的情形，与包庇、放纵被举报人、犯罪嫌疑人、被告人，或使无罪的人受到刑事追究的情形有交集。

（二）兜底和参照

1. 应当退还取保候审保证金而不退还的监督情形，没有对应的追责情形，可以适用其他违反诉讼程序或司法办案规定，造成严重后果或恶劣影响的，以及其他严重后果或恶劣影响的兜底情形，或者参照适用违法违规查封、扣押、冻结、保管、处理涉案财物的情形。

2. 检察人员在办案中有徇私舞弊、贪赃枉法、刑讯逼供、暴力取证等违法违纪情况的监督情形，也可以兜底追责情形中毁灭、伪造、变造或隐匿证据的；违法违规使用武器、警械的；涉案人员自杀、自伤、行凶的；犯罪嫌疑人、被告人串供、毁证、逃跑的；举报控告材料或其他案件材料、扣押财物遗失、严重损毁的；举报控告材料内容或其他案件秘密泄露的；以及上述有交集情形中的其余部分。

3. 人民监督员监督的拟撤销案件的，拟不起诉的，犯罪嫌疑人不服逮捕决定的3类案件，其中的追责情形可能包括认定事实、适用法律出现重大错误，或案件被错误处理的；遗漏重要犯罪嫌疑人或重大罪行的；以及其他相关的违法行使职权行为。

（三）跟踪和倒查

虽然各项监督情形与追责情形都建立了联系，但在具体操作中仍然容易出现遗漏。因此，有必要从充分保障人民监督员的知情权、参与权、表达权、监督权的改革要求出发，建立健全延伸监督和倒逼机制。

1. 凡是人民监督员监督的案件，已经进行的检察环节中是否存在除启动监督程序的事由情形以外的其他监督情形和追责情形，应当一并进行自查，作出说明，接受监督。

2. 凡是人民监督员监督过的案件，后续处理情况包括诉讼过程和最终结果，应当及时告知参与监督的人民监督员，可以邀请其列席或旁听该案后续办理中的案件讨论、听证、庭审等，继续听取其监督意见和建议。每年定期将可以公开的监督案件办理情况向辖区内所有人民监督员进行通报。

3. 凡是经人民监督员监督后认定检察人员存在或不存在违纪违法情况的，该监督意见应当作为检察官惩戒委员会或者纪检监察部门是否认定和追究检察人员司法责任的重要依据，认定和追究司法责任情况应当及时向人民监督员反馈，并载入司法档案。

4. 凡是进入人民监督员监督程序的案件，应当全程在统一业务应用系统中进行管理和归档，在检察机关内部信息共享的基础上，逐步实现案件信息公开。

三、增强人民监督员制度与律师制度的监督合力

“两高三部”联合出台的《关于依法保障律师执业权利的规定》，对检察机关在办理直接受理立案侦查案件等职责范围内依法保障律师的执业权利，建立健全律师执业权利救济机制，提出了具体要求，强调不得阻碍律师依法履行辩护职责，不得侵害律师合法权利。并对落实人民监督员监督阻碍当事人及其辩护人、诉讼代理人依法行使诉讼权利的情形，以及司法责任制追究违反规定限制诉讼参与人行使诉讼权利，造成严重后果或恶劣影响的情形，提供了配套和衔接。

1. 明确了阻碍律师依法行使诉讼权利的具体情形。主要包括：未依法向律师履行告知、转达、通知和送达义务的；认定律师不得担任辩护人的情形有误的；对律师依法提出的申请，不接收、不答复的；依法应当许可律师提出的申请未许可的；依法应当听取律师的意见未听取的；其他阻碍律师依法行使诉讼权利的行为。

2. 明确了人民监督员监督的时限。律师针对上述情形提出投诉、申诉、控告的，检察机关应当在受理后十日以内进行审查，并将处理情况书面答复律师。据此，基层检察院受理投诉、申诉、控告后应当立即报告上一级检察院提请启动人民监督员监督程序，市级检察院受理对本院及所辖基层检察院的投诉、申诉、控告，应当提请本院人民监督员监督，特别重大疑难复杂或者敏感的，可以报请省级检察院上提一级监督，要求均应当在十日内完成评议并答复。

3. 明确了人民监督员监督评议的效力。经监督评议认为律师申诉、控告情况属实的，组织监督评议的检察机关应当通知有关内设机构或者下级检察院予以纠正。有关内设机构或者下级检察院拒不纠正或者累纠累犯的，应当由检察机关的纪检监察部门依照有关规定调查处理，相关责任人构成违纪的，给予纪律处分。需要追究检察官司法责任的，由检察官惩戒委员会进行认定和追究。情况不属实的，向律师做好说明解释工作。处理情况应当及时通报律师所在地司法行政机关或者所属的律师协会。

4. 对完善人民监督员监督程序及知情权保障机制提出了新的要求。要求检察机关畅通律师反映问题和投诉的渠道，明确专门部门负责处理律师投诉，并公开联系方式。应当对律师的投诉及时调查，律师要求当面反映情况的，应

当当面听取律师的意见。

因此，人民监督员办事机构应当与案件管理部门、控告申诉检察部门建立健全联动机制，明确受理律师投诉、申诉、控告的职责分工和办理流程。人民监督员监督此类情形案件时，应当邀请律师本人参加并当面听取其陈述。鉴于人民监督员选任和管理方式改革后，人民监督员与律师同属司法行政机关管理，检察机关应当与司法行政机关加强联席会议机制和信息共享平台建设，充分保障人民监督员对阻碍律师依法行使诉讼权利行为的知情权、参与权、表达权、监督权。

严格监督纠正阻碍律师依法行使诉讼权利的情形，既是深化人民监督员制度改革和司法责制改革的必然要求，也是深化律师制度改革有效保障。各级检察机关应当紧盯查办职务犯罪案件中容易出现保障律师依法行使诉讼权利不到位的薄弱环节，把人民监督员制度作为一种倒逼机制，严格落实司法责任，进一步规范司法办案行为，让人民监督员制度和律师制度在健全确保依法独立公正行使检察权的外部监督制约机制中共同发挥更大的作用。①

四、结语

人民监督员制度改变了检察机关查办职务犯罪案件的具体程序和要求，是对司法权力制约机制的重大改革和完善。② 人民监督员制度为保留检察机关的职务犯罪侦查权而生，也可能随职务犯罪侦查权从检察机关剥离而止。将人民监督员制度进行功能更新并与司法责任制绑定，是必要且可行的。

---

① 参见拙文《充分发挥人民监督员制度保障律师执业权利的作用》，载《人民监督》2015年第5期。

② 参见2015年9月7日曹建明检察长主持召开最高人民检察院司法体制改革领导小组第七次会议上的讲话。

司法责任制下深化检察人员绩效档案管理的探索与思考

汪存锋[*]　余　菁[**]

为进一步健全完善司法责任制下的检察人员绩效考评体系，有效推动检察工作健康发展，本文在梳理总结荆州市院绩效管理经验的基础上，客观分析司法责任制对绩效考评的影响，正视问题与不足，提出完善建议，以期迅速推动司法责任制落到实处。

一、荆州市检察机关探索绩效考评的主要做法

2013 年以来，面对荆州检察整体工作在全省检察机关低位徘徊的局面，市院党组高点定位、自我加压，在综合分析主客观因素的基础上，强力推行内设机构和干警绩效档案管理，以省院业务考评和地方综合绩效考评为指挥棒，制定《内设机构及干警绩效档案管理实施办法》（以下简称《绩效档案管理办法》），科学设置考核指标和考核方法，合理运用考核结果，实行“硬考评、硬挂钩”，真正做到奖惩分明，有效地激发了全市检察干警干事创业、奋发有为的热情，推动了各项检察工作平稳健康发展。三年来，在省院对市州分院考核评价中，荆州检察综合排名逐年上升，2014 年进 2 位，2015 年再进 3 位，15 项工作进入优秀等次，实现了跻身全省检察机关第一方阵的既定目标；在地方对检察机关的考核评价中，绩效考核、社会治安综合治理、党建、文明单位创建、档案管理等工作也位居前列。现行绩效档案管理特点主要体现在以下几个方面：

（一）考评对象覆盖全员

为克服过去对部门和个人单独考核，指标难以对应，结果缺乏衔接的弱

* 湖北省荆州市人民检察院党组书记、检察长。

** 湖北省荆州市人民检察院综合教育处副处长。

点，《绩效档案管理办法》实行内设机构与干警个人同管理、同考核，两者考评指标和考评结果相互影响、互相关联。对干警个人考核涵盖每名领导班子、领导干部和其他检察人员，其中对检察长、分管检察长和其他分管领导的考核与所分管的内设机构和干警绩效挂钩，以体现院领导统揽全局和中层正职承上启下的使命感和责任感。同时，在市院的示范带动下，各基层院积极跟进，在总体思路、基本原则同市院保持一致的前提下，结合各地实际进行探索，保证了考评对象全覆盖。

（二）考核指标紧扣实际

一是全面客观反映干警工作动态。对干警的考核指标包含基本行为规范、岗位责任目标和奖励加分项目三部分内容。其中基本行为规范关注干警上下班、请销假、参会参训参学、遵章守纪等履职尽责基本要求；岗位责任目标是因人因岗确定的干警履职尽责应达到的最低目标；奖励加分项目则体现对干警作出突出贡献、在本职之外发表或刊用调研论文、工作信息、宣传稿件，以及在各级各类评选表彰中获得荣誉等奖励情况。二是奖惩分明运用省院、地方考评结果。无论是对内设机构的考核，还是对干警考评，都将省院对口部门年终考评结果和全市绩效考核、社会治安综合治理、党建、文明单位创建、档案管理等工作情况设置为加分扣分的重要依据。三是在对内设机构的考评中，还将完成市院党组安排的工作任务及市院、基层院对内设机构的主观评价作为重要考核依据。四是持续更新。市院每年都结合工作实际对考评中发现的不足之处进行专题研究，不断修订完善，保持绩效考评体系的科学性、实效性和连续性。

（三）考核结构量化评定

对内设机构考核实行百分制评价，其中省院考核得分或完成地方相关对口部门的工作情况权重占70%，市院考核评价得分占30%，这样就避免了部分业务部门仅承担上级或地方考核项目的工作，忽视日常事务性和综合性工作的情况；对干警个人实行“基本行为规范赋予40分、岗位责任目标60分、奖励加分20分封顶”的量化考核模块，此外，对于有特殊贡献的干警和部门，经院党组研究，另外给予特别加分奖励，对于个人发生违纪违法行为，造成不良影响的，予以“一票否决”。据此形成个人年终绩效总分，计入干警绩效档案。

（四）考评过程透明公正

改变过去干警“被动考核”的局面，由干警参与绩效考核办法制定，充分尊重干警发言权，调动干警积极性，实现考评者与被考评者双向互动，增强考核活力。在对干警个人绩效考评时，为确保结果公平公正，由纪检监察部门年底提供每名干警基本行为规范扣分明细，干警个人提供奖励加分依据，部门负责人、分管领导对岗位责任目标考评事项进行初评，考评领导小组对三项指标组织交叉评查，审核计分形成考评结果后上报院党组会审定，并在局域网站上向全院干警公开。

（五）考评结果合理运用

充分运用考核结果，才能激发全体干警的工作活力与潜能，考而不用或用而不实，就会严重挫伤干警的工作积极性。2013 年以来，市院充分发挥绩效考核应有的作用，将干警绩效档案结果作为干警评先表彰和年度公务员考核的重要依据和选任干部的重要指标，特别是在员额制改革中，将 2013 年至 2014 年干警绩效考核得分作为衡量首批计入员额检察官业绩的基础数据，起到了重要作用。三年来，运用绩效考核结果选拔干部 40 余人，一批德才兼备、业绩突出的干警走上各级领导岗位，干警精神面貌焕然一新，从更深更宽层面上兑现了“硬考评、硬挂钩”的承诺。机关干警认理服气，普遍认可度高。

二、司法责任制对现行绩效考评体系的影响

司法责任制是健全检察权运行机制的核心内容，在司法改革中居于基础性地位。绩效考评是落实司法责任制的倒逼机制、基础平台、有效形式，是不可逾越的管理环节。为迅速落实司法责任制，省院制定下发了《湖北省检察官业绩考评办法（试行）》及相关配套制度，正式建立实施以业绩考评办法、量化评分细则、岗位职责说明书、岗位承诺书、业绩档案、案件评查表为主要内容的“六位一体”检察官业绩考评制度。如何实现我院绩效考评办法与省院《检察官业绩考评办法》有效对接，避免考核内容的交叉重叠，在考评指标和程序设计上都面临挑战。

（一）人员分类后考核任务加重

员额制改革后，根据职能分工不同，在编检察人员被分为检察官、检察辅助人员和司法行政人员三类，原有按部门职责划分的考评方式已经不能满足分类考评的需要。

（二）考核指标设计难度较大

《检察官业绩考评办法》将业绩考评分为领导评鉴和业务工作评价两部分，其中对业务工作评价设计相应计分规则，包括案件评查指标、案件难度系数、办案权重系数等内容，同时又对领导岗位检察官履行领导岗位职责设计了不同得分权重，最终使不同岗位检察官量化考评分数得以在同一平台进行比

较。对我院而言，如何在现有绩效考核办法框架下对接省院《检察官业绩考评办法》相关指标和计算方法，如何确定相应系数、权重指标才能客观反映工作量等方面，有一定难度。

（三）考核将面临常态化

《检察官业绩考评办法》施行后，更加重视案件质量评查，对于办案量的统计，案件质量的监控，目标运行的监督，如果仅依靠原来年终考评或半年模拟考评已难以满足绩效考核工作需要。

三、司法责任制改革下完善绩效考核的建议

绩效考核作为一项实务性很强的制度，需要在构造整体制度框架基础上，不断在司法改革实践中完善细节，增强可操作性。从荆州和其他各地院绩效考评实践来看，或多或少存在考核内容交叉重叠，考核指标难以量化，考核结果不够客观，导致考核流于形式，这些都将对司法责任制的落地产生不利影响，因此既需要省院从《检察官业绩考评制度》设计的宏观层面予以明确和完善，同时各地也要结合实际，在总体框架下施行“一院一策”、“一人一策”。关键是要解决以下三个问题：

（一）要解决“考什么”的问题

人员分类管理后，绩效档案管理必须直面问题，以人为本，有效解决对接与过渡问题。荆州市检察院修订考评办法的思路是，干警个人考评仍然沿用过去“基本行为规范、岗位责任目标和奖励加分项目”的三部分考评结构，但在岗位责任目标考评事项的设定上需要打破原有部门格局，应根据每类人员岗位职责和工作特点设置不同的考评指标和考评方法。如对检察官、检察辅助人员的岗位责任目标考核应与省院《检察官考评办法》有效对接，侧重落实办案工作任务和司法责任；司法行政人员的考核应结合检察机关实际参照公务员考评方式考核，侧重考评综合服务工作和落实中心工作情况。

（二）要解决“怎么考”的问题

一是要有基础数据分析。对前三年办案数量进行统计分析，并充分考虑可预见的年度办案规模、专项业务工作、年度争先进位等因素，将这些具体办案工作量精确分解给入额检察官，结合基本办案组织的构建，建立起个人业绩计分形成机制。二是要有指标参考。建议省院对案件难度系数和部门权重系数及履行领导职能权重系数等内容提供一套可借鉴的参考模板，各地根据实际确定具体执行参数。三是要有考评管理软件。人员分类后，考评指标、程序更为复杂，传统人工统计缺乏客观性和公正性，也难以保存。建议省院开发绩效档案

管理软件，多方位记录各类检察人员基本信息情况、岗位变动、司法办案、教育培训、奖惩情况，确保绩效考评工作的科学化。四是要有考评常设机构。人员的分类管理和案件质量评查的经常化，要求对检察队伍的管理应从简单地下指标、抓考核，转变为全面管理和过程控制，必须对检察人员工作量实行动态统计，对司法责任制目标运行情况进行日常监控，因此需要常态化开展绩效考核工作。建议省院成立统一检察官考评工作委员会，市县两级院成立相应的考评工作办公室，并明确组成结构，机构组成人员不应局限于综合部门，确保考评工作有人抓，考评工作专业化、经常化。

（三）要解决好“一岗双责”的问题

坚持从实际出发，体现检察工作规律，不简单下达办案指标，防止片面追求绩效而影响正常办案和正常工作。业务部门负责人，基本办案组织检察官必须优先履行一岗双责，落实全面从严治党和过硬队伍建设的各项要求，履行好各级各类综合考评的分工责任。从制度层面上，防止计入员额检察官陷入“只负责办案不负责其他”的认识误区，把政治挂帅贯穿检察工作始终。要梳理地方各项考评工作，明确每项牵头责任部门和牵头领导，由牵头责任部门将考评项目分解到相关的部门并明确具体责任人员。要梳理模拟“三定”方案中没有对应的内设机构具体承担，却又常年要抓的工作，如工青妇等群团组织的工作、专项工作任务和检察长交办的其他工作任务，并将相应工作任务责任落实到具体人，计入绩效目标任务。真正建立量化、到人、可考核、可追责的全面反映工作情况绩效考核模型。

检察官办案责任制改革视域下业务考核机制的完善*

褚尔康**

最高人民检察院下发的《检察官办案责任制改革试点方案》中，将检察官办案责任改革作为了贯彻落实党的十八届三中全会“深化司法改革”战略举措的重要突破口，发挥了重要的提纲挈领作用。[①] 作为一项牵一发而动全身的复杂系统工程，检察官办案责任制改革涉及检察机关职能配置的各个方面、关系到职权运行的各个环节，需要系统内部的各要素之间协调配合，从而提升改革的针对性和有效性。

作为现代科学管理重要方法的实际运用，检察业务考核工作在检察官办案责任制建设的系统工程中具有至关重要的作用。这不仅体现在新的责任制实施后考核主体和对象发生了根本变化，更体现在考核的指标设计和重点导向有了新的指导原则和运行规律。各级检察机关如何切实把思想统一到中央和高检院的部署要求上来，更好地适应新形势、新任务、新要求，进一步更新考核理念，不断完善工作机制，充分发挥考核工作在保障检察官办案责任制改革中的引导、规范、督促、激励等重要作用。[②]

一、检察官办案责任制视域下完善业务考核运行机制的必要性分析

检察业务考核，是将管理学的绩效考核理论运用到检察业务的管理之中，

---

* 本文系最高人民检察院2015年度检察理论研究重点课题《检察业务考核体系存在问题及解决思路》阶段研究成果。

** 山西省太原市人民检察院办公室秘政科科长，全国检察调研骨干人才，法学博士。

① 关于检察官责任制改革的重要意义的论述，参见龙宗智：《加强司法责任制：新一轮司法改革及检察改革的重心》，载《人民检察》2014年第12期。

② 对于检察业务考评机制的保障作用论述，参见侯智、刘庆利：《检察权运行保障机制研究》，载《人民检察》2014年第3期。

通过设置一系列考核指标及分值，遵循一定的考核流程，从检察业务工作的数量、质量、效率、效果等各方面实现对检察业务工作的综合评价。作为现代科学管理重要方法的实际运用，检察绩效考核工作在检察队伍正规化建设的系统工程中具有至关重要的作用。把绩效考核引入检察机关执法考核中，在检察机关建立一套全面、客观、科学、合理、质量兼顾、易于操作的执法考核体系，既是实现检察工作的规范化管理，又是检察官业绩目标管理的前提和检察机关前进的目标，是检察事业健康发展的重要因素，也是当前检察机关管理机制创新和发展所面临的一个重要课题。在实践中，检察机关推行绩效考核还存在诸多难点问题，考核工作中仍然不同程度地存在重数量轻质量、重内部评价轻社会评价、重量化排名轻分析整改等倾向，导致一些地方和单位单纯围绕考核指标部署开展工作，片面追求计分排名，甚至为追求考核成绩而弄虚作假，影响了检察职能作用的正确有效发挥。

从历史维度看，考察检察业务考核工作的制度发展的历史进程，2002 年最高人民检察院制定的《人民检察院基层建设纲要》明确提出："以考核干警的能力、能绩为核心，探索建立能绩管理机制。在明确内设机构和工作岗位职责的基础上，分类分级明确工作目标，以动态考核为主、定性与定量相结合，实行全员能力和能绩考核，奖优罚劣。"从上述制度设计的初衷可以看出，绩效考核制度设计基本原则体现了检察人员分类管理的制度雏形，即按照不同岗位的业务特点制定考核方案，从而进一步提升检察工作的管理科学化水平。在坚持上述基本原则基础上，最高人民检察院陆续制定出台《考核评价各省、自治区、直辖市检察业务工作实施意见（试行）》、《考核评价各省各院、自治区、直辖市检察业务工作项目及计分细则（试行）》、《关于进一步建立健全检察机关执法办案考核机制的指导意见》等一系列制度措施，就考核的具体方式、组织形式等内容进行了完善和规范。初步形成了以工作数量为基础、以工作质量为核心的考核评价制度，进一步发挥了考核工作的导向激励作用，激发了队伍的发展活力。考核办法通过设置具体考核项目、考核标准、考核指标，将执法环节上的各个关键点、各个程序量化、细化，作为考察和评价基层院是否按照法律规定行使职权的明确依据，为各级院执法办案提供了明确、客观的标准，减少了主观上的随意性，在一定程度上克服了执法不够规范问题。在微观上引导和激励基层院创先争优。实施上级院统一对业务工作进行考核后，各级院通过考核对象之间的横向、纵向比较等方式，增强了危机感和紧迫感，考核落后基层院每年结合业务考核弱项，查问题、找差距，增强补弱，形成了创先争优的良好工作氛围，激励作用明显。

从现实维度看，近年来，高检院明确指出要加强和改进业务考核工作，科学设置考核内容，取消不易验证核查以及不能客观反映实际情况的项目，改变通过数字指标、比率控制线等方式评价办案质量的做法，切实发挥考核正向引导、激励和规范作用。这就为科学制定检察业务考核体系指明了方向。关于如何考核，目前理论界大致有以下几种思路：一是删繁就简，对考核制度进行简化；二是反面考核或逆向考核，即事先设定一定的分值，在此基础上进行加分、扣分；三是分类考核，即划分不同种类，实现分类指导；四是改变考核对象，变“考核检察院”为“考核检察官”。本文认为，第二、三种做法曾经在一些机关进行过实践，问题在于如何分类以及分类后如何进行比较。第四种思路很有发展前途，特别是随着检察官责任制的改革和推进，以检察官为考核对象将是大势所趋。2014年2月最高人民检察院下发了《关于进一步改进检察业务考核工作的意见》，对新的历史条件下最大限度地发挥考核的积极作用，推动检察业务工作的全面健康协调发展提出了具体的改进意见。《意见》提出，要根据不同层级检察机关的工作重心和办案特点，紧密结合形势发展需要和政策要求，科学设定和适时调整考核内容，使业务考核工作更加符合检察工作的特点，更加准确客观反映检察业务工作情况，更好地推动各项工作的部署的落实。作为当前检察制度改革的重要领域和关键环节，检察官办案责任制的核心是建立健全“权”、“责”、“利”相统一的检察权运行机制和办案组织形式。[①] 使检察官成为相对独立的检察权行使主体，有效调动办案检察官的积极性。这不仅涉及检察机关内部各个主体间权力的界限，更关系到权力的配置、协调、运行、制衡等深层次的问题。因此，开展检察官办案责任制下业务考核运行机制的完善和重构，是对当前检察制度改革工作的重要保障，是履行检察业务考核工作基本职责的重要体现。

二、检察官办案责任制视域下完善业务考核运行机制的重要意义

（一）检察官办案责任制改革的重要组织基础

检察官办案责任制改革，确立了主任检察官在职权范围内依法独立办案，并对案件的办理承担相应的责任的基本原则。这种改革的制度设计，彻底改变了以往审者不定、定者不审的办案方式，不仅突出了检察官的司法属性，更进一步完善了检察权内部权力运行的扁平化管理模式，符合“谁办案、谁决定、

---

① 关于检察业务考评问题，检察理论研究和检察实务界的相关研究成果较多。但关于检察官责任制与检察业务考评的关系问题的研究成果目前还没有出现，只有部分学者的相关论述有所涉及。

谁负责”的司法基本规律。[①] 而从制度设计的目标来看，检察官承办案件时能够做到“有职有权”，责权利相统一，不仅提高了检察官执法办案的质量、效率，也有助于加强检察人员专业化、职业化的建设培养目标。

具体而言，根据《人民检察院工作人员分类管理制度改革意见》的规定，检察机关的工作人员将依据各自的职能分为检察官、检察辅助人员、司法行政人员这三类人员，相应地规定了人员比例和员额。可以看出，从高检院确立检察官责任制改革目标伊始，就将主任检察官定位于是具有较高业务综合能力的高素质专业法律人才。在选任的条件确立上，严格遵循“突出能力、兼顾资历”的标准，对政治素质、学历条件、业务资历、履职能力等方面的进行综合考察，其中主要是执法实绩的内容。特别是在改革的全面推开阶段，要真正让那些政治素质好、司法办案经验丰富、能独立承担司法办案任务的检察业务骨干进入员额。对于严格选任标准和程序，择优选任员额制检察官标准问题。必须严格依据业务考核的结果进行量化分析。没有客观的考核机制作为基础，就无法实现对检察官业绩的公正衡量，也就无法作出甄别和遴选。正是基于上述考量，可以看出业务考核是检察官办案责任制改革的重要组织基础。

（二）检察官办案责任制改革的重要监督措施

权力延伸到哪里，监督制约就应当跟进到哪里；办案责任制进展到哪里，业务考核工作就也要跟到哪里。为了确保主任检察官权力的运行合理有序、保障权力不被滥用，完善相应的配套机制，构建内部监督制约机制是确保检察官办案责任制改革的重要前提。只有有效处理好改革中的“放权”与“限权”两者之间的辩证关系，才能确保改革的目标得以顺利实现，而在其中检察业务考核体系建设发挥着重要的引导和保障作用。[②] 作为检察机关内部监督制约机制的重要组成部分，业务考核工作在规范检察权运行机制方面发挥着重要作用。特别是如何适应根据调整后的内设机构和办案组织的职责及业务特点，进一步调整和规范执法办案流程及工作规范。建立和完善符合司法规律的考核体系，实行办案质量终身负责制。监督主任检察官行使职权、公正廉洁办案。同时，建立健全办案组织内部的监督制约机制，进一步规范各办案组之间、主任检察官与检察辅助人员在执法办案各环节之间的监督制约机制关系，加强办案

① 相关论述参见林必恒：《主任检察官办案责任制实践思考与路径选择》，载《人民检察》2014年第11期；王雄飞、曾春波：《检察官办案主体地位的实行路径探讨》，载《人民检察》2014年第16期；黄凯东、张建兵、张涛：《主任检察官办案责任制之制度逻辑》，载《人民检察》2014年第21期。

② 关于如何实现放权和限权的问题，参见李雁：《检察官办案责任制改革的路径选择》，载《人民检察》2014年第23期。

组织成员之间相互监督和工作制约机制是改革推进过程中必须考虑和妥善处理的配套工作。

三、检察官办案责任制视域下完善业务考核运行机制的重要措施

（一）考核规范层面监督“量化”与“定性”的统一

“当前主任检察官工作的评价监督体系不完善，许多量化指标考核指标规定得不够细致，没能落到实处。”① 虽然这种现象产生的客观上是因为改革还处于试点阶段，没有在全国范围内铺开，因此没有指定全国性的规范性指导意见。但另一个方面，这与考核工作存在的根本性问题息息相关，特别是如何妥善处理考核指标的“量化”与“定性”问题具有相关性。

严谨实用的业务考核体系并非一朝一夕造就的，而是通过在实践中探索应用、不断磨合而成的。要使考核体系趋于完美，应该突出体系的科学性和严谨性。强调考核内容的科学合理性，对设定的考核内容清晰定位，明确具体。在检察官办案责任制考核指标的完善过程中，应当根据业务性质的不同和岗位职责的分工进行分解后量化。在具体考核目标设定上，围绕执法办案中心工作，从办案的数量、质量、效率、效果、安全等方面量化、细化，实现法律监督工作力度、效率和效果有机统一。其中，对适宜量化为考核指标的，进行科学合理的量化，明确考核指标。目标制定还要尽可能明确具体、科学合理，能量化的一定要量化，不能量化的也要提出明确的质的要求。不能片面地追求所谓的科学化、量化，对于不能制定量化标准的岗位和工作，如果勉强运用量化考核的方法，不但不能得出可靠的结果和可信的结论，反而会因为考核结果的可靠性差而大大降低绩效考核效应。要在开展深入实际的调查研究和科学的分析论证的基础上，根据本地和本单位情况，合理确定各院各部门自身的各项工作目标及其任务。

要加强调查研究，优化业务考核权重，合理配置加减分调控尺度，力求使考核内容符合客观实际。强调考核内容的严谨性，既要因地制宜对考核对象划分不同类别进行考核，又要体现各业务之间的相互制约、协调，使不同业务的考核指标互相应和协调，形成一个统一的体系。同时考核要紧贴基层检察工作实际，兼收并蓄、开放兼容，摒弃落后考核指标，尽量取消与司法规律相冲突的考核项目及内容，如允许一定数量的撤案、无罪案件等。在充分发挥定量评价积极作用的同时，对不宜量化的考核内容进行定性分析。化软任务为硬指标，量化到岗、责任到人，通过考核对每个单位和每个干警在德、能、勤、

① 肖萍：《关于深化主诉检察官办案责任制改革的调研报告》，载《人民检察》2007年第23期。

绩、廉方面的情况作出公正的评价，实现从人管人向机制管人转变，人考人向机制考人的转变。从而形成定量评价与定性评价相结合的考核方式，改变简单通过数字指标、比率控制线等方式评价办案质量的做法，构建科学评价执法办案数量、质量、效率、效果、安全的考核体系，增强考核工作的针对性、科学性和全面性。同时，要实现动态的评价机制与主任检察官的准入和退出机制的衔接。将业务考核方式方法和考核结果与主任检察官的任职标准、任免、晋升等制度联系起来，通过综合业务成绩、廉政水平、素质能力方面的因素，做出对主任检察官进行考核及奖惩等，畅通检察人员的法律职务晋升通道。

（二）考核执行层面监督“过程”和“结果”的统一

为进一步落实主任检察官办案责任，必须严格责任落实，从而发挥考核制度在检察执法规范化建设过程中的重要作用。如何实现考核事前监督与事后监督、过程监督与结果监督的统一问题是其中的关键环节。具体而言，在过程监督方面。实现对案件质量的监控、评价、管理，是强化内部监督制约，促进司法规范化的重要手段，是不断提升检察机关办案质量和公信力的一项重要举措。在案件的评查过程中，案件管理部门对评查中发现的问题，要分析总结，及时反馈到相关部门和承办人员，监督各业务部门进行整改反馈，督促办案人员不断提高办案质量和办案水平。相关主任检察官办案组要及时针对评查中发现的问题，采取补救措施的即时予以补正，同时落实到今后的具体办案活动中，防止类似的问题再次发生，切实以规范执法促进公正执法。在结果监督方面，要不断完善评查反馈和执法档案机制，将案件质量评查结果记入主任检察官、检察官助理等人员执法档案，将办案数量、办案质量作为检察人员评先评优、调整岗位、晋职晋级和年终考核的重要依据，激发干警创先争优的热情，形成百舸争流的良好竞争氛围，促使检察队伍办案能力和执法水平全面提升。

考核的意义，除了引导、激励、评价等功能外，还具有检查、约束和纠错功能。由于考核以年度为单位，成绩到年底或者下年度初才能出来，因此，注重把问题发现在平时、解决在日常，显得尤为重要。要通过实地调研、动态检验、阶段总结等措施，加强过程引导，以过程考核加强队伍建设，促进办案质量和效果的提升。通过对检察业务的考评，引导各级检察机关牢固树立正确的政绩观和理性、平和、文明、规范的执法观，坚持数量、质量、效率、效果、安全的有机统一，紧紧围绕检察工作总体部署和要求，最大限度地调动各方面的工作积极性，切实发挥考评工作的积极作用，防止因导向偏差给工作带来消极作用和负面影响。

（三）考核方式层面监督“信息化”和“全程化”的统一

最高人民检察院《2014—2018 年基层人民检察院建设规划》明确要求，

基层院建设要坚持以执法办案为中心，以队伍建设为根本，以司法改革为动力，深入推进执法规范化标准化、队伍专业化职业化、管理科学化信息化、保障现代化实用化。积极推进信息技术深层次运用，建立健全执法办案网上考核机制，实现对执法办案活动网上监督管理、网上考核评价。要充分利用全国检察机关统一业务应用系统开展考核工作，通过严格落实网上办案要求，实现考核数据实时自动生成，客观、即时反映执法办案情况。将案件质量网上评查作为检察业务考核的重要手段，对应当进行定性评价的案件，从办案程序和实体处理等方面进行核查、分析，实事求是地对办案质量作出评价并予以通报。在实现“信息化”基础上，要认真开展网上案件质量评查、网上通报考核结果、网上收集反馈考核意见，不断拓展网上考核应用范围，实现考核工作日常化、动态化。对纳入考核范围案件的评查，既可以结合日常评查进行，也可以单独组织。可以结合实施网络同步监管和定期开展专项督查等多项办案质量与效率监督措施，加强对主任检察官独立行使司法权的权力监督。

积极探索考核工作与业务指导、规范化建设、内部监督制约机制有机结合的途径和方式，使各种工作机制和管理手段协同配合、共同发挥作用。要重视外部评价，可以考虑引进第三方评价机制，可以结合人民代表大会投票，建立政协委员、利益相关人员以及人民群众等进行匿名评估机制等。把绩效考核的监督作为人大和政协了解检察机关工作的一个窗口，使代表们更真实地看到检察机关的工作细节。人大代表、政协委员对检察工作提出的意见、建议，全面客观地反映了人民群众对检察工作的评价，各地要将人大代表、政协委员以及人民监督员等对检察机关执法办案情况的评价或者对检察业务工作提出的意见、建议作为社会评价的重要内容纳入考核。同时，也可以让适当的社会代表，邀请一些知名的专家、学者进入监督小组，对考核的操作过程可以提一些建议。将内部考核与外部考核结合起来、综合判断，防止内外评价脱节现象。尤为重要的是，要建立健全“防假、纠假、惩假”机制，弄虚作假一旦得逞，能够走出自我考核、自我评价的模式，可以使考核的过程更加公开透明，从程序上保证了考核工作的公平和正义。

保障与惩戒：检察官司法责任体系构建的维度

温　波[*]　温朝晖[**]

本轮司法改革中，完善司法责任制在司法改革中居于基础性地位，被认为是必须紧紧牵住的“牛鼻子”①。但是长期以来，关于司法责任的规定散见于宪法、法官法、检察官法等法律以及一些领导人的讲话中，没有系统性地理论研究及法律规范，理论界和实务界对其一度存在纷争。正确理解司法责任制的含义，构建符合国情的检察官司法责任体系，是检察改革的当务之急。

一、检察官司法责任体系构建的双层价值考量

在现代民主法治国家，国家公权力源于人民授权与赋予，必须遵循权力法定、权力需监督、有权必有责（权责相统一）等原则。② 司法责任制体系的构建与完善，也需要将权责统一等原则体现到司法权运行领域中，这是司法权运行需遵循的一般规律。

（一）司法责任内涵的理论纷争

从词义上理解，在现代语境中，“责任”通常有两个方面的含义：一是分内应做的事，如尽责任；二是没有做好分内应做的事，因而应当承担的过失，如追究责任。③ 成熟的司法体系中，司法包括“独立—专业—负责”三大要素，“独立”包含司法权限的独立享有和行使，以及确保司法权独立行使的相

---

* 江西省赣州市人民检察院党组成员、副检察长。

** 江西省赣州市人民检察院法律政策研究室主任。

① 习近平总书记在中共中央政治局第二十一次集体学习时强调，要紧紧牵住司法责任制这个“牛鼻子”。参见《以提高司法公信力为根本尺度，坚定不移深化司法体制改革》，载《人民日报》2015年3月26日第1版。

② 参见陈光中、王迎龙：《司法责任制若干问题之探讨》，载《中国政法大学学报》2016年第2期。

③ 参见《现代汉语词典》，商务印书馆2005年版，第1702页。

应职业保障；“专业”指独立行使权限并相应负责的职业能力；“负责”指与独立权限相匹配，以职业能力为基础、以职业保障为前提、以宪法和法律为依据的司法问责。① 显然，司法问责只是司法责任制体系中的一个层面的内涵。

但是长期以来，不少观点对司法责任的认识限于责任追究层面。② 甚至一些正式文件对“责任”、“负责”、“问责”词也没有严格意义上的区分，难免使人形成“责任=负责=问责”错觉。比如，有的认为司法责任是指“在一定的社会制度下，对司法人员在司法的过程中，因故意或过失性造成严重后果而采取的一种责罚制度”③，或者认为“是国家对司法机关的违法司法行为依法所作的否定性评价和谴责”④；又如，认为司法责任仅反映国家特定机关或特定主体根据法律的规定，通过必要的程序，确认司法官的行为是否应承担法律责任以及应当承担何种法律责任的制度总和，以此为出发点，认为司法责任包括三个方面的要素⑤。还有从法制史的视角认同上述看法，认为司法责任古已有之，主要是体现在司法官员不当行使职权的责任追究制度⑥。这些观点实际上是将“司法责任”等同于“司法问责”，也被称为是狭义说。

随着司法改革试点工作的深入，“两高”关于司法责任制意见的发布，以及司法责任制的见解与研究逐渐增多，司法责任制度构建体系化模式雏形初步显现，人们对司法责任的认识不断深化，单纯的追责思维已经转变，逐渐形成了一些新的认识。新的观点认为，司法责任不仅仅是违背司法职责的责任追究，还应增加与责任相统一的司法权力配置因素。这些认识可称为广义的司法责任制。广义说与狭义说的主要区别在于，广义说强调权责统一，既要求充分保障履职责权，又强调对办案结果的终身负责，而不是把司法责任简单等同于司法问责。

在国外，惩戒与保障是广义检察官司法责任体系构建的一体两面，“在对检察人员违反职业道德和纪律的行为予以惩戒的同时，各国也强化对检察人员的各类保障措施，避免因强调惩戒而对检察人员造成过重的心理压力和思想负

① 参见傅郁林：《司法责任制的重心是职责界分》，载《中国法律评论》2015年第5期。

② 参见金泽刚：《司法改革背景下的司法责任制》，载《东方法学》2015年第6期。

③ 参见范成珊、岳联国：《司法责任原则初探》，载《法学杂志》1984年第1期。

④ 参见谢高仕：《从责任豁免制中走出的司法行为——简论司法责任》，载《湖北民族学院学报（哲学社会科学版）》2000年第1期。

⑤ 司法责任三个要素包括：（1）运用法律标准对司法官违法行为给予否定性评价和谴责的制度；（2）由司法官意志支配下的违法行为所引起的不利法律后果；（3）是国家强制性分配给违法司法官的一种负担的制度。参见王岩华：《论法官责任制》，西南政法大学2004年硕士学位论文。

⑥ 参见崔永东：《司法责任制的传统和现实》，载《人民法院报》2015年6月5日第3版。

担，在一定程度上体现了刚柔并济的特点”。[①] 司法责任制体系的构建与完善，应当坚持权责统一原则，关键是正确处理放权与监督关系：其一，确权是落实司法责任的前提，围绕明确责任主体及其职权体系，需要健全职权保障体系，包括司法人员的身份保障、职权保障、素能保障、待遇保障，健全检察办案组织形式，合理界定办案职责权限等；其二，警戒是落实司法责任的保证，围绕防范司法人员滥权或腐败，必须构建司法权的约束和追责体系，包括创新监督制约机制，完善检察官权利保障和业绩评价，严格司法责任界定与追究等。

（二）顶层设计对司法责任权责统一的双向兼顾

党的十八届三中全会通过的中共中央《关于全面深化改革若干重大问题的决定》指出，要完善主审法官、合议庭办案责任制，“让审理者裁判，让裁判者负责”。党的十八届四中全会通过的中共中央《关于全面推进依法治国若干重大问题的决定》进一步强调，“完善主审法官、合议庭、主任检察官、主办侦查员办案责任制，落实谁办案谁负责”，“实行办案质量终身负责制和错案责任倒”。“明确各类司法人员工作职责、工作流程、工作标准，实行办案质量终身负责制和错案责任倒查问责制……”等表述，提出了构建司法责任的价值目标。围绕实现这样的价值目标，出台一系列的文件，如表1所示：

表1

颁布机关	规范性文件项目	涉及条文	主要内容
中共中央	《关于完善人民法院司法责任制的若干意见》，2013年11月12日通过。	第33条	“健全司法权力运行机制”，“让审理者裁判、由裁判者负责”。
中共中央	中共中央《关于全面推进依法治国若干重大问题的决定》，2014年10月23日通过。	第四部分第（二）、（三）点	“完善主审法官、合议庭、主任检察官、主办侦查员办案责任制，落实谁办案谁负责。” “实行办案质量终身负责制和错案责任倒查问责制。”

① 樊崇义、刘文化：《惩戒与保障：域外检察官办案责任的双面镜像》，载《检察日报》2016年5月17日第3版。

续表

颁布机关	规范性文件项目	涉及条文	主要内容
中央全面深化改革领导小组	《法官、检察官单独职务序列改革试点方案》、《法官、检察官工资制度改革试点方案》，2015年9月15日通过。	/	“要突出法官、检察官职业特点，对法官、检察官队伍给予特殊政策，建立有别于其他公务员的单独职务序列。” “要建立与工作职责、实绩和贡献紧密联系的工资分配机制，健全完善约束机制，鼓励办好案、多办案。”
最高人民法院	《关于完善人民法院司法责任制的若干意见》，2015年9月22日发布。	全文	优化审判资源配置，明确审判组织权限，完善人民法院的司法责任制，建立健全符合司法规律的审判权力运行机制，增强法院审理案件的亲历性，确保法官依法独立公正履行审判职责。
最高人民检察院	《关于完善人民检察院司法责任制的若干意见》，2015年9月25日发布。	全文	“完善人民检察院司法责任制的目标是：健全司法办案组织，科学界定内部司法办案权限，完善司法办案责任体系，构建公正高效的检察权运行机制和公平合理的司法责任认定、追究机制，做到谁办案谁负责、谁决定谁负责。”
中央全面深化改革领导小组	《关于建立法官、检察官惩戒制度的意见（试行）》，2016年7月22日通过。	全文	强调建立惩戒制度对落实司法人员办案责任制的重要意义，要求“四个坚持”。①
中共中央办公厅、国务院办公厅	《保护司法人员依法履行法定职责规定》，2016年7月28日印发。	全文	细化了司法人员各类权益保障机制、拓展了司法职业保障范围，是首个全面加强法官检察官依法履职保护的纲领性文件。

检察官司法责任制是司法责任制改革的重要组成部分，作为体现顶层设计的重要规范性文件，2015年9月25日最高人民检察院发布的《关于完善人民检

① 中央全面深化改革领导小组第二十六次会议指出，“坚持党管干部原则，尊重司法规律，体现司法职业特点，坚持实事求是、客观公正，坚持责任和过错相结合，坚持惩戒和教育相结合，规范法官、检察官惩戒的范围、组织机构、工作程序、权利保障等，发挥惩戒委员会在审查认定方面的作用”。参见中央全面深化改革领导小组第二十六次会议审议通过《关于认罪认罚从宽制度改革试点方案》、《关于建立法官、检察官惩戒制度的意见（试行）》，载《检察日报》2016年7月23日第1版。

察院司法责任制的若干意见》（以下简称《若干意见》）。该意见共7部分48条，按照“权力运行—权限划分—权力约束—责任追究”的逻辑结构，为完善检察官司法责任制体系的构建作了初步规划，主要包括六个层面内容：一是责任主体体系，要求完善确保依法独立行使检察权的制度（如员额制、办案组织形式）；二是行权机制体系，主要是完善和优化检察权运行机制（如检察官办案负责制、检察长审核制、检察官异议制）；三是权力界限体系，主要是明确各类检察人员职责清单（如检察长职权、检察官职权、主任检察官职权、业务部门负责人职权、检察官助理职权）；四是警戒程序，包括完善检察管理和监督制约机制（如各层级检察机关管理权限、分案机制、业绩评价机制、案件质量评查机制、检务公开机制、接受外部监督机制）；五是司法问责体系，主要是追究其因违法违纪而应承担的司法责任（惩戒机制、追责程序）；六是司法人员履行法定职责保护机制（如申诉机制、非因法定事由、非经法定程序免受处分）。

顶层设计中对于职权保障与权力监督两个方面的双向维护，构成本轮改革司法责任体系构建的逻辑起点：一个是关于职权的保障（如最高人民检察院《若干意见》的第一、二、三、六部分，主要关注对司法人员的确权和立规），确保检察官依法独立公正行使司法权；另一个是关于滥权的警戒（如最高人民检察院《若干意见》中的第四、五部分，主要关注对检察权的限制和追责），强调司法人员要对自己的职责行为负责，违法违纪行为要负司法责任。

（三）改革实践中的司法责任体系构建

完善司法责任制与完善司法人员分类管理、健全司法人员职业保障、推动省以下地方法检系统人财物统一管理，构成本轮司法体制改革的四项重点，自上海等7省（市）作为首批试点于2014年6月启动以来，已先后在全国范围内展开试点，作为司法改革的基石，司法责任制改革正处于全面推开的重要时刻。根据公布的相关文件规定，对部分省（市）检察机关司法责任制体系构架，主要思路分解如下：①

① 本部分资料、数据来源于最高人民检察院内网司改办“司法责任制”版块，载 http://www.gj.pro/sites/p/main/depttong_list.jsp?ColumnID=p_876，2016年7月26日访问。

表 2

省级院	发布的文件	架构体系			
		确权与立规	涉及条文	监督与问责	涉及条文
安徽	《安徽省检察机关检察官办案责任制指导意见（试行）》（2015年11月5日发布）	1. 办案组织形式	第7～13条	1. 内部监督制约	第25～36条
		2. 办案职权	第14～24条	2. 办案责任	第37～40条
		3. 履职保障	第41～45条		
贵州	《关于完善省院机关司法责任制明确检察官权限的暂行规定》（2015年12月1日发布）	规定检察委会员、检察长、副检察长、检察官、检察官助理的职责权限及其划分	第1～13条	检察长、副检察长责任；检察委员会委员责任：主任检察官（独任检察官）责任。	第14～18条
重庆	《关于印发贯彻落实司法责任制九项规范性文件的通知》（2015年12月11日）	1.《检察官办案权限配置办法（试行）》；2.《检察官、检察辅助人员岗位职责规范（试行）》；3.《办案组织设置办法（试行）》；4.《院领导和部门负责人直接办理案件的指导意见》；5. 检察官联席会议工作办法（试行）》；6.《检察委员会决策咨询办法（试行）》。		1.《检察官履职监督办法（试行）》；2.《司法责任追究办法（试行）》；3.《检察官司法档案管理办法（试行）》。	
上海	《上海检察机关落实司法责任制工作细则（试行）》（2015年12月31日发布）	总体上按照“组织—职权—监督—责任”的思路进行起草，即首先健全办案组织设置，在此基础上明确检察人员职责权限、内部和外部监督制约制度以及司法责任界定和追究。细则共分18部分100条，每一部分均为总分式结构，第一条为原则规定，其后为具体规定，并附上海市各级人民检察院检察官权力清单（2015年版）。			
海南	《海南省检察机关完善司法责任制的实施意见》（2016年1月8日发布）	1. 司法办案组织及运行机制，检察委员会运行机制	第3～17条	1. 检察管理与监督机制	第26～42条
		2. 检察人员职责权限	第18～25条	2. 司法责任认定和追究	第44～57条

续表

<table>
<tr><th rowspan="2">省级院</th><th rowspan="2">发布的文件</th><th colspan="4">架构体系</th></tr>
<tr><th>确权与立规</th><th>涉及条文</th><th>监督与问责</th><th>涉及条文</th></tr>
<tr><td>江苏</td><td>《江苏省人民检察院关于深入推进司法责任制改革的实施意见（试行）》（2015年12月7日发布）</td><td colspan="4">主要内容是：（一）推行检察官办案责任制。1. 实行检察官员额制。2. 明确入额检察官的办案要求。3. 健全检察办案组织形式。4. 明确不同业务条线案件的办案组织形式。5. 明确司法办案主体的职责范围。6. 调整内设机构。（二）健全检委会运行机制。（三）健全检察权运行监督制约机制。1. 加强上级检察院对下级检察院司法办案工作的领导。2. 加强和规范上级检察院对下级检察院各业务条线办案工作的领导和指导。3. 完善案件分配机制。4. 加强检察长对检察官办案工作的监督管理。5. 完善检察办案各环节之间的制约。6. 完善案件管理监督机制。7. 完善案件网上流程管理监督机制。8. 建立防止干扰办案的登记通报制度。9. 完善司法办案考核评价机制。10. 建立司法档案制度。11. 完善律师执业权利保障机制。12. 构建开放动态透明便民的阳光司法机制。13. 自觉接受人大、政协、社会各界监督。（四）完善检察人员问责惩戒机制。1. 明确司法责任类型。2. 明确司法责任认定原则。3. 明确认定为司法责任的具体情形。4. 明确司法责任承担主体。5. 明确司法责任认定及处理程序。（五）完善检察人员职业保障制度 1. 保障检察官依法履行职责。2. 健全检察官合法权益救济机制。3. 完善检察人员薪酬制度。</td></tr>
<tr><td>山东</td><td>《山东省人民检察院关于检察人员司法责任认定的指导意见（试行）》（2016年2月4日印发）</td><td>检察长、副检察长、检察官、检察辅助人员、上下级院有关人员职责权限及其划分</td><td>第3～14条</td><td>1. 司法责任类型；
2. 司法责任认定与追究。</td><td>第15条
第16～20条</td></tr>
<tr><td>福建</td><td>《福建省人民检察院关于完善司法责任制的实施意见》（2016年3月25日印发）</td><td>1. 办案组织形式；
2. 办案职责权限；
3. 办案运行机制及检委会运行机制。</td><td>第2条
第4～9条
第10～22条</td><td>1. 内部监督制约；
2. 司法责任认定与追究。</td><td>第23～34条
第35～48条</td></tr>
<tr><td>四川</td><td>《四川省检察机关完善司法责任制的实施意见（试行）》（2016年4月15日印发）</td><td>1. 办案组织及运行机制；
2. 检委会运行机制；
3. 检察人员职责权限划分。</td><td>/</td><td>1. 监督制约机制；
2. 司法责任认定与追究。</td><td>/</td></tr>
</table>

续表

省级院	发布的文件	架构体系			
		确权与立规	涉及条文	监督与问责	涉及条文
湖北	《湖北省检察机关司法责任制改革综合配套制度》(2016年4月15日发布)	围绕构建司法责任体系，湖北省检察机关制定《案件承办确定办法（试行)》、《司法办案权限划分的规定（试行)》、《湖北省市级检察院司法办案权限划分的规定（试行)》、《湖北省基层检察院司法办案权限划分的规定（试行)》、《规范和优化司法办案审批、指挥、指令的规定（试行)》、《关于加强检察机关司法办案内部监督制约机制的意见（试行)》、《检察委员会审议案件会前审查工作规定试行)》、《湖北省检察官业绩考评办法（试行)》、《司法责任认定与追究办法（试行)》、《湖北省检察机关司法办案流程图（试行)》10项配套制度。			
北京	《北京市人民检察院司法责任制改革试点工作实施意见》(2016年7月18日发布)	1. 办案组织形式； 2. 授权原则和机制； 3. 办案权限划分； 4. 审批审核和指挥指令程序； 5. 各类人员职责。	第4~44条	1. 上下级案件请示程序； 2. 责任划分； 3. 责任认定和追究。	第45~67条

从上述部分省（市）检察机关的实践来看，我们可以发现各地构建司法责任体系，主要是基于对权力的保障与对权力的警戒这两个维度展开配套体系的构建：

一是健全检察办案组织形式。办案组织决定了检察权运行方式和司法责任的承担，因此，健全检察办案组织形式是司法体制改革的重要内容，是完善检察权运行机制的基础和保障。

二是合理界定办案职责权限。要让检察官承担办案责任，必须赋予其相应的权力，积极探完善检察官权利保障，科学制定权力清单便成为司法责任制的重点和难点。

三是完善权力警戒与问责机制。首先是创新监督制约机制，对检察官充分授权后，确保检察官依法公正行使检察权以实现司法公成为落实司法责任制的核心问题。其次是严格司法责任界定与追究，完善司法办案责任体系，构建公平合理的司法责任界定与追究机制，真正落实“谁办案谁负责，谁决定谁负责”。

四是完善改革配套机制。主要是积极完善案件质量评价体系、业绩评价机制、评阅案件载体（含电子卷宗、司法档案等），力图既严格司法管理，又加强监督制约，主要是实现对检察权运转的重要环节进行书面记载，实现“权力留痕”，这既是厘清责任的依据，也是检察权规范化运行的必然要求。

二、确权与保障是构建检察官司法责任制体系的基础

在检察官司法责任制体系的总体架构中，保障检察官依法独立行使职权是前提和基础。

（一）实行检察官办案责任制——确保检察官履职有职有权

检察官拥有检察职权，不仅仅是其履行职责的必要条件，也是检察机关依法独立行使检察权的基本保障。

1. 推动检察权去行政化。检察权去行政化，就应建立起一套合乎检察权运行规律的工作体制，实质上就是实现办案权和定案权的合一，落实“谁办案谁定案”的原则。过去，检察机关内部实行层级审批制，办案权与定案权（审批权）相分离，这是检察权行使上行政化色彩突出的重要原因和表现。推动检察权去行政化的重要路径，一是履职检察官个体层面，需要实行检察官办案责任制；二是在办案组织架构体系方面，应当健全司法办案组织及运行机制；三是在落实办案责任制方面，实现谁办案谁定案、谁定案谁负责。具体操作中，考虑到我国检察工作实际，主要是从实行检察人员分类管理、落实检察官员额制等机制入手，实行检察人员分类管理，落实检察官员额制。各检察院检察官员额，应由省检察院牵头，会同省编办综合考虑经济社会发展、实有人口数量、检察院层级、案件数量和编制总数等因素核定，并根据具体情况实行动态管理。要明确入额检察官的办案要求。凡进入员额的检察官，须在司法一线办案，对案件质量终身负责。经遴选入额的院领导应当亲自办理一定数量的案件。业务部门负责人须由员额内检察官担任，带头办理重大、疑难、复杂案件，每年办案数量参照本部门检察官人均办案数量确定。司法体制改革试点过渡期内，未遴选为员额内检察官的现有检察员、助检员保留检察官身份；转任为检察辅助人员的，协助员额内检察官办案。

2. 健全检察办案组织形式。根据履行职能需要、案件类型及复杂难易程度，实行独任检察官或者检察官办案组的办案组织形式。独任检察官承办案件，配备必要的检察辅助人员；检察官办案组由两名以上检察官组成，配备必要的检察辅助人员，办案组负责人为主任检察官。独任检察官、主任检察官对分管副检察长、检察长负责，在职权或者授权范围内对办案事项作出决定。检察长、副检察长参加检察官办案组或者独任承办案件的，依职权对办案事项作出决定。同时还应明确不同业务条线案件的办案组织形式，审查批捕、审查起诉案件，一般由独任检察官承办，重大、疑难、复杂案件也可以由检察官办案组承办；自侦案件，一般由检察官办案组承办，简单案件也可以由独任检察官

承办，决定初查、立案、侦查终结、撤销案件等事项，由主任检察官或者由独任检察官提出意见，经职务犯罪侦查部门负责人审核后，报分管副检察长直至检察长决定；诉讼监督等其他法律监督案件，可以由独任检察官承办，也可以由检察官办案组承办；以人民检察院名义提出书面纠正违法意见、检察建议、终结审查、不支持监督申请或提出（提请）抗诉的，由分管副检察长、检察长或者检委会决定。

3. 建立检察官权力清单。检察官权力界限是完善司法办案责任体系的逻辑起点，如果检察权能具体是什么都尚未弄清楚，检察官履行职责就无从谈起。以司法责任制为核心的检察体制改革，很重要的一个目标就是科学界定检察官司法办案权限，确保谁办案谁负责的目标得以实现。最高人民检察院印发的《关于完善人民检察院司法责任制的若干意见》对不同层级的检察人员职责权限予以明确，分别赋予检察长、检察官、主任检察官、业务部门负责人、检察官助理不同的职责权限。实践中，具体应当根据检察官履行检察权的需要，确定不同层级和职务检察官的职责权力，赋予检察官与其岗位、能力相匹配的权力①，还应当根据不同职能部位具体细分检察官的具体权力清单②，并在完整意义上的“放权”同时，按照不同职能的内在规律完善各岗位检察官责任体系，以压力形式强化责任心。

（二）建立检察官履职保护机制——确保检察官履职安全稳定

1. 完善免除职务的条件和程序。十八届三中、四中全会审议通过的《决定》都规定，对检察官作出调离、辞退、免职、降级等处分，必须有法定事由，并经法定程序。立法层面，《检察官法》关于职务任免、辞退等章节，是检察官身份保障的基础规定。深化检察官履职身份保障制度，仍然要从《检察官法》方面着手完善。③ 实践中，应当严格检察官职务免职、辞退的标准和程序，确保检察官不因法定事由被免除职务，对检察官的非自愿性跨行业调动应有限制性的规定，确保检察官身份、地位不被不当地剥夺。根据司法活动对

---

① 例如，贵州、江苏等省检察院在司法责任制改革中，根据省、市、县三级检察院不同特点，出台不同规定以划分各级院检察官以及各类检察人员的职责权限，参见最高人民检察院内网司改办“司法责任制”版块，载 http：//www. gj. pro/sites/p/main/depttong_ list. jsp？ColumnID = p_ 876，2016年7月26日访问。

② 例如，上海市闵行区院我院围绕“放权”，制定了《检察官办案责任制实施办法》，以《授权清单》的形式明确检察长和检委会、主任检察官各自的职权范围和相互关系，当前该院由主任检察官负责审查决定的案件达到了86%，改变了以往“决定者不办案、办案者无决定权”的状况。转引自上海市闵行区人民检察院：《检察官职业保障机制的探索与实践》，载《检察队伍建设》2015年第5期。

③ 参见王文萍、韩少冲：《浅谈检察官身份保障制度的再完善》，载《法制与社会》2015年第6期。

司法人才要求的特殊性，在身份保障方面，除免职或退休外，还可以探索实行检察官职务终身制[①]，适当延长检察官退休年龄，比如在身体状况允许前提下延迟到65周岁退休，高级检察官以上等级的退休年龄甚至可以更长。

2. 完善检察官权利救济途径。申诉控告是检察官在权利受到侵害时维护自身利益的最有效的救济形式。申诉控告渠道畅通与否事关检察官权利能否充分享有。为保障检察官控告申诉权的实现，有必要完善检察官的处分制度和惩戒机制，处分惩戒的范围应当以最高人民检察院《关于完善人民检察院司法责任制的若干意见》的精神为基准。为保障检察官有完整的救济渠道，在正式处分、惩戒决定作出前，在检察系统外设置一个公允中立的检察官处分惩戒机构，检察官本人可以在这个惩戒程序中能够获得充分申辩权利。由于司法人员是特殊的群体，对于司法人员职务犯罪案件处理前置程序，即在拟处理前征求省级法官、检察官惩戒委员会的意见，是必要且具有价值的。具体操作中，检察机关查办涉嫌职务犯罪的司法人员时，“除按规定进行党内报告、向该人员所在单位通报外，似应设立在处理（如撤案、起诉、不诉）前征求省级法官、检察官惩戒委员会意见程序，然后由检察机关依法独立作出处理决定”。[②]

3. 完善检察官职务豁免制度。检察官履职豁免机制的原理，是基于司法工作的规律性和复杂性。例如，造成司法判断错误的原因，既有因局限于特定时空而造成对案件事实认定和法律适用理解的错误，又有司法人员意志以外的其他人为因素，对于后果的发生很难简单归咎于履职的法官、检察官。我国检察官职务豁免条款的表达，最早见于2007年最高人民检察院制定的《检察人员执法过错责任追究条例》，但是该条例属于系统内部规范性文件，效力等级不高，且对检察官履职豁免制度意见不明朗。2015年9月最高人民检察院印发《关于完善人民检察院司法责任制的若干意见》，经过了中央全面深化改革领导小组第15次会议审议通过，其中第六部分“严格司法责任认定和追究”中第33条的规定，实际上内含了检察官履职豁免的相关内容。一是检察官职务行为豁免制度，即检察官依法履行职务的行为不受指控和法律追究，未经其法律职务任命机构批准，不受拘留和逮捕；二是检察官在履行职责中尽到了必要注意义务，并且没有故意或重大过失，非因法定事由、非经法定程序，不得作为司法责任而受追究，并作调离、辞退或作出免职、降级等处分。

---

① 身份保障方面，日本检察官的退休红线普遍设定在63岁，检察总长则为65岁，更高位阶的一、二级大检察官则可以终身任职。参见王守安：《论检察官职业保障制度的建构》，载《河南社会科学》2015年第6期。

② 朱孝清：《司法改革中几个问题之我见》，载《人民检察》2016年第6期。

4. 建立检察官安全保障机制。鉴于检察权指向的对象是各种违法犯罪行为，检察官履职过程中的人身风险现实存在，有必要对检察官人身和财产权利进行法律意义上的特殊保护。中央办公厅、国务院办公厅《保护司法人员依法履行法定职责规定》的出台，为在操作层面建立系统性规则体系提供了有力保障。一是实行检察官人身安全保险制度，因地制宜为检察官配备人身意外伤害保险，有条件的可将履职检察官直系亲属（父母子女、配偶）纳入该保险体系，设立检察官因公伤亡救助基金等；二是强化履职检察官的安全防范辅导培训，加强检察官在履行职责过程中遇到人身伤害等突发事件时的处置能力；三是切实保障安全保卫的财政投入，设立专门的接待场所，配置必要的安检设施，在执行危险任务时安排司法警察陪同保护，对检察官本人及其亲人实施的打击、报复、诬告、伤害等行为的，依法从快处理；四是积极开展伤害风险评估，对检察官在办案件和司法事务，要对涉案当事人的过往表现和近期行为进行安全方面的风险评估，从而掌握履职安全保障的主动权，有效避免伤害事件的发生；五是建立健全不实举报澄清机制，对遭到不实举报致使名誉受到损害时，检察机关应根据调查核实情况在一定范围内予以澄清、消除影响，并支持检察官依法维护权益。①

（三）建立履职待遇保障机制——增强检察官履职尊荣

“崇高的品质与良好的素养当然是每一名检察官必须具备的个人修为，但这并不意味着检察官就应该理所当然地过‘苦行僧’式的生活，保证其有尊严、体面地生活的物质条件，消除执业的潜在风险，是促使其履行检察职权的必要保证。”②

1. 落实经费省级保障。党的十八届三中全会指出，要改革司法管理体制，推动省以下地方法院、检察院人财物统一管理。这方面的改革举措，主要是要加快推进全会决定的贯彻落实，坚持因地制宜、循序渐进，将司法经费统一纳入国家预算，当前我们国家仍然处于经济发展阶段，中西部地区、边远地区大多数行政区域经济仍然欠发达，为此需要落实经费保障的省级保障，加强统筹和财政转移支付，做好省级统一司法预算，根据国民经济发展和财政状况及物价变动，适当提高办公办案经费保障标准，确保改革后的检察机关及其检察官履职至少不低于改革前的经费保障标准。

---

① 例如，2015 年 4 月 9 日上海市人民检察院党组出台《上海检察机关关于检察官履行法定职责的保护办法（试行）》，围绕保护检察官依法履行法定职责，免除其履职的后顾之忧，从履职安全、人身安全、不实举报影响排除、心理疏导等方面提出 12 条具体措施，为检察官依法履职提供坚强后盾。

② 王守安：《论检察官职业保障制度的建构》，载《河南社会科学》2015 年第 6 期。

2. 提高整体薪酬水平。实行专门的检察官工资制度与工资标准，建立起与检察官等级制度相配套的单独工资序列，按一定的幅度提高检察官工资标准，使其区别与一般公务人员，凸显检察官“精英化”的待遇保障[①]，确保每一位检察官过上有尊严的生活。例如，在上海市闵行区检察院，根据上海司法改革方案，实行了检察官专业职务序列管理，建立独立薪酬制度，明确检察官等级与行政级别分离，检察官的晋升不再受行政职数限制，而是按检察官专业职务序列晋升到较高等级；同时，根据检察官专业序列建立单独的检察官薪酬制度，使检察官的薪酬收入处于较高水平；此外，还进一步细化明确了主任检察官津贴发放标准、主任检察官享受部门正副职待遇，以及检察官有条件延迟领取养老金等相关制度安排。[②] 同时，在一省之内，不同地区检察官之间、不同等级检察院的检察官之间的工资差距，应有一个科学的设置，既要有所区别，也不宜差别过于巨大。

3. 健全检察官福利、退休制度。检察官在岗期间，在做好与中央“八项规定”等政策相衔接的基础上，视情实行检察官廉政保证金制度，作为检察官收入的一部分，如无不廉洁行为或者犯罪行为，则于检察官退休或者在岗死亡时本息一次性发放。要制定和完善检察官保险、救助、抚恤等社会福利制度，建立检察官意外伤害保险及补充医疗保险，意外伤害保险所需的资金由国家财政承担，如果检察官因意外事故死亡或因公致残的，财政要保障死亡赔偿金和残疾补偿金。要建立检察官困难救助制度，在市级以上检察院层面建立检察官困难救助专项资金，对因各种原因导致生活困难的检察官及其家属进行资助。进一步完善检察官抚恤优待制度，比如参照新颁布的《人民警察抚恤优待办法》确定的抚恤标准，制定《检察官抚恤优待办法》，将检察官因公牺牲特别补助金和慰问金制度，将抚恤优待经费列入财政预算。积极探索检察官功勋荣誉制度，对从检察官岗位退休且在检察机关工作期间恪尽职守无违纪记录的检察官，应当颁发证书和证章，对获得荣获证书和证章的退休检察官，国家则给予一定的优待。[③]

三、问责与惩戒是构建检察官司法责任制体系的保证

在我国目前情况下，对检察官应当适当加强监督，不仅因为检察官独立性

---

① 王守安：《论检察官职业保障制度的建构》，载《河南社会科学》2015 年第 6 期。

② 上海市闵行区人民检察院：《检察官职业保障机制的探索与实践》，载《检察队伍建设》2015 年第 5 期。

③ 王守安：《论检察官职业保障制度的建构》，载《河南社会科学》2015 年第 6 期。

是相对的，而且也考虑到我国的法治背景、司法条件，以及目前检察官本身状况，“要将检察官的个人负责与有效监督结合起来，防止职权滥用”。[①]

（一）健全检察权运行监督制约机制

1. 加强上级院对下级院的领导。上级检察院可以指令下级检察院纠正错误决定，或依法撤销、变更下级检察院对案件的决定；可以对下级检察院管辖的案件指定异地管辖；可以在辖区内检察院之间调配检察官异地履行职务。上级检察院对下级检察院司法办案工作的指令，应当由检察长决定或由检委会讨论决定，以人民检察院的名义作出。上级检察院内设机构不得以部门名义向下级检察院发出司法办案工作指令。下级院就本院正在办理案件的处理或者检察工作中的重大问题请示上级院的，应当经本院检委会讨论，以本院的名义作出。请示中应当载明检委会讨论情况，包括各种意见及其理由，以及检察长意见。上级检察院对下级检察院正在办理的案件作出批复的，应当经检察长或者检委会讨论决定。

2. 完善检察机关案件管理模式。经过近几年来的改革和建设，我国当前各地检察院基本上建立起了专门性的案件管理机构，作为案件管理的主体，主要担负起管理、监督、服务、参谋等职能作用。案件管理制度对于推动检察官司办案责的实现，主要是起着重要的监督途径、实施的技术平台等作用[②]。在下一步案件管理机制的改革中，应当全面考虑与整体司法改革相关机制的衔接，考虑与现行制度下各个工作层面的落实，遵循权力制约、程序正当、诉讼效率的原则，一是要完善案件分配机制，建立随机分案为主、指定分案为辅的案件承办确定机制，重大、复杂、疑难案件可以由检察长或者分管副检察长指定检察官办案组或者独任检察官承办。二是对各类案件定期开展重点评查。例如对查办职务犯罪工作中撤销、不起诉、法院判决无罪的案件，侦查监督工作中批捕或决定逮捕后撤销、不起诉、法院判决无罪的案件，公诉工作中撤回起诉、法院判决无罪、法院判决改变罪名的案件，刑事申诉工作中刑事申诉、刑事赔偿案件，事行政诉讼监督工作中依职权受理的案件、发出检察建议后法院未采纳的案件，等等。三是完善案件网上流程管理监督机制。司法办案流程应当在统一业务应用系统上运行，实现办案信息网上录入、办案流程网上管理、办案活动网上监督。检察长、分管副检察长对办案工作审核、审批，职务犯罪侦查部门负责人对办案工作的审核，应当在统一业务应用系统上进行。

3. 自觉接受人大、政协、社会各界等外部监督。党的十八届四中全会通

---

① 龙宗智：《论检察》，中国检察出版社 2013 年版，第 89 页。

② 参见陈重喜、郑朝晖：《办案责任制与案管制度改革刍议》，载《人民检察》2015 年第 14 期。

过的中共中央《关于全面推进依法治国若干重大问题的决定》提出，要构建开放、动态、透明、便民的阳光司法机制，积极推进检务公开，依法及时公开执法司法依据、程序、流程、结果和生效法律文书，加强法律文书释法说理，建立生效法律文书统一上网和公开查询制度。为防止检察官履职时的专权擅断，有必要构建阳光检务，推动有限度的社会参与司法，一是完善人大的权力监督，规范人大的个案监督和人事监督的范畴、方式和流程；二是充分发挥政协民主监督，以及有关法定社会组织通过法定程序监督检察权；三是增强案件当事人、律师等诉讼参与人的权利保障，充分发挥诉讼程序检察权的约束作用；四是推动人民监督员制度法定化，使这成为一种法制化的社会权利监督方式；五是规范新闻媒体和公民舆论监督，使舆论监督与检察权独立行使保持合理界限，最大限度发挥新闻媒体和舆论监督的积极因素。

（二）完善检察人员问责惩戒机制

检察官既是司法办案的主体，也是司法责任的主体，按照“谁办案、谁决定、谁负责”的总体原则，积极探索决定权、审核权、承办权的职权定位和责任归属，细化明晰规范职权行使，确保司法责任制落到实处。

1. 要明确司法责任类型。检察人员应当对其履行检察职责的行为承担司法责任，在职责范围内对办案质量终身负责。根据最高人民检察院《关于完善人民检察院司法责任制的若干意见》，司法责任包括故意违反法律法规责任、重大过失责任和监督管理责任。司法办案工作中虽有错案发生，但检察人员履行职责中尽到必要注意义务，没有故意或者重大过失的，不承担错误案件的司法责任。负有监督管理职责的检察人员，因故意或重大过失怠于行使或不当行使监督管理权，导致司法办案工作出现严重错误的，应当承担相应的司法责任。检察人员在事实认定、证据采信、法律适用、办案程序、文书制作以及司法作风等方面不符合法律和有关规定，但不影响案件结论的正确性和效力的，属司法瑕疵，依照相关纪律规定处理。

2. 明确司法责任承担主体。一是检委会决定的案件，应当追究司法责任的，根据检委会委员发表意见时有无过错和过错程度，确定委员应当承担的司法责任。检察官向检委会汇报案件时，故意隐瞒、歪曲事实，遗漏重要事实、证据或情节，导致检委会作出错误决定的，由检察官承担责任，检委会委员根据错误决定形成的具体原因和主观过错情况承担部分责任或不承担责任。二是检察长、副检察长对司法办案工作承担监督管理责任，对在职权范围内作出的有关办案事项决定承担完全责任，属于检察长、副检察长决定的事项，检察官对事实和证据负责，检察长、副检察长对决定事项负责；对于检察官在职权或授权范围内作出决定的事项，检察长、副检察长不因签发法律文书承担司法责任；检察官根据检察长、副检察长的要求进行复核并改变原处理意见的，由检察长、副检察长与检察官共同承担责任；检察长、副检察长改变检察官决定的，对改变部分承担责任；检察官执行检察长、副检察长明显违法的决定的，应当承担相应的司法责任。三是检察官办案组承办的案件，由主任检察官和其他检察官共同承担责任；主任检察官对职权范围内决定的事项承担责任，其他检察官对自己的行为承担责任。四是独任检察官承办并作出决定的案件，由独任检察官承担责任。五是检察辅助人员参与司法办案工作的，根据职权和分工承担相应的司法责任；检察官有审核把关责任的，应当承担相应的司法责任。六是上级检察院不采纳或改变下级检察院正确意见的，应当由上级检察院有关人员承担相应的司法责任。下级检察院有关人员故意隐瞒、遗漏案件主要事实、证据或主要情况，导致上级检察院作出错误命令、决定的，由下级检察院有关人员承担相应的司法责任；上级检察院有关人员有过错的，应当承担相应的司法责任。

3. 要明确司法责任认定及处理程序。检察院监察部门受理对检察官在司法办案工作中违纪违法行为和司法过错行为的检举控告，并进行调查核实。对检察官承办的案件发生被告人被宣告无罪，国家承担赔偿责任，确认发生冤假错案，犯罪嫌疑人、被告人脱逃或死亡、伤残等情形的，应当主动核查是否存在应予追究司法责任的情形。检察院监察部门经调查后，认为应当追究检察官故意违反法律法规责任和重大过失责任的，应当报请检察长决定后，移送省检察官惩戒委员会审议。检察院监察部门应当派员向省检察官惩戒委员会报告当事检察官的故意违反法律法规或者重大过失事实，以及拟处理的建议和依据，并就其故意违反法律法规或重大过失承担举证责任。当事检察官有权进行陈述、辩解、申请复议。省检察官惩戒委员会根据查明的事实和法律规定，作出无责、免责或者给予惩戒处分的建议。对经调查认为应当承担司法责任的检察官，根据《检察官法》、《检察人员纪律处分条例（试行）》、《检察人员执法过错责任追究条例》等有关规定作出处理决定，依照有关规定和程序办理。当事检察官不服处理决定的，有权依照《人民检察院监察工作条例》等有关规定提出申诉。

（三）完善检察官考核评价体系

检察官业绩考评是推进检察官职业化建设的重要内容之一，我国在20世纪90年代就建立了检察官业绩考评制度。但长期以来，上述规定并没有得到严格的贯彻落实，考评工作仍然实行本人自评、部门负责人审核、分管领导审批、政工部门备案的行政化管理模式。“在目前的司法实践中，由于考核指标设计上的不甚合理，使办案人员不得不更多地考虑自己的切身利益，而将法律原则置于次要地位。”[①] 因此，构建科学的考核评价机制，是本轮检察体制改革的重要内容，一方面，要科学设立检察考评体系，充分发挥考评指挥棒作用，规范检察权运行、引导工作方向、检验工作效果、激发竞争意识。另一方面，要科学架构检察官业绩考评制度，根据不同检察业务特点制定相对独立的检察官评价体系，着重细化各业务条线入额检察官考核办法，探索建立入额检察官优胜劣汰的管理机制，使从严管理检察官成为新常态。对入额检察官的考评重点应放在其业务能力、工作质量上，减少其他行政性评比、考核，保证任职评价的客观公正性，为检察官的选任、升职以及各项待遇提供参考。为确保检察官队伍的专业职业，有必要建立和完善合理的检察官退出机制，一是对于进入检察官员额后，必须遵守检察职业操守，完成办案任务，承担办案责任，对于一些年纪较大、不能胜任办案工作的检察官，或者入额后不愿意继续担任检察官的人员，可以结合个人意愿进行相应调整。二是对经考核不能胜任检察官岗位工作，应当责成退出员额，对于出现的空缺，可在其他类别的人员中择优遴选为检察官。三是如果检察官有违职业道德和职业纪律，出现违法乱纪等情形，应当取消检察官任职资格，以保障检察官队伍的纯洁性和较高工作水平。

“你若不离不弃，我必生死相依。”在新的一轮法治征程，构建司法责任制体系，承载着人们对于提升司法公信、推动实现“良法善治”的良好希冀。没有独立的权力就没有独立的责任，只有责任而没有保障的权力是微弱又危险的权力，构建检察官司法责任制体系，检察权首先必须得到充分必要保障，以此为前提，检察官在办案时才能发自内心地不受外界干扰因素影响，依法独立公正行使检察权。同时规律也告诉我们，“一切有权力的人都容易滥用权力”(孟德斯鸠)，作为行掌法律监督之权的检察官，必须得到有效的警戒和约束，这是实现司法公正目标的一体两面。因此，保障机制与警戒机制的动态平衡，将是构建我国特色司法责任制体系的价值选择与必由之路，我们要始终立足现实，妥善处理当前与长远、必要与可行的关系，循序渐进地稳步推进。

---

① 王守安：《论检察官职业保障制度的建构》，载《河南社会科学》2015年第6期。

司法改革背景下检察机关建立健全司法责任制配套体制机制研究

苏　波[*]　高健云[**]

司法责任制是司法体制改革的重要内容，是提高办案质量、实现司法公正的有力抓手，对于推进国家治理体系和治理能力的现代化、全面推进依法治国、建设社会主义法治国家都具有重要而深远的意义。古人云："以铜为镜，可以正衣冠，以古为镜，可以知兴替，以人为镜，可以明得失，而以法为镜，可以断曲直。"司法责任制的顺利推行，离不开体制机制的健全完善。因此要加强建章立制工作，健全完善司法责任制相关法律法规和规章制度，形成比较完备的司法责任制体制机制体系，使司法责任制改革工作有法可依、有规可守、有标可循。

一、健全完善检察机关案件质量管理制度

质高效优是检察工作的理想状态。办案质量高、办案效果好、案件经得起法律和历史检验是司法责任制的重要目标。科学规范的案件管理，是提高案件质量的有力保障，也是提升办案效率的重要手段。①

一是要建立并实施业务流程化管理。中共中央《关于全面推进依法治国若干重大问题的决定》要求"明确各类司法人员工作职责、工作流程、工作标准"，要制定《检察机关统一业务管理办法》，根据规范化建设的需要和检察机关统一业务应用系统的要求，将自侦案件、侦监案件、公诉案件、职务犯罪预防、刑事执行检察等业务从受理、初查、立案、分案、审查、制作文书、开展业务、形成报告、成果转化等各个环节建立工作流程，制作业务部门工作流程图，实行流程化管理，明确各个流程工作目标、工作任务、办理程序、质

* 山东省临沂市兰山区人民检察院检察长。

** 山东省临沂市兰山区人民检察院研究室科员。

① 参见彭东主编：《公诉理论与实践》，法律出版社2011年版，第20页。

量要求、办理时限、责任人员、责任承担、监督检查、问责机制等。在责任承担上，要合理适当确定主任检察官、检察官助理、书记员等人员的责任，出现重大问题还应适当追究相关领导人员的责任，既使相关人员看到问题、看清差距，又适当加压，提高责任心和工作积极性。监督检查要采用定期检查与不定期抽查相结合的方式，不提前打招呼，不走过场，不流于形式，做到监督有力、检查有效。还应确定业务关键流程，加强关键流程管理，加大对关键流程出现问题负有责任人员的处罚力度，确保关键流程合法合规、不出任何问题。总之，通过加强业务管理，可以做到既分工明确、各负其责，又相互衔接、无可推委，一旦发现问题即可迅速锁定责任人，查找出问题所在，确定责任性质及应承担的具体责任，规范司法行为，提高工作效率，提升案件质量。

二是要明确业务分工。每种检察业务都有包括受理、办理、成果转化、执行反馈、用印、案卡填录等许多环节，其中一些内容都是程序性机械性地重复工作，如公诉案件中犯罪嫌疑人权利义务告知书、提押证、换押证、传唤通知书、适用简易程序通知书等的生成、审批、用印、打印等工作。如果全由承办人来做，既耗费大量时间，又对提高案件审查质量无助益，反而减少了审查案件的时间，降低了案件质量，因此应明确相关领导、主任检察官、检察官助理、书记员等的业务分工，这部分工作由书记员生成文书，办案人员负责把关并交由领导审批，书记员负责申请用印、打印等工作。明确分工以后，大家各负其责，相互合作，既节约了办案时间，又提高了办案质量。

三是要建立科学完善的案件质量标准体系。要推动司法责任制顺利实行，科学评价案件质量不可或缺，建立科学完善的案件质量标准体系就成为前提和基础。由于具体案件千差万别，加上案件质量评价易流于主观等因素，目前检察工作中缺乏科学规范、统一明确、可操作性强的案件质量评价标准，需要加强学习，认真研究，结合检察工作实际制定。科学的案件质量评价标准要坚持高标准、严要求，不仅要确保程序依法合规，更要加强实体管理，如办理案件要强化证据规则意识①，做到事实清楚、证据确凿、论证充分，证据收集全面、相互印证、形成证据链条，证据证明力得到分析，证据间矛盾得到有效排除和合理解释，足以建立内心确信，排除合理怀疑，得出唯一结论。

二、健全完善检察机关业务评查考核机制

科学完善的业务评查考核机制是确定司法责任轻重、责任种类、责任内容的重要依据。要制定《检察机关统一业务评查考核办法》，明确统一业务的评

① 参见彭东主编：《公诉理论与实践》，法律出版社2011年版，第168页。

查范围、评查程序、评查标准、评查内容、保障落实等，加强对办案程序、办案质量、办案过程、遵章守纪等情况的评查，引导办案人员在统一业务文书制作、案情把握、证据分析、法律适用、语言表达等方面提高水平。根据工作经验、学历层次、知识程度、业务素质等选拔一批工作能力强、业务素质棒、工作积极性高、严谨认真负责的人员建立检察机关统一业务评查人员库，建立检察机关统一业务评查委员会，由案件管理部门定期随机抽取相关业务案件，将业务承办人员、业务科室等内容予以隐藏，随机抽取并分配评查人员，由评查人员对相关业务进行详细检查并写出评查报告，召开评查会议，由会议主持人逐一宣读评查报告，评查人员可视情进行点评，对评查发现的问题要点名，对评查发现好的案件要通报表扬，让大家对优秀的案件与办案人员和办理不够好的案件与办案人员有个大体地认识，让相关承办人员与承办科室负责人红红脸、出出汗、排排毒、治治病。相关承办人员应当场对出现的问题进行解释与检讨，会后写出整改报告，保证不出现类似问题，报科室负责人批准后报评查委员会备案。

三、健全完善检察人员业务奖惩机制

俗话说："榜样的力量是无穷的"、"火车跑得快，全靠车头带"。检察工作的科学发展，离不开人才作用的充分发挥，因此健全完善检察官奖惩机制，对检察官的职业道德、职业操守、履职情况进行内部监督与评价，就显得非常重要。通过奖优罚劣机制发现人才、激励人才，给人才以适当的荣誉、待遇和地位，促使人才作用充分发挥；在奖优的同时罚劣，施加压力督促后进，对那些工作马马虎虎、敷衍塞责、违规违纪出现严重后果的干警，及时启动问责机制，给予相应的处分，警示后来者。山东省临沂市兰山区院近年来通过统一业务评查委员会定期组织评选出一批表现优秀的办案人员和案件、业务出现瑕疵的办案人员和案件，在全院范围内定期发出评查通报，评查通报情况计入个人年终考核数据，作为奖优评劣的基础。通报表扬次数多的人优先提拔重用、予以奖励，通报批评次数多的人员要定期整改，整改效果不佳或拒不整改的人员要视情节进行诫勉谈话、岗位调整、纪律处分等，确保全部问题得到有效整改。在奖惩的过程中注意多些奖励，少些惩罚，避免出现严重打击工作积极性的情况。通过奖惩既充分调动承办人员的积极性，又促使后进人员努力改进，形成你追我赶、共同提高的良好氛围。

四、建立健全检察官办案外部监督机制

为保护刑事诉讼人权就必须限制权力滥用，尤其在刑事案件中，对检察机

关自由裁量权的有效监督就显得尤为紧迫和必要[①]。引入对外部监督制约机制，是规范司法、提高案件质量的有力保障。

一要建立定期回访案件当事人和律师机制，主动接受群众监督。对案件可能存在的问题和瑕疵，当事人和当事律师最有发言权。面对这类问题，检察机关不应回避，应通过检察机关业务评查委员会定期选择一批不予批准逮捕、不提起公诉、撤回起诉、公安机关撤回、更改罪名和起数等案件作为重点进行评查，采取电话、微信等方式加强与当事人和律师的联系，听取他们的意见，对他们反映的问题及时调查处理并予以回复，确保群众的监督权落到实处。建立规范有效的听取意见及反馈的方式方法、审查意见制度，实现听取当事人和律师意见的制度化。[②]

二要健全与人大代表、政协委员和社会各界的联系机制，广泛接受监督。进一步加强与人大代表、政协委员、社会各界的联系工作，是检察机关深入了解民情、充分反映民意、广泛集中民智，切实改进各项工作的重要举措；是加强司法民主建设，保障人民群众对司法工作的知情权、参与权、表达权、监督权的有效方式；是检察机关加强司法宣传，提高司法公信力的重要途径。要结合检察工作重点，及时向人大常委会、政协委员专项报告或通报工作；认真办理人大代表、政协委员关注案件；从人民群众和社会各界关心关注的案件入手，丰富和创新更多符合检察工作实际，人大代表、政协委员和社会各界便于接受的工作形式和方法，为人大代表、政协委员和社会各界全面了解和监督刑事案件创造条件、提供便利；通过在人大代表、政协委员和社会各界中聘请人民监督员和特邀监督员的形式，充分发挥他们监督司法的作用，不断加强和改进检察工作。

三要完善检务公开机制，自觉接受舆论监督。在电视媒体上开辟检察专版专栏，在检察机关网站上设立"检务公开"、"工作动态"等栏目，建立检务公开大厅，加强与电视、报纸、网络等媒体的联系，及时召开新闻发布会，定期通报典型案例等，增强检察工作的透明度，以舆论监督促进检察工作有效提升。

五、健全完善检察官办案质量终身制和错案责任倒查问责制

中共中央《关于全面推进依法治国若干重大问题的决定》强调要"实行办案质量终身负责制和错案责任倒查问责制，确保案件处理经得起法律和历史

① 参见高一飞：《检察改革措施研究》，中国检察出版社2007年版，第25页。

② 参见彭东主编：《公诉理论与实践》，法律出版社2011年版，第44页。

检验”。办案质量终身制和错案责任倒查问责制是悬在检察官头上的一把“达摩克利斯之剑”，稍有不慎就可能掉落，可以督促检察官时时警醒，勤勉工作，尽职尽责，尽最大努力避免冤假错案的发生。目前实践中存在追责范围不够明确、追责执行不力、追责程序不够完善等问题，造成打击面容易扩大、检察官办案压力过大、检察权行使不充分等问题。应明确规定从案件受理、初查、立案、分案、审查、制作文书、开展业务、作出决定到执行决定等各个业务流程中应当追责的情形，并规定只有故意违法办案造成冤假错案或重大过失造成严重后果才启动追责程序。基于公正追责和切实执行追责的需要，启动追责的权力不宜由检察机关自身行使，建议由省级人大设立检察官惩戒委员会等机构，由组织部门代表、纪检监察机关代表、人大代表、政协委员、法学专家等人员组成，确保公平公正。追责对检察官影响重大，应合理设定追责程序，严格启动条件，设定调查听证程序，允许检察官上诉和申诉，既确保冤假错案等应追责情形出现时及时启动程序并追究责任，又防止相关人员因不满司法结果恶意诬告陷害；既要让违法办案人员得到惩罚，又要给依法履职的检察官营造一个安心司法的环境。不仅如此，还应建立重大职务犯罪责任追究机制。对于部门和单位发生重大窝案串案、塌方式腐败等重大职务犯罪，在社会上造成恶劣影响和严重后果的，要根据案件具体情况，追究部门和单位主要领导、直接领导和其他直接责任人的责任，促使相关领导积极履行主体责任，主动做好党风廉政建设工作。

六、健全完善检察官独立行使检察权保障机制

（一）建立科学合理的检察官薪酬制度①

建立科学合理的薪酬制度对于保证检察官廉洁公正执法、预防司法腐败具有特别的意义。实行高薪养廉可以实现检察官不愿犯、不能犯、不必犯的理想境界。应建立合理的检察官薪酬增长机制，让检察官通过努力工作就能获得较丰厚的收入，过上中上等的体面生活；应建立科学的检察官薪酬体系，完善高薪、退休金、医疗保障、廉政奖励金等制度，鼓励检察官廉洁从政；建立严格的检察官惩戒机制，如果检察官被追究责任的，则剥夺其一切福利待遇，让检察官违法办案的成本远远高于其通过违法办案可能获得的利益。

（二）探索实行省以下检察机关垂直管理体制

目前，检察机关的内部机构设置和人员任命、调配、晋升由地方党委审

① 参见郴州市人民检察院课题组：《职务犯罪预防理论与实践》，中国人民公安大学出版社 2012 年版，第 77～78 页。

批，给地方党委、政府干预司法提供了条件；检察机关经费开支、财政预算掌握在各级政府的财政部门手里，加重了检察机关对当地政府的依赖，导致了检察权不同程度地受制于地方，检察权的独立性受司法行政事务管理权影响较大，司法独立受到了不同程度的损害。在这种前提下实行司法责任制的现实性大打折扣。改革检察机关人财物管理体制，保障检察权独立行使，提高司法效率，节约司法资源，促进公正司法，深化司法改革，就成为实行司法责任制的必要条件。建议研究探索省级以下检察机关垂直管理体制，检察机关经费由省级财政统一拨付并予以保障，检察机关内部机构的设置、检察官的遴选、任命由省级检察机关决定并报省级人大常委会批准，畅通检察官职务级别正常晋升通道，淡化检察官行政级别色彩，提高检察官工作积极性。使各级检察机关摆脱人财物受制于地方的局面，为实现检察权独立公正行使提供物质保障。

（三）完善不当过问案件记录追责机制

司法实践中，不少人违反规定过问和干预其他人员正在办理的案件、为案件当事人转递涉案材料、打探案情或说情打招呼。事实证明，不当过问案件特别是有关领导不当过问和干预案件是造成冤假错案的重要原因之一。为防止相关人员不当干预办案，确保公正廉洁司法，建立不当过问案件记录追责机制就成为必需。应明确不当过问人员的范围、行为种类、责任人员、责任种类、问责程序等，应适当扩大不当人员的范围，将与案件办理无领导、监督等法定关系的人员列入不当人员范围，包括无关领导、工作人员、亲戚朋友等，特别是机关内部的工作人员，更应列入监督的重点范围。同时应明确有关领导干部或工作人员因履行领导、监督等法定职责需要对正在办理的案件提出指导性意见或了解有关情况的，属于正当过问案件，但应当以书面形式提出，依照法律程序或者工作程序进行，并由办案人员记录在案。

武汉市检察机关司法责任制建立和运行情况实证研究

孙光骏*

司法责任制是司法体制改革的核心，在改革中居于基础性和先导性的地位。2014 年 12 月武汉市检察院和汉阳、青山两个基层检察院被确定为湖北省司法体制改革第一批试点单位，2015 年 10 月开始司法责任制的试点运行。我们以上述三个检察院为实践样本，对司法责任制的建立和运行情况进行了调研，以期对推动司法责任制改革的落实和完善有所裨益。

一、武汉市检察机关开展司法责任制的基本情况

根据最高人民检察院《关于完善人民检察院司法责任制的若干意见》和湖北省人民检察院《关于实行检察机关司法责任制的方案》及《司法责任制改革综合配套制度》，武汉市院、汉阳区院、青山区院建立以检察官为主体的司法办案模式和岗位管理模式，健全基本办案组织，优化办案审批程序，落实“谁办案谁负责，谁决定谁负责”的司法责任要求，积极推动司法责任制的实际运行。

（一）人员分类管理和办案组织建设情况

1. 检察人员分类管理

检察官员额制是检察人员分类管理的核心，是司法责任制的基石。我们坚持从严掌握，留有余地的原则，按照政法专项编制的 36% 配备首批入额检察官。通过严格的审批程序，三个试点院共遴选检察官 191 名，占检察人员总数的 35.4%。以武汉市院为例，入额检察官 114 名，占编制数的 34.2%；检察辅助人员 133 名，占编制数的 40%。其中，检察官助理 61 名，书记员 37 名，司法警察 16 名，检察技术人员 19 名。改革后，人员配置的数量和比例基本达到上级对司法人员分类的目标要求，并预留下了发展空间。

---

* 湖北省武汉市人民检察院党组书记、检察长，全国检察业务专家，法学博士。

表1　第一批试点院分类定岗情况

（单位：人）

部门	检察官	检察官助理	书记员	司法警察	检察技术人员	司法行政人员
武汉市院	114	61	36	16	19	57
汉阳区院	42	25	2	9	6	12
青山区院	35	26	6	6	4	13

2. 办案组织建设情况

改革试点运行后，我们进行内设机构调整，建立独任检察官或者检察官办案组的办案组织形式，根据履行职能需要、案件类型及复杂难易程度，实行固定办案组、临时办案组、临时指派办案组及组合办案、协同办案和专案工作机制。目前，武汉市院各业务部门共设置51个基本办案组织，汉阳、青山区院分别设置32个和23个基本办案组织。以武汉市院为例，各业务部门根据其业务特点、人员力量情况组建的基本办案组织主要有两种：一是固定办案组。主要配备在公诉部门。即一名检察官加一名检察官助理或书记员组成办案组，检察官主办案件，对案件负责。但由于目前检察辅助人员严重短缺，实践中也存在两名检察官组成搭档，互相充当对方辅助人员的情况，但案件责任仍由主办案件的检察官负责。二是临时办案组。这是目前大部分办案部门采取的人员组合模式，如批捕、侦查监督、刑事审判监督、民事检察、控告申诉等部门根据办案实际需要临时性指定一名检察官和一名检察辅助人员组合办案。而人数较少的部门，如行政检察部门（在岗4人，其中检察官3人，检察官助理1人）采取了全部门办案人员临时组合办案的形式。在基本办案组织形式之外，根据职务犯罪侦查工作的特点，我们在反贪、反渎部门建立了检察官办案组，即由多名检察官和若干名检察官助理、书记员组成办案组，指定其中1名检察官为办案组组长，其他检察人员参与协办案件，组长对该组案件负责，其他检察人员对办案组组长安排的任务负责。在办理较为重大、复杂的案件时，则组建专案组，跨部门、跨单位临时指派若干名检察官、检察官助理（或书记员）组成专班，由检察长、副检察长直接负责，或是由检察长指定一名检察官负责，其他检察官参与协办案件。

表2　市院各部门基本办案组设置情况

（单位：个）

部门	反贪局	反渎局	批捕部	公诉部	未检部	侦监部	刑审监	民事部	行政部	控申部
数量	14	4	5	5	2	3	6	2	2	8

（二）司法责任制运行情况

1. 明确划分职责权限。根据湖北省人民检察院《关于实行检察机关司法责任制的方案》及附件《检察机关司法办案权限清单》（以下简称《权限清单》），我们本着“抓两大，放两小”的授权原则，明确划分了检察长、检察委员会和检察官在办案中的职责权限。“抓两大”，即对法律明确规定应当由检察长、检察委员会行使的职权，以及重大、复杂、疑难案件和可能影响其他执法司法机关判决、裁定、决定的诉讼监督案件，由检察长或检察委员会决定。“放两小”，即对办案中的非终局性事项、事务性工作，以及重大、复杂、疑难案件以外的其他案件，检察官有权根据授权独立作出决定。注意处理好三个关系：一是检察官与检察长的关系。检察官的所有权力都来自检察长的授权，并在检察长的直接领导下开展工作。检察官在办案小组内具有对案件的决定权。二是检察官与部门负责人的关系。部门负责人对检察官具有行政事务上的管理权和对案件的监督权，但司法办案权由检察官独立行使。三是检察官和办案组成员的关系。检察官具有指导办案权、组织讨论权、案件最终决定权，对案件负责，办案组其他成员应当服从检察官的指挥。

改革以来，检察长、检察委员会、检察官分别按照权限清单的规定行使权力，检察官办案责任制改革的成效凸显。2015 年 10 月至 2016 年 7 月，武汉市院检察官独自签发的法律文书达到了 80%。汉阳区院检察官自行决定批准逮捕案件 621 件 780 人，占同期总办案数的 84.7%；起诉案件 872 件 1067 人，占同期总办案数的 97.32%。青山区院检察官自行决定批准逮捕案件 339 件 411 人，占同期总办案数的 81%；检察官自行决定提起公诉 500 件 604 人，占同期总办案数的 82.5%。

2. 简化审批程序。我们改变以往的“承办人—科（处）长—检察长”三级审批模式，减少中间审批层级，有序实行“扁平化”改革。对应当由检察长、检察委员会决定的事项，检察官提出处理意见，报请检察长决定。对检察官有权决定的事项，需要检察长签发相关文书的，检察官制作文书后报请检察长签署。通过减少中间层级，简化办案流程，使检察官成为相对独立的司法办案主体，提高办案工作流转速度和运行效率。

3. 积极推动领导干部参与办案。检察长、副检察长在办案中依法行使指挥、审核和决定权，对于重大复杂疑难案件和有重大社会影响的案件，直接承担侦查、讯问、出庭等具体办案活动，并且办案要达到一定数量。改革以来，青山区院检察长、副检察长直接参与办理案件 14 件，出庭支持公诉 12 件。汉阳区院检察长、副检察长直接参与办理案件 12 件，出庭支持公诉 12 件。

4. 探索科学合理的分案制度。我们以全国检察机关统一业务应用软件系统（以下简称大统一软件系统）为依托，根据案件类型、来源不同，采取了以下分案方式：一是刑事案件。由案管部门负责受理并移交相关部门。其中批捕部、公诉部正在运行自动轮案机制，即以大统一软件系统自动分案为主、部门负责人指定承办人为辅。二是职务犯罪侦查案件。由反贪局、反渎局负责人根据检察官工作饱和度来分配案件线索。三是侦查监督案件。对于上级交办或控告申诉部门移送的立案监督、侦查活动监督案件，由部门负责人指定检察官办理；对于监督行政机关移送涉嫌犯罪案件，则采取检察官自行进入“两法”衔接网上信息平台等方式，发现案件线索并进行审查。四是民事、行政检察案件。由控告申诉部门受理转民事、行政检察部门后，根据轮案顺序和分案比例确定案件承办人。

5. 推行检察官会议制度。为了进一步提高办案质量，对于一些复杂、疑难、争议大的案件，承办检察官难以作出决定时，我们采取检察官会议制度。具体流程为：承办检察官向部门负责人提出申请—部门负责人组织检察官参加会议并主持会议—参会人员依次发表意见—检察官自行作出决定。检察官会议的讨论结果可以作为检察官行使案件决定权的参考，但案件最终的处理意见由检察官独立作出并对其决定负责。相对而言，武汉市院办理的疑难复杂案件较多，召开检察官会议次数较多，两个基层院则较少。2015 年 10 月至 2016 年 7 月，武汉市院各部门召开检察官会议 265 次，青山区院召开 87 次，汉阳 45 次。

（三）改革后监督考评情况

在突出检察官主体地位、合理放权的条件下，我们高度重视对检察官办案的监督制约。在内部监督上，通过检察长、检察委员会对执法办案活动的领导和监督，案管部门、检察官管理委员会等专门监督管理机构的监督以及检察官与办案组成员之间的相互监督，对司法办案活动进行监督制约，确保严格公正规范执法。强化“统一受案、全程管理、动态监督、案后评查、综合考评”的案件集中管理机制，对案件实行流程监控，同时结合不定期对办案情况进行检查，增强检察官的责任意识，提高办案质量。严格执行《湖北省检察官业绩考评办法（试行）》，将检察官司法办案数量、质量、效果、安全、效率、规范、敬业精神、研修成果、职业操守和承担工作的总体情况作为业绩考核的内容。从目前案件质量评查看，发现的问题大多为文书错误、案卷装订错误等瑕疵问题，尚未发现应当追究纪律责任的严重问题。对于发现问题的案件均要求业务部门予以反馈、解释和补正，根据反馈情况提交案件质量评查委员会研究、通报。在外部监督上，主动接受人大监督，加强社会各界对检察机关司法办案活动的监督，改进和拓宽人民监督员的监督，发挥律师在诉讼活动中的作用。通过网上网下检务公开等途径，保障人民群众对检察工作的知情权、参与权和监督权，增强司法办案透明度，2015 年度全市法律文书公开率达到 90% 以上。

二、司法责任制运行中存在问题及建议

从武汉市检察机关的实践来看，通过司法责任制改革，提升了检察官的责任意识，检察官更加重视案件办理质量；审批程序压缩优化，司法属性进一步凸显，极大提高了办案效率，改革实践有力促进了各项检察工作。当前改革正处于探索和攻坚阶段，在实施司法责任制的过程中，我们也感到存在一些问题，需要进一步研究探讨。

（一）权限清单需要在实践中进一步明晰

检察官与检察长、检察委员会之间的职权范围与划分，是司法责任制首先面临的问题，其涉及检察官权限配置、检察官积极性与主动性发挥、检察官司法责任落实等一系列问题。目前，湖北省人民检察院《权限清单》划分了检察长、检察委员会与检察官的职责内容，对于明确检察官的职权范围发挥了积极作用。但是在个别权限的行使主体上，还存在一些争议，需要在检察实践中逐步明晰。例如审查批捕和公诉权限清单中，排除非法证据授权由检察官行使。但是这两个业务部门有的检察官认为，证据是否排除对于案件定罪量刑具有十分重要的意义，有时甚至直接决定案件是否构成犯罪，因此建议该项职权由检察长决定，检察官只对非法证据是否排除具有建议权。

（二）案件承办运行机制需要进一步规范

依托大统一软件随机分案是司法责任制案件承办确定机制建设的方向，“随机分案为主，指定分案为辅”的分案模式需要与司法实践进一步对接。目前，依托大统一软件实现自动轮案的分案方式在批捕、公诉部门基本上实现，但如前所述，一些部门如职务犯罪侦查部门、刑事执行检察部门因履行职能的需要，仍以指定分案为主。还有一些部门如武汉市院刑事审判监督部门，以往在分案时，为提高办案效率、避免司法资源浪费，一般尽量将同一个一审法院的案件分配给一个办案组，而大统一软件在自动分配案件时却只能按照案件类型分组，无法实现按地域分组。对于这些有着特殊需要的职能部门，如何建立科学的分案制度，并且通过大统一软件加以实施和运用，还有待进一步研究解决。

（三）检察人员力量需要进一步整合

一是综合行政管理部门力量缺口严重。综合行政管理部门除承担一般行政

事务性工作外，还要负责信息简报、绩效考评、外宣调研等与检察业务密切相关的工作，对人员的法律素养、业务能力要求都非常高。这也是过去将优秀人才配置在综合部门的原因之一。改革中，我们贯彻人员力量向办案一线倾斜的原则，将综合行政管理部门大量具有检察官资格的骨干充实到一线办案部门，行政管理人员力量大幅缩水，工作压力增大。有的基层院为解决这一问题，采取“跨岗兼职”的变通方式，即让曾长期在综合部门工作的入额检察官跨岗工作，既办理案件又承担综合部门的相关事务。但是，这只能是权宜之计，不能从根本上解决综合部门力量薄弱的问题，同时跨岗兼职的检察官工作量增大、压力巨大，在考核中其办案量计算也存在问题。检察行政事务工作如何保留或引入高素质人才，亟待研究解决。二是业务部门的综合性工作的开展。改革后，武汉市院业务部门不再设立副处长，区院实行大部制扁平化管理，不再设科长。以武汉市院为例，部门内部的行政、党务、业务指导等综合性、事务性工作主要由部门负责人承担。但部门负责人不仅自身要直接承办案件，还要负责分案、协调、组织检察官会议等工作，工作任务繁重。而基于司法行政人员编制限制，业务部门的行政副处长实际难以到位。三是检察官助理、书记员紧缺。如武汉市院现在岗检察官助理61名，比核定的95名少34名；青山区院书记员有6名，汉阳区院书记员仅有2名。为此，在深入挖掘司法人员内在潜力、提升办案效能的基础上，急需通过向社会招聘的方式，招录一定数量的书记员协助检察官从事司法辅助工作。

（四）考评体系需要进一步完善

目前，各地检察官业绩考评办法相继出台，湖北省检察院也制定了《湖北省检察官业绩考评办法（试行）》和业务部门检察官案件质量考评模板，对检察官业绩考评的时间、内容和方法进行了全面规范，为检察官业绩考评工作提供了基本的遵循。在目前的状态下，检察人员包括检察官仍然需要参加当地的公务员考评，那么检察官业绩考评与公务员考评就应当有所区分。然而，当前检察官业绩考评与公务员考评的实施还存在一些困惑。一是在内容上，公务员考评以“德、能、勤、绩”为重点，检察官业务考评应当着重体现检察官司法办案属性，重点考察检察官司法办案的数量、质量、效果、安全、效率、规范，同时兼顾敬业精神、研修成果、职业操守和承担工作等总体情况。如此，两者之间的内容必然会有交叉。二是在考评机构上，检察官业绩考评委员会与以往的检察机关公务员考评机构是合二为一，还是各自独立？三是目前仅有检察官业绩考评办法，没有检察辅助人员考评办法，对于检察辅助人员如何考评？是参照检察官业绩考评办法，还是对其只进行公务员考评？以上问题，都需要在以后的司法实践中进一步探索和完善。

三、深入推进司法责任制改革的几点思考

司法责任制的建立有利于形成权责明晰、权责统一、管理有序的司法权力运行机制。当前，必须在遵循检察工作规律的基础上，加强对司法责任制运行过程中问题的分析探讨，努力推动司法责任制改革进一步深化。

（一）进一步加强检察队伍职业化、专业化建设

近年来，三大诉讼法均已修改，新法不断出台，检察人员深入学习新法、运用新法解决司法实践中出现的新情况、新问题的能力还有待进一步提升。要进一步强化教育培训，改进培训方式，全面推行"检察官教检察官"模式，广泛开展案例式、研讨式、现场模拟教学，推广"套餐式"、"自助式"学习模式，突出业务实训，着力培养一批优秀侦查员、优秀公诉人和办案能手，提高一线检察人员的办案能力和司法水平。与此同时，要高度重视检察官助理的成长进步。改革后，一些原本可以独立办案的助理检察员因员额限制，目前只能以检察官助理身份从事辅助工作。首批员额内检察官确定到位后，除退休、调离、交流提拔等情况外，根据目前队伍年龄结构，短期内很难出现空额，这在一定程度会影响年轻检察官助理对职业前景的期望和工作积极性，并对后续人才的培养、检察队伍的持续发展提出挑战。为此，需要制定相应的管理培养机制，为青年检察官助理的成长进步提供必要的空间和条件。

（二）坚持检察一体化与检察官独立办案的有机统一

检察权行使的特殊性，决定了上下一体的检察机关领导体制，即上级检察院领导下级检察院工作，检察长领导本院检察工作。这一点必须坚持。同时，如何在检察一体化机制的状态下，突出检察官的主体地位，需要从制度层面加以细化，既防止借检察一体化之名行干预办案之实，又防止和解决因检察官独立行使案件决定权而规避上下一体领导的问题。为此，我们认为，一是应当强化、落实检察机关上下级之间的领导与服从关系，坚持最高人民检察院领导地方各级检察院和专门检察院工作，上级检察院领导下级检察院的工作原则。二是明确上下级检察机关之间的职权边界。在坚持检察一体化原则的同时，充分保障下级检察院行使职权。对于上级检察机关改变和撤销下级检察机关决定的，要以书面的形式作出。三是在赋予检察官相对独立行使检察权的同时，要保证检察长和检察委员会对检察工作的领导权，同时要处理好案件监督与行政管理的关系。我们认为，在市级院，部门负责人虽然不再负责案件审批，但是其对案件仍然具有监督权。在市级院，为了保证办案质量，可考虑实行检察官承办案件通过部门负责人报检察长审批的程序。如果部门负责人不同意检察官

意见，可将其意见一并上报至检察长。

（三）科学合理设置办案组织

检察官办案组织的设置应坚持以检察权运行规律为指引，结合检察权能属性、案件类型和复杂难易程度以及各单位人员状况进行合理配置。第一，根据检察权能属性设置办案组织。检察权是一种复合权，具有司法属性、行政属性和监督属性，不同的权能具有各自不同的特点。批捕权、公诉权具有较强的司法性，强调直接性、亲历性和独立性，对于批捕、公诉案件应适用检察官独任制。职务犯罪侦查权具有较强的行政指挥性，更加强调团队作战，对于职务犯罪侦查案件可适用团队办案制。检察机关法律监督对象涉及刑事、民事、行政多个领域，案件复杂程度存在较大差异，其监督方式也有检察建议、纠正违法、抗诉等多种形式，对于法律监督案件可根据需要灵活采取检察官独任制或检察官办案组。第二，根据案件的难易程度确定组织形式。对于社会关注度高、复杂敏感、牵涉范围广等特别重大、复杂的案件，可采用专案组等特别的团队办案制。同时，办案组织形式也不是一成不变的，应根据案件的发展变化进行相应调整。如在批捕环节的一般简单案件，若因证据、事实的变化在公诉环节转化为疑难复杂案件，或者案件在审查起诉过程中复杂疑难程度发生较大改变，其办案组织均可由检察官独任制调整为检察官办案组，甚至专案组。第三，根据人员状况合理设置办案组织。对于检察官和检察辅助人员相对充裕的单位和部门，可以采取建立固定办案组的形式；对于人力资源相对紧张，尤其是辅助人员不足时，可以探索建立临时指派办案组织。另外，需要对检察业务工作和事务性工作进行科学分类，对各类检察官办案组织工作量的上下限进行实证测算，合理确定办案组织的人员构成和数量，防止办案组织空转或超负荷运转。

（四）同步推进职业保障体系建设

司法人员依法独立行使职权需要全社会法治意识提升、法治精神养成及相关保障机制的细化落实。一是根据检察工作特点，建立体现司法职业特点、有别于普通公务员的单独职务序列和配套工资制度，加大对一线办案人员的工资政策倾斜力度，提升检察官、检察辅助人员职业成长空间，鼓励优秀人员向一线办案岗位流动，多办案、办好案。二是认真落实《保护司法人员依法履行法定职责规定》。近日，中共中央办公厅、国务院办公厅发布了《保护司法人员依法履行法定职责规定》，对法官检察官依法独立行使职权、身份保障、安全保障、考评考核、责任追究、物质保障等方面作了系统规定。当前，要贯彻落实好这个司法人员依法履职的“护身符”和“金刚罩”，着力细化相关制度措施，在严防司法错误的同时，积极促进检察官大胆履职。

司法责任制改革中的核阅制度浅析

——以海南省检察机关核阅制度司法实践为视角

刘 建* 蔡 闽**

权力下放给检察官后，如何加强对检察官司法办案的监督制约，确保检察权依法正确行使，这既是改革带来的新问题，也是海南省检察机关始终高度关注的问题。司法责任制改革中如何处理好依法授权和加强管理监督的关系带来的新情况、新问题，为构建与原有的“三级审批”有本质区别的监督把关机制，核阅制度由此而生。

一、核阅的含义界定

核阅是一个很强的实践问题。以“核阅”为关键词，在中国学术文献网络出版总库中进行全文搜索，共在769篇文章中有所运用。同时，将“核阅”运用至法律实务方面，则多数局限在商事仲裁范畴。

本文所述的核阅是指对检察官在其决定权限范围内作出的对案件有决定性或重要影响的法律文书和工作文书，业务部门负责人以提出意见建议的方式，主要针对事实认定、法律适用、办案程序等进行审核把关，但不改变检察官的处理决定或意见的内部监督机制。

从检察权运行的基本规律和架构，海南省检察机关的司法责任制改革的现状以及现实发展的角度看，核阅具有以下基本特征：（1）核阅是一种独立的内部监督机制。核阅并不从属于三级审批制，是独立设置的与三级审批制有本质区别的内部监督机制。（2）核阅是一种与“三级审批制”并行的内部监督机制。核阅不能取代审核、审批，在各自不同的适用范围内起到对检察官司法办案的监督制约作用。（3）核阅是一种具有司法责任制改革特色的内部监督机制。核阅依照相应规定的权限和程序进行，既不同于原有的三级审批制，也

---

* 海南省人民检察院法律政策研究室主任。

** 海南省人民检察院法律政策研究室干部。

不是脱离改革实际而创设的空中楼阁，是为解决放权后对检察官司法办案的监督制约应运而生。

二、核阅的含义分析

要理解和适用核阅，就要掌握核阅与三级审批制的区别。核阅与三级审批制中的审核、审批相同的功能是对检察人员司法办案的监督把关，但区别也是显著的。

1. 适用的范围不同。对检察官在权限范围内作出决定的事项，核阅不得改变检察官的处理决定或意见，这是核阅与审核、审批最大的区别。核阅集中在放权后检察官自行决定的案件或事项。没有放权给检察官自行决定的案件或事项以及《海南省检察机关完善司法责任制的实施意见》第31条规定的“涉及国家外交、国家安全、民族宗教、社会稳定、网络舆情等重大敏感复杂案件和新类型案件”仍然沿用审核、审批。

2. 设置的层级不同。建立核阅制度的初衷是简化监督流程、提高办案效率，因此核阅仅设置一个层级。而审核、审批则设置二个层级，审核是审批的前置环节。

3. 决定权人不同。在“三级审批制”中，审批人具有决定权，审核人的层级比审批人的层级低，审批人一般是指检察长、副检察长。而在核阅中，检察官对放权后的案件或事项具有决定权，这也限定了核阅人不能直接改变检察官的处理决定或意见，只能提出意见建议。

4. 承担的责任不同。审核、审批的实质是行使案件办理的决定权，承担司法办案责任。而核阅的实质是提出意见建议的一种内部监督权，承担司法监督管理责任。

三、建立核阅制度的现实动因

实行司法责任制，不是片面强调“去行政管理”，更不是“去管理监督”。海南省检察机关制定检察官权力清单后，为检察官开出了133项权限，并按照“检察权既有司法属性，又有行政属性，还有监督属性”的特点，采取了对侦监、公诉类检察官实行“充分放权”；对诉讼监督类检察官实行“部分授权”；对自侦类检察官实行“限制授权”。权力的下放使得检察官成为有职有权的主体，但如何在不走三级审批制老路的前提下提升办案效率、确保办案质量，成为我们面临的迫切问题。

因此，完善监督制约机制是司法责任制改革的重点，也是改革的难点。以三级审批制为龙头的现行内部监督机制并不完善，实践中仍然存在检察官滥用权力、超越权力、违反诉讼程序等问题，这从检察官的办案质量可以看出。而在司法责任制改革的背景下，检察官的权力进一步做实，只有建立与改革相适应的监督制约制度，才能进一步规范和保证依法公正行使检察权。

四、建立核阅制度的理论基础

一个制度的存在并发挥作用，不仅要有现实需求，还应有坚固的基础来论证其必要性和合理性。

第一，依法独立公正行使检察权与检察一体化的辩证统一对核阅制度的构建作用。我国检察机关的法律监督独特定性，使检察权在运行过程中，一方面，赋予检察官在一定范围内独立行使检察权，防止上级检察机关（或检察官）监督权的滥用；另一方面，坚持“上命下从”，上级检察机关（或检察官）对下级检察机关（或检察官）自上而下进行有效制约。故围绕保障检察官在权限范围内依法独立行使检察权来完善检察机关内部的一体化权力制约机制，力求在两者中寻求辩证的统一，解答了核阅制度的设想和构建的基础。

党的十八届四中全会发布的中共中央《关于全面推进依法治国若干重大问题的决定》中，明确指出完善确保依法独立公正行使审判权和检察权的制度。从司法亲历性角度出发，只有那些亲自办理案件的检察官才具备对案件处理作出正确判断的基础。在把抽象的法律运用于具体案件的认识和判断过程中，检察官只有独立地并不受外在干扰，才能最终根据事实和法律对案件作出正确的判断。核阅制度正是在明确核阅人对检察官司法办案监督的同时，强调了检察官的处理意见或决定不能被核阅人直接改变。

第二，我国台湾地区有关规定对核阅制度的借鉴作用。我国台湾地区实行的主任检察官制度中，主任检察官与业务部门负责人有着类似的角色地位，在司法责任制改革中，我们尝试借鉴了其中的有益因素。根据台湾地区“地方法院及分院检察署处务规程”第 20 条“主任检察官掌理左列事项：一、本组事务之监督。二、本组检察官办案书类之审核。三、本组检察官承办案件行政文稿之审核或决定。四、本组检察官及其他职员之工作、操作、学识、才能之考核与奖惩之拟议。五、人民陈诉案件之调查及拟议。六、法律问题之研究。七、检察长交办事项及其他有关事务之处理”的规定，我国台湾地区主任检察官的主要职权是在组内行政事务的管理上，虽然有权对承办检察官的案件处理决定进行审查，但并不能直接行使定案权，更不能擅自改变承办检察官对案件的定性。同时，该“规程”第 26 条第 2 款规定：“主任检察官与检察官有不同意见时，应报请检察长核定之。”这进一步说明，主任检察官享有异议权，即在两者意见不一致时，主任检察官有权将分歧意见报请检察长核定，但不能直接要求承办检察官服从自己的意见。

第三，商事仲裁中的类似规定对核阅制度的参考作用。在商事仲裁中，国际仲裁界和我国仲裁界大多都采取了裁决书草案核阅的做法[①]，并被实践证明是行之有效的正确做法。如《国际商会调解与仲裁规则》（1988 年 1 月 1 日起生效）第 21 条规定：“仲裁员应于签署裁决（无论是部分的或是最后的）前将裁决草案提交仲裁院。仲裁院可以就裁决的形式提出修改，在不影响仲裁员的自由裁决权的情况下也可以就裁决的实际问题提起仲裁员注意。裁决在仲裁庭未就其形式批准之前不得签署。”《中国国际经济贸易仲裁委员会仲裁规则》（2015 年 1 月 1 日起施行）第 51 条亦规定，“仲裁庭应在签署裁决书之前将裁决书草案提交仲裁委员会核阅。在不影响仲裁庭独立裁决的情况下，仲裁委员会可以就裁决书的有关问题提请仲裁庭注意”。《中国海事仲裁委员会仲裁规则》（2015 年 1 月 1 日起施行）第 56 条也作出了类似的规定。此外，中国国际经济贸易仲裁委员会还曾制定了《裁决书草案核阅实施办法》。[②] 裁决书草案核阅是仲裁委员会对裁决草案进行事前监督，避免裁决出现不必要的瑕疵，确保裁决质量和裁决的可执行性。仲裁委员会一般设置专门的内部机构、人员进行把关。核阅后，草案通过者，则提交签发；未通过者，则提醒仲裁庭注意。在仲裁实务中，往往仲裁员希望仲裁机构对裁决书给予审阅。仲裁中的裁决书草案核阅与本文中的核阅制度有着异曲同工之妙，其实践前景预示着核阅制度亦应当有所作为。

五、海南省检察机关核阅制度的设计

根据高检院领导提出的探索建立分管副检察长、业务部门负责人对检察官司法办案审核把关机制的要求，海南省检察机关结合贾志鸿检察长随最高人检察院曹建明检察长到我国台湾地区的参访成果，建立了与三级审批制有本质区别的司法办案核阅制度。2016 年 1 月以来，全省各级院均制定了本院的核阅办法或开展了核阅工作，要求分管副检察长、业务部门负责人对检察官司法办案进行核阅。上半年全省检察机关共核阅案件 5695 件，通过核阅亦切实发现并纠正了不少司法瑕疵，但各院在司法实践中存在对核阅的概念把握不准确、核阅范围不统一、核阅文书量过大、核阅程序过于烦琐等问题。因此，为统一

---

① SIAC（新加坡国际仲裁中心）和 ICC（巴黎国际商会仲裁院）仲裁规则规定了裁决书草案核阅。HKIAC（香港国际仲裁中心）和 LCIA（英国伦敦国际仲裁院）则没有要求。我国一些地方还制定了规范性文件，如《咸宁仲裁委员会裁决书草案核阅办法》。

② 参见《中国国际经济贸易仲裁委员会第十五届委员会工作报告和第十六届委员会工作计划》内容。

加以规范，海南省人民检察院适时出台了《海南省检察机关司法办案核阅办法（试行）》。

（一）关于核阅的层级和程序

核阅只设置一个层级，即业务部门负责人核阅。在特定情形下，检察长、分管副检察长和由检察长指定的从事相关业务的检察官履行核阅职责时，也仅涉及一个层级。简单而言，即业务部门负责人（或指定的检察官）核阅检察官承办的案件，分管副检察长核阅业务部门负责人承办的案件，检察长（或指定的检察官）核阅分管副检察长承办的案件。据此，在程序上由承办检察官直接将文书通过统一业务应用系统或纸质版本报送给核阅人。与承办检察官意见一致时，核阅人在文书上签“已阅”，即核阅程序完结。

与检察官意见不一致时，核阅人有异议的，可以向检察官提出意见建议，但不能改变检察官的处理决定或意见，可以向检察长或分管副检察长报告。检察长或分管副检察长有异议的，可以要求检察官复核或提交检委会讨论，或直接作出决定。

（二）关于核阅的范围

这是核阅制度的核心之一，核阅适用于检察官在其决定权限范围内作出的对案件具有决定性和重要影响的法律文书和工作文书，并不是对检察官自行决定事项涉及的所有文书都要进行核阅。

1. 进行核阅的业务条线。按照“检察权既有司法属性，又有行政属性，还有监督属性”进行合理放权时，对司法属性较强的侦监、公诉类检察官实行了38项充分放权，放权相对多些，而对诉讼监督类业务采取部分放权、对职务犯罪侦查类业务采取限制授权。同时，最高人民检察院《关于完善人民检察院司法责任制的若干意见》特别规定以人民检察名义提出纠正违法意见、检察建议以及提出（提请）抗诉等，由业务部门负责人审核或召集会议讨论后报检察长（分管副检察长）或检察委员会决定，故目前核阅主要在侦查监督、公诉和刑事申诉业务条线进行。随着司法责任制改革的全面推开，从检察权的属性和特点出发，检察官权力清单将进一步完善，因此其他业务条线的文书是否需要核阅，应根据今后的权限变化对检察官授权情况而定。

2. 进行核阅的文书范围。核阅仅仅适用于对检察官放权的那一部分内容，不能扩大这个范围，故文书范围限定在属于检察官自行决定的对案件处理结果具有决定性或重要影响的文书，与统一业务应用系统中的文书一一应主要有19项。属于检察长或检察委员会决定的文书不包括在内。此外，根据最高人民检察院公诉厅《关于印发审查报告普通版样本的通知》（高检诉发〔2011〕54号）

规定，“公诉审查报告不是公开对外的法律文书，而是承办人审查案件、报告案件的检察机关内部工作文书”，故统一表述为法律文书和工作文书。

（三）关于核阅的方式及内容

核阅主要通过双方沟通协商、提出意见建议的方式进行。在尊重检察官决定权的前提下，通过充分协商，平等交换意见，有利于核阅人与检察官达成共识。在实践中，案件提交核阅之前，承办检察官就罪名定性、事实认定、法律适用等方面与核阅人有初步的沟通交流，而检察官联席会议也能够帮助承办检察官与核阅人有效沟通。2016 年上半年全省检察机关核阅案件中提出意见的 515 件，采纳 487 件，采纳率为 94.56%，绝大部分修改意见得到了承办检察官的采纳。

同时，与案管部门的办案流程监管不同，案件事实认定是否正确、定性是否准确、量刑是否适当、程序是否违法、是否需要进行诉讼监督等，影响检察官自行作出决定的问题是核阅的主要内容。通过对这些关键问题的核阅，一方面能够抓住司法办案工作的主要矛盾，另一方面能够起到事半功倍、提升效率的作用。

（四）关于核阅的责任

根据最高人民检察院《关于完善人民检察院司法责任制的若干意见》第 32 条的规定，司法责任包括故意违反法律法规责任、重大过失责任和监督管理责任。

1. 就检察官而言，根据“谁办案谁负责，谁决定谁负责”的原则，检察官对自己在权限范围内的决定负司法责任。报送核阅后，如果检察官采纳核阅人的意见建议，自行改变决定时，应对改变后的决定负司法责任；如果检察官不采纳核阅人的意见建议，当然对自己的决定负司法责任。

2. 就核阅人而言，核阅人不因核阅承担办案的司法责任，但因故意或重大过失怠于履行职责，导致司法办案工作出现严重错误的，应当承担监督管理责任。

3. 就检察长（分管副检察长）而言，在核阅中如改变检察官决定的，检察长（分管副检察长）对改变的决定承担司法责任。但对于检察官在权限范围内作出决定的事项，检察长（分管副检察长）不因签发法律文书承担司法责任。

核阅制度契合了“谁办案谁负责、谁决定谁负责、谁改变谁负责”司法责任制改革的要求，既对检察官自行决定的案件起到把关作用，又有效减少中间审批层级，实现检察权运行规范化和高效化。由于当前核阅制度也仅仅试行了一段较短的时间，还需要在今后的实践中不断积累经验，及时完善和健全，以期成为可复制、可推广的海南做法。

基层检察院落实司法责任制的实证考察

——以上海市闵行区人民检察院的改革试点为样本

张　晨*　林竹静**

完善司法责任制是党的十八届三中、四中全会部署的重要任务，在司法改革中居于基础性地位。2013 年年底，最高人民检察院在《检察官办案责任制改革试点方案》中就曾明确提出“建立权责明确、协作紧密、制约有力、运行高效的办案组织模式”，推行以主任检察官办案责任制为主要内容的检察官办案责任制改革。到了 2015 年，最高人民检察院出台《关于完善人民检察院司法责任制的若干意见》（以下简称《若干意见》），进一步将主任检察官办案责任制统一明确为检察官办案责任制，检察办案职权优化配置的改革探索进入新阶段。那么，检察机关落实司法责任制究竟会产生哪些制度效益？试点中又存在哪些亟待完善的制度细节？对此，不妨通过对试点中的基层检察机关落实司法责任制工作实证考察，大体管窥。

一、落实司法责任制的基层试点考察

上海市闵行区人民检察院（以下简称闵行区院）是全国最早一批试点主任检察官制度的基层检察院。① 在先前试点主任检察官办案责任制的基础上，去年以来闵行区院在落实检察机关司法责任制，深化检察官办案责任制改革方面作了进一步的探索与试点。

（一）司法办案组织构建

闵行区院根据不同的检察业务类型特点，丰富与细化检察机关司法办案组织模式。在刑事检察、职务犯罪侦查、诉讼监督及综合业务部门实施不同的独任检察官、检察官办案组组织模式。其中，在刑检部门设置独任检察官 18 人，

---

* 上海市闵行区人民检察院副检察长。

** 上海市闵行区人民检察院研究室副主任，上海交通大学法学院博士后。

① 最高人民检察院课题组：《主任检察官制度研究》，载《中国法学》2015 年第 1 期。

检察官办案组15个、主任检察官7人，在自侦部门设置检察官办案组5个、主任检察官5人，在监督部门设置独任检察官11人，检察官办案组15个、主任检察官7人。并根据“分、合”有序的人员配置原则，规定检察官办案组由主任检察官、若干名检察官与检察辅助人员组成，由主任检察官带组办案，独任检察官办案则实行“1+X”模式，1名独任检察官带1名至2名检察辅助人员。[①]

（二）落实检察长办案

闵行区院根据党中央司法改革的精神和要求，根据高检院、上海市院关于检察长直接办案的规定，结合本院实际情况，制定《闵行区人民检察院领导干部带头司法办案工作规定》明确直接办案的案件范围、办案方式、办案数量和案件来源，要求检察长、副检察长等领导干部直接办案应当体现司法的亲历性，接受监督制约并独立承担办案责任。2016年1月至6月，闵行区院检察长、副检察长共5人直接办理案件28件、审核案件644件、审批决定案件66件。[②] 很好地发挥了领导干部示范带头作用。

（三）落实检察官权力清单

闵行区院根据“放、控”结合的授权原则，科学制定检察官权力清单，其中，2016年1月至6月，授权检察官行使决定权的相对不捕案件数量为11件；在授权检察官行使决定权但需提请检察长审核的案件中，不提出抗诉案件数2件，以人民检察院名义制发的检察建议数25件，以人民检察院名义制发的一类问题监督意见等书面监督意见数21件，不捕案件总数（含绝对、相对、存疑不捕）28件，决定提出抗诉案件数2件，决定提出再审检察建议案件数2件。[③] 通过检察官办案决定权的行使，在办案过程中落实办案者决定，决定者负责。

（四）落实办案监督制约机制

为了防止放权办案异化为“放任”办案，闵行区院在充分放权的基础上配套实行有效的监督制约，形成了立体的司法办案监督管理体系：一是建立统一分案制度。在专业化与均衡化办案相结合的基础上，建立了随机分案为主、指定分案为辅的案件统一分配机制，由案管部门直接分配案件至独任检察官或者检察官办案组。对于重大、疑难、复杂案件，由检察长指定检察官办案组或

① 数据来源于2016年6月30日上海市闵行区人民检察院研究室相关半年统计报表。

② 数据来源于2016年6月30日上海市闵行区人民检察院研究室相关半年统计报表。

③ 数据来源于2016年6月30日上海市闵行区人民检察院研究室相关半年统计报表。

者独任检察官承办。同时，配套实行更换承办人的限制性移转制度，未经分管副检察长批准，不能随意更换案件承办人。二是落实案件审核机制，强化案件流程监控。据统计，2016 年 1 月至 6 月，经审核提出不同意见的案件数量为 5 件，检察官改变处理决定的案件数量 4 件，因存在分歧意见而提请检察长审核的案件数量 7 件。[①] 通过案件办理全面审核，实现检察官办案全程监控。

二、落实司法责任制产生的制度效益

（一）办案流程加快，办案周期缩短

通过改革试点，对司法办案中传统的"三级审批制"进行了必要的优化压缩，大刀阔斧地去行政化，大大减少了审批环节，且审核多数是在同一个办案组内进行，方便沟通交流，效率明显提高，办案流程明显加快，办案周期大幅缩短。据统计，2013 年本院刑事检察部门由主任检察官决定的案件约占总数的 80%，2014 年已达到 86%，2015 年上半年进一步达到 93%。在审结效率上，以公诉部门为例，2013 年公诉部门受理移送审查起诉案件 2292 件，平均结案天数为 34. 83 天；2014 年受理移送审查起诉案件 2814 件，平均审结天数为 30. 03 天；2015 年上半年，公诉部门受理移送审查起诉案件 1808 件，平均审结天数进一步下降为 29. 01 天，即在案件量同比大幅增长的情况下，平均审结天数分别缩短了 4. 8 天和 1. 02 天。同时，检委会职能和议事重点发生变化，讨论个案次数大幅减少，继而更多精力集中到类案研究和工作机制的完善上。[②]

（二）办案责任意识增强，案件质量提升

由于实行办案质量终身负责制和错案责任倒查问责制，检察官需要对自己办理的每一起案件终身承担责任，给承办检察官戴上了紧箍咒，检察官的自主性和责任意识明显增强，办案质量随之大幅提高。试点以来，全院未发生一起无罪案件或撤诉案件，诉判一致率也大幅提高。

（三）释法说理针对性加强，涉案信访数减少

司法活动的亲历性、直接性增强了释法说理的针对性，息诉罢访效果得到体现。2015 年以来，本院受理的涉案信访案件大幅减少，缠访闹访现象得到

① 数据来源于 2016 年 6 月 30 日上海市闵行区人民检察院研究室相关半年统计报表。

② 据统计，2013 年闵行区人民检察院检委会讨论案件 21 件，到 2014 年讨论案件下降为 12 件，2015 年讨论案件进一步下降为 11 件，2016 年至今检委会只讨论了 7 件案件，其中 1 件为刑事赔偿案件，2 件为民事行政的再审检察建议案件，其余 4 件为不起诉及抗诉案件。相关数据来源于 2013 年至今上海市闵行区人民检察院相关办案数据统计报表。

明显改观，检察长接待案件量明显下降。据粗略统计，司法改革前本院平均每年受理涉案信访案件25件，司法改革一年来受理的涉案信访案件下降至11件，成效显著。

（四）司法感受性加强，群众认同感提高

随着检察官直接参与、主持的审查逮捕公开听审、案件公开听证、不起诉决定公开宣告等司法行为活动的开展，在体现检察办案活动的亲历性和居中裁判的司法属性的同时，也让犯罪嫌疑人、被害人及其他诉讼参与人直接参与到司法办案中来，亲身感受检察办案活动的程序公正和实质正义。人民群众对检察工作认识更为直接和立体，对检察办案活动的司法感受性和认同感得到大幅提高，检察职能得到进一步宣传和发扬。

三、落实司法责任制中亟待完善的方面

（一）独任制与办案组设置有待完善

最高人民检察院《若干意见》规定，根据履行职能需要、案件类型及复杂难易程度，实行独任检察官或检察官办案组的办案组织形式。“检察官办案组”即由主任检察官带组办案的组织方式。但对于（主任）检察官办案组具体应如何设置及运作，实践中还有不少争议与不明确的地方。例如，上海做法是主任检察官相对固定，理由是经过员额制改革后，检察官队伍虽然实现了一定的精英化，但在一段时期内检察官的办案能力和水平仍然参差不齐，如果“随案而生”主任检察官，可能会对案件质量产生不利的影响。从有效组织办案和进行司法管理的角度，主任检察官应相对固定。同样，相对固定的（主任）检察官办案组更有利于队伍专业化建设，更有利于检察职能强化，也更有利于上下级之间进行业务指导。但实践中也有另一种声音，即认为主任检察官应当“随案而生”，纳入员额管理的检察官都可以作为主任检察官带领检察官办案组办理案件。主任检察官办案组“随案设立”。目前上海的检察官办案组设置模式是肯定前者的，相关设置细节仍需在实践中不断调整完善。

（二）检察官办案组职权配置有待优化

根据试点工作，在刑事检察部门，主任检察官获得最大限度的授权，除重大、疑难、复杂案件及督办、交办案件需提交检察长或检委会决定外，其他绝大部分案件基本可以依据授权作出处理。但相对而言，独任检察官获得的授权仍然有限，一般仅限于办理低风险的简单案件，与检察官办案责任制要求的独

立性要求仍有一定差距。[①] 职务犯罪侦查办案组、诉讼监督和综合业务办案组实行主任检察官负责制，组内检察官在主任检察官的带领下开展工作。在主任检察官负责制的办案组内，主任检察官的主体地位和独立性得到凸显和保证，但组内检察官的作用却相对模糊和淡化，如何发挥主任检察官负责制下其他检察官的主体作用和积极性成为新的课题，权力配置亟须进一步细化。

（三）评价与追责机制存在不足

1. 业绩评价存在问题

办案业绩是检察官工作情况的直接反映，科学合理的评价办案机制有利于落实办案责任。目前，检察官业绩评价机制存在许多问题有待完善。其中最大的难题是检察官执法办案业绩评价的“量化难”问题。检察办案工作是高度复杂的逻辑与经验思维的复合体，完全区别于简单的“流水线”作业，无法像计件工人一样，对检察官的劳动进行简单的计量、排序与对比。不仅是不同业务部门之间工作无法横向对比（如公诉、侦监的办理一件案件与反贪侦破一件案件完全不具可比性），即便是同一业务部门内部，随机分配的案件其实际工作量也存在极大差异。况且在诸如职务犯罪、诉讼监督部门，检察官办案更强调团队协作，整体配合，在这种情况下，业绩考核要真正公正有效的量化到人非常困难。

2. 追责机制存在的问题

在构建与完善检察官司法责任体系方面，目前存在重追责轻豁免的问题。目前，我国检察官司法责任豁免规则在立法上仍是空白。最高人民检察院《若干意见》第33条关于免除检察官司法责任情形的规定过于粗疏，仍有待完善。一是检察官履职的免责事项与限度有待明确。需要进一步明确界定“错案”，准确界定司法过错与司法瑕疵。二是不同检察主体的责任豁免规定有待细化。三是检察官司法责任豁免的程序有待明确。仍需要在当前有关司法责任追责程序的基础上进一步细化设定。

四、落实办案责任制的具体建议

（一）完善检察办案组织与人员结构

一是完善办案组织“内外并行”，保证独任检察官与检察官办案组工作的并存与兼容。根据闵行区院的试点情况，建议进一步根据检察办案业务类型特

① 因此，实践中对于扩大检察官授权力度的呼声较高，如有学者呼吁应尽快落实真正意义上的检察官办案责任制，将绝大多数检察权授予检察官。参见郑青：《我国检察机关办案组织研究与重构》，载《人民检察》2015年第10期。

点，在刑检部门落实、完善独任检察官独立设置于检察官办案组之外的“组外模式”，办案组织形式以独任检察官为常态，检察官办案组根据办案需要临时组建。在职务犯罪侦查、诉讼监督、综合业务部门，则设置固定的检察官办案组，将独任检察官设置在检察官办案组内部，实行“组内模式”。二是调整人员结构“分、合有序”。在实践中进一步完善、丰富由1名独任检察官带领1～2名检察辅助人员办案的独任检察官办案“1+X”模式。同时根据办案实际需要，规定每个刑检部门保留1～3名主任检察官，分别联系本部门的若干个独任检察官，在遇有重大、疑难、复杂案件需要组建办案组以及专业化办案、人员调配等方面形成相对固定的组合。

（二）优化检察官权力清单“合理授权”

一是合理划分内部司法办案权限。既有效突出检察官的办案主体地位，确保检察官办案独立性，同时在检察一体框架下，不削弱检察长对检察工作的整体领导。二是合理扩大对检察官的授权。授权不是简单的“放权”，而是以规范检察权运行、明确司法责任为目的的办案职权合理配置。在这方面具体做法是：（1）以“负面清单”的方式，将除应由检察长或检察委员会行使的重大职权外的其他职权授权检察官或主任检察官行使。（2）针对不同办案部门在办理案件类型、疑难复杂程度等方面情况不同的特点，对检察官区别授权。在刑事检察部门充分授权，职务犯罪侦查部门审慎授权；诉讼监督部门合理授权。三是厘清不同层级检察人员职责界限。业务部门负责人转变管理方式，从过去侧重于行政管理转变为以司法管理为主，减少行政审批对其履职精力的过多消耗，更多地发挥对案件质量进行监督管理的作用。主任检察官作为检察官办案组的负责人，除亲自办案外主要负责对组内承办案件进行组织、指挥和协调。刑事检察部门的独任检察官有权对风险较低的案件独立做出审查决定，其他业务部门的独任检察官可以承办简单的职务犯罪、羁押必要性审查、申诉等案件，由主任检察官进行审核。新遴选入额或者跨部门任职的检察官可以视情有一定的见习期并由主任检察官带教指导。从而实现充分放权与有效控权相统一，确保案件质量和效率。

（三）完善业绩评价与监督追责机制

一是针对不同业务岗位检察官履职要求差异较大、考核标准难以统一的问题，完善现有岗位说明书制度，为每位检察官“量身定做”职责要求，明确检察官的办案数量、质量和业务工作要求，围绕检察官的办案数量、质量、效果、效率等业务指标进行全方位的考核，考核结果作为年度奖惩的重要依据，实现检察官履行职责“有章可循”，业绩考评“有据可依”。二是多渠道严控案件质量确保“有效控权”。在案件的“出口端”设置了多渠道严控措施，包括实行法律文书专人审核制度，定期开展案件质量评查和案件展评等，通过奖励优质、警示次质，促进提高案件质量。同时，细化对独任检察官办案简单职务犯罪、羁押必要性审查、申诉等案件由主任检察官进行审核的相关规定，确保检察办案的质量和效率。三是结合检察改革工作实际，对司法责任界定与追究作进一步明确和细化。尽快制定与完善检察官司法责任豁免制度。包括：(1) 进一步明确界定“错案”。“错案责任”应当在加以限定的前提下理解，错案结果必须与检察官的司法渎职行为并存，才能作为追究检察官司法责任的正当化事由。(2) 细分界定司法过错与司法瑕疵，避免因追责过严打击检察官办案积极性。(3) 细化不同检察主体的责任豁免规定。根据检察官履职“司法属性”的程度差异，区分不同业务部门检察官在“依法裁断”与“奉命执行”情形下所应承担的司法责任及应享有的司法责任豁免范围与限度区别。(4) 明确检察官司法责任豁免程序，在现有检察官司法责任追责程序基础上做补充规定。

司法责任制改革实证研究

闫俊瑛[*]　刘丽娜[**]

司法责任制在司法体制改革中居于核心地位。北京市检察机关作为第三批试点单位，按照孟建柱书记提出的“当好司法改革领头羊”的指示要求，发挥后发优势，注重借鉴吸收，坚持高起点、高标准谋划推进改革。2016 年 8 月 1 日制定《北京市人民检察院司法责任制改革试点工作实施意见》（以下简称《实施意见》），随后陆续下发与之相配套的其他 11 项制度文件，全市检察机关自同年 9 月 1 日起全面推进司法责任制改革。

一、推进司法责任制综合配套改革的总体考虑

（一）坚持高起点、高标准谋划推进

敬大力检察长指出，“责任制改革，检察机关自主空间大，最能体现领头羊水平”。北京市检察机关立足司法规律和检察职业特点，努力将上级改革精神和北京市检察工作实际紧密结合。注重改革的协调性，将责任制改革与内设机构改革、人员分类管理、检察职业保障等改革统筹考虑，一体部署。坚持遵循司法规律，突出检察工作职业特点，保证制度设计符合检察权运行特点和检察工作实际需要。注重改革的探索性，将高检院顶层设计的经验借鉴与北京检察实际相结合，探索体现北京特色的司法责任制改革。概而言之，北京贯彻落实司法责任制改革可以总结为“1 句话，2 个主体地位，3 个清单”。

“1 句话”是总目标、总要求，即“谁办案谁负责，谁决定谁负责”。不同于“谁审理谁裁判，谁裁判谁负责”，既要对办案质量终身负责，也要对办案过程负责，体现了司法裁断、亲历的原则要求和检察一体化的职业特点。“2 个主体地位”是核心任务，即突出检察官的“办案主体地位”和“责任主体地位”。从检察权职业特点出发，通过界定不同种类业务各层级检察官的职责

---

* 北京市人民检察院法律政策研究室主任。

** 北京市人民检察院经济犯罪检察部检察员。

权限，突出检察官在司法办案中的主体地位，建立相配套的司法责任体系，严格司法责任认定和追究，让承办案件的检察官成为案件办理的责任主体。“3个清单”是实现载体，即分别制定检察官权限清单，履职清单、追责清单，全面建立新的司法责任体系。

（二）坚持统筹推进，综合配套

责任制改革本身是一项系统工程，包含的内容丰富，涉及基本办案组织、检察工作模式和运行机制等多个方面。北京市检察机关注重责任制改革与其他三项改革的内在关联，坚持同步推进内设机构、员额制等改革举措。注重责任制改革中办案组织、职责权限、审批模式、监督制约等的内在关联，同步推行11项制度。主要包括：一是一个意见三个清单。即《实施意见》和检察官权限清单、履职清单、追责清单，主要明确新的检察权运行机制和责任认定追究机制。二是检察官助理职责规定。改革后检察官与助理都要履行办案职责，通过列明职责，促进检察官助理积极履职，充分调动工作积极性，防止因为员额制改革造成检察官助理与检察官之间职责不清、推诿扯皮等现象。三是关于检察权监督制约方面的制度文件，如检察业务监督制约的意见、案件评查制度等。在放权的同时，严密内外部监督制约机制，保证案件质量和公正司法。四是责任追究办法。主要明确检察机关内部、上下级之间发现、调查、追究检察人员责任的流程。五是关于检委会运行机制改革的指导意见，包括检委会议案工作规定和专家咨询委员会工作规定。细化检委会审议案件的范围和程序，丰富专家咨询员组成和规范咨询工作程序等。六是司法档案管理办法和检察官业绩评价办法。通过科学设定指标和程序，全面客观评价检察官履职业绩和职业操守，计入司法档案，作为检察官等级晋升、奖惩等事项的重要依据。七是关于完善内设机构的制度文件。主要目的是实行“三个适度分离”，加强专业化组织体系建设，推动内设机构从办案单位向专业平台和管理单元转变。

（三）坚持依法授权与加强监督并重

通过依法授权，突出检察官办案主体地位。以往检察机关实行的是“检察人员承办，内设机构负责人审核，检察长或者检察委员会决定”的“三级审批制”。在这种办案模式下，办案者没有决定权、决定者不亲自办案，检察官的亲历性、判断性、独立性要求体现不够；各层级执法权限不明、责任不清，看似层层负责，实际无人负责；审批层级过多，办案效率低下，既不利于专业化、职业化队伍建设，也难以适应案多人少的执法形势。北京市检察机关根据“谁办案谁负责、谁决定谁负责”的原则，“抓两大放两小”，建立授权机制，完善案件分级、分办等制度，划定权限清单，明确检察长、副检察长、检察委员会、检察官的职权范围。同时从市院层面明确了重大疑难复杂案件的具体情形，赋予了一般案件较大的空间。在新的办案体制下，今后检察机关70%～80%的案件将由检察官独立办理，使得“突出检察官主体地位”能够真正落地生根。

同时进一步完善监督制约机制，做到放权不放任。司法责任制改革后，检察官依授权依法独立决定案件，检察机关内部司法办案和检察监督审批审核层级减少，原有依靠个案审批对案件质量进行管理监督的方式已不适应改革要求。此外，现有检察业务管理监督多头、分散，缺乏合力，效果不显。建立健全与新的检察权运行方式相适应的检察业务管理监督机制，做到授权与监督并重，既是司法责任制综合配套改革的内在要求，也是保证案件质量，减少和防范司法不规范、不公正风险的现实需要，更是优化检察管理，彰显改革效应，提高司法公信力的重要保证。为此，北京市检察机关转变方式，整合资源，构建“全面管理、统分结合、分工负责、统筹协调”的检察业务管理监督模式，建立检察长、检察委员会统一领导，检察业务管理监督部门统筹协调，各司法办案和检察监督等部门分工负责，检察人员普遍参与的组织体系，推动由微观的个案审批向宏观的全员、全院、全过程管理监督转变，整体提升检察机关司法办案和检察监督工作水平。

二、北京市检察机关落实司法责任制的主要特色

（一）确立“三个清单”的核心地位

“三个清单”是实现检察官主体地位和责任地位的重要载体。之所以全面制定三个清单，主要是为了引导全市检察人员正确理解司法责任制的内涵，避免将责任制改革简单地理解为放权或追责。

1. 全面制定检察官的权限清单、履职清单、追责清单。权限清单主要明确检察长委托检察员授权的范围，重新划分检察长、检委会、检察员决定案件的职责权限；履职清单主要明确检察长、检察员、部门负责人等各层级检察官的岗位职责，包括办案的职责、定案的职责、监督管理的职责以及目标任务等，除司法办案工作以外，还包含与办案相关的延伸职责，如办案安全、办案风险防控以及组织开展调研、信息、法宣等其他工作职责，确保检察官的法定职责必须为；追责清单主要明确检察官必须负责任的行为、责任的形式以及受保护和免责的行为等，鼓励检察人员积极履职、敢于担当。北京市院规定了检察官权限清单、履职清单、追责清单的基本原则，各级院根据要求制定本院权限清单和履职清单，追责清单则由市院统一制定，以此明确检察官职责权限和履职范围，全面建立新的司法责任体系。

2. 由市院统一明确授权原则和机制。明确授权范围，梳理检察长依法履行的十项职责，规定其中六项职责（主要是司法办案和检察监督职责）可以授权，其余如主持召开检委会等职责不能授权。另外，明确授权原则，提出“抓两大放两小”、“突出检察官主体地位与检察一体相结合”、“因地制宜、循序渐进”三项原则。建立授权机制，要求建立完善案件分级、分派和变更调整机制。根据案件性质、涉案数额、情节后果、社会影响、案件来源等因素，由检察长（副检察长）将本院办理的案件（线索）分为需上报审批决定的案件和可由检察员自行决定的案件两类。也就是说，案件或线索来了首先要进行分级，即按照“抓两大放两小”的原则，区分什么是大什么是小。分级后要建立案件分派机制。检察员自行决定的案件实行轮流分派，需上报审批决定的案件由检察长（副检察长）指定分派。也就是说，坚持这样一个分派原则，即随机分派和领导指定相结合。同时，还要相应建立变更调整机制。案件办理过程中，由于事实、证据发生变化等原因，导致案件级别和审批审核程序发生变化的，检察员应当及时提出意见，报请检察长（副检察长）决定，检察长（副检察长）也可以直接作出决定。按照“抓两大放两小”的原则实行一定的授权和分案后，不是取消了审批审核和指挥指令，在具体的规定中也对坚持审批审核基础上的优化审批审核和指挥指令作出了规定，就是要实行扁平化的、书面化的、简化的审批审核机制和指挥指令机制。

3. 明确划分检察官办案权限的基本要求。主要按照“抓两大放两小”的原则，规定了全市层面应当由检察长决定的事项，明确除此之外的事项都可以授权，目的在于督促各院充分合理授权。“抓两大放两小”即重大疑难复杂案件和可能影响其他执法司法机关判决、裁定、决定的诉讼监督案件，仍由检察长（副检察长）、检察委员会决定；一般案件的处理决定权，以及所有案件的非终局性事项、事务性工作决定权授予检察员。刑事检察领域，将重大疑难复杂案件的捕诉决定、附条件逮捕、撤回起诉以及不捕不诉等终局性决定保留给检察长。诉讼监督领域，将通知公安机关立案或撤案、抗诉、书面纠正违法、变更撤销确有错误的原刑事案件处理决定等可能影响其他执法司法机关判决裁定决定的事项保留给检察长。职务犯罪侦查领域，将重大疑难复杂案件的初查、立案、移送审查起诉或不起诉决定，所有案件的不予初查、不立案、撤销案件决定，采取或撤销强制措施的决定，重大疑难复杂案件的强制性侦查措施决定等，保留给检察长。此外，结合北京市现有制度文件以及其他省市的规定，列明了应当确定为重大疑难复杂案件的十一种情形，包括可能判处死刑的案件、涉及国家安全、外交和社会稳定的案件、法律适用争议较大的案件等。

4. 坚持市院统筹与基层探索相结合。由于各分院、区院的司法办案水平和检察队伍素质不统一，为了确保改革期间全市司法办案工作平稳和检察队伍平稳，北京市检察机关注重大胆授权、因地制宜，在职权划分和职责划分上赋予了各分院、区院相对较大的自主决定权。市院明确授权原则和授权机制，围绕刑事检察、职务犯罪侦查、诉讼监督三类业务，明确了必须由检察长或检委会决定的事项，各院结合实际进一步制定各自权力清单、履职清单。

关于授权范围的测算，市院以2015年全市办案数为蓝本，统计了需要检察长审批的“两大”案件所占比重。因重大疑难复杂案件的情形比较多，一些指标主观判断成分较大，因而统计时采取了几种统计方法。第一种方式：仅测算提出法律监督意见的案件。具体包括提出提请抗诉、发出再审建议、通知公安机关立案撤案等，共计6061件。第二种方式：除测算提出法律监督意见的案件外，还测算所有拟不支持监督申请的案件，也即将诉讼监督案件整体作为两大案件，总数为8989件。适用第一种方式：重大疑难复杂案件+可能影响其他机关决定的案件共计7914件，占比为20.70%；适用第二种方式：重大疑难复杂案件+可能影响其他机关决定的案件共计10842件，占比为28.25%。两种方式均约为：二八开、三七开，符合改革初期的放权范围预期。

（二）强调内设机构改革的先导作用

孟建柱书记指出，内设机构改革是司法责任制改革的重要配套措施，改革中，要坚持统筹考虑内设机构改革和办案组织建设，进一步优化司法职能。北京市检察机关坚持将优化内设机构设置作为基础性、先导性工作，主要是考虑到机构和办案组织是检察权运行的载体，机构不确定，员额也将无处安放，办案组织无法履职，司法责任飘浮不定、难以落实。这次机构优化设置是对北京市检察机关恢复重建三十多年以来既有体系的结构性调整。在改革中，北京市检察机关知难而进、攻坚克难，实施方案层层审批、层层把关，先后经高检院党组专题研究、中政委正式批复，并由市委深改组全体会议审议通过，得到了上级机关的充分肯定。孟建柱书记强调，司法责任制改革是司法领域一场深刻的革命，改的是体制机制，动的是利益格局，“伤筋动骨”在所难免。北京在机构改革中始终坚持问题导向。针对司法办案与诉讼监督职能混同、界限不清，一手硬、一手软，监督职能弱化、监督职能履职不充分的问题，探索诉讼职能与监督职能适当分离、机构分设，设立单独的侦查监督、刑事审判监督等机构专司司法监督职责，促进监督集中化、专门化，凸显监督效能。针对线索管理观念不强、内部制约机制不健全的问题，探索案件管理与案件办理适当分离，在职务犯罪侦查部门之外设立独立的侦查指挥中心，对侦查线索统一管理、重点督办、全程监控；更加注重检察管理监督职能的优化配置，合并控申、案管部门成立检察管理监督部，实现了“一个窗口对外、一个闸门对内”。针对司法行政部门管理多于服务、占用检力资源过多的问题，探索司法行政事务管理权与检察权适当分离，合并计划财务装备部门、机关后勤服务中心成立行政事务管理局，机关党委、机关工会与政治部合署办公，将检力资源向一线倾斜，促进解决案多人少难题。针对近年来北京涉及国家安全、公共安全、金融、高科技等特殊领域案件呈不断上升的趋势，特别是非法集资案件集中井喷，为解决临时组队、仓促应付、缺乏积累、效果不彰等问题，探索打造专业化办案团队，在不同层级检察机关分设国家安全和公共安全检察部、经济犯罪检察部、知识产权案件检察部、网络和电信犯罪检察部等，专案专办、术业专攻。这些改革探索将顶层设计与基层首创有机结合起来，适应首都和直辖市特点，遵循规律、直面问题、分合有度、求真务实，为改革后的权力运行奠定了组织框架，促进了司法责任制的有效落实。

（三）建立符合司法办案规律的三种办案组织形式

办案组织是检察权运行机制的载体和细胞，也是司法责任制的基础。检察机关的办案组织历来不像法院的办案组织那样健全，这次检察改革的特点之一就是建立了检察机关基本办案组织，检察官是办案组织的牵头人、负责人、领头人。《实施意见》专章规定了办案组织，明确实行基本办案组、组合或协同办案、专案组三种不同形式。基本办案组织由一名检察员和必要数量的检察辅助人员组成，检察员负责办案组工作，并在职责范围内承担相应责任。根据办案实际需要，可以由两个或两个以上的基本办案组织组合办案或协同办案。组合办案是指由两个以上的基本办案组织合作办案，办案的检察官互为合作关系；协同办案是指由两个以上的基本办案组织协作配合工作，办案的检察官互为主从关系。办理重大复杂案件，可以跨部门、跨院组建专案组，由检察长（副检察长或者有关负责人）统一组织、指挥、协调和管理。检察员根据检察长的授权履行职责，在自己的办案组织内，有权指导检察辅助人员协助办理案件。曹建明检察长强调，在确定入额检察官的基础上，配备好辅助人员，组建办案组织是改革的重要环节；不是所有案件办理都需要把检察官助理和书记员配全，也不一定都是固定搭配。《实施意见》明确，检察辅助人员可以相对固定配备，也可以集中统一管理，根据司法办案需要临时指派，随机组合。原则上，除检察官亲历性事项以及在职权范围内对办案事项作出处理决定外，检察官在司法办案工作中的其他职责都可以由检察官助理承担。为缓解案多人少压力、激发助理的积极性，还特别规定，检察官助理可以根据检察员提请，由检察长指派出席法庭支持公诉；但检察官必须亲自承担重要的司法活动，以确保在亲历的基础上作出决定。

（四）建立新的案件质量监督管理体系

在全国司法体制改革推进会上，孟建柱书记指出，实行司法责任制，不是片面强调“去行政管理”，更不是“去管理监督”，而是管理的内容、方式、方法要作改革。要从微观的一般个案审批、文书签发，转向宏观的全院、全员、全过程的案件质量效率监管和把握。通过健全类案指引、案件质量评估、司法业绩考核、错案责任倒查等制度机制，充分运用信息化平台，对案件办理做到全程留痕，推动由人盯人管理监督向制度机制约束转变，促进管理监督科学化、程序化、公开化，从整体上提高司法质量和水平。

为深入贯彻《实施意见》，北京市检察机关具体采取以下做法：一是强化层级制约。司法责任制与检察一体化和检察领导体制并不是对立关系，而是相互兼容、内在统一。改革后仍然要坚持检察长负责制，坚持党组对检察工作的领导权和检委会对重大业务事项的决策权；上级院对下级院、各院党组对本院工作以及检委会对业务工作仍然负有指导、监督和制约的责任。上级检察院可以依法撤销、变更下级检察院的错误决定，可以对下级检察院管辖的案件指定异地管辖，调配检察官异地履职。各级检察院检委会有权撤销、变更检察官所做的错误决定，并对所做的决定负责。检察长、检委会决定的案件，检察官要对事实证据负责。二是强化执法监督。坚持案件办理与案件管理相分离的原则，办案部门专事执法，管理部门专事监督，改变执法者既是运动员，又是裁判员的管理格局，充分运用信息化手段，对办案流程进行动态、实时监控，对案件质量进行严格、规范评估，及时发现问题、纠正问题。检察管理监督部加强统筹，理顺体系，切实改变以往多头监督、交叉监督的局面，避免重复劳动、影响办案。三是强化责任追究。通过强化责任倒逼严格规范司法、保证办案质量和效果，对故意违反法律法规或因重大过失造成错案或者其他严重后果的，特别是对因刑讯逼供、打击报复、徇私枉法等情形造成冤假错案的，依法追究司法责任。

三、实践中遇到的主要问题及对策建议

（一）关于检察官助理出庭问题

最高人民检察院《关于完善人民检察院司法责任制的若干意见》规定检察官应当亲自承担出席法庭的职责，但是实践中员额制改革后检察官人数更加有限，如果所有案件均由检察官出庭，案多人少的矛盾更加突出，势必影响实际出庭质量。据初步统计，此次员额制改革中，北京市检察机关一线部门（不包括综合部门和综合业务部门）有445名检察员、775名助检员未能入额，

能依法独立办案的人员有所减少。另如，某区检察院轻罪检察部5月、6月共受理审查起诉案件220件，预估全年受理此类案件1300件左右，占全院案件总量的60%，还不包括审查逮捕案件（预估全年有此类案件600～800件）。该部共有员额20人，其中批捕10人，公诉10人，现有公诉岗位员额检察官6人，按每周开12～16个庭测算，6名检察官约40%的时间需要花在出庭上，压力相对较大，赋予检察官助理根据检察官指派出庭支持公诉的职责，有利于缓解压力和激发助理工作积极性。此类问题在全国范围内具有一定的普遍性，一方面为了解决该问题，另一方面严格贯彻落实高检院改革精神，北京市检察机关赋予了特定检察官助理在特定条件下依法独立出庭的职责，限定主体是未计入员额的原检察员和改革前已独立承办案件的助理检察员，限定出庭案件范围是可能判处三年以下有期徒刑简易程序案件、速裁程序案件。

（二）关于统一业务系统配套衔接问题

最突出的问题是与内设机构改革的衔接。当前统一业务系统严格按照刑事诉讼法、刑事诉讼规则设定的办案模式运行，与改革后的内设机构运行及案件审批审核制度尚未衔接。比如北京市检察机关成立了侦查监督、审判监督部门，为了拓展监督渠道、提升监督水平，需要对诉讼监督线索统一管理，形成线索发现、移送和办理反馈机制，统一业务系统本身并没有这项功能，如果在系统外专门搭建诉讼监督线索平台，能否和统一业务系统形成对接？再如，专业化办案部门的成立，需要以受案范围为界限区分部门办案权限，但统一业务应用系统均以业务为模块组建。由于各省、各级检察院部门设置可能不同，很难从技术层面上满足所有需求，但是否可以增设相对灵活的查询系统，通过提取关键词即能查找到所有文书？再者，案件审批审核层级减少以后，同类案例的判决参考在今后应当发挥更大作用，这也对已决案件的查询功能提出较高需求。此外，按照最高人民检察院《关于完善人民检察院司法责任制的若干意见》要求，对授权范围内的事项，由检察员依法作出决定，检察长（副检察长）原则上不再进行审批。以人民检察院名义制发的法律文书，仍需报请检察长（副检察长）签发。这就要在系统上区分形式审批和实质审批。

（三）关于新的检察业务监督管理机制的问题

突出表现在多项案件质量管理监督制度与司法责任评鉴制度的衔接及反馈问题。责任制改革后，准确评价每个案件的质量，对科学评价检察官业绩意义重大。北京市检察机关较早实现了对全市检察案件进行统一质量考核，改变了以往各自为阵、标准不一等现象。一是建立了全市统一的案件质量标准，制定下发了贪污贿赂等八类案件质量标准，将各类检察案件按照统一的分类标准，分为A、B、C、D四个等级：A类是优秀案件，B类是合格案件，C类是瑕疵案件，D类是过错案件。二是统一了考核流程，所有案件必须经过系统自评、承办人自评、部门负责人考核、各院检委会考核（具体由案件管理部门统筹）、市院业务对口部门考核、市院检委会考核（由市院案管统筹）六个环节。三是研发了统一的案件评查考核系统，使得考评更加集约、便捷。但是司法评鉴制度推出以后，面临监督资源有效衔接问题。各院案管部门、市院业务部门等，每年都要开展案件重点评查、专项评查、案件复查、办理控告申诉国家赔偿等案件，这其中发现了一些个案质量问题，特别是实体方面的问题，应当统一归口，比如北京可以及时统一到案件质量考核流程当中，发生被告人被宣告无罪、国家承担赔偿责任，可能存在检察官违法违纪行为的，以及确认发生冤假错案、犯罪嫌疑人、被告人逃跑或死亡、伤残等情形的，检察管理监督部门应当及时将案件情况及有关材料移送本院纪检监察部门，由纪检监察部门依照程序启动司法过错评鉴工作。司法评鉴结束以后，也要及时、统一将结果纳入案件质量评价流程，准确评定案件质量等级。

人数较少的基层检察院如何落实司法责任制

——神农架林区人民检察院的实践探索

谭铁军[*]　史德华[**]　李　娜[***]　胡　杉[****]

完善司法责任制是党的十八届三中、四中全会部署的重要战略任务，在整个司法体制改革中居于基础性地位。如何按照司法责任制改革及其综合配套制度的要求，结合实际制定科学合理的落实措施，是各级检察机关面临的紧迫任务。神农架林区人民检察院作为一个人数较少的基层检察院，认真贯彻中央、省委和最高人民检察院关于深化司法体制改革的战略部署，认真落实省检察院党组和林区党委对试点工作的具体要求，紧密结合林区检察工作实际，在落实司法责任制上进行了积极探索。

一、司法责任制带来新挑战

随着司法责任制改革的全面部署和深入推进，检察机关办案组织、检察人员职责权限、检察管理与监督、司法责任认定和追究以及检察官业绩考核等都在发生深刻的变化。

（一）办案组织发生变化

在实践中，检察机关办案组织经历了“三级审批制”→主诉（主办）检察官办案责任制→司法责任制的探索历程。严格来说，“三级审批制”只是一种案件审批制度，“三级审批制”中的科（处）是办案部门而不是办案组织。主诉（主办）检察官办案责任制中的主诉（主办）检察官办案组具有了办案组织的萌芽和雏形，但未上升到制度层面，并不是一种比较固定、适用于所用检察办案活动的办案组织。一直到司法责任制改革推开后，检察机关办案组织

---

* 湖北省神农架林区人民检察院党组书记、检察长。

** 湖北省神农架林区人民检察院党组成员、副检察长。

*** 湖北省神农架林区人民检察院案件管理部检察员。

**** 湖北省神农架林区人民检察院党组秘书。

才有了具体明确的规定。《关于完善人民检察院司法责任制的若干意见》要求“健全司法办案组织形式”，“根据履行职能需要、案件类型及复杂难易程度，实行独任检察官或检察官办案组的办案组织形式”。省检察院《关于实行检察机关司法责任制的方案》结合湖北实际对检察机关办案组织作出了具体规定：“检察机关办理案件设立检察官办案组，以检察官为主导组成办案组织，办案组根据办案需要实行人员组合，由检察官、检察辅助人员组成。”“检察机关可以根据办案工作的实际需要，以基本办案组织为基础，分别采取不同的办案组织形式。”

（二）办案职责权限发生变化

在原来的“三级审批制”办案模式下，检察官对案件进行审查后提出处理意见，报部门负责人、分管检察长审核，并经检察长审批或检察委员会决定后，方可作出终局性处理决定。在这一过程中，检察官对终局性处理决定没有决定权。司法责任制推行后，各类检察人员的职责权限发生了很大变化。《关于完善人民检察院司法责任制的若干意见》要求推行检察官办案责任制，明确了检察长、副检察长、检察委员会和检察官的职责权限，各类人员在职责权限内对其所作出的决定负责。省检察院《关于实行检察机关司法责任制的方案》结合湖北实际，根据检察业务类别、办案组织形式，制定了湖北省各级检察机关的检察官权力清单，具体规定了各类业务中检察长决定的事项和检察长授权检察官决定的事项：对于重大、复杂、疑难案件和可能影响其他执法司法机关判决、裁定、决定的诉讼监督案件，由检察长或检察委员会决定；重大、复杂、疑难案件以外的其他案件，检察长可以根据具体情况授权检察官决定和处理；办案中的非终局性事项、事务性工作，检察官有权独立作出决定。

（三）检察管理和监督制约方式发生变化

以前，检察管理主要通过“三级审批制”的行政化模式来实现管理和监督的目标。司法责任制改革以后，赋予检察官在司法办案中相应的职权，必然导致检察管理和监督制约方式发生变化。不同的检察业务，其运行方式是有差异的。比如，刑事检察具有司法属性，突出检察官办案主体地位，检察官在授权范围内独立决定案件，是根据刑事检察的权力属性和业务运行方式创制的一般模式[①]；职务犯罪侦查具有行政属性，实行集中统一、上下一体的组织原则，强调分工协作、集中突破、整体联动、形成合力；而诉讼监督则具有显著的监

① 项谷、张菁：《检察官办案责任制改革实践的理性认识——以上海市检察改革为视角》，载《法治上海》2016年第2期。

督属性，监督结果往往会影响其他执法司法机关判决、裁定和决定，由检察长或检察委员会决定更能体现审慎和权威。

（四）司法责任认定和追究发生变化

过去，检察机关依据《检察人员执法过错责任追究条例》来追究检察人员在执法办案活动中故意违反法律和有关规定，或者严重不负责任，导致案件实体错误、程序违法以及其他严重后果或者恶劣影响行为的执法过错责任。司法责任制改革以后，更加强调“有权必有责、用权受监督、失职要问责、违法要追究”[①]，检察官对其职权范围内的决定承担司法责任，在责任范围内对办案质量终身负责；检察长或者检察委员会改变或者部分改变检察官决定的，检察官对改变的部分不承担责任。提交检察委员会审议决定的案件，检察官对案件事实和证据负责，检察委员会对案件定性和法律适用问题负责；报请检察委员会决定的案件，检察官应当明确提出需要审议决定的案件定性或法律适用问题。《关于完善人民检察院司法责任制的若干意见》明确规定了“司法责任豁免”的两种情形，一是出现错案但尽到必要注意义务，没有故意或重大过失的检察办案人员免除司法责任；二是在办案中存在司法瑕疵但未发生错案的检察人员免除司法责任。而将“司法责任”限定为三种类型：故意违反法律法规责任，重大过失责任，监督管理责任。通过区分不同情况，使责任认定和追究的标准更加具有可操作性，使得司法责任制真正落实到“人”。

二、落实司法责任制需要解决老问题

长期以来，在检察工作中存在一些老问题，如如何界定检察机关司法办案、如何突出检察官主体地位、如何规范司法办案管理、如何进行检察官业绩考评等。这些问题，在落实司法责任制过程中“绕不开”、“躲不过”，必须严肃对待、审慎解决。

（一）如何界定检察机关司法办案

在司法体制改革试点工作中，司法责任制改革是重中之重，而如何界定司法办案则是当务之急。所谓检察办案，是指检察官为履行宪法赋予的法律监督权，在现行检察法律制度框架下，依据检察长的授权，依法对授权范围内的案件行使检察权的履职行为。检察办案的类型与检察权的属性存在内在关联，根据检察权属性的差异，其办案方式、特点和规律也不同。一般而言，检察权本质性质是法律监督，在其运行时具体反映为三种不同的权能属性，包括以审查

① 彭波：《司法改革，更加强调主体责任》，载《人民日报》2014年7月23日。

逮捕和公诉权为代表的司法属性、以职务犯罪侦查权为代表的行政属性、以诉讼监督权为代表的监督属性①。概括起来，检察办案除遵循直接性、被动性、亲历性、判断性等司法办案规律之外，还具有以下特征：

1. 一体化。检察办案的一体化特征，源于“检察一体主义”或“检察一体原则”，是指在检察办案过程中，上下级检察院之间、检察长与检察官之间存在领导与被领导关系，检察机关作为统一的整体执行检察职能。② 检察一体化主要包括上下级之间的领导关系、同级之间的职能协助关系、检察职务上的相互承继和代理关系。

2. 结构化。检察官办案受到检察长与上级检察机关的刚性指令或柔性指令的约束、受到平级或平行的检察官的作用和影响。任何一项检察办案过程中作出的决定，看起来都是检察官依据事实与法律、独立作出的司法判断。但是，如果透过现象看本质，检察官作出任何决定都不可能是“自由”的，一定会受到结构化约束。其中，案件管理是对案件受理、审查、终结以及与办案相关的程序性流程进行管控的方式；法律政策研究则偏重于法律政策的理解认知等角度，提出相应的意见，有的意见可能通过一定的程序，如检察委员会的讨论决定、检察长决定等形式，对案件办理产生直接的法律后果，还有的则属于潜移默化的影响，如调研、研讨等，引导检察官的办案行为。

3. 流程化。与法官办案从案件受理到判决形成完整“闭环”、“首办”负责、“一站到底”不同，检察办案在整体上呈现程序衔接、流程作业的特征。一件案件从进入检察环节开始，直至进入法院审理环节，需要在多个检察业务部门之间“流转”，导致办案协调环节增多、整合难度增大。如果说审判机关司法办案模式是分业务领域的“平面化”的结构③，那么，检察办案模式则兼有纵向流转和树状交错的特征。所谓纵向流转，是指检察职能的配置尤其是最为核心的刑事检察办案，反映出按照诉讼进程依次展开的特点。最为典型的是“职务犯罪侦查→审查逮捕→审查起诉→出庭公诉→刑罚执行监督”，使得检察机关成为唯一参与整个刑事诉讼过程的国家机关。所谓树状交错，是指检察

① 关于检察权的三种属性，参见《检察日报》2015年7月12日《集思广益共破改革难题——最高检就〈关于完善人民检察院司法责任制的若干意见（送审稿）〉征求专家学者意见建议》。实践中除了将检察办案的类型分为刑事检察（审查逮捕和公诉）、职务犯罪侦查与诉讼监督等三大类以外，亦有将案件管理、法律政策研究部门办案归入“综合业务”的分类方式。鉴于综合业务部门在履职上的间接性，不将“综合业务”作为检察办案的主要类型加以分析。

② 邹绯箭、邵晖：《“检察一体”与中国上下级检察院组织关系构建》，载《中国刑事法杂志》2013年第8期。

③ 审判机关司法办案平面化的模式，是指法院审判活动的展开，在剔除受案和执行等辅助环节后，均以庭审为中心展开，其履行审判职能基本遵循相同的程式。

机关在诉讼职能基础上结合了诉讼监督和业务管理而产生的职能交错性。如从职务犯罪侦查延伸出了职务犯罪预防，在审查逮捕和公诉中加载了立案和侦查活动监督、刑事审判监督，在刑事执行检察中加载了职务犯罪侦查、羁押必要性审查等诉讼职能。

4. 分散化。在司法责任制改革背景下，检察官特别是公诉部门的检察官享有对大部分案件的最终决定权，在相当程度上实现了审定合一。而在审查逮捕案件办理中，不批准逮捕的最终决定权并非由直接办理案件的检察官行使；在职务犯罪侦查中，实质上也是审定分离。在审定合一的情况下，办案责任的确定依照“办案者决定，决定者负责”的原则，权责明晰，而在审定分离的情况下，责任分担复杂。尤其是如何公平合理的划分作出决定的检察长、检察委员会与直接办理案件的检察官的责任，长期以来都是一个相当棘手的问题。

5. 多元化。职务犯罪侦查、审查逮捕和公诉、诉讼监督等各个检察部门办案行为性质存在根本性差异，不同业务之间可比性差、考评难度大。要进行考评，先决条件是参与考评的检察办案行为是在同一参照系下的同质、量化行为。由于不同检察业务很难“折算”或量化到同一尺度进行考评，不仅正面评价、考核激励的难度大，即使在负面评价、归责确认时也存在责任区分复杂、难以沿用审判机关的“审理者裁判、裁判者负责”的方式进行归责的问题。

（二）如何突出检察官主体地位

《关于完善人民检察院司法责任制的若干意见》明确了检察长、副检察长、检察委员会和检察官的职责权限，尤其是明确了检察官享有对司法办案中部分事项的决定权，应该说是对检察官的权力进行了扩张。同时，检察官所承担的责任范围和责任追究方式也进一步明确，强调“对办案质量终身负责”，办案压力显著增加。在这样的大背景下，基于对检察办案的内涵与特征的分析，在明确检察官办案责任时如何关照到居于不同的类型和位阶、采取不同办案方式的检察官在责任分配和承担上的差异性，从而达成通过追责实现“倒逼”司法公正的目的，也是迫切需要解决的现实问题。

（三）如何规范司法办案管理

大体上，检察机关的管理可以划分为司法办案管理和司法行政事务管理。司法责任制改革以后，对司法办案管理产生了较大影响。如案件承办确定机制，林区检察院以前是由各业务部门负责人[①]确定案件承办人，案件管理部只负责收案、送案。司法责任制改革以后，《关于完善人民检察院司法责任制的若干意见》明确提出建立以随机分案为主、指定分案为辅的案件承办确定机制，《湖北省检察机关案件承办确定办法（试行）》进一步予以明确和细化，将分案权集中收归案件管理部统一行使。又如，司法办案工作在统一业务应用系统上运行，提出了新的更高要求。一方面，更加强调“司法办案工作应当在统一业务应用系统上运行，实现办案信息网上录入、办案流程网上管理、办案活动网上监督。检察长（分管副检察长）和业务部门负责人对办案工作审核、审批，应当在统一业务应用系统上运行”。另一方面，更加强调“人民检察院案件管理部门对司法办案工作实行统一集中管理，全面记录办案信息流程，全程、同步、动态监督办案活动，对办结后的案件质量进行评查”。

（四）如何进行检察官业绩考评

司法责任制改革以后，改变了以往的考核方式，确立了新的检察官业绩考评机制。以林区检察院为例，以前的考核方式和一般行政机关一样，年初签订目标责任书，年终根据履职尽责情况和民主测评结果确定考评等次。现在要探索建立检察官业绩考评机制，就必须先解决几个前置问题：

1. 如何确定岗位职责和年度岗位承诺标准。《岗位职责说明书》和《岗位承诺书》关于司法办案的承诺，是检察官年度司法办案的最低标准。在进行检察官业绩考评时，若达不到年度岗位承诺标准，则直接确定为“不合格”等次。如何制定科学合理的岗位职责和年度岗位承诺标准，是进行检察官业绩考评时应考虑的首要问题。

2. 如何平衡不同条线检察业务的不同情况。如前所述，不同的检察业务，其运行方式是有差异的。如果检察官司法办案仅局限于本业务条线，可能“先天”已经决定了业绩考评的结果。以林区检察院为例，批捕公诉比职务犯罪侦查和诉讼监督的案件数要多得多。这就意味着，如果单纯按照案件数量和质量计分，从事职务犯罪侦查和诉讼监督工作的检察官无论多努力，都不可能在得分上超越从事批捕公诉工作的检察官。不考虑这一现实情况，将使检察官业绩考评得分出现“畸高畸低”的问题，既不能够客观公正评价各业务条线检察官工作业绩，也不利于激励各项检察工作持续健康协调发展。

3. 如何考核综合业务部门检察官。检察机关的业务工作其实有“三重”划分，第一重是检察业务，包括司法办案和综合业务；第二重是司法办案，包

① 实行基层检察院内部整合改革后，神农架林区人民检察院的各业务部门负责人均由分管副检察长兼任。

括“到司法一线亲自办案”、审核案件和检察委员会讨论案件等；第三重才是“到司法一线亲自办案”。对于一些工作岗位而言，即使不属于“在司法一线亲自办案”，甚至不属于司法办案，仍是检察业务不可或缺的重要一环。如何考核、如何计分、如何评定等次，是案件管理部、法律政策研究室、职务犯罪预防部门、人民监督员办公室、监察室（检务督察室）等综合业务部门检察官普遍感到困惑的问题。

三、林区检察院落实司法责任制的实践探索

神农架林区人民检察院是人数较少的基层检察院，只有 43 个中央政法专项编制，在司法体制改革试点工作中确定了 15 个入额检察官员额。针对司法责任制带来的新挑战和长期以来存在的老问题，林区检察院结合实际、积极探索，尝试走出一条人数较少的基层检察院落实司法责任制的新路子。

（一）界定检察机关司法办案范畴

检察机关司法办案的类型与检察权的属性存在内在关联，根据检察权属性的差异，其办案方式、特点和规律也不同。把握规律性、兼顾差异性，尝试将检察机关司法办案划分为批捕公诉、职务犯罪侦查、诉讼监督和综合业务等四个条线，其具体内容和工作要求根据有关法律法规和上级文件确定。

将检察官办案组作为基本办案组织，将批捕公诉、职务犯罪侦查、诉讼监督和综合业务等四个条线作为司法办案的平台。根据检察长授权，副检察长和分管业务工作的其他院领导分别分管各项司法办案工作，确保管理规范、运转有序。

将现有内设机构作为日常行政管理的单元。基层检察院内部整合改革以后，由分管副检察长行使院领导和部门负责人双重职责，保障党的建设、行政管理等各项工作任务落实。

（二）突出检察官主体地位

致力于打造一专多能的“全科型”检察官。除了职务犯罪侦查须由检察长指定检察官办理，批捕公诉、诉讼监督和综合业务等三个条线都可以放开。批捕公诉案件来自上游环节流转、被动性明显，而诉讼监督的全部和综合业务的大部则需要发挥主观能动性去主动发现线索。为此，根据检察官所在部门确定其“主业”岗位，同时，鼓励检察官主动发现和积极办理其他业务条线的案件。根据司法办案权限划分，可由检察官决定的案件由其本人决定并承担责任，其他案件报分管该案件的院领导审核决定或提请检察委员会审议，并按规定承担相关责任。

坚持检察机关领导干部到司法一线亲自办案。检察长、副检察长和分管业务工作的其他院领导，以及检察委员会专职委员，在审核案件或参加检察委员会讨论案件之外，还必须作为案件承办人，履行直接办理案件的职能。检察长可以自行决定办理本院所有案件；副检察长和分管业务工作的其他院领导可以自行决定办理本人分管的案件，但办理其他案件应由检察长指定，或者经检察长或分管该案件的院领导同意；检察委员会专职委员办理案件也应由检察长指定，或者经检察长或分管该案件的院领导同意。检察长办理案件，由其本人决定并承担责任；副检察长和分管业务工作的其他院领导办理案件，如系本人分管或者可由检察官决定的案件，由其本人决定并承担责任，其他案件报分管该案件的院领导审核决定，并按规定承担相关责任；检察委员会专职委员办理案件，如系可由检察官决定的案件，由其本人决定并承担责任，其他案件报分管该案件的院领导审核决定，并按规定承担相关责任。

（三）加强和改进司法办案管理

主要抓三个方面：

1. 司法办案工作应当在统一业务应用系统上运行。一是统一业务应用系统的配置、监控和管理，由案件管理部的检察官办案组负责；信息网络等基础保障工作，由司法行政事务管理局负责。二是通过对统一业务应用系统进行配置，所有检察官都可以办理批捕公诉、诉讼监督和综合业务等三个条线的案件。三是作为检察官办案组成员的检察官助理、书记员，经检察官授权，可以用检察官身份在统一业务应用系统上办理相关工作，但必须遵照检察官指示办理；工作完成时须经检察官审核确认，并由检察官承担责任。四是作为检察官办案组成员的检察官助理、书记员、司法警察，不遵照检察官指示办理或未能正确理解检察官指示导致办理偏差的，检察官应记录在案，在业绩考评时作出负面评价。五是将司法判断权与用印审核权分开。属于办案中职责权限的，按照《湖北省基层检察院司法办案权限划分的规定（试行）》和《湖北省检察机关司法责任认定与追究办法（试行）》执行；仅因需要用印而报送检察长审核的，不涉及司法责任。在报请审批、审核时，应列明是提请案件审批还是用印审核。司法办案中仅因需要用印而报送检察长审核的事项，原则上授权分管该案件的院领导办理；此类事项，审核后应签批“已核，同意用印”。

2. 建立健全案件承办确定机制。批捕案件一般实行随机分案。经过本院批捕程序的公诉案件，实行指定分案，仍由批捕案件承办人办理；未经过本院批捕程序的公诉案件，实行随机分案。涉及未成年人的批捕、公诉案件实行指定分案，由负责未成年人检察工作的检察官办理。涉及职务犯罪的公诉案件实行指定分案，由检察长指定检察官办理。诉讼监督案件和综合业务实行指定分案，原则上由最先发现相关案件线索或主动提出开展相关工作的检察官办理。职务犯罪案件线索实行专人管理，直接对检察长负责。职务犯罪案件侦查，由检察长指定检察官办理。

3. 扎实开展案件评查。案件评查是检察官业绩考评的基础性工作。批捕公诉、职务犯罪侦查、诉讼监督等三个条线实行一案一评，由分管该案件的院领导进行评查；综合业务条线不实行案件评查，由检察官自行收集和提供能够证明业绩的材料。批捕公诉、职务犯罪侦查、诉讼监督等三个条线的案件办理完毕后，承办人应立即提请分管该案件的院领导进行评查，相关院领导应及时评查。案件评查结果确定后，各部行政主任应立即复印交案件管理部实时上网发布，以激励和引导检察官发挥主观能动性、多办案、办好案。案件评查结果确定后，各部行政主任还应立即复印交司法行政事务管理局载入检察官业绩档案，作为检察官业绩考评的依据。

（四）制定科学合理的检察官业绩考评办法

制定检察官业绩考评办法包括三个方面：

1. 积极稳妥确定年度岗位承诺标准。年度岗位承诺标准，由检察官根据其本人的“主业”岗位提出意见，经分管院领导审核、报检察长批准；检察长、副检察长和分管业务工作的其他院领导、检察委员会专职委员的年度岗位承诺标准，由其本人提出意见，经检察委员会研究决定。

2. 确定相对公平合理的计分规则。（1）批捕公诉、职务犯罪侦查、诉讼监督等三个条线的“办案得分”，严格按照《湖北省检察官业绩考评办法（试行）》、《湖北省检察官业绩考评量化评分细则（试行）》执行，只是把“部门基准分”替换为“条线基准分”。（2）综合业务条线计分，采取检察官提供能够证明业绩的材料、在全院范围内公示、召开党组会进行集体研究和评分的形式进行。（3）在批捕公诉、职务犯罪侦查、诉讼监督和综合业务等四个条线的得分之和，即为检察官业绩考评得分。（4）把“部门办案权重系数”替换为“条线办案权重系数”，原则上设定为1，仅限职务犯罪侦查工作业绩突出而“主业”是职务犯罪侦查的检察官业绩考评得分不高时，才在1以上调整。调整“条线办案权重系数”，须召开党组会进行集体研究。（5）因相关工作内容纳入综合业务条线，不再设置“加分项”。

3. 公开公平公正确定考评等次。（1）检察官业绩考评等次以考评得分为重要依据，结合检察官年度岗位承诺、本院及检察官个人实际等情况，由司法办案管理和检察官业绩考评委员会提出意见并在全院范围内公示，提请党组会进行集体研究、确定等次。（2）根据《湖北省检察官业绩考评办法（试行）》，结合林区检察院实际，林区院检察官业绩考评优秀等次名额确定为3

名，其中，未担任领导职务的检察官不得少于2名；达不到年度岗位承诺标准的，确定为不合格等次。其他等次名额问题，待检察官年终绩效奖金管理办法下发后，院党组另行研究确定。（3）开展检察官业绩考评时，一并组织开展对作为检察官办案组成员的检察官助理、书记员、司法警察的业绩考评。对检察官助理、书记员、司法警察的考评，由其所在办案组的检察官结合具体工作情况，对其敬业精神、研修成果、职业操守、履职能力、发展前景等进行定性评价和量化打分。司法办案管理和检察官业绩考评委员会结合年度岗位承诺、本院工作实际等情况进行综合评判、提出意见并在全院范围内公示，提请党组会进行集体研究、确定等次。

第二专题

以审判为中心的诉讼制度改革研究

论以审判为中心诉讼制度改革的理性思考与现实路径

周习武[*]　周媛媛[**]

新形势下的司法改革，从保证严格执法、公正司法，全面推进依法治国，建设社会主义法治国家的现实需要，确定推进以审判为中心的诉讼制度改革。2016 年 6 月 27 日，中央全面深化改革领导小组第二十五次会议通过的《关于推进以审判为中心的刑事诉讼制度改革的意见》（以下简称《意见》），明确提出："推进以审判为中心的诉讼制度改革，要立足我国国情和司法实际，发挥好审判特别是庭审在查明事实、认定证据、保护诉权、公正裁判中的重要作用，促使办案人员树立办案必须经得起法律检验的理念，通过法庭审判的程序公正，实现案件裁判的实体公正，防范冤假错案发生，促进司法公正"。这是进一步完善我国刑事诉讼制度改革的重要内容，对于指导和规范司法体制改革的运行，提升刑事诉讼庭审质量，全面优化诉讼结构，保障当事人的诉讼权利，提高司法公信力，具有深远的现实意义。如何准确理解和把握以审判为中心的诉讼制度，有效规范司法行为，笔者认为，应当解决好以下三个问题：

一、客观认识以审判为中心诉讼制度的内涵属性，积极适应司法工作的新变革、新常态

以审判为中心的诉讼制度是法治国家诉讼制度的基本特征，是与世公认的一项主要诉讼规则。对于我国在新一轮司法改革背景下，着重提升到建设社会主义法治国家的高度来认识并实施，显得极为重要。对此，笔者认为，有必要释义以审判为中心的诉讼制度的基本内涵，明确其内在的根本属性：

一是法定性。以审判为中心的诉讼制度，所体现的是国家法律赋予司法机关职能部门的审判地位，彰显统领、规范诉讼案件进入程序与实体的处置，确

* 辽宁省人民检察院法律政策研究室干部，辽宁省检察业务专家，全国检察理论研究人才。

** 沈阳师范大学研究生。

立司法审判作为依法裁定案件的核心位置，是主导案件进入法定程序审理的重要关口。以庭审为中心是刑事诉讼的核心动脉，是辐射各诉讼环节支流的主体，决定着案件事实发生、发展和刑事追诉结果的司法处置终端。二是排他性。以审判为中心的诉讼制度，具有鲜明的法律特性，不受任何机关、社会团体和个人的干涉。完全依据法律履行职能，独立行使审判权，明确审判机关依法独立审判的责任与担当，具有强烈的排他性。三是时效性。诉讼案件的过程，绝非事先约定俗成、顶层设计、人为架构而成的机械模式，而是以法定程序通过即时庭审，现场质证、认证，诉辩、推理，综合裁定案件事实的成立与否、证据的可信度及法律适用的确定性。充分展示浓厚的诉辩对峙的时效性和生动感，具有清晰可见的透明度和互动感。因此，通过“三性”的分析得出：以审判为中心的诉讼制度的基本内涵，是指以刑事诉讼指控犯罪事实是否发生、被告人应否承担刑事责任，应当由依法组成的法庭通过审判，对案件事实认定、证据采信、法律适用作出决定性的裁决。在司法理论与实践中，坚持以审判为中心的诉讼制度，具体应当理清和把握以下三点：

第一，侦、诉的着力点瞄向庭审。对侦查、起诉的刑事案件，应当把事实认定、证据采集、法律适用的重心，前移瞄准至审判环节这一中心，按照刑事审判规则和要求，经庭审检验其合法性、合理性，真正履行和审查核实及处置案件的法律责任。推进司法责任制度的落实，整个刑事诉讼程序要围绕刑事审判来展开，侦查机关、公诉机关所提出的涉案事实、证据和法律适用，都必须经一审、二审程序的庭审中心审结、裁定。可见，侦查、公诉案件的出发点和着力点，应当不折不扣地围绕以审判为中心的刑事诉讼规则来完成。

第二，审判的中心点聚焦庭审。庭审是审判的关键和决定性环节，是审判中心的核心，必须实质化、动态化，防止和纠正墨守成规、约定俗成的形式主义。这是推进以审判为中心诉讼制度的根本要求，过去存在违背司法规律性的庭审模式，以致影响和违背办案进程及诉讼规律的进行。任何事物的发展变化，体现尊重和符合客观规律的条件下进行的。以审判为中心的诉讼制度的改革和完善，应符合诉讼规律、符合司法规律的发展目标，这是重塑国家法治形象，维护司法权威的根本需要。

第三，诉、辩的落脚点服务庭审。以审判为中心的诉讼制度，要求所有提交的定案证据，都要在审判中提交和质证。涉案的事实与证据材料只有通过诉、辩双方依照法定程序辩论、质证、裁决，经过合议庭的审理，最终决定案件的司法走向和法律后果。法律判决必须建立在庭审合法合理的基础之上，被告人的辩护权及其他诉讼权利应当切实得到保障。“无论检察机关的起诉，还是被告人及委托的刑事律师的依法辩护，都要为审判中心服务，刑事诉讼程序阶段的标准都要向审判看齐”。[①] 可见，刑事诉讼案件必须经过法庭依法审理，将侦诉、诉辩提交法庭的涉案事实、证据，通过围绕庭审中心进行质证、认证流程，决定对被告人是否刑事诉讼的追责、定罪和量刑，从根本上符合我国现行法律规定的罪行法定、疑罪从无，法无明确不为罪的立法本意和精神实质。“通过建立公开、理性、对峙的平台，对证据进行审查，对指控进行判定，实现追究犯罪的正当性和合法性。”[②] 因此，以审判为中心的诉讼制度，彰显审判程序的终局性与权威性，理顺侦查、起诉与审判的诉讼递进关系，明确法庭审理的正当程序与实质意义，以及审判对审前诉讼行为的指引与规范。

二、遵守、履行以审判为中心的诉讼制度的层级、职能规则，妥善处理协调、配合、制约的关系

以审判为中心的诉讼制度，对于司法审判的层级、性质、程序和内容，有严格的规定要求。推进实施中应当根据法定规则，按照有序、衔接、连贯方式，分步骤、分阶段、分时效实施，从根本上保证刑事诉讼活动的各个环节全部落到实处。要实现这一过程，关键在于把握好纵横交错、相互依赖的司法主体、司法责任和司法后果的关联性和法定性。我国刑事诉讼法律规定，公安机关、检察机关、审判机关进行刑事诉讼，应当分工负责，互相配合，互相制约，以保证准确有效地执行法律。以审判为中心的诉讼制度，符合司法权的运行规律和正当程序原则，具有深刻的制度意义和紧迫的现实需求。从司法实践看，司法主体之间存在“配合有余，制约不足”问题，担心强调互相制约，会影响检察机关与审判机关的关系，削弱律师履行辩护的权利，不利于对被告人的人权保障。新形势下，推进以审判为中心的诉讼制度，是从根本上解决影响司法运行的机制性障碍问题，客观公正地调整刑事诉讼资源分配，关键在于把握“四个环节”：

一是把握协作环节。司法协作与互动是提升司法效率，保证司法公正的关键所在。目前，我国刑事诉讼的主体是公安机关、检察机关、审判机关，是共同维护法律统一实施的司法责任共同体。只有充分发挥各自的职能作用，讲究办案的大局意识、责任意识、协作意识，才能共同做好案件公正办结的大文章。二是把握制约环节。坚持分工负责、互相监督、互相配合的法律原则，是中国特色社会主义法律诉讼制度重要根基，不能动摇。要协调处理与刑事指控体系相适应的各方面的关系，力求使制约侦查取证质量的问题，在合作的框架

① 陈光中、卞建林：《刑事检察工作模式有待转型》，载《检察日报》2015 年 7 月 9 日。
② 陈光中、卞建林：《刑事检察工作模式有待转型》，载《检察日报》2015 年 7 月 9 日。

与氛围下得以有效解决。发挥审前过滤和分流功能，明确法律监督权与审判权、监督与制约的界限标准，有效规范执法行为，准确对刑事诉讼案件中的侦查、审判活动的程序性和实体性问题进行有理有据的监督。三是把握互动环节。新形势下坚持以审判为中心的诉讼制度，既是对传统刑事诉讼理念的有力挑战，又是实现完善现代司法体制的重要改良，对全体诉讼参与者带来相互影响、相互约束的联动反应。要转变观念，舍弃保守束缚、故步自封的刑事检察工作模式，克服和纠正局限于“以侦查为中心”的单一理念，依法规范对侦查工作的合法性监督；纠正以静态、书面、卷宗审查为中心的传统办案模式，向动态、实景、互动、庭审为模式的查实案件方向转变，从根本上解决过分依赖口供为中心的证据审查模式，增强案件综合审查的多层次、立体性、互动感，确保实现案件质量经得起检验的目标。四是把握终裁环节。诉讼制度改革要坚持以证据为核心，充分贯彻落实证据裁判原则，克服庭审的形式化，防止司法以外人为干涉的行政化，纠正“庭前认定”、“庭中过场”、“庭后公布”的回放现象。特别是侦查、起诉中带有明显追诉倾向的意见，缺乏证据全面支撑，而轻易认定犯罪事实成立，草率进入诉讼阶段和审判阶段，形成令人质疑、无法挽回的对被告人错误的判决结果。为此，要求检察机关改正传统的庭前已做好的现成应诉模块，由检察机关诉讼中心，向人民法院庭审为中心，解决好中心定位的问题。以往的“审判中心”相对的是“侦查中心”或“笔录裁判”，已不适应新形势下司法和执法工作需要，应当从根本解决好“侦查趋势”、“公诉强势”，向“法庭优势”、“庭审定势”的方向转变，使侦查取证过程符合庭审需求要件，真正赋予刑事审判客观、实在，经得起检验的诉讼内容，纠正走过场、表面化“笔录裁判”的形式，提升办案质量，防止错案的发生。

解决这一问题的关键，应当切实加强刑事诉讼监督，在侦查、诉讼、审判阶段，始终敢于监督、纠正问题提出建议和意见，贯穿于案件的全过程，积极破除保守、放任自流不作为的办案作风，解决庭审形式表面化、监督手段软弱化问题。

三、倡导直面透明、公开有序庭审，尊重和保障各诉讼主体的合理诉求

需要指出，推进以审判为中心的诉讼制度改革，不是倡导“本位主义”、“唱独角戏”，不能片面理解为“以法院为中心”或者“以法官为中心”，采取“经验主义”、“拿来主义”，单纯把侦查、公诉乃至诉讼监督案件的套路，替代庭审的中心模式。刑事诉讼制度的改革，对现代庭审证据的采信提出了更高的标准。新形势下推进以审判为中心的诉讼制度改革，势必产生三种变化：

一是庭审现实感增强。所有诉讼参与者应当遵循证据裁判规则，依法行使诉讼职能，在事实认定、证据采信和法律适用上，要“敲当面锣”、“行正面礼”，充分展示庭审的直观、诉辩功能，实现对案件审理的真实性、公正性。二是庭审的民主感加强。书面移送、持卷宣读、事先设计、约定俗成的模式，将被彻底打破，真正展示出的是诉辩双方、相关证人等诉讼参与人，围绕庭审中心进行诉讼的对抗性与对证性增强，涉案事实、证据和法律适用问题，由刑事诉讼主体庭前的依法指控，向以庭审为中心的现实裁判转化，案件的透明度、可变性加大。三是司法公正感提升。人们对案件的热切期待，是客观、公正。与司法机关的执法理念和原则标准是一致的，新的形势下，严格落实司法责任制，从根本上解决“自由裁量权过大”、“私下断案”、“暗箱操作”的问题，敢于将过去“权大于法”超出法律底线的“协议定调”、“会商断案”机制模式，推进司法历史的垃圾箱，坚定推进和完善以审判为中心的诉讼制度，实现我国司法改革的跨越式新发展。因此，对于人民检察院依法履行法律监督职能，代表国家控诉犯罪的标准提出了更高的要求，刑事诉讼的难度日益突出。要按照中央深改领导小组《意见》，“着眼于解决影响刑事司法公正的突出问题，把证据裁判要求贯彻到刑事诉讼各环节，健全非法证据排除制度，严格落实证人、鉴定人出庭作证，完善刑事法律援助，推进案件繁简分流，建立更加符合司法规律的刑事诉讼制度”，全面贯彻落实直接言词、法庭辩护、司法中立、公开审判、集中审理的原则，充分发挥庭审的功能作用。强化程序公正优先观念，严格依照法定程序办案，发挥举证、质证、认证各环节的作用，使庭审真正成为确认和解决罪、责、刑问题的关键环节。

实现以审判为中心诉讼制度的改革目标，贵在“法庭上见分晓”。2010年最高人民法院、最高人民检察院、公安部、国家安全部、司法部联合发布的《关于办理死刑案件审查判断证据若干问题的规定》、《关于办理刑事案件排除非法证据若干问题的规定》提出的证据裁判规则，即“认定案件事实，必须以证据为根据”，是刑事诉讼案件的硬性规定，特别要重视证据适格性的审查，坚决排除以非法手段获取的证据。各诉讼主体和诉讼参与人，都要围绕庭审中心行使各项诉讼职能，确保案件证据展示、质证、认证在法庭，证人、鉴定人作证在法庭，案件事实调查、认定在法庭，诉辩和代理意见发表、辩论在法庭，直接言词原则体现在法庭，当事人及其辩护、代理律师的诉讼权利行使在法庭，公正裁判决定在法庭，裁判说理讲解在法庭，等等。

审判机关应当积极保障诉讼参与方提出的合理需求。及时、有效体现在诉讼的全过程，充分尊重各方行使的法定职权，以海纳百川的胸怀，倾听各种不同见解观点，并以正确的法治思维理念和法律规定标准，加以客观、公正的评析、取舍和认定，不随意否决诉讼参与人所持有的对案件事实、证据和法律适用问题的意见。所进行的每一项程序、内容都遵循法律规定要求，严格规范进行，保证诉讼案件质量真正落到实处。

检察机关应当切实以更宽广、更严谨的法律视角，适应以审判为中心的诉讼制度改革。积极构建以公诉为主导的刑事指控体系，重视强化侦查的基础性作用，突出审查逮捕的关键性作用，确立在审前关系中以公诉的目标和标准为主导，并发挥诉讼监督的保障性作用。一方面，实现由侦查、公诉中心向庭审中心转变。改进传统侦查围绕突破案件，就是完成侦查工作中心任务的理念，或者公诉案件仅局限于引导侦查就是实现刑事诉讼的中心任务理念，切实改革侦查、公诉传统保守、僵化的模式和方法，以适应以审判为中心的需要。另一方面，实现由供到证向以证促供、供证融合转变。重视规范取证程序、方法和效果，凡取得的证据须符合庭审规则、要求。特别是检察环节在保证法律适用、程序公正、证据合法、事实清楚前提下，坚持有利于加强司法领域的人权保障，有利于提高刑事诉讼的整体水平。

辩护律师应当主动适应以审判为中心诉讼制度的改革。努力改善依法履行执业保障的环境；健全完善律师执业违法违规惩戒制度；落实以审判为中心的诉讼制度，有效释放刑事诉讼与辩护及法律服务的正能量，改变局限于“唯利辩护”、“无理搅局”的理念模式，坚持“公心、公正、客观辩护”，确保将全部辩护观点、证据材料，围绕庭审中心全部展开、论证、辩明，实现律师履职的依法辩护。各级司法机关要认真落实中共中央办公厅、国务院办公厅《关于深化律师制度改革的意见》，“健全完善侦查、起诉、审判各环节重视律师辩护代理意见的工作机制，落实听取律师意见、收集证据制度；完善便利律师参与诉讼机制，规范工作流程，探索建立网上信息系统和律师服务平台，等等”，切实从根本上尊重和保障辩护律师庭前会见、阅卷、调查权益。客观、理性对待律师的辩护观点，特别是罪与非罪、此罪与彼罪、一罪与数罪、罪轻与罪重的辩护意见，根据案件事实和相关证据及法律规定，有效吸纳在评议裁判意见中，依法做出正确的裁定，真正在承办的案件中体现公平正义和司法改革的进步。

综上所述，客观认识以审判为中心诉讼制度的根本问题，积极构建新型的诉侦、诉审、诉辩关系，加强对各类案件的诉讼监督，倡导民主透明、规范到位的庭审方式，实现司法公正的终端目标，是今后一个时期司法机关常抓不懈、全面落实的一项重要工作机制。我们期待以审判为中心的诉讼制度改革，在我国法治建设进程中产生积极的深远影响。

检察机关适应“以审判为中心”诉讼改革探析

王维法[*] 乔 孟[**]

近年来，由于亡者归来或是真凶再现，一些极端的冤案扎堆式暴露，不仅让审判机关，乃至整个司法界饱受诟骂，但更多的还是让整个社会和学界痛心疾首地反思：我们到底什么地方出了问题，国家制度？司法制度？还是刑事诉讼规程？显然，我们的司法制度人民性鲜明，也不会直接导致冤案频繁。那问题在于刑事诉讼规程（也称刑事诉讼模式）。其实更早时期，已经有学者对于我们的刑事诉讼规程提出了批评，认为，“当前的刑事审判模式为‘强职权’主义，公检法机关分别控制着侦查、起诉和审判程序，司法官员在刑事诉讼中起着主导作用，当事人处于从属地位。虽然该模式在特定方面能够起到提高效率的作用，但这种严重失衡的诉讼架构，也造成了巨大的效率损失，必须予以变革”。[①] 中央迅速出台相关文件，回应社会关切，平息民众情绪。学界与实务界也不断聚焦解决问题的出路，提出当前的刑事诉讼实质是侦查中心主义，必须改变，要实现刑事诉讼的“审判中心主义”。本文试图以此为核心，对“以审判为中心”的一般阐释、历史渊源、实证分析、检察应对四个方面问题作一些探讨。

一、“以审判为中心”的一般阐释

（一）“以审判为中心”的优点

如下的一些观点与认识，笔者认为是学界的共识：首先是关于“以审判为中心”的优点。(1) 审判既是决定诉讼环节的结局，也是实现国家刑罚权

---

* 安徽省六安市人民检察院党组成员、检委会专职委员。

** 安徽省六安市人民检察院研究室助理检察员、法学学士。

① 参见王海军：《刑事审判模式的经济分析——以当事人主义为中心》，中国政法大学出版社2013年版，引言。

的结局；（2）审判还是检验侦查、起诉效果的唯一环节；（3）法院的庭审活动正常是公开、开放的，具备了诉讼中心的条件，也就是说完全可以满足诉讼中心的要求。其次是庭审更有利于实现司法公正的目的。（1）庭审是诉讼阶段最公开、最透明的环节，公开透明具有两个方面的效能：一是能够让所有当事人在充分自由意志下陈述意见；二是避免可能的暗箱操作与各方的偏见。（2）它是更中立的诉讼环节，在侦查、起诉等阶段都不具有庭审中立性，比如公诉人在法庭上就难以完全公正、中立。但是庭审阶段的法官是中立的，没有先入为主，没有出入人罪的需求与责任。（3）庭审中充分展示对抗制约因素，实现诉讼权利平等行使。（4）庭审也是参与人最多的环节，对于检验整个诉讼合法性的监督十分有利。因此，“以审判为中心”是符合诉讼活动规律的，是科学的。

（二）“以审判为中心”的内涵和核心价值

有学者认为“以审判为中心”并不意味着以法院为中心。“以审判为中心”是解决侦查、起诉和审判三个诉讼阶段的关系，而不是表明公安、检察与法院的关系，公安、检察与法院在诉讼阶段中的分工负责，不存在谁中心、谁边缘的问题。

“以审判为中心”实际就是以法院依法掌握的标准作为整个刑事诉讼的标准。法定的“事实清楚，证据确实充分”标准，是抽象的，各家因理解的不同而在实际把握上不一致的，“以审判为中心”就是要以法院依法掌握的标准作为标准。实践中，法律标准是统一的，但司法的标准是不一致的，“以审判为中心”就能够解决这个问题。司法标准统一，有力强化审判对侦查、起诉环节的引导，提高案件质量、提高侦查、起诉的效率。

“以审判为中心”的核心价值是保护人权，防止在侦查中心主义下可能发生的对于涉嫌当事人的人身自由与权利侵犯，维护法律的公平正义。

二、“以侦查为中心”的历史渊源

刑事诉讼程序的完善与合理程度直接标志着一个国家与民族的文明程度与其在文化、精神上的价值取向。显然，现行的侦查中心主义的刑事诉讼程序也突出表现了我们中华文化传统与我们党建立与领导国家的价值观念。

（一）传统文化性渊源

法律史上，中华法律的传统，被称为中华法系。与中华文明传统一样，在人类史上最古老四大文明中，中华法系也是迄今未曾中断的传统法系。在历史的演进中，中华法系中当然不乏先进法律思想与先进人文主义理论，比如

“明刑弼教”、“德主刑辅”等，这些一定程度上表达出当时少数的开明精神与大众百姓反对司法黑暗的要求。但是在我们两千多年的封建半封建时代，刑事诉讼活动原则基本上缺乏程序观念，集中表现为侦审一体化和口供中心主义。正如宋远升先生指出的“在古代中国，行政与司法没有发挥出可以计算的立法功能来，这种功能正是理性经营发展的产业所必需的。行政与法律适用虽然在形式上分开，但实质上并没有分离，最重要的则是法律适用的内在性质；有伦理倾向的世袭制追求的并非形式上的法律，而是实质的公正。没有一本正式的案例汇编，这是因为，尽管存在传统主义，但是法律形式主义性质却遭到了反对，特别是没有英国那样的中央法庭。与此相适应，司法在很大程度上是官厅司法或内阁司法。在法官的审判中，审判一部分取决于长官的行政意志，而不是司法的中立裁决；书面审占据一定比例，而不是采取对庭审理的方式；不是通过辩护的方式来加强涉嫌犯罪人的力量，而是一种单方传讯或者当事人书面答辩的方式”。①

这种诉讼模式下，司法主官（姑且这样称之，大家都知道那个时代没有真正的法官）并不仅需要丰富的专业知识与社会生活经验，更多需要的是高尚执业操守。而问题正在于此，封建皇权治下的刑事诉讼中，一切利益与资源被封建权贵把握，司法主官同样为权贵所管控，失去尊重事实、追寻真理条件与能力。司法的宗旨只为权贵服务，为已然的社会秩序服务。吕思勉先生所言：“封建的法律，和人民的生活，相去愈远；其为人民所不能了解，十百倍于古昔；初未尝有教之之举，而亦不以其不知为恕。其残酷，实远过于古代。”② 如此的法律背景下，刑事诉讼的黑暗可以想象了。侦审一体，供词唯一，必然导致刑讯逼供，冤案盛行。在近代，中国沦为半殖民地的国家，法律制度有西化的倾向。不过，有两条根本性因素，遏制了这一倾向的发展：第一是封建半封建的政治黑暗效应阻止法律的进步。正如马克斯·韦伯断言：“在中国的历史上，正如根本不存在告知预言一样，不存在法的告知预言，也不存在辩护的法学家阶层，似乎也根本不存在专门的法学培训，这与政治团体的家长制的性质相适应，政治团体力图阻止形式的法的发展。”③ 第二是殖民者也不愿意中国的进步，当然要阻止法律的文明进程。西方列强的殖民政策，是奴役中国，不是引领中国进步，自然不希望中国法治文明的进步繁荣，除了更好保护其殖民利益而要求的法律革新外，他们不会有任何恩赐。这一状况实际延

① 宋远升：《法官论》，法律出版社2012年版，第252页。

② 吕思勉：《中国文化史》，新世界出版社2016年版，第141页。

③ ［德］马克思·韦伯《经济与社会》（下卷），林容远译，商务印书馆2004年版，第148页。

续到中国共产党取得政权，建立新的中国。

（二）当代政治性渊源

如果不考虑史学家的观点，也是便于阐明观点，笔者把新中国成立后历史作为当代，中国共产党人在近三十年的艰苦卓绝残酷斗争中，取得了政权，建立了中华人民共和国。这段历史已经史诗般的被记录、被传诵，无论当前的人们和后世的子孙如何看待，在人类历史上，就其伟大和壮观、就其对于国家与民族影响的深度和广度，无出其右。1949 年，以毛泽东为代表的中国共产党人，得到人民的充分信赖与期盼，建立起强大的国家政权。

新的国家，只是反映在现实社会制度革新。但整个国家的人民，包括执政的共产党人，也都是从旧文化里走过。出于对国家安危的担忧，中国共产党在国家治理方式上没有进行革命性的改革，实际上，很长时间没有选择法治国家道路，也没有积累起法治的经验（当然这不能忽视当时社会经济落后及其国际背景），而是基本借用了苏联的国家模式与政治体制。直至中共的十五次党的代表大会上，才正式提出了建设社会主义法治国家的构想。秩序第一位是当时最基本的价值取向。统一的社会，基本被分成敌我两派，社会矛盾中，难以解决的就是敌我斗争，法律首先是甚至只能是为政治服务。刑事诉讼更是如此，突出打击职能，必然效率优先，公平让位于效率，以侦查为中心当然成为现实。

霍姆斯在《普通法》中写道："法律的生命不在于逻辑，而在于经验。感觉时代的需要、主导地位的道德和政治理论、公开承认的或无意识的对公共政策的直觉、甚至是法官和他的同事共有的偏见、这些对于确定统治人民的法律所起的作用要大于演绎。"① 在中国，人民与社会缺乏法律文化浸润，对于法律逻辑之外的那些作用感触与影响能力有限，其中的"直觉"、"偏见"，经常被强势集团与舆论左右，连法官们也会自感无能无力。正如旅美学者林达描述皇权在近代影响时写道："在中国，总会有一帮人孜孜不倦地告诉老百姓，这可是一个难得的好皇上。"② 无论从法律史学，还是社会学观点，我们都能感受到林达先生的描述，仍在我们的社会演绎。

三、"以审判为中心"的实证分析

学者们如此描述当代中国的法官，他们"却是处于所有关系中最为纠结

---

① 转引自伯纳德·施瓦茨：《美国最高法院史》毕洪海、石明磊等译，中国政法大学出版社 2005 年版，第 208 页。

② 林达：《近距离看美国之二：总统是靠不住的》，生活·读书·新知三联书店 2013 年版，第 48 页。

的核心，不仅处于传统与现实的纵向的时间断裂地带，而且法官对自身的角色定位也处于顾此失彼之中。因此，法官被周围的多元环境因素所包围、塑造，并采取一种对应性的方式，将周围镜像的倒影在行动上以及心理上进行重新过滤、调整以及规划。”① “以审判为中心”无疑对于侦、控、审三者关系，会有重新调整，首要的是法官如何中立地演绎法律的权威性，而笔者认为，就当下而言，紧要的是如何应对在“以审判为中心”，法院刑事审判的任务与审判人员之间巨大冲突。

（一）刘全忠抢劫案

1991年9月6日晚，刘全忠携带自制手枪与同案人刘尚之等在H县周集镇吃饭。在二人回家路上，刘全忠提议抢劫过路车辆，刘尚之同意。当晚十一时许，李义银驾驶空货车与被害人即随车押运人杨增强经过，二刘扒上该车车厢并分别下至驾驶室两侧，刘全忠站在驾驶室门边脚踏板上手持自制手枪威胁、击打驾驶员李义银面部要求其停车，并持枪砸烂驾驶室顶灯，刘尚之站在副驾驶室门边脚踏板上亦喊停车，并与杨增强发生冲突，后被杨开门推下车，杨手持摇把与刘尚之进行搏斗，刘全忠赶过来用另一把自制手枪击中杨增强胸部致杨当场死亡。刘全忠逃离现场后，化名高永星隐匿，直至2014年6月在西安市被抓获（以上事实来源于生效的刑事判决书）。

此案侦查、公诉、审判环节中收集证据、审理及人力消耗情况：

表1

<table>
<tr><th>证据类别</th><th>份数</th><th>收集耗时</th><th>公诉审查耗时</th><th>法庭审理耗时</th></tr>
<tr><td>证人证言</td><td>7</td><td>21</td><td rowspan="7">20（阅卷、讯问被告人、审查分析会议、制作相关文书等的必要时间）</td><td rowspan="7">22（其中庭审耗时4，其他耗时与公诉审查耗时接近）</td></tr>
<tr><td>被害人陈述</td><td>3</td><td>6</td></tr>
<tr><td>被告人供述与辩解</td><td>4</td><td>10</td></tr>
<tr><td>刑事技术鉴定</td><td>1</td><td>24</td></tr>
<tr><td>现场勘查</td><td>1</td><td>8</td></tr>
<tr><td>物证</td><td>枪支等</td><td>附带提取</td></tr>
<tr><td>辨认笔录</td><td></td><td>4</td></tr>
<tr><td colspan="5">备注：1. 时间单位为小时；
2. 必要时间指的是有效工作时间，不含途中消耗的时间。</td></tr>
</table>

① 参见王海军：《刑事审判模式的经济分析——以当事人主义为中心》，中国政法大学出版社2013年版，第241页。

从上表显示，整个诉讼中的人力与时间的消耗主要发生在侦查过程。显然，以审判为中心，证人当庭作证，法官的消耗会大量增加。

在此，我们从实证研究视角，以L市级法院2014年刑事审判为例，加以说明：

受理总数	庭审时间	法官人数	人均办案
416	1664小时	10	41.6

与上述的个案一样，大量的刑事案件在很少的法官的辛勤下，审判了结，只能是一个结果，就是大量侦查缺陷被容忍包含了，侦查中心模式由此形成。

（二）域外案例——辛普森杀妻案

发生在1994年6月12日的美国橄榄球名将辛普森杀妻案，无疑在当时影响了世界，对于学界的影响持续而久远。辛案从案发、侦查、起诉、法庭宣判历时15个月又21天。其中的法庭审理历时9个月，先后传召了127名证人向法庭作证，大量运用品格证据规则，最终陪审团采信辩方提出的“超越合理怀疑”定罪标准，宣告辛普森杀妻罪名不成立，当庭无罪释放。我们认为，辛普森杀妻案无疑是个经典之作。更具意味的是，宣告判决之时，美国万人空巷，时任总统克林顿也因无法知晓判决结果而推迟了国务会议，充分表现出审判独立的魅力。

从不同层面的分析，至少我们可以形成以下的共识：

一是审判中心主义需要真正意义的法治环境。其核心是法官的中立立场与裁决的独立地位是统一的，中立让法官超然而易于公正，独立使法官审判具有权威。西方国家一般具有生成法官权威的环境要素：第一，法官自己对于公正判决的独立意识；第二，在判决时来自训练有素的律师界支持的意识；第三，政府其他部门对法官的支持意识；第四，来自新闻和其他媒体的支持意识；第五，一般公众及特定的支持和诉讼当事人对法官尊敬意识。[①] 很显然我们的社会环境，我们的法制环境，还没达到这样的程度。

二是法官在庭审中的职权完善。司法活动的专业技术特性是鲜明的。审判中心主义同样需要一些核心设计，重点在庭审活动管理与约束，必须突出法官的权威与尊严。在既定规则下，能否实现控辩双方的公平公正的竞争，没有法官尊严与决断，规则就会被破坏或出卖而无法实现其效力，这与法官的中立性并行不悖的，正如英国的丹宁法官毫不讳言说道：“我们决不考虑政治后果，

① 宋远升：《法官论》，法律出版社2012年版，第22页。

无论他们可能有多么可怕，如果某种后果是叛乱，那么我们不得不说，实现公正，即使天塌下来”①。辛普森杀妻案长达9个月的庭审，持续有序，法官在庭审中权威得到了维护与尊重。控辩双方在其间由于偶然的情绪失控，违反了法庭规则均被当场罚款。而我国现行刑事诉讼法对于法官在庭审中职权与地位规定笼统而单薄，可操作性弱。

三是侦查权要有效管控与限制。下列事项必须制度化：其一，侦查人员应当向法庭就相关争议的证据履行作证义务；其二，冤错案件的侦查人员应当及时问责；其三，有过失职渎记录的侦查人员不得再从事侦查活动。美国在20世纪在首席大法官沃伦的引导下，先后通过对米兰达诉亚利桑那州案和马普诉俄亥俄州案的撤销判决的裁定，从而“关闭了官员违反宪法针对不合理搜查和查封之保障而非法取得证据通向法庭的最后一扇门”②。我们要有效实现对于侦查权的管控与限制，错案问责的制度必须有效运行，当前的任务是，业已出现的冤案相关办案人员的应当启动问责程序，并向社会公开。辛普森被无罪释放，而参与侦查的联邦警员很快因渎职受到刑事追究，彰显了审判中心的权威。

以上的措施，都是具有久远效能的基础性设计，当下的以审判为中心需要应景式的条件就是刑事审判法官的大量增加，包括公诉检察官。在上述的实证分析中，我们可以肯定，L市法院的刑事法官至少要增加一倍。与之相适应，公诉检察官必然增加。美国首席大法官伯格曾断言：“如果有罪答辩发生表面上很小的一点变化，那就可能带来严重的后果。有罪答辩从90%减至80%，便要求两倍的司法人员和设施、检察官、法官、法庭报告员、法警、书记员、陪审员和审判庭。如果减至70%，则要求三倍的司法人员和设施。”③ 我们同样面对着无罪与罪轻的答辩困扰，法官必须投入大量精力来听取证词审查甄别各类证据，如此，刑事审判法官、公诉检察官应当大量的增加。这种增加，实际就是社会为公正必须付出的代价。

四、“以审判为中心”的检察应对

在审判中心主义模式下，控辩双方的平等竞争关系，共同恭敬向着法官作陈述、论证，双方均为了公正，不存在谁正义谁非正义的道义性差别。法官给

① 转引自何兵：《实现公正，即使天塌下来》，载《南方周末》2003年6月19日。

② 转引自伯纳德·施瓦茨：《美国最高法院史》，毕洪海、石明磊等译，中国政法大学出版社2015年版，第308页。

③ 转引自齐树洁主编：《美国司法制度》，厦门大学出版社2010年，第458页。

予控辩双方地位也是平等的，对于双方态度是一样的，履行职责的机会相等的。笔者认为，在此模式下，履行控诉犯罪职能的公诉机关如何应对？我们不妨研究一下最高人民法院对于如何建立以审判为中心的诉讼制度作出的四点设计：一是全面贯彻证据裁判原则。强化庭审中心意识，落实直接言词原则，严格落实证人、鉴定人出庭制度，发挥庭审对侦查、起诉程序的制约和引导作用。坚决贯彻疑罪从无原则，严格实行非法证据排除规则，进一步明确非法证据的范围和排除程序。二是强化人权司法保障机制。彰显现代司法文明，禁止让刑事在押被告人或上诉人穿着识别服、马甲、囚服等具有监管机构标识的服装出庭受审。强化诉讼过程中当事人和其他诉讼参与人的知情权、陈述权、辩护辩论权、申请权、申诉权的制度保障。完善律师执业权利保障机制，强化控辩对等诉讼理念，禁止对律师进行歧视性安检，为律师依法履职提供便利。依法履行辩护代理职责，落实律师在庭审中发问、质证、辩论等诉讼权利。完善对限制人身自由司法措施和侦查手段的司法监督，加强对刑讯逼供和非法取证的源头预防，健全冤假错案的有效防范、及时纠正机制。三是健全轻微刑事案件快速办理机制。在立法机关的授权和监督下，有序推进刑事案件速裁程序改革。四是完善刑事诉讼中认罪认罚从宽制度。明确被告人自愿认罪、自愿接受处罚、积极退赃退赔案件的诉讼程序、处罚标准和处理方式，构建被告人认罪案件和不认罪案件的分流机制，优化配置司法资源。①

以审判为中心，人民法院制定的刑事诉讼标准在既定的规则下，或者说在立法机关认可或默许下，公诉机关应当遵从或者说适用。就当前刑事诉讼实践，笔者认为，检察机关的应对之策有三：

一是结合检察改革旗帜鲜明地支持人民法院建立审判为中心的诉讼制度。正如上述的最高人民法院提出的意见中，四方面都需要检察机关配合支持，不是审判机关独立完成的。我们的检察改革中要注意吸收审判机关庭审中心的要求，全面提高公诉质量，大力推动案件繁简分流，探索被告人认罪与不认罪相区别的出庭支持公诉模式，深化速裁程序试点工作，努力为审判机关减轻压力。

二是正确理解并处理既定公检法在刑事诉讼中"制约"关系。习近平总书记在十八届四中全会上对《关于全面推进依法治国若干重大问题的决定》作说明时说："我国刑事诉讼法规定公检法三机关在刑事诉讼活动中各司其职、互相配合、互相制约，这是符合中国国情、具有中国特色的诉讼制度，必须坚持。"尽管学界对此有不同的认识，但我们检察实务中，必须遵循。遵循

① 参见《人民法院第四个五年改革纲要》(2014—2018)。

的关键是对于制约的理解。

过去的司法实践中，配合与制约一直是处理三家关系的原则。只是在业已存在的侦查中心模式下，配合是第一位，一切的不同意见、不同观点，最终都被配合了。在审判为中心的模式下，我们如何理解制约，如果我们在实务界就此作个问卷，可以肯定九成以上受访者的答案是打击犯罪，同样配合的目的也是打击犯罪。显然这是绝对多数执法者的思维定势。而法定的制约应当有两个层面的意义：首要是确保诉讼质量，维护刑事正义，确保无罪的人不受刑事追究；其次才是实现打击犯罪，尽可能使犯罪的人受到应当的刑罚制裁。此间，个体权利与公权力较量中，实现正义必须是程序正义，而当程序缺陷时，公权力的退让与宽容，因为社会有充足的力量与耐心。美国最高法院大法官霍姆斯曾经说过："罪犯逃脱法网与政府的卑鄙非法行为相比，罪孽要小得多。"他认为，政府滥用权力的司法腐败对国家和社会造成的整体危害，远远超过了普通犯罪分子。[①] 我们在侦查中心主义的环境下，没有如此的认识，也不习惯于这样的思维，所以不少的冤案的程序缺陷为公权力直接弥补了。

三是既要全面履行检察官的客观公正义务，更要强化法律监督职能。有学者注意到，在审判中心模式下，法官的裁量权会大大加强，法官滥用裁量权的概率、法官犯罪风险也会增加。无论从逻辑推演，还是过去实践来看，学者的担忧是客观真实的，对此，检察机关全面强化自身履职意识提高履职能力，显然是我们能否适应以审判为中心的重大挑战。西方有句谚语，"检察官是站着的法官"。这里明显的意义在于，检察官双重价值追求，既要像法官那样保持中立，履行客观公正义务，又要像控告者那样大胆揭露犯罪，伸张正义。过去的刑事司法实践证明，所有的问题，都可以从这两方面能说明：凡是刑事司法活动开展正常，人民群众比较或者非常满意的，都是检察机关履职比较全面的，反之，就是检察机关长期不作为，人民群众意见极大。

对于以往的检法关系，学者有这样的描述，"现实的法官与检察官即使几经司法改革，检法权力指向仍主权呈现同质化而不是异质化。法官权力和检察官权力本身特性发育不完善，合作大于牵制，配合超过制衡，检法之间互相协作仍被视为刑事诉讼之圭臬而列为主要诉讼原则。这从根本上违背了现代化法治通过程序分离控权的深意。控审分离原则是现代国家程序法治化的基本表现，而这是建立在由两个互独立的司法机构审查是否判决有罪的思想基础之

① 任东来、陈伟、白雪峰等：《美国宪政历程：影响美国的25个司法大案》，中国法制出版社2005年版，第428页。

上”。[①] 笔者认为，这样的批评是客观的，当然我们可以乐观地看到，中央对于司法的重视，对于法治国家的建设已经不是简单地停留在过去的文件上、司法实务界整体能力水平，也有了长足的提高，人民群众与社会各界对于公正更是有新期待，所有这些，必将形成司法改革的强大而持久的动力，检察机关在以审判为中心的诉讼制度改革推进中，既是改革者更是保护与推动者，我们要在审前唱好主角，在庭中当好配角。

① 宋远升：《法官论》，法律出版社2012年版，第275页。

试论以审判为中心诉讼模式的法理基础及检察机关宏观应对

陈广计*

“推进以审判为中心的诉讼制度改革”是党的十八届四中全会在《中共中央关于全面推进依法治国若干重大问题的决定》（以下简称《决定》）中作出的重要部署。为了推进中央确定的“以审判为中心诉讼制度”改革举措在检察机关的贯彻执行，最高人民检察院及其领导高度重视，先后通过会议、调研讲、举办大检察官研讨班等方式，对贯彻落实作出部署，并提出要求。如曹建明检察长在7月上旬最高人民检察院举办的大检察官研讨班上作重要讲话时专门对“关于以审判为中心的诉讼制度改革”强调指出：“这项改革对刑事诉讼各个环节都提出了新的更高要求，对检察工作必将产生全方位的深远影响。要准确把握这项改革精神和要求，主动适应，积极作为。”因此，如何在执法办案理念和执法措施机制上适应“以审判为中心诉讼制度改革”是摆在当前和今后检察机关及其干警，特别是执法办案部门及其干警面前迫切需要研究和应对一个重人课题。鉴于此，笔者现对以审判为中心诉讼模式的法理基础、内涵及检察机关的宏观应对若干问题，作一些研究和探讨，不足与错误之处，欢迎有关学者、专家及同仁批评指正！

一、以审判为中心诉讼模式的内涵及基本要求

自中央《决定》提出要“推进以审判为中心的诉讼制度改革”后，关于什么是“以审判为中心的诉讼制度”，目前，不少学者、专家都进行了学理解

* 安徽省芜湖市人民检察院研究室主任，四级高级检察官。

读和探讨。[①] 但对什么是“以审判为中心的诉讼模式”，目前，学术界和司法实务界却鲜有论述。笔者认为，以审判为中心的诉讼制度与以审判为中心的诉讼模式是内容与形式、实质与表象的关系。中央决定推进以审判为中心的诉讼制度的改革应当指的刑事诉讼领域，针对的是我国长期以来我国刑事诉讼实际上实行的是以侦查为中心和法庭审判形式化的诉讼制度而言的。而在民事诉讼和行政诉讼领域无侦查环节，在诉讼过程中，贯彻的是“谁主张，谁举证原则”，本身就是实行以审判为中心的诉讼制度的。为此，笔者认为，以审判为中心的诉讼模式内涵是指在我国刑事诉讼中，根据以审判为中心的诉讼制度，构建的按照以审判、特别是以法庭审判作为整个诉讼的决定和中心环节而依法固定的诉讼方式、方法和程式，以及建构侦、诉、辩、审及被控方的诉讼结构及其关系。因此，以审判为中心的诉讼模式作为现代民主诉讼模式，不仅包括构建符合以审判为中心要求的诉讼方式、方法和程式，更包括建构符合以审判为中心要求的侦、诉、辩、审及被控方的诉讼结构及其关系。

由于推进“以审判为中心的诉讼制度改革”，针对的是我国过去乃至目前实行的“以侦查为中心的诉讼模式”和法庭审判的形式化所带的弊端，包括可能造成冤假错案而提出的，目的就是中央《决定》提出的使“侦查、审查起诉的案件事实证据经得起法律的检验”。因此，推进以审判为中心的诉讼制度改革，必然要构建与以审判为中心诉讼制度相适应的诉讼模式。这种诉讼模式是对以侦查为中心的诉讼模式和法庭审判形式化做法的否定。因此，构建以审判为中心的诉讼模式作为现代民主的诉讼模式在诉讼规程中应当符合以下基本要求：

（一）应当坚持将法庭审判阶段摆在解决刑事诉讼内容过程中决定和核心性的位置

根据刑事诉讼原理，“刑事诉讼活动的内容是解决被告人或者犯罪嫌疑人是否构成犯罪，犯了什么罪，是否应当受到刑事处罚，以及处以何种刑罚等问题”。[②] 由于刑事诉讼分为立案、侦查、起诉、审判和执行各个诉讼阶段，而

---

① 如樊宗义教授在《“以审判为中心”的概念、目标和实现路径》一文提出“以审判为中心，是在我国宪法规定的分工负责、互相配合、互相制约的前提下，诉讼的各个阶段都要以法院的庭审和裁决关于事实和法律适用的要求和标准进行，确保案件质量，防止错案的发生”。陈光中教授在《推进“以审判为中心”改革的几个问题》一文中提出“以审判为中心其内涵主要两个方面：首先，是指审判在公诉案件刑事诉讼程序中居于中心地位；其次，是指在审判中庭审（开庭审理）成为决定性环节”。最高人民检察院原副检察长朱孝清在《略论“以审判为中心”》一文中提出：“以审判为中心是指以审判特别是庭审作为诉讼的中心，同时也指法官是庭审的中心。”等等。

② 樊崇义主编：《刑事诉讼法学》，中央广播电视大学出版社 2008 年版，第 4 页。

究竟在哪个阶段是解决刑事诉讼内容的最重要和核心阶段呢？党的十八届四中全会通过的《决定》明确要求："保证庭审在查明事实、认定证据、保护诉权、公正审判中发挥决定性作用。"习近平总书记在《决定》起草说明中也强调指出："充分发挥审判特别是庭审作用，是确保案件处理质量和司法公正的重要环节，"因此，实行以审判为中心的诉讼模式，即将法庭审判摆在解决刑事诉讼内容过程中决定和核心位置，客观上要求司法办案人员，特别是侦查、审查起诉人员应当高度重视审判，特别是庭审环节，按照经得起法庭审判检验的标准和要求去收集、审查判断证据及开展诉讼活动。这样，司法人员，特别是侦查、起诉人员收集、审查判断证据及开展的刑事追诉活动才能保证质量，经得起法庭审判活动的检验。

（二）应当坚持落实法庭审判实质化和直接言词的证据裁判原则

由于以审判为中心的诉讼模式是现代民主诉讼模式，必然要求解决刑事诉讼内容的法庭审判的实质化，并要求贯彻直接言词的证据裁判原则。所谓的法庭审判实质化，正如中国政法大学教授汪海燕所说："是指应通过庭审的方式认定案件事实并在此基础上决定被告人的定罪量刑，其基本包括两个方面：一是庭审应成为诉讼中心阶段，被告人的刑事责任应在审判阶段而不在侦查、审查起诉或者其他环节解决；另一个是庭审是决定被告人命运的关键环节。"[①]这就是最高人民法院《关于建立健全防范刑事冤假错案工作机制的意见》所提出的"审判案件应当以庭审为中心。事实证据调查在法庭，定罪量刑辩护在法庭，裁判结果形成于法庭"。而法庭审判的实质化必然反对法庭审判的形式化或者虚化，那种将法庭审判只是作为一种形式，或者"走过场"，习惯于"先判后审"或者"先定后审"，显然是与以审判为中心的诉讼模式相悖的。与此同时，实行以审判为中心的诉讼模式也必然要求在法庭审判过程中贯彻落实"直接言词的证据裁判原则"，通过控辩双方以直接言词的方式向法庭提供证据和陈述诉讼主张及进行辩论，并进行当庭质证，由法庭居中审判，使控辩双方当事人都有机会提供自己所掌握的证据，并表达诉讼主张和诉权，从而有利于维护司法公正。

（三）应当坚持将程序正义贯穿于整个刑事诉讼的始终

实行以审判为中心的诉讼模式，必然客观要求每个诉讼环节或者过程，特别是审前程序更加符合刑事诉讼法规定的过程公正或正义。只有这样司法办案人员所收集判断认定的证据才能依法通过法庭审判的检验和认定。程序正义被

---

① 汪海燕：《论刑事庭审实质化》，载《中国社会科学》2015年第2期。

认为是彰显司法公信力的重要保证。正是因为如此，党的第十八届四中全会的《决定》强调指出："健全事实认定符合客观真相、办案结果符合实体公正、办案过程符合程序公正的法律制度。"诉讼理论告诉我们，程序正义是实现实体正义的前提和保障。坚持将程序正义贯穿于刑事诉讼、特别是审前程序的始终，才使司法办案人员收集审查判断认定的证据及其诉讼主张符合法律规定，得到法庭的认可和认定。

（四）应当坚持法官独立审判和检察官履行客观义务的角色定位及控辩诉讼权利平等

实行以审判为中心的诉讼模式，客观上要求主持法庭审判的法官或者合议庭应当依法独立居中审判，不偏向控辩任何一方当事人，而是完全站在中立的立场上，依法和法官职业伦理操守独立进行审理和作出裁判。与此同时，作为控告方的检察官应当依法履行客观义务，即在履行审查起诉和提出公诉以出庭公诉职责过程中，必须站在客观公正的立场上，恪守以事实为根据、以法律为准绳的执法办案原则，才能为法官客观公正审判提供前提和基础。此外，还要在法庭审判中，坚持控辩双方诉讼权利平等，使控辩双方提供的证据及其诉讼主张、辩论都能得到法庭审判的平等认真对待。这不仅是实现程序正义的需要，更是增强和提高司法公信力的重要保证。

二、实行以审判为中心的诉讼模式的法理基础及重大意义

党中央高度重视推进"以审判为中心的诉讼制度改革"，实行以审判为中心的诉讼模式，笔者认为，不仅有深刻的法理基础，而且有非常重大的现实意义和深远的历史意义。

第一，实行以审判为中心的诉讼模式是体现和保证现代民主刑事诉讼程序正义的客观要求。当代无论是大陆法系国家，还是英美法系国家，实行控审分离，控辩对抗、法庭居中裁判这种三角形的刑事诉讼结构已成为现代民主刑事诉讼较为成熟和较好的诉讼模式。在这种三角形的诉讼构造下，实行以审判、特别是以法庭审判为中心，客观上要求法庭审理的实质化，也就是要求控诉方与被追诉方及辩护方各自陈述的诉讼主张、所举的证据及证明的案件事实和法律上的是非曲直及案件结果的最后处理，都必须依法由居于中间立场的法庭通过公开审理、全面听取控辩双方当事人以及其他诉讼参与人的意见、当场审查所举的证据后作出裁判。通过以审判为中心的诉讼模式的公开审判，就能使控辩双方当事人能有法庭上有充分的机会举证和表达诉讼意愿，并能促进和保证诉讼各方严格依照法律程序进行诉讼，将非法办案的现象予以排除，或者宣布无效，从而体现和保了程序正义。

第二，实行以审判为中心的诉讼模式，是尊重现代刑事诉讼规律、调动和保障控辩双方当事人、特别是被告人、辩护人的举证积极性和诉权的客观要求。现代刑事诉讼运行的规律之一，就解决刑事诉讼的内容，不以控诉方诉求为准，也不依被告人和辩护人诉求为准，而是由法庭通过审判居中裁判为准，以保证法庭裁判所认定的证据和事实及处理决定符合法律正义。根据中央《决定》的“推进以审判为中心的诉讼制度改革”，实行以审判为中心的诉讼模式显然是尊重上述司法规律的重要表现。因为，实行以审判为中心的诉讼模式，就是要充分发挥庭审在整个刑事诉讼中的决定性作用，“实现诉讼证据质证在法庭、案件事实证明在法庭、诉辩意见发表在法庭、裁判理由形成在法庭”。[①] 另外，通过实行以审判为中心的诉讼模式，必然要求控辩双方诉讼权利平等，能够充分调动控辩双方、特别被告人及其辩护人在法庭上举证及表达诉求的积极性，并保护他们的诉讼权利，为居中审判的法庭客观公正认定案件事实和事实，并作出法律正义的裁判提供全面的证据材料和事实材料基础和前提。

第三，实行以审判为中心的诉讼模式，是提高司法人员，特别是公安、检察人员执法办案的责任感，促进严格执法、公正办案的重要保证。由于实行以审判为中心的诉讼模式，客观上要求发挥法庭审判在整个刑事诉讼中起决定作用，也必须要求居于中立地位的法庭在主持刑事审判过程中，客观公正依据控辩双方及其诉讼参与人举证，并严格依照法律认定案件事实，作出裁判，而不能偏担或者照顾到任何一方。也就是说，如果公安、检察人员违法办案所获得的证据，进入法庭审判阶段，都要依法被法庭排除，不能作为认定案件事实的根据。因此，实行以审判为中心的诉讼模式必然会促使司法人员，特别是检察人员深刻认识到，只有在立案侦查、审查起诉、审查逮捕等刑事诉讼中，严格执法，公正执法，切实提高执法办案质量，才能使自己的执法办案经得起法庭审判的检验，并得到法庭的认同，而不对违法执法办案、甚至对关键证据不去收集心存侥幸，从而有力促进司法人员、特别是公安、检察人员不断增强执法办案的责任感，努力提高办案质量。正因如此，习近平总书记在党的十八届四中全会决定说明中强调指出：“全会决定推进以审判为中心的诉讼制度改革，目的是促使办案人员树立办案必须经得起法律检验的理念……这项改革有利于促进办案人员增强责任意识，通过法庭审判的程序公正实现案件裁判的实体公

---

① 参见《最高人民法院关于全面深化人民法院改革的意见》（法发〔2015〕3号）。

正，有效防止冤假错案。"[①]

第四，实行以审判为中心的诉讼模式，也是有针对性解决刑事诉讼中实际存在的"侦查中心主义"和"法庭审判虚化"所带来的弊端和问题，促使和保证现行刑事诉讼法的立法规定及其精神的贯彻落实。通过阅览有关参考资料，早在20世纪90年代，就有学者提出"以审判为中心"诉讼理念，我国2012年修改《刑事诉讼法》虽然没有明确提出"以审判为中心的诉讼制度和模式"，但从某种意义上讲，在一些立法规定上，已经确立了审判在诉讼中的中心地位[②]。然而由于种种原因，我国在以往很长时间里，包括当前在贯彻落实刑事诉讼法的过程中，仍然存在与现代民主司法精神不相符的"侦查中心主义"以及"庭审虚化"突出问题，从而使一些公安司法人员对法庭审判重视不够，进入法庭的案件在没有达到"案件事实清楚、证据确实充分"的程度就作出裁判，甚至出现冤假错案，严重损害司法公信力和威信。因此，笔者认为，必须贯彻执行中央提出的"推进以审判为中心的诉讼制度改革"。实行以审判为中心的诉讼模式，实际上，就是将我国现行《刑事诉讼法》规定的"以审判为中心"的有关法律规范能在刑事司法中落地生根开花，得到贯彻落实，也即让现行公安司法人员执法办案回归到《刑事诉讼法》的本元。同时，也是有针对性地纠正和防范刑事司法中实际存在的"侦查中心主义"和"庭审虚化"严重问题以及可能带来的弊端的客观需要。

三、检察机关适应"以审判为中心的诉讼模式"面临的挑战、存在的主要问题及其原因

贯彻落实中央决定"推进以审判为中心的诉讼制度改革"，实行以审判为中心的诉讼模式，实际上是要求公安司法人员在贯彻执行现行《刑事诉讼法》上的本元回归。正如有的学者认为："以审判为中心的实施主体，不仅仅是人民法院，而是由公安、检察、辩护律师形成合力。"因此，作为国家的法律监督机关和实施《刑事诉讼法》重要主体的人民检察院是以审判为中心的诉讼模式的重要参加者。那么，当前，检察机关在适应以审判为中心的诉讼模式方面所面临的现状及所做的准备工作如何？据我们调研，笔者认为，检察机关在各项业务工作中总的说来，基本上是能够适应并按照以审判为中心的诉讼模式开展工作的，但是不可讳言，检察机关在适应"以审判为中心的诉讼模式"

---

① 参见习近平总书记《关于〈中共中央关于全面推进依法治国若干重大问题的决定〉的说明》第十项。

② 参见樊崇义、张中：《论以审判为中心的诉讼制度改革》，载《中州学刊》2015年第1期。

上，还面临着不容忽视的一些挑战、存在不少问题。主要表现在以下方面：

第一，在执法办案的理念上，一些干警跟不上“以审判为中心的诉讼模式”的要求。从检察执法办案一线，特别是基层检察执法办案一线调研情况来看，检察机关适应“以审判为中心的诉讼模式”，贯彻落实“以审判为中心的诉讼制度”所面临的主要挑战和问题来自检察干警的执法办案理念方面。一些干警无论是对中央推进“以审判为中心”的诉讼制度及其模式的初衷理解，还是对“以审判为中心”的诉讼制度及其模式的思想观念认同，都与中央《决定》的要求有较大的距离。比如，党的十八届四中全会《决定》公布后，有的干警说：这次司法改革要以审判为中心，显然法院在改革权力博弈中是最大的赢家，检察机关地位降了；有的说：以审判为中心还怎么对法院的审判权进行监督？还有一些检察干警对“以审判为中心”的诉讼制度及其模式在思想观念上不能认同，甚至有抵触情绪，如此等等，不一而足。这些对中央决定的“以审判为中心”诉讼制度及其模式的内涵及其初衷不能正确理解、不能思想感情认同，更不能深刻认识其重大意义和必要性，甚至相悖的执法办案理念成为当前检察机关适应“以审判为中心”的诉讼制度及其模式的主观壁垒和障碍。

第二，检察引导侦查工作不够，特别是提前介入侦查不够充分。实行以审判为中心的诉讼模式，决不能否认审判前的程序，特别是侦查、审查起诉阶段的重要性。因为，侦查、审查起诉阶段的工作是审判阶段的基础。而侦查阶段的工作则是审查起诉工作的基础。因此，侦查、审查起诉工作搞不好，必然会影响到审判阶段的工作。正如俗语所说：基础不牢，地动山摇！在司法界都知道，自20世纪末，公安机关在刑事侦查工作改革中，实行多警种办案，特别是取消了预审部门以后，由于种种原因，公安机关刑事侦查的案件出现了不同程度的下降，有不少刑事侦查案件存在证据收集方面较为粗糙、办案违反法定程序等质量问题，在一定程度上影响到检察机关审查起诉的工作质量。目前，而检察机关对公安刑事侦查工作存在不同程度的引导不够，包括检察机关内部侦查监督部门、公诉部门对职务犯罪案件侦查工作引导不够，特别在提前介入方面发挥得不够等问题，致使检察机关提起公诉的案件部分出现“带病进入审判阶段”，在一定程度上影响了检察机关办案质量和执法公信力。这也是检察机关执法办案不能完全适应以审判为中心的诉讼模式重要体现。

第三，侦查监督工作有时不力、不能坚持原则。我国宪法和法律之所以赋予检察机关的法律监督职能包括对公安机关的侦查监督职能，目的就是通过维护法律的统一实施、保证程序正义实现实体公正。通过调研发现，目前，由于受公安机关的强势地位等影响，检察机关在贯彻执行刑事诉讼法过程中，有时对公安机关刑事侦查活动偏重于讲配合，而开展侦查监督工作不力，特别是对发现证据、程序及其事实方面的问题，不能坚持原则，对公安机关违反侦查活动过于迁就，致使一些有问题的案件通过审查起诉程序进入审判程序，甚至导致冤假错案。如引起国内外广泛反响的佘祥林冤案，其实当时检察机关审查起诉该案时已发现许多证据存在问题，向公安机关提出疑问，但在有关部门的协调下，该案最后还是被提起了公诉，最终导致冤案发生。后来，在总结该案教训时，承办该案的检察院某位院领导曾痛悔地说："在办理该案时，我们不是没有发现问题。我们错就在没有坚持到最后，没有坚持原则！"

第四，检察机关公诉工作有依赖于法庭审理后与审判人员沟通、要求关照的问题和倾向。真正实行以审判为中心的诉讼模式后，主持法庭审判的法官或者合议庭必须站在中立的立场上，居中审理并作出裁判，而不能照顾或偏向于任何一方。从调研情况来看，笔者认为，目前，检察机关刑检工作，特别是公诉工作有普有依赖于法庭审理后与审判人员、沟通，要求照顾的问题和倾向，是难于适应以审判为中心的诉讼模式一大问题。实践中，大部分检察院公诉部门都与所对应的法院刑事审判庭建立了"联席会议制度"，不仅定期通过召开会议进行联系，而且在案件庭审过后，如果发现庭审结果有可能对检察机关不利，就会通过各种方式与主持法庭审理的法官进行沟通，有的甚至要求"关照"。而这种检察机关与法院"庭审"后的沟通，显然会对法院的独立裁判产生较大的影响。因为检察机关依法拥有对法院的审判监督权，包括对法官的司法渎职犯罪的职务犯罪案件侦查权。面对检察机关庭审后的沟通，法院的法官们能不有所顾忌？因此，检察机关这种有依赖于法庭审理后与审判人员沟通、要求关照的问题和倾向，不仅可能影响以审判为中心的控辩平等诉讼结构，而且可能影响法院的公正裁判，显然与以审判为中心的诉讼模式不相符合。

第五，检察机关有时不能平等对待犯罪嫌疑人、被告人及其辩护人的诉讼地位，不能全面依法保障辩护律师的执业权，特别是不能认真对待犯罪嫌疑人、被告人及其辩护人的辩护意见。实行以审判为中心的诉讼模式，客观要求法官居中审判，控辩诉讼地位和诉讼权利平等。然而，从调研情况来看，检察机关的一些干警在执法办案过程中，在诉讼地位和诉讼权利上不仅思想感情认同上，而且在具体的执法办案活动上，不能平等对待犯罪嫌疑人、被告人及其辩护人；更难以将辩护律师视为"法律职业人共同体"一部分。以至于在检察工作中，一些检察干警完全以国家控告人高高自居，司法实践上有时会出现不依法保障律师的会见权、阅卷权，不注重听取律师的意见权等违法现象，有的甚至将"辩护律师"视为完全的对手或者"敌人"，特别是有些办案人员不能恪守检察官的客观义务，仅注重履行控告职责，而对对犯罪嫌疑人、被告人及其辩护人的辩护意见不能认真对待，总认为他们是狡辩，以至于有可能使一些“有问题的案件”进入审判程序，甚至导致冤假错案。近年来发生多起冤假错案，其中原因当然很多，但是与司法人员，包括检察人员不能认真听取和对待犯罪嫌疑人、被告人及其辩护律师的辩护意见，不能不是很重要的原因。如发生的浙江张氏叔侄重大冤案，在审查起诉阶段，张氏叔侄因在侦查阶段受到刑讯作了有罪供述，在审查起诉阶段接受讯问时，以为可以申冤了便翻供，否认杀人。但当时承办此案的检察院官并没有认真对待、审查，偏信于公安侦查所获的证据及事实，以至于该案顺利起诉到法院，遂酿成重大冤案。

第六，检察机关有的干警有时执法不规范，接受监督不够。目前，高检院正在全国部署开展执法规范化专项整治工作，说明当前检察机关一些干警确有执法不规范，包括以监督者自居，不能树立监督者也要接受监督的理念等问题和倾向，有的甚至还很严重。检察工作实践表明，严格执法、规范办案、广泛接受监督是实现程序正义，保证办案质量的条件和手段。而执法办案不规范，不注重接受监督，则可能是影响办案质量、产生司法腐败，甚至是发生冤假错案的祸源，因此，执法不规范、不能充分接受监督则是检察机关适应以审判为中心的诉讼模式一大问题。

第七，检察机关执法办案普遍没有建立适应以审判为中心诉讼模式的预警及预测机制。俗语云：“凡事预则立，不立则废。”实行以审判为中心的诉讼模式，就客观要求检察机关的执法办案工作，包括职务犯罪侦查、审查逮捕、审查起诉和各项诉讼监督活动都必须依法经得起法庭审判的质证和检查。那么，我们检察机关所进行的执法办案活动，以及所经办的案件能否经得起法庭审判的检验？只有经过预测和预警，才能及早找到应对适应措施。然而，目前，检察机关的各项业务部门，包括职务犯罪侦查、侦查监督、公诉等部门都没有建立适应以审判为中心的诉讼模式的预警和预测机制，这必然会对检察机关适应以审判为中心的诉讼模式埋下隐患。

第八，检察干警，特别是一线执法办案干警的综合素能及职业保障水平需要进一步提高。推进以审判为中心的诉讼制度改革，实行以审判为中心的诉讼模式，对检察机关执法办案干警的综合执法素能及职业保障水平提出了更高要求。然而，从调研情况来看，有的检察干警无论是执法办案的理念，还是执法办案的业务能力都与实行以审判为中心诉讼模式的要求存在一定差距。与此同时，检察干警的职业保障水平，特别是工资收入水平偏低，不少检察官、特别是年轻检察官因待遇低问题而辞职，执法办案还只是检察干警的谋生和生存的一种手段，还没有被当成“事业”去做，在任何时候坚守法律信仰还没有完全根植于每个检察干警的灵魂，必然会根本上影响到检察机关适应以审判为中心的诉讼模模式。

四、检察机关适应和应对“以审判为中心的诉讼模式”应当采取的主要对策建议

中央确决定的“推进以审判为中心的诉讼制度改革”是大势所趋，实行以审判为中心的诉讼模式也是势在必行。为此，高检院曹建明检察长在今年7月上旬举办的大检察官研讨班上特别就“关于以审判为中心的诉讼制度改革”问题，强调指出：“这项改革对刑事诉讼各个环节都提出了新的更高要求，对检察工作必将产生全方位的深远影响。要准确把握这项改革精神和要求，主动适应，积极作为。”为此，根据上述概括分析检察机关适应“以审判为中心的诉讼模式”所面临的挑战和存在问题的问题，笔者现就如何适应和应对问题提出以下对策建议措施：

第一，应当转变司法理念，切实树立与以审判为中心诉讼模式相适应的现代司法理念。众所周知，思想观念历来是行动的先导。因此，检察机关各项业务工作要很好适应“以审判为中心的诉讼模式”，并做好应对工作，其中首要的就是要准确把握“以审判为中心的诉讼制度改革及其诉讼模式”的内涵及其精神实质的基础上，彻底摒弃以往的“以侦查为中心”和“庭审虚化或者形式化”的执法办案方式及其理念，客观要求司法人员包括检察干警真正树立与“以审判为中心的诉讼制度及其诉讼模式”相应适应的现代司法理念，即牢固树立以法庭的审实质理作为决定案件证据、事实认定和案件最终处理结果的中心环节的执法办案理念，不增强严格执法、保证办案质量的责任心，使执法办案所收集、审查认定的证据及和事实及其适应法律必须依法能够经得起法庭审理的质证和检验。只有将执法办案理念切实转变到“以审判为中心的诉讼制度及其诉讼模式”上来，才能为适应和应对“以审判为中心的诉讼模式”奠定坚实的主观基础。

第二，应当按照经得起法庭审理和法律检验的标准和要求坚持检察引导侦查工作，并不断加强提前介入侦查工作。针对当前公安在办理刑事案件实行多警种办案、部分干警法律业务水平偏低、执法办案不够规范等情况导致一些刑事侦查案件出现不同程度的下降，给检察机关审查逮捕、审查起诉工作带来严重影响的实际，笔者认为，检察机关要提高办案质量，适应和应对好以审判为中心的诉讼模式，应当从刑事立案侦查的源头上抓起，坚持用经得起庭审和法律检验的标准和要求，加强对公安刑事侦查活动的引导工作，并不断加强对侦查活动的提前介入工作，特别是要加强对重大疑难案件的侦查活动的检察引导、提前介入工作。这样从源头上，对有效促进检察机关的审查逮捕和审查起

诉等执法办案工作不断提高质量和水平，防范违法办案及冤假错案具有十分重要的意义。

第三，应当坚持用经得起庭审和法律检验的标准和要求加强侦查监督工作，并能坚持法律原则。加强对侦查活动的法律监督，不仅是促进严格执法、公正办案、维护法律统一实施的重要手段，更是保证检察机关审查逮捕、审查起诉案件质量的重要基础。因此，检察机关的审查逮捕工作、审查起诉工作要适应和应对好“以审判为中心的诉讼制度改革及诉讼模式”，就应当高度重视用经得起法庭审判和法律检验的标准和要求加强侦查监督工作，并在加强侦查监督工作中应当恪守法律原则，坚守法律底线，不该迁就的决不能迁就，不搞无原则的变通。依法不能批准逮捕的，坚决不予以批准逮捕；依法不能起诉的，坚决不予起诉；并且对发现公安机关在侦查活动中有违反行为现象的，要敢于坚持原则，坚决予以监督纠正。

第四，应当取消检法联席会议制度，杜绝检察执法办案人员依赖于庭审后与法官沟通的现象。针对当前存在的检法联席会议制度、一些执法办案干警存在依赖庭审后与主审法官沟通的现象，可能带来影响法庭的独立审判和司法公信力，并助长一些检察干警对“不严格执法、办案质量不高”存有侥幸心理等弊端，笔者建议应当取消当前一些检察院与法院实行的联席会议制度，并杜绝一些检察执法办案人员庭审后与主审法官沟通的现象，有的甚至要求关照和照顾。这样，不能是以审判为中心的诉讼模式客观要求法官独立审判的需要，更是提升司法公信力的需要。同时，还有利于倒逼检察执法办案人员打消对“执法不严、办案质量不高”的侥幸心理，把全部精力用在严格执法、提高办案质量上。

第五，应当切实尊重和保障犯罪嫌疑人、被告人及其辩护律师的诉讼法律地位，保障辩护律师的执业权，特别是要认真对待犯罪嫌疑人、被告人及其辩护律师的辩护意见。针对当前一些检察执法办案人员不尊重和保障犯罪嫌疑人、被告人及其辩护律师的诉讼法律地位，侵犯辩护律师的执业权等不适应以审判为中心的诉讼模式问题，笔者认为，检察机关的执法办案工作在对待犯罪嫌疑人、被告人，特别是辩护律师，应当换一种思路，不仅依法应当尊重犯罪嫌疑人、被告人，特别是辩护律师在刑事诉讼中与检察执法办案人员是平等的诉讼主体、享有平等的诉讼权利，而应当认为有犯罪嫌疑人、被告人，特别是辩护律师的辩护，对促进检察机关严格执法、提高办案质量具有重要的积极作用。因此，检察机关应当将辩护律师视为法律职业人的共同体的一部分，依法保护辩护律师的阅卷权、知情权、会见权、辩护权等各项诉讼权利，特别是在对待犯罪嫌疑人、被告人，特别是辩护律师的辩护意见上，当然不能完全相信，而应当认真对待，以高度负责的态度进行调查核实。这样才能坚守检察官的客观义务，从容应对和适应以审判为中心的诉讼制度改革及其诉讼模式。

第六，应当建立健全适应“以审判为中心的诉讼制度改革及其诉讼模式”的执法办案预测及预警机制。为了适应以审判为中心的诉讼制度改革及诉讼模式，保证检察机关职务犯罪侦查、侦查监督、公诉及其他各项诉讼监督工作等执法办案工作都能达到应有的质量，经得起法庭审判及法律的检验，笔者认为，当前应当乘实行主任检察官办案责备制改革的有利时机，在检察机关各业务部门建立适应“以审判为中心的诉讼制度改革及其诉讼模式”的执法办案预测及预警机制。即在主任检察官的领导下，指定其他非办理此案的检察官二至三人组成审核组，对所有的执法办案活动在作出处理决定前，都要由该审核组审核该项执法办案工作是否能经得起庭审和法律检验进行预测和预警。一旦发现不能经得起庭审和法律检验的，应当立即建议主任检察官补正或者纠正。通过建立和健全适应以审判为中心的诉讼模式的预测和预警机制，可以最大限度地防止和阻却经不起庭审和法律检验的检察机关所办理的案件进入审判程序。

第七，应当坚持抓好检察执法办案的规范化工作，并注重经常化开展案件质量评查活动。依法办案、规范执法，不仅是保证办案质量具有根本意义性的措施，也是防止违法办案及司法腐败的制度性屏障，正因如此，最高人民检察院今年以来高度重视在全国检察系统抓执法规范化专项整治活动。因此，为做好适应和应对以审判为中心的诉讼制度改革及其诉讼模式工作，笔者认为，检察机关应当坚决贯彻高检院的部署，将抓好检察执法办案规范化作为一项长期的战略任务来抓，坚持经常抓，抓经常，并配之以经常化开展案件质量评查活动，必能有效促进检察执法办案活动严格依法，不断提高质量水平，经得起庭审和法律的检验。

第八，应当坚持健全接受内外监督机制，保证检察执法办案权力装进法律制度的“笼子”。俗语云：“不受监督的权力必然产生腐败，绝对的权力导致绝对的腐败。”检察机关的执法办案权依法属于国家公权力的重要组成部分。为了防止检察人员违法办案、保证办案质量，经得起庭审和法律的检验，检察机关及干警，特别是一线执法办案人员应当说增强“监督者”必须接受监督的意识，一方面，要不断坚持和健全检察机关执法办案活动接受人大、政协、社会各界、特别是新闻媒体、网络的监督；另一方面，还要健全坚持和健全检察机关执法办案活动接受内部纪检监察监督、各业务部门相互监督等内部监督机制，使检察机关的执法办案活动置于广泛的监督之下，以保证检察执法办案权力装进法律制度的“笼子”，不仅有效促进检察机关严格执法、保证办案质量，更可有效防止和纠正司法腐败行为。

第九，应当坚持不断提高检察干警的综合执法办案素能和职业保障水平。中央部署推进以审判为中心的诉讼制度改革，充分发挥庭审在诉讼中的决定作用，对执法办案的检察官综合职业素能及其职业保障要求提出了更高的要求。为了促进检察机关执法办案更好地适应和应对“以审判为中心的诉讼制度改革及其诉讼模式”，检察机关，特别是最高人民检察院及省级人民检察院要通过加强教育培训、先进典型示范引导、反面教材的惩戒警示等有效方式，在引导检察干警树立与审判为中心诉讼模式相应的现代司法理念的基础上，大力宣传和弘扬和促进广大的检察官们永远保持严格执法、秉公办案、刚正不阿、恪守法律正义的崇高职业品质，并提高他们的职能能力和综合素能，为检察机关适应和应对“以审判为中心的诉讼模式”提供强大的人力资源和组织保障。此外，还要不断提高检察官的职业保障，特别是工资薪酬水平，使检察官们在履行职务过程中尽可能减少后顾之忧，将自己的聪明才智和主要精力尽可能奉献于崇高的检察执法办案事业。

职务犯罪侦查模式的反思与重构

——以构建审判为中心的诉讼制度为视角

尹晔斌*

十八届四中全会通过的《中共中央关于全面推进依法治国若干重大问题的决定》（以下简称《决定》），明确提出要“推进以审判为中心的诉讼制度改革，确保侦查、审查起诉的案件事实证据经得起法律的检验。”具体而言，推进以审判为中心的诉讼制度改革，不仅是我国司法体制改革的重大战略部署，也是现代刑事诉讼制度的必然发展趋势。检察机关作为履行刑事诉讼职能的重要主体，如何立足检察职能推进以审判为中心的诉讼制度建设，已经成为检察机关和广大检察干警的迫切任务。为此，笔者拟以审判中心主义为视角，就当前职务犯罪侦查程序贯彻审判中心主义理念提出一己之见，以促进工作。

一、审判中心主义及其理论依据

（一）审判中心主义的基本内涵

审判中心主义，或者称以审判为中心，指审判是决定国家对于特定的个人有无刑罚权以及刑罚权范围的最重要阶段，未经审判，任何人不得被认为是罪犯，更不得被迫承受罪犯的待遇。①

通常而言，审判中心主义的基本含义包括三个方面：首先，在由侦查、起诉、审判、刑罚执行组成的刑事诉讼全过程中，虽然各种诉讼活动都是围绕涉案犯罪嫌疑人、被告人的刑事责任问题展开的，但审判居于中心的地位，只有审判才能“确定刑罚权之有无及其范围大小”。其次，审判不仅在诉讼结果上居于决定地位，而且在诉讼过程中对审前程序也有制约、影响作用。对于侦查机关采取的侦查措施诸如搜查、监听以及强制措施诸如逮捕、羁押，审判机关通过法官的司法审查予以控制；对于检控机关能否启动起诉程序，审判机关也

---

* 湖北省黄石市人民检察院党组书记、检察长，中南财经政法大学兼职教授。

① 孙长永：《审判中心主义及其对刑事程序的影响》，载《现代法学》1999年第4期。

通过预审法官、中间程序等机制予以约束。最后，审判机关对于被告人是否有罪、应否处以刑罚、处以何种刑罚的决定，不能采用行政性的手段而必须采用审判的方式作出。[①]

（二）审判中心主义的理论依据

审判中心主义是近现代国家刑事诉讼中普遍认同的一项基本原则，它是司法最终裁决原则在刑事诉讼中最具体、最集中的表现。分析其理论基础，主要有两点：一是司法最终裁决原则。该原则要求所有涉及个人生命、财产、自由、安全的事项，不论是属于程序性的还是实体性的，都必须并且只能由司法机构作出裁判，由于该司法裁决过程体现了程序法定的基本原则，从而使这种程序性裁判和实体性裁判具有最终的权威性。二是控审分离原则。根据这一原则，司法职能必须与追诉职能加以严格区分，司法机构不能行使追诉职能，侦查或公诉机构不能兼负裁判职能；即使在审判前阶段，有权决定对公民基本权益进行限制和剥夺的机构也只能是不负有追诉职能的司法机构，而不能是侦查或公诉机构。基于此，裁判活动就不仅存在于法庭审判阶段，也存在于审判前的诉讼阶段。[②] 这样，司法机构的庭审活动实际上就居于刑事诉讼的中心，按上述原则构建的刑事诉讼程序就是具有“审判中心主义”的诉讼构造。由于审判中心主义坚持了正当法律程序的基本原则，符合彻底解决政府与个人利益冲突的需要，成为法治国家依法剥夺个人基本权利所必须遵守的基本原则。

（三）审判中心主义与侦查中心主义之辨

在现代刑事诉讼结构理论中，侦审结构不仅是刑事程序结构研究的难点，而且是各刑事诉讼主体权力配置的基础。在刑事诉讼制度发展过程中，不同国家在不同历史时期的刑事诉讼制度可以分成两种：一种是以侦查为中心的刑事诉讼制度，另一种是以审判为中心的刑事诉讼制度。在前一种制度下，侦查是刑事诉讼的中心环节，警察办完的案子就基本上定案了，检察官的起诉和法官的审判都不过是一种没有多少实际意义的复核程序。在后一种制度下，审判是刑事诉讼的中心环节，只有经过法庭审判的案件才能定案，而侦查和起诉都是为审判服务的。[③] 司法机关在侦查阶段的活动和相应形成的结论，要带到法庭

---

① 顾永忠：《“庭审中心主义”之我见》，载《人民法院报》2014年5月16日第5版。

② 李寒松：《庭审中心主义理念下侦查模式的变革》，载《四川警官高等专科学校学报》2004年第2期。

③ 何家弘教授形象地将以侦查为中心的刑事诉讼制度称作“卖方市场”的刑事诉讼制度，将以审判为中心的刑事诉讼制度称作“买方市场”的刑事诉讼制度。参见何家弘：《从侦查中心转向审判中心——中国刑事诉讼制度的改良》，载《中国高校社会科学》2015年第2期。

上作为控方活动的基础和内容，接受辩方的反驳，由法官最终裁断其正确性、合法性。[①] 前者形成侦查中心主义，后者形成审判中心主义。在诉讼结构理论中，“三角结构”体现了审判中心主义理念，而“线形结构”体现了侦查中心主义理念。

二、当前职务犯罪侦查模式之反思

“考察我国的司法现实不难发现，在我国刑事诉讼中，审判确实没有中心地位。”[②] 分析我国现行的职务犯罪侦查体制和实践，则发现侦查中心主义思想带来的影响明显而深远。相比较而言，表现为以下几个方面：

（一）被讯问人的权利保障方面

德、日、英、美等国家为防止侦控机关利用强权侵害对方当事人的正当权益，都规定被讯问人有权在被讯问时获得律师的在场帮助，讯问不得采取非法强制的方法，自白必须满足自由、任意性要求，并从多方面注重尊重犯罪嫌疑人和辩护人的主体性和平等性。[③] 如美国联邦最高法院作出的米兰达判决宣布，讯问在押的犯罪嫌疑人时，保障沉默权、辩护人委托权和辩护人在场权。反观我国刑事诉讼法，犯罪嫌疑人不享有自由任意的自白权等，相反有如实供述的义务。虽然修改后的刑事诉讼法赋予律师介入侦查程序的辩护人地位，但仅仅局限在为犯罪嫌疑人提供法律帮助、代理申诉控告和申请变更强制措施等方面，不仅不享有律师在场权，就连侦查阶段辩护律师的会见权也限定在一定的范围。而职务犯罪侦查部门由于取证方式和手段受限，往往采取“靠拼体力”、“政策攻心”和“外围突破”的侦查模式来破获案件。凡此种种，导致犯罪嫌疑人的防御能力在侦查程序中极为脆弱。

（二）对侦查措施的司法控制方面

为了防止侦查权的滥用，在秉持审判中心主义理念的西方国家，在侦查过程中如采用对人或对物的强制性措施如搜查、扣押、拘捕、羁押、窃听、拘

---

① 蒋石平：《论审判中心主义对侦查程序的影响》，载《广东社会科学》2004 年第 3 期。

② 陈瑞华：《刑事审判原理论》，北京大学出版社 1999 年版，第 15 页。

③ 如德国刑诉法规定，被告及辩护人在侦查程序中所有的讯问进行时，均应有在场权。辩护人于侦查程序中的检阅卷宗权应强化之（［德］克劳斯·罗科信：《刑事诉讼法》，吴丽琪译，中国方正出版社 2003 年版，第 362 页）。日本刑事诉讼法也认为，为了保障犯罪嫌疑人的沉默权，不仅需要保障犯罪嫌疑人及辩护人的会见权，而且需要保障辩护人的讯问在场权。（［日］田口守一：《刑事诉讼法》，张凌、于秀峰译，中国政法大学出版社 2010 年版，第 114 页）。

传、住地逮捕等，都必须由检察官报请法官审查批准并发布令状，[①] 以实现审判机关对主要侦查活动的控制和监督。而我国刑事侦查程序缺乏严格意义上的司法审查机制，人民法院对强制性侦查措施并无司法审查权。在我国刑事诉讼中，只有对普通刑事案件犯罪嫌疑人的逮捕措施实行司法令状（审查批捕）制，逮捕由检察院批准，由公安机关执行；而对职务犯罪案件犯罪嫌疑人则由检察机关决定逮捕。为了加强职务犯罪案件决定逮捕权的司法控制，2009 年 9 月最高人民检察院下发了《关于省级以下人民检察院立案侦查的案件由上一级人民检察院审查决定逮捕的决定（试行）》，确立了职务犯罪案件由上一级检察院决定逮捕的模式。但是，由于检察机关作为国家公诉机关，属于控方阵营，本身不可能成为中立无偏的司法裁判者，而且基于检察工作一体化原则，这种审查方式仍然属于检察权在检察机关的内部运行，由于缺乏人民法院对侦查权的制约程序，使得职务犯罪案件批捕权呈封闭的缺失诉讼属性的运行模式。

（三）侦查结果的所持态度方面

秉持审判中心主义的国家，摒弃口供中心主义，避免过分使用侦查言词证据，侦查所得结论和所获证据不对审判产生预决作用，不能决定审判结果。换句话说，如果在侦查阶段实际上就已经决定案件的结果（所谓侦查中心主义），那么审判程序就被架空了，而这与审判中心主义相背离。[②] 而在我国刑事诉讼中，诉讼的真正中心在侦查程序，而侦查的重点在于审讯犯罪嫌疑人并获得口供，侦查中获得的口供成为审判中定罪的最主要依据。长期以来，由于司法实务界在程序上奉行以获取口供为重点的侦查中心主义，在证据规则上奉行以传闻证据为核心的书证中心主义，不愿承认审判中心主义司法理念[③]，导致刑讯逼供屡禁不止。从司法实践看，由于我国原刑事诉讼法没有规定非法证据排除规则，一些司法解释虽然规定了非法证据排除规则，但缺乏可操作性的排除程序，从而导致一些错案的发生。修改后的刑事诉讼法虽然构建了完整的非法证据排除制度，但是如何正确适用非法证据排除制度，建立以审判为中心的证据收集制度，是当前检察机关亟须研究的重要课题。

---

① 程味秋主编：《外国刑事诉讼法概论》，中国政法大学出版社 1994 年版，第 106 页、第 116 页、第 118 页。

② ［日］田口守一：《刑事诉讼法》，张凌、于秀峰译，中国政法大学出版社 2010 年版，第 30 页。

③ 孙长永：《审判中心主义及其对刑事程序的影响》，载《现代法学》1999 年第 4 期。

（四）诉讼主体的权利格局方面

与审判中心主义推崇审判权至上，控辩双方积极参与、地位平等不同，在我国刑事诉讼中，侦查权与审判权是平等的权力，侦查机关和审判机关是平等的权力主体。从司法实践来看，侦查也确实“经常成为整个诉讼过程的中心”。在侦查程序中，诉讼活动的主体只有侦查机关和被告方，缺少一个中立裁判者的参与，侦查活动不过是侦查机关针对犯罪嫌疑人涉嫌犯罪事实进行的单方面活动，整个侦查程序中，并不存在典型的“控辩裁三方相互制衡”的诉讼形态，也没有裁判者与控辩双方之间的法律关系，而只有追诉与被追诉的关系。被告方防御手段匮乏，犯罪嫌疑人主体地位客体化。如果说我国的刑事诉讼有职权主义特征的话，那么，我国的侦查程序则带有超职权主义的特征。[①]

三、我国职务犯罪侦查模式之重构

在当前全面深化司法体制改革的进程中，检察机关作为我国刑事诉讼职能的重要承担者，应当以贯彻落实党的十八届四中全会精神为契机，进一步推进检察工作体制机制改革，促进职务犯罪侦查程序向法治化方向发展，并逐步构建起符合审判中心主义理念的职务犯罪侦查模式，确保侦查终结移送起诉的案件事实证据经得起法律的检验。

（一）树立以审判为中心的诉讼理念

全面树立以审判为中心的诉讼理念，需要坚持以下几个方面：

1. 坚持保障人权原则。长期以来，职务犯罪侦查中的人权问题不仅是社会各界所关注的对象，也是我国刑事司法改革的重点内容。修改后的《刑事诉讼法》明确了“尊重和保障人权”这一规定，并使其具有了刑事诉讼法基本原则的重要地位。新时期的职务犯罪侦查工作，要将重视对人权的保护放到与执法办案同等的地位来强调，切实改变以往长期存在的“重打击轻保护”、“重实体轻程序”等偏向，在依法查处职务犯罪的同时，保证无罪的人不受追究，保障涉案当事人、犯罪嫌疑人、诉讼参与人的合法权益不受侵害。

2. 坚持无罪推定原则。无罪推定原则已被公认为现代法治国家刑事诉讼必须遵循的最基本、最重要的原则。无罪推定原则要求受刑事指控者被证实有罪之前应被推定为无罪，证明责任由控方承担，证明应达到排除合理怀疑的证

---

① 蒋石平：《论审判中心主义对侦查程序的影响》，载《广东社会科学》2004年第3期。

明标准，存疑案件的处理应有利于被指控人。① 依据这一原则，检察机关职务犯罪侦查部门在行使侦查权的过程中，应当坚持以任意侦查为主、强制侦查为辅，在采取强制性侦查措施时遵循适度（比例性）原则，羁押措施作为一种例外的程序上的预防性措施尽量减少适用、期限较短且能够保障人权。

3. 坚持程序法定原则。程序法定原则是侦查合法性价值的内在要求，是指侦查机关及侦查人员的职权及其追究犯罪、惩罚犯罪的程序，必须由国家的立法机关制定的刑事诉讼法来加以明确，侦查机关及侦查人员不得违背刑事诉讼法明确规定的程序规则行使职权、任意决定诉讼的进程。② 程序法定原则是现代国家法治状况的具体表征，是侦查制度发展进化的必然结果。因此，检察机关职务犯罪侦查部门在依法行使侦查权的过程中，必须确保侦查程序在法定程序要求中运行，在一种有序、合理、正当、公开的状态中体现侦查程序的刑事的合理性，实现侦查程序的公正价值。

（二）构建新型的职务犯罪侦查模式

1. 完善职务犯罪初查模式。首先，进一步完善初查工作机制，不断完善“前紧后松”的办案模式，着力落实好“前紧”要求，通过加大初查力度，将办案重心前移，实现职务犯罪侦查模式“由供到证”向“以证促供”转型。其次，办案人员要严格规范立案前的调查、初查程序，多方收集犯罪信息，高度重视案件突破前信息收集与研判，推行精细化初查，尤其要注重收集与犯罪嫌疑人有关的背景资料以及犯罪嫌疑人所处的行业特点规律。通过初查尽量充分掌握物证、书证、视听资料、电子证据等客观性证据，把初查工作做细做实，为立案提供充实的证据支撑，以全力突破对犯罪嫌疑人供述的依赖性，提高法定传唤时间内案件突破率。

2. 注重收集客观犯罪证据。将侦查重心放在客观、全面、细致地收集犯罪证据上，弱化口供对案件侦查的决定作用，既注重收集有罪、罪重证据，也注重收集无罪、罪轻证据，改变以往一切等口供突破后跟进侦查措施的做法，灵活采用调查取证、突破审讯、搜查、追赃等侦查手段同步进行的侦查模式，同步实施讯问与搜查、扣押、冻结等各种策略和措施，紧紧围绕犯罪构成要件和证明标准，严格遵循法律程序和证据规则，通过综合运用情报信息、科技手段以及侦查措施，依法全面地收集、固定和运用各种证据，高度重视对书证、物证、视听资料、电子数据等客观证据的获取，构建言词证据与客观证据相结合的完整、稳定、层次证明犯罪的证据体系。

① 陈光中、肖沛权：《论无罪推定原则及其在中国的适用》，载《法学杂志》2013 年第 10 期。

② 王福相：《侦查基本原则要论》，载《中国刑警学院学报》2013 年第 4 期。

3. 利用技术手段提升侦查效果。随着科技的发展和信息化的到来，日益智能化、隐蔽化的职务犯罪发展趋势，为检察机关查处职务犯罪增加了新的难度。[①] 为了应对上述挑战，修改后的《刑事诉讼法》也明确确立了技术侦察手段。随着以审判为中心的诉讼制度特别是侦查制度的转换，迫切需要切实转变执法观念，以深入推进科技强检为抓手，进一步增加侦查工作的技术含量，强化秘密侦查措施和技术侦查手段在发现、收集、固定各种证据中的作用，逐步形成依靠秘密调查和技术侦查并通过巧妙运用侦查谋略迫使涉案者露出马脚的办案模式，达到获取涉案者实施职务犯罪证据的目的。

（三）依法保护当事人的合法权利

1. 依法保障当事人的诉讼权利。"以审判为中心"的诉讼制度必然要求庭审实质化，而庭审实质化的关键是让各类案卷笔录、书证、物证等证据在庭审聚光灯下充分"曝光"，通过诉讼参与人举证、质证，充分发表意见，最后判断证据的证明力。因此，保护好犯罪嫌疑人和辩护人的诉讼权利十分必要。首先，要依法保障当事人的知情权、陈述权等。职务犯罪侦查部门要认真履行权利告知程序，如辩护权、拒绝回答与本案无关的问题的权利以及如实供述罪行可从宽处理的告知等，依法、理性、文明、规范地开展讯问工作，保障讯问主体、手续、时间、地点合法。[②] 其次，要依法保障当事人的控告申诉权。对于职务犯罪侦查部门及其工作人员发生《刑事诉讼法》第 115 条规定的行为，案件当事人和辩护人、诉讼代理人、利害关系人提出控告或申诉的，本级或上一级检察机关控告申诉部门应当及时进行审查，对情况属实的，应在规定期限通知办案部门予以纠正。最后，应当依法保障辩护律师的诉讼权利。检察机关要严格执行修改后的《刑事诉讼法》有关规定，确保侦查阶段辩护人的法律地位，并保障辩护律师在侦查时期代理申诉、控告、申请变更强制措施、同在押犯罪嫌疑人会见和通信等权利不受非法干扰和阻碍。

2. 完善强制性措施的司法监督。在刑事司法领域，侦查程序最先触及的是个人权利。为了进一步规制职务犯罪侦查活动中强制性侦查措施的适用，十八届四中全会明确提出，要完善对限制人身自由司法措施和侦查手段的司法监督，加强对刑讯逼供和非法取证的源头预防，健全冤假错案有效防范、及时纠

① 长期以来，由于侦破职务犯罪所要求的特定技侦手段的缺失，才使得现行的职务犯罪侦查不得不依赖于与犯罪嫌疑人打疲劳战的方式，在不断的法律政策攻心与外围调查相结合获取相关证据的基础上，促使犯罪嫌疑人交代犯罪事实，达到突破案件的效果（向泽选：《新刑诉法的实施与职务犯罪侦查》，载《国家检察官学院学报》2012 年第 3 期）。

② 李伟泉：《职务犯罪侦查模式的转变》，载《人民检察》2013 年第 2 期。

正机制。在新的历史形势下，检察机关职务犯罪侦查部门应在完善现有职务犯罪案件审查逮捕模式的基础上，以切实保障犯罪嫌疑人的诉讼权利为出发点，进一步探索对逮捕、羁押等限制人身自由的措施的司法监督机制，逐步在侦查程序中构建客观公正的司法抑制机制和程序性裁判制度，将侦查程序真正纳入诉讼的轨道当中，确保犯罪嫌疑人的合法权益免受非法或者不当的限制。

3. 依法规范侦查中的讯问行为。首先，要客观真实地制作讯问笔录。讯问笔录应如实反映讯问、询问的全部过程，不放过每一个细节，保证原始性、真实性，减少翻供翻证的可能性。特别是全面记录口供内容，既是对案件讯问过程的真实记录，反映出对犯罪嫌疑人诉讼权利的尊重，又能够增加口供证据的可信度，为从源头上防范冤错案件打下基础。其次，讯问过程严格实行全程同步录音录像。在职务犯罪侦查中，不仅要对犯罪嫌疑人实行全程同步录音录像，对关键证人询问过程也要做到全程同步录音录像。只有这样，才能保证犯罪嫌疑人的陈述具有自愿性和任意性，同样，只有职务犯罪侦查部门的讯问过程具有合法性，才能使犯罪嫌疑人的合法权益切实受到保障而不存在非法证据。

（四）严格执行刑事诉讼证据规则

1. 牢固树立禁止强迫自证其罪原则。禁止强迫自证其罪，亦称不得强迫任何人证实自己有罪，是指不得采用刑讯逼供、威胁等有强制力的手段强迫任何人提供证明自己有罪的言词证据。① 从功利的适用主义的立场看，在禁止强迫自证其罪原则的规制下，要确保侦查讯问的实效性，就必须建立健全“鼓励涉案者陈述”的机制。而作为侦查手段使用的侦查讯问，只能是补充性的和辅助性的，作为验证其他实物证据的方式来使用。② 这对职务犯罪侦查无疑提出了新的要求。因此，职务犯罪侦查部门要牢固树立禁止强迫自证其罪的原则，在侦查中注重优先使用包括技术侦查在内的侦查手段实施秘密侦查获取其他证据，然后再获取犯罪嫌疑人的供述，作为验证其他证据有效性的辅助手段，并促进职务犯罪侦查模式的全面转型。

2. 严格履行非法证据排除职责。首先，注重在侦查环节排除非法证据。依据《刑事诉讼法》第 54 条的规定，公、检、法三机关都有排除非法证据的义务。因此，职务犯罪侦查部门在侦查过程中发现有应当排除的证据的，应当依法及时将其排除，不得将其作为起诉意见的依据。其次，对不同的非法证据应采取不同的排除原则。即对于采用刑讯逼供等非法方法收集的犯罪嫌疑人、

① 童建明主编：《新刑事诉讼法理解与适用》，中国检察出版社 2012 年版，第 81 页。

② 向泽选：《新刑诉法的实施与职务犯罪侦查》，载《国家检察官学院学报》2012 年第 3 期。

被告人供述和采用暴力、威胁等非法方法收集的证人证言、被害人陈述，应当按照绝对排除的原则予以排除。而对于收集物证、书证不符合法定程序，可能严重影响司法公正的，应当予以补正或者作出合理解释；不能补正或者作出合理解释的，对该证据应当按照裁量排除的原则予以排除。最后，严格履行排除职责。侦查环节排除非法证据是职务犯罪侦查部门的义务，应当依法严格进行，不得敷衍推诿。应当明确当事人申请启动非法证据调查程序并非必要条件，检察机关可以根据其他线索或材料自行启动调查核实程序。

3. 完善捕诉协作配合工作机制。推进以审判为中心的诉讼制度改革，就是要高度重视、切实发挥审判程序的职能作用，促使侦查程序始终围绕审判程序的要求进行，确保侦查程序的办案标准符合审判程序的法定定案标准。因此，检察机关应进一步探索构建新型的侦诉关系，强化公诉对侦查的引导和规制功能，职务犯罪侦查部门要配合公诉部门，从源头上提高证据的质量标准，防止事实不清、证据不足的案件或者违反法律程序的案件“带病”进入审判程序，从而有效防范冤假错案。

以审判为中心背景下的大数据时代情报信息引导的职务犯罪侦查模式转型对策研究*

马建刚**

一、引言

党的十八届四中全会通过的《中共中央关于全面推进依法治国若干重大问题的决定》提出“推进以审判为中心的诉讼制度改革，确保侦查、审查起诉的案件事实证据经得起法律的检验”。以审判为中心的诉讼制度改革给检察机关职务犯罪侦查提出了更高的标准要求，对侦查阶段的证据质量、取证程序、证明能力、证明标准等提出了新挑战。

大数据（Big Data）是一场革命，将改变我们的生活、工作和思维方式。①当今社会是一个以互联网普及运用、大数据广泛获取和深度应用以及智能化为主要特征的信息社会，开展职务犯罪侦查工作的社会条件发生了深刻变化。目前我国职务犯罪案件的智能化、隐蔽化、复杂化、群体化、跨区域、跨部门化的特点日益明显。国内刑事诉讼法修订实施以来，特别是刑法修正案（九）实施及“两高”司法解释的制定出台，都对检察机关开展职务犯罪侦查工作提出了新课题。情报信息引导侦查虽然已经被国外实践充分证明对查办职务犯罪行之有效，但是由于国内职务犯罪侦查在信息情报机制、模式、手段、取证等方面存在诸多问题而严重影响了效果。检察机关要应对上述挑战，就迫切需要利用信息化手段优化和改造传统侦查模式。大数据技术为新形势下国内检察

* 本文是中国博士后科学基金资助项目（编号2016M591317，项目名称：基于大数据的职务犯罪侦查情报分析和隐私保护研究）。

** 国家检察官学院，法学博士后，高级工程师，助理检察员。

① ［英］维克托·迈尔—舍恩伯格、肯尼斯·库克耶：《大数据时代——生活、工作与思维的大变革》，盛杨燕等译，浙江人民出版社2013年版。

机关向情报信息引导的职务犯罪侦查的转型，提高职务犯罪侦查办案效率和质量，提供了新机遇和新技术。

二、国际国内形势要求职务犯罪侦查模式转型

2014年APEC国际会议发布了《北京反腐败宣言》，提出“建立亚太经合组织反腐败执法合作网络，设立秘书处以负责网络的日常运行，并期待这一网络早日建设成为亚太地区反腐败与执法机构间分享信息与交流经验、技术的非正式合作机制，从而为侦测、调查并起诉腐败、贿赂、洗钱与非法贸易提供便利”。修改后刑事诉讼法的实施和以审判为中心的诉讼体制改革给检察机关的侦查活动提出了更高的要求，体现在四个方面：“尊重和保障人权”入法对对检察机关侦查部门切实转变重打击轻保护、重口供轻其他证据，以及对包括犯罪嫌疑人在内的涉案当事人权益保障不够重视的侦查理念带来很大挑战，随着“以审判为中心”的诉讼制度的变化，检察机关必须进一步转变观念，加快实现从“由供到证”到“由证到供”、“以证促供”、“供证结合”的模式转变，弱化口供对案件侦查的决定作用，更加重视侦查活动中以客观证据为核心①；强化司法权监督制约，对规范执法的要求进一步提高；相关法律制度调整将使侦查办案模式转向公开、透明；赋予了检察机关可以决定使用技术侦查的权力，技术侦查已经在国外实践中证明对查办职务犯罪是一种行之有效的手段。这为检察机关转变侦查办案模式提供了机遇。

然而，当前我国的职务犯罪侦查中，职务犯罪侦查信息情报机制缺位，习惯于由供到证的侦查模式过于单一，案件线索管理机制存在不足，技术侦查手段滞后，侦查取证工作面临破解难题和侦查资源配置无法形成合力等问题比较突出。检察机关要适应职务犯罪的新特点，解决职务犯罪侦查存在的问题，应对修改后刑事诉讼法的实施和以审判为中心的诉讼体制改革给侦查活动带来的挑战和机遇，适应国际国内反腐败的新形势，就迫切需要借鉴国内外先进的情报系统，利用信息化手段优化和改造传统侦查模式，加快侦查模式的转变，优化侦查资源配置，实现情报信息引导侦查，推动职务犯罪侦查手段现代化。检察机关通过情报信息引导的职务犯罪侦查模式转型，具体实现侦查情报信息的及时获取、案件线索的科学管理、线索初查的准确高效、侦查指挥的快捷有力、决策咨询的科学等。

① 王守安：《以审判为中心的诉讼制度改革对检察工作的影响》，载《人民检察》2014年第11期。

三、大数据技术为情报信息引导的职务犯罪侦查模式转型提供了机遇和挑战

信息技术的迅猛发展为新形势下的职务犯罪侦查工作提供了新的契机和途径，尤其是大数据技术，已经深刻地影响到社会、政治、经济、文化、司法等诸多领域。随着大数据时代的到来，西方发达国家更是着力构建大数据驱动的犯罪侦查和控制体系。大数据驱动犯罪侦查和控制体系利用大数据帮助警方分析历史案件、发现犯罪趋势和犯罪模式；通过分析各种信息源的数据，预测犯罪；利用大数据，优化警力资源分配，从而提高社会和公众安全水平。

大数据已使犯罪侦查和控制模式发生根本性变革，利用大数据提升犯罪侦查和控制能力是未来的发展方向。在法律执行方面，大数据是一个强有力的工具。美国国防部高级研究计划局的“记忆延伸”（“Memex”）计划下开发的高级网络工具已帮助联邦执法部门在查明美国人口贩运网络的工作上取得实质性进展。这些工具不仅整理众所周知的“表层网络”（“Surface Web”）信息，还同时收集“深度网络”（“Deep Web”）下那些不被常用搜索引擎索引的公开信息。通过对网络站点的大范围搜索，这一工具能够发现原本难以获得或需要大量时间才能发现的信息。执法部门运用该工具能够锁定可能的人口贩卖团伙，进而协助警方确认人口贩卖与其他犯罪活动的联系，该工具已帮助侦查出一个起源于亚洲并蔓延至美国多个城市的人口贩卖网络。大数据带来的预测技术为执法部门提升了更好地准备、干预或彻底阻止某些犯罪行为的潜力。犯罪预测机制是通过大数据和“幂律分布”分析，较为准确预报犯罪类型、犯罪时间、犯罪场所、犯罪趋势的手段、方式和过程。大数据预测的一般路径是通过对过去犯罪规律的描述建立模型并对模型优化，然后将现有数据输入模型进而从其结果中预测未来。以美国洛杉矶与孟菲斯警方所使用的程序为例，分析软件能够实施预测进而形成一个地区的“犯罪热点图”（“hotspots”），通过加强相应“热点”地区的巡逻警力，有效降低辖区内财产犯罪的数量；在美国的孟菲斯，犯罪预测系统“让当地的犯罪率下降了31%”[①]。预测分析技术在美国已用于对某一独立个体的犯罪倾向分析。针对一场帮派火拼，芝加哥警方尝试将犯罪预测的侧重点由地理信息转移至身份信息。通过将警方数据与其他数据进行整合，同时加以社会网络分析，芝加哥警方根据暴力犯罪的相关因素形成了一份涉及约400人的名单。据此，警方能够在已有的指控与犯罪记录证据之外，对一些特定个人提高防范。预测分析技术也被刑事司法领域的其他方

① 曹建明：《做好互联网时代的检察工作“+”法》，载《中国法律评论》2015年第3期。

面。在美国费城，警方运用软件预测哪些假释犯在出狱后再次犯罪的可能性较大进而需要加强监督。该软件使用二十几类变量，包括年龄、犯罪史及地理位置等。

检察机关的职务犯罪侦查工作模式也会受到大数据时代的冲击、影响。最高人民检察院曹建明检察长指出了“高度重视大数据在行政执法和刑事司法衔接、职务犯罪侦查、强化诉讼监督中的作用，探索研发检察机关电子证据云平台和智慧侦查平台，建设两法衔接平台，推动侦查指挥、远程取证、智能鉴定、行贿犯罪档案查询等检察业务流程再造，不断提高发现犯罪、惩治犯罪和法律监督的能力和水平”①。作为反腐败的重要力量，检察机关需要积极利用大数据技术，在职务犯罪线索的发现、侦查情报的获取、职务犯罪形势的分析以及刑事政策的制定等方面提高效率、提高查处职务犯罪的能力、提高科学决策的水平，以应对日益复杂、多样的职务犯罪形势。大数据技术为检察机关提供了有效的工具，整合多种数据源能够让我们更全面地了解犯罪嫌疑人在作案期间的相关活动，行为模式分析可以揭示犯罪组织的组成或用以预测未来可能发生的犯罪行为；广泛收集数据能够帮助抓捕罪犯。

四、国内外侦查机关的侦查情报系统应用现状

侦查情报信息平台方面，依托一个纵向贯通、横向集成、互联互通、高度共享的信息网络平台，整合和盘活信息资源并形成有效情报，是发达国家和地区的普遍做法，如英国的情报核心分析系统（ICAS）、美国的比较数据系统（COMPSTAT）、加拿大的自动化犯罪情报信息系统（ACIIS）和我国香港地区的警队刑事情报系统（FCIS）等。② 国内公安机关在侦查情报系统的建设相对成熟，检察机关还处于探索起步阶段。

（一）我国检察机关侦查情报系统应用现状

2010年开始，最高人民检察院开展职务犯罪侦查信息化建设，对侦查信息化建设作出了部署，提出了建立涉案信息快速查询通道，推进信息共享机制建设，加强对各类侦查信息的收集与整理，逐步建立门类齐全、内容准确、检索便利的职务犯罪侦查信息数据库，探索信息引导侦查机制等具体要求。最高人民检察院与国家质检总局、民航总局、公安部等单位建立了信息共享机制，建立了单一信息共享查询平台，开通了组织机构代码、民航航信、公安户籍和

① ［美］埃里克·西格尔：《大数据预测——告诉你谁会点击、购买、死去或撒谎》，周昕译，中信出版社2014年版，第49页。

② 任磊石：《国外警方情报信息建设概况》，载《公安研究》2005年第11期。

车辆等信息查询。目前全国有29个省级检察院能够通过专线联网、数据拷贝或绿色通道进行信息查询，与有关协查单位建成了信息共享机制，有25个省级检察院建成了案件线索管理数据库，有21个省级检察院建成了侦查基础信息数据库，有10个省级检察院探索开展了侦查信息工作。最高人民检察院技术信息研究中心建设了电子数据云平台。

（二）公安机关的情报系统建设应用状况

公安机关的“大情报系统”是公安机关“金盾工程二期”建设的核心信息化项目，其基本思路是在整合各警种、各部门信息资源的基础上，将公安机关内部的各种信息资源和通过其他渠道获取的相关社会信息资源，经过汇集、整合后挂接到情报信息综合应用平台上，根据综合情报部门以及相关业务部门的情报研判需求，合理进行信息组织和资源配置，开发设计出满足多种需求的情报分析研判功能，开发分析研判展现工具；以满足宏观决策、作战指挥和一线行动等情报研判需求。公安机关已经初步建立起了服务于全国公安机关的情报信息门户网站、情报信息管理子系统、信息资源汇集整合子系统、数据分析挖掘子系统、情报研判应用子系统、信息推送发布子系统、人员轨迹查询子系统和系统管理子系统，以及部级情报信息综合数据库等应用系统。

五、大数据时代检察机关实现情报信息引导侦查模式转型的对策

大数据时代，一个大规模生产、分享和应用大数据的信息世界扑面而来，不仅为检察机关侦查办案提供了海量信息，也极大拓展了检察机关办案的方式方法，为检察机关实现情报信息引导侦查模式转型提供了新机遇。情报信息引导侦查模式对于提高侦查工作效率、侦查工作科技和信息含量，规范执法办案行动，提升办案效果和水平可以发挥明显推进作用。结合实践应用，提出以下几条对策建议：

一是要转变侦查理念，树立“大数据”意识。在侦查中做到“数据为王”，在信息社会任何犯罪都有“信息痕迹”，也为走情报信息引导侦查模式创造了条件。对信息的广泛收集、研判和利用，对分析线索价值、梳理侦查方向、找准侦查切入点、突破犯罪嫌疑人心理防线至关重要。因此，侦查工作必须树立多角度、多维度的信息观，真正把数据信息作为侦查工作的“第一资源”，把收集挖掘信息、分析利用信息作为开展侦查工作的基础工作。

二是建立情报信息引导侦查工作机制，推动侦查工作重心转移。总体要求是要将侦查工作从单一、直接获取证据为中心前置调整为广泛收集、研判、利用数据信息为中心，并由此探明事实真相、获取定案证据、证明犯罪事实。基本思路是突破原先那种过分依赖审讯、口供、“由供到证”的办案模式，代之

以数据信息为基础和引导，拓展侦查视野和空间，把侦查着力点放在分析研判涉案信息、线索上来，从中找出更多的侦查思路和侦查方法，实现从传统的办案模式向先发制人、主动出击转变，真正形成侦查工作的主动性和预见性。

三是建设和应用侦查情报信息平台。工欲善其事，必先利其器，依托互联网、“大数据”构建的侦查情报信息平台，是情报信息引导侦查的一项基础工程。信息收集主要源于外部共享平台、内部数据库群和互联网，收集的方法根据具体情况可以采取外部数据同步导入、外部数据自动导入、外部数据手工导入和手工录入等方式。信息研判是大数据的本质特征，通过对数据的分析可以揭示出凭直觉难以发现的有价值信息，包括对线索型信息的分析研判，对犯罪动向趋势、发案特点进行监测分析并提出研判意见，发掘事物之间隐含的关联，指引侦查方向等；在方法上，要运用大数据可视化分析技术，图形化的展示分析成果。侦查情报信息平台拓展涉案信息查询共享渠道，比如户籍、银行、房产、证券、工商、社保、国资委、组织人事、国土、婚姻登记、交通、出入境等部门，建立信息渠道，广泛收集各类侦查基础信息，为情报信息分析研判、线索初查、案件突破和查办提供支撑。侦查信息综合平台实现对职务犯罪线索、情报信息的集中统一管理、查询和分析研判。

四是做好侦查情报信息平台建设的统筹规划，顶层设计。目前侦查情报信息平台没有具体的统一标准，导致各地各级检察机关甚至一个检察院内的各个部门（反贪局、反渎局）都分别建设侦查情报信息平台，造成重复建设，难以互联互通，也形成了不少信息壁垒和信息孤岛，平台的规模效应难以体现。因此建议侦查情报信息平台主要在高检院和省级院层面来建设，并统一数据标准和格式，实现系统间的互联互通和信息共享，市级院和基层院主要是使用平台，有条件的地市级院经审批可以建设本地的侦查情报信息平台。

五是研发适应职务犯罪特点的侦查情报信息平台。目前许多检察院建设的侦查情报信息平台多是公安机关采用的软件系统的简单移植，公安机关主要办理普通刑事犯罪案件，检察机关办理的职务犯罪在犯罪主体、犯罪客体、犯罪的主客观要件、犯罪对象、犯罪手段等诸多方面都与公安机关办理的刑事案件有较大差异。职务犯罪侦查的侦查重心、所需要获取的信息种类（如更关注资金类、财产类和身份类信息）、对信息的分析应用方法等方面都有自己的特点，侦查信息平台系统建设应用都要体现出来。而简单移植，往往造成“水土不服”。因此，要深入挖掘职务犯罪侦查信息平台的需求，与高校、科研院所、企业深度合作，借鉴国外研究成果和国内公安实践经验，研发适合检察机关办案的职务犯罪侦查情报信息平台软件。

六是信息化初查，实现从外调初查向网上初查、秘密快速获取信息转变。

要有效突破案件，使犯罪嫌疑人在第一时间认罪服法，就必须加强初查工作，实现办案重心前移，在立案前广泛收集涉案信息，提前固定相关证据，将实行精确打击的要求提到立案之前，把握办案的主动权。在信息共享基础上不断扩展各种信息来源渠道，推行网上初查，提高初查的秘密性和证据的准确性；注重初查工作质量和效率，围绕犯罪构成要件，在初查阶段可以采取询问、查询、勘验、鉴定等不限制人身自由、财产权利的调查措施，收集、调取相关证据材料，尽可能多的获取为审讯突破提供足够支撑的证据和各种信息。这样有利于适应开放、透明、信息化的侦查办案新形势。

七是信息支撑的交互式讯问，实现漫谈阔论式的粗放式讯问向侦查信息支撑下的精准发问转变。要高度重视第一次讯问，精心做好讯问前各种证据收集、信息分析等工作，同时加强讯问与外围取证的配合互动，对犯罪嫌疑人供述的内容，快速取证、固证，为案件后期侦查打下坚实基础。对犯罪嫌疑人立案后，每一次讯问都要周密制定讯问计划，灵活运用讯问谋略，运用全程同步录音录像，有效地固定证据，并同时进行其他证据的收集，不给犯罪嫌疑人翻供的机会。要正确把握律师提前介入对侦查工作有利的因素，在律师的参与下，通过与其交流沟通，能及时了解律师对证据和案件情况的意见，有利于我们发现办案工作存在的瑕疵，有针对性地补强证据，更全面地收集、审查和运用证据，更客观地认定案件事实。采用微表情分析、测谎技术来甄别口供真伪、判断嫌疑程度、摸透犯罪嫌疑人心理。

八是建立一支专业化的情报信息分析研判队伍，专职这项工作，切实提高发现线索、犯罪的主动性，实现情报信息引导侦查。侦查情报信息平台建立后，更重要的是需要一批相对专业、固定的高素质情报信息分析研判人才，既要懂信息技术又熟要悉侦查实践，有强烈的数据意识，能够把侦查需求同数据挖掘、数据分析结合起来，充分发掘各类信息价值，善于分析利用各种信息为侦查工作所用，为自侦查案工作提供技术支持和信息支撑。在司法改革机构管理推行大部制、机构扁平化的背景下，可以在职务犯罪侦查部门设置职务犯罪侦查情报组，为各个侦查办案组提供情报信息的收集、分析和研判服务；基层院由于人员数量限制，需要配备专职情报分析员。

论“以审判为中心”背景下的职务犯罪侦查工作转型

王 华[*] 杨道山[**]

职务犯罪侦查是反腐败斗争的主战场，职务犯罪侦查工作成效是检验检察机关战斗力的重要标志。在以审判为中心的诉讼制度改革背景下，检察机关必须以发展的眼光、创新的思维和改革的精神，不断推进职务犯罪侦查工作转型，确保职务犯罪侦查工作能够始终适应法律修改、顺应形势变化。

一、“以审判为中心”背景下推进职务犯罪侦查工作转型面临的形势

党的十八届四中全会《关于全面推进依法治国若干重大问题的决定》指出，要“推进以审判为中心的诉讼制度改革，确保侦查、起诉的案件事实证据经得起法律的检验”。以审判为中心完全颠覆了长期以来以侦查为中心、以案卷为载体的我国刑事诉讼结构和流程，使我国刑事诉讼中的国家职权主义很大程度上走向当事人主义，从纠问式诉讼走向抗辩式诉讼，从有罪推定走向无罪推定，实现了刑事诉讼制度实质意义上的转型升级，对前置的侦查活动是重要的反向倒逼机制。以审判为中心的诉讼制度改革使得职务犯罪侦查工作必须向审判标准靠拢、自觉为审判服务，进一步强化事实证据、程序规范经得起审判检验的理念，从源头上、过程上有的放矢地控制案件质量和程序，从而有效预防冤假错案的发生。①

刑事诉讼法的修改为推进职务犯罪侦查工作适应“以审判为中心”的诉讼制度改革提供了法律基础。修改后的刑事诉讼法明确写入“尊重和保障人权”，并从证据制度、辩护制度、强制措施、侦查措施等方面贯彻落实了这一

---

* 湖北省荆州市人民检察院法律政策研究室主任。

** 湖北省荆州市人民检察院反贪污贿赂局二部主任。

① 参见王祺国：《论审判为中心对检察工作的影响》，载《法治研究》2015年第4期。

原则。一方面，这为深入有效地开展职务犯罪侦查工作提供了更加有力的立法支持，但同时也增加了对犯罪嫌疑人权利的保护，加强了对侦查权力的监督和程序制约，对侦查人员的取证能力提出了更高的要求。如律师从第一次讯问起就可作为辩护人参与侦查活动，将使侦查部门以往凭借空间隔离、信息阻断等环境条件来获取口供、取证固证的优势不复存在。这些都迫使我们深刻认识更加开放、透明、信息化的社会环境对职务犯罪侦查工作提出的新挑战，改变过去封闭、秘密的传统办案模式，探索建立起一套新的办案模式。

实务中的困境为推进职务犯罪侦查工作适应“以审判为中心”的诉讼制度改革提供了实现土壤。囿于思维惯性，传统的“由供到证”的侦查模式仍在一定程度一定范围内存在。然而，这一模式在新形势下越来越难以为继。它违背了刑事诉讼的规律和重证据、重调查研究、不轻信口供的证据法原则，案件的质量难以保证；容易侵害当事人或其他诉讼参与人的诉讼权利、人身权利等，而且随着不得强迫任何人证实自己有罪的确立，循供找证将成无源之水；一旦翻供，轻则造成程序倒流，浪费诉讼资源，重则导致刑讯逼供、冤假错案；依口供过早定性，案件侦查的结果一旦不能证明有罪，造成的不良影响无疑会破坏检察机关在人民群众中的形象，影响检察机关司法公信力。不从根本上使侦查工作从“由供到证”向“由证到供、证供结合”转变，职务犯罪侦查工作就难以步入健康发展的轨道。

二、“以审判为中心”背景下职务犯罪侦查工作转型面临的困难

（一）思想观念方面的问题

主要表现在两个方面：一是旧的观念根深蒂固，形成了对传统侦查办案路径的依赖。二是新的观念难以建立。办案还停留在传统侦查思维方式上，往往凭经验思考问题、采取行动，侦查方式单一，以消耗人力、物力、财力资源为主，信息来源不广泛、信息利用意识不强、现代科技装备落后，对科技信息化成果接受度不高，缺乏主动采取信息化侦查措施手段的意识。

（二）工作机制方面的问题

虽然一体化机制建设有了长足的发展，但一些深层次的问题仍然没有解决。主要表现在三个方面：一是侦查指挥运行不畅，指挥层级过多、授权不足、反应迟钝、效率低下；案件信息共享、资源整合存在先天不足，影响了侦查指挥功能的发挥。二是在侦查协作方面，上下级检察机关、同一检察机关内设机构之间侦查力量分散化，相互掣肘，不利于整体协调发展；自侦部门与批捕、公诉部门协作配合和监督制约机制尚不够完善，证据证明标准有时存在较

大分歧，制约了职务犯罪的侦查质量和效益。三是办案基地、科技装备、信息资源的建设粗放，分散建设、分散使用，既浪费资源，又达不到预期目的。同时，与纪检监察、公安机关、行政执法机关的协作配合机制尚不完善，存在协作配合尺度把握不准、案件移送不规范、不及时等问题，削弱了案件查处的力度。

（三）侦查能力方面的问题

少数干警侦查业务和法律、纪律素养较弱，独立承担涉及面稍广、疑难复杂的案件较为困难；熟悉侦查业务的干警严重缺乏，尤其是能独立承办或能带队工作的干警比例太少。在人才的招录和培养上，忽视了专业人才的选用，精通刑事侦查、心理学、会计、金融、信息技术等专业人员更是少之又少，导致对一些专业问题无所适从。同时，一些侦查骨干因长期在一线办案，存在较为严重的疲劳厌战情绪；初查工作不细致，侦查工作基础不牢、信息不足；对犯罪嫌疑人的口供具有天然的依赖性，难以适应办案的现实需要。

三、“以审判为中心”背景下推进职务犯罪侦查工作转型的对策建议

修改后的刑事诉讼法进一步完善了强制措施和侦查手段，明确规定检察机关在办理职务犯罪案件过程中可以依法决定使用指定居所监视居住和技术侦查措施，延长了传唤、拘传的时限，扩大了查询、冻结涉案财产的范围，增加了犯罪嫌疑人逃匿、死亡案件违法所得的没收特别程序，细化了逮捕条件，规定了口头传唤方式等，为职务犯罪侦查工作提供了强有力的措施和手段。① 强制措施和侦查手段的完善，既是对侦查权的扩展，也适应了反腐败斗争的需要。要牢牢把握刑事诉讼法修改实施为职务犯罪侦查工作带来的难得机遇，认真研究这些新规定的适用条件，根据不同案件的具体情况，从有利于侦查出发，灵活、综合运用强制措施和侦查措施。要切实转变观念，努力克服畏难厌战情绪，以奋发有为的姿态直面当前存在的问题和不足，牢固树立人权保障、程序公正、公开透明、规范司法等理念，着眼精细化、科技化、信息化、一体化、集约化、规范化、专业化，推进职务犯罪侦查工作转变观念、转换模式、转型发展。

（一）突出初查精细化

要加强对初查工作的精细化管理，确保初查有条不紊推进、平稳深入发

① 宋兴伟：《以学习贯彻新刑诉法为契机 推动职务犯罪侦查工作平稳健康发展》，载《检察纵横》2012 年第 9 期。

展。一是周密制定初查方案，明确初查的方向和范围、重点和方法，及时修正初查策略、调整初查方向，灵活运用初查对策，增强突破案件的能力。二是规范初查手段运用。以秘密初查或以策略性的公开掩蔽真正的调查意图、内容和方向，无特殊需要，不直接接触调查对象；可采用不限制初查对象人身、财产权利的侦查措施，不得采取强制措施，不得查封扣押、冻结财产，不得采取技术侦查措施，确保初查阶段获取证据材料的合法有效。三是及时全面调取证据，堵塞犯罪嫌疑人串供、翻供的后路，为突破案件奠定坚实基础。四是强化风险防范。凡是初查后拟立案并采取拘留、逮捕措施的，均要进行风险评估，谨防盲目决策、简单行事。同时，要防止“过度初查”的错误倾向，对于运用初查职能获取的材料和情况已经穷尽，掌握的材料和情况已符合立案条件，不采取强制措施无法有效获取证据的情况下，要果断从初查转入立案。

（二）突出侦查手段科技化、信息化

职务犯罪日趋复杂化、智能化、隐蔽化、高科技化的新特点新趋势，要求我们必须强化现代科技意识，大力推进侦查手段现代化建设，促进职务犯罪侦查工作转型发展。一是高标准谋划侦查手段现代化建设。要瞄准信息前沿技术，努力实现对侦查信息的全方位全领域收集运用，对侦查活动的全过程全时段指挥、监控和调度，把侦查手段现代化建设工作做实做细做强，为办案工作提供强而有力的支撑。二是把加强实战应用作为当务之急。要牢固树立“信息引导侦查”的理念，充分发挥侦查信息平台的重要作用，积极拓宽侦查信息和技术运用渠道，推动侦查信息和技术在线索分析评估、初查、侦查取证、追赃追逃等各个环节全覆盖，增强运用信息和技术侦查办案的能力。从线索分析评估开始到初查、乃至侦查阶段，能借助信息化手段进行的，都要借助信息化手段进行。三是努力提高获取电子数据的能力。统筹网上侦查和网下侦查，在依法采取讯问、询问、搜查、扣押等常规侦查措施的同时，强化网络技术运用意识，及时全面收集电子邮件、网上聊天记录、网络博客、手机短信、电子签名等网络数字信息，积极利用硬盘恢复、手机取证等技术手段获取证据，破解侦查难题。四是严格监督管理。信息查询和侦查技术手段的运用，涉及办案秘密、公民个人隐私和检察机关的形象，必须坚持以严格依法规范为保障，进一步强化监督管理。要层层制定侦查信息查询和侦查技术设备使用管理规定，建立和完善信息查询、侦查技术设备使用台账，着力在制度建设和日常规范管理上抓好落实，确保不发生任何违法违规事件。

（三）突出机制建设一体化、集约化

一是发挥主体作用。市院反贪局、反渎局既要带着基层院干、干给基层院看，按照案件管辖规定积极查办有影响的大案要案和窝案串案，发挥好示范和表率作用；同时，也要加强对全市办案工作的动态监控和分类指导，积极调动和发挥基层院办案工作主观能动性，推动办案工作的健康深入开展。二是加强协同侦查。要积极实行协同侦查，进一步整合侦查资源，实现科学指挥、横向协作、资源共享、技术共用，不断提升整体办案水平。市院侦查指挥中心办公室要加强对职务犯罪类案及其特点规律的研究，适时组织小专项、专案侦查等活动，加大区域联动办案力度，扩大办案工作成效。三是用活“四办”措施。充分发挥一体化机制的实战功能，基层院在查办案件工作中遇到干扰、阻力等困难和问题的，应当及时向市院报告；市院受理基层院的请求或者在办案工作中发现需要帮助基层院推动办案工作的，应当全力支持和配合。要针对办案的实际，积极运用提办、交办、参办、督办等措施，落实办案任务。四是强化协作配合。围绕强化收集、固定、使用证据的任务和要求，搞好侦查环节与批捕、公诉环节的有机衔接。针对干扰侦查、律师介入等因素，强化与法警、监所、技术等部门配合协作，解决好律师会见对犯罪嫌疑人供述变化的动态掌控问题，着力提升发现、证实、揭露和出庭指控犯罪的能力。五是积极谋划办案基地、硬件设施的统一建设、集中使用。

（四）突出司法规范化

侦查权来源于法律授权，必须严格依法行使，司法规范化是推进职务犯罪侦查工作转换模式的基本底线。目前，关于规范化办案的制度已经比较完备，关键在于落实。要坚持以法治思维和法治方式惩治腐败，依法严格查办职务犯罪案件，在任何时候任何情况下都要坚守规范办案的底线，坚决防止和纠正违规办案，坚决杜绝检察机关发生违法办案的重大事件特别是安全事故。尤其要强调的是，要积极适应纪检监察机关办案力度和办案方式调整的形势，认真落实中央关于“明确纪检监察和刑事司法办案标准和程序衔接”的要求，不搞“联合办案”，不相互借用手段。

（五）突出队伍专业化

进一步加强职务犯罪侦查队伍建设，着眼打造“过硬反贪局”、“过硬反渎局”，提升侦查人员专业能力。一是抓好司法体制改革相关工作。以员额制改革为契机，改善职务犯罪侦查队伍结构；以“内部整合”改革为契机，整合反贪污贿赂部门、反渎职侵权部门和预防部门的职能；以司法责任制改革为契机，优化职务犯罪侦查工作流程，提高职务犯罪侦查工作效率。二是建立专业人才引入机制和优胜劣汰的用人机制。注重引入计算机、金融、会计等领域的专业人才，提高侦查攻坚水平；定期对侦查人员进行目标考核、开展业务比武，调动争先积极性，着力培养业务骨干。[①] 三是经常开展有针对性的业务培训。要以不同办案环节的侦查实务技能和法律以外与侦查办案有关的专业知识为内容，切实增强发展捕捉线索，收集、固定、鉴别和使用证据，运用侦查谋略、强制性侦查措施和高科技侦查手段等方面的能力。

① 肖荣会:《检察机关开展反贪侦查工作面临的形势及对策》，载《天津检察》2014年第1期。

以审判为中心背景下我国证据制度与控辩规则的演变方向

罗　军[*]　敖　意[**]

以审判为中心的诉讼制度改革，必然需要证据制度的革新和诉辩活动的良性运作，作为其推进的基础。因此，有必要深入探究以审判为中心的诉讼制度改革对我国刑事证据制度和庭审控辩对抗规则带来的挑战，厘清当前证据制度和庭审控辩对抗规则的缺陷与问题，探索其发展方向，以顺应刑事诉讼制度改革。

一、改革背景下我国证据制度与庭审控辩对抗规则的变革方向

以审判为中心的诉讼制度改革，必然打破我国证据制度与庭审控辩对抗的现状与格局，势必推动我国证据制度与庭审控辩对抗规则的转型发展。具体而言，改革将带来以下四个方面的转变。

（一）庭审核心之变：从案卷笔录核心向证据裁判核心转变

从实然角度分析，从侦查到审判，案卷笔录犹如流水生产线上的产品，当然地具有证据资格，可以畅通无阻地进入庭审直至成为定案的根据。这种以案卷笔录为核心的证据审查方式，是侦查中心主义的必然产物。一切刑事诉讼活动都围绕案卷笔录展开，证据规则对侦查取证行为的制约作用十分有限，使庭审的形式意义大于实质意义。例如，尽管刑事诉讼法规定了非法证据排除规则，但在司法实践中非法证据排除较为少见。从应然角度分析，审判是决定定罪与否和量刑轻重的关键阶段和刑事诉讼的核心环节。但是，当庭审围绕侦查案卷笔录展开，侦查行为“绑架”审判结果、审判机关“消化”刑事案件等司法现象的出现便不足为奇。因此，以审判为中心的诉讼制度改革的根本目的

* 江西省人民检察院研究室主任。

** 江西省新余市人民检察院检察员。

在于对现行证据制度的纠偏，打破案卷笔录的核心地位，突出证据裁判的核心地位，推动从案卷笔录核心向以证据裁判为核心转变。

（二）庭审方式之变：从书面证言向直接言词转变

当前，在案卷笔录中心主义使得大量的证人以书面笔录的形式代替出庭作证，书面证言在法庭上畅通无阻，法官接触的书面证据多，接触的证人少，书面审查多，亲历性审查少。庭审围绕书面证言等“二手”证据进行而非通过直接听审、言词辩论的方式进行，庭审质证功能弱化，庭审的真实发现功能削弱。要重塑庭审查明事实的功能，必须改变书面证言审理为主的方式，力行直接言词原则，促使被告人、证人、被害人、鉴定人、侦查人员等出庭作证，接受控辩双方的质证，以突出庭审在刑事诉讼中的中心地位，让庭审在查明事实、认定证据方面发挥决定性作用，防止庭审的形式化。

（三）证明标准之变：从客观真实向法律真实转变

传统的事实清楚，证据确实、充分的证明标准过于强调对客观层面的描述，注重证据间的相互印证，甚至要求结论具有唯一性和排他性，忽视法官内心确信的主观内省，这种确信无疑的客观真实标准，适用于所有刑事案件显然不符合诉讼证明的客观规律。推行以审判为中心的诉讼制度改革，突出证据的裁判功能，就必然要求发挥裁判者的心证能动性，注重对证据的内省性而非表面的印证性。修改后的刑事诉讼法在证明标准引入排除合理怀疑的要求后，刑事证明标准应从传统的客观真实标准转变为法律真实的证明标准。

（四）证明模式之变：从证据印证向自由心证转变

在案卷笔录中心主义的影响下，我国刑事诉讼证明演变为证据印证的模式。该模式强调案卷笔录之间的相互印证来认定事实，淡化案卷笔录之外证据的作用和影响，造成法官机械地运用证据规则，极大地提升了案卷笔录的中心地位，法官的对事实认定的主观能动性得不到有效发挥。以审判为中心的诉讼制度改革，突出强化了庭审的调查作用，要求法官的裁判基于庭审产生而非案卷笔录，这就要求凸显法官对证据的主观评判，弱化证据之间的刻板印证，从片面强调证据间相互印证转变为注重发挥司法裁判人员的心证作用。

二、我国证据制度与司法现状反思

以审判为中心的诉讼制度改革旨在重塑庭审的中心地位。庭审中心地位的确立，重在从庭审的形式化向实质化转变，其必然要求是突出证据的中心地位，严格遵守证据裁判规则，贯彻落实直接言词原则，突出证明责任的庭审功能。当前，我国的刑事证据立法和司法实践与上述要求还存在较大差距。

（一）庭审对抗性因素缺失

刑事诉讼法在2012年修改时，出于对“目前法官基本上不具备经过当庭审理即对案件事实证据作出正确判断的能力”[①]的考虑，同时为了“全面查清案件事实，提高诉讼效率，最大限度地实现实体公正”[②]，将检察院向法院提起公诉时移送“证据目录、证人名单和主要证据复印件”修改为“移送案卷材料、证据”，使“减少法官预断的改革努力归于失败”[③]，也使得刑事诉讼的对抗性因素从源头上消弭。

1. 先定后审弱化庭审对抗。由于案件起诉至法院后直接分配至承办法官，而法官通常在阅卷之后再行开庭，期间法官对案件必然会产生预判甚至定论。这种先预断后审判的模式使控辩对抗无足轻重，开庭成为法官对全案证据的核实而非对被告人的审判，导致卷宗成为庭审的主角，庭审难以切断与案卷笔录的联系，证据排除规则难以落实。

2. 证据偏向弱化平等对抗。我国定罪量刑程序合一，在全案移送的证据中，既包含定罪证据也包含量刑证据，诸多量刑证据却都在为定罪做脚注。例如，被告人退缴赃款、赔偿损失、前科证据和品性证据等，这些带有严重偏向性的量刑证据和品性证据无疑强化了法官对被告人构成犯罪的内心确信，在一定程度上加重了辩方消除法官定罪偏向的负担。

（二）人证规则体系缺失

我国证人出庭作证制度的设计缺陷，造成司法实践中证人出庭率低的现状，导致司法实践无法成为助推证据立法的动力源泉。具体表现如下：

1. 强制作证制度缺乏刚性。《刑事诉讼法》第59条规定，证人证言必须在法庭上控辩质证并且查实以后，才能作为定案的根据。然而，第190条规定，对未到庭的证人的证言笔录、鉴定人的鉴定意见、勘验笔录和其他作为证据的文书，应当当庭宣读。刑事诉讼法在作出证人必须出庭接受质证的强制性规定的同时，为书面证言等证据设置了例外规定，无疑为证人不出庭作证大开方便之门。

2. 证人出庭条件过于严苛。《刑事诉讼法》第187条第1款规定，关键证人出庭作证应同时满足三个条件：公诉人、当事人或者辩护人、诉讼代理人对证人证言有异议；证人证言对案件定罪量刑有重大影响；人民法院认为证人有必要出庭作证。除了第一个条件控辩双方享有参与权之外，其余两个条件皆由

---

① 黄太云：《刑事诉讼法修改释义》，载《人民检察》2012年第8期。

② 黄太云：《刑事诉讼法修改释义》，载《人民检察》2012年第8期。

③ 张建伟：《庭审中心主义的实质与表象》，载《人民法院报》2014年6月20日。

法院裁量，而立法对裁量权的行使却毫无制约机制。如果该裁量权被滥用，那么我国当前刑事诉讼中证人出庭率低的现状依然得不到改观。

3. 书面证言畅通无阻。由于制度设计的缺陷，证人不出庭以及书面证言畅通法庭的局面并未转变。此外，立法不仅没有否定书面证言的证据资格，甚至还在司法解释中肯定其资格。例如，《人民检察院刑事诉讼规则（试行）》第441条规定，“对于经人民法院通知而未到庭的证人或者出庭后拒绝作证的证人的证言笔录，公诉人应当当庭宣读”。这无异于容许证人不出庭，甚至出庭亦可拒绝作证，而最终结果仍然采信证人在侦查阶段的笔录。

（三）证明标准存在缺陷

1. 证明标准简单化。我国刑事诉讼对侦查、审查起诉和审判等不同诉讼阶段的案件均适用事实清楚，证据确实、充分的证明标准，同时对死刑案件与非死刑案件、对简易程序和普通程序案件等不同性质的案件也适用同等的证明标准，以及对实体事实和程序事实的证明要求也不作区分，这种“一刀切”式的证明标准在复杂的刑事诉讼中显得过于单一。证明标准的单一化容易导致大量的案件按照普通审程序的进行审理，不符合诉讼经济和诉讼效率的要求，也容易导致真正需要严格按照普通程序审理以落实审判中心要求的案件的庭审标准大打折扣。

2. 事实推定过于严格。我国在审判中没有建立相关事实推定的证明规则，司法实践中对事实推定限制过严，法官自由判断证据证明力的心证作用受到较大限制，导致较多可以排除合理怀疑的案件得不到司法追究，特别是对于被告人翻供或拒供的案件，由于这类案件不能满足传统的印证证明模式的要求，导致部分可以排除合理怀疑的案件被认定无罪，而在英美法系国家，因被告人有沉默权，其刑事诉讼中广泛运用刑事推定进行证明，如在美国刑事诉讼中就有四种推定，即一为可允许的推断，二为对被告方转移提供证据责任而不转移说服责任的推定，三为提供证据责任和说服责任均转移给被告方的推定，四为结论性推定即强制性推定，特别是前两种推定运用很普遍，这也是英美法系国家不依赖口供能够定案的重要制度支撑。在美国，其模范刑法典允许陪审团就犯罪的任何构成要件包括但不限于犯罪故意进行允许性推定或推断，只要控方在审判中出示任何有关基础事实的证据，那么法律就允许陪审团将这些基本事实作为推定有关犯罪事实的充分证据。① 如美国联邦最高法院曾在一个著名案件的判决中支持以下陪审团作出的推定，即将从一辆汽车中一名女性手袋中发现

① 储槐植、江溯：《美国刑法》（第四版），北京大学出版社2012年版，第97页。

的两只手枪推定为车上这名女性和其他三名男性均非法持有该两只枪支。[①] 另外，英国规定在犯罪嫌疑人身边有凶器、赃物等直接与犯罪有关物品痕迹的，如果其保持沉默，司法官或陪审团可作出对其不利的推论，在美国虽然不承认强制性推定的效力，但是立法机关往往将刑事诉讼中的特定问题的说服和证明责任分配给被告人及其辩护律师，这主要表现为被告人及其辩护律师对其提出的一些肯定性辩护事由，要提供优势证据予以证明。英美法系刑事推定制度和实践值得我们深刻反思和学习。

（四）证明模式存在偏差

司法实践中对证据相互“印证证明模式”[②] 极为推崇，要求认定案件事实的证据之间必须能够相互印证，实践中进一步异化为要求被告人口供与相关证据相互印证。尽管该证明模式具有一定的合理性，但在实践中不加区分地适用容易导致偏差和消极后果。

1. 导致司法证明形式化。在当前的案卷笔录中心主义之下，所谓证据之间相互印证，其实质是证据材料提供了相互重合或交叉的信息，各项“犯罪事实”得到了多项证据的交互验证。[③] 事实上，案卷笔录多由侦查人员单方面制作完成，存在虚假信息的可能，而庭审只是对案卷所载相互印证的证据进行形式上的举证、质证、辩论，如此，则易形成冤假错案。

2. 导致过高的证明标准。证明犯罪是对犯罪行为的历史再现过程。由于犯罪行为发生后，留下的痕迹有限，不可能完整地收集到所有证据。因此，证明犯罪就是运用历史学的分析方法，通过有限的信息来还原犯罪过程。印证证明模式要求证明犯罪的证据都需相互印证，否则属于证据不足，这本身就不是一种科学的方法论，人为提高了证明标准。

三、改革背景下我国证据制度与庭审控辩对抗规则的完善建议

当前对抗性因素缺失、人证规则体系缺失、证明责任缺位、证明模式偏差的现状，难以适应以审判为中心的诉讼制度改革。为此，笔者认为我国证据立法应当以现实问题为导向，进行相应完善，以顺应改革要求。

（一）以对抗制为基础，完善证据能力规则

尽管《刑事诉讼法》第48条规定从正面对证据的可采性作出了规定，与

---

① Joshua Dressler, Understanding Criminal Law, 5th edition, Mathew Bender&Company, 2009, p. 83.

② 龙宗智：《印证与自由心证——我国刑事诉讼证明模式》，载《法学研究》2004年第2期。

③ 陈瑞华：《论证据相互印证规则》，载《法商研究》2012年第1期。

英美法系的相关性[1]的功能较为相似，即允许和鼓励更多的证据呈现在法庭，但是英美法系除了对相关性证据作了规定之外，还从否定的角度确立了一系列限制证据可采性的规则。例如，品性证据不可采、传闻证据不可采、意见证据不可采等规则。[2] 应当说，对证据可采性从正面规定犹如设置了一道门槛，从反面规定犹如划定了一道红线，设置了证据的禁区，更有利于实现庭审的实质对抗。

当然，值得注意的是，英美法系证据排除规则日益宽松，且证据规则带有一定的地域色彩。笔者认为，我国有必要在《刑事诉讼法》第48条的基础之上，根据国情、传统诉讼文化设计和完善证据能力规则，探索建立适合国情的传闻证据、品性证据、意见证据规则，重点对取证合法性存疑、书面证言明显形式不规范和证人与案件有利害关系、对案件争议有重大影响等证言进行规制，防止不可采的证据成为裁判依据，从而削弱庭审对案卷笔录的过度依赖，突出控辩平等对抗，凸显证据裁判的中心地位。

（二）以人证为主线，完善庭审调查规则

以审判为中心的诉讼制度改革，就是要对以案卷笔录中心主义的审判模式进行矫正，这就需要改变当前书面调查的模式，摆脱对案卷笔录的依赖。要实现这一目标，必须解决两个层面的问题：一是如何通过证据制度促进证人出庭作证的规则（或原则）；二是出庭作证时如何保障庭审调查的规则。

1. 落实直接言词原则。为了使正义以“看得见”的方式实现，改革的一个重要方面就是把直接言词原则贯穿于庭审过程中，违背这一原则，证人证言不予采信。如果法官依然停留在原有的案卷笔录中心的审判模式下，那么以审判为中心的制度改革初衷就必然落空。

2. 完善举证质证和辩论制度。建立交叉询问的规则，增强庭审对抗和真实发现的功能；进一步完善控方的举证方式，强化重点举证，细化庭审证据调查。在公诉人批量举证的情况下，应当支持辩护律师加强庭前准备，确保其有效发表质证意见的机会；对于重大复杂的案件，可以通过庭前会议明确控方举证方式和内容，同时允许律师向被告人核实重要证据，包括核实部分人证，增强法庭质证的准确性和全面性；对上诉审案件，要加大出庭检察人员继续举证和证明说服责任，防止出工不出力。

---

① 相关证据是指使任何事实的存在具有任何趋向性的证据，即对于诉讼裁判的结果来说，若有此证据将比缺乏此证据时更有可能或更无可能。

② 需要说明的是，证据规则大都存在一定例外，但都是在排除规则的基础之上设置例外，证据规则的总体属性是排除规则。

3. 完善法庭认证制度。一方面，要进一步扩大当庭认证的范围，妥善安排认证的节点。另一方面，根据案件具体情况分别进行一质一认和阶段性认证。在庭审调查结束前，可以对证据作综合认证，重点评议有争议的证据。通过强化法庭认证，真正实现证据调查在法庭的基本要求。

（三）以证明标准为核心，完善诉讼证明制度

当前我国证明标准的刚性要求无法适应复杂的司法需求，有必要从标准运用的角度强化法官的主观性，从证明过程的角度强化事实推定的运用，从诉讼效率的角度强化诉前分流程序。

1. 强化证明标准的主观内省性。我国的印证证明模式把获得印证性直接支持证据作为证明的关键，注重的证明的外部性而非内省性，在理念上强调所谓的“客观真实”，而不愿承认“法律真实”，尤其是强调被告人口供与相关证据的印证性，造成很高的证明标准。以审判为中心要求“裁判结果形成于法庭”，法官对证明标准的主观判断必不可少。

2. 完善事实推定制度。为了缓解我国刑事证明标准过高的局限性，最高法院应当加大相关案例指导和规范力度，积极借鉴英美法系的刑事推定制度的合理内核，允许法官基于理性认识，扩大通过有证据证明的基础事实推定相关案件事实的适用面，重点审查和衡量案件证据的内省性特征，通过建立内心确信而定案。

3. 完善审前诉讼程序。我国起诉标准与定罪标准合一的模式不仅不符合司法规律，也不利于分流大量的轻刑案件，因此有必要对起诉的证明标准进行调整，只要案件定罪的可能性明显大于非定罪的可能性就可以起诉，同时检察机关适当扩大对案件的起诉裁量权，充分利用不起诉和附条件不起诉等手段，实现案件的分流，提升诉讼效率，以适应审判为中心的诉讼制度改革，把诉讼资源集中到审理重大案件的普通程序之中。

（四）以自由心证为引入，完善司法证明模式

司法实践中对证据印证规则的推崇，从根本上反映了客观真实的理念。尽管从理论上讲印证证明模式优于自由心证模式，但由于实践中常常难以收集到足够的证据，如果严格按照该模式，势必给实践造成现实困境，即“要么以证据不足，或者没有形成完整的证据链而放弃定罪；要么通过违法的方式获取更多的，能够实现印证要求的证据”。[①]

为克服印证证明模式带来的弊端，有必要引入自由心证这一证明模式，完

① 龙宗智：《印证与自由心证——我国刑事诉讼证明模式》，载《法学研究》2004 年第 2 期。

善我国的司法证明方式。一方面，对于重大案件尤其是死刑案件，应当实现证据印证规则与自由心证的结合，客观证明标准与主观证明标准的结合，即充分发挥法官心证作用，同时遵循确定无疑的最高标准，确保案件的高质量。另一方面，改进轻刑案件证明模式。由于事实认定是利用有限的证据认识客观事实的过程，受时空影响，当收集证据手段已经穷尽，已获证据仍有一定欠缺时，应当允许法官基于理性认识，通过建立内心确信定案。

“以审判为中心”背景下刑事诉讼证据审查

王东海*

一、引言

党的十八届四中全会审议通过的《中共中央关于全面推进依法治国若干重大问题的决定》(以下简称《决定》)提出，要“推进以审判为中心的诉讼制度改革……保证庭审在查明事实、认定证据、保护诉权、公正裁判中发挥决定性作用”。《决定》中关于诉讼制度改革的论述和规定，为我国刑事诉讼制度的发展指明了方向。以审判为中心的基本含义之一是，“刑事审判在整个刑事诉讼中具有核心的地位，只有经符合正当程序的审判，才能最终确定被告人的刑事责任问题”。① 其“根本目的是要使各办案部门重视庭审的决定性作用，严格证据标准，落实规则要求，确保案件质量，从而有效避免冤错案件的发生”。②

可见，在“以审判为中心”的背景下，对证据审查判断的精度和力度提出了更高的要求。毕竟，案件事实这座大厦建立在证据之上，证据本身的质量及其相互之间组合的牢固程度直接关系到以其为基础所建立的大厦的牢固程度。使用证据认定案件事实的过程，就是对证据的审查判断过程。毋庸置疑，科学的审查判断证据的方法是认定案件事实的关键所在。特别是，在单个证据查证属实的基础上，如何将单个证据整合为认定案件事实的证据体系，判断现有的证据及其所构建的证据体系是否达到了“证据确实充分、排除合理怀疑”的证明标准，需要科学的思维方式和方法论的指导。而科学的证据审查判断方法和逻辑思维进路需要满足两个条件：一是对认定的案件事实的建构，即围绕刑法规定的特定犯罪的构成要件，依据一定的顺位对在案证据进行审查，以判

* 重庆市江北区人民检察院侦查监督科副科长，重庆市检察理论研究人才，研究方向：刑事法学。

① 王敏远：《以审判为中心的诉讼制度改革问题初步研究》，载《法律适用》2015 年第 6 期。

② 王守安：《以审判为中心的诉讼制度改革带来深刻影响》，载《检察日报》2014 年 11 月 10 日第 3 版。

断在案证据是否可以建构起认定该犯罪所应具备的构成要件，可以称为递进式判断；二是对所认定的案件事实解构和排疑，即寻找依据证据建构案件事实过程的薄弱环节，通过对在案证据进行相互对比，对认定的案件事实及其所依据的证据进行疑点发现及其消除检验，可以称为交互式检验。当然，递进式判断和交互式检验的前提，是对客观性证据绝对优先理念的树立和贯彻。

二、递进式判断与交互式检验的意蕴阐释

（一）客观性证据绝对优先

虽然在我国现今的法律规定中并没有客观性证据与主观性证据的分类，在学理阐释中也鲜有人提及。但是，对证据进行客观性与主观性的分类在司法实践当中已经存在。在理论界，早在20世纪日本学者土本武司就将证据分为“人的证据”和“物的证据”。① 最近，我国学者樊崇义教授根据我国的证据理论，在借鉴日本学者观点的基础上，以证据内容载体的稳定性受人的主观意志影响的大小为标准，将证据分为客观性证据和主观性证据。并指出，主观性证据是以人为证据内容载体的证据，需要通过对人进行调查来获取其所掌握的证据信息，其特点是变动有余而稳定不足；客观性证据是以人以外之物为证据内容载体的证据，该类证据内容的载体通常是客观之物，虽然也会受到自然等的影响，但是在有限的诉讼时限内，在没有人为因素介入的情况下，其外部特征、性状及内容等基本稳定，所包含的证据内容受人的主观意志的影响较小，客观性较强。客观性证据包括：物证；书证；鉴定意见；勘验、检查、辨认、侦查实验等笔录；视听资料、电子数据。② 在证据审查判断中，坚持和贯彻客观性证据绝对优先应把握以下几点：

一是认定案件事实以客观性证据为中心。客观性证据绝对优先要求公安司法机关必须杜绝口供中心主义的不良思维和错误做法，将犯罪嫌疑人、被告人的供述和辩解放在次要甚至是不要的地位。侦查机关应当依法全面收集与待证事实相关的客观性证据，积极增加客观性证据的数量并提高质量以保证其确实和充分，跳出过度关注口供甚至是完全依赖于口供的办案模式和思维藩篱，消除只要犯罪嫌疑人、被告人认罪就万事大吉的错误意识。检察机关在批准逮捕、审查起诉，以及法院在审理裁判认定案件事实时，都应当以客观性证据为先导，优先使用经查证属实的客观性证据，以客观性证据所证明的案件事实为

① ［日］土本武司：《日本刑事诉讼法要义》，董璠舆、宋英辉译，五南图书出版股份有限公司1997年版，第295～296页。

② 樊崇义、赵培显：《论客观性证据审查模式》，载《中国刑事法杂志》2014年第1期。

中心，结合其他在案证据综合认定案件事实。通过对客观性证据的审查分析，以及对客观性证据所蕴含的案件事实信息的挖掘，建立起客观性证据与犯罪事实、犯罪嫌疑人或被告人之间的关联，进而确定犯罪嫌疑人或被告人与法益侵害事实和犯罪行为之间的排除合理怀疑的联系。

二是以客观性证据检验主观性证据，特别是犯罪嫌疑人、被告人的供述。客观性证据与主观性证据相比，其可靠性、稳定性和对案件事实证明的客观性都较强，对于准确认定案件事实具有主观性证据所无可比拟的价值。这就要求侦查机关在侦查活动中，及时全面细致地收集认定犯罪事实的客观性证据，将对犯罪嫌疑人的讯问放在次要位置；检察机关和法院则应以客观性证据为基础，审查和检验主观性证据，特别是检验和印证犯罪嫌疑人、被告人的供述和辩解，以确定主观证据的客观性和真实性；特别是口供的自愿性、真实性和客观性，以客观性证据为基石构建起准确认定犯罪事实所需的确实充分和排除合理怀疑的证据体系。在证据之间出现矛盾时，[①] 应将客观性证据作为认定案件事实的关键性证据优先使用。

（二）递进式判断和交互检验的思维路径

1. 递进式判断

证据审查的递进式判断的逻辑图式可以描述为，对单个证据的审查判断应当坚持从形式到内容、从程序合法到内容客观的判断逻辑；对据以认定构成要件事实的整个案件的证据体系或者说证据群的审查，应当遵循从客观性证据到主观性证据，从外围证据到犯罪嫌疑人、被告人的供述和辩解的审查判断逻辑。我们所称的递进式判断，主要是指后者，即在单个证据经查证属实的基础上，在认定构成要件事实时对整个案件的证据群的审查判断逻辑。

倡导从客观性证据到主观性证据这一递进式的审查判断证据的路径，一方面因为“对于每一个提供言词证据的人，随着时间、地点和提取的人的不同，言词证据的内容都有可能发生变化”。[②] 而“物证不会发生错误。物证不会作伪证，只有物证的解释才可能出现错误”。[③] 另一方面是因为这一判断路径具

---

① 根据矛盾体各方的不同性质与形态，证据的矛盾可以分为三种类型，即证据的矛盾、证据与事实的矛盾、证据与情理间的矛盾。参见龙宗智：《试论证据矛盾与矛盾分析法》，载《中国法学》2007 年第 4 期。本文中所称的证据间的矛盾，是指证据与证据之间的矛盾，不涉及证据与事实和情理之间的矛盾。

② 张军：《刑事证据规则理解与适用》，法律出版社 2010 年版，绪论第 8 页。

③ ［美］威廉·奇泽姆等：《犯罪重建》，刘静坤译，中国人民公安大学出版社 2010 年版，第 114 页。

有工具理性和价值理性的双重价值。[①] 可以减少实践中刑讯逼供现象的发生，最大程度地避免冤错案件的出现。

坚持从客观性证据到主观性证据这种递进式判断的审查逻辑，应当做到：对每一起案件构成要件事实的认定，都应当首先审查物证，书证，鉴定意见，视听资料、电子数据，勘验、检查、辨认、侦查实验等笔录等客观性证据；再审查证人证言，被害人陈述；最后审查判断犯罪嫌疑人、被告人供述和辩解。这一顺位是具有递进性的，即只有在第一顺位的客观性证据能够证实或基本证实了构成要件事实后，才可以进入第二顺位对证人证言、被害人陈述等证据进行审查判断，如果第一顺位的证据不能认定符合刑法规定的危害结果的发生和犯罪行为系犯罪嫌疑人、被告人所为，则没有必要或者说不能进入第二、第三顺位进行审查。特别应当引起注意的是各个顺位不能倒置，即审查的逻辑顺序不得倒流。

对于不能满足第一位阶便不可进入第二位阶判断这一主张可能遇到批判，特别是过度强调刑法的目的是社会保护的学者和实务者的批判，但是这一审查证据的顺位与刑法客观主义相适应，是对疑罪从无理念的贯彻，也是对认定犯罪要求“证据确实充分，排除合理怀疑”的落实。虽然可能放纵少许的犯罪，但从当下和长远来看，少许的放纵要比大量的冤错案件发生更易维护司法的权威。正如英国哲学家培根所言：“一次不公正的裁判，其恶果甚于十次犯罪。”因为犯罪虽然触犯了法律，终究只是污染了水流；不公正的判决却毁坏法律，就好比污染了水源。

2. 交互式检验

交互式检验从实体法角度来说，就是对犯罪构成要件要素，要能够从正面进行一般的、原则的判断，同时，也要建立一种反向的检验规则，进行例外判断，使得原则与例外、肯定与否定能够交互地、反向地进行。从程序法或者说从刑事证明的角度来说，就是对同一类证据进行纵向比较和对不同类证据进行横向比较，[②] 使得某一证据所证实的案件事实能够得到其他证据的印证，使依据证据体系所认定案件事实能够排除合理怀疑。因为，相互印证是我国刑事诉讼证明最重要的要求，其区别于典型的自由心证证明模式，“要求认定案件事实至少有两个以上的证据，其证明内容相互支持（具有同一指向），排除了自

---

① 陈久红、王东海：《毒品犯罪中“以贩卖为目的而非法收买”的具体判断》，载《中国检察官》（经典案例）2013 年第 4 期。

② 李勇：《刑事证明标准及判断方法——以三步法则为中心》，载《中国检察官》（经典案例）2011 年第 8 期。

身矛盾以及彼此间矛盾，由此而形成一个稳定可靠的证明结构”。[①] 相互印证是证据确实充分的最重要的要求，而交互式检验则是通往相互印证的最重要路径。

交互式检验的证据审查思维，符合我国《刑事诉讼法》第53条第2款的精神。该条款第一项体现了证据裁判原则，第二项是对程序合法性和单个证据客观性的要求，第三项则是衡量案件事实清楚及证据确实、充分的准则。前两项强调证据的“建构性”与“可信性”，第三项则强调对前两项证据的“排疑”，即具有“解构”的性质。由此，便形成了“建构”与“解构”并重、“以解构保障和促进建构”的证据判断标准，其实质就是交互式检验。虽然修改后的刑事诉讼法增加了排除合理怀疑，但其“并不是修改了我国刑事诉讼的证明标准，而是从主观方面的角度进一步明确了‘证据确实、充分’的含义，便于办案人员把握”。[②] 可以说，“排除合理怀疑”只是对印证证明模式的进一步强化，这一点，也得到了立法意图的佐证，如“我国事实清楚、证据确实充分的规定最为严格，应当予以保留，大可不必妄自菲薄。只是这一规定过于原则，执行中难以把握，可以考虑引进英美法系的排除合理怀疑，与原规定共同形成对法官甚至控方的要求，这样可以使司法者从案件的正反两方面来考虑问题，相互印证，也可增强证明标准在执行中的可操作性”。[③]

交互式检验的具体要求，就是司法者在对具体案件的证据进行审查时，在遵从递进式判断的逻辑思维建构起认定案件事实的证据体系后，要将认定案件事实所依据的证据进行纵向和横向的对比检验，特别是客观性证据与主观性证据之间的相互检验。纵向对比，主要针对证人证言、被害人陈述、犯罪嫌疑人或被告人的供述和辩解等言词证据而言，通过对比，验证言词证据前后的一致性、客观性；横向对比，主要是指对据以认定案件事实的不同种类的证据进行对比，如将鉴定意见认定的致伤手段与在案的致伤工具、被害人陈述的致伤经过、犯罪嫌疑人供述的致伤手段进行对比，以确定不同种类的多个证据对认定的案件事实具有同一指向。通过交互式检验，使客观构成要件要素与主观构成要件要素、客观性证据与主观性证据之间能够排除疑点，相互印证。

---

① 龙宗智：《印证与自由心证——我国刑事诉讼的证明模式》，载《法学研究》2004年第2期。

② 全国人大常委会法制工作委员会编：《〈关于修改中华人民共和国刑事诉讼法的决定〉条文说明、立法解释及相关规定》，北京大学出版社2012年版，第53页。

③ 王尚新：《刑事证据立法研究手记》，载何家弘主编：《证据学论坛》2002年第1期。

三、递进式判断与交互式检验的工作落实

（一）侦查机关取证

侦查机关在对犯罪行为进行侦查时，应注重客观性证据的价值，充分利用现代科技手段，依法及时全面地收集客观性证据。遇到突发性案件需要先行控制犯罪嫌疑人的，也应当同时或者在控制人员后立即收集固定客观性证据，而不是先通过“突审”获取犯罪嫌疑人口供，再去甚至不去收集固定客观性证据，仅凭言词证据定案。侦查人员应改变办案思维，遵循以客观性证据证实“符合构成要件犯罪事实的危害结果或危险是否发生→是否为犯罪嫌疑人所为→犯罪嫌疑人的主观心态”这一递进式的侦查取证模式。在以递进式侦查模式收集证据初步构建起符合刑法规定的构成要件事实后，再对案件证据进行交互式的检验，排除证据之间影响认定案件事实的根本性矛盾。在提请批准逮捕和移送审查起诉装订案卷时，将证明案件事实的客观性证据放在前面，其次是被害人陈述、证人证言等主观性证据，最后为犯罪嫌疑人、被告人的供述和辩解。从取证程序、取证内容和案卷装订形式三方面贯彻递进式判断和交互式检验的思维模式。

（二）检察机关审查批捕和审查起诉

审查批捕的证据标准与审查起诉的证据标准不同，在立法上和理论界均不存在争议。但是，司法实践的情况却是审查批准环节对证据的要求和证明标准的把握并不亚于公诉部门。从事批捕的检察人员常常调侃自己就是预审法官，是以几乎等同于法院审判的证据标准来办理逮捕案件，唯一的区别是对具有多笔犯罪事实的案件不用核实每一笔犯罪事实，只需保证其中的一笔犯罪事实构罪即可。造成这一扭曲现象的原因是多方面的，如考核制度的设计，错案追究的压力等，对此不再赘述。

因实践中审查批捕和审查起诉对于构罪事实审查的证据标准别无二致，因此，检察人员在审查批捕和审查起诉时，均应依法严格审查案件证据，以确保证据确实充分，排除合理怀疑。首先，对案件证据进行递进式判断。围绕侦查机关提请批捕或移送审查起诉的罪名的构成要件，以物证、书证、电子数据、视听资料等客观性证据为逻辑起点，审查在案的客观性证据所证明的案件信息，在其能够基本证实案件事实之后，再审查证人证言、被害人陈述，最后再看犯罪嫌疑人、被告人的供述和辩解；如果在案的客观性证据不能证实基本的案件事实，则应引导公安机关补充侦查相关的客观性证据，补充不了的，应作出证据不足不捕或存疑不诉决定。需要注意的是，如果侦查机关移送的案卷是

依照从客观性证据到主观性证据的顺序装订，则依照顺序审查判断即可；反之，则应跳出案卷装订顺序，从客观性证据先行审查。其次，以交互式检验的方式对以递进式判断所构建的证据体系进行反向的验证。即审查犯罪嫌疑人、被告人供述和辩解与被害人陈述、证人证言，特别是书证、物证、勘验检查等笔录、鉴定意见所载内容是否相互印证，有无根本性矛盾，是否存在合理怀疑等。在终结性法律文书中，应当增加对证据的分析说理内容。

（三）审判机关判决

审判机关在遵循上述检察机关审查判断案件证据思维逻辑认定案件事实的基础上，在判决书中应当强化对证据的说理性。

一是发布证据审查判断的案例。可以看到，自法院试行案例指导制度以来，所发布的判例少有证据法方面的判例，更难以见到有关证据的证明力判断以及证据综合判断分析方面的案例。然而，证据的审查判断是认定案件事实的基础，而审查判断的方法更值得学界研究和实践思考。因此，递进式判断和交互式检验这一证据审查的方法论的贯彻和推广，需要法院改变现有的判决书形式，尤其是最高人民法院，应当通过发布有关证据审查判断思维路径方面的判例，来推动这项工作。

二是在法律文书中体现证据的审查判断过程。裁判文书对证据进行分析虽然是最高人民法院对判决文书制作的基本要求，但是不得不说，“在实践中，裁判文书说理在法律适用上相对充分，而在事实认定上则有时显得分析论证不够”。[①] 因此，各级法院应在裁判文书中对证据问题进行具体的分析，将以证据认定案件事实的审查判断过程纳入判决书之中，形成可观可见的证据审查判断思维图式，适应司法精细化的要求和趋势。

四、结语

虽然说冤错案件的发生是多方面原因造成的，但是，不科学的证据审查方法与思维恐怕应为罪魁祸首。如呼格吉勒图案中，被害人是遭强奸杀害，侦查机关却不提取阴道分泌物进行 DNA 鉴定，被害人脖子上的指印同样不提取比对；浙江张氏叔侄案中，在案的客观性证据即被害人 8 个手指指甲内检出的 DNA 是被害人和另一名男性的混合谱带却被公安司法机关忽视；佘祥林案中，针对佘祥林前后供述的矛盾、供述与客观性证据的矛盾不去进行交互式检验便定罪判刑。这些冤错案件的发生，无一不是违背了客观性证据绝对优先、递进

① 龙宗智：《中国法语境中的“排除合理怀疑”》，载《中外法学》2012 年第 6 期。

式判断和交互式检验审查判断证据的理念和方法而注定的必然走向。因此，司法实践中，应当将客观性证据放在核心地位，通过递进式判断在建构过程解构，达到确立案件事实的目的；通过交互式检验在解构过程中建构，达到排除合理怀疑的目的。以确保“定之有据、否之有据”，最大程度地减少冤错案件的发生。

以审判为中心背景下差异化证明标准探析

孟庆华*

2016年中央政法工作会议指出新的一年司法改革的重点除了继续推进以审判为中心的诉讼制度改革之外，要完善证据制度，研究探索对被告人认罪与否、罪行轻重、案情难易等不同类型案件，实行差异化证明标准。

差异化证明标准是刑事诉讼证明标准在新时期的具体体现，是司法改革中我们赋予刑事诉讼证明标准的新的含义。

以审判为中心并不是强调以庭审为中心，而是以审判职能为中心，注重审判职能在诉讼各个阶段的应用，从而促进权利保障，提高司法效率，维护司法公正。在此背景之下，

差异化证明标准也有着新的发展与进步，需要我们进行学习与探讨。

一、差异化证明标准基本问题

（一）差异化证明标准的内涵

要厘清差异化证明标准的概念，首先要了解刑事证明标准的概念。所谓刑事证明标准，是指刑事证明主体在刑事诉讼过程中，运用证据，针对证明对象，进行证明所应达到的程度，该程度因诉讼阶段不同、证明对象不同，所呈现出来的层次性亦不同，在证据的质和量上要求也不同。①

差异化证明标准实际上是司法改革背景下对刑事证明标准赋予的新内涵，有着深刻的时代背景和现实意义，故而对于其定义可以作如下概述：差异化证明标准是指在当前统一的证明标准原则之下，基于不同案件类型、不同诉讼阶段、不同证明主体和证明对象而设置不同证明要求的刑事证明标准。

（二）差异化证明标准的特征

对于差异化证明标准的特征，笔者认为可以包括如下三个方面：

---

* 上海市宝山区人民检察院法律政策研究室检察官助理。

① 郭志远：《刑事证明标准研究》，中国政法大学2008年博士学位论文，第45页。

首先，差异化证明标准的多元化。不同的案件类型，适用不同的证明标准。针对被告人认罪与否、罪行轻重、案情难易等不同类型案件，设置不同的证明标准。

其次，差异化证明标准的阶段性。具体到案件的不同阶段，适用不同的证明标准。针对立案、侦查、起诉和审判等阶段，规定不同的证明标准。

最后，差异化证明标准的层次性。针对不同的证明主体和证明对象，适用不同的证明标准。控辩双方在举证能力上的差异以及控辩双方所承担的责任性质不同要求在他们承担证明责任时适用差别证明标准，针对控方和辩方，设置不同的证明标准；针对要证明对象的不同，设置不同的证明标准。对于犯罪构成要件的事实、量刑情节、程序法事实，设置不同的证明标准。

（三）差异化证明标准的意义

差异化证明标准的提出实际上是司法改革进程中对证据制度完善的必然结果，有着重要意义。

其一，有利于刑事诉讼目的价值的实现。刑事诉讼的任务是惩罚犯罪，保护人权，差异化证明标准的设置既利于维护社会秩序，也有利于保障人权，可以最大化的兼顾公平与效率。

其二，差异化证明标准有利于保证刑事诉讼程序公平与公正，实现诉讼构造的平衡。法律通过对不同刑事诉讼主体举证程度规定不同的证明标准，可以增大或减轻有关刑事诉讼主体举证的责任，从而实现对需要提供保障的刑事诉讼主体的保障，保持诉讼构造的合理性。

其三，差异化证明标准可有效地兼顾司法效率与司法公正。差异化的证明标准设置，一方面，通过对不同案件类型进行分类处理，节约司法资源，提高司法效率；另一方面，不同证明主体和不同证明对象证明标准的不同，更有利于保障各方当事人权利，实现司法公正。

二、域内外差异化证明标准的实践

（一）差异化证明标准域外实践经验

1. 大陆法系实践经验

大陆法系的刑事证明标准是自由心证证据制度下的“内心确信”。所谓“内心确信”，是指主体对于事物的认识已经达到能够充分把握的一种特有心理状态，基于这种认识就能作出正确的判断。在证据法理论中，通常将其概括为“高度盖然性”。

法国最先确立了内心确信的标准，1877 年德国也在《刑事诉讼法》中对内心确信的原则加以规定，并在实践中逐步形成了高度盖然性标准，即这种盖然性要达到接近必然发生的程度。

在内心确信这一原则之下，大陆法系国家的刑事证明标准层次性也很明显，法国将“自由心证”分为四等，即微弱的心证、盖然的心证、盖然的确实心证和必然的确实心证。[①] 在作出有罪判决时，法国确实需要做到内心确信，在其他的诉讼阶段并没有如此严格，比如在采取强制措施时，只需要达到“具有可能性”即可。

德国刑事诉讼法针对逮捕、起诉和审判规定了不同的证明标准。此外，在德国的刑事诉讼法中，根据证明程度的不同，有证明和释明的区别，证明的标准高于释明的标准，证明主要针对实体法事实，释明主要针对程序法事实。[②]

综上可知，大陆法系国家在内心确信这一原则之下，证明标准也具有差异性，针对不同的案件类型、不同诉讼阶段以及不同的事实类型，都有不同的证明标准，并非单一的内心确信证明标准。

2. 英美法系国家实践经验

在英美法系证据理论中，证明程度可分为九等，根据不同案件类型、诉讼阶段等而有所区别。[③]

实践中英美法系国家也相应地实行了差别性证明标准，起诉时一般只需有“或然的理由”或“足够的证据”，而有罪判决证明标准则须达到“排除合理怀疑”，以无罪推定的基本原则为理论基础和逻辑依据。[④] 具体可以从以下几方面了解：

其一，诉讼阶段不同证明标准不同。在英美刑事诉讼中，不同的诉讼阶段包括侦查、起诉和审判，均适用不同的证明标准。[⑤] 在英美证据法上，依刑事诉讼的不同阶段证明所需的确定性程度划分，证明标准由高到低。

其二，案件类型不同证明标准不同。英美法系根据所要证明的罪行轻重适

① 聂文峰：《刑事证明标准研究》，复旦大学2008年硕士学位论文，第11页。

② 栗小静：《刑事证明标准》，复旦大学2010年硕士学位论文，第11页。

③ 九等：（1）绝对的确定性——任何法律目的均不作此要求；（2）排除合理怀疑——刑事案件中为有罪认定所必需；（3）明晰且有说服力的证明——适用于某些民事案件以及某些管辖法院对死刑案件中保释请求的驳回；（4）优势证明——适用于多数民事案件以及刑事诉讼中被告人的肯定性抗辩；（5）可成立的理由——适用于逮捕令状的签发、无证逮捕、搜查及扣留、控诉书和起诉书的发布、缓刑及假释的撤销，以及对公民逮捕的执行；（6）合理相信——适用于“阻截和搜身”；（7）有合理怀疑——无罪释放被告人的充足理由；（8）怀疑——适用于调查的开始；（9）没有信息——不能采取任何措施。

④ 原俊迪：《论刑事诉讼证明标准》，山东大学2006年硕士学位论文，第13页。

⑤ 尚粉红：《论我国刑事诉讼证明标准的重构》，对外经济贸易大学2004年硕士学位论文，第26页。

用不同的证明标准。总的原则是"犯罪性质越严重，必要的证据最低要求就越高"。这主要是从保障人权的理念出发。

对于严重的刑事犯罪案件类型，必须采取更加严格的证明标准和诉讼态度，否则一旦出现错误，就会严重损害被告人的合法权益，甚至造成不可挽回的后果。

其三，证明主体不同证明标准不同。在英美法系中，根据无罪推定原则，证明责任原则上由控方承担，被告人不需要证明自己无罪。但不排除在一些特殊情况下需要被告人承担一定的证明责任。但是，即使在特殊案件中需要被告人承担证明责任，其证明责任也相对较低，其证明标准只需达到盖然性优势标准即可。控方才是需要承担较高证明责任，需要证明被告人有罪的一方。

（二）域内司法实践

根据我国刑事诉讼法的规定，我国刑事证明标准是"实清楚，证据确实充分"。但实际上在每一个阶段，都有其推动诉讼过程继续进行的标准。①

立案阶段的证明标准：根据法律规定，人民法院、人民检察院或者公安机关对于报案、控告、举报和自首的材料，应当按照管辖范围，迅速进行审查，认为有犯罪事实需要追究刑事责任的时候，应当立案。② 据此可以看到，立案阶段的证明标准相对较低一些，只要有需要追究刑事责任的犯罪事实即可。但是也要注意，这里其实也包括两个方面：一是要有犯罪事实；二是犯罪事实是需要追究刑事责任的犯罪事实。

批捕阶段的证明标准：根据法律规定，对有证据证明有犯罪事实，可能判处徒刑以上刑罚的犯罪嫌疑人、被告人，采取取保候审尚不足以防止发生下列社会危险性的，应当予以逮捕。③ 由上述可知，批捕阶段的证明标准包含如下三个方面：其一，有证据证明的犯罪事实；其二，可能判处徒刑以上刑罚；其三，存在社会危险性，取保候审等措施不足以防止社会危险性的发生。在批捕阶段，涉及犯罪嫌疑人的人身自由问题，证明标准相对立案阶段来说就严格很多，需要同时满足三方面的条件，才可以采取逮捕措施。

审查起诉阶段的证明标准：根据法律规定，公安机关侦查终结的案件，应当做到犯罪事实清楚，证据确实、充分，并且写出起诉意见书，连同案卷材料、证据一并移送同级人民检察院审查决定。④ 由上可知，公安机关移送检察

---

① 陈卫东：《关于完善我国刑事证明标准体系的若干思考》，载《法律科学》2001 年第 3 期。

② 《中华人民共和国刑事诉讼法》（2013 年 1 月 1 日实施）第 110 条第 1 款。

③ 《中华人民共和国刑事诉讼法》（2013 年 1 月 1 日实施）第 79 条第 1 款。

④ 《中华人民共和国刑事诉讼法》（2013 年 1 月 1 日实施）第 160 条。

院审查起诉的证明标准包括两个层次：首先，犯罪事实清楚；其次，证据确实、充分。可以看到，此处的证明标准较前述两个阶段已经有了质的区别，不仅仅是存在犯罪事实，而且必须做到犯罪事实已经查清楚，相关证据也需要做到确实、充分，较之批捕阶段“有证据证明”亦是提高很多。需要注意的是，本阶段的证明标准掌握主体一般说来是公安机关，部分自侦案件掌握主体是检察机关以及国家安全机关。

提起公诉阶段的证明标准：根据法律规定，人民检察院认为犯罪嫌疑人的犯罪事实已经查清，证据确实、充分，依法应当追究刑事责任的，应当作出起诉决定。[①] 由上述可知，本阶段证明标准包括三个方面：首先，犯罪事实已查清；其次，证据确实、充分；最后，依法应当追究刑事责任。可以看到，本阶段除了事实以及证据方面的要求，还对犯罪行为作出了法律判断，即该行为是否应当追究法律责任。同时。本阶段的证明标准判断主体是检察机关，在对上述标准的把握上会比公安机关更为严格、精准。较之审查起诉阶段，提起公诉的证明标准又提高了一些。

判决阶段的证明标准（有罪判决）：根据法律规定，在被告人最后陈述后，审判长宣布休庭，合议庭进行评议，根据已经查明的事实、证据和有关的法律规定，案件事实清楚，证据确实、充分，依据法律认定被告人有罪的，应当作出有罪判决。[②] 本阶段证明标准也包含三个层次：其一，案件事实清楚；其二，证据确实、充分；其三，依据法律认定被告人有罪。除了对事实和证据的把握，本阶段也是对法律进行适用，作出了法律判断，不同于公诉阶段，本阶段证明标准的掌握主体是法院，作为审判机关，居中裁判，法院对上述标准的把握更为严格审慎。

综合上述可以知道，不同诉讼阶段的证明标准都存在一定的差异性，但是随着诉讼阶段的递进，证明的标准也不断提高，这其实是差异化证明标准的实践体现。但是当前我国并没有系统的对证明标准进行规定，故而已有的一些规则散乱地存在于不同的法律条文之中，差异化证明标准的提出，对于证据制度的改革是一个契机，借此机会，可以对我国的证明标准进行梳理整合，不论是重新对其进行规定抑或在当前基础上修改规定，都是重大的进步。

---

① 《中华人民共和国刑事诉讼法》（2013 年 1 月 1 日实施）第 172 条。

② 《中华人民共和国刑事诉讼法》（2013 年 1 月 1 日实施）第 195 条。

三、以审判为中心背景下差异化证明标准的探索

（一）差异化证明标准应坚持的原则

1. 推行差异化证明标准应当坚持惩罚犯罪与保障人权并重的原则。2016年中央政法工作会议提出今年司法改革的重头戏是推进以审判为中心的诉讼制度改革，其中一方面就是完善证据制度，研究探索对被告人认罪与否、罪行轻重、案情难易等不同类型案件，实行差异化证明标准。要坚持从我国社会主义初级阶段基本国情出发，把握好惩治犯罪和保障人权的平衡，既不人为降低证明标准，造成对当事人合法权利保障不力，又不脱离实际盲目提高证明标准，影响打击犯罪的力度和效果。

2. 推行差异化证明标准应当坚持实体正义与程序公正相统一的原则。诉讼证明是实体真实和程序正义两大价值目标的选择和实现的过程，刑事诉讼证明标准作为刑事诉讼证明过程完成的标志，它应当是实体真实和程序正义两大诉讼价值目标平衡的结果。差异化证明标准的推行必须坚持实体与程序公正的统一。

3. 推行差异化证明标准应当坚持司法效率与公正相平衡的原则。差异化证明标准的内涵根据不同案件类型、不同诉讼阶段设置不同的证明标准，能够有效地提高司法效率；针对不同证明主体和证明对象设置不同的标准则可以更好地维护司法公正，在推行差异化证明标准的过程中，必须坚持司法效率与公正并重的原则，不可以过分偏向其中一方，影响案件的质量和司法的权威。

（二）推行差异化证明标准的基本要求和方法

推行差异化证明标准有其基本要求和方法，差异化证明标准的基本要求包括如下三个方面：

其一，准确把握刑罚目的。刑罚的目的是人民法院对犯罪分子判处刑罚所期望的结果，刑罚的目的是为了预防犯罪，包括一般预防和特殊预防。它是整个刑罚制度的正当化理由和存在依据，决定了整个刑罚制度应该以何种方式存在及其存在的合理性。新时期我国刑罚的目的是惩罚犯罪与保障人权的统一。因而在推行差异化证明标准的过程中，必须牢牢把握惩治犯罪和保障人权的平衡。

其二，明确差异化证明标准的设立基准。差异化证明标准作为刑事证明标准，其设立基准必须准确把握。差异化证明标准应当因罪而设。不论在诉讼的那个阶段，差异化证明标准的设定都必须依据犯罪嫌疑人的行为是否构成犯

罪，只有构成犯罪，诉讼才会继续进行，因此，差异化证明标准的因罪而设是最底线的要求。

其三，切实契合我国当前的刑事诉讼的价值追求。差异化证明标准的设立与推行，必须与我国当前的立法、司法实践相结合，差异化证明标准作为刑事诉讼证明标准，需要与我国当前刑事诉讼所追求的惩治犯罪保障人权重的，兼顾效率与公平的理念相契合。

差异化证明标准作为刑事证明标准，有其自身局限性，又与刑事诉讼当事人的权益密切相关，因而在设置的时候必须审慎按照其基本方法进行。

首先，差异化证明标准的设置应当具有明确的层次性。根据不同的案件类型、不同的诉讼阶段、不同的证明主体和证明对象设置不同的标准和方法。明确的层次性设置有利于司法机关和诉讼当事人对号入座，找到自己的位置与角色，保证诉讼流程的顺利进行。

其次，差异化证明标准的应当具有可操作性。差异化证明标准的设置是为了指导实践的应用，所以应当具有可操作性，具有直接的指导意义，能为司法机关和诉讼当事人进行相应的诉讼行为提供基准和参照。

最后，从主观上司法者要转变案件审查方式，加强对客观性证据的运用。随着依法治国全面推进，社会公众对司法公正、公开的要求越来越高。在实行差异化证明标准的过程中，司法机关必须积极适应形势变化，切实转变办案方式，通过案件审查的司法化、公开化方式，既接受外部监督，又确保案件质量，切实以公开促公正、以公正树公信。在推行差异化证明标准的过程中，要保证案件质量，必须从“口供至上”向“主要依靠客观证据”的证据审查模式转变。因此，要突出强调确立客观证据的核心地位，对案件的审查认定以客观证据为基石，对言词证据特别是口供不偏听偏信。

（三）差异化证明标准推行实践中需要注意的问题

必须明确的是，差异化证明标准的首要价值目标是公平正义，改革不会以牺牲公正为代价来追求效率，作为刑事证据制度改革的一部分，差异化证明标准的提出是为了更好地适应新的时代背景下纷繁复杂的案件类型，更好地维护社会稳定，提高司法效率，促进司法公正，因而在差异化证明标准的构建过程中，不仅需要结合我国的司法实践，借鉴域内外已有的经验，也需要防范一些可能出现问题的方面。

1. 完善制度与规则

证明标准本身概念就具有模糊性和不确定性，在证明标准的内涵上，学界有各种理论，争论不休。差异化证明标准的概念则比证明标准更难以把握和界定，故而在差异化证明标准的推行过程中，若没有良好的制度和详细的规则加以保障，那么该项证明标准在构建及实施过程中，很容易侵犯人权，甚至导致徇私枉法，进而影响司法效率与公正，背离该标准提出的初衷。对于该问题，笔者认为可以从以下两个方面着手规制：

其一，完善证据制度，尽快制定相关规则与细则。差异化证明标准的推进本就是司法改革进程中证据制度完善的一部分，同时其他证据规则的制定与完善又可以更好地保证差异化证明标准的实施，差异化证明标准作为一个模糊性的概念，但又涉及当事人的权益，必须将其细化为一条一条详细具有可操作性的规程，才能保证司法者按照规定操作，既是为了司法者有规可循，不至于无法可依，又是为了保障诉讼参与人的权益，只有完善的制度、程序才能保证司法的公正，不给徇私枉法任何可乘之机。

其二，指导性案例的结合推进。根据最高人民检察院《关于案例指导工作的规定》，检察机关指导性案例由最高人民检察院统一发布。指导性案例应当符合以下条件：（1）案件处理结果已经发生法律效力；（2）案件办理具有良好法律效果与社会效果；（3）在事实认定、证据采信、法律适用、政策掌握等方面对办理类似案件具有指导意义。在证明标准这一不确定性概念的适用中，指导性案例具有无可取代的优势，已经发生法律效力的案例，将某一类型案件的证明标准勾勒出一个轮廓，在以后的案件中，司法者将有例可循，不至于盲目适用。

2. 加强人权保护

作为刑事诉讼的证明标准，差异化证明标准的不确定性导致其最大的问题就是容易侵犯犯罪嫌疑人的权利，导致司法不公。故在其推进过程中，必须充分考虑犯罪嫌疑人的权利保障，尤为重要的就是要依法保证嫌疑人的辩护权。辩护权是法律赋予犯罪嫌疑人、被告人针对指控进行反驳和辩解，以维护其合法权益的一项专属诉讼权利。在诉讼制度和程序上保障犯罪嫌疑人、被告人充分行使辩护权，是诉讼民主的表现，也是查明案件客观真实情况及正确适用法律的必要条件。实行差异化证明标准的过程中，必须依法保证犯罪嫌疑人及其律师的辩护权，确保罚当其罪，罪刑相适应，从而在个案中实现司法正义。

3. 适应刑事政策

刑事政策一词最早由德国刑法学家费尔巴哈提出，后经不断发展。狭义上的刑事政策，专指限于刑法规范体系内的法律政策而言，以研讨如何发挥刑法防制犯罪的功能为主要范围。[①] 刑事政策在我国应用较早，并与之对应的社会状况相适应。宽严相济的刑事政策是我国当前推行的与差异化证明标准有关联

① 张玭玭：《论宽严相济的刑事政策及其实现方式》，山东大学2010年硕士学位论文，第4页。

的刑事政策之一。宽严相济的刑事政策作为构建和谐社会的新命题之下的新政策，以前的刑事政策相比更注重于保障人权和维持社会和谐。① 当前宽严相济的刑事政策下，差异化证明标准的构建与实施也必然需要有宽有严，轻重结合，针对不同的类型设置不同的标准，证明标准与当前的刑事政策应当保持一致性，才不会在法律适用中出现问题，保证司法的权威。

笔者上述差异化证明标准的相关问题是在当前以审判为中心的诉讼制度改革背景下作的初步总结与思考，实践中差异化证明标准是当前证据制度改革的重要组成部分，对我国当前改革具有重要意义，差异化证明标准规则的构建需要我们结合理论与司法实践逐渐提炼形成，笔者抛砖引玉，以期能够在接下来的改革进程中逐渐提出并完善相关制度与规则。

① 刘力源：《在宽严相济的刑事政策下——以轻型化为主的对特殊群体的特殊保护》，载《湖北函授大学学报》2013年第12期。

以审判为中心的诉讼制度改革背景下公诉工作的应对

李鹏飞*

以审判为中心的诉讼制度改革实质上是强调审判阶段尤其是第一审程序中的法庭审判在整个刑事诉讼程序中的中心地位，强调把事实认定和证据采信限定在审判阶段，并通过制度提升法院的权威，保证判决的终局性。① 以审判为中心就是要求庭审实质化，保障庭审在查明事实、认定证据、保护诉权、公正裁判中发挥决定性作用。公诉工作连接侦查与审判，承担着依法指控犯罪、侦查监督、审判监督等职能，涉及证据、辩护、强制措施、管辖、回避等各项诉讼制度，联系犯罪嫌疑人、被害人、证人、鉴定人等诉讼参与人，工作复杂、任务艰巨。以审判为中心的诉讼制度改革给公诉工作带来深刻影响，检察人员尤其是作为公诉人应切实转变执法理念，深化对以审判为中心诉讼制度改革的认识，加强与侦查机关协作，提高审查证据能力，促进审查起诉工作精细化，以全面提升公诉人的能力为基础，提高出庭论辩水平，不断增强监督能力，强化检察机关对审判阶段诉讼活动的法律监督，以有效应对以审判为中心的诉讼制度改革。

一、“以审判为中心”和“侦查中心主义”诉讼模式的比较

（一）“以审判为中心”的基本内涵

十八届四中全会通过的《中共中央关于全面推进依法治国若干重大问题的决定》（以下简称《决定》）明确提出要“推进以审判为中心的诉讼制度改革”，具体表述是：“推进以审判为中心的诉讼制度改革，确保侦查、审查起诉的案件事实证据经得起法律的检验。全面贯彻证据裁判规则，严格依法收集、固定、保存、审查、运用证据，完善证人、鉴定人出庭制度，保证庭审在

* 河北省唐山市人民检察院法律政策研究室检察员，首批全国检察机关调研骨干人才。

① 樊崇义、张中：《论以审判为中心的诉讼制度改革》，载《中州学刊》2015 年第 1 期。

查明事实、认定证据、保护诉权、公正裁判中发挥决定性作用”。从这段论述来看，以审判为中心就是以庭审作为整个诉讼的中心环节，侦查、起诉等审前程序都是开启审判程序的准备阶段，侦查、起诉活动都是围绕审判中事实认定、法律适用的标准和要求而展开，法官直接听取控辩双方的意见，依据证据裁判规则作出裁判。以审判为中心也就是我们常说的“审判中心主义”，是指在刑事诉讼的各个阶段关系中，都凸显审判的中心地位，将刑事审判作为整个诉讼的核心。侦查阶段和起诉阶段均是刑事审判的预备阶段，只有审判才具有定分止争的权威性、终局性作用。[①] 简言之，以审判为中心就是要求庭审实质化，提高审判质量。[②]

通常认为，以审判为中心有三个层面的含义：第一，审判是整个刑事诉讼程序的中心。因为相对于立案、侦查、起诉、执行等程序而言，只有在审判阶段，才能最终确定被告人的刑事责任。第二，一审是整个审判体系的中心。法庭审判所要解决的根本问题是案件的事实认定和证据的采纳与排除，这类问题的解决并不因审级提高而变得更为容易；相反，会因审级越高，所需时间越长，离事实真相越远而更加棘手。因此，“理想的中心主义应当是一审中心主义”。[③] 第三，法庭审判是整个审判程序的中心。因为定罪权是刑事审判权的核心，相对于庭前准备、判决书送达等程序而言，法庭审判是决定被告人罪之有无的关键环节。[④]

（二）“侦查中心主义”诉讼模式的特点

《刑事诉讼法》第 7 条规定：“人民法院、人民检察院和公安机关进行刑事诉讼，应当分工负责，互相配合，互相制约，以保证准确有效地执行法律。”在这种体制下，公安机关负责侦查，检察院负责起诉，法院负责审判。公、检、法三家既有分工又有配合，共同目标是把好案件的“质量关”，保证刑事司法系统生产出合格的“社会产品”，完成打击犯罪和保障人权的任务。于是，作为第一道“工序”的侦查自然就是刑事诉讼的中心环节，或者说，就是认定案件事实的实质性环节，而起诉和审判在认定案件事实上的作用就容易被虚化，成为仅对“上游工序”的检验或复核。

在“以侦查为中心的流水线”诉讼模式下，检察官和法官审查案件是

---

① 杨依：《推进以审判为中心的诉讼制度改革的重大意义》，载 http：//theory. workercn. cn/251/201501/12/150112095237253. shtml，2015 年 1 月 30 日访问。

② 王守安：《以审判为中心的诉讼制度改革带来深刻影响》，载《检察日报》2014 年 11 月 10 日第 3 版。

③ 沈德咏：《论疑罪从无》，载《中国法学》2013 年第 5 期。

④ 樊崇义主编：《刑事诉讼法学》，中国政法大学出版社 2002 年版，第 84 页、第 257 页。

“以案卷为中心”的，因为在这个“流水线”上传送的就是包括各种证据材料的案卷。侦查机关制作的案卷既是检察官提起公诉的主要依据，也是法官作出判决的主要依据。在案卷中，笔录是各种证据的基本形态。于是，检察官和法官对证据的审查也就成为对各种笔录的审查，如询问笔录、讯问笔录、勘验笔录、检查笔录、搜查笔录、辨认笔录等。过分强调“互相配合”的重要性，在公安机关已经侦查终结的情况下，检察院只能提起公诉，法院也只能作出有罪判决。刑事庭审本应是刑事诉讼中具有决定性的环节，却被虚化到可有可无的境地。赵作海案、呼格吉勒图案、于英生案等冤错案件的形成虽然根源于侦查环节的错误，但是“事实不清、证据不足”的案件又都通过了检察机关和审判机关把守的关口，顺利通过了“流水线”上的层层审查，最后成为刑事司法系统制造出来的“伪劣产品”。由此可见，在“以侦查为中心”的诉讼模式下，刑事案件的审查起诉和法庭审判很容易成为侦查的附庸。这既危害了司法的程序公正，也危害了司法的实体公正。

（三）“以审判为中心”的诉讼制度改革的基本要求

“以审判为中心”的诉讼制度改革正是在一些冤错案件陆续披露、社会各界广泛关注的大背景下提出的，它既是对诉讼规律的基本要求，也是对各界避免冤错案件吁求的一种宏观上的制度回应。以审判为中心的诉讼制度改革既是对长期以来我国刑事诉讼实践中奉行的以侦查为中心的“侦查中心主义”的矫正，也是对以案卷为中心的“卷宗中心主义”的转型，更是为进一步摆正侦查、公诉和审判机关之间的关系，构建一个以审判为中心的科学、合理的诉讼构造。① 以审判为中心的诉讼制度改革必然要求检察机关提高证据审查能力，强化与侦查机关的协作，全面提高指控犯罪能力和法律监督能力，这项改革将对检察机关起诉环节的职能和工作模式产生重大影响。

以审判为中心的基本要求，是控、辩、审三种职能都要围绕审判中事实认定、法律适用的标准和要求而展开，法官直接听取控辩双方意见，依证据裁判原则作出裁判。其目标和任务是促使办案人员树立办案必须经得起法律检验的理念，确保侦查、审查起诉的案件事实证据经得起法律检验，保证庭审在查明事实、认定证据、保护诉权、公正裁判中发挥决定性作用。这项改革有利于促使办案人员增强责任意识，通过法庭审判的程序公正实现案件裁判的实体公正，有效防范冤假错案的发生。

① 扶德利、郑苗苗：《浅谈以审判为中心的诉讼制度背景下的公诉工作转型》，载 http://www.jcrb.com/prosecutor/thepractice/201412/t20141212_1458848.html，2015 年 2 月 16 日访问。

二、以审判为中心的诉讼制度改革对公诉工作的影响

（一）以审判为中心的诉讼制度改革必然要求检察机关提高公诉质量①

《决定》中明确指出："推进以审判为中心的诉讼制度改革，确保侦查、审查起诉的案件事实证据经得起法律的检验。"以审判为中心，需要全面落实直接言词原则、严格执行非法证据排除制度，全面贯彻证据裁判原则，确保有证举在庭上，有证质在庭上，有理辩在庭上，有罪判在庭上，实现庭审实质化。改革之后，庭审将成为公诉人的主战场，公诉工作面临着巨大的挑战。检察机关以提起公诉的形式参与审判活动，这就给公诉工作提出了更高的要求。"以审判为中心"意味着庭审中控辩对抗的加强和证据规则的完善，庭审成为定罪量刑的主要和决定性阶段，审判者的一切心证均应当来自公开进行的法庭审理活动。这必然要求公诉检察官更新刑事司法理念，进一步提高公诉质量。

（二）以审判为中心的诉讼制度改革要求公诉人全面贯彻证据裁判原则，严格证明标准

公诉人审查起诉案件，认定案件事实和指控犯罪，履行诉讼监督职责，必须依据依法查明的证据进行，认定案件要以事实为依据，认定事实要以证据为依据。公诉人要树立重证据、重调查研究、不轻信口供的意识，坚持用证据证明案件事实，遵循正当程序，强化证明责任，用严密的证据链条锁定犯罪事实。在庭审中严格依法示证、质证，贯彻直接言词原则，确保庭审在实现司法公正，防范冤假错案的制度价值。以审判为中心的诉讼制度改革并不是以法院为中心。"以审判为中心"是强调司法机关和诉讼参与人的诉讼活动都要围绕庭审进行，确保侦查、审查起诉的案件事实和证据经得起法庭质证的检验，经得起法律的检验，确保诉讼证据出示在法庭、案件事实查明在法庭、诉辩意见发表在法庭、裁判结果形成在法庭。② 由于司法实践中，存在公诉人对法庭审判重视不够，有时会出现一些关键性的证据没有收集或者没有依法收集，进入庭审的案件没有达到"案件事实清楚、证据确实充分"的法律要求，使审判无法顺利进行。这项诉讼制度改革对于促进公诉人增强责任意识，强化程序正当的自我角色认知，实现案件程序公正有重要的影响，将引起检察机关公诉工作理念、方式的深刻变化。

---

① 王守安：《以审判为中心的诉讼制度改革带来深刻影响》，载《检察日报》2014年11月10日第3版。

② 孟建柱：《完善司法管理体制和司法权力运行机制》，载《人民日报》2014年11月7日第6版。

（三）以审判为中心的诉讼制度改革要求公诉人切实秉持客观公正义务，主动承担诉讼风险

以审判为中心的诉讼制度改革最显著的特征就是庭审实质化。庭审实质化之后，当事人对检察机关保障诉讼权利行使的要求更高，辩护人对办案程序、法律文书、司法规范等细微瑕疵的注意力更为集中。过去证据有点瑕疵，在法庭上不会有大的影响，程序上有点毛病，在法庭上也不会影响实体问题。但庭审实质化更加强调诉辩平等对抗，律师在法庭上会毫不掩饰自己的观点，如果在证据或程序方面存在一些问题，公诉人承受的压力将会加大。庭审实质化之后，证人、鉴定人、侦查人员需要出庭作证，当庭可能会修正原来的证言、意见，很可能影响法庭的认定。庭审实质化之后，对证据尤其是言词证据有异议的，公诉人简单地出示庭前证据，要么不起作用，要么证明力被削弱或者证明方向有变化，法庭就可能按照直接言词原则采信被告人当庭的供述或辩解。庭审实质化之后，对于庭审中出现的疑难复杂问题、突发情况，往往要求公诉人当庭及时决定如何处理，不可能再层层报请检察长决定。庭审实质化之后，裁判意见多由法官或者合议庭当庭形成，更多的裁判意见当庭予以宣判，检法两院不再或者绝大多数情况下不再沟通协调处理具体案件，公诉人承担的诉讼风险更大，需要公诉人切实秉持客观公正义务，主动承担诉讼风险。

三、公诉工作应对以审判为中心的诉讼制度改革的思考

（一）切实转变执法理念，深化对以审判为中心诉讼制度改革的认识

以审判为中心的诉讼制度改革是法治的进步，其根本目的是要使各办案部门重视庭审的决定性作用，严格证据标准，落实规则要求，确保案件质量，从而有效避免冤错案件的发生。[①] 为此，检察机关应当积极适应，转变执法观念，严格执行法律规定。首先，在执法观念的转变上，根据有关学者的总结，重点做到十个转变：从一元片面的价值观转向多元平衡的价值观；从权力本位的执法观转向权利本位的执法观；从长官至上的执法观转向法律至上的执法观；从军事斗争的执法观转向文明公正的执法观；从“暗箱操作”的执法观转向公开透明的执法观；从偏重实体的公正观转向实体和程序并重的公正观；从有罪推定的办案观转向无罪推定的办案观；从侦查中心的程序观转向审判中心的程序观；从查明事实的办案观转向证明事实的办案观；从倚赖人证的证明观转向重视科学证据的证明观。在以审判为中心的诉讼模式下，公诉工作必须

① 王守安：《以审判为中心的诉讼制度改革对检察工作的影响》，载《人民检察》2014年第22期。

要改变以往起诉“保底、打折”意识，树立精准起诉理念；要改变口供中心意识，树立证据裁判理念；要改变“案头工作”为重的意识，树立庭审“重头戏”理念；要改变“重打击、轻保护”、有罪推定、重刑主义等陈旧落后的执法办案意识，树立对刑讯逼供等严重非法取证行为“零容忍”理念，切实履监督职责，确保公正审判。在执法办案上，公诉机关在追求实体正义的同时，尤其要重视程序正义。更加重视对立案和侦查活动的监督，充分发挥检察机关在审前程序中的作用，加强审查把关和审前分流，特别是重点加强对命案和主要靠言词证据定罪案件的审查。[①] 其次，公诉人在办案时要更加重视人权保障，站在公正的立场考虑对犯罪嫌疑人的合法权益的保障，公诉人在审查起诉时，不单要审查那些嫌疑人有罪或罪重的证据，还要审查那些无罪或罪轻的证据，要做到全面客观。最后，公诉人要更加尊重律师工作。一个国家法治水平在很大程度上是通过律师参与诉讼来实现的。检察机关应当为律师行使职责提供方便，加强与辩护律师的沟通和交流，赢得其对检察工作的理解与配合。公诉人尊重律师权利的实现，就是对法治精神的遵守，对国家法治建设的推动。

（二）构建新型诉侦、诉审、诉辩关系

在以审判为中心的诉讼模式下，检法关系将从以往的诉审私下“好商量”变的“没商量”，警察也将从“情况说明”背后走向法庭“说明情况”，控、辩双方的对抗在庭审中将会更加激烈。因此，公诉部门要着手构建科学合理的新型诉侦、诉审、诉辩关系。

第一，强化诉前主导——构建新型诉侦关系。以审判为中心的诉讼制度改革使审判前侦查结论的不确定性增加，因此，需要通过继续侦查以随时提供指控犯罪应有的证据。这就要求起诉方与侦查机关应形成合力，侦查围绕指控犯罪的需要进行，侦查机关必须准确全面地提供指控所需要的证据。按照审判中心主义的要求，审前程序视为一个整体，侦查和起诉都承担着追诉的职能，二者的本质是一致的，侦查是作为起诉的准备和辅助程序，因此，侦查应该服从并服务于起诉工作。应以此次改革为契机，加强检察机关对公安机关侦查工作的引导或指导，保留并健全检察机关对公安机关侦查活动的法律监督机制。[②] 加强侦诉协作，形成合力，提高出庭公诉、指控犯罪的能力；对于一些重大复杂案件，公诉机关可以提前介入以引导侦查取证，从而指导侦查机关依法全面

① 曹建明：《贯彻证据裁判规则　防案件“带病”进起诉审判程序》，载 http://news.jcrb.com/jxsw/201501/t20150123_ 1471361.html，2015 年 3 月 18 日访问。

② 樊崇义、张中：《论以审判为中心的诉讼制度改革》，载《中州学刊》2015 年第 1 期。

收集犯罪嫌疑人有罪、无罪以及罪重和罪轻的各种证据；公诉机关应强化证据的完善、固定工作，及时发现并堵死证据中的漏洞，引导侦查机关补强完善证据以防止犯罪嫌疑人、被告人翻供行为的发生；同时，公诉机关要不断改进目前的证据结构，并逐步降低言词证据在刑事诉讼证据中的地位，从而使犯罪嫌疑人、被告人翻供影响自然降低。在审前阶段，公诉部门要发挥主导作用，强化对侦查的引导，根据庭审证明需要，以客观公正的视角，从应对法庭质疑和律师挑战的角度有针对性地引导侦查人员收集、补充证据，对重特大、疑难复杂刑事案件适时提前介入，促进侦查由“抓人破案”向“证据定案”转变，力争在移送审查起诉前解决证据问题；通过出席现场勘查和参加案件讨论等方式，对收集证据、适用法律提出意见，监督侦查活动是否合法，发现是否存在非法收集证据，是否存在阻碍当事人、辩护人、诉讼代理人行使诉讼权利，是否存在强制措施和强制性侦查措施不当等情况，做到及时补强和修正；健全联席会议、侦查质量评析通报、邀请侦查人员旁听法庭审理等诉侦沟通机制，及时解决案件办理中的个性与共性问题，促进侦查人员增强正当程序和证据意识，夯实案件质量基础。同时，注意尊重侦查活动的专业性和规律，防止越位、越权、越界，避免把引导、监督变成领导、指挥。

第二，注重审前过滤——构建新型诉审关系。认真把好事实关、证据关、程序关和适用法律关，更加注重证据的真实性、合法性和证据链条的完整性，对达不到起诉标准的案件在审前依法分流，防止事实不清、证据不足或者违反法定程序的案件“带病”进入审判程序，防止把矛盾推向审判环节。充分利用庭前会议，把一些不需要或者不宜在法庭上浪费时间、耗费精力的问题过滤、解决，包括被告人的思想动向、回避问题、瑕疵问题、律师提出的意见和建议，以及被告人认罪案件的分流等，法庭上只解决实质性问题。公诉人在法庭上尊重法官的居中裁判，尊重法官对庭审节奏的把握和为推进庭审作出的决定。

第三，尊重律师权利——构建新型诉辩关系。以审判为中心的改革，更加凸显庭审在诉讼中的关键地位，作为以审判为中心的诉讼制度的关键环节，应保证控辩双方意见的充分表达。要进一步更新司法理念，充分认识到检察官和律师秉承相同的法治理念、职业信仰，肩负共同的历史使命，维护公平正义、保障人权是双方追求的共同的价值目标。诉辩双方虽然角色定位、职责分工等不尽相同，在诉讼中的主张有时甚至针锋相对，但两者之间不是简单的对抗关系，双方既要各司其职、各尽其责，又要相互尊重、相对支持；既要相互信任，平等交流，又要依法规范，相互监督。公诉检察官尊重律师在会见、阅卷、取证等方面的权利，充分发挥律师在查清案件事实、保障被告人人权等方面的积极作用，把依法听取辩护意见作为提高案件质量、防范冤假错案的重要措施，认真核实、及时采纳、吸收辩护律师正确的意见和建议，并在审查报告中作出说明，确保对案件的处理更为客观、公允。探索被告人认罪案件诉辩量刑协商制度、完善庭前会议制度，加强与律师的沟通协作，做到对抗而不对立、交锋而不交恶，推动形成彼此尊重、平等相待、相互促进、良性互动的新型诉辩关系。

（三）提高审查证据能力，促进审查起诉工作精细化

为应对以审判为中心的诉讼制度改革对公诉工作的挑战，公诉人应当全面学习公诉技能，正确把握刑事诉讼的基本原则，不断提高审查证据能力，促进审查起诉工作精细化。工作重点需要调整，一是审查范围从“在卷证据”扩大到“在案证据”；二是审查方式从“书面审查”转向“亲历性”审查；三是倒逼公诉机关必须紧紧抓住证据的合法性，深入审查排除非法证据。公诉检察官应当从庭前证据审查和庭上举证辩论两个方面寻找改善工作的切入点：首先，应当更加重视庭前的证据审查工作，对证据的客观真实性、与案件的关联性、取得证据的合法性进行全面、细致、严格审查。注重发挥公诉侦查权的积极效用，主动复查存在疑问和矛盾的言词证据、存在疑问的关键证据以及存在合理性怀疑的其他证据，增强庭审控诉亲历性。充分考虑证人出庭作证可能引起的证据变化和对案件定罪量刑产生的影响，围绕案件焦点做好出庭应对准备。其次，庭审实质化使庭审活动更具对抗性和不可预测性。公诉检察官必须不断增强业务素质，提高交叉讯问能力和当庭应变能力，重视庭上证据展示方式，构筑立体公诉效果，真正通过扎实的证据和严密的论辩，履行好对犯罪的追诉职能，将检察官的信心确信转化为法官的内心确信。

当前司法状况下，非法证据排除制度的实施对于公诉机关指控犯罪的难度大大增加，随着非法证据范围的扩大，有些物证、书证一旦排除，案件很可能不能提起公诉或者提起公诉后被告人被判无罪；当出现证据合法性问题时，检察机关还要承担证明证据合法性的责任，证明不能，该证据就要被排除，指控的风险进一步加大。非法证据排除制度对公诉人审查、判断、运用和纠错证据的能力提出更高的要求，这项制度要求公诉人不但要能审查证据之“实”，还要能判断证据之“真”，识别证据之“伪”，纠正取证之“错”。为了尽量避免出现“审判中的审判”，出现公诉人疲于应付证明取证合法的窘状，要尽量在庭前会议中解决非法证据排除问题。为了更充分地实现程序正义，对刑事案件在审前进行科学分流、完善多元化的案件处理机制，是“以审判为中心”的应有之义。这也要求扩大检察机关的起诉裁量权，通过审查案件事实和法律的适用，合理斟酌影响案件定罪量刑的各种情节，以便对案件作出正确的起诉

和不起诉决定，强化公诉裁量审前调节职能。[1]

（四）全面提升公诉人的能力，提高公诉人出庭辩论水平

在以审判为中心的诉讼模式下，公诉人在法庭上要独立完成事实构造与证据展示，证据链的组合、证据合法性的证明、瑕疵证据的补正与解释、证据矛盾与矛盾证据的排伪、辩护观点的预测与封堵、庭审变数的预防与应对等，无不需要公诉人具有良好的庭审应变能力。要加强公诉队伍专业化、建设，积极开展岗位练兵活动，围绕出庭能力这一核心，以语言对抗、多媒体举证、临场反应、心理控制、综合表现为主要内容进行岗位要素分解训练，提升公诉人驾庭审、指控犯罪等出庭能力。

一是大力开展岗位练兵，扎实培养公诉人“各种能力”。组织公诉人深入系统地学习钻研刑事诉讼法律，使公诉人对刑诉规则、证据裁判规则等规定了然于胸；组织学习哲学、逻辑学、心理学、经济学、刑事侦查学、法医学等知识，提高综合分析、判断和论证的能力。二是深入开展专题培训，交流公诉实务经验。按照毒品犯罪、职务犯罪、知识产权犯罪等专题分类组织研讨，通过评析典型案例，深入剖析公诉业务工作中遇到的复杂疑难问题，促进公诉人员提高分析论证、解决疑难问题的能力。三是定期组织辩论赛、观摩庭评比，夯实公诉基本功。公诉人基本功的提高不可能一蹴而就，需要长期的学习沉淀和经验积累。要利用平时学习讨论等机会，有意识地布置演讲、发言、辩论等，强化语言表达，锻炼心理素质，逐步培养公诉人举止得体的仪表和严肃认真、沉稳自信的气质，为出庭公诉打好基本功。四是加大对年轻公诉人的培养力度，提高实战水平。不仅要安排年轻的检察人员轮流到公诉岗位锻炼，而且要把平时训练与出庭锻炼紧密结合，通过庭前的集中模拟演练和当庭评议，掌握出庭公诉的策略与技巧，通过观摩庭审或录像评析，提高出庭公诉的整体水平。

---

① 朱孝清、张智辉主编：《检察学》，中国检察出版社2010年版，第396页。

论我国检察机关刑事诉讼审前程序中权力关系的改进与检察司法办案转变模式

——兼论审前程序中公、检、法的相互分工、相互配合、相互制约关系

权建立[*]　吕　昊[**]

党的十八届四中全会明确提出推进以审判为中心的诉讼制度改革。近日，“两高三部”印发了《关于推进以审判为中心的刑事诉讼制度改革的意见》(以下简称《意见》)，对推进以审判为中心的刑事诉讼制度改革的各个方面作出了规定。《意见》主要是基于改革循序渐进的原则，为实现以审判为中心改革的近景目标作出了部署。① 当前，研究我国检察机关刑事诉讼审前程序中的权力关系，也应围绕推进这一改革的近景目标而展开，应当特别关注审前程序权力关系的理论基础，不同的理论基础会导致不同的实践选择；而改进我国检察机关审前程序中的权力关系，应当遵循我国检察机关审前程序权力关系的特殊理论原理。本文正是立足于比较研究我国与域外检察机关刑事诉讼审前程序权力关系的理论基础，辨析二者异同，把握审前程序权力关系的本质，指出我国检察机关审前程序中权力关系的特色；在此基础上，探讨了我国检察机关刑事诉讼审前程序权力关系的现实问题，提出改进我国审前程序中检法、检警权力关系现状的意见和建议。

---

* 湖北省襄阳市人民检察院专职检委会委员。

** 湖北省襄阳市人民检察院法律政策研究室主任。

① 最高人民法院常务副院长沈德咏撰文指出，推进以审判为中心的诉讼制度改革具有近景、中景和远景三重目标。近景目标，是要在现行的刑事诉讼法的框架内，通过改变审判方式，统一刑事司法标准，加快实现法院审判以庭审为中心，进而促进整个诉讼程序以审判为中心；中景目标，应当是通过深化司法改革，进一步优化刑事司法职权配置，以实现审判对侦查及公诉活动的有效制约；远景目标，应当是推动刑事诉讼法的全面修改，实现以审判为中心的诉讼程序重构，建立更加符合法治规律，具有中国特色的刑事诉讼制度。

一、我国检察机关刑事诉讼审前程序权力关系的理论基础

刑事诉讼审前程序是刑事审判程序的准备程序，服务于刑事审判程序，主要为实现两个功能，一是查明犯罪事实、发现收集证据，二是通过审判程序介入对侦查程序进行控制以保障人权。综观两大法系审前程序的刑事诉讼法制实践，虽各有不同但都是立足实现上述两个功能，表现为调整审前程序中的两个主要权力关系：警检关系和检法关系，其分别具有各自的理论基础和实践特色。如果要对这两个主要权力关系进行改进，不能与其所支撑的理论原理相悖。所以，有必要比较研究两大法系主要国家审前程序两个主要权力关系的理论原理，通过对比分析弄清我国审前程序权力关系的特殊理论原理，作为改进工作的理论指导。

（一）两大法系刑事诉讼审前程序中的警检关系——控诉职能一体

刑事诉讼审前程序中的警检权力关系反映了刑事诉讼“侦控”构造。根据两大法系主要国家刑事诉讼的立法实践，“侦控”构造存在两种模式，使警检关系呈现出两种典型形态。

1. “侦控结合”模式，反映“检警一体”的形态，以大陆法系国家为代表。在这一模式中，由检察官主导侦查、公诉程序，检察机关与司法警察之间的关系是领导与被领导、指挥与被指挥的关系。在法国，检察官在侦查程序中相当于司法警察官的上级长官，享有司法警察的一切权力，可以指挥辖区内的司法警察开展侦查工作，对强制措施进行监督。[①] 德国将警察列于检察官之下，检察机关是法定的侦查机关，警察只是其侦查人员，检察官是侦查程序的控制者，原则上领导调查活动，警察仅被允许在所谓的初查范围内主动采取行动，其余情形，须在检察官的委托或要求下行动。[②] 采用这一模式是因为，大陆法系国家纠问制诉讼模式向现代对抗诉式讼模式演化中发生了“诉审分立”，“通过追诉、审判权力分立之方式防范法官恣意，其后兼有节制警察滥权的功能”[③]，检察机关享有完整的诉权，包括侦查权和公诉权。所以，大陆法系国家实行检警一体，检警具有共同的侦查任务，检察机关是侦查主体。

2. “侦控分立”模式，反映“检警分立”的形态，以英美法系国家为代表。这一模式中，侦查与起诉分别由警察机关和检察机关独立行使，两机关相

---

① ［法］卡斯东·斯特法尼、乔治·勒瓦索：《法国刑事诉讼法精义》，罗结珍译，中国政法大学出版社1999年版，第368页。

② 参见甄贞等：《检察制度比较研究》，法律出版社2010年版，第197页。

③ 林钰雄：《检察官论》，法律出版社2008年版，第134页。

对独立，互不隶属，检察机关无权指挥侦查机关的侦查工作。在美国，刑事案件终结后，警察机关即向检察机关提交该案的罪行报告。由检察官根据警察收集的证据判断控诉证据是否达到提起公诉的标准。认为已达到起诉标准的，检察官可以提起公诉或建议大陪审团审查起诉；认为未达到起诉标准的，可以要求警察继续侦查或决定不提起公诉。[①] 采用这一模式是因为，英美法系国家现代对抗式诉讼模式直接来源于弹劾式诉讼，跨越了纠问式诉讼阶段，其刑事诉讼现代化过程中是不断强化诉方的公权性，检察机关是从警察机关中分立出来，所以，英美法系国家的检察机关与警察机关相互独立，具有各自的工作任务，但二者由于面对共同的被告时自觉地结成了追诉同盟，具有高度的合作关系。

可见，上述大陆法系和英美法系国家刑事诉讼的审前程序中的检警关系，由于侦查中的一体化或者指控中的合作性，检察对警察不具有根本功能的直接制约性，警检关系是在审前阶段都是“控诉职能一体”。

（二）两大法系刑事诉讼审前程序中的检法关系——司法控制

刑事诉讼审前程序中的检法关系，主要反映刑事诉讼中审判程序对侦查程序的介入，是审判职能对侦查职能的制衡，体现了对刑事诉讼重大事项的司法裁判原则。两大法系主要国家刑事诉讼的立法及实践对此拥有一致认识。主要表现为以下几个方面：

1. 强制性侦查行为的司法令状主义。两大法系对强制性侦查行为都采用令状主义。美国在实施逮捕、搜查、扣押等强制措施之前，必须事先获得治安法官的批准，经审查存在合理根据后签发令状，由警察或其他执法人员执行。[②] 在德国，侦查中强制处分之发动权，操诸检察官手中，但决定权则由侦查法官行使。侦查法官就检察官发动强制处分之申请，固得审查其是否合乎法定要件（《德国刑事诉讼法》第 162 条第 3 项）[③]。

2. 对审前羁押进行司法审查和救济。两大法系对逮捕和羁押都实行分置，警察、检察机关有证或无证逮捕被追诉人后，必须在合理时间内将被逮捕人接送到法官面前进行审查，以决定是否需要羁押。这种审查一般采用听审程序，控辩双方到庭陈述意见，法官作出羁押或释放决定。同时，对羁押决定都可以实施多种救济途径，既有司法救济，也就行政救济。比如，美国联邦系统的法

---

① 参见宋英辉、吴宏耀：《刑事审判前程序研究》，中国政法大学出版社 2001 年版，第 59 页。
② 卞建林、刘玫：《外国刑事诉讼法》，人民法院出版社、中国社会科学出版社 2002 年版，第 206 页。
③ 林钰雄：《检察官论》，法律出版社 2008 年版，第 153 页。

律规定了申请复议和上诉两种途径；[①] 德国三种救济途径：一是提出抗告，二是申请羁押复查，这两种途径都是因被指控人提出申请而启动，除此之外，德国还可以依职权进行羁押复查。[②]

3. 对起诉处分行为进行司法审查。两大法系除少数国家实行起诉状一本主义外，基本都要对检察机关的起诉处分权实施司法审查，目的在于防范检察官滥行起诉权，将不符合审判的案件排除在正式的审判程序之外，在实践中表现为预审程序或中间程序。

4. 对不起诉处分进行司法审查。不起诉是由检察官终结刑事案件，有架空控诉原则、恢复纠问制度的嫌疑，必须要严加防范。两大法系都规定了对不起诉的司法审查。英国对不起诉的审查经历了从一般性审查到个别性审查的过程。法院在 1968 年的第一例 Blackburn 案中，对于检察机关制定的不起诉某些级别的犯罪（如犯罪数额为 100 英镑以下的所有盗窃罪）的整体性政策，法院会进行司法审查。在 1973 年的第三例 blankburn 案中，丹宁勋爵建议，法院对个案中的不起诉决定也进行司法审查。[③] 德国刑事诉讼中的“强制起诉程序”也提供了典范，即容许被害告诉人请求法院审查检察官所为的不起诉处分，必要时强制其起诉。这一程序自实施以来，在德国成绩斐然，每年约 60 万起案件经检察官不起诉处分，其中约 2000 个处分被被害人提请强制处分程序。[④]

上述反映了两大法系刑事诉讼制度对审前程序进行司法控制的基本原则，其背后所暗含的基本精神是“侦查程序或起诉程序需要在根本功能上对其具有制约性质程序的介入，以抑制侦查权和检察权，保障犯罪嫌疑人权利”。此即是两大法系刑事诉讼审前程序中的检法关系的理论依托。

（三）我国刑事诉讼审前程序中的公、检、法的相互分工、相互配合、相互制约关系

我国刑事诉讼审前程序中的诉讼构造及两个主要权力关系与上述两大法系均有不同。我国《宪法》第 135 条和《刑事诉讼法》第 7 条，明确规定公安机关、检察机关和审判机关是相互分工、相互配合和相互制约的关系。习近平总书记在关于十八届四中全会《决定》说明中指出，我国刑事诉讼法规定公

① 孙长永：《侦查程序与人权》，中国方正出版社 2000 年版，第 222 页。

② 参见《德国刑事诉讼法典》第 304 条、第 306 条、第 310 条、第 117 条、第 118 条、第 121 条、第 122 条。

③ 甄贞等：《检察制度比较研究》，法律出版社 2010 年版，第 82 页。

④ 参见林钰雄：《检察官论》，法律出版社 2008 年版，第 145～147 页。

检法三机关在刑事诉讼活动中各司其职、相互配合、相互制约，这是符合中国国情、具有中国特色的诉讼制度，必须坚持。这一关系理论是改进或处理我国刑事诉讼审前程序中警检、检法关系的理论基础。

1. 我国公、检、法三机关相互分工、相互配合、相互制约的基本原理。笔者认为，这一关系理论中，公、检、法三机关的相互分工、相互配合关系是指工作层面，相互制约关系是指权力职能层面。在根本职能层面是相互制约，体现了刑事诉讼分权制衡的要求；在具体工作层面是相互配合，体现了共同打击刑事犯罪、维护社会稳定和保障人权的共同目标。（1）在工作层面相互分工，是因为我国的刑事诉讼实行的是阶段论和流程论，明确区分为侦查、起诉、审判、执行等四个前后相互衔接的流程阶段，[①] 每一个阶段都由一个主要机关专门负责阶段性的诉讼任务，其他机关不能越俎代庖。（2）相互配合也是工作层面的，在每一个诉讼阶段虽然有一个专门负责的主要机关，但其他机关也可以参与，配合完成主机关的阶段性诉讼任务。比如，侦查阶段是由侦查机关主要负责完成侦查任务，检察机关可以介入引导侦查，但是以侦查机关为主体，检察机关只是为侦查机关完成侦查任务提供配合；在起诉阶段主要是由检察机关完成审查把关和提起公诉的诉讼任务，侦查机关同样可以继续参与，但其是为配合检察机关完成完成审查把关和公诉任务；在审判阶段，检察机关是当然的参与者，侦查机关也要参与，但是为了配合审判机关完成审判任务，比如，侦查人员出庭，或者因证据发生变化需由侦查机关补查一些证据，等等。（3）相互制约是职能层面的。第一，表现为检察机关的法律监督职能对其他诉讼机关权力运行实施监督。第二，表现为每一个诉讼阶段都需要后续阶段权力介入，对每一个诉讼阶段的重大权力行使进行制约。比如，侦查阶段羁押，后续的检察机关介入批准。第三，表现为诉讼后续职能对前面职能制约。比如，案件不批捕不起诉（存疑）就是对侦查职能制约。[②]

2. 我国刑事诉讼审前程序中的警检关系——警检并非控诉职能一体。我国刑事诉讼采阶段论和流程论。由于检察机关履行侦查监督职能，侦查阶段存在一个“小三角”的诉讼构造，从职能上看，检察机关只是监督者而非控诉者，警检并没有形成“控诉职能一体”，检察机关相对于公安侦查仍然具有一定的外部性、中立性和独立性并具有制约功能，检察机关并不具有控方的

---

① 十八届四中全会明确将执行权统一划归司法行政机关，这样就会涉及公、检、法、司四机关之间的相互关系，本文暂不论及执行，不涉及与司法行政机关的关系。

② 这一职能制约呈现的突出特点是，诉讼流程上游对下游的制约弱，下游对上游的制约强，比如，检察机关可以用不批捕、不起诉制约公安侦查职能较强，而公安侦查只能以复议复核制约检察机关较弱，法院可以用无罪判决制约检察机关起诉较强，而检察机关以抗诉制约法院审判较弱。

"大职能"。同时，又由于工作层面的配合关系，使我国警察机关和检察机关在共同打击犯罪、维护稳定、保障人权的过程中在侦查起诉阶段又不失合力。另外，我国审前程序警检关系特殊性还在于检察机关行使对公安侦查案件的批捕权，相当于两大法系主要国家的审判程序对侦查程序的介入，同样反映以侦查程序之外对其具有制约功能的程序介入侦查控制侦查的理念，是对侦查程序实施控制的另外一种司法审查模式。

3. 我国刑事诉讼审前程序中的检法制约关系——制约理论与司法审查理论异曲同工。两大法系主要国家对审前程序开展司法审查，不是试图预先听审案件，而是对审前程序中运行的权力实施监督制约。这一精神也反映为我国三机关的制约理论。从理论上分析，在我国，审前程序明确区分侦查程序和起诉程序，针对公安机关侦查阶段，应当由检察对侦查进行制约，相当于检察机关对侦查开展司法审查；对于审查起诉阶段，应当由法院对检察进行制约，相当于法院对检察开展司法审查。然而，理论上的应然与法制和实践相脱节，主要反映为我国审前法院对检察院进行制约尚缺乏正式的制度。但在我国审前程序实践中，这种应然的检法制约关系，主要表现为一种"软制约"，即侦查、批捕、起诉的时候，检察机关总是会掂量一下这个案件能否被法院判得了，或者进行提起公诉前的协调，提前问问法院对于案件能不能判。有关正式制度，《刑事诉讼法》第176条被害人对不起诉决定的异议之规定，然而，这一制度更多体现对被害人权利救济，而非对审前程序检察权力运行的制约。

二、我国检察机关刑事诉讼审前程序权力关系的现实问题

如前所述，两大法系审前程序权力关系构造的结构包括两个方面：警检关系和检法关系。而我国，审前程序中关系构造仅仅突出表现为警检关系，检审关系的结构性不足，已不是小漏洞而是大破绽，使检察机关在审前程序中权力受制约不足。

（一）刑事诉讼审前程序检法关系的结构性不足

1. 审前对逮捕权的制约和救济均不足。在我国，逮捕就必然引起羁押，根据《刑事诉讼法》第92条、第94条，对于普通刑事案件，公安机关对检察机关的逮捕羁押决定，可以撤销、变更并立即予以释放犯罪嫌疑人，只需告知而不用征求检察机关意见，但既然是公安机关提请逮捕，这一制约则存在天然不足，反倒演化成为一种公安侦查机关滥权的途径。对于职务犯罪案件逮捕权实行上提一级，并由人民监督员监督，其监督与救济效果有限。犯罪嫌疑人不服逮捕决定的，没有对逮捕决定提出异议的权利，仅可依据《刑事诉讼法》第95条向公安机关、检察机关申请变更强制措施，但是仍由提请或批准逮捕

的机关进行审查，并且没有专门的审查程序，实践中承办人经常对申请忽视怠于审查；被害人不服不捕决定的，可以向检察机关申诉。上述这些都因同体监督而显救济不足。与此不同，其他国家不服逮捕羁押决定的可以依靠外在审级制度救济。

2. 审前对起诉权制约缺乏。虽然，我国实行起诉法定主义，《刑事诉讼法》第172条明确规定凡是犯罪事实已经查清，证据确实、充分，依法应当追究刑事责任的，应当作出起诉决定并提起公诉。然而，“徒法不足以自行”，强制义务乃死的条文，如果没有监督履行的相应措施，此等强制义务的效力只相当于“宣示”而已。就此而言，其他国家刑事诉讼设置了中间程序或预审程序加以约束，我国未设定相关法定程序加以约束，虽未一定要借鉴中间程序或预审程序的做法，但却有必要采取相关措施，防止检察机关滥行起诉权，将不合格案件输送到审判环节。检察机关如不负责任滥行起诉权，一方面，容易造成刑事诉讼程序回流，侵犯被告人权利；另一方面，法院在判与不判形成两可，究竟是让检察机关撤回案件，待重新补查完善相关证据后再行移送判决，还是直接因疑罪从无判处无罪，无从定夺，影响审判权权威。

3. 审前对不起诉权制约不力。我国刑事诉讼法规定了法定、酌定、存疑不起诉三种情形，检察机关的不起诉决定权仅受检察机关内部节制，即《刑事诉讼法》第175条至第177条规定的公安机关对不起诉决定的复议复核、被害人对不起诉决定的异议和被不起诉决定人对不起诉决定的申诉复查。但这一同体监督，且在上命下从一体化机制下，成效甚微。对于无被害人案件（如职务犯罪案件），不起诉就更加不受节制，对于职务犯罪案件不起诉虽然引入人民监督员，并且已变更人民监督员为检察机关外部选任，对检察机关不起诉决定控制成效仍在期待中。从实践上看，检察机关对酌定不起诉标准把握不统一，对存疑不起诉的证据是否不足判断缺乏程序性控制，都属审前程序检审关系的结构性不足导致。

（二）刑事诉讼审前程序中警检配合制约关系的错位

1. 实务运行中配合、制约关系的错位。我国《宪法》第135条和《刑事诉讼法》第7条只是规定了人民法院、人民检察院和公安机关进行刑事诉讼，应当分工负责、相互配合、相互制约，没有区分工作层面与职能层面。我们大都将检察机关和公安机关工作过程中相互配合的要求与职能层面相互制约的要求放在一个层面思考看待，使本该在职能层面进行相互制约演化成相互配合，本该在工作层面进行相互配合演化成相互掣肘或过度制约。“将作为三机关之间根本职能关系的权力‘制约’，与工作过程中应当注意的‘配合’要求相提并论，等而视之，就可能模糊诉讼关系，弱化制约机制的效果。”①

2. 工作层面配合不足，使警检关系过于松散，不利于查明犯罪。突出表现为：（1）警检不能在证据分歧中加强沟通，检察机关对公安机关侦查要求无法实现，检察机关退回补充侦查频繁，退查提纲粗糙，文来文往缺乏与公安机关直接交流，退查引导不足导致补查的证据仍然不能满足需求；（2）检察机关提前介入引导侦查不足，难以确保侦查活动符合追诉要求，有的关键证据未收集，而检察机关审查起诉发现退查时，已错过最佳取证时机甚至证据已灭失；（3）警检信息交流不足，检察机关不能及时掌握刑事案件的发、破、立、撤情况；（4）警检办案的思维方式有区别，侦查思维是讲求时效性和机敏性的行动思维，而法律思维是追求合法性注重审查的评判性思维，② 导致警检人员都有各自的立场，互不理解、互不体谅、互不服气，导致诸多工作障碍。

3. 职能层面制度上、工作中均存在制约不足。主要表现在：（1）检察对侦查活动进行调控存在制度性不足。检察权对侦查权程序控制的范围过窄，仅限于起诉、逮捕及延长侦查羁押期限环节，而对于侦查机关实施拘留、拘传、取保候审、监视居住、搜查、查封、扣押、冻结等强制措施，检察机关只能依据侦查监督的一般原则进行监督，无法进行有效控制；立案监督和侦查监督多为被动性事后监督，缺乏强制力保障，并且公安机关侦查终结不受监督。（2）实际工作中，以侦查为中心，侦查在维稳压力下把持了批捕、起诉和审判工作，批捕、起诉和审判都不敢轻易发挥制约职能，导致案件捕了诉不了、诉了判不了尴尬局面。

（三）缺乏辩方力量参与审前程序关系的不足

如前所述，在我国刑事诉讼分阶段的现状中，“控诉职能一体”是相对于不同的诉讼阶段而言，在审判阶段，警检是“控诉职能一体”，而在审查逮捕、审查起诉的诉讼阶段，检察机关相对于公安侦查是外部的、中立的和独立的，但这一关系需要辩方力量的参与，一旦辩方力量参与不足，就难以发挥检察对侦查的控制。修改后的刑事诉讼法规定律师对审前程序的参与，仅限于提前会见、阅卷，向侦查机关、检察机关提供辩护意见，也规定了侦查、检察机关听取辩护意见的义务，但没有规定正式程序和方式体现辩护律师对审前程序的参与，难以确保检察机关对侦查机关的制约职能发挥成效。现今实践中，辩护律师对审前程序参与也确实较少，既因传统一向如此，也确与修改后刑事诉讼法于此带给辩护律师的制度性期待不高有关。

---

① 龙宗智：《论配合制约原则的某些“负效应”及其防止》，载《中外法学》1991年第3期。

② 龙宗智：《评“警检一体化”——兼论我国的检警关系》，载《法学研究》2002年第2期。

三、改进我国检察机关刑事诉讼审前程序权力关系不足，转变检察司法办案模式，适应以审判为中心诉讼改革

（一）改进检法关系的结构性不足

西方国家对审前程序的司法审查制度，其背后所蕴含的精神是，必须对审前程序中权力运行给予足够有效的制约以防范权力滥行，我国的相互制约理论也反映了这一精神。笔者认为，改进检法关系的结构性不足应当体现这一精神。所以，在不改变现行检法权力关系大体结构的前提下，一方面，可以谋求强化审前程序中检察权力自身运行的适度司法化、开放化和进一步规范化；另一方面，尽力谋求审判在审前制约检察权运行的方式、方法。

1. 推行公开审查、听证、听取意见的检察司法办案模式。就是要凸显一线办案检察官的主体地位，引进对审听证构造的程序性措施，打造检察机关审前程序“小三角”的构造关系。[①] 在审查逮捕、审查起诉工作中，要贯彻直接言词原则，变以案卷笔录为中心的书面审查决定模式，为开放的由侦查人员、犯罪嫌疑人及其辩护律师、证人、鉴定人、被害人甚至人民监督员能够共同参与的审查决定模式。在这一模式中，承办人员要充分听取侦查人员与犯罪嫌疑人及其辩护人意见，在二者之间形成控辩对抗的构造，要突出强调辩护律师对检察机关发挥制约职能的促进作用。同时，不能过分依赖于侦查机关提供的证据，要找证人、鉴定人、被害人当面核实证据，并使用直接言词的审查判断方法。这种方式比行政化、封闭化的传统模式更加有效控制案件质量，能够有效防止检察机关滥行起诉权。

2. 进一步规范审前检察权力运行。规范化是工作质量控制的基本方法，就是要使工作行为标准化，同时确定内部质量监控体系。不仅要进一步厘清检察司法办案的行为标准，制定行为规范清单，还要规范检察机关自由裁量权规范行使的具体标准，比如针对各罪的逮捕标准、起诉标准和不起诉标准，以规范化的管理实现对审前程序检察权力运行的制约。

3. 积极探索审判在审前制约检察权运行的方式方法。在检察机关适应以审判为中心的诉讼改革中，意味着要加强审判对审前检察权运行的制约。然而指导我们开展这项改革的理论是上述的制约理论，而非司法审查理论。西方的司法审查反映了一种制约，但制约并非只有司法审查一种模式，我国可以形成

① 检察机关“生于司法，却无往不在行政之中”。龙宗智教授提出了检察机关办案方式的适度司法化改革命题。他认为，检察机关的性质、职能与其“三级审批制”的行政性办案方式长期存在突出矛盾，因此需要推动适度司法化，包括塑造一线责任主体的组织性措施和引进对审听证构造的程序性措施两方面。参见龙宗智：《检察机关办案方式的适度司法化改革》，载《法学研究》2013 年第 1 期。

一种不同于司法审查的检法审前制约模式。所以，西方国家审前程序的令状主义、中间程序或预审程序、对羁押决定的司法审查等，并不一定就是我们要建立类似的制度，但有必要对审判如何介入审前制约检察权运行进行方法方式进行探索。如果要移植西方的司法审查，则意味要对我国现行法院体制做相应变革，建立预审法院，此将大费周章。那么在现行司法体制框架下，一方面，可以考虑由法院制定针对各罪的具体的逮捕必要性标准、起诉标准、不起诉标准或者为检察机关自行制定提供指导，法院对检察机关自行制定的上述标准进行一般性审查。另一方面，可以考虑赋予对《刑事诉讼法》第95条规定法院审查救济的权利，犯罪嫌疑人及其法定代理人、近亲属及其辩护人不服检察机关不予变更强制措施决定的，可以向法院申请予以裁决，以此解决同体监督制约不足的问题。法院本身就正在行使上述这项权力，所以，这一改进措施不会具有太大实践阻力。

（二）改进警检配合制约关系的错位

适应以审判为中心的改革，检察机关改进审前程序中的警检关系，根本目的是要通过扭转实务运行中配合、制约关系错位的现状，通过加强法律监督，强化职能层面的制约，加强工作层面的分工与配合，确保不放纵刑事犯罪保障社会与刑事案件质量符合审判标准的双重目标的实现。对此，有观点认为要实行警检一体。这一观点并不妥当，与上述相互分工、配合、制约的理论基础不相一致。笔者主张：

1. 在工作层面要加强分工配合。（1）要在具体案件中，加强与侦查人员面对面的交流沟通，避免文来文往，必要时同侦查人员一同调查核实证据，对于要补查的证据一定要同侦查人员面对面沟通，说服侦查人员将对证据的分歧认识统一到公诉标准上来；（2）加强人员交流任职，在角色转换中引起检、警双方的换位思考，使双方人员都能够认识到侦查思维与法律思维的区别，消除立场分歧、心理分歧，统一认识；（3）加强检察机关及时提前介入重要案件。北宋法医学家宋慈在《洗冤集录》中写道："狱情之失，多起于发端之差，定验之误"。林钰雄教授也指出，"侦查中所犯的错误往往具有不可弥补性，许多实证研究指出，错误裁判最大的肇因乃侦查错误，再好的法官，再完美的审判制度，往往也挽救不了侦查方向偏差所造成的恶果，因而，身为侦查主的检察官如何主导进行侦查活动，或者说，如何指挥监督警察办案，实际上成为裁判结果的指标，关系着将来裁判的客观性与正确性"。[①] 检察机关要明确介入

① 林钰雄：《刑事诉讼法》（上册），中国人民大学出版社2005年版，第103~104页。

引导侦查的地位，本着“参与而不干预，参谋而不代替，引导而不主导，配合而不同化”基本原则，明确介入案件范围，根据案件提起公诉的法律标准为侦查机关制定侦查策略、收集证据提供意见和建议，同时，对公安机关侦查取证活动实施同步监督，防范侦查行为违法取证。（4）建立信息共享机制，加强检察机关对侦查立案、不立案、撤案等信息的掌握控制，开辟检察机关开展法律监督工作的信息渠道。

2. 在职能层面要加强监督制约。（1）检察机关在履行检察职能作出决策时，要敢于坚持原则，该不捕的就不捕，该不诉的就不诉，坚决防止带病批捕起诉；要加强律师对审查逮捕、起诉活动的参与性，充分听取律师意见，正确做出决策。（2）加强检察机关对公安侦查活动的监督制约。关键是要扩大监督范围。如前所述，在侦查监督，检察机关相对于公安侦查活动是具有一定的外部性、中立性和独立性。所以，检察机关应当可以对公安机关实施的强制性侦查措施进行制约，比如针对延长拘留期限30日的处分决定，公安侦查机关实施搜查、扣押、冻结措施，对于当事人提出救济请求的，检察机关应当予以专门程序审查救济。要落实探索建立重大案件侦查终结前对讯问合法性进行核查制度，对经核查确实存在刑讯逼供、非法取证情形的，应当及时排除非法证据。（3）转变侦查监督工作模式，提高侦查监督公信。很多人将侦查监督不利归咎为监督刚性不足的问题，但实际上是检察机关侦查监督公信不足的问题，被监督公安机关对检察机关诉讼监督不信服，检察机关在侦查监督中过于强调自身的主导地位而忽视被监督公安机关的感受、意见和观点。然而，只有在充分沟通中形成的侦查监督意见才能让公安侦查机关心服口服而欣然接受。所以，传统的单方的忽视公安侦查机关参与的侦查监督办案方式要转变，要由原先的单方审查调查转变为与公安侦查机关互动的对审听证模式。

以审判为中心语境下的公检法关系

陈长均*

党的十八届四中全会通过的《中共中央关于全面推进依法治国若干重大问题的决定》提出，要“推进以审判为中心的诉讼制度改革”，这在当下中国的刑事诉讼制度与实践背景下，具有重要的理论和实践意义。刑事诉讼以审判为中心，既是遵循诉讼规律、司法规律的必然要求，也是促进司法公正、提高司法公信力、防止冤假错案的重要举措。以审判为中心的诉讼制度改革，是对以侦查为中心的纠偏、对案卷中心主义的矫正。推进以审判为中心的诉讼制度改革，如何理顺公检法三机关之间的关系，显得尤为重要。当前司法实践中，公检法三机关关系存在诸多与以审判为中心的诉讼制度不相适应的方面，影响了以审判为中心诉讼制度改革的推进。本文尝试结合以审判为中心诉讼制度的要求，概括公检法关系在司法运作中存在的不足，并提出以审判为中心理顺公检法关系的路径，以期对推进以审判为中心的诉讼制度改革有所裨益。

一、“以审判为中心”的基本内涵

关于“以审判为中心”的内涵，已有很多学者进行了解读。例如，有学者指出，“‘以审判为中心’的基本含义是：侦查、起诉活动应当面向审判、服从审判要求，同时发挥审判在认定事实、适用法律上的决定性作用”。① 也有学者认为，“以审判为中心”的核心要求是，作为裁判根据的案件信息形成于审判程序；“以审判为中心”表述了审判与其他诉讼阶段的关系。② 还有学者指出，“以审判为中心”也可以称为“审判中心主义”，其内涵主要有两个方面：首先，是指审判在公诉案件刑事诉讼程序中居于中心地位；其次，是指

---

* 山西省太原市人民检察院办公室副主任，全国检察机关调研骨干人才。

① 龙宗智：《“以审判为中心”的改革及其限度》，载《中外法学》2015年第4期。

② 魏晓娜：《以审判为中心的刑事诉讼制度改革》，载《法学研究》2015年第4期。

在审判中，庭审（开庭审理）成为决定性环节。[①] 另有学者认为，“审判中心主义”是指，“整个诉讼制度的建构和诉讼活动的展开围绕审判进行。在审判中心主义的视角下，侦查是为审判进行准备的活动，起诉是开启审判程序的活动，执行是落实审判结果的活动。侦查、起诉和执行皆服务于审判，审判构成整个诉讼流程的中心和重心，审判中控诉、辩护、审判三方结构成为诉讼的中心结构”。[②] 尽管目前对“以审判为中心”的内涵尚未形成统一的见解，但至少应包括以下几个方面：

首先，以审判为中心强调整个诉讼活动的中心应当是审判。具体体现在：实体上，以审判为中心强调在诉讼活动中审判机关对于定罪量刑等实体性内容有最终决定权；程序上，审判机关对于案件诉讼活动中涉及当事人重大程序性权益等事项，应当具有重要影响力或决定力。

其次，以审判为中心要求审判必须以庭审的方式进行，特别要强调法院一审活动的重要性。如果说整个诉讼活动中审判是中心，那么一审则是中心的中心。如果一审应当以庭审为中心，那么庭审应当以质证为中心。

最后，以审判为中心应当使审判活动趋于实质化。审判活动以庭审为中心，应当发挥庭审的实质功效，做到事实证据调查在法庭、定罪量刑辩论在法庭、裁判结果形成于法庭，而不是走过场。

二、公检法关系在实践运作中存在的与以审判为中心不相适应的问题

我国现行《宪法》第135条规定：“人民法院、人民检察院和公安机关办理刑事案件，应当分工负责，互相配合，互相制约，以保证准确有效地执行法律。”现行《刑事诉讼法》第7条作了基本相同的规定。这是我国的一项重要诉讼原则，它通过对公检法三机关之间的关系进行界定，从法律上确立了我国的刑事诉讼构造。这一原则不仅涉及法院、检察院和公安机关之间的权限界定问题，而且在实践中，其运作状况对三机关的职权和职能进而对公民权利保障会产生实质影响。当前，公检法三机关关系在实践运作上表现出的种种异化，与改革不相适应，影响了以审判为中心诉讼制度改革的落实。

（一）互相配合有余，互相制约不足

长期以来，在我国“流水作业”的刑事诉讼体制下，公检法三机关既有

---

① 参见陈光中：《推进“以审判为中心”改革的几个问题》，载《人民法院报》2015年1月21日第5版。

② 张建伟：《审判中心主义的实质内涵与实现途径》，载《中外法学》2015年第4期。

分工又有配合，共同目标是把好案件的“质量关”，保证刑事司法系统生产出合格的“社会产品”，完成打击犯罪和保护人民的任务。于是，作为第一道“工序”的侦查自然就是刑事诉讼的中心环节，或者说，就是认定案件事实的实质性环节，而起诉和审判在认定案件事实上的作用就容易被虚化，成为仅对“上游工序”的检验或复核。[①] 于是，公检法三机关之间的“分工负责”和“互相制约”经常被其“互相配合”所代替。与此相对应，在这一由三个机构共同作业而进行的活动中，法院不可能对检警机构的追诉活动实施真正的司法控制，司法裁判活动也就不可能居于刑事诉讼的中心地位。[②]

（二）法院角色错位，裁判职能弱化

由于公检法三机关之间存在前后接力、互相配合的法律关系，实际运行中有时三机关之间法定的职能分工几乎流于形式。本来在立法设计中法院的角色是有别于公安机关和检察院的，但是，由于法院与检察院、公安机关一样，都被认为负有查明事实真相、打击犯罪、维护社会秩序的政治使命，使法院本来所具有的公正司法裁判者角色，实践中经常让位于实际的“第三追诉者”角色。结果，本应成为“社会正义最后堡垒”的法院，却与检察院、公安机关联合起来，成为追诉犯罪这一“流水线”上的操作员，成为维护社会治安的工具。这就使法院在履行维护社会正义的职能方面，天然地存在一些不可避免的局限性。[③] 法院能在多大程度上充当中立的裁判者，从而将自己从刑事追诉职能中摆脱出来，的确存在较大疑问。还有，在以侦查为中心的“流水线”诉讼模式下，检察院和法院审查案件是以案卷为中心的，因为在这个流水线上传送的就是包括各种证据材料的案卷。侦查机关制作的案卷既是检察机关提起公诉的主要依据，也是法院作出判决的主要依据。办案过程中，检察机关往往在侦查机关的起诉意见书上进行一些修改就作为起诉书，而法院又在起诉书上进行一些修改就作为判决书，使判决书俨然成了侦查结论的复制版。这反映出法庭审判在刑事诉讼中并不具有独立于侦查的司法裁判功能，它相对于侦查而言，要么成为刑事追诉的继续，要么发挥对追究犯罪“拾遗补漏”的作用。这种司法现状使审判权不仅无法对侦查权形成有效制约，反而沦为侦查机关的“橡皮图章”，导致应有的审判权威无法形成。法院裁判职能弱化不仅有违诉讼规律，而且对被告人的权利保障构成威胁，与以审判为中心的诉讼制度改革不相适应，亟须改变。

---

① 参见何家弘：《当今我国刑事司法的十大误区》，载《清华法学》2014 年第 2 期。

② 参见陈瑞华：《刑事诉讼的前沿问题》，中国人民大学出版社 2013 年版，第 252 页。

③ 参见陈瑞华：《刑事诉讼的前沿问题》，中国人民大学出版社 2013 年版，第 258 页。

（三）考评机制不恰当，扭曲公检法关系

一个时期内，公检法机关的考评机制不同程度存在不科学、不合理的问题，如公安机关对刑事立案起诉率的考核，检察机关对作出无罪判决公诉案件的考核，法院对改判、发回重审案件的考核，等等。刑事立案并不意味着构成犯罪，提起公诉并不等于有罪确认，二审判决也并非简单对一审判决进行背书。这种单纯强调定罪率、追求零差错的考核，明显有违法律规定和诉讼规律，可谓动机好、效果差。[①] 这种考评制度，“以后一个机关、阶段的决定来评判前一个机关、阶段的工作质量，在这种情况下，前一个机关、阶段的工作人员只能提前与后一个机关、阶段的工作人员进行沟通，把法律规定的制度彻底架空”。[②] 例如，对于是否构成犯罪拿捏不准的公诉案件，承办检察官为避免因出现无罪判决而被扣分，可能会在起诉前与法官进行沟通，看法院对案件作无罪判决的可能性有多大。如果被判无罪的风险较大，检察机关可能会作出不起诉处理决定。其实，刑事诉讼法对侦查、起诉、审判各环节运行制度的设计，蕴含着三个环节相互制约的制度优势。如果起诉前与法院的沟通协调过多，会间接影响检察官客观义务的履行，弱化甚至丧失公诉制约审判的职能，扭曲检察院与法院的正常法律关系。这不仅与《宪法》第135条、《刑事诉讼法》第7条的立法旨趣相悖，而且与以审判为中心的真谛背道而驰。

三、以审判为中心理顺公检法关系

“分工负责，互相配合，互相制约”是我国调整公检法关系的基本准则，它既是一个法律条款，也是一个宪法条款。由于《宪法》第135条和《刑事诉讼法》第7条的条文内容没有发生变化，以审判为中心的诉讼制度改革，并没有改变宪法和刑事诉讼法确定的公检法之间的法律关系，只是“基于公、检、法三机关关系在立法和司法运行上的不足而提出的，是对三机关关系的完善和发展”。[③] 因此，当下应强调以审判为中心，针对公检法关系在实际运作中存在的问题，理顺三机关之间的关系。

（一）淡化公检法之间的互相配合

“‘分工负责’是三机关关系的前提和配合、制约的基础。没有分工，何来配合、制约?”[④] 由于分工负责体现了三种权力相互独立的要求，互相配合

---

① 参见沈德咏：《论以审判为中心的诉讼制度改革》，载《中国法学》2015年第3期。

② 陈瑞华：《论法学研究方法》，北京大学出版社2009年版，第163页。

③ 陈光中、步洋洋：《审判中心与相关诉讼制度改革初探》，载《政法论坛》2015年第2期。

④ 陈光中：《如何理顺刑事司法中的法检公关系》，载《环球法律评论》2014年第1期。

体现的应当是以独立为基础的工作程序上之衔接关系。只有分工负责，职责明确，相互之间不越位、不错位、不缺位，三机关才能在相对独立的制度环境中发挥功能。当然，要求分工绝对泾渭分明是不现实的，但至少不应过度渗入异种属性的权力，否则不利于互相配合，更遑论互相制约。在宪法和法律的原意上，互相配合的前提是遵循宪法原理，遵守法律规定。三机关互相配合的目的是实现国家权力运转的有效性，绝不是没有原则的片面、随意配合。

互相制约是公检法三机关关系的核心价值要求，三机关分权的主要目的是互相制约，而不是互相配合，正确把握这一点有助于从根本上协调三者的关系。如果没有制约，所谓的分工负责就失去了意义，互相配合也会严重变质。制约本身不是目的，根本目的在于通过制约保证司法公正，保障公民权利。从规范含义上讲，“分工负责，互相配合，互相制约”体现出两种服从关系：在价值理念上，效率服从于公平，配合服从于制约；在工作程序上，侦查服从于起诉，起诉服从于审判。① 基于公检法三机关在实践运行中配合有余、制约不足的现状，“推进以审判为中心的诉讼制度改革，最为重要的是理顺公检法三机关之间的关系，强化相互制约，淡化互相配合，尤其是要杜绝三机关联合办案的做法”。② 只有加强三机关之间的制约，“以审判为中心”才有前提和基础，才有真正落实的可能。

（二）强化检察院对公安、法院的监督

以审判为中心的诉讼制度与检察机关的法律监督不仅不矛盾，还对检察监督提出了更高的要求和标准。当下，强化侦查监督应成为检察职权完善和发展的一个重要方向。应当加强检察机关对公安机关的侦查监督，这是由以侦查为中心向以审判为中心转变的必然要求。在检察监督实际运行中，检察机关对公安机关的制约能力还比较有限，有时甚至弱于公安机关对检察机关的制约。目前，检察院对公安机关的制约主要体现在退回补充侦查权和不起诉权上。在强制措施的决定方面，只有逮捕受到检察机关较强的监督和制约。同时，检察机关要从客观公正的视角，加强对侦查的引导，以便及时发现问题，纠正错误，弥补不足。“就构建新型诉侦关系来说，重要的是加强对侦查的监督、引导，因此，需要在监督和引导的及时、有效方面作出积极努力，以促进和保障侦查在刑事诉讼中实现公正的基础作用。”③ 对检察机关而言，“一切都只能服从于案件质量，服从于法律的威严，检察官应当只向法律和真理低头，而不能迁就

---

① 参见韩大元、于文豪：《法院、检察院和公安机关的宪法关系》，载《法学研究》2011年第3期。

② 叶青：《以审判为中心的诉讼制度改革之若干思考》，载《法学》2015年第7期。

③ 王敏远：《把握发展机遇　积极推进改革》，载《检察日报》2015年7月31日第3版。

个别侦查人员，更不能迁就错误的侦查做法”。[1] 另外，“强调‘以审判为中心’构建三机关关系，并非不重视侦查、审查起诉程序。公安机关侦查和检察机关审查起诉为审判之准备程序，其收集运用证据和适用法律之质量关乎公正审判之实现，关乎从源头上保证案件质量、防止冤假错案的发生”。[2] 作为法律守护者，检察机关应努力提高侦查监督能力，严把审查逮捕及审查起诉关，及时纠正非法取证行为、排除非法证据，确保侦查机关依法行使侦查权。检察机关“审查批捕和审查起诉决不能仅凭侦查机关（部门）移送的案卷材料和证据就作出是否批捕、起诉的决定，否则，也落入‘以侦查为中心’的窠臼”。[3]

以审判为中心与检察机关对审判活动的诉讼监督也不矛盾，因为以审判为中心并没有改变宪法和诉讼法确定的职权配置格局，没有否定检察机关在审判阶段行使诉讼监督权的权力基础。[4] 那种把以审判为中心与检察机关对审判活动实行法律监督对立起来的观点，是站不住脚的。检察院具有侦查和证据优势，能够防止和纠正可能出现的错误裁判，督促法院纠正已经出现的审判程序和结果上可能出现的不公正，并且在当前司法腐败比较严重的背景下尤应加强监督制约，以维护司法的廉洁和权威。推进以审判为中心的诉讼制度改革，要切实发挥庭审的实质性作用。检察机关既要尊重和支持法官在审判活动中的主导地位，又要依法全面履行法律监督职能，共同促进庭审实质化，共同维护司法公正和权威。公诉人出席法庭，既要增强法律监督意识，又要严格依照法定程序进行监督，平衡好履行诉讼职能与监督职能的关系。[5] 实践中，法院单方面限制检察院法律监督权范围的做法，不符合宪法规定的“分工负责”原则，也不利于以审判为中心诉讼制度改革的落实。

（三）实化法院对公安、检察院的制约

没有制约就没有纯洁的权力。在三机关办案流程中，由于审判是刑事司法程序的最后步骤，也是保障人权的最后一环，因此法院应当具有强有力的制约能力。《宪法》第 135 条的规定中，“办理刑事案件”的表述，并非是对“分工负责，互相配合，互相制约”原则适用范围上的限制，而是表明应强化“刑事案件”中的权力制约，特别是对公安机关的制约。办案实践中，由公安

---

① 周光权：《刑法客观主义与方法论》，法律出版社 2013 年版，第 176 页。

② 陈光中、魏晓娜：《论我国司法体制的现代化改革》，载《中国法学》2015 年第 1 期。

③ 朱孝清：《略论“以审判为中心”》，载《人民检察》2015 年第 1 期。

④ 王守安：《以审判为中心的诉讼制度改革带来深刻影响》，载《检察日报》2014 年 11 月 10 日，第 3 版。

⑤ 参见卞建林：《解析审判中心视野下的诉审关系》，载《检察日报》2015 年 7 月 29 日第 3 版。

机关单方面决定采取或变更取保候审、监视居住、拘留等强制措施，是对当事人权利作出的实体决定，从理论上讲，超越了侦查权的应有范畴。根据宪法和法院组织法的规定，法院是国家的审判机关，依照法律规定独立行使审判权，不受行政机关、社会团体和个人的干涉。因而，在法院和公安机关的“互相制约”方面，主要应体现为法院对公安机关的制约。但在我国刑事司法中，公安机关往往具有优先于法院、检察院的地位。是否立案、是否采取强制措施、采取何种、多久以及如何变更强制措施等对人身自由产生直接影响的行为，公安机关大都能够自主决定，甚至能对法定程序作出任意的扩张解释。因此，有必要建立司法令状制度，并进一步完善非法证据排除制度。就法院对公安机关的制约而言，应当体现程序性和实体性两方面特征：一方面，这种制约是在刑事司法程序中进行的，是通过正当法律程序实现的；另一方面，法院可以对刑事侦查手段做出实体判断，但判断的事项、标准、后果等要有法律的明确规定，避免违背司法的消极性与被动性特征。[①] 要从“互相制约”原则出发，根据现代司法审查的理念，进一步丰富法院对公安机关制约的方式，加大制约力度。

在现实中，对于经过权威机关协调过的重大刑事案件，法院往往难以完全依照自己的判断作出判决，即便认为证据存在问题，在检察院面临压力坚持起诉的情况下，法院最稳妥的处理方式是疑罪从轻，而非疑罪从无。法院这种缺乏作出无罪判决的能力，体现了法院对公安机关及检察院的妥协，也体现了法院对公安、检察院的制约不足。而法院这样做的原因在于，一旦判决犯罪嫌疑人无罪，就说明检察院和公安机关办了错案，将会影响三机关间的合作关系。因此，应通过制度安排，减少外部对法院的干预，使法院真正独立断案。审判权的独立行使是以审判为中心的前提，没有审判独立，就没有以审判为中心。如若不能有效防止领导干部和相关领导机关对法院依法独立办案的干预，以审判为中心的诉讼制度改革就是一句空话。甚至有学者认为，如果法院和法官“不能具有独立自主的裁判权，那么，确立‘以司法裁判为中心’的诉讼构造，不仅是不可能的，而且是有百弊而无一利的”。[②] 同时，为实现以审判为中心，必须防范庭审以前或庭审以外的活动架空庭审，使庭审流于形式。审判法庭要充分听取控辩双方的意见，特别要重视被告人的辩解和辩护人的辩护，确保办案质量。此外，为实现庭审实质化，要扩大法律援助的范围，落实证人、鉴定人出庭作证制度。在一定意义上说，这些措施也是法院对公安机关和

---

① 参见韩大元、于文豪：《法院、检察院和公安机关的宪法关系》，载《法学研究》2011年第3期。

② 陈瑞华：《刑事诉讼的前沿问题》，中国人民大学出版社2013年版，第264页。

检察院进行制约的一种方式。

（四）深化刑事案件考评机制改革

公检法三机关均需要实施有效的内部管理，而案件考评制度正是内部管理的一种重要方式。以量化考核为主的案件考评制度，对于履行各自职能，加强管理发挥了一定的积极功效，但它在一定程度上与司法规律存在一种内在的紧张关系。有些不合理考评指标的设定及办案人员的功利性追求在某种程度上掩抑了司法的正义价值。正义是通过个案实现的，而量化考核是一种“数目字上的管理”，即“将正义数字化”。由于很多考评直接与办案机关和办案人员的利益相联系，势必将导致办案机关和办案人员的活动以完成指标为中心，而非以个案的客观公正为中心。在不合理的考评机制下，办案机关在办案过程中，可能会针对考评方案，权衡利弊后再作相关决定，导致过于注重案件数量，在某种程度上忽略案件质量和正义价值。有的办案机关为了获得好的考核成绩，总是想方设法使体现办案数量的“积极数字”变大，而使对考评有否定意义的“消极数字”变小甚至为零。诸如此类的功利性努力，会扭曲诉讼行为，背离司法规律，影响以审判为中心诉讼制度改革的落实。

许多行政化色彩浓厚的案件考评，使办案机关的业绩基本上取决于自己上级机关的评价，这会导致下级机关几乎完全被上级机关所支配，使他们由“法律仆人”变为“上级跑腿”。上级机关主导的考评机制，还会使下级机关和人员产生依赖心理，这种依赖同样会给下级办案人员的责任感和相对独立性造成一定影响，从而间接对以审判为中心产生负面效应。有些时候，上一环节办案机关的工作成绩取决于下一环节办案机关的评价。比如，有的基层检察机关，为了保持零无罪判决，利用当地熟人社会的便利条件，常常与法院协调，这不利于检法两院正常法律关系的维持，也不利于以审判为中心诉讼制度改革的推进。其实，“过高的定罪率，是片面的打击观和控诉至上法律观的体现，有悖于现代司法理念和人权保障观念。因此，检察考绩制度应当坚决改变此种评价方式，应当根据案件情况的不同，容忍某种比例的无罪判决、撤回公诉或撤销案件”。[①] 实际上，法院对公诉进行审查和评判，检察机关的起诉工作受到法院审判工作的制约，这本身就是一种较好的考评机制。在以审判为中心的诉讼制度改革语境下，为使考评不致扭曲公检法三机关的正常法律关系，应当使考评适度民主化，而且不仅要考评“事”，更要考评“人”。例如，在美国，对检察机构的评价，主要是民众的反映、社

① 龙宗智：《检察官客观义务论》，法律出版社2014年版，第427～428页。

会及媒体的监督。就我国公检法三机关的业务考评而言，应引入大量的非量化指标；同时重视外部评价，并将内部考核与外部考评结合起来，防止出现内外部评价脱节现象。

“以审判为中心”视野下的新型侦诉审工作机制之反思与重构

苏金基[*]　李佳明[**]

近年来，媒体不断曝光了一些案件，如湖北佘祥林案、内蒙古呼格吉勒图案、福建念斌案、浙江张氏叔侄强奸案等，都引起社会公众的广泛关注。有些案件的当事人无辜受到法律错误追究；有的被长期羁押，身心受到极大损害，家庭破裂；有的甚至已被执行死刑，造成无可挽回的损失，引发了人们对司法公正和司法公信力的严重质疑，对司法权威造成了严重的损害。

随着司法体制改革不断推进，人们对于司法公正和司法公信力的期望也日益提高。但是，由于全国各地的冤假错案屡见不鲜，对于司法公正和司法公信力的提升，树立和维护司法权威，维护社会的公平正义，甚至我国的国际形象，都构成严重的挑战和威胁。

一、问题的提出及其意义：问题倒逼改革

正如古罗马著名法学家西塞罗写道：“法律是一种衡量正义与不正义的标准。”①而司法又作为实现公平正义的最后一道防线，无疑是改革的重中之重。为了防止和克服冤假错案的不断频发，提高司法公信力、树立和维护司法权威，党中央高瞻远瞩，旗帜鲜明地作出了全面推进依法治国的战略部署。十八届四中全会通过的中共中央《关于全面推进依法治国若干重大问题的决定》（以下简称《决定》）明确提出：“推进以审判为中心的诉讼制度改革，确保侦查、审查起诉的案件事实证据经得起法律的检验。全面贯彻证据裁判规则，严

---

* 广西壮族自治区人民检察院法律政策研究室主任，检察委员会委员，广西民族大学法学院兼职教授，硕士生导师。

** 最高人民法院中国应用法学研究所与中国社会科学院法学所博士后研究人员，中国社会科学院法学所助理研究员；南宁市青秀区人民检察院党组成员、副检察长。

① 参见［美］E. 博登海默：《法理学、法律哲学与法律方法》，邓正来译，中国政法大学出版社2004年版，第18页。

格依法收集、固定、保存、审查、运用证据，完善证人、鉴定人出庭质证，保证庭审在查明事实、认定证据、保护诉权、公正裁判中发挥决定性的作用。”①

当然，推进以审判为中心的诉讼制度改革，不是无病呻吟的矫揉造作，也不是为改革而改革的举措，而是我国长期司法实践过程中存在突出的问题倒逼而来的。也正如朱孝清所言：“‘以审判为中心’是针对司法实践中存在的‘以侦查为中心’和庭审形式化而提出来的。传统的刑事诉讼实行案卷笔录中心主义法院审判时，证人和律师出庭率都不高，案卷上所记载的一些非法证据、虚假证据难以通过庭审发现，法庭审判所依据的在相当程度上是侦查机关收集的载之于案卷的证据，有的甚至‘未审先定’即未经法庭审理，全凭案卷材料就在内部决定什么性、判多少刑。这种诉讼方式影响了案卷治理甚至产生冤假错案。”② 因此，推进以审判为中心的诉讼制度改革，是坚持以问题为导向，为了防止和克服冤假错案的不断频发，转换新型侦诉审工作机制，提高司法公信力、树立和维护司法权威的重要举措。那么，推进以审判为中心的诉讼制度改革与构建新型侦诉审工作机制之问题研究，将具有以下三点重要意义：

第一，坚持以审判为中心，构建新型侦诉审工作机制是现代法治国家的基本特征。综观西方法治发达国家，无论是英美法系国家，还是大陆法系国家，都坚持以审判为中心作为一项基本的诉讼原则。从诉讼制度的演进历史来看，只有专制国家的诉讼制度才是以侦查为中心，警察在诉讼中居支配地位，拥有不经法院审判就对犯罪嫌疑人进行惩处的权力；而法治国家的诉讼制度则以审判为中心，我国不是专制国家，不存在不经法院审判就对犯罪嫌疑人定罪判刑的问题。但我们也应当承认，我们国情导致侦查活动在当前的刑事诉讼过程中发挥着切实的、重要的作用，有时也甚至起决定性作用。因此，打造以审判为中心的诉讼结构模式，就要想办法弱化警察对犯罪嫌疑人命运的控制，保证庭审对问题享有终局性裁决权。

第二，坚持以审判为中心，构建新型侦诉审工作机制是保障当事人合法权益的必然要求。以审判为中心，核心要旨在于强化庭审的实质作用。弱化侦查为主导的诉讼模式，要求以庭审为主导，发挥庭审中的询问、发问、举证、质证、认证和定罪量刑辩论的作用。为了查明事实和认定证据，必须尊重当事人的主体地位，充分保障被告人的质证权和辩护权等防御性诉讼权利，充分听取

① 参见习近平：《关于〈中共中央关于全面推进依法治国若干重大问题的决定〉的说明》，人民出版社 2014 年版，第 23 页。

② 朱孝清：《略论“以审判为中心”》，载《人民检察》2015 年第 1 期。

被告人的辩解。这也是正义的必然要求，打击犯罪的终极目标还是在于保障个人基本权益。①

第三，坚持以审判为中心，构建新型侦诉审工作机制是防止和减少冤假错案的必由之路。为了克服和减少冤假错案不断发生，必须推进以审判为中心的诉讼制度改革，构建科学完备新型侦诉审工作机制。充分发挥庭审的实质性作用，高度重视举证、质证和认证等各个诉讼环节。积极有效排除侦查机关的非法证据，合理调整侦查、起诉和审判之间的关系，减少冤假错案的发生率，从而为提高司法公信力提供体制机制保障。

二、我国侦诉审工作机制存在的问题及主要特征

根据我国刑事诉讼法规定，公安机关是案件的侦查机关，检察机关是批捕、公诉机关，法院是审判机关。任何一起案件经过不同的诉讼阶段，在每个阶段都有可能造成冤假错案，而每个冤假错案都折射出侦诉审工作机制中存在的问题及特征。

因此，党的十八届四中全会《决定》中明确指出，要保证公正司法，提高司法公信力。要完善确保依法独立公开行使审判权和检察权制度，健全公安机关、检察机关、审判机关、司法行政机关各司其职，侦查权、检察权、审判权、执行权相互配合、相互制约的体制机制。加强人权司法保障。强化诉讼过程中当事人和其他诉讼参与人的知情权、陈述权、辩护辩论权、申请权、申诉权的制度保障。健全落实罪刑法定、疑罪从无、非法证据排除等法律原则的法律制度。完善对限制人身自由司法措施和侦查手段的司法监督，加强对刑讯逼供和非法取证的源头预防，健全冤假错案有效防范及时纠正机制。

所以，在全面依法治国和完善司法体制改革的大背景下，“坚持以审判为中心的诉讼制度改革与新型侦诉审工作机制的建构”，是有其深刻的时代背景和问题意识，也是防止冤假错案的重要制度安排。当前，由冤假错案而折射出来的侦诉审工作机制所存在问题及其基本特征，可以总体概括如下：

第一，对我国宪法规定的分工负责、互相配合、互相制约基本原则的理解和执行过程中出现的偏差。我国《刑事诉讼法》中规定，公检法三机关彼此之间各司其职、相互配合、相互制约，但是长期的司法实践中形成“配合较多，制约较少”的固定办案模式，也加剧侦诉审工作机制的问题严重性。

第二，以侦查为中心的办案模式的偏爱。在司法实践中，有人大力鼓吹

① 参见［日］田口守一：《刑事诉讼法》，张凌、于秀峰译，中国政法大学出版社2010年版，第14页。

"以侦查为中心"，过于强调公安机关的主导作用，还有人说"公安是做饭的，检察院是端饭的，法院是吃饭的"，"大公安，小法院，可有可无检察院"各种说法，司法审判的权威丧失了，司法公正不见了。[①]

第三，司法机关及当事人的现代司法理念之淡薄。如果想有效防范刑事错案的，那么，必须转变司法理念，确立将保障无辜者不受错误追究、错误惩罚，即将防止冤枉好人放在首位的现代司法公正理念。正如最高人民法院常务副院长沈德咏所强调，"要像防洪水猛兽一样来防范冤假错案，宁可错放，也不可错判。错放一个真正的罪犯，天塌不下来，错判一个无辜的公民，特别是错杀一个人，天就塌下来了"。[②]

总之，由于现代法治观念的尚有待于加强，公安机关粗暴执法、检察院监督力弱化，人民法院的判决或裁定落实难、执行难，甚至个别当事人抗拒执行，信访不信法，诉讼无终结，缠诉不止，案结事不了的现象很多，乃至个别地方政法机关花钱买平安，用人民币息诉化访，司法公正丢失，给社会公正带来严重损害。以审判为中心就是在这种背景下，为有针对性地解决当前存在的问题应运而生。

三、推进以审判为中心的诉讼制度改革新内涵之诠释

《决定》中明确提出要"推进以审判为中心的诉讼制度改革，确保侦查、起诉的案件事实证据经得起法律的检验。全面贯彻证据裁判规则，严格依法收集、固定、保存、审查、运用证据，完善证人、鉴定人出庭制度，保证庭审在查明事实、认定证据、保护诉权、公正裁判中发挥决定性作用"。这一表述，明确阐述了以审判为中心诉讼制度改革的新要求。但是，《决定》发表后，公检法和社会各界，对以审判为中心的认识，说法不一。为了清晰地理解何为"以审判为中心"，将进行简要论述，以此为司法体制改革健康有序之推进，厘清思路、瞄准方向，做到有的放矢。

（一）范畴之界定

首先，我们必须明确认识，以审判为中心，是在我国宪法规定的分工负责、互相配合、互相制约的前提下，诉讼的各个阶段都要以法院的庭审和裁决对于事实认定和法律适用的要求和标准进行，确保案件质量，防止冤假错案的发生。以审判为中心不是颠覆"分工负责、互相配合、互相制约"，亦即"中心论"与"阶段论"是辩证的统一，二者并不矛盾。或许部分学者认为，以

① 参见樊崇义：《解读"以审判为中心"的诉讼制度改革》，载《中国司法》2015年第2期。

② 沈德咏：《我们应当如何防范冤假错案》，载《人民法院报》2013年5月6日。

审判为中心是对“分工负责、互相配合、互相制约”的否定，也或许有部分学者认为“以审判为中心”就是“以法院为中心”的说法，笔者认为这些认识都存在偏颇。习近平总书记在关于《决定》的说明中也明确指出：“我国刑事诉讼法规定公、检、法三机关在刑事诉讼活动中各司其职、互相配合、互相制约，这是符合中国国情的，具有中国特色的诉讼制度，必须坚持。”因此，我们认为，侦查、起诉等审前阶段，是以审判为中心的前提和基础，要实现以审判为中心，脱离了侦查、起诉等环节，审判就成了空中楼阁。所以，必须在坚持分工负责、互相配合、互相制约的基础上加强审判。以审判为中心的实施主体，不仅仅是人民法院，而是由法院、公安、检察、辩护律师形成合力，才能贯彻实施以审判为中心。就整个诉讼法律关系而言，控、辩、审三种职能缺一不可，缺少任何一方，这一诉讼就是一个不完整的诉讼，就很有可能不是一个成功的诉讼。从一定意义上来讲，笔者认为，以审判为中心的诉讼制度改革是一个诉讼模式结构之改革，是公、检、法和辩护律师正能量的合成。

那么，究竟何为庭审中心主义？按照第六次全国刑事审判工作会议的精神，庭审中心主义是指“审判案件以庭审为中心，事实证据调查在法庭，定罪量刑辩论在法庭，裁判结果形成于法庭，全面落实直接言词原则，严格执行非法证据排除制度”。[①]可见，庭审中心主义是对人民法院如何审判刑事案件提出的基本要求，具体包括四个方面含义：

第一，“事实证据调查在法庭”，是指法院审理刑事案件时，应当在法庭上对事实、证据展开充分调查，以此作为认定案件事实的基础，没有经法庭调查的事实、证据不得作为认定案件事实的依据。

第二，“定罪量刑辩论在法庭”，是指法院应当在法庭上组织控辩双方就被告人的定罪量刑问题而展开充分辩论，只有经过辩论的事实才可以作为定罪依据。

第三，“裁判结果形成于法庭”，是指法院对案件作出的裁判结果应当形成于上述“事实证据调查在法庭”和“定罪量刑辩论在法庭”的基础之上。因为既然要求“事实证据调查在法庭”和“定罪量刑辩论在法庭”，那么，就应该“裁判结果形成于法庭”，否则前两项要求就失去了意义。

第四，严格执行直接言词原则与非法证据排除规定。因为，无论是“事实证据调查在法庭”，还是“定罪量刑辩论在法庭”，都可以表现为不同的方式，或在实际操作中走样。例如，在庭审中重要证人不出庭作证，只是对庭前形成的书面证据材料进行调查，似乎也符合“事实证据调查在法庭”的要求，

---

① 顾永忠：《试论庭审中心主义》，载《法律适用》2014年第12期。

但这样做既不利于发现书面证据材料中的问题，又将损害被告人及辩护人的质证权。又如在法庭辩论中，不合理甚至歧视性地限制发言时间，不允许被告人及其辩护人充分发表辩护意见，让其庭后提交书面辩论意见。为了防止这些情况的出现，就必须做到“全面落实直接言词原则”，即无论是“事实证据调查在法庭”还是“定罪量刑辩论在法庭”，都要保障当事人、证人、鉴定人、辩护人、诉讼代理人等诉讼参与人直接以言词方式参与法庭调查和法庭辩论。不仅如此，为了坚守程序正义，防止冤假错案，在“裁判结果形成于法庭”的过程中，还要“严格执行非法证据排除规则”，即不论证据是否客观真实，是否具有证明力，只要属于依法应当排除的非法证据，就不得作为定罪的依据。

（二）改革之目标

所谓目标，就是以审判为中心诉讼制度改革的价值追求。习近平总书记在关于《决定》的说明中明确指出：“推进以审判为中心的诉讼制度改革，目的是促使办案人员树立办案必须经得起法律检验的理念，确保侦查、审查起诉的案件事实证据经得起法律检验，保证庭审在查明事实、认定证据、保护诉权、公正裁判中发挥决定性作用。这项改革有利于促使办案人员增强责任意识，通过法庭审判的程序公正实现案件裁判的实体公正，有效防范冤假错案的发生。”① 根据这一论述，笔者认为推进以审判为中心的诉讼制度改革的目标，可以分为三个层次目标：一是总目标，通过庭审的程序公正来实现案件的实体公正，或称总的价值目标是实现司法公正；二是直接目标，确保庭审在查明事实、认定证据、保护诉权、公正裁判中发挥决定性作用，或称庭审的决定权；三是间接目标，促使司法人员树立办案必须经得起法律检验的理念，确保侦查、审查起诉的案件事实、证据经得起法律检验。这两个检验其实就是现代刑事司法理念。对于刑事裁判的功能整合，必须采用现代司法理念来理解，它是实现社会公平正义的最后一道关卡，对整个社会起到一种引领作用。因此，它必须具备公平、正义的价值，要实现这种价值目标，就必须坚持以上“两个检验”。

（三）改革之任务

习近平总书记在关于《决定》的说明中指出：“以审判为中心的诉讼制度改革，有利于促使办案人员增强责任意识，通过法庭审判的程序公正实现案件的实体公正，有效防范冤假错案。”可见，以审判为中心的总任务通过实现程

① 参见习近平：《关于〈中共中央关于全面推进依法治国若干重大问题的决定〉的说明》，人民出版社 2014 年版，第 23 页。

序公正而通向实体公正，有效防范冤假错案。在完成这一总任务过程中，应当把握重点以下几个环节：

第一，规范侦查行为，严格遵守取证规则。侦查阶段是刑事诉讼的第一道工序，是审查起诉和法庭审判的前提和基础。因此，侦查环节重要性毋庸置疑。但是，当前，不但职务犯罪案件的自侦，而且普通刑事案件的侦查，都面临着严重的问题。这些问题可概括为：刑讯逼供屡禁不止；侦查不规范行为乱象丛生。为了解决这些问题，必须推进严格司法，具体做法如下：一是讯问必须在看守所进行；二是讯问的方式要由刚变柔；三是侦查中的拘留逮捕必须送往看守所羁押；四是侦查模式必须由“口供为本”转向“物证优先”和“实物证据为本”；五是讯问全程录音录像；六是调整办案程序，先取证后讯问。需要特别强调的是，必须严格执行刑事诉讼法规定的严禁刑讯逼供规则：一是不得强迫自证其罪；二是对非法证据要严格排除；三是讯问要全程录音录像。只有严格执行程序规则，才能保证打牢刑事诉讼的基础，从根本上防止刑事错案。

与此同时，检察机关自侦案件的侦查，还存在问题。当前，以审判为中心的诉讼制度改革中，必然要改革自侦案件的侦查模式和方法，适应以审判为中心之需要。检察机关必须进一步转变司法观念，加快实现从“由供到证”到“由证到供”、“以证促供”、“供证结合”的模式转变，弱化口供对案件侦查的决定作用，更加重视侦查活动中以客观证据为核心。与“由供到证”式侦查模式只需要在室内对犯罪嫌疑人进行讯问相比，“由证到供”模式会涉及更广泛的侦查空间和复杂的侦查操作，因而也就需要各方面的司法投入。今后检察机关应当加强对侦查人员的司法理念和业务培训，切实转变司法观念，不断优化侦查队伍的专业结构，强化秘密侦查措施和技术侦查手段的规范运用，只有严格执行法律规则，才能实现《决定》中提出的“确保案件处理经得起法律和历史的检验”的目标 。

第二，强化审查起诉、提起公诉的中间环节。审查起诉、提取公诉作为刑事诉讼中的中间关键环节，必须得到不断强化。推进以审判为中心的诉讼制度改革，必然要求检察机关提高公诉质量，严格把关，严守入口。主办检察官应当从庭前证据审查和庭上举证辩论两个方面寻求工作改进的突破点。一方面，应当更加重视庭前的证据审查工作，对证据的客观真实性、关联性、合法性进行全面、客观、细致、严格审查，充分考虑证人出庭作证可能引起的证据变化和对案件定罪量刑产生的影响，围绕案件焦点做好出庭应对准备。另一方面，应当推进庭审实质化，使庭审活动更具对抗性和不可预测性。主办检察官必须不断增强业务素质，提高交叉讯问能力和当庭论辩能力，真正通过扎实的证据和严密的论辩，履行法律赋予职责。

第三，推行以审判为中心的庭审过程实质化。推进以审判中心，究其核心在于推进以庭审为中心，全面落实直接言词原则，严格执行非法证据排除规则。我们要按司法规律办案，要全力维护公正、高效、权威的司法裁判，必须要清醒地认识到，人民法院的审判工作不仅仅是走程序或办手续，庭审是刑事诉讼的最后一道工序，是刑事诉讼的结果。司法规律和诉讼规则要求必须坚持庭审中心主义，以实现真正的审判独立。只有这样，才能把审判定位为最后一道防线，形成的裁判才具有权威性。

四、路径选择：构建科学完善的新型侦诉审工作机制

根据我国《刑事诉讼法》第7条的规定："人民法院、人民检察院和公安机关进行刑事诉讼，应当以分工负责、相互配合、互相制约，以保证准确有效地执行法律。"①由此可见，法律明文规定三机关之间关系是各司其职、相互配合、相互制约。但是，长期司法实践过程中形成了以侦查为中心的诉讼办案模式，"配合较多、制约较少"。三机关之间制约作用有限，庭审过程形式化、检察监督力度虚化、侦查行为不规范化等诸多弊端依然存在。因此，推进以审判为中心诉讼制度改革与构建新型侦诉审工作机制，是当前司法体制改革重要内容，具体改进路径选择，可以从以下几个方面入手：

第一，以审判为中心，推行庭审过程的实质化。司法，是维护社会公平正义的最后一道防线。正如伟大英国哲学家培根所言："一次不公正的审判，其恶果甚至超过了十次犯罪。因为犯罪虽是无视法律——好比污染了水流，而不公正的审判则毁坏法律——好比污染了水源。"②这其中的道理是深刻的。防范冤假错案是司法公正的底线，构建以审判为中心诉讼制度改革，推进庭审过程实质化有助于构建新型侦诉审工作机制，进而有利于实现司法公正，提升司法公信力，树立和维护司法权威。

第二，以审判为中心，强化公、检、法三机关的制约作用。虽然我国法律明文规定公检法三机关在刑事诉讼过程中之间关系是各司其职、相互配合、相互制约，但是长期司法实践中形成了"配合有余，制约不足"的固定办案模式。在公检法三机关关系中，要构建以庭审为中心的新型侦诉审工作机制，突出庭审中心地位，发挥庭审裁决的决定性和终结性作用。要使庭审既能对侦查、审查起诉起到引领作用和制约功能，又能对裁判执行起到控制和监督作

① 参见陈光中：《刑事诉讼法》，北京大学出版社2002年版，第82页。

② 参见［美］梯利：《西方哲学史》，商务印书馆1995年版，第287页。

用。既要发挥检察院审查起诉职能，又要发挥诉讼监督职能，在以审判为中心的刑事诉讼制度下，必须改革“公安煮饭、检察端饭、法院吃饭”的流水线式的诉讼结构和办案模式。

第三，全面贯彻证据裁判规则，构建新型侦诉审工作机制。现代法治国家，证据是胜诉的王牌。[①] 证据裁判原则，要求各级法院作为认定犯罪事实和作出裁判依据的证据必须具有客观性、关联性和可采性；作为定案依据的证据必须按法定程序进行审查判断；作为裁判依据的所有证据经过综合审查判断必须达到法定的证明标准。侦查机关、检察机关和法院的一切诉讼活动，必须坚守证据原则，确保侦查、审查起诉的案件事实经得起法律的检验。证据是诉讼的基石，是保证案件质量的核心，其重要性不言而喻。当前坚持证据裁判原则必须解决三个问题：必须紧紧围绕本案证明对象收集证据；证据收集不全将导致该证明的问题没有证明；甚至关键证据缺失，使庭审不能顺利进行。

第四，坚持非法证据排除规则。以审判为中心的诉讼制度改革的一个重要目标就是确保案件的质量，防范刑事错案。为此，必须坚持非法证据排除规则的贯彻和实施。但是自修改后的《刑事诉讼法》实施以来，关于非法证据排除规则的实施，出现两个亟须解决的问题，一是司法机关对诉讼中的非法证据存在不愿排除的现象，怕排除后案件无法认定，诉讼无法进行。所以，两年来全国各地非法证据排除的案例非常之少。二是非法证据的定义和排除范围立法规定不够明确，尤其对何为“威胁、引诱、欺骗”，法律并未明确规定。

第五，完善证人出庭作证制度。我国 2012 年修改后的《刑事诉讼法》对证人、鉴定人出庭作证制度作了一些规定，但是仍存在规定不细、出庭范围界定模糊、惩戒措施不严、保护措施不力等问题。尽管我国 2012 年修改刑事诉讼法时针对这一问题的解决所采用的新措施是举世瞩目的，但是出庭率并无多大改观。多数地区证人出庭率仍徘徊在 1% ~2%，甚至个别地区审理的刑事案件两年来仅有 2 起案件、2 名证人出庭。书面审理盛行，案件质量令人担忧。在这种情况下，完善证人出庭制度、鉴定人出庭制度，具有非常重要的现实意义。为确保案件的质量，以审判为中心的诉讼制度改革，必然要解决证人、鉴定人“到案难、出庭难和说实话难”的问题。

第六，充分发挥刑辩律师的作用，构建新型侦诉审工作机制。律师是一个国家法治文明的标志。律师与法官、检察官一样，同属法律职业共同体，都以维护当事人合法权益，维护法律正确实施和社会公平正义为使命，都是保证司法公正的职业共同体。从近年发现和纠正的冤假错案看，辩护人基本上都指出

---

① 参见陈朴生：《刑事证据法》，三民书局 1979 年版，第 6 页。

了案件在事实和证据方面存在的重大问题，提出过被告人无罪的辩护意见。如果法院、检察院真正重视和采纳了这些意见，冤假错案就可能避免，这一教训值得深思。司法机关司法人员应当重视律师辩护的问题，要切实保障律师的会见权、阅卷权、调查取证权和庭审中发问、质证、辩论等辩护权利；对于被告人及其辩护人提出的辩解、辩护意见和提交的证据材料，人民法院应当认真审查，并在裁判文书中说明采纳与否的理由。法庭还应当注重引导控辩双方依法履职等；检察机关在审查起诉期间也应当充分听取律师的意见，公安机关在侦查期间也应当保护当事人诉讼权益。建立新型的控辩关系，加大律师参与力度，调试公检法相互之间配合与制约的关系，进而建立科学完备的新型侦诉审工作机制。

习近平总书记多次强调："开工没有回头箭"，司法公正是实现社会正义的最后一道防线，司法工作的目标是实现司法公正，并通过公正的司法活动来实现社会公平正义；人民群众评价司法公正合格不合格、效果好不好的标准也是公正。习近平总书记也对司法改革提出新的更高要求："要努力让人民群众在每一个司法案件中感受到公平正义。"要实现上述目标，我们不仅需要科学合理的体制机制的建立和完善，而且也还需要每一个司法人员在办案中秉持公正的司法理念和职业的道德操守。只有这样，两者相互兼顾，相辅相成，我们司法改革才能实现理想的预期目标，到达胜利的彼岸。

构建以审判为中心的新型诉审关系若干问题研究

王传红*

党的十八届四中全会通过的《关于全面推进依法治国若干重大问题的决定》（以下简称《决定》）明确提出要“推进以审判为中心的诉讼制度改革，确保侦查、起诉的案件事实证据经得起法律的检验”。《决定》首次以党的重要文件的形式提出“以审判为中心”的重大课题，阐明了我国刑事诉讼制度改革的顶层设计，对指引我国未来的刑事诉讼制度发展具有里程碑意义。厘清改革中的一些重要关系，对于深入推进改革，构建“以审判为中心”的新型诉审关系，具有重要价值。

一、以审判为中心与诉审分离原则

现代刑事诉讼制度是在诉审分离基础上建立的，诉审分离是现代刑事诉讼制度的基础和重要原则。无论从诉讼结构，还是从诉讼程序上看，我国刑事诉讼制度已经贯彻了诉审分离原则，那又何谈以审判为中心的问题？

从刑事诉讼制度发展的演变过程看，在奴隶制社会，实行的是弹劾式的诉讼模式，国家对犯罪行为是不主动纠举的，而是由当事人自行提起诉讼，国家仅是作为权威的仲裁者居中裁断。在这里，国家权力在诉讼中的形式和作用仅仅表现为刑事审判权，刑事侦查权和刑事公诉权的概念并不存在。进入封建社会后，刑事司法权力高度集权，弹劾式的诉讼模式演变为纠问式诉讼模式，国家作为追诉机关拥有强大的追诉权，被告人的个人权利则被彻底牺牲。① 审判官在没有被害人或其他起诉人的情况下，可以主动地进行侦查、讯问、起诉、审判。审判机关集侦查、起诉、审判职能于一身，形成国家强权与弱势个体的

---

* 内蒙古自治区小黑河地区人民检察院检察长。

① 谢佑平、万毅：《刑事控审分离原则的法理探析》，载《西南师范大学学报（人文社会科学版）》2002 年第 3 期。

两极对立。直到近代，司法职能才逐渐与行政职能分离。刑事司法职能出现专业分工，警察、检察官和法官分别负责侦查、起诉和审判。作为继行政与司法的第一次分工之后诉讼史上第二次分工的诉审分离，成为现代刑事诉讼制度中的一项重要原则。它通过在起诉与审判两种职能之间作出明确划分，在二者间形成一种相互制衡的状态，以保障权力的正确行使，控制权力的滥用。法院不得在没有起诉时主动实施审判行为，起诉方也不能未经审判径行认定一个人有罪。在诉讼史上第二次分工的诉审分离中，标志性的事件是在侦查与审判之间锲入了检察环节，使控审分离、审检分立在司法组织上得到确立，使刑事诉讼更加科学。控审分离在司法组织上的确立，为确立以审判为中心的诉讼格局奠定了坚实的基础。在刑事诉讼中存在“诉方—辩方”“审判者—诉方”以及“审判者—辩方”三组关系，其中法官中立、诉辩平等是其基本特征。但是，如果法官与检察官“联手”，诉审即使在组织上是分离的，庭审方式也只能是走走过场，辩护律师的作用名存实亡，实质上的控审分离仍然是一句空话。所以，如果仅仅看到控审分离，还是远远不够的。以审判为中心，才是控审分离的目的，是对控审分离原则的进一步诠释和升华。

从我国刑事司法实践层面来看，诉审分离仍然存在不少问题。我国宪法和刑事诉讼法用“互相配合，互相制约”对公、检、法三机关的关系进行了定位，但是实践中诉审双方配合与制约明显失调，诉审双方配合协调的成分远远大于制约的成分，甚至导致诉权与审判权的混同，以至于侦查取代了审判的中心地位。侦查环节一直是我国整个刑事诉讼程序的中心，公诉配合侦查，审判则以侦查的证据为基础。审判权无法对侦查权形成有效的制约，应有的审判权威无法形成。我们知道，大陆法系国家，比如在德国，侦查机关享有的侦查权力有限，法院通过司法审查能够有效制约和限制侦查权。我国检察机关拥有批准逮捕和对侦查程序中羁押合理性的审查权，即检察机关担负着一定范围的司法审查职能。但是在侦查中心主义之下，检察机关对侦查活动的监督往往流于形式。公诉引导侦查的职能未能充分发挥，一些通过刑讯逼供等非法手段获取的证据没能被合理排除，庭审中控辩双方调查辩论等程序走过场，诉审间的制衡关系明显弱化。案件事实的认定取决于侦查机关制作的侦查笔录，当被告人的当庭供述与公诉人宣读的侦查阶段的笔录不一致，部分或者全部否定在侦查阶段所作的有罪供述时，法官在判决中通常采信庭前供述而不会采纳当庭供述。这使侦、诉、审机关法定的职能分工流于形式，“相互配合、相互制约”的原则在实践层面明显异化，审判权对公诉权的配合远大于制约。比如，根据《刑事诉讼法》第195条第（三）项规定：“证据不足，不能认定被告人有罪的，应当作出证据不足、指控的犯罪不能成立的无罪判决。”但实践中，法院遇到类似情况，往往建议公诉机关撤回起诉。这是无罪判决率低的一个重要原因。我国立法和司法实践中有很多程序回流情况，如退回补充侦查、撤回起诉等。设计程序回流制度的初衷是为使之前的瑕疵程序得到有效补救，从而实现程序正义和保障当事人权利。但在实践中，这一救济程序被频繁滥用，违背了以审判为中心的原则，使法院主动作出有利于起诉一方的决定，造成超期羁押、撤回起诉代替无罪判决、循环审判等严重损害裁判终局性和当事人权益的后果，损害了审判的中立性以及终局性。

由此来看，推进以审判为中心的诉讼制度改革，是要革除损害诉审分离原则的一些弊端，回归审判在刑事诉讼中的中心地位。这也是实现实质性的诉审分离的要求，是对诉审分离原则的升华，因而可以看作对诉审分离原则的又一次飞跃。

二、以审判为中心与以庭审为中心

从诉讼整体来看，在刑事诉讼各阶段之间的关系上，以审判为中心是将刑事审判阶段作为整个刑事诉讼的中心，侦查、起诉等审判前程序则被视为审判程序开启的准备阶段。只有在审判阶段，诉讼参与人的合法权益才能得到最终的、充分的维护，被告人的刑事责任问题才能得到最终的、权威的确定。[①] 以审判为中心又是通过庭审来实现的，由于诉讼是围绕法官建立心证的，而法官建立心证的主要空间是法庭，因此以审判为中心必须确立庭审的中心地位。只有通过庭审，通过集中的、严格的程序安排，才能保证诉讼的公正与效率。以庭审为中心，是以审判为中心的应有之义、是以审判为中心的具体化。但是应该注意的是，如果庭审的作用发挥不出来，庭审的中心地位就确立不起来，进而以审判为中心也会流于形式。解决以庭审为中心，要解决好三个方面的问题：

（一）要使庭审实质化

何为“实质化”？笔者认为就是《决定》中提出的“保证庭审在查明事实、认定证据、保护诉权、公正裁判中发挥决定性作用”。这被实务界称为“四个在法庭”。落实“四个在法庭”关键之点是建构以直接审理为原则的庭审方式。在庭审中，法官居于诉讼等腰三角形的顶部，具有绝对的高于控辩双方的主导地位，应当保持超然的立场，应当改变积极发现“真实”的庭审角色而转向保持中立。在庭审角色的转变上，虽然在目前情况下，法官庭下阅卷

---

① 孙长永：《审判中心主义及其对刑事程序的影响》，载《现代法学》1999年第4期。

对于防止遗漏和扭曲法庭上出示的证据信息，对于检验、校正和加强法官的心证，具有积极意义，但是应当将庭下阅卷的作用作为辅助，不应当起决定作用。以庭审为中心，就是要拒绝以庭下活动为中心，真正让庭审活动成为决定案件的关键。否则，庭审形式化的问题就无法解决，审判程序存在的意义就会被质疑。只有使直接言词原则成为一般原则，证人出庭作证常态化，把真相的查明放到法庭上，方能实现庭审实质化。另外，在庭审中，法官对控辩双方的意见应当给予平等的关注，只有在被告人在场的情况下才能听取控方的意见。控诉与辩护职能保持大体上相当的强弱程度，控辩平等，不仅是地位平等、手段平等，而且是机会平等。参与者应有机会发表自己的意见、观点和主张，提出据以支持其主张的证据和论据，并拥有进行这些活动所必需的便利和保障措施，从而对裁判结果的形成发挥有效作用。检察官应负有一定的维护实体正义和程序正义的职责，对于通过非法手段取得的证据应拒绝予以采用，并防止此类证据被法庭用作定案的根据。同时，律师诉讼权利应当得到依法保障，使辩护人负起调查有利被告证据以及积极抗辩的责任。控辩双方紧密围绕与定罪量刑有关的事实、证据和法律进行质证和辩论，方能使庭审辨明事实和证据，分清责任，保护诉权、公正裁判，实现“四个在法庭”。

（二）在整个审判体系中要以一审为重心

对于各审级的定位与功能，《决定》指出，“完善审级制度，一审重在解决事实认定和法律适用，二审重在解决事实法律争议、实现二审终审，再审重在解决依法纠错、维护裁判权威”。由此可见，在审级制度的顶层设计中，一审主要是回应全部公诉与辩护主张的全面审理和充分审理，二审及以上审级是争议审、纠错审，这些上级审虽然对部分案件能够发挥重要的防错纠错功能，但属于救济性审理的范畴。与上级审相比，一审审查的案件事实更加全面，并且一审审理时间离案件发生时间比较近，一审的证据信息更多来源于证据源而较少受到其他证据信息的影响，一审提供的证据信息相对其后的审级具有可靠性、干净性的特点。[①] 法官心证的形成也是通过一审庭审来实现的，二审法官往往是在依赖一审已经形成争议焦点的情况下进行审理，往往依赖该焦点进行审理，对于案件事实的审查可能是“二手资料”。不过，因错漏难免，心证形成也不可能是一次决定不可变更的，因而会有上级审，包括二审、复核审、再审等，以实现纠偏救济。但就心证形成、事实确认而言，上级审的功能相对于一审是有限的，显而易见，以庭审为中心应当以一审庭审为重心。由于一审承

① 龙宗智：《论建立以一审庭审为中心的事实认定机制》，载《中国法学》2010年第2期。

担着事实审这一关键任务，因此贯彻以庭审为中心就需要在法院整个审判程序的顶层设计中把第一审改造成彻底的事实审，就需要拒绝以上级审为重心，尽可能通过一审阻止冤假错案。高质量的一审程序可以成为高质量的刑事司法的坚定支撑，这样也可以有效缓解上级司法机关的压力。鉴于事实审重心在一审，在加强一审责任的同时，还需适当调整资源配置，使一审审理具有更好的审理条件。如对证人以及鉴定人出庭问题，应当建立和落实有争议案件的重要证人或关键证人在一审必须出庭的制度。如果证人在一审已经出庭作证、质证，二审可以不出庭，而以一审记录作为证据。只有在一审应出庭证人未出庭的情况下，才需要在二审要求其必须出庭。同时，对鉴定、勘验、检查等取证行为，也应当对一审提出明确、严格的要求，一旦一审已经完成这些取证行为，如无法定理由和合理根据，二审不必重复进行。

（三）要解决二审全面审查和不公开审理的问题

根据我国《刑事诉讼法》第 222 条第 1 款的规定，“第二审人民法院应当就第一审判决认定的事实和适用法律进行全面审查，不受上诉或者抗诉范围的限制”。这一规定被称为“全面审查原则”。这一原则不仅违背了不告不理原则，而且也有违诉审同一原则。第二审“全面审查”意味着第二审法院必须依职权对原判决控辩双方已无争执的部分重复审理，重新调查证据、认定事实。这种做法不仅浪费司法资源，而且可能会对有实质争议案件的开庭审理产生消极影响，可能会架空第一审，导致诉讼重心上移。如果以当事人上诉或者检察机关抗诉的部分限制第二审法院的审理范围，就可以避免程序重心移往上级审，从而保证第一审程序的程序重心位置。这样也可以将有限的司法资源投入到对于一审判决确实有争议部分的集中审理。从当事人的角度来看，允许对判决的一部分提起上诉既合乎上诉的目的，又有利于当事人的攻击防御。上诉既然是对原判决声明不服，上级审如果集中于当事人不服而有争议的部分，当然更符合当事人提起上诉的目的，更有利于回应当事人攻击防御的焦点，同时还可以增加上诉结果的可预期性，不至于发生对原判决服判的部分却被第二审法院改判的危险。

在现行全面审理模式下，法院二审必然要对案件的全部事实认定、法律适用，乃至程序合法性等进行重新审理，极大地增加了二审法官的工作量，在司法资源有限的情况下，使二审法院不堪重负。这与实践中二审一般不开庭审理呈现出正相关的关系。解决二审不公开审理的问题，也必须改革二审全面审理的原则。刑事诉讼活动不仅是一种复杂的认知和判断过程，同时也是一个多方参与的对抗和角力过程。开庭审理是审判公正的制度保障，只有通过控辩双方在法庭上辩论、质证、阐明观点，方能实现控辩权真正意义上的对抗。不开庭审理在一定程度上剥夺了控辩双方充分表达意见的机会，“以庭审为中心”被束之高阁。推进以审判为中心的刑事诉讼制度改革，必须以开庭审理为原则，不开庭审理为例外。

三、以审判为中心与案卷移送制度

2012年我国刑事诉讼法修改时恢复了1979年刑事诉讼法规定的起诉方式，采用了全案卷宗移送的做法，即人民检察院向人民法院提起公诉时，将所有案卷材料和证据移送人民法院。实行全案卷宗移送的做法，有其明显的弊端。全案卷宗移送后，法官不仅在开庭前要充分阅卷，庭审结束后依然要认真研读案卷。法官的充分阅卷，使法官在庭审前就形成预断，不能以“一张白纸”的心态听取控辩双方参与的证据调查和辩论，弱化了庭审的实质性功能，使法庭审判流于形式，客观上导致对案件先定后审，事实上导致了诉审关系的紊乱。司法实践经验表明，刑事法官在开庭前一旦全面阅卷，就可能受公诉方的证据笔录的影响，从而对犯罪事实产生先入为主的预断。这种庭前形成的内心确信会一直带到法庭审理过程中，并左右着法官对案件事实的判断。而在大多数证人、鉴定人不出庭作证的情况下，法官在庭上主要依靠听取公诉方宣读证据笔录来调查案件事实，又因为缺失了对证人进行交叉询问的环节（这也违背了直接言词原则），削弱了法庭审判存在的价值，甚至使法庭审判有成为审查和确认侦查案卷笔录“手续”的危险。[①]“一位法官也是由有限知识和能力组成的一个选择有机体。”[②]“我们也许会和其他人一样，努力客观地看事物。但我们还是永远不能用任何眼睛，而只能用自己的眼睛，看事情。”[③]法官并不是通过法庭审判来形成对案件事实的判断，而是将案卷笔录作为形成内心确信的基础，庭审的实质性作用难以发挥，侦查的结果往往预示着审判的结果，审判对于侦查和审查起诉的制约功能十分有限。在整个诉讼过程中，证据的审查、事实的认定、判决的作出，依据的不是法庭上直接调查的证据，而是侦查阶段形成的案卷材料，决定的作出依据的是案卷而不是庭审，侦查案卷在诉讼中起了决定性的作用。

既然全案卷宗移送的弊端这样明显，为什么我国刑事诉讼法经过1996年和2012年两次修正，在刑事诉讼的起诉方式上仍然选择的是全案卷宗移送制

---

① 李奋飞：《论“表演性辩护”——中国律师法庭辩护功能的异化及其矫正》，载《政法论坛》2015年第2期。

② ［美］理查德·波斯纳：《法官如何思考》，苏力译，北京大学出版社2009年版，第110页。

③ 转引自［美］理查德·波斯纳：《法官如何思考》，苏力译，北京大学出版社2009年版。

度呢？这需要从现实来考量。在我国目前法官队伍参差不齐、法律素养和审判经验总体不高，特别是在不同地域之间法官法律素养差别较大的客观环境里，完全将移送的案卷材料和证据阻挡在法庭之外，脱离了我国司法队伍的“国情”。推进改革既要向往理想，又要兼顾现实，不能搞“空中楼阁”，应当渐次、稳步推进。一步到位、理想主义，可能会使我们从一个极端走向另一个极端。在处理以审判为中心与全案卷宗移送这两者的关系时，可以在既坚持移送案卷材料和证据的同时，确立“直接言词为王”的原则来对冲“卷宗移送主义”带来的不利影响。直接言词原则是大陆法系国家刑事诉讼中通用的审理原则。如《德国刑事诉讼法》第250条规定：“对事实的证明如果是建立在一个人的感觉之上的时候，要在审判中对他询问。询问不允许以宣读以前的询问笔录或者书面证言而代替。”《法国刑事诉讼法》第427条规定：“除法律另有规定外，犯罪得以任何证据形式认定，并且法官得依其内心确信做出判决。法官只能以在审理过程中向其提出的、并在其当面经对席辩论的证据为其做出裁判决定的依据。”同时我们也注意到，与直接言词原则相对应的是，在英美法系国家适用的传闻证据规则。从传闻证据规则的产生来看，传闻证据规则源于陪审团审判。由于负责案件事实认定的陪审团成员没有经过法律专业训练，因此，那些易于误导陪审团的不可靠的传闻证据没有证据资格。也就是说，传闻证据规则以证据资格为核心，而直接言词原则以审理行为为核心。直接言词原则与专业法官审理案件密切相关。为了保证发现案件事实，对于法官而言，应当强调其调查证据的亲历性及言词调查方式，无需担心其会受到传闻证据的误导。确立“直接言词为王”原则是进一步强调直接言词在庭审中的地位和分量，突出直接言词对法官内心确信的影响。特别是法官在庭下阅卷时遇到下列两种情况必须恢复法庭调查，以直接言词证据为主，以法庭调查而不能以案卷为主：第一，拟将阅卷发现的某些未经庭审调查的证据材料作为定案依据；第二，发现某些证据有问题，某些事实不清楚，需要进一步调查核实。总的来讲，正确认识和处理案卷移送制度，是关系以审判为中心刑事诉讼制度改革成效的关键所在。

四、以审判为中心与三机关“分工负责、互相配合和互相制约”原则

以审判为中心与三机关“分工负责、互相配合和互相制约”是辩证统一的关系，“以审判为中心”的诉讼制度改革是在“分工负责、互相配合、互相

制约”的基础上进行的。侦查是基础，公诉为主导，审判是结果，监督作保障。[①] 对这个关系的理解和执行，要从“控制犯罪”型转向“法律正当程序”型，改变过去“配合有余，制约不足”的局面，回归到司法规律上。对“互相制约”的理解要从“平行制约”向“递进制约”发展。从诉讼全程来看，固然前一阶段的诉讼活动对后一阶段有所制约，比如没有侦查机关将案件移送审查起诉，就没有公诉机关提起公诉，法院更无从审判。实际上，后一阶段的诉讼活动更要制约前一阶段的诉讼活动，侦查、起诉不符合审判的要求，达不到定罪的标准时，要服从审判机关的裁判。另外，审判对证据能力的判断会间接影响到审前阶段的取证行为和检察环节的证据审查活动。审前程序必须依照审判中对证据的审查标准严格要求自身，否则其制造的产品若不合格或有瑕疵将被法院排除或退回补正。由此，法院审判以证据采纳采信规则控制审前的收集、固定、保存证据的行为，影响检察机关审查证据的活动。[②]

从整体上看，无论是“互相配合”，还是“互相制约”，其最终的指向都是走向“以审判为中心”，因为侦查和起诉都要按照审判的要求和标准进行，通过庭审的诉讼活动进行质证和检验。具体到诉审关系，配合也仍然需要，刑事诉讼的顺利进行需要审判与公诉在一定程度上互相配合，如公诉人发现案件需要补充侦查，建议合议庭延期审理，合议庭予以同意；以审判为中心需要反对法院在定罪量刑问题上违反法律规定配合检察院。正因为如此，习近平总书记在《关于〈中共中央关于全面推进依法治国若干重大问题的决定〉的说明》中明确指出：“我国刑事诉讼法规定公、检、法三机关在刑事诉讼活动中各司其职、互相配合、互相制约，这是符合中国国情的，具有中国特色的诉讼制度，必须坚持。”事实上，以审判为中心没有改变《宪法》和《刑事诉讼法》确定的刑事诉讼职权配置格局，不是对三机关“分工负责、互相配合、互相制约”原则的颠覆，相反，是该原则的完善和发展。

五、以审判为中心与人民检察院的法律监督权

在我国，人民检察院除了行使公诉权外，还行使对刑事诉讼实行法律监督的职权，其中包括对刑事审判实行法律监督。近年来，一直有“检察机关监督职能与公诉职能相冲突”、“检察机关承担了运动员和裁判员的双重角色”的质疑检察机关的观点。在推行“以审判为中心”的改革中，又不免会产生

---

① 樊崇义：《“以审判为中心”需正确理解“分工配合制约”原则》，载《检察日报》2015年9月16日第3版。

② 单民、董坤：《论以审判为中心背景下的诉审关系》，载《人民检察》2015年第12期。

“作为公诉机关的人民检察院的法律监督权与以审判为中心是否矛盾”、“检察机关的监督职能会不会影响审判中心地位确立”的疑惑。深化“以审判为中心”的诉讼制度改革，必须从制度安排上解决这些疑惑。“以审判为中心”的目的是防止冤假错案，保证司法公正。“以审判为中心”与检察机关的法律监督，是并行不悖的。检察机关作为法律的守护人，当然有权对审判活动进行监督，出现了冲突也只是机制上的问题。正确划分检察监督权与公诉权二者的界限，是解决冲突的关键。其一，保证检察监督在审判权独立行使的前提下进行。检察监督的初衷在于防止审判权滥用，最高人民检察院《人民检察院刑事诉讼规则（试行）》第580条明确规定：“人民检察院在审判活动监督中，如果发现人民法院或者审判人员审理案件违反法律规定的诉讼程序，应当向人民法院提出纠正意见。出席法庭的检察人员发现法庭审判违反法律规定的诉讼程序，应当在休庭后及时向本院检察长报告。人民检察院对违反程序的庭审活动提出纠正意见，应当由人民检察院在庭审后提出。”这种监督限定在庭审后以“人民检察院”的名义进行监督，符合程序正义的要求。上述程序设置使人民检察院在对刑事审判实行法律监督时不会影响到审判的中心地位，而能够使制约关系沿着“相互制约”的主线向前发展，维护庭审的权威，保证庭审顺利进行，充分地体现了“以审判为中心”诉讼制度的特征。其二，检察监督应当针对法官个体。以审判为中心的诉讼制度改革，一个重要方面就在于发挥法官的个人能力。事实上，刑事裁判也主要是个人完成的，因此，检察机关对审判程序的监督，应当限于法官故意违法或者重大过失所导致的职务犯罪行为。正因如此，《决定》在提出“推进以审判为中心的诉讼制度改革”时，还提出了“完善检察机关行使监督权的法律制度，加强对刑事诉讼、民事诉讼、行政诉讼的法律监督”。《决定》无疑给出了既要“以审判为中心”，又要检察机关法律监督的定论。

在本文写作即将结束的时候，2016年6月27日，中央全面深化改革领导小组第二十五次会议审议通过了《关于推进以审判为中心的刑事诉讼制度改革的意见》（以下简称《意见》）。会议强调，推进以审判为中心的诉讼制度改革，要立足我国国情和司法实际，发挥好审判特别是庭审在查明事实、认定证据、保护诉权、公正裁判中的重要作用，促使办案人员树立办案必须经得起法律检验的理念，通过法庭审判的程序公正实现案件裁判的实体公正，防范冤假错案发生，促进司法公正。《意见》的制定出台，是一件值得欣慰的事情。从两年前《决定》中的一句话，到今天的“意见”出台，以审判为中心的推进在中央层面有了实质进展。接下来，就是对“意见”的贯彻落实。毕竟，预防冤假错案，最终都要落在每一宗个案里。

建构以审判为中心的刑事诉讼制度符合程序正义的理性选择。在刑事诉讼这样一个利益冲突、利益保护和利益分配的过程中，诉审间的制衡也正是这一过程的集中反映。确保“以审判为中心”不仅要体现在审判阶段和诉审关系构建，在审前阶段也要寻找侦诉关系的可能进路。通过司法改革，诉审关系不理想的格局会在不同程度上得到解决，“以审判为中心”的进程终将得以推进，因为这是一个发展方向和发展趋势问题。

司法改革背景下建构新型诉审关系的路径选择

吴永河[*]　黄　胜[**]　赖冬水[***]

党的十八大以来，党中央将以审判为中心作为司法改革的重要突破点，但没有新型诉侦、诉审、诉辩关系，就不可能真正有“以审判为中心”的诉讼制度。构建新型诉侦、诉审、诉辩关系，不仅是司法改革的需要，更是依法打击犯罪和保障人权的必然要求。因而司法实践中公检法配合多于制约的情形必须得到改变，公诉工作必须以证据为核心，以庭审为导向，通过构建科学合理的新型诉审关系来引领审判中心主义下的诉讼关系的建构。

一、新型诉审关系的实质：建立法官主导庭审，公诉人充分发挥诉讼主体作用的刑事诉讼结构

所谓诉审关系，就是承担控诉职能的控诉者和承担审判职能的审判者之间的关系，这种关系决定了诉讼的基本形态，影响着辩护职能的存在与作用。[①]新型诉审关系的建构，必须打破诉审之间的天然亲缘关系，以各履其职、加强制约为核心，通过公正程序来确立法官中立公正的裁决者的角色，充分发挥检察机关承上启下以及公诉人、辩护人的诉讼主体作用。

（一）公诉人是刑事公诉案件的发起者，也是证据审核的第一把关人

凡是公诉案件，只有检察院才有权将案件交付法院审判。虽然是否起诉由检察长决定，但在司法实践中，公诉人根据检察长的授权，独立承办公诉案件，对于犯罪事实清楚，证据确实充分需要提起公诉的，除重大、疑难、复杂

---

* 江西省赣州市南康区人民检察院党组书记、检察长。

** 江西省赣州市南康区人民检察院党组成员、检委会委员、研究室主任，法律硕士，全国检察理论研究人才，首批全国检察机关调研骨干人才，法律硕士。

*** 江西省赣州市南康区人民检察院公诉科副科长，法学硕士。

① 卞建林：《诉审关系理想格局与程序规制》，载《检察日报》2013年6月18日第3版。

案件、社会影响大的案件需要经检委会讨论决定外，公诉人可以独自作出起诉决定。[①] 虽然审判是刑事诉讼流程的中心和重心，侦查、起诉、执行均服务于审判，但起诉是审判程序的开启，没有起诉就没有审判。法官应当遵循不告不理原则，不得随意地要求公诉人变更起诉或者追加起诉，法官审理刑事案件必须根据起诉书指控的事实来审理，不得超出起诉书指控的范围，未经过公诉人、被告人（辩护人）的同意，不得擅自变更罪名。

提起公诉的案件必须符合事实清楚、证据确实充分且排除合理怀疑的标准，因此公诉人必须通过卷宗审查和讯问犯罪嫌疑人、询问关键证人、听取辩护人的意见等活动来综合判断侦查机关所提供的证据是否符合证据的三性，排除非法证据后能够形成完整的证据锁链，得出案件的事实有证据证明，符合犯罪构成且必须处以刑罚的心证，才会提起公诉。换言之，公诉人已经对侦查机关的侦查行为进行了初步评价，对证据进行了审查，提交法庭的起诉书和证据目录就是公诉人代表国家的诉求和依据，不过尚需经受庭审的检验。

（二）法官是庭审的主持者，公诉人与被告人、辩护人均是刑事诉讼的主体

以审判为中心的实施主体，不仅仅是人民法院，而是由法院、公安、检察、辩护律师形成合力，[②]共同实施。以审判为中心，就是要让诉辩审三方充分参与庭审，一切有关定罪、量刑的事实、证据都在法庭上公开展示、质证、辩论、认证、适用，尽可能通过庭审客观全面地呈现真实完整的案件事实。公诉人代表国家出庭公诉，是主要的证据收集者和举证者，必须在法庭上依法履行证明被告人有罪的举证责任，证据必须达到确实充分的标准；被告人及其辩护人享有充分的辩护权，有权对控方证人当面质证，也有权提出有利于己方的证据，还有权对有关办案程序是否合法提出质疑，要求排除非法证据等。

理想的诉讼格局应该呈现为等腰三角形，裁判者居于顶角，控辩双方分别居于两个底角，诉审关系体现为等腰三角形的一边，它应与另一边的辩审关系等距。[③] 以审判为中心就是要构造理想的诉讼格局，这就要求庭审法官在庭审活动中处于不偏不倚的地位，一视同仁、等距离地对待控辩双方，居中裁判。法官应当成为庭审的主持者而不是超级指挥者，通过居中组织公诉人、被告

---

① 虽然起诉决定需要三级审批，但一般情况下，公诉人的意见会得到认同，检察长的审批基本上是履行程序而已；司法改革后，公诉人的自由裁量权会得到加强，在有的地方，检察长直接授权公诉人作出是否起诉的决定，并承担相应的司法责任。

② 樊崇义：《“以审判为中心”的概念、目标和实现路径》，载《人民法院报》2015年1月14日第5版。

③ 卞建林：《诉审关系理想格局与程序规制》，载《检察日报》2013年6月18日第3版。

人、辩护人以及被害人（或被害人代理人）、证人等参与庭审活动，引导庭审询问、举证质证、法庭辩论等庭审活动推动庭审的进展，对破坏庭审秩序的行为进行制止，从而解决案件事实、证据和法律适用等问题，并由法官当庭作出公正的判决，并通过判决来发挥审判对侦查、起诉环节的促进和引导作用，最大限度防止事实不清、证据不足的案件进入审判程序。

（三）公诉人、法官是保障辩护权，实现司法正义的亲密合作者

公正高效权威的社会主义司法理念的实现离不开被告人、辩护人等诸多诉讼参与人的参与，只有通过众多诉讼参与人在庭审中对案件事实和证据的相互辩驳、相互校正、相互补充，才会使“事实越辩越清，真理越辩越明”。[①] 众多诉讼参与人中，辩方的诉讼权利能否得到切实有效的行使是实现个案正义的关键之所在。因此，法官应该保持中立，要求控方和辩方严格遵守诉讼程序，在诉讼活动中赋予辩方切实可行的诉讼权利，保证其有足够的能力来防御控方的指控，并通过律师的辩护职能的充分行使，使被告人的合法权益得到保障。

中国的检察机关作为国家法律监督机关，既是诉讼参与者，也是诉讼监督者，还是诉讼权利的救济者。[②] 检察官在刑事诉讼中，不应当站在当事人立场而应站在客观立场上，不偏不倚地进行诉讼活动，忠实于案件事实真相，全面关注对被追诉人不利和有利的事实与情节，既依法追诉犯罪，又依法维护被追诉人的合法权益，以实现司法公正。律师是维护当事人合法权益、维护法律正确实施，维护社会公平正义的执业人员，法官、检察官对律师的看法和态度直接关系律师的处境和地位，也影响整个法治环境。只有整个法治环境的改善，才有助于提高法官、检察官的社会地位。因此，法官、检察官要严格遵照《关于依法保障律师执业权利的规定》，在各自职责范围内依法保障律师知情权、申请权、申诉权，以及会见、阅卷、收集证据和发问、质证等方面的执业权利，不得阻碍律师依法履行辩护、代理职责，不得侵害律师合法权利。

（四）公诉人是法官行使自由裁量权的监督者，法官是制约公诉权滥用的纠偏者

司法活动是一项专业性很强的活动，应当实现不同职能之间的分权制衡，确保诉讼效率和程序公正。[③]一切有权力的人都容易滥用权力[④]，不受制约的权

① 朱孝清：《略论“以审判为中心”》，载《人民检察》2015 年第 1 期。

② 曹建明：《着力构建检察官与律师量刑互动关系》，载《检察日报》2013 年 12 月 22 日第 1 版。

③ 参见陈磊：《申诉检察与控告检察适当分离的理论分析与实践考察》，载《人民检察》2014 年第 7 期。

④ ［法］孟德斯鸠：《论法的精神》（上），南务印书馆 2012 年版。

力必然导致腐败。审判权也不例外，因此，公诉人出席法庭，既要摆正侦诉审关系，把握监督边界，尊重和支持法官在审判活动中的主导地位和权威，又要依法全面履行法律监督职能[①]，要有意识地严格依照法定程序进行监督，平衡好履行诉讼职能与监督职能的关系。庭审中发现审判活动违法，除不立即提出纠正、事后无法弥补的情况外，应当记录在案并在庭审后依法提出监督意见。公诉人对审判权的监督必须依法进行，只针对法官违反实体法和程序法的行为进行监督，无权干涉法官的正常工作。

虽然中国公诉权的本质属性是法律监督权[②]，但在刑事审判中，公诉权体现为检察机关追诉的犯罪事实和量刑建议能够得到法官的采信，是实体判决请求权[③]，公诉权在法律效果上并非是一种终极裁判性的权力。因此，公诉权行使的正确与否，需要法官的判决来加以确定。以往的司法实践中，由于片面强调检法之间的协调，配合大于制约，导致鲜有无罪判决。而以审判为中心，必然要求法官居中审判，以证据为核心，不仅通过证据排除机制控制审前程序，影响检察机关对于证据的审查和案件质量的把控，还可以以诉讼行为无效原则来规范审查起诉环节[④]。在此情形下，法庭成为检验案件质量、起诉事实证据、法律适用、定性处理的最具标准化和最具权威性的环节，在形式诉讼中有着毋庸置疑的最高地位。[⑤] 诉讼的结局应当完全取决于法庭上的调查与辩论，公诉人指控犯罪失败可能会成为司法常态，因此公诉人必须将不符合公诉条件的案件坚决摒弃在审判程序之外。

（五）公诉人（检察院）是维护司法权威的有力保障者

司法具有权威是现代法治国家的重要标志，司法权威指司法机关享有司法终审权，包括司法活动被信仰、裁判结果被尊重。当下中国，司法权威缺失是一个不容回避的话题，法官作出的终局性裁判可能会被某些非法律因素（如案件当事人的一再上访）导致再审而丧失权威性，并过度地耗费司法资源。法官在公正的程序下独立审判所作出的裁判必须具有终局性、权威性，是一切司法裁判内在的基本功能和要求。以审判为中心，不仅应当赋予法院在审判活动中的权威地位（其他机关应当维护法院的独立审判、中立审判，并尽最大努力配合法院开展审判工作），还应当强化裁判的终局性、权威性。

---

① 孙谦：《关于修改后刑事诉讼法执行情况的若干思考》，载《刑事司法指南》2015 年第 1 辑。

② 韩成军：《中国检察权配置问题研究》，中国检察出版社 2012 年版，第 81 页。

③ 徐琦：《浅析公诉权对审判权的监督》，载《学理论》2013 年第 5 期。

④ 单民、董坤：《以审判为中心背景下的诉审关系探讨》，载《人民检察》2015 年第 12 期。

⑤ 王祺国：《论审判为中心对检察工作的影响》，载《浙江检察》2015 年第 5 期。

公诉人在庭审中要准确把握检法定位，“要自觉维护审判权威，在法庭上要自觉服从法官组织指挥、维护法庭尊严”。[①] 法官根据公正程序作出的裁判，无论是否支持公诉意见，公诉人都要尊重；除非该裁判存在事实认定、证据采信、量刑上的重大错误，才启动抗诉程序加以纠正。“胜诉”不是公诉的目的，公正司法才是基本目标，公诉人不能忘记法律监督者的角色，应当对法官维护审判的行为予以支持。针对庭审中发生的闹庭、辱骂法官等影响诉讼正常进行情形下法官依法处理相关人员的，公诉人应当给予充分的支持；对于威胁法官人身安全可能触犯刑律的，公诉人应当将该情形如实向检察长汇报，发挥检察院的法律监督职责，督促公安机关进行立案调查；对于领导干部插手具体案件影响案件公正审判的，应当如实记录并将情况通报给纪检监察部门进行查处，构成犯罪的，由职务犯罪侦查部门查处。

二、现状与困境：当前制约新型诉审关系实现的难点问题

目前在我国落实审判中心主义面临程序法治理念缺乏、全卷移送制度恢复、直接言词原则贯彻不力、辩护作用有限的困境。[②] 实现以审判为中心，要求检法机关摆脱侦查中心主义和维稳思维，必须克服困难，查摆、正视自身问题，积极应对，化解矛盾，合力扫除现行体制机制的积弊。

（一）司法实践中形成的检法配合协调的思维定式阻碍新型诉审关系的实现

我国宪法要求检法在分工负责的前提下，通过相互配合和相互制约来共同完成刑事诉讼任务。虽然分工负责解决了诉审分离的问题，为理想的诉审关系的建构提供了前提，但由于审判机关和检察机关同属于人大选举下的国家机关，具有天然的亲缘关系，审判机关容易对检察机关的意见给予更多的关注，难以真正做到中立；检察机关容易与审判机关结成惩罚犯罪的同盟军，共同凌驾于被告人之上，使等腰三角形的诉讼格局变成倒三角形格局，刑事诉讼实际上沦为国家与个人的两方对抗，被告人因缺乏对抗的能力而处于极端的弱势地位，其权益难以得到保障和维护。[③] 此外，由于刑事审判庭和公诉部门均是专业性较强的部门，导致两个部门的人员长期固定，长期在一条流水线上作业使

---

① 朱孝清：《略论“以审判为中心”》，载《人民检察》2015 年第 1 期。

② 魏来：《依法治国视阈下审判中心主义的实现路径》，载《沈阳工程学院学报（社会科学版）》2016 年第 1 期。

③ 参见卞建林、孙锐：《诉审关系论辩——兼论对诉审关系异化的程序性抑制》，载《环球法律评论》2006 年第 5 期。

得双方之间的私人关系得到固化，形成互信乃至长期合作，成为较为密切的"朋友"或"兄弟"，被告人在庭审中往往面对的是法官和公诉人的合力围剿。事实上，公诉人和法官虽然同为"法律人"，却并非"一家人"，如果控审一体，不仅无益于以审判为中心诉讼制度的建立，也损害司法权威，导致职业尊荣丧失。

（二）传统法文化忽视程序正义、忽略人权保障，导致被告人、辩护人的诉讼主体地位边缘化

任何人必须生活在"传统"之下，任何制度背后均有相应的物质文化基础，我国的诉审关系也不例外。① 虽然我国司法界一直在吸收欧美社会的先进经验，但传统法文化还在以潜移默化的方式影响刑事司法。民众往往将犯罪嫌疑人视为国家、社会秩序的对立面，被告人在刑事司法中的人权保障受到严重的限制。当国家制定严厉打击犯罪人的刑事政策，或者为追求司法效率而牺牲被告人的程序权利时，民众往往更多的是支持而非异议。传统社会形成的视法律与命令为同一物，重视纵向的上下级关系，强调"尊尊有序"，社会成员均应服从各级行政力量与人际关系上的管辖的义理秩序观还在影响目前的刑事司法，由于法官、检察官不能仅依靠刑事程序办案，还要实现刑事政策或为各级行政指令保驾护航，因此法官、检察官在具体的个案中往往会权衡行政指令、地方权威、人际关系的利弊得失而不是司法正义，以此来实现个人升迁与业绩考核。检察官起诉与法院受理公诉案件时，依据的不是现行法律标准，而是诉审之间的人际关系。

一直以来，法官和检察官与公安干警一起被视为"党和人民的刀把子"，理应为党和人民的利益保驾护航。在传统文化的影响下，法官、检察官也认同了政法干警的身份，把维稳视为一等任务，将司法过程视为"例行公事"的流水作业，以追求客观真实、实现实体正义为名牺牲了法律真实和程序正义，被告人、辩护人的诉讼主体地位被边缘化。

（三）民众无法真正参与司法，外部监督机制的失灵导致异化的诉审关系自我修复能力不足

虽然法律上规定了人民检察院对刑事诉讼依法实行法律监督，但作为与法院同源的国家机关，很可能联手制造冤案。因此，我国在刑事诉讼中实行公开审判制度和人民陪审员制度，应当在以审判为中心的诉讼制度下得到加强，使

① 刘磊：《我国诉审关系的反思性检讨——从法社会学视野审视审检关系》，载《中山大学法律评论》第8卷第2辑。

民众制约司法的功能得到真正的发挥。实践中，人民陪审员素质参差不齐，代表性不强，陪而不审，没有独立意见，难以发挥其制约功能。有些本应公开审理的案件，法官往往设置旁听门槛或者不予及时公告，导致很多案件丧失了听众的监督，很难真正保障当事人的合法权益。终局性法律文书公开本应成为民众评判个案的有力武器，但很多的例外设置，导致大部分疑难复杂或者敏感性案件的裁判文书不予公开，民众很难通过裁判文书来窥探案件的真实，进而监督实现个案正义。应当改变法官事实认定和法律适用的现状，可以在死刑案件、涉及国家安全的犯罪案件、社会广泛关注的刑事案件中采用陪审团制度，给予当事人一定的程序选择权，实现让人民决定事实存在与否以及被告人是否有罪，法院应当尊重陪审团的裁决，① 真正实现实现民众参与司法。

三、构建新型诉审关系之基层检察机关的路径选择

以审判为中心的诉讼制度改革不亚于我国刑事司法的一场革命，构建新型诉审关系，需要基层的检察院和法院共同努力。

（一）顶层设计应该抓住办案责任制的“牛鼻子”，建立和完善以审判为中心的配套制度

新型诉审关系的建立需要真正热爱公诉事业，能够全身心投入公诉事业的一线办案检察官来实现，公诉人只有不畏权势的干扰，只忠诚于法律才能使新型诉审关系有真正实现的可能。现行的检察制度笼罩了地方化、行政化的阴霾，导致公诉人无法真正地实现按法律说话的意愿，因此，改革刻不容缓。但司法改革不是一蹴而就，要紧紧牵住司法责任制的“牛鼻子”，以审判为中心构建相应的配套制度。以审判为中心就是要实现“谁办案、谁决定、谁负责”的朴素司法理念，让真正的司法精英来主导司法。一要加快建立检察官单独职务序列、工资制度，落实司法责任制，建立起办案质量终身负责制和错案责任倒查问责制度，并通过整合内设机构、改革检委会等措施来去除行政化，建立健全领导干部及司法机关内部人员插手具体案件处理的记录、通报、责任追究制度来斩断外部司法干预的黑手，从而真正实现司法人员的自主办案。二要按照“有利于办案”的原则来推进员额制，必须要将真正的办案能手留在办案一线。只有通过司法改革，促使一些素养不高，不愿担责的检察人员离开办案队伍，充实愿办案、能办案、敢担责的中青年检察人员到办案一线担任主任检察官、检察官，才能解决新型诉审关系中最重要的人的问题，充分发挥公诉人

① 张建伟：《审判中心主义的实质与表象》，载《刑事司法指南》2015年第1集。

在刑事诉讼中的主体地位和能动作用。三要贯彻直接言词证据等原则，完善相关证据制度与证据规则。落实审判实质化需要设立阶段性辩论程序和心证透明化的制度，健全和完善证人出庭作证制度、确立交叉询问规则、制定非法证据排除庭审规则等这些证据规则来推动，加以配套解决。确立自白任意性和传闻法则，确保法官在审判中严谨适用证据规则、排除非法证据并以此遏制侦查中的非法取证行为，提高证人出庭率，防范出现审判空洞化等情况。

要让进入员额的公诉人放心办案，必须设立相应的配套制度。一要把公诉权关进制度的笼子，防止公诉权滥用。严格按照《关于完善人民检察院司法责任制的若干意见》来划分办案责任和办案瑕疵，让公诉人勇于办案；通过统一业务应用系统等技术手段来规范办案流程，让公诉人按程序办案。二要建立公诉人独立办案的保障机制。要制定详细的细则来执行内部人员插手办案及领导干部干预办案的记录、通报制度，公诉人真正做到不执行各种干预要求、不揣摩领导意图行事。要建立职业保障机制，强化对履行法定职责的公诉人的保护，既不能随意调离、辞退或作出免职、降级等处分，也不能用随意调整工作岗位的办法来对某些“不听话”的办案人员实行变相惩罚。三要改进公诉质量评价体系，坚决取消不合理的考评指标。考评指标应当注重全面贯彻刑事诉讼法的各项要求，包括是否切实保障犯罪嫌疑人的诉讼权利、是否严格履行证明责任，是否依据法定标准作出起诉或不起诉决定等，最大限度为一线公诉办案人员解除后顾之忧。

（二）革新司法理念，适应刑事审判新要求

以审判为中心构建诉审关系，必然要求检察机关以及公诉人在公诉司法理念上，坚持法治引领，强化五种意识，实现五个转变。即强化人权保障意识，从一元片面打击犯罪向打击犯罪与保障人权并重的二元平衡诉讼价值观转变；强化证据裁判意识，从依赖口供印证事实的书面式审查模式向综合运用客观性证据证明事实的亲历性审查模式转变；强化程序公正意识，从偏重实体向实体与程序并重的司法公正观转变；强化当庭指控意识，从以审查起诉为重心的办案观向以审查起诉与当庭指控并重的办案观转变；强化司法公开意识，从封闭孤立的司法观向公开透明的司法观转变。

以审判为中心构建诉审关系，要求公诉人必须在办案过程中真正重视现代法治理念对刑事诉讼的指引。一是要真正在办案中实现“疑罪从无”，不能够受“疑罪从有、疑罪从挂、疑罪从轻”错误理念的影响“带病起诉”，进而为酿成冤假错案埋下隐患。二是要真正树立未经法院判决不得确定任何人有罪的意识，不能够未审先判，虽然在口头上说是犯罪嫌疑人，实际在内心将其认定为罪犯，挖空心思地收集对方的犯罪证据，对无罪、罪轻证据视而不见，要以平和、理性、文明、规范的心态去办理每一起刑事案件。三是公诉人要理性、平等的态度对待辩护律师，充分听取和高度重视其无罪、罪轻、证据合法性方面的意见，发挥律师查清事实、保障人权等方面的积极作用，以扎实的功底和过硬的作风来赢得对方的尊重，共同促进公正司法的实现。

（三）检察机关（公诉人）应当主导审前程序，积极行使公诉裁量权，强化审前调节职能

公诉是刑事诉讼的枢纽，是侦查与审判之间的桥梁，是检验侦查案件质量的关口，也是保证审判案件质量的门户。[①]检察机关把关不严也是冤假错案发生的重要原因，导致一些不符合证据证明标准的案件进入了审判程序。必须坚持和完善介入侦查、引导取证、捕诉衔接、疑案协商等行之有效的做法，进一步提高批捕、起诉的质量和效率。[②]公诉人必须做好侦查与审判的衔接环节，对案件实行繁简分流，在确保程序公正的前提下，追求实体正义和司法效率。公诉人要以传导庭审证明标准为导向加强侦查取证的引导，以客观公正的视角，针对性地引导侦查人员及时、全面、客观、依法收集证据；要逐步建立介入命案现场勘查、分类分级提前介入侦查制度，通过健全完善重大疑难复杂案件邀请侦查人员列席讨论、侦查人员旁听庭审、存疑不起诉案件说理等配套制度，以个案研讨来引导侦查从而增强查证犯罪的合力。近年来，国内部分学者主张以大陆法系的侦诉合一模式来纠正我国实行的名为侦诉分立、实则侦查权独大的侦诉关系，以达到审前程序的优化配置。其实，侦诉合一模式与侦诉分立模式无所谓孰优孰劣[③]，关键在于防止侦查权的滥用，发挥检察机关对侦查行为的引导和监督功能。以庭审为中心的诉讼制度改革，必然要求在审前程序发挥公诉机关的主导作用，构建打击犯罪的亲密合作者、介入引导侦查的法律顾问和决策者、不法侦查行为的有力监督者的新型的侦诉关系，强化公诉对侦查的引导和规制功能。

（四）坚持以证据为核心，提升公诉本领，提高工作质效

以审判为中心必然加重公诉人对指控犯罪的举证责任，而证明案件存在的基本依据就是突出证据的客观性属性特别是客观性证据[④]，因两者具有其他证据所不具备的揭示案件真相、还原案件本来面目的功能，特别受到法官的青

① 王祺国：《论审判为中心对检察工作的影响》，载《浙江检察》2015年第5期。

② 李如林：《坚定不移地继续深入推进打黑除恶专项斗争》，载《检察日报》2014年9月13日第2版。

③ 赵靖、刘晴：《侦诉关系比较研究》，载《西南农业大学学报（社会科学版）》2010年12月。

④ 王祺国：《论审判为中心对检察工作的影响》，载《浙江检察》2015年第5期。

昧。公诉人在案件证据审查中必须以客观性证据为核心，突出证据的合法性审查。公诉人在审查证据时，首先要重视审查物证、书证这两类直接原始的客观性证据；其次通过文证审查、听取专家意见来印证鉴定意见、勘验检查侦查实验等笔录、视听资料、电子数据等技术性证据，针对程序瑕疵，进行补强或补正；最后通过“印证”、“心证”、“法证”三种证明方式合而为一[①]的模式来证明被告人供述、被害人陈述、证人证言等言词性证据的真实性、合法性，排除可能存在的非法证据，以客观前面、科学的证据审查来打牢案件质量基础。

抗辩式的庭审模式不仅需要公诉人打牢证据基础，更需要拥有娴熟的公诉本领。要真正发挥庭审的实质作用，检察机关必须加强公诉人员出庭能力建设，着力提高发表公诉意见和辩论意见能力，提高出庭应变能力，提高运用现代科技手段出庭能力，加强对公诉主张的说理，加强对证据合法性的证明。同时，充分尊重被告人及其辩护人的合法权益，注意听取辩护人的辩护意见，做到文明、规范、平和、理性地对抗，共同促进审判公正。[②]一是公诉人必须具有深厚的法律功底。公诉人必须熟练地掌握刑法、刑事诉讼法以及与之相关的部门法，深刻研读各罪的犯罪构成及专家论述、指导案例，把常见犯罪的证明标准和量刑指导意见烂熟于心，才能在法庭上以证据充分阐述意见，说服法官和旁听人员。二是公诉人必须通晓辩护技巧。知己知彼才能百战不殆，公诉人只有通过换位思考，通晓刑辩律师的法庭技巧，才能有效应对，特别是通过对证据的程序性事项和形式要件的审查来有效应对律师的程序性辩护。三是公诉人必须具有一定的专门知识。专业性较强的证据，公诉人除了依托文证审查外，还需要具有相关的知识，才能够应对专家证人出庭时的询问调查。四是公诉人必须具有较强的逻辑思辨能力、语言表达能力、应变能力。公诉人必须提升自身在庭审质证过程中讯问、询问时的逻辑思维、论辩口才以及突发情况应变等能力，才能在庭审中沉着应对，把握全局，赢得主动。

（五）检察机关（公诉人）应当充分履行法律监督职能，实现对刑事诉讼的全面无缝监督

加强对司法活动的监督，是全面推进依法治国、建设中国特色社会主义法治体系的必然要求。[③]以审判为中心，就是要求在整个刑事诉讼阶段都要严格司法。新型诉审关系要求法检之间相互制约，检察院必须依法履行宪法赋予的

---

① 高伟利等：《以审判为中心诉讼模式下证据审查与运用》，载《第十六届全国检察基础理论研究年会论文集》，2015 年 5 月，第 417 页。

② 卞建林：《解析审判中心视野下的诉审关系》，载《检察日报》2015 年 7 月 29 日第 3 版。

③ 曹建明：《加强对司法活动的监督》，载《人民日报》2014 年 11 月 17 日第 6 版。

法律监督职能，公诉部门作为检察院的内设机构，加强刑事诉讼的监督是应有之义。法官主导、控辩对抗、直接言词的庭审实质化模式对公诉人强化审判监督，维护审判公正提出了更高要求。一是监督内容要程序结果并重：不仅要强化审判结果的监督，更要强化庭审中程序违法的监督。二是监督手段要多样：不仅要用好纠正违法、检察建议等常规手段，更要利用高科技手段对庭审实现有效监督。三是监督领域要拓展，要将庭前会议、当庭裁判、文书公开、裁判文书充分说理等司法改革措施纳入监督范围。四是监督重点应聚焦在司法透明公开：必须加强对案件当庭宣判的监督，检察机关应当督促法院制定不当庭宣判案件的具体标准，不符合这些标准的案件一律当庭宣判；应当督促法院明确不宜公开终局性文书的范围，否则一律及时公开；督促法官加强裁判文书中证据采信的说理工作，特别是重大复杂疑难案件，必须充分叙写法官采信证据的心证过程。五是要强化量刑情节特别是酌定情节的监督，防范法官在量刑上的幅度适用自由裁量权过大，导致同案不同判现象的发生。此外，公诉人既要对庭审活动依法履行监督职责，更要倒逼对侦查人员实施的取证、强制措施等侦查活动的合法性进行审查监督，强化公诉人对刑事诉讼整个阶段的法律监督职能。

未成年人刑事案件撤回起诉制度立法思考

马　楠*

一、我国刑事案件撤回起诉制度概述

《中华人民共和国刑事诉讼法》（以下简称《刑事诉讼法》）中没有撤回起诉制度的规定。《人民检察院刑事诉讼规则（试行）》（以下简称《刑事诉讼规则》）第459条规定，在人民法院宣告判决前，人民检察院发现不应当追究被告人刑事责任的，可以撤回起诉。① 对于撤回起诉的案件，人民检察院应当作出不起诉决定，没有新的事实或者证据，不得再行起诉。② 最高人民法院《关于适用〈中华人民共和国刑事诉讼法〉的解释》（以下简称《刑诉法解释》）第242条规定："宣告判决前，人民检察院要求撤回起诉的，人民法院应当审查撤回起诉的理由，作出是否准许的裁定。"从立法来看，我国刑事案件撤回起诉制度来源于《刑事诉讼规则》和《刑诉法解释》，未区分成年人案件和未成年人案件，具有以下主要内容：一是撤回起诉的主体，由检察机关撤回起诉，法院进行审查。二是撤回起诉的条件，只有对于不应当追究被告人刑事责任的案件，也就是不构成犯罪的案件，才可以撤回起诉。三是撤回起诉的后果，对于撤回起诉的案件，检察机关应当作出不起诉决定。

---

* 天津市人民检察院未成年人检察工作办公室副主任。

① 《人民检察院刑事诉讼规则（试行）》第459条第1款规定："在人民法院宣告判决前，人民检察院发现具有下列情形之一的，可以撤回起诉：（一）不存在犯罪事实的；（二）犯罪事实并非被告人所为的；（三）情节显著轻微、危害不大，不认为是犯罪的；（四）证据不足或证据发生变化，不符合起诉条件的；（五）被告人因未达到刑事责任年龄，不负刑事责任的；（六）法律、司法解释发生变化导致不应当追究被告人刑事责任的；（七）其他不应当追究被告人刑事责任的。"

② 《人民检察院刑事诉讼规则（试行）》第459条第2款规定："对于撤回起诉的案件，人民检察院应当在撤回起诉后三十日以内作出不起诉决定。需要重新侦查的，应当在作出不起诉决定后将案卷材料退回公安机关，建议公安机关重新侦查并书面说明理由。"第3款规定："对于撤回起诉的案件，没有新的事实或者新的证据，人民检察院不得再行起诉。"

二、少年司法对刑事案件撤回起诉制度的审视

2012年修订的《刑事诉讼法》设置专章，建立了未成年人刑事诉讼程序，明确了办理未成年人刑事案件要遵循“教育、感化、挽救”的方针和“教育为主、惩罚为辅”的原则，建立了一系列专门适用于未成年人的刑事诉讼制度，有利于涉罪未成年人的权利保护和教育挽救。一是保护合法权利。《刑事诉讼法》完善了强制辩护制度，建立了讯问和审判未成年人时的合适成年人在场制度，涵盖了侦查、审查起诉、审判全部诉讼阶段，对未成年人权利保护更加全面、更加深入。二是降低犯罪影响。未成年人犯罪大都具有较大的盲目性和随意性，主观恶性一般不深，而且未成年人身心尚未成熟，可塑性较强，不应轻易让未成年人处于犯罪分子环境中，更不应轻易给未成年人贴上犯罪分子标签。《刑事诉讼法》第269条规定，对未成年犯罪嫌疑人、被告人应当严格限制适用逮捕措施，对羁押的未成年人与成年人也应当分别关押、分别管理、分别教育，在刑事诉讼程序中尽量减少未成年人与成年犯罪分子的接触。第271条建立了适用于未成年人的附条件不起诉制度，与成年人、未成年人均可适用的相对不起诉制度相比，刑罚条件更宽[①]，更加充分体现了未成年人刑事司法非犯罪化处理的导向。同时，第275条建立了犯罪记录封存制度，对被判处五年有期徒刑以下刑罚的未成年人犯罪记录进行封存，最大限度为已经追究刑事责任的未成年人回归社会创造条件。上述制度均旨在降低犯罪对未成年人的影响。三是注重帮教矫正。《刑事诉讼法》建立了社会调查制度，对未成年犯罪嫌疑人、被告人的成长经历、犯罪原因、监护教育等进行调查，作为刑事处理和帮教矫正的考量因素。在附条件不起诉制度中设置了六个月至一年的考验期，将考察结果作为是否不起诉的条件。这些措施实际上超出了成年人刑事诉讼程序的范围，延伸了传统诉讼程序，更加充分体现了未成年人权益最大化原则。

刑事案件撤回起诉制度在未成年人刑事诉讼领域没有特别规定。正是由于撤回起诉制度在未成年人刑事诉讼领域的缺位，对于已经提起公诉的未成年人刑事案件，只要不属于不应当追究被告人刑事责任的，就不能撤回起诉。对照上述少年司法制度的特点和价值导向，对于涉罪未成年人的少捕慎诉少监禁以及对符合条件的涉罪未成年人进行非犯罪化处理，应贯穿于刑事诉讼的各个阶

---

① 按照《刑事诉讼法》第173条第2款的规定，成年人、未成年人均可适用的相对不起诉制度的刑罚条件为“不需要判处刑罚或者免除刑罚”。按照《刑事诉讼法》第171条第1款的规定，适用于未成年人的附条件不起诉制度的刑罚条件为“可能判处一年有期徒刑以下刑罚”。

段。在审查起诉阶段，对于符合条件的涉罪未成年人可以相对不起诉或者附条件不起诉，但在审判阶段没有非犯罪化的处理手段。按照《刑事诉讼法》的相关规定，提起公诉后的审判期间可能长达数月。在这一期间内，原本不符合相对不起诉、附条件不起诉条件的案件，在量刑情节上可能发生变化，如被告人从不认罪悔罪转变为认罪悔罪，达到相对不起诉或者附条件不起诉的条件。对于这样的案件，如允许检察机关撤回起诉，可以弥补未成年人刑事诉讼程序中的不足，在审判阶段增加非犯罪化处理措施，避免标签效应，有利于未成年被告人回归社会，更加充分落实未成年人刑事诉讼“教育、感化、挽救”的方针和“教育为主、惩罚为辅”的原则。一是有利于增强威慑效果。对涉罪未成年人不仅要依法从宽处理，还要让其体会到法律的严肃性和权威性，只有帮助未成年人建立法治意识，才能真正使其远离犯罪。进入审判阶段后，未成年犯罪嫌疑人的身份转变为被告人，其心理会发生很大变化，内心防线会出现动摇。如允许检察机关撤回起诉，可以在增强法律威慑效果的同时，将认罪服法教育延伸至审判阶段开展，同时为未成年被告人保留一份不追究刑事责任的机会，最大限度降低涉罪未成年人回归社会的难度，符合“教育、感化、挽救”的方针和“教育为主、惩罚为辅”的原则。二是有利于提高办案效率。在笔者处理的一起在校学生聚众斗殴案件中，在审查起诉阶段，19名犯罪嫌疑人中17人认罪悔罪，可能在一年有期徒刑以下处刑，符合不起诉条件。另外两名未成年犯罪嫌疑人因年轻气盛，错误理解“义气”含义而互相包庇，不如实供述，不符合不起诉条件。对这两名未成年犯罪嫌疑人如提起公诉，即便其认罪态度在审判阶段转变，如实供述，认罪服法，法院也只能作出有罪判决。为了挽救这两名未成年人，做认罪服法教育工作，原本可以结案的案件迁延月余，影响了诉讼效率，特别是影响了对同案其他未成年犯罪嫌疑人的处理。如果建立撤回起诉制度，完全可以将这两名犯罪嫌疑人提起公诉，在审判阶段继续帮教，及时对其他犯罪嫌疑人作出不起诉处理。三是有利于均衡案件处理。对于法院判处一年有期徒刑以下刑罚的案件，理论上在审查起诉阶段均可以作出附条件不起诉或相对不起诉处理。从公布的数据来看，存在将可以在审查起诉阶段通过不起诉作非犯罪化处理的案件起诉到法院作出有罪判决的情况。① 同样的定罪量刑情节，仅仅是因为所处的诉讼阶段不同，涉罪未成年人

① 浙江省高级人民法院少年审判白皮书显示，从处刑情况看，全省法院近五年判决的29119名未成年犯中，被判处拘役的占17.57%；被判处非监禁刑（含缓刑、管制、单处罚金及免予刑事处罚）的占25.66%。数据来源于孟焕良、董晓超：《给“犯错的孩子”特殊司法保护》一文中的“新闻背景”，载《人民法院报》2015年6月7日第3版。

就面临有罪或无罪两种截然不同的刑法评价，既不符合社会大众对司法裁量相似情形应作出相似处理的合理预期，更难以体现对未成年人特殊的刑事政策。因此，应建立未成年人刑事案件撤回起诉制度。

三、未成年人刑事案件撤回起诉制度的构建

（一）未成年人刑事案件撤回起诉制度的实体条件

未成年人刑事案件撤回起诉制度符合未成年人刑事诉讼程序的设计初衷，有利于涉罪未成年人回归社会，体现未成年人权益最大化原则，但将已经具备犯罪构成要件的未成年人放归社会，对社会安全和公众心理都有所冲击，必须谨慎行使，严格监督。在实体方面，应参考不起诉制度的立法原理，严格限定在轻罪范围内。对于审查起诉阶段不符合相对不起诉和附条件不起诉条件，提起公诉后量刑情节发生变化，符合相对不起诉①或者附条件不起诉②条件，即符合“犯罪情节轻微，依照刑法规定不需要判处刑罚或者免除刑罚”规定或者“涉嫌刑法分则第四章、第五章、第六章规定的犯罪，可能判处一年有期徒刑以下刑罚，有悔罪表现”规定的涉罪未成年人，可以撤回起诉。

（二）未成年人刑事案件撤回起诉制度的控制程序

1. 听证程序

对未成年人刑事案件撤回起诉应充分考虑被害方的感受，既要教育挽救涉罪未成年人，又要保护被害方及社会公共利益，做到双向保护。应充分听取被告人及其辩护人、被害人及其诉讼代理人以及侦查机关的意见。特别是充分听取被害人及其诉讼代理人的意见，阐明法律规定和检察机关作出决定的理由，增强检察机关决定的说服力和权威性，达到维护社会稳定的目的。因此，应建立准司法化的听证程序，即检察机关对于符合撤回起诉实体条件的案件，充分听取侦查机关、被害人及其诉讼代理人、被告人及其辩护人的意见，决定是否撤回起诉的程序。在听证之前，为使参加各方有时间充分准备阐述自己的理由，帮助检察机关作出正确的判断，可以参考《刑事诉讼法》第 182 条第 1 款③关于开庭前送达起诉书的规定，提前十日通知参加各方听证的时间和

---

① 《刑事诉讼法》第 173 条第 2 款规定：“对于犯罪情节轻微，依照刑法规定不需要判处刑罚或者免除刑罚的，人民检察院可以作出不起诉决定。”

② 《刑事诉讼法》第 271 条第 1 款规定：“对于未成年人涉嫌刑法分则第四章、第五章、第六章规定的犯罪，可能判处一年有期徒刑以下刑罚，符合起诉条件，但有悔罪表现的，人民检察院可以作出附条件不起诉的决定。”

③ 《刑事诉讼法》第 182 条第 1 款规定：“人民法院决定开庭审判后，应当确定合议庭的组成人员，将人民检察院的起诉书副本至迟在开庭十日以前送达被告人及其辩护人。”

地点。

2. 监督程序

一方面，加强检察机关内部监督。鉴于撤回起诉制度可以终结刑事诉讼程序，对案件具有终局性，检察机关应谨慎运用，由检察委员会研究决定是否撤回起诉。凡撤回起诉的案件，应及时将案件有关情况报上一级检察机关备案审查。对于撤回起诉的案件，公安等侦查机关可以向作出决定的检察机关提出复议，被害人、被撤回起诉人可以向作出决定的检察机关申诉，作出决定的检察机关应当另行指定检察官进行审查并提出审查意见，由检察委员会研究决定。如果公安等侦查机关以及被害人、被撤回起诉人对复议、申诉结果仍有异议的，可以向上一级检察机关申请复核或申诉。上一级检察机关应指定检察官进行审查并提出审查意见，报检察委员会研究决定。上一级检察机关作出决定后，检察机关不再受理相同的复核申请或申诉。

另一方面，应规范审判权对撤回起诉的外部监督。按照宪法定位，检察机关是国家法律监督机关，承担法律监督职能。公诉职能是法律监督职能的重要组成部分。基于国家权力的分工，法院对检察机关撤回起诉决定的审查应限于合法性审查，即对检察机关撤回起诉的决定是否符合实体条件进行审查。只要检察机关撤回起诉的决定符合实体条件，就不应进行干涉，否则难以达到建立未成年人刑事案件撤回起诉制度的目的。

3. 帮教程序

对符合实体条件的涉罪未成年人通过撤回起诉制度不追究其刑事责任，目的在于不给其贴上犯罪分子标签，促进其更好改造并回归社会。应将帮教作为必经程序，检察机关撤回起诉后，应在一个月内作出附条件不起诉的决定，并设置六个月到一年的考验期，进行跟踪帮教。考验期结束后，检察机关根据考察结果，决定最终是否作出不起诉的决定。对于在考验期内违反监督管理规定情节严重的，检察机关应当撤销附条件不起诉决定，提起公诉，且不得再次撤回起诉。

以审判为中心语境下 公诉裁量权的适度拓宽与规制

张玉华[*]　　程　云[**]

一、背景与期待：新形势呼吁新担当

党的十八届四中全会通过的《中共中央关于全面推进依法治国若干重大问题的决定》提出："推进以审判为中心的诉讼制度改革，确保侦查、审查起诉的案件事实证据经得起法律的检验。全面贯彻证据裁判规则，严格依法收集、固定、保存、审查、运用证据，完善证人、鉴定人出庭制度，保证庭审在查明事实、认定证据、保护诉权、公正裁判中发挥决定性作用。""以审判为中心"是指整个诉讼制度和诉讼活动围绕审判而建构和展开，审判对案件事实认定、证据采信、做出裁决起决定性和最终性作用。

最高人民检察院检察长曹建明同志在2015年大检察官研讨班专题研讨推进以审判为中心的诉讼制度改革时强调，要正确行使起诉裁量权，完善不起诉制度，充分发挥审查起诉环节对案件的过滤功能，探索建立公诉案件繁简分流机制。

以审判为中心的诉讼制度改革，对公诉案件的事实、证据和程序的要求提高到前所未有的高度，对审判活动乃至整个刑事诉讼活动的要求也随之提高。对于检察机关公诉工作来说，一方面，诉讼资源的稀缺性要求检察机关加大案件审前分流力度，使审判机关能够集中力量办理进入审判程序的案件。而另一方面，检察机关公诉裁量权的局限性导致案件审前分流情况不甚理想。近年来，犯罪数量快速上升，司法系统超负荷运转，法院案件堆积严重，而在司法资源极为有限的情况下，大量轻微刑事案件却占用了大量司法资源。据统计，自1997年至2012年，检察机关提起公诉案件和法院审理一审刑事案件

---

* 江西省人民检察院研究室副主任、首批全国检察机关调研骨干人才。

** 江西省人民检察院研究室干部，第三届全国检察机关侦查监督业务能手。

数量不断增长，被宣告无罪、免予刑事处罚或判处缓刑、拘役、管制或单处附加刑的人数占被宣判总人数的比例不断提升，其中2012年创44.65%新高。①

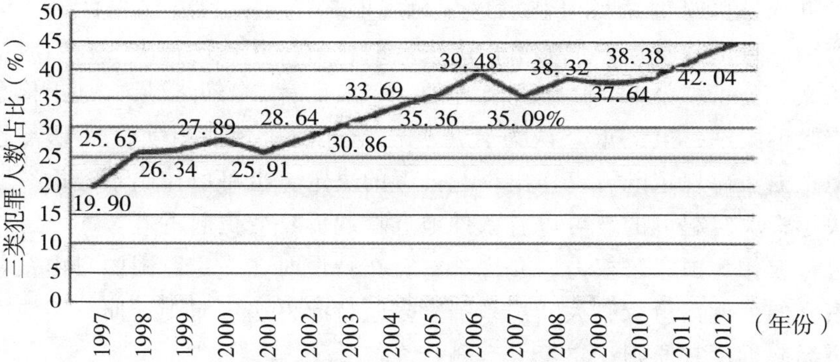

图1　1997—2012年被判处轻刑犯罪人数百分比

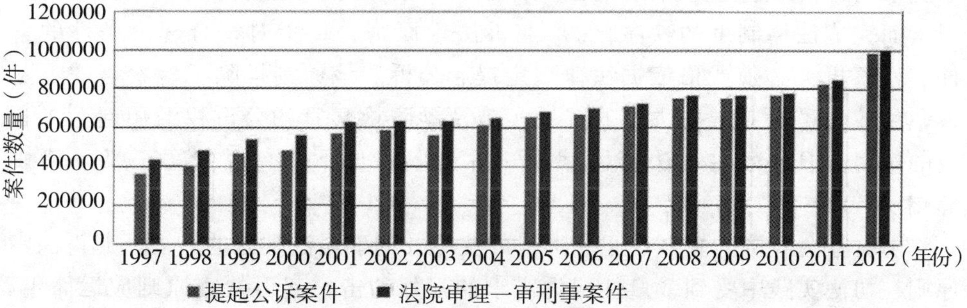

图2　1997—2012年检察机关提起公诉案件和法院审理一审刑事案件统计表

以上数据引发以下几方面的思考：一方面，轻微刑事案件是否一定要通过审判才能实现正义？检察机关作为审判程序入口的把关者，应如何对刑事案件进行过滤分流？另一方面，虽然检察机关作出不起诉决定可能存在造成犯罪嫌疑人逃脱法律制裁，被害人上访、申诉等问题，但是高起诉率是否一定有利于个案正义？公诉裁量权的思想基础直接来源于刑事诉讼中的起诉便宜主义，而提高诉讼效率是其存在的基础，在我国起诉法定主义与起诉便宜主义相结合的公诉制度下，既要让检察机关对刑事案件进行有效分流，又要有效规制公诉裁量权的负面影响，这些问题便聚焦到以下几个关键点——公诉裁量权范围何

① 数据来自“两高”历年工作报告。

在？检察官应如何行使公诉裁量权？如何有效规制公诉裁量权？

二、基础与内涵：公诉裁量权的应然模式

公诉裁量权源于“自由裁量权”概念的提出，是公诉权和自由裁量权综合的产物。自由裁量权，指酌情作出决定的权力，并且这种决定在当时情况下应是正义、公正、公平、正确和合理的。一般而言，公诉裁量权是指检察机关对审查起诉案件，虽经审查认为有足够证据证明有犯罪事实，且具备起诉条件，但根据法律规定既可以作出提起公诉的决定，也可以作出不起诉、暂缓起诉等决定；决定起诉的，可以有条件地选择起诉、变更起诉等。

公诉权作为国家公权力，允许检察官在行使时在一定范围内自由裁量。对于检察官的公诉裁量权，大陆法系国家多坚持起诉法定原则，而英美法系国家则多遵循起诉便宜原则，二者大有融合之势。

大陆法系国家制定的法典多遵循严格规则主义，认为按照严谨的逻辑建立起来的封闭、科学、系统的法规体系，可以排除司法过程中司法官的人为因素而完成法律制度的秩序化。[①] 起诉法定原则，是指对符合起诉条件的案件，检察机关必须严格依据法律规定提起公诉。该原则排除了检察官的不起诉裁量权，虽然对维护法律的统一实施及预防检察官的公诉权滥用起到了积极的作用，但也存在司法资源浪费，诉讼效率低下，忽视个案正义等诸多弊端。

随着社会经济的发展、犯罪形势的变化及刑事司法理念的转变，起诉法定原则在司法实践中受到裁量性起诉需求的强烈冲击，起诉便宜原则应运而生。起诉便宜原则蕴含的基本理念：在刑事追究利益不大时优先考虑程序的经济性，或者有其他的法律政治利益与刑事追究相抵触的时候，尽管存在行为嫌疑，检察院仍可以对此不立案侦查、提起公诉。[②] 例如，传统上奉行起诉法定原则的德国在《刑事诉讼法》第153条至第154条规定了检察官可以裁量不起诉的情形，包括轻微案件不起诉、外国行为不起诉、政治原因不起诉等；法国不仅通过立法确立了追诉适当原则，也规定了刑事调解、刑事和解及其他公诉替代措施。而英美法系国家适用当事人主义的诉讼模式，检察官不受起诉法定原则的限制，对案件享有广泛的起诉裁量权，不仅通过诉辩交易在审判前处理掉大部分案件，即使对于提起公诉的案件也可以进行选择性起诉，检察官有

---

① 宋英辉：《刑事诉讼原理导读》，中国检察出版社2008年版，第165页。

② [德] 约阿希姆·赫尔曼：《德国刑事诉讼法典》（中译本引言），李昌珂译，载《德国刑事诉讼法典》，中国政法大学出版社1995年版，第15页。

权根据本辖区的具体情况，依自由裁量权决定对哪些案件或者哪些犯罪嫌疑人提起公诉，因为法律对此没有明确规定。[①]

可见，从各国刑事司法制度的发展趋势看，检察官的不起诉裁量权逐步扩大。遵循起诉便宜原则，检察官通过行使不起诉裁量权使案件以审判外方式解决，不仅可以实现司法资源的优化配置，提高诉讼效率，也有利于犯罪嫌疑人的改恶从善及社会回归，体现人道主义与个案正义。

三、现实与困境：我国公诉裁量权运行现状剖析

目前，酌定不起诉、未成年人附条件不起诉及和解不起诉三大不起诉裁量制度在我国刑事诉讼法及刑事诉讼规则上已确立。但是，既有有罪不起诉裁量权体系在实务运行中却未如立法初意：根据《中国法律年鉴》统计显示，我国的不起诉率在取消免予起诉制度之前基本都保持在10%以上，而随着免予起诉制度的取消，不起诉率也大幅下降，此后十年内的不起诉率不到3%，最低的年份只有1.55%。[②] 而日本裁量不起诉适用率2000年为44.9%，2002年为47.4%，2005年达53.4%；我国台湾地区酌定不起诉率2002—2005年分别为39.8%、42.2%、36.7%、35.8%；可见，我国裁量不诉适用比例及数量甚少，公诉裁量权运行实践总体并不乐观。[③] 分析其原因如下：

（一）适用范围过窄、标准不健全导致实践操作不统一

当前，我国刑事诉讼法对公诉裁量权中的酌定不起诉适用范围进行了规定，但是较为笼统："犯罪情节轻微，依照刑法不需要判处刑罚或者可以免除刑罚"。要适用酌定不起诉，必须同时满足两方面的条件：一是犯罪情节轻微；二是犯罪嫌疑人的犯罪行为依照刑法的规定，是不需要判处刑罚或者是可以免除刑罚的。法律对不起诉裁量权适用范围的规定极为谨慎，不仅法律用语表述模糊不清，对如何掌握"情节轻微"缺乏统一的衡量标准，相应的司法解释亦有所缺失，而且规定的条件没有给检察机关的现实操作留有太多的空间。司法实践中，更为具体的标准实际上是具体政策，导致实践中公诉裁量权在案件范围上受到一定控制，在裁量结果上有一定的流动性。[④] 如此，虽有利于防止不起诉裁量权的滥用，但过于机械与严格的限制背离了起诉便宜主义下不起诉裁量权的应有之义，可能造成类似案件在不同地区处理结果不一致，容

---

① 李学军主编：《美国刑事诉讼规则》，中国检察出版社2003年版，第308页。

② 中国法律年鉴编辑部：《中国法律年鉴》，中国法律年鉴出版社。

③ 常传龙：《公诉裁量权运行实务探究》，载《贵州法学》2014年7月刊。

④ 左为民等：《中国刑事诉讼运行机制实证研究》，法律出版社2007年版，第242页。

易造成公众对公诉裁量权的误解，认为公诉裁量权运用不充分或者被滥用。

（二）手续繁冗导致检察官怠于行使公诉裁量权

当前，审查起诉阶段公诉裁量权的运用主要集中在不起诉裁量方面，但检察机关内部不起诉制度设计颇为繁冗，难以做到办案公平与效率相统一。检察机关公诉部门普遍案多人少矛盾突出，基层尤甚。实践中，同样一件轻微刑事案件，提起公诉可能使案件很快得以结案，而拟不起诉则需经层层审批后由检委会讨论决定，附条件不起诉更需经历对被不起诉人半年以上的考察才能结案。更有甚者，职务犯罪拟不起诉的，需参考人民监督员意见、本级检委会意见，再由上级检委会讨论决定，如此障碍重重，断不如一纸起诉书诉至法院来得便利。因此，对于办案压力较大的检察官而言，为了提高办案效率，宁可将案件诉至法院迅速结案，也不愿提出不起诉意见。公平和效率有时犹如天平的两端，如果优先选择效率则可能意味着牺牲犯罪嫌疑人的部分利益。立法者旨在防止不起诉权滥用之目的值得肯定，但是不起诉权力不作为也存在巨大实务隐患。

（三）有罪即罚的国民感情挤压公诉裁量权运行空间

我国“重实体、轻程序”的传统诉讼观念决定了不起诉分流少之又少。一般人看来，犯罪案件不进入审判程序都可能带有某种“司法不公”。不起诉裁量的结果是有罪不诉，与一般国民感情相违背，检察官亦无法将此根深蒂固的国民感情予以矫正，造成有罪必诉大量存在。这种偏见将矛盾从审查起诉程序推向了审判程序，而事实上并未真正予以化解，即便被告人最终被处以轻刑或被判无罪，也造成了司法资源巨大浪费及被告人诉讼之累。

（四）监督机制不可靠、不健全可能导致公诉裁量权滥用

1. 对起诉裁量权监督不力。我国刑事诉讼尚未形成“以审判为中心”的诉讼结构，公检法三机关在各自权限内行使职权。根据刑事诉讼法规定，人民法院对提起公诉的案件进行审查后，对起诉书有明确指控犯罪事实的，应当决定开庭审理。由此可见，关于提起公诉的司法审查是一种极其宽松的形式性审查，当事人对不应起诉而起诉的案件所产生的异议，基本上是基于证据与事实问题，很少针对公共利益与裁量权问题，无法对起诉裁量权进行有效监督与制约。

2. 不起诉裁量权的滥用。不起诉裁量权滥用可概括为检察官利用公诉裁量权对不符合不起诉条件或适用其他公诉替代措施的案件决定不予起诉的行为。不起诉裁量权滥用最直接的危害后果是放纵犯罪，侵犯被害人的权利，极易诱发权力“寻租”等司法腐败。另外，实践中对犯罪情节极其轻微，检察

机关应当作出不起诉决定而不作出，从而使大量轻微刑事案件进入审判程序的情况大量存在。虽然检察官可以自由决定是否起诉，且无论起诉与否都被认为是一种合法选择，但在以审判为中心导致证据标准提高、司法资源空前紧张、更加注重保护当事人诉讼权利的情况下，检察机关应当积极实施审前分流而未实施的，也应认定为不起诉裁量权的滥用。

四、选择与进路：公诉裁量权的适度拓宽与规制

就公诉程序本身来说，检察官自由裁量权过小，就难以发挥裁量权提高诉讼效率、维护犯罪嫌疑人、被害人权利、恢复法治秩序的功能。① 以审判为中心诉讼制度改革的提出，对公诉裁量权的范围、对象、类型等提出了更高的要求，同时也要求对公诉裁量权进行程序性规制。

（一）适度拓宽公诉裁量权的适用范围

考察世界各国公诉裁量权可以发现，英美法系国家检察官大多享有广泛的公诉裁量权。在美国，检察官的起诉决定权几乎是不受制约的，尤其是不起诉决定权。根据美国联邦起诉规则规定，如果出现下列情形之一的，检察官可以作出不起诉决定：（1）起诉不符合联邦利益；（2）应该在其他司法辖区起诉；（3）存在替代起诉的非刑罚方法。影响检察官作出不起诉决定的因素具体而言又可分为：（1）检察官对犯罪嫌疑人是否有罪存在合理怀疑；（2）违法行为造成损害的程度；（3）刑罚与违法行为或者违法者不成比例；（4）原告可能存在不良动机；（5）被害人不愿意作证；（6）犯罪嫌疑人对他人逮捕或者定罪中提供合作；（7）可以或者可能由其他司法辖区起诉。②

而以起诉法定主义为代表的德国，《刑事诉讼法》第153条、第154条就规定了检察官对于刑事诉讼利益较小的案件，可以作出一定的价值判断，优先考虑诉讼程序的经济性，酌情作出不起诉决定。据统计，德国几乎50%的刑事案件是由检察官以裁量的形式作出决定而撤销案件的。③

当前，我国刑事诉讼法对酌定不起诉规定的“犯罪情节轻微，依照刑法不需要判处刑罚或者可以免除刑罚”的限制性条件已经不能有效应对司法资源匮乏的现状，无法满足以审判为中心的诉讼制度改革要求加大案件审前分流

---

① 陈卫东：《模范刑事诉讼法典》，中国人民大学出版社2005年版，第17页。

② Standar3 - 3.9 (b) of Standards Relating to the Prosecution Function Standard. 转引自石晓波：《公诉裁量权研究》，知识产权出版社2013年版，第41页。

③ 陈光中、[德] 汉斯·约格阿尔布莱希特：《中德不起诉制度比较研究》，中国检察出版社2002年版，第33页。

力度的需要，应当适度拓展公诉裁量权的适用范围。基于此，建议将现有酌定不起诉的条件调整为“犯罪情节轻微，不需要判处刑罚的；或者依照刑法规定可以免除处罚的”，只要满足其中情形之一，检察机关就可以作出不起诉决定。另外，还可以借鉴德国“出于国家、政治利益考虑的不起诉”，将该项不起诉的权力交由最高人民检察院行使。

（二）构建公诉裁量权种类的多元化

针对公诉裁量权种类单一的问题，建议在继续坚持“酌定不起诉”和“附条件不起诉”的基础上，引入类似德国和日本的暂缓起诉制度，同时赋予检察机关对某些特殊案件的起诉选择权和撤回起诉权。

1. 完善暂缓起诉制度。在德国，其刑事诉讼法规定的附条件不起诉案件适用范围为轻罪案件，但在司法实践中，附条件不起诉的适用范围远远超越法律规定的轻罪范围，尤其是在经济、税收犯罪和青少年犯罪中已扩大到中等严重程度的案件。而日本的“起诉犹豫”范围就是检察官的自由裁量范围，日本于1922年通过修改刑事诉讼法将“起诉犹豫”制度的适用范围由轻微犯罪扩大至一切犯罪。[①] 在美国，附条件不起诉一般称为“审前分流”，最早适用于未成年人，之后逐渐扩大到其他特殊人群。

我国2012年刑事诉讼法修改时已经对未成年人规定了暂缓起诉，即“附条件不起诉”。但相比德国、日本和美国的暂缓起诉制度，我国的附条件不起诉制度适用对象及范围较为狭窄，实践中也未起到很好的案件分流效果。刑事诉讼法规定附条件不起诉适用于可能被判处一年有期徒刑以下刑罚的侵犯公民人身权利、财产权利或者妨害社会管理秩序的犯罪行为，适用对象仅限于未成年人。参照上述法制发达国家做法，建议将附条件不起诉的刑罚条件拓展为可能被判处三年有期徒刑以下刑罚的侵犯公民人身权利、财产权利或者妨害社会管理秩序的案件，将其适用对象拓展为未成年人、老年人及在校学生。另外，暂缓起诉考验期以3个月至1年为宜，如果考验期过短，达不到考察和教育的目的，不利于全面评价犯罪人的悔改表现；如果考验期太长，有可能一方面加重犯罪人的负担，另一方面占用过多的司法资源，违背暂缓起诉制度设立的初衷。

2. 对某些特殊案件，赋予检察机关一定的选择性起诉权。例如，对集团犯罪、组织性犯罪以及重大共同犯罪等，可以赋予检察机关对这类犯罪的犯罪集团一般成员、从犯和同案犯以选择性起诉的权力。目的在于通过放弃对上述

---

① 吴秋元：《日本起诉犹豫制度及对我国的借鉴意义》，载《聊城大学学报（社会科学版）》2011年第4期。

人员轻罪的起诉，换取其提供首要分子、主犯的罪证，从而有力打击此类犯罪。应当指出的是，检察机关这种以放弃一定起诉权为条件的适用范围只能是轻罪，不能是犯罪集团一般成员、从犯和同案犯所犯的重罪。此外，检察机关的这种选择权只能适用于上述重大复杂类的犯罪，不能适用于其他普通犯罪案件。

3. 赋予检察机关撤回起诉权。检察机关撤回起诉权是检察机关公诉变更权的组成部分，也是公诉裁量权的体现。在日本、德国、意大利等国家，根据刑事诉讼法规定，检察官均可在法院作出一审判决前撤销案件。① 我国刑事诉讼法并未对此作出规定，实践中，检察机关撤回起诉需要经法院同意，也存在法院不同意撤回而被判无罪的案例。赋予检察机关撤回起诉权，不仅是当今法制发达国家的通常做法，也是我国司法实践的需要，有利于检察机关及时纠正对被告人行使公诉权存在的错误，若检察机关撤回起诉后作出不起诉决定，也有利于对被告人的人权保护。

（三）利用司法改革契机，厘清检察官权力清单，适度简化不起诉案件手续

刑事诉讼法规定，酌定不起诉案件由检察长或检委会决定，赋予了检察长裁量决定权。然而，为规避决策风险，多数基层检察院将不起诉裁量权一律交检委会决定。检委会通过民主集中制的确能够发挥民主决策的优势作用，但是不起诉一律交由检委会决定，不仅与其效能相悖，而且易造成司法资源之浪费。故交由检委会讨论案件必须是疑难案件、存在重大分歧案件等，对于事实清楚、证据充分的不起诉案件可直接由检察长决定，这亦与立法本意相合。

此次司法改革过程中，各地均积极研究制定检察官权力清单，厘清检察委员会、检察长、检察官之间的权力和职责。在此过程中，可考虑赋予办案检察官一定的自主权，由检察长授予办案检察官行使对轻微刑事案件酌定不起诉权力，明确检察长和办案检察官的案件决定权范围，但对重大复杂案件作出不起诉的权力仍应当由检察长或检察委员会行使，既做到权责分明，又体现追求效率。

（四）构建公诉裁量权规制体系

1. 公诉裁量权规制的基本模式。当前，我国及世界各国都采取了多种措施对公诉裁量权进行规制，包含以下模式：（1）司法审查模式。通过预审程序的设置控制检察官的起诉裁量权，通常由法官对提起公诉的案件进行审查，将

---

① 李东蓊：《检察机关撤回起诉权面临的问题和完善》，载《法制与社会》2010年第31期。

证据不足、不符合公诉条件的案件排除于审判程序之外，防止恶意起诉侵害被追诉人的合法权利，避免审判资源的浪费，体现审判权对公诉权的制约。司法审查在西方国家是最主要，也是最为有效防止公诉裁量权滥用的控制措施，但在我国却是空白。(2) 权利（力）制约模式，主要是针对检察官不起诉裁量权的滥用，立法上赋予被害人、侦查机关、被不起诉人及其他利益关系人提出异议、进行复议、复核、申诉甚至直接启动审判程序的不起诉裁量权制约方式，既包括权利对公诉裁量权的控制，也包括权力对公诉裁量权的控制。例如，德国赋予了被害人强制起诉制度，我国刑事诉讼法也有类似规定。(3) 内部制约模式。内部体制制约的对象是检察官的审查起诉活动，审查起诉主要是控诉机关的一种自我制约机制，是通过程序的自我组织性来实现对公诉权的约束。[①] (4) 外部监督模式，即公众与社会组织的监督，各国的具体表现形式不同。较有代表性的如美国负责起诉审查的大陪审团制度，日本监督不起诉的检察审查委员会等。同时，一些行业组织对规范检察官自由裁量权的行使也起到重要作用，如美国的律师协会、检察官协会等。我国也规定了人民监督员制度。(5) 评价指引模式，主要是指通过检察机关制定的公诉标准来指导、规范检察官的公诉裁量权。西方国家一般称为起诉指南，如英国的《起诉指南》(the Guidance on Charge)、美国的《联邦检察官手册》等。尽管起诉指南没有法律强制力，但对检察官行使自由裁量权有很强的指导性意义，因而得到检察官的自觉遵守。我国检察机关也制定了《人民检察院办理起诉案件质量标准》、《人民检察院办理不起诉案件质量标准》分别用以规范起诉裁量权与不起诉裁量权的行使。除此之外，各国的刑事司法政策与判例或指导性案例也以评价指引的模式规制公诉裁量权的行使。

2. 构建起诉裁量权的司法规制机制。我国的司法实践已经证明，非司法权制约机制力度有限，现有的起诉裁量权制约机制，如党委、人大监督与检察机关内部的自我监督未达预期效果。而司法制约具有天然优势，主要体现在有效性与专业性两方面。因此，实现司法权对起诉裁量权的有效控制，可立足我国现有立法进行具体制度设计：完善庭前审查制度，将其明确划分为庭前审查程序与开庭审查程序两部分，在庭前审查程序中构建独立于审判法官的公诉审查法官制度，设立公诉审查标准，公诉审查法官通过对案件的全面审查，裁定是否交由审判法官开庭审理。这种程序性控制措施能够有效制约检察官的起诉裁量权，具有审前案件过滤功能，防止滥诉及错案的产生。2012 年新刑事诉讼法恢复了全案证据移送制度，为庭前审查程序的构建提供了良好基础。

---

① 陈海锋：《刑事审查起诉程序正当性完善研究》，法律出版社 2014 年版，第 25 页。

3. 不起诉裁量权的程序性控制。不起诉裁量权的程序性控制体系构建应当遵循以下几方面原则：一是控制措施要有针对性和适度性，如果控制得过于严苛极易影响不起诉裁量权作用的发挥，失之于宽又容易导致权力滥用；二是要以当事人的权利救济为主要抓手，因为不起诉裁量权的滥用经常直接侵犯被害人的利益；三是要突出社会监督的重要性，因为滥用不起诉裁量权会损害司法的公信力，通过公众参与的方式实现对国家公权力的监督与制约，能够使司法程序更加公开、透明。

遵循上述原则，不起诉裁量权程序性控制体系构建如下：

1. 改进人民监督员制度，赋予其强制执行力。人民监督员制度是公众参与的社会监督方式，具有进步意义，应当扩大拟不起诉案件的监督范围、强化人民监督员的独立性并赋予人民监督员决议的强制效力。

2. 探索设立强制起诉制度，加强法院对不起诉裁量权的制约。强制起诉主要是通过启动司法审查的方式制约不起诉裁量权，保障被害人的利益。具体程序可以设计为：被害人如果不服检察机关的不起诉决定，可以先向上一级检察院申诉，请求提起公诉，若上一级检察院维持不起诉决定，被害人可以向法院提出“审查不起诉决定”的请求，法院应当对检察院的不起诉决定是否合法进行审查，作出不起诉决定的检察院承担“不起诉决定合法”的证明责任。经法院审查，如果认为不起诉决定错误，检察院应当提起公诉并出庭支持公诉；如果认为不起诉决定适当，则应当驳回被害人的请求。

3. 理顺法律关系，取消公安机关的复议、复核权。刑事诉讼程序中，公安机关侦查终结的案件移送检察机关审查起诉后，由检察机关独立行使公诉权，可以作出起诉或者不起诉决定。从应然角度而言，检察机关即使作出不起诉决定，也与公安机关的利益无涉。赋予侦查机关对不起诉决定的复议、复核权，实际上是侦查权对公诉权的干涉，不利于公诉裁量权的行使，实践证明，弊大于利。要改变我国公检法三机关目前“流水作业式”案件办理流程，保障检察机关独立行使公诉裁量权，取消公安机关对不起诉决定的复议、复核权势在必行。

在“以审判为中心”的诉讼制度改革背景下，公诉裁量权的适度扩张已成必然趋势，如何适度有序扩张，如何对其扩张带来的风险进行防范，在今后一段时间内仍是我们探索和努力的方向。

“以审判为中心”背景下的刑事抗诉工作

王　晖*

《关于全面推进依法治国若干重大问题的决定》将“以审判为中心”作为依法治国的重要举措，2016年6月27日中央全面深化改革领导小组第二十五次会议审议通过《关于推进以审判为中心的刑事诉讼制度改革的意见》，详细构建了以审判为中心的诉讼制度，对现有的诉讼模式是一种冲击，这势必影响刑事抗诉工作。广东省作为全国公诉案件大省，2010—2015年共抗诉1396件，年均抗诉279.2件。广东省检察院公诉二处2015年前主要办理刑法第一、二、四、六、七章的刑事二审案件，现以该处2012年以来办结的100个刑事抗诉案件为样本，对照落实“以审判为中心”刑事诉讼制度的要求，实证分析刑事抗诉工作面临的困难挑战。

一、“以审判为中心”对刑事抗诉理念的影响

刑事抗诉是指人民检察院认为人民法院的刑事判决或裁定确有错误时，在法律规定的范围内，依照一定程序要求人民法院对案件重新审理的诉讼活动。① 一般认为，刑事抗诉是人民检察院对法院审判活动是否合法实行监督的重要手段和方式，属于“法律监督的性质”。②“以审判为中心”诉讼制度改革对刑事抗诉工作带来以下理念上的冲击。

（一）刑事抗诉是在“以审判为中心”下的抗诉

刑事抗诉作为一种法律监督方式，不是质疑和反对“以审判为中心”。相反，刑事抗诉是充分尊重“以审判为中心”而产生的监督权，其本质上为“以审判为中心”的体现。刑事抗诉仅为二审或者审判监督程序的强制启动权，纠正的对象为一审或者原审判决裁定，纠正的方式是再次启动审判程序，

---

* 广东省人民检察院公诉二处主任检察官。

① 周永年主编：《刑事抗诉重点与方法》，中国检察出版社2008年版，第1页。

② 陈光中主编：《刑事诉讼法学》，中国政法大学出版社2012年版，第387页。

以上级人民法院的判决裁定纠正一审或者原审判决裁定。刑事抗诉的产生，是为了防止法官因心证而不可避免产生的错漏，因此而有上级审，包括二审、复核审、再审等，以纠偏救济。①

（二）刑事抗诉要严格贯彻证据裁判原则

“以审判为中心”诉讼制度，核心是贯彻证据裁判原则，无论是侦查终结、提起公诉，还是作出有罪判决，都应做到犯罪事实清楚，证据确实充分。刑事抗诉工作也是一样。无论是抗诉证据采信、事实认定的案件，还是抗诉量刑的案件，成功抗诉的核心就是案件的证据和事实，一个事实不清，证据不足的案件，是不可能成功抗诉的。

（三）刑事抗诉要加强对庭审过程的审查

以庭审实质化是“以审判为中心”诉讼制度应有之义，法庭调查确保诉讼证据出示在法庭、案件事实查明在法庭，当庭宣判确保裁判结果形成于法庭。因此，刑事抗诉案件的审查，不应局限于现有案卷，不但要发挥自身的核实、调查职能，更要注重审查一审的庭审过程，重点审查庭审记录，结合庭审审查证据的采信问题，② 当在卷证据与庭审质证结果冲突时，要采信经控辩双方质证出的结果，当在卷证据证明事实与法庭查明事实冲突时，要以当庭查明的事实为准，确保庭审实质化落到实处，并将庭审审理的过程和结果作为抗诉的重要依据。

（四）刑事抗诉要摒弃侦查中心主义理念

当前我国刑事诉讼的实际运行是遵循侦查中心主义。侦查中心主义的主要问题在于，其单面构造使刑事程序丧失了诉讼的结构与机制，不但易于“创

① 龙宗智：《论建立以一审庭审为中心的事实认定机制》，载《中国法学》2010年第2期。

② 案例1：陆某某故意伤害案——证据确实充分存在争议。起诉书认为陆某某在斗殴中持锐器捅刺被害人，造成1死2轻微伤的后果，构成故意伤害罪，一审以证据不足判处陆某某判决无罪。无罪理由：两名被害人未能看见陆某某持刀捅人，也不能辨认出陆某某等人；传来证言未能准确核实到信息来源的真实性；本案未能提取与被告人陆某某作案相关联的痕迹、物证。抗诉机关认为一审判决错误，理由有三：一是本案指控证据具有客观性、真实性和关联性；二是本案证据确实充分，足以形成证据锁链；三是可排除黄某某等其余4人作案的合理怀疑。广东省人民检察院经审查后决定撤回抗诉，理由有四：一是本案缺乏有效痕迹、物证以直接证明案件事实。二是据以认定陆某某持刀故意伤害的事实主要依靠言词证据，而在案言词证据存在以下问题：（1）陆某某归案后否认参与打架和持刀伤人；（2）言词证据反映案发现场无一人亲眼目击陆某某持刀捅刺他人；（3）两关键证人的证言为传来证据。三是同案人陆某伶在逃，其有无目击陆某某持刀伤人，或者其有无持刀捅刺他人，现均无法查清。四是监控录像画面模糊，单凭监控录像无法锁定画面内的人员身份及具体行为，一审法院亦没有采纳为证据使用。

造”一些冤假错案，也不符合国际司法趋势和我国司法改革的大方向。[①] 以审判为中心诉讼制度改革，在强调审判为刑事诉讼核心环节的同时，转移了刑事诉讼的重心。《关于推进以审判为中心的刑事诉讼制度改革的意见》第 3 条至第 7 条，通过规范侦查机关收集、固定证据的行为，扩大同步录音录像适用对象，建立讯问合法性核查制度，完善补充侦查制度等，指明侦查要以审判为指向收集证据。刑事抗诉工作也要及时转变观念，不能延续旧有的侦查、起诉思路，要以审判的定罪量刑标准，衡量原审判决。

（五）刑事抗诉要尊重判决裁定的既判力

“以审判为中心”要求尊重判决裁定的既判力。人民检察院质疑法院判决裁定的既判力的突出特点就是无罪抗诉占比多，无罪抗诉成功少，如北京市检察机关 2013 年提出二审抗诉 68 件，其中就有 10 件属于一审判无罪的案件，占抗诉案件的 14.71%，最终的结果是 5 件被上级院撤回抗诉，5 件被二审法院裁定驳回，抗诉成功率为 0。[②] 因此，办理抗诉案件要严格执行抗诉的条件，落实最高人民检察院《关于加强和改进刑事抗诉工作的意见》，非因法定事由不得抗诉。

二、“以审判为中心”背景下抗诉工作的问题

分析 100 个抗诉案件样本，发现抗诉案件犯罪性质绝大部分是故意杀人和故意伤害，共占 76%，毒品犯罪案件占 15%。这些案件都是属于抗诉事实认定、证据采信错误的或者抗诉适用法律错误的类型，存在以下一些突出的、与“以审判为中心”模式不相符合的问题。

（一）检法上下级沟通存在异化

人民检察院行使抗诉职能，是上下级一体化的集中体现，因为上级院拥有撤回抗诉的权力；而人民法院审理刑事案件，更多强调独立审判，下级院不能就个案请示上级院。审级独立也是“以审判为中心”独立审判的内在要求。但从调研的实际情况来看，检察机关的抗前沟通和指导有待加强，而人民法院上下级之间过多个案内部请示汇报，检法两家上下级之间沟通存在变异化的倾向。100 个样本抗诉案件中，只有极个别下级公诉部门会提前与上级院沟通，请示能否抗诉，大多是下级院直接抗诉，客观上也造成广东省院支抗率一直较低的现状，一定程度上增加了上级院审查案件数量。[③] 相反，样本显示，人民

① 龙宗智：《论建立以一审庭审为中心的事实认定机制》，载《中国法学》2010 年第 2 期。

② 数据来源：北京市 2014 年公诉工作会议材料《2013 年全市刑事抗诉案件复查情况通报》。

③ 广东省院公诉二处 2010—2013 年的支抗率分别为 37%、48.07%、47.62%、26.09%。

法院判决无罪案件，绝大多数已经内部请示上级法院，造成无罪判决抗诉成功率较低的现状。

（二）存在转移上访压力抗诉问题

由于人民群众对“少杀、慎杀”死刑政策的理解有待进一步提高，加上民事赔偿不到位等因素，很多案件当事人往往采取信访途径维护权益，涉诉上访压力剧增。部分检察院将明显不符合抗诉条件的案件，强行启动抗诉程序，[①] 将上访、闹访压力上交，一定程度降低了抗诉案件的质量。当抗诉这一法律监督手段“没落”到化解信访压力的工具时，当抗诉不是因为案件本身存在定罪量刑错误时，这种抗诉已经违背了“以审判为中心”的要求。

（三）存在挽回面子抗诉问题

一审公诉人审查判决裁定时，仍沿用起诉时的思维，指控犯罪有余而法律监督不足，没有适应“以审判为中心”对公诉工作带来的新要求、新挑战，特别是面对被判处无罪的案件时，提出或者提请抗诉更不能保持中立、理性、平和的心态，无法换位思考，客观评价案件的事实和证据问题，依然选择强行

① 案例2：张某甲故意杀人案——转移上访压力。一审以被告人张某甲犯故意杀人罪判处其死缓，以被告人张某乙、赵某某犯故意伤害罪分别判处二人有期徒刑三年。一审认定事实：某晚，被告人张某甲因感情纠纷与被害人孙某男争吵后，相约到一餐厅门口见面。23时许，被告人携带一把匕首并纠集张某乙、赵某某来到餐厅附近。随后，对被害人孙某男、张某旭进行殴打。期间，张某甲持匕首朝孙某男腹部捅了一刀致其当场死亡，朝张某旭腹部及背部各捅了一刀；赵某某则持竹棍追打孙某男。后因孙某男、张某旭逃离，张某甲等人遂放弃追赶并逃离现场。检察机关抗诉认为，一审判决量刑明显不当，理由有二：（1）案发至今，被告人张某甲对被害人近亲属没有实际赔偿，当事人双方的矛盾尚未化解，致一死一重伤，应当判处死立。（2）被告人张某乙、赵某某依法应当对两被害人一死一重伤的犯罪结果承担相应的刑事责任，量刑基准应当是无期徒刑，考虑从犯，依法应当判处七年以上有期徒刑。撤抗理由：（1）本案系感情纠纷引发，被害人对矛盾激化有一定责任，被告人张某甲又有自首、积极赔偿等情节，原判对张某甲的量刑并无不当。（2）原判对原审被告人张某乙、赵某某的量刑并无不当。本案被害人家属一审判决后多次上访，并宣称十八大期间将进京上访，广东省院经检委会讨论决定撤回抗诉，由公诉二处与控告处共同制定风险防控措施，做好安抚工作。虽然本案上访压力大，下级院也不负责任地将风险转移上级院，但省院尊重事实和法律，没有屈从案外因素的干扰，依法准确撤回抗诉。

启动抗诉程序[①]，一定程度上造成无罪抗诉案件多却成功率不高的现状。[②]

三、"以审判为中心"背景下的抗诉工作应对

中央全面深化改革小组第二十五次会议通过《关于推进以审判为中心的刑事诉讼制度改革的意见》，并由"两高三部"印发施行，"以审判为中心"刑事诉讼改革现已全面推开，这需要检察人员树立正确刑事抗诉理念，建立健全符合"以审判为中心"刑事诉讼制度要求的机制、制度，做好刑事抗诉工作。

（一）更新监督观念

准确抗诉，尊重判决裁定的既判力，关键是要正确把握抗诉标准。实践中主要是正确处理以下四个关系：

1. 正确处理起诉和抗诉的关系。复查100个抗诉案件发现，由于起诉质量不高，被法院改判后不符合抗诉标准而提出抗诉的案件较为多见；在审查起诉过程中没有注重证据的补充、完善，导致案件提起抗诉后由于时过境迁无法再补充相关证据支持抗诉主张的案件不在少数；而由于起诉存在瑕疵没有被法院纠正，导致通过裁判审查不能发现抗诉线索的案件也常有发生。尤其是法院第六次全国刑事审判工作会议提出了坚决贯彻疑罪从无、突出庭审的中心地位等新思路和新要求，体现在司法实践中就是对证据的审查和证明标准的把握将更为严格，这就对我们的审查起诉质量提出了更高的要求。检察机关面对法院这种转变，要主动调整，不断适应这种变化，而不能固守原有的司法惯性办案。要通过倒逼侦查不断提高证据收集的质量，并不断提高自身审查起诉水平和出庭公诉水平，切实提高起诉质量，为抗诉提供坚实的基础。对于因起诉质量不高而被法院改判的案件，除非补充到充分证据证明原指控事实，否则不应

---

① 案例3：李某某故意伤害案，起诉书认为李某某跳舞时因争执持弹簧刀刺死1人重伤1人，应以故意伤害罪追究刑事责任。重审判决无罪理由：（1）本案主要证据的真实性存在疑点，李某某在侦查阶段即已翻供，并从起诉阶段开始一直反映其被逼供、诱供；（2）本案现有的客观证据内容不够具体、明确；（3）本案没有彻底排除其他犯罪嫌疑人的作案嫌疑。抗诉理由：（1）证据具有合法性，被告人刑讯逼供辩解不成立，被害人辨认应采信，关键证言虽有瑕疵，但应采信；（2）证据确实充分，关键证人指证被告人，有罪供述与其他证据一致，被害人能够辨认出被告人。撤抗理由：（1）被害人王某案发5年后辨认出被告人的笔录不宜作为定案的根据；（2）不排除"刑讯逼供"获取有罪供述的可能性，归案4天后才送被告人李某某入看守所关押，入所检查笔录反映其身上有多处伤痕；（3）本案缺少联系被告人与被害人死亡的客观证据，有传言证据证实非李某某作案，现有证据不能排除合理怀疑。该案上级院撤回抗诉后，抗诉机关又申请不抗诉复核，最终被驳回。

② 公诉二处2014年受理一审判处无罪的抗诉案件9件，占所有抗诉案件的17.31%，仅有1件支持抗诉，支抗率远低于其他案件支抗率。

再提出抗诉。

2. 正确处理诉讼风险和抗诉标准的关系。虽然起诉、审判的证明标准都是“事实清楚、证据确实充分”，但检法由于在法律职责、执法理念等方面存在差异，因此在具体个案中对是否达到这一标准往往存在分歧，这就不可避免地产生了诉讼风险的问题。检察机关负有发现、揭露和指控犯罪的职责，对认为犯罪事实清楚、证据确实充分的案件，从加大指控力度、既要不枉也要不纵、防止打击不力的出发点提起公诉，是依法履行法律赋予的监督职责，不能一味以诉讼风险为由作出不起诉决定。但在法院改变指控后讨论是否提出抗诉时，则要脱离检察机关的指控立场，而要分析法院的判决是否确有一定道理。有时法院的判决虽然采信的证据不确实、不充分，但支持抗诉的证据也不够确实、充分；有时检察机关对证据的分析判断有一定道理，但法院的分析判断也有一定道理，这时就不完全符合抗诉的标准，不宜提出抗诉。

3. 正确理解提抗标准与支抗标准的差异。上下级人民检察院办理抗诉案件，因为所处的位置和看待案件的角度存在差异，造成对同一案件所把握的抗诉标准也存在差异。提出抗诉部门，因为承办人也是公诉人，决定是否抗诉时，更多是延续公诉思路，重在追究犯罪，特别是面对无罪判决时，很难保持监督者的中立、客观立场，挽回面子抗诉时有发生；上级院办理抗诉案件时，既是公诉职能的延伸，继续支持公诉，但更重在法律监督，既纠错但更注重维护法院判决的“既判力”，掌握的抗诉标准更加严格。解决二者的差异，既需要换位思考，也需要平时沟通，下级院要及时将所遇到的问题请示上级院，上级院不但要注重撤回抗诉说理，还要进行类案总结和个案指导，形成上下级检察院一体化的抗诉机制，形成抗诉合力。

4. 正确处理抗诉和其他监督手段的关系。抗诉是审判监督中最有力的监督方式，因此法院审理和裁判中的错误应当达到严重的程度才可以用抗诉方式予以纠正。对于审判工作中存在的一些轻微违法或者错误，可以通过其他相对缓和的监督方式如检察建议、纠正审理违法意见书进行监督。同时，虽然通过个案的抗诉能够纠正一些法律适用问题，但在法律规定不明确的时候，个案抗诉的效果并不明显，而充分利用检法沟通机制则更加有助于达成共识，实现类案监督。

（二）加大审理程序违法的抗诉力度

根据刑事抗诉的对象不同，一般将刑事抗诉分为四类：一是抗诉事实认定、证据采信错误的案件；二是抗诉适用法律错误的案件，包括定罪有误和量刑明显不当；三是抗诉违反法定诉讼程序的案件；四是这三类案件以外的案件。审理程序合法是“以审判为中心”的内在要求，客观上需要检察机关准确提出抗诉，履行法律监督职责，纠正审判违法的情形。但是，100个样本中没有存在单独抗诉审理程序违法的案件，与高检院要求的具有差距，需要各级检察机关注重对审判程序的违法性审查，对于违背"以审判为中心"诉讼制度、严重侵害当事人权益的程序违法，必须"零容忍"，坚决予以监督。

（三）加大庭审证据的审查力度

"以审判为中心"模式强调事实证据在庭审，倒逼检察院办理抗诉案件加强庭审证据的审查。如对证人以及鉴定人出庭问题，应当建立和落实有争议案件的重要证人或关键证人必须出庭的制度。如果证人在一审已经出庭作证、质证，二审可以不出庭，而以一审记录作为证据。只有在一审应出庭证人未出庭的情况下，才需要在二审要求其必须出庭。书记员要认真制作庭审笔录，并将其作为最重要的证据材料，上级院审查抗诉案件，也必须将一审庭审笔录作为重要的审查内容，经过庭审质证的证据才能成为定案的依据。

（四）明确抗诉工作的重点

《关于全面推进依法治国若干重大问题的决定》提出，完善审级制度，一审重在解决事实认定和法律适用，二审重在解决事实法律争议、实现二审终审，再审重在解决依法纠错、维护裁判权威。因此，办理抗诉案件的重点，是查找并准确认定"确有错误"的判决裁定，审查的重点在事实认定和证据采信上，监督的重点也在证据、事实认定错误和量刑明显不当上，准确理解证据和事实是成功抗诉的基石，正确理解"量刑明显不当"是成功抗诉的关键。

（五）强化抗诉说理工作

抗诉案件说理，是在坚持"依法、准确、及时"抗诉的前提下，围绕"有效"下功夫，坚持抗诉说理机制，办理抗诉案件坚持做到向当事人、社会、下级人民检察院、人民法院四个说理，[①] 无论是抗诉案件还是不抗诉案件都做到以理服人，实现抗诉工作法律效果和社会效果的统一。

1. 向当事人说理，注重化解社会矛盾。向抗诉请求人说理，凡是抗诉请

① 广东省人民检察院从2009年试行不抗诉案件说理制度，取得不错效果。2009年，经广东省人民检察院检察委员会讨论决定，制定并下发《关于在公诉工作中全面推行阳光检务的若干意见》、《广东省人民检察院关于刑事案件不抗诉说理工作的规定》两个规范性文件，在公诉工作中推行阳光检务，推行抗诉说理制度。2014年再次下发《广东省人民检察院关于全面加强阳光检务工作的若干意见》，一律向社会公开《撤回抗诉决定书》及其说理书。可以说，第四次全国公诉会议以来的广东刑事抗诉工作，就是以说理为主线强化审判监督的过程。广东省公诉部门坚持的抗诉说理制度，也被高检院最新下发的《关于加强和改进刑事抗诉的意见》所采纳，第20、21条详细规定刑事抗诉书和提请抗诉报告书说理、支持刑事抗诉意见书和撤回抗诉决定书说理。

求人请求人民检察院提出或者提请抗诉，人民检察院决定不提出抗诉或者提请抗诉的案件，决定机关必须制作《刑事案件不抗诉理由说明书》，书面答复抗诉申请人，做到百分百说理。

2. 向社会公开说理，推动阳光检务建设。尝试将说理文书向社会公开，打造阳光公诉，做到公开促公信。我们严把案件质量关和文书质量关，务求每一份公开的法律文书经得起法律的检验、情理的深究和文字的推敲，不但让下级人民检察院通过公开的法律文书，明了上级人民检察院支持抗诉的标准，也让案件当事人和社会明了人民检察院抗诉的标准，通过公开的法律文书这扇窗，让人民群众真真切切感受个案中的公平正义。①

3. 上下联动互相说理，共同提高抗诉案件质量。下级院提出抗诉或者提请抗诉，必须注重抗诉书和提请抗诉报告书的说理，阐明抗诉的理由。上级院审查案件，注重在审查报告中说理，评析抗诉理由、判决裁定分析意见，从事理、情理、法理上阐述抗诉或者不抗诉的理由，决定向同级人民法院撤回抗诉的，必须制定不抗诉理由说明书，向下级院阐述不抗诉的理由，让下级院明了上级院支持抗诉的标准，既有利于下级院回复当事人，又有利于提高全省抗诉案件质量。②

4. 向法院说理，争取法院采纳抗诉意见。刑事抗诉作为强制启动二审程序或者审判监督程序的一种审判监督手段，能否取得监督的效果，取决于上级人民法院的判决裁定纠正错误。因此，向法院说理，说服法院采纳抗诉主张，是抗诉说理的核心，也是抗诉工作以审判为中心、取得审判监督效果的核心。首先，加强抗诉书说理，抗诉书和支持抗诉书必须抓到案件的“抗点”，一针见血指出判决裁定的错误之处。其次，加强审查报告说理，上级院审查抗诉案件，必须结合抗诉、上诉理由和一审判决的论证分析意见说理，一一评析案件事实和证据，及时补充核实关键或者新证据，有理有据的论证支抗或者撤回抗诉的理由。再次，加强庭审说理，顺应“庭审中心”司法改革潮流，务必做到抗诉案件事实认定在庭审，判决裁定形成于庭审，抗诉说理集中于庭审，承办刑事抗诉案件的检察人员，应当认真履行出席二审或者再审法庭的职责，应当制作出庭预案，做好庭审前各项准备。庭审中举证、质证、辩论，应当围绕抗诉重点进行，针对原审法院判决、裁定中的错误进行重点阐述和论证。切实

① 如省院公诉二处自2014年1月1日至9月，共在网上向社会公开28份《撤回抗诉决定书》及其说理书。

② 为了提高抗诉案件的说理文书的水平，广东省已经开展了四次“全省检察机关优秀法律文书说理评比活动”，评比文书的范围也从“不抗诉理由说明书”增加到公诉的“不起诉理由说明书”，最终发展到包括侦监部门、反贪部门、民行部门等各条业务线的说理文书评比。

做到以理服人，以情感人，提升出庭效果。充分利用庭审平台，对在本地区有重大影响的案件，可视案情需要，组织人大代表、政协委员或其他人员观摩庭审，向社会展现检察机关公正执法、文明办案的良好形象。最后，加强列席审判委员会说理，将庭审延伸到列席审判委员会，落实检察长列席人民法院审判委员会工作机制。

以审判为中心背景下完善刑事审判监督的制度设计*

孙振江**

以审判为中心的诉讼制度改革，是党的十八届四中全会提出的全面推进依法治国的重大决定。其根本目的是使各办案部门重视庭审的决定性作用，严格证据标准，提高案件质量，最大限度地避免冤错案件。[①] “以审判为中心”是对“侦查中心主义”的革新，充分凸显了检察机关作为法律监督机关的特殊性质和重要地位。新形势下，检察机关如何加强庭审监督，确保准确定罪量刑，既是改革的关键环节，也是改革成效的具体体现。

一、问题的提出：以审判为中心的诉讼制度改革与刑事审判监督的内在逻辑

以审判为中心的诉讼制度，是指在刑事诉讼各阶段的关系问题上，将审判阶段作为整个刑事诉讼中心的诉讼制度。侦查、起诉是审判的准备阶段，只有在审判阶段，被告人的刑事责任才能得到最终的、权威的确定。它强调“实现诉讼证据质证在法庭、案件事实查明在法庭、诉辩意见发表在法庭、裁判理由形成在法庭”[②]。

“以审判为中心”不是“以法院为中心”，与检察机关对审判活动的监督并不矛盾。完善刑事审判监督对于推动诉讼制度改革具有重要意义：

---

* 本文系2016年度最高人民检察院检察应用理论研究重点课题《“以审判为中心背景下”新型检警、检法关系研究》的阶段性成果。

** 山东省临沂市人民检察院法律政策研究室副主任，首批全国检察机关调研骨干人才，山东省检察业务专家。

① 参见王守安：《以审判为中心的诉讼制度改革带来深刻影响》，载《检察日报》2014年11月10日第3版。

② 卞建林、谢澍：《刑事诉讼法学：研究疑难问题　贡献智识资源》，载《检察日报》2016年1月3日第3版。

第一，“以审判为中心”没有否定检察机关在审判阶段行使监督权的权力基础。[①]“以审判为中心”强调的是审判阶段对案件处理的关键作用；并没有改变宪法及法律规定的职权配置格局，没有否定检察机关的监督权。相反，改革对加强检察监督提出了更高要求，中共中央《关于全面推进依法治国若干重大问题的决定》在提出“以审判为中心的诉讼制度改革”的同时，突出强调“完善检察机关行使监督权的法律制度，加强对刑事诉讼、民事诉讼、行政诉讼的法律监督”。

第二，加强刑事审判监督与确保审判权依法独立行使并不矛盾。以审判为中心的诉讼制度改革要求确保审判权依法独立行使。从表面上看，加强对审判权的监督与确保审判权的独立行使相矛盾，也正是这个问题导致理论界和实务界许多人一度要求取消检察机关的审判监督权，认为会影响审判独立。[②]司法实践的发展也表明，这种声音一度收到了效果，检察机关的监督权被极大地压缩了。[③]但实际上，二者并不矛盾。其一，检察权与审判权行使的目的一致，都是为了维护司法公正和司法权威。检察监督只是一种程序上的权力，其监督意见是否被接受，仍要由法院最终决定，审判权的独立行使并未因检察监督的存在而被削弱。其二，司法独立本身不是目的，而是实现诉讼公正的手段；在法的价值位阶中，相对于司法独立，公正是更高层次的价值。审判独立不能否定对审判权的监督。

第三，加强监督有利于强化权力制约。“以审判为中心”需要对刑事审判原有的内部审批等进行“去行政化”改革，使审判过程更加透明，加强监督有利于规范法官自由裁量权的行使，弥补改革造成的内部监督缺位，保障审判权依法行使。

---

① 参见王守安：《以审判为中心的诉讼制度改革带来深刻影响》，载《检察日报》2014年11月10日第3版。

② 参见郝银钟：《刑事公诉权原理》，人民法院出版社2004年版，第106页。

③ 1979年《刑事诉讼法》第112条规定，出庭的检察人员发现审判活动有违法情况，有权向法庭提出纠正意见。1997年《刑事诉讼法》第169条规定，人民检察院发现人民法院审理案件违反法律规定的诉讼程序，有权向人民法院提出纠正意见。由于学界的反对，“六部委”1998年颁布的《关于刑事诉讼法实施中若干问题的规定》将检察机关的当庭监督权作了限制解释，其第43条规定，人民检察院对违反法定程序的庭审活动提出纠正意见，应当由人民检察院在庭审后提出。1999年的《人民检察院刑事诉讼规则》秉持这一精神，其第331条、第360条和第394条规定，出席法庭的检察人员对法庭审理中的诉讼情况，只是记明笔录，发现违反法律规定的诉讼程序，应在休庭后及时向检察长报告，由检察院在庭审后提出。新刑事诉讼法维持了1997年刑事诉讼法的做法，2012年的《人民检察院刑事诉讼规则（试行）》维持了1999年《人民检察院刑事诉讼规则》的规定。可见，检察机关的庭审监督权由“同步监督”转换为了“事后监督”。

二、当前刑事审判监督存在的突出问题

（一）司法理念滞后，监督工作开展不力

一是检法认识存在分歧，监督权运行不顺畅。如前所述，长期以来，关于刑事审判监督检法在认识上一直存在分歧。一些法院对监督采取限制、抵制的态度，给监督设置重重障碍。[①] 为破解监督难题，近年来，各地检察机关不断探索，取得了一些成绩。但同时也给人们留下了检法各自为政、互相对立的印象，影响了司法机关的整体形象。如何处理好检法关系，在维护裁判权威的同时充分发挥检察监督的作用，成为当前亟须解决的难题。二是重定性、轻量刑，监督理念滞后。根据法律规定，公诉人不仅要对案件认定的事实、定性监督，还要对案件的具体量刑监督。但受传统观念的影响，“重定性轻量刑”的错误倾向不同程度地存在。实践中，公诉人习惯于将判决所认定的事实及定性是否准确作为监督工作的重要指标，而对量刑关注相对较少，限制了监督工作的开展。

（二）监督动力不足，流于形式

法律监督权是一种积极主动的权力。[②] 目前检察机关监督的主动性不够：一是在无罪判决的评判标准和考核指标的压力下，有的承办人担心得罪法院而监督动力不足，有时不得不对审判中的程序违法行为宽容、迁就。二是鉴于抗诉的高成本和高风险性，实践中，提起抗诉较为审慎；而检察建议和纠正违法又无约束力。很多情况下检察机关只好对审判活动中一般违反程序的情形视而不见，监督流于形式。三是监督过分依赖法律完善。一些检察机关将监督效果的取得完全寄托于法律修订，以法律不完善为由怠于行使监督权，创造性开展工作的方式方法不多。

（三）监督范围狭窄，存在监督盲区

长期以来，刑事审判监督仅注重对公诉案件的监督，对于检察机关不直接参与的诉讼程序与诉讼活动无法监督。如刑事自诉案件、附带民事诉讼；法院庭外调查核实证据的行为等均未纳入监督视野。虽然新刑事诉讼法强化了检察

---

① 实践中，检法对于案件处理存在分歧时，如改变定性、改变部分认定事实及情节时，法官多按照自己的思路判决，对检察监督顾忌较少。特别是当检察机关认为属于法院单方错误时，审判监督更是困难重重，法院往往会以维护审判权威为由，不予改判。一些法院有时还会不顾原判决是否有错，人为设定抗诉案件的改判比例。

② 夏黎阳：《强化法律监督的制度设计》，载《检察实务与理论问题研究》，法律出版社 2010 年版，第 253～254 页。

机关的监督权，如加强了对简易程序审判的监督，规定适用简易程序审理的公诉案件，检察机关应派员出庭等。但不可否认的是，新刑事诉讼法仍存在监督空白，主要是：忽视庭前受理、告知工作、庭后裁判文书送达程序等的监督；忽视检察长列席审判委员会的方式监督审判活动等。

（四）监督模式不科学，制约监督工作深入开展

一是事后型的监督模式，弱化了监督效能。我国关于刑事审判监督的规定，基本都为事后监督，不能有效减少定性不准、量刑畸轻畸重的判决出现，也不能在审判程序不合法之初予以纠正。对庭审活动的监督并不能当庭作出纠正违法的建议；对于判决也不能在判决作出前对其内容进行监督，大大降低了监督的有效性①。多年来，检察机关一直不断创新工作方法，试图改变这种状况。但由于种种原因，诸多的改革、创新都未能突破这一点，不能不说是一种遗憾。二是监督职权配置不合理。《人民检察院刑事诉讼规则（试行）》第593条规定，刑事审判活动监督由审查起诉部门和刑事申诉检察部门承办，对于人民法院审理案件违反法定期限的，由刑事执行检察部门承办。然而上述部门在承担刑事审判监督职能的同时还承担着审查起诉等职能，而这些职能是其所属部门的主要职能，监督只是其附属职能。这不仅导致监督职能配置的分散，也造成各部门往往注重本部门主要职能的行使，忽视监督职能的行使。实践中，刑事审判监督主要由公诉部门负责，但公诉部门也面临出庭指控与法律监督角色冲突的问题。检察机关的起诉等诉讼职能与监督职能混同，导致监督职能行使的弱化，监督的公正性受到质疑。②

（五）监督程序缺失，缺乏制裁性和权威性

一是监督程序不完整。第一，缺乏了解审判违法情况的渠道。目前，检察机关发现刑事审判违法的方式是被动的、事后的。即通过审查审裁判文书、受理申诉控告等获取信息，主动出击获取违法信息的方式受到限制。第二，对事前、事中监督程序关注不足。如作为事前监督重要方式的量刑建议在刑事诉讼

① 根据《刑事诉讼法》第243条规定，对已生效的判决裁定的监督是被动的、弥补性的；且《刑事诉讼法》第241条规定“不能因为再审停止原判决裁定的执行”，这就很容易对被告人的合法权益造成不可弥补的侵害。

② 对此，学界主要有三种观点：第一，把审判监督权交给国家权力机关，即取消检察机关的法律监督权（参见郝银钟：《评“诉检合一”诉讼机制》，载《法制日报》2006年8月3日版）；第二，将检察机关的法律监督职能剥离出来，成立独立的法律监督机关专司监督，如仿效香港特别行政区设立廉政公署（参见白柚云：《中国法学会诉讼法学会1998年年会》，载《中国法学》1999年第1期）；第三，逐步弱化检察机关的审判监督观念，最终实现检察机关的当事人化改造（参见陈卫东：《转型与变革：中国检察的理论与实践》，中国人民大学出版社2015年版，第212页）。

法中没有专门的操作程序；“两高三部”的《关于规范量刑程序若干问题的意见》虽然规定了量刑程序，但也未对检察机关的量刑监督程序作出规定[①]，监督难以有效开展。二是现有程序规定过于原则，缺乏可操作性。《刑事诉讼法》第203条规定：“人民检察院发现人民法院审理案件违反法律规定的诉讼程序，有权向人民法院提出纠正意见”。但“如何”实施监督；纠正意见是由公诉人还是由其他人员提出等没有规定。三是程序缺乏制裁性性后果。[②] 如对被告人及辩护人提出的调取新证据、进行重新勘验鉴定的申请，法庭无理加以驳回的；法律没有设立制裁性后果。对违反程序法的责任人，缺失追究刑事行政责任的后果，监督缺乏应有的约束力。

（六）现有监督方式手段乏力，严重削弱监督效果

一是量刑建议适用率偏低。量刑建议适用范围较广，越来越得到实务界的高度关注；但由于缺乏统一的量刑标准等原因，其使用率并不高。以临沂市检察机关为例，2014—2016年上半年，全市检察机关共审查起诉案件7464件、5264件、3532件，而提出量刑建议的仅有2151件、2163件、916件，分别占28.9%、26.2%、26%。二是抗诉作用不明显。2013—2016年上半年，全市检察机关提起抗诉案件为50件、37件、36件、4件，法院采纳率为85%，但抗诉后予以改判的较少，仅占40%左右，监督的价值大打折扣。三是检察建议、纠正违法效力不足。2014—2016年上半年，全市检察机关共向法院发出检察建议23份、纠正违法通知书202份，仅占起诉案件总数的0.1%、1.04%，且纠违事由单一，属案件超期审理的约占60%，监督效果并不明显。

（七）缺乏监督效果评价机制

各级检察机关对监督行为的评价往往重数量、轻质量，一些检察机关为了完成考核任务，片面追求数量，数据造假现象屡禁不止。监督效果评价机制不科学导致各地对该项工作的重视程度不一，有的地方甚至没有专人承担该项工作，即便在指定专人承担该项任务的地方，相关工作人员权责利不统一，监督流于形式。

---

① 该意见第16条规定，法院的刑事裁判文书中应当说明的量刑理由包括是否采纳公诉人的量刑建议，但没有对量刑建议的法律效力及后续监督程序作出规定。

② 参见陈瑞华：《程序性制裁理论》，中国法制出版社2010年版，第106页。

三、改革背景下完善刑事审判监督的制度设计

（一）更新司法理念，强化监督意识

一是强化责任意识。检察机关是法治建设的重要力量，在诉讼制度改革中被赋予了重要的责任，其应树立责任意识、担当意识，增强监督主动性，积极履职。二是树立全面监督理念。坚持惩治犯罪与保障人权并重、程序公正与实体公正并重，扩大监督范围，把自诉案件、刑事附带民事诉讼案件；法院作出的逮捕、变更强制措施决定等纳入监督范围，消除盲区。三是树立有效监督的意识。以审判为中心对诉讼资源和时间的投入有较高要求，会在一定程度上影响效率。应当合理分配司法资源，根据个案实际有针对性的监督，实现公正与效率的统一。四是树立有限监督意识。坚持检察监督的作用有限性，始终保持谨慎谦抑的态度，在法律规定的职权范围内进行监督，根据比例原则确定监督的手段和方式，使监督更有效。

（二）构建和谐检法关系，做到理性监督

一是坚持依法监督。以法治思维为引领，谨守“监督法定”原则，依法履职，合理界定监督权行使的边界，确保监督公正。二是加强法律职业共同体建设，注重检法人员共同司法价值观的培养。检察人员要摆正位置，消除监督与被监督是简单对立关系的认识，从保证法律正确实施的角度处理与法院的关系；要加强正面引导，增强公众对刑事审判监督的普遍认同，使审判人员充分认识到加强监督的必要性，改变被监督者对监督不积极、不愿意的状况。检法人员要认识到，检法之间并不存在地位高低或谁比谁更权威，只不过是分工不同，遇到矛盾和分歧时，应本着有利于法律的适用的观念，多沟通协商，共同维护司法公正。三是注重制约与保障并重。检察权的行使既要制约审判权，防止其滥用，又要配合审判权排除外来干扰。要坚持依法纠错，最大限度维护民众的合法权益，化解社会矛盾；在监督中强化支持配合，积极做好正确裁判的服判息诉工作，维护审判权威，实现法律效果和社会效果有机统一。四是建立平等的矛盾解决机制。双方不能有效协商时，由各级人大和人大常委会作为第三方居中裁断。此外，缩减检法适用证据规则的差异，建立检法共同遵守的刑事诉讼证据规则，明确证据的适用条件等。

（三）突出监督重点，做到精准监督

新形势下，监督的重点在于：第一，实体方面。主要包括定性错误，即有罪判无罪，无罪判有罪，或混淆此罪与彼罪的界限等，造成适用法律错误；量刑错误，即重罪轻判或轻罪重判，量刑畸轻畸重，适用缓、免刑错误等。当

前，主要抓好法院自行启动再审后改判或判缓刑、上诉后改判或发回重审、定罪免刑、办理贪贿案件司法解释出台后新旧法衔接“敏感期”涉及“从旧兼从轻”原则适用的监督。第二，程序方面。主要是对庭审中违反回避规定、违反法定的审理期限、法庭组成人员不符合法律规定、不通知被害人到庭、侵犯被告人自行辩护等权利；非法限制、剥夺当事人的上诉权及对生效裁判提出申诉的权利等程序违法的监督。第三，对司法人员的监督。注意已经开始呈现的法院中心主义、法官中心主义倾向；防止审判人员以“中心”自居徇私枉法。

（四）转变监督模式，做到科学监督

一是改变对庭审活动中的违法行为事后监督的方式。庭审中，如出现法官发问方式不当、宣判程序不合法等不及时制止则会当时造成危害后果且事后监督于事无补的违法情形时，公诉人应提请审判长注意。因为公诉人本身负有对庭审活动法律监督的职责，这种监督只是公诉人以职务身份向法庭建议，并不是代表检察院纠正违法，不违反相关规定。如果法庭坚持不予更改，公诉人可以建议休庭，并将相关问题记录在庭审笔录，休庭后，及时向领导汇报。对于审判程序方面的裁定或决定，如驳回回避申请的决定等有异议的，应在庭审后向检察长报告，提出纠正意见。二是转变工作方式。在庭审实质化的背景下，监督的重心不仅应着眼于案件本身，而且应加强对审判人员与审判活动相关的不当行为的监督，坚持纠违、抗诉与职务犯罪查处并重，以裁判不公、程序违法为着眼点，深挖背后可能存在的职务犯罪线索，有效防范司法不公。三是合理配置检察资源，实现诉讼职能与监督职能适度分离。监督职能与诉讼职能不能简单分离；审判监督发现权的实现是通过公诉权的行使发现监督线索；纠正权的实现是利用公诉权亲历性，在维护审判权威的前提下，及时督促审判机关改正。“脱离了审查起诉和出庭公诉的诉讼过程，审判监督的力度和效能就会大大削弱，导致审判监督名存实亡。”① 可采用内设岗位和案管机构监督的方式，在公诉部门内设监督岗位，指定专人负责；案管部门则加强流程和程序监管，将实体判断交由公诉机构。

（五）完善监督手段，做到规范监督

1. 完善原有监督手段。（1）完善抗诉制度。扩宽案源，在审查发现程序严重违法或事实认定有重大错误等典型可抗错误基础上，从判决中认定的自

① 参见邓思清：《检察权内部配置与检察机关内设机构改革》，载《国家检察官学院学报》2013年第2期。

首、立功等法定量刑情节是否准确等方面审查。准确把握抗诉必要性，避免诉讼资源浪费。(2) 完善量刑建议制度。量刑建议的提出要注重说理，掌握好提出的时机，公诉人根据情况，对量刑建议当庭适当调整。被告人、辩护人提出异议的，公诉人应当答辩。(3) 检察长列席审委会制度化。主体上，列席人员应是同级检察院的检察长或受委托的副检察长，并可指定一名办案人作为记录员；案件范围上，应是该检察院提起公诉，被提请召开审委会的案件；内容上，列席人员不能发表意见，但可由随同办案人对审委会研讨活动记录，发现违法问题，待审委会结束后，提出纠正意见。

2. 增加监督手段，增强监督程序的制裁性。(1) 调查权。检察机关认为判决、裁定、决定有错误可能，有权调阅审判机关的卷宗，审判机关应予配合。(2) 建议处分权。法院无正当理由拒绝接受监督的，检察机关有权向其主管机关或上级机关提出给予相应行政处分的权力，如更换承办人。审判人员滥用职权、徇私舞弊构成犯罪的，移送相关部门立案查处。

（六）健全保障机制，提升监督的法治化水平

1. 健全诉审沟通协调机制。监督程序启动前，及时了解审判机关未采纳起诉意见原因，综合考量是否抗诉。监督意见提出后及时跟进，准确阐述监督意见，督促法院及时纠错。定期召开联席会议，就案件质量等分析通报，确保办案信息互通。

2. 健全监督线索发现机制。建立检法案件信息共享平台，提供案件从受理到审判的全过程记录。借鉴职务犯罪案件一审判决同步审查的经验，适当扩大一审判决上下联审范围；完善信访举报机制，引导人民群众依法有序举报审判不公问题；建立公诉干警参与刑事申诉接访机制，扩大线索来源。

3. 构建一体化化监督机制，增强监督合力。第一，内部一体。公诉与控申、执检等部门建立信息传输与反馈制度，控申部门将受理控告举报中审判活动违法线索及时移送反贪、反渎部门，经调查，认为涉嫌犯罪的，依法立案侦查；存在审判人员贪污受贿、徇私舞弊、枉法裁判等可能影响案件正确裁判的，依法提起抗诉；存在一般违法行为的，提出纠正违法或检察建议。第二，上下一体。下级检察机关在办理对抗与不抗把握不准的案件时应及时向上级检察机关请示汇报，争取支持和指导。上级检察机关指定专人负责联系抗前指导案件的审查，必要时开展同步补查，提高监督效能。

4. 提升干警监督能力。提高干警对证据的审查、分析能力、对非法证据的发现和排除能力、庭审交叉询问的能力和应对突发情况的能力；对犯罪构成理论和相关规定烂熟于心，谙熟法庭质证规则，在庭审中始终处于主动地位。二审、再审干警应当提高补证能力，善于弥补证据缺口。

（七）完善监督效果评价机制，实现监督工作制度化

改进考核机制，完善考核标准，正确看待无罪判决，坚持数量与质量并重，逐渐引导检察人员摆脱思想顾虑，强化监督的责任心和监督意识。加强监督案件质量管控，规范抗诉案件审查报告等法律文书；注重总结研判，充分发挥典型案例指导作用，确保监督案件经得起历史考验。

监督与协作：以审判为中心改革背景下检警关系之构建

章建生[*]　卢　鹏[**]

推进以审判为中心的诉讼制度改革，确保侦查、审查起诉的案件事实证据经得起法律的检验，是党的十八届四中全会通过的《关于全面推进依法治国若干重大问题的决定》提出的要求。以审判为中心，凸显了审判的中心地位，阶段化推进刑事诉讼进程的模式得以改变，审判对公安、检察机关的制约增强，甚至是主导作用，公安、检察机关在一定意义上成为诉讼任务相近、诉讼职责趋同、诉讼风险共担的大控方，这需要强化检察机关在审查程序的主导地位。"目的是所有法律的创造者"①，检警关系是审前程序的核心，推进审判中心改革必须突出检察机关在审前程序中的主导作用，加强对侦查的引导与监督，构建起真正监督、有效协作的检警关系势在必行。

一、以审判为中心的表征与实质

以审判为中心是现代法治国家公认的一项基本刑事司法原则，是法治社会公正彻底地解决国家和个人利益的内在要求和刑事程序法定原则而导致程序法治化的必然结果。以审判为中心，要求"审判是决定国家对于特定的个人有无刑罚权以及刑罚权范围的最重要阶段，未经审判，任何人不得被认为是罪犯，更不得被迫承受罪犯的待遇"。② 以审判为中心不仅要求在形式上突出审判特别是庭审的中心地位，确保侦查、审查起诉的案件事实经得住法律检验，更重要的是庭审必须实质化，确保庭审在保护诉权、认定证据、查明事实、公正裁判中发挥决定性作用，实现诉讼证据质证在法庭、案件事实查明在法庭、

---

* 江苏省南通市崇川区人民检察院党组副书记、副检察长。

** 江苏省南通市崇川区人民检察院助理检察员。

① ［德］耶林：《法律中的目的》，转引自黄茂荣：《法学方法与现代民法》，中国政法大学出版社 2001 年版，第 282 页。

② 孙长永：《审判中心主义及其对刑事程序的影响》，载《现代法学》1999 年第 4 期。

诉辩意见发表在法庭、裁判理由形成在法庭。

以审判为中心，意味着在由侦查、审查起诉、审判组成的刑事公诉案件办理流程中，审判阶段居于中心地位和关键环节，整个刑事诉讼活动都是围绕审判程序建构和展开的，侦查、起诉是服务、服从于审判的，只有在审判阶段才能最终决定被告人的刑事责任的有无与范围大小。以审判为中心，要求我们重新反思、审视诉讼阶段论[①]，侦查、审查起诉不是程序自洽的独立整体，侦查、审查起诉与审判程序之间是一种俯仰、服从关系，侦查、审查起诉究其本质是司法机关针对犯罪行为进行调查取证的过程，无权决定被告人有罪，仅有审判程序才能决定其有无刑责。

以审判为中心，要求否定侦查中心主义，对案件件进行全面、实质性的调查应当在审判阶段进行，这也是其实质性要求。以审判为中心不仅要求形式上突出审判的中心地位，也要求实质上增强审判对侦查、审查起诉的引导和制约，审判不再是走过场。贯彻证据裁判原则、直接言词原则，侦查机关通过侦查活动所取得的证据材料、检察机关审查案件所获得的证据，最终都要在法庭上举证、质证，最后由法官在听取双方意见的基础上作出认证和取舍。严格落实证人、鉴定人出庭制度，完善律师执业权利保障机制，强化诉讼过程中当事人和其他诉讼参与人的知情权、陈述权、辩护辩论权、申诉权等的落实，使审判程序真正成为诉讼活动的中心。

二、监督更加实质、协作更加有效——以审判为中心对检警关系的影响

本文所称检警关系，是指刑检部门（主要是检察机关的公诉部门和侦查监督部门）与公安机关（刑侦部门）之间的关系。以审判为中心的诉讼制度改革，落脚点在于解决刑事诉讼过程中审判阶段与侦查、审查起诉、刑罚执行活动的外部关系，强化审判活动（尤其是法庭庭审）相对于其他诉讼活动居于中心地位和决定环节。其不仅仅表现在庭上，更是会形成一种倒逼机制，将庭审的各种要求向诉讼前端传导，使侦、诉、审三者之间的关系发生深刻而微妙的变化。这使监督流于形式、协作缺乏诚意的传统刑检关系被打破，构建新型的检警关系势在必行。

（一）传统检警关系的失衡

传统的检警关系是以侦查为中心建构的，侦查、审查起诉、审判的接力式

① 诉讼阶段论将诉讼活动的开始到终结看作向前运动、逐步发展的过程，循序进行的相互连接而又各自相对独立的各个部分，称为“刑事诉讼阶段”。参见张建伟：《审判中心主义的实质与表象》，载《人民法院报》2014年6月20日第5版。

的诉讼过程使检警关系失衡，出现了监督流于形式、协作缺乏实效的困境。

1. 监督流于形式。根据《宪法》第129条和《刑事诉讼法》第7条的规定，分工负责、互相配合、互相制约是我国检替关系的基本原则，检察机关是国家法律监督机关，有权对刑事诉讼实行法律监督。但在实践中，检察机关对公安机关的监督缺乏力度，其法律监度制约的程度比较低，表现在监督方式上就是被动性的事后监督。无论是审查批捕，还是审查起诉环节得监督都是被动性的事后监督，对于侦查机关的违法行为，既不能防患于未然，也难以发现，侦查监督工作效果不理想；在监督范围上就是对侦查权的程序控制比较弱。实践中检察机关只能根据侦查监督的一般原则进行监督，缺乏规范的外部监督和必要的救济机制，检察建议、纠正违法意见书等监督手段不能必然引起一定的法律效果。

2. 协作缺乏实效。在刑事诉讼中，检察机关与公安机关的地位基本持平且相互独立，是一种比较松散的关系，检警之间以各自独立为主。侦查活动由公安机关负责，起诉活动由检察机关负责，侦查阶段与起诉阶段成为相互独立的诉讼阶段，检警机关在机构与职权上均互不隶属，二者之间出现相对的脱节，这就造成了实践中检警协作配合缺乏实效的情况。突出表现在侦查机关注重的是突破案件，公安机关将案件移送检察机关审查起诉、审查逮捕，并不关心案件证据是否充分、是否符合庭审的需要；而检察机关注重的是案件的证据，为了避免承担诉讼失败责任，对证据不充分的案件不是考虑如何完善，而是考虑如何避免风险，避免承担诉讼失败的责任。从当前刑事案件办理的情况看，公安机关的侦查工作在收集证据方面不能很好地为检察机关的指控服务，检察机关与公安机关之间扯皮的现象时有发生。

（二）以审判为中心要求构建新型检警关系

以审判为中心是对“以侦查为中心”的否定与革新，从侦查、审查起诉、审判的诉讼进程来看，审判无法直接对侦查活动施加影响，要真正实现以审判为中心，必须发挥检察机关在审前阶段的主导作用。“充分发挥审前过滤功能，确保审查起诉的案件事实证据经得起法律的检验，防止案件‘带病’进入审判程序。”① 检察机关的法律监督职能具有承上启下的作用，能够直接对侦查活动进行引导监督，从刑事诉讼的源头开始就坚持审判标准，保证案件质量。检察机关要在审查中注重核实，注重听取多方意见和情况，真正履行和审查核实的责任，审查批捕和审查起诉不能仅凭公安机关移送的案卷材料和证据

---

① 孙谦：《努力提升公诉工作水平为全面推进依法治国作出新贡献》，载《检察日报》2015年7月22日。

就作出批捕、起诉的决定，逐步形成监督更加实质、协作更加有效的检警关系新格局。

1. 构建新型检警关系是保障司法公正的需要。要从保证公正司法、提高司法公信力的高度，从加强人权司法保障、维护社会公平正义的高度，深刻认识推进检警关系构建的重要性和紧迫性，牢固树立审判中心理念，确保侦查、审查起诉的案件事实和证据经得起法庭质证的检验，经得起法律的检验。坚决摒弃检察机关和审判机关、公安机关是“自家人”旧观念、旧思想，在新的诉讼要求下积极探索更加科学的公检法协作关系，打破以侦查为中心、以书面审查为重点、重配合轻监督制约的既有诉讼格局，保障进入庭审的案件达到“事实清楚、证据确实充分”的法定要求。

2. 构建新型检警关系是提升检警协作、提高案件质量的需要。“侦查的技巧和检察官的法律敏锐力有助于提高侦查和起诉的效率。”① 这种诉讼职能的趋同性和内在联系的紧密性，使侦查机关和公诉机关之间加强配合协作，形成侦诉合力，具有可行性和必要性。② 案件质量是生命线，检察机关提起公诉必须建立在证据审查核实的基础上，做到审查清楚、诉的明白。但由于公安机关不与审判发生直接的关系，远离法庭，对控辩双方质证的过程缺乏直观、深入的了解，致使侦查人员对证据的规格、标准等缺乏足够的认识。检警之间的协作与监督有利于发现证据中的问题，及时排除非法证据，防止事实不清、证据不足的案件或者违反法律程序的案件“带病”进入审判程序；就法律适用上的沟通，在执法尺度、宽严标准上达成共识，可以有效保障进入庭审的案件达到“事实清楚、证据确实充分”的法定要求。

3. 构建新型检警关系是适应庭审实质化、缓解侦查基础、证据质量与法院裁判标准之间的冲突的需要。伴随着审判中心改革的推进与落实，庭审的对抗性会越发增强，庭审中一片“和气”的局面被打破，作为指控犯罪基础的侦查工作必须适应日益提供的裁判标准。检察机关要严把起诉标准，避免事实不清、证据不足的案件进入审判程序。必须强化庭前证据审查，改革完善证据审查标准，坚持全面、客观、细致审查证据，重视办案的亲历性，重视勘验检查现场、关键证人复核以及发破案过程的审查。转变证据审查的重点，重视客观性证据的审查，由依赖口供定案向依靠客观性证据定案转变，确保即使被告人翻供也不影响定案。厘清非法证据和瑕疵证据，对非法证据要坚决排除；对

---

① ［加］约翰·沃施·简：《论加拿大对抗式刑事司法制度中检察官的角色定位》，张婧译，载《刑辩之苑》2006年第5期。

② 潘金贵：《侦诉协作机制的价值分析与制度构建》，载《现代法学》2008年第5期。

于收集程序、方法上的瑕疵而产生的证据，在不能补正和作出合理解释时，不能作为定罪的证据。

三、真正监督、有效协作——构建新型检警关系

“中外刑事诉讼的历史已经反复证明，错误的审判之果从来都是结在错误的侦查之病枝上的。”① 以笔者所在的基层检察院2012—2014年履行诉讼监督职能来看，公安机关在办理刑事案件过程中普遍存在如下问题：因证据意识、程序意识薄弱，涉案物品的扣押、处置存在问题，如侦查机关扣押物品清单与检测报告中列明的物品有明显不符的情况，扣押清单中部分物品不在检测报告中、扣押清单中部分扣押物品未进行鉴定、检测报告中的部分物品未在扣押清单中；在聚众赌博、非法经营、销售伪劣商品等联合专项整治的涉众犯罪活动中，由于执法、取证标准不统一，极易出现取证不到位、程序不合法等问题；现场勘验检查及辨认笔录制作程序不规范，导致事后证据灭失或重新补正工作困难较大。消极侦查，对于检察机关发现的漏罪、漏犯、漏诉等问题，怠于查证及说明理由、对于补侦提纲中列明的证据材料消极调取、对于纠正违法通知书事项简单应付了事；存在违法办案的情况，如一些证据来源合法性及客观性存在疑点，侦查人员无法进行合理解释等。

针对当前侦查工作中长期存在的、久拖不改的突出问题，检察机关必须摒弃不愿、不能、不敢和不忍监督心态，积极适应以审判为中心的诉讼制度改革的要求，确保侦查、审查逮捕、审查起诉的案件事实和证据经得起法庭质证的检验，经得起法律的检验，有效防范冤假错案的发生；必须走出“起点错、跟着错、错到底”的怪圈，破解配合有余、制约不足，检察机关受制、盲从侦查结论的局面。“司法权力的分立与制衡正是现代司法为保障其民主性与科学性所需要的一种基本结构与关系”，② 刑事检察作为刑事公诉进程中的中间环节，既是指控犯罪的控方，也是诉讼监督的把关者、保障案件质量的重要阀门。适应审判中心改革，检察机关必须首先厘清同属于控方的侦查机关的关系，在“分工负责、互相配合、互相制约”的检警关系制度形态下，由警主检辅、以侦查为中心的检警关系向检警协作、强化对侦查活动的引导和监督，朝着真正监督、有效协作的实践形态过渡，顺势而为，逐步构建新型的检警关系。具体而言包括：

① 李心鉴：《刑事诉讼构造论》，中国政法大学出版社1992年版，第129页。

② 马进保、李明、蒋石平主编：《刑事诉讼法》，人民法院出版社2006年版，第12页。

（一）有效协作

检警之间的协作配合既是基于利弊权衡后的价值选择，也是基于实践的事实判断，是在双方所具备的合理因素的基础上，检警双方更多的是要带着共同的责任与使命谈配合、讲协作，务求使制约侦查取证质量的问题与瑕疵，在合作的框架与氛围下得以有效解决。如果公安机关侦查取证的基础工作没有根本的提供，会导致出庭公诉出现一系列的困难。客观的讲，当一起刑事公诉案件完成了侦查，实际上就已经完成了收集证据和形成卷宗的基础和主要工作，侦控环节的走向和控诉质量的高低大致已定。检警双方在证据收集、固定、完善过程中有充分的沟通、协作，推进侦查人员出庭作证机制，将庭审中对证据的要求传导到侦查活动中，办案标准向法院裁判看齐，提前就案情、定性、证据等交换意见，可以帮助侦查人员参照庭审的证据规格全面地收集、固定证据，促使公安机关在侦查活动中发挥更大的主观能动性和积极性，以适应庭审实质化的要求。

其一，重大疑难案件听取意见制度，即检察机关对于公安机关办理的（1）疑难、重大、复杂类案件；（2）涉黑涉恶性质的有组织犯罪案件；（3）立案监督的案件；（4）涉案人员较多、取证较广的案件；（5）新型犯罪案件等，明确专人承办，提前介入侦查引导取证，逐人逐案讨论、评议，引导公安机关把握取证时机，固定、收集、完善证据，对公安机关处置过程实行全程监督；

其二，侦查质量逐案评议反馈，刑检部门在办理刑事案件过程中采取的专门调查取证工作、有关强制性措施和侦查程序、法律文书等侦查活动进行评议，坚持问题导向，全面反映和合力解决侦查工作中客观存在的问题，并以书面形式反馈评议结果，强化评议结果应用；

其三，信息共享机制，公安机关在对案件进行立案、撤销或者涉及人身自由、财产权益等强制措施时，应当及时通知检察机关，建立行政案件处理信息共享平台，及时发现并纠正公安机关“以罚代刑”；

其四，建立公安机关侦查人员观摩旁听庭审制度。尤其在一些重大、疑难的案件庭审时，安排公安机关侦查人员旁听庭审，以增强其直观、感性认识，领会控辩双方如何围绕证据举证、质证，法庭如何采信证据，增强其取证是为了实现控诉目标的观念，树立正确的证据意识和协作意识。

其五，加强类案引导。推动检警协作从个案引导向类案引导转变，通过公检联席会议、案件情况定期分析、一类问题通报等固定方式，对犯罪构成和诉讼必要证据、证据标准进行集中引导，并给出针对性指导意见，促使公安机关侦查人员掌握判决证明标准和证据裁判规则，努力提升整体办案水平。

（二）真正监督

协作配合不能理解为领导侦查、参与侦查，或者是联合办案，其不排斥监督制约，相反应通过协作配合，回归监督属性、理顺监督关系，抓住侦查活动违法违规的关键问题施以有重点的监督，依法纠正公安机关有案不立、有罪不究、以罚代刑和违法采取强制措施等行为。“要防止滥用权力，就必须以权力约束权力”。从当前刑事案件办理的情况看，侦查工作不能很好地为检察机关提供法庭审判所必需的证据材料，退回补充侦查和要求补充法庭审判所需的证据材料的案件明显增多。检察机关要严把批捕关、起诉关，依法充分行使不批捕、不起诉权力，发挥好审前过滤和分流功能。“我们必须要认识到的是，侦查程序中的检警关系乃是以‘侦查程序’为共同的外部运作空间的，因此在侦查程序中对检警关系进行正确定位的最根本目的——也可以说是唯一目的——并非是单纯地调整检警两机关在侦查程序中互动关系的平滑与流畅，而是要通过此种检警关系的构建来实现侦查程序本身的运作目的。”①

其一，逐步完善法律监督的执行方式及制度保障，提高法律监督的操作性。日益加重的检警失衡的现状要求必须提升检察监督的可操作性，要健全立案监督机制，拓展立案监督渠道，明确立案监督的细节和制定详细的实施细则；要完善侦查过程中的法律监督的程序和方式，完善羁押必要性审查机制，针对公安机关违反法定程序制作或者调查收集的证据材料、公安机关在超越职权或者滥用职权时制作或者调查收集的证据材料，要坚决予以排除；要完善审查起诉过程中的监督规则，赋予检察机关在侦查过程中对公安机关侦查人员进行更换的建议权，明确检察机关在审查起诉程序中对公安机关侦查人员的指挥、指示权，公安机关侦查人员具有服从的义务。

其二，变事后监督为事中监督，加强对公安侦查活动的监督和过程控制。事中监督以“证据把关”为核心展开，在案件的侦破中从自身的优势出发，在证据的收集和法律的适用上给予指导意见，并随时纠正侦查中的违法行为。事中监督要求在侦查阶段检察机关就要提前介入公安机关的侦查活动，对于本地区内发生的重大、疑难案件，上级交办的案件，新型犯罪的案件等，检察机关应提前介入，重点在引导取证、补充证据和提高证据质量上，侧重于为达到控诉的目的引导全面收集证据、固定证据。要逐步规范介入侦查引导取证工作，明确介入的责任主体，以公诉为目标介入侦查取证是公诉职能的自然延伸和内在要求，建议以公诉部门为主，侦查监督部门补充配合的介入模式为宜。

---

① 卞建林：《论我国侦查程序中检警关系的优化——以制度的功能分析为中心》，载《国家检察官学报》2005 年第 13 期。

其三，增强检察机关监督的刚性与权威性，健全人权保障机制。对公安机关在侦查活动中违反法定程序的行为或者其对检察机关提出的建议或者发出的纠正通知拒绝接受和执行的行为，赋予检察机关对公安机关侦查人员的惩戒建议权。逐步建立违法侦查申诉调查制度，强化侦查过程中当事人和其他诉讼参与人的人权保障，重点针对讯问犯罪嫌疑人的法律监督，确保侦查活动的合法性与正当性。完善对限制人身自由司法措施和特殊侦查手段（如指定居所监视居住、不许可律师会见、技术侦查手段）的监督，重点对侦查措施的合法性、正当性、必要性进行审查，以确定特别侦查措施是否符合法律规定、所获得的证据是否具有法律效力，要坚持问题导向，敢于监督、善于监督、依法监督、规范监督，全面反映和合力解决侦查工作中客观存在的问题，为完成指控犯罪职责发挥好基础性、保障性作用。

构建新型检警关系
走出检察机关职务犯罪侦查困境

毕奎明*

检察机关是国家的法律监督机关，职务犯罪侦查作为履行国家法律监督职能的重要组成部分，是检察机关核心的、标志性职能之一。检察机关履行职务犯罪侦查职能的情况，直接关系法律监督的成效，关系国家“一府两院”体制的实际运作，关系国家治理体系和治理能力的现实状况。检察机关现行职务犯罪侦查结构体系曾经在履行法律监督职能上发挥了积极而重要的作用，但是随着近年来反腐败任务加重和职务犯罪不断发展变化，现行的以检察官办案为主要特征的职务犯罪侦查结构体系已经不能适应开展工作的现实需要，客观地看，检察机关职务犯罪侦查工作已步入难以克服的困境，迫切需要通过深化检察机关内部职能配置和机构改革，充分发挥检察机关司法警察的重要作用，打开法律监督工作新局面。

一、当前检察机关职务犯罪侦查的困境

职务犯罪特别是贪污贿赂犯罪通常是一种隐蔽性强、智能化程度高、所涉专业面广、没有明确受害人的犯罪，近年来，随着我国市场经济建设和社会管理的专业化程度越来越高，职务犯罪的表现形式也在不断发生深刻的变化。同办理一般刑事犯罪相比，职务犯罪侦查所必需的侦查组织更加严密、侦查技能更加全面、侦查队伍更加专业。我国检察机关现行的以检察官办案为主要特征的职务犯罪侦查结构体系面临着以下困境：

（一）侦查任务繁重与检察官数量有限的困境

职务犯罪侦查工作是一项人力密集型的工作，从办案实践来看，在前期初查工作基本到位，正式启动立案侦查以后，为提高侦查工作的突然性，防止当

---

* 湖北省宜昌市人民检察院党组书记、检察长。

事人串供串证、毁灭证据，需要同时组成若干个办案小组开展多个方面的行动，通常拘捕犯罪嫌疑人、询问证人、搜查物证书证以及视听资料、审讯到案嫌疑人等各项工作同步开展。对于重大复杂案件、共同犯罪或者窝案串案，侦查工作任务会更加繁重。那种简单商品经济或小农经济社会条件下，一名检察官带领一二名助手就可以办理侦查案件的情况已经不复存在。检察官作为一个国家或社会法律类群体，是经过严格的法律选拔程序而产生的专门从事法律事务工作的国家公职人员，这种公职人员的特点决定了其数量上的稀缺性，也决定了检察官必须是一个精英化的群体。而侦查工作作为一项人力密集型的工作，需要有数量众多的人员共同参与，这就决定了侦查人员必须大众化，一个国家或社会不可能也不需要用一个数量庞大的精英化群体来从事大众化的侦查工作。侦查任务繁重与检察官数量有限注定是一对永恒的矛盾。实际工作中，虽然通过配置检察官助理协助办案的方式，可以一定程度上缓解这一矛盾，但检察官助理没有独立开展办案工作的权限，不能从根本上解决问题。检察机关职务犯罪侦查部门的实际情况正是这样，绝大多数检察机关在反贪污贿赂局、反渎职侵权局配备的检察官数量相对较多，由于侦查工作由检察官本人亲历亲为，办案力量捉襟见肘的情况仍然十分明显，为弥补办案力量的不足，上级院往往采取从下级院大量抽调人员参与本级院办案、基层院采取从其他部门抽调人员参与职务犯罪侦查部门办案的方式来解决，很大程度上影响和制约了检察机关职务犯罪侦查工作的有效开展。

（二）侦查工作行政化与检察官管理司法化的困境

侦查工作是一项行政性很强的工作，其突出特点就是团队的组织指挥、分层管理、配合协作所形成的整体力量发挥着决定性作用，实际运行中，通常需要通过划分行政层级、实行上令下从、注重协调配合、强调效率优先等工作理念和机制来最大限度地整合单个成员的力量，使之形成一个分工协作、步调一致、有机统一的整体。与此不同的是，检察官属于司法官，对于司法官，不能按照行政化的方式管理，而需要遵循司法规律，按司法化的方式进行管理。司法本身所具有的独立性、亲历性、裁判性等内在因素，决定了司法活动中必须更加强调司法官的个体素质，司法官的个体素质对司法活动的成效更具有决定性意义和作用。我国实行检察官办理职务犯罪案件的工作方式，就是由若干名检察官、检察官助理组成一个办案组织，在办案组织内部再临时将各检察官、检察官助理划分为若干个办案小组，实行行政化的管理方式开展侦查办案工作，这在很大程度上就形成了侦查工作与检察官管理上的深刻矛盾，办案组织内部的检察官事实上已经不再是司法官，检察官作为司法官的主要特性被淡化和抹杀，而演化成行政化的侦查人员。在侦查组织内部，除了案件的主办人以外，其他参与侦查活动的检察官都沦为名义上的检察官，而实质上就是一个执行侦查职能的普通侦查人员。

（三）司法被动性与职务犯罪侦查主动性的困境

司法作为国家机关及其工作人员依照法定职权和法定程序运用法律处理案件的专门活动，具有很强的被动性，无论是法官的司法活动还是检察官的司法活动，都具有被动的属性，能动司法只能作为司法的补充和特例，而不能成为司法领域的普遍现象，否则就会混淆司法活动与行政活动的界限，导致司法庸俗化，失去司法的中立性，进而影响司法的公正性。对于刑事侦查而言，基于举报、控告、自首而开展的侦查活动与基于信息情报收集主动发现犯罪嫌疑而开展的侦查活动之间存在重大差别，前者总体呈现被动性、中立性，而后者则表现为明显的主动性、倾向性。职务犯罪特别是贪污贿赂犯罪是隐蔽型、无明显受害人的犯罪，依靠举报、控告、自首而引发的侦查活动只是其中一部分，大部分案件则需要通过主动收集信息情报来发现犯罪，才能达到查处和打击犯罪的目的。这就需要承担职务犯罪侦查职能的机关，建立健全与主动发现犯罪相配套的工作体系和机制，以此作为履行职能的基础和支撑，如建设完善的侦查信息情报工作体系和机制等，而这些工作体系和机制已经不再具有司法工作的属性，不是司法性机关而是行政性机关所应设置和配备的。比如，在检察机关设置的职务犯罪侦查指挥中心，在笔者看来，就是一种值得质疑的机构，其名称、职能定位、工作方式等都与司法机关应当具有的特质不相吻合，现在司法改革工作中，侦查指挥中心配备若干名员额制检察官从事侦查指挥、职务犯罪信息情报工作等，更是使检察官这项职业与司法官应有的属性相去甚远，模糊了检察机关和检察官的属性。

（四）侦查人员武官制与检察官文官制的困境

现代社会已经没有严格的武官与文官制的区分，但是，从工作类别来看，武官与文官的相对区别还是存在的。武官通常需要有优良的体能素养、必要的防卫技能、特殊的专业技能，而文官通常需要有深厚的文化素养、严密的逻辑思维、纯熟的业务智识，侦查人员执行拘传、逮捕、追逃、搜查、扣押、秘密侦查、审讯等高强度的对抗性工作，更需要接近武官特征的人员从事这项职业，而检察官以精通法律见长，更需要接近文官特征的人员从事这样的工作，两者在职业意识、素能养成、培养途径等方面是大相径庭的，让武官从事文官的职业是舍本逐末，而让文官从事武官的职业是则扬短避长。有很多基层检察院反映，与其选择具有从高等院校法学院本科生、硕士研究生甚至博士研究生毕业背景的检察官从事职务犯罪侦查工作，还不如从公安高等专科院校、刑警学院选择具有大专、中专毕业背景人员从事侦查工作更适合现实需要，侦查工作需要的不是精深的法律知识和法律素养，而是体格强健、吃苦耐劳、反应敏捷的品格，至于法律方面的专业知识，只要熟悉掌握特定类型犯罪基本的犯罪构成就可以了。实践证明，培养一名优秀的侦查人员与培养一名优秀的检察官是有很大区别的，让具有从高等院校法学院本科生、硕士研究生甚至博士研究生毕业背景的检察官从事侦查工作，既浪费了人才，又难以得到较好的效果，相反，一些从部队转业到检察院工作的同志，在具体从事侦查工作方面往往能够很快成为行家里手，这就是一个很好的证明。同时，由于检察官必须通过国家司法资格考试才具备任职资格，不具备检察官身份在检察机关不能单独负责从事侦查办案活动，也使很多优秀侦查人员要么难以通过司法资格考试而不具备办案资格，要么得花费大量精力通过司法考试，所学非所用，做与侦查工作关系不大的无用功。

（五）侦查技能多样化与检察业务法律化的困境

职务犯罪侦查工作面对的领域十分广泛，犯罪嫌疑人涉及哪一个领域，侦查人员就必须对相关领域有十分专业的了解，这是开展侦查工作的必要条件和前提。职务犯罪侦查实践中，有一些领域的专业性不是太强，通常可以通过侦查人员事先加强对该专业领域知识、行业规则、实际运作规律等的了解，来熟悉情况，有针对性地开展侦查工作，比如国土、税务、水利、教育、工商、发改、质监等国家机关，虽然涉及一定的专业性，有些专业性还比较强，但国家机关工作都有相似的规律性，在查办不同国家机关工作人员涉嫌职务犯罪案件过程中，侦查人员通过专门了解相关机关的职责权限、行业知识、工作流程、管理制度等就可以比较好地找到开展工作的对策，有效开展侦查活动。但是，职务犯罪侦查工作中，还会大量涉及专业性极强的领域，如果不具备相关领域的专业知识和技能，对于其中发生的与专业紧密相关的职务犯罪，非具备专业技能的侦查人员就会盲人摸象，手足无措。比较突出的如利用计算机或者网络实施的犯罪、涉及金融证券领域的犯罪、涉及财务会计方面的犯罪等，不具备专业知识和技能的侦查人员在分析研判案情、把握侦查方向、指挥或实际开展侦查取证工作方面都存在极大的局限性，即使配备辅助人员开展工作，所起的作用仍然十分有限。以法律专业知识见长的检察官在具体负责查办上述专业领域职务犯罪工作方面就会出现不适应、不胜任的情况，往往会使侦查工作浅尝辄止，难以深入。

二、全面履行检察机关职务犯罪侦查职能，需要赋予和发挥司法警察应有的地位和作用

《人民检察院组织法》第27条第3款规定，各级人民检察院根据需要可以设司法警察。《人民警察法》第18条规定："……人民检察院的司法警察……依照有关法律、行政法规的规定履行职权。"这些法律规定表明，我国的法律体系已经为检察机关履行各项检察职能提供了充分的制度保障。全面履行检察机关职务犯罪侦查职能，需要充分运用好法律赋予的制度保障，从赋予司法警察应有的地位，发挥司法警察应有的作用入手，科学构建检警关系，走出职务犯罪侦查的困境。

（一）科学定位检察机关司法警察的地位和作用

根据最高人民检察院《人民检察院司法警察条例》规定，司法警察主要从事辅助性工作，职能定位于"维护检察工作秩序，预防、制止妨碍检察活动的违法犯罪行为，保障检察工作的顺利进行"。在具体职责方面除了相关的安全保卫工作外，只能有限地"执行传唤、拘传；协助执行监视居住、拘留、逮捕，协助追捕在逃或者脱逃的犯罪嫌疑人；参与搜查；提押、看管犯罪嫌疑人、被告人和罪犯"等，司法警察的警察属性十分弱化。检察院组织法明文授权各级人民检察院根据需要可以设司法警察，作为具有职务犯罪侦查职能的检察机关，所设司法警察应当属于人民警察序列中司法属性很强的警种，但实际情况却相去甚远。笔者认为，根据检察机关履行职务犯罪侦查职责的需要，应当科学定位司法警察的地位，发挥好司法警察作为人民警察序列特定警种所应当具有的作用，把检察官从与自身专业素养不相适应的领域解脱出来，从烦琐的侦查事务中解放出来，专司检察官所应当履行的职责，理顺检察官与司法警察之间的关系，充分发挥检察官与司法警察各自的专业素养和技能特长，构建职务犯罪侦查工作的科学体系。具体来讲，应当明确检察官为职务犯罪的侦查主体，司法警察为职务犯罪侦查的辅助机关，检察官领导、指挥、控制、监督司法警察开展侦查，司法警察接受检察官的指挥和指令具体负责侦查执行工作，使检察机关的司法警察成为名副其实的司法警察。

（二）合理配置检察官与司法警察在职务犯罪侦查中的职责和权限

通过检察官与司法警察职责权限的科学设置和划分，大幅压缩从事侦查活动检察官的数量，加大司法警察的工作责任，原则上一个案件只由一名检察官负责，由若干名司法警察在检察官的指挥下开展侦查工作。重大复杂涉及多名犯罪嫌疑人的案件可以适当增加检察官，分别由两名或两名以上检察官分别带领若干名司法警察开展侦查工作。具体职责权限划分方面，既要有利于发挥检

察官与司法警察各自的优势和长项，提高侦查效率；又要尊重司法规律，准确把握检察权与警察权的界限，防止权力界限混淆不清。

一是决定权与执行权适当分离。决定初查、立案侦查、采取强制措施以及强制性侦查措施、侦查终结、提出法律处理意见等由只能检察官行使，开展初查、侦查活动，执行强制措施以及强制侦查措施，收集固定证据，询问证人，缉捕在逃犯罪嫌疑人、制作笔录等执行初查和侦查活动的权力则可以由司法警察行使。

二是实体侦查权与侦查事务权适当分离。对于实体侦查权以外的侦查事务权，可以而且应当由司法警察负责，如受理职务犯罪举报、控告、自首，司法鉴定实验室、信息化侦查设备等技术性事务的建设、运用与管理，侦查信息情报系统的建设、维护、运用与管理，专门办案场所的建设、维护、运用与管理等，这些工作与侦查工作紧密相关，事务庞杂，需要投入大量的人力资源，划归司法警察统一管理，既减轻了检察官事务性工作的负担，又理顺了工作职能。

三是强制调查权与非强制调查权适当分离。强制调查权只能由检察官行使，这是由检察官身为司法官的性质决定的；非强制调查权通常不会涉及公民人身权利、财产权利以及其他权利的损害，可以由司法警察独立行使。如收集职务犯罪情报信息，发现犯罪或者犯罪嫌疑人；秘密初查或侦查；运用信息技术开展侦查；在当事人自愿配合的情况下，对当事人进行调查询问，对证人进行调查询问；对现场进行勘验、检查；保护证人安全，等等。

四是终局性权力与非终局性权力适当分离。终局性权力只能由检察官独立行使，如侦查终结的权力，案件法律适用的权力等。非终局性的权力则可以由司法警察行使，如制订和执行追捕在逃犯罪嫌疑人的方案和计划、制订和执行搜查计划和方案、制订和执行重要证人保护计划和方案等。

（三）建立健全司法警察辅助检察官开展侦查的措施和机制

在现代社会，我国社会管理和经济运行体系越来越庞大，信息化程度越来越高，社会分工越来越细，侦查工作同过去相比也发生了翻天覆地的变化，如公安机关已建立起了“天盾”、“天网”、“天眼”工程以及海量专业数据库体系，为侦查犯罪提供了坚实有力的保障，检察机关与职务犯罪侦查相关的信息化建设也越来越完善。拥有信息情报资源、技术支持资源和相关的海量专业数据资源，就能增强侦查工作的主动性、预见性、可控性，极大地提高侦查效率。这些侦查资源和基础性建设直接由检察官负责既不符合国际上通行的做法，也与检察官的身份和属性不相符，由司法警察建设与管理比较恰当。在赋予司法警察辅助检察官侦查职权的同时，进一步健全完善司法警察履行辅助侦查职责所需要的侦查资源体系，就能不断提高司法警察主动发现、辅助检察官查处职务犯罪的能力，更好地发挥作为检察官侦查助手的作用。

随着司法警察侦查素能的全面养成和提高，还可以在辅助侦查方面进一步完善工作机制，增强司法警察辅助开展侦查工作的主动性、实效性。一是对于一般案件，特别是一些不需要采取强制性调查措施就可以查清事实的简单案件，检察官可以在作出立案决定后，授权司法警察开展侦查，由司法警察独立开展证据的收集和固定工作，查清事实以后，移送检察官处理。二是对于不太复杂但需要采取强制性调查措施才能查明案情的职务犯罪案件，检察官可以只对立案、采取强制性调查措施等关键环节进行掌控，具体的侦查事务委托司法警察执行，在司法警察查清事实后移送检察官处理。三是对于复杂重大的案件，检察官可以领导、组织、指挥司法警察开展侦查，亲自开展具体的审讯、搜查、收集固定证据等各项工作。四是对于案情特别重大复杂，涉案人员众多的案件，可以由数名检察官组成专案组，确定其中一名检察官为专案组主任检察官，各个检察官分别带领若干名司法警察组成若干个办案小组的形式，在专案组主任检察官的统一组织指挥下开展侦查工作。

三、按照专业化、职业化、正规化的要求建设司法警察队伍，承担起全面辅助检察官侦查的重任

司法警察尤其是检察机关的司法警察，应当是国家警察序列中十分重要的警种，是刑事司法体系中的中坚力量之一。随着全面依法治国战略部署的深入推进和中国特色社会主义检察制度的不断发展完善，检察机关司法警察必将迎来一个全新的发展机遇。作为检察机关，应当高度重视司法警察建设，把司法警察建设放在与检察官建设同等重要的位置，加强司法警察方面的理论研究，探索司法警察制度改革创新，大力推进司法警察专业化、职业化、正规化建设，推动和促进检察机关职务犯罪侦查法治化水平得到全面提升。

（一）将司法警察由检察机关内设部门改为下属机构

司法警察作为检察机关的一个内设机构，缺乏必要的独立性，这种设置方式势必将司法警察混同于检察官、检察辅助人员进行管理，淡化司法警察建设和管理所需要的专业性特征，无法形成符合办案工作需要的司法警察队伍。实际工作中，有很多地方的司法警察只是作为检察机关解决工作人员待遇的方式来对待，司法警察分散于各个部门，从事与司法警察无关的工作。一些曾下大力气要求司法警察归队管理的地方，要么归队以后工作不饱和，成为“闲差”，要么名义上归队实际上不归队，挂司法警察队伍的名，仍然在其他的岗位工作。司法警察只要继续作为检察机关一个内设机构来对待，就很难改变司

法警察队伍建设的被动局面，按照专业化分工和建设的要求，要建设一支素质过硬、作风优良、业务精通的司法警察队伍，就必须将司法警察由内设部门改为独立设置的下属机构，真正实现司法警察“警察化”。同时，将司法警察改为检察机关下属机构，在增加司法警察相对独立性的同时，可以在检察官与司法警察之间形成互相监督、互相制约的刑事诉讼关系，很大程度上解决检察机关查办职务犯罪案件中“外部监督不了、内部监督不足”以及常为外界诟病的“监督者不被监督”的状况，形成一种新型的符合检察机关侦查工作需要的特殊检警关系。

（二）整合检察机关司法警察职能，成立司法警察局

准确界分检察机关职能体系，将检察机关的司法职能与侦查辅助职能、司法行政职能适当分开，辅助侦查职能以及与检察办案相关的司法行政职能统一归属于司法警察职能。在现有基础上，压缩检察机关检察官、检察官助理、书记员、检察技术人员、司法行政人员编制，大幅扩大司法警察编制，组建隶属于检察机关的司法警察局。可以考虑将检察机关原职务犯罪侦查部门检察官以外的侦查人员、技术部门工作人员、侦查指挥中心工作人员、职务犯罪预防部门工作人员、控告受理部门工作人员、人民监督员办公室工作人员全部转为司法警察编制，划归司法警察机构统一建设和管理。这在一方面可以进一步理顺检察机关内设机构之间的关系，改变检察机关内设机构过于庞杂、主辅职能不分、检察职能异化的现象；另一方面还可以有效解决当前司法改革中，相当一部分内设部门检察官设置不合理的问题。如现行改革方案中控告受理部门、侦查指挥中心、职务犯罪预防部门、人民监督员办公室等都设置有员额制检察官，但这些部门的员额制检察官又不从事传统意义上的办案工作，使检察官的设置界限不清，检察职能与检察辅助职能、司法行政职能之间的边界模糊，司法人员分类管理缺乏科学性、严肃性等。将检察辅助职能、司法行政职能从检察职能中剥离出来，可以更好地理顺司法人员分类管理中各类人员的属性关系，使检察官的司法属性更加鲜明，使人员分类管理更加科学合理。

（三）合理组建司法警察局内设职能部门，建设精干、高效、专业的司法警察队伍

未来的司法警察局不需要设置专门的政工、党务、纪检部门，除了可以考虑配置专职政治委员以外，这些职能工作可以由所隶属的检察机关政工、党务、纪检部门统一管理。基于未来司法警察局承担的工作职能，在司法警察人数较少的地方，可以不另行组建业务部门，所有人员明确工作岗位，相对固定某一岗位工作，必要时统一调配使用。在司法警察人数较多的地方，可以考虑

在司法警察局内组建相应的工作部门。主要可以考虑组建以下工作部门：一是侦查执行部门，具体负责执行检察官的侦查指令，或者接受检察官的授权、委托，在检察官的领导下开展侦查工作。二是信息情报部门，具体负责职务犯罪信息情报的收集、管理、分析、研判，根据工作需要，协助组织在逃犯罪嫌疑人的追捕和跨区域职务犯罪的侦查协作等工作。三是技术支持部门，负责建设、管理职务犯罪侦查所需要的电子证据实验室、司法会计鉴定室、法医学鉴定室、文证鉴定实验室、痕迹检验鉴定实验室等，同时兼顾检察工作中其他司法鉴定工作需要。四是安全保卫部门，负责办案工作区的建设与管理，办案环节犯罪嫌疑人、证人的安全防范，同时兼顾侦查、公诉环节证人或者出庭证人的安全保卫工作。五是综合事务部门，负责受理职务犯罪举报、控告、自首，开展职务犯罪预防，组织人民监督员参与对检察机关职务犯罪办案工作的监督等。六是在省级检察院设立的检察官学院中设置司法警察分院，具体负责司法警察专业知识教育和专业技能培训工作。

建立新型引导侦查工作机制应对以审判为中心的诉讼制度改革

史硕洪[*]　周子简[**]　沈怿昕[***]

党的十八届四中全会提出要推进以审判为中心的诉讼制度改革，对检察机关在审前程序中贯彻证据裁判原则，提出了新要求和新任务。检察机关侦查监督环节应当充分发挥处于刑事诉讼前沿的特点，着重加强和改进对刑事侦查的监督和引导，提高侦查取证质量，全面构建新型侦捕诉关系，保障当事人合法权益，为诉讼制度改革奠定基础。

一、引导侦查工作机制的提出与存在问题

（一）提出与发展

引导侦查的提出起源于20世纪80年代检察机关的“提前介入”工作机制。1983年8月，全国开展的“从重从快”打击刑事犯罪活动以及最高人民检察院及公安部于1988年10月联合下发的《关于加强检察公安机关相互联系的通知》促成了适时介入机制的发展与完善，也成功引导了侦查机制的萌芽。1996年刑诉法的修改明确了控辩式的庭审方式，1997年公安机关刑侦体制改革强化明确了侦查人员的责任。在此背景下，1999年，河南省周口市检察院首次在自侦案件中提出了“三三制”的工作方式，即在职务犯罪案件中，侦、捕、诉三个部门实行“三个延伸”、坚持“三项跟踪”、明确“三段责任”。①“三三制”的实践为引导侦查机制的确立奠定了基础。2000年，最高人民检察

* 上海市静安区人民检察院侦查监督科科长。

** 上海市静安区人民检察院侦查监督科副科长。

*** 上海市静安区人民检察院侦查监督科干部。

① 实行“三项跟踪”，即批捕向前延伸至自侦案件的立案环节，起诉部门向前延伸至批捕环节，起诉部门向前延伸至侦查预审环节；坚持“三项跟踪”，即侦查人员对自侦案件跟踪至批捕、起诉、审判环节；明确“三段责任”，即侦查部门负责立案准确，批捕部门负责批捕准确，起诉部门负责起诉准确。

院审查批捕厅、审查起诉厅和公安部刑事侦查局联合下发《关于公安机关刑侦部门、检察机关批捕部门、起诉部门加强工作联系的通知》。同年9月，最高人民检察院召开了“全国检察机关第一次侦查监督会议”，提出了“全面履行职责、加强配合、强化监督、引导侦查”的总方向。2002年5月，最高人民检察院召开全国刑事检察工作会议，提出了“坚持、巩固和完善‘适时介入侦查、引导侦查取证、强化侦查监督’的工作机制”等四项改革措施。自此，引导侦查工作机制全面形成。

本市司法实践对引导侦查工作一直较为重视。1999年3月，上海市人民检察院、上海市公安局联合下发《关于检察机关适时介入公安机关侦查活动的暂行规定》；此后，部分基层检察院结合各自工作特点，开展了相关工作的探索与推进[①]；2009年4月，上海市人民检察院、上海市公安局联合下发《上海公安机关、检察机关关于进一步加强监督配合机制的若干意见》；同年9月，上海市高级人民法院、上海市人民检察院联合下发《关于刑事案件适时介入、捕前协商工作的若干意见》。上述规定对适时介入、捕前协商的案件范围、侦查活动中违法行为（特别强调强制措施适用方面）监督、不捕案件的补侦工作、建立公检联席会议等内容进行了较为细致、具体和全面的规定，并对引导侦查工作机制进行了规定，[②] 为有效建立新型引导侦查工作机制提供了参考、指明了方向。

（二）存在的问题

引导侦查工作已有一定实践基础，但公检双方在认识、重心和规范上仍然存在问题。

就公安机关而言，一是在理念上，部分侦查人员存在“以捕代侦”、“一捕了事”等观念。实践中，侦监部门对部分逮捕案件虽然引导公安机关继续侦查，但个别侦查人员怠于收集补充证据，而公诉部门在此阶段又没有职权介入侦查，案件后续诉讼的效率与质量难免受到影响。二是在重心上，部分侦查人员对报捕前的适时介入和审查逮捕期间的补充调取证据工作相对较为重视，对捕后引导侦查则相对忽视，对存疑不捕案件更是容易产生“人都放了还查什么”等想法，从而对检察机关的补查要求置若罔闻。三是在规范上，尽管

① 2002年，静安区人民检察院与静安公安分局即签订了《关于公、检联席会议制度的执行办法》、《关于在办理刑事案件工作中进一步加强侦、捕、诉联系配合的意见》。

② 根据上海市人民检察院《检察实务手册》（2011年版）第826条的规定，引导侦查工作机制指检察机关为保证侦查取证工作依法、客观、及时、全面，确保准确、及时、有力地追诉犯罪，可以对发现、收集、固定、补充和保全证据提出意见和建议，并及时发现和纠正侦查活动中的违法行为的一种工作机制。

从中央到基层院已有部分会签文件供参照执行，但实践中对适时介入的范围和时间、附条件逮捕后补充侦查的报告制度等工作，办案人员执行并不规范甚至并不知晓。

而检察机关同样存在上述问题。一是在理念上，有的检察干警办理案件只管当前事实证据能否达到逮捕条件，至于是否能达到起诉标准、后续诉讼可能发生的问题，认为是侦查人员和起诉部门的工作，案件到了起诉阶段还有两次退回补充侦查，因此不关注引导侦查工作。二是在重心上，部分干警对法律明确要求应当做的，如存疑不捕案件的补查提纲、非法证据的排除规则予以执行，而对法律规定可以做的或者没有硬性要求的工作，如逮捕案件引导续侦、瑕疵证据的补强等则未予重视。三是在规范上，未按照刑事诉讼法和人民检察院刑事诉讼规则的具体规定，混淆使用《提供法庭审判所需证据材料意见书》、《补充侦查提纲》、《逮捕案件继续侦查取证意见书》等应用于检察引导侦查的主要法律文书，影响了检察工作的权威性和严肃性。

二、诉讼制度改革对引导侦查工作的影响

（一）以审判为中心诉讼制度改革的科学内涵

2014年11月，十八届四中全会通过了《中共中央关于全面推进依法治国若干重大问题的决定》，其中明确提出了“推进以审判为中心的诉讼制度改革，确保侦查、审查起诉的案件事实证据经得起法律的检验。全面贯彻证据裁判规则，严格依法收集、固定、保存、审查、运用证据，完善证人、鉴定人出庭制度，保证庭审在查明事实、认定证据、保护诉权、公正裁判中发挥决定性作用”。准确把握以审判为中心的诉讼制度改革的科学内涵，核心就在于严格证据标准，落实证据裁判规则，从而确保庭审质量。

上述变化对检察机关改变传统的履职方式具有深远意义。一方面，以审判为中心强调了从源头上加强对案件的把关，法庭应当以作出判决的证据标准对侦查行为及其取得的证据进行认定和排除。这就要求检察机关将工作重心转移到提高案件质量、实现审判标准，加强对侦查机关的引导与监督，使案件最终达到刑事审判要求。另一方面，以审判为中心突出了检察机关在审前程序的主导作用。强调审判对案件事实认定、证据采信、法律适用、作出裁决起决定性和最终性作用，并不意味着检察机关在刑事诉讼中地位作用的弱化。现行诉讼阶段的设置决定了审判无法直接对侦查施加影响，要做到以审判为中心，必须发挥检察机关在审前的主导作用，这就要求检察机关应当积极构建以证据为核心的检察引导侦查制度，通过对侦查活动进行引导监督，从刑事诉讼源头开始就坚持审判标准，为真正实现以审判为中心奠定基础。

（二）诉讼制度改革对引导侦查工作的新要求

构建以证据为核心的检察引导侦查制度，要求检察机关进一步明确内部职能分工，加强衔接配合，确保贯彻证据裁判原则。

首先，引导侦查工作应当贯穿审前程序始终。侦监、公诉虽因诉讼阶段的不同，在证据标准和具体任务上有诸多差异，但就贯彻证据裁判原则而言，双方具有一致性。因此，侦查监督和公诉应当共同加大对侦查机关的引导侦查力度①。

其次，引导侦查工作应当充分重视侦查监督环节的主导作用。一方面，诉讼制度改革强调了从刑事诉讼源头开始就坚持审判标准，要求检察机关适时介入和法律监督关口前移，而侦查监督“处在刑事诉讼的前沿，防止冤假错案责任重大，如果守住第一道关口，就能起到事半功倍的效果；如果第一道关口失守，后面的起诉、审判环节就可能出现‘起点错、跟着错、错到底’的情况”；② 一些社会高度关注的案件，批捕所确认的罪名直接关系到社会公众对检察工作的认同。因此侦查监督环节必须通过立足逮捕，延伸捕前、辐射捕后，确保诉讼成效。另一方面，逮捕阶段证据具有不稳定性，有的证据稍纵即逝，一旦初次收集不到位，事后往往难于再收集。有必要发挥侦查监督环节适时介入、审查复核、引导续侦等工作特点，第一时间向侦查机关提出收集固定证据等方面的具体建议。

最后，引导侦查工作应当将引导取证与法律监督并重。要确保侦查、审查起诉的案件事实、证据经得起法律的检验，有效防范冤假错案，就要保证案件证据的合法性、真实性。而对证据的审查要求，在侦查活动开始时就已成为每一个办案环节的法定职责。因此必须严格依法收集、固定、保全、审查、运用证据，严格执行非法证据排除规则，全面落实直接言词证据规则，将侦查过程纳入检察监督的视野，及时发现并纠正侦查违法行为。

综上，我们认为，按照相关规定的要求及司法实践，引导侦查工作机制应积极应对诉讼制度的改革，贯穿捕前、捕中、捕后三个阶段，具体包括适时介入、复核证据、跟踪监督、引导捕后续侦等工作内容。

---

① 对引导侦查取证的职权归属，当前在理论界大致可分为侦查监督说、公诉职能说和综合说。其中综合说即侦查监督加公诉职能说是主流观点。该观点把侦查监督和公诉职能共同作为引导侦查取证的理论基础，即检察机关既要对公安机关的侦查活动进行监督，又要按照公诉要求收集、固定及完善证据，以实现控诉职能。参见周光耀：《论侦监部门引导公安机关侦查机制》，载《法制博览》2013年第2期。

② 参见孙谦副检察长在2015年6月全国检察机关侦查监督工作座谈会上的讲话。

三、检察机关建立新型引导侦查工作机制的思路及做法

为适应审判中心诉讼制度改革，以静安区人民检察院为代表的检察机关从捕前规范介入、捕中审查复核、捕后引导续侦三个阶段着手，全面加强和规范介入侦查引导取证工作，积极建立和完善以证据为核心的新型引导侦查工作机制，构建新型侦捕诉关系。

（一）捕前：规范适时介入

由于侦查程序的封闭性，检察机关通过强化前端监督意识，适时介入案件侦查，才能够参照庭审证据要求，有针对地引导公安机关对证据进行收集与固定，确保案件质量；同时把握介入的时与度，做到参与而不干预、参谋而不代替、指导而不包办，防止公安机关过分依赖检察机关。具体通过如下完善路径：

1. 信息通报和舆情应对机制。根据最高人民检察院《关于建立重大敏感案件快速反应机制的意见（试行）》的相关规定，重视与公安机关完善重大案件和重要信息的通报联系机制，确保第一时间掌握重大敏感案件，评估案件风险舆情并向上级部门反映情况；对社会关注、媒体报道、容易引发舆情炒作的敏感案件，应会同公安机关细化应对预案，妥善披露信息，及时回应媒体舆论的关切，对民众进行正面引导，共同维护司法机关良好形象。

2. 重大、疑难案件听取意见建议制度。十八届四中全会提出建立和完善重大、疑难案件听取意见和建议制度以来，静安区院高度重视，从明确案件范围、介入时机、介入方式、成效反馈等方面积极开展探索实践：一是修订完善《适时介入情况表》，从介入形式、介入经过、意见建议及采纳情况等方面规范介入工作，坚持每案必填表、跟进介入成效。二是明确介入重点。高度重视了解重大案件侦破经过，重点加强对公安机关取证方向、法律适用、诉讼节奏等方面的引导，审慎对待新类型或定罪存在重大争议的案件，力争将矛盾分歧化解在报捕前。三是转变办案思维。通过介入，逐步引导公安转变办案思维，不仅要查明事实，还要证明事实，要建立客观证据为中心的证据体系，摒弃“口供至上”的惯性思维，也有助于防止侦查人员违法取证。自2014年以来，静安区院在审查批捕环节先后介入重大、疑难案件100余件，如姜某等24人特大团伙诈骗案、虞某等21人医保诈骗案、初某等11人组织偷越国境案等一批重大疑难复杂案件，取得良好效果。

3. 侦查取证合法性过滤机制。适时介入过程中，应当依法履行侦查监督职能，对案件侦查程序、强制措施适用、扣押冻结查封涉案财物、重大案件的同步录音录像等合法性进行监督，及时纠正侦查违法行为；同时运用非法证据

排除、瑕疵证据补强等刑事证据规则，引导规范取证，消除侦查隐患，确保后续诉讼顺利进行。

4. 类案引导机制。通过公检联席会、案件研讨会等形式，向公安机关通报阶段性工作情况、提出需要引起重视的问题、会商需要强化的工作措施、研究疑难复杂案件的处理等。通过对一阶段内审查逮捕案件的梳理与分析，归纳总结公安机关在类案办理中存在的共性问题，通过会议统一执法认识、转变执法方式，将个案引导与类案规范相结合，从源头上预防冤假错案。

（二）捕中：强化审查复核

传统的学界观点认为，逮捕程序是“不告不理”的准司法程序，是应提请而启动的程序，原则上检察官在事实和证据方面应当保持被动性，只能针对公安机关提交的证据材料进行审查、判断，即使认为提交的证据不足，原则上也只能列出补充侦查提纲，而不能自行调查取证。我们认为，上述观点片面理解了检察官的客观中立义务。随着诉讼制度的改革，检察官更加担当起庭前法官的角色，《刑事诉讼法》第86条等规定也赋予了检察机关在批捕环节一定的调查核实权。因此在审查逮捕环节，检察机关对于公安机关报捕案件的证据有疑问的，依法可依职权调查核实。① 当然，审查逮捕期间环节检察官的审查复核，限于法律规定的采取讯问嫌疑人和询问证人等诉讼参与人等方式，重点是对证据复勘复核，审查证据来源是否依法合规，针对短时间内有取证可能性的关键性证据及时引导公安机关补充调取。

1. 严格把握事实条件。侦监部门应当转变书面复核证据的传统模式，积极开展证据的亲历性审查，通过加强讯问工作，还应根据案件具体情形，通过实地查看现场、走访案发单位、当面询问证人及被害人等方式，对案件的关键性证据进行复勘复核，以审查证据的来源、取得方式是否符合程序要求，证据内容方面是否有差错或遗漏等。2015年1—11月，静安区院在审查逮捕环节对100余件案件直接复查复核关键证据150余次。

2. 兼听明辨逮捕必要。长期以来，公安机关存在“构罪即报捕”的思维和做法。审查逮捕阶段，有必要坚持双向说理和规范移送“社会危险性”材料，即对于公安机关，要求其在报捕时，随案提供犯罪嫌疑人身体状况、家庭状况、刑事和解等证明“社会危险性”的书面材料，并说明犯罪嫌疑人聘请律师情况；对于检察机关，应当综合评判把握“社会危险性条件”，对于事实清楚、证据确实，但存在社会危险性争议的案件，检察机关可以采取逮捕公开

① 万毅：《逮捕程序若干证据法难题及其破解》，载《侦查监督指南》2014年第3辑。

审查等方式公开听取侦、辩双方以及有关第三方的意见，做到“兼听则明”，准确把握社会危险性条件。如2015年静安区院开展逮捕公开审查6件8人，对其中6人在以无逮捕必要作出不捕决定。还会同市公交分局、区公安分局、区司法局共同签署《关于逮捕公开听审加强刑事法律援助的实施办法》。

3. 及时补强关键证据。基于检察官的职权调查原则，捕中“救济”在引导侦查工作机制中不可或缺。实践中，发现缺少个别影响批捕的关键证据，且在短时间内有取证可能性的，可不急于作出不批捕决定，而是及时通知侦查人员，向其讲明此证据对案件认定的关键作用，并协商侦查人员及时提取有关证据。① 通过个案的取证引导让侦查人员明悉检察机关对案件证据的具体要求，从而逐步引导公安人员建立起以客观证据为中心的证据体系，从源头上强化对客观证据的收集和审查。

4. 依法开展侦查监督。坚持在审查案件证据同时，注重发现并积累侦查监督线索。一是对非法证据排除或瑕疵证据补强的，逐一要求书面或口头向侦查人员提出纠正意见，并在《审查逮捕意见书》中列明监督情形及处理情况；二是充分利用违法信息库、部门工作例会等平台，对相关问题分类、汇总，加强分析梳理，研究一类问题或阶段性执法的突出问题；三是注重监督成效。根据具体情形和违法程度的不同，综合运用书面纠违、情况通报、检察公函以及检察建议等不同载体，提出纠正意见，使监督落到实处。

（三）捕后：全面引导侦查

逮捕就其性质而言仅是一种强制措施，要确保诉讼顺利进行，侦监部门在捕后阶段同样承担着引导侦查职责。尤其是对于符合逮捕条件但证据情况相较于起诉标准还有所欠缺的案件，在批捕时提出有针对性、有可操作性的补侦建议，同时强化跟踪管理，督促公安机关落实。

1. 主动适应改革背景，重视引导捕后补侦工作。针对实践中部分案件公安机关捕后怠于收集补充证据，侦监部门缺少捕后跟踪督促手段，导致有些案件公诉证据等同批捕证据，造成工作被动、延误取证固证时机的情况，通过会签纪要、专案协调、制发文书等途径，多措并举，引导公安机关转变执法理念，重视捕后补侦工作。尤其是规范一类案件的逮捕证据标准、引导疑难复杂案件的补侦方向，为办理相关案件统一执法认识、提升补侦成效奠定了基础。

2. 注重提升文书质量，明确捕后侦查方向重点。在对疑难复杂案件作出批捕决定时，通过制发《继续侦查取证意见书》，细化需要补充侦查事项，列

① 参见俞俊超：《侦查监督部门引导侦查取证工作初探》，载《法制与社会》2010年第31期。

明侦查举措和证明内容，如调取监控视频、追查涉案人员、勘验并固定客观证据、核查固定嫌疑人供述内容等，夯实证据基础。2015 年至今，制发捕后补侦文书 33 份。一是针对关键证据细化侦查意见。要求全面贯彻证据裁判规则，围绕不同案件中的定案关键提出有针对性、操作性的补侦建议。二是针对法律适用调整取证方向。要求针对所涉犯罪的构成要件，引导侦查人员及时调整取证方向。三是针对漏犯漏罪明确工作要求。在审查逮捕中发现遗漏犯罪事实或者涉案人员的，既启动相关追捕程序，也要求在补侦文书中列明，引导公安机关在补侦时通盘考虑、一并查明。四是针对瑕疵证据督促取证规范。对审查中发现的取证不规范等问题，在文书中明确提出纠正，对瑕疵证据要求补正或合理解释，监督公安机关消除侦查隐患。

3. 全面完善衔接机制，督促补侦建议落实到位。一是对内强化案件动态监控。文书制发时严格审批程序，由办案组主任检察官把关；制发后由承办人加强跟进，同时统一汇总文书，跟进至起诉、判决情况，并及时向承办人反馈。二是与公安机关加强沟通。为确保每条补侦建议“点到点”、“人到人”，承办人制发文书前后均与承办民警沟通，确保消除认识偏差；组织干警学习侦查实务、与一线侦查人员互访交流，深入熟悉并了解侦查工作；对于重大疑难、新类型、团伙等案件，以办案组为单位，与公安办案专案交流，逐条梳理落实补侦建议。三是加强捕诉衔接。诉讼制度改革后，审前程序在保持捕诉分立、内部制约的基础上对强化捕诉衔接、共同推动落实证据裁判规则带来了新的要求。对于重点案件，运用主任检察官联席会议等载体，及时通报情况，其中重大或疑难复杂案件，明确在作出决定的十个工作日内将补侦建议等情况向公诉作出通报，便于及时掌握批捕环节对案件的处理，重点审查捕后证据补充情况，防止捕后不侦。

以审判为中心语境下的新型检律关系研究

阮能文*

党的十八届四中全会通过的《中共中央关于全面推进依法治国若干重大问题的决定》（以下简称《决定》）明确提出要建立以审判为中心的诉讼制度。以审判为中心的诉讼制度的建立，将对诉讼格局产生实质性影响，而如何改变现有的诉、辩关系，建立新型的检律关系，以因应诉讼制度的变革，事关人权保障、冤错案防范和司法公正的实现，是需要深入思考的和急切解决的重要课题。本文以刑事诉讼为视角，就该问题略作阐述。

一、应然状态：审判中心视野下的检律关系

《决定》提出，推进以审判为中心的诉讼制度改革，确保侦查、审查起诉的事实经得起法律的检验……保证庭审在查明事实、认定证据、保证诉权、公正裁判中发挥决定性作用。同时规定：加强人权司法保障。强化诉讼过程中当事人和诉讼参与人的参与权、陈述权、辩护辩论权、申请权、申诉权的制度保障……建立冤假错案有效防范、及时纠正机制。《决定》首次提出了“以审判为中心”，但何为“以审判为中心”，以及“以审判为中心”的诉讼制度对检律关系影响和要求何在，是首先需要明确的问题。

过去的“以侦查为中心”强调侦查活动在整个刑事诉讼中的中心作用，检察机关的审查起诉、人民法院的审判都仅仅是对之前侦查活动法律后果的确认。在“以侦查为中心”的诉讼制度下，刑事诉讼实行案卷笔录中心主义，法庭裁判的依据基本上是侦查机关收集的证据，导致庭审虚化、走过场，难以保证案件质量。“以审判为中心”是指审判特别是庭审作为诉讼的中心，同时也指法官是庭审的中心。即在诉讼中，审判是中心；在审判中，庭审是中心；在庭审中，法官是中心。① 确立审判在刑事诉讼中的中心地位，实际上为侦

---

* 重庆市人民检察院第四分院公诉处主任科员，法学硕士。

① 朱孝清：《略论“以审判为中心”》，载《人民检察》2015 年第 1 期。

查、审查起诉等审前诉讼行为确立了最终的检验标准，侦查机关、检察机关收集、审查、运用的证据能否作为定案证据，在案证据能否认定犯罪事实，以及侦查和审查起诉活动的合法性得由法庭审查，并据此作出裁判。“以审判为中心”注重发挥庭审在查明案件事实、认定证据、确定行为性质和裁量刑罚时的决定作用，是对“以侦查为中心”的摒弃和否定。因此，作为刑事诉讼的共同原则，“以审判为中心”的诉讼制度是当下对于诉讼规律再认识之后的探索，根本目的在于提高庭审质量，最大限度地避免冤错案件。[①]

刑事诉讼活动从“以侦查为中心”向“以审判为中心”转变，确立审判的中心地位，是建立现代刑事诉讼制度的基本要求，但审判中心地位的确立，仅有审判机关是不行的，还必须建立符合司法规律的检律关系。因为，刑事诉讼构造是指由一定的刑事诉讼目的决定的，并由主要诉讼程序和证据规则中的诉讼基本方式所体现的控诉、辩护、裁判的三方法律地位和三方关系。[②] 控、辩、审三角构造的诉讼结构中，审判处于中心地位，控方和辩方分属等腰三角形的两个底角，形成法官居中裁判，控辩方相互对抗的诉讼格局。

在以审判为中心的诉讼格局下，检律关系的首要特征体现为对抗性。三角形的诉讼结构中，只要缺少控方或者辩方的任何一方，这种结构就不复存在，而演变为扁平化或者说是流水线式的诉讼结构，演变后的诉讼结构就不可能有审判的中心地位。因此，刑事诉讼的三角构造理论，决定了司法是一种对抗性司法。由公诉人代表国家对犯罪行为进行追诉，建议法院认定被告人的行为构成犯罪并判处相应刑罚，作为被告人维护自己合法权益的手段，除了自行辩护外，还可委托律师为其进行无罪、罪轻辩护。正是通过控、辩双方向法庭举证、质证、辩论等诉讼博弈，确保法庭深入了解、核实事实。应当承认，确保控辩双方充分有效地参与裁判的制作过程，可以使裁判者获知双方的立场、观点和证据，听取双方的质证和辩论，从而为制作司法裁判提供更为丰富和完整的信息。各方利害关系人都参与诉讼过程，对于裁判者更加正确地认识事实，无疑具有积极意义。[③]

以审判为中心的诉讼制度，还要求检律双方体现合作性。无疑，只有充分的对抗，才能确保裁判者“兼听则明”，真正实现居中裁判。相反，如果检律双方只有对抗没有合作，相互孤立，互不来往，不但不利于犯罪嫌疑人权益的保护，更不利于裁判者查明事实，防范冤假错案的发生。事实上，在刑事诉讼

① 王守安：《以审判为中心的诉讼制度改革带来深刻影响》，载《检察日报》2014 年 11 月 10 日。

② 李心鉴：《刑事诉讼构造论》，中国政法大学出版社 1992 年版，第 7 页。

③ 陈瑞华：《法律人的思维方式》，法律出版社 2011 年版，第 156 页。

中，要实现充分的法庭对抗，在审前的合作是必不可少的，如双方在审查起诉环节的证据开示、知悉彼此的诉讼主张等，唯有解决了诉讼信息的不对称性，才能在法庭进行真正的分庭抗礼、深入论辩。

以审判为中心的诉讼制度并不排斥控辩双方的协商。对抗性司法是以控辩双方存在完全对立的诉讼立场、处于完全对抗状态为特征的司法。但是，刑事诉讼中的一个重大问题还在于被告人与被害人权利的平衡。建立在国家追诉主义基础上的近代刑事司法制度，是以犯罪的社会危害性为基础的，但国家追诉主义可能忽略犯罪行为在侵害社会公共利益的同时，还具有私人侵权的特征，而且某些犯罪对私人权利的侵害往往是最根本和直接的。因此，在刑事诉讼活动中维护被害人的合法权利同样重要。如果控辩双方一味对抗，拒绝合作协商，被害人的权利往往难以获得救济，被破坏的社会关系难以得到修复。鉴于此，有学者提出了“合作司法理论”，根据被告人是否自愿认罪，分为最低限度的合作模式、协商性的公力合作模式、和解性的私力合作模式。[①] 在合作司法模式下，作为被告人权益代表的律师，可以与作为公权力代表的公诉人进行协商，促使被告人认罪，积极赔偿被害方受到的损失，以换取较低的刑罚。

综上所述，在以审判为中心的诉讼制度下，检律双方既不是完全的对抗，也非全部的合作，而是在对抗中合作，合作中对抗。以实现公正审判为核心内容，人权保障为根本目的，对抗而不对立，交锋而不交恶，彼此尊重、平等相待，互相支持、互相监督，正当交往、良性互动是新型检律关系的应有之义。

二、实然检视：当前检律关系问题之回顾

有研究表明，现阶段超过50%的地方，检察官与律师的关系并非想象的那么融洽。[②] 实证研究表明，重庆某基层检察院2013年1—12月共立案贿赂案件24人，辩护律师在侦查阶段申请回见当事人共计25人次，该院许可会见13人次，许可会见率约为52%。[③]由此可见，纵然修订后的《刑事诉讼法》及其司法解释强化了辩护律师的辩护权，最高人民检察院、司法部也多次联合或单独颁布关于切实保障律师依法执业的规范性文件，但实践表明，检律关系并没有预想设计的那样美好，“纸上的法”还未变成“实践的法”，彼此之间还存在不少障碍。有学者认为，我国刑事诉讼中的控辩关系大致呈现如下态势：

① 陈瑞华：《刑事诉讼的私力合作模式》，载《中国法学》2006年第5期。

② 李川国：《论检察官与律师和谐关系的建立———以新《刑事诉讼法》为视角》，载《党政干部论坛》2004年第3期。

③ 王志刚、王刘章：《职务犯罪案件侦查阶段律师会见问题实证研究》，载《河南警察学院学报》2014年第6期。

在侦查阶段，律师权利受到严格限制，犯罪嫌疑人处于受追诉的客体的诉讼地位；在公诉阶段，辩护方权利有限且无保障；在审判阶段，辩护律师权利虚化，控辩地位失衡。[①] 归结起来，当前刑事诉讼中的检律关系主要存在如下几方面的问题：

（一）理念落后

新修订的《刑事诉讼法》将“尊重和保障人权”入法，要求司法机关在及时查明犯罪事实、准确适用法律的基础上，要尊重和保障人权，尽力实现打击犯罪和保障人权的平衡。但是在实践中，个别检察机关、检察人员仍然不同程度存在重打击、轻保护的思想，偏重于打击和控制犯罪，满足于单方治罪，维护社会稳定。在思想理念上，片面认为律师介入刑事诉讼徒增障碍，忽视其价值和功用。同时，个别检察人员认为自己是打击犯罪的急先锋，无视自己同时是法律监督者的职业属性，甚至高高在上，不尊重、理解律师的执业活动，不执行或者选择性执行有关保障律师执业的规定，也没有认识到检察官和律师纵然角色、立场不同，观点有异甚至相佐，但同属法律职业共同体，根本目标都在于维护社会公平正义。诚然，理念的落后也不仅仅限于检察官，在律师中同样存在。不在少数的律师认为，检察官不具有刑事诉讼的终局作用，案件的最终裁判权在法官手中，故不屑甚至不愿与检察官沟通、联系。双方理念上的落后，就会导致作为权利主体的律师不能积极、主动和正确履行法律赋予的各项权利，这更会引起掌握国家公权力的检察人员在保障律师权利上缺乏主动性和积极性，由此引起检律关系的不和谐。

（二）信任缺失

由于检律关系常常表现为一种紧张、对立关系，双方互不信任、心存抵触、互生偏见、不存好感、缺乏理解。信任缺失反应在诉讼活动中就是相互刁难，为了实现各自的目的，往往不择手段。律师不把自己收集的证据在庭前交予检察官审查，待到开庭时才实施“突袭”，满足一时之快感，企图置出庭公诉人于不利之地。律师主观认为检察机关基于诉讼立场的考虑，不会主动收集对被告人有利的证据，故径直申请法院调取证据等。检察人员则往往正是律师的介入犯罪嫌疑人就翻供，主观认为律师“教坏”了犯罪嫌疑人，甚至是律师从中作梗，阻碍诉讼顺利进行。更有少数检察干警存在一些错误认识：不承认律师是有着共同法律职业信仰的同仁；当作“魔鬼”代言人，认为律师

① 傅兵、王东：《刑事诉讼构造中的控辩关系与律师权利保护———司法改革语境下的分析》，载《当代法学》2007年第4期。

"专为坏人说好话"、"得人钱财与人消灾"；甚至极端认为是"讼棍"，通向权力的"掮客""与政府站在对立面"。[①] 长期情感上的不信任，必然造成检律关系紧张的恶性循环，不但有损被告人的权益，更有悖于刑事诉讼法关于诉辩的设置，更不利于公平正义的实现。

（三）沟通不畅

在诉讼中的不少问题尤其是程序性问题，如果控辩双方都能坦诚相待，尽早弥补和解决，就不成其为问题，但由于没有正式的沟通、交流渠道，问题依然存在，都留到法庭上解决。控辩双方互不信任，庭外缺沟通、难合作，庭上硬碰硬、不留情，刑事案件处理的可协商性低，诉讼过程尽管充满斗争性，双方费尽九牛二虎之力却对诉讼结果的满意度未必达到自己的预期值。[②] 一方对另一方工作改进的建议和意见，除了通过刚性的投诉、控告之外，就缺少进一步的交流。在这方面，作为律师协会和检察官协会没有发挥应有的桥梁纽带作用。当前，检察官和律师的交往在某种程度上存在，但多表现为"私下互动"，形成"组织形式交流少，私下形式交往多"的非正常局面，在这样的情况下，双方各取所需，最终演变为利益输送、权力寻租的违法犯罪，不但不利于案件公正公平处理，更将双方都陷于不利之境地。

（四）保障不力

保障不力突出表现为检察机关保障律师依法执业不够。最直接的体现就是对律师会见权、阅卷权、调查取证权的限制。有学者将这种情形归纳为：会见权的限制、申请取保候审的难成、讯问时律师无在场权、阅卷权严重受限、调查取证权限制过严、刑事律师伪证罪的设立、法律援助范围过于狭窄、缺乏与控方相对等的程序动议权等。[③] 具体表现为，在侦查阶段，侦办案件的检察官极力回避律师提出的会见犯罪嫌疑人的请求，要么不予理会，要么含糊其辞；在审查起诉阶段，故意为律师阅卷设置障碍，或不让查阅关键证据，或者故意拖延安排阅卷的时间；对于律师提出的调取证据的申请，要么不闻不问，要么敷衍塞责，草率了事；对律师提出有关案件处理的法律意见重视不够，少有回应等。如果检察机关不重视律师权利的保障，律师在检察环节执业地位将十分尴尬，极不利于和谐、良性检律关系的构建。

总之，纵然律师法、刑事诉讼法相继进一步强化了辩护权，对检察权进行

---

① 樊崇义：《刑事辩护的障碍与困惑透视》，载《河南政法管理干部学院学报》2001年第3期。

② 冀德祥、张文秀：《从对抗转向合作：中国控辩关系新发展》，载《中国司法》2011年第12期。

③ 参见谢佑平、江涌《论我国以人为本的刑事诉讼制度的应有结构———科学发展观的刑事司法解读》，载《北方法学》2007年第4期。

了一定程度的限制，但检律关系不和谐的现象客观存在。这种现象可以简单概括为：心理上相互戒备；情感上相互排斥；舆论上相互贬低、工作上互设障碍；攻防对抗角色的庸俗化导致诉讼信息封锁、诉讼证据偷袭、浪费诉讼资源、增加诉讼成本、公正司法难度加大。[①] 要切实改变目前检律关系的非正常现状，除了律师积极主动行使权利、维护权利之外，还需要检察人员切实转变观念，将法律的规定落到实处，切实为辩护人依法执业创造条件，有效保障犯罪嫌疑人、被告人的合法权益。

三、路径考察：新型检律关系之构建

在我国，检察机关是法律监督机关，承担着维护法律统一、正确实施的职责，作为行使检察权的检察官，最根本的职责就是依照法定程序进行诉讼活动，维护法律的权威和尊严。律师则介于国家公权与公民私权之前，运用自身的专业技能，为社会提供法律服务。律师和检察官同属社会主义法治工作队伍的重要组成部分，都是社会主义法治国家的重要力量。要强化对律师执业权利的保障，着力构建新型健康良性互动的检律关系，才能肩负起推进法治中国建设的神圣使命。[②] 因此，检律关系的良性发展是法治国家建设的需要。

（一）转变理念是关键

理念是行动的先导。过去检律关系之所以不和谐，归根结底，还是检律双方对各自的职能定位认识片面，没有从法治的层面看待。笔者认为，构建新型检律关系，转变理念是关键。

1. 检察官的诉讼利益只有司法公正。关于检察官在诉讼法之任务与义务，向来有（主观的）一造诉讼当事人派与（客观的）法律守护人派两种对立观点。前者将刑事诉讼程序当成如民事诉讼程序般的“两造诉讼”，检察官之定位如民事诉讼之原告般，职责在于攻击被告，仅需收集对被告不利之事实证据即可。作为法律守护人，则确认国家对被告的刑罚权的“存在”与“不存在”，以实现实体真实与正义。[③] 在我国，检察机关是宪法规定的法律监督机关，是国家和社会公共利益的代表。相应地，检察官的身份也就并非案件的当事人，而是准司法官，因此，在刑事诉讼中并没有直接的权利和义务，诉讼目

① 秦国文、董邦俊：《论“以审判为中心”视野下新型检律关系之构建》，载《浙江工商大学学报》2015 年第 3 期。

② 周斌：《最高检召开律师界代表座谈会，曹建明强调着力构建新型健康良性互动检律关系》，载《法制日报》2014 年 12 月 10 日第 1 版。

③ 参见林钰雄：《检察官论》，法律出版社 2008 年版，第 22 ~ 23 页。

标不应限于胜诉。相反，检察官负有客观公正义务，在处理案件时应基于客观公正立场，忠于事实和法律，不偏不倚进行诉讼活动，既要追诉犯罪，又要维护被告人的合法权益，实现案件办理的不偏不倚。检察官唯一的诉讼利益就是司法公正。因此，检察官应积极转变观念，从一味追求胜诉结果转向追求公正公平，积极履行客观公正义务，依法保障律师执业权利。

2. 检察官和律师同属法律职业共同体。法律执业共同体是指由检察官、法官和律师等具有相应法律技能与法律伦理的法律人所组成在特殊社会群体。基于控、辩、审的诉讼构造设置，虽然检察官和律师的诉讼角色不同，检察官身兼追诉犯罪和法律监督双重智能，律师则接受犯罪嫌疑人或被告人委托，依法维护当事人的利益，是当事人利益的维护者。但检察官和律师同为法治工作者，同受法律教育，同循法律思维，同行法治方式，同一捍卫司法公正和法律尊严为己任，同要坚持以事实为根据，以法律为准绳。在法律职业共同体下，以相同的学识背景，持共同的法治信仰，共同践行社会主义法治建设者的历史使命。任何彼此间的诋毁、掣肘，不但不利于良性检律关系的构建，长此以往，也将损害法治梦想的实现。因此，检律双方都应有同属法律职业共同体归属感和荣誉感，互敬互重、彼此支持、相互促进，开展全方位、多层面的合作，真正建立起一种“对抗而不对立，交锋而不交恶”的良性关系。

3. 理性认识律师在刑事诉讼中的作用。刑事证明是一项复杂性的诉讼活动，受主、客观因素的影响，难免会出现差错。据有关资料，法治较为完备的美国，死刑误判率竟达68%。[①] 另有学者对我国司法机关业已确认的刑事错案———滕兴善故意杀人案、佘祥林故意杀人案、杜培武故意杀人案、赵作海故意杀人案、李久明故意杀人案的辩护情况进行调查分析后显示，在这五例案件中，所有辩护律师都提出了证据非法、不足的无罪辩护意见，但是法院基本上都未被采纳。[②] 由此可见，如果当初法院认真对待辩护人提出的意见，也许就不会酿成后果如此严重的错案，辩护人介入刑事诉讼中的作用得到最直观的体现和说明。律师在刑事诉讼中发挥的作用和意义不容小觑。一是律师介入刑事诉讼是尊重和保障人权的体现。在刑事诉讼中，辩护人的职责就在于运用自身的专业知识和诉讼技能，提出犯罪嫌疑人、被告人无罪、罪轻的意见和理由，帮助法庭查明案件事实，准确适用法律，避免刑事冤错案件。二是律师介

① 陈永生：《死刑与误判———以美国68%的死刑误判率为出发点》，载《政法论坛》2007年第1期。

② 刘娜：《从死刑错案反观死刑案件中的刑事辩护———以五例典型的故意杀人罪死刑错案为样本》，载《犯罪研究》2014年第6期。

入诉讼是现代刑事司法的必然要求。刑事诉讼的典型结构是由“控、辩、审三方所组成的等腰三角形，如果缺少刑事辩护，三角形的诉讼结构就不存在，刑事诉讼就不成其为真正的诉讼，就失去其公正性。[①] 三是律师介入刑事诉讼是维护“平等武装”（equality of arms）理论[②]的体现。刑事被告人往往被限制人身自有，也没有足够的专业知识，诉讼防御能力差，律师的介入能够在某种意义上平衡控辩双方的力量，维护被追诉人的合法权益。

（二）保障权利是核心

国家之所以设置侦控机关，主要是为了发现犯罪，起诉被告人，而对无罪之人还其清白仅是副产品而已。就人性及心理学角度而言，要求担负治罪之责、以侦破犯罪（而非还嫌疑人清白）数量来评价绩效的侦控机关，排除对于有罪证据过分偏爱的习性，承担为犯罪嫌疑人（被告人）搜集有利证据之功能，违反人性及经验法则。[③] 最为中立之检察官，亦难免对被告人心存偏见。[④] 这些认识，并非全对，但也并非没有道理。

在检律关系的构建中，相对于拥有强大侦控能力和诉讼资源的检察机关而言，扮演“平民司法”角色的律师受到人力、财力、诉讼时限等多方面的限制，其诉讼对抗能力仍然有限，因此，在诉讼中，律师权利需要检察官维护，而少有检察官权利需要律师维护。基于诉讼构造的对抗与相互的利益纠纷，检察官在维护律师权利上往往缺少主动，鲜有为律师维权的积极性。对于律师提出的各种意见和诉求，不是置之不理，就是尽量回避，不予接受，造成检律关系的不和谐。就客观而言，检律关系不和谐的最大因素是对律师权利保障不力，故构建良性的检律关系，需要检察机关和检察官摒弃权力本位主义，积极保障律师在刑事诉讼中的调查取证权、会见权、阅卷权、知情权、控诉权等权利。只要抓住了这个核心，检律双方和谐司法的愿景就能实现。

（三）建立机制是保障

新型检律关系的建立，如果只停留在口头上喊几句口号那是无法实现的，双方必须在遵守现有法律规定的前提下，还需要建立一系列的常态工作机制，并督促落实。笔者认为，建立如下机制势在必行。

1. 信息交流共享机制。信息不对称，往往就造成地位的不平等，掌握信

① 朱孝清：《刑事辩护与检察》，载《人民检察》2013年第5期。

② 陈瑞华：《法律人的思维方式》，法律出版社2011年版，第26页。

③ 李宜光：《两岸律师辩护制度之比较——以公正审判为中心》，中国政法大学2009年博士学位论文，第215页。

④ 王伟、易延友：《检察官客观业务需要理论与实践支撑》，载《检察日报》2009年9月22日。

息充分的人员就处于有利地位，掌握信息贫乏的人就处于不利地位，在诉讼中也往往如此。故有必要建立检律双方信息交流共享机制，要做到：（1）诉讼信息共享。除了侦查秘密之外，双方应共享所有的案件信息；（2）法学资源的共享。对于各自拥有的法学资源，可以通过双方相互授课、培训等方式实现业务交流和知识互补。

2. 工作联席会议机制。充分发挥检察官协会、律师协会自律组织的作用，由同级检察官协会和律师协会牵头建立双方工作性联席会议。定期或者不定期召开会议进行工作性会商，互通情况，就工作中存在的问题商讨解决方案，增进互信和理解。

3. 律师参与涉检信访机制。作为犯罪嫌疑人、被害人及其他诉讼参与人，其对委托的律师的信任度往往高于对司法机关、司法工作人员的信任。鉴于此，要充分利用律师在诉讼中的桥梁纽带作用，让律师参与检察机关信访接待工作中，帮助解答法律问题、提供法律咨询、进行法制宣传、释放说理，达到疏导情绪、息诉罢访之目的。

4. 听取律师意见机制。检察机关在案件侦查终结前、决定逮捕前、决定起诉前都应积极、主动、全面听取律师对案件处理的意见，并将律师的意见入卷，作为侦查终结报告、审查逮捕意见书、审查起诉报告中一项独立的内容进行分析、研判，让承办案件的检察官对案件事实和法律适用再认识，提高办案质量。

5. 违法违规惩戒机制。检律双方应相互监督，共同防范和抵制违反刑事诉讼法和执业道德的行为，并依法处理。检察机关对于受理的妨碍律师依法执业的违法行为，要积极核查，保障律师无障碍执业，并将惩戒结果通报律师协会和相关律师。对于故意炒作、无故生事、妨害作证、指使作伪证的律师，也不应护短纵容，根据情节严重程度，依法追究责任。只有建立严厉的违法违规行为惩戒机制，才能净化检律互动的空间，促进检律关系良性发展。

彼此尊重、平等相待、互促共进、良性互动的检律关系的建立是公正司法的使命使然。在法律职业共同体的蓝天下，检律之间对于法治的素养同质同心、对于法治的追求同行同向、对于法治的过程和成果同治同享。只要检律双方秉持和谐相处、理性对抗，法治国家的梦想就一定能实现。

以审判为中心背景下职务犯罪侦查阶段新型侦辩关系的构建

罗永鑫*

党的十八届四中全会提出“推进以审判为中心的诉讼制度改革，确保侦查、起诉的案件事实证据经得起法律的检验”，这是诉讼领域的一场“广泛而深刻的革命”，对于完善诉讼程序，保障司法公正，提升司法公信力，建设具有中国特色的社会主义法律体系都具有极为重要的意义。以审判为中心，其核心在于以庭审为中心，更加强调直接言词证据规则，更加强调证据裁判原则的运用，对检察机关查办职务犯罪法治化水平提出了更高的要求。2012 年修改后的刑事诉讼法将律师介入刑事诉讼程序提前到侦查阶段，辩护律师参与诉讼活动更为广泛和深入。实行以审判为中心诉讼制度，要求检察机关职务犯罪侦查部门认真对待侦查阶段律师权益保护，积极构建新型的侦辩关系。

一、当前职务犯罪侦查阶段侦辩关系存在的问题

2012 年修改后的刑事诉讼法赋予律师在侦查阶段的诉讼权利后，律师开始介入侦查活动。根据武汉市某区检察院统计，自 2012 以来该区侦查终结的 70 件职务犯罪案件，其中在侦查阶段聘请律师的有 68 人，占 97.1%。从这一数据可以看出，律师在职务犯罪侦查阶段介入比较普遍。各地检察机关职务犯罪侦查部门积极转变思想观念，努力适应诉讼法的新要求，切实保障犯罪嫌疑人的合法权益，为律师行使职业权利提供便利。

然而，一些职务犯罪侦查部门和侦查人员对律师介入侦查程序有着天然的反感，淡化甚至忽视侦查阶段律师的执业权利，警惕、防范、对立、紧张的侦辩关系仍然不同程度在一些地方存在。一些单位在办理特别重大的贿赂犯罪案件时，不许可律师会见犯罪嫌疑人；有的单位查办的贿赂犯罪案件没有达到特别重大标准，仍以案件特别重大为由阻止律师会见当事人；有的职务犯罪侦查

* 湖北省武汉市人民检察院法律政策研究室负责人，全国检察机关调研骨干人才，法学博士。

部门到案件侦查终结前一天才通知律师会见当事人，实际上剥夺了律师在侦查阶段的会见权；有的单位要求律师会见犯罪嫌疑人时不得谈案情；有的案件承办人以工作忙、外出调查或者外地取证为由，拖延、拒绝听取律师意见；有的单位甚至对正常行使调查权的律师以帮助伪造、毁灭证据、妨碍诉讼程序为由对律师进行警告。如此种种，侦辩关系处于紧张对抗之中，相较于"诉辩""审辩"关系，侦辩关系的矛盾冲突表现得更为激烈。

（一）工作重心不同导致思维模式不同

侦查机关负有国家防卫、维护社会秩序的职责任务，尽管在这一过程中，侦查机关也同样加强对人权的司法保护，但是在传统的侦查观念中，打击犯罪才是工作的重心，侦查工作就是围绕发现犯罪，揭露犯罪和证实犯罪而展开的。在这样的思想观念指导下，侦查机关注意力往往主要放在对犯罪的追诉上。而律师的职责就是受当事人委托，为其作无罪、罪轻，减轻、免除刑事责任的辩护，正好与侦查机关的追诉形成对抗。由于价值追求上的侧重点不同，侦查机关和律师在个案上容易形成相互对立的思维模式。

（二）单方证据开示导致个别侦查人员产生抵触情绪

根据我国刑事诉讼法的规定，律师在侦查阶段可以会见犯罪嫌疑人，向侦查机关和犯罪嫌疑人了解案件有关情况，并且其会见不受监听，实际上赋予了律师在侦查阶段的调查取证权。而且随着刑事诉讼程序的进行，在审查起诉阶段之后，律师还享有阅卷权，可以了解侦查机关所获取全部证据。但是，就侦查机关而言，除了律师收集到犯罪嫌疑人不在现场，未达到刑事责任年龄，属于依法不负刑事责任的精神病人等证据必须及时告知外，律师并没有将其所收集、掌握的证据材料向侦查机关开示的义务。司法实践中，一些律师在获取新证据后，不愿在审前阶段交换证据，而是在法庭上进行证据"突袭"，客观上增加了一些侦查人员对律师的防御心理，从而在落实律师会见权等方面处于消极被动状态，甚至人为设置障碍。

（三）对律师执业的不信任

一些职务犯罪侦查部门和侦查人员担心律师会妨碍侦查工作的顺利开展，特别是贪污贿赂犯罪案件，很多是"一对一"，实物证据少，决定了言词证据在案件事实认定中的重要作用；一些有经验的律师甚至通过了解犯罪嫌疑人的案件情况，可以推测侦查机关的侦查方向。如果律师在侦查阶段对犯罪嫌疑人进行暗示、引导、教唆，犯罪嫌疑人很可能会改变供述，从而导致案件无法认定，或者影响侦查机关进一步发现和深挖犯罪。在司法实践中，确实也存在一些律师违反职业道德守，伙同犯罪嫌疑人、证人伪造、毁灭证据，干扰侦查办案的现象。

二、职务犯罪侦查阶段新型侦辩关系的价值定位

律师辩护权的扩大是我国2012年刑事诉讼法修改的重大亮点，表明我国刑事诉讼更加注重尊重和保障人权。“是否允许辩护律师参与侦查程序和赋予其怎样的诉讼权利，在现代已成为衡量一国刑事诉讼制度民主与文明程度的标准之一。”① 侦查阶段律师执业权利的保护更是以审判为中心诉讼制度的必然要求和直接体现。律师介入侦查程序，一方面，能够为当事人提供及时有效的法律帮助，增强犯罪嫌疑人的防御权，切实保障其合法权益；另一方面，增加侦查工作透明度，防止因为封闭办案而引起侦查任意性等问题，有利于侦查机关进一步规范侦查行为，提升司法办案质量。

如前所述，由于工作理念、工作侧重点不同，侦辩关系通常情况下表现为对抗关系，有学者形象地称为“进攻与防御”的关系。② 但是对抗并不是对立，更不是水火不容。侦查人员和律师都是法律职业共同体的组成部分，有着共同的法治信仰。查明案件客观事实，维护社会公平正义，是两者共同的法治追求。因此，从本质来看，两者的价值目标是一致的，都统一于捍卫司法公正和法律尊严。在侦查阶段，笔者认为，侦辩关系应当是相互信任和相互制衡的关系。

首先，侦辩关系应当是一种相互信任的关系。这是侦辩关系的前提和基础。侦查机关和侦查人员要对律师的执业行为给予应有尊重和信任。尽管实践中有少数律师为了经济利益违背职业操守妨碍侦查工作，但是也应当看到，随着我国法治建设的深入推进，律师群体素质能力的普遍提升，绝大多数律师都能够遵守职业底线、恪守职业道德。律师介入侦查程序，从某种程度上拓宽了侦查工作的视野，有利于侦查机关从另一个角度审视案件，从而能够帮助侦查机关站在更加客观公正的立场上全面收集、审查证据，在充分保障人权的同时，更加注重办案质量的提升。

其次，侦辩关系是一种相互制衡的关系。这是侦辩关系的本质。主要表现为，一是立法上国家侦查权与律师辩护权的制衡。我国刑事诉讼法规定了侦查机关广泛的侦查权，侦查机关享有立案、调查、询问、讯问、采取强制措施、技术侦查措施等一系列侦查权；同时，刑事诉讼法同样赋予了律师在侦查阶段的调查取证、提供法律帮助、代理申诉、控告，申请变更强制措施、提出意见

① 李心鉴：《刑事诉讼构造论》，中国政法大学出版社1998年版，第192页。

② 卢乐云：《中国特色检辩关系及新刑诉法的完善》，载《理论视野》2013年第1期。

的权利。如此，在法律规定层面，形成了国家侦查权与辩护律师权利的制衡。二是司法实践中侦查人员与律师的相互监督。一方面，具有专业知识和法律素养的律师介入侦查程序，能够在一定程度上实现对侦查活动的监督，有力防止侦查人员刑讯逼供等违法和不规范取证行为。另一方面，侦查人员在行使职权的过程中，如果发现律师有干扰侦查活动的违法行为，可以通报其所在的律师事务所或者律师协会，对于构成犯罪的依法移送相关司法机关处理。

三、职务犯罪侦查阶段新型侦辩关系的构建

（一）切实保障律师在侦查阶段的合法权益

职务犯罪侦查部门应当按照刑事诉讼法的要求，积极转变观念，切实保障律师在侦查阶段的合法权益。

1. 履行告知义务。根据刑事诉讼法及最高人民检察院《人民检察院刑事诉讼规则（试行）》的规定，职务犯罪侦查部门在第一次开始讯问犯罪嫌疑人，或者对其采取强制措施的时候，应当告知犯罪嫌疑人有权委托辩护人，并告知其如果经济困难或者其他原因没有聘请辩护人的，可以申请法律援助。如果犯罪嫌疑人是盲、聋、哑人，或者是尚未完全丧失辨认或者控制自己行为能力的精神病人，或者可能被判处无期徒刑、死刑，没有委托辩护人的，职务犯罪侦查部门应当及时书面通知法律援助机构指派律师为其提供辩护。犯罪嫌疑人在押期间要求委托辩护人的，职务犯罪侦查部门应当及时转达其要求。

2. 保证律师会见权。第一，对于特别重大贿赂犯罪案件以外的案件，辩护律师在侦查阶段可以持律师执业证书、律师事务所证明和委托书或者法律援助公函要求会见在押的犯罪嫌疑人、被告人，无需侦查机关许可。看守所应当在 48 小时内安排会见，且会见时不被监听。第二，对于特别重大贿赂犯罪案件，犯罪嫌疑人被羁押或者监视居住的，职务犯罪侦查部门应当在将犯罪嫌疑人送交看守所或者送交公安机关执行时书面通知看守所或者公安机关。律师在侦查期间提出会见犯罪嫌疑人的，职务犯罪侦查部门应当提出是否许可的意见，在三日以内报检察长决定并答复辩护律师。在有碍侦查的情形消失后，职务犯罪侦查部门应当通知看守所或者执行监视居住的公安机关和辩护律师，律师可以不经许可会见犯罪嫌疑人。第三，对于特别重大贿赂犯罪案件，职务犯罪侦查部门在侦查终结前应许可辩护律师会见犯罪嫌疑人。

3. 听取律师意见和建议。第一，听取律师对案件情况的意见，如果辩护律师提出书面意见，侦查机关应当将该书面意见附卷。第二，听取律师对案件证据的意见，包括申请职务犯罪侦查部门调取有关证据的意见，对职务犯罪侦查部门取证行为是否合法的意见，是否存在非法证据的意见等。第三，听取律

师关于代理申诉、控告，申请变更强制措施的意见。

（二）探索实行侦查讯问时律师在场制度

英国、美国、法国、意大利等国家都规定了讯问时律师在场权。我国当前侦查技术手段较为落后，侦查人力、物力资源都相对紧张，侦查工作还处于相对封闭的状态中，侦查讯问由侦查机关的工作人员进行，并不允许律师在场。实际上，侦查讯问时律师在场，一方面，可为犯罪嫌疑人提供法律上的咨询甚至心理上的疏导，增强口供的稳定性，同时律师还能监督侦查人员的讯问行为，及时制止侦查人员可能存在的非法讯问，防止诱供、骗供和刑讯逼供，促进侦查机关严格文明规范执法。另一方面，在场律师成为侦查讯问最为直接的证人，与同步录音录像形成相互印证，能够有效应对讯问行为合法性的质疑，增强法庭对口供的采信度。因此，从增大侦查活动透明度，增强犯罪嫌疑人防御能力，加强对侦查活动监督，推动与侦查权相抗衡的“平等武装”实现的角度，侦查讯问时律师在场具有十分积极的作用。可以探索在外围证据比较扎实的案件中，邀请律师在场旁听讯问犯罪嫌疑人，构建更加开放透明的侦查工作程序。

（三）探索建立双向证据开示制度

如前所述，单方的证据开示容易造成部分侦查人员对律师的心理防御，影响新型侦辩关系的构建。笔者认为，可探索实行双向证据开示的制度。一方面，职务犯罪侦查部门应当告知律师犯罪嫌疑人涉嫌的罪名和案件的基本情况；另一方面，律师收集到证明犯罪嫌疑人无罪、罪轻或者减轻、免除刑事责任的证据材料时，也应当及时告知职务犯罪侦查部门。这样不仅有利于建立相互信任的新型侦辩关系，同时也有利于侦查机关全面审查和判断案情，作出客观公正的处理，避免等到法庭审理之时再由辩护律师“突然袭击”，既节约了诉讼资源，又最大限度实现了对当事人人权的司法保障。

（四）探索建立执业行为相互评价制度和律师信用公开制度

一是探索建立检察官与律师相互评价制度。检察机关与司法行政机关、律师协会在共同协商的基础上，可以制定《办案承诺书》和《执业行为评价表》。检察官和律师在承办案件时，分别按照要求签署承诺书，承诺遵守职业道德和职业纪律。在每一起案件侦查终结后，律师应对职务犯罪部门检察官廉洁办案、执法行为、保障律师执业权利进行评价，评价意见纳入该检察官执法档案，作为检察官业绩考评的内容。同时，承办案件的检察官也应对代理该案件的律师执业行为进行评价，评价意见提交司法行政机关、律师协会存档。二是探索建立律师信用公开制度。对于多次违反职业道德和执业纪律的律师，由司法行政机关和律师协会予以通报；情节严重的，限制其刑事辩护的资格。对于律师帮助犯罪嫌疑人隐匿、毁灭、伪造证据或者威胁、引诱证人作伪证或者进行其他干扰侦查活动涉嫌犯罪的，职务犯罪侦查部门应当移送相关司法机关处理，并向司法行政机关、律师协会通报。

轻微刑事案件快速办理机制研究

——以上海市浦东新区人民检察院办案实践为视角

上海市浦东新区人民检察院课题组*

一、轻微刑事案件快速办理的实践探索

自《上海检察机关轻微刑事案件快速办理实施细则》、《上海检察机关当前快速办理轻微刑事案件的指导意见》等规范性文件出台以来，上海市浦东新区人民检察院在积极推进“轻案快办机制”方面大胆探索、先行先试，形成了一套较为完备的浦东经验：

（一）基本模式

1. 实施部门。本院公诉部门（包含公诉一处、公诉二处、临港院（筹）、张江院）、案管处、法警大队等相关部门应分工协作，及时研究解决问题，形成工作合力，保障诉讼全过程依法快速进行。

2. 组织形式。各公诉部门指定1—2个主任检察官办公室为轻微刑事案件快速办理组，专门负责办理快速办理的案件。快速办理组内人员合理分工，一般由同一承办人集中办理同类案件。

3. 适用范围。适用快速办理程序的轻微刑事案件，应同时符合下列条件：（1）可能判处三年有期徒刑以下刑罚的；（2）根据《刑事诉讼法》第208条规定可以适用简易程序审理的；（3）案情简单的；（4）犯罪嫌疑人对快速办理没有异议的。

4. 办案期限。快速办理案件各环节期限为：

第一，公安机关移送审查起诉时标示“快速办理”的案件，案管处应在受理当日移送公诉部门；提起公诉时标示“快速办理”的案件，案管处一般应当在收到案卷材料当日移送法院。

---

* 课题组组长：贺卫，上海市宝山区人民检察院检察长；课题组成员：徐梦飞、李勇、王晓伟、高金泉、宋艳秋，上海市浦东新区人民检察院公诉一处干警。

第二，公诉部门应在受理案件后三日内换押、告知犯罪嫌疑人诉讼权利义务、讯问犯罪嫌疑人。对于有被害人的快速办理的案件，公诉部门应在受理案件后二日内开具告知文书，交由本院案管处进行告知。本院案管处应在案件受理后三日内完成告知工作。

第三，快速办理的案件，本院公诉部门一般应在受理案件后六日内审查终结、提起公诉；确有需要的，经本院公诉部门负责人批准，可以适当延长。但本部门快速办理案件的平均期限应控制在六日以内。

第四，快速办理的案件，本院法律文书审核人员一般应在当日完成起诉书的复核工作。本院办公室文印部门应在公诉部门交送当日完成起诉书的印制。

（二）具体办案流程

1. 启动机制。公安机关认为符合快速办理条件的，可建议快速办理；公诉部门负责人经初审认为符合快速办理条件的，可建议快速办理；承办人在审查案件中发现案件符合快速办理条件的，可以经主任检察官决定后快速办理；虽本院未快速办理，但认为经审查后案件符合快速办理条件的，可以建议法院快速办理。

审查公安机关移送的快速办理案件，发现具有不能或者不宜继续快速办理的，由承办人书面说明理由，经主任检察官审核后，由公诉部门负责人审批转为普通程序或者简易程序办理，审查起诉期限累计计算；需要进一步查证的，退回公安机关补充侦查。

2. 案件审查。快速办理的案件，由专人分别负责案件审查和出庭公诉。案件审查人在审查报告中对需要注意的问题予以必要提示，出庭公诉人及时熟悉案情，充分做好出庭准备。

3. 集中公诉。快速办理的案件，视是否羁押分别集中提起公诉。并制作《集中派员出席法庭通知书》，列明集中出庭的案件名称、出庭的公诉人，为法院集中开庭排期提供便利。提起公诉时，同时建议适用简易程序审理，并在《适用简易程序建议书》上标示“快速办理”。

4. 审判监督。对轻微刑事案件的诉讼监督工作，由快速办理组负责，通过集中审查法律文书、集中提出监督意见等方式，依法对诉讼程序和诉讼结果进行监督。对案件的判决、裁定，由审查案件人员和出庭公诉人员共同审查。对法庭审理中违反法律规定、妨害当事人诉讼权利，可能影响案件公正处理的，出庭公诉人及时提出监督意见，并记录在案，庭审结束后报告公诉部门负责人。①

---

① 陈光中、［德］汉斯·约格阿尔布莱希特：《中德不起诉制度比较研究》，中国检察出版社2002年版，第168页。

5. 登记归档。快速办理的案件，由承办人逐案填写《轻微刑事案件快速办理登记表》交本部门内勤处，统一归档留存。

（三）机制配套

1. 案管审查。案管处对公安机关移送审查起诉时标示“快速办理”的案件，应当审查下列事项：

第一，起诉意见书中是否注明犯罪嫌疑人的户籍所在地、实际居住地、暂住地的确切地址信息。

第二，公安机关有无随案移送定罪、量刑证据表格。

第三，定罪、量刑证据表格应当包括证据的名称、来源、内容概要以及所证实的事实。

2. 依法告知。告知权利义务时，除依法告知犯罪嫌疑人诉讼权利义务外，还要告知其适用快速办理的法律后果及诉讼进展情况，并充分听取其是否同意适用快速办理、是否需要委托辩护人或者申请法律援助等意见。

3. 远程提审和视频庭审。在羁押场所、检察机关和法院分别设置专门的讯问室和法庭，依托信息技术，通过音频、视频传输设备探索远程视频提审和开庭。公检法及相关内设部门（如法警、案管等）会签规范性意见，确定远程提审和开庭的案件范围、人员配备，整合司法资源，减少办案人员车马劳顿，保障快办案件的高效运转。

4. 社会调查。对快速办理的案件，检察机关拟建议判处管制或者缓刑的，公诉部门承办人应在提起公诉前制作调查评估函，交案管处并由法警大队统一送达司法局审矫对接工作室（驻浦东法院），委托开展调查评估。

5. 文书简化。快速办理的案件，采取表格化等方式简化制作审查报告。参考公安机关移送的定罪、量刑证据表格，简单列明证据，归纳证明的案件事实。但对案件的处理意见及理由，以及其他可能影响定罪量刑的问题，应详细说明。起诉书应当按照有关要求制作，不得简化。

6. 盖章标示。公安机关对符合快办条件的案件，在每周固定的“窗口期”集中移送审查起诉，并在《起诉意见书》上加盖“轻微刑事案件快速办理”章；检察机关经审查认为符合快办条件的案件，在每周固定的“窗口期”集中提起公诉，并在《适用简易程序建议书》上加盖“快速办理”标示。

7. 法律援助。推行法律援助快速对接机制。检察机关将犯罪嫌疑人的法律援助申请转交法律援助中心，法律援助中心在2日内确定承办律师，律师在3日内阅卷。对于申请法律援助的公诉案件，适当延长办案期限（但至迟不超过8日），为法律援助工作的顺利开展提供时间保障。

司法局建立驻看守所法律援助工作室，专人集中受理快办案件的法律援助事宜，并打破法律援助分阶段聘请的限制，充分保障被告人辩护权。[①]

二、轻微刑事案件快速办理机制存在的问题

（一）法律依据不足，现行规定有待细化

1. 法律强制力不足。当前关于轻案快办机制的内容散见于司法机关出台的相关规定，如2007年2月最高人民检察院出台的《关于依法快速办理轻微刑事案件的意见》（以下简称《意见》），及各地司法机关单独或联合制定的相关实施细则或适用办法，目前尚未有成文刑事法律规范对其作出规定，导致实际运行中强制力不足，司法机关适用轻案快办机制的积极性不高。

2. 操作规范性有待加强。最高人民检察院《意见》中对轻案快办的工作机制、适用范围仅做了原则性规定，各地实施细则、适用办法多依据当地实际情况自行确定，导致各地实务操作不一，缺乏统一性，不仅损害了刑事司法活动的公正性，也会减损司法机关的权威。

3. 无法适应速裁程序并行体系下新形势需要，适用范围、区别标准等多方面有待细化。当前"轻案快办机制"是依据最高人民检察院《意见》对轻案快办案件的适用范围采用了条件罗列式方法，具体为"案情简单、事实清楚、证据确实、充分；可能判处三年以下有期徒刑、拘役、管制或者单处罚金；犯罪嫌疑人、被告人承认实施了被指控的犯罪；适用法律无争议"。由于大量轻微刑事案件同时符合速裁程序与"轻案快办机制"适用范围，执法者在选择速裁程序还是"轻案快办机制"时缺乏必要的参照标准或依据，导致实践中轻案快办程序的启动较为随意。

（二）繁简分流效果不明显

1. 适用条件较宽。《上海检察机关轻微刑事案件办理实施细则》从案件繁简程度、可能判处刑罚出发，规定可能判处3年有期徒刑以下刑罚（含拘役、管制、单处罚金）的简单案件可以启动快速办理，这样的设置沿袭了刑事诉讼法修订前简易程序适用条件的规定。但从基层院的办案情况看，简易程序案件中可能判处3年有期徒刑以下刑罚的案件占绝大部分，较宽的适用条件、不明确的适用范围导致办案人员无所适从，推进效果也难以达到预期目标。

2. 程序简化程度不足。目前轻案快办机制在诉讼程序上与简易程序差异不大，只是缩短办案期限、加快办案节奏。轻案快办机制程序简化力度不足，

---

① 樊崇义、陈惊天：《刑事诉讼自白认罪减刑规则研究》，载《铁道警官高等专科学校学报》2007年第1期。

而办案期限却受到明显限制，导致承办人缺少适用的主动性与积极性。相较之下，刑事诉讼法对于简易程序的规定，在诉讼程序方面与普通程序相比有较大简化，承办人更愿意选择适用简易程序。可见，科学的程序简化对于推动轻案快办的适用起着非常重要的作用。

（三）外部协作配合机制有待加强

1. 工作推进不协调。加快轻微刑事案件快速办理要求对案件侦查、批捕、起诉、审判各个环节均依法快速办理，其中任何一个环节推进不到位，从整个办案周期看，都将导致案件无法实现快速办理，影响适用效果。在当前，公安机关适用比例偏低的问题一直比较突出，这既有公安机关内部办案流程多、手续多等制度方面的因素，又与公安机关人案矛盾突出、取证能力有限、考核导向等现实问题相关，需要花大力气解决。

2. 工作衔接不顺畅。虽然《意见》规定“各地检察机关要加强与公安机关、人民法院的联系与配合，共同建立依法快速办理轻微刑事案件的工作机制。有条件的，可以与当地公安机关、人民法院等部门联合制定快速办案机制的规范性文件，以实现对轻微刑事案件在侦查、批捕、起诉、审判各个诉讼环节依法快速办理”，但当前三机关衔接机制仍有不畅，一方面，侦查机关、公诉部门对适用快办程序的案件证据无统一标准，导致部分案件在审查起诉阶段常常需要进行证据补强而无法实现快速办理。另一方面，当前法院排庭是根据审判人员的分工而非集中出庭公诉情况，使集中起诉的快审案件有时会被拆分到不同的时间段开庭，不利于出庭工作效率的提升。

（四）诉讼权益保障有所弱化

1. 当事人权益保障有待加强。根据《关于推进轻微刑事案件快速办理机制的若干规定》，在告知内容上，除传统法定权利义务外，还要告知快速办理的相关政策，其中主要是“法律后果”，但由于当前轻案快办机制并未纳入成文法律规范，这样的“法律后果”其实并无法律依据。此外，当前所有告知文书均需在统一办案系统中生成，而公诉部门统一办案系统的权利义务告知书存在模板单一性问题（目前该系统内只有《犯罪嫌疑人诉讼权利义务告知书》，所有程序的告知内容完全一样），无法满足轻案快办机制在诉讼权利义务告知方面的特别需求。

2. 辩护人权利保障不够。辩护人的阅卷权和会见权受到一定制约。大部分快速办理案件均在5天左右办结，期间律师可以阅卷或者会见的时间很少。在实践中，甚至出现案件已经提起公诉而律师尚不知晓的情况，从而导致律师在审查起诉阶段无法阅卷和会见犯罪嫌疑人。此外，由于律师无法在审查起诉阶段有效参与诉讼活动，还会导致检察机关无法听取或充分听取辩护人意见等问题。

三、完善轻微刑事案件快速办理机制的意见建议

（一）明确法律地位、细化操作规范

1. 及时将规范化成果上升为成文法形态，使司法实务有法可依。《刑法修正案（八）》将危险驾驶、拒不支付劳动报酬等社会危害突出、人民群众反响强烈的违法行为入罪，降低盗窃、食品药品等犯罪的入罪门槛，加之劳教制度改革的影响，轻微刑事案件的数量进一步增加，促进了轻案快办制度的构建及落实。经过几年来各地的实践摸索，基层司法机关已基本形成一套切实可行的操作方法，因此有必要将该制度纳入成文法律条文中，以正其名，既增强制度实施的法律强制力，也有利于各地操作的统一规范。

2. 因地制宜，吸收借鉴速裁程序相关成果。刑事速裁程序试点是完善轻案快办机制的尝试，其中的有益经验值得借鉴，如除了判处刑罚的适用条件外，速裁程序试点将涉案案由作为适用条件之一，具有一定合理性。根据2014年本市各区院上报的轻微刑事案件统计材料可知，当前适用轻案快办的案件类型较为集中，多为危险驾驶、盗窃、贩卖毒品三类案件。因此，在与公安机关、法院沟通协调并达成共识的基础上，可对快办案件适用范围采用“条件列举＋正面清单”的形式，既有利于规范快办案件的启动程序，也便于对侦查手段、证据收集、证据标准、量刑标准、法律文书等的固定。

3. 因势利导，健全速裁程序与轻案快办程序“双轨并行”体制。“具结告知”既是速裁程序的特色，又是该程序的软肋。庭审中往往因为被告人对具结中确认的量刑幅度等内容不予承认或反悔而中断速裁程序，改而转用其他程序。而轻案快办程序的运转往往仅受到被告人认罪态度或翻供情况的影响，不会出现速裁程序中的类似问题。故目前上述两种程序相辅相成，无法互相替代。如果能将这两种程序的适用范围、区别标准、选择参数等内容进一步予以科学化、规范化，无疑能更好地服务司法实践。

（二）完善轻案快办机制

1. 加强沟通，铺设内部绿色通道。在检察院内部，加强公诉、侦监、案管、文印室等部门的沟通协调，为快办案件铺设一条绿色通道。对于可以适用轻案快办程序的案件，由侦监部门在批捕阶段向公安机关发出《快速移送审查起诉建议书》，督促公安机关快速完成侦查工作，及时将案件移送审查起诉；案管部门对加盖“快速办理”印章的案件于收案当日予以分流或送达；

文印部门在收到案件起诉书等相关材料的印制申请后，当日印制完成；对提起公诉的快办案件，案管当日移送法院。通过各部门协作配合，最大限度地缩短办案期限，提高办案效率。

2. 繁简分流，优化办案组织模式。当前检察机关对办案组织模式实行了三种有益探索：第一种是主诉组内专人办理模式；第二种是专门办案组办理模式；第三种是各办案组分类办理快办案件模式。无论何种办案模式都遵循了专业化、集约化的对口办案思路：一方面，可以提升轻微刑事案件的办案效率和质量，实现办案专业化、人员熟练化、诉讼效率最大化；另一方面，有助于统一轻微刑事案件的证据标准和量刑建议等，监督法院一类案件的判罚；此外，专业办案组织模式有助于积累办理类案经验，及时发现问题并完善快办程序。

3. 简而不疏，简化办案工作程序。程序简化可以激励办案人员主动适用快速办理程序，这是快速办理程序的精髓所在。当前关于快办案件在程序简化方面仍有可改进之处：一是探索文书简化工作。提审笔录可注重审查涉及量刑情节的事实及程序性问题，对于当事人供述稳定的事实部分可简单核对；试行表格式审结报告，在审结报告中简要说明认定的案件事实，简化案件证据摘录，精简案件分析部分，加强与起诉书的互补性，对于常见快办案件，可制定统一格式化模板。二是建立证据快速补证通道，严格控制退回补充侦查程序，确需补证的，通过联系侦查人员直接予以补证，有效提高案件审查效率。

（三）完善外部衔接机制，加强协作配合

1. 细而不繁，规范快办案件证据标准。轻微刑事案件具有案件事实清楚、适用类型集中的特点，这为规范轻微刑事案件证据要求提供了可能。通过梳理基层案件办理情况，结合实践推行《常见轻微刑事案件基本证据规范》，在公检内部明确常见罪名证据标准，就证据类型、证据类别、达到最低证明标准的证据规格予以详细规定，进一步增强轻微刑事案件确证的及时性、全面性、准确性，促进案件质量和效率提升。

2. 有效联动，创设“窗口期”移送制度，强化“集中”优势。针对当前快办案件移送分散，集约效益不明显的缺陷，可通过在公检、检法移送案件方面创设“窗口期”，提高司法效率，即设定每月固定日期在三机关进行快办案件的集中移送，以便于集中告知、集中提审、集中结案、集中出庭。侦查、起诉、审判等环节的顺畅衔接和有效配合，对提高诉讼效率至关重要。只有各办案机关加强协作与配合，才能实现案件的集约化、高效率。

3. 发挥科技优势，探索远程视频办案模式。快速办理的期限较短，必然导致提审和开庭的频率加快，远程视频办案可以一定程度上缓解这一压力。浦东新区已在全市首先进行远程视频提审、庭审的探索，得到较好的效果。随着司法办案场所的改善、技术条件的成熟，远程视频办案的条件已具备。为保障诉讼顺利进行，应加强公检法协商，明确视频办案的流程以及相互间的技术支持等，制定远程视频审讯、庭审工作操作规范，对适用范围、证据保存、操作流程、注意事项及突发状况处理等事项作出具体规定，使远程视频办案有章可循、操作规范、合法有效。

（四）多管齐下，保障诉讼权益

当今民众法律意识觉醒，权利诉求强烈，这对司法机关的工作提出了更高的要求。快速办理案件并不意味着放松对当事人及律师诉讼权益的保障，而是在强化诉讼权益保障、确保司法公正的前提下提升办案效率。

1. 以人为本，保障当事人知情权、法律帮助权。保障当事人的知情权是程序正义的表现之一，而程序正义本是案件质量的当然要求；且通过“权利”对“权力”的有效介入与制约，也为案件质量提供司法机关自觉行为之外的机制保障。因此，制定有针对性的快办案件权利义务告知书迫在眉睫。保障当事人获得法律帮助的权利是当事人在刑事诉讼过程中的重要权利，实践中鲜有轻微刑事案件适用法律援助的案例，一方面，因为目前法律援助的适用需提供家庭经济情况，申请程序较为复杂；另一方面，轻微刑事案件办理速度较快，当事人获得法律援助的时间不足。对此，本市开创了两项针对性措施：其一，要求公安机关会同法律援助机构在有条件的看守所设立法律援助工作室，集中提供法律援助。其二，要求法律援助机构在审前阶段放宽法律援助申请的材料要求。按照法律规定，在审前阶段除犯罪嫌疑人因经济困难和其他法定特定情形提出申请外，司法机关无法依职权为犯罪嫌疑人提供法律援助。本市规定犯罪嫌疑人无法及时提供经济状况证明的，经司法机关书面注明，即视为符合法律援助条件。这实际上是在司法实践中赋予公、检依职权为犯罪嫌疑人提供法律援助的保障。

2. 更新理念，保障辩护人的诉讼权利。一是注重保障辩护律师的阅卷权。充分的阅卷是律师辩护权实现的重要前提。当前，司法办案区的改进、网上预约制度的完善，为律师阅卷提供了更为便利的条件。二是认真听取律师的辩护意见，及时审核律师的申请。对于辩护律师提出的变更强制措施、不予起诉等申请以及有关定性、法定量刑情节的意见，应当及时予以审查回复。认为律师的意见不合理的，应做好释法说理工作；认为律师的意见正确的，应充分采纳，实现检察官和律师的良性互动。

刑事速裁量刑规范化研究

周德松*

一、内涵与价值：刑事速裁量刑规范化的必要性探析

（一）我国刑事速裁的含义及由来

2014年6月全国人民代表大会常委会通过了《关于授权最高人民法院、最高人民检察院在部分地区开展刑事案件速裁程序试点工作的决定》，决定在全国18个城市施行刑事速裁程序。刑事速裁程序的实施是在全国刑事案件集中且数量激增的大的社会背景下提出的，采取在没有立法的情况下全国人大常委会授权最高人民法院和最高人民检察院，结合司法实践而进行的对刑事案件进行繁简分流的一项司法改革。该项司法改革以司法实践为基础、以刑事速裁改革为依托，在保证刑事案件公正的基础上提高刑事案件的办案效率，试图破解司法实践中的案多人少的难题。中国政法大学教授樊崇义对刑事速裁程序进行了界定，樊崇义教授认为，刑事速裁程序是指刑事案件事实清楚、证据充分，被告人自愿认罪且对适用刑事速裁程序无异议，可能判处一年以下有期徒刑、拘役、管制或单处罚金的轻微刑事案件，在保证案件诉讼公正的情况下，简化诉讼流程与缩短诉讼期限的一种快速审判程序。①

刑事速裁程序的施行有别于刑事诉讼普通程序和刑事诉讼简易程序存在于刑事诉讼法层面的立法规定。刑事速裁程序的施行是全国人大常委会授权最高人民法院和最高人民检察院在特定的区域内进行的开创性制度，最高人民法院和最高人民检察院对特定区域内特定案件适用刑事速裁程序进行组织指导，对刑事速裁程序的具体实施情况进行监督检查，确保刑事速裁程序实施过程中提高刑事办案效率的同时，当事人的合法权益也能够得到有效的保证。刑事速裁程序是基于对被告人认罪的轻微刑事案件简易程序的再次简化，是和现行刑事

---

* 天津市宝坻区人民检察院公诉科助理检察员。

① 参见樊崇义、刘文化：《我国刑事案件速裁程序的运作》，载《人民司法》2015年第11期。

诉讼法中普通程序、简易程序的有效衔接，在有效提高办案效率的同时保证刑事案件的质量。全国人大常委会的决定对于何种刑事案件可以适用刑事速裁程序也予以明确的规定：首先，适用刑事速裁程序对于事实和被告人的认罪情况进行规定，即刑事案件事实应达到事实清楚、证据充分的程度，被告人主观上是自愿认罪的；其次，对于刑事案件中对于被告人的宣告刑进行了限定，即只有对被告人的宣告刑为一年以下有期徒刑、拘役、管制或者对被告人单独罚金的案件；最后，对于刑事案件中适用的刑事速裁程序的案件类型以明确列举式的方式进行了规定。

（二）刑事速裁量刑规范化的必要性

刑事速裁程序作为刑事诉讼程序中有别于普通程序和简易程序的从轻处罚适用程序。对于事实清楚、证据充分的刑事案件，被告人自愿认罪，那么对于被告人基于自愿认罪而自愿同意刑事诉讼程序简化审理的，人民法院在量刑时对被告人在多大的幅度内从轻就是现如今亟待解决的问题。首先，刑事速裁量刑规范化是司法公正的集中体现。司法公正更多的体现在量刑公正上，对于被告人而言，量刑的刑种以及人民法院的宣告刑以及对被告人的宣告刑是否适用缓刑是被告人能亲身感受到且更为关注的内容。为了在保证案件质量、确保办案效率提高的同时，对于体现司法公正内容的量刑更能充分的体现量刑公正，应从刑事速裁量刑规范化的角度对司法公正予以彰显。其次，刑事速裁量刑规范化是规范司法机关具体司法行为的客观要求。刑事司法活动除要求刑事诉讼程序合法性外，对于实体公正性也提出了更高的要求。对于刑事诉讼中的刑事速裁程序自然也要求其诉讼程序必须做到对被告人的量刑时应在体现程序公正的基础上，确保对被告人的宣告刑符合司法公正的实体要求。最后，刑事速裁量刑规范化是精细化司法的集中体现。刑事速裁程序中检察机关在起诉书中对犯罪事实依法予以认定、对被告人构成犯罪的性质认定的基础上，一并在起诉书中对被告人的量刑依法提出建议。人民检察院从幅度型的量刑模式到精确型的量刑模式是人民检察院量刑建议发展的必然。人民法院在审理被告人涉嫌构成犯罪的刑事速裁案件时，根据查清的事实依照最高人民法院的量刑规范的要求对被告人作出确定性的宣告刑。为了更好地从程序上和制度上确保司法精细化的有效开展和顺利实施，司法实践中对刑事速裁案件的量刑予以规范就显得尤为重要。

二、存在与意义：刑事速裁量刑的国际比较研究

（一）英美法系中辩诉交易制度

1. 美国的辩诉交易制度

美国辩诉交易制度起源于19世纪，制度设计之初的主要目的是通过检察官和被告人之间就定罪和量刑进行协商，进一步减少违法犯罪的发生。美国辩诉交易制度主要表现在两个程序阶段：第一个阶段是检察官和被告人就定罪和量刑进行协商；第二个阶段是法官对检察官和被告人之间的协商内容进行审查。辩诉交易制度的核心是检察官和被告人的这一协商过程，这一协商内容解决了谁具有启动辩诉交易程序的主体资格，同时该阶段的辩诉协商使双方就定罪和量刑的实质性内容达成了一致意见。在美国辩诉交易制度中，检察官有非常大的自由裁量权。对于被告人基于内在的认罪心态表现于外在的认罪状态的，检察官可以就对被告人的定何种罪和被告人进行协商，同时检察官也同样可以对被告人的量刑和被告人进行协商，本着提高诉讼效率、节约司法资源，对被告人提出较轻的刑事处罚。美国辩诉交易制度的提出主体是检察官、被告人和被告人的辩护人。刑事案件中的检察官可以基于其自身对案件的自由裁量权独立的提出辩诉交易；被告人辩诉交易的提出权是独立的且不以检察官启动辩诉交易制度为前提；辩护人辩诉交易的提出权是依附于被告人的主观意愿。美国检察官和被告人之间启动了辩诉交易制度后，双方就可以就定罪和量刑达成一致。英国辩诉交易制度的设计中检察官和被告人可以就定罪罪名和刑事处罚进行协商，定罪罪名的协商主要还是服务于对被告人的刑事处罚。被告人启动辩诉交易的最终目的就是减少国家公权对其违法犯罪行为的惩罚力度，进而被告人通过参与辩诉交易制度获取较轻的刑事处罚。第二阶段有别于第一个阶段，第二个阶段是法官对第一阶段检察官和被告人达成的辩诉交易协议进行形式审查。法官形式审查的内容主要是被告人作有罪供述是否处于自愿、被告人是否充分了解自己在辩诉交易中拥有的权利和承担的义务、交易内容是否损害国家或者第三人的利益。①

2. 英国的辩诉交易制度

英国辩诉交易制度的制度设计有别于美国的辩诉交易制度。美国辩诉交易制度最早启动于检察官对被告人进行审查起诉阶段，这个阶段检察官和被告人就定罪和量刑进行协商，进而达成一致的协议。检察官和被告人达成一致协议，程序进入到审判阶段，法官对于检察官和被告人达成的一致协议进行形式

① 杨毅炯：《辩诉交易及其中国化研究》，湖南大学2011年硕士学位论文。

审查，最终确定辩诉交易协议的有效性。在英国，辩诉交易制度的启动时间区别于美国辩诉交易制度。英国辩诉交易制度自侦查阶段程序即可以启动，在检察官对犯罪嫌疑人进行审查起诉阶段和法官对被告人进行审判的整个诉讼阶段辩诉交易都可以进行。英国辩诉交易制度从侦查人员对犯罪嫌疑人进行侦查时启动，如果犯罪嫌疑人自愿认罪，犯罪嫌疑人构成犯罪的案件有可能就终止侦查，犯罪嫌疑人也可以通过警察向法院提出保释建议并最终获得保释。英国的检察官在辩诉交易制度中没有美国检察官那么大的自由裁量权，英国检察官只能以减轻被告人罪行的方式向法院提起诉讼，英国法律不允许检察官和被告人就量刑进行协商。在英国，检察官以减轻被告人罪行的方式向法院提起诉讼的同时，法律不允许检察官对被告人的量刑提出建议。在英国的审判阶段，法官可以和被告人就量刑进行协商，这个场景在美国的庭审活动中是绝对被禁止的。英国法官和被告人进行量刑协商的同时也对参与庭审的人员提出了严格的要求，即法官和被告人进行量刑协商时检察官和被告人的辩护律师也必须在场，同时对法官的从轻幅度予以量化规定。被告人自愿认罪，法院和被告人就量刑进行协商的从轻幅度为不得超过原刑罚四分之一到三分之一。

（二）大陆法系中认罪协商制度

1. 意大利的认罪协商制度

意大利的认罪协商制度的法典化术语为“双方协商程序”。意大利刑事案件积压数量大、办案机关办案效率低造成了被告人的合法权利受到了严重的侵害。欧洲人权法院多次对意大利进行谴责。意大利国会在巨大的人权保护压力下，于1989年颁布了第四部刑事诉讼法典。[①] 该法案借鉴了美国辩诉交易制度，并以意大利的本土司法实践对辩诉交易制度进行修改。意大利的认罪协商制度规定，侦查阶段和预审阶段认罪协商制度就可以启动，该项规定区别于美国辩诉交易的启动时间应于检察官的审查起诉阶段。意大利对于辩诉交易案件的适用范围也作出了限制性的规定：可能被判处不超过五年的监禁刑案件才能够适用认罪协商制度。同时，意大利认罪协商制度对于检察官的职权也进行了限制，检察官对于案件的性质定性罪名的确定不可以与犯罪嫌疑人进行协商，完全遵照罪刑法定原则，限制检察官的自由裁量权。意大利法律对检察官的定罪自由裁量权进行限制的情况下，赋予了检察官的量刑裁量建议权，允许检察官在向法院提起诉讼的同时对被告人提出从轻处罚的量刑建议。意大利刑事诉讼法典对于适用认罪协商制度案件的法定从轻幅度予以固定化明确规定，对被

---

① 参见孙维萍：《意大利刑事诉讼法的主要特色和最新修订》，载《政治与法治》2003年第5期。

告人的量刑从轻幅度规定为原刑期的三分之一。

2. 我国台湾地区的认罪协商制度

2004年台湾“立法院”以“刑事诉讼法修正案”的形式对庭审中认罪协商制度予以制度化。我国台湾地区的认罪协商制度来源于美国的辩诉交易制度，是辩诉交易制度的再延伸、再拓展。我国台湾地区对于认罪协商制度的适用前提、提出主体、提出时间、适用的案件范围、案件的诉讼程序都进行了明确的规定。我国台湾地区认罪协商制度规定，只有被告人自愿认罪如实供述其所犯罪行的情况下，认罪协商制度才可以适用。启动认罪协商制度的主体是检察官，但是检察官应提前征得被告人的意见。被告人及其辩护人不是启动认罪协商制度的适格主体，被告人及其辩护人只能向检察官提出建议，由检察官启动认罪协商制度。台湾地区认罪协商制度将认罪协商的案件范围界定为“死刑、无期徒刑、最轻本刑三年以上之罪或高等法院管辖第一审案件以外”。[①] 换言之，只有地方法院审理的宣告缓刑、一年以下有期徒刑、拘役或罚金的第一审案件才能适用认罪协商程序。[②] 我国台湾地区的认罪协商制度的协商时间不同于美国辩诉交易的审查起诉和审判阶段，也不同于意大利认罪协商制度可以从侦查阶段即可启动。我国台湾地区的认罪协商制度的协商时间界定在刑事审判阶段，即公诉人向人民法院提起公诉后到人民法院庭审辩论终结前。[③] 我国台湾地区对于检察官向法官提出启动认罪协商制度后，对被告人的量刑幅度也予以限制，即法官对适用认罪协商制度的被告人的量刑从轻幅度不超过三分之一。

（三）刑事速裁程序的本土化评析

英美法系中的美国和英国的辩诉交易制度是刑事速裁程序的典型，也是制度设立时间最早的、社会影响较大的。意大利的认罪协商制度和我国台湾地区的认罪协商制度是源于对英美法系的辩诉交易制度的借鉴，同时大陆法系国家也充分认识本国的司法实践，对辩诉交易制度进行一定程度的改良，使其形成一个更加适应大陆法系的司法实践。意大利和我国台湾地区的刑事起诉是起诉法定主义，意大利和我国台湾地区呈现出这样一个特点：检察官的自由裁量权较小，在辩诉交易制度实行过程中检察官对于案件的罪名是不能进行协商的。检察官对于案件的罪名认定要严格的依照法律规定，对被告人进行定罪。对于

① 我国台湾地区“刑事诉讼法”第455条的原文内容。

② 谭世贵：《构建中国认罪协商制度研究》，载《浙江工商大学学报》2010年第2期。

③ 马鸿斌、孙伟、周德松：《检察监督视角下认罪认罚从宽制度研究》，第九届天津检察论坛二等奖。

刑事速裁程序的启动时间各国和地区的规定也不同，共呈现出三种情形：一是刑事诉讼的三个阶段皆可以启动刑事速裁程序，即侦查阶段、审查起诉阶段、审判阶段均可以启动刑事速裁程序，主要表现是英国刑事速裁程序和意大利认罪协商制度；二是刑事诉讼的两个阶段可以启动刑事速裁程序，即审查起诉阶段、审判阶段，主要表现是美国刑事速裁程序；三是刑事诉讼的一个阶段可以启动刑事速裁程序，即审判阶段，主要表现是我国台湾地区。

对于刑事速裁程序各国和地区对于案件的适用范围也各不相同，英美法系的美国和英国对于刑事速裁程序的案件适用范围未予以限定，只要被告人自愿认罪，检察官均可以和被告人进行协商进行辩诉交易。大陆法系的意大利对于适用刑事速裁程序的案件的宣告刑界定为五年以下监禁刑。我国台湾地区对于适用刑事速裁程序的案件的宣告刑界定为一年以下有期徒刑。我国台湾地区对于刑事速裁程序的案件范围与我国刑事速裁程序的案件范围基本一致。美国因其检察官具有较大的自由裁量权，美国辩诉交易制度对于适用辩诉交易制度的被告人的从轻幅度没有规定，检察官可以充分行使自由裁量权和被告人进行定罪、量刑协商。英国对于适用辩诉交易制度的被告人可以从轻的量刑幅度为原刑期的四分之一之到三分之一。意大利对于适用认罪协商制度的被告人可以从轻的量刑为固定的三分之一，检察官在审判阶段提出从轻处罚建议，法官对于检察官提出的从轻建议只能作出同意或者不同意的决定，法官不可以作出折中决定。我国台湾地区对于适用认罪协商制度的被告人可以从轻的量刑幅度为不超过原刑期的三分之一。除美国外，其他国家和地区对于适用刑事速裁程序的从轻主要表现为固定式的精确从轻和幅度从轻两种形式，最大从轻幅度为原刑期的三分之一。英国、意大利和我国台湾地区对于适用刑事速裁程序的案件，对被告人以明确化的从轻处罚制度设计值得我国刑事速裁程序借鉴，同时对于从轻处罚予以明确、确定性的量化规定也同样值得我国刑事速裁程序的借鉴。

三、规范与事实：刑事速裁量刑的规范化运行

（一）刑事速裁量刑应兼顾效率和公正

刑事速裁程序是对被告人认罪的案件和被告人不认罪的案件进行分流的一种机制。刑事速裁程序是对于被告人自愿认罪的刑事案件采取“简单案件简化审理”的制度设计。西南政法大学副校长、孙长永教授认为，刑事速裁程序符合司法规律，体现了公正与效率并重的理念。[①] 刑事速裁程序在提高刑事案件办案效率的情况下，也应兼顾对案件当事人的量刑，保证对刑事案件定罪

① 参见孙长永教授在最高人民法院在京召开刑事案件速裁程序试点中期评估论证会中的发言。

量刑的公正性。刑事速裁程序设计的出发点是为了解决刑事办案人员不足和日益增长的刑事案件数量的矛盾。刑事司法实践中，刑事速裁程序可以有效的提高办案的效率，但是对于办案效率的追求只能解决刑事诉讼办案人员少案件多这一矛盾。刑事案件的审判活动还体现公正的社会价值，对于被告人而言，被告人对公正价值具有较高的期待。效率更多的体现的是社会价值，公正更多的体现是个人权益的保障。在对社会效率价值追求的同时，也应对被告人更加关注的公正价值的保障。刑事速裁程序的适用是保证被告人程序性权利的同时以简化程序的方式，进而将更多的司法资源投入到案件的公正化审理中，保证对被告人判决的公正性。刑事速裁量刑应兼顾效率价值和公正价值，效率价值和公正价值都是刑事速裁量刑重要的价值体现，效率价值和公正价值同等重要、不得偏废。

（二）刑事速裁“量刑激励机制”的内动力增强

我国刑事速裁程序的启动主体是检察机关，对于事实清楚、证据充分的案件，检察机关在征求被告人的同意，可以启动刑事速裁程序。对于刑事速裁程序的启动还需要得到被告人的同意，被告人的预先同意是刑事速裁启动的先决条件。对于适用刑事速裁程序的案件，被告人基于其预先对刑事速裁程序的同意，被告人承担适用刑事速裁程序的法律后果。检察机关根据法律法规的规定，秉承提高办案效率的宗旨，依法启动了刑事速裁程序。法院在人民检察院的建议下依法适用刑事速裁程序，法院适用刑事速裁程序的价值追求同样为提高办案效率。在启动刑事速裁程序的三方中，只有自愿认罪认罚的被告人同意适用刑事速裁程序是发自内心对自己的违法犯罪行为的后悔，同时积极配合司法机关对其进行审判，以期获得司法机关对其作出较轻刑事处罚。检察机关和法院对效率的追求较被告人对从轻刑事处罚的追求，检察机关和法院积极性和主动性不及被告人的积极性和主动性强。被告人对刑事速裁程序的积极主动适用才是刑事速裁程序健康、可持续发展的内动力。中国人民大学陈卫东教授认为，量刑激励机制是增强刑事速裁程序内动力的有效途径。案件速裁程序的生命力不仅仅在于司法机关的推动与执行，更在于被告人选择适用刑事速裁程序的主动性。[①] 为了更好地激励被告人对刑事速裁的积极推动作用，应从被告人最为关心和关注的量刑对被告人进行激励。对于适用刑事速裁程序的被告人和未予适用刑事速裁程序的被告人在定罪量刑时予以区别对待，凸显适用刑事速裁程序司法机关对被告人量刑的从轻幅度，让被告人知晓自愿认罪适用刑事速

---

① 参见陈卫东教授在最高人民法院在京召开刑事案件速裁程序试点中期评估论证会中的发言。

裁程序不仅仅是提高司法机关的办案效率、节约司法资源，同时被告人也可以得到实实在在的量刑优惠。与此同时，检察机关提高办案效率，减少对被告人的羁押时间，在一定程度上对被告人的刑罚执行也是从轻的。通过刑事速裁程序的建立有效的激发被告人的主观能动性，促使刑事速裁程序对社会和谐发展的积极促进作用。

（三）量化刑事速裁从轻幅度规范化

根据现行法律法规的规定，刑事速裁程序应从属于简易程序范畴，对于适用刑事速裁程序的案件司法机关对于被告人量刑时应予以酌定从轻的判处。就刑事速裁程序较简易程序而言，被告人为司法机关提高办案效率而放弃自己的程序性权利而获得量刑从宽处罚。刑事速裁程序是对简易程序案件的再次案件分流，对事实清楚，证据充分，被告人自愿认罪的案件实行“简易刑事案件简化审”。对于被告人放弃一定的程序性权利的刑事速裁案件，现行法律法规司法解释或者内部文件对于该被告人应酌定从轻的程序适用，并没有明确从轻幅度规定。为了提高检察机关量刑建议的量刑质量，加大法院对被告人的量刑从宽幅度的规范化，应对适用刑事速裁程序的量刑从轻幅度予以明确。英国对于适用辩诉交易的刑事案件的法定从宽幅度规定为原刑期的四分之一以上三分之一以下。我国台湾地区对于适用认罪协商程序的刑事案件的法定从宽幅度规定为不超过原刑期的三分之一。英国和我国台湾地区的规定都是幅度型的量刑规定，即规定适用刑事速裁程序可以从轻的最高幅度。虽然英国和我国台湾地区对于适用刑事速裁程序的案件同为幅度型的从宽规定，但是英国和我国台湾地区的规定还是有所区别：英国对于适用辩诉交易案件的被告人量刑规定了最低从宽幅度，即只要适用辩诉交易程序，司法机关对于被告人的量刑时必须从轻；然而我国台湾地区只是对从宽的最高幅度予以规定，对于最低限度未予以规定。意大利、英国和我国台湾地区的规定又有所不同，意大利规定为：对于适用双方协商程序的案件对被告人量刑时应从轻原刑期的三分之一，且该从轻值是不变的。法官对检察官提出的从轻量刑建议进行审查时，只能对量刑建议作出采纳和不采纳的决定，不可以折中适用。结合我国的司法实践同时借鉴其他国家和地区的立法例，我国可以对适用刑事速裁程序的被告人的从轻幅度规定为不超过原刑期的百分之十以上百分之三十以下。利用百分比的从宽计算方式是符合我国现行司法实践中自首、坦白等量刑情节的百分之四十、百分之二十规定的立法例。对于适用刑事速裁程序的案件明确司法机关对被告人量刑时的最低从宽幅度，设定一个最低从宽幅度是对人民检察院的量刑建议裁量权和人民法院的量刑裁量权的约束，确保自愿适用刑事速裁程序的被告人在量刑时能够得到从轻判处。与此同时，对被告人自愿适用刑事速裁程序案件被告人的最高从宽幅度规定为百分之三十。百分之三十是符合国际上对适用刑事速裁程序的普遍量刑最高从宽幅度限度的，百分之三十的最高从宽幅度和自首最高从宽百分之四十、坦白最高从宽百分之二十的从宽量刑情节能够很好地做到相均衡。

（四）检察机关对量刑规范化的精准监督

刑事速裁程序是我国现阶段对轻微刑事案件的案件分流制度，是基于立法机关授权由司法机关在 18 个城市进行试点的刑事诉讼制度。刑事速裁程序并未独立于普通程序和简易程序这一法定审判程序，刑事速裁程序应为简易程序中轻微刑事案件的再简化审理，应为简易程序的范畴。根据法律规定，检察机关在向人民法院提起公诉时对刑事诉讼程序的普通程序和简易程序依法应提出对被告人的量刑建议。检察机关作为量刑建议的提出机关，对于属于简易程序范畴的刑事速裁程序也应当在提起公诉时一并提出对被告人的量刑建议。伴随着检察机关从定罪公诉向定罪公诉和量刑公诉的观念转变的日益深入人心，检察机关对被告人的定罪提起公诉向法院对被告人提起公诉的同时一并向法院提出对被告人的量刑建议。除此以外，检察机关从定罪公诉向定罪公诉和量刑公诉观念转变也暗含着检察机关对被告人提出的量刑建议不应仅仅是概括性的幅度量刑建议，更应向精准化的量刑建议发展。检察机关在审查起诉阶段应充分发挥检察机关的案件审查起诉优势，综合全案的事实以及对被告人的从重、从轻的各种法定和酌定情节，对被告人的量刑建议提出精准的确定性刑期。检察机关作为案件的审查起诉机关，同时也是法律监督机关。检察机关通过精准的确定性量刑建议，可以在很大程度上限制法院的自由裁量权滥用的可能。检察机关通过刑事速裁程序的轻微刑事案件对被告人提出精准性的确定性量刑建议，是量刑建议制度的一个新的尝试。检察机关对适用刑事速裁程序被告人的量刑进行规范化的精准监督较适用普通程序和简易程序的案件提出幅度化的量刑建议，检察机关的法律监督更为直接、更为精准。检察机关通过确定性的量刑建议提高检察机关的量刑规范化能力的同时，检察机关提出的精确化量刑建议为法院更多予以采纳更加有利于刑事速裁程序的有序开展。

认罪认罚从宽制度研究

——基于公正价值的考量

尹孟良*

一、问题的提出

中共十八届四中全会通过的《中共中央关于全面推进依法治国若干重大问题的决定》提出，“完善刑事诉讼中认罪认罚从宽制度”。为贯彻落实中央部署，最高人民法院在《人民法院第四个五年改革纲要（2014—2018）》中指出：“完善刑事诉讼中认罪认罚从宽制度。明确被告人自愿认罪、自愿接受处罚、积极退赃退赔案件的诉讼程序、处罚标准和处理方式，构建被告人认罪案件和不认罪案件的分流机制，优化配置司法资源。”最高人民检察院在《关于深化检察改革的意见（2013—2017年工作规划）》（2015年修订版）中指出：“推动完善认罪认罚从宽制度，健全认罪案件和不认罪案件分流机制。”

新一轮司法体制改革提出完善刑事诉讼中认罪认罚从宽制度（为行文方便，以下均简称“从宽制度”）是顺应时代发展新形势和社会公众新期待的积极回应，是着力解决司法资源紧张、提升司法公信的有益探索。在刑事案件总量不断增加，且轻微刑事案件占总体刑事案件比重越来越大的情况下，通过完善从宽制度，对案件进行分流处理，有助于实现司法资源的优化，提升司法效率。于是，实务界关注的焦点、理论界研究的热点多集中在从宽制度的效率价值及如何通过完善从宽制度提高司法效率。但我们认为，除了鲜明的效率价值外，从宽制度所蕴含的公正价值也是不能抹杀的。特别是在庭审程序尚不发达、司法公信尚不稳定的情况下，对效率的片面追求，极易造成社会公众对从宽制度的非难，影响司法改革的有效开展。正如有学者所言，欧美近年来的司法改革，是在公正的司法体制已经建立的前提下以提高司法效率为主题进行改革，而我国从来就不存在一套公正的司法体制，司法改革的目标是通过改革，

* 河北省人民检察院法律政策研究室，首届全国检察机关调研骨干人才。

使现有的司法制度向公正的方向转化，最终建立起符合中国国情的公正司法制度。[①] 基于此，深入探究公正的丰富内涵，重新审视从宽制度的公正价值，对于固本清源、深化认识，完善从宽制度、提升司法公信具有重要意义。

二、认罪认罚从宽制度的内涵

（一）从宽制度中“认”字的基本含义

从宽制度中的“认”字该如何理解，是否可以解释为承认、认可、自认？我们认为，从宽制度中的“认”字应理解为“认识基础上的认可”，即“认识+认可”。从宽制度运行中需要控方与被追诉方就认罪认罚从宽达成某种协议，而协议的达成需要双方的真实意思表示。“真实意思”，一方面要求意思表示者是在自愿的情形下进行表示；另一方面要求意思表示者对自己所表示的内容有正确的认识。基于此，对从宽制度中“罪”、“罚”、“宽”等内容缺乏正确认识的被追诉人是无法作出真实意思表示的，控辩双方适用从宽制度的协议也将无法有效达成。因此，从宽制度中的“认”字不应简单地解释为承认、认可、自认，而应是被追诉人在对从宽制度有关内容有了正确认识后自愿作出的认可性选择。

（二）从宽制度的基本内容

就字面而言，从宽制度包含认罪、认罚、从宽三方面内容。有学者基于此，将案件类型作出划分，具体分为以下三种类型：被告人不认罪的案件，被告人认罪但对量刑存在争执的案件，以及被告人认罪且对量刑没有争执的案件。[②] 我们认为，从宽制度除了认罪、认罚、从宽三方面内容外，还应包含认可诉讼程序简化（为行文方便，以下均简称“认程序”）。从宽制度的直接目的就是对案件进行繁简分流，对特定类型案件适用简化程序。但对适用简化程序的被追诉人而言，普通程序中的很多法定权利在简化程序中被简化、略化，而这些权利都是宪法和法律赋予被追诉人的，只能由被追诉人自己决定如何处分。案件是否适用简化程序，应当由被追诉人来进行选择或征得被追诉人的同意，控方和审判方不得强制或剥夺。因此，作为体现被追诉人主体地位的“认程序”应当成为从宽制度中一项具有独立意义的内容。基于此，以控辩双方对定罪、量刑、程序适用是否存在争议为标准，可以将刑事案件分为四类：

---

① 孙长永：《“正义”无价，如何“上市”？关于我国刑事诉讼引入“辩诉交易”的思考》，载《辩诉交易在中国》，中国检察出版社 2003 年版，第 389 页。

② 刘静坤：《被告人认罪认罚可探索适用速裁程序》，载《人民法院报》2015 年 1 月 21 日第 6 版。

不认罪案件、认罪但对量刑有争议案件、认罪认罚但对程序适用有争议案件、认罪认罚认程序案件。

（三）从宽制度的内在逻辑

认罪、认罚、认程序、从宽均是一项具有独立意义的内容。何为“认罪”？从实体法角度讲，“认罪”作为一种广义的概念，其理应包含刑法中规定的“坦白”与“自首”以及其他可能之情形。① 从程序法角度讲，“认罪”是指对指控的犯罪事实没有异议。何为“认罚”？由于简易程序、普通程序简化审均仅是基于被追诉人“认罪”而设，现行法律中尚未有对“认罚”的权威规范。2014年最高人民法院、最高人民检察院、公安部、司法部《关于在部分地区开展刑事案件速裁程序试点工作的办法》第1条中规定：“犯罪嫌疑人、被告人同意人民检察院提出的量刑建议的。”这里将“认罚”理解为“同意量刑建议”。但在从宽制度中，我们认为，“认罚”应是在认罪基础上对法定惩罚的认可。关于“认罚”是否必然包含“认程序”，我们认为，“认程序”具有独立意义，其不应被“认罚”所包含。“认罚”是一种法定的惩罚，“认程序”是一项法定的权利，二者的行为属性不同，如果将“认程序”混同为“认罚”，极易造成控方将“认罚”与诉讼程序简化捆绑“销售”给被追诉人，抹杀了被追诉人的诉讼主体地位及其对诉讼程序的自主选择权，严重损害从宽制度的公正价值。何为“认程序”？在从宽制度中，“认程序”应是在认罪、认罚的基础上，被追诉人对某种简化诉讼程序做出的自愿性选择或同意。何为“从宽”？在从宽制度中，“从宽”是指在被追诉人认罪、认罚、认程序的基础上，对其进行实体从宽和程序从宽处理。总之，从宽制度是四项内容逐层单向递进的统一体，它仅适用于前述四类案件中的“认罪认罚认程序案件”。

三、认罪认罚从宽制度之公正价值分析

（一）公正的含义

正如有学者所言，公正是人类追求的重要价值准则与价值目标，但在众多论著中，我们却很难见到有关“公正”十分公允的定义。② 与“幸福”、“美”一样，人们一直在追求、在讨论，但却没有一个统一的、能让众人接受的概念，这正体现了“公正”的丰富内涵与多元属性。公正的内涵是多方面、多

① 陈卫东：《认罪认罚从宽制度研究》，载《中国法学》2016年第2期。

② 高珊琦、曹玉江：《辩诉交易公正价值之重新审视》，载《当代法学》2009年第2期。

层次的，它是包含了应然公正与实然公正、程序公正与实体公正、整体公正与个体公正、绝对公正与相对公正等诸多概念的集合。

（二）从宽制度符合公正之要求

一是公正要求对同类案件同等对待。认罪认罚认程序案件作为具有独立特征的一类案件，对该类案件的办理需要遵循特定统一的规范，以实现对同类案件的同等对待。从宽制度正是基于建立健全统一的规范，确保对认罪认罚认程序案件进行公正地处理。二是公正要求对不同的情形进行区别对待。由前述可知，以控辩双方对定罪、量刑、程序适用是否存在争议为标准，可以将刑事案件分为四类。对认罪认罚认程序案件的处理应当区别于其他三类案件。而普通程序是基于不认罪而设；普通程序简化审和简易程序只是基于认罪而设；当前正在试点的刑事速裁程序虽然包含了认罪认罚认程序的内容，但同时附加了双方当事人达成调解或和解协议，并将适用范围限定在刑罚一年以下的特定类型案件，也无法实现与认罪认罚认程序案件的精准匹配。从宽制度正是针对认罪认罚认程序案件而设，体现了对不同情形案件进行区别对待的公正要求。

（三）从宽制度体现公正之价值

一是从宽制度设计遵循控辩平等的基本要求。从宽制度注重尊重和保障被追诉人的人权，维护被追诉人的诉讼主体地位，对于是否认罪、是否认罚、是否认程序均是建立在控辩双方平等协商的基础上，注重尊重被追诉人的自主选择权。二是从宽制度适用遵循案件事实清楚证据确实充分的基本条件。同域外的辩诉交易制度不同，在从宽制度中，控方不得以事实不清或证据不充分而降格指控或撤销部分指控来换取被追诉人的有罪答辩。三是从宽制度的运行遵循诉讼的基本形态。从宽制度在诉讼程序内运行，控、辩、审三方均参与其中。虽然在协商时，以控辩双方参与为主，但法院对案件是否符合从宽制度条件、协商过程及结果是否合法、被追诉人是否自愿等问题仍具有最终裁判权。

（四）从宽制度有助于避免迟到的正义

19世纪英国政治家威廉·格拉德斯通有句名言："迟到的正义非正义"。惩罚犯罪的刑罚越是迅速和及时，就越是公正有益。[①] 公正的内涵是丰富的，其价值属性也是多元的。从应然公正的角度看，公正应当成为诉讼唯一追求的目标，时间和效率好像显得微不足道。但从实然公正的角度看，排除被追诉人不确定状态的时间越短越是公正的，因为任何延长被追诉人不确定状态的做法都是对被追诉人的虐待。应然公正与实然公正既相互统一又相互矛盾，二者总

---

① ［意］贝卡利亚：《论犯罪与刑罚》，中国大百科全书出版社1993年版，第56页。

是在动态中实现平衡。“……而人类的法的价值永远只是在追求理想的价值实现，当二者完全重合的时候，法本身就难以存在了。”① 从宽制度正是在应然公正基础上追求实然公正的有效途径，通过减少不必要的诉讼环节、诉讼行为，达到节省诉讼时间，推动正义及时实现。

（五）从宽制度运行中的公正风险

任何制度都并非完美，从宽制度亦不例外。就从宽制度而言，个案不公是人们最直接的担忧。一是控方如果重协商轻审查，法院也会因控辩双方就认罪、认罚、认程序和从宽处理达成协议而审查不严，就容易导致顶包、漏罪、漏犯、无罪判有罪等不公正结果的发生。二是庭审的实质性弱化。我国的庭审本就不够发达和完善，加之公、检、法之间的“配合型”制约关系，如果没有完善的监督制约机制，控辩双方达成的认罪认罚认程序从宽协议，很容易直接“流入”判决书之中，导致诉讼争议、案件问题得不到公正地审查、处理。三是被追诉人权利难以保障。从宽制度需要被追诉人对自身的罪与罚有正确的认识，而罪与罚均是法律专业问题，如果辩护制度不能全面、有效地落实，被追诉人“认”的自愿性与真实性是值得怀疑的。更危险的是，如果公、检、法过于注重“互相配合”，共同“促成”被追诉人与控方达成认罪认罚认程序从宽协议，被追诉人的诉讼主体地位就面临被侵犯的风险。

四、认罪认罚从宽制度之公正保障机制设计

好的制度一方面取决于静态的设计，另一方面取决于动态的运行。在推行从宽制度改革之前，首先需要的就是对从宽制度进行“善”的设计，使其更加符合公正之要求，充分体现公正之价值。

（一）侦查阶段适用禁止

一是认罪认罚认程序案件不同于单纯的认罪案件。侦查机关不具备检察机关所具有的量刑建议权、庭审控诉权，其无权与被追诉人就是否认罚、是否选择简化程序达成某种协议。二是从宽制度适用于案件事实清楚证据充分的案件。侦查阶段的主要任务是查明案件事实、收集固定证据，为从宽制度的适用创造条件而非直接适用从宽制度。如果许可侦查阶段适用从宽制度，则可能导致侦查机关对犯罪嫌疑人口供的过分依赖，甚至在急于破案等目的驱使下对犯罪嫌疑人进行刑讯逼供并导致错案发生。三是侦查权具有主动性、强制性。如果让侦查机关介入被追诉人的定罪量刑事宜，势必会更加强化侦查权的优势地

① 卓泽渊：《法的价值总论》，人民出版社2001年版，第38页。

位，这与当前正在开展的以审判为中心的诉讼制度改革的要求是相背的。

（二）坚守诉讼基本形态

参与主体应符合诉讼基本要求，被追诉人、检察官、法官、律师是当然的参与主体。关于被害方是否应当作为从宽制度的参与主体，学界对此有不同的看法。有观点认为，“在认罪协商时应当征得被害方的同意，其重要条件就是应当由被告人对被害方在精神、物质两个方面予以补偿，被害方同意并且愿意接受赔礼道歉和物质补偿”。① 但也有观点认为，“为确保认罪认罚制度适用的效率性，防止因被害方主观情感的变化而导致协商过程随意变更损害诉讼程序的确定性，被害方不宜作为参与主体而对案件协商过程产生实质影响”。② 我们认为，从宽制度不同于刑事和解，前者是控方与被追诉人就认罪、认罚、认程序和从宽处理进行协商并达成协议的一种公私合作；后者是犯罪嫌疑人、被告人与被害方就赔偿、谅解进行协商并达成协议的一种私力合作。公私合作与私力合作均是合作型诉讼的一方面，二者可以独立发生并存在，不具有必然的共生共存的联系。基于此，我们认为，在控方与被追诉人进行协商时，被害方并非必然的参与人。控方提出的量刑建议、从宽意见于法有据并在法定从宽幅度之内，并非突破法律规定的非法交易，且控辩双方达成的协议仍需法院进行审查并作出最终裁判，因此，被害方是否参与控辩双方的协商并不影响从宽制度的公正性。当然，在诉讼中，笔者赞同也鼓励私力合作的达成，从宽制度与刑事和解可以共同适用。在庭审环节，被害方作为诉讼参与人，可以对控辩双发已达成的从宽协议发表意见，这样有助于发挥被害方对从宽制度适用的监督作用。同时，被害方的意见也可以作为法官审查和裁判案件的考量因素之一，促进裁判结果公正。总之，在从宽协商过程中，不宜让被害方参与，待从宽协议达成后可让被害方在庭审中发表意见。

（三）充分保障被追诉人的辩护权

从宽协议的有效达成需建立在控辩双方法律地位平等、诉讼信息对称的基础之上。而无论是法律地位平等还是诉讼信息对称，对于被追诉人来说，完善的辩护制度都不可或缺。相对于强大的控诉机关而言，被追诉人是一个弱者；相对于拥有法律专业知识的公诉人来说，被追诉人是一个法律的“门外汉”。一个普通被追诉人如果未能得到充分的辩护帮助，其很难对是否认罪、是否认罚、是否认程序形成正确的认识，并基于该认识作出自愿性选择。因此，从理

① 陈国庆：《试论构建中国式的认罪协商制度》，载《环球法律评论》2006 年第 5 期。

② 陈卫东：《认罪认罚从宽制度研究》，载《中国法学》2016 年第 2 期。

论上讲，在从宽制度中推行强制辩护制度有利于保障被追诉人认罪认罚认程序的正当性。但考虑到我国刑事司法领域辩护制度现状，现阶段直接推行这一制度仍面临较大阻碍。特别是我们还需质疑：在简单轻微刑事案件处理过程中设置强制辩护制度是否违反诉讼经济原则？这在当前试点的刑事速裁程序中已经成为一个亟须回应的难题。面对理论与现实的矛盾，从宽制度中的辩护制度如何进行完善？我们认为，一是从宽制度中的辩护不一定要贯穿诉讼的整个过程，只要在侦查、公诉特别是从宽协商阶段被追诉人能获得有效辩护即可保障从宽协议的公正性。二是扩大法律援助范围，建立健全辩护律师法律援助激励机制，保障被追诉人的辩护权。三是为未在从宽协议达成阶段获得辩护帮助的被追诉人设置完善的权利救济机制，充分保障被追诉人对从宽协议的反悔权，对裁判的上诉权、申诉权。

（四）完善从宽认同机制

从宽的兑现既是控辩协议的实现，也是被追诉人最大的期待。为此，一是应从及时变更对被追诉人的刑事强制措施、缩短办案期间等方面完善程序性从宽，使被追诉人在诉讼中直接感受到认罪认罚认程序带来的“实惠”。二是完善量刑认同机制。由前述可知，现行的简易程序、普通程序简化审均是基于被追诉人单纯认罪而设，与之相对应的是《刑法》第67条关于自首的规定，也仅针对“如实供述自己的罪行”即“认罪”而规定，对于认罚、认程序如何从轻或减轻并没有做出明确规定。最高人民法院《关于常见犯罪的量刑指导意见》虽然对自首、坦白、退赃、退赔、达成刑事和解协议等量刑情节做出了规定，但也没有关于认罚、认程序如何从宽的具体规定。基于此，建议对认罪、认罚、认程序逐项分层次进行量刑激励，设定科学、合理的从宽幅度；适当增加“应当型”从宽，增强“可以型”从宽与“应当型”从宽在量刑适用中的协调性，强化被追诉人对量刑激励的心理预期，保障量刑从宽的公正落实。

（五）完善司法责任制

公正是司法的天性。公正的保障需要司法活动遵循司法规律。在司法办案中，如果行政审批特征明显，行政运行色彩较浓，不但会影响司法效率，更为严重的是其侵蚀了司法的亲历性，影响了司法公正。从宽制度中，实际与被追诉人就是否认罪认罚认程序进行协商的是作为个体的检察官，如果检察官未被授权或授权过小，其很难在协商中自主性地向被追诉人做出量刑建议上、诉讼程序上的从宽承诺，从宽制度的运行也将步履维艰。适用从宽制度的案件均是事实清楚证据确实充分的案件，且控辩双方对定罪量刑等争执已基本达成一致意见，对于该类案件一般没有必要层报领导审批或是提请审判委员会研究决定。因此，应深入推进当前正在进行的司法责任制改革，使员额内法官、检察官真正成为有职权的办案主体、司法责任的承担主体，激发法官、检察官的主体意识、责任意识，推动司法办案在更高层次上实现公平正义。

认罪认罚从宽制度的理论探究

陈　明*

2014年10月，党的十八届四中全会通过的《中共中央关于全面推进依法治国若干重大问题的决定》（以下简称《决定》）中提出："要完善刑事诉讼中认罪认罚从宽制度。"为了落实贯彻《决定》的精神和要求，最高人民法院、最高人民检察院等司法机关和部门也作出了积极的响应。可以说，认罪认罚从宽制度是我国刑事诉讼制度改革的重大举措，也是我国刑事诉讼理论界和司法界在今后相当一段时间内讨论和研究的重要对象。虽然，不少地方依照中央部署对认罪认罚从宽制度进行了试点和探索，但立法意义上的认罪认罚从宽制度并没有完全得以确立，司法试点的做法也不尽统一。这背后隐含的问题是，作为一个新事物认罪认罚从宽制度在理论上并没有做好充分的铺垫。由此，对认罪认罚从宽制度进行基础理论研究是非常必要的。

一、对认罪认罚从宽制度的界定和理解

认罪认罚从宽制度一词仅出现于中央决策和司法机关的文件中，目前没有法律文件对认罪认罚从宽制度进行权威性界定，因此，我们对其概念的界定和理解，只能从字面意思、制度提出和设计者的初衷和相关文件的描述去加以概括提炼。

（一）认罪认罚从宽制度的概念解析

长期以来，我国刑事诉讼程序的公正价值受到了过分的强调，查清案件事实，准确惩罚犯罪成了刑事诉讼的首要价值目标。为了查清案件事实，不计成本、不计时间地进行诉讼程序，这势必会影响诉讼效率。与此同时，我国正处在社会转型时期，各类刑事案件急剧上升，而司法资源却相对有限，这使得司法机关处理刑事案件的负担日益加重。因此，合理地配置、利用有限的司法资源，提高刑事诉讼效率就显得尤为重要。这应该是这项制度提出和设计者的初

* 上海市黄浦区人民检察院检察长。

衷。由此，结合字面意思和相关文件的描述，我们认为，认罪认罚从宽制度是指，在刑事诉讼中，犯罪嫌疑人、被告人承认对其所提起的指控并愿意接受刑事处罚，进而与国家追诉力量达成一致，最终获得相对较轻惩罚的一种制度安排。

其中，对于“认罪”的理解，学界存在不同的看法。有学者指出，依据我国《刑事诉讼法》的规定，认罪不仅包括承认自己所犯罪行，对指控的犯罪事实没有异议，还包括对适用简易程序没有异议。①有研究者认为，认罪必须获得程序法上的意义才能对诉讼程序的进程和形式产生影响，认罪可能发生在侦查、审查起诉和审判各个诉讼阶段，但犯罪嫌疑人在侦查、审查起诉阶段的认罪不应具有程序法上的意义，能够对诉讼程序和形式产生影响的认罪只能是被告人在审判前阶段的认罪。②但也有学者认为，所谓认罪，仅指被告人在正式的法庭上承认控方提出的指控。③此外，还有研究者指出，认罪包含着主观与客观这两方面的要求，在主观上，必须坦诚地述说自己的犯罪事实，是真心实意的，而不是被逼迫的，被动的承认；客观上，被告人须将所犯客观事实如实交代。主客观相结合才是认罪。④ 事实上，认罪从主观角度可判断罪犯已认识到自身错误，通过对犯罪事实的供认以达到改过自新的目的，从客观角度则体现在罪犯对自身的恶劣行径真正做到供认不讳。

所谓认罚，则是一个比较新的概念，在形式上它表现为犯罪嫌疑人、被告人在认罪的基础上，愿意接受刑事处罚或处理。它包括两个层面的含义：首先，犯罪嫌疑人或被告人对面临的刑罚或者刑事处理决定是清楚的、理解的；如果犯罪嫌疑人或被告人对面临的刑罚或者刑事处理决定不清楚、不明白，而是通盘全吃——无论怎么处罚，怎么处理，他都表示接受——那就不是“认罪认罚从宽制度”意义上的认罚。其次，犯罪嫌疑人或被告人自愿接受已明晰的刑罚或刑事处理决定，亦即不存在法律层面外胁迫、欺骗致使犯罪嫌疑人或者被告人接受刑罚或者刑事处理决定。

从宽是指被告人能够在量刑或者处理上获得优惠。量刑优惠是从宽处理的最一般表现形式，包括从轻或者减轻处罚，在实践中它还包括作出不起诉决、缓刑判决，以及免除刑罚判决等；当然，就一个更加宽泛的角度而言，从宽还可能包含罪名的选择。需要特别指出的是，从宽必须是制度上的、经验上的，

---

① 张建国：《论对被告人认罪之确认亟需解决的几个问题》，载《赤峰学院学报》2005年第4期。

② 郭明文：《被告人认罪案件的处理程序研究》，西南政法大学2007年博士学位论文。

③ 马贵翔：《刑事诉讼结构的效率改造》，中国人民公安大学出版社2004年版，第228页。

④ 余胜：《认罪从宽制度刍议》，湘潭大学2009年硕士学位论文，第11页。

而不是个案上的——尽管个案上确实存在相当大的差别，但从认罪认罚从宽制度上讲，从宽是相对稳定的，被告人对量刑结果能够形成合理预期。此外，从宽还是一个动态过程，实践中它有一个协商合作、达成一致、从宽建议和最终确认的过程。

综上，我们认为在理解认罪认罚从宽这个概念时，需要注意以下几点：首先，认罪认罚应确保其自愿性。犯罪嫌疑人、被告人是自愿承认其所犯罪行，而不是在强大的证据面前被迫承认其犯罪事实。其次，认罪的时间段不宜局限于某个诉讼阶段，但应保证其连贯性。在犯罪发生后，只要犯罪嫌疑人、被告人自愿承认相关犯罪事实并且随后不存在翻供的情形，就可以认定为认罪。再次，将认罪限定为主、客观的结合固然有助于查明案件事实，但从程序运作和逻辑发展的角度来看，这一限定未必合理。因为被告人是否如实交代是需要经过审理来查明和验证的，它是审查的对象而非前提。最后，要准确理解认罪认罚从宽制度的内在逻辑，即认罪认罚与从宽的关系。我们认为，认罪认罚可能导致从宽处罚，但二者并不存在必然联系。为了确保量刑的合理性、科学性，应当综合考虑每个案件中的具体情况。

（二）认罪认罚从宽制度的特征

结合对认罪认罚从宽制度的界定，我们认为在理解认罪认罚从宽制度时应把握以下特征：

1. 认罪认罚从宽制度的前提是犯罪嫌疑人、被告人自愿认罪。本制度得以运行、实施首先应确保犯罪嫌疑人、被告人自愿认罪。一旦经过公安、司法机关的审查和确认，自愿认罪可以产生特定的法律意义，其独特的价值在于可以帮助司法机关在诉讼程序的繁简分流中作出合理的选择，也可以帮助犯罪嫌疑人、被告人本人获得相对有利的诉讼处境，包括程序上意义的和实体意义上的。因此，本制度实施的关键首先在于准确地判断是否存在自愿认罪这一情形。

2. 认罪认罚从宽制度是一种融合了认罪确认、快速办理、激励机制等要件于一体的制度。诚然，自愿认罪是本制度的前提，但本制度得以有效实施还有赖于其他要件的推动，这里值得一提的是快速办理和激励机制。如果认罪没有一定的激励机制并且依旧需要经历漫长的诉讼流程，那么犯罪嫌疑人、被告人很可能会缺乏认罪的动力，进而本制度也难以实施。因此，在特定类型的案件中，当犯罪嫌疑人、被告人自愿认罪后，应当有一个完整的制度应对，即在较短的时间内进行审查确认，然后给予较轻的处罚。

3. 认罪认罚从宽制度是合作型司法在我国刑事司法中的重要体现。在传统的对抗性司法中，为了确认被告人是否有罪以及刑事责任如何认定，控辩双方会充分地展开对抗，程序公正是人们关注的焦点。而认罪认罚从宽制度则体现了合作型司法的基本特征，由于被追诉方的自愿认罪，诉讼程序的对抗性大为降低，控辩双方都因此获得了相应的诉讼利益，诉讼效率也得到了一定的提升。

4. 认罪认罚从宽制度应该体现出一定的经济性。通过刑诉法的修订，刑事诉讼简易程序得到了一定程度的完善，但其适用仍显僵化，不能从根本上解决案件积压问题和司法资源紧张的问题。认罪认罚从宽制度虽然本质上建立在合作型司法的基础上，但政策倡导者的初衷仍有借助之提高诉讼效率和优化司法资源配置之意，故而它应体现了一定的经济性要求，否则它将失去生命力和活力，也将会受到司法界的排斥。因此，在构建认罪认罚从宽制度时，它的经济性必须得到考虑。

二、认罪认罚从宽制度的理论支撑

（一）当事人主义诉讼结构理论

我国刑事诉讼的模式正在渗入越来越多的当事人主义成分。当事人主义诉讼结构的机理是通过控辩双方作用和反作用，达到制约政府权力，揭示案件事实真相的目的。我们刑事诉讼模式的这种转变为认罪认罚从宽制度的构建提供的必要的条件。

1. 控辩平等为认罪认罚从宽制度提供了基本的前提。当事人主义特别强调控辩双方的平等性，当事人主义诉讼结构是建立在主体平等和控制权力基础之上的。这意味着每个人在诉讼中都拥有相同的尊严和权利，这种权利被认为是自然的，不存在国家施舍和等级之分。反映在诉讼实践中，诉讼参与者在人格上是平等的，检察官尽管作为国家或社会公众的代表追诉犯罪，但在诉讼中的地位只属于控诉一方的当事人。在当事人主义的诉讼模式中，被告人的主体地位得到了空前的加强，被告人可以自主地影响乃至决定自己的命运；为了维护被告人的这种自主权，充分的辩护制度和平等武装的理念被引入其中。控辩平等位认罪认罚从宽制度提够了结构基础，也为认罪认罚从宽程序推进提供了主体条件。

2. 权力的设计和控制保证了认罪认罚从宽的良好运转。对于处于相对弱势地位的被告人，确保其合法权益免受公权力的侵害成为认罪认罚从宽制度设计中一个必须考虑的问题。在当事人主义诉讼模式中，控辩双方共同推进刑事诉讼进行，而控辩双方作用的发挥又取决于各自所拥有的适度的处分权。从控诉方的角度，检察官所拥有的追诉权和起诉裁量权是其在刑事案件处理中做出选择的资本；从辩护方的角度，被告人所拥有的辩护权、律师权和有罪答辩的权利则是其应对指控的资本。当事人主义诉讼模式中所特别强调的侦查中的司法控制，令状主义、司法审查、律师帮助以及各种非法证据排除规则构成了一个严密的网络，非常有效地控制着公权的滥用行为，使被告人在参与刑事诉讼中获得“平等武装”的保障，获得了其与代表政府公权的检察官进行较量或协商的能力。

3. 消极居中的法官为防止认罪认罚从宽制度的异化提供了监督保障。当事人主义诉讼模式下，法官处于消极、中立、被动的地位，从他们的角度来看，如果双方当事人都没有争议，而且从宽处理又不损害他人或公众的利益，不违反法律公平正义的价值，就可以予以确认，自然也就没有干预的必要。认罪认罚从宽一定程度上是尊重当事人的程序主体地位和自由处分权。认罪认罚从宽的协商不过是一种争议的自我化解机制，在这种机制中除了双方存在合作之外与对抗制没有什么区别，法官也不会因为双方存在合作而感觉自己的裁决的权力受到了侵害，因为所有在合作中达成的意见最终会接受法官的检视。在当事人主义的影响下，法庭相信控辩双方可以通过协商最大限度地接近于事实，也有利于作出对整个社会来说公正的裁决，这一点不同于职权主义的传统观点。

实际上，认罪认罚从宽体现的充分尊重诉讼主体的精神，既蕴含平等、自由的价值理念，又是刑事诉讼民主化、刑事诉讼民事诉讼化的体现。合意型民主化刑事诉讼模式要求以法官、检察官、律师、被告人之间的合作来补充司法官员对客观真相的寻找。这种模式实际上也是最有效的事实发现机制之一，与全面对抗相比，它花费较少的成本，也极易获得稳定的收益。

（二）高度发达的契约自由观念

发达的契约观念是合作型司法得以生存和发展的一个很重要的要素，也是认罪认罚从宽制度得以确立的重要观念基础。当然，契约自由最初只是存在于市民社会的一种生活习惯，在私法领域起着至关重要作用，但如果我们认为契约的意义仅在于私法领域，那么就大错特错了。随着近代启蒙思想运动的发展，契约理论逐渐渗入公法领域。事实上，卢梭在《社会契约论》中已经对整个国家的统治秩序和权力构造进行契约化的描述。而赫费在其《政治的正当性》一书中也论及：契约不仅是私法的法律形态，而且也是公法的法律形态。社会主义核心价值观中的自由、平等、公正和诚信等也与契约精神相合。事实上，契约精神为现代国家、法治国家的建立及其法律制度的构建提供了强有力的理论支撑——人们逐渐认识到契约在公法领域同样有不可思议的巨大作用。契约观念作为一种方法、理论，其本身包含平等、参与、对话、谈判、妥协及意思自治等成为公法领域中合作型司法理论支撑之一。契约观念所包含的

"合意"和"互利"的基本原则从根本上克服了传统对抗式诉讼制度的非合意性、不确定性和不可预测性，满足了人们追求未来生活确定性、避免冲突的欲望，避免两败俱伤的结果。实际上，认罪认罚从宽制度本身就包含契约观诸多的内容：

1. 自治。自治是契约观的核心内容，当事人在法律允许的范围内享有完全的自由，按照自己的自由意思决定缔结合同关系，为自己设定权利或对他人承担义务，任何机关，组织和个人不得非法干涉。自治原则由平等原则派生而来，但其内容却极为丰富，也更为关键。认罪认罚从宽制度的自治强调犯罪嫌疑人或被告人认罪认罚是出于自愿，是其出于权衡利害后的理性选择。放弃自己愿意放弃的，选择自己愿意选择的，这才是意思自治最本质的反映。

2. 协商。契约意味着退让，意味着妥协，意味着彼此合意。在订立契约过程中，契约者只对自己的行为负责，并尊重彼此一致的意见，只有在这样的基础上建立起来的契约关系才对所有当事人有约束力，并使契约能够被信守。在认罪认罚从宽制度中，控辩双方以各自掌握的证据、牢靠的经验和高超的谈判技巧彼此之间展开博弈和妥协，并在这一过程中寻觅双方的平衡点。当然，控辩双方的合意并不是无条件的妥协，而是在平等自愿的基础上进行的，它在本质上仍属于一种力量上的较量，也是一种对抗，只不过这种对抗遵循特定的规则以协议的方式完成。

3. 互利。契约的目的在于保证缔约方的利益，从功能角度来说，契约对缔约者都有利。因此，契约可以称得上是一种世俗的、互利的、实用主义的活动。认罪认罚从宽制度在互利性上也不例外。坦率地说，互利是控辩双方进行合作的动力，双方都规避了风险，（几乎）获得了庭审前的确定利益。在传统正式的刑事程序中，审判的结果是非赢即输，而通过认罪认罚从宽可使控辩双方达到"双赢"。

4. 诚信。诚实信用被人们描述为民事活动的"帝王原则"，意思自治意味着契约是当事人真实意思的表示，违约是不被允许的和应该受到惩戒的。认罪认罚从宽制度并不要求诚实原则贯彻于程序始终，但要求达成一致的控辩双方应该保证契约的履行。在这一程序中，控辩双方达成协议，被告人不得随意撤回有罪自白，检察官不得随意撤回承诺。这种诚信和互约不仅在控辩双方间得到了信守，而且协议之外的人也以包括默认在内的各种形式予以尊重。

（三）实用的司法功利主义

每一种制度背后总有文化的力量，甚至可以说，是文化造就了制度——不必申辩的是，认罪认罚从宽制度充满了司法的功利主义文化。正如边沁在《道德与立法原则导论》一书指出的那样：按照看来势必增大或减小利益有关者的幸福的倾向，亦即促进或妨碍这种幸福的倾向，来赞成或非难任何一项行动。任何法律的功利，都应由其促进相关者的愉快、善与幸福的程度来衡量的。

1. 实用主义的文化倾向。按照美国实用主义哲学家杜威的观点，思想、概念和理论只不过是人为了达到目的的工具，只要它们对集体适应环境有用，它们就是真理。① 冯友兰在他的《三松堂自序中》对实用主义作了很好的阐释："实用主义的特点在于它的真理论……所谓真理，无非就是对于经验的一种解释，对于复杂的经验解释得通。如果解释得通，它就是真理，是对于我们有用。有用就是真理。所谓客观的真理是没有的。"认罪认罚从宽制度正是实用主义一项很好的例证，它的出现不在于高深的理论支撑和严密的逻辑推理，它的强大来自于它的"有用"或"好用"——它给诉讼的各方都带来了利益，它减少了司法成本，有助于解决犯罪高发等问题——你暂时还找不到替代的方法；而且你还可以从这种实用性中找到理论支撑，如当事人的主义的平等和自由，公正和效率的巧妙融合等。

2. 司法效益均衡观。经济基础对整个社会制度的形成和演变的重要影响一刻也不曾停息，诉讼也需要讲求效益。诉讼的效益性早先被视为正义的附属价值，然而当今时代大多数的法学家都已经认识到，程序的经济效益性和程序本身的内在价值及其外在价值一样，都是评价和重建一项刑事审判程序时所要考虑的重要标准。② 诉讼主体从司法成本和效益观出发，必然追求以诉讼过程中投入成本的最小化来获得诉讼结果效益的最大化。③ 司法效益观不能容忍人们对社会资源过度消耗的忽视，强调公正的相对性是站在更高的层次考虑整个社会的公正。认罪认罚从宽制度就是充分体现了司法效益观，公正是可以通过成本较小的协商获得，而且有时候公正通过协商更易获得，它实现了效益的最优化。务实而有效率的正义或许是在司法资源有限以及犯罪案件激增条件下最有利于实现社会正义的方式。

三、对公正争议的反驳：公正的多元性、个性化及偶然性

"公正"是社会主义核心价值观中的重要内容。当前，对认罪认罚从宽制度最大的争议在于，它是不是遵循了公正的价值观。否定者质疑认罪认罚从宽违背司法公正的原则，并进而担心它会使司法沦为一场极不严肃的"讨价还

① 邱仁宗：《20世纪哲学名著导读》，湖南出版社1991年版，第59页。

② 参见陈瑞华：《程序正义理论》，中国法制出版社2010年版，第190~191页。

③ 项振华：《美国司法价值观的新发展》，载《中外法学》1996年第2期。

价”。我们的意见是，认罪认罚从宽制度并没有违背司法公正的原则，它仅仅是突破了一些人固守的公正界限，将司法公正提升到一个更为实在、更为具体的层面。

毋庸置疑，“公正”在司法观念中一直是占有极高地位（甚至是最高）的概念。罗尔斯称：“正义是社会制度的首要价值，正像真理是思想体系的首要价值一样，作为人类活动的首要价值，真理和正义是绝不妥协的。”① 具体到法的价值理念中，公平常常被人们视为法律的基本精神，“真正的和真实的意义上的‘公平’乃是所有法律的精神和灵魂”。② 在刑事司法中，公平首先体现为同等对待同类主体，其次表现为同等对待类似的事项。另外，司法活动中的公平还突出的表现为对不同情形的不同对待，即在法律的框架内通过合理化的程序得出最符合法律意义和社会意义的结果。这是极为重要的公正理念，我们应该注意到了公正的个案意义，特别是在司法处置的过程中，公正应该更加具体而真实，更应该考察整个案件的背景。这使我们联想到法的公正应然性和实然性问题。

关于法的应然性问题和实然性问题是人们长期关注的问题，从法的公正价值的角度，同样也存在应然和实然两个方面，相关的学说很多，在此不作过多讨论。我们所关注的是两个问题：法律所体现的公正从应然性到实然性是怎样一个过程？对于立法者和司法者来说，应然性和实然性，应该做怎么样的考量？法的应然价值是人们法律上的奋斗目标，当然人们也公认这种应然性是一种理想状态，依靠司法的力量是难以到达的；无论是秩序、平等、自由、人权还是公正都必须经历一个从应然到实然的过程，而应然向实然的转化正是我们最关注的问题。必须承认的是，公正这种应然与实然层面的互动是一种对立统一的辩证运动，但两者经常处于矛盾之中，“……而人类的法的价值永远只是在追求理想的价值实现，当二者完全重合的时候，法本身就难以存在了”。③

立法者总是关注每一个特殊问题所隐含的一般规律，他们立法的最主要关注点在于秩序的规范，在于设定一种权利和义务关系维系整个社会稳定，提示人们秩序的存在，给人们最一般的行为规范；但司法者的关注点在于解决纠纷，在于用体现一般规律的法律去解决一个又一个活生生的案例——在司法者的世界里，你几乎看不到相同的案件。当然这并不意味着，司法者不追求最一般的公正，他们心里清楚，对法的公正（应然）的追求永远是无限制的接近

① ［美］罗尔斯：《正义论》，何怀宏等译，中国社会科学出版社1988年版，第3页。

② ［美］金勇义：《中国与西方的法律观念》，陈国平等译，辽宁人民出版社1989年版，第97页。

③ 卓泽渊：《法的价值总论》，人民出版社2001年版，第38页。

它。在应然性的公正向实然性的公正转变的过程中，我们更愿意将其称为“偶然性”的公正——从应然性的公正走向实然性的公正，无不是通过一个个具体的案件来实现的，而这些案件无一不是偶然发生的，立法者永远也不会预测出每一个具体案件的发生，无论是人还是事。公正是一个多元的变化的概念，正是基于此，我们认为，个案公正的实现是极为重要的，尤其是在司法活动中。进而，当法律的一般公正性体现于个案的司法活动，它的一些公正要素很可能遭到分解，这些实体正义、程序正义、效率、报应、人权、被害人的补偿、社会影响等要素都可能在不同的案件有不同程度的放大或缩小；人们的关注点都会有所侧重，人们关注点的变化会导致案件处理上的个性化，进而实现个案的公正。于是我们很容易理解一个有趣的社会现象：为什么同样是一起交通肇事案件，当犯罪嫌疑人驾驶一辆豪车肇事就可能受到人们更为严重的非议；为什么同样的数额一致的盗窃案件，当被害人为老人、残疾人等弱势群体时人们会对犯罪嫌疑人表现出更多的愤慨；为什么人们会大声疾呼“迟来的正义非正义”!

刑事诉讼的立法与实践中坚持并发展了无罪推定原则、排除合理怀疑原则、被告不得强迫自证其罪原则、法官独立原则以及证据排除规则等，这些原则与普通法的传统相结合，都是用来丰富和实现理想主义公正观。认罪认罚从宽似乎恰恰违背了这些原则的，其实不然，认罪认罚从宽并不是对这些基本原则和规则的背离，相反它是这些原则和规则的现实化：

首先，认罪认罚从宽程序中，对被告人权利处分自由的维护、对被告人答辩自愿性的保证、对辩方全面参与协商的顾及恰恰体现了对当事人的权利的尊重，这比所谓的控辩双方对抗制下的平等地位来得更为直接和现实。

其次，公正观要求诉讼能客观真实地再现案件事实，但谁都知道这更多是一种一厢情愿。在我们一遍遍强调沉默权、不得强迫自证其罪权时，法律却对检察官规定了更为严格的证明要求、证明标准以及各种各样的证据排除规则；而排除合理怀疑原则又是一个难以琢磨的理念，更不说那充满不确定的自由心证制度和陪审团制度，这一些大大加重了检察官的压力。一个完美的案件处理过程好比树立一个桌子的四腿：“法律”、“证据”、“证明”、“诉讼技巧”，检察官的胜诉好比要将四个桌腿全部撑起，而辩方却只需拆毁任何一腿，就足以使桌子倾覆。这是刑事诉讼的特殊性的要求。但是，一个明显的事实摆在面前，还原事实的全貌是存在相当大的难度的——即使完整诉讼也很难做到。如果是这样的，在被告人是案件事实最好的证明人的情况下，为什么我们要排斥一种自愿性的有罪答辩？进而我们为什么要放弃用一种更为现实的方式去追求事实的真相?

再次，如果我们强调程序正义的独立价值，那么程序正义的本质是什么？罗尔斯提出了程序正义的三种形态：纯粹的程序正义、完善的程序正义及不完善的程序正义，并着重对纯粹的程序正义进行了论述。[①] 罗尔斯进一步指出这种纯粹的程序正义不存在任何有关结果正当性的独立标准，但是存在有关形成结果的过程或者程序正当性和合理性的独立标准，因此只要这种正当的程序得到人们恰当的遵守和实际的执行，由它所产生的结果就应被视为是正确和正当的，无论它们可能会是什么样的结果。[②] 由此，司法程序这种独立价值被理解为：那些其权益可能会受到刑事裁判或者刑事审判结局直接影响的主体应有充分的机会并富有意义地参与法庭裁判的制作过程，从而对法庭裁判结果的形成发挥有效的影响和作用；它又被分解为：参与性、中立性、对等性、合理性、自治性和及时终结性。很明显的是，认罪认罚从宽程序几乎将这些程序正义的要素均考虑周到，它吸引了辩方的充分参与，将辩方视为平等的契约的订立者，尊重被告人的意思自治，依靠证据作为博弈的工具而不是随机、任意处理，最终在极为经济的时间内展开合作，并接受中立的法官的审核。因此，认罪认罚从宽程序并不违背程序正义。

最后，如果我们把对抗制的诉讼模式视为一种充满公正并进而能够得到结果的方式，那么认罪认罚从宽不过是把这种对抗前移到起诉阶段——检察官仍然需要对全部的证据和法律进行审视，进而展开与辩方的对抗和博弈，这种对抗性在检察官和辩护律师专业性的背景下并不比对抗制的诉讼模式少太多；更需要的关注的是，认罪认罚从宽制度中的对抗更能达到一个为人们接受的结果，更为高效和有序，充满了人性关怀和社会影响的考虑，而且能够避免对抗制中的论辩技巧的影响。需要进一步指出的是，认罪认罚从宽制度导致了对犯罪轻处罚的结果，是不是违背了罪刑相一致的原则？回答这个问题仍然要考虑公正应然性问题——罪刑相一致原则从来都是抽象的而不是具体的，更何况罪刑相一致并不排斥特定条件下的对被告人的宽宥处理；进而如果我们把“罪”和“刑”刻画成一一对应的关系，那不正说明了对认罪认罚展开具体协商的合理性吗？

我们认为，用理想主义的公正观来评析认罪认罚从宽的公正本身就是一种错误。认罪认罚从宽本不过是一种理想正义实现的方式，它的公正应从其程序的独立价值去评判——在它满足程序正义的各种要素时，你不能对它有过分的要求；它所实现的公正是一种现实的公正，更是一种偶然的公正的——在它实

---

① 参见［美］罗尔斯：《正义论》，中国社会科学出版社1988年版，第80~83页。

② 参见［美］罗尔斯：《正义论》，中国社会科学出版社1988年版，第80~83页。

现的正义如果没有偏离整个社会的价值观念，没有造成层出不穷冤假错案，你不能对它的高效视而不见，不能称之为对“公正”的背叛。当然，在肯定认罪认罚从宽的公正价值时，我们应该注意批判三个错误的倾向：一是把认罪认罚从宽制度的公正视为完美的公正，这无需多言——它只是追求理想公正的一种方式，它实现的是实然性、偶然性的公正，而不是完美的公正，它存在缺憾、不足。二是不能把认罪认罚从宽程序的公正仅仅理解为“确保有效定罪，迅速结案”。[①] 认罪认罚从宽程序的公正应该建立在程序价值独立评价的基础上，它的内容更为丰富多彩，“效率”仅仅是其最为显性的表现而已。三是对审判近似理论批判。认罪认罚从宽制度可能会引起相似案件处理的不对等，这并不一定意味着不公正。同罪同判虽然是理想的刑法状态，但没有一个案件是真正相同的，更何况认罪认罚从宽制度并没有从根本上排斥这一理想状态。

① 参见项正华：《美国司法价值观的新发展——评“辩诉交易”》，载《中外法学》1996年第2期。

的侦查工作而言，证据收集的难度将会大大提升。在这种冲突下，若缺乏相应的措施进行补位，侦查机关特别重大贿赂犯罪查处与证明能力将大幅下滑，最终会导致国家对社会控制的合法性逐渐流失而产生非平衡状态①。

因此，为了寻求制度平衡，应对“由证到供”侦查模式所涉及的更广泛的侦查空间和复杂的侦查操作，必须赋予检察机关一定的“办案时空”，同时打破侦查部门在将犯罪嫌疑人送往看守所羁押前短短48小时审讯时间的壁垒，以便突破口供，并在此基础上形成较为完善的证据体系。那么，指定居所监视居住在一定程度上就起到了这样的程序功能，其进一步增强了检察机关办案的主动性，侦查部门可以有更加充足的时间分析和掌握犯罪嫌疑人的心理，以突破口供，并适时调整侦查方向，全面收集和固定其他证据，增强外围取证的力度，从而迎合“审判中心主义”诉讼体制改革的要求，避免出现仅凭口供取证的办案风险，逐步实现“由供到证”向“供证结合、由证到供”的职务犯罪案件侦查模式的转变。

因此，从检察机关查办职务犯罪案件的角度来看，指定居所监视居住保持了刑事诉讼法的动态平衡，它的创设为实现“侦查中心主义”向“审判中心主义”的诉讼体制转变提供了过渡的空间，其实然价值正是两种诉讼体制博弈下的现实选择的必然结果。

二、实证表象背后的合宪性检视：实践对立法的有限兼容与反对

“程序创新的命运在很大程度上并不取决于那些喜欢欣赏规则之完备的法律人，改革的成败主要取决于新规则和某一特定国家的司法管理模式所根植于其中的文化和制度背景的兼容性。”② 因此，立法对该制度一些关键问题过于模糊的规定，以及支撑该制度运行相关配套机制的滞后，指定居所监视居住强制措施的运行必然会出现法律变通与实践异化的现象，并导致实践在对立法兼容的过程中必然伴随着有限的反对，而正是这种实践中有限的兼容与反对，折射出对指定居所监视居住立法合宪性检视的必要性。

（一）关于“符合逮捕条件”的检视

修改后的《刑事诉讼法》将“符合逮捕条件”规定为适用监视居住强制措施的前提条件，然而，是否符合逮捕条件，法律并没有规定由侦查监督部门

① 高松林、刘宇、师索：《指定监视居住的功能分析与制度完善》，载《西南农业大学学报（社会科学版）》2012年第4期。

② ［美］米尔伊安·R. 达玛什卡：《司法和国家权力的多重面孔——比较视野中的法律程序》，郑戈译，中国政法大学出版社2000年版，序言。

具体审查判断，而完全由自侦部门自行审查决定。然而，这种“自行审查自行决定”的操作模式，使“符合逮捕条件”的立法宗旨有被实践虚置化的嫌疑，指定居所监视居住亦然成为了逮捕强制措施的前置程序。从一定程度上讲，“符合逮捕条件”的虚置，明显违反了“适用指定居所监视居住以减少羁押”的立法功能预设，实践中的本末倒置，亦然使得指定居所监视居住成为充足逮捕条件的手段。

（二）关于“案件的特殊情况和办理案件需要”的检视

修改后的《刑事诉讼法》第72条规定，在符合逮捕条件的前提下，有5种情形可以适用指定居所监视居住①，其中第一、二、三和五种情形，在司法实践中较易把握，但是第四种情形“案件的特殊情况或者办理案件的需要”显得过于模糊与含混，相关的司法解释及新刑事诉讼规则也没有给予明确的阐释，而该适用条件“也最为能够集中体现立法调整监视居住定位的意图”②，但是，较大的立法解释空间及司法自由裁量空间，极易沦为检察机关随意启动指定居所监视居住程序的借口。正如有学者指出：“强制措施可以成为侦查活动的一部分，但强制措施绝不是从犯罪嫌疑人那里获取证据的手段和方法。换言之，不可以将强制措施保证刑事诉讼顺利进行的功能，同时理解为通过强制措施顺利地从犯罪嫌疑人、被告人身上获得有罪供述及其他有罪证据的功能。”③

（三）关于“涉嫌特别重大贿赂犯罪”的检视

修改后的《刑事诉讼法》第73条规定，经过上级检察机关的审批，“涉嫌特别重大贿赂犯罪案件”可以适用指定居所监视居住，然而，司法实践中，“特别重大贿赂犯罪案件”是一个内涵与外延较为含糊的“难以确定的概念”。那么，如何界定“涉嫌特别重大贿赂犯罪案件”的范围呢，《人民检察院刑事诉讼规则（试行）》（以下简称《刑事诉讼规则》）第45条规定了认定“特别重大贿赂犯罪”的三个标准，即“涉嫌贿赂犯罪数额五十万元以上，犯罪情节恶劣的；有重大社会影响的；涉及国家重大利益的”。由于用语的过于原则

---

① 《刑事诉讼法》第72条规定：“人民法院、人民检察院和公安机关对于符合逮捕条件，有下列情形之一的犯罪嫌疑人、被告人，可以监视居住：（一）患有严重疾病、生活不能自理的；（二）怀孕或者正在哺乳自己婴儿的妇女；（三）系生活不能自理的人的唯一扶养人；（四）因为案件的特殊情况或者办理案件的需要，采取监视居住措施更为适宜的；（五）羁押期限届满，案件尚未办结，需要采取监视居住措施的。对符合取保候审条件，但犯罪嫌疑人、被告人不能提出保证人，也不交纳保证金的，可监视居住。监视居住由公安机关执行。”

② 程雷：《刑事诉讼法第73条的法解释学分析》，载《政法论坛》2013年第4期。

③ 李建明：《适用监视居住措施的合法性与公正性》，载《法学论坛》2012年第3期。

性与高度概括性，《刑事诉讼规则》第45条规定的标准仍然界定模糊，对查办职务犯罪的实践指导意义和操作性不强。

（四）关于“可能有碍侦查”的检视

何为“可能有碍侦查”，刑事诉讼法并没有给予明确的界定，使司法实践中，对“有碍侦查”及“有碍侦查情形是否消失”的认定存在一定的争议。虽然《刑事诉讼规则》第110条规定了可能毁灭、伪造证据，干扰证人作证或者串供的、可能自杀或者逃跑的等六种具体“可能有碍侦查”的情形，但是，六种情形适用条件都非常模糊，且无需任何证据上的要求，而且“可能”只是一种事先性的、非必然性的且不确定性的主观认知与判断，从理论上讲，对于特别重大贿赂案件而言，都有出现这“六种情形”之一的可能，在自侦部门看来，无疑都是符合的，这样以来，是否“可能有碍侦查”完全由检察机关自行掌握。再者，“有碍”更是一种原则性、可能性的概念描述，司法实践中有碍侦查的情形复杂多样，不可能用有限的列举方式加以穷尽。

（五）关于“指定居所”的检视

如何确定执行场所是指定居所监视居住执行程序中的核心问题，指定的居所应当符合怎样的条件与标准，《刑事诉讼规则》第110条给出了三条原则性的规定，即“具备正常的生活、休息条件；便于监视、管理；能够保证办案安全”。那么如何界定“正常”、“便于”、“能够”的具体含义，这又囿于法律规定不确定性的牢笼，而且满足这三个条件的“居所”应该设置在何处、应该遵循哪些规则都没有进一步明确。而修改后的《刑事诉讼法》第73条又没有从正面对“居所”的条件加以回应，只是对执行场所的选择作出了排除性的规定，即“不得在羁押场所、专门的办案场所执行”，《刑事诉讼规则》第110条又进一步对“羁押场所、专门的办案场所”的外延作了排除性的列举规定，其立法目的无疑是实现指定居所监视居住强制措施的非羁押性程序功能，以及防止刑讯逼供。但是，从法律规定的这些排除性“执行场所”来看，唯独难以把握的是“专门办案场所”的外延，从理论上来讲，在羁押场所、专门的办案场所之外，存在无数种可能的地点。

（六）关于“执行主体”的检视

法律条文总体上确定了指定居所监视居住的执行主体与决定主体相分离的原则，体现了权力监督与制约的精神，也更加符合正当程序的要求。检察机关决定的职务犯罪案件指定居所监视居住，在执行层面上必然少不了检察机关的参与，但是无论是参与协助执行还是辅助执行，检察机关都不得否定公安机关执行主体的身份与履职义务，在参与协助执行的过程中，不得成为执行的主导者，更不能由检察机关自行执行。然而，从实践调研情况来看，公安机关全程独立执行的情形极少，往往是检察机关将执行通知书交由公安机关，公安机关派员宣布或者出示执行手续，以警力不足为由，实际上并不真正派员全程参与执行，而是由检察机关派出法警实际执行，或者公安机关与检察机关采取一定方式联合执行，且以检察机关实际执行为主。这种制度的虚置化不仅仅是对公检"分工负责、互相配合、互相制约"宪法原则形式上的违背，更是对检察机关办理职务犯罪案件侦查程序的合法性提出了质疑，容易成为合理怀疑的源头、蕴育非法证据或者瑕疵证据的起点。而且，随着非法证据排除规则适用法治环境的不断成熟与完善，由检察机关而非公安机关负责指定居所监视居住的执行，从而导致被告人在指定居所监视居住期间所作的供述予以排除的情形将成为必然趋势①，这也正是指定居所监视居住执行主体的虚置化而导致程序的非法之嫌带来的排除之痛。

（七）关于"合法性监督"的检视

修改后的《刑事诉讼法》第 73 条规定了检察机关对指定居所监视居住的决定和执行是否合法进行监督，从该条规定的内容来看，虽然规定的过于原则，而且具体监督程序仍然缺失，但是就公安机关决定适用指定居所监视居住是否合法性而言，体现了检察机关的法律监督属性，遵循了权力制衡原则。然而，检察机关如何监督自身决定适用指定居所监视居住的合法性呢，显然，修改后的《刑事诉讼法》第 73 条在司法实践中不具有可操作性，极易导致合法性监督的虚置化。虽然《刑事诉讼规则》第 118 条规定："对于下级人民检察院报请指定居所监视居住的案件，由上一级人民检察院侦查监督部门依法对决定是否合法进行监督"，不可否认，此规定体现了检察机关内部权力的监督与制衡，但是，在当前检察机关自侦一体化办案模式下，上级检察机关通过交办、督办、联办的方式指挥下级院侦查办理职务犯罪案件，实质上就是上一级检察机关在主导着案件的办理。那么，在这种检察机关内部监督的机制下，上级院侦查监督部门对下级自侦部门指定居所监视居住合法性的监督，实际上就是上级院侦查监督部门与自侦部门之间的内部监督，然而同级自侦部门的级别规格又高于侦查监督部门，加之当前高压反腐的司法环境，往往是举全院之力服务于自侦办案，侦查监督部门出于多方因素的考量，不愿担监督之名而冒干预侦查之风险，监督极易虚置而流于形式。此外，监督必须知情，由于具体监督程序的缺失，鉴于自侦案件侦查保密的要求、自侦部门与侦查监督部门指定

① 参见贵州省贵阳市南明区人民法院蒋某受贿案（2014）南刑初字第478号刑事判决书。

居所监视居住信息共享机制的缺位，使侦查监督部门的知情渠道不畅通，更导致指定居所监视居住合法性监督机制的萎缩与虚置。

三、检察机关适用指定居所监视居住的运行规制：实践对立法的反哺

由于立法理念的偏向和条文内容的粗疏，指定监视居住的适用存在较大的弹性空间和解释张力①，进而引发司法实践操作中的诸多问题与困境，特别是“审判中心主义“对职务犯罪侦查模式所带来的新挑战，检察机关自侦部门很可能会将指定居所监视居住作为逮捕强制措施的替代品而用到极致。因此，要充分发挥指定居所监视居住的立法价值、实现其程序功能，势必要在实践中对指定居所监视居住的运行进行制度化的完善与规制。

（一）完善指定居所监视居住法律监督机制

修改后的《刑事诉讼法》第 73 条第 4 款规定了检察机关对指定居所监视居住的决定和执行是否合法进行监督，前文已经论述该规定对检察机关自身决定适用指定居所监视居住合法性监督的制度缺陷，虽然《刑事诉讼规则》第 118 条对指定居所监视居住合法性监督机制进行了程序上的补充与完善，但是对检察机关因无固定住所而径直启动指定居所监视居住的情形，其合法性监督亦然成为“真空地带”。因此，在当前再次修法几无可能的立法环境下，必须回归制度本身，寻求司法机制的进一步完善。值得肯定的是，最高人民检察院也已经意识到司法实践中指定居所监视居住监督制约机制出现的问题，并将“完善对指定居所监视居住决定和执行的监督机制”纳入了最高人民检察院《关于深化检察改革的意见（2013—2017 年工作规划）》，同时采取了一系列措施，建立了相关制度、机制对指定居所监视居住的合法性监督进行了规制。2015 年 10 月 13 日，最高人民检察院就进一步完善对指定居所监视居住决定和执行的监督机制，下发了《人民检察院对指定居所监视居住实行监督的规定》（以下简称《规定》），《规定》明确了合法性监督的职能部门、监督的范围、监督的内容、监督的程序等，尤其是对于因无固定住所而径直启动指定居所监视居住的决定与执行监督，作出了制度上的安排与设计，弥补了《规则》中相关规定的空白。从总体上来看，《规定》使指定居所监视居住的合法性监督具有了实践层面上的可操作性，但是《规定》对一些根本性的问题仍然没有进行回应，比如，同级检察机关侦查监督部门监督同级反贪部门的刚性问题；指定居所监视居住程序性制裁机制的缺少问题，即提出纠正意见的监督结

① 左卫民：《指定监视居住的制度性思考》，载《法商研究》2012 年第 3 期。

果一般都不会使案件在程序上面临任何不利后果；“通知”的具体内容不明确的问题，《规定》明确要求告知执行监督部门指定居所监视居住的地址，但是关于通知家属的具体内容仍然没有明确；监督属性问题，监督是事前监督还是事后监督，是实质监督还是形式监督，这些问题都直接关系到合法性监督职能是否能够真正发挥作用以及犯罪嫌疑人人权的保护。

（二）规范指定居所监视居住的执行场所

指定居所监视居住的执行场所是该制度执行程序中的核心问题，解决执行场所最理想化的路径还是回归到建立专门指定居所监视居住场所的可行性。执行场所的选择，最主要的是在人权保障与司法资源的分配之间寻求合理的平衡点，那么要达到这一平衡点，建立专门化的指定居所监视居住场所应该是一条可行化的路径选择，这一点可以借鉴英国的保释公寓制度①，这种保释公寓实质上就是一种专门化的保释居住场所，既能够实现集中化管理，节约司法成本，又能够保障人权，防止变相羁押，因此完全可以借鉴这种保释公寓制度，建立专门指定居所监视居住的执行场所。事实上，无论是司法实务界还是法学理论界都在积极探索如何建立专门的指定居所监视居住场所，例如，2015 年 10 月 31 日，指定居所监视居住场所建设与使用专家研讨会在江苏镇江召开②。建立专门执行场所实行集中化管理模式的关键还在于制度的设计上，核心在于“审、看、录”三分离的基础上实现“三主体”的相互分离，即指定居所监视居住的决定或适用主体、指定居所监视居住的执行主体、指定居所监视居住场所的建设与管理主体相分离。司法实践中更多的担忧是这种集中化的监视居住场所会不会导致变相羁押，其实这种担忧是多余的，集中化的管理并不等于集中化的羁押，是程序上的违规而不是场所的选择导致的变相羁押，防止变相羁押的关键还是在于可行性制度的设计，即程序的细化和程序性制裁机制的建立。

（三）完善公安机关与检察机关的执行协作机制

立法赋予公安机关指定居所监视居住的执行主体地位，无疑具有正当性的法理基础，如何平衡司法实践与立法规定之间的冲突，在当前修法几无可能的背景下，需从司法实践出发，坚持“公安为主、检察协助”的原则，完善两

---

① 在英国的附条件保释制度中，法官除了可以要求被保释人定点居住、禁止前往指定地点或者只能生活在离指定区域一定范围内的地方等一般条件外，对于没有固定住所或者被指控罪行与其住所有关联的被保释者，会被要求住进指定的保释公寓（或称保释招待所）。

② 周绪平 邱勇 游若望：《指定居所监视居住场所规范化建设实践与反思——“指定居所监视居住场所建设与使用”研讨会述要》，载《人民检察院》2015 年第 24 期。

者的执行协作机制，明确职能分工、明晰权责划分。公安机关与检察机关执行协作机制的可行性模式为：公安机关作为执行主体，抽调少量精干警力负责监视居住的执行组织工作，检察机关司法警察全力配合公安机关执行，人员由担任执行组织工作的公安机关统一调配，具体负责执行的各项工作，自侦部门办案人员不参与执行的任何工作，并明确由于执行不到位、执行失职而产生严重后果的主要责任应归属于执行主体即公安机关，至于执行主体的级别选择、管辖确定，检察机关协助执行的具体方式、具体职责，都可以结合工作实际予以协商确定。这样既坚持了法律原则性规定，减轻了公安因警力不足而承担的执行压力，又强化了公安机关的执行主体责任意识，有利于实行“看、审、监”的分离，防止权力滥用，体现程序正当的要求。

指定居所监视居住的制度生命力正是缘于“以审判为中心”的诉讼制度改革的时代背景需求，其制度的变迁保持了刑事诉讼法的动态平衡，为实现“侦查中心主义”向“审判中心主义”的诉讼体制转变提供了过渡的空间。法律对相关内容规定的过于模糊与不确定性，使得指定居所监视居住在司法实践中面临着许多现实的困顿与可能的危险。本文以职务犯罪侦查实践为切入点，立足对指定居所监视居住合宪性检视的结果，尝试探索如何对检察机关指定居所监视居住制度存在的缺陷及问题进行实践上的规制。但是，具有中国特色的指定居所监视居住强制措施本身无疑是瑕瑜相间的，要完全规制指定居所监视居住制度所存在的问题，是不能一蹴而就的，无论是从司法论的角度进行制度的完善，还是从立法论的角度进行制度的重构，都有待于“审判中心主义”的诉讼制度在实践中真正建立和运行，而不应止于司法理念的层面，因此，推进指定居所监视居住制度与司法实践的良性互动，避免其滥用，以实现打击犯罪与保障人权的平衡，仍然需要凝聚更多的智慧进行有益的探索与尝试。

第三专题

检察机关提起公益诉讼制度研究

检察机关提起民事公益诉讼制度有关问题研究

毛婵婵*

在检察机关提起的刑事、民事、行政三大诉讼中，法学界和司法实务部门对检察机关提起民事公益诉讼的争议最大。虽然，目前检察机关提起民事公益诉讼试点获得了权力机关的正式授权①，但尚未正式立法。因此，有必要对检察机关提起民事公益诉讼的正当性、法律地位及具体制度构建进行研究论证。

一、检察机关提起民事公益诉讼的正当性

在我国，公益诉讼是指特定的机关和有关组织，根据法律规定或权力机关的授权，对特定范围内违反法律、法规，损害社会公共利益或不特定多数人利益的行为，依照法定程序向法院提起诉讼，要求人民法院依法追究违法者法律责任、维护国家和社会公共利益的诉讼制度。2012 年 8 月修改后的《民事诉讼法》对我国民事公益诉讼制度作出了规定："对污染环境、侵害众多消费者合法权益等损害社会公共利益的行为，法律规定的机关和有关组织可以向人民法院提起诉讼。"目前我国仅有《海洋环境保护法》、《环境保护法》及《消费者权益保护法》对民事公益诉讼主体作出了规定，当前能够提起环境民事公益诉讼的主体仅限于国家海洋环境保护部门和环境保护法所规定的社会组织，能够提起消费类民事公益诉讼的也仅限中国消费者协会及在省、自治区、直辖市设立的消费者协会。目前检察机关还不是法定的民事公益诉讼主体，但全国人大常委会的授权使 13 个试点省、自治区、直辖市的检察机关提起民事公益诉讼具有了正当性。

---

* 湖北省人民检察院民事诉讼监督处副处长，四级高级检察官，法学博士。

① 2015 年 7 月 1 日，《全国人大常委会关于授权最高人民检察院在部分地区开展公益诉讼试点工作的决定》出台，正式授权北京、内蒙古、吉林、江苏、安徽、福建、山东、湖北、广东、贵州、云南、陕西、甘肃 13 个省、自治区、直辖市在生态环境和资源保护、国有资产保护、国有土地使用权出让、食品药品安全等领域开展提起公益诉讼试点工作。

质疑检察机关民事公益诉讼起诉资格的理由主要集中于：(1) 民事公益诉讼在性质上属于民事诉讼，民事法律关系属于私法调整范畴，检察机关作为公权力介入，会对私权造成不当干预。[①] (2) 我国检察机关在性质上是国家法律监督机关，与西方国家检察机关社会公共利益代表人的性质不同，不能作为公共利益代表提起民事公益诉讼。[②] (3) 检察机关作为国家法律监督机关，对民事诉讼具有监督权，提起民事公益诉讼会造成法律监督者与诉讼参与者的角色冲突，[③] 导致检察机关既是运动员又是裁判员。[④] (4) 检察机关提起民事公益诉讼掩盖了行政管理漏洞。公共利益受损首先反映了社会管理中的漏洞，很多时候政府都负有不可推卸的责任，检察机关直接针对侵权人提起民事公益诉讼掩盖了行政管理中的问题。[⑤] 对此，本文分别予以回应。

(一) 公权力介入私权领域不必然造成对当事人处分权的不当干预，程序正当的公权适度干预反而会对当事人处分权形成一种保护和补充

虽然私法自治原则是民法的基本原则之一，但私法自治并不是完全的、绝对的，在一定程度上要受到国家利益和社会公共利益的限制。以私法自治为主、实行国家适度干预，是国家干预理论在民事法律领域的体现，也是民事诉讼法应当遵循的客观规律。为了平衡协调私人利益与公共利益之间的冲突，许多国家已经抛弃了绝对意义上“自由处分”的民事理念，放弃了“不得干预私法”的传统观念，代之以对民事活动实行或多或少的国家干预原则。我国对当事人的处分权也实行了有限处分原则。[⑥] 国家限制当事人自由处分的前提是“依法”、“程序正当”、“保护国家利益和社会公共利益”[⑦]。在有关民事行为危及国家利益、社会公共利益的情况下，由检察机关代表国家以提起民事诉讼等方式进行干预，[⑧] 不仅不会侵犯当事人的处分权，反而在一定程度上能补

① 参见王蓉、陈世寅：《关于检察机关不应作为环境民事公益诉讼原告的法理分析》，载《法学杂志》2010 年第 6 期。

② 参见陈兴生等：《民事公诉权质疑》，载《国家检察官学院学报》2001 年第 8 期。

③ 参见王福华：《对我国检察机关提起民事诉讼的质疑》，载《上海交通大学学报（哲学社会科学版）》2003 年第 3 期。

④ 参见王蓉、陈世寅：《关于检察机关不应作为环境民事公益诉讼原告的法理分析》，载《法学杂志》2010 年第 6 期。

⑤ 参见熊明：《检察机关不宜成为民事公益诉讼的主体——以新修订的民事诉讼法为视角》，载《辽宁公安司法管理干部学院学报》2013 年第 2 期。

⑥ 我国《宪法》第 51 条规定，中华人民共和国公民在行使自由和权利的时候，不得损害国家的、社会的、集体的利益和其他公民的合法的自由和权利。

⑦ 参见徐汉明、蔡虹等：《中国民事法律监督程序研究》，知识产权出版社 2009 年版，第 22 页。

⑧ 江苏省人民检察院法律政策研究室：《关于探索建立检察机关提起民事公益诉讼制度的调研报告》，载《民事行政检察指导与研究》，中国检察出版社 2016 年版，总第 16 集。

强实体权利人诉讼能力的不足，帮助受害人实现其处分权。2015 年 1 月最高人民法院发布的《关于审理环境民事公益诉讼案件适用法律若干问题的解释》明确规定，法律规定的机关和社会组织提起环境民事公益诉讼的，不影响因同一污染环境行为受到人身、财产损害的公民、法人和其他组织依据民诉法第 119 条的规定提起诉讼；并规定已为环境民事公益诉讼生效裁判认定的事实，实体权利当事人无需举证证明。[①] 因此，只要实行国家公权力对私权干预的法治化，就可以避免公权对私权的不当干预；只要建立规范的民事公益诉讼制度，检察机关提起民事公益诉讼就不存在侵犯当事人处分权之虞。

（二）我国检察机关的基本属性和职能决定检察机关是提起民事公益诉讼的适格主体

公益诉讼起源于罗马法，早期的罗马法规定，除法律有特别规定者外，凡罗马“市民”均可提起保护公共利益的诉讼。从英国、美国、德国等国家关于公益诉讼的主体资格看，在公益诉讼中，有资格提起诉讼的人包括自然人、法人、团体组织和检察院。可以说，在历史的早期，公益诉讼主体资格的选择标准是“被认为较为适宜起诉的人”。因此，虽然我国检察机关的性质定位与西方“三权分立”国家检察机关的性质存在差异，但这并不能成为质疑我国检察机关民事公益诉讼起诉主体资格的理由。相反，我国检察机关的属性和基本职能使其更适宜成为提起民事公益诉讼的重要主体。其一，在我国权力机关之下的“一府两院”政体结构下，行政机关是国家权力机关的执行机关，是社会公共事务的管理者和经济、行政法律法规的执行者，行政机关通过实施积极的行政行为从正面促进社会公共利益的实现，是国家利益和社会公共利益的主要代表人。检察机关是国家的法律监督机关，主要职能是监督国家法律能否得到统一正确实施，检察机关对国家利益、社会公共利益的保护是通过行使监督职能，对政府公共利益代表人的行为等进行监督和评判，采取督促或者提起诉讼的方式，使已经或将要受到损害的公共利益得到修复和保护。从这个角度讲，我国检察机关也是社会公共利益的维护者和代言人。其二，检察机关从诞生之日就天然地具有公诉职能，拥有专业的法律监督队伍，能够审慎地行使公益诉讼权，可以有效地减少滥诉，并支持人民法院公正审判；检察机关由人大

① 最高人民法院《关于审理环境民事公益诉讼案件适用法律若干问题的解释》第 29 条规定，法律规定的机关和社会组织提起环境民事公益诉讼的，不影响因同一污染环境、破坏生态行为受到人身、财产损害的公民、法人和其他组织依据民事诉讼法第一百一十九条的规定提起诉讼。第 30 条第 1 款规定，已为环境民事公益诉讼生效裁判认定的事实，因同一污染环境、破坏生态行为依据民事诉讼法第一百一十九条规定提起诉讼的原告、被告均无需举证证明，但原告对该事实有异议并有相反证据足以推翻的除外。

产生，向人大负责，不受行政机关干预，独立的法律地位决定其没有地方、部门利益牵绊。因此，相较一般的公益诉讼主体，检察机关更适宜提起民事公益诉讼。

（三）统筹制度设计，提起民事公益诉讼不会掩盖行政管理漏洞

多数情况下，公共利益受到损害，与行政机关履职不到位、对公共利益保护不力有关。检察机关提起民事公益诉讼的实质是，当公共利益受到损害，经督促作为公共利益保护主体的行政机关，在其仍然缺位或者行政救济无果的情况下，检察机关通过提起民事公益诉讼对直接侵权人的违法行为进行干预以达到保护公共利益的目的。[①] 公益诉讼试点期间，检察机关建立了统筹环境民事公益诉讼和环境行政公益诉讼案件办理机制。对环境污染案件，首先审查行政机关是否存在违法履职、怠于履职的情形，通过诉前检察建议的方式督促其积极履行行政管理职责，对受到损害的公共环境采取有效措施予以修复；对经督促仍履职不到位的，提起行政公益诉讼。只有在行政机关已经正确履职仍不能防止环境危害发生或者虽经采取措施仍无法补救环境损害的，检察机关才直接对环境侵权人提起民事公益诉讼。因此，只要制度设计合理，检察机关提起民事公益诉讼并不会掩盖行政机关在管理上的漏洞。而且，对于行政机关履职到位或者虽经行政救济仍不能防止公共利益受损的情况，民事公益诉讼在追究直接侵权人责任、要求损害赔偿方面可以发挥比行政公益诉讼更有效的作用。而行政公益诉讼作为检察机关对行政机关违法履职和怠于履职的监督，如果被督促和被起诉的行政机关积极履职，使受损的公共利益及时得到修复，则民事公益诉讼可以引而不发。

关于检察机关提起民事公益诉讼会造成法律监督者与诉讼参与者角色冲突的问题，因涉及检察机关在民事公益诉讼中的法律地位，笔者将在下文一并予以阐述。

二、检察机关在民事公益诉讼中的法律地位

检察机关提起民事公益诉讼的法律地位，是构建我国检察机关提起民事公益诉讼制度的核心问题之一。定位我国检察机关提起民事公益诉讼时的法律地位，必须从我国国情实际出发，必须符合我国体制。

（一）关于检察机关提起民事公益诉讼法律地位的几种观点

检察机关提起民事公益诉讼后，在诉讼中处于何种法律地位，颇有争议。

---

① 参见徐全兵：《检察机关提起公益诉讼有关问题》，载《国家检察官学院学报》2016年第3期。

大致有“原告”、“原告代理人”、“原告与法律监督双重身份”、“公益代表人”、“公益诉讼人”、“民事公诉人”等主要观点。对此，笔者认为：第一，我国现行《民事诉讼法》第119条规定，原告是与案件有直接利害关系的公民、法人和其他组织。在民事公益诉讼中，检察机关为维护社会公共利益提起民事公益诉讼，与起诉的案件并没有直接利害关系，不同于检察机关以自己的名义为自身利益提起的私益诉讼中的原告地位，因此，不宜将提起民事公益诉讼的检察机关视为“原告”。第二，原告代理人分为法定代理人和委托代理人，检察机关根据法律规定或者权力机关的授权代表国家以公诉人的身份提起民事公益诉讼，检察机关显然不是法定代理人身份，也不存在接受委托行使诉讼代理权，代为诉讼行为的情况。第三，检察机关在民事公益诉讼中不是原告身份，“原告与法律监督双重身份”自然不可取。第四，“公益代表人”虽然在一定程度上反映了检察机关提起民事公益诉讼的公益代表性，但这种称谓不是诉讼法上的概念，而且实质上行政机关被公认为是首要的公益代表人。第五，“公益诉讼人”是当前检察机关讼试点期间的称谓，反映了检察机关维护公共利益的核心要素，但难以将法律规定的其他社会组织提起的民事公益诉讼与检察机关提起的公益诉讼区分开来，不足以体现检察机关提起公益诉讼的性质特点。最后，笔者赞同“民事公诉人”的观点。我国检察机关在民事公益诉讼中的诉讼地位不是原告，程序地位是当事人，法律称谓宜界定为民事公诉人。

（二）检察机关在民事公益诉讼中居于民事公诉人的诉讼地位

公诉是检察机关为维护国家利益和社会公共利益，代表国家向法院提起诉讼的活动。其具有以下特征：一是主体的特定性——检察机关；二是身份的特定性——代表国家；三是维护法益的特定性——国家利益和社会公共利益；四是起诉案件类型的特定性——法律明文规定。检察机关提起民事公益诉讼符合上述特征：

1. 起诉主体是检察机关。普通民事诉讼的起诉主体，是与案件有直接利害关系的当事人，检察机关提起民事公益诉讼的主体是检察机关，其与案件没有直接的利害关系，法律身份不是传统当事人或原告，是基于法律授权享有民事公益诉讼起诉资格的拟制主体。性质上是“他诉”，其身份和地位相当于刑事诉讼中的“公诉人”。

2. 维护的法益是社会公益。一般原告起诉都是为了自身实体民事权益，属于私益诉讼，性质上属于自诉范畴。最高人民检察院下发的《检察机关提起公益诉讼改革试点方案》和《人民检察院提起公益诉讼试点工作实施办法》中均将社会公共利益仍处于受侵害状态，作为检察院提起民事公益诉讼的条件。因此，检察机关提起民事公益诉讼不是为了自身民事权利，是为了修复被损害的社会公共利益。在性质上属于“公诉”

3. 身份代表的国家性。检察机关有一套行使公诉权的完备制度和人员配备，检察机关提起民事公益诉讼具有国家性，体现了职权与职责的统一。检察机关对符合提起民事公益诉讼条件的案件必须提起诉讼，这是检察机关的职责，否则，构成职务上的不作为。检察机关提起公益诉讼，寻求恢复被侵害的公共利益，是国家态度的宣示，具有震慑作用和示范引导效应。而普通民事主体提起民事诉讼，在性质上属于私益诉讼，是当事人对自己权力的一种处分。由公民自愿组成、为实现会员共同意愿、按照其章程开展活动的非营利性的社会组织[①]提起公益诉讼，在本质上是基于诉讼信托理论和法律授权，与检察机关提起的民事公益诉讼比较，仍然属于维护公益的私人诉讼或民间诉讼。

4. 公诉案件类型的法定性。公诉作为一项国家权力，具有权威性，对检察机关有权提起公诉的案件范围均由法律予以明确规定。试点期间，检察机关提起民事公益诉讼的案件类型由全国人大常委会授权确定。

国家公诉权的行使在本质上都是以公益为基础的，理应包括刑事公诉权、民事公诉权和行政公诉权。[②] 检察机关为维护社会公益提起民事公益诉讼，其身份地位与检察机关在刑事诉讼中是一致的。与“刑事公诉人”相对，称为“民事公诉人”，既体现了二者的对应性与平衡性，又突出了不同特征。

（三）检察机关提起民事公益诉讼是一种行使法律监督权的司法行为

检察机关作为专门的国家法律监督机关，保护社会公共利益无疑是其一项法定职责。检察机关通过行使法律赋予的监督职能，采用法定的检察监督方式实现对公益的保护，监督对象包括作为守法、执法、司法主体的个人、行政机关、司法机关等。提起公诉、提出检察建议、再审检察建议、抗诉等都是检察机关行使监督权的法定方式，区别是针对的诉讼阶段、违法领域和违法情形不同，但共同的特征是检察机关所有的监督方式都体现为一种程序性权利，都是提请法院审判、再审或自我审查纠错，都不具有实体处分性质。因此，检察机关基于社会公益而对民事违法行为提起民事诉讼，是检察机关行使法律监督权的具体表现形式。检察机关进行监督是提起诉讼的目的，提起诉讼是实现监督目的的形式和手段。[③] 只是监督的具体表现方式和效果存在差异，如提起诉讼，必然引起法院裁断的效果；提出抗诉，必然产生法院重审的效果。具体权

① 1998年《中华人民共和国社会团体登记管理条例》第2条。

② 孙谦：《检察论丛》法律出版社2004年版，第98页。

③ 崔伟、李强：《检察机关民事行政公诉论》，中国检察出版社2010年版，第329页。

能在表现形式上的差异，并不能否定其法律监督权的本质。

一些学者担心，将民事公诉权定位于法律监督权，将影响审判中立和两造平等的诉讼架构。笔者认为，第一，将公诉权定位于法律监督权，不会影响审判中立。因为公诉权是一种程序性权力，不具有实体裁量的性质，案件最终的裁判结果由法院决定，公诉权不可能直接撤销、变更法院的裁判，更不可能凌驾于审判权之上，相反，检察机关的监督有利于法院排除内外部干扰，保持客观中立。第二，公诉权的法律监督权性质，不会影响双方当事人诉讼权利和地位平等。检察机关在提起民事公诉时处于公诉人（纯粹的“程序当事人”）的法律地位，严格遵守诉讼法关于起诉方和被告方有关举证责任的规定，不会破坏控辩双方诉讼地位的平等，不会打破当事人诉讼权利的平衡。当然，诉讼权利和义务的平等不是形式上的绝对平等，而是一种实质上的平等。监督者不同于当事人，维护公平正义是其法定职责，公诉权的法律监督性质有利于抑制检察官为追求胜诉而置被告利益于不顾的当事人化倾向，激发检察官履行客观公正义务的积极性，使检察官注重全面客观收集证据，使被告的合法权益得到最大限度的保障。因此，将民事公诉权定位于法律监督权，不但不会影响审判中立和当事人平等，还可以在最大程度上保证起诉标准的统一，最大程度地维护国家利益和社会公益。第三，检察机关在民事公诉程序中行使法律监督职能，不意味着检察官既是运动员，又是裁判员。检察机关提起民事公诉是对公共利益侵权人行为的监督，提出抗诉则是对审判机关的监督。“法律监督形式的不同，绝不意味着检察官既是运动员，又是裁判员，并不可能使法院屈从于监督而作出不利于被告的判决，根本上只会有利于树立而不会损害法院的审判权威。”[①] 如同在刑事诉讼中检察机关同时享有公诉权和抗诉权可以并行不悖一样。检察机关在提起民事公诉后是否会影响诉讼结构的平衡，并不取决于检察机关法律监督属性，而是取决于检察机关在民事诉讼中的权利义务的设置及法律地位的规定。

三、检察机关提起民事公诉制度构建中的几个具体问题

虽然我国民事诉讼法规定了民事公益诉讼制度，但缺乏对检察机关提起民事公诉制度的设计，民事公诉制度的设计既要突出公益诉讼不同于普通民事诉讼的特点，又要符合民事诉讼的基本原则和检察工作规律。本文在前文研究的基础上，从检察机关在公益诉讼中民事公诉人的诉讼地位和法律监督权属性这个基本点出发，就构建检察机关提起民事公益诉讼有关程序准则中的几个具体

① 朱孝清：《中国检察制度的几个问题》，载《中国法学》2007年第2期。

问题提出几点构想：

（一）理顺四种关系

在制度设计上，一要理顺民事公益诉讼与普通民事诉讼之间的关系。民事公益诉讼与普通民事诉讼都属于“民事诉讼”，因此，对于民事诉讼应当遵循的“当事人诉讼权利义务平等”等一般规律和程序规则，在民事公诉制度设计时都可以借鉴；民事公益诉讼与普通民事诉讼之间的差异主要表现在起诉主体与诉的利益之间不存在实体权利义务关系，因此，在实体权利处分上应有别于普通民事诉讼。如调解、和解、撤诉权受到一定限制、被告不得提起反诉等都要反映在程序设计中。二要理顺民事公诉与刑事公诉之间的关系。民事公诉与刑事公诉都是检察机关以国家名义提起的“公诉”，刑事公诉制度已经比较完备，在制度构建上，可以对性质相同的部分予以借鉴。如检察机关“公诉人”的称谓、席牌设置（实践中，有些地方摆放委托代理人席牌）、在庭审中核对当事人身份时不同于一般当事人的身份介绍、对一审判决不服的抗诉程序等，这些共同的庭审程序和诉讼程序源于检察机关作为国家法律监督机关的特性。二者的差异在于“民事”与“刑事”不同的责任追究，立法基于刑事犯罪对社会公益损害的严重性赋予刑事公诉带有更多强制性和垄断性特征，而民事诉讼将两造诉讼地位的平等性视为基本遵循，因此，在民事公诉制度设计上既要反映检察机关国家公诉人的地位，又要遵循民事诉讼的一般规律。在民事和刑事诉讼交叉竞合的情况下，可考虑以刑事诉讼为主，民事责任通过刑事附带民事诉讼一并解决，对不能一并解决的，单独提起民事公诉。三要理顺其他社会组织提起的民事公益诉讼与检察机关提起的民事公诉之间的关系。二者相同的地方都是为了保护公益，都是程序性当事人，不同的地方是在身份上，一个是民间社会组织，一个是国家法律监督机关。因此，在民事公诉程序设计上，要突出检察机关提起民事公诉职权与职责的统一性、程序性和规范性；同时要根据公诉补缺主义的制度安排，设置社会组织诉讼先行的程序规则。四要理顺民事公诉与行政公诉之间的关系。政府是国家利益和社会公共利益的主要保护者，公共利益受到损害，既有政府因地方利益或者部门利益不愿行使职权、政府执法人员徇私枉法违法行使职权的情况，也有因法律法规规定不明确或不完善，导致政府不能行使职权或者不能有效行使职权的情况。针对前一种情况，可设置一个前置程序，规定检察机关在公诉前有权发出检察建议书，要求政府相关职能部门限期履职，逾期不履职或履职不能达到预期效果，检察机关通过提起行政公益诉讼仍不能使受损的公共利益得到修复或救济的，才提起民事公诉；而在后一种情况下，检察机关则可以直接立案，在履行了建议公益社会组织起诉的前置程序后，即可直接提起民事公诉。

（二）合理构建检察机关提起公益诉讼的有关程序

这里仅研究民事公诉与普通民事诉讼不同的特定程序构建。

1. 检察机关民事公诉的案件来源、范围、立案条件及管辖

（1）案件来源。普通民事诉讼案件来源于民事主体自身民事权利受到侵犯。公益诉讼案件线索实践中主要来源于：一是检察机关在履行职务犯罪侦查、批准或者决定逮捕、审查起诉、控告检察、诉讼监督等职责中发现的线索。二是来源于人民群众举报、控告、申诉等途径的案件线索。三是有关社会组织和团体提请检察机关起诉的案件。四是地方党委、人大和政府转办的案件。

（2）案件范围。在我国，作为法律监督机关的检察机关并不享有“一般监督权”，它的监督范围、监督方式都由法律明文加以规定，它只在法律规定的范围内、以法律规定的方式行使法律监督权。① 如同刑法根据对公共利益危害程度的轻重将其区分为刑事公诉和自诉案件一样，民事公诉案件的范围也应根据国家在一定时期对公共利益保护的必要和紧迫程度来确定的。确定案件范围宜坚持两个原则：一是公益救济原则。维护社会公益是民事公诉的出发点和归宿，确立民事公诉权的根本出发点和根本目的皆在于维护民事领域的社会公共利益。因此，公益原则应成为构建民事公诉制度的首要原则。二是循序渐进原则。社会公共利益的范围非常广泛，检察机关办案力量有限，不可能包打天下，在坚持重大、典型、必要的基础上，对保护的公益、案件范围可以根据社会实践的需要逐步扩大。

（3）立案条件。一是有社会公共利益受到损害的客观事实；二是损害达到一定程度；三是属于法律规定的检察机关提起民事公诉案件范围和办理院的管辖范围。

（4）管辖。公益诉讼案件往往与地方利益密切相关，地方对案件办理干扰阻力大，因而在管辖上尤其需要力避司法的地方化。当前在坚持人财物省级统管改革的基础上，应科学设置和运用管辖制度，排除地方化干扰。一是提高审级，由市州分院管辖一审案件，并可通过指定管辖、集中管辖、交叉管辖、提级管辖等制度和程序，确保检察机关能够顺利提起和进行公益诉讼；二是探索设立跨区域的专门检察院，如环境资源检察院等，减少地方干扰；三是根据检察机关体系设置和人民法院体系设置的对应性，提起诉讼的检察院应为与审理案件的法院对应的检察院。

---

① 石少侠：《我国检察机关的法律监督一元论——对检察权权能的法律监督权解析》，载《法制与社会发展》（双月刊）2006 年第 5 期。

2. 检察机关民事公诉案件的起诉程序

（1）设立前置程序。检察机关提起民事公诉应将其他主体先行提起民事公益诉讼作为前置环节，确立检察机关民事公诉补缺地位，符合检察机关提起民事公诉旨在弥补维护社会公共利益自诉、他诉救济局限性的主旨。对符合起诉条件的案件，可通过发检察建议或者采取发布公告的形式，建议有关社会组织提起民事公益诉讼，经履行上述前置程序仍无人起诉的，检察机关方可提起民事公益诉讼。

（2）诉前准备。一是围绕起诉要件和诉讼请求全面收集证据。专业技术机构对公共利益损害程度的鉴定评估意见是提起民事公诉的核心证据，食品药品安全和环境污染及其损害后果的认定都具有高度的技术性，亟须建立适应办案需要的配套技术支撑。二是履行法定的诉前程序和报批程序。

（3）检察机关提起民事公诉的方式。虽然人们常常将督促起诉、支持起诉、提起刑事附带民事诉讼与检察机关单独提起公益诉讼四种方式统一作为检察机关参与民事公益诉讼的几种方式，但督促起诉检察机关并不直接提起诉讼，只能算作履行前置程序；支持起诉的依据是《民事诉讼法》第 15 条①，但该条并不是对检察机关的特别赋权，且该条保护的法益中并没有明确将社会公共利益纳入其中，国家和集体的民事权益是否属于社会公共利益并没有形成一致认识；刑事附带民事诉讼的依据是《刑事诉讼法》第 99 条②，但该条明确保护的是国家财产、集体财产，国家财产和集体财产是否属于民事公益诉讼的范畴，同样没有达成共识。因此，本文所指的民事公诉仅限于检察机关以自己的名义对侵害社会公共利益的行为向法院提起诉讼的情形。

3. 检察机关民事公诉案件调查取证权及证据制度

（1）赋予检察机关调查取证权。检察机关提起民事公诉案件的非亲历性和专业性的特点对调查取证提出了严格要求。由于检察机关在民事公诉案件中不是实体权利义务的直接承受者，也不是案件直接利害关系人，对有关案件事实的了解具有明显的滞后性，在掌握和占有证据方面与案件当事人相比明显处于劣势。而且，民事公诉的被告是实施民事违法行为的当事人，为逃避责任追究，在行为过程中，往往以合法形式掩盖非法目的，行为形成和实施过程不规

① 《民事诉讼法》第 15 条规定："机关、社会团体、企业事业单位对损害国家、集体或者个人民事权益的行为，可以支持受损害的单位或者个人向人民法院起诉。"

② 《刑事诉讼法》第 99 条规定："被害人由于被告人的犯罪行为而遭受物质损失的，在刑事诉讼过程中，有权提起附带民事诉讼。被害人死亡或者丧失行为能力的，被害人的法定代理人、近亲属有权提起附带民事诉讼。如果是国家财产、集体财产遭受损失的，人民检察院在提起公诉的时候，可以提起附带民事诉讼。"

范、不透明，相关证据材料技术性、欺骗性和隐蔽性强，运用一般的调查手段，很难收集固定到真实反映全面案情的证据，相关损害结果的调查取证和确认通常需要借助于专门的技术手段。赋予检察机关调查取证的法定职权，可以增强检察机关发现、收集、固定证据的能力，弥补其占有证据资源不足的劣势。最高人民法院《关于民事诉讼证据的若干规定》第13条规定，涉及可能损害国家利益、社会公共利益的事实，人民法院可以依职权取证。作为民事公诉的起诉主体，检察机关在办理公诉案件中更应依法享有调查取证权，并应对调查取证权给予效力保障，但不得采取刑事强制措施。宜规定“人民检察院因办理民事公益诉讼案件的需要，可以向当事人或者案外人及相关单位调查核实有关情况，当事人或者案外人及相关单位应积极配合，拒不提供证据或者隐匿、毁灭证据或者故意作伪证的，应当承担相应的法律责任。人民检察院办理民事公益诉讼案件，可以依职权调查、收集证据；可以询问证人、收集书证物证、进行鉴定勘验等”

（2）证据制度。《人民检察院提起公益诉讼试点工作实施办法》第19条规定：“人民检察院提起民事公益诉讼，对提出的诉讼请求所依据的事实或者反驳对方意见所依据的事实，以及履行诉前程序的事实，应当提供证据加以证明，法律另有规定的除外。”由此可见，民事公益诉讼也基本遵循“谁主张，谁举证”的举证原则。但环境污染、食品药品安全均属特殊侵权行为，应实行举证责任部分倒置。检察机关举证内容还包括“履行诉前程序的事实”。为保障诉讼的顺利进行，宜确立举证期限制度和证据交换规则。

4. 检察机关民事公诉案件的受理、审理、裁判与执行

民事公诉案件的受理、审理、裁判和执行，与普通民事诉讼程序规定通用的，按普通程序规定执行。不能适用的，可根据公诉案件的特点，对具体制度进行改造。

（1）民事案件的受理。人民法院对检察机关提起公诉的案件，在受理阶段应只进行程序审查，只要移送了民事起诉书，提出了明确的诉讼请求和具体的事实理由及初步证据，属于人民检察院民事公诉案件范围，符合受理条件的，人民法院就应当立案受理，不宜裁定不予受理或者裁定驳回起诉。

（2）民事公诉案件的审理。要根据民事公诉案件的特点，明确检察机关的诉讼权利和诉讼义务。检察机关在民事公诉中享有一般民事诉讼当事人所享有的起诉、申请审判人员及其他有关人员回避、参加法庭调查和法庭辩论、追加、变更诉讼请求、查阅案件材料等诉讼权利。但基于其非实体权利义务承受人的身份，调解、和解、撤诉等实体处分权受到一定限制，如调解、和解不得损害社会公共利益并需进行为期一个月的社会公示；撤诉需满足一定条件，如

检察机关提出的诉讼请求全部得以实现或者其他公益社会组织参与到检察机关已经提起的诉讼中、或者诉讼利益发生冲突，必须牺牲较小的利益来保护较大的利益等。检察机关作为国家机关，经费均由国家财政预算拨款，提起公益诉讼没有自身利益，维护社会公共利益也是审判机关的法定职责，因此，检察机关提起民事公诉无需交纳诉讼费用。检察机关在民事公诉中的诉讼权利义务应不同于原告，《人民法院审理人民检察院提起公益诉讼案件试点工作实施办法》第4条关于“人民检察院以公益诉讼人身份提起民事公益诉讼，诉讼权利义务参照民事诉讼法关于原告诉讼权利义务的规定”有待商榷。

（3）民事公诉案件的裁判。民事公诉案件的裁判与普通民事诉讼有所差别。一是不适用不予受理、驳回起诉等裁定。为维护检察机关国家公诉的严肃性和权威性，可借鉴刑事公诉案件的做法，人民法院对民事公诉案件也不适用不予受理、驳回起诉等裁定，可采取退回检察机关补充调查、移送有管辖权的检察院起诉、要求检察机关撤诉等途径处理。二是明确不服裁判的救济途径。被告方不服人民法院第一审裁判的，可通过上诉途径救济。人民检察院不服人民法院第一审裁判的，则通过抗诉途径救济。因为如果适用民事上诉制度，就会出现下级检察院上诉至上级法院，出席二审法庭，与检、法两家平级诉审的对等原则相悖。①

（4）民事公诉案件的执行。民事公诉案件裁判生效后，人民法院应当依职权将案件自动转入执行程序。最高人民法院《关于审理环境民事公益诉讼案件适用法律若干问题的解释》第32条②对此予以了确认。因此，对需要采取强制执行措施的民事公诉案件，法院存在没有及时移送执行等执行活动违法情况的，人民检察院有权开展执行活动监督。人民法院在对民事公诉案件作出执行中止或执行终结等影响案件执行效果的决定前，应当征求原提起公诉的人民检察院的意见，以确保社会公共利益得到有效维护。③

---

① 参见徐全兵：《检察机关提起公益诉讼有关问题》，载《国家检察官学院学报》2016年第3期。

② 《关于审理环境民事公益诉讼案件适用法律若干问题的解释》第32条规定，发生法律效力的环境民事公益诉讼案件的裁判，需要采取强制执行措施的，应当移送执行。

③ 参见钟琦：《国家民事公诉：检察权的新型配置与制度建构》，载《西南政法大学学报》2006年第5期。

检察机关提起环境公益诉讼的理论基础及制度建构

魏　干*

2013年1月1日起实施的修改后《民事诉讼法》第55条规定："对污染环境、侵害众多消费者合法权益等损害社会公共利益的行为，法律规定的机关和有关组织可以向人民法院提起诉讼。"该条规定从民事实体法角度明确了环境污染案件的公益诉讼制度，但关于原告资格界定过于原则和模糊，导致实践中环境民事公益诉讼制度的操作性和执行力大打折扣。无独有偶，2015年5月1日起实施的修改后《行政诉讼法》第25条规定："行政行为的相对人以及其他与行政行为有利害关系的公民、法人或者其他组织，有权提起诉讼。"该条虽扩大了环境行政公益诉讼的原告范围，但对整体性的环境行政公益诉讼制度无涉，由此也导致实践中环境行政公益诉讼制度落实的无所适从。因此，如何尽快明确环境公益诉讼的原告资格及构建起具有操作性和执行力的公益诉讼制度，就成为当前亟须解决的重大问题之一。

一、环境公益诉讼的概念及其特征

（一）环境公益诉讼的概念

何为环境公益诉讼？不同学者有着不同的观点：有学者将其归入经济公益诉讼范畴，认为"任何单位和个人都有权对污染环境、破坏自然资源的单位和个人提起经济公益诉讼，由人民法院依经济公益诉讼程序进行审判，依法追究责任人的民事、经济、刑事责任"。① 也有学者将其归入社会公益诉讼之列，认为"任何人、社团、国家机关为社会公益，都可以自己的名义，向国家司法机关提起诉讼"。② 更有学者认为，"环保组织为了维护公共环境利益，制止

* 浙江省义乌市人民检察院研究室副主任。

① 韩志红、阮大强：《经济公益诉讼的理论与实践》，法律出版社1999年版，第173页。

② 郑少华：《生态主义法哲学》，法律出版社2002年版，第201页。

危害环境的行为，针对污染环境或破坏生态的企业提起的诉讼即属环境公益诉讼”。[①] 以上各种关于环境公益诉讼的概念，都从某一方面反映出了环境公益诉讼的性质特点，具有一定的合理性。但从本质上讲，环境公益诉讼既非经济公益诉讼，亦非完全等同于社会公益诉讼，更非仅有环保公益组织可以提起。环境公益诉讼的概念应当结合诉讼主体、目的和事由，并能反映环境公益的特点。因而在我看来，环境公益诉讼是指为保护环境公益，任何人（公民、法人、国家机关等）以自己名义代表国家或社会，以环境行为人为被告向法院提起的，请求判令立即停止正在发生或可能发生的侵害环境行为并赔偿已经造成的环境损害的诉讼制度。

（二）环境公益诉讼的特征

作为一种特殊诉讼形式，环境公益诉讼具有以下几大特征：

1. 诉讼主体具有广泛性。一方面，与普通私益诉讼不同，环境公益诉讼的发起者不必都是案件直接利害关系人。它既可能是环境侵权案件中的直接受害者，也可能是无直接利害关系人（如国家机关等），从理论上来说，为了维护环境公益，任何组织或个人都有可能把侵害生态环境的人推上被告席。另一方面，环境公益诉讼的对象包括两类：一类是一般民事主体，如企事业单位或个人，当其行为对环境公益构成严重威胁或造成严重损害，而国家环保行政机关控制无力或不能干预时，其即可成为环境公益诉讼的对象；另一类是国家环保行政机关，当其不履职行为导致环境公益受损的不良后果时，即可成为环境公益诉讼的对象。

2. 诉讼目的具有公益性。在环境公益诉讼中，虽然从表面上看，环境公益最终需要通过公民个体利益的实现来体现，但环境公益诉讼之客体“公益”与普通私益诉讼之客体“私益”不具同质性——公益并不是个人环境利益的简单相加或累积，个人环境利益得以实现也并不意味着整体性的环境公益得到了实现。而且，环境公益诉讼设置的初衷在于，当全体社会成员所共享的生态环境遭受损失时，为其提供救济渠道以更好地维护我们共享的环境利益，因而，其具有的公益性不容置疑。具体而言，是为了保护国家环境利益、社会环境利益，以及不特定多数人的生态环境利益，追求社会公平公正，维护社会可持续发展。

3. 诉讼手段具有预防性。在传统私益诉讼领域，只有当损害结果发生之后公民才可提起诉讼，而在环境公益诉讼中，由于环境公益的普遍性，一旦遭

---

① 别涛：《环境公益诉讼》，法律出版社2007年版，第15页。

受损害往往后果非常严重，甚至是无法挽回的损失，经常需要投入大量的人力、物力和财力进行救济。因而，为了更加有效地保护环境公益不受违法行为的侵害，把侵权行为消灭在萌芽状态，立法规定环境公益诉讼的提起不以实际损害结果的发生为要件，只要参与人能够判断该行为有严重侵害环境的可能时便可提起。这种预防功能现实中极其重要，因为环境一旦遭受破坏就难以恢复原状，所以法律必须在环境侵害尚未发生或尚未完全发生时就容许适用司法手段加以排除，从而阻止环境公益遭受无法弥补的损失。可见，预防与惩罚结合是环境公益诉讼的特性之一。

二、检察机关提起环境公益诉讼的必要性和可行性

（一）关于检察机关在环境公益诉讼中原告地位的质疑

目前，学界对检察机关在环境公益诉讼中的原告地位存有以下几点质疑：一是在实体规范上，认为现行法律没有明确规定检察机关提起环境公益诉讼的条文，因而提起环境公益诉讼不是其职责所在，这种质疑声音在学界比较普遍。[①] 二是在职能定位上，认为环境公益诉讼的性质与检察机关的法律监督者和司法者的“双重身份”性质不匹配。检察院作为一个法律监督者，不能同时担任原告和监督者“双重角色”，不然就会给人一种“既做运动员又当裁判员”的嫌疑。[②] 部分学者认为，“检察机关如果要维护公益，就只能以一种身份出现，要么是法律监督者，要么是公诉人，否则，反而不能有效地保护和实现公益”。[③] 三是在诉讼结构上，特别是在环境民事公益诉讼中，诉讼双方的地位平等性以及法官的中立性是公正审判的前提保障，如果检察机关可以提起环境公益诉讼，那么在诉讼中，它不仅可以监督对方当事人，而且可以监督法院，将严重破坏民事诉讼结构的“平衡构造”关系[④]，甚至有学者不客气地指出，“其对民事审判活动的监督权必然导致法院中立地位难保”。[⑤] 四是在司法实践上，环境问题的形成原因具有累积性、复杂性，形成结果具有潜在性、隐蔽性，因而环境公益诉讼的提起者必须具备较高的技术性、专业性特征，而这些恰恰都是检察机关所欠缺的。

---

① 王灿发：《中国环境公益诉讼的主体及其争议》，载《国家检察官学院学报》2010 年第 3 期。

② 王蓉：《关于检察机关不应作为环境民事公益诉讼原告的法理分析》，载《法学杂志》2010 年第 6 期。

③ 敖双红：《公益诉讼概念辨析》，载《武汉大学学报（哲学社会科学版）》2007 年第 2 期。

④ 富饶、杨光普：《检察机关参与公益行政诉讼问题研究》，载《理论月刊》2015 年第 3 期。

⑤ 王福华：《我国检察机关介入民事诉讼之否定》，载《政治与法律》2003 年第 5 期。

（二）检察机关提起环境公益诉讼的理论基础

1. 检察机关的职责定位决定其有权提起环境公益诉讼。在我国检察制度建立之初，宪法便明确规定了检察机关的法律监督性质。对于检察机关的法律监督属性，我们不能简单化地理解为仅指法律监督权：检察机关通过行使其职责对司法、执法、守法等领域的行为与活动进行督导制约，有效保证法律的规范、高效、统一实施。在这一过程中，其还承担着保障维护公共利益不受不法行为侵害的职责，具体方式就是我们通常所说的公诉权的履行。然而必须指出的是，尽管检察机关的公诉权的主要表现为刑事公诉权，但公诉权也绝不应仅仅局限于刑事诉讼领域，除刑事公诉权外，其实还存在民事公诉权和行政公诉权。因为，从产生根源来看，公诉权的存在是基于私诉权救济力量不足的结果，可谓对私诉权的一种“救济”。从本质上讲，传统公诉权正是在昭示着国家对私诉权救济不足而加强保护的表现。基于上述原因，目前我们所面临的环境公益被损坏的情况，正是私诉权救济力量不足或根本无法通过私诉权救济的情形，因此通过检察机关提起环境公诉恰恰符合当初赋予检察机关公诉权的本意。从发展历史来看，在我国近现代检察制度的设计中，也曾经赋予检察机关的民事诉讼职权。但从 1979 年起草的、1982 年试行的及 1991 年正式实施的《民事诉讼法》，都删除了检察机关通过提起民事诉讼对民事案件审判活动进行监督的权力，行政诉讼法也有类似情况。但考察国外关于检察机关的职能变迁即可发现，各国司法体制的共同发展趋势之一是检察机关的职权呈扩大趋势，赋予检察机关提起环境公益诉讼的权力也是时代发展趋势所在。

2. 检察机关提起环境公益诉讼符合法律规定的精神。就基本法角度而言，《宪法》第 129 条、《人民检察院组织法》第 1 条、《检察官法》第 6 条都规定了检察机关的国家法律监督机关性质。由此可见，检察机关的主要职责是通过监督国家机关及其工作人员执行、遵守法律的情况，来保证国家法律得到正确统一实施，以维护国家和社会利益。检察机关提起环境公益诉讼，体现的就是这种对国家权益和公共利益的保护。就诉讼法角度而言，修改后的《民事诉讼法》第 55 条将原先的“有关机关、社会团体”修改为“法律规定的机关和有关组织”，其实就已经表明，民事诉讼法允许有关机关就与其职能有关的损害社会公益的行为提起诉讼，那么这里“法律规定的机关”是否包括检察机关呢？我认为，至少在理论上应当如此，“‘机关’概念比较宽泛，类型也很多，包括立法机关、人民法院、人民检察院、行政机关等，因此，需要我们作目的性限缩解释，将‘机关’解释为人民检察院、行政机关”。[①] 就实体法角度而言，检察机关既然有权监督各机关、团体、企事业单位遵守宪法法律的职责，那么对于侵犯环境公益而又无适合当事人的情况，就更应当依职权向法院提起诉讼。更重要的是，2015 年 7 月最高人民检察院发布的《检察机关提起公益诉讼改革试点方案》（以下简称《方案》）对检察机关提起公益诉讼案件的范围、诉讼参加人、诉前程序、提起诉讼和诉讼请求等作出明确规定，根据该《方案》，检察机关将重点对环境领域案件提起公益诉讼，高检院还选择了北京、江苏、安徽等 13 个试点地区，这其实就意味着，法律已经承认检察机关的公益诉讼原告资格。

3. 检察机关提起环境公益诉讼符合法经济学基本原理。关于法律经济学，波斯纳有句名言：“对于公平正义，不能无视其代价！”波氏的这一经典话语清晰地告诉我们，在追求法律正义价值的道路上，不能无视行为成本，而应当最大限度地减少交易支出，降低行为成本，提高行动效率，以实现正义与效率的优化组合，达至法治理想的“帕累托最优”状态。[②] 就此而言，检察机关自身具有法律执行者和监督者的双重身份，这种身份决定了其在运用法律进行环境公益诉讼时具有明显的比较优势。第一，检察机关在适用法律方面有着其他机关无法比拟的专业优势，有着一支经验丰富、专业性强的人才队伍。第二，检察机关在证据调查方面专业性强，法律赋予了检察机关合法的调查取证权，同时检察机关也可以借鉴刑事公诉调查取证方式，由公安机关运用专业技能配合调查取证，保障证据的专业性。第三，检察机关作为一个法律监督机关和司法机关，较之一般行政机关或社会团体更具有公信力。第四，在长期司法实践中，检察机关不仅积累了大量的刑事诉讼办案经验，其基于民事、行政检察部门的工作职责，也积累了大量的处理民行诉讼案件的经验，相较于普通环境侵权诉讼中的原告主体以及环境公益诉讼中的被告，检察机关对诉讼程序、诉讼方法、庭审技巧更为熟悉。由此可见，立法者如果选择检察机关作为环境公益诉讼原告，不仅可以有效降低国家为保护环境公益而必须支出的人力、物力和财力等各种成本，而且还可以有效降低实践中的执法司法成本，完全符合法经济学“最大限度地降低行为成本”的基本理念，具有可行性。

4. 检察机关提起环境公益诉讼具有实践操作性。虽说当前检察机关环境公益诉讼的原告主体资格还不明朗，但全国检察机关在参与环境公益诉讼方面有着许多探索尝试。一是在制度上，不少检察院与环境保护部门、法院联合出

---

① 肖建国：《民事公益诉讼制度的具体适用》，载《人民法院报》2012 年 10 月 10 日第 7 版。

② 熊秉元：《正义的成本——当法律遇上经济学》，东方出版社 2014 年版，第 229 ~ 238 页。

台了办理环境公益诉讼案件的相关意见。如2011年云南省昆明市中院与昆明市人民检察院联合制定《关于办理环境民事公益诉讼案件若干问题的意见(试行)》，明确检察院可以公益诉讼人身份提起环境民事公益诉讼；2012年浙江省环保厅与浙江省人民检察院出台《关于积极运用民事行政检察职能加强环境保护的意见》，探索建立环境公益诉讼制度；2014年江苏省无锡市中级人民法院和无锡市人民检察院共同出台《关于办理环境民事公益诉讼案件的试行规定》，明确检察院可以通过自行起诉、支持起诉、督促起诉三种方式进行环境公益诉讼；2015年最高人民检察院发布《检察机关提起公益诉讼改革试点方案》，对检察机关提起公益诉讼案件的范围、参加人、诉前程序、提起诉讼和诉讼请求等作出明确规定。二是在司法上，自2003年乐陵市检察院对范某非法炼油污染环境提起民事诉讼以来，司法实践中陆续出现检察机关提起环境公益诉讼的案例。如2011年平湖市检察院诉嘉兴市绿谊环保服务有限公司等5被告环境污染案，2012年宜良县检察院督促并支持起诉昆明宜良九乡风景区破坏生态环境案，2013年番禺区检察院向广州番禺某食品公司提起大气污染环境公益诉讼案，2014年贵州毕节市金沙县检察院起诉县环保局怠于处罚逾期不缴纳排污费的企业案（全国首例行政公益诉讼案）。这些有益尝试不仅有力地打击了危害环境公益行为，而且弥补了我国公益诉讼制度的缺陷，也积累了丰富的实践经验，为下一步公益诉讼全面展开奠定基础。

5. 检察机关提起环境公益诉讼契合国际大趋势。就世界范围而言，无论是在大陆法系国家还是在英美法系国家，检察机关都被认为是公益的代表，应当代表国家履行环境公益诉讼的职能。如在英美法系的美国，检察机关可以对大量的环境案件提起公益诉讼，现有的一些法律，如《国家环境政策法》、《清洁空气法》、《噪音管制法》、《有毒物品控制法》、《固体废弃物防治法》等，均对环境公益诉讼中检察官的职能定位作出明确规定：检察官或以原告的身份提起诉讼，或以支持者的身份支持相关组织和个人提起诉讼。[①] 而在英国，检察机关参与环境公益诉讼的模式类似于美国，检察总长可以在公益诉讼中作为原告起诉或应诉，也可以授权有关组织参与公益诉讼。又如，在大陆法系的法国，1976年实施的《新民事诉讼法典》规定，检察机关是社会公共利益的代表，可以“主当事人”或“从当事人”的身份单独或共同参与环境公益诉讼。[②] 而在德国，自19世纪30年代参照法国建立起自己的检察制度后，联邦最高检察官也被认为是社会公共利益的代表，其有权以“主当事人”或

① 徐祥明等：《环境公益诉讼研究》，中国法制出版社2009年版，第153页。

② 邓思清：《论检察机关的民事公诉权》，法律出版社2007年版，第313页。

者“从当事人”的身份单独或共同参与到环境公益诉讼中去。[①] 由此可见，作为一种全球发展趋势，越来越多的国家在环境公益诉讼制度的构建中选择了让检察机关以原告资格身份参与诉讼，这些实践经验为我们立法者今后在构建环境公益诉讼原告资格选择时提供了指引与标尺。

三、检察机关提起环境公益诉讼的制度建构

（一）检察机关提起环境公益诉讼的实体制度建构

当前，我国检察机关提起环境公益诉讼的最大难题就是缺乏制度支持。因此，欲充分发挥检察机关维护环境公益的职能，首先必须解决立法上的实体制度不完善问题。

1. 明确检察机关在环境公益诉讼中的原告地位。环境诉讼往往需要面对庞大的污染企业或有巨大威慑力的行政机关，公民或社会团体无论是在人、财、物的投入上，还是在证据的发掘、把握与固定上，都难以与之匹敌。此时检察机关参与环境公益诉讼就显得非常重要且有必要了，但目前关于检察机关提起环境公益诉讼的立法依据，《民事诉讼法》、《行政诉讼法》、《环境保护法》都规定的非常模糊。为此我认为，我们亟须在立法上将公益诉讼制度进行完善，具体包括以下几点：第一，通过全国人大常委会的立法解释，对《民事诉讼法》第55条中规定的“法律规定的机关”作出包括检察机关的明确解释；第二，全国人大常委会作出相关决议，根据《行政诉讼法》第11条将检察机关提起行政公益诉讼的权能予以明确；第三，在修改《人民检察院组织法》时，进一步明确规定检察机关为有权提起环境公益诉讼的主体；第四，适时制定一部单独的《公益诉讼法》，明确环境公益诉讼规定，细化环境公益诉讼流程，完善环境公益诉讼制度，强化对公民、社会组织及检察机关公益诉权的保护。

2. 明确检察机关提起环境公益诉讼的受案范围。毋庸置疑，只有涉及国家和社会公共利益的生态环境受损的案件时，检察机关才可以提起环境公益诉讼。在环境民事公益诉讼方面，这些案件主要包括两大类：一是情节较为严重的环境公共利益受损案件；二是涉及多数人的环境公共利益受损案件。第一类又可以分为：破坏自然生态资源、影响人类生存和可持续发展的案件；生态环境污染、危害人民群众生命财产安全的案件；违法出让、转让国有自然资源、能源的案件。在环境行政公益诉讼方面，主要表现为当行政机关对其他个人、企事业单位、社会团体组织等进行不当的行政作为或不作为，并由此导致生态

---

① 张梓太：《环境纠纷处理前沿问题研究》，清华大学出版社2007年版，第331页。

环境遭受严重破坏时，检察机关就应当对此提起诉讼。因为，作为一个国家机关，其不仅应当承担起法律规定的行政执法职责，而且也应肩负其保护生态环境的职责，当其他公民、法人对生态环境资源造成破坏时，如乱砍滥伐、违规开发耕地、排放有毒有害气体等，环境执法部门不能视而不见、坐视不理，否则就为玩忽职守，一经发现必须严肃追究法律责任。

3. 确立检察机关提起环境公益诉讼的具体方式。检察机关提起、参与环境公益诉讼的方式主要分为独立起诉、共同起诉、支持起诉三种类型。针对环境侵害案件的不同情况，检察机关应当有利于保护社会环境公益的角度灵活地选择提起、参与环境公益诉讼的方式。第一，在环境公益遭受不法侵害但无法确定受害人，或者环境公益受到不法侵害且有明确的受害人，但受害人不愿、不敢、不能提起诉讼时，检察机关应当独立起诉。第二，当环境公益已遭受不法侵害或处于不法侵害的现实危险之中时，不特定多数受害者中某些人（少数）为寻求权利救济而提起环境公益诉讼，为使处于弱势方的原告与处于强势方的被告达到力量上的平衡，同时也为了维护环境公益不再受进一步侵害，检察机关应当与其他受害者共同提起公益诉讼。第三，不法侵害环境行为已经损害特定人的利益或足以造成特定人利益受损的现实危险，而且，这种受到侵害的利益具有普遍性和公共性，当受害人提起诉讼寻求权利救济时，为保障诉讼活动的顺利进行，检察机关应当支持受害人的诉讼活动。

4. 明确检察机关在环境公益诉讼中的权利义务。从本质上说，环境民事公益诉讼属于民事诉讼的一种，因此，在民事诉讼法中适用的相关法律和司法解释在环境民事公益诉讼中也同样适用。在检察机关以独立诉讼和共同诉讼的方式参与环境公益诉讼时，其法律地位相当于一般民事诉讼中的原告，此时应当享有一般民事诉讼原告所享有的权利：第一，独立起诉权，即在环境公益遭受不法侵害或处在不法侵害的现实危险中时，可以自己的名义向法院提起诉讼；第二，回避申请提起权；第三，自行调查取证权；第四，申请诉讼财产保全或先予执行和判决生效后申请强制执行的权利。从法理上讲，环境公益诉讼中的法律关系是环境公益诉讼主体权利义务关系的相互整合，参与诉讼的主体依法行使诉讼权利、履行诉讼义务是环境公益诉讼顺利进行的保障。检察机关在环境公益诉讼中享受诉讼权利的同时，也应当积极履行相应的诉讼义务，如依法行使诉讼权利、严格遵守诉讼秩序等。

（二）检察机关提起环境公益诉讼的程序制度建构

当前，我们在建立环境公益诉讼实体制度的过程中，也必须围绕环境公益诉讼实体制度的特点，探寻、建构更具科学性、合理性的程序性制度。

1. 诉讼前置程序。前置程序在环境公益诉讼中的作用主要表现在：第一，可以有效避免环境公益诉讼的滥诉现象。第二，可以督促有关机关更加高效便利地处理环境侵害事件。第三，可以使当事人在诉前对抗中把侵权纠纷的争议焦点凸显出来，为法院的审理工作节省时间和司法资源。综观世界各国的环境公益诉讼案件，大多数国家都已经通过立法对环境公益诉讼中的前置程序作出明确规定。英美法系国家通常采取的是审查起诉前置模式，如英国法律规定，在提起环境公益诉讼之前，必须先向有关政府机关提出申请，要求依法制止不法侵害行为，只有在有关政府机关不作为时才可提起环境公益诉讼。因而我们在构建环境公益诉讼程序时，建议无论是民事环境公益诉讼还是行政环境公益诉讼，检察机关起诉前都应书面通知侵权人，要求其停止或纠正侵权行为，如果在一定期限内侵权行为已纠正，那么就不必起诉；如果超期未纠正并有证据证明侵权行为仍在继续，检察机关即可提起诉讼。

2. 诉讼程序启动。检察机关参与环境公益诉讼程序的启动包括三种情形：一是依受害人申请启动；二是接到相关人员投诉、举报案件线索后启动；三是自行发现案件线索并主动依职权介入后启动。在此过程中，检察机关应当充分发挥自己的能动性，通过实地走访调研、控申线索发掘、网络舆论检测、立案监督追诉等，主动发现环境公益诉讼案件线索。目前，一些地方试行的线上线下“一体化”举报奖励机制，可借鉴适用于环境公益诉讼案件办理，以全方位、多视角的发现相关环境侵权线索。另外，需强调的是，检察机关提起环境公益诉讼程序启动以后，还需要强化两个协调程序：一是强化检察机关与环保部门的协调，以搞好调查取证。对受理的民事环境污染和行政违法的线索材料，可先向环保部门初步核查，从而有的放矢，把握调查取证的主动权。二是强化与受诉审判机关的协调，尤其是要加强在诉讼程序和法律适用等方面的沟通，使法检两院就环境公益诉讼形成有效工作机制。

3. 举证责任分配。普通环境侵权诉讼，我国确立的是举证责任倒置规则，目的在于确保当事人诉讼地位平等、平衡举证能力。但就环境公益诉讼而言，由于在民事、行政两种环境公益诉讼中，诉讼相对人的举证能力迥异，不宜“一刀切”地适用举证责任倒置规则。第一，在环境民事公益诉讼中，原被间不再存在普通环境侵权诉讼中的能力不对等问题。因为环境民事公益诉讼原告（包含检察机关）无论是在专业知识、人力资源、社会公信方面，还是在运用法律规则的专业技能、证据收集的方法手段等方面，都是被告所不能比的。如果此时继续适用举证责任倒置规则，就会矫枉过正，对被告显失公平，重新出现当事人诉讼地位的实质不平等。[①] 为了使举证责任分配能够更好地适应这一变化，建议将其调整为普通侵权之诉的“谁主张、谁举证”原则。第二，在环境行政公益诉讼中，因为检察机关面临的将是专业环保机构，上述取证举证等方面的优越性无存，反而是行政机关的专业性与便利性要胜过检察机关；另外，无论是作为还是不作为，行政机关都具有证明自身行为合法性的义务，此时实行举证责任倒置既是行政诉讼本质的体现，亦是行政公益诉讼案件办理的衡平需求。[②]

4. 诉讼时效及诉讼费用。第一，在诉讼时效方面，当前只有《环境保护法》第 66 条规定：“提起环境损害赔偿诉讼的时效期间为 3 年，从当事人知道或者应当知道其受到侵害时起计算。”但这一制度只适用于环境污染侵权诉讼，而环境公益诉讼在性质上与环境污染侵权诉讼有很大区别，检察机关发现或受理该类案件一般要经历较长时间，加上环境问题本身的潜在性、隐蔽性以及对相关证据进行调查取证、对环境损害程度进行鉴定、对损害后果进行定量、对因果关系进行判定的复杂性，往往很难在短期内查清问题，为达到从根本上保护环境公益的目的，建议环境公益诉讼的提起不受诉讼时效制度的限制。第二，在诉讼费用方面，环境公益诉讼原告通常与案件无直接利益关系，而被告多为资本雄厚的大型企业，双方经济实力悬殊，诉讼风险显而易见。在此情况下，明确诉讼费用承担非常必要。建议在具体实践中，继续适用我国现行的“诉讼费用由败诉方负担”的原则：对检察机关提起的环境公益诉讼，在被告方败诉的情况下，诉讼费用应由被告方全部支付；如检察机关败诉，以上费用应由国家财政收入进行必要支持。

---

① 徐淑琳、冷罗生：《反思环境公益诉讼中的举证责任倒置——以法定原告资格为视角》，载《中国地质大学学报（社会科学版）》2015 年第 1 期。

② 于静：《行政公益诉讼中举证责任的分配》，载《人民检察》2015 年第 14 期。

检察机关提起公益诉讼的基础性问题之厘清与制度完善

徐燕平[*]　刘根娣[**]　魏韧思[***]

公益诉讼制度既是一个古老的制度而又年轻的制度，源自于古罗马，但兴起于工业革命以来的资本主义社会，以美国的公益诉讼制度最为发达。对我国而言，公益诉讼制度完全是一个“舶来品”，但现当代社会问题可诉化倾向推动着我们积极去思索和实践该制度。法系不同、国情不同，我们应当如何构建具有中特色的公益诉讼制度呢？本文从公益诉讼的核心要件出发，结合中国的国情，探究当代中国检察机关提起公益诉讼制度的基本内涵和制度及工作机制的完善。

一、公益诉讼制度的三个核心要件

公益诉讼制度三个核心问题是“案件范围”、“起诉模式”、“程序建构”。即什么是公共利益？哪些公共利益需要借助民事公益诉讼、行政公益诉讼方式进行救济？谁可以代表公共利益出现在法庭？如何建构民事公益诉讼和行政公益诉讼的起诉模式？

（一）公共利益的界定

公共利益的特点主要有三点：一是不可分性和公共性；二是非排他的相容性和相关性；三是不确定性、开放性、运动性。以约翰·罗尔斯为代表的新自由主义理论认为，公共利益和私人利益的区别是复杂细微的，但主要区别在于公共利益具有不可分性和公共性。所谓不可分性和公共性，是指这种利益不可能只提供给社群中某个人，而不提供给其他人，不能由个人按照他们的偏爱多要一点或少要一点。换言之，当把公共利益提供给某个人时，它必然也同时自

* 上海市青浦区人民检察院检察长、全国检察业务专家。
** 上海市青浦区人民检察院研究室主任。
*** 上海市青浦区人民检察院研究室检察官助理。

动地为同一社群的其他成员所享有，如城市卫生。所谓非排他的相容性和相关性，是指公共利益通过一般供给和特殊供给两种形式得以实现：一般供给就是指整体的、普遍的公共利益，它不可能只为某些人享有，而不为其他人享有。特殊供给在绝大多数情况下表现为非排他性的个人利益，与完全排他性的个人利益不同，因为它从整体上有利于社群，因而事实上也是一种公共利益，例如对孤儿给予奖学金，既是个人利益又是公共利益。显而易见，所谓不确定性是指开放性、运动性，是指公共利益不仅在某一时期、某一地域很难确定，而且，随着时间、地域不同而呈历史的、动态的特征。在这三个特征中，尤以不确定性最为明显，最难把握。

笔者认为，公共利益作为典型的不确定性法律概念，要希望仅仅通过立法明文规定解决，是不现实也是不可能的。但是，作为成文法国家，通过立法明确公共利益的基本内涵和确立判定是否公共利益的基本原则，不仅可能，而且也是非常必要的。要将公共利益具体化，可以采取立法、行政、司法三个层次立体式的机制。一是立法机关通过立法，将公益由抽象的价值理念转化为实在的法规范。二是行政机关通过具体行政行为，使公益具体化，以达到防卫公益、实现公益的目的。三是司法机关通过司法实践，使公益在个案中具体实现。

（二）公益代表人与起诉模式

如果说公共利益的界定有助于公益诉讼案件范围的科学确定的话，那么，公益诉讼代表人解决的是“谁有权代表公共利益出席在法庭”的问题。从世界范围看，既有允许公民代表公益的立法，也有允许检察机关、行政机关代表公益的立法，在强调“有限政府”、“社会本位”的今天，公益团体作为一种介入公民与政府之间的中间组织，在民事公益诉讼领域发挥着越来越重要的作用。

从公益诉讼代表人的历史来看，公益代表人已经不再是官方公益代表人制度一枝独秀，公益代表人制度已经呈现专门的官方公益代表机构（包括检察机关和其他政府机构）和民间公益代表人（公益团体、公民个人）多元化发展的态势。而且，世界各国公益代表人制度的发展态势表现两大特征：一是检察机关成为越来越专门的官方公益诉讼代表人，多数国家的检察机关是公益代表人，而且在大多数情况下由检察机关代表公益，尤其是在司法诉讼程序里面，检察机关就是国家、社会公益的代言人；二是越来越多的国家允许社会公益团体、公民个人在某些情形下作为公益代表人，允许他们通过民事诉讼的方式来维护公益。而且，事实上，在某些领域，如美国环境保护领域，公民作为公益诉讼代表人发挥着比检察官等官方公益代表人更为重要的效用。

在公益诉讼中，有的国家实行提起主体一元化模式，多数国家实行提起主体多元化的制度。在实行提起主体多元化的国家，各类提起主体的地位也是有差别的。这种公益诉讼提起主体及各类提起主体的地位差异造就了不同的公益诉讼起诉模式。

（三）检察机关提起公益诉讼的程序构建

检察机关提起公益诉讼的程序建构内容包括检察机关在民事公益诉讼、行政公益诉讼中的角色定位、具体职权、诉前程序、工作机制等具有指引实务操作功能的规范。

二、当代中国特色检察机关提起公益诉讼制度的基本内涵

2015 年，公益组织——中国生物多样性保护和绿色发展基金会起诉腾格里沙漠的排污企业，经过一审不受理、二审宁夏回族自治区高级人民法院裁定维持不受理，最高人民法院再审裁定才受理，“递状纸”都要惊动最高法。这折射出 2013 年起施行的《民事诉讼法》明确规定的“公益诉讼”机制在实践中的举步维艰，也真实反映了当代中国社会的国情。

（一）检察机关是当代中国提起民事公益诉讼的首席原告

为培育市民社会、鼓励公民关注社会公益，我国民事公益诉讼的提起主体应当多元化，给予公民主体资格。但就诉讼义务承担及防止滥诉的角度而言，现阶段公益诉讼的原告资格担当不宜寄希望于普通公民。公益诉讼证据的举证耗费大量的人力、物力，许多问题涉及专业技术鉴定，普通个人往往无法承担。在我国，公民个体并不是自然资源的所有者，也不是管理者，更不是国有资产的直接管理者，公民个体滥用诉权的可能性要高于社会组织。与社会组织相比，检察机关和负有监督管理职能的机关在专业技术、人力、物力方面都具有明显的优势。在环境保护、消费者权益保护等方面，负有监督管理职能的机关在专业技术方面可能比检察机关具有优势，但检察机关的中立性、社会公益的代表性和诉讼技能更强。因此，在相当长的时期，检察机关应当是我国民事公益诉讼的首席原告。

（二）我国检察机关是行政公益诉讼的唯一适格主体

我国检察机关是法律监督机关的定位继承于苏联，与现在俄罗斯的检察制度一脉相承，实质上其是护法机关，既有行政性、司法性，也有监督性。护法机关的属性决定其可以在法律的框架下行使对行政机关的监督，那么，提起行政诉讼是检察机关运用法律方式监督行政机关依法行政的绝佳手段。在一个国家，立法机关是单一的，那么护法机关也相应是单一的。在检察制度的发源地——法国，检察机关介入民事公益诉讼的案件范围很宽，但其不介入行政公益诉讼，而提起行政公益诉讼的职能是由行政监察使充任。

1. 检察机关提起行政公益诉讼是行政法律监督的题中之义。一般认为，法律监督专指国家检察机关依法定程序和法定权限对法的实施的合法性所进行的监察和督促，因为“法律监督不应以权利为基础，而应以权力为基础。权力赋予一定的主体总是作为职责出现的，权力的享有者在应当行使权力的时候不行使权力就是失职。只有以权力为基础，法律监督才具有‘必为性’。同时，权力又是以国家强制力为后盾的，权力的享有者行使权力时，权力所及的对象必须服从”。[①] 从理论上分析，法律监督只要是对法律实施情况的监督，它就应当建立在权力的基础上，并以时效性作为检察监督发挥作用的主要标准。其中，法律监督中的法律当然包括行政法律，监督行政机关实施法律的行为，自然是法律监督的应有之义，也是社会主义法治的必备内容。此外，行政公益诉讼与一般行政诉讼相比的特殊性在于，它以保护公共利益为目的，这就与行政法律监督的目的之间具有高度一致性。

2. 即使公益组织根据诉讼信托理论获得诉权，但检察机关比其能够更好地履行行政公益诉讼的职能。由谁提起行政公益诉讼，有一个便利性、实效性的考量。行政公益诉讼针对的是行政机关的违法渎职行为，具有涉及范围广、专业知识要求高、诉讼时间长等特点，民众或者其他组织提起行政公益诉讼必然面临资金难、取证难和胜诉难等问题，从而带来行政公益诉讼的便利性与实效性供给不足。相反，检察机关具有专业的检察官队伍，能以其国家机关的特有身份在诉讼过程中更好地与被诉行政机关抗衡，更好地发挥司法权对行政权的制约，从而建立司法权制约行政权的“功能秩序”。

3. 从行政公益诉讼的难度和性质出发，行政公益诉讼的提起主体不可能授予公民个人和行政机关。

（三）提起公益诉讼是检察机关救济权利的最后一种手段

权利救济是检察机关最深入人心的职能。综观全世界检察机关的三种实质职能定位：英美法系的国家或政府的法律顾问、大陆法系的社会正义的守护神和前苏联及我国的法律监督机关，大陆法系检察机关——社会正义守护者的职能定位，既实现了创设检察制度的本意，也避免了监督者居高临下的空洞。权利救济是社会正义守护者的应有职能，我国检察机关理应具备。公共利益缺失保护时，检察机关应当采取措施保护公共利益。我国检察机关现有的刑事司法审查职权、受理刑事诉讼当事人的控告就是履行权利救济的职能。但检察机关的传统重心在刑事司法领域，检察机关提起的民事公益诉讼、行政公益诉讼相

① 张智辉：《法律监督三辨析》，载《中国法学》2003 年第 5 期。

对于普通民事诉讼、行政诉讼而言，是一种非典型的诉讼形式。检察机关充当民事公益诉讼、行政公益诉讼的原告时，有异于普通当事人的权利和义务。因此，这种非典型的诉讼形式不宜作为常态化的诉讼形式。诉讼是化解矛盾的最后一种手段，同样适用于检察机关。检察机关应把提起诉讼作为救济权利的最后一种手段。

三、检察机关提起公益诉讼的制度完善

2015年12月16日，最高人民检察院制发了《人民检察院提起公益诉讼试点工作实施办法》，明确了检察机关提起民事公益诉讼、行政公益诉讼的案件范围、诉前程序、角色定位，以及检察机关在提起民事公益诉讼中可以和解、不被反诉等细节性程序问题。2016年2月28日最高人民法院也发布了《人民法院审理人民检察院提起公益诉讼案件试点工作实施办法》，规定了人民法院审理检察机关提起公益诉讼的受案范围、起诉材料、诉讼请求、诉讼地位、案件管辖、反诉、陪审制、调解、撤诉、二审和再审、司法公开、司法建议、诉讼费用等内容。（以下简称“两高”《实施办法》）但着眼于整个公益诉讼制度的发展，我们应当在法律体系中建立中国特色的公益诉讼制度，并不断扩大检察机关提起公益诉讼的案件范围。

（一）检察机关提起公益诉讼制度的法律完备

1. 建立以“检察机关为主导、社会民众和社会公益组织积极参与和行政机关适度参与”的民事公益诉讼模式

民事公益诉讼的提起主体的发展趋势是多元化，但提起主体多元化容易引发滥诉。因此，必须建立符合现阶段国情的起诉模式。我国民事公益诉讼应采取四元启动模式，起诉主体有四类：一是人民检察院；二是负有直接监督、管理职责的行政机关；三是公民个人；四是社会公益组织。但是这四类主体是否平等地享有民事公益诉讼提起权？如果不是平等地享有起诉权，那么，又该如何区分轻重，在制度设计上又该如何？本文认为可以用一句话来概括，“检察机关为主导、社会民众和社会公益组织积极参与，行政机关适度参与”的民事公益诉讼模式。

该模式主要内容表现在：一是检察机关作为维护社会公益的官方力量，在维护社会公益不受侵犯方面发挥不可替代的作用，特别是在维护有一定社会影响、疑难复杂、重大的侵权案件方面发挥主力军的作用。二是负有直接监督、管理职责的行政机关对环境污染、公害案件、国有资产流失案件、破坏自然资源与公共设施案件可以提起民事公益诉讼；但在其他领域应当保持谨慎的态度。三是社会民众和社会公益组织作为检察机关维护社会公益力量的补充，以

参与小型、小范围侵权的公益诉讼为主，及时、有效地维护社会公益不受侵犯。而且社会民众和公益组织在启动检察机关、政府机关作为原告的民事公益诉讼制度中，应该具有某种参与、监督的权利。

2. 逐步扩大检察机关提起民事公益诉讼的受案范围

案件范围的大小直接影响检察机关对民事公益诉讼领域的介入深度与广度。所以，要在我国确立检察机关提起民事公益诉讼制度，首先必须确定其案件范围。我们认为，检察机关提起民事公益诉讼案件范围的确定，最终既要与维护国家、社会公益的客观需要相适应，又要考虑检察机关的机构、人员设置、职权配置等现实可能性；不仅要参考他国先进立法经验，更要斟酌我国现阶段具体国情。在现阶段，在我国要确立检察机关提起民事公益诉讼的案件范围，应当遵循以下两个原则：一是数量适度原则；二是重大危害原则。

目前，“两高”《实施办法》规定了检察机关提起民事公益诉讼、行政公益诉讼的案件范围。结合目前的国情，本人认为，检察机关行政公益诉讼制度的关键是检察机关要敢于提起行政公益诉讼，受案范围不宜扩张。随着检察机关提起公益诉讼制度的推开，民事公益诉讼的案件范围可以在原有实践和公认的基础上稳步扩展。一是对法律规定的特定弱势群体公益诉讼案件，如侵犯被监护人人身、财产权益的，违反义务教育法侵犯未成年人接受教育权利的。人事公益诉讼是大陆法系国家公益诉讼的主要内容。检察机关对涉及社会公序良俗的人身关系案件提起民事公益诉讼有助于塑造良好社会氛围。二是反垄断、反不正当竞争案件。众所周知，竞争作为市场经济基石性运行机制，是推进经济与社会发展的首要动力。“垄断及不正当竞争行为的深刻化，使我国刚刚建立的市场竞争机制遭受严重侵害，已成为制约我国经济发展、影响社会稳定的一个重要因素。”实践中，因垄断及不正当竞争导致侵害消费者的案件时有发生，且其造成的社会影响十分广泛。若不对此进行及时有效地制止，对于市场竞争秩序的破坏、国家经济发展的损害，将是难以预计的。因此，反垄断、反不正当竞争案件应当纳入检察机关的受案范围之内。

3. 把“两高”《实施办法》构建的程序等内容上升为法律规范

在社会转型时期，法律制度变革和建构需要坚持一种增量变革观，即立法应该充分吸收司法实践经验与学者建议而逐步完善。目前，“两高”《实施办法》对检察机关提起公益诉讼的具体程序作出了明确规定，但修改后的《民事诉讼法》对公益诉讼制度用一句话带过，修改后的《行政诉讼法》更是只字未提，这使检察机关提起公益诉讼还存在最后一步制度阻力——法律障碍。《中共中央关于全面推进依法治国若干重大问题的决定》指出，“探索建立检察机关提起公益诉讼制度”。面对改革路向、司法实践与正式制度之间的裂隙，我们必须尽快推动把“两高”《实施办法》构建的程序等内容上升为法律规范。

一是推动立法机关通过修改民诉法、行政诉讼法明确检察机关提起公益诉讼的主体地位、受案范围与基本程序。建议修改后的民事诉讼法、行政诉讼法设立“公益诉讼”、“检察机关提起行政公益诉讼”的专章。

二是推动立法机关通过修改人民检察院组织法明确检察机关有提起公益诉讼的职权。

（二）检察机关提起公益诉讼的工作建议

1. 在公益诉讼的庭审中，检察官不行使诉讼监督权

在公益诉讼中，检察机关完全可以通过司法制约的方式来追求司法公正。司法实践中“诉讼制约”和“诉讼监督”的混淆导致其他司法机关对检察机关提起公益诉讼制度持排斥态度。实际上，检察机关对法院判决的抗诉属于权力制约而非权力监督。凡是能够通过诉讼程序实现控诉目标的事项，应都属于诉讼制约。在诉讼领域，无论是法官的程序违法还是实体非公正判决都可以通过上诉和审判监督程序来解决。司法实践中对审判机关开展的“诉讼监督”本质上是诉讼制约，而非诉讼监督。笔者认为，在庭审中不行使诉讼监督权是“公益诉讼人”与“公诉人”角色定位的本质区别。从遵从于“公益诉讼人”的角色定位出发，建议检察官不行使诉讼监督权。

2. 当前检察机关提起公益诉讼的重心应放在行政公益诉讼

我国民事公益诉讼在经历十多年的实践探索后，当前面临的最大诉求是把实践探索中形成的经验上升为法律规范。在制度层面，民事公益诉讼的重点是要赋予多元化主体的提起资格。民事公益诉讼要有国家干预的成分，但一定要把握“有限干预”的原则。检察机关是所有民事公益诉讼提起主体中后盾最强、资源最雄厚、力量最庞大的。而且，通常也能居于中立的地位。但是，现代民主社会，“有限政府”的理念已经深入人心，体现在民事公益制度建构上，就是国家机关不能无限制地全面直接介入民事公益诉讼。因为我们还要清醒地意识到与要预防公共利益不受侵害一样，预防公权力对私权的侵害也是同样值得我们关注，我们要努力把握检察机关对公益诉讼的介入“度”。能够通过督促起诉和支持起诉实现对公共利益的救济，就一定不要提起民事公益诉讼。相较于民事公益诉讼，检察机关是行政公益诉讼的唯一适格主体，且检察机关提起行政公益诉讼契合了中国特色检察制度的本质特征。因此，当前检察机关提起公益诉讼工作的侧重点更应放在提起行政公益诉讼。

赋予我国检察机关行政公诉权，实质上是明确了检察权对行政权的监督，通过权力分配达到制衡效果。从我国宪法确认的根本政治制度看，检察权监行

政权具有应然性。我国国家权力构建为立法权在上，行政权、检察权、审判权分离的配置模式，国家机关之间除各自对人大负责之外，相互独立，互不隶属，不具有西方国家三权分立结构的制衡关系。实践证明，现行制度完全符合国情并体现民主的时代主题。但随着社会结构的转型，权力失衡现象也不容忽视，最为明显的是"大行政、小司法，强管理、弱平衡"。实践中行政权滥用，甚至干扰审判权和检察权的现象突出。而检察机关作为法律监督机关，专门监督审判、行政机关具体执行法律的情况，以权力制约权力，是具有现实意义且符合国情的，是我国治理模式下权力分立制约体制的应然选择。

司法并非万能，法院不能解决行政主体与公民、法人或者其他组织之间的所有行政纷争。但是，确保行政行为接受司法审查是十分必要的，尤其对于行政主体作出的损害公共利益的行政行为。行政公益诉讼实际上是一个倒逼机制，促使行政机关增强依法行政意识，保障社会公共利益与公民合法权益。[①]政府守法是法治的关键，司法控制就是促使政府守法的一项节制而必不可少的保证，而行政公诉权正是权力制衡的重要力量。

行政公益诉讼可以补强检察权对行政权的法律监督。当前，检察机关对行政权行使的监督主要有诉内和诉外两种方式，尽管取得一定效果，但存在极大的局限性。一是在诉内监督方面，立法赋予检察机关的权力只是对生效行政裁判的抗诉权，实际上被严格限定在一个极为狭小的范围，对于诉讼启动、诉讼进程均无权决定和有效参与；二是在诉外监督方面，在职务犯罪侦查方面，针对的是国家工作人员利用职务实施的犯罪行为，检察权对一般违法行政行为的制约是一种软监督，仅具有软法的效力，以至于行政机关在实践中往往对检察建议置之不理。相较而言，行政公益诉讼是一种硬法的约束。

3. 在民事公益诉讼程序中对检察机关的撤诉权、和解权进行适度限制

公益诉讼是对传统诉权主体理论的一次大扩张，所以公益诉讼提起主体是公益诉讼制度的最核心内容。给予公益诉讼的提起主体资格和防止滥诉始终是公益诉讼制度设计的焦点。检察机关在业已实践并且即将上升为法律规范的中国特色公益诉讼制度中担当着重要使命。最高人民检察院的《实施办法》明确了检察机关提起民事公益诉讼中拥有撤诉权与和解权。检察机关的职能定位决定了其不会滥用诉权，但在制度设计上依然要做到防患于未然。建议检察机关在提起民事公益诉讼过程中，与被告达成和解协议或调解协议后要向社会公开和解协议、调解协议；在民事公益诉讼的审理中，检察机关一旦决定撤回起诉，也要向公众公告撤诉理由。

---

① 黄庆畅、杨子强：《破除行政公益诉讼的"门禁"》，载《人民日报》2014年3月26日。

公益诉讼检察要素的若干检视与发展方向

余建平*

推行国家治理，如何植入法治因子；维护社会公益，如何发挥监督职能；纠察政府怠于履责，如何凸显诉讼力量，是当下司法机关尤其是检察机关必然面对和必须回答的问题。检察机关作为公益诉讼的重要参与者，只有对诉讼要素进行再检视，对诉讼逻辑关系进行再梳理，对公益诉讼发展路径进行再探讨，才能真正使该项制度在发展中完善、在完善中创新，从而更好地促进社会管理、推进国家治理、普及维权观念、提升法治化水平，也才能真正使公益诉讼在"公"与"益"博弈中实现双赢。

一、公益诉讼检察要素检视

公益诉讼在西方早就是辅助立法、推动司法的通用原则。当下，我国论者普遍认为，公益诉讼是指同被诉行为无法律上直接利害关系的公民、法人和其他组织（包括检察机关）都可以根据法律法规的授权，对违反法律、侵犯社会公共利益的行为，有权向人民法院提起诉讼，由法院追究违法者法律责任的一种诉讼制度。[①] 建立检察机关提起公益诉讼制度，有必要对主体定位、诉讼范围、诉讼诉求及诉讼价值等参与要素进行审阅和检视。

（一）诉讼主体的法定性

关于公益诉讼的检察机关作为起诉主体资格问题，司法界和法学界一直存在争议。有观点认为，检察机关是国家法律监督机关，是国家和社会公共利益的代表者，是提起公益诉讼的应然主体。否定者认为，按照传统诉权理论，检察机关作为公益诉讼的起诉主体应由法定，没有法律明文规定不得享有法定诉

---

* 安徽省马鞍山市人民检察院法律政策研究室主任。

① 邓思清：《公益诉讼制度的程序构建》，载李如林主编：《检察理论重点问题》，中国检察出版社 2015 年版，第 739 页。

权。因为诉讼信托运作前提是起诉人有实体法的授权，它是一种法定诉权。[①]

2012年修改的《民事诉讼法》第55条规定，“对污染环境、侵害众多消费者合法权益等损害社会公共利益的行为，法律规定的机关和有关组织可以向人民法院提起诉讼”。有论者据此认为，检察机关是提起公益诉讼的法定主体，享有法定诉权。但否定者坚持认为“法律规定的机关”并非就是指检察机关，第55条和相应司法解释还是没有明文规定。2014年，十八届四中全会明确提出：“探索建立检察机关提起公益诉讼制。”有论者进一步指出，党领导人民制定宪法和法律，但是党的文献不能直接作为法定依据，应该履行法律程序。直到2015年7月1日，第十二届全国人大常委会第十五次会议作出《关于授权最高人民检察院在部分地区开展公益诉讼试点工作的决定》，授权最高人民检察院在13个省、自治区、直辖市的检察机关进行提起公益诉讼试点。至此，旷日持久的争论尘埃落定，检察机关提起公益诉讼于法有据，具有法定适格主体资格。

（二）诉讼诉求的公益性

公益诉讼的标的是“公益”，随之而来的问题是，何为公益，如何界定公益。就词义而言，公益是公共利益的简称，但“公益”在法学界有不同的表述和内涵。英国学者认为，“公共政策”是指社会的普遍公共利益或福利，一种极不明确的道德价值。[②] 美国学者庞德认为，公益是从“政治组织社会生活角度出发，以政治组织社会名义提出的主张、需要和愿望”。[③] 我国学者认为，社会公共利益是一个抽象的范畴，包括我国社会生活的基础、条件、环境、秩序、目标、道德准则及良好风俗习惯等，既包括物质文明建设方面的利益，也包括精神文明建设方面的利益；既包括国家、集体的利益，也包括公民个人的合法利益。[④] 综合国内学者的观点，我国诉讼活动中的“公益”内涵一般包括国家利益、社会利益和公民私有权益。其中，国家利益包括国家主权、领土完整、公共安全、社会秩序等；社会利益包括社会公众的人身安全、财产权利、社会福利、公共生活、公众心理。公民私有权益包括公民人身安全、身心健康、私有财产、诉讼权利等。总之，公益诉讼的公益性主要体现在除国家利益、社会利益之外，涉及不特定的多数人广泛的合法性私有权益。

① 王福华：《对我国检察机关提起民事诉讼的质疑》，载《上海交通大学报（哲学社会科学版）》2003年第3期。

② ［英］戴维·M. 沃克：《牛津法律大词典》，光明日报出版社1998年版，第699页。

③ 梁慧星主编：《民法》，四川人民出版社1988年版，第129页。

④ ［美］庞德：《通过法律的社会控制》，商务印书馆1984年版，第34页。

（三）诉讼范围的限制性

一般来说，公益诉讼是对损害国家和社会公共利益的违法行为，由法律规定的机关和组织向人民法院提起诉讼的制度。从逻辑学角度看，在概念外延上，从“公益”到“公益活动”再到“公益诉讼”，三者范围并非同等无限扩大。《民事诉讼法》修改前，全国各地检察机关对公益诉讼作了尝试，提起公益诉讼案件门类较多，主要是对“公益”内涵的理解有分歧，因而诉讼案件的性质涉及领域较为宽泛。2012年修改后的《民事诉讼法》第55条规定的公益诉讼案件是“二分法”：一是环境污染案件；二是侵害众多消费者合法权益案件。2015年7月1日，全国人大常委会授权最高人民检察院试点明确规定，对检察机关提起公益诉讼案件的范围作了严格的限制性规定，作“四分法”：（1）生态环境和资源保护案件；（2）国有资产保护案件；（3）国有土地使用权出让案件；（4）食品药品安全案件。这四类案件明显比《民事诉讼法》公益诉讼案件“二分类”更明确更具体。在全国人大常委会决定中，有这样的阐述：“授权最高人民检察院以生态环境和资源保护、国有资产保护、国有土地使用权出让、食品药品安全等领域开展提起公益诉讼试点”。有细心的论者在这句话中的一个“等”字上做文章：“等领域”并非特指上述四种领域，还应包括其他类似侵害公益的领域。笔者认为，全国人大决定中的“等”，是“等内”，非“等外”，即公益诉讼案件范围仅为此四类，不再扩大范围。在现代汉语中，“等”的用法基本有两种：一种是列举未尽，如学习数学、语文等课程；另一种是列举后煞尾，如北京、上海、广州等三大城市。人大常委会决定中的“等领域”应属后一种情形。

（四）诉讼效益的预防性

预防公共利益的不法侵害是系统性工程，涉及社会各行业各领域，必须采取政治、经济、思想、教育、法律、心理等手段，进行综合治理。其中提起公益诉讼是最为严厉的法律手段，是一种诉讼预防功能。[①]“离开对权利的司法救济和对权力的司法审查这两点，司法权的介入就可能在很大程度上是奢侈和多余的。”[②] 检察机关提起公益诉讼，其目的是使被诉对象停止对国家利益和社会公共利益的不法侵害，并阻止类似尚未造成侵害或潜在侵害公益事件的发生，诉讼目的带有阻止性、救济性，更具有预防性、效应性。公益诉讼是揭露违法、证实违法和惩处犯罪的专门活动，检察机关要在诉讼中要自觉运用特殊

① 杨锦炎：《论法院的诉讼预防功能》，载《武陵刊》2012年7月。

② 陈瑞华：《司法权的性质》，载《法学研究》2000年第5期。

预防和一般预防理论，充分发挥诉讼效应，增加诉讼效益。检察机关要结合具体的公益诉讼案例，把以案说法、释法说理，贯穿整个公益诉讼过程和全部的诉讼活动之中。在实地勘察、调查取证、询问证人等环节，在诉前程序、支持起诉、督促起诉等阶段，都要结合本案突出增强各方诉讼参与人的环保意识、维权意识和法治理念。在审判阶段，尤其要利用开放审理案件中充分发挥法制宣传的庭审教育作用，讲清楚法律支持什么行为，禁止什么行为，惩处什么样行为，争取社会效益、法律效益、预防效益等诉讼效益最大化。

二、公益诉讼的逻辑导向

公益诉讼从最初理念雏形初探、理论模型实证到现时制度实施，始终坚持学术理论引领，始终坚持以问题为导向，始终坚持司法实践探索，始终坚持科学价值取向。其中，理论引领是基础，问题导向是关键，实践探索是途径，价值取向是目标。

（一）理论导向

恩格斯说："一个民族要站在科学的最高峰，就一刻也不能没有理论思维。"回顾我国公益诉讼历程，从最初理念探讨、实践摸索，到政策出台、立法试点，一路走来始终离不开理论探讨和理论指引。司法界和学界，紧紧围绕中国特色社会主义法律体系，立足于中国特色社会主义检察制度，着力研究"公益"和"公益诉讼"在民法、民诉法、行政法、行政诉讼法体系中面临的矛盾与问题、困境与机遇、应对与挑战，对诉讼内涵、诉讼范围、诉讼原告主体资格、诉讼程序、举证责任、判决执行等方面实行"百家争鸣"，作理论实证和学术研讨，为后来的政策出台和立法实践提供了成熟的理论依据和智力支持。十八大中央提出经济建设、政治建设、文化建设、社会建设、生态文明建设"五位一体"总体布局，以及创新、协调、绿色、开放、共享"五大发展理念"，笔者认为，"生态文明建设"和"绿色发展理念"是催生公益诉讼制度出台的两个重要基点。十八届四中全会正式提出探索建立检察机关提起公益诉讼制度，为公益诉讼全面开展揭开了历史性序幕。成熟理论呼唤生动实践，伟大实践催生科学理论。司法实务界的积极探索，法学界的鼓与呼，党和国家倡行的治国理政发展理念，为推行公益诉讼制度提供了科学的理论导向。

（二）问题导向

国学大师钱穆先生指出："一切问题，由文化问题产生；一切问题，由文化问题解决。"在法治化进程中，以公益诉讼制度的法治化方式维护公共利益，必然要面临一系列司法理论和现实问题，要求贯穿强烈的问题意识和鲜明的问题导向，同时要有发现问题的敏锐、正视问题的清醒、解决问题的自觉。一方面，就公益诉讼本体论而言，还存在诸多不容忽视、亟待完善的问题。如跨区域案件管辖、公益诉讼时效、诉讼范围侵略性、前置程序规范、诉前调解、支持起诉形式、督促起诉方式、诉讼费用承担、审判管辖、公益诉讼法典归属等，这些都是当前一般民事诉讼理论和民事诉讼程序不足以支撑或尚未规范的，需要结合司法实践深入研究探索。另一方面，当下我国环境污染相当严重，侵害公益重大事件时有发生，社会公众、媒体舆论反映强烈，检察机关作为推行依法治理的"主力军"和"国家队"，公益诉讼理应站在前台，义无反顾，彰显责任担当，正视问题，解决问题。仅关于空气污染问题，在2015年空气检测中，全国338个地级以上城市，只有73个城市环境空气质量达标，占21.6%；265个城市环境空气质量超标，占78.4%。2015年，480个监测降水的城市（区县）中，出现酸雨的城市比例为40.4%。[①] 这说明，在改革攻坚期、经济发展转型期、经济下行阵痛期，我国面临的环境问题形势严峻，公益诉讼在解决自身制度设计问题的同时，发展前景广阔。[②]

（三）实践导向

任何先进理念、创新理论和制度设计，如果不付诸实践，最终会失去生存土壤，丧失发展机遇。公益诉讼作为崭新的制度设计，既是依法治理的"助推器"，又是维护公益的"航向标"，有力推动了法治思维向实践的转化和法治的实现。[③] 从公益诉讼试点的司法实践看，2016年7月至2017年6月，全国13个地区试点检察机关共发现公益诉讼案件线索1942件，办理诉前程序案件1106件，向法院提起公益诉讼30件，其中民事公益诉讼案件11件，行政公益诉讼案件18件，行政附带民事公益诉讼1件。其中，共发现生态环境和资源保护领域的公益诉讼案件线索1416件，进入诉前程序809件，提起诉讼23件，分别占授权领域四类案件总数的72.91%、73.15%和76.67%。其中，提起环境民事公益诉讼11件，提起环境行政诉讼11件，提起环境行政诉讼附带民事公益诉讼1件。[④] 以上数据表明，公益诉讼制度试点在司法实践中切实增强了"获得感"，实现了试点经验和理论成果双丰收，为完善相关制度立法提供了实证依据和理论支撑。

① 参见中华人民共和国环境保护部部官方网站《2015年中国环境状况公报》。

② 本文在撰写过程中，山东德州全国首例大气污染公益诉讼案宣判，企业被判赔2198万元。

③ 魏胜强：《法律发现：贯彻法治思维的首要方法》，载《河南财经政法大学学报》2014年第4期。

④ 王治国：《检察机关公益诉讼试点全面"破冰"》，载《检察日报》2016年7月19日第1版。

（四）价值导向

由检察机关提起公益诉讼真正体现了国家法律监督机关的职能作用，提高了检察机关的地位、作用、影响力和话语权，深层次的意义是，能促进公共利益代表机制的社会化，能倡导解决侵害公共利益争端的民间化，能推动形成特定社会组织维护公共利益的遴选机制。[①] 司法实践经验表明，针对环境公害、资源垄断、侵害消费者权益、国有资产保护、食品药品安全等领域的公益诉讼，往往会引起特定主体对相关公益问题的热点关注和重点讨论，从而促进相关行政部门出台公共政策和行政手段加以救济和干预，使公益利益保护纳入规范化、常态化和法制化。检察机关提起民事公益诉讼，能发挥检察人员专业知识、职业素能方面优势，同维护公益意识高度认同的审判机关一起，在政策理解、公众支持、法律把控和权力配置上共同发力，因而更容易在公共政策方面达成高度共识，而不致使公益诉讼陷入私益纷争的纠缠之中。因此，检察机关作为公益诉讼主体，能够实现从办理一般公益性案件逐步走向创新社会管理、促进国家治理更高层次的价值目标，使“公地悲剧”不再重复上演。

三、检察机关公益诉讼发展方向

鲁迅先生曾说：“只有外国人说我们不问公益，只知自利，爱金钱，却还是没法辩解。”[②] 中国经济社会发展到今天，国家层面、社会层面和公众层面都高度重视公益，随着“顶层设计”落地衔接，公众法制观念、环保意识和维权意识空前增强，“不问公益”状况彻底改观，检察机关推行公益诉讼制度真正迎来了发展的“春天”。

（一）坚持以司法改革为契机，积极探索制度创新

在全面深化改革的大背景下，本轮司法改革的力度和深度前所未有，为检察机关提起公益诉讼提供了难得发展机遇。十八届四中全会决定“探索检察机关提起公益诉讼制度”，检察机关内部实行司法责任制和省以下人财物统一管理等改革，使公益诉讼制度具有强大后盾和推力，提供了重要机制保障。检察机关要紧紧抓住机遇，应对挑战，积极探索公益诉讼具体环节的制度创新。要建立与相关部门、公益组织、社会团体的信息共享，整合资源，提高社会对新法规、新政策、新制度的晓喻度，积极拓展公益诉讼案件线索渠道。要围绕以审判为中心，积极探索和深入研究涉及审判及相关诉讼程序规范、调查取

① 汤维建：《检察机关提起民事公益诉讼势在必行》，载《团结》2009 年第 3 期。

② 鲁迅：《鲁迅自编文集 15 准风月谈》，北京联合出版社 2014 年版。

证、权益损失评估、诉讼保全、诉权处分、败诉风险等制度创新和理论探讨，使公益诉讼顺利进行提供制度保障。

（二）坚持以保护公益为核心，突出环境资源保护

习近平总书记在中央全面深化改革领导小组审议检察机关提起公益诉讼改革试点方案时突出强调，检察机关要牢牢抓住公益这个核心。按照中央的要求，检察机关在试点期间要抓住人民群众反映强烈的侵害公益事件及其背后的监管不力问题，以生态环境和资源保护领域为重点，集中力量办理重大有影响的案件，探索向法院提起公益诉讼，要从保护青山绿水、服务绿色发展入手，保障和促进美丽中国、健康中国建设，努力实现好、维护好、发展好最广大人民根本利益。正如最高人民检察院民事行政检察厅厅长郑新俭指出的，“要以重点领域的重点案件为抓手，避免自行其是、全面开花”。

（三）坚持以诉前程序为主导，努力推动依法行政

检察机关依法履行法律监督职责，一定程度上让公益保护主体缺失的状况得到有效改变。试点经验表明，新设置的诉前程序发挥出巨大作用。习近平总书记在审议试点方案时强调，诉讼是最后的手段，之前要充分发挥检察建议等手段的作用。要充分利用好高检院工作方案中专门设置的诉前程序，在检察机关提起公益诉讼之前，应当依法督促或者支持法律规定的机关或有关组织提起公益诉讼；或者向相关行政机关提出检察建议，督促其纠正违法行为或依法履行职责。推行公诉诉讼制度的最终目的，是推动依法行政，而非公益诉讼本身。

（四）坚持以诉讼监督为手段，全力维护社会公正

检察机关提起公益诉讼，其优势在于法律监督属性及其司法权力配置，有效改善了以往因行政机关的违法行为，使国家和社会公共利益遭受损害，但无人诉、无法诉、不愿诉而导致违法行为缺乏有效司法监督的现象，有效改变了公益保护主体缺位的状况。在充分发挥诉前程序作用的同时，要随时准备提起公益诉讼的梯次跟进，充分发挥诉讼监督职能的刚性作用，扩大司法最后一道防线的震慑力、强制力和影响力，严格规范公益诉讼活动的司法行为，在实践中检验检察机关提起公益诉讼制度的合理性、可行性和有效性。

检察机关在行政公益诉讼中的法律地位问题研究

周　伟*

检察机关在行政公益诉讼中的法律地位，意即在宪法和法律框架下，检察机关在行政公益诉讼中的运行空间、法律属性以及基于这种法律属性而产生的一系列制度安排。具体而言，至少涉及如下几个具体命题：一是检察机关提起行政公益诉讼是否超越了检察权的界限，以及检察机关在行政公益诉讼制度体系中处于何种地位，是不是提起行政公益诉讼的唯一主体；二是检察机关提起行政公益诉讼的基本属性该如何界定，以及基于这种属性，检察机关在行政公益诉讼中的身份是什么；三是围绕检察机关在行政公益诉讼中的角色和职能，应当有哪些具体的制度安排。

一、检察机关在行政公益诉讼制度体系中的地位

（一）检察机关提起行政公益诉讼符合检察权的基本属性

法律监督是检察权的基本要义。我国《宪法》总纲第5条规定，“中华人民共和国实行依法治国，建设社会主义法治国家。国家维护社会主义法制的统一和尊严”，同时在第129条将检察机关定位为“专门的法律监督机关”。[①] 按照体系化的解释方式，检察机关是代表国家维护法制统一、尊严的专门性的监督机关。1979年全国人大审议人民检察院组织法等法律草案时，曾在《关于七个法律草案的说明》中提出，“列宁在十月革命后，曾坚持检察机关的职权是维护国家法制的统一，我们的检察院组织法运用列宁这一指导思想”。说明

* 湖北省人民检察院行政诉讼监督处检察员。

① 现行宪法文本中，“法律监督”一词仅出现一次，“监督”一词（含“法律监督”1次）则出现17次之多。在有关人民代表大会及其常委会职权的规定中，宪法都是使用“监督”而避免使用“法律监督”。由此推断，从制宪原意来看，制宪者有意将法律监督权明确授予检察院，并与其他监督权予以区别。

检察机关的法律监督权应当是全面的，是对一切法律秩序和遵守法律情况的监督，包括有权对社会生活中的刑事、行政、民事等法律关系进行监督，不仅仅局限于对刑事案件的监督。[①]

与检察机关的刑事公诉权相似，检察机关提起行政公益诉讼不仅仅是一种对违法行为的追诉权，也与法律监督密不可分。当检察机关提起行政公益诉讼时，其法律监督的特性表现在既是对行政违法行为实行监督，即"检察机关采用诉讼形式，利用国家检察权启动审判，发挥司法的政策引导功能和强制威慑功能，从而实现司法权对行政权的制约"，[②] 又是在无适格主体的情况下，对破坏整体公共秩序的监督。此时，提起公益诉讼的权力与监督行政行为的权力合二为一，本质就检察权监督行政权的具体表现。

还必须指出，检察机关通过公益诉讼直接监督行政权，也符合人民代表大会制度下的权力制约原则。人民代表大会是国家权力机关，行政机关、审判机关、检察机关都由它产生，受它监督。宪法除了规定行政机关的领导体制和监察体制，规定审判机关和检察机关内部的制约和监督体制外，也赋予了检察机关以专门的法律监督权，由检察机关对行政权、审判权实行法律监督，防范行政权、审判权的异化，特别是防范行政权力的恣意和专横，使国家权力的形式符合人民意志，维护国家宪法权威和法制统一。检察机关对行政机关行使职权进行监督，这是社会主义制度下权力监督原则的应有之义，也是完善人民代表大会制度下权力制约和监督体系的必然要求。

（二）检察机关应是当前提起行政公益诉讼的唯一适格主体

从域外经验来看，能够提起行政公益诉讼的主体大致有两种模式：一种是检察机关和社会组织、公民均能提起的二元模式。如在法国，检察机关、其他公民和公益组织不仅可以就行政行为提出公益诉讼，而且可以就民事行为提起公益诉讼。日本行政案件诉讼法中的民众诉讼和机关诉讼，也是以维护客观的法秩序为目的的公益诉讼。一是只能由检察机关或者由社会力量提起的一元模式，二是只有检察机关有权提起公益诉讼，根据德国行政法院法的规定，联邦最高检察官、高等检察官、地方检察官分别作为联邦、州、地方的公益代表人，可以提起上诉和变更行政行为的请求。另一种是只有民间社会组织或者公

① 《宪法》第135条规定，"人民法院、人民检察院和公安机关办理刑事案件，应当分工负责，互相配合，互相制约，以保证准确有效地执行法律"，只是说明检察机关在刑事诉讼中具有制约和监督职能，并不能说明检察机关的法律监督就是局限于刑事诉讼领域。

② 姜涛：《检察机关提起行政公益诉讼制度：一个中国问题的思考》，载《政法论坛》2015年第6期。

民能够提起，如我国台湾地区“行政诉讼法”第9条规定，“人民为维护公益，就无关自己权利及法律上利益之事项，对于行政机关的违法行为，得提起行政诉讼，但以法有特别规定者为限”。第35条规定，“以公益为目的之社团法人，于其章程所定目的范围内，由多数共同利益之社员，就一定之法律关系，授予诉讼实施权者，得为公益提起诉讼”。然而，域外关于行政公益诉讼主体的规定有其自身的法理基础和政治、法律体制方面的因素，并不能成为我国确定起诉主体的充分理由。如大陆法系国家普遍规定检察机关能提起行政公益诉讼，主要是因为其是公益的代表。而在英美法系，检察机关能提起公益诉讼主要是基于私人检察长理论，以解决原告资格拓展的问题。域外普遍认同社会力量能够提起行政公益诉讼，主要是基于“促进法的‘私人执行’，发挥公民社会对于法律执行和法律改革的积极作用”，或者是基于促进“司法经济与行政经济”的作用，避免检察机关在提起公益诉讼时的惰性以及可能存在的“权力寻租”问题。

实用主义立场是论证检察机关最适合提起行政公益诉讼的常用方法。相较于民间社会团体和公民个人，由检察机关提起行政公益诉讼具有较强的优势。由于行政公益诉讼案件办理中有涉及范围广、专业知识要求高、诉讼时间长等特点，民众或其他组织提起行政公益诉讼必然面临资金难、取证难和胜诉难等问题，就实效性和便利性的角度而言，检察机关作为法定的法律监督机关，具有专业的检察官队伍，在调查取证方面比一般公民与社会组织更加具有优势，能以其国家机关的特有身份在诉讼过程中更好地与被诉的行政机关抗衡，从而带来行政公益诉讼的便利性与实效性。但检察机关在事实上的优位性并不能完全证成行政公益诉讼只能由检察机关提起。对此，还必须从我国的体制和诉讼制度出发予以分析。

本文认为，从长远看，基于享有批评建议权等基本宪法权利，公民和社会组织应当具备提起行政公益诉讼的权利，但在现行制度安排下，条件尚不成熟，检察机关应是提起行政公益诉讼的唯一主体。

1. 社会力量直接提起公益诉讼突破了“公民监督”的基本范畴

现代国家一般基于“人民——代议机关——国家机构——公民”的运作模式而建立，我国宪法也是如此规定，人民选举代表组成各级人大机关，人大通过民主程序产生国家机构，国家机构依法行使职权，保护公民权利。在宪法的框架下，人民主权在政治监督领域演化为国家的构成性权利（选举权）、参与性权利（表达权）和监督性权利（批评检举控告权）等。《宪法》第41条规定了公民对于任何国家机关和国家工作人员的违法失职行为，有向有关国家机关提出申诉、控告或者检举的权利。从逻辑上讲，第41条的公民权是一种典型的监督权，是“公民对人民的回归，以求从主权权威的角度给由人大主导的公共决策体制和国家机构执行体制施加压力，从而促进公共决策的调整”。① 但必须注意，公民享有宪法意义上的申诉、控告和检举权并不意味着公民可以直接提起行政公益诉讼。首先，行政公益诉讼是公民通过诉讼直接对行政机关的监督。如前所述，公民直接对国家机构的监督，在某种程度上是基于“人民”的身份，实质上是超越代议民主的不服从，对代议制下的宪法秩序有一定侵蚀，必须特别谨慎。其次，与公民监督权相对应的宪法实施机制并不十分明确。当前，公民监督权的效力保障机制尚未健全和完善。其效力并非源于作为公民基本权利的宪法规范性保障，而更多的依托于某种外在的实效权威资源，比如基于信访、舆论媒体的影响。在宪法尚未确定公民宪法权利的保障机制，尚未明确宪法审查的情形下，通过行政公益诉讼对公民监督权进行保障，时机尚不成熟。

2. 违背了穷尽现有制度救济的基本准则

对实施法律等公共政策的公法行为的申诉控告检举，先要导入国家机构内设的常规救济机制，因为常规救济机制内在嵌入国家机构的职权配置中，是国家机构体系本身所设置的自我消化和分工制约机制，是社会秩序维系的基础机制和常规机制。如果赋予社会组织和公民提起行政公益诉讼的权利，势必突破常规机制的优先运行原则，并要协调人大监督、行政机关内部监督、审判监督与公民个人监督的关系，势必会对现有的监督与救济机制带来巨大的负面影响。

3. 对由公民和其他组织提起行政公益诉讼所产生的系列弊端，目前尚无法完全消除

传统行政诉讼法认为，没有诉讼上的利益，就没有诉讼。随着公共利益遭受行政违法行为侵害问题的日益严重，世界各国关于行政诉讼原告资格的“法律权利标准”已逐步让位于“利益范围标准”。公共利益主体的广泛性和不特定性，必然要求将诉的利益理论作宽泛解释，因此，大多数国家都认可社会组织和公民个人可以提起行政公益诉讼。但在中国语境中，由公民和社会组织提起行政公益诉讼还存在一些必须解决的前提问题。

第一，没有较为系统的确立防止滥诉的制度体系。如果公民和社会组织均可以直接提起行政公益诉讼，可能会导致两个后果：一是法院将面临巨大的压力；二是可能会对行政管理秩序的稳定带来较大负面影响，影响行政效率。域

① 秦小建：《论公民监督权的规范建构》，载《政治与法律》2016 年第 5 期。

外的行政公益诉讼制度的发展，一是与团体诉讼制度的长期积累紧密关联；二是考虑到行政公益诉讼是对行政行为的审查，对公益组织有严格限制。如意大利规定，“为避免出现那种半开玩笑性质的诉讼行为，起诉的权限仅限于被行政机关证明了的、有信誉的团体行使”。[①] 美国在《空气洁净法》等法律中则对公民的起诉条件作出严格限制。[②]

第二，我国社会组织的性质特殊。目前我国的社会团体具有较强的官办色彩，其角色在于如何更好地协助政府进行管理，承担着政府与公民之间的传声筒作用。在这种情况下，社团组织通过提起民事公益诉讼实现对侵权主体的追诉尚有可能，但在相当程度上缺乏监督和制约行政权力的足够动力，提起行政公益诉讼也难以取得较好的效果。

第三，公共利益代表的局限性。社会团体、公民个人都不可避免地为一定的利益所左右，很难超越自身的集团利益、个人利益来考虑问题。因此，这种意义上的公共利益，有时可能只是自身的利益，或者虽然能在一定范围内达到对公共利益的共识，但还不是整个社会层次的利益。

二、检察机关在行政公益诉讼中的角色定位

从学理上讲，检察机关在行政公益诉讼中的角色定位，主要有“原告”、“原告代理人”、“公益代表人”、“原告和法律监督双重身份”、或者“公益诉讼人”等主要观点，但有些观点存在不完善之处。[③] 目前没有完全达成统一意见。最高人民检察院《人民检察院提起公益诉讼试点工作实施办法》（以下简称《提公益诉讼实施办法》）和最高人民法院《人民法院审理人民检察院提起公益诉讼案件试点工作实施办法》（以下简称《审理公益诉讼实施办法》）均将检察机关在行政公益诉讼中的“称谓”统一为“公益诉讼人”，但实质上

---

① 黄学贤：《建立行政公益诉讼制度应当解决的几个问题》，载《苏州大学学报（哲学社会科学版）》2008 年第 3 期。

② 该法规定，起诉对象已有积极遵守法定要求的行为或者公民未履行 60 日前事先告知义务时，则诉讼将不被允许。

③ 第一，检察机关不能简单视为“行政公益诉讼的原告”，因为其本身与被行政行为侵害的公共利益并没有直接的、实体上的利害关系，其提起行政公益诉讼的权力来源于其作为法律监督机关的宪法定位以及检察权本身的属性。第二，检察机关不是“行政诉讼原告代理人”。一是原告不确定，其所代表的国家和社会公众不是原告，也没有进入诉讼程序。二是检察机关是以国家的名义提起诉讼，是为了维护国家的社会秩序和利益，不是代表某一方。第三，检察机关在我国不能视为“公益代表人”。一是因为“公益代表人”不是我国宪法和行政诉讼法规范上的概念，无法反映检察机关的法律地位。二是公益代表人反映了检察机关在公益诉讼中的实质功能，但无法解决检察机关的为什么能提起行政公益诉讼的问题。第四，“原告和法律监督双重身份”的观点也不可取，因为两种权力（权利）如果同时行使，可能导致侵犯审判权，破坏诉讼平衡的结果出现。

"两高"只是统一了称谓，对于检察机关在行政公益诉讼中的具体职能和定位仍存在较大分歧，主要是最高法的司法解释又明确规定"检察机关的诉讼权利和义务参照普通行政诉讼的原告"。经梳理，至少有如下内容不同：（1）调查取证手段。《提起公益诉讼实施办法》规定检察机关调查取证时，行政机关和有关单位必须配合。《审理公益诉讼实施办法》规定参照原告，原告调查取证则无此权力。（2）《提起公益诉讼实施办法》没有规定起诉的时效。《审理公益诉讼实施办法》参照原告，则隐含了检察机关在起诉时受起诉时效的限定。（3）《提起公益诉讼实施办法》关于起诉条件的规定很模糊，只规定了提交起诉书和公益受损的初步材料，隐含了符合形式要件后，法院必须受理并立案之意。《审理公益诉讼实施办法》参照原告诉讼权利和义务，则隐含了可不予立案的规定。（4）关于出庭身份，《提起公益诉讼实施办法》规定的是"派员出席法庭"，此规定类似于《刑事诉讼法》第184条"人民法院审判公诉案件，人民检察院应当派员出席法庭支持公诉"之规定。《审理公益诉讼实施办法》规定检察机关参照原告权利和义务，检察机关则要提交授权委托书、法定代表人身份证明等一系列文件，而且出庭人员是受检察机关"委托"而不是"指派"。（5）关于庭审监督。《提起公益诉讼实施办法》规定检察人员发现庭审活动违法的，应当待休庭或者庭审结束之后，以人民检察院的名义提出检察建议。《审理公益诉讼实施办法》则无此规定。（6）关于撤诉。《提起公益诉讼实施办法》没有规定撤诉要经过法院允许，《审理公益诉讼实施办法》明确规定要经过法院的同意。（7）关于抗诉。《提起公益诉讼实施办法》规定向上一级法院抗诉，参照了刑事诉讼法的规定。《审理公益诉讼实施办法》则回避此问题，只规定按照行政诉讼第二审程序审理。

从检法两家关于检察机关身份的不同理解来看，当下最重要的问题恐怕不仅是统一称谓，而是从检察机关提起行政公益诉讼的基本属性出发，进而去论证检察机关在公益诉讼中的身份。

（一）检察机关提起行政公益诉讼的基本性质

从本质上讲，检察机关提起行政公益诉讼是一种权力，是国家检察权在行政公益诉讼领域的具象化。检察机关提起行政公益诉讼的基本属性，是指能够反映检察机关在行使行政公益诉讼权这一基本权力形态时，区别其他类型权力的根本之处。

1. 检察机关行政公益诉讼权是提起行政诉讼的权力。必须指出，行政公益诉讼是行政诉讼的一种特殊形式，除了起诉主体特殊、维护的利益特殊以外，其他方面都具有非常典型的行政诉讼特点。检察机关行政公益诉讼权就是检察机关具备运用行政诉讼这种方式来达到维系公益、监督行政权目的的权力。这种权力，必须要以法律有特别规定为前提，即应是一种法定的起诉权：一是权力来源的法定性。为维护国家或社会公共利益，检察机关是基于法律监督权而提起行政诉讼；二是行使条件的法定性。根据行政诉讼的功能，结合行政执法的现状，检察机关只能对侵害国家或社会公共利益的行为提起诉讼。三是程序运作的法定性。行政公益诉讼应当有法定的程序规则来保障。

2. 检察机关行政公益诉讼权的国家性。国家性体现为两点：一是行政公益诉讼权本身是国家诉权。国家诉权是指国家将本应属于社会的诉权通过立法的形式确认为国家垄断的诉权，如刑事公诉权是一种典型的国家权力。与其他国家权力一样，检察机关的行政公益诉讼权是以国家强制力为后盾，只能属于国家，只有国家才有权进行公诉或放弃公诉。如检察机关的立案权、调查取证权、审查起诉权、出庭支持公益诉讼权、抗诉权等都具有很强的国家专属性。这与公民个人和社会组织所享有的诉讼权利有本质上的区别。二是代表国家起诉。从形式上看，行政公益诉讼是检察机关以国家名义对行政主体侵害国家或社会公共利益的行政违法行为提交人民法院进行审理，如果检察机关没有就行政案件向人民法院提起诉讼，那么人民法院也就无法审理该案件。

3. 检察机关行政公益诉讼权的公益性。公益诉权是以维护国家和社会公共利益的诉权，维护公益应是其立足点。这主要表现在：一是诉讼目的的公益性。行政公益诉讼的目的自始至终在于维护国家利益和社会公共利益，确保行政法律的正确统一实施，以实现行政法律秩序。二是诉讼主体的公益性。行政公益诉讼的主体必须是国家和社会公共利益的忠实代表，有一定的职权、组织机构和人员配备，能够独立公正地履行诉讼职能。在我国，检察机关具备了代表公益的条件，“凡司法事务不必事事皆与国家有益，惟检事专主张国家利益而设，此与裁判所之设立，因国家不能自行裁判乃设立之；国家不能自己主张利益，故设立检事以主张国家利益。”① 三是诉的利益的公益性。检察机关提起行政公益诉讼所保护的利益是国家和社会公共利益。

4. 检察机关行政公益诉讼权的监督性。我国检察机关始终将公权力监督作为其本位，从检察机关对国家公职人员职务犯罪的侦查、逮捕、起诉，对审判活动、诉讼活动的监督，对判决、裁定的执行监督，无不体现专门法律监督的贯穿作用。检察机关在行政公益诉讼中的监督权体现在两方面，一是检察机关对行政机关的监督，是源于广义的法律监督权。二是在起诉后，检察机关还承担着对审判机关的监督职能。

5. 检察机关行政公益诉讼权的程序性。行政公益诉讼权是一种单纯的程

① 何勤华主编：《检察制度》，中国政法大学出版社 2003 年版，第 93 页。

序性权力。相比之下，无论是审判权还是行政权，都具有一种“处置性”特征，即这些权力能够改变实体的社会关系。从权力效力来看，行政公益诉讼权是一种司法请求权，它主要反映检察机关对审判机关的一种司法请求，首要功能在于启动诉讼程序，具有非终局性的特点，它的终局性处置均需诉讼后由法院最终裁判。可见，行政公益诉讼权是以国家审判权为后盾来解决公益保护的问题。而行政审判权的启动则是以行政公益诉讼权为前提条件的。

（二）检察机关在行政公益诉讼中的身份

基于以上分析，我们认为，应当将提起行政公益诉讼的权力定位为行政公诉权，将检察机关在行政公益诉讼中的身份定位为行政公诉人。主要理由有如下几点：第一，符合公诉权的性质。公诉权的本质就是国家行使的诉权，是一种国家司法权力，是特定国家的法定职权。在诉讼制度早期，并无“私诉”与“公诉”之分，国家并不干预私人起诉的自由，随着国家和社会的逐步形成，一些破坏私人权益的行为特别是犯罪行为也严重损害公共秩序，因此国家以自己的名义追诉，这也是公诉权一直特指刑事公诉权的主要原因。在现代社会，随着民事诉权和刑事诉权的逐渐分化，诉权又发展出以公权力为对象的行政公诉权和宪法诉权。在19世纪，大陆法系产生了行政公诉权，普通公民可以针对行政机关行为的违法性起诉行政机关。从20世纪20年代开始，域外大多先后产生了宪法诉权。同时表明国家与公民同处于法律之下，政府的行为要受法律的约束，检察机关代表国家监督政府实际上就是国家公诉权的一种表现。第二，符合公诉权的目的。传统公诉权的确立是统治阶级为了维护国家利益和社会公共利益而设置的。行政机关尽管是公共利益最主要的维护者，但是违法行政行为的出现同样会对公共利益造成巨大的损害。由于缺乏合适的诉的主体，检察机关通过提起公诉追诉行政机关，既是对行政权的监督，也是通过监督实现对公共利益的维护。第三，符合公诉权的运行。公诉权发生效力的场域在于诉讼，即通过追诉追究特定对象的法律责任。行政公益诉讼也是通过检察机关启动诉讼来追究行政机关的责任。

检察机关在行政公益诉讼的地位应当为行政公诉人，更为重要的问题是“行政公诉人”应当具有哪些基本内涵。刑事公诉人的在刑事诉讼中的特殊身份并不能直接成为行政公诉人身份的样本，因为二者在诉的对象、证明标准、权限、责任人承担的后果等诸多方面均存在较大差别。我们认为，确定行政公诉人在公益诉讼中的身份，要把握好三个基本维度：一是协调行政诉讼与公益诉讼特殊性之间的关系；二是协调参加诉讼和代表国家之间的关系；三是协调检察权的法律监督属性和诉讼规律之间的关系。具体而言，检察机关在行政公益诉讼中应当遵循如下基本要求。第一，行政公诉是行政诉讼的一种，检察机关在诉讼中应当具有相应的法律地位，不能因为检察机关的身份、属性不同，就忽视其在诉讼中的法律地位。检察机关应与行政诉讼当事人一样，享有诉讼权利，承担诉讼义务，应尊重法院依法行使审判权。第二，与传统意义上的私益诉讼中的原告相比较，检察机关所代表的是国家，其本身与被行政行为侵害的公共利益并没有直接的、实体上的利害关系。鉴于这种特殊属性，检察机关也应当有一些特殊的诉讼权力（权利），如诉前完整的调查权，诉讼中特殊的程序性保障权利，对诉讼结果的监督权力等。第三，既应当充分尊重检察机关的法律监督属性，又要尊重行政权运行规律和诉讼规律。检察机关在行政公益诉讼中既要监督行政机关，又要监督审判机关，如果对监督权的行使不加以适当规制，可能确实会产生不良后果，破坏诉讼平衡。因此，监督权的行使以充分尊重行政权的自我纠错，充分尊重审判权的正当合法行使为前提。

基于以上分析，检察机关在行政公益诉讼中“公诉人”的身份，至少应当有如下基本内涵：

1. 检察机关与行政诉讼的原告一样，享有相类似的诉讼权利。在诉讼过程中，检察机关与被告人在法官主导下，程序上平等享有当事人诉讼权利，承担行政诉讼当事人举证的诉讼义务，与被告身份平等。起诉的范围、程序和条件必须符合法律的规定。

2. 检察机关提起行政公益诉讼的国家性，使检察机关与普通原告又有不同之处。首先，检察机关是代表国家起诉，既是权力，也是法律义务，遇有法定起诉事由，必须履行起诉的法律义务，不能放弃。其次，检察机关按照法定条件起诉后，必然引起法院审判程序的启动，不被不予受理和驳回起诉，法院只能通过判决来决定是否支持检察机关的主张。最后，检察机关在诉讼程序中应当享有一些特殊的诉讼权利。如检察机关享有刚性的调查收集手段；在诉前可以申请法院采取保全和禁令的方式；出庭检察人员是检察机关的代表，是依法行使国家权力，无需检察机关委托；无需受到诉讼时效的限制；可以自行决定撤回起诉，而无需得到法院的许可；法院不能直接判决检察机关的诉讼请求是否成立，而只能认定被诉行政行为是否构成违法或者不作为等。

3. 检察机关在行政公益诉讼中，不是诉讼所保护的实体权利的享有者，对于起诉所保护的利益不享有完全的实体处分权。基于此，产生了两种法律后果：一是检察机关不承担实体上的法律责任；二是被告行政机关不能反诉。

4. 从平衡监督和诉讼规律的角度出发，检察机关可以谨慎行使法律监督职能。“目前确实也有学者担心检察机关作为法律监督机关提起行政公益诉讼会发生严重的角色冲突，危及行政审判的独立性。"[①] 这样的担心，在刑事诉讼制度设计中也有过多次争议，其冲突协调的路径显然同样也是适用于行政公诉。[②] 具体而言，检察机关在行政公益诉讼中的监督应当以尊重审判权的正当行使为前提，对于审判程序和裁判结果均应采取事后监督的方式，对裁判结果的监督应当以抗诉的方式进行。

三、检察机关的法律地位与行政公益诉讼制度的发展

下一步应当重点围绕既体现检察权的监督属性，又尊重行政机关依法行使行政管理职能的基本立场，来进一步完善检察机关提起行政公益诉讼制度体系的相关内容。

（一）明确国家和社会公共利益的基本判断标准

现在并无关于如何认定"两益"的相关规定。在实践中，对于何为"两益"的初始判断权实际上是交由检察机关在行使。优点是充分体现司法效率，尊重了检察机关代表国家起诉的法律地位，但弊端在于对"两益"的判断有可能超过了检察机关的职权界限，因为在现代国家，对于公益的判断一般是立法机关的职权，而且可能与最重要的公益维护者——行政机关的判断不一致。奥地利学者阿道夫·默克认为，唯有用"法律形式"表现出来的国家目的才属于公共利益。这一观点倡导了一种现代法治的基本理念，即公共利益的界定权应该掌握在"公众"手里。美国法院也一般将公共利益作为完全由议会决定的问题，议会便相当于一个"公益机器"，在通常情况下，其所产生的法律或决定被认为自动符合"公共利益"。[③] 当然，由于公共利益本身的不确定性和立法本身无法达到完全周延的特点，对公益的概括只能是宏观、概括的，还需要行政机关的具体判断和司法确认予以细化和补充，但前提是立法有关于公益的基本判断标准，这也是下一步行政公益诉讼必须要解决的首要问题。

（二）完善行政公益诉讼客体范围的相关制度

由于行政公益诉讼所具有的国家性、法定性、监督性特点，哪些损害公益的行政违法行为或者不作为应当被监督也是一个不容回避的基本问题。具体包含两个问题：一是监督的领域该如何界定；二是这些领域中，哪些损害公益的行政行为能被检察机关监督。

就第一个问题而言，目前《提起公益诉讼实施办法》确定行政公益诉讼

---

① 章志远：《行政公益诉讼热的冷思考》，载《法学评论》2007 年第 1 期。

② 胡卫列：《论行政公益诉讼制度的构建》，载《行政法学研究》2012 年第 3 期。

③ 参见王明扬：《法国行政法》，中国政法大学出版社 1988 年版，第 137 页。

的领域为环境与资源保护、国有土地使用权出让以及国有资产保护三类领域，确定上述领域的依据是《关于〈中共中央关于全面推进依法治国若干重大问题的决定〉的说明》将上述三个领域作为损害公益的典型领域进行了列举。[①]下一步的制度构建中，如何确定具体的监督领域，是进一步扩大监督的领域，还是维持试点期间的现状，还应有一个周延的立法论证过程。本文认为，应当从保护公益的政治制度空间、司法权与行政权的边界、审判权的承受能力、行政机关自我监督机制的发展与运行状况、公民诉讼制度的发展水平等诸多因素来考量。

就第二个问题而言，即哪些类型的行政行为能被监督的问题。首先，行政公益诉讼应主要针对行政主体在行政管理过程中作出的行政管理行为，即具有执行意义的具体行政行为。因为行政执行权是典型的事实认定和法律适用的结合，法院具有明确的判断标准和判断依据。其次，尽管目前尚有困难，但不能绝对排除对抽象行政行为提起公益诉讼。其中，对于规章以上的抽象行政行为，不宜纳入。因为这类行政行为属于行政立法权，依法由人大予以监督。对于规章以下的抽象行政行为违反公益的，可以谨慎地提起行政公益诉讼。因为此类抽象行政行为被反复适用，可能导致损害公益的后果更为严重。另外，还应当从诉讼效果考量行政行为或者不作为是否有诉的可行性和必要性。

（三）完善检察机关提起行政公益诉讼的程序

1. 完善调查程序。《提起公益诉讼实施办法》第 23 条规定了检察机关调查的主要手段有询问、调阅卷宗、咨询等非强制性措施，同时规定了检察机关调查核实时，有关行政机关以及其他单位和个人必须配合。但该规定是司法解释，不是法律，无法规定公民和相关机关不配合的法律责任。后续的制度发展至少应做到如下几点：一是建立调查的保障性制度。《宪法》第 53 条规定“中华人民共和国公民必须遵守宪法和法律，保守国家秘密，爱护公共财产，遵守劳动纪律，遵守公共秩序，尊重社会公德”。第 54 条规定“中华人民共和国公民有维护祖国的安全、荣誉和利益的义务”。检察机关代表国家起诉，维护公共利益，公民应当予以配合，这是公民的基本义务。应当在国家法律中明确，对于检察机关的调查，相关机关和个人必须配合，并明确不予配合的法律责任。二是要明确规定检察机关在公益诉讼中行使调查权时的具体程序，要

① 原文为“在现实生活中，对一些行政机关违法行使职权或者不作为造成对国家和社会公共利益侵害或者有侵害危险的案件，如国有资产保护、国有土地使用权转让、生态环境和资源保护等，由于与公民、法人和其他社会组织没有直接利害关系，使其没有也无法提起公益诉讼，导致违法行政行为缺乏有效司法监督，不利于促进依法行政、严格执法，加强对公共利益的保护”。

注意与刑事诉讼中的侦查程序以及与检察机关民事、行政诉讼监督调查程序的区分。三是对于国有资产领域的特殊案件，应在立法中设定检察机关冻结有关单位的账户的制度。四是在调查阶段，还应当建立检察机关在行政主体或其他诉讼参与人阻碍其执行职务或拒绝执行其决定而依法采取紧急处置的制度。这一制度的基本内容是：检察机关应具备排除行政公益诉讼障碍的手段，为检察机关应付突发事件或紧急情况留有法律操作空间。五是在行政主体违法行为严重污染环境或者造成其他严重后果的，应规定检察机关应有权申请法院先予执行，责令行政主体及有关单位停止侵害，采取防治措施，避免公益损害的扩大。

2. 建立举证责任的分配原则。检察机关提起行政公益诉讼是行政诉讼的一种，其实质仍然是特定主体针对行政机关的不作为或乱作为而进行的一种司法救济和法律监督。在证明责任上，仍应当实行举证责任倒置制度，即检察机关只需向法院提交公共利益受到侵害，以及该侵害系行政机关的具体行政行为所造成的证据，作为被告的行政机关需要向法院提交证据，充分证明自己行为的合法性。

3. 完善检察机关出庭程序。根据检察机关在行政公益诉讼中的基本属性，在后续的制度安排中至少应明确：一是检察机关代表国家起诉后，只要是检察机关提交了起诉书和公益受损的初步材料，具备形式要件，法院必须进入实质的审判程序。二是检察机关出庭人员的身份应当明确，出庭人员是代表国家提起诉讼，是行政公益诉讼案件的公诉人，无需出示委托手续。三是有撤回起诉的自主决定权，并可以采取通知书的形式向法院提出。

（四）行政公益诉讼与行政机关自我监督衔接的制度建设

行政公益诉讼具有很强的监督行政权的属性，但权力制约的一个基本原则是应恪守监督的边界，这就需要坚守司法克制主义，它意味着检察机关在起诉时应坚持补充性与最后性。补充性意味着如果能够用其他方式监督行政机关履行职权，则无需提起行政公益诉讼，即应该尊重行政权自我纠错的优越性；而最后性则要求检察机关在提起行政公益诉讼之前，应当穷尽其他法律监督手段，并符合法定的条件。检察机关监督的最后性已经被诉前建议程序所保障，但与行政机关自我监督的衔接制度仍很不完善，需要重点建构。

（五）执行环节检察机关监督制度的建设

检察机关对法院公益诉讼的监督不仅是判决结果的监督，也应当包括执行的监督。若经过诉讼程序而胜诉，但行政机关拒不执行生效判决，则公共利益仍会受到损害，不符合公益诉讼的初衷。虽然从目前试点地区案件进展情况来看，还没有出现行政机关不履行公益诉讼生效判决的情况，一方面是目前公益诉讼案件生效判决总量较少，不履行的概率相对较低；另一方面是当前行政公益诉讼处于试点阶段关注度高，行政机关一般不会公然不执行生效判决。但缺乏制度约束，强大的行政机关今后仍有可能不履行或者怠于履行生效判决。公益诉讼不同于私益诉讼，普通当事人提起诉讼胜诉之后会时刻关注，强烈要求判决执行，但公益诉讼因代表不特定的公共利益，缺乏明显的受害人或受益人，故判决生效之后，如何履行是不得不考虑的问题。目前各项规定对执行部分还缺乏明确规定，或许立法者认为行政机关毕竟不同于普通当事人，其受关注度更高权威性更大，会严格履行生效判决。不管此种假设理由是否充分，仅从制度层面讲，缺乏执行规定，显然是不完整的诉讼制度。

在行政公益诉讼中规定执行制度，有两种可行的路径：一是检察机关发挥诉讼权能，在行政机关怠于履行判决时，由检察机关申请法院执行，督促行政机关按时履行判决；二是发挥检察机关的监督权能，行政机关不履行生效判决时，检察机关以检察建议的方式要求行政机关履行判决，或者对不执行判决的行政不作为提起新的行政公益诉讼。本文较倾向第一种路径，检察机关发挥诉讼权能，向法院申请执行。因为检察机关提起公益诉讼后，检察机关对行政权的法律监督职能已经告一段落，对行政权的司法审查职能已经转为由法院来行使，检察机关此时只能通过监督法院审判来间接实现对行政权的监督。但监督法院执行时也会存在一些难题，如行政机关不执行生效行政决定损害公益，检察机关对此起诉并胜诉后，如果行政机关没有自行强制执行的权限，并已经超过申请法院强制执行的期限，法院此时无法采取有效措施执行，检察机关就面临该如何监督法院执行的问题。

检察机关提起预算行政公益诉讼的制度设想

姜雨奇[*]　何赞国[**]

一、当前预算法运行困境易致实践中公共利益保护缺失

（一）预算违法行为隐蔽易发，实践中责任承担的辨别难度加大

法治是治理的高级形态和基本方式，法治是国家治理现代化的核心。[①] 因此不同国家，选择的国家管理体制也不同。我国预算法将凡是能够行使预算管理职权机关和相关人员都列为预算法律责任的主体。这种规定看似责任主体很多，但现实中，由于预算存在编制、审批等多个环节，而每个环节又可能是由不同的主体来完成的，每个环节环环相扣、紧密相连，因而每个环节、每个行为都可以引发预算法律责任。由此可见，预算违法行为非常易发，且隐蔽性较强，而且从法律责任追究的角度看，无论是作为还是不作为，都是由于故意或者过失引起的，不同的预算违法行为归责原则还存在差异，因此实践中当预算发生问题时，谁应该承担责任、应该承担何种责任很难分辨，进而造成责任追究难的现实困境。

（二）预算违法行为类型缺乏弹性条款，给逃避责任追究留下伏笔

预算违法行为是实践中追究责任的事实凭据。我国 2015 年新修订的《预算法》从第 92 条到第 95 条，以列举的方式明确界定了四方面 17 类预算违法行为。较原《预算法》第 73 条、第 74 条、第 75 条中规定的三种违法行为，更加明确具体，也更加丰富和完善。为我们实践中追究预算违法责任，提供了非常明确具体的标准和依据。但是由于预算法涉及主体多、涉及的环节多，与我国预算活动中纷繁复杂的违法现象相比，预算法不可能列举所有的违法行为，以“行为列举”的方式进行，无疑难逃单薄之嫌，不可避免地会出现疏

---

* 北京市人民检察院第三分院检察官，北京市检察机关十佳综合文字能手，法律硕士。

** 北京市人民检察院第三分院检察官，法学硕士。

① 张尤佳、李金玲、张瑞：《我国环境服务业法治化之路径研究》，载《天津大学学报（社会科学版）》2016 年第 1 期。

漏。列举式的规定，由于在立法设计上缺乏弹性条款，使得我国现今大量存在，以及今后随着各种条件和环境变化而出现的新违法行为，无法得到依法处置。

（三）预算责任的追究缺乏科学的程序设计，留给“有法必依”弹性空间过大

法治社会，预算责任的追究需要健全的制度机制和科学的程序设计。实践中，修改后的预算法增加了追究刑事责任的规定，即第96条第2款“违法本法规定，构成犯罪的，依法追究刑事责任”。这较原预算法仅规定了行政责任，可以说是历史性的飞跃。修改后的预算法对预算行政违法行为的追究，虽然已经明确指向了刑事诉讼法。但如何追究刑事责任，由谁来提起公益诉讼，如何保障诉讼权利、承担诉讼义务，证据规则应该如何界定等，还需要在法律框架内进行合理的制度设计与正当的程序保障。而预算责任追究层面的制度设计，无论是预算法还是刑事诉讼法都是模糊而不明确具体的。因此，实践中亟须完善预算法和刑事诉讼法的关于责任追究制度机制的衔接设计，进而真正实现对预算违法行为，谁来追责、如何追责能够“与法有据”并“依法落实”。

综上，预算法实际运行层面的困境，不是“无法可依”的无奈。修改后的预算法和刑事诉讼法都是最近颁布实施的，针对以往对预算违法行为的惩处不利的局面，国家已经从立法层面加大了对预算公共利益的保障力度。预算法实际运行中遇到的困境，让我们更多的意识到的是，困境的根源是“有法可依”与“有法必依”之间缺乏科学的制度设计，确切地说，就是如何将良好立法的初衷在实践中落实到位的问题。这就需要我们在立法层面和司法实践中不断探索，找到最佳的结合点，从制度机制构建层面进行科学程序设置，要具体到由那个机关依据何种程序来保障预算公共利益，从而真正实现预算合法权益的维护和保障。

二、检察机关提起预算行政公益诉讼的理论基础及现实必要

（一）检察机关提起预算行政公益诉讼的理论基础

党的十八届四中全会之前，学术界对检察机关提起行政公益诉讼的讨论主要集中在两个问题上：一是检察机关提起行政公益诉讼的必要性与可行性；二是检察机关提起行政公益诉讼的实际可操作性。行政法学界的学者大多赞成由检察机关提起行政公益诉讼，赞成的理由主要集中在两方面：一是从纯粹理论角度看是为了完善诉讼结构；二是检察机关一旦被赋予提起行政诉讼的权利，则能更有效发挥检察机关对行政的监督作用。党的十八届四中全会，提出要探

索建立“检察机关提起公益诉讼制度”，表明中央已经明确对第一个问题作了回答，标志着建立检察机关提起行政公益诉讼制度已经从理论研究走向实践探索。至此，在学术界对推进行政公益诉讼争议，目前主要集中在从操作层面来如何推进角度进行研究。更多的理论探讨，围绕检察机关在公益诉讼中的身份定位、公益诉讼是规定在行政诉讼法中还是制度特别法、与普通程序有什么不同，以及管辖、原告资格、举证责任、诉讼费用等一系列问题展开。

预算行政公益诉讼既是保护预算公共利益的司法救济途径，也是我国公民参与国家管理、实现公民权利重要载体。预算行政公益诉讼作为行政公益诉讼的重要组成部分，其理论渊源与行政公益诉讼有很多相同之处，其特殊之处可以概括为以下两个方面：

1. 责任政府建设与社会契约论的兼容。预算行政公益诉讼的重要一环就是要界定好政府和公民的关系。其理论渊源可以从责任政府建设和社会契约理论找到依据。作为责任政府，在现代法治社会所提倡的全新治理模式下，明确责任是应有之义，其本身既包含“对政府进行民主控制的制度设计，又含有一种多层次的责任体系安排”。责任政府的基本价值取向，应当明确界定为“对人民负责”，即要切实履行好义务，承担好责任，自觉接受来自内、外部的控制，把回应社会期待和公众的需求作为政府的核心职责和使命。在制度设计层面，则需要通过建立起明确的责任制约权力体系，来实现行政从权力到责任的合理转变。从公民的角度，则应依据依据社会契约理论，充分赋予公民权利的实现和对政府权力的监督。具体而言，依据社会契约理论，国家是由全体的社会成员依据契约而成立的。公民和政府之间的关系可以简要概括为纳税与服务的社会契约，即公民按规定交纳税款后，政府就有义务提供相关公共服务。如果政府在提供公共服务过程中由于服务瑕疵，给公民造成损害，公民理所应当的有权利要求补偿，其中公民实现权利救济的方式就包括司法途径。同时，公民对政府公共服务的提供以及公共物品的管理也依法享有监督权，特别是对公共物品的管理，原则上应该“取之于民、用之于民”。因此，当公民发现政府在管理国家财政预算资金这一公共物品方面有不作为、滥作为，而导致国家财政预算资金流失，可以通过提起预算公益诉讼的方式行使权力也在情理之中。

2. 权利本位到公益本位的转轨。预算行政公益诉讼作为行政公益诉讼的重要分支，其理论探索也是伴随着现代行政法治的发展，从控权论向公共利益本位论的转向而产生与发展的。所谓控权论，也称权力本位价值观，其核心观点是：必须给正义、公平和个人权利以优先的地位。这种优先地位不是指个人权利可以为所欲为，而是强调在不与他人的自由相冲突的条件下，个人具有优先的选择权，也就是这种权利，更多是一种选择权。

在以后的发展中，传统的行政已经慢慢向服务与合作型的行政转变。新社群主义的代表人物桑德尔指出，权利以及界定权利的正义原则都必须建立在普遍的公共利益之上，普遍公共利益优先于权利和正义原则，即公共利益优先于个人权利。

推溯既往，人民群众基于对公共福利的需要，通过一定方式选举产生政府，并赋予政府权力，这是行政权的产生基础。因此，作为公共利益的保证人，政府它既是权利的工具，又是权利的表达。但是，这种权利表达不是强调某个人或者某个群体的权利，而是从公共利益出发，维护的是公民的共同意志。从上述结论推导，可以得出预算行政公益的公民共同意志，就是公共财政。公共财政从本质上说是取公众之财，办公众之事，其核心是满足公共需要。而“从群众中来，到群众中去”是公共需要所具有的基本特性。据此，社会公众可以对政府，特别是政府财政收入如何被使用、使用是否合法、是否合理和是否效率进行有效监督和制约。预算行政公益诉讼可以将政府活动置于合法的监督之下，有利于监督政府履行好为公众提供公共产品和公共服务的职能，使政府对公共利益的最大化负责。

（二）检察机关提起预算行政公益诉讼的现实必要

我国的体制是全国人大制度下的“一府两院”制度，检察机关、审判机关分别掌握检察权和审判权。同时检察机关作为宪法规定的法律监督机关，其公共利益维护者的地位契合了预算行政公益诉讼的“公益”性，法律地位超脱，不易受到行政机关的干扰，能够作为独立的第三方实现对预算领域的行政机关进行监督。因此，实践中，如果由检察机关提起行政公益诉讼，则本文第一部分中列举的三个难题会迎刃而解。

1. 检察机关提起预算行政公益诉讼能够解决追责难的问题。在传统的诉讼关系中，法院受理案件往往要求必须有适格的原告和被告，即涉案人员必须与涉案物品有利害关系才能寻求司法救济。这一做法在行政诉讼中却遭遇了尴尬的处境，如湖南村民请求法院确认财政局滥用预算职权案①，村民为了维护

① 徐阳光：《纳税人诉讼的另类视角——兼评蒋时林诉常宁市财政局违法购车案》，载《涉外税务》2006年第8期。案情如下：湖南省某村民，发现当地政府的财政局有超预算及违反相关程序的用国家的预算资金购置高档轿车的行为。他认为此种随意动用预算资金的行为严重违反了《预算法》、《政府采购法》以及《财政违法行为处分条例》，侵犯了国家预算管理制度和公众利益，也侵害自己的合法权益。他首先要求财政局对此种行为作出合理的解释并予以处理，但并没有得到任何的回复。于是，他向当地的法院对财政局违法购车的行为提起了行政诉讼，请求法院确认财政局滥用预算职权违法购置汽车的行为违法、请求法院依法将购置的汽车收入国库，维护纳税人的利益。

当地的预算公共利益向法院起诉，但法院根据行政诉讼法的规定，认为起诉人的起诉事项不属于受案范围，即原告不适格，最终裁定不予受理。此案一经提起，便引起了社会的广泛关注。此案折射出公民对公共利益的关心和维护自己纳税人合法权益的渴望。而由检察机关作为预算行政公益诉讼的原告则非常合适，一方面，检察机关有效联结了公民、法人的举报和申诉，能够充分运用法律监督职能追查犯罪；另一方面，明确的原告，也避免了行政机关、相关涉案人员的推诿扯皮，能有效节约司法成本，避免司法资源浪费。

2. 检察机关提起预算行政公益诉讼能够破解查处难的困境。新修订的预算法实施后，由于缺乏概括性条款，给逃避查处带来了可乘之机。由检察机关提起预算行政公益诉讼的制度设计，明确了检察机关的在预算行政公益诉讼中的地位并赋予其相应的职权。一方面，检察机关有权依照法律决定将哪些预算领域的违法行为纳入预算行政公益诉讼领域。另一方面，检察机关在司法实践中可以结合司法实践，对法律规定的预算违法行为，在法律允许的范围内进行司法解释，进而进一步明确相应违法行为的类型和后果，弥补由于预算法概括性条款的缺失，而导致的处罚不能。

3. 检察机关提起预算行政公益诉讼能够实现真正的社会救济。修改之前的预算法仅规定了行政责任，即只有给予负有直接责任的主管人员和其他直接责任人员行政处分。预算法律责任的形式过于单一。修改后的预算法纳入了刑事责任，列入了其他法律对其处理、处罚另有规定的依照其规定。但如何追究行政责任等的具体方式未作具体规定，尤其是未作司法程序规定。这导致预算领域的公共利益受损无法获得司法监督，预算责任追究被排除在司法审查的范围之外。而由检察机关提起预算行政公益诉讼，使得预算法规定的行政责任甚至刑事责任不再成为摆设，而是可以实践操作的具体制度，成为监督预算行政行为的有力武器。

三、检察机关提起预算行政公益诉讼制度设计中需要关注的问题

由于行政公益诉讼仍是行政诉讼中的一部分，因此虽在原告资格等方面较为特殊，但在被告选择、举证责任、诉讼请求、诉讼程序、判决类型等方面仍需遵循行政诉讼的一般原则。与此同时，由于公益诉讼自身特点显著，在制度设计时需要对以下问题特别关注：

（一）被诉机关选择

由于行政公益诉讼仍属于行政诉讼的范畴，因此只有行政机关才能成为行

政公益诉讼的被告。[①] 具体而言，就是作出预算行政行为的行政机关才能作为预算行政公益诉讼的被告。

由于预算行为需要经过权力机关的审查和批准，权力机关对预算的审查和批准行为是否需要进入预算行政公益诉讼的审查视野成为一个问题。本文认为，权力机关不应成为预算行政公益诉讼的被告。首先从我国宪法体制来看，权力机关不应成为诉讼的被告。根据我国《宪法》第2条第1款和第3条第3款规定，审判机关、检察机关不宜在诉讼中对权力机关的决定进行司法审查。其次从检察机关的职能尤其是其监督重点来看，检察机关作为由人民代表大会产生并对其负责的法律监督机关，其法律监督职责的行使重点就在于对行政机关是否严格遵循和执行权力机关作出的法律、法规或者决定，其不可能以权力机关作为被告提起公诉。因此，人民代表大会及其常务委员会作出的预算审查以及批准预算、调整预算等诸多决定，都不应纳入预算公益诉讼的受案范围。

既然行政机关作为预算行政公益诉讼的被告，需要具体分清哪些行政机关能够成为预算行政公益诉讼的被告。从预算法规定的预算编制、调整、执行过程来看，由各级政府、各部门、各单位都是预算编辑、调整、执行的主体。因此，政府和政府的财政部门以及各部门、各单位都有可能成为预算公益诉讼的被告。

值得注意的是，预算存在有专门的监督部门，如审计部门，享有对预算单位的财政收支状况的审计监督权力。虽然其也属于行政机关的范畴，但审计监督并非监管责任，而是一种专业监督。由于提起行政公益诉讼就意味着对预算行政违法行为的监督，预算监督机关不宜再列入行政公益诉讼的范围内。但如果审计机关存在怠于审计或者故意隐瞒、篡改审计结果的行为，检察机关作为法律监督机关，可以检察建议等方式予以监督，对涉及犯罪的行为予以追诉。

（二）受案范围

从预算运行的各个环节以及预算法规定的各个章节来看，预算违法行为可以说包括有预算编制、预算审查和批准、预算执行、预算调整等各个阶段的违法行为。修改前的预算法对预算法律责任范围规定较窄，仅限于变更预算、支配库款、预算收入等三个方面的违法情形，[②] 修改后的预算法虽然没有明确哪些行为构成行政公益诉讼的受案范围，但明确规定了行政机关的违法行为。其中第92条至第95条详细规定了预算领域的具体违法行为，涵盖了预算从编制、审批、执行到监督的全过程。也就是说，具体类型应当有行政机关的编制

---

① 关保英：《行政公益诉讼的范畴研究》，载《法律科学（西北政法大学学报）》2009年第4期。

② 刘夕慈：《我国预算法律责任制度研究》，安徽财经大学2014年硕士学位论文。

违法行为类型、逃避审批违法行为类型、执行违法行为类型、逃避监督违法行为类型等几类。

值得注意的是，《预算法》第96条第1款的规定，为预算行政公益诉讼的设立提供了准用的法律适用条款。在法律上一旦设立了预算领域的行政公益诉讼，即可适用该条对预算领域的行政违法行为进行公益诉讼。

（三）预算行政公益诉讼的诉前受理程序

1. 公民、组织的请求与预算行政公益诉讼的启动程序。由于预算领域的行政违法直接牵涉到国家收入的支出问题，公民、组织具有监督行政机关及其行政行为的动力，能够涉及国家和社会的方方面面，触及到公共利益的各个维度，因此应充分发挥公民、组织的积极性和主观能动性，使得他们有足够的动力去驱动检察机关启动行政公益诉讼程序。因此，应当设置有相关的衔接程序，将公民、组织的申诉举报与检察机关提起行政公益诉讼制度联系起来。但为了防止滥诉的风险，需要设立严格的公诉主体条件，即必须由检察机关专属预算行政公益诉讼的公诉权，由检察机关来统一把关负责。

2. 预算行政公益诉讼的前置审查程序。由于《预算法》第87条、第88条、第90条明确规定了各级政府及政府财政部门、各部门、各单位的监督责任，检察机关在提起预算行政公益诉讼之前，要求先向相关的行政机关发出检察建议，建议其自行监督改正。只有在检察建议不能阻止违法行为侵害公共利益的情况下，检察机关才能提起预算行政公益诉讼。公益诉讼中的检察建议从实际用途来看应为处置建议类检察建议，并非纠错或者整改的检察建议。① 为防止公共利益被侵害或者有侵害的危险，应为行政机关采取补救措施设定必要期限，如果行政机关拒绝改正或者故意拖延，则可以在必要期限经过后提起诉讼。

（四）预算行政公益诉讼的检察机关审查起诉制度

1. 检察机关审查起诉的内容。当进入到审查起诉环节后，检察机关在审查起诉过程中应重点审查以下事实问题和法律问题：

在事实问题方面，重点要审查预算领域的公共利益是否受到侵害、行政机关是否违反预算法及其相关规定的规定行使职权或者不作为，两者是否具有相当的因果关系。在法律问题方面，重点要审查上述事实是否符合法律规定的行政公益诉讼的公诉条件。即预算领域的行政机关的行为或者活动是否违反了预算相关法律法规的规定、相应的监督机关或者监管机关是否尽到监督责任、是

① 吕涛：《检察建议法制化研究》，山东大学2010年博士学位论文。

否有提起公益诉讼的适格主体以及该适格主体不能或者不愿提起行政公益诉讼。

2. 审查起诉中应当设置听取公民、行政机关意见的程序。审查起诉中应设定听取公民、组织以及行政机关的意见的程序。如果行政机关提出补救性措施或者其他整改措施时，应有检察机关的确认程序，以确认补救措施或者整改措施产生实效使得预算领域的公共利益得到实质维护或者消除危险。

3. 检察机关应有相应调查权以保障公益诉讼顺利进行。检察机关在预算行政公益诉讼的调查权不同于刑事审查起诉中的侦查权，检察机关的调查应围绕事实和法律问题，注意的是不得采取强制措施。[①] 如果行政机关提出补救性措施或者其他整改措施时，检察机关应进行调查，确认补救措施或者整改措施产生实效使公共利益得到实质维护或者消除危险。

在预算行政公益诉讼的审查起诉环节，检察机关应保证有相当必要的调查取证的时间。值得注意的是，取证不仅仅是调取行政机关违法的证据，也应调取行政机关抗辩的证据，以及公民、组织提出的相应必要证据。

(五) 预算行政公益诉讼的起诉标准

十八届四中全会文件要求，存在侵害公共利益行为且没有适格主体或者适格主体不提起诉讼的情况下才可以提起公益诉讼。因此，检察机关要提起预算行政公益诉讼，首先应证明符合提起公益诉讼的条件。即应证明存在侵害公共利益的行为且没有适格主体或者适格主体不提起诉讼的情况。具体而言，就是《预算法》第 92 条至第 95 条明确规定的行政违法行为形式。检察机关应严格按照法律规定提起预算行政公益诉讼。具体从行为、后果和因果关系来看，首先被诉行为是有法律明确规定的违法行政行为，要求要有法律明文规定且必须是行政行为，即存在有《预算法》第 92 条至第 95 条等相关法律法规明确规定的违法行政行为；从后果来看，被诉行为是法律明确规定应纳入行政责任的行为，即违法性达到了应追究行政责任而尚未构成刑事责任的行政行为，这在《预算法》第 92 条至第 95 条可以看出，要求“责令改正”或者追究责任人员的行政处分等行政责任；从因果关系来看，因果关系证明虽不能达到刑事证明

---

① 2016 年 1 月最高人民检察院《人民检察院提起公益诉讼试点工作实施办法》第 33 条规定：“人民检察院可以采取以下方式调查核实有关行政机关违法行使职权或者不作为的相关证据及有关情况：(一) 调阅、复制行政执法卷宗材料；(二) 询问行政机关相关人员以及行政相对人、利害关系人、证人等；(三) 收集书证、物证、视听资料等证据；(四) 咨询专业人员、相关部门或者行业协会等对专门问题的意见；(五) 委托鉴定、评估、审计；(六) 勘验物证、现场；(七) 其他必要的调查方式。调查核实不得采取限制人身自由以及查封、扣押、冻结财产等强制性措施。人民检察院调查核实有关情况，行政机关及其他有关单位和个人应当配合。”

责任的确实、充分的高标准，但也应该高于民事诉讼的一般标准，应达到相当的因果关系证明[①]。值得注意的是，因果关系证明的证明责任并非完全是检察机关，行政机关也有证明责任。

（六）预算行政公益诉讼的证明责任分配问题

由于预算行政公益诉讼的特殊性，检察机关和行政机关都应当有证明责任。具体来说，检察机关有提起行政公益诉讼的证明义务，即符合法律规定的行政公益诉讼条件。而行政机关仍负有证明自身行为合法或者行政行为与侵害公共利益后果之间不具有相当的因果关系等方面的责任。

也就是说，在预算公益诉讼中，检察机关有初步的证明责任，即检察机关有证明符合法律规定提起行政公益诉讼的义务，符合法律规定的公诉条件，重点是公共利益侵害或者有侵害危险应由检察机关来负责举证。与此相对的是，行政机关仍有行政行为合法性的证明责任。

（七）预算行政公益诉讼中诉讼请求与判决方式

检察机关在公益诉讼中并非是实体意义上利益受损的原告，而仅仅是作为程序意义的原告[②]；从损害赔偿的关系来看，检察机关并非受害方，因此也就不享有实质意义的受偿权。但也不排除作为国家利益受损的主体代表代为接受赔偿金并移交给国库。

因此，检察机关的诉讼请求主要应集中于对行政行为本身，如提出撤销预算违法行为、要求预算行政机关在法定期限履责以及确认预算行政行为违法等的诉讼请求。同时还可针对具体损失部分，不排除要求行政机关采取补救措施甚至赔偿损失等诉讼请求。因此，针对上述诉讼请求以及基于法院行政审判的合法性审查原则，法院的判决方式亦主要集中于行政行为合法性本身，即判决撤销或者部分撤销违法行政行为、在一定期限内履行法定职责、确认行政行为违法或者无效。考虑到预算作为一种经济活动，需要考虑到追究被告行政机关的经济责任[③]。且预算的执行过程中还会涉及行政合同，因此法院可以根据《行政诉讼法》第78条第1款对行政合同的判决方式，可采取判决被告行政机关承担继续履行、采取补救措施（如预算法规定的“责令改正”、“追回骗

① 李晓玲：《行政公益诉讼举证责任分配的具体规则》，载《苏州大学学报（哲学社会科学版）》2008年第3期。

② 李湘刚：《论检察机关启动我国行政公益诉讼程序》，载《南京社会科学》2012年第7期。

③ “预算法上的经济责任则是指预算法主体实施了预算违法行为之后应该为其造成的相应经济损害后果予以赔偿或者补偿的一种责任形式。这种赔偿或补偿的责任形式，不同于民事责任中的赔偿责任。”刘夕慈：《我国预算法律责任制度研究》，安徽财经大学2014年硕士学位论文。

取、使用的资金”、“没收违法所得”）或者赔偿损失等责任的判决方式。

目前，检察机关作为全国人大常委会明确授权的提起行政公益诉讼的唯一主体，其提起预算行政公益诉讼制度中在案件来源、起诉前置程序、审查起诉等制度设计上有其鲜明的特点，既吸收了现行检察制度中控告申诉、行政监督、刑事公诉等方面的优点，同时特别设置了检察建议的督促程序等制度，具有独创性的特点。这一制度的创设和完善必将进一步丰富我国行政诉讼制度，也将为未来我国预算公共利益的保护提供强有力的保证，并将进一步推动我国预算人大审查制度等现行宪法制度的完善。

我国民事公诉职能的合理构建

宋尚华*

民事公诉制度在十八届四中全会中的确立，进一步优化了检察机关的职权配置，发展和完善了中国特色检察制度。但是，如何使这种公诉职能与诉讼监督职能融合于民事检察监督，民事公诉制度该如何具体构建等问题，都有待深入研究。本文试从应然的角度，结合民事诉讼和法律监督等基本理论，对相关问题展开论述，以期对我国民事公诉制度的构建能有所裨益。

一、民事公诉职能与诉讼监督职能的关系问题

民事公诉职能与诉讼监督职能，如同刑事公诉与诉讼监督一样，从形式上看两者确实存在矛盾和冲突。① 并且，由于我国民事诉讼法将民事检察监督定位于诉讼监督，民事公诉职能本身并不能被诉讼监督职能所囊括，不能成为诉讼监督的一种形式。因此，要将民事公诉职能纳入民事检察监督中，就必须将民事公诉职能与诉讼监督职能共同作为民事检察监督的两种具体形式，从而将现有民事诉讼法关于民事检察监督的范围扩大。但是，由于民事公诉职能与诉讼监督职能在形式上存在相互冲突的问题。两者在对立的基础上，是否能够统一，需要重点分析。

（一）民事检察监督的目的：以民事违法行为展开

在讨论民事公诉职能与诉讼监督职能两者能否统一的问题，首先需要明确的是民事检察监督的目的是维护法律统一正确实施。② 民事公诉职能与诉讼监督职能只有在目的上具有统一性，在制度上的相融性才有可能。

民法上的规范习惯上分为任意规范和强制规范。对于违反民法上的任意规

---

* 江西省人民检察院法律政策研究室副主任。

① 有关这方面的论述，具体参见朱孝清：《检察机关集追诉与监督于一身的利弊选择》，载《人民检察》2011 年第 3 期。

② 民事检察监督设置的目的是维护国家法制统一，这种目的在客观上也可能具有私权救济的效果，但是我们不能把这两个等同和混同。

范，由于可以排除法律规范的适用，当事人可对民事违法行为的法律后果实行当事人自由处分。如果当事人对法律后果的自由处分不能达成一致意见，并诉诸法院解决的话，这个时候虽然民事诉讼主要是解决当事人的私权纠纷，但其实质是发生纠纷的当事人请求和借助国家审判机关的审判职权解决纠纷的活动，本质上属于国家公权力的活动。为了防止民事审判权的恣意，保障民事诉讼法目的的实现，民事诉讼活动就需要受到民事检察监督的制约，就属于民事检察监督的重要方面。所以说，对于任意规范的违反，囿于当事人自由处分权的特质，一般而言检察机关并不进行监督制约，除非当事人将纠纷诉诸法院，检察机关才有可能介入。但是这种介入，不是介入当事人纠纷的解决，而是对法院诉讼活动的监督，是为了确保法院正确适用法律，从而保障民事法律规范的统一正确实施。这种对民事诉讼活动的监督，显然与民事检察监督的目的具有一致性。

相反，如果当事人所违反的是强制规范，情况就比较复杂，关键要考虑违反的这个规则是不是会损害国家和社会公共利益，如果不是出于这种目的，或者主要目的并不在于此，有可能导致行政处罚的后果，但是对当事人的民事行为后果，法律仍旧允许当事人自由处分，比如双方可以选择继续履行合同或者解除合同。因此，对于违反强制规范的民事行为，国家的介入是非常慎重的，只有对所损害的国家利益和社会公共利益部分，[1] 国家才不允许当事人自由处分。遵循这种原则，国家在主动介入民事领域的时候，以对损害国家利益和社会公共利益为前提条件。[2] 由于国家是一个抽象的主体，一般需要一个国家部门或者机构代替其行使这种职能。因为民事检察监督的目的是维护国家法律统一正确实施，国家利益和社会公共利益在民事违法行为中受到了损害，也意味着保护国家和社会公共利益的强制法律规范没有得到有效的实施，由检察机关提起民事公诉，矫正这种被扭曲了的法律关系，应当具有合理性。

因此，在民事违法行为中，如果这种民事违法行为仅仅是违反民法上的任意规范，基于当事人自由处分原则，只有当事人将纠纷诉诸法院之后，民事检察监督的职能才有可能实现，因为要监督法院正确行使审判权，这是民事检察监督诉讼监督职能的体现。当然，这个时候民事检察监督的范围也不能及予当事人实体权利和程序权利的自由处分，只针对的民事诉讼活动是否合法的问

① 这里需要说明的是损害第三人利益的情形，如果与国家利益和社会公共利益没有关系，对于纯粹损害第三人利益的行为，应当允许第三人自由处分，与当事人协商解决。

② 当然，如果当事人将可自由处分的纠纷交由法院审判，也是属于国家介入的情形，但是这种介入是被动的，实际上也是当事人自由处分权的表现，是当事人将纠纷解决的争端提交法院审理的结果。

题。而当民事违法行为违法民法上的强制性规范，且这种违反损害了国家和社会公共利益的时候，由检察机关提起民事公诉，以保障国家强制性规范的统一正确实施，与民事检察监督的目的具有一致性和契合性。

（二）两者的统一性：以检察官客观义务展开

既然民事公诉职能与诉讼监督职能在目的上具有一致性，但两者之间又存在形式上的矛盾，如何处理两者关系的问题，学者也提出了不同的见解。方案一：将检察机关追诉职能和诉讼监督职能分离，这种思路又具体分为诉讼环节和时间上的分离以及机构上的分离。前者主张取消检察机关当庭监督，即在民事公诉过程中，如果检察官发现庭审中有违法行为的，应当在庭后报经检察长同意后以人民检察院的名义向人民法院提出纠正意见，这种意见主要是参考了刑事诉讼法的相关规定。后者主张检察机关应当另行设立诉讼监督部门，将检察机关对三大诉讼审判活动的监督，统一纳入到诉讼监督部门，[①] 公诉人专司公诉职能，对审判活动的监督由诉讼监督部门履行。方案二：在这两个职能中择其一，要么选择诉讼监督职能，要么选择追诉职能。特别是选择追诉职能而摒弃诉讼监督职能的主张，实际上是否定了检察机关的法律监督性质，将检察机关变成一个纯粹的追诉机关。笔者认为，要讨论公诉职能与诉讼监督职能能否相融的问题，还需要考量一个重要的因素，那就是检察官的客观义务，这个问题经常在刑事诉讼中被学者所关注和探讨，但是在民事检察监督中，却一直被大家所忽略。

检察官客观义务肇始于19世纪中后期的德国，最早是在刑事诉讼中进行探讨，是指检察官为了实现司法公正，在刑事诉讼中不应当站在当事人立场、而应站在客观立场上进行活动，努力发现并尊重案件事实真相。[②] 自1877年在通过的《德国刑事诉讼法典》中得到确认后，该项义务先后被世界上不同法系国家和地区所借鉴，并被国际准则所确认。[③] 同时其适用范围也从过去的刑事诉讼程序拓展到检察机关参与的民事诉讼程序当中。所以，英国著名学者沃克指出："在刑事诉讼中，公诉人决定是否提请公诉……在民事案件中，公诉人以自己的名义或政府代理的名义起诉，也可以作为一名监督人或'法庭

---

① 在我国司法体制改革试点中，许多试点院都对此进行了探索和实践，作为整合内设机构，规范检察权运行机制的重要方式。

② 朱孝清：《检察官负有客观义务的缘由》，载《国家检察官学院学报》2015年第3期。

③ 如《法国刑事诉讼法》第567条、第621条；美国的《律师职责责任示范法典》、《律师职业行为示范规则》，以及美国律师协会制定的《刑事诉讼准则》；《意大利刑事诉讼法》第52条、第629条、第632条，以及联合国《关于检察官作用的准则》第12条、第13条、第14条、第16条，等等。

之友’出庭。但在所有的案件中，他主要关心的是法律应被正确地解释和运用。”①

根据学者研究，检察官的客观义务的内涵主要有坚持客观立场、忠实于事实真相、实现司法公正三个方面，② 目的是防止检察官在法律监督过程中将自己作为实质当事人，从而把谋求胜诉作为唯一的追求。正是由于检察官客观义务的存在，使得我国的刑事检察监督中，可以将刑事公诉职能与刑事诉讼监督职能融为一体。基于同样的原理，在民事公诉中，检察机关也可以将民事公诉与诉讼监督职能相融合。正是这种义务，检察官在民事诉讼中，既要注意到有利于原告当事人的事项，也要关注有利于被告当事人的事项，而不得偏袒任何一方当事人。但正如前面所分析的，两者在形式上也确实存在一定的冲突和矛盾。因此，在两者的融合与两者的矛盾和冲突之间，我们要把检察官客观义务作为一种崇高的诉讼理念，并在具体制度设计上使公诉职能与诉讼监督职能在一定程度上分离。民事诉讼过程中的这种分离，可以参照刑事诉讼的相关规定③，人民检察院对违反法定程序的庭审活动提出纠正意见，应当由人民检察院在庭后提出。另外，对检察机关内部职能部门进行合理分工制约，办理民事公诉业务的部门，不同时办理诉讼监督案件，实行两种角色分离。④ 通过这种在时空上尽可能的分离，避免两者在形式上的矛盾。

二、民事公诉职能的必要性：基于诉讼主体的比较分析

尽管十八届四中全会通过的《中共中央关于全面推进依法治国若干重大问题的决定》已经明确了检察机关的这种权能，仍需具体分析。在论及民事公益诉讼的提起主体的时候，学者一般都会认为机关、社会团体和个人都有权提起。⑤ 但是“有权”提起的这种规定如果仅仅是一种规范上的宣示条款，那这种条款在实际生活中到底能发挥多大的作用，就值得怀疑。另外，对于“机关”的范围，也需要具体分析。

（一）社会团体和个人提起民事公益诉讼分析

在现实生活中，一项权利是否成立，取决于它是否具有正当性和有效性，

---

① ［英］戴维·M. 沃克：《牛津法律大辞典》，光明日报出版社1989年版，第610页。

② 朱孝清：《检察官客观义务及其在中国的发展完善》，载《中国法学》2009年第2期。

③ 最高人民法院、最高人民检察院、公安部、国家安全部、司法部、全国人大常委会法制工作委员会《关于刑事诉讼法实施中的若干问题的决定》第43条。

④ 王莉：《检察机关提起、参与民事公益诉讼的法理基础》，载《人民检察》2011年第14期。

⑤ 尽管修改后的《民事诉讼法》第55条将民事公益诉讼的提请主体仅限于符合法律规定的机关和有关组织，但大多数学者认为个人也应当有权提起。

这是权利构成的两个核心特征。[①]赋予公民和社会团体民事公益诉讼的启动权，是诉权属于人民的诉讼民主化的要求，是权力属于人民，真正实现人民当家作主的需要。通过这种多元主体对公共利益进行司法救济，动员了全国各个阶层、各个方面，体现了“人民国家，人民管理”的原则，实现了国家公诉和社会组织及公民诉讼紧密结合，是最佳的启动方式。[②] 因此，从权利的正当性来看，对公民和社会团体的起诉资格不应进行限制。

但是公民和社会团体的这种起诉权，是否符合权利的有效性，值得研究。从公民个人来看，最主要的问题在于是否具有行使诉权的积极性？根据理性“经济人”的考量，由于民事公益诉讼对于公民个人而言，基本上不会产生任何直接归公民个人所有的收益。即便实践中也存在行为在损害国家和社会公共利益的同时直接对个人的利益产生直接损害的情形，但是相较提起民事公益诉讼来弥补自身损失，受到直接损害的公民个人更愿意提请私益诉讼的方式。另外，受“搭便车”心理的影响，社会个体都希望别人成为维护国家利益和社会公共利益的推动者，而自己可以从中“不劳而获”。当然，不能排除的是，现实生活中也存在这种不顾理性“经济人”考量的“社会人”，他们会以崇高的主人翁精神和利他精神行使自己的权利而不顾得失，但是这种情况毕竟不会是常态。不难看出，希冀通过个人不顾自身利益，义无反顾地投身到提请民事公益诉讼中的浪潮中去是不现实的。

至于社会团体，在国外是主要的民事公益诉讼的提请主体，但这并不符合我国的实际。我国具有独立地位的社会团体并没有真正建立，社团组织也不发达，而且常常与企业集团或者政府有千丝万缕的联系，赋予它们保护国家和社会整体经济利益的权利，本身也无法胜任。另外，相较于公民个人而言，社团成立更具有目的性，由于社会共公益本身所具有的多元性、复杂性，社团本身的这种目的性决定了其在公益诉讼中的代表能力非常有限，它一开始就必须对所欲代表的社会公共利益进行挑选，选择去代表自己最关心的那一种或几种社会公共利益，但不可能去代表争诉问题涉及的所有社会公共利益。因此在我国的司法实践中，由社会团体提请的民事公益诉讼并不多见。

（二）机关提起民事公益诉讼分析

根据我国的体制结构，机关主要包括立法机关、行政机关、审判机关和检察机关。首先，从立法机关来看，人大作为国家权力机关，虽然可以对法律实施的一切主体、一切行为进行监督，但是人大的监督，不针对具体的个案，而

① 王莉君、孙国华：《论权力与权利的一般关系》，载《法学家》2003年第5期。

② 赵许明：《公益诉讼模式比较与选择》，载《比较法研究》2003年第2期。

主要通过听取工作报告、调查研究以及对一些类案进行综合分析等方式，进行监督，具有决策性质。因此由立法机关提起民事公益诉讼，显然不合适。其次，从行政机关来看，我国的行政机关作为社会公共生活的直接决策、组织、管理和调控者，法律法规已赋予其广泛的行政执法职能，对违反法律、行政法规、规章，给国家利益和社会公共利益造成损害的组织和个人，有权追究其行政责任。[①] 因此，如果被损害的国家利益或社会公共利益存在行政监管部门的，该监管部门可以通过行使行政处罚权的方式，达到维护公共利益的目的。但是，如果被损害的国家利益和社会公共利益不属于行政监管部门职责范围，行政机关是否可以提起民事公益诉讼。[②] 笔者认为，这种做法也是不妥当的。因为现代行政权应具有的第一基本属性便是从属法律属性，法律之下方有行政，法律控制和支配行政权力，[③] 因此，当该项国家和社会公共利益并非行政机关的职责所保护的对象时，由行政机关提起民事公益诉讼的做法并不妥当。再次，从审判机关来看，审判机关作为提起民事公益诉讼的主体，审判机关既是原告，又是案件裁决机关，更加不合适，这是不言而喻的。最后，从检察机关来看，如前所言，检察机关是法律监督机关，监督法律统一正确实施，在提起民事公益诉讼上具有当然的代表性。尽管在具体制度构建上，也存在诉讼监督与追诉职能为一体这种形式上的矛盾，但是检察官客观义务的要求和采取适当分离的方式，在一定程度就可以避免这种矛盾的发生。另外，如果法律赋予检察机关提起公益诉讼的职责，那么这就是检察机关应当履行的义务，明显比个人和社会团体提起民事公益诉讼，更具有效性。

三、检察机关提起民事公诉应注意的四个问题

（一）民事公诉与传统“当事人适格理论”问题

我国传统民事诉讼法理论中普遍采用的是“当事人适格理论”，即直接利害关系人才有原告的主体资格。即直接利害关系人才有原告的主体资格。这种“直接利害关系”原则严格限定当事人必须只有在法定权利受到侵害时才有资格起诉，直接利害关系人之外的人不能成为该案的当事人。换言之，只有民事实体法律关系的主体才能成为民事诉讼的当事人，并且实体的关联性与判决的拘束力范围是统一的。这种强求当事人概念容纳实体内容的理论潜在地影响着立法和司法。法院在受理案件时，对起诉人是否与本案有直接利害关系往往主

① 应松年：《行政行为法》，人民出版社1993年版，第319页。

② 另外还存在行政机关本身就不作为或者乱作为，从而导致国家和社会公共利益受到损害的情形。

③ 张树义、梁凤云：《现代行政权的概念及属性分析》，载《国家行政学院学报》2000年第2期。

动予以实质审查，从而使民事诉讼当事人概念完全受客观真实的民事诉讼目的论的支配，当事人被作为诉讼程序的实质要件来看待，从而具有依附于民事实体法的特征。法院在受理案件时，对起诉人是否与本案有直接利害关系往往主动予以实质审查，从而使民事诉讼当事人概念完全受客观真实的民事诉讼目的论的支配，当事人被作为诉讼程序的实质要件来看待，从而具有依附于民事实体法的特征。我国《民事诉讼法》第119条明确规定，原告是与本案有直接利害关系的公民、法人和其他组织。但是在公益诉讼领域，诉讼所涉及的纠纷给公众造成同种形态的权益侵害，由于此种利益及其归属主体未必明确，如果采取传统当事人适格理论以实体权利为判断基准，往往难以承认其具有当事人适格。虽然修改后的《民事诉讼法》第55条规定了公益诉讼制度，但是立法并没有设置有关公益诉讼的特别程序予以配套。如果按照普通程序起诉，仍旧要以当事人适格理论作为必要条件，很有可能会导致法院作出驳回起诉的裁定，从而导致总则中规定的公益诉讼由于具体程序保障的缺乏而难以实现的尴尬。并且，建立在传统当事人适格理论基础之上的审判程序，当事人在诉讼过程中可以自由处分自己的实体权利和诉讼权利，并在诉讼过程形成了符合这一理论要求的举证责任、调解、和解、撤诉等制度，将这些完全适用于公益诉讼中可能并不是特别合适。因此，检察机关提起民事公诉要落到实处，需要对传统的当事人适格理论进行深入反思，构建符合公益诉讼的当事人适格理论，并在此基础上形成一套适合公益诉讼特殊要求的具体程序设计。

（二）避免检察机关在民事公诉中的“当事人化”

检察机关在民事公诉中的地位，目前对这个问题还存有很大的争议，主要有诉讼当事人说、国家法定诉讼代理人说、监诉人说以及民事公诉人说等观点。从前面我们分析，民事检察监督应当是公诉职能和诉讼监督职能的融合体，并且民事公诉的提起是为了维护法律统一正确实施，检察官在民事公诉中要承担客观义务，这都要求检察机关在民事公诉中不能成为诉讼当事人，其不仅要维护国家和社会公共利益，同时还要维护对方当事人的合法权益，应当坚持平等、客观公正的原则。在刑事、民事、行政三类案件中，民事、行政案件同样涉及损害国家利益和社会公共利益的情形，只是目前我国立法仅仅在刑事领域建立了刑事公诉制度。通过赋予检察机关在民事、行政领域提起公诉以后，将形成刑事公诉制度、民事公诉制度和行政公诉制度“三位一体”的完整的检察机关公诉权制度。因此，笔者认为，检察机关在民事公诉中的民事公诉人的定位比较妥当，这种定位也要求检察机关出庭不能像普通民事诉讼中的原告对被告那样实行追诉，为了胜诉而不择手段，避免在民事公诉中“当事人化”的倾向。并且，民事公诉人的这种定位，也决定了民事公诉中不存在反诉或者上诉的程序，因为反诉或者上诉，是为维护民事实体权利的诉讼制度，检察机关提起民事公诉，是其在民事诉讼中行使检察权的一种形式，并不享有实体权利，也不承担实体义务，而反诉或者上诉只能对实体的权利义务人提起，不能对检察院提起。[①]

（三）督促履职一般应作为提起民事公诉的前置程序

理论界在论及检察机关提起民事公诉的时候，有一种直接起诉的观点，认为只要出现损害国家和社会公共利益的情形，检察机关就可以直接向法院起诉。笔者认为，这种观点值得商榷。如果受损害的国家和社会公共利益欠缺权利的主张者，由检察机关直接提起民事公诉，应当具有合理性。但是如果被侵害的利益存在请求主体，比如环境保护的职责由县级以上地方人民政府环境保护行政主管部门具体承担。在这种情形下，由检察机关直起提起民事公诉就不妥当。由于损害公益的民事行为，大多数都属于行政管理的职责范围，应当重视行政处理程序对公益的保护，必须首先督促行政机关履职救济被损害的公益。因此，检察机关提起民事公诉要有一个督促行政机关履职的前置程序。首先，这与检察机关维护法律统一正确实施的法律监督目的相吻合。在现代社会，由于社会事务的复杂性，国家为此建立了庞大的内部机构，各机构之间有着明确的分工，各自按照自己的职责分工，履行自己的责任。并且这些内部机构之间的职责分工，是由法律明确规定的。检察机关的法律监督本身，也应该维护这些内部机构之间职权划分的法律规定。而直接提起民事公诉的做法，违反了机关之间的法定职责权限的划分。其次，能够更好地督促行政机关依法履职。国家行政机关作为维护国家利益和社会公共秩序的公共职能部门，对侵害国家利益、社会公共利益的不法行为具有管理、处罚的职能。民事公诉是在行政管理部门不能有效发挥作用时，作为公益权利主体的司法救济手段，它既是对行政权的监督，又是一种补充，能够有效地督促行政机关履行行政职责。最后，符合最后救济原则。最后救济原则是指在其他可替代的诉讼或者非诉讼解决方式已经用尽且无效果，民事公诉成为唯一的救济途径时，才可由检察机关启动公益诉讼程序。[②] 检察机关由于现有人力、物力、财力和专业知识的局限性等，希冀检察机关对所有侵害社会公共利益的行为都提起民事公诉是不现实的。

---

① 田平安、李浩等：《中国民事检察制度的改革与完善》，载《现代法学》2004年第1期。

② 常廷彬等：《检察机关提起公益诉讼的若干程序设计》，载陈桂明、王鸿翼主编：《司法改革与民事诉讼监督制度完善》（下卷），厦门大学出版社2010年版，第370页。

（四）正确处理好民事公诉和行政公诉的关系

检察机关代表国家提起公益诉讼，可以有民事公诉和行政公诉两种平行的制度设计，前者的被告是公民、法人或者其他组织，所针对的是民事违法行为，适用的是民事诉讼程序；后者的被告是国家行政机关或者其他行政主体，针对的是违法的行政行为，适用的是行政诉讼程序，因此这两者的区别是比较明显的。但是，在实践中由于民事违法行为和行政违法行为有时是单独存在，有时却又是相互联系、密不可分的。比如，在江西省新余市办理的仙女湖环境污染的案例就是这种情形，两被告人在仙女湖上建酒店和养鹿场，破坏了当地的环境和水质，损害了不特定多数人的利益，这是一个民事违法行为；而两被告人在仙女湖上建酒店和养鹿场的行为本身又是经过相关行政部门批准的，相关部门的批准应当违反了有关行政法规的规定，这同时又是一个行政违法行为。针对这种“混合”的情形，该提起民事公诉还是行政公诉？应当区分不同的情形：如果当事人的实施的违法行为是经过行政机关批准的，以提起行政公诉为宜，因为如果仅仅提起民事公诉，被告人会以该行为经过行政机关批准作为抗辩，从而导致民事公诉陷入困境，这就又需要检察机关回过头来提起行政公诉来撤销违法的行政行为。如果当事人的违法行为是由于行政机关不作为造成的，检察机关面临着两种选择：一是提起行政公诉，要求法院判决行政机关履行其监管职责，通过行政公诉促使行政机关责令违法行为人停止侵害行为；二是提起民事公诉，请求法院责令侵害人停止加害行为。前一种选择虽然最终可以达到制止加害行为的目的，并且在纠正行政主体违法的同时又纠正了民事主体违法，但对于纠正民事违法来说，这毕竟是一种曲折迂回的方法，所费的时间必然很长。对那些即将造成重大损害或正在造成重大损害的事件来说，行政公诉未免难以及时有效地解决问题。故对行政机关不作为而造成的侵权事件，还是选择民事公诉为好，至少对那些制止侵权具有紧迫感的案件应当采用民事公诉的方法。①

四、构建我国民事公诉制度的几点立法建议

鉴于民事公诉与传统的民事诉讼存在诸多差异，有必要在将来制定单独的民事公诉程序法或者在民事诉讼法中对民事公诉进行专章规定。具体内容有以下几方面需要重点考虑：

① 李浩：《关于民事公诉的若干思考》，载《法学家》2006年第4期。

（一）在民事诉讼法中赋予检察机关民事公诉权

我国民事诉讼法关于民事检察监督的规定，属于诉讼监督的范畴。随着民事公诉制度的确立，原有民事诉讼法关于诉讼监督职能的定位必将扩张，否则难以在民事诉讼法中对民事公诉程序作出具体的规定。对于民事检察监督原则的修改，笔者并不赞同将其扩展到一般监督的范围，这与民事实体法和民事诉讼法本身的精神相违背。事实上即使新中国成立初期规定了一般监督，但实际中并没有发挥多大的作用，希冀通过检察机关对所有民事违法行为进行监督，是不可能的。因此，对于该条的修改，笔者建议在现有《民事诉讼法》第14条规定的诉讼监督的基础上，增加一款规定检察机关对损害国家利益和社会公共利益的民事违法行为，有权向人民法院提起诉讼。

（二）在民事诉讼法中规定检察官客观义务

检察官在民事诉讼中担负客观义务应当成为民事诉讼法的基本原则，检察官应当按照其要求，履行各种客观义务。与此同时，包括当事人在内的各类诉讼参与者也以检察官的客观义务来对检察官参与民事诉讼提出要求，提出质疑，寻求司法救济。法院也以检察官所负担的客观义务对待其检察监督、参与民事诉讼的各种行动，以此作为对检察官参与民事诉讼权力的一种制约和制衡。基于检察官客观义务这一要求，立法者应当将其作为一项民事诉讼的基本原则作出规定。因此，笔者建议在现有《民事诉讼法》第14条规定的基础上，增加一款规定检察机关在民事诉讼中应当遵守检察官的客观义务。这样，我国民事诉讼法关于检察监督的原则就包括三方面的内容：对法院审判活动的诉讼监督职能、民事公诉职能以及检察官客观义务，并且第三方面的内容，也是保证前面两个职能共同融于民事检察监督于一体的前提条件。

（三）在民事诉讼法中构建合理的民事公诉程序

由于民事公诉程序与普通民事诉讼程序不同，需要在民事诉讼法中对民事公诉程序作出专门的规定。这些内容主要包括：

第一，关于案件范围。检察机关提起公益诉讼，要紧紧抓住“公益”这个核心。按照《检察机关提起公益诉讼改革试点方案》的要求，民事公益诉讼的案件范围为检察机关在履行职责中发现的环境污染、食品药品安全等损害社会公共利益的案件。当然，这仅仅是在试点期间重点关注的典型案件。以此为基础，将来在条件成熟以后，可以将所有民事公益诉讼案件类型以列举的方式进行明确（如宣告婚姻无效案件、禁治产类案件、雇佣童工和强迫劳动案件、垄断案件等），从而实现全面维护公共利益的目标。

第二，关于举证责任分配。民事公益诉讼案件性质特殊，证据专业性、分散性强，调查手段要求高，一般原告不易掌握，举证能力上处于劣势，而被告一般在证据的占有和取得上都有着绝对的优势。因此，如无特殊规定，在举证责任分配上，检察机关应当举证证明被告人有民事损害行为，以及造成的民事损害结果；民事公益诉讼的被告人应当举证证明自己没有民事损害行为或者自己的民事损害行为与民事损害结果之间没有因果关系。当被告方无法完成举证义务，就要承担败诉的不利后果。

第三，关于处分及调解制度。由于检察机关并不是诉讼中的利害关系人，检察机关当然不能像一般民事诉讼中原告具有的任意处分权利。可以规定，在民事公诉中，除非被告人已经主动提出停止侵权并赔偿损害，诉讼的目的已经达到，否则检察机关不能撤回起诉，也不能与对方和解或达成调解协议。

第四，关于诉讼后果承担。严格来说，在民事公诉案件中，检察机关不存在胜诉与败诉的问题，因为检察机关不承担实体权利义务的法律后果。[①] 法院经过审理，认为检察机关的公诉有事实和法律根据的，应当依法判决被告承担法律责任。如果法院认为检察机关的公诉不能成立，亦不能判决检察机关承担实体上的法律责任。有关当事人因检察机关提起民事公诉而被强制参加诉讼并因此造成损失的，当事人可以请求国家赔偿。

第五，关于诉讼费用承担。检察机关作为公益代表人提起民事公诉，其维护的是国家利益和社会公共利益，属于“执行公务”的行为，不应缴纳诉讼费用。在检察机关胜诉的情况下，法院可以判决由败诉方承担诉讼费用；在检察机关败诉的情况下，诉讼费应由国库承担。

另外，还包括案件管辖、诉前程序、检察机关在民事公诉中的调查取证权及相关程序、检察机关出庭支持公诉的相关程序、诉讼监督程序等，这些内容都应作出具体的规定。

① 邓思清：《论检察机关的民事公诉权》，载《法商研究》2004年第5期。

两岸生态环境行政公益诉讼比较研究

——以我国台湾地区立法及案例的评析借鉴为基点

吴美满*

行政公益诉讼，是十八届四中全会确立的国家整体改革架构中，赋予检察机关探索建立的制度安排。为此，最高人民检察院形成《检察机关提起公益诉讼试点方案》（以下简称《试点方案》）并经中央全面深化改革领导小组审议通过后报全国人大常委会表决通过。2015年7月2日，试点工作正式启动。本文选取试点方案中重点开展的生态环境行政公益诉讼作为研究切入点，进行大陆与台湾两岸的比较研究。虽然“公法只是一种复杂的政治话语形态，公法领域内的争论只是政治争论的延伸……公法所调整的法律关系具有根本的政治性”①，但是，生态环境无界差，特别是在中国经济总量已经跃升世界第二大经济体之时，在生态环境领域打造负责任大国的形象，是中国寻求经济可持续发展时首先要交出的答卷。我国台湾地区生态环境行政公益诉讼，受日本和美国影响较深，已经积累了较为丰富的经验。海峡两岸同文同种且具有深厚法缘，该领域的西方法学理论和立法模式落地生根后所形成的台湾地区经验对于大陆探索生态环境行政公益诉讼无疑具有重要启发意义。

一、两岸生态环境行政公益诉讼法律比较

（一）大陆生态环境行政公益诉讼法律规定

（1）行政诉讼法未对行政公益诉讼作出规定，仅规定与公民、社会组织私益有关的普通行政诉讼。②（2）生态环境保护法经修订后设立“信息公开和公众参与”专章，规定公民、法人和其他组织依法享有获取生态环境信息、参

---

* 福建省泉州市人民检察院金融检察处处长，武汉大学法学院在读刑法学博士研究生。

① ［美］马丁·洛克林：《公法与政治理论》，郑戈译，商务印书馆2003年版，第8页。

② 第2条规定：公民、法人或者其他组织认为行政机关和行政机关工作人员的行政行为侵犯其合法权益，有权依照本法向人民法院提起诉讼。

与和监督生态环境保护的权利。[①] 但是：①公民仅有举报权而无起诉权；②符合严格条件的社会组织得以获得起诉权。根据立法条件筛选，目前符合条件的仅有“中华环保联合会”一家。(3) 其他单行法。目前与环保法配套适用的单行法有三部[②]，尚存在下列问题：一是环保单行法未严密。除了环评法和海洋、固体废物污染防治法，目前尚无大气污染、土壤及地下水污染防治等方面的保护法，无法适应当前生态环境保护需求和“绿色发展”对法律保障谱系的需要。二是环境影响评价法与环保法未配套。现行环境影响评价法于2003年公布实施后并未随生态环境保护法于2014年修订而修订。新环保法规定公众参与整个环评过程[③]，环境影响评价法亟须修订以配套适用，特别是应该全面修改有关公众参与的条文，扩大公众对环评程序的参与和监督范围。[④] (4) 检察机关提起公益诉讼改革试点方案。[⑤] 该方案规定由检察机关作为提起民事公益诉讼和行政公益诉讼的主体，并就试点案件范围[⑥]等作了详细规定。在大陆政治架构下，赋予检察机关行政公益诉讼权，是在公民作为利害关系人具有行政诉讼原告资格基础上，对行政诉讼局面的拓展，本质上是对行政权的一种限缩。当然，制度建构是否能在实践中实现初衷，尚待观察。

（二）台湾生态环境行政公益诉讼法律规定

(1) 从“行政诉讼法”第9条规定[⑦]可见：①人民得以作为启动行政公益诉讼的适格主体；②“以法律有特别规定者为限”。即除第 (1) 项原则性规

---

① 该法于2015年1月1日起生效实施。第57条规定：“公民、法人和其他组织发现任何单位和个人有污染生态环境和破坏生态行为的，有权向生态环境保护主管部门或者其他负有生态环境保护监督管理职责的部门举报。”第58条规定：“对污染生态环境、破坏生态，损害社会公共利益的行为，符合下列条件的社会组织可以向人民法院提起诉讼：（一）依法在设区的市级以上人民政府民政部门登记；（二）专门从事生态环境保护公益活动连续五年以上且无违法记录。符合前款规定的社会组织向人民法院提起诉讼，人民法院应当依法受理。提起诉讼的社会组织不得通过诉讼牟取经济利益。”

② 包括《生态环境影响评价法》、《海洋污染防治法》和《固体废物污染环境防治法》。

③ 环评报告开始编制起就应向公众说明情况，充分征求公众意见，审批环评报告的机关对环评报告除涉及国家秘密和商业秘密外都应当全文向社会公布。

④ 在这一点上，2015年深圳光明新区“12·20”滑坡事故提供的教训深刻，如果主管部门把环评报告公之于众，并赋予附近居民和工人自我关心的主体权利和程序，悲剧或许可以避免。

⑤ 该方案虽非法律，但是经全国人大常委会表决通过，同样具有法律效力。

⑥ 试点案件范围包括：“检察机关在履行职责中发现生态生态环境和资源保护、国有资产保护、国有土地使用权出让等领域负有监督管理职责的行政机关违法行使职权或者不作为，造成国家和社会公共利益受到侵害，公民、法人和其他社会组织由于没有直接利害关系，没有也无法提起诉讼的，可以向人民法院提起行政公益诉讼。试点期间，重点是对生态生态环境和资源保护领域的案件提起行政公益诉讼。”

⑦ 第9条规定：“人民为维护公益，就无关自己权利及法律上利益之事项，对于行政机关之违法行为，得提起行政诉讼。但以法律有特别规定者为限。”

定外，还要求有特别法依据。意即单凭行政诉讼法并不足以启动公益诉讼，必须有单行法的特别规定，因此采取的是“行政法＋特别法”的立法例。③提起诉讼之目的在于纠正行政机关的违法行为，即为大众“公益”而非个人“私益”。(2)“生态环境法”第34条规定[①]可见：“生态环境法”除了沿袭“行政诉讼法”规定人民可作为生态环境行政诉讼主体外，更赋予公益团体起诉权，其目的在于强化对各级政府“疏于执行”等不当行为的监督。(3)其他个别法。除生态环境基本法外，台湾地区尚有其他六个单行法也作了类似规定。[②] 值得注意的是，后六个单行法有两项例外规定：(1)赋予人民和公益团体起诉权的同时，加了限缩性的定语“受害”。[③] (2)规定起诉前置程序。要求受害人民或公益团体必须“叙明疏于执行之具体内容，以书面告知主管机关。主管机关于书面告知送达之日起六十日内仍未执行”，方得以该行政机关为被告，向行政法院提起诉讼，请求判令执行。

（三）两岸生态环境行政公益诉讼法律规定比较

综上所述，两岸生态环境公益诉讼法律规定除了宏观立法框架上相同外，在具体内容和制度设置上存在较大差异：(1)体系化程度差异。我国台湾地区具有较为完备的法律规定，体系化程度高：“行政诉讼法”作原则性规定，“环境保护法”加以补充完善，六个环境保护个别法则进一步配套。大陆目前则有较大差距，这种差距不仅体现在公益诉讼部分的内容缺失，更体现在环境保护基本法律的空白。目前仅有《环境保护法》和三个个别法，其他配套性个别法律尚存立法空白。(2)起诉主体差异。台湾地区规定行政公益诉讼起诉主体是“人民和公益团体”，有关国家机关则未被赋予这一权能。而大陆规定公民不具有起诉权，仅具有检举权利。起诉权能则赋予目前仅此一家的社会团体以及检察机关。如果说两地起诉主体差异中，“社会团体”尚有重叠的话，那么，个人或国家参与则是两地的根本区别。(3)诉前程序设置差异。两地都规定了诉前程序，目的在于节约诉讼资源。与起诉主体的差异相对应，

---

① 第34条规定：“各级政府疏于执行时，人民或公益团体得依法律规定以主管机关为被告，向行政法院提起诉讼。行政法院为判决时，得依职权判令被告机关支付适当费用、监测鉴定费用或其他诉讼费用予对维护生态环境品质有具体贡献之原告。”

② 包括《生态环境影响评估法》第23条、《空气污染防制法》第81条、《土壤及地下水污染整治法》第49条、《废弃物清理法》第72条、《海洋污染防治法》第59条和《水污染防治法》第72条。

③ 对此，有台湾学者认为，由（生态环境）基本法之正确定位而言，“生态环境基本法”第34条并未限制原告须为“受害”者，则各个别法不得再有“受害”之限制。参见台湾林素凤：《论我国之生态环境诉讼》，载《铭传大学法学论坛第八期——杨崇森教授七秩华诞祝寿论文集》，第12～13页。

台湾地区规定诉前程序由人民或公益团体采用书面形式进行，而大陆则规定由检察机关以“检察建议”形式执行。

二、我国台湾地区行政公益诉讼典型案例评析

对于生态环境行政公益诉讼，大陆刚刚起步，我国台湾地区对此则不仅具有较深入的理论研究、较完备的法律谱系，而且积累较丰富的司法案例。本文重点选取两个对大陆构建环境行政公益诉讼具有典型启发意义的案例，加以深入评析。

案例一：原告甲因三阳汽车排气管问题诉行政院环保署案：台北高等行政法院 91 年诉字 4130 号裁定暨最高行政法院 93 年裁字第1151 号裁定。①

1. 公益诉讼起诉主体是否要求“受害”要件。对于行政执法机关“疏于执行”的不当行为，人民和公益团体都得以提起行政诉讼。至于是否要求“受害”要件，生态环境个别法与基本法的规定不一致。对此，台湾地区法学理论界和司法实务界有不同看法。在立法统一之前，本案避开对起诉主体是否适格的评价，而以其他程序上和实体上的理由裁定驳回，体现了司法面对立法困境时的能动和智慧，但却也失去了对此加以司法裁断的机会。②“两级法院对于本应最先审酎的当地居民是否具有起诉权能的程序性问题，并未明确指摘，但也似可推论最高行政法院已默示承认。”③ 而在“最高行政法院”101 年度判字第 980 号判决④中，法院则明确了公益诉讼起诉人不需要具有“受害”的要件要求。面对上诉人主张自己系属“受害人民”，而被上诉人辩称“受害人民”不具诉讼权能、双方各执一词的局面，“最高行政法院”引证行政诉讼法第 9 条，说明环评法第 23 条第 8、9 项规定符合行政法“法律有特别规定者”的情形，因而得以提起公益诉讼。至此，以司法裁判的形式正式确认个别法上的“受害”要件要求应服从“行政法”和“生态环境法”两部确立的基本原则。立法矛盾通过司法裁判也从回避到默示过渡到明示阶段。

2. 两级法院均严格恪守台湾“行政诉讼法”和“生态环境法”规定，维护公民起诉权，但也秉承以下理念采取严格审查主义：行政公益诉讼，是主观诉讼（私益）之例外，不宜过度扩张，因此须以法律有规定者为限。为此：

① 案例援引自林素凤：《论我国之生态环境诉讼》，载《铭传大学法学论坛第八期——杨崇森教授七秩华诞祝寿论文集》，第 61 页。

② 这种情况同样见于高雄高等行政法院 90 年诉字第 1869、1904 号裁定及最高行政法院 92 年度裁定第 519 号裁定的林内机械化炉案及新店安康一般业废弃物掩埋场案。

③ 参见詹顺贵：《生态环境影响评估的行政争讼》，载《律师杂志》2006 年 8 月号第 323 期。

④ 案例参见张文郁：《浅论行政诉讼之公益诉讼》，载《裁判时报》2014 年第 25 期。

(1) 严格解释"书面告知"的先置程序。本案中，实际上原告已经进行了诸如陈情、投诉、检举、诉愿等书面形式，但法院裁定认为，均非环保署公告之"告知格式"之书面，因此，不符合该前置程序要求要件；(2) 严格解释"公私场所"之要件。对此，个人认为，法院秉承赋予个人的行政公益诉讼不宜过度扩张，应予严格限制的观念是可取的，但唯其采取的方式值得商榷：对于不宜扩张部分，立法层面已经作了限制，即"以法律有明确规定者为限"，司法又作严格解释，等于是对此作了二次限制，未免过于严苛，也不利于实现设立行政公益诉讼的立法目的和对生态环境实施有效保护。

案例二：美丽湾度假村环评案：高雄高等行政法院96年度诉字第647号判决、高雄高等行政法院98年度诉字第47号判决、"最高行政法院"99年判字第403号判决暨高雄高等行政法院99年度诉更一字第8号判决。①

本案历经四轮裁判。本文选取原告当地居民共8人诉被告台东县政府案，重点围绕对大陆确定"利害关系"具有启发作用的原告居民"受损害"的可能性（可能性理论）的司法审查展开。(1) 本案是公益诉讼还是私益诉讼。如是公益诉讼原告则要经受是否具备"受害"要件的审查评判，如果是私益诉讼原告则需说明其权利或法律上的利益（私益）存在受损害的事实。从诉讼类型上看，该案是属于撤销之诉，所针对的是行政机关的环评审查结论，也就是具体的行政处分，因此是公民基于与自己切身利益有关的普通行政诉讼，而不是公益诉讼。(2) 本案原告作为私益诉讼的起诉人，是否具有诉讼权能。显然，环评会作出"有条件通过生态环境影响评估"的审查结论，不仅对开发单位有效力，对当地居民自然也产生法律上的效果。因此，行政法院采纳"可能性理论"，以原告8人均分别居住在台东市、台东县卑南乡，而台东市与卑南乡相毗邻，认定原告主张的现实生命、身体与财产权益将因行政审查结论而有受到损害的可能，因此具有起诉权能。此处现实损害是否发生尚属未知、即使发生是否与原告具有利害关系更待考证。即便如此，法院采纳可能性

① 案例参见李建良：《环评程序与行政诉讼——美丽湾度假村环评案》，载《台湾法学》2011年第176期。关于美丽湾度假村环评案的争讼，历经四轮裁判，重点围绕环评程序的争点展开。第一轮以台湾生态环境保护联盟为原告启动诉请，以参加人未进行环评程序为由要求被告台东县政府命诉讼参加人美丽湾度假村股份有限公司停止坐落在台东县卑南乡〇路〇段346-4地号土地上的一切开发施作工程行为，这一诉请得到高雄高等行政法院的支持，并判令被告应给付原告新台币6万元及诉讼费用由被告承担。后台东县政府不服上诉到"最高行政法院"，"最高行政法院"发回重审，高雄高等行政法院就"最高行政法院"发回要求审酌之处再行审查后作出同样判决。该案例成为台湾地区生态环境公民诉讼获胜判决的首例，在台湾地区生态环境行政诉讼史上具有标杆意义。案经第一轮判决后，被告生态环境影响评估审查委员会对参与人的开发施作行为作出"有条件通过生态环境影响评估"的结论。当地居民8人不服，遂提起行政诉讼，要求撤销，得到法院支持。

理论认定原告具有诉讼权能，既是采纳台湾理论界的通说，更体现对生态环境的特别保护。

三、比较评析与经验借鉴

（一）公共利益与私人利益的界限

在美丽湾度假村环评案中，法院对于原告当地居民诉讼权能的认定，基于两个要素：一是当地居民。只要是“当地居民”，则自然为行政处分效力所及，据此认定其生命、财产及身体等权益存在受损害之可能。二是采纳可能性理论。只要原告利或利益受损害的“可能性”不被排除，即应当认定具有诉讼权能。这里实际上提出了一个公共利益与私人利益的界限是否可以清晰界定的命题。对开发行为严格环评程序，既可认定系出于保护生态环境（公共利益）的目的，还可认定系保障开发地居民权益（私人利益）不因开发行为而遭受不利影响的目的。抽象的生态环境公共利益与具体的个人私益可以统一于一种程序中，可见二者实际上无明显界限。这一发现对我们启发重大：在行政诉讼中，完全可以经由司法裁判权，将传统观念中的公益换一种私人视角解释成私益，从而将行政公益诉讼案件转化成普通的私益行政诉讼案件加以裁判，既可避开当前公益诉讼困境，更可将抽象的生态环境利益具体化，顾及行政行为所涉的当地居民利益，有效化解矛盾减少冲突，也不失为将针对生态环境领域的信访行为纳入法治轨道的重要工作机制。

（二）“可能性理论”的借鉴

生态环境的特殊性决定人民或公益团体要证明其权益受损往往存在重大困难，包括因果关系证明困难以及时间上周延的困难，这是大量生态环境违法行为得不到及时有效惩处的重要原因。在台湾，原告对其权益受损证明责任都采“可能性理论”，即只要存在受损害的“可能性”且不被排除，即应当认定符合主体要件。这样，在台湾生态环境理论、立法和司法实践中，对于公益诉讼，基本不要求起诉人具有“受害”要件，而对于私益诉讼，则采取“可能性理论”，即可确认其起诉主体身份，从而加强了对生态环境的有效保护。在大陆，由于缺乏“可能性理论”支撑，原告往往难以证明自己与被诉对象具有“利害关系”从而坐失诉讼良机，转而只能求助于公益团体进行诉讼或借助媒体曝光，甚或依靠信访或激化非理性的群体性攻击行为。可以说，可能性理论的缺失，是造成大陆行政诉讼不力的理论原因。深入考察台湾地区“行政诉讼法”上的“可能性理论”并加以借鉴，对有效构建大陆的行政诉讼机制、分流公益诉讼压力，强化对生态环境的有效保护具有重要意义。

（三）公益私益的混合与诉讼结构的衡平

台湾生态环境行政公益诉讼中采公益私益混合模式①，是综合以下因素对起诉权的赋予和节制加以平衡的结果：（1）传统行政诉讼以私益保护为主轴，但现代化进展后生态环境保护等现代型诉讼日益增加；（2）出于保护生态环境的需要本应赋予无限起诉权；（3）司法资源有限不宜无谓浪费、起诉无节制也会导致法律状态不安定。我国台湾地区根据自身特质，有效吸收美国、日本的立法例，创设了混合型公益诉讼模式，值得大陆借鉴。我国台湾地区通过立法司法照顾各方利益最大限度关照诉讼结构的衡平：（1）立法层面以“法律有特别规定者为限”加以限缩。（2）司法层面对公民所提诉讼加以严格解释进行二次限缩。这对大陆亦有相当启发。

（四）起诉权能的社会视角或国家视角

台湾生态环境公益诉讼主体是人民或公益团体，并未赋予国家机关行使。其为何“无视”我们所推崇的检察机关“中立性、便利性”优势，值得深思。如果说是由于两岸检察制度不同，但是其也没有将起诉权能赋予其他具有类似优势的国家机关行使。答案也许应该回到行政诉讼本源去寻找。行政诉讼与民事诉讼一样都是为保护人民权利而设。区别仅在于公法或私法上的权利。因此，原告的起诉权能本也应与其私益有关。但是，由于行政执法这一公法上的行为经常与公益相关联，按照行政诉讼为人民权利而设的理论，公益的保护便只能依恃行政内部监督。但自体监督具有难以自我克服的天然缺陷，要对公益这一特殊行政领域实施有效保护，便需借助行政机关之外的力量加以救济。这时，便有社会力量（人民和公益组织）和国家力量（其他国家机关）两种可供选择。由于行政诉讼是为人民权利而设，因此，在行政诉讼理论架构下是排除以其他国家力量对抗行政机关的。这样一来，在不违背行政诉讼框架下要保护公益，最便宜的做法便是特别授权人民（包括公益组织）就无关自身权益的公共利益具有起诉权能。这或许是我国台湾地区生态环境行政公益诉讼起诉

① 当前世界上生态环境行政公益诉讼，大致有三种立法模式。第一种模式是：将生态环境利益认为不属于任何个人之“公共利益”，欲保护公共利益之人则提起无关自己利益之诉讼，即公益诉讼模式。日本理论界称为客观诉讼。第二种模式：将生态环境利益认同“私人利益”，以大幅度缓和私益诉讼的起诉要件，以充实生态环境利益之救济，即为缓和要件之私益诉讼模式。对应第一种模式的客观诉讼，日本理论界称为主观诉讼。第三种模式：虽将生态环境利益定位为“公共利益”，但为维护生态环境而将私益诉讼构造脱胎换骨成为混合型。其中第一种模式不以权益受损为要件，而后两种模式则须以权益受损为要件。日本采第一种的客观诉讼模式，而美国则采第二种公民诉讼模式。而综合我国台湾地区“行政诉讼法”、“生态环境法”及其个别法的规定，“各级政府疏于执行时”，人民或公益团体都得以提起诉讼，但须以“受害”为要件，这样看来，则是兼采日本模式与美国模式的混合型模式。

司（以下简称佳乐公司）缴纳噪音排污费 121520 元，佳乐公司一直未缴纳。后 2014 年 8 月金沙县环保局又向该公司发出缴费通知，告知须在限期内缴纳，逾期将对其进行行政处罚。2014 年 10 月 13 日，佳乐公司缴纳了该笔噪音排污费，但已超期，金沙县环保局并未对其进行行政处罚。金沙县人民检察院接到反映，认为本县环保局对佳乐公司逾期缴纳排污费的行为未作行政处罚构成行政不作为，佳乐公司的行为已经造成对国有财政资金的损害，并于 2014 年 10 月 20 日，将金沙县环保局告上法庭，诉请法院督促环保局履行行政处罚职责。后金沙县环保局及时对该企业进行了处罚，金沙县人民检察院认为，行政公益诉讼的目的已经实现，遂向集中管辖赤水河流域环境案件的遵义仁怀市人民法院提出撤诉申请，轰动一时的全国首例检察机关探索提起行政公益诉讼案至此落下帷幕。

其实，有关行政公益诉讼的尝试此前早已有之①，但由检察机关作为原告提起行政公益诉讼的探索性尝试这还是头一次。行政公益诉讼如何提起，检察机关能否成为行政公益诉讼的原告，是构建行政公益诉讼制度面临的首要问题。2014 年，党的十八届四中全会作出的《关于全面推进依法治国若干重大问题的决定》明确提出，要“探索建立检察机关提起公益诉讼制度”，为检察机关提起行政公益诉讼提供了政策契机，特别是该决定发布后，2015 年 7 月 1 日全国人民代表大会常务委员会《关于授权最高人民检察院在部分地区开展公益诉讼试点工作的决定》②（以下简称《决定》）及 2015 年 7 月 2 日《检察机关提起公益诉讼试点方案》③（以下简称《试点方案》）的相继公布，进一步肯定了检察机关在发挥提起公益诉讼方面的重要作用，为解决长久以来公益诉讼（包括行政公益诉讼）主体不明的困惑指明了方向。2015 年 12 月 16 日，山东省德州市庆云县人民检察院因县环保部门不依法履行职责，依法向庆云县人民法院提起行政公益诉讼，更是成为自全国人大常委会授权检察机关提起公

① 2009 年 7 月 27 日，中华环保联合会向贵州省清镇市人民法院提起行政公益诉讼，请求法院判决清镇国土资源局收回与李万先签订的土地合同中出让的位于百花湖乡三堡村屯坡脚面积为 800 平方米的 4 号宗地的土地使用权及地块上全部建筑物或其他附属物。后被告清镇市国土资源局于 8 月 28 日作出了撤回有潜在污染环境危险的百花湖风景区冷饮厅加工项目的土地使用权的决定。

② 该《决定》于 2015 年 7 月 1 日第十二届全国人民代表大会常务委员会第十五次会议通过。《决定》指出，授权最高人民检察院在生态环境和资源保护、国有资产保护、国有土地使用权出让、食品药品安全等领域开展提起公益诉讼试点。试点地区确定为北京、内蒙古、吉林、江苏、安徽、福建、山东、湖北、广东、贵州、云南、陕西、甘肃 13 个省、自治区、直辖市。

③ 《试点方案》就全国 13 个试点省、自治区、直辖市检察机关在目标原则、主要内容、方案实施、工作要求等方面进行了明确规定。

益诉讼试点工作以来，全国首例检察机关正式提起的行政公益诉讼案件。[①]

可见，由检察机关代表提起公益诉讼已然在政策层面得到落实和回应。但是其背后的理论依据是什么、检察机关提起行政公益诉讼有何正当理由、检察机关代表提起行政公益诉讼的原告主体资格是否唯一、如何构建完整的行政公益诉讼配套制度……成为我们当前重点关注和考虑的问题。

二、检察机关提起行政公益诉讼的理论基础

（一）行政公益诉讼界分

行政公益诉讼是“行政诉讼”和“公益诉讼”的有机结合，其本质仍属于“行政诉讼”的范畴。依前文所述，行政公益诉讼是相对于普通行政诉讼（行政私益诉讼）而言的一种特殊诉讼模式，其特殊性体现在它的“公益性”上。所谓“公益”，根据《辞海》的解释，指的是“有关社会公众的福祉和利益”。目前，我国理论和实务界均认为“公益”主要包含国家利益和社会公共利益两个部分，结合《辞海》的解释，本文进一步认为，行政公益诉讼是为保障以国家利益和社会公共利益为主要形式的社会大众的福祉和利益而向法院提出的监督行政机关依法行政的活动。长久以来，我国传统的行政诉讼奉行以保障当事人私人利益的私益行政诉讼为其基本诉讼模式，对有关保障国家利益以及社会公共利益的公益行政诉讼却从未涉及，这在一定程度上是受制于我国传统“诉权理论”影响的结果。我国传统的诉讼理论认为，司法资源存在稀缺性，一项诉讼的启动必须是与某一诉讼标的有直接利害关系的人才能提起的活动，从而防止滥诉行为的发生，维护有限的司法资源。在该传统理论制约下的当事人利益具有主观性，因而传统的直接利害关系人基础上的行政诉讼，学界称为“主观诉讼”。但随着经济社会的不断发展，越来越多的诸如环境污染、国有资产流失、损害消费者权益等大量损害群体公众利益的事件不断涌现，这些事件虽然对社会公共群体造成了损害，但表面上并不存在直接利害关

① 作者按：前不久，庆云县检察院在审查某公司污水处理厂厂长涉嫌污染环境罪案件时，发现该公司在未通过环保设施竣工验收的情况下长期违法生产，排放大量污水造成环境污染。当地群众多次拨打“3612345”民生服务热线进行举报，庆云县党委政府高度重视，责成环保部门严格履行监管职责。检察机关调查发现，县环保部门虽对该公司多次作出行政处罚，但在监管过程中存在违法行为，遂根据有关规定，向环保部门发出检察建议。但环保部门仍未依法正确履行监管职责，致使群众反映的问题一直未得到有效解决，国家和社会公共利益持续处于受侵害状态。对此，庆云县检察院作为山东省确定的公益诉讼试点地区之一，根据《全国人民代表大会常务委员会关于授权最高人民检察院在部分地区开展公益诉讼试点工作的决定》及《检察机关提起公益诉讼试点方案》的有关规定，在严格落实诉前程序后，依法对县环保部门不依法履行职责，向庆云县法院提起行政公益诉讼。

系，因而往往无法在现有的行政诉讼制度的框架下启动司法审查之程序，公民不愿告、不敢告、不能告的情形屡屡发生，一定程度上纵容了相关行政主体不作为或滥作为的不良习惯。与传统的“主观诉讼”相对应，学界将这种因损害公民客观利益而提起的诉讼称为“客观诉讼”。显然，我国现有的立法只存在“主观诉讼”，而没有“客观诉讼”。

按照“客观诉讼”的模式，与案件没有直接利害关系的个人或者组织也可以启动行政诉讼。这种“客观诉讼”无疑是对既有的“主观诉讼”模式下诉讼主体范围的挑战，改变过去“主观诉讼”模式下“权利范围”的诉讼标准，取而代之的是以“利益范围”为其新的诉讼标准。即只要相对人的利益受到了行政行为的不利影响，其就具有了原告资格，而不管这种利益是否有特定法律的直接规定。① 行政公益诉讼制度正是为弥补和实现行政诉讼的“客观诉讼”目的而生。② 其实，我国修改后的《民事诉讼法》第55条已经为开启在民事领域探索建立民事公益诉讼制度的先河而努力，为今后的行政诉讼制度改革提供了借鉴和可能。尽管我国新修订的行政诉讼法仍未像新民事诉讼法那样及时将行政公益诉讼纳入其中，但未来行政诉讼制度引入行政公益诉讼这一特殊诉讼模式势在必行。

（二）检察机关代表提起行政公益诉讼的法理依据

行政公益诉讼作为典型的客观诉讼，其是在拓展传统的原告资格理论基础上形成的新的诉讼模式，是对既有诉讼制度的创新和挑战。尤其在以“利益范围”作为新的诉讼标准的前提下，行政公益诉讼的原告资格范围得以进一步扩大，使得与案件没有直接利害关系的公民或团体也能自主启动诉讼程序。如前所述，由检察机关代表提起公益诉讼（包括行政公益诉讼）的初衷已然在政策层面得到落实和回应，但是其理论层面的原因似乎少有考量。鉴于行政公益诉讼在本质上仍然属于“行政诉讼”的范畴，因而从宏观上讨论检察机关的原告资格问题离不开行政诉讼理论及诉讼框架的基本制约。而从保障行政公益诉讼顺利开展的微观视角分析，我们认为，检察机关得以作为原告提起行政公益诉讼具有以下法理依据：

---

① 于安：《行政诉讼的公益诉讼和客观诉讼问题》，载《法学》2001年第5期。

② 行政公益诉讼案件与目前行政诉讼法规定的行政案件具有完全不同的性质。从我国现有的立法体制来看，无论是民事诉讼还是行政诉讼，其制度设计均仅限于传统诉讼法建立于“诉讼利益”理论之上的“被害者诉讼”，而公益诉讼中原告起诉并不是因为自己的权利或利益受到某种直接的侵害，而是为了维护客观的法律秩序或普遍的公共利益，因而是一种他益形式的客观诉讼。参见应松年等：《行政诉讼检察监督制度的改革与完善》，载《国家检察官学院学报》2015年第3期。

1. 当事人适格理论的扩张

关于对该理论的论述，其实上文已有所涉及。所谓“当事人适格”，指的是公民、法人或特定组织所具有的对某一诉讼标的有权提出诉讼并诉请法院进行审理判决的资格。① 根据最高人民法院《关于执行〈中华人民共和国行政诉讼法〉若干问题的解释》第12条规定，原告必须是与具体行政行为有“法律上利害关系”的人，这成为行政诉讼领域当事人是否“适格”的直接评价依据。然而，在一些特殊领域（如环境污染、国有资产流失等领域），严格按照该当事人标准去把握原告资格，往往出现无人起诉的尴尬境况，这种尴尬场景的出现，无不与起诉成本高、难胜概率小以及“事不关己高高挂起”的国民劣根性思维存在很大关系，很容易让适格的当事人在诉讼的大门外望而却步。②

因此，在环境污染、消费者权益保护等关系百姓切身利益的特定行政执法领域，适当扩张行政诉讼的原告资格，赋予特定主体以适格当事人的身份，有利于公共利益保护目的的实现。在这种情况下，谁最有资格获取该扩张后的原告资格呢？当然是检察机关。检察机关是国家的法律监督机关，《行政诉讼法》第10条规定，人民检察院有权对行政诉讼实行法律监督，《检察院组织法》第2条也规定了检察机关保护国家、集体利益的任务。所以，对行政权力行使的合法性进行监督是检察机关的责任。而且，检察机关享有充足的人力、物力、财力，在实力上完全可以与行政机关相抗衡，可对行政权力进行有效的监督和控制。

2. 公共信托理论

信托制度起源于英国。所谓信托，指的是委托人基于对受托人的信任，将自己的财产交托于受托人管理，受托人按照委托人的意思，独立对受托财产进行管理、处分的行为。根据信托规则，信托关系一旦设立，对于委托人交付受托人的信托财产便会同时产生两层财产权：一是受托人对信托财产的所有权，被称为“普通法上的所有权”；二是委托人（受益人）对信托财产本来的所有权，称为“衡平法上的所有权”。③ 美国学者约瑟夫·萨克斯认为，任何代表公共利益的财产本身就包含两层所有权，即普通法和衡平法意义上的双层所有权。以空气和水源为例，作为公共财物，它们从来都不属于任何一个特定的

① ［日］高桥雄志：《民事诉讼法制度与理论的深层分析》，林剑峰译，法律出版社2003年版，第206页。

② ［意］M. 卡佩莱蒂：《福利国家与接近正义》，刘俊祥等译，法律出版社2000年版，第67～68页。

③ 李群星：《信托的法律性质与根本理念》，载《法学研究》2000年第3期。

人，而是为全民共同所有，国家（政府）作为公共利益的代表和保护者，理应担负起管理和保护空气、水等涉及公共利益的财产不受破坏的职责，① 这就在公民政府之间天然地产生了一种信托关系。基于信托财产（空气、水等）的公共性，我们将这种信托称为“公共信托”。

在“公共信托”关系中，受托人（政府）基于委托人的委托而将公共利益交于其管理，此时，政府只有管理和维护的义务，而没有破坏与践踏的权利。当信托财产（公共利益）遭受损害时，作为委托人的国民是可以自己或随时委托特定主体提起公益诉讼，要求政府履行义务的。而在这一点上，代表公共利益的检察机关无疑是代表国民行使权力的最佳选择。公共信托理论解决了检察机关在提起行政公益诉讼中出现的实体权利与程序权利相脱离的矛盾问题，使与没有信托财产具有直接利害关系的检察机关也得以自己名义参与诉讼活动成为了可能。

3. 诉讼担当

所谓诉讼担当，指的是在某一诉讼活动中，当事人因故不能参加诉讼时，与案件无直接利害关系的第三人得以自己名义参与诉讼，诉讼后果及于原当事人的制度。诉讼担当理论是对传统适格当事人理论的突破，其结果是造成诉讼当事人与原实体法律关系主体的分离。在该理论的影响下，诉讼关系当事人可以不再仅是原实体法律关系的当事人，从而为检察机关代表国民提起行政公益诉讼提供了可能。我国《宪法》第 129 条规定，人民检察院是国家的法律监督机关。《刑事诉讼法》第 77 条规定，在刑事案件中，如果是国家财产、集体财产遭受损失的，人民检察院在提起公诉的时候，可以提起附带民事诉讼。在以上法律规定的基础上，如果我们在行政诉讼中再引入诉讼担当理论，那么，人民检察院可以享有行政公益诉讼原告人的资格就既合法又顺理成章了。②

（三）检察机关代表提起行政公益诉讼的意义

1. 赋予检察机关提起行政公益诉权有利于检察职能的充分发挥

---

① See Joseph L. Sax, The Public Trust Doctrine in Natural Resources Law: Effective Judicial Intervention, 68Mich. L. Rei. 471 (1970).

② 关于为什么要赋予检察机关提起行政公益诉讼的权力的问题，中国政法大学终身教授、中国法学会行政法学研究会会长应松年教授指出：“其实，从我国宪法框架看，这一点并不难理解。检察机关是宪法规定的法律监督机关，与行政机关不具有隶属关系，无论是从国家权力结构，还是从检察职能的性质和运行机制等方面看，检察机关比其他现有的国家机关都更适合担当提起公益诉讼的职责。”参见应松年：《通过试点工作推进行政公益诉讼制度构建》，载《检察日报》2015 年 10 月 19 日第 3 版。

在我国，检察机关作为国家的法律监督机关，其基本职能在于保障国家各项法律法规正确实施。在实践中，检察机关的法律监督作用集中体现在对诉讼活动的监督以及对职务犯罪的侦查权方面，由于检察机关行政公益诉权的缺失，其法律监督作用并没有能够发挥到位。

首先，对于检察机关的诉讼监督权而言，在我国，虽然检察机关的诉讼监督权涵盖对民事诉讼、行政诉讼、刑事诉讼的监督，但就检察机关的公益诉权（公诉权）而言，现阶段则只包括对刑事犯罪的公诉权一个方面，其他如民事公益诉讼、行政公益诉讼均不涉及。这就容易导致当出现涉及公民民事公共利益或者行政公共利益的案件时，检察机关无法充分发挥检察监督职能的情形，从而使许多行政违法行为成为检察机关法律监督的“漏网之鱼”。尽管对于后者而言，检察机关可以采取其他方式（如检察建议、抗诉）等方式加以弥补，但检察机关法律监督的职能已经大打折扣。

其次，针对检察机关职务犯罪的侦查权而言，其在行使过程中无不存在同样的问题。检察机关侦查职务犯罪，主要涉及国家工作人员的贪污贿赂犯罪以及国家机关工作人员的渎职、侵权等违法犯罪情形。在实践中，行政机关工作人员因不作为或者滥用职权而触犯刑律最后被检察机关立案侦查的案件不在少数，这就表明检察机关在履行职务犯罪侦查职责的同时，一些损害国家利益的行政违法行为同时也会浮出水面。此时，碍于检察机关行政公益诉权的缺失，检察机关能做的也仅是将犯罪分子绳之以法，诉诸刑事诉讼加以审判定罪，而对于已经发现的损害国家利益的行政违法行为则只能提出检察建议或诉诸其他监督手段予以矫正。检察机关的监督乏力也是一些行政机关敢于违法乱纪、顶风作案的原因之一，由于行政公益诉权的缺乏，检察机关只能眼睁睁地看着这类违法现象的继续发生和蔓延。因此，赋予检察机关提起行政公益诉讼的原告资格，有助于从根本上弥补和加强检察机关的法律监督职能，这是对检察监督职责自我完善的内在需求而言的，因而意义重大、刻不容缓。

2. 赋予检察机关提起行政公益诉讼有利于保障行政诉讼功能和目的的实现

行政诉讼有别于民事诉讼与刑事诉讼的一个重要原因在于诉讼目的及功能定位上的差别。民事诉讼的主要目的在于解决平等主体间的民事权益纠纷，实现定分止争；刑事诉讼的目的在于打击犯罪、恢复社会秩序、实现社会安宁；而行政诉讼的目的则主要在于纠正行政机关违法行政行为的同时，实现司法权对行政权的监督。可见，行政诉讼本身含有权力监督的成分，其并非是一项简单的告诉与讼争。在传统的行政诉讼活动中，由于诉讼标的仅是损害个别相对人直接利益的行政行为，因而司法监督的目的并不难实现。但是，对于涉及违反（侵害）多数人公共利益的行政决策（如批准决定在当地建立核电站）领域，由于政府的行为往往与当地的经济指标、政绩考核相挂钩，加之相关利益性团体的支持，这就使得当出现行政纠纷时，法院很难实现纠正违法行政行为（司法审查）之目标。此时，赋予检察机关的行政公益诉讼原告资格则可以直接、有效地促进行政机关依法行政目标的实现。

(1) 赋予检察机关行政公益诉讼原告资格意味着法律为受害人众多或具体受害人难以确定的公益性行政案件选定了一个公共利益代表人，解决了该类案件无人可以维权的难题。根据现有的行政诉讼制度，行政公益案件在现阶段是无法提起行政诉讼的，其中一个根本原因在于法院依据现有的制度无法准确确定行政公益案件的具体受害人，在法律没有规定公益代表人的情况下，就造成了该类案件无人可以维权的局面。毫无疑问，赋予检察机关行政公益诉讼原告资格意味着这种局面的彻底突破和改观。

(2) 赋予检察机关行政公益诉讼原告资格意味着对行政机关的监督又多了一个诉讼监督主体。在传统行政诉讼理论的影响下，行政相对人仅可对损害自身利益且与自己有直接利害关系的违法行政行为有权提起行政诉讼，即在行政诉讼中对行政机关监督的主体除法院外，只剩下行政相对人。然而，在遇到侵害公共利益个体相对人无权起诉的情况下，对行政机关的监督主体资格随即消失。这就容易造成在行政监督弱化的情况下行政机关恣意作出行政公益违法行为的情形。赋予检察机关行政公益诉讼的原告资格不仅开启了对侵犯公益的违法行政行为的诉讼监督之门，而且在行政相对人这个诉讼监督主体之外增加了另一个诉讼监督主体，为监督行政和公民维权上了一份双保险。

(3) 与普通行政相对人相比，赋予检察机关提起行政公益诉讼的原告资格具有不可比拟的组织优势。对普通行政相对人而言，且不说公益行政诉讼案件，即使是在普通的行政私益诉讼中，由于受相对人自身条件之限制，相对人对法律知识的缺乏制约了控告的精度和力度、相对人的诉讼缺乏雄厚的资金支持、相对人在行政法律关系中与行政机关的不平等导致双方在行政诉讼关系中事实上的不平等等问题。而检察机关作为行政公益诉讼的原告则大不相同，检察机关作为一国分权制衡原则下的独立司法机关，具有普通行政相对人不可比拟的优势：它有专门的组织机构和精通法律专业团队以及背后强大的国家财政支持，可以和被告行政机关抗衡，实现行政诉讼中原被告双方的势均力敌……因此，赋予检察机关提起行政公益诉讼权对实现行政诉讼的“监督”目的具有重要意义。[①]

三、检察机关代表提起行政公益诉讼的域外考察

（一）德国

德国是世界上最早实行行政公益诉讼制度，也是最早实现由检察机关代表提起行政公诉的国家。德国的行政公诉制度最早要追溯到19世纪末的巴伐利亚邦。该邦行政法院内部专设检察官，由检察官代表国家对政府的违法行政行为提出诉讼。[②] 这也正如俄国法学家穆拉耶夫所言："检察机关……这些公职人员的使命，按职务来说，主要是使他们在司法方面成为法律的监督者，公共利益和政府机关的代表。"[③] 由检察官代表国家提起行政公诉的传统一直延续至今，目前，根据《德国联邦行政法院法》的有关规定，联邦最高检察官、州和地方的公共利益代表人一起组成当前德国行政公益诉讼的三级法定代表人（公共利益代表人），分别参加联邦、州、地方行政法院的行政公益诉讼活动。在行政诉讼中，检察官是参加人，有权提起上诉，也有权要求变更行政行为。

（二）法国

作为典型的大陆法系国家，法国在对待保护公共利益与私人利益方面采取不同的举措和衡量标准。在法国，行政公益诉讼集中地体现在"越权之诉"上。自1799年法国行政法院成立以来，经过逐步演变、改进，直到1872年5月24日颁布法律以后，法国的行政法院才最终变成现代意义上的行政法院。1872年法国在颁布新法律的同时，规定"行政法院享有审理所有行政法案件的最高权力并有权根据'越权行为无效'原则而宣布各行政机构的行为无效"。法国的"越权"之诉旨在纠正越权作出的行政行为，借以恢复正确的行政秩序。由于该诉讼只着眼于恢复行政公共利益本身，而不限于考虑起诉人的主观权益，[④] 因而任何适格主体均有权向行政法院提出监督申请。这就导致在法国有权提起行政公益诉讼的主体非常广泛。在法国，行政相对人因为违法行

① 全国人大常委会赋予检察机关提起公益诉讼的权力，是否意味着这项职权只能由检察机关行使？修订后的民事诉讼法已赋予法律规定的机关和有关组织提起公益诉讼的权利，这可以为行政公益诉讼所借鉴。在行政诉讼法就行政公益诉讼制度作出修改之前，除授权检察机关外，在未来一段时间里，可以考虑通过某些单行法律、法规的制定和修改，赋予消费者权益保护、自然资源和环境保护等特定的公益社团享有相关行政公益诉讼的起诉权。参见应松年：《通过试点工作推进行政公益诉讼制度构建》，载《检察日报》2015年10月19日第3版。

② 参见［日］清水澄：《行政法泛论》，金民澜译，商务印书馆1912年版，第61页。

③ 参见金明焕：《比较检察制度概论》，中国检察出版社1991年版，第265页。

④ 王名扬：《法国行政法》，中国政法大学出版社1988年版，第669页。

政决定而受到直接利益侵害的第三人以及负有维护公益职责的行政机关和检察官都能提起越权之诉。

（三）英国

在英国，根据英国法律的有关规定，只有检察长才有权提起行政公益诉讼。检察长提起行政公益诉讼主要针对涉及公共利益与妨碍公共权利行使的案件。检察长作为唯一公共利益（权益）的法定代表人，其提起行政公益诉讼的方式主要有以下两种：一是主动发现涉及公共利益或公共权利遭受妨碍时，根据职权向法院提出申请强制履行或予以制止；二是检察长可以依当事人的申请，让私人或私人组织以自己的名义提起公诉。对于后一种方式，美国法学家G. 盖茨称为“检举人诉讼”。①

（四）美国

作为典型的普通法法系国家，美国与法国、德国等大陆法系国家不同，其并未作公法、私法之分，在审理行政纠纷与民事纠纷时基本适用相同的法律程序，但这并不影响行政公益诉讼制度的存在。在美国，“行政公益诉讼制度”是整个诉讼制度的重要组成部分，有权启动该公益诉讼的主体集中地体现在检察官身上（这一点与法国截然不同）。具体而言，有权对政府及其工作人员的违法行政行为提起监督的检察官共分成三级，即联邦检察官、州检察官以及市镇检察官。美国法院认为，“国会为保护公共利益，可以授权检察总长，对行政机关的行为申请司法审查，主张公共利益”。② 可见，当美国行政机关及其政府工作人员的行为违法时，作为公共利益代表人的检察官就有权随时提起行政公益诉讼并进行监督。

可见，从以上英美法系和大陆法系典型代表性国家的司法实践来看，目前，在世界范围内实行由检察机关（检察官）为代表启动行政公益诉讼制度具有现实可行性，且已在许多国家得到证实，为探索我国的检察机关提起行政公益诉讼制度具有方向性建设意义。在我国，尽管修改后的行政诉讼法至今仍未引入公益诉讼制度，但新修订的民事诉讼法已在积极探索建立民事公益诉讼制度方面取得了进步。一方面，我们坚信，在不久的未来行政公益诉讼制度一定会成为现实；另一方面，从现有的民事诉讼法对于启动相关民事公益诉讼的制度规范来看，由于在我国公益性组织极其不发达，加之立法的不明确，实践上若以公益性社团组织启动一场公益诉讼恐其难当大任，行政公益诉讼更不必

① ［意］莫诺·卡佩莱蒂：《福利国家与接近正义》，刘俊祥等译，法律出版社2000年版，第83页。

② 王名扬：《美国行政法》，中国法制出版社1995年版，第623页。

多言。因而，结合域外代表性国家的成熟实践经验，结合我国现实，我们认为，在当下的中国，赋予检察机关唯一提起行政公益诉权具有积极意义。

四、我国检察机关提起行政公益诉讼的制度构建

检察机关提起行政公益诉讼的成功开展离不开相关配套制度的落实及其措施保障。《决定》的授权仅仅为检察机关提起行政公益诉讼实践提供了合法性基础，《试点方案》的出台也仅为检察机关探索提起行政公益诉讼提供了政策性方向及依据，欠缺具体配套制度及保障性措施。但可喜的是，《人民检察院提起公益诉讼试点工作实施办法》[①]（以下简称《实施办法》）的公布为检察机关试点探索提起公益诉讼（包括行政公益诉讼）提供了制度依据，为未来试点成功以后将成熟经验正式纳入修改后的法律开启了制度先河。下面，我们就结合前不久刚刚出台的《实施办法》，围绕探索构建我国检察机关提起行政公益诉讼的相关配套制度进行梳理、归纳和总结。

（一）明确行政公益诉讼提起中检察机关的身份地位

结合上文对域外典型代表性国家行政公益诉讼提起的比较考察，可以看出尽管目前世界主流国家对于公益诉讼的提起均认可检察机关的启动主体地位，但在具体的身份承担上往往大相径庭。比如，有的规定为“原告人”，例如英国、匈牙利等国；有的规定为“公益代表人”，例如德国、法国等国；有的规定为“法律监督者”，如苏联等国。对于该问题，目前学界概括起来主要存在以下学说：

1. “当事人说”。此种观点认为，公益诉讼的提起针对的是对国家利益或社会公共利益的侵害，检察机关作为法定国家机关，天然的是以维护以上两种利益为己任，也是其存在的价值之所在。因此，当行政公益诉讼启动时检察机关理所当然的应该作为“原告”，并以“当事人”的身份出现，享有当事人应当享有的权利，承担当事人应该担负的义务。

2. “公益代表人说”。持此种观点的学者认为，检察机关在公益诉讼（包括行政公益诉讼）中的地位是以维护公共利益为基础奠定的，所以，他们在诉讼中的身份应该是公共利益代表人。

3. “非刑事公诉人说”。该种观点认为，检察机关在行政公益诉讼中与在刑事诉讼中相类似，其身份都是“公诉人”。

---

① 《人民检察院提起公益诉讼试点工作实施办法》已于2015年12月16日由最高人民检察院第十二届检察委员会第四十五次会议通过，并于2015年12月24日公布在北京、内蒙古、吉林等13个授权试点地区实施。

针对以上三种观点，我们认为，“当事人说”的观点没有区分实体权利与程序权利，对于检察机关而言，它并不享有实体性权利，而仅仅是程序意义上的“原告”，因而无法解决检察机关一旦败诉之后的后续问题。“公益代表人说”的观点尽管体现出了检察机关提起诉讼的目的和意义，但与我国宪法对“人民检察院是国家的法律监督机关”这一法律定位不相匹配。在我国，检察机关的本质仍在于监督，维权只是监督的“附随性产品”罢了，“公益代表人”仅是大陆法系国家对检察机关的身份定位。相较于前两种学说，我们对最后一种学说（非刑事公诉人）持赞同态度。首先，“公诉人”这一说法打破了传统认为“公诉只存在刑事诉讼领域”的偏见，将检察机关在行政公益诉讼中的身份和地位进行了明确，克服了败诉以后检察机关无法采取补救措施的弊端。其次，这一说法既能体现检察机关参与行政公益诉讼的功能价值，又能与当前我国法律对检察机关的职能定位相匹配，从而巧妙地将在公益诉讼中检察机关既是起诉者又是监督者的身份予以呈现。最后，为保证公益诉讼的顺利进行，检察机关在诉讼中依法享有诸多权力，如未经检察院同意撤诉，法院必须受理案件进行审判；对法院的审判活动是否合法进行监督……而检察机关只有处于公诉人的地位，才与上述权力相适应，才能尽量避免诉讼程序上如反诉、诉讼费用的承担等问题的发生。值得一提的是，《实施办法》第 42 条明确规定了“人民检察院以公益诉讼人身份提起行政公益诉讼”，我们认为，该“公益诉讼人”在本质上正是非刑事公诉人。①

（二）明确检察机关提起行政公益诉讼的范围

依前文所述，行政公益诉讼有别于普通行政诉讼，其特殊性就在于“公益”二字上。在我国，行政公益诉讼作为一种新的诉讼模式，其制度运行后可能出现的问题是传统诉讼领域所无法预知的，加之检察权与行政权的分立，使得这样一种在同一诉讼中既有审判权又有检察权和行政权同时存在的诉讼模式必将时刻挑动全社会的神经。为合理把握监督行政权运行的限度，使检察权对行政权的监督不至于过紧也不至于过松，在检察机关提起行政公益诉讼的制度建构中明确检察机关提起的范围就显得至关重要，其必然关系到对于“公益”的如何理解上。

---

① 检察机关提起公益诉讼是一项人大特别授权的诉讼制度，关于检察机关的法律地位、诉讼权利义务问题不能简单套用原告的一般规定。汤维建教授认为，公益诉讼人不是普通诉讼人。第一，检察机关是公共利益和国家利益的诉讼代表人。第二，检察机关既是诉讼中的原告，也是诉讼中的法律监督者，具有双重身份。最高人民法院《人民法院审理人民检察院提起公益诉讼案件试点工作实施办法》第 14 条规定，人民检察院以公益诉讼人身份提起行政公益诉讼，诉讼权利义务参照行政诉讼法关于原告诉讼权利义务的规定。这样规定是基本合理的。

截至目前，我国没有一部法律对于什么是“公益”给出最为清晰明确的界定，这并不是立法水平的原因，而是立法技术的问题。究其根本主要在于“公共利益”本身就是一个不确定性的法律概念，这对“立法首先必须是明确的然后才是可适用的”的立法逻辑形成强大的挑战和冲击。“公益”具有历史性，但法律具有时代性，因而从历史的角度去界定“什么是公共利益”的想法是不现实的，因而应更多的考虑其时代性的特征，从而把握的“公益”的内涵及其本质。因此，在确定检察机关参与公益诉讼的范围时要综合考虑公益类别和参与的适度性，不宜采取类似民事诉讼法中的关于民事公益诉讼的规定，可以将生存权和发展权作为基础，设置具体的受侵害权利类别，比如环境权、受教育权、社会保障权等。[①] 按照《实施办法》第28条规定：“人民检察院履行职责中发现生态环境和资源保护、国有资产保护、国有土地使用权出让等领域负有监督管理职责的行政机关违法行使职权或者不作为，造成国家和社会公共利益受到侵害，公民、法人和其他社会组织由于没有直接利害关系，没有也无法提起诉讼的，可以向人民法院提起行政公益诉讼。”尽管该规定没有设置具体的受侵害类别，但是其将行政执法的领域加以明确，从而将公益的范围固化，对此我们持赞同态度。遵循这样的标准，我们可以更加明确地确定公益诉讼范围。建议通过列举的方式明确可以提起行政公益诉讼的事项：导致自然环境和自然资源遭到破坏的行为；导致违法出让、转让国有资产，或者非法侵占、毁坏公共财产的行为；导致食品、药品等公共卫生、公共安全受到危害，致使社会公众的人身权、财产权遭受到严重威胁的行为；导致行政相对人违法受益的行为；导致或者加剧垄断，干扰社会经济秩序的行为。考虑到给行政公益诉讼制度的发展留下空间，可设兜底条款：其他法律规定可以提起行政公益诉讼的情形。[②]

（三）明确检察机关提起行政公益诉讼的具体程序

检察机关提起行政公益诉讼必须经过严格的程序：

1. 决定程序。根据《实施办法》第30条规定，人民检察院提起行政公益诉讼案件的办理，由民事行政检察部门负责。第53条规定，地方各级人民检察院拟决定向人民法院提起公益诉讼的，应当层报最高人民检察院审查批准。

---

① 汤维建教授认为，公益诉讼的范围要“小切口、大覆盖”，检察机关提起公益诉讼的范围应当有所限制，不宜过大。主要考虑这样几个因素：一是人民群众反映较为强烈的问题；二是检察机关提起公益诉讼的人力保障和资源保障；三是要考虑到与检察机关其他相关职能之间的协调和衔接。

② 应松年：《通过试点工作推进行政公益诉讼制度构建》，载《检察日报》2015年10月19日第3版。

但以上两条均没有对检察机关提起行政公益诉讼的案件就如何决定程序进行规定。我们认为，行政公益诉讼不是一般的行政诉讼案件，其涉及的行政部门或人员及其利益往往具有规模性，因而决定提起应更慎重。据此，对于检察机关拟提起的行政公益诉讼案件，建议应经有管辖权的检察机关检察委员会集体讨论决定，必要时可邀请人民监督员共同参与讨论。

2. 前置程序。前置程序是检察机关向法院正式提出诉讼前的必经程序，又称“诉前程序”。设置该程序的目的主要在于检察机关履行监督行政权的职责应当坚持“谦抑性原则”，即先要给违法行政机关及其工作人员一个改正的机会，如果持续不改的话，再启动诉讼程序。《实施办法》第40条规定，“在提起行政公益诉讼之前，人民检察院应当先行向相关行政机关提出检察建议，督促其纠正违法行为或者依法履行职责。行政机关应当在收到检察建议书后一个月内依法办理，并将办理情况及时书面回复人民检察院”。[①] 第41条规定：“经过诉前程序，行政机关拒不纠正违法行为或者不履行法定职责，国家和社会公共利益仍处于受侵害状态的，人民检察院可以提起行政公益诉讼。”[②] 我们基本认可上述实施办法对于前置程序的规定，但同时认为，前置程序并非所有行政公益诉讼案件均必须履行的程序，“某些情况下行政机关违法行政侵害社会公益，即使检察机关提出检察建议或司法质询，行政机关也不会纠正，并且侵害社会公益的违法行为情况非常紧急，如果通过前置程序向其提出检察建议或司法质询，反而延误了向法院提起行政公诉的时机从而降低了处理突发事件的效率时，前置程序可以得以免除”。[③]

3. 阻碍事由。对于检察机关拟欲提起的行政公益诉讼案件，如果涉事行政机关正在进行行政复议或普通行政诉讼，或者行政机关正在与当事人进行协商调解，检察机关此时应当暂时中止对该行政诉讼的提起。

4. 诉讼时效。我国修改后的行政诉讼法未对行政诉讼时效期间作改动，仍规定除法律有特别规定外，诉讼时效期间自当事人知道行政机关作出行政行为起6个月。法律之所以规定诉讼时效，是出于对有限司法资源保护的考虑，

---

① 作者按：截至2015年12月31日，全国各试点地区检察机关已经通过提出检察建议等方式办理公益诉讼诉前程序案件245件，其中民事33件，行政212件。经过行政公益诉讼诉前程序的212件案件中，已到回复期限的148件，相关行政机关纠正违法或履行职责的有118件，占80%。

② 关于检察建议的效力，作者认为，检察建议本质上是一种程序性的行为，并不要求行政机关必须按照检察机关的意见作为，其实质是提醒行政机关对行政决定重新进行审慎的考量。检察机关不能代替行政机关变更或撤销它认为违反法律的行政行为，也不能要求行政机关直接作出某种行为。因此，检察建议的效力只是引起一定的程序，即接受检察建议的行政机关应当在规定期限内作出处理，并书面回复检察机关。不回复或不作出处理的，检察机关审查后可以作出是否提起行政公益诉讼的决定。

③ 田凯：《行政公诉制度的前置程序》，载《人民检察》2011年第9期。

防止滥诉现象的发生。时效期间的规定意味着一旦过了法律规定的期限，权利人虽仍有权起诉，但已丧失胜诉的权利，从而克制权利人过度行使起诉权，节约司法资源。我们认为，对行政公益诉讼而言，由于诉讼标的多涉及与公民生存权息息相关的环境权等诸多基本权利，如果一味地适用一般行政诉讼对诉讼时效期间的规定，难免失之公平。且检察机关发现或受理公益案件时要经历较长时间，加上环境等公益问题本身具有复杂性、潜在性和公益性，在行政行为作出后的短时间内很难发现问题，所以理应不受诉讼时效的限制，以达到从根本上保护公共利益不受非法侵害的目的。

（四）其他若干具体问题

除上述应当明确的几个问题以外，我们认为，在构建检察机关提起行政公益诉讼制度中，以下几个具体问题也是应予强调和关注的：

1. 关于诉前保全措施。实施诉前保全主要是为了确保检察机关胜诉后在实质上能否确实实现维护公益的目的而设置的一项保护性举措。对于有的公益性违法事件一旦发生，后果很有可能难以挽回，此时采取诉前保全措施便显得尤为重要。[①]

2. 关于诉讼第三人。在行政公益诉讼中，如果行政相对人未起诉的，检察机关起诉后，可申请法院追加该相对人为诉讼第三人参与诉讼。同样，在诉讼过程中，如果行政相对人有承认、变更、放弃诉讼权利等请求的，应当经过检察机关的同意。

3. 关于收取诉讼费。由于检察机关提起的是行政公益诉讼，且检察机关在公益诉讼中扮演的是“非刑事公诉人”角色，因而应当免收诉讼费，所涉费用一律由国家财政负担支出。

4. 关于举证责任。举证责任的承担涉及当负有举证责任的一方主体无法举证时将承担法律对其不利的否定性评价的问题。我们认为，行政公益诉讼的仍应坚持“举证责任倒置”的一般行政诉讼举证规则，即由被告方承担举证责任。当被告一方无法证明自己所做行政行为合法时，法院应判决被告方败诉，并承担败诉后的法律后果。当然，这里需要指出的是，被告方承担举证责任，并不意味着作为原告方的检察机关不用承担任何举证义务。根据行政诉讼法及《实施办法》第45条的规定，下列情况下，检察机关仍应承担一定的举

① 由于行政诉讼是一个程序烦琐、期间较长的过程，为避免违法行政行为的进一步实施可能给国家和社会公共利益带来的无法挽回的重大损失，应当规定诉前临时禁令程序。即经检察机关提出，由法院审查决定迅即暂停该行政行为，以作为一种必要的诉前救济措施和制度安排。参见应松年等：《行政诉讼检察监督制度的改革与完善》，载《国家检察官学院学报》2015年第3期。

证责任（实际为“证明义务”）：（1）证明起诉符合法定条件；（2）人民检察院履行诉前程序提出检察建议且行政机关拒不纠正违法行为或者不履行法定职责的事实；（3）其他应当由人民检察院承担举证责任的事项。

五、余论

检察机关提起（行政）公益诉讼制度作为党的十八届四中全会明确提出的重要改革任务，已经在全国13个省、自治区、直辖市展开试点，未来试点经验的积累将持续为我们进一步探索建立更加完善的公益诉讼制度提供源源不断的动力。总体而言，现阶段检察机关提起公益诉讼的最大“瓶颈”性制约是立法供给。检察机关提起公益诉讼应当于法有据。目前亟须将公益诉讼的立法完善工作列入议事日程。具体包括以下诸项：一是通过全国人大常委会的立法解释，对《民事诉讼法》第55条中的“法律规定的机关”作出明确解释，将检察机关提起公益诉讼的职权明确载明于立法解释的规范性文件中。二是修改《人民检察院组织法》，明确规定检察机关有权提起公益诉讼，包括民事公益诉讼和行政公益诉讼。三是建议全国人大常委会根据《行政诉讼法》第11条关于“人民检察院有权对行政诉讼实行法律监督”的规定，作出相关决议，将检察机关提起行政公益诉讼的权能予以明确。在条件成熟时，修改《民事诉讼法》和《行政诉讼法》，将检察机关提起民事公益诉讼和行政公益诉讼的职权和程序予以明确和细化规定。四是积极推动制定《公益诉讼法》，将公益诉讼的司法体制、机制、制度和程序作出系统规范。五是检察机关制定“关于检察机关提起公益诉讼的规定”这一司法解释，作为过渡性规范性依据。

总之，检察机关提起行政公益诉讼制度的确立，最终离不开中央司法体制改革的顶层设计，离不开相关配套法律法规的修改及完善，离不开我们大家共同的思考和努力。我们有理由相信，行政公益诉讼制度改革终将迎来它的春天。

论检察机关在行政公益诉讼中的角色定位

李学武*

一、问题的提出

2016年5月5日，四川省十堰市郧阳区人民检察院诉郧阳区林业局怠于履行职责行政公益诉讼案在十堰市郧阳区人民法院公开开庭审理，并当庭作出支持检察机关诉讼请求的一审判决。① 该案系湖北省检察机关经全国人大授权开展公益诉讼试点后首例提起并获胜诉判决的行政公益诉讼案件。值得注意的是，该案诉讼过程中检察机关出庭人员出席法庭时的座位席牌被注明为“公益诉讼人”，这一称谓在我国现行诉讼法律文本中尚属罕见。为贯彻落实《全国人民代表大会常务委员会关于授权最高人民检察院在部分地区开展公益诉讼试点工作的决定》（以下简称《决定》），最高人民检察院于2015年7月2日、12月16日分别出台《检察机关提起公益诉讼试点方案》（以下简称《试点方案》）、《人民检察院提起公益诉讼试点工作实施办法》（以下简称《实施办法》）。上述文件规定检察机关在提起民事、行政公益诉讼时以“公益诉讼人”身份参与诉讼，这是检察机关在公益诉讼中角色定位的正式规范性文件规定。在理论界，对于检察机关在公益诉讼中的角色定位问题一直存在较大争议，笔者拟结合湖北首例检察机关提起的行政公益诉讼案件，在系统梳理有关理论论争基础上对以“公益诉讼人”来定位检察机关在行政公益诉讼中的角色定位的正当性及其程序性保障机制等问题进行必要的探索，以期为公益诉讼制度的改革完善有所裨益。

二、行政公益诉讼中检察机关角色定位之理论论争及评析

检察机关在行政公益诉讼中的角色定位或者角色、身份问题，理论界对其

---

* 湖北省十堰市人民检察院党组书记、常务副检察长。

① 该案详情参见徐日丹、戴小巍：《湖北首例检察机关提起的行政公益诉讼案一审胜诉》，载《检察日报》2016年5月6日第1版。

多有论述，且各方观点争议较大①。归纳起来，主要包括：

1. 法律监督说。该观点源自苏联社会主义国家，由我国已故著名检察理论研究权威王桂五先生提出，该观点认为，检察机关作为国家的专门法律监督机关，其提起行政公益诉讼必须与一般被告相区别，其具有“法律监督者”法律地位，这既是宪法赋予检察机关的神圣使命，同时也是检察机关履行职责的重要方式。该观点虽然揭示了检察机关提起行政公益诉讼的宪法依据，且较为完整地阐述了检察机关参与行政公益诉讼的法律监督目的，但该观点将检察机关在行政公益诉讼中的权力绝对化、唯一化，是对检察机关宪法定位的片面解读，未能很好地区分监督权与诉讼权从而导致诉讼秩序的混乱和诉讼结构的失衡。

2. 当事人（原告）说。该观点源于法国法对检察机关在民事公益诉讼中地位的界定，法国民事诉讼法规定了检察机关在民事诉讼中可以作为当事人或联合当事人。② 该观点认为，检察机关在行政公益诉讼中的法律地位应当是而且只能是当事人，检察机关同行政诉讼中的原告一样，享有诉讼权利，履行诉讼义务。该观点认为，检察机关当事人化，对维护被告的合法权益以及人民法院公正审判案件具有重要的意义。该观点将检察机关视为一般诉讼中的被告，忽略了检察机关提起行政公益诉讼的主要目的是维护国家和社会公共利益，忽略了检察机关在行政公益诉讼中“无实体权利处分权，与案件无直接利害关系”的特点，其与一般诉讼中的被告具有本质区别。

3. 双重身份说。该观点认为，检察机关在行政公益诉讼中兼具法律监督者与当事人（原告）的双重身份，既有当事人（原告）的诉讼权利和义务，又具有专门监督机关的权力和职责。该观点忽略了法律监督权与公益诉权的界分，未能解决法律监督者与当事人双重身份所带来的身份困境，如由检察机关同时行使法律监督权与公益诉讼权，则既影响裁判的公正，也难以达到法律监督的实效。③

4. 公益代表人说。该观点认为，检察机关参与行政公益诉讼的目的即为捍卫国家利益或社会公共利益，在行政公益诉讼中，检察机关行使法律监督权包括对实体法和程序法实施的监督，这种监督是代表国家公益进行，故检察机关在行政公益诉讼中的角色定位应定位为公益代表人。该观点虽然体现了检察

---

① 参见孙谦：《检察理论研究综述》，中国检察出版社 1995 年版，第 128 页。

② 马明生：《检察机关提起行政公益诉讼制度研究》，载《中国政法大学学报》2010 年第 6 期。

③ 参见朱全宝：《论检察机关提起行政公益诉讼：特征、模式与程序》，载《法学杂志》2015 年第 4 期。

机关维护公共利益的价值与宗旨，但“公益代表人”的定位不是专业的法律术语，非诉讼法上的概念，难以准确反映检察机关的程序性地位，更无法反映检察机关理应享有的诉讼权利与义务，虽在某种程度上反映了检察机关在行政公益诉讼中的实质功能，但无法揭示检察机关在行政公益诉讼中的诉权来源问题。

5. 行政公诉人说。该观点认为，检察机关提起行政公益诉讼实际上是公诉人角色在行政诉讼中的体现，是刑事公诉人角色的自然延伸。该观点认为，《宪法》第129条定位了检察机关的法律监督机关性质，但该定位是广义的，具体以何种权力行使法律监督职责，有待法律的进一步明确，而公诉权即是法律对宪法关于检察机关“法律监督权”的一种细化。[①] 该观点虽承认检察机关在行政公益诉讼中的法律监督者身份，但将检察机关在行政公益诉讼中的法律地位视为刑事公诉人角色的自然延伸，则有失偏颇。该观点模糊了行政诉讼与公益诉讼的界分，忽略了公益诉讼的特殊性。

上述观点均从某一侧面来阐释检察机关在行政公益诉讼中的角色定位，未能在准确把握检察机关“国家法律监督机关”的宪法定位与行政公益诉讼的“诉讼”本质基础上深入地去剖析检察机关在行政公益诉讼中的应有地位。笔者认为，准确界定检察机关在行政公益诉讼中角色定位的关键在于如何协调检察机关“法律监督者”的宪法定位与行政公益诉讼的“诉讼”特质。如欲准确界定行政公益诉讼中检察机关的角色定位，则必须在充分考察我国宪法框架、立法体制和司法实践的基础上，坚持行政公益诉讼的诉讼本质，准确反映检察机关在行政公益诉讼中的诉权来源。

笔者认为，湖北首例检察机关提起的行政公益诉讼案件中将检察机关在行政公益诉讼中的身份定位于“公益诉讼人”，是一种基于我国现行宪法框架、立法体例和司法实践的合理改革探索。以“公益诉讼人”来定位行政公益诉讼中检察机关的角色定位，既不背离行政公益诉讼维护国家和社会公共利益的宗旨，又不完全以“法律监督者”自居，在行政诉讼中仍为诉讼当事人之一方，以一种程序意义上的原告角色给予居中裁判者——法官以独立客观的裁判空间。

三、检察机关“公益诉讼人”角色定位之正当性解构

检察机关提起行政公益诉讼，是以行政机关为被告提起的基于监督行政的

① 参见朱全宝：《论检察机关提起行政公益诉讼：特征、模式与程序》，载《法学杂志》2015年第4期。

公益诉讼，其对国家和社会公共利益的维护，是检察权对行政权的直接监督，以实现纠正行政行为和维护公益目标，是对现行立法和行政检察监督理论的一个突破。[①] 一定程度上可以说，检察机关“公益诉讼人”的诉讼定位是从理论上对检察机关在行政公益诉讼中主体地位的最恰当表述，具有理论与实务上的正当性，理由如下：

（一）检察机关“公益诉讼人”角色定位符合其法律监督机关的宪法定位

我国《宪法》第129条规定：“中华人民共和国人民检察院是国家的法律监督机关。”在我国宪法框架内，检察机关作为国家专门的法律监督机关和“最高法律秩序的代表者”，其主要任务不仅在于保障国家法律统一，维护司法公正，而且还在于保护国家利益和社会公共利益不受非法行为包括非法行政行为的侵犯。在法国，检察机关的职责就是维护公益。[②] 当国家利益和社会公共利益受到行政权力滥用的威胁时或因行政不作为而受到严重影响时，检察机关有权力也有责任作为公共利益的代表提起行政公益诉讼。[③] 检察机关通过提起行政公益诉讼来维护国家和社会公共利益，将更为有力地制裁侵犯公共利益的具体行政行为，更能有效地促使行政机关依法规范行政，从而实现其法律监督的目标。以湖北首例检察机关提起的行政公益诉讼案件为例，在历经诉前程序行政机关仍不纠正其怠于履职的情形下，检察机关依法提起行政公益诉讼。行政机关在该案审理过程中即决定采取补救措施，对被破坏的森林植被进行保护性修复，对涉案企业所欠缴的罚没款加大追究力度，从而实现了检察机关通过提起行政公益诉讼来维护社会公共利益，监督行政机关依法行政的诉讼目的。

（二）检察机关“公益诉讼人”角色定位契合行政公益诉讼的诉讼本质

在行政公益诉讼中，检察机关法律监督职能的实现，并不是对被监督行为的合法性直接进行裁决，而是通过诉讼行为获得司法裁决实现的。当检察机关发现违法行为时，并没有直接处置的权力，但可以通过把案件提交法院审判。这种转换的根据，就是监督和诉讼两者之间存在内在的联系，都具有维护法制的作用，诉讼是监督的主要手段，而监督又可以通过诉讼来实现。[④] 由检察机

① 参见李旻：《检察机关提起行政公益诉讼的理论基础——以检察权与行政权的关系为视角》，载《云南大学学报法学版》2015年第5期。

② 张卫平：《程序正义实现中的冲突与平衡》，成都人民出版社1993年版，第387页。

③ 张晓玲：《行政公益诉讼原告资格探讨》，载《法学评论》2005年第6期。

④ 孙谦：《设置行政公诉的价值目标与制度构想》，载《中国社会科学》2011年第7期。

关“法律监督者”的法律属性决定，在提起行政公益诉讼时，其主要是以法律守护人身份出现，确保行政法律的实施和公共利益的维护，站在维护国家和社会公共利益的立场上提起的诉讼。在湖北首例检察机关提起的行政公益诉讼案件中，检察机关在办案中自行发现郧阳区林业局的怠于履职行为客观上延缓了被损害生态环境的及时修复，在穷尽了所有的救济手段（诉前建议被告积极履职）后，检察机关通过提起诉讼的方式来维护国家或社会公共利益。在本案中，可以说，检察机关以“公益诉讼人”的身份参与诉讼，能够准确地反映出检察机关在行政公益诉讼中的程序性地位，能够客观地揭示出检察机关在行政公益诉讼中的诉权来源。

四、检察机关“公益诉讼人”角色定位之配套程序

为了体现检察机关在行政公益诉讼中有别于一般行政诉讼原告的特殊地位，维护检察权与行政权、法律与效率的必要平衡，我们有必要建构与之相适应的配套程序，以体现检察机关在行政公益诉讼中的“公益”目的与“诉讼”本质。

（一）检察机关提起行政公益诉讼的方式

对于在行政公益诉讼中检察机关应当如何提起诉讼的问题，有学者认为，“检察机关只能被动地提起行政公益诉讼，即公民和其他社会组如果认为行政行为侵害或将会损害公共利益时，必须先向检察机关举报，检察机关经过初步审查后认为有提起诉讼的必要的则提起诉讼。”“人民检察院对行政主体作为或不作为侵害社会公共利益而无人起诉时，有权以国家公益人的身份提起诉讼，法院审理行政案件时如发现涉及社会公共利益的，应通知检察院参与提起诉讼。”① 笔者认为，检察机关提起行政公益诉讼的主要目的在于监督行政机关在涉及国家或社会公益利益上的行政作为或不作为。因此，为真正体现检察机关在行政公益诉讼中的“公益诉讼人”角色定位，应当赋予检察机关主动提起行政公益诉讼的权力，“这是检察机关作为法律的守护人的客观义务所在，也是以司法权制约行政权的题中之义，对防治官员腐败、促进依法行政具有重要法治意义”。② 在湖北首例检察机关提起的行政公益诉讼案件中，十堰市郧阳区人民检察院即以“公益诉讼人”身份将十堰市郧阳区林业局直接诉

---

① 郑萍：《略论检察机关行政公益诉讼之构建》，载《福建论坛（人文社会科学版）》2004 年第 7 期。

② 姜涛：《检察机关提起行政公益诉讼制度：一个中国问题的思考》，载《政法论坛》2015 年第 6 期。

至法院。当然，在赋予检察机关主动提起行政公益诉讼的权力同时，也不能排除检察机关接受相关公民、法人或其他社会组织的检举或举报，并在必要的合法性审查后以“公益诉讼人”的身份提起行政公益诉讼。

（二）检察机关在行政公益诉讼中的举证责任

对于检察机关在行政公益诉讼中的举证责任，有观点认为，应当与一般行政诉讼案件一样，被诉具体行政机关承担证明其行政行为合法的举证责任，即实行行政诉讼意义上的“举证责任倒置”；另有观点认为，在行政公益诉讼中，检察机关不是普通行政诉讼的弱者，其所拥有的公权力足以抗衡行政权，故应当按照传统的举证责任，即实行民事诉讼意义上的“谁主张，谁举证”。① 笔者认为，检察机关提起的行政公益诉讼，从根本上说仍属于行政诉讼范畴，只是因为其关涉国家或社会公共利益而被命名为行政公益诉讼，其实质“仍然是特定主体针对行政机关的不作为或乱作为而进行的一种司法救济和法律监督，即当行政机关违反法律规定渎职时，允许特定主体借助于司法权维护公共利益，并监督行政机关依法行政”。② 因此，行政公益诉讼的举证责任应当与通常意义上的行政诉讼具有一致性，即实行“举证责任倒置”。但由于检察机关作为国家法律监督机关的特殊性，其与处于弱势地位的行政相对人不同，在法律地位和举证能力方面可以说与行政机关旗鼓相当。为了保障行政公益诉讼试点工作的顺利推进，笔者认为，检察机关在行政公益诉讼中可以就行政机关滥用职权行为、行政行为的违法性及其公益损害后果等承担举证责任，是适宜的也是现实的。《实施办法》第 45 条即选择了相对“举证责任倒置”较为中间的举证责任承担方式，即要求检察机关提起行政公益诉讼时，应当对“证明起诉符合法定条件；履行诉前程序提出检察建议且行政机关拒不纠正违法行为或者不履行法定职责的事实，其他应当承担举证责任的事项”，承担举证责任。可以说，《实施办法》选择的举证责任方式较为适宜和现实，且为将来的试点工作预留了充足的探索空间。在湖北首例检察机关提起的行政公益诉讼案件中，检察机关即对涉案当事人擅自改变林地用途致使林地生态受损的违法行为，十堰市郧阳区林业局怠于履职行为，以及林业局怠于履职行为与林地生态受损后果之间的因果关系等事项进行了法庭举证与质证。

（三）检察机关提起的行政公益诉讼的诉讼时效

在行政公益诉讼中，检察机关以“公益诉讼人”的身份提起诉讼，其诉

① 参见洪浩、邓晓静：《公益诉讼中检察权的配置》，载《法学》2013 年第 7 期。

② 姜涛：《检察机关提起行政公益诉讼制度：一个中国问题的思考》，载《政法论坛》2015 年第 6 期。

讼行为是否应当遵循行政诉讼法上的诉讼时效规定，如遵循，则是否可以在时效的长短及其起算点方面予以变通，理论上存在不同看法。有观点认为，国家和社会公共利益的本质特殊性决定了对侵害国家和社会公共利益的行为，任何时候都应受到法律追究和制裁，法律对此应作特别规定，不受诉讼时效的规定。[①] 另有观点认为，公益诉讼具有特殊性，保护的是国家和社会公共利益，应适当延长诉讼时效。例如，建议环境公益诉讼最好以十年为基准，自知道或应当知道之日起算，最长不得超过三十年。[②] 笔者认为，行政公益诉讼较之一般普通行政诉讼而言，确实具有一定的特殊性，但如因其特殊的保护对象而不受诉讼时效的限制，则势必会降低起诉门槛从而导致滥诉等影响诉讼效益的情形出现，势必会影响检察机关以“公益诉讼人”身份参与行政公益诉讼的诉讼目标与效果。因此，笔者认为，检察机关提起的行政公益诉讼也应当遵循诉讼时效制度，但在适用中可适度变通：

一方面，由于在行政公益诉讼中，国家和社会公共利益受侵害结果具有潜伏性、滞后性以及因果关系的复杂性，导致确认和判断损害后果及提供有关证据难度更大，如果诉讼时效规定太短，检察机关难以有效提起诉讼。[③] 当然，诉讼时效如规定太长也不利于受损害利益的及时补救。笔者建议，可以借鉴《环境保护法》第 42 条的规定，将检察机关提起行政公益诉讼的诉讼时效规定为 3 年较为适宜。

另一方面，在公益诉讼试点阶段，检察机关提起行政公益诉讼的诉讼时效起算点，也应当充分考虑司法实践中检察机关发现国家或社会公共利益受侵害事实的阻力和难度，如将诉讼时效的起算点一律规定为“检察机关知道或应当知道行政机关存在违法行使职权行为或不作为之日起计算”，则不利于检察机关及时履行“公益诉讼人”的法律监督职责。因此，建议将“检察机关知道或应当知道国家或社会公共利益受到侵害之日”作为检察机关提起行政公益诉讼的诉讼时效起算点。

（四）行政公益裁判的检察监督

如前所述，检察机关在行政公益诉讼中以“公益诉讼人”身份参与其中，其不仅以维护国家或社会公共利益为诉讼目标，同时也必须履行国家法律监督机关的宪法职责。因此，对于行政公益裁判的检察监督也应当是检察机关

---

① 参见刘凤玉：《检察机关民事公益诉讼相关问题探析》，载《赤峰学院学报》2013 年第 11 期。

② 参见梅宏：《由新民事诉讼法第 55 条反思检察机关公益诉讼的法律保障》，载《中国海洋大学学报》2013 年第 2 期。

③ 参见高宗祥：《行政公益诉讼制度施行疑难探讨》，载《人民检察》2016 年第 10 期。

“公益诉讼人”诉讼定位的应有之义。

一方面，对于未生效的一审裁判，有观点认为，应当参照民事诉讼和行政诉讼，检察机关应当适用普通行政诉讼案件当事人对未生效裁判的上诉程序；另有观点认为，对未生效裁判应当直接适用抗诉程序。《实施办法》第50条采纳了后一观点，即“地方各级人民检察院认为同级人民法院未生效的第一审判决、裁定确有错误，应当向上一级人民法院提出抗诉”。笔者认为，对于未生效的裁判应当直接适用抗诉程序，因为这不仅符合行政公益诉讼维护国家或社会公共利益的“公诉”性质，而且也在客观上强化了检察机关的法律监督效力，即通过检察机关的法律监督促进了行政机关依法行政、严格司法，实现了司法权对行政权、公权对公权的有效监督。

另一方面，对于已发生法律效力的行政公益裁判，有观点认为，检察机关应当作为原告身份申请再审而不是抗诉；另有观点认为，应由上级检察机关按照审判监督程序提出抗诉。对于该情形，《试点方案》及《实施办法》均未给予明确规定。笔者认为，对于已发生法律效力的行政公益裁判，应当由提起行政公益诉讼的上级检察机关按照审判监督程序提出抗诉。这是因为，“按照审判监督程序提起抗诉，行使的是一种公权，检察机关作为法律监督机关，就可以拥有保障行政公益诉讼案件得到公平公正审理的职能和职权，有效行使各项法律监督手段，确保行政公益诉讼的效果”。[①] 需要说明的是，由于行政公益诉讼的特殊性，如由提起行政公益诉讼的检察机关申请再审，则检察机关实与一般行政相对人无异，不利于对行政机关行政违法行为作出有效的监督与制约，难以保障行政公益诉讼的诉讼效果。

---

① 高宗祥：《行政公益诉讼制度施行疑难探讨》，载《人民检察》2016年第10期。

环境民事公益诉讼中的检察镜鉴

李　睿*

党的十八大报告指出："建设生态文明，是关系人民福祉、关乎民族未来的长远大计。把生态文明建设放在突出地位，融入经济建设、政治建设、文化建设、社会建设的全过程，努力建设美丽中国，实现中华民族永续发展。"党的十八届四中全会决定中明确提出"探索建立检察机关提起公益诉讼制度。"这表明我国将大幅提高生态违法成本，硬化生态保护的法治力量。

当下，我国经济崛起的同时，生态环境质量日益下降，一系列的重大环境污染现象侵扰民众的健康生活，给火热的经济发展敲响警钟。环境司法理念在经济发展中日益强化，要实现"绿色崛起"，积聚"绿色 GDP"，就需要加速侵害环境的司法制裁与创新，加大对环境污染的公益控诉力度，凝聚对环境恶化防治的全民共识，以司法的公信力保障民生，还公众环境权益，筑国家永续发展的绿色存量。

一、环境民事公益诉讼的现实分析

（一）环境民事公益诉讼的概念厘析

生态环境是公众的"公共物"，侵害环境损害公共利益。由于侵害的对象众多和不特定，受害公众诉讼利益的代表人一直以来颇有争议。环境公益诉讼，是指特定的国家机关、社会团体和个人，对有关民事主体或行政机关侵犯环境公共利益的行为向法院提起诉讼，由法院依法追究行为人法律责任的制度。具体而言，环境公益诉讼分为环境行政公益诉讼和环境民事公益诉讼，二者区分的主要标准是依据诉讼双方主体地位是否平等，被告方是否为国家行政机关等。环境民事公益诉讼是指公民或法人针对其他公民或组织侵害环境公益的行为请求法院给予民事裁判的民事诉讼，而环境行政公益诉讼则是指公民或

* 安徽省广德县人民检察院党组成员、副检察长、检察委员会委员，首批全国检察机关调研骨干人才，安徽省检察理论研究人才，国际法学博士研究生。

法人对行政机关的损害环境公共利益的具体行政行为向法院提起的司法审查之诉。① 这种分类学界尚无定论，亦有学者反对。② 鉴于此，无论这种分类是否科学，本文所指的环境公益诉讼仅指由代表公益的主体向侵权方提起民事救济的民事诉讼，是按民事诉讼原理开展的环境民事公益诉讼。

（二）环境民事公益诉讼的司法实践

环境问题涉及社会公共利益，关乎社会稳定。环境污染现象，不仅损害的是自然生态环境，更损害社会大众的环境公共权益。环境权既有公权属性，表现为国家的宪法性权益。例如，我国《宪法》第 9 条规定“矿藏、水流、森林、山岭、草原、荒地、滩涂等自然资源，都属于国家所有”。又有私权属性，生存环境是民众的公共利益，与每个民众的健康生存息息相关，是生命延续的物质基础。环境受损，民众有权行使民事追偿权，这是一项公共的民事权益救济诉求。普通民事侵权，受害人特定化，一般由直接受害人提起诉讼。而环境侵权，侵害了不特定多数人的共同利益，受害人较泛化，如果没有适格的原告代为起诉，民众公共利益难以得到保证。20 世纪 60 年代后，全球经济快速发展，发达国家经济发展经历了先污染后治理的窠臼，深刻认识到环境问题的严重性。在此背景下，德国、日本等国的环境公益诉讼始开先河。

近年来，我国经济建设取得了举世瞩目的成就，但环境污染事件频发。2005 年震惊中外的松花江流域污染事件，一些民间个体对此提起诉讼，开启了国内第一起环境民事公益诉讼，但囿于当时立法的局限性，未能启动诉讼。③ 中央高度重视生态保护，从 2007 年起，贵州、江苏、云南等地的法院、检察院、环保机关联合出台地方性规范，成立环境法庭以推动环境公益诉讼试点。④ 其中，贵州的环境公益诉讼从立法到实践都走在全国各省先列。⑤ 笔者

① 别涛：《环境公益的立法构想》，载《环境保护》2015 年第 12 期。

② 如吕忠梅教授就不赞同将环境公益诉讼分为环境民事公益诉讼和环境行政公益诉讼。参见吕忠梅：《环境公益诉讼辨析》，载《法商研究》2008 年第 6 期。

③ 2005 年北京大学法学院的几位教授及研究生向黑龙江省高级人民法院提起国内第一起环境民事公益诉讼，因当时的《民事诉讼法》第 108 条规定要求原告资质是“必须与案件具有直接利害关系”，而不予受理。参见《环境司法的困惑与反思》，载卞建林主编：《诉讼法学研究》（第 14 卷），中国检察出版社 2008 年版，第 254 ~ 255 页。

④ 目前的地方性规定有，2008 年江苏省无锡市中级人民法院和无锡市人民检察院共同出台《关于办理环境民事公益诉讼案件的试行规定》，法院、检察院分工配合，检察院支持起诉、督促起诉、提起民事公益诉讼。

⑤ 2007 年贵阳市中级人民法院成立环境保护审判庭，其下辖的清镇市人民法院成立环境保护法庭，成为全国第一个专司贵州“两湖一库”环保事务的专门派出法庭，级别较普通基层法院派出法庭高，高配为正科级建制。

选择两例典型案例，一例是基层检察机关作为原告提起诉讼；另一例是社会组织作为原告提起诉讼，两案原告方均胜诉。

案例一：2009年广州市番禺区检察院诉东泰皮革厂案。

2008年7月13日，广州市环境监察支队番禺大队接到群众投诉反映，位于东涌镇的排水口处发现大量的红色废水。经排查，执法人员发现污染源为番禺区东涌东泰皮革厂。之后，广州市番禺区检察院以原告的身份向广州市海事法院起诉东泰皮革厂违法偷排污水，要求其立即停止违法排放污水的行为，承担环境污染损失费用6万余元。

法院受理后，认为在举证责任分配上，环境损害的因果关系由被告举证。审理中被告未能举证证明其行为与水质的污染之间没有因果关系，应承担举证不能的后果，遂认定水质污染与被告的违规排放污水行为之间存在因果关系，被告应对其违规排污行为造成的环境损害承担民事责任。法院判决支持检察机关提出的所有诉讼请求，赔偿款项由原告受偿后上交国库，专门用作河涌治理。番禺区检察院迎来了首宗环境公益诉讼案件的胜诉。

本案的亮点在于是基层检察机关作为原告方起诉排污企业侵权，提出的诉讼请求涉及“停止侵害”、“要求赔偿环境损失和费用”等，是检察机关提起环境民事公益诉讼的有益尝试。

案例二：2011年中华环保联合会诉贵州好一多乳业有限公司案。

2011年12月12日，中华环保联合会起诉贵州省修文县环保局。该案在贵州省清镇市环保法庭立案。该案中原告的诉讼请求较多。原告请求法院判令被告立即停止排放超标废水的违法行为，停止对排污渠沿岸及下游桃源河、清水河及乌江的污染；判令被告消除对排污渠沿岸及下游河流所造成的危险，采取修复措施减轻污染；支付环境污染赔偿款，赔偿款额度以被告所应缴纳排污费的5倍标准确定，用于支付有关的环境修复费用；判令本案诉讼费、原告工作人员的交通住宿费用24725元、律师费5万元及检测鉴定费用1040元由被告承担。

本案的亮点是社会组织作为原告主体，提起环境民事公益诉讼。通常环境侵权案件的诉讼求包括“停止侵害”、“排除妨害”、“消除危险”、“由被告承担全部诉讼费用”、“要求赔偿环境损失和费用”、“要求恢复原状、修复环境或赔付污染治理成本”、“要求被告履行行政职责”等。本案原告的诉讼请求基本涵盖其中，且得到法院全部支持。

目前，环境公益诉讼在立法上也得到了肯定，突破了个别先行省份试点的范围。自2013年1月1日起施行的《民事诉讼法》第55条规定：“对环境污染、侵害众多消费者合法权益等损害社会公共利益的行为，法律规定机关和有关组织可以向人民法院提起诉讼。”2014 年 4 月 24 日全国人大常委会审议通过的新《环境保护法》已于 2015 年 1 月 1 日正式实施，其经历了三轮审议，立法理念和制度设计有较大革新，被誉为“史上最严格的环保法”，该法第 58 条规定：“对污染环境、破坏生态，损害社会公共利益的行为，符合下列条件的社会组织可以向人民法院提起诉讼：（一）依法在设区的市级以上人民政府民政部门登记；（二）专门从事环境保护公益活动连续五年以上且无违法记录。”该法细化了社会组织提起环境公益诉讼的主体条件。

2014 年 12 月 8 日最高人民法院通过《关于审理环境民事公益诉讼案件适用法律若干问题的解释》，自 2015 年 1 月 7 日起施行。第 2 条至第 5 条进一步细化了社会组织提起环境公益诉讼的资质条件。第 11 条规定检察机关可以通过提供法律咨询、提交书面意见、协助调查取证等方式支持社会组织依法提起环境民事公益诉讼。肯定了检察机关的参与。虽然，目前尚无司法解释明确规定检察机关为环境公益诉讼的起诉主体，也没有法律规定哪些机关是适格主体，但“法律规定的机关”就为检察机关作为起诉主体提供平台。

二、环境民事公益诉讼的检察角色

（一）公益控诉人职责的理性分析

回溯历史，检察官制度创设起源欧陆，初衷是抑制法官独揽大权，控制警察权力。检察官被誉为“法律的守护人”，扮演着国家权力之双重控制的角色，既要保护被告免于法官之擅断，亦要保护其免于警察之恣意。从域外经验看，检察官为维护民众公共利益提起民事诉讼是通例。其实，我国检察制度创设初期也有规定。1949 年 12 月批准的《中央人民政府最高检察署试行组织条例》中规定检察机关以国家公益代表人身份“对于全国社会与劳动人民利益有关之民事案件，均得代表国家公益参加之”。之后，1954 年我国第一部《人民检察院组织法》中规定对于有关国家和人民利益的重要民事案件有权提起或参加诉讼。

我国的检察机关在宪法上的定位是法律监督机关，代表国家追诉犯罪，监督各级执法机关实施法律，侦查公职人员职务犯罪。维护国家利益和社会公共利益是其监督者角色的使命。环境公害事件侵害的是不特定公众的利益，对其救济必须有公益维权者的角色来代理原告方，检察机关切中题意。民事诉讼贯穿着平等自治，不告不理的理念。原告的确定，是启动民事诉讼程序的前提。由检察机关担当原告角色而起诉，同时是法律监督的应有之义，丰富了检察权的内涵，顺应法理，并符合国际通例。

（二）环境民事公益诉讼中的制度设计

其一，检察机关提起的环境公益诉讼，是一种民事诉讼，体现平等主体间意思自治是基本原则。但是，检察机关作为国家公权机关，必须转变角色扮演民事原告，这点有别于惯常的刑事控诉职能，与环境致害方当人事在法律地位上是平等的，贯彻当事人诉讼权利平等原则。民事诉讼，调解是当事人处分权的体现。对此，原告方的检察机关也要泰然接受。当然，在法院调解时，检察机关要最大限度地削减环境致损的影响，征集公众民意，切实维护国家和公众的环境权益。其二，民事诉讼是有偿诉讼。司法经济原则对环境公益诉讼也不例外。但是，考虑到是诉讼的公益性，又是检察机关充当原告，在诉讼费上应有例外规定。对原告方检察机关，建议免收诉讼费，原告支出的检测、化验、鉴定、评估费用列入检察机关业务经费由财政供给。同时，在被告方败诉的情况下，适用民诉通行规则，由被告方支付这些费用。前述两案例，均是败诉方承担诉讼费用。其三，举证责任分配上应向原告倾斜。根据《侵权责任法》第66条规定，环境侵权实行举证责任倒置，即由被告方就法律规定的免责事由及其行为与损害结果之间不存在因果关系承担举证责任。而原告方则要对损害事实、侵害行为、行为人有过错负举证责任，若举证不能则要承担败诉风险。这样，对检察机关要承担对方有过错的举证责任，不利于其较好履职公益诉讼。建议可以将过错证明责任由原告方转到被告方，因为被告是加害方，对其是否有过错更易证明，且其证明的积极性也较高，由被告对自己承担无过错的证明责任，能较好平衡诉讼进程。前述案例二中，法院就采用了由被告方承担环境侵害因果关系的举证责任。

三、环境民事公益诉讼的检察担当

（一）环境民事公益诉讼协同生态立县

广德县位于安徽省东南部，地处苏浙皖三省八县交界处，长三角腹地，素有“三省通衢”之称。黄山余脉与天目山余脉在这里交汇，是安徽省重点山区县，是“中国竹子之乡”、“中国板栗之乡”、“全国经济林建设示范县”、“全国山区综合开发示范县”。全县土地面积2165平方公里，其中林业用地190万亩，森林覆盖率达55.56%。林业在全县经济和社会发展中占有重要地位，竹林面积达78万亩，居全省第一；板栗面积30万亩，位于全省前列。广德县因地理位置毗邻经济发达的苏、浙两省，是安徽省两个省直管县试点之一，是安徽省承接长三角产业转移的前沿地带、排头兵。广德发展经济有区位优势，外向型经济显著，但生态环境的保护意义更深远，是千秋万代的惠民工程。

“保护生态环境就是保护生产力，改善生态环境就是发展生产力。”① 近年来，随着全县县域经济迅速发展，招商引资力度加大。实施生态立县战略，建设山清水秀的生态县是立足现实、着眼未来的全新发展战略，是解决县域经济发展主要矛盾的新思路、新理念、新方法，是造福子孙的德政工程。笔者认为，需考虑如下要素：

一是对产业的引入与布局需要着眼广德县情，科学调控。与广德毗邻的浙江省安吉县就是有力例证。安吉县自从 2008 年开展“中国美丽乡村”建设以来，取得了生态文明建设和经济社会的全面进步，是中国美丽乡村建设的典范。安吉是太湖和黄浦江之源，在 1998 年“太湖治理行动”中放弃了工业立县之路，转变为生态立县的战略。拓展山区的多种功能，依托山区资源发展第二产业、第三产业，大力发展竹茶产业，据统计仅竹产业每年为农民创造收入 6500 元，促进山区农村走上低碳经济的生态富民之路，从单纯的观光旅游经济转变为生态休闲的复合式，多功能经济体。所以，引入优质低耗能产业，就是引入朝阳产业，可以助力广德生态立县战略的实施，同时辐射生态经济，低碳经济发展。

二是基层检察机关积极作为，以提起环境民事公益诉讼为触碰点协同跟进，主动配合生态立县战略。前述案例一，广东省番禺区检察院就是敏锐观察到环境公益的重要性，提起民事诉讼，既制止了加害方的侵害行为，又赢得补偿款用以修复生态，同时赢得了群众的信赖。这是以小成本磨合经济发展与环境退化的矛盾，对县域经济发展具有启示性。立足生态立县的谋略，牢固树立生态理念，加大基层检察机关对小范围内环境侵权公益诉讼的参与和监督，是延伸检察职能的需要，既秉持正义又服务大局，能促进山区农村走上低碳经济的生态富民之路，实现广德经济社会又好又快发展。

（二）环境民事公益诉讼契合基层民生

当前，我国正处于社会经济高速发展时期，即“黄金发展期”和“矛盾凸显期”并存的局面。面对新矛盾、新问题，尤其是不断出现的突发性群体性事件，不仅表明公众参与社会治理的角色增强，更突出了传统的管治型社会管理模式难以适应新要求，社会管理的理念亟须更新。创新社会管理呼之欲出，成为一个公共话题。社会管理创新是当前中国政府应对经济社会大变革中出现的挑战和危机的一种公共管理战略。避免环境污染事件演变为群体性事

---

① 摘自 2013 年 5 月 24 日习近平总书记在中共中央政治局第六次集体会议学习时的讲话。

件，检察机关顺势而为，融入创新社会管理的新格局，提起环境民事公益诉讼，既可以有效疏导受害公众情绪，避免事态恶化，又能稳定基层民生。

强化驻乡镇检察室的联动作用，为县级检察机关深入民生领域汇集源头信息，为启动环境民事公益诉讼做好第一参谋。民生检察是检察权在民生视域下的缩影，以检察权的功能和品格促进民生福祉，是检察权的民本性契合我国社会治理需求的衍生品。检察机关提起的环境公益诉讼，是在新时期延伸检察职能践行民生检察理念。基层检察机关提起环境民事公益诉讼，以民众公共利益为导向，争取民事司法救济，维护好百姓的栖息地，是最大限度地拉近检察机关与百姓的距离，能让百姓感受到检察机关的亲民和作为。正如环保部官员所言："政府无法监管到每一个角落，公益诉讼就是解决这个问题，走群众路线，增大环境执法力度，对企业形成威慑力。"① 在全县快速经济发展的同时，环境整治和生态修复也是不容忽视的问题。尤其是在全县煤矿、萤石矿产区的个别乡镇，在全县矿山整治活动中检察机关同步介入，为导入公益诉讼先行论证，是生态经济发展保障。

目前，全县工业经济区尚未出现大规模的环境污染事件，但生态环境是不可再生资源，为避免过度开采资源，未雨绸缪而防患于未然是必要的。例如，近期全县针对个别乡镇矿山环境有所恶化的现状，积极进行"整治矿山环境"专项行动；关于拆除桃州镇山关村非法占用林地搭建商品房专项行动等。这些都为全县快速发展的经济快车敲响了"环境警钟"。利用行政手段打击后，公益性的民事补偿必须加紧启动。鉴于此，县级检察院必须做好积极应对，与政府环保部门紧密联动，发挥检察机关的延伸职能，一旦条件成熟能快速反应，勇于担当，代表公众作为原告积极提起环境民事公益诉讼，还利于民。

---

① 参见《环境公益诉讼走"群众路线"》，载《民主与法制时报》2015年1月8日第2版。

我国检察机关提起公益诉讼的实践探索与制度思考

钟　琦[*]　钟依婷[**]

20世纪90年代中期以来，全国各地检察机关基于法律监督职能所肩负的法律责任和社会责任，一直在理论界的争议声中前行，积极探索检察机关提起公益诉讼制度。党的十八届四中全会通过的《关于全面推进依法治国若干重大问题的决定》中明确提出“探索建立检察机关提起公益诉讼制度”。检察机关提起公益诉讼的问题，已不再停留在检察机关能不能做的理论争议阶段，而是进入了检察机关该怎么做的制度构建阶段。本文以各地检察机关提起公益诉讼的实践为视角，对检察机关提起公益诉讼的相关制度问题作一些粗浅的探讨。

一、检察机关提起公益诉讼的实践探索

我国检察机关提起公益诉讼的实践历程，可大体分为三个探索阶段，即直接提起公益诉讼阶段、多种手段探索公益诉讼阶段、公益诉讼立法确立和依法授权试点阶段。检察机关的实践探索，在理论界和司法实务界产生了重大影响，引起了国家领导层和立法机关的关注，推进了我国公益诉讼立法的进程。

（一）直接提起公益诉讼

20世纪90年代中期，随着国有企业深化改革和市场经济的发展，我国经济领域出现了很多不和谐的因素，掠夺国有资源、破坏自然生态环境、国有资产损失流失、侵害众多消费者权益、部门和地方垄断妨害市场经济发展等损害国家和社会公共利益的案件呈增长趋势，严重影响和破坏国家经济及社会发展。在市场主体唯利是图、损公肥私等现象愈演愈烈的情况下，人们将目光投

* 广东省广州市人民检察院法律政策研究室副主任，全国检察理论研究人才、全国检察机关调研骨干人才。

** 湘潭大学法学院民商法硕士研究生。

向作为国家法律监督机关和社会公共利益保护者的检察机关，寄望检察机关能够担负起维护国家和社会公共利益之责。在我国公益诉讼实体法和程序法都缺位的情况之下，1997年河南省方城县检察院就一起国有资产流失案件提起民事诉讼并获得胜诉，成为我国检察机关提起的最早的公益诉讼案件。自此之后，“全国已有17个省、自治区、直辖市的检察机关有直接提起民事公益诉讼的司法实践”。[①] 如“1997年以来，河南检察院提起公益诉讼500余起，为国家挽回经济损失2亿7千万元；2002年以来，河南南阳市共提起公益诉讼79起，其中涉及国有资产流失案件56起，环境污染案件12起，垄断案件9起”。[②] 各地检察机关探索提起公益诉讼的实践，在2005年之前达到了一个高峰。2005年2月，最高人民法院《关于要求各地法院不再受理检察机关作为原告提起的国有资产流失案件的批复》的通知中指出：“人民法院对于人民检察院对涉及国有资产流失案件提起的民事诉讼不予受理。”自此，检察机关直接提起公益诉讼的实践相对停滞了一段时期。这一阶段检察机关的实践探索，体现了国家法律监督机关的责任担当，有效保护了国家和社会公共利益。检察机关提起公益诉讼的做法经媒体广泛报道后，取得了良好的法律效果和社会效果，有关公益诉讼的问题逐渐为公众所了解和熟悉，并在理论界和司法实务界引发了持续、深入和全面的探讨，对推动我国公益诉讼制度的构建具有重要的引领作用。

（二）多种手段探索公益诉讼

2005年之后，在检察机关参与公益诉讼的问题上，最高人民检察院坚持积极推动的态度，要求各地检察机关在地方党委和人大支持、人民法院配合的前提下，继续探索提起公益诉讼，为司法改革和立法积累实践经验。各地检察机关在现行法律规定的范围内，积极寻求多种手段和途径参与公益诉讼，维护国家和社会公共利益。以广州检察机关为例，2008年至今，两级检察机关共办理督促案件81件、支持起诉案件517件、提起公益诉讼6件。[③] 其具体做法是：(1) 督促依法履职或督促起诉。对负有监管职责的行政机关在履行国有资产保护、国有土地使用权转让、生态环境和资源保护、消费者合法权益保护等职责过程中，发现损害国家和社会公共利益的行为后不积极履行监管职责

---

① 王社坤：《检察机关在环境公益诉讼中的法律地位及作用调研报告》，载《中国环境法治》2012年第1期。

② 郭恒忠：《公益诉讼何去何从》，载《法制日报》2005年9月28日。

③ 参见2015年6月广州市检察院向市人大内司委的工作报告：《关于民事行政检察工作的报告》。其中支持起诉的案件中，有一部分案件属于支持农民工等特定群体讨薪的案件，从公益诉讼保护不特定多数人利益的对象条件来看，这一部分案件应不属于公益诉讼的范围。

的，在查清事实的基础上，及时向其发出检察建议书，督促其依法履行职责或提起民事公益诉讼，保护国家和社会公共利益。如海珠区检察院在办理一起执行监督案件中，发现越秀区地方税务局未依法向应纳税人某某明丰公司征缴企业所得税，即向该局发出检察建议，督促其依法追缴税款及滞纳金3000万元。又如白云区检察院针对多发的破坏电力设备等案件，向对路灯、电缆等国有资产负有监管职责的路灯管理局、供电局等单位发出督促起诉建议书31份，督促上述职能部门及时向法院提起诉讼。（2）支持起诉。积极转变公益诉讼案件办理思路，对有适格主体提起诉讼的案件，检察机关应原告请求，以支持起诉机关的身份参与公益诉讼，为原告提供法律帮助。如2014年1月，中华环保联合会向白云区法院提起环境污染公益诉讼，要求向白云区钟落潭镇白土村所属鱼塘倾倒有毒有害污泥而严重污染鱼塘环境的谭某某、方某某立即停止侵权损害行为，恢复鱼塘养殖功能。应中华环保联合会的请求，白云区检察院依法支持起诉，诉讼过程中协助中华环保联合会调取污染样本和获取鉴定报告等证据材料，并作为支持起诉人出庭参加诉讼，当庭发表支持起诉意见。该案被中央电视台和中国公益协会评为2014年中国十大公益案件。（3）提起公益诉讼。经检察机关督促起诉，适格主体基于各方面的原因，不能起诉或者没有适格主体起诉的，检察机关则以原告身份直接提起公益诉讼。如2008年7月，海珠区检察院以被告新中兴洗水厂持续违法排放污水，造成该区石榴岗河水域严重污染为由，向广州海事法院提起民事公益诉讼，要求被告立即停止违法排放污水的行为，承担环境污染经济损失费11.7万元。海珠区检察院的诉讼请求得到了广州海事法院判决的支持。此后，番禺区检察院、白云区检察院等也相继提起了5起环境污染民事公益诉讼，且均得到了法院判决的支持。全国各地检察机关对公益诉讼的深入探索，丰富了检察机关参与公益诉讼的方式，拓宽了保护公共利益的途径，促进了各级政府依法履职，推进了中央高层决策的出台。

（三）公益诉讼立法确立与依法授权试点

2013年1月修改后正式施行的《民事诉讼法》第55条规定："对环境污染、侵害众多消费者合法权益等损害社会公共利益的行为，法律规定的机关和有关组织可以向人民法院提起诉讼。"公益诉讼制度正式从国家基本法的层面得到了确认。此后，2013年10月修订的《消费者权益保护法》、2014年4月修订的《环境保护法》等法律，也都确立了公益诉讼制度。民事诉讼法修改实施之初，虽然在检察机关是不是民事诉讼法规定的"法律规定的机关"这一问题上，理论界还存在不同的认识，但公益诉讼制度正式进入国家立法，标志着保护国家和社会公共利益的司法救济手段正式得到确认。2014年10月中共中央在《关于全面推进依法治国若干重大问题的决定》中明确提出“探索建立检察机关提起公益诉讼制度”。2015年5月中央全面深化改革领导小组审议通过了中央政法委提出的《检察机关提起公益诉讼改革试点方案》（以下简称《试点方案》），确定在北京、内蒙古、广东等13个省、自治区、直辖市开展公益诉讼改革试点。上述文件从中央政策层面解决了检察机关提起公益诉讼的问题。2015年7月，十二届全国人大常委会作出《关于授权最高人民检察院在部分地区提起公益诉讼改革试点工作的决定》（以下简称《授权决定》），则从法律授权层面解决了检察机关提起公益诉讼的问题。至此，检察机关提起公益诉讼的政策和法律依据问题得到了基本解决，下一步探索的重点主要集中在检察机关提起公益诉讼相关制度的构建上，按照全面推进依法治国的要求，建立健全我国的公益诉讼制度，更好地捍卫国家和社会公共利益。

（四）检察机关提起公益诉讼的实践总结

综观多年来检察机关探索公益诉讼的实践，我们可以得出以下基本结论：（1）我国宪法和人民检察院组织法确立的检察机关为国家法律监督机关的性质及检察机关是国家利益、社会公共利益和公民个人权益保护者的职能定位，为检察机关担当公益诉讼提供了宪法依据；民事诉讼法、行政诉讼法等基本法律确立的立法目的、检察机关有权对诉讼活动进行监督的基本原则以及检察机关履行监督职能的方式等，为检察机关担当公益诉讼提供了程序法基础。（2）公益诉讼的“公益”性为检察机关担当公益诉讼提供了事实前提；法治的进步和司法改革的深化为检察机关担当公益诉讼提供了条件；法学研究的前沿成果、特别是公益诉讼的研究成果为检察机关担当公益诉讼提供了理论支撑。①（3）检察机关作为公共利益的守护者，在国家和社会公共利益遭受侵害而相关职能部门和组织没有提起民事行政诉讼的情况下，有权力也有责任提起民事行政公益诉讼，保护国家和社会公共利益。“我们没有理由强制社会公众或者个人以自己的付出来维护国家和社会公共利益，而检察机关是能够承担这一职责的最佳选择。”②（4）植根于本国法律传统和文化、体现公民期待和诉求，满足社会现实需要的法律制度才具有旺盛的生命力。“任何一个成熟的法治状态的实现，都不可能纯粹来自于事先的理性设计，而主要脱胎一个民族一个社会点点滴滴的经验累积和结晶，仰赖于一个又一个鲜活的、具有里程碑意义的个案的实质性推进。”③

---

① 参见姜明安：《行政诉讼中的检察监督与行政公益诉讼》，载《法学杂志》2006年第2期。

② 韩大元主编：《中国检察制度宪法基础研究》，中国检察出版社2007年版，第283页。

③ 苗连营：《公民司法救济权的入宪问题之研究》，载《中国法学》2004年第5期。

二、检察机关提起公益诉讼需破解的困境

随着全国人大常委会授权最高人民检察院在部分地区提起公益诉讼改革试点，之前司法实践中遇到的“检察机关是否为公益诉讼的适格主体”、“检察机关提起公益诉讼法院立案难”等困境有望得到解决。但反观既往司法实践，仍有一些制约检察机关提起公益诉讼的困境需要进一步破解。

（一）检察机关提起公益诉讼程序缺位的问题

当前，在人民检察院组织法、民事诉讼法、行政诉讼法等法律尚无具体明确规定的情况下，检察机关提起公益诉讼面临的直接问题是公益诉讼程序法缺位的问题。之前的实践探索中，各地检察机关结合本地实际，与行政机关、人民法院等联合会签了一些会议纪要或制定了一些司法规范性文件，如广州市检察院制定了《关于开展民事公益诉讼的指导意见》、海珠区检察院与该区环保局签订了《关于共同开展陆源水域污染公益诉讼活动实施办法》等。但各地制定的规范性文件因效力层次低、适用范围有限而不具有普遍性和可复制性。我国新修订的《民事诉讼法》虽然确立了民事公益诉讼制度，但也只是原则性的规定，缺乏具体可操作性的程序规定。公益诉讼在受案范围、证据收集、司法鉴定、审判程序、裁判执行、诉讼费用等方面与普通民事行政诉讼都存在较大的差别，需要专门的公益诉讼立法作出特殊的制度安排。因此，检察机关提起公益诉讼改革试点的重要目标是：努力破解公益诉讼程序缺失的困境，探索出具有系统性、普遍性、可复制和可推广的公益诉讼制度，推进国家公益诉讼立法。至于相关具体制度构建的路径，可遵循分步推进的思路。先期目标是在总结实践经验的基础上，由全国人大常委会制定立法解释，或者由“两高”联合制定司法解释；可预期目标是在民事诉讼法、行政诉讼法中专章规定公益诉讼程序。鉴于目前我国民事诉讼法和行政诉讼法刚刚修订，短期内难以再行修订的现状，最理想的目标是在条件成熟时，由全国人大常委会制定专门的公益诉讼法。

（二）检察机关提起公益诉讼的适度性问题

当前我国已进入全面深化改革、创新驱动发展的转型发展时期。由于之前我国政治、经济、社会等领域的改革不同步，产业结构发展不平衡，劳动密集型和高能源资源消耗型的粗放式发展模式，导致大量社会矛盾和问题叠加，侵害国家利益和社会公共利益的现象已不是少数。随着依法治国的全面推进，人民群众的权利意识、平等意识、法治意识进一步增强，人民群众对检察机关维护公共利益的期望更高，赋予检察机关提起公益诉讼的职权，人民群众要求维

护公共利益的诉求可能大量集聚到检察机关。在法律授权和人民群众的期待面前，如何坚守检察权理性和谦抑的品格，合理权衡介入公益诉讼的范围和程度，是检察机关需要认真思考的问题。检察权不是万能的，不能期望检察机关的司法活动能解决所有的社会矛盾和问题；检察权是有边界的，不能绕开现行法律已经设定由相应的行政机关或社会组织履行法定保护职责的体制而大包大揽，过多地直接面对案件当事人。因此，如何破解可能引发的公益诉讼“围城”困境，合理界定提起公益诉讼的范围、合理选择参与公益诉讼的手段，在检察机关、政府机关和社会组织之间合理分流案件、合理分担保护公共利益的法定职责，高效利用司法资源，增强司法办案的法律效果和社会效果，考验检察机关的智慧和能力。

（三）检察机关提起公益诉讼的调查权问题

“检察机关对检察权所及范围内的事项进行调查，以便了解事实真相，是行使检察权的先决条件。法律赋予检察机关的调查权，也就因此而成为检察权的一个基本构成要素。”[①] 检察机关提起公益诉讼，同样需要依法赋予和行使调查权。首先，如何把握调查的必要性和适度性。检察机关不是案件的直接当事人，相对于公益诉讼的被告人而言，检察机关在案件信息和证据的掌握上明显处于劣势地位，赋予检察机关必要的调查权，是履行公共利益保护职责不可或缺的手段。同时，公益诉讼案件调查权有别于刑事侦查权，应以履行职责必须为原则，适度控制调查的方式和范围，无节制地滥用调查手段和措施，有悖于检察机关提起公益诉讼的初衷。其次，如何确定机关、组织以及个人的配合义务。检察机关提起公益诉讼，实施侵权行为的案件当事人配合调查取证，是查清侵权行为和损害事实的关键；在涉及生态环境和资源保护领域的案件中，运用先进的科技手段进行检测、分析和化验是调查取证的常态，需要相关专业机构和人员配合。在既往司法实践中，因法律规定不明确，检察机关调查取证经常遇到不配合的问题，需要从制度上明确案件当事人、相关行政机关、专业检测机构等配合调查取证的法定义务。最后，如何合理分配举证责任。普通民事诉讼遵循“谁主张，谁举证”的原则，普通行政诉讼遵循“被告负举证责任”的原则。与普通民事行政诉讼“民告民”或“民告官”不同，检察机关提起民事行政公益诉讼属于“官告民”或“官告官”，检察机关的调查取证能力相对较强，为确保权利平等和制度公平，有必要在检察机关和被告方之间合理分配举证责任。

---

① 张智辉：《检察权研究》，中国检察出版社2007年版，第123页。

（四）检察机关公益诉讼请求的适当性问题

根据最高人民检察院发布的《试点方案》，检察机关提起民事公益诉讼的，可以向人民法院提出要求被告停止侵害、排除妨碍、消除危险、恢复原状、赔偿损失、赔礼道歉等诉讼请求；检察机关提起行政公益诉讼的，可以向人民法院提出撤销或部分撤销违法行政行为、在一定期限内履行法定职责、确认行政行为违法或者无效等诉讼请求。从上述具体诉讼请求的种类来看，检察机关提起行政公益诉讼的诉讼请求相对容易确定，但检察机关如何合理确定提起民事公益诉讼的诉讼请求则应当慎重。如果提出的诉讼请求不恰当，则很可能带来举证不能的不利后果。比如，环境污染公益诉讼案件，危害范围如何确定、受害人数如何统计、损失程度如何评估、赔偿标准如何确定等，都需要相应的证据支持。如果在证据不充分的情况下提出赔偿损失的诉讼请求，势必给检察机关举证造成很大的被动。因此，如何合理确定诉讼请求，避免诉讼进行中举证被动，是检察机关诉前应当仔细分析和权衡的问题。

（五）检察机关提起公益诉讼相关费用的保障问题

公益案件诉讼成本高，需要投入大量的人力、物力和财力。虽然最高人民检察院发布的《试点方案》明确检察机关提起公益诉讼免缴诉讼费，但这里的诉讼费用仅指人民法院的案件受理费。除案件受理费之外，诉讼费用还包括差旅费、案件调查费、证人出庭作证费等，在普通民事行政诉讼中，这些费用一般由当事人承担。检察机关为维护公共利益而提起诉讼，诉讼中产生的差旅费、证人费等可以由财政承担。但一些必须运用科技手段进行检测、分析、评估和司法鉴定的案件，费用相对高昂，往往动辄几十万元甚至数百万元。之前司法实践中，主要通过检察机关与相关专业检测机构或司法鉴定机构进行协商来适当减免，这种做法只能是司法实践中的个例。在现行法律规定不明确的情况下，相关诉讼费用的负担、减缴、缓缴、免缴等情形，有待在司法实践中进一步探索，总结成熟的制度经验，为公益诉讼立法提供实践依据。

三、检察机关提起公益诉讼的制度思考

我国现行诉讼法及相关司法解释均没有对检察机关提起公益诉讼的具体制度问题作出明确的规范。最高人民检察院《试点方案》虽然涉及了部分制度问题，但从完整公益诉讼制度构建的角度来思考，很多具体问题仍有待在司法实践中进一步探索和完善。

（一）检察机关提起公益诉讼的案件范围

最高人民检察院发布的《试点方案》将试点期间提起公益诉讼的案件范

围的界定为：履行职责中发现污染环境、食品药品安全领域侵害众多消费者合法权益的民事案件以及生态环境和资源保护、国有资产保护、国有土地使用权出让等领域造成国家和社会公共利益受到损害的行政案件。随着民主、人权、法治的发展和进步，社会公共利益的范围会不断发生变化，检察机关可以提起公益诉讼的案件范围也会随之进行调整。但总体上应从诉讼行为的公益性、司法审查的经济性、监督手段的有效性等方面进行综合判断，做到理性思量、避免冲动、适度介入。鉴于民事公益诉讼和行政公益诉讼两者的主要区别在于被起诉对象及提出的诉讼请求不同，从独立制定我国公益诉讼法的角度考虑，检察机关提起民事行政公益诉讼的案件范围可以综合起来表述。笔者之前一篇文章中关于国家民事公诉案件范围的研究，对确定我国公益诉讼的案件范围仍有参考价值。在此笔者将检察机关提起民事行政公益诉讼的案件范围概括为：(1) 国有资产损失流失案件。包括国有公司企业转制改制过程中造成国有资产重大流失的案件，经营管理国有资产造成重大损失的案件，故意侵吞或损毁国有资产的案件等。(2) 损害国有和集体资源案件。包括非法出让或转让矿藏开采权、土地使用权、水域使用权等自然资源案件；破坏性开采或开发矿藏、土地、水流等自然资源案件，毁坏耕地、草原、森林、水源等自然资源案件。(3) 重大环境污染公害案件。包括严重违反规定超标准排放污染物案件、重大环境污染治理案件、重大环境污染损害赔偿案件等。(4) 妨碍市场经济健康运行的公害案件。包括公共交通、电信、水电气等社会公益性单位垄断经营案件，市场主体不正当竞争案件，生产销售假冒伪劣产品案件，侵害众多消费者权益案件等。(5) 违反社会公共秩序和社会道德的案件。包括婚姻无效案件、收养关系无效案件等。(6) 其他损害国家和社会公共利益的案件。包括违反国家保密法规和国家禁止性或限制性规定，危害国家安全和国防外交政策的案件等。[①]

（二）检察机关提起公益诉讼案件的立案标准

检察机关提起公益诉讼的案件线索主要来源于三个方面：检察机关履行职责中发现的，公民、法人或其他组织控告举报的，上级检察机关或其他国家机关转办、交办的。根据最高人民检察院发布的《试点方案》规定，试点期间受理的案件线索仅限于检察机关履行职责中发现的线索。公益诉讼制度成熟后，上述三个方面的案件线索来源，检察机关均应受理并审查，以决定是否立案。一般情况下，检察机关决定立案调查并提起公益诉讼的案件，应当符合以

① 参见钟琦：《国家民事公诉：检察权的新型配置与制度构建》，载《西南政法大学学报》2006年第5期。

下标准：第一，所要保护的利益属于国家和社会公共利益。这是检察机关提起公益诉讼的前提条件。虽然国家利益、社会公共利益具有抽象性、动态性和非特定性等特征而难以准确定义。但一般而言，国家利益包括统治阶级利益和社会公共利益，国家利益主要是代表统治阶级利益的，因而人们往往把国家利益和社会公共利益并列起来。我国是人民当家做主的社会主义国家，国家利益即全体人民的利益，国家利益与社会公共利益具有高度的一致性。“社会公共利益是社会各阶级共同的利益，是特定社会的成员所共享的经济、政治、文化和社会生活方面的利益，具有基础性、根本性和共同性，既有别于个人利益，也不同于个别团体或阶级的利益。”① 因此，纯属公民个体、个别团体或者特定多数人享有的权益，不属于公共利益的范畴。当他们的权益受到侵犯时，应当由个体或特定多数人提起诉讼去解决。第二，有损害国家或社会公共利益的事实。这是检察机关提起公益诉讼的基础条件。损害事实既包括已经造成的实际损害，也包括可能造成损害的现实危险。基于诉讼经济性的考虑，有损害事实也不一定都提起公益诉讼，还要考虑损害严重程度、社会影响程度、事态发展方向等因素。第三，无特定主体起诉、特定主体不起诉或者不能起诉。这是检察机关提起公益诉讼的先决条件。按照国家法律的规定，提起公益诉讼不是检察机关的专属职权，如果法律规定的机关、有关社会组织已经提起公益诉讼的，检察机关不再另行提起诉讼。第四，属于检察机关提起公益诉讼的案件范围。这是检察机关提起公益诉讼的管辖条件。国家利益和社会公共利益范围很广，并不是所有损害公共利益的行为都具有可诉性，只有法律规定属于可以提起公益诉讼范围内的案件，检察机关才提起公益诉讼。

（三）检察机关提起公益诉讼的调查权

证据是检察机关提起公益诉讼的核心，赋予检察机关必要的调查手段，明确公民、法人和其他组织提供证据的义务，合理分配举证责任是我国公益诉讼制度构建的重要内容。（1）明确检察机关行使调查权的手段。一般情况下，检察机关调查取证，可以询问当事人、证人，可以查询、调取、复制相关物证和书证，可以调取、收集相关视听资料，可以咨询行政机关、专业检测机构、专业人员等对相关专门性问题的意见，可以采取勘验、检查、检测、评估、鉴定等专门性调查方法，可以向人民法院申请保全证据。同时，基于公益诉讼案件的性质和保护当事人诉讼权利的需要，对检察机关的调查权也应有一定的限制，如不能采用查封、扣押、冻结等强制性调查手段，不能限制被调查对象的

① 朱孝清、张智辉主编：《检察学》，中国检察出版社2010年版，第224页。

人身自由等。(2) 明确单位、个人配合调查取证的义务。在检察机关提起公益诉讼的案件中，专门的行政管理机关、现代化公司企业可能是案件直接或间接的当事人，他们拒不提供证据、毁弃隐匿证据等妨碍取证的行为，将直接影响检察机关证明责任的承担。我国民事诉讼法、行政诉讼法均明确，检察机关因履行法律监督职责的需要，可以向当事人或者案外人调查核实有关情况。同理，检察机关因履行法律监督职责支持起诉、提出检察建议或者提起公益诉讼的需要，可以向当事人或者案外人调查取证，相关当事人或者案外人不得拒绝。妨碍检察机关调查取证的，应当承担相应的法律责任。具体包括："一方面可以通过行政、刑事制裁遏制证据妨碍行为；另一方面可以规定，对于故意毁弃、隐匿证据的一方，可以直接推定相对方之主张为真实。"① (3) 明确检察机关提起公益诉讼的证明责任。目前，理论界关于检察机关提起公益诉讼的证明责任有众多的说法，大概可以分为传统说（谁主张，谁举证）、部分倒置说（根据法律要件或案件性质分配举证责任）和完全倒置说（被告负举证责任)。② 笔者认为，检察机关提起公益诉讼案件的证明责任问题，不能简单地照搬现行诉讼法的规定，而是要综合考虑公益诉讼与普通诉讼的区别、检察机关调查取证能力、案件性质等因素确定。具体可参照我国侵权责任法、环境保护法、最高人民法院《关于行政诉讼证据若干问题的规定》等法律和司法解释中关于特殊类型案件举证责任倒置的规定，将"平衡分担举证责任"原则确定为检察机关提起公益诉讼案件的证明责任。明确规定侵权行为事实、损害结果事实、行为与损害结果之间存在因果关系的事实由检察机关承担举证责任；行为合法性或免责事由、行为与损害结果之间不存在因果关系的事实由被告承担举证责任。

（四）检察机关参与公益诉讼的方式

检察机关参与公益诉讼的方式，包括支持起诉、督促纠正违法行为或督促起诉、提起民事行政公益诉讼等。检察机关参与公益诉讼，应当坚持有限介入、最后救济的原则，将监督的主要对象指向政府行政管理部门、法律法规规章授权行使行政管理职能的组织、国有公司企业等职能主体。因此，检察机关提起公益诉讼之前，应经过督促履行职责、督促起诉等诉前程序的先行救济，只有在一般民事和行政救济手段无法达到保护国家和社会公共利益之目的时，

---

① 李伯安：《证明妨碍制裁的正当性与制度建构》，载《华南师范大学学报》2011 年第 1 期。

② 参见崔伟、李强：《检察机关民事行政公诉论》，中国检察出版社 2010 年版，第 486～490 页；广东省人民检察院课题组：《检察机关提起民事公益诉讼制度研究》，载《中国检察》（第 23 卷），中国检察出版社 2014 年版，第 117 页。

方可直接提起公益诉讼。选择具体救济手段的先后顺序为：支持起诉、督促纠正违法行为、督促提起民事公益诉讼、提起行政公益诉讼、提起民事公益诉讼。（1）支持起诉。民主法治国家不强制社会公众或者个人以自己的付出来维护国家和社会公共利益。我国民事诉讼法基于这一思路而没有赋予个人提起公益诉讼的诉权，只将提起公益诉讼的诉权赋予了法律规定的机关和有关组织。在政府行政管理部门、授权行使行政管理职能的组织、国有公司企业、社会公益组织等提起公益诉讼的情况下，检察机关应起诉主体的请求，可以选择支持起诉的方式参与诉讼活动，为起诉主体提供诉讼支援和法律帮助，并可出席法庭发表支持起诉意见等。（2）督促纠正违法行为或督促起诉。保护国家和社会公共利益的职能，属于政府部门、行使行政管理职能的组织和国有公司企业，在他们违法行使职权或怠于行使职权，给国家和社会公共利益造成损害时，检察机关可以发出检察建议书，督促上述职能主体在规定的期限内纠正违法行为或依法履行职责。其中依法履行职责包括履行监督管理职责或提起民事公益诉讼等。相关职能主体提起民事公益诉讼的，检察机关应职能主体请求，可以支持起诉，参与诉讼过程，提供法律帮助，发表支持起诉意见等。（3）提起公益诉讼。包括提起行政公益诉讼和提起民事公益诉讼。第一，提起行政公益诉讼。经检察机关督促职能主体纠正违法行为或依法履行职责，职能主体仍拒不纠正或继续怠于行使职责，国家和社会公共利益继续处于受损害状态的，检察机关可依法提起行政公益诉讼，要求人民法院判决撤销职能主体的违法行政行为或责令其在一定期限内履行法定职责、确认行政行为违法或无效等。第二，提起民事公益诉讼。经检察机关发出督促起诉意见书后，法律规定的机关或有关组织在规定的期限内没有或无法提起民事公益诉讼，社会公共利益仍然处于受损害状态的，检察机关可以直接提起民事公益诉讼，要求人民法院判决被告停止侵害、排除妨碍、消除危险、恢复原状、赔偿损失、赔礼道歉等。至于前述诉讼请求如何确定，应根据案件性质、危害范围、损害程度、现实危险、现有证据等情况综合分析和判断。损害结果能够相对准确计算和科学评估的，可以提出赔偿损失的诉讼请求；损害结果无法计算和评估的，可以提出恢复原状的诉讼请求；危害行为仍在继续且具有现实危险的，可以提出停止侵害、消除危险的诉讼请求等。为确保诉讼请求能得到法院判决的支持，检察机关可以同时提出多种诉讼请求，以避免败诉的风险。

（五）检察机关提起公益诉讼案件的审理程序

最高人民检察院发布的《试点方案》明确，试点方案没有规定的，适用民事诉讼法、行政诉讼法及相关司法解释的规定。鉴于公益诉讼与普通诉讼的区别，人民法院审理公益诉讼案件的具体程序，也不同完全适用民事诉讼法、行政诉讼法的规定，需要作出一些特殊的制度安排。（1）关于检察机关的处分权。由于公益诉讼案件中检察机关不是实体权利义务的真正当事人，在其是否享有处分权的问题上，理论界和实务界存在不同的认识，有赞同说、反对说、限制说等观点。[①] 笔者认为，检察机关提起公益诉讼享有程序性权利的处分权，如检察机关可以根据案件事实、证据、情势发展、法律适用、法院判决等情况，自行决定是否起诉、是否变更诉讼请求、是否撤回起诉、是否提出或提请抗诉等。但涉及实体性权利的处分权，如调解或和解后放弃部分或全部诉讼请求等，则要区分不同情形区别对待。具体而言，行政公益案件的诉讼请求涉及被告正当履行法定职责的问题，诉讼请求的特殊性决定此类案件不能适用调解或和解；民事公益案件中检察机关通过科学计算和评估后提出的赔偿损失的诉讼请求，因涉及公共利益的实际减损，一般不得与被告方进行调解或和解；检察机关提出的停止侵害、排除妨碍、消除危险、恢复原状等诉讼请求，主要涉及被告方履行前述请求的方式、步骤、期限、标准等内容，不涉及公共利益的实际减损，原则上可以与被告方和解或在法院主持下调解。（2）关于被告的反诉权。理论界和司务界比较普遍的观点是公益诉讼中的被告不能对检察机关提出反诉。理由是：检察机关提起公益诉讼的目的是维护公共利益，被告的反诉是维护自身利益；检察机关诉前没有侵害被告的利益，被告不可能产生与本诉可抵消、吞并、排斥的反请求。[②] 笔者认为，反诉是法律赋予被告的一种宣示性权利，基于权利平等原则，没有必要对被告的反诉权进行限制。检察机关提起公益诉讼的案件，被告的反诉权处于事实上无法行使的状态，即使被告坚持提出反诉请求，法院也完全可以判决不予支持。（3）关于诉讼费用的缴纳。最高人民检察院发布的《试点方案》明确，检察机关提起公益诉讼的案件免缴诉讼费。除此之外，还须进一步明确：检察机关调查过程中委托专业机构对相关专门性问题进行检测、评估、鉴定等所产生的费用，如果是委托行政机关及其所属的专业机构作出的则免缴相关费用；如果是委托社会专业机构作出的则缓缴相关费用，由人民法院判决败诉方承担，检察机关败诉的由财政支出。（4）关于生效裁判的执行。检察机关提起公益诉讼与检察机关提起刑事公诉两者在法律地位上是相同的。因此，在公益诉讼生效裁判执行程序的启动上，应明确规定由人民法院交付执行而不由检察机关申请执行。鉴于既往

① 参见广东省人民检察院课题组：《检察机关提起民事公益诉讼制度研究》，载《中国检察》（第23卷），中国检察出版社2014年版，第123页。

② 参见巩富文、杨辉：《检察机关提起公益诉讼制度研究》，载《人民检察》2015年第5期；杜颖：《检察机关提起民事公益诉讼制度研究》，载《中国检察官》2015年第6期（上）。

司法实践中，自然人被告逃逸或者隐匿财产，单位被告以亏损为由拒不执行法院判决，导致生效裁判无法执行或拖延执行等情况居多的实际，必须加大生效裁判执行监督的力度，增强制裁违法行为的效果，实现保护国家和社会公共利益之目的。

论检察机关提起行政公益诉讼的程序设计

金　石*

一般而言，公益诉讼是检察机关、组织和个人依据法律规定，对违反法律给公共利益造成事实上的损害或潜在损害的行为，向法院起诉，由法院追究违法者法律责任的诉讼活动。① 而行政公益诉讼制度在现代诉讼制度中的确立，"是为了保障公共利益不受损害，由代表公共利益的国家机关针对行政机关侵害公共利益的违法行为提起诉讼的制度"。② 因此，行政公益诉讼是指特定国家机关（检察机关）、社会团体或者公民认为行政主体的行政行为（包括作为和不作为）侵犯或者可能侵犯国家、社会公共利益或者他人利益时，即使没有利害关系，法律也允许其为维护公共利益的需要而以该行政主体为被告依法向人民法院提起行政诉讼的制度。③ 换言之，行政公益诉讼明确将追求个人利益保护的主观诉讼情形排除在外，原告只能以追求公共利益保护为直接目标，还必须与被诉行政行为（包括作为和不作为）没有直接的利害关系。

一、检察机关是行政公益诉讼启动的当然主体

习近平总书记在《关于〈中共中央关于全面推进依法治国若干重大问题的决定〉的说明》（以下简称《关于〈决定〉的说明》）的说明中明确指出："在现实生活中，对一些行政机关违法行使职权或者不作为造成对国家和社会公共利益侵害或者有侵害危险的案件……由检察机关提起公益诉讼，有利于优化司法职权配置、完善行政诉讼制度，也有利于推进法治政府建设。" 这不仅解释了探索行政公益诉讼的范围、原因，也确认了检察机关的公益诉讼主体资格。因此，检察机关作为法律监督机关，有责任维护公共利益，由其作为行政公益诉讼的提起主体也毋庸置疑。

---

* 甘肃省人民检察院法律政策研究室主任，全国检察业务专家，吉林大学法学院博士研究生。

① 颜运秋：《公益诉讼理念研究》，中国检察出版社2002年版，第21页、第27页、第58页。

② 参见田凯：《行政公诉论》，中国检察出版社2009年版，第27页

③ 徐艳群、杨见云、缪建萍：《关于我国建立行政公益诉讼制度的法律思考》，载《江西社会科学》2009年第9期。

既然检察机关能够提起行政公益诉讼，那么检察机关在行政公益诉讼中将居于何种地位呢？首先，检察机关不能简单地被视为“行政公益诉讼的原告”，因为其本身与被行政行为侵害的公共利益并没有直接的、实体上的利害关系，其提起行政公益诉讼的权力来源于作为法律监督机关的宪法定位。其次，检察机关不是“原告代理人”。一是其所代表的国家和社会公众不是原告。二是检察机关是以国家的名义提起诉讼，不是代表某一方。再次，检察机关在我国不能视为“公益代表人”。一是因为“公益代表人”不是法规范上的概念，无法反映检察机关的法律地位。二是“公益代表人”反映了检察机关在公益诉讼中的实质功能，但无法解决检察机关为什么能提起行政公益诉讼的问题。最后，“原告和法律监督双重身份”的观点也不可取，因为两种权力（权利）如果同时行使，可能导致侵犯审判权，破坏诉讼平衡的结果出现。

对检察机关在行政公益诉讼中的地位，应当定位为“行政公益诉讼人”，其诉讼地位表现为：一是与行政诉讼的原告一样，在程序上平等享有当事人的诉讼权利，承担当事人举证的诉讼义务，与被告身份平等。二是与行政诉讼的原告也存在本质区别。首先，检察机关起诉权是权力，遇有法定起诉事由，必须履行起诉的法律职能，不能放弃。其次，检察机关提起行政公益诉讼后，必然引起法院审判程序的启动，不被不予受理和驳回起诉，法院只能通过判决来决定是否支持检察机关。再次，检察机关在行政公益诉讼中，不享有完全的实体处分权。最后，检察机关在诉讼过程中负有监督庭审活动合法的使命，这也是普通原告所不具备的。

二、行政公益诉讼的诉讼范围

对于检察机关提起行政公益诉讼，应当在立法上予以明确，并对检察机关开展行政公益诉讼活动的具体操作规范和诉讼权利作出具体规定。但主张明确检察机关的行政公益诉讼权，并不意味着检察机关能够对所有的行政案件都有权提起诉讼。从一般意义上来讲，被诉行政机关的行政行为必须侵害国家利益或社会公共利益，包括行政作为和行政不作为，但是，如同一般行政诉讼受案范围的确定要受到诸多因素的制约一样，行政公益诉讼的受案范围更要受到一定的限制。[①] 因此，按照习近平总书记《关于〈决定〉的说明》，检察机关提起的行政公益诉讼案件应包括：

（一）国有资产流失案件

对于侵害国有资产的行为，在刑法中虽有罪名予以惩治，但对于其他侵害

① 参见张守增：《公益诉讼提起主体的范围与诉讼限制》，载《人民检察》2008 年第 10 期。

国有资产的违法行为，法律并未规定有效的救济方式。国有企业经营和改制过程中，不少当事人恶意串通，采取欺诈等手段，规避行政管理，以合法形式掩盖非法目的，使大量的国有资产在合资、联营、收购兼并、股权转让、资产剥离、资产置换等过程中流失。国家是国有资产的所有者，有权对国有资产的使用进行监督。作为国家法律监督机关的检察机关，在行政机关怠于管理不作为的情况下，应当提起行政公益诉讼，以保护国有资产安全。另外，把国有资产流失案件列入行政公益诉讼的范围，能够弥补现行诉讼制度的不足。

（二）环境保护及自然资源保护案件

我国刑法上专门规定了破坏环境资源保护罪，但对于破坏环境资源尚不构成犯罪的行为缺乏有力的司法救济手段。近年来，环境污染、自然资源破坏案件明显上升，但由此引发的诉讼寥寥无几，其原因主要在于两个方面：一是由于公害呈现间接、无形的特点，受害人往往已经受害却还蒙在鼓里，不知起诉；二是由于公害的潜伏性、损害后果的复杂性、侵害主体的多样性，受害人难以举证。负有监督责任的行政部门及行政执法人员，有时出于地方利益考虑，以及行贿受贿犯罪的存在，往往违法作为或不作为，使得环境污染和自然资源肆意被破坏。因此，建立行政公益诉讼制度，体现了国家对公共利益及人权的保护，能够维护广大人民群众的利益。

（三）其他损害国家、社会公共利益的案件

行政公益诉讼起诉的请求必然包含国家利益和社会公共利益。因此，还应当包括食品药品安全案件、违反城市规划法的案件、垄断和不正当竞争案件、公害案件、公共工程的发包和重大项目的资金使用案件、违法发放抚恤金和其他社会福利案件，以及政府在采购、公共财政的使用、文物保护、税收减免等侵害国家利益和社会公共利益的案件。

三、行政公益诉讼程序设计

《中共中央关于全面推进依法治国若干重大问题的决定》明确提出要“探索建立检察机关提起公益诉讼制度”，检察机关提起行政公益诉讼势在必行，因此，解决具体程序问题是实现行政公益公诉的重要问题，否则，行政公益诉讼制度即使建立，难免也会出现“总则的规定和分则的规定不相一致”① 的问题，容易再度引起检法两院的分歧以及不同法院之间的不同理解。事实上，具

① 参见杨立新：《新中国民事行政检察发展前瞻》，载《河南省政法管理干部学院学报》1999 年第 2 期。

体程序问题的解决，也是影响在立法上确立行政公益诉讼制度的重要因素。

行政公益诉讼是行政诉讼，是检察机关将行政机关和行政机关工作人员诉至法院，要求纠正违法行政行为的诉讼活动。“当行政违法行为或者不作为对公共利益造成侵害或有潜在危险时，由与被诉行政行为无直接利害关系的检察机关作为原告，为维护公共利益而向法院提起行政诉讼，以实现维护公共利益和监督行政权合法运行的目的。”① 具体的程序应当考虑以下几个方面：

（一）诉前的督促程序

有学者认为，环境行政公益诉讼的目的在于“督促执法而非执意与主管机关竞赛或令污染者难堪”，② 事实上，所有行政公益诉讼概莫能外。如果在检察机关起诉前以检察建议的形式，先督促行政机关纠正了违法行为，诉讼目的已达到，则无诉讼之必要。因此，诉前督促程序一是能够防止滥诉，节约司法资源；二是能够采取非诉形式解决社会矛盾，有利于社会和谐。

（二）受理和立案

检察机关受理行政公益诉讼案件来源主要包括两个渠道：一是公民、非政府组织举报。公民、非政府组织发现对国家利益和社会公共利益有损害的行为，反映给检察机关，希望检察机关能够维护国家利益，惩治侵害国家利益和社会公共利益的不法行为人，检察机关应当在法定期限如60日内予以审查并给予答复。二是检察机关自行发现。检察机关是国家利益和社会公共利益的代表，其职能部门应当专门对国家利益和社会公共利益的有关事项进行监督，发现问题，及时研究。对于构成案件线索的，及时立案调查并及时处理或者起诉。此外，负有监管职责的国有资产、工商、国土资源、民政等行政机关，他们在履行监管职责时发现的其他机关违法行政行为也可以移送检察机关处理。对于举报、移送或依职权发现的案件线索，检察机关首先应当进行立案审查，审查是否符合行政公益诉讼的立案条件。检察机关对于立案条件的规定，应当和法院受理行政案件的条件统一起来。检察机关对通过各种渠道提起行政公益诉讼的案件，都应当进行审查。对经审查符合起诉条件的，应当决定提起。一般而言，决定提起行政公益诉讼的案件应当同时符合以下条件：一是案件属于行政公益诉讼的范围；二是有明确的被告；三是有可确定的诉讼请求；四是无具体受害人或受害人因有某种特殊原因不能或不便提起诉讼。

---

① 参见田凯：《行政公诉论》，中国检察出版社2009年版，第27页。

② 叶俊荣：《环境政策与法律》，中国政法大学出版社2001年版，第249页。

（三）调查

我国台湾学者陈朴生认为："证据之调查，因其作用不同，分为形式调查与实质调查两种，前者，重在证据资料之收集，属于立证范围；后者，重在证据态度之发现，属于判断范围。在采当事人主义之立法例，形式的调查属于当事人；而实质的调查，则属于裁判者。在采职权主义之立法例，不论形式的或实质的调查，均属法院职权范围。"① 我国学者一般认为证据调查属于实质调查，即"调查收集证据是指执法机关和律师为了证明特定的案件事实，按照法律规定的范围和程序，收集证据和证据材料的法律活动"。②根据这一主流观点，检察机关之所以提起行政公益诉讼，就是为了保护国家利益和社会公共利益免遭不法侵害，证据调查权是完成这一职责的重要手段。证据调查制度可以使检察机关在诉讼提起前，依法定职权采取搜集证据、保全证据、勘验、鉴定、财产保全和强制措施，从而使证明对象的事实得以特定化，为进入诉讼取得胜诉提供保证。

（四）出庭

检察机关以公诉人身份参加诉讼，在庭审中与被告方诉讼地位是平等的。这如同刑事诉讼中实行对抗制的控、辨、审三方面的关系一样，基于程序公正原则，公诉人作为控诉方与被诉方处于平等的诉讼地位。检察机关享有类似原告的诉讼权利，承担原告的诉讼义务。检察机关对自己代表国家提出的诉讼请求负举证责任等，以此保证行政公益诉讼中双方当事人地位的平衡。但检察机关作为法律监督机关参加行政公益诉讼应享有特定权力，其权利体现在检察机关一旦提起行政公益诉讼，人民法院应当受理，未经检察机关同意撤诉，法院一律不得裁定驳回，而且必须开庭审理。

在提起行政公益诉讼的案件中，检察官出庭主要是以公诉人的身份证明案件事实，进行辩论，证明追究被告行为非法的事实依据、法律依据和程序依据。检察官要在审判长的指挥下有序发言，正确行使自己的诉讼权利。首先，在法庭调查阶段宣读公诉书，针对被告是否享有作出被诉行政行为的职权、认定事实的证据是否充分、程序是否合法、适用法律是否正确、是否滥用职权等对被告及第三人出示的证据分别质证，发表质证意见。可以向对方当事人、代理人就证据问题发问，并逐一提交自己的证据予以反驳，申请证人作证。也可以向证人、鉴定人、斟验人、出庭的有关专业人员发问。其次，法庭辩论时围

① 陈朴生：《刑事证据法》，三民书局1983年版，第331页。

② 江伟：《证据法学》，法律出版社1999年版，第243页。

绕法庭归纳的案件争议的焦点有理有据地逐一发表自己的意见。最后，陈述阶段要简明扼要地陈述自己的诉讼请求及理由。出庭的检察官在庭审中只是以公诉人的角色出现，不具有监督者的身份，如果在庭审中发现有审判程序违法的情况，可以在庭审结束后以纠正违法通知书或者检察建议的形式进行纠正，但不能当庭提出。如果对法院判决实体部分不服，可以提起抗诉。

（五）二审和再审

法院二审的启动一般是由于原告或者被告不服一审判决或裁定，可以按照上诉程序引起二审。对于行政公益诉讼案件经过法院审理后作出的一审判决或者裁定，被告当然可以提出上诉。如果被告提出上诉，检察机关应当做好二审的应对措施，在收到被告的上诉状后，写好答辩状送交法院，准备出席二审法庭。检察机关对于法院一审的判决或者裁定，认为符合客观事实、现行法律以及审判程序的，检察机关应当服从判决。如果认为法院一审判决或者裁定确有错误，是一般原告资格的上诉发动二审还是按照上诉程序抗诉发动二审程序，学者们认识不一。有学者认为，检察机关享有当然的上诉权，这就是上诉程序的抗诉权。检察机关提出上诉程序的抗诉以后，即提起了二审程序。① 这种说法来自检察机关在刑事诉讼中担当角色的模仿。地方各级检察院认为本级法院第一审刑事判决、裁定确有错误，在法定的上诉期限内可以向上一级法院提出抗诉。行政公益诉讼自然也可以如此。也有学者认为，即使检察机关发动二审，其地位也等同于原告，应该是上诉引起二审。笔者认为，这些问题并不是原则分歧，检察机关既然作为类似原告的公诉人引起了一审，自然有权引起二审，至于其是上诉引起还是抗诉引起，只是名词不同，并没有实质区别，称为抗诉引起二审，也和对生效判决裁定抗诉引起审判监督程序是有本质区别的。后者主要强调检察机关对于审判机关的法律监督，前者主要强调其当事人的角色特征。检察机关对于二审之后的判决或者裁定，认为仍然有错误存在的，可以在判决或者裁定生效后按照审判监督程序进行抗诉，要求法院再审。但抗诉引起再审的次数应当有所限制，应以一次为限。

（六）诉讼费用

检察机关提起的行政公益诉讼案件，法院应当无偿受理。行政公益诉讼所保护的是不特定多数人权益，并没有个体利益多耗费公共资源，如果行政公益诉讼的发动主体必须承担为公益进行诉讼的诉讼费用，一旦败诉还得承担对方因此发生的诉讼费，则对于该主体是不公平的。检察机关作为公诉人，是由公

① 杨立新：《民事行政公诉制度研究》，载《人大法律评论》2003 年第 1 期。

共财政来负担的，法院同样也是如此，法院应当无偿受理行政公益诉讼案件，由国家承担法院审理案件的裁判费用。

（七）撤诉、调解与和解

检察机关提起行政公益诉讼仅仅是公益代表人，其代表国家和公众的意志，其权利和义务都是特定的，并非个人意志，无权代表国家和公众擅自放弃、处分权利。因而无法进行调解或者和解。但检察机关提起行政公益诉讼以后，如果行政机关纠正了违法行为，行政公益诉讼的目的已经达到，应当予以撤诉，以节约司法资源。如在金沙县检察院因环保局不履行职责一案中，因环保局对佳乐公司作出行政处罚决定，检察院认为行政公益诉讼目的已经达到，遂提出撤诉，法院裁定准予撤诉。

当然，除了范围和程序问题外，检察机关在提起行政公益诉讼时还应当注意其他一些问题，如如何正确看待行政公益诉讼与其他维护公益手段的关系问题；如何正确认识行政公益诉讼在行政检察监督体系中的地位问题；如何正确处理提起民事公益诉讼和提起行政公益诉讼的关系问题等。因受篇幅所限，本文不再予以探讨。

检察机关提起民事公益诉讼的程序构建

吴润松*

严格地说，公益诉讼不是一个法律意义上的概念，它与传统对诉讼类型的划分是不同的，公益诉讼是与私益诉讼相对的概念，是以诉讼标的或目的为标准而划分的诉讼类型。民事公益诉讼作为公益诉讼的类型之一，是指特定的国家机关、社会团体和相关公民根据法律规定，对侵犯了国家利益和社会公共利益的民事违法行为提起诉讼，由法院通过司法程序追究法律责任的一种法律制度。明确检察机关提起民事公益诉讼的具体操作程序，是建立检察机关提起公益诉讼的重要内容之一。本文在阐述构建检察机关提起民事公益诉讼程序原则的基础上，对检察机关提起民事公益诉讼的具体程序设计进行了一些探索研究，以期为建立检察机关提起民事公益诉讼制度提供基本思路。

一、构建检察机关提起民事公益诉讼程序应考虑的原则

（一）有限救济原则

所谓有限性，是指检察机关民事公益诉讼的起诉条件、范围、诉讼权利、对法院的监督等诸多环节都受到一定的制约。一是对民事诉讼活动监督的有限性。在民事公益诉讼中，检察机关不仅仅是法律监督者，更首先体现的是民事原告人的地位，由于处于特殊原告的地位，所以其诉讼监督的职能应受到一定限制，以防止造成当事人双方地位的不平等。二是救济条件的有限性。检察机关提起民事公益诉讼毕竟是一项重要的公权力，并不是所有涉及公益的民事违法案件都要检察机关参与，并且检察机关没有能力也没有必要参加全部的公益案件。所以检察机关提起民事公益诉讼应规定必要的条件，只有符合起诉条件的，检察机关才提起诉讼。三是权利处分的有限性。检察机关在民事公益诉讼中虽以自己的名义提起诉讼，但诉讼的法律后果却由国家承担，检察机关只是依照法律的授权作为公共利益的代表。因此，检察机关在诉讼中的处分权理应

* 安徽省人民检察院法律政策研究室副主任。

受到一定限制。如检察机关不得随意放弃诉讼请求、原则上与被告不适用和解等。

（二）公益救济原则

从民事公益诉讼这一制度设立的目的看，就要求检察机关提起民事公益诉讼的案件必须是涉及国家利益和社会公共利益的案件，以此确保诉讼范围的适当，所以这实际上是对检察机关提起民事公益诉讼的范围进行限定。应当注意的是，即使是损害国家利益及社会公共利益的案件，也不是全部都需要检察机关提起，检察机关在决定是否提起诉讼前还应进行必要性的衡量。这种必要性的衡量标准主要是看国家利益和社会公共利益是否受到严重损害，如果不是重大、确需检察机关介入的案件，检察机关一般不提起诉讼。否则就会导致公权力对私权益的过分介入，影响私权自治与国家干预的平衡，从而违背了设立检察机关民事公益诉讼制度的初衷。

（三）时效限制原则

时效性原则是指检察机关在行使民事公益诉权时要考虑这种权利的救济是否超过一定的时效，是否还具有救济的现实可能性。如果超过了法定时效或还有其他救济途径，虽然公共利益受到损害，检察机关也不予以救济。这主要是从保持民事法律关系的稳定、节约司法成本和司法资源的角度去考虑。因为民事公益诉讼主要涉及的是民事法律关系，而民事权利的保护都有时效限制。民事公益诉讼虽然较一般的民事诉讼特殊，但仍属于民事诉讼和民事实体法所调整的范围，也需要一定的时效限制。这主要从以下几点考虑：一是保持民事法律关系的稳定性和流转性。如一种侵害国家或社会公共利益的民事违法行为涉及财产处分的，如果这一财产已在社会上进行了多次流转，过了很多年再进行追究的话，这种后来已获得稳定的经济关系或善意第三人的财产权就可能受到影响。二是救济的难度加大。如案件涉及的物证和书证等证据由于时间太长可能会灭失，案件也可能难以查清。有时由于时过境迁，承担责任的被告可能也难以确定等。三是这种权利保护的重要性可能较小。检察机关救济的条件和范围是有限的，常常涉及公共利益受到严重损害的案件，如果过了很长时间检察机关才发现或有人向检察机关提出保护的请求，这本身就说明这一利益保护的重要性可能不是很高。四是有利于节约司法成本和资源。通过诉讼时效，可以过滤掉一些保护意义相对较小的案件，使检察机关着重处理那些重大的公益案件，节约司法成本和资源。

（四）地位平等原则

当事人地位平等原则是民事诉讼的基本原则，民事公益诉讼在体现自身特有属性的同时，也应当坚持这一原则。这主要基于二点理由：一是民事公益诉讼所要解决的社会关系仍然是私法领域中的民事权益，属于民事诉讼范围，而民事诉讼最显著的特征之一就是诉讼主体地位平等。二是检察机关提起民事公益诉讼主要是解决诉讼代言人问题，没有必要给检察机关过高的法律地位。在司法实践中必须强调控辩双方诉讼权利与义务的平衡。尽管检察机关是法律监督机关，但其在民事公益诉讼中仍是以原告身份出现的，其诉讼权利应当与原告的法律地位相适应，不能以法律监督权来压制民事公益诉讼中的审判权和对方当事人的诉权。①

二、设立检察机关诉前审查程序

（一）诉前审查程序的概念及设立的必要性

诉前审查程序是指检察机关对通过各种渠道受理的、侵害国家利益和社会公共利益的民事违法案件是否符合法定起诉条件进行审查，并根据情况作出是否向法院提起民事公益诉讼的诉讼活动。如前所述，检察机关提起民事公益诉讼是体现了国家对社会经济生活的干预，特别是体现了对当事人意思自治原则的限制。所以，针对检察机关作为国家法律监督机关的特殊性质，其在对公共利益的保护上也应体现一定的监督功能。检察机关虽然是以国家法律监督者的身份提起民事公益诉讼，但因其主张的是民事私法领域中的实体权利，故在诉讼程序的启动上既不应完全脱离普通民事诉讼这一大的框架，又要有别于普通民事诉讼，应有自己特殊的准入条件。根据司法最终救济原则，检察机关应监督有关权利被侵害的主体优先采用其他救济措施，把检察机关定位为救济的最后一道屏障，强调检察机关对受损利益的继后弥补和最终救济。这样既能体现对民事领域"意思自治"原则的尊重，又能体现检察机关对民事公益诉讼后置介入的审慎态度，可以有效避免检察机关代表国家干预过多，防止民事公益诉讼过滥。②

所以要建立科学的诉前审查程序，就要以程序构建原则为指导，对检察机关提起民事公益诉讼条件作出严格限定，用科学有效的程序来规范检察机关的诉讼介入条件。诉前审查程序主要起到对案件的分流和过滤功能，使检察机关把主要精力放到对国家利益和社会公共利益侵害严重的案件上。

---

① 董伟威：《民事公益诉讼人的法律问题》，载《人民司法》2002年第12期。

② 谭闯、刘昌强、谢光才：《检察机关提起民事公益诉讼研究》，载《西南政法大学学报》2005年第1期。

(二) 检察机关诉前审查程序的具体内容

由于大多数侵害公共利益的民事违法行为都具有一定的隐蔽性，而检察机关又不是国家利益和社会公共利益的直接管理者，如果仅靠检察机关自己发现，难免会使案件保护范围受到限制。检察机关可通过以下几种方式来获取案件线索：一是检察机关自行发现；二是受损主体提出救济申请；三是社会公众举报；四是其他国家机关移交。对这些案件线索，检察机关进入诉前审查程序，看是否符合提起民事公益诉讼的条件。主要应从以下几方面进行审查：

1. 是否属于检察机关的受案范围。这是一个重要的前提条件。检察机关的受案范围应严格限定在侵害国家利益和社会公共利益的案件上，并且属于性质较为严重、影响较大的案件。对检察机关可以介入的案件应采取列举方式进行明确界定，而不能仅作泛泛的规定，以便于操作。通过对诉讼范围进行限定，确立一个具体标准，可以有效限制检察机关介入民事诉讼的范围，防止滥诉现象的发生。

2. 是否有明确的被告。这是检察机关提起民事诉讼的一个必要条件。因为被告实际上是检察机关认为其实施了侵害国家利益和社会公共利益的民事违法行为，而需要承担民事责任的民事主体或虽未直接实施侵权行为，但法律后果应由其承担的民事主体。民事公益诉讼与普通诉讼不同，有些案件可能实际责任的承担者不很明确，需检察机关通过深入调查、分析来加以确定。只有找到合格的被告，检察机关才能提起诉讼，达到民事公益诉讼的目的。如果因为种种原因造成无法确定责任的承担者，则检察机关不能提起民事公益诉讼。

3. 设置诉前督促程序。这是检察机关在诉前需要重点审查的一项内容。所谓诉前督促程序，是指检察机关对属于民事公益诉讼范围内的案件进行前置审查，对属于法定事由情形的，监督相关主体先行履行职责或提起诉讼的诉讼活动。设立此程序的目的在于对检察机关提起民事公益诉讼进行限制，防止滥诉。如美国规定行政机关可以通过在法院提起诉讼而排除公益诉讼。[①] 对存在救济主体的尽量督促该主体自行启动诉讼程序对受损利益进行救济，对本身就有法定职责的职能部门首先要督促其充分履行保护职责，以此保障既有的救济主体积极运用法律赋予的权利，充分用尽包括司法途径在内的其他救济手段。检察机关不急于也不轻易介入。主要对以下两方面的情形进行审查督促：

(1) 是否有其他起诉主体。对于侵害公共利益的民事违法行为，检察机关应首先查明是否有符合起诉条件的其他起诉主体，比如是否有其他愿意提起

① 牛犁耘：《美国公益诉讼制度及其启示》，载《河南公安高等专科学校学报》2005 年第 2 期。

民事诉讼的当事人、是否有可以代表受害群体起诉的社会团体、是否有可以起诉的国家行政机关等。如果有这些起诉主体，应先督促这些主体自行启动诉讼程序进行救济。如侵害消费者权益的案件，可以督促消费者协会起诉；对于造成国有资产流失的案件，可以督促国有资产管理部门起诉。

（2）是否穷尽其他救济途径。“根据司法最终解决原则，司法程序应当是作为保护公共利益的‘最后防线’。司法介入公共利益，应当尽可能以穷尽其他公益救济手段为前提，即原则上应当以行政手段处理为民事公益诉讼启动的前提之一，将司法力量作为维护公共利益的最后防线。”① 所以检察机关对侵害公共利益的民事违法行为，要查明受损者是否还有除司法手段以外的其他救济手段。主要指是否有相关国家行政管理部门可以采取行政手段进行保护和救济。如果有这种情况，可以由检察机关督促相关国家行政机关履行保护职责。

当然，对于督促程序应设定一定的方式和期限。对于督促的具体方式可以采用检察建议的方式。即由检察机关对有关个人、社会团体或国家机关发出检察建议，要求相关主体在法定期限内提起诉讼或采取行政手段履行保护职责。对于可以起诉的主体在法定期限内由于种种原因不愿起诉、怠于起诉等情形，期满后可由检察机关提起民事公益诉讼。对于国家行政机关在法定期限内不履行保护职责，期满后检察机关在行使诉权的同时，对行政机关不履行保护职责而造成严重后果或重大影响的，可建议相关部门对直接责任人予以行政处罚或追究有关法律责任。从充分保护公共利益的角度出发，对督促程序的期限不宜规定过长，可规定为2个月为宜。

最后，对于通过诉前审查程序的案件，检察机关可以立案并进入实质性审查阶段，进行充分的调查取证后，向法院提起诉讼。

三、优化检察机关民事公益诉讼程序启动方式

（一）国外检察机关提起民事公益诉讼的启示

从目前世界各国有关立法规定看，检察机关提起民事公益诉讼的方式大约可分为三种：一是单独提起。按照有关国家的法律规定，对于直接关于公益的案件或者缺乏明确诉讼主体时，检察机关可以主当事者的地位提起民事公益诉讼。如德国民事诉讼法规定了检察官可对相关禁治产案件提起诉讼。美国也有检察机关提起诉讼的具体规定。二是参与提起。所谓参与提起，是指检察机关作为从当事人支持原告人提起诉讼。如《法国民事诉讼法典》第424条有关检察机关作为从当事人的相关规定。三是共同提起。所谓共同提起，是指检察

① 韩红俊、王均荣：《公益诉讼的理性思考》，载《国家检察官学院学报》2004年第4期。

机关与其他当事人以共同原告的身份一同提起诉讼。如法国民法典在婚姻案件中的相关规定。[①]

从各国的法律规定看，由于立法采取不同的指导思想，从不同的国情出发，提起民事诉讼的类型也不尽一致。有采用一种或两种方式的模式，也有三种方式都被一国立法采用的情况。我国检察机关提起民事公益诉讼应采用哪种方式，应根据公共利益受侵害的具体情况、检察机关性质和介入程度及法律文化传统等因素来确定，力求设计一个科学合理的启动模式。

（二）检察机关启动民事公益诉讼的具体方式

参考国外检察机关提起诉讼的方式，结合我国检察机关实践经验，检察机关提起民事公益诉讼方式在突出检察机关当事人地位的同时，既不能方式过多，又不能局限一种。主要从以下两点考虑：一是案件类型的多样性决定检察机关起诉方式不能单一。从检察机关提起民事公益诉讼案件类型看，涉及国有资产保护、环境保护、公序良俗的维护及弱势群体利益保护等诸多方面，由于需要救济的案件类型差异较大，各有自己不同特点，所以提起民事诉讼的具体方式也应有所不同，有利于检察机关根据案件的不同情况灵活采用不同的方式提起诉讼。二是确定检察机关在民事公益诉讼案件的当事人地位，有利于明确检察机关在诉讼中的权利和义务。从程序上看，检察机关无论是单独起诉还是与其他当事人共同起诉，在法律上都处于原告地位，与检察机关特殊原告的法律地位相称，也有利于检察机关职能地发挥。基于上述因素，对通过前置审查程序的案件，根据案件类型的不同，检察机关启动民事公益诉讼的具体方式可分为两种：

1. 检察机关作为原告，以造成损害的责任承担者或当事人双方为被告。如对于侵害国有资产的案件、环境污染、扰乱市场秩序、损害消费者权益等诉讼主体缺位的案件，检察机关可直接以国家和社会公共利益代表人的身份独立提起诉讼。而对于双方当事人恶意串通，损害国家利益和社会公共利益的案件，检察机关可作为独立原告，以双方当事人为被告。

2. 检察机关与其他当事人均为原告共同起诉。对于一些受损害的特定主体向检察机关提出救济请求的，检察机关根据情况可决定作为共同原告起诉。从有些类型的案件所侵害的利益看，其在危害特定主体利益的同时，也不同程度损害了国家和社会整体利益。这时检察机关与这些特定主体虽然代表不同的利益，但都是基于同一个侵权事实，故可以共同原告的身份提起诉讼。这种诉

① 李忠芳、王开洞主编：《民事检察学》，中国检察出版社1996年版，第27～37页。

讼实际存在两个诉讼标的，检察机关主要是代表国家维护公共利益，解决民事违法行为人的法律责任问题；而直接受害人或权利人主要是提出赔偿请求，解决赔偿问题。两者之间因各自参诉目的和利益要求不同，不能相互代替，但他们可以作为共同原告，这种诉讼可视为一种法定的诉的强制合并，是一种非必要的共同诉讼，可以有效节约司法资源，提高诉讼效率。

另外，对于那些未通过前置审查程序而检察机关认为确有介入必要的案件，可采取支持起诉的方式，支持受损害的主体向法院起诉。检察机关支持起诉是指检察机关认为民事行为人的行为违反了国家民事法律、法规，侵犯了国家利益和社会公共利益，支持受损害的单位或个人向人民法院起诉，并在诉讼中履行法律监督职责的一种制度。目前，我国《民事诉讼法》第15条对支持起诉作了原则规定，检察机关可依此开展支持起诉工作，对某些受侵害的主体以适当救济。

四、检察机关提起民事公益诉讼中的若干特殊程序问题

如前所述，检察机关在民事公益诉讼中是代表国家维护国家利益和社会公共利益的，其处于特殊原告的地位。与一般原告是有区别的，一般原告的诉权是基于实体权利而产生的，表现为实体权利与诉讼权利的统一；而检察机关的诉权，则基于法律监督权而产生的，表现为诉讼权利和实体权利的分离。检察机关处于原告地位的同时，还享有一定的法律监督权。检察机关诉权这些特点决定了民事公益诉讼的某些程序的特殊性。主要有：

（一）法院不得拒绝裁判

由于检察机关提起民事公益诉讼是基于国家公权力，是一种民事公诉权，只要符合一般起诉条件，法院就必须受理和审判，不得裁定不予受理或中途驳回起诉。对于可能出现的检察机关滥诉的问题，可以通过检察机关内部的奖惩制度或同级人民代表大会的诉讼监督等方式来解决，而不能由法院单方面的意思决定。

（二）不能对检察机关提出反诉

反诉是指在民事诉讼进行中，本诉的被告以原告为被告，向法院提出的旨在对抗原告诉讼请求的与本诉有关联的诉讼请求。[①] 根据上述定义，只有与案件有直接利害关系的当事人才能作为反诉的被告。而在民事公益诉讼案件中，检察机关本身不是案件的权利主体，只是程序意义上的原告。同时由于反诉必

① 谭兵主编：《民事诉讼法学》，法律出版社2004年版，第88页。

须与本诉有一定的联系，而民事公益诉讼案件中只存在解决民事违法行为人民事责任问题一个诉讼标的，对于检察机关提起民事公诉给被告造成的不当损害的赔偿请求，并不构成与制裁之诉相对称的有实质关联的反诉标的，所以反诉问题不可能产生，这种不当损害可以通过国家赔偿法规定的民事赔偿程序解决，而不是通过反诉方式解决。因此在民事公益诉讼案件中，被告能否反诉应视不同情况而定。一是对于检察机关单独提起的民事公益诉讼案件，由于检察机关仅是程序意义上的原告，不享有实体权利，此时被告不得提起反诉。二是对于检察机关与其他当事人共同提起的民事公益诉讼案件，由于存在两个诉讼标的，对于直接受害人或权利人的赔偿之诉，被告可以对直接受害人或权利人提起反诉；对于检察机关的制裁之诉，被告可以上诉，但不能提出反诉。①

（三）与对方当事人调解受限制

调解是法院解决民事纠纷的一种重要方式。但大多数学者主张检察机关提起民事公益诉讼不适用调解。主要理由是民事公益诉讼解决的是被告行为是否违法，是否应给予制裁及如何制裁的问题，在这个根本性问题上，检察机关虽然是国家的代表，由于不是实体权利的享有者，不能随意处分，所以不能与被告进行调解。笔者认为检察机关在民事公益诉讼中可与对方当事人进行调解，但要受到一定的限制。第一，检察机关能否胜诉，主要看检察机关提供证明其主张的证据的证明能力、对方当事人的反驳及法官的判断等诸多因素，而不是以检察机关的诉讼主张为准。“在当事人诉讼主张相互对立，且激烈对抗的民事诉讼中，事实上并不存在抽象的绝对意义上的权利让步和利益放弃……因为调解中放弃的权利和利益，并不一定就是裁判中一定可以获得的权利或利益。即这种想象和希望中的权利与实际可能获得的权利和利益并不同一。让步只是自己主张的某种权利的放弃，并不是必然获得权利的放弃。因而，从诉讼策略与技术上讲，在检察机关提起的民事诉讼中，调解不应当是一种被排斥的解决方式。”② 第二，检察机关适用调解可以使案件的处理更加灵活，有利于案件迅速、有效地得到解决，提高诉讼效率。但是检察机关调解权并不是随意行使，其与对方当事人达成的调解协议应受到司法审查的限制，即只要检察机关提起民事公益诉讼而进入诉讼阶段，其与当事人的调解协议应经法院审查后批准。

（四）检察机关不承担败诉结果

法院经审理认为检察机关的起诉有事实和法律根据的，应当依法判决被告

① 常英、王云红：《民事公诉制度研究》，载《国家检察官学院学报》2002年第4期。

② 廖中洪：《检察机关提起民事诉讼若干问题研究》，载《现代法学》2003年第3期。

承担法律责任；如果法院认为检察机关的起诉不能成立，亦不能判决检察机关承担实体上的法律责任。这是由于检察机关不是实体权利的承担者，应享有不受法院裁判确定的实体义务约束的权利，同时也是检察机关国家诉权性质决定的。有关当事人因检察机关提起民事公益诉讼而被强制参加诉讼并造成损失的，可以请求国家赔偿。

（五）检察机关享有独立的调查取证权

与检察机关审查和提起民事公益诉讼案件相适应，与检察机关本身职权相适应，应赋予检察机关较为广泛的调查取证的权利，甚至一些特别的调查取证权。如对双方当事人争议证据的勘查鉴定；对有关技术性、专门性问题委托有关部门进行鉴定；赋予检察机关对妨碍民事诉讼的个人、单位采取必要的强制措施等。[①] 这主要由三方面决定的：一是民事公益诉讼案件的复杂性决定的。由于检察机关提起的民事公益诉讼案件都是涉及国家利益和社会公共利益的重大案件，这类案件一般均较为复杂，如果不进行大量的调查取证工作，事实难以查清。二是保护国家利益和社会公共利益的需要决定的。只有检察机关有充分的调查取证权，才能迅速查清事实，保护公共利益不受侵犯。三是检察机关性质决定的。检察机关是国家法律监督机关，具有司法性质，本身就具有调查取证的权力，包括采取强制措施等权力。赋予检察机关调查权，可以确保案件的胜诉率，维护司法权威，防止民事公诉权滥用。

（六）检察机关应承担举证责任

民事诉讼中的一般举证原则是“谁主张，谁举证”，一些特殊类型的民事案件则实行举证责任倒置。对于检察机关提起民事公益诉讼案件，考虑到检察机关提起诉讼属于公诉性质及司法机关的特殊地位，拥有较为广泛的调查取证权，在收集证据方面处于有利地位，在举证能力、技术水平等方面均比普通的原告、被告高，所以在举证责任分配上，检察机关对自己提出的主张负举证责任。“而且检察院提起的公益诉讼对被告的负面影响远远大于传统民事诉讼，这客观上要求检察院在提起公益诉讼时，必须做到事实清楚，证据确实、充分，足以证明被告有侵害公益的违法行为，否则会损害被告的合法权益，不利于维护正常的社会经济秩序。”[②]

（七）检察机关的诉讼监督权

检察机关在民事公益诉讼中是否有诉讼监督权及如何行使监督权是理论界

---

① 孙谦、张智辉主编：《检察论丛》（第4卷），法律出版社2002年版，第289页。

② 颜运秋：《公益诉讼理念研究》，中国检察出版社2002年版，第311页。

和实务界争论较大的问题。主张有诉讼监督权的着重从检察机关的性质、职权及监督的必要性角度考虑，而反对者则主要从民事诉讼的私权自治等特性角度考虑，双方思考的角度、着重点不同，当然会得出截然相反的观点。实际上，民事诉讼特点与检察机关在起诉的同时拥有诉讼监督权这两者并非是水火不容、绝对排斥的，是有可能找到相互融合、各自发挥自身长处的平衡点。赋予检察机关诉讼监督权表面上看可能会造成双方法律地位的不平等，诉讼结构的失衡，但从检察机关多年民事审判监督实践、检察机关无最终实体决定权的性质及我国法院民事审判的结构和现状等多种因素综合考虑，检察机关的诉讼监督权不是导致可能裁判不公的必然原因，相反，甚至还会对诉讼程序的公正、有效进行发挥积极推动作用。从根本上讲，诉讼程序和诉讼结果的公正，取决于法院在审判中正确、公正地行使审查、裁判权，取决于法院自身的中立和超然。所以检察机关在提起民事公益诉讼的同时并不是不能实施诉讼监督，重要的是对这种诉讼监督权如何进行科学、合理地设计，予以必要的限制。具体监督方式如下：

1. 具体审判活动的监督权。检察机关在民事公益诉讼中，对法院的具体审判活动可进行监督，这是检察机关的性质决定的。但如果发现法院在审判活动中有违反法律行为的，不能当庭提出，可在庭审结束后以检察建议的方式向法院提出，要求其予以纠正，以促进诉讼活动合法、公正、及时地进行。

2. 上诉程序的抗诉权。检察机关对于一审法院作出的裁判，认为法院裁判可能有错误，有权在法定期限内（上诉期限）提起抗诉。这实际上是检察机关行使上诉权，之所以称为抗诉而不是上诉，主要是考虑到检察机关法律监督的性质，与普通民事原告相区别，这种说法既与检察机关审判监督程序中的抗诉名称一致，也与刑事公诉中上诉程序的抗诉名称一致。

3. 提起抗诉权。从限制诉讼监督权的角度考虑，作为原告的检察机关对生效的民事公益诉讼裁判不能直接依照审判监督程序提出抗诉。如果同一个检察机关作为原告的同时拥有对生效裁判的抗诉权，会使检察机关在诉讼中拥有过大的公权力。从限制检察机关监督权的角度出发，这种抗诉权应分别由两个检察机关共同行使。即作为原告的检察机关认为法院生效裁判可能有错误的，只享有提请抗诉权，提请上级检察机关依法抗诉。抗诉权由上级检察机关行使，可在检察机关内部形成相互监督的态势，表明检察机关对通过抗诉启动再审程序的谨慎态度，避免抗诉权的滥用，提高抗诉的公平性、权威性，确保抗诉质量。

4. 裁判执行的监督权。法院对民事公益诉讼所作出的生效裁判，检察机关应对其是否得到充分、有效地执行享有监督权。现在法院生效裁判执行难问题比较突出。由于民事公益诉讼裁判大部分都是一些重大的案件，所牵涉的社会关系也必然十分复杂，不仅有经济上的联系，还可能涉及政治层面，更有可能涉及国家体制中的某些深层次问题，这都可能使执行工作面临更大的困难。但如果法院支持了检察机关的诉讼请求而最终得不到执行的话，则只是一纸空文，诉讼目的仍得不到体现。所以，检察机关必须享有执行监督权，这可使裁判所确定的权利义务得到有效落实，有利于国家利益和社会公共利益的维护。

检察机关提起公益诉讼的诉前程序研究

许志鹏*

一、检察机关提起公益诉讼诉前程序的概念和特征

（一）检察机关提起公益诉讼诉前程序的概念

诉前程序，顾名思义，就是诉讼之前必须或可能经过的前置程序，检察机关提起公益诉讼的诉前程序就是指检察机关提起公益诉讼之前必须或可能经过的程序。全国人民代表大会常务委员会《关于授权最高人民检察院在部分地区开展公益诉讼试点工作的决定》指出，提起公益诉讼前，人民检察院应当依法督促行政机关纠正违法行政行为、履行法定职责，或者督促、支持法律规定的机关和有关组织提起公益诉讼。《人民检察院提起公益诉讼试点工作实施办法》（以下简称《实施办法》）的第13条①和第40条②作了更详尽的规定。结合以上内容来看，可以将检察机关提起公益诉讼的诉前程序定义为：检察机关提起公益诉讼之前，必须向相关行政机关或社会组织发出检察建议，督促其履行监管职责或行使诉讼权利的法定程序。

（二）检察机关提起公益诉讼诉前程序的特征

由于公益诉讼作为新生事物，人民检察院提起公益诉讼制度处于探索建立阶段，诉前程序作为新生制度，同样面临着很多问题。如诉前程序与一般程序

---

* 福建省人民检察院民事检察处处长，第一届、第二届全国检察理论研究人才，中国检察学研究会基础理论专业委员会、民行检察专业委员会理事。

① 《实施办法》第13条规定，“人民检察院在提起民事公益诉讼之前，应当履行以下诉前程序：（一）依法督促法律规定的机关提起民事公益诉讼；（二）建议辖区内符合法律规定条件的有关组织提起民事公益诉讼。有关组织提出需要人民检察院支持起诉的，可以依照相关法律规定支持其提起民事公益诉讼。法律规定的机关和有关组织应当在收到督促起诉意见书或者检察建议书后一个月内依法办理，并将办理情况及时书面回复人民检察院。”

② 《实施办法》第40条规定：“在提起行政公益诉讼之前，人民检察院应当先行向相关行政机关提出检察建议，督促其纠正违法行为或者依法履行职责。行政机关应当在收到检察建议书后一个月内依法办理，并将办理情况及时书面回复人民检察院。”

之间的区别，诉前程序具有怎样的法律效力，诉前程序检察建议的法律效果等问题，都有待检察机关在实践中进一步探索予以澄清。从目前的司法实践来看，诉前程序具有以下特点：

1. 诉前程序是检察机关维护公共利益的重要手段。检察机关通过向相关单位发出诉前程序检察建议，其并不是为了事后的诉或不诉，而在于维护国家和社会公共利益。诉前程序作为公益诉讼的前置程序，要牢牢把握公益这个核心，对不具有公共性的利益发出的检察建议，则不符合诉前程序的实质性要件。实践中，大多数公益受损问题也是通过诉前检察建议纠正。2015 年 7 月至 2016 年 6 月，开展公益诉讼的试点地区检察机关办理的 1047 件行政公益诉讼诉前程序案件中，行政机关采纳检察建议纠正违法或履行职责的有 814 件①，诉前程序是检察机关解决公益受损问题的重要方式。

2. 诉前程序是检察机关履行法律监督职责的体现。检察权是我国国家权力体系中相对独立的特殊权力，由立法权衍生，其不仅包含对审判权的法律监督，更包含对行政权的监督。检察机关以提起公益诉讼为后盾力量，向相关单位发出检察建议，督促相关主体在一定时限内提起诉讼或纠正违法，依法行使了检察权对行政权的监督。通过诉前程序督促行政机关纠正了违法行政行为或者履行了法定职责，同样是公益诉讼工作取得的成效。

3. 诉前程序是认定法律规定的机关未依法履职的证据。这一特点集中体现在行政公益诉讼中。在提起行政公益诉讼之前，检察机关应当先行向相关行政机关提出检察建议，督促其纠正违法行为或者依法履行职责。行政机关收到诉前程序的检察建议后依法履职了，诉前程序收到效果，自然没有下一步适用公益诉讼程序的需要。只有当对行政机关诉前程序检察建议未取得实际效果时，国家或社会公共利益仍然处于被侵害状态时，检察机关才提起行政公益诉讼。诉前程序作为认定法律规定的机关未依法履职的证据，印证了检察机关提起公益诉讼的正当性。

4. 诉前程序是公益诉讼谦抑性的集中反映。维护公共利益是相关行政机关的法定职责，通过公益诉讼维护公共利益一定程度上可以弥补行政执法的不足，但不能代替行政执法。公益诉讼是立法者针对私益诉讼救济不充分、不足够的情况而提供的辅助性、补充性的手段，其适用应当具有谦抑性。习近平总书记在审议检察机关提起公益诉讼试点方案时强调，要妥善用好诉讼这一监督方式，诉讼是最后手段，之前要充分发挥检察建议等手段的作用。通过诉前程

① 《检察机关公益诉讼试点全面"破冰"13 个试点地区均提起公益诉讼》，载法制网，http: //www. legaldaily. com. cn/locality/content/2016 – 07/19/content_ 6726165. htm? node = 37232.

序给行政权与检察权之间一个缓冲的空间，集中体现了公益诉讼的谦抑性。

二、司法实践中诉前程序存在的困难和问题

（一）公益诉讼诉前程序的司法实践

自2015年7月1日全国人大常委会授权检察机关开展公益诉讼试点工作以来，检察机关积极探索，稳妥推进，取得了阶段性的成果。截至2016年6月30日，北京市石景山区检察院对该市工商行政管理局石景山分局不依法履行职责行为，向区法院提起行政公益诉讼，至此，检察机关公益诉讼试点已全面“破冰”，全国13个试点地区均提起公益诉讼。截至2016年6月，试点地区检察机关共在履行职责中发现公益诉讼案件线索1942件[①]，办理诉前程序案件1106件。下文以最高人民检察院已公布的32起公益诉讼案件（截至2016年8月25日）[②] 为例，分析公益诉讼中诉前程序存在的问题。

序号	提起诉讼单位	类型	采用形式	督促对象	针对情形	取得效果
1	山东省庆云县检察院	行政	检察建议	环保部门	在监管过程中存在违法行为	有回复，未依法正确履职
2	贵州省锦屏县检察院	行政	检察建议	环保部门	怠于履行职责	未回复，也未履行监管职责
3	福建省清流县检察院	行政	检察建议	环保部门	怠于履行职责	有回复，但未履行监管职责
4	江苏省常州市检察院	民事	辖区内无提起公益诉讼的其他适格主体的，没发检察建议	——	——	直接提起民事公益诉讼
5	江苏省徐州市检察院	民事	督促起诉意见书	三家社会组织	告知其有权向法院提起诉讼	复函称目前尚不具备开展公益诉讼的能力

① 《检察机关公益诉讼试点全面“破冰”13个试点地区均提起公益诉讼》，载法制网，http://www.legaldaily.com.cn/locality/content/2016-07/19/content_6726165.htm?node=37232.

② 案例来源于最高人民检察院网上发布厅所公布案例，数据并未包括该期间检察机关提起的全部公益诉讼案件。

续表

序号	提起诉讼单位	类型	采用形式	督促对象	针对情形	取得效果
6	广东省肇庆市检察院	民事	辖区内无提起公益诉讼的其他适格主体的，没发检察建议	——	——	直接提起民事公益诉讼
7	安徽省蚌埠市淮上区检察院	行政	检察建议	国土部门	怠于履行职责	有回复，但未履行监管职责
8	贵州省六盘水市六枝特区检察院	行政	检察建议	镇政府	怠于履行职责	有回复，但未履行监管职责
9	广东省广州市检察院	民事	辖区内无提起公益诉讼的其他适格主体的，没发检察建议			直接提起民事公益诉讼
10	湖北省十堰市郧阳区检察院	行政	检察建议	镇政府	不依法履行职责	有回复，但未履行监管职责
11	江苏省泰州市检察院	民事	检察建议	江苏省环保联合会	建议提起民事公益诉讼	回复不提起
12	云南省普洱市检察院	民事	辖区内无提起公益诉讼的其他适格主体的，没发检察建议	——	——	直接提起民事公益诉讼
13	江苏省苏州市吴江区检察院	行政	检察建议	国土部门	怠于履行职责	仍未依法正确履行职责
14	广东省汕头市检察院	民事	辖区内无提起公益诉讼的其他适格主体的，没发检察建议	——	——	直接提起民事公益诉讼
15	陕西省凤翔县检察院	行政	检察建议	环保部门	怠于履行职责	有回复，但仍未履职到位
16	甘肃省酒泉市肃州区检察院	行政	检察建议	财政部门	怠于履行职责	有回复，但仍未履职到位

续表

序号	提起诉讼单位	类型	采用形式	督促对象	针对情形	取得效果
17	江苏省盐城市检察院	民事	辖区内无提起公益诉讼的其他适格主体的，没发检察建议	——	——	直接提起民事公益诉讼
18	湖北省检察院汉江分院	民事	辖区内无提起公益诉讼的其他适格主体的，没发检察建议	——	——	直接提起民事公益诉讼
19	广东省深圳市宝安区检察院	行政	检察建议	国土部门	滥用职责	仍未对违法行为进行纠正
20	福建省南平市光泽县检察院	行政	检察建议	农机补贴管理部门	不依法履行职责	仍未依法正确履行职责
21	山东省临沂市检察院	民事	辖区内无提起公益诉讼的其他适格主体的，没发检察建议	——	——	直接提起民事公益诉讼
22	福建省三明市检察院	民事	检察建议	中华环保联合会	建议提起民事公益诉讼	回复不提起
23	陕西省府谷县检察院	行政	检察建议	国土部门	未依法履行法定监管职责	有回复，仍未依法履行法定监管职责
24	陕西省留坝县检察院	行政	检察建议	国土部门	未依法履行法定监管职责	有回复，仍未依法履行法定监管职责
25	内蒙古自治区包头稀土高新技术开发区检察院	行政	检察建议	国土部门	怠于履行职责	有回复，仍未依法履行法定监管职责
26	内蒙古自治区正蓝旗检察院	行政	检察建议	草原管理部门	怠于履行职责	未依法履行法定监管职责

续表

序号	提起诉讼单位	类型	采用形式	督促对象	针对情形	取得效果
27	内蒙古自治区苏尼特左旗检察院	行政	检察建议	草原管理部门	怠于履行职责	有回复，仍未依法履行法定监管职责
28	安徽省阜南县检察院	行政	检察建议	市容管理部门	违法履行职责	有回复，仍未依法整改
29	甘肃省宕昌县检察院	行政	检察建议	水利部门	不依法履行职责	有回复，仍未整改到位
30	甘肃省永登县检察院	行政	检察建议	林业部门	怠于履行职责	仍未依法履行职责
31	甘肃省白银市景泰县检察院	行政	检察建议	财政部门	怠于履行职责	未回复，且未依法履行职责
32	山东省莱西市检察院	行政	检察建议	水利部门	不依法履行职责	有回复，但未依法履行法定监管职责

（二）公益诉讼诉前程序存在的问题

1. 采用形式不统一。在已提起公益诉讼的32件公益诉讼案件中，11件属于民事公益诉讼，21件属于行政公益诉讼案件。21件行政公益诉讼案件均采用检察建议的方式督促行政机关依法履行职责或纠正违法行为，11件民事公益诉讼中，8件由于辖区内无提起公益诉讼的其他适格主体未履行诉前程序，2件发检察建议，1件向社会组织发了督促起诉意见书。根据《民事诉讼法》的规定，社会组织是“可以”而非应当“提起”公益诉讼，其提起公益诉讼属于权利，而非义务，不存在督促的问题。诉前程序中采用督促起诉意见书的形式有待商榷。整体上来看，诉前程序采用的形式还不够统一，有待下一步继续规范。

2. 诉前程序检察建议的“诉前”属性不强。诉前建议的内容与行政公益诉讼的诉讼请求之间没有延续性。诉前程序检察建议应当在充分调查核实的基础上，指出被督促机关应当依法履行的法定职责、法律依据及违法行使职权或不作为等违法情形。但是，部分诉前程序检察建议过于原则和宽泛，如笼统地建议依法改进工作、强化监管职责、加强宣传或提升行政执法人员素质等。这类案件占到了一定比例，导致后续公益诉讼提出的诉讼请求与检察建议的主要内容无法匹配，没有延续性。

3. 操作性不强。一是社会组织分布不均衡的问题。社会组织多的地区，检察机关难以完成诉前程序，社会组织少甚至没有的地区则无需完成诉前程序。如北京市仅市民政局注册的环境公益组织有1500余家，还不包括民政部和各区民政局注册的组织。如果要履行诉前程序，全部发检察建议，难以穷尽全部的公益组织，诉前程序难以履职到位。而绝大多数地区情况则相反，往往没有符合条件的社会组织，以上11件民事公益诉讼，就有8件由于辖区内无提起公益诉讼的其他适格主体的而未履行诉前程序。二是回复期限难以把握。根据《实施办法》的规定，相关机关或组织在收到检察建议应当在一个月内依法办理，并将办理情况及时书面回复检察院。但部分案件客观上无法一个月完成相应工作，如恢复植被等，且部分案件行政机关履职可能涉及行政相对人申请复议、提起诉讼等，难以做到纠正违法行为或全面履行职责。三是行政机关是否履职的标准不明确。在21件行政公益诉讼案件中，行政机关有回复的有14件，未回复的有2件，其他5件未明确体现回复情况。大多数行政机关对诉前程序检察建议，都会在法定期限内给予书面回复，但书面回复内容针对性不强、整改措施不具体，如行政机关要采取完善机制、加大宣传力度等措施，行政机关是否充分履职无法作出完全清晰的判断。

三、诉前程序的必要性和可行性分析

（一）行政公益诉讼诉前程序的必要性和可行性

1. 保持了公益诉讼的谦抑性，节约了司法资源。设立诉前程序的一个重要目的是发挥行政机关履行职责的能动性，有效节约司法资源。提起行政公益诉讼是穷尽其他救济途径后的最后手段，检察机关代表国家和公共利益依法行使法律监督权，应当保持谦抑，尤其是行政公益诉讼对于公共利益采取的是公权力的救济手段，其起诉对象是国家行政机关，在穷尽其他救济手段之前，检察机关不宜过早引入诉讼途径。因此，对于行政公益诉讼，检察机关在先期调查取得违法事实基础上，先向涉嫌违法的行政机关提出检察建议，最大限度地节约诉讼成本和司法资源。

2. 为检察机关提起行政公益诉讼提供了正当性基础。全国人民代表大会常务委员会《关于授权最高人民检察院在部分地区开展公益诉讼试点工作的决定》规定了检察机关有权提起行政公益诉讼，这是目前行政公益诉讼最重要的法律依据。诉前程序作为认定法律规定的行政机关未依法履职的证据，为检察机关依法监督行政权提供了正当性基础，解决了在涉及国家和社会公共利益时检察权对行政权监督的法理依据问题。在行政公益诉讼中采取检察建议前置，“先礼后兵”的方式，有利于更好的协调检察机关与行政机关之间的关系，加强司法机关与行政机关之间的联系与沟通，从而更好地促进行政机关改进行政措施、履行行政管理职能，在某种程度上也避免了检察机关干涉行政权的嫌疑。

（三）民事公益诉讼诉前程序的必要性和可行性

如上文所述，行政公益诉讼的诉前程序的设置既十分必要，可行性也很强。但对于民事公益诉讼而言，诉前程序的必要性和可行性相对较小，其设置的合理性有待商榷。具体说来，主要包括以下几方面：

1. 必要性不强，达不到节约诉讼资源的目的。在试点阶段，检察机关将依法督促或者支持法律规定的机关或有关组织作为提起民事公益诉讼的前置程序，这无可厚非，但如果从制度设计的合理性考虑，在民事公益诉讼中设置该诉前程序，必要性不强，达不到节约诉讼资源的目的。一是经过检察机关的督促或者支持，由法律规定的机关或有关组织作为原告提起民事公益诉讼。该情形下检察机关没做成原告而是支持社会组织做了原告，整体上诉讼并没有减少，无法实现诉前程序节约司法资源的目的。且在民事公益诉讼中，检察机关的诉讼能力也优于社会组织，诉前程序客观上造成劣币驱逐良币的结果，并不合理。二是经过检察机关的督促或者支持，法律规定的有关组织仍不提起民事公益诉讼，最后还是由检察机关作为原告提起民事公益诉讼。这无形中变相规定了检察机关在诸多的民事话格原告中处于最后次序，同样没有达到诉前程序节约司法资源的目的，反而增加适格主体之间相互推诿的成本。

2. 可行性不强，且与部分审判功能存在重叠。如前文所述，各地的社会组织分布存在十分不均衡的现象，社会组织多的地区难以完成诉前程序，社会组织少甚至没有的地区则无需完成诉前程序。社会组织多的地区，诉前程序难以穷尽全部的公益组织，难以履职到位。且最高人民法院《关于审理环境民事公益诉讼案件适用法律若干问题的解释》已经规定了人民法院在受理民事公益诉讼案件后有告知行政机关并向社会公告案件受理情况的义务，其他机关和社会组织有权申请参加诉讼。人民法院的公告和诉前程序的功能存在重叠，且理论上公告可视为穷尽社会组织，功能则更为完备。且在实践中，也出现了检察机关履行完诉前程序起诉后、社会组织又申请加入民事公益诉讼的案例①。从这个意义上看，绝大多数的民事公益诉讼的诉前程序的设置，需要进一步斟酌其合理性和可行性。

四、科学构建诉前程序的工作机制

（一）确定诉前程序的法定性

诉前程序作为连接检察权和行政权的第一道桥梁，在诉讼法上具有特殊的法律地位和价值，应当依法确立诉前程序的法律地位。诉前程序应当具有法定性：一是法律规定必须经过诉前程序的，未依法履行诉前程序，检察机关不得提起公益诉讼；二是诉前程序的范围和履行方式、内容都具有法定性，不符合法律规定的范围和履行方式、内容不符合法律规定的，不发生诉前程序的效果；三是诉前程序的后果具有法定性。拒不采纳诉前程序检察建议的，检察机关有权提起公益诉讼，并将诉前程序作为认定法律规定的机关未依法履职的重要依据，构成犯罪的，依法追究其刑事责任。

（二）明确检察机关履行诉前程序的适用范围

如前文所述，行政公益诉讼的诉前程序的设置既十分必要，可行性也很强，而民事公益诉讼诉前程序的设置必要性和可行性相对不强，设置显得并不十分合理。笔者认为，行政公益诉讼的诉前程序应以履行诉前程序为原则、以不履行诉前程序为例外，民事公益诉讼的诉前程序应以不履行诉前程序为原则，以履行诉前程序为例外。具体说来，特殊情况主要有：在行政公益诉讼方面，可以参照《行政诉讼法》第 47 条第 2 款的规定，在紧急情况下要求行政机关依法履行职责的，行政机关不履行的，这种情况下则可不受诉前程序的限制；在民事公益诉讼方面，《民事诉讼法》第 55 条规定了法律规定的机关和有关组织有权提起诉讼，对法律规定的机关，如海洋环境保护法规定的海洋环境监督管理部门，检察机关应发出诉前程序检察建议；又如，对社会组织之前已起诉过的民事公益诉讼案件，在原案基础上衍生出的关联公益诉讼，检察机关要对该类关联诉讼提起公益诉讼，应履行诉前程序。当然，对诉前程序的适用范围，需要在实践中进一步摸索明确。

（三）完善诉前程序的内容和方式

在具体制度设计时，要重点突出诉前的属性，科学完善诉前程序的内容和

---

① 参见《中国绿发会申请以原告身份参加盐城市人民检察院提起的环境公益诉讼》，载 http://tieba.baidu.com/p/4705482101.

方式。一是要牢牢抓住公益这个核心。只有案件类型纳入公益诉讼范围的，该检察建议才属于诉前程序，否则只是一般的检察建议。二是检察机关履行诉前程序的方式应为检察建议，在文书的格式上要指出被督促机关应当依法履行的法定职责、法律依据及违法行使职权或不作为等违法情形，重点体现诉前程序的法律后果。三是合理确立行政机关履职判断标准。如果根据法律规定，行政机关确实已穷尽了自身可以履行的职责范围，则应视为履职，也不应发出诉前程序检察建议。总之，科学设计诉前程序制度，要考虑到被诉对象的特点、公益诉讼本身的制度特点和规律性，以和民事公益诉讼和行政公益诉讼的具体规定相衔接，充分发挥好诉前程序的制度价值。

检察机关提起公益诉讼诉前程序疑难问题探讨

黄定海[*]　李其容[**]

党的十八届四中全会提出探索建立检察机关提起公益诉讼制度以来，最高人民检察院在北京、内蒙古等多个省份开展公益诉讼试点工作。期间，最高人民检察院先后印发了《检察机关提起公益诉讼改革试点方案》、《关于开展检察机关提起公益诉讼试点工作的通知》、《人民检察院提起公益诉讼试点工作实施办法》，对试点工作作出全面部署。截至2016年3月，试点地区提起公益诉讼的案件共计12件，主要集中在环境污染领域。检察机关在办理这批公益案件过程中取得了良好的社会效果，强化了检察机关作为法律监督机关的职能和地位。公益诉讼作为一种新的法律制度，各试点地区在开展过程中出现了认识、做法等不一致的具体问题，这需要在后续的立法中进行进一步的规范和完善。本文重点围绕公益诉讼诉前程序可能出现的问题进行分析和研判。

一、公益诉讼诉前程序的现行规定

根据最高人民检察院下发的《人民检察院提起公益诉讼试点工作实施办法》（以下简称《实施办法》）中的规定，检察机关在办理民事公益诉讼时要履行必要的诉前程序，即检察机关在提起民事公益诉讼之前，应当依法督促或者支持法律规定的机关或有关组织提起民事公益诉讼。法律规定的机关和有关组织应当在收到督促或者支持起诉意见书后一个月内依法办理，并将办理情况及时书面回复检察机关。在提起行政公益诉讼之前，检察机关应当先行向相关行政机关提出检察建议，督促其纠正违法行政行为或者依法履行职责。行政机关应当在收到检察建议书后一个月内依法办理，并将办理情况及时书面回复检察机关。

---

* 湖北省武汉市江岸区人民检察院党组书记、检察长。

** 湖北省武汉市江岸区人民检察院民事行政检察部书记员。

简言之，检察机关不能直接作为公益诉讼人向法院提起诉讼，必须先督促有关组织起诉或者行政机关自行纠正，以符合检察机关作为法律监督机关的谦抑性原则。以山东检方提起全国首例公益诉讼为例，山东省庆云县人民检察院在审查某公司污水处理厂涉嫌污染环境罪案件时，发现该公司在未通过环保设施竣工验收的情况下长期违法生产，排放污水造成环境污染。检察机关根据相关规定向环保部门发出检察建议，要求其履行法定职责。在环保局未依法正确履行监管职责的情况下，检察机关向庆云县人民法院依法提起行政公益诉讼。[①] 在正式提起诉讼前，庆云县检察院依法履行了督促行政机关纠正违法行为的法定程序。对于民事公益诉讼，检察机关应首先支持相关的社会组织和机构提起公益诉讼，在该组织不能提起诉讼或所在地区无相关组织机构时，再以公益诉讼原告的身份提起诉讼。[②]

二、公益诉讼诉前程序的必要性

检察机关作为法律监督机关，具有宪法所赋予的检察权。在公益诉讼中，检察机关的终极目的是维护国家和社会公共利益。但检察权的谦抑性决定了检察机关在行使监督职能时不得干预行政机关的正常行政活动，不得代替相关组织的职能。诉前程序的设定正是检察权谦抑性的体现，同时有助于提高司法效率，最大程度维护社会公益。

（一）有助于发挥行政机关自主权，避免司法资源浪费

行政机关具有法定的行政执法权，在处理违法行为时更具专门性。行政管理职能决定了行政机关效率优先的原则，使得行政机关更高效地进行社会管理。特别是行政复议制度的设计，已经赋予行政相对人快速、有效的救济渠道。行政公益诉讼诉前程序的设定也是为了在行政机关的违法作为或不作为侵害社会公众利益时，行政机关可以及时进行自我纠正，避免损失扩大。在行政机关改正后，不利后果已经消除的情况下，检察机关便无需再向法院进行诉讼，避免了司法资源的浪费。只有当行政机关拒不作为或者逾期未答复，检察机关才应提起公益诉讼，以维护社会公益。

① http：//news. ifeng. com/a/20151221/46771440. 0. shtml，2016 年 8 月 22 日访问。

② 以徐州市人民检察院诉徐州市鸿顺造纸有限公司民事公益诉讼为例，徐州市检察院向徐州市符合提起民事公益诉讼主体资格的三家社会组织发出了督促起诉意见书，而这三家社会组织均复函明确表示，无法承担公益诉讼的主体责任。徐州市检察院于 2015 年 12 月 22 日向徐州市中级人民法院提起民事公益诉讼。

(二) 有助于发挥社会组织的专业技能

根据《实施办法》的要求，民事公益诉讼集中于“污染环境、食品药品安全领域”，行政公益诉讼着眼于“生态环境和资源保护、国有资产保护、国有土地使用权出让”。术业有专攻，这些领域有别于检察机关擅长的刑事侦查、刑事犯罪，相对于行政机关以及相关社会组织，检察机关的专业储备不足。活跃在环境保护领域的中华环保联合会[①]等社会组织，长年致力于环境保护事业，对于环境污染的调查、评测，证据的保存等更具专业性。检察机关通过诉前程序可以促使相关社会组织提起告诉，即使社会组织不起诉时，检察机关也可通过诉前程序与相关社会组织进行沟通，借助其专业知识，固定证据、鉴定损失大小。

(三) 有助于完善检察机关多元化监督方式

根据2012年修改后的民事诉讼法，以及最高人民检察院下发的《人民检察院民事诉讼监督规则（试行)》、《人民检察院行政诉讼监督规则（试行)》，人民检察院的监督方式从过去单一的抗诉模式，逐渐发展为检察建议、提起公益诉讼、提请（出）抗诉等多种手段，监督范围也发展到诉前监督、诉中监督及诉后监督。检察机关的监督范围深入诉讼的方方面面，以维护司法的公正，实现司法正义。公益诉讼诉前程序是多元监督发展的应有之义，有助于推动检察创新工作的发展。

三、域外公益诉讼诉前程序考察

公益诉讼制度在我国的发展刚刚起步，在西方已经历经了数十年的变迁。随着工业革命带来的工业污染，大范围的环境破坏案件层出不穷，日本的水俣病、美国的洛杉矶光化学烟雾事件、英国的伦敦毒雾事件，这些严重的污染事件促使西方立法的完善。同时，随着民权运动的兴起，社会团体组织在保护公共利益的案件中发挥着越来越重要的作用。通过对这些国家公益诉讼制度，特别是诉前制度的研究与比较，有助于我国公益诉讼诉前程序的合理构建。

(一) 美国

作为英美法系的代表，美国的公益诉讼制度历经数十年的发展，至今已趋于完善，其公益诉讼制度通过各个判例法确定下来。

美国的诉讼程序只有民事诉讼和刑事诉讼两种，因而对于行政机关的行政诉讼也适用于民事诉讼法。《清洁水法》、《清洁空气法》、《反欺骗政府法》

---

① 经国务院批准，在民政部注册的专注于环保事业的非营利性社会组织。

等多部法律中都赋予了私人进行起诉的权利。美国《清洁水法》规定，任何公民如果没有在起诉前60日将起诉通告联邦环保局，禁止公民根据《清洁水法》提起诉讼。[①] 即公民在提起公益诉讼前60日内，要履行告知联邦环保局的法定义务，作为诉讼的前置程序。未经此程序者，法院不予受理。美国反欺骗政府法也有类似规定。公民以个人身份提起诉讼时，需要在诉前通知美国联邦司法部，该部在收到诉状后60日之内必须作出是否参与并为主要原告的决定。如果司法部决定不参与，个人可以自己起诉。如果司法部参与，个人仍是原告之一。[②]

美国司法审查强调穷尽行政救济原则，即当事人没有穷尽一切行政救济手段之前，不能进入司法程序。当事人在寻求救济时首先必须利用行政内部存在的、最近的和最简便的救济手段，然后才能请求司法救济。这一原则主要依据就在于使行政系统内部有自我改正错误的机会，减少司法审查的需要，使法院有限的人才和财力更有效地利用。[③]

（二）英国

英国的公益诉讼与美国类似，主要是由检察机关承担了公益诉讼的职责。检察长最早是作为国王的代理人而发展起来的，对涉及王室的纠纷代表国王出庭参加诉讼。英国的公益诉讼主要有两种形式，一是检察机关直接提起的诉讼；二是“检举人”诉讼，即当事人只有在自己的合法权益受到不正当行为损害时才能向法院提起诉讼，或者经过检察总长的同意，以检察长的名义进行起诉。但英国公民提起公益诉讼之前，必须通知并要求有关国家机关制止损害社会公共利益的违法行为或者提起诉讼，当有关国家机关不作为时，公民才可径行提起诉讼。[④] 检察官或者公民在提起公益诉讼之前，也必须履行通知的诉前程序，使行政机关可以审查自己行为的合理性。

（三）德国

德国作为大陆法系的代表，其公益诉讼制度的发展有其特有的社会、历史、文化等背景。近代以来，德国法律有关公益诉讼主要体现在团体诉讼。

在民事领域，主要表现为团体诉讼。所谓团体诉讼，指的是在社会公众利益受到损害时，由法定的组织或社会团体作为原告进行起诉，请求法院禁止对

① 陶红英：《美国环境法中的公民诉讼制度》，载《法学评论》1990年第6期。

② 高小田：《美国政府实施反欺骗政府法》，载《法制日报》1990年4月20日。

③ 王名扬：《美国行政法》，中国法制出版社1995年版，第651～653页。

④ 郝海青：《环境公益诉讼中的前置程序研究》，载《中国海洋大学学报（社会科学版）》2010年第2期。

方行为或要求损害赔偿的一种特殊诉讼制度。团体诉讼是信托理论的发展产物，受到损害的社会大众将自己的权利“信托”给具有法定资格的社会团体，由这些社会团体进行诉讼。作为适格的公益团体，必须具备一定的条件：(1) 具有权利能力；(2) 为实现法定的保护利益，该诉讼的目的属于该团体章程所定的目的；(3) 为担保团体有进行诉讼的充分经济能力，还具有一定的资金；(4) 团体应当具有一定数目的成员，其所能代表的观念有普遍性。法律对能提起诉讼的社会团体进行了资格限制。例如，根据《环境司法救济法》规定，环境团体要提起环境团体诉讼，必须首先获得资格确认。实体条件主要有五个方面：一是该团体章程确定的主要目的是环境保护；二是到确认时至少已存在三年且积极从事环境公益活动；三是已经适当履行其职责；四是按照德国税法典的规定以促进公益为目的；五是建立民主决策机制。①

（四）我国台湾地区

我国台湾地区立法深受日本法的影响，公益诉讼主要集中在环境保护领域。涉及的法律条文集中于“行政诉讼法”、“环境基本法”、“环境影响评估法”及“环境保护领域”的几个特别法。

1998 年修订的“行政诉讼法”第 9 条规定：“人民为维护公益，就无关自己权利及法律上利益之事项，对于行政机关之违法行为，得提起行政诉讼。但以法律有特别规定者为限。”“环境基本法”第 34 条规定：“各级政府疏于执行时，人民或公益团体得依法律规定以主管机关为被告，向行政法院提起诉讼。行政法院为判决时，得依职权判令被告机关支付适当律师费用、监测鉴定费用或其他诉讼费用予对维护环境质量有具体贡献之原告。空气污染防治法、水污染防治法等单行法中都规定了公益诉讼相关内容。

台湾地区相关法律大多规定，主管机关疏于执行时，当事人应当以书面告知主管机关，在主管机关于书面告知送达之日起 60 日内仍未依法执行时方得提起行政诉讼。这一提起诉讼之前的过滤机制，一方面，尊重行政机关行使职权，给予行政主体充分的自我纠错的机会；另一方面，也使得进入诉讼的是少数真正具有法律争议的案件，从而发挥法院合法性审查的优势，避免司法资源和社会资源浪费。②

台湾地区公益诉讼的立法制度与其社会经济发展密不可分。1970 年台湾经济发展，政治结构不断改革，民主意识显著增强，民众的自力救济成为环境

① 谢伟：《德国环境团体诉讼制度的发展及其启示》，载《法学评论》2013 年第 2 期。

② 林莉红：《台湾地区行政公益诉讼的立法与实践——“以美丽湾案”为切入点》，载《武汉大学学报（哲学社会科学版）》2016 年第 2 期。

保护的中坚力量。反映在立法中，即公益诉讼制度的建立和完善。另外，司法的独立也在一定程度上保证了公民提起公益诉讼得以胜诉之可能。为了避免滥诉的风险，也设置了诉前程序以保障行政权的有效运行。

通过上述分析可以看出，大陆法系和英美法系对于公益诉讼诉前程序的规定有共性也有各自的特性。两大法系都强调在提起公益诉讼之前，起诉人要穷尽行政救济手段，将诉讼理由告知相应的行政管理机构。一方面，可以督促行政机关及时纠正自己的错误，履行相应的行政行为；另一方面，行政机关对诉争事由可进行专业判断，以行政强制力确保执行的效率，避免了滥诉的产生。

另外，英美法系国家大多采取事前审查模式，即在提起公益诉讼前履行法定程序才可提起告诉，大陆法系国家则采取直接起诉模式。比如德国宪法规定，任何公民只要认为某项法律侵犯了宪法保障的权利，无论侵权案件是否发生，也不论是否涉及本人的利益，都能提起这种诉讼。[①] 只对原告资格进行了限制。在德国必须穷尽了行政救济的途径才可以提起环境公益诉讼，其目的在于充分发挥行政权的主导性。总体而言，各国诉前制度的不同是由其各自立法传统所决定，但殊途同归，都是为了对公益诉讼这一诉讼权利的限制，防止滥诉。

四、公益诉讼诉前程序中存在的问题及对策

从上文的分析可以看出，公益诉讼诉前程序的设定是发挥行政救济，提升司法效率的必要渠道。实行事前审查的国家在正式向法院起诉前要履行通知行政机关的法定义务，直接起诉的国家则采取对原告资格进行严格限制，主张穷尽行政救济手段的情况下才能提起诉讼。在我国今后对公益诉讼正式立法时，应当予以借鉴，针对不同的诉讼类型，设定相应的诉前审查程序。由于我国一直以来以行政权为主导的社会发展模式，在公益诉讼发展中有自己的特殊国情，即社会组织力量较为薄弱，难以承担维护公共利益之职责。因而检察机关应肩负保护社会公共利益的职责。

自开展检察机关提起公益诉讼试点工作以来，截至今年6月底，全国各地区办理诉前程序案件共计1106件。其中，民事公益诉讼诉前程序案件59件，行政公益诉讼诉前程序案件1047件。民事公益诉讼诉前程序案件中，相关社会组织提起公益诉讼11件，占18.64%；相关社会组织不起诉或不回复的16件，占27.11%；辖区内无符合条件社会组织的29件，占49.15%。行政公益诉讼诉前程序案件中，相关行政机关纠正违法或履行职责的共计814件，占

① 韩志红、阮大强：《经济公益诉讼的理论与实践》，法律出版社1999年版，第250页。

77.75%；行政机关逾期未纠正违法或履行职责的 102 件，占 9.74%，尚未到 1 个月回复期限的 131 件，占 12.51%。

从数据中可以看出，我国公益诉讼的诉前程序以行政公益诉讼为主体，案件量相对较大，检察机关属于提起公益诉讼的中坚力量。在民事公益诉讼诉前程序中，因相关社会组织不起诉或无对应社会组织等情形，初步形成以检察机关为主导，相关社会组织为补充的工作局面；在行政公益诉讼诉前程序中，相关机关配合度较高，对检察机关提出的检察建议回复率较高。在办理公益诉讼案件过程中，各基层院以《实施办法》为操作指南，《实施办法》作为试点期间的过渡性文件，给我国公益诉讼的开展提供了法律依据，但在实践中也出现一些具体操作上亟待解决的新问题，《实施办法》中对于诉前程序规定的合理性也有待进一步探讨。

（一）诉前程序是否是必经程序，有无例外情形

根据最高人民检察院下发的《实施办法》第 13 条、第 40 条可以看出①，诉前程序是检察机关启动公益诉讼的必经程序，没有例外的规定。但设置公益诉讼的终极目的是保护社会公共利益。公共利益涉及范围广、内涵丰富，不可一一列举和概括，侵害公益的情形也随着社会发展处在不断变化之中，在实践中可能会出现公共利益受到紧迫威胁，不立即采取措施将会遭受重大损害的情形，或者有确切证据证明行政机关不会采取进一步的纠正行为，在此种情况下，若仍需通过诉前程序进行沟通和协调，将可能造成公共利益的重大损害，因而在设定诉前程序时，应当考虑例外的情形，即当社会公共利益收到紧迫威胁，不立即采取措施可能造成无法避免的重大损害或者行政机关不会对受诉行为进行处理，通过法院可以通过司法手段对社会公益进行保护时，可以允许检察机关直接向人民法院提起诉讼。

为了防止检察机关滥用公益诉讼起诉权，过度干预行政机关依法行政，此种例外情形应当予以严格限制。在试点工作期间，根据试点成果，总结经验，在正式立法时对例外情形进行列举式规定，根据不同违法情形设定诉前程序豁免范围。

① 《人民检察院提起公益诉讼试点工作实施办法》第 13 条规定："人民检察院在提起民事公益诉讼之前，应当履行以下诉前程序：（一）依法督促法律规定的机关提起民事工艺所能够；（二）建议辖区内符合法律规定条件的有关组织提起民事公益宋素。有关组织提出需要人民检察院支持起诉的，可以依照相关法律规定支持其提起民事公益诉讼。"第 40 条规定："在提起行政公益诉讼之前，人民检察院应当先行向相关行政机关提出检察建议，督促其纠正违法行为或者依法履行职责。行政机关应当在收到检察建议书后一个月内依法办理，并将办理情况及时书面回复人民检察院。"

（二）在诉前通知对象是多个时的处理

在民事公益诉讼领域，《民事诉讼法》第55条规定，对污染环境、侵害众多消费者合法权益等损害社会公共利益的行为，法律规定的机关和有关组织可以向人民法院提起诉讼。《环境保护法》第58条①、《消费者权益保护法》第47条②、《海洋环境保护法》第90条③等法律法规明确了可以提起诉讼的社会组织的条件。但由于我国社会各地区经济发展不平衡的客观现实，有些地区相关社会组织有两个以上，此时检察机关在履行诉前程序时应如何处理，在立法时应予以明确。例如，在环境保护领域，有"绿色和平组织"、"中华环保联合会"、"中华环保基金会"等多个民间组织，各组织业务范围有交叉和重合，覆盖范围有全国性也有各地域，性质有国际组织和国内组织之分。检察机关在履行诉前程序时，是向本地区每个组织都发送督促通知，等待至各民间组织回复，还是向特定组织发送督促起诉通知即表示履行诉前督促程序，是下一步立法中应当予以明确的。在徐州市检察院诉徐州市鸿顺造纸有限公司环境污染一案中，徐州市检察院在履行诉前程序时，向向徐州市符合提起民事公益诉讼条件的三家社会组织都发出了督促起诉意见书。在三家组织确认不提起公益诉讼后，检察机关以公益诉讼人的身份提起诉讼。

笔者认为，随着民间自治意识的增强，我国民间组织数量逐步递增，加上这些组织的业务范围有交叉，在立法设计时应当对各领域符合法律规定的社会组织进行梳理，汇总编纂名册，定期审查资质并调整。检察机关在履行诉前督促起诉时，通知范围以名册为限，避免了检察机关对各社会组织的资质审查，也有助于诉前督促程序的有效实现。

对于行政公益诉讼，当相对人为两个或两个以上行政机关时，检察机关发送检察建议的对象，笔者认为可以参考行政诉讼法和行政复议法的相关规定。《行政诉讼法》第26条第（四）项规定，两个以上行政机关作出同一行政行为的，共同作出行政行为的行政机关是共同被告。《行政复议法》第15条第1款第（四）项规定，对两个或者两个以上行政机关以共同的名义作出的具体

---

① 《环境保护法》第58条规定："对污染环境、破坏生态，损害社会公共利益的行为，符合下列条件的社会组织可以向人民法院提起诉讼：（一）依法在设区的市级以上人民政府民政部门登记；（二）专门从事环境保护公益活动连续五年以上且无违法记录。"

② 《消费者权益保护法》第47条规定："对侵害众多消费者合法权益的行为，中国消费者协会以及在省、自治区、直辖市设立的消费者协会，可以向人民法院提起诉讼。"

③ 《海洋环境保护法》第90条第2款："对破坏海洋生态、海洋水产资源、海洋保护区，给国家造成重大损失的，由依照本法规定行使海洋环境监督管理权的部门代表国家对责任者提出损害赔偿要求。"

行政行为不服的，向其共同上一级行政机关申请行政复议。笔者认为在履行诉前督促纠正或者履行行政行为时，应当通着具有管辖权的行政机关，当行政机关为两个或两个以上时，也需向其共同的上级机关进行通报。行政公益诉讼设置诉前程序的目的即使行政机关有自纠的机会，用行政手段保护保护社会公益，将督促履行或纠违的检察建议向各机关及其上级机关送达，促使行政机关予以重视，上级机关指导下级进行改正，以达到保护公益的目的。

（三）诉前程序的期限问题

《实施办法》中规定，有关组织和行政机关应当在收到检察机关的督促起诉或检察建议书之后一个月内依法办理，并将办理情况及时书面回复。一个月的办理期限是否合理？该期限是指着手办理还是办理完毕？笔者认为，一个月的期限较短，公益诉讼往往案件复杂，调查取证难度较大，一个月期限内办理结案难以实现，因而此处的一个月期限是给予社会组织和行政机关受理案件的时间。社会组织和行政机关在一个月内立案后，是否应当规定确定的办理期限？在未规定办理期限的情况下是否会出现故意拖延，规避起诉的情形？

笔者认为，诉前程序的价值之一是提高效率，不规定社会组织和行政机关的办理时限难以实现诉前程序的价值，因而在立法时应当考虑办理期限的规定。在超期社会公益仍处于受损状态时，检察机关仍可以履行公益诉讼人的职责。另外，由于各案不同，办理时限也难以“一刀切”，在立法时也应考虑延长的情形。

试论行政公益诉讼诉前程序中行政机关的履职标准

马 睿*

一、问题的提出

诉前程序是检察机关提起行政公益诉讼的前置程序，其目的在于督促行政机关纠正违法行为或积极履行法定职责。《检察机关提起公益诉讼改革试点方案》中规定，“在提起行政公益诉讼之前，检察机关应当先行向相关行政机关提出检察建议，督促其纠正违法行为或者依法履行职责，行政机关应当在收到检察建议书后一个月内依法办理，并将办理情况及时书面回复检察机关。经过诉前程序，行政机关拒不纠正违法行为或者不履行法定职责，国家和社会公共利益仍处于受侵害状态的，检察机关可以提起行政公益诉讼”。由此可见，诉前程序的监督效果将直接决定案件能否进入行政公益诉讼起诉程序。所谓诉前程序取得良好的监督效果，是指行政机关收到检察建议后，依法纠正违法行为或依法履行职责，有效保护国家和社会公共利益不再处于受侵害状态或处于受侵害状态之虞。因此，判断行政机关是否已经通过一系列的行为纠正违法或履行职责是判断案件能否进入行政公益诉讼起诉程序的关键。基于行政行为职权性的特点①，无论是纠正违法行为还是要求履行职责，实质皆是判断行政机关行使或不行使职权的行为是否合法，即行政机关是否在依法履行广义的法定职责。从已有的实践经验看，截至 2016 年 7 月底试点期间已过半，各试点检察

* 北京市人民检察院第一分院行政检察部司法辅助人员。

① 参见张金鉴：《行政学新论》，台湾月旦出版有限公司 1993 年版，第 12～15 页。

院共向人民法院提起行政公益诉讼 19 件，其中人民法院审结 7 件[①]。七件审结案例中，检察机关提起行政公益诉讼的诉讼理由集中于行政机关“未依法履行法定职责”，而行政机关的抗辩理由集中于“收到检察建议后，采取了一系列措施，已经履行法定职责”。可以说，在行政公益诉讼中，检察机关和行政机关在诉前程序中分别对“依法履职”作出判断，如果两机关通过对事实的审查、证据的认定作出的判断结果相同，即行政机关已经依法全面履职，案件将在诉前程序结束后终结；反之，如果两机关的判断结果不同，案件将进入行政公益诉讼起诉程序，即检察机关提起行政公益诉讼。

基于同样的事实和证据，检察机关与行政机关对是否履职作出不同判断的根本原因是两机关对“履职标准”的认识和把握不同。以湖北省十堰市郧阳区检察院诉郧阳区林业局未履行林业行政执行法定职责案为例，行政机关认为因自身不存在收缴逾期罚款的强制手段而不构成不作为，检察机关则认为行政机关作出行政处罚决定后未依法采取合理的手段和方式保证该处罚内容得到执行进而构成不作为。在行政公益诉讼中，督促行政机关积极履行法定职责、促进依法行政是诉前程序的主要功能和价值原点，检察机关能否依据科学、正确的履职标准作出行政机关是否履职的判断将直接关系到案件的走向和行政公益诉讼制度功能的实现，因此，厘定诉前程序履职标准具有重要意义。然而行政管理涉及方方面面，不同的管理领域中享有管理职责的行政机关和管理职责的具体内容差异极大，行政机关的履职标准难以通过分析、抽象的方法进行提炼、总结、应用。但是具体到行政公益诉讼案件的诉前程序，由于高检院已经对行政公益诉讼的试点领域、起诉条件作出了不同于一般行政诉讼的更高要求，如限于环境资源和生态保护等领域、要求不存在可以提起诉讼的利害关系人、国家和社会公共利益受到侵害等，使行政公益诉讼案件所涉的行为类型相对集中和有限，更使统一履职标准具有可得性。因此，本文将从分析已审结的部分案件出发对厘定处罚类案件的履职标准进行初步尝试。

二、诉前程序中行政机关履职的主体标准和程序标准

结合试点以来的实践经验，现阶段检察机关办理的行政公益诉讼案件集中

---

① 分别是：贵州省锦屏县检察院诉锦屏县环境保护局行政不作为案、贵州省六盘水市六枝特区检察院诉镇宁布依族苗族自治县丁旗镇人民政府确认行政行为违法案、吉林省白山市检察院诉江源区卫生和计划生育局未依法正确履职行政附带民事公益诉讼案、安徽蚌埠市淮上区检察院诉市国土局怠于履行职责案、福建省清流县检察院诉清流县环境保护局环保行政公益诉讼案、湖北省十堰市郧阳区检察院诉郧阳区林业局未履行林业行政执行法定职责案、山东省庆云县检察院诉庆云县环保局不依法履职案。

于行政处罚领域，本文将集中讨论处罚类案件的履职标准。行政公益诉讼诉前程序中，检察机关对行政机关的监督应以合法性监督为原则，集中审查行政机关对检察建议的回复中依据何种法律规范、何种程序、实施了何种行为，进而判断行政机关是否履职。行政公益诉讼脱胎于行政诉讼，与行政诉讼在制度框架和精神理念上基本相同，行政公益诉讼诉前程序中行政机关履职的判断方法与行政诉讼监督中对行政行为的审查相似，本文不再赘述。但是行政公益诉讼具有不同于行政诉讼的特殊性，笔者认为，在主体标准和程序标准的把握上应与普通行政诉讼中的履职标准有所区别。

（一）主体标准：多头监管的处理

行政管理领域的法律法规较为繁杂，部门间法规打架的情况并不少见，实践中行政机关在发现违法行为后，相互推诿的现象较为严重，多头监管演变为无人监管。以监管向城市地下管网偷排垃圾渗滤液的违法行为为例，对该行为环保部门有权依环保部门的相关法规进行处罚、水务部门有权以损害地下管网为由依水务部门的相关法规进行处罚、城市管理部门亦有权依相关的执法条例对其进行处罚。最终，对该违法行为，有权监管的部门经常通过机构间会签文件进行监管领域的切分，从而使监管更具可操作性。但是切分是否科学以及尚未切分的部分究竟应该由谁监管的问题仍然存在。在行政公益诉讼中，尤其是环境资源和生态保护领域，多头监管问题较为突出，行政机关在接到检察机关诉前程序的检察建议后，常以其他行政机关应当进行监管、其他行政机关监管效果更好或其他机关已经进行监管为由拒绝履行监管职责。笔者认为，多头监管领域不能简单地因其他机关履职而当然免除该机关的监管职责，在有明确法律规定多机关的监管职责时，应判断监管内容是否重合；在内容重合时，应在遵守一事不再罚款原则的基础上以先立案原则和从重原则相结合确定监管主体。

首先，应当以明确的法律规范作为确定行政机关监管职责的依据。当有多个机关均享有对违法行为的监管职责时，应区分不同法律依据的位阶，是否存在上位法和下位法的关系，一般规范和特别规范，新规范和旧规范的关系。当规范位阶相同时，应进行要素判断，审查违法行为更符合哪项规范的要件，则应以该规范作为确定监管主体的依据。

其次，应当审查不同行政机关对该违法行为是否进行了实际监管。如果违法行为同时符合多项法规规定的违法情形，即多个机关存在职责重合，应当审查不同行政机关对同一违法行为的监管方式和手段是否相同。如果多个行政机关的监管方式和手段均相同且未进行监管，则每个行政机关都负有监管职责；如果已经有某个机关对违法行为进行立案监管，其他机关可以免除监管义务，待该机关的监管结果出来后视不同情况进行后续处理。如果多个机关的监管方式和手段不同，即使已经有某个机关对违法行为进行立案监管，其他机关仍不可以免除监管义务，应当对违法行为依法进行立案审查。

最后，对无法通过法律依据和监管方式进行区别的应以先立案原则和从重原则相结合进行监管主体的认定。当检察机关审查后认为多个机关同时对同一违法行为负有基本相同的监管职责时，如果有行政机关已经对违法行为进行立案审查，则应优先确认该机关为监管责任主体，向其发出诉前检察建议；如果负有监管职责的行政机关均未立案审查，检察机关应遵守从重原则，确认具有最重法定处罚手段的行政机关为监管责任主体，并向其发出诉前检察建议。

（二）程序标准：程序违法的处理

程序违法可以分为轻微违法和严重违法。在行政诉讼中，轻微违法的行政行为仅仅被确认违法，严重违法的行政行为将被依法撤销。而行政公益诉讼以维护国家和社会公共利益为目的，更注重实体利益的保护，若行政机关的履职未在实体上损害国家和社会公共利益，当前阶段即使程序出现严重违法的情形，如应当听证而未听证、严重超过法定期限等，也应当遵守检察机关提起行政公益诉讼的审慎原则，在诉前程序中终结案件。

三、诉前程序中行政机关履职的形态标准和时间标准

（一）履行职责的形态标准

履行职责的形态标准是判断享有行政处罚职责的行政机关是否恰当、完全履职的实质性标准。关于如何判断行政机关已经完全履行处罚职责主要有三种观点：

1. 行政处罚立案标准。行政机关对侵害国家和社会公共利益的违法行为进行行政处罚立案，即为履行行政处罚职责，至于立案后的处理情况检察机关不宜通过提起行政公益诉讼进行监督；

2. 行政处罚作出标准。行政机关对侵害国家和社会公共利益的违法行为进行立案并作出行政处罚，且该行政处罚执行完毕，即为履行行政处罚职责，至于行政处罚执行完毕后违法行为是否得到纠正、是否会出现新的违法行为，在所不问；

3. 行政处罚作出并有效纠正违法行为标准。该标准是对行政机关履职要求最高的标准，不但要求行政机关依法处罚，而且要求该行政处罚取得良好的实际效果。

笔者赞成上述第二种观点，认为在处罚类案件中，将行政机关的履职形态

标准定为行政机关依法作出行政处罚且行政处罚内容执行完毕更合理。

首先，立案标准难以实现检察机关督促行政机关依法履职和保护国家和社会的公共利益的行政公益诉讼目的。行政公益诉讼涉及的行为侵犯了国家和社会公共利益，有的行政公益诉讼案件中的行政违法将转化为刑事犯罪。对于可能转化为刑事案件的违法行为，根据《行政执法机关移送涉嫌犯罪案件的规定》和国家环境保护总局、公安部、最高人民检察院《关于环境保护行政主管部门移送涉嫌环境犯罪案件的若干规定》，行政机关在行政执法立案后应当移送公安机关。其中应作出罚款行政处罚的，公安机关决定不予立案后行政机关应依法作出行政处罚，公安机关决定立案的，不再进行行政处罚；应当作出给予暂扣或吊销许可证、责令停产停业等行政处罚的，环保部门应当依法作出行政处罚。对于上述涉刑的行政执法案件，行政立案是移送公安机关的先决条件，移送后应等待公安机关的处理结果并结合相关罚则决定是否应当作出行政处罚。行政立案作为行政机关后续行为的必经程序，应结合公安机关办案结果判断行政机关的继续履职情况，仅以立案标准判断行政机关已经履行职责是不完善的。对于一般的侵害国家和社会公共利益的违法行为，根据最高人民检察院《提起公益诉讼试点工作实施办法》的规定，行政机关在收到诉前检察建议后一个月内应向检察机关回复处理结果。如果以立案作为认定行政机关履职的标准，由于检察机关缺乏对行政立案后续的跟进监督手段，对于行政机关是否作出行政处罚、作出的行政处罚是否合法等问题无法进行监督，无法实现行政公益诉讼及诉前程序纠正违法行为的公益目的。甚至行政机关的不作为将变成乱作为，该乱作为可能会重启行政公益诉讼监督程序，造成司法资源的浪费。因此，不宜将立案标准作为履职标准。

其次，纠正违法标准将使行政机关陷入执法不能的困境。我国法律规定的行政处罚中相当数量的罚则是“处以罚款”，没有其他可配合的执法手段。在这种情况下，如果罚则是仅处罚款，且违法利益高于罚款数额，违法行为将普遍地难以得到纠正。要求行政机关通过履职——作出行政处罚——纠正违法行为，是极不现实的。此外，实践中许多损害国家和社会公共利益的违法行为属于社会综合治理的问题，仅仅通过单一的行政执法手段难以从根本上解决这些违法行为，即使通过一时的高压行政手段暂时制止了违法行为，也将陷入执法一阵风的尴尬境地，不但损害行政机关的执法威信，引发不必要的社会质疑，还将对检察机关的监督权威性和监督效果，以及行政公益诉讼制度造成负面影响。

最后，作出行政处罚是行政机关履职的核心，执行行政处罚是行政机关履职的实效。其一，行政处罚的执行具有可得性。法律往往以法定方式保证行政处罚的执行，或赋予行政机关相应的执行手段，或明确规定行政机关可以向法院申请强制执行。因此，要求行政机关执行行政处罚并非对行政机关的过分要求。其二，行政处罚是一个从立案到作出、从作出到执行的过程，如果已经作出的行政处罚不能得到执行，将与未对违法行为进行行政处罚无异。因此，判断行政机关是否履职不仅要看行政机关是否已经依法作出行政处罚，还要看该行政处罚在法定期限内是否得到执行。

（二）履行职责的时间标准

确定了行政机关履职形态后需要进一步确定履行职责的时间节点。在需要提起行政公益诉讼的案件中，共有三个关键时间点，分别是诉前程序终结时、检察机关起诉时、法院一审判决作出时。笔者认为，对于经过诉前程序后判断是否应当进入起诉程序的案件，应当以"检察机关起诉时"作为判断行政机关是否履职的时间节点；对于法院已经审理的行政公益诉讼案件应当将"法院一审判决作出时"作为判断行政机关履职的时间点。原因在于，对于经过诉前程序的案件，检察机关面临的是"诉不诉"的问题，而对于已经起诉的案件，检察机关面临的是"赢不赢"的问题。

以检察机关起诉时作为判断是否起诉的时间节点，事实上将给行政机关更多的时间进行积极整改和积极履职，也许会给检察机关的行政公益诉讼工作带来一定困难，如被迫撤诉、撤回诉讼请求等。但是诉讼本身只是手段并非目的，检察机关提起行政公益诉讼的目的，在于保护国家和社会公共利益不受侵犯和督促行政机关积极履行法定职责。如果行政机关能在检察机关起诉时积极履职，保护国家和社会公共利益，那么提起行政公益诉讼的目的已经达到，不必再通过诉讼空耗司法资源。

而对于检察机关起诉时行政机关仍未履职的案件，以法院判决作出时作为时间节点能够使行政公益诉讼在制度上与行政诉讼保持一致。在要求行政机关履行职责的行政诉讼中，法院将从职权、程序、法律依据、行为内容的合法性方面审查行政机关是否履职。根据《行政诉讼法》第 72 条①和第 74 条②之规

① 《行政诉讼法》第72条规定："人民法院经过审理，查明被告不履行法定职责的，判决被告在一定期限内履行。"

② 《行政诉讼法》第74条规定："行政行为有下列情形之一的，人民法院判决确认违法，但不撤销行政行为：（一）行政行为依法应当撤销，但撤销会给国家利益、社会公共利益造成重大损害的；（二）行政行为程序轻微违法，但对原告权利不产生实际影响的。行政行为有下列情形之一，不需要撤销或者判决履行的，人民法院判决确认违法：（一）行政行为违法，但不具有可撤销内容的；（二）被告改变原违法行政行为，原告仍要求确认原行政行为违法的；（三）被告不履行或者拖延履行法定职责，判决履行没有意义的。"

定，行政机关在法院判决前可以改变原行为，当法院认为行政机关已经依法履职后，可以判决确认原行为违法。那么，在行政公益诉讼中，法院也应结合判决作出时行政机关履职的具体情况，判断行政机关是否履职，并以此为基础决定作出履职判决或确认违法判决。

四、结语

诉前程序是提起行政公益诉讼的重要一环，检察机关在诉前程序中应当遵循审慎原则，确定适当的监管责任主体，要求行政机关依照明确的法律规定履行行政职责。在诉前程序中，确定履职的主体标准，有利于检察机关确定监管责任主体，更有效地督促行政、惩戒违法行为；确定履职的程序标准，有利于及时在诉前程序中终结案件，节约司法成本；确定履职的形态标准和时间标准，能够为行政机关提供行为指引，促进检察机关与法院之间就履职问题达成共识，更好地促进依法行政，维护国家和社会公共利益。更重要的是，明确行政机关的履职标准，有利于统一检察机关的起诉标准，避免检察机关进行选择性诉讼，从而使行政公益诉讼的制度功能得到全面、充分的发挥和体现。

民事公益诉讼中检察机关调查权研究

吴　羿*

在长期的实践中因为民事检察工作只有诉讼监督一项主要职能，所以调查核实权与调查取证权的划分并未得到重视。全国人大常委会授权检察机关开展民事公益诉讼试点工作后，检察机关成为公益诉讼人，承担向审判机关提供证据材料证明公益主张的职责。非利害关系人的现实和公共利益保护人的角色决定检察机关提起公益诉讼的证据材料部分由其他主体①提供，部分自行调取。因此，调查核实权和调查取证权在实践中的划分具有了现实意义：对这两种调查权分别设定规则一方面有助于提高证据材料质量、提升收集效率；另一方面可以牢牢将调查权锁进"规则的笼子"，维护民事诉讼结构的安定性，破除人们对于公权力入侵私人生活的担忧。但是《人民检察院提起公益诉讼试点工作实施办法》并未区分核实权和取证权。

一、两种不同的调查权：调查核实权和调查取证权

（一）现状：关于调查权的规定民事公益诉讼实施办法与民事诉讼法监督规则一脉相承

《人民检察院民事诉讼监督规则（试行）》（以下简称《监督规则》）第65条规定，人民检察院可以向当事人或者案外人调查核实有关情况。《人民检察院提起公益诉讼试点工作实施办法》（以下简称《实施办法》）第6条规定，人民检察院可以调查核实相关证据及有关情况。显然，在民事诉讼监督案件中检察机关调查的对象是有关情况，目的是核实；在民事公益诉讼案件中调查的对象是证据及有关情况，目的也是核实。对于调查目的与对象的规定，上述两个司法解释基本保持一致。但是，在民事诉讼监督案件与民事公益诉讼案件中检察机关调查的意义是根本不同的，而这是由两类案件的性质决定的，显然这

---

* 北京市海淀区人民检察院民事检察部干部。

① 指行政机关及其他有关单位和个人，下同。

个问题被忽视了。

（二）未被区分的两类案件

一脉相承的规定体现了实践中未严格区分民事诉讼监督案件和民事公益诉讼案件的现状，也混同了检察机关在此两类案件中的角色定位。事实上，这两类案件具有本质区别：性质上，民事诉讼监督案件是检察机关对审判机关违反法律规定行使审判权（包括执行权）的检举活动，本质上是一种公权力针对另一种公权力的监督案件；而民事公益诉讼案件是检察权参与下，检察机关检举、察寻的侵权行为接受民事裁判的活动，本质上是平等主体间的民事诉讼案件。角色定位上，在监督案件中检察机关是公权力的监督者；而在公益诉讼中检察机关承受原告的诉讼权利与义务，是法律拟制的平等民事主体。任务方面，检察机关办理民事诉讼监督案件的主要任务是判断审判权是否在法律的许可之内运行；而提起民事公益诉讼的主要任务是提出主张并获得审判机关支持。

（三）在两种不同的案件中，检察机关调查的对象和目的并不相同

检察机关承担任务的不同决定了调查的对象和目的当然的不同。就对象来说，监督案件中调查的对象主要是已经过法庭质证和认证的证据，而公益诉讼中调查的对象是侵权事实。证据学认为证据与证据材料具有区别，即证据材料只有经过法庭质证、审核和认定才能成为诉讼证据。[1] 因此对于已经经过法庭审判的民事诉讼监督案件来说，检察机关调查的对象主要是证据，而对于尚未启动的民事公益诉讼来说，检察机关调查的对象仅为事实及有关情况。《实施办法》规定检察机关应当调查核实有关证据，显然并未严格区分证据与证据材料。

调查目的的区别在于：理论界和实务界的共识是在民事监督案件中检察机关的调查权应当遵循中立性、必要性、补充性和合法性原则[2]，为防止检察权介入对“两造平等”的民事诉讼结构带来冲击，理论上要求检察机关调查权的行使必须保持谦抑，实践中也极少调取新的证据材料。因此，在监督案件中调查的目的是补强或推翻原有证据。然而民事公益诉讼与其不同，调查的主要目的是收集证明侵权事实的证据材料。

① 参见江伟主编：《民事诉讼法》（第三版），高等教育出版社2007年版，142页。

② 参见巩富文、杨辉：《检察机关在民事检察中的调查核实权探析》，载《民事行政检察指导与研究》（总第13集），中国检察出版社2014年版，第17～19页。

（四）将民事公益诉讼纳入民事检察工作使得调查核实权和调查取证权的划分具有现实意义

鉴于调查对象和目的根本不同，笔者认为应当分别配置不同的调查权，即调查核实权和调查取证权。调查核实是指运用调查手段核实已经存在的证据或者其他主体提供的证据材料。而调查取证是指检察机关运用调查手段依职权调取证据材料。在民事检察工作长期只有诉讼监督一种主要职能的情况下，有观点认为，虽然民事诉讼监督中调查权的行使仅在于核实现有证据，而非调取新证据，由此调查核实与调查取证在理论上得以区分，但是调查核实与调查取证在实践中却是难以明确区分的，因为发现新证据是核实现有证据的必然途径，调查取证的直接目的即在于发现新证据，而为了核实现有证据而进行的调查，也必然是通过发现新证据来实现其“核实现有证据”的目的：以新发现的证据补强或者推翻现有证据。①

然而，时代为我们创造了机遇，调查核实与调查取证在实践中难以明确区分的局面即将由民事检察工作增加提起民事公益诉讼职能而打破，调查核实与调查取证的界限日渐清晰。即调查核实的主要作用是为检察机关核实已有证据或证据材料提供手段，而调查取证的主要作用是为检察机关收集新的证据材料提供手段。从案件的性质、调查目的及对象的匹配性上来看，调查核实权更多地在民事诉讼监督案件中配置，而调查取证权更多地在民事公益诉讼中配置。

然而应当指出的是，民事监督案件、民事公益诉讼案件与调查核实权、调查取证权之间并非一一对应或者独有的关系，而是互有交叉，即在民事监督案件中也可以配置调查取证权，同样民事公益诉讼中也可以配置调查核实权。而在民事公益诉讼中应当根据证据材料来源的不同，分别配置调查核实权和调查取证权。

二、民事公益诉讼证据材料的来源决定调查权的配置

证据材料来源是指取得证据材料的方式。以民事公益诉讼中检察机关是否主动行使公权力取得证据材料为依据，证据材料的来源主要由其他主体提供和依职权调取，相应的分别配置调查核实权和调查取证权。

（一）其他主体提供证据材料

其他主体提供证据材料是指公民、法人、其他组织、行政机关等主动向检察机关提供证据材料。对于这些证据材料，检察机关应当调查核实。

① 参见杨会新：《民事检察监督中调查权的范围》，载《人民检察》2013 年第 15 期。

形式审查还是实质审查是调查核实的关键问题，对此，存在不同意见：一种观点认为，应当实质审查，确保查明侵权行为的事实。主要理由是检察机关介入私人生活领域制止侵害公共利益的行为具有严肃性，如果检察机关在未对证据材料进行实质审查的情况下就依据该证据材料作出判断，并将据其得出的事实在法庭上主张，一旦在法庭调查阶段遭到对方更强有力证据材料的反驳，公权力的权威性将受到巨大的损害。另一种观点认为，检察机关只需进行形式审查，主要理由是对于证据真实性、合法性、关联性的审查核实是法庭调查的任务，是审判权行使的主要内容。而提起公益诉讼是法律监督权的体现，其任务是将可能存在的违法行为提交审判机关裁判，以尽力获得审判机关的支持。

笔者同意第二种意见。首先，从权力属性上看，检察具有察找、检举的意思，这就意味着只要掌握了一定程度的证据材料就可以向审判机关提出主张。《实施办法》也持这种观点，该办法第 17 条规定："人民检察院提起民事公益诉讼应当提交下列材料：……（二）被告的行为已经损害社会公共利益的初步证明材料。"其中"初步证明材料"除了具有数量上的含义，也具有质量上的含义。其次，形式审查符合公权力运行效率的要求，检察机关实质审查与法院认证过程存在重合性，增加权力运行成本。最后，以目前的核实手段来说，实质审查难度较大，效果不如法庭调查。这是因为检察机关核实缺乏对抗性，具体说缺少质证的过程，这使得检察机关容易"偏听偏信"。

检察机关核实证据材料主要包括以下几方面内容：一是核实提供人的身份；二是核实提供人取得证据材料的来源是否违反法律规定；三是核实证据材料的形式是否符合法律的规定；四是核实证据材料与待证事实间是否存在关联性。

（二）调取证据材料

调取证据材料是指依职权主动调取证据材料。检察机关依职权取得证据材料应当行使调查取证权，在公益诉讼中该权力与调查核实权区别明显：一是启动方式，调查取证权具有主动性，而调查核实权具有被动性；二是对私人生活的影响，调查取证权影响较大；三是权力运行程序，调查取证权运行的程序设置应当较调查核实权严格；四是证据责任，对于调查取得的证据材料，检察机关对真实性和合法性应当承担责任；但是对于调查核实的证据材料检察机关一般不承担责任（对应形式审查）。

检察机关行使调查取证权必须符合一定的条件：一是前提条件，即有证据证明待调取的证据材料客观存在或者待鉴定的事项属于能够鉴定的范围；二是待取得的证据材料具有不可替代性，换言之，检察机关不得调取与其他主体已经提供的证据材料具有相同证明内容且证明能力相同或较小的证据材料；三是调查取证必须履行内部审批程序，从民事诉讼监督案件中的调查来看，《监督规则》设置了审批制度，而从调查权对私权利的影响来说，调查取证较调查核实影响大，因此，调查取证更应当实行内部审批制度。

三、调查的方式：存在争议的配合义务

《实施办法》第6条规定："人民检察院调查核实有关情况，行政机关及其他有关单位和个人应当配合。"该条明确规定了其他主体配合检察机关调查的义务，但是存在争议的是侵权人是否也应当配合检察机关调查。从文义来看，显然侵权人应当配合检察机关的调查工作。

就法律规则分类来说，"其他有关单位和个人应当配合"属于义务性规则，该类规则具有强制性而不具有可选择性，主体对自己的法定义务只能履行而不能拒绝。① 由此产生一个实践问题：侵权行为人对于检察机关的调查行为不予配合时，检察机关是否可以采取强制性的调查措施。答案显然是否定的。有观点指出，尽管检察机关是代表公共利益提起诉讼，但在诉讼中的身份是法律设定的程序当事人，参与民事诉讼应当遵循平等原则，如果以保护公共利益为由赋予其高于诉讼当事人的权力，将造成国家公权力对私权利的不当干预。因此，没有必要为检察机关提起公益诉讼设置强制性的调查取证权。②笔者同意这种说法。

对于没有强制力的调查权如何迫使侵权人承担不配合的责任，《实施办法》没有明确，有观点认为，检察机关可以申请由人民法院调查收集证据材料。③ 然而，笔者认为，如果《实施办法》中规定的配合义务需要以法院的调查权来保障履行的话，"应当配合"的规定形同虚设。因为其表象是检察机关的调查权被法院的调查权部分吸收，检察机关的调查权失去独立性。另外，申请人民法院调查收集证据材料本就是诉讼参加人的权利，检察机关在公益诉讼中也应当享有该项权利。因此，侵权人应当配合的规定不具有实践意义。同时，该规定也不符合民事诉讼的基本结构。在法律的拟制之下，检察机关与侵权人具有相同的诉讼地位和举证能力，检察机关不得拥有超越侵权人的举证优

① 舒国滢主编：《法理学》，中国人民大学出版社2008年版，第72页。

② 广东省广州市人民检察院课题组：《检察机关提起民事公益诉讼的制度设计之思考——以环境公益诉讼为视角》，载《民事行政检察指导与研究》（总第14集），中国检察出版社2015年版，第111页。

③ 参见广东省广州市人民检察院课题组：《检察机关提起民事公益诉讼的制度设计之思考——以环境公益诉讼为视角》，载《民事行政检察指导与研究》（总第14集），中国检察出版社2015年版，第111页。

待和便利。然而，从现行法律来看，对于一般民事主体的调查权未见明确规定，考虑到民事主体有权委托律师作为代理人，对比律师法可见，法律也仅规定律师可以向有关单位或者个人调查情况，并未规定被调查人必须配合。因此，侵权人配合检察机关调查的义务使得检察机关获得了极大的举证优待和便利，造成诉讼地位不平等。

但是，行政机关应当配合检察机关调查。一方面，行政机关掌握着大量关键的证据材料，同时，侵权行为达到损害社会公共利益的程度通常与行政机关怠于履行职责的消极行为存在千丝万缕的联系，检察机关作为监督机关向其调查，行政机关应当配合；另一方面，检察机关向行政机关调查情况是公权力对公权力的监督，不属于公权力对私人生活的入侵。就规则设置来说，《监督规则》规定，人民检察院调查核实，有关单位和个人应当配合，拒绝或者妨碍人民检察院调查核实的，人民检察院可以提出检察建议，责令纠正，涉嫌犯罪的，移送有关机关处理。笔者认为，在民事公益诉讼中可以借鉴上述规定，即行政机关不配合检察机关调查的，检察机关可以采取提出检察建议等监督措施，督促行政机关配合检察机关的调查工作。

调查核实权与调查取证权是检察机关调查权派生出来的两种不同的权力。在民事公益诉讼框架下，对于其他主体提供的证据材料，检察机关应当行使调查核实权；自行依职权收集证据材料应当行使调查取证权。检察机关向行政机关调查的，行政机关应当配合。

检察机关提起行政公益诉讼举证责任问题研究

钱国泉[*]　付继博[**]

举证责任是指原、被告等当事人之间发生争议的事实，在没有证据或证据不足以证明的情况下，由谁承担败诉责任，即后果责任。承担这个责任的当事人首先负有提供证据的责任。① 在英美法系，司法审查的举证责任的关键是说服责任，是当事人以证据说服裁判者确信某种事实的存在，否则具有该责任的当事人承当相应不利后果。在大陆法系中，主导概念是客观责任，即某种事实在真伪不明状态时由谁承担败诉风险的责任。在行政诉讼中，各国普遍的规则是所谓的“举证责任倒置”，即由被告行政机关承担举证责任，原告承担举证责任作为例外。我国《行政诉讼法》第34条也规定“被告对作出的行政行为负有举证责任”，这也是行政诉讼与其他诉讼类型最重要的区别之一。那么，检察行政公益诉讼作为一项新兴制度应如何分配举证责任就是一个非常重要的问题，具体的举证责任划分也亟待明确。

一、检察机关行政公益诉讼的举证责任基本原则

2015年12月，最高人民检察院根据全国人大常委会《关于授权最高人民检察院在部分地区开展公益诉讼试点工作的决定》（以下简称《试点决定》），并出台了《人民检察院提起公益诉讼试点工作实施办法》（以下简称《实施办法》）。检察机关可以以公益诉讼人的身份提起行政诉讼，此类诉讼的举证责任划分存在一定争议。一种观点认为，应与现行行政诉讼法的举证规则保持一致，即由检察机关承担初步证明责，行政机关应承担证明其行政行为合法的举证责任；另一种观点认为，行政诉讼中举证责任倒置的规定是在考虑到原被告

---

* 江苏省海门市人民检察院党组书记、检察长。

** 江苏省海门市人民检察院办公室副主任。

① 刘善春：《行政诉讼举证责任分配规则论纲》，载《中国法学》2003年第3期。

诉讼力量对比悬殊的基础上设置的，但在行政公益诉讼中，检察机关不再是普通行政诉讼的弱势主体，应当“谁主张，谁举证”。① 我们同意第一种观点，即检察行政公益诉讼总体上应当遵循举证责任倒置的行政诉讼基本规则，理由如下：

（一）法律依据

《试点决定》提出“试点工作应当稳妥有序，遵循相关诉讼制度的原则。”可见，立法机关认为检察行政公益诉讼应当遵循行政诉讼法的相关制度，举证责任规则也自然适用行政诉讼法确立的举证责任倒置标准。虽然我国行政诉讼法没有明确规定公益诉讼制度，但也不排斥立法授权的诉讼，该法第10条第2款规定，“除前款规定外，人民法院受理法律、法规规定可以提起诉讼的其他行政案件”。检察行政公益诉讼就是人大通过具有法律效力的规范性文件授权开展的行政诉讼行为，应当适用该条款。因此从法理上讲，检察行政公益诉讼是行政诉讼的一种类型，应当适用包括举证责任在内的行政诉讼法各项规则。

（二）举证能力

认为检察机关应承担举证责任的主要观点是检察机关的举证能力与行政机关相当，不存在普通行政诉讼不对等的情况。实际情况是虽然检察机关的具有调查取证的能力，但行政机关作出行政行为的证据材料和制度依据都掌握在自己手里，这与普通行政诉讼没有本质差别。一方面，行政机关作出行政行为的过程要调查取证，调查程序和所取得的证据都掌握在行政机关手中，由其提供证据符合其举证能力。一旦出现证据“灭失”的情况，由行政机关承担举证不能的后果，也有利于敦促行政机关依法行政妥善保管相关证据。相反，如果由检察机关承担举证责任，行政机关完全可以消极应对，致使检察机关败诉。另一方面，行政机关管理的多为专业性强、分工细致的领域，这些领域的规则体系除了法律法规外，主要由大量的行政规章、行业标准组成，行政行为依据哪些规范只有行政机关自身最清楚，由其负责提供合法性依据较为适宜。

（三）法治原理

行政法治原则要求行政主体资格法定，职权法定，行政行为必须有法律根据或必须在法律的授权范围内，必须符合法律，内容、目的和动机都不能和法律冲突，行政行为必须遵循法定的程序，行政行为违法或不当应当承担法定的责任。所以，根据行政法治原则，在行政诉讼中，行政机关应当对其作出的行

① 王瑾：《关于行政公益诉讼举证责任分配的几点思考》，载《经济与法》2015年。

政行为或其不作为的合法性负举证责任。依法行政原则是确立行政诉讼举证责任分配的根本原则，该原则的落实与行政诉讼的原告是谁没有关系，也不受其影响。

检察行政公益诉讼总体上应当遵循举证责任倒置，但具体到司法实践中检察机关作为公益诉讼人要保证诉讼活动的严肃性和检察机关的公信力，要对案情情况做更加深入的调查和取证，会比一般的行政诉讼原告承担更多的举证义务，相关举证责任规则后文按主体（被告、公益诉讼人、第三人、法院）划分详细论述。

二、被告举证责任

行政诉讼中的事实认定，主要是以行政程序中收集的证据为基础，对行政机关在获取和处理证据、得出事实结论是否符合法律进行审查。[①] 行政行为认定的事实，既是行政机关在行政程序中所作的事实判断，通常也是行政诉讼被告的事实主张。因此，行政诉讼法规定，被告对被诉行政行为的合法性负举证责任。

（一）举证责任倒置一般规则

我国《行政诉讼法》第 34 条规定："被告对作出的行政行为负有举证责任，应当提供作出该行政行为的证据和所依据的规范性文件。被告不提供或者无正当理由逾期提供证据，视为没有相应证据。但是，被诉行政行为涉及第三人合法权益，第三人提供证据的除外。"该条确定了被告举证范围、未举证后果和例外情况。行政机关要对行政行为依据事实和合法性承担举证责任，除此之外，还要对主张的事实和程序承担举证责任，且不得排除对原告方有利的证据。根据最高人民法院《关于行政诉讼证据若干问题的规定》（以下简称《证据规定》）第 69 条，原告确有证据证明被告持有的证据对原告有利，被告无正当事由拒不提供的，可以推定原告的主张成立。如果行政机关不能履行举证责任，那么就要承担败诉的后果。值得一提的是，第三人为维护自身的合法权益，提供了证据可以相应免除行政机关的举证责任，但这并不意味着第三人与行政机关共同承担举证责任。行政机关与第三人为不同的诉讼主体，在行政机关举证不能的情况下无权要求第三人提供证据证明其行政行为合法。

（二）诉讼中被告取证限制制度

被告行政机关所举的证据应当是在实施行政行为时已经取得固定的，这是

① 孔祥俊：《行政诉讼证据规则通释》，载《工商行政管理》2002 年第 19 期。

行政行为合法的基础性条件，换言之，在行政诉讼过程中，行政机关不能为证明其行为合法性再向相关主体调查取证。《行政诉讼法》第 35 条规定：“在诉讼过程中，被告及其诉讼代理人不得自行向原告、第三人和证人收集证据。”这一规定的基本要求是，作为被告的行政机关应当遵循“先取证，后裁决”的顺序原则。这也是对诉讼中行政机关的取证限制制度。当然，该制度有一个例外，即相关主体在庭审过程中提出了“新证据”，行政机关亦可调取“新证据”反驳。《行政诉讼法》第 36 条第 2 款规定：“原告或者第三人提出了其在行政处理程序中没有提出的理由或者证据的，经人民法院准许，被告可以补充证据。”这是取证限制的新证据例外制度，是否为新证据有人民法院依法认定。

（三）被告延期举证制度

被告行政机关应当在规定期限内向法院提交证据，否则承担不利后果，但实践中存在因不可抗因素暂时无法举证的情况，这时允许行政机关延期举证。根据《行政诉讼法》第 36 条及《证据规定》第 1 条第 2 款，被告在作出行政行为时已经收集了证据，但因不可抗力等正当事由不能提供的，应当在规定的期限内向法院提出延期提供证据的书面申请，经法院准许，可以延期提供，但被告应当在正当事由消除后的法定期限内提供证据。逾期提供的，视为被诉行政行为没有相应的证据。对于被告延期提供的证据，原告或者第三人认为行政机关于作出行政行为后获取的证据，法庭应当对被告获取该证据的时间进行质证。如果被告在法定或指定期限内未向法庭提供证据又无正当理由，法院应当撤销被诉行政行为。

三、公益诉讼人举证责任

如果举证责任完全由被告承担，原告不需要对自己的主张负举证责任，就必然会助长滥诉。合理的举证责任应当“有利于减少和抑制行政纠纷的产生，特别是对无理缠讼的行为也有一定的平抑功能。从这个意义上讲，举证责任包含了息诉止争的功能。”[①] 虽然行政诉讼法没有明确列举原告的举证责任，但在相关条款中隐含了类似规定，第 49 条第（三）项规定，原告提起诉讼应当“有具体的诉讼请求和事实根据”，根据法律规定和司法实践，在一般的行政诉讼中，宜由原告负举证责任的待证事实包括：（1）证明起诉符合法定条件；（2）证明原告曾经申请被告履行职责；（3）在行政赔偿、行政补偿诉讼中证

① 江必新：《完善行政诉讼制度的若干思考》，载《中国法学》2013 年第 1 期。

明自己受到损害的事实；（4）原告主张的其他待证事实等。[①] 检察机关行政公益诉讼的发起条件及诉前程序与一般的行政诉讼不同，故相关的举证责任也有一定差异。另外，检察机关作为法律监督机关，要保证诉讼发起的严肃性和准确性，要承担更多的调查举证义务，我们认为检察机关应就下列事实承担举证责任或可以积极举证。

（一）诉讼主体资格的证明

尽管行政诉讼法没有明确规定诉讼主体资格的证明，但该法诉讼提起条件隐含了这一证明事项，需要公益诉讼人证明。在提起行政公益诉讼时，检察机关应对其公益诉讼人身份予以证明，即证明被诉行政行为存在且造成国家和社会公共利益受到侵害，公民、法人和其他社会组织没有直接利害关系，没有也无法提起诉讼，检察机关经合法授权作为起诉人提起诉讼。这等同于原告主体资格的证明。这些证据包括组织机构代码证、授权性规范性文件等。[②] 用于提起行政诉讼的公益诉讼人在最高人民检察院经全国人大授权，在授权开展公益诉讼试点工作的试点省份，本省确定全省检察机关提起公益诉讼的试点地区，如果该公益诉讼的提起还经过最高人民检察院批复同意，同样应该提供批复书面文件。

（二）被告行政机关法定职责的证明

行政机关法定职责并非一般行政诉讼原告的证明范围，出于对检察机关公益诉讼的严谨性考虑，我们认为公益诉讼人应当提供相关证据。行政机关的职责一般由法律规定，如《环境保护法》第10条第1款规定“国务院环境保护主管部门，对全国环境保护工作实施统一监督管理；县级以上地方人民政府环境保护主管部门，对本行政区域环境保护工作实施统一监督管理”。与此同时，在同级政府下发的规范性文件中会对相关行政机关的职责划分做具体详细的规定，如行政机关机构设置和人员编制的文件，这就需要公益诉讼人依职权调取并举证。

（三）诉前程序履行的证明

《试点决定》和《实施办法》都规定了公益诉讼的诉前程序，以避免诉讼的随意性和司法资源的浪费。在提起行政公益诉讼之前，检察机关应当先行向相关行政机关提出检察建议，督促其纠正违法行政行为或者依法履行职责。行

① 张步洪：《行政诉讼举证规则的体系解释》，载《国家检察官学院学报》2015年第4期。

② 在庭审中，法律属性的规范文件不是事实，本无需举证，但行政公益诉讼尚处于试点阶段，授权情况需要证明，相关规范性文件授权链条需要检察机关公益诉讼人提供。

政机关应当在收到检察建议书后一个月内依法办理，并将办理情况及时书面回复检察机关。如果行政机关拒绝履行职责，那么检察机关就可以提起公益诉讼。检察机关作为公益诉讼人起诉时需要证明已经履行过诉前程序，证据包括人民检察院检察建议书及送达回证等。

（四）损害事实的初步证明

公益诉讼人对符合“有具体的诉讼请求和事实根据”的法定起诉条件，承担证明责任。那么就意味着检察机关应举证证明行政机关违法行为或不作为致使国家和社会公共利益处于受侵害状态，造成损害事实的初步证据。如果没有损害事实，诉讼的前提条件就不存在，当然公益诉讼人对该情况的证明应当是初步的，达到诉讼程序启动的标准即可。不过我们认为应当鼓励作为公益诉讼人的检察机关尽量做深入的调查，如制作造成损害的图像资料，对相关人员进行询问形成证人证言，必要时可以聘请专家进行鉴定。这样在诉讼过程中就会依据充分，言之有物。

（五）行政机关违法作为或不作为的证明问题

如前文所述，行政机关需要对行政行为的事实依据和合法性承担证明责任，公益诉讼人无需举证。但这并不意味着公益诉讼人在此方面无所作为，《行政诉讼法》第 37 条规定：“原告可以提供证明行政行为违法的证据。原告提供的证据不成立的，不免除被告的举证责任。”公益诉讼人为了使指控更加有力，可以调取这方面的证据材料。违法行政行为一般包含违法行政作为和不作为两种情况：一是对被诉违法行政作为，应当按照行政诉讼法的举证规则，由行政机关对其具体行政行为的合法性负举证责任，应当提供作出该行为的事实和法律依据。检察机关可以提供行政文书、行政行为执行情况、相关规范性文件证据材料。二是对被诉行政不作为，行政机关应当对其未作出行政行为的理由和依据承担举证责任。检察机关可以提出证明行政机关负有职责作出行政行为而其未履行的证据材料。需要重申的是，对行政机关违法的证明责任并非由公益诉讼人承担，公益诉讼人提供证据是积极的诉讼行为，不免除被告行政机关举证责任。

四、第三人举证责任

行政诉讼法并未就第三人举证责任作出规定，学术界和实务界对第三人举证责任的重视还不够，但行政公益诉讼可能较多的涉及第三人举证的问题。从公益诉讼案件涉及的领域来看，我们发现目前公开的案件情况显示，生态环境和资源保护领域案件占据了绝对多数。[①] 生态环境案件多因企业排污、破坏环境引发，此类案件的行政公益诉讼处理结果必定会影响到相关企业的利益，从理论上讲，相关企业都可以作为第三人参加诉讼。虽然司法实践中还未出现涉案企业以第三人身份参与诉讼，但不排除公益诉讼制度大范围推开后出现这种情况的可能性，需要我们提早研究准备。有学者以行政诉讼第三人在诉讼中的法律地位为标准，将行政诉讼第三人分为处于原告地位的第三人、处于被告地位的第三人、支持原告诉讼请求的第三人、支持被告诉讼请求的第三人、与本诉原告和被告诉讼请求相独立之第三人五种，并认为依据其所处的法律地位参照相关主体承当相应的举证责任。[②] 我们认为，行政诉讼第三人除了对自己有资格作为第三人参与诉讼承担举证责任外不宜再随意添加其他事项的举证责任。

首先，第三人应就其具有参与诉讼的资格举证。《行政诉讼法》第 29 条规定，“公民、法人或者其他组织同被诉行政行为有利害关系但没有提起诉讼，或者同案件处理结果有利害关系的，可以作为第三人申请参加诉讼，或者由人民法院通知参加诉讼”。该条款既是第三人的资格要件，同时又明确了第三人的举证责任，即需提供证据证明其是否与被诉具体行政行为有利害关系，否则就有承担相应不利的法律后果的风险。不管行政诉讼第三人是主动参加还是被动参加到已启动的诉讼程序。两种参加诉讼的时间先后差异而略有不同，不影响举证责任的承担。即便是法院通知参与诉讼，也应当就其主体身份情况提供证据。

其次，实践中很难清晰划分第三人的法律地位。将第三人划分为原告、被告、支持原告、支持被告、独立请求等法律地位可能是一种理想状态，第三人参与诉讼时不同诉求之间可能就处于不相同的法律地位。如环境行政公益诉讼案中，作为第三人的涉案企业对环保部门的一项处理决定是认可的，对另一项处理决定则不认可，同时提出了其他的利益诉求，那么该企业的三项意见可能分别处于支持被告、原告、独立请求等三个法律地位。

最后，第三人的举证责任应严格限定于其实质性主张。行政公益诉讼的多数举证责任由被告行政机关承担，少数举证责任由公益诉讼人承担，两个主体的举证责任范围基本能涵盖案件待证事实，无需再给第三人添加举证责任。在第三人有实质性主张的情况下，而主张事实依据并非被告、公益诉讼人的举证

---

① 《检察机关公益诉讼试点：生态环境资源领域案件线索超七成》，载《检察日报》2016 年 5 月 17 日。

② 叶平：《行政诉讼第三人举证问题研究》，载《行政法学研究》2003 年第 3 期。

责任范围，那就应当最古老的“谁主张，谁举证”原则。

五、法院调查取证情形

法院调查取证，可以在一定程度上限制举证责任规则的适用，影响当事人举证与诉讼结果之间的关系，它虽然不属于举证责任问题，但与举证责任密切相关。[①] 对于法院是否应当主动调查取证，学术界存在争议，在行政诉讼理论上，不少学者坚持认为行政审判不能完全放弃职权主义。[②]

在一般行政诉讼中，行政案件有关的证据，原告或者第三人不能自行收集的，可以申请人民法院调取：（1）由国家机关保存而须由人民法院调取的证据；（2）涉及国家秘密、商业秘密和个人隐私的证据；（3）确因客观原因不能自行收集的其他证据。《行政诉讼法》第 40 条规定：“人民法院有权向有关行政机关以及其他组织、公民调取证据。但是，不得为证明行政行为的合法性调取被告作出行政行为时未收集的证据。”这些规定的意义在于原告取证能力有限时，法院可以做有力的补充。

但在行政公益诉讼中，这种情况出现的可能性则较低，检察机关公益诉讼人和被告行政机关都具有较强的取证能力，上述实体性证据应有诉讼双方自行举证，没有必要由法院调查取证，以免造成法院认识的偏向性。当然，一些程序性问题则可以由法院调查取证，如涉及依职权追加当事人、中止诉讼、终结诉讼、回避等程序性事项的证据，法院有权向有关行政机关以及其他组织、公民调取证据。

---

① 说法院调查取证不属于举证责任是因为举证责任的核心要义是举证不能承担不利后果，而法院不进行调查取证并没有类似败诉的后果，所以法院调查取证本质上是职权行为而非举证责任。

② 相关研究成果主要有王宗光：《职权主义——我国行政审判模式的必然选择》，载《政治与法律》2001 年第 4 期；李修琼：《论我国行政审判的职权主义特色》，载《行政与法》2002 年第 8 期；黄学贤、邹焕聪：《职权主义与当事人主义融合背景下我国行政审判模式的重构》，载《广东行政学院学报》2006 年第 5 期。

行政公益诉讼与行政执法检察监督衔接机制探究

黎　娟*

2015年7月1日，全国人大常委会授权北京、内蒙古、吉林等13个省、自治区、直辖市检察机关开展公益诉讼试点，使人民检察院探索行政公益诉讼制度于法有据。检察机关提起行政公益诉讼，是加强对国家和社会公共利益保护、促进行政机关依法行政的重要手段，也是行政执法检察监督的一种重要方式。认真行使好行政执法检察监督权及行政公益诉讼相关职权是完善检察机关法律监督制度、彰显检察机关在推进国家治理能力现代化中重要作用的“利器”。但是，由于检察机关的法律监督权一度局限在“诉讼监督”这一狭隘范围内，对行政执法行为的一般监督职权也只是近年来在不断的探索中得到初步加强，行政公益诉讼制度也才处于草创阶段，很多具体的机制、程序有待构建，行政执法检察监督与行政公益诉讼两者之间的关系并不明朗，衔接仍不够顺畅，影响制度功效的最大发挥和检察机关法律监督职能的有效拓展。围绕行政公益诉讼与行政执法监督的制度衔接问题，本文作一探讨。

一、案件来源的同源性要求建立线索甄别机制

十八届四中全会决定，检察机关在履行职责中发现行政机关违法行使职权或者不行使职权的行为，应该督促其纠正。根据《人民检察院提起公益诉讼试点工作实施办法》（以下简称《实施办法》）第28条规定，人民检察院履行职责中发现生态环境和资源保护等领域负有监督管理职责的行政机关违法行使职权或者不作为，在特定条件下可以提起行政公益诉讼。从案件来源表述上看，两者均采用了“履行职责中发现”措辞，表明检察机关行政执法监督案件和行政公益诉讼案件在案件线索上具有同源性，即检察机关各业务部门履行相应职责时均应向民行检察部门提供案件线索。这意味着，除履行职务犯罪侦

* 江西省人民检察院研究室检委会办公室主任。

查、批准逮捕、审查起诉、诉讼监督等职责的部门外，控告申诉部门接受群众举报，新闻宣传部门密切关注网络舆情和新闻媒体报道，有关部门办理党委、人大等有关机关交办转办案件等均应纳入履行职责范围。

另外，检察机关所履行的职责还应包括一定的延伸职责。实践中，各地检察机关还积极探索了其他案件来源形式，如江西省检察院与省法制办建立了行政执法监督工作协作配合机制，通过信息资源共享、联合检查监督、案件线索移送等方式，实现两者的有效衔接。又如山东省德州市检察院借鉴刑事司法和行政执法衔接信息平台，建立行政检察和行政执法信息平台，挖掘了大量线索。宁夏、辽宁、四川等地检察机关还通过开展对行政机关的执法检查、执法档案抽查发现违法行为。

一般而言，行政执法检察监督的范围要大于行政公益诉讼范围。面对大量的行政违法线索，正确及时地锁定公诉案件线索需要有一定的甄别机制加以支持。

（一）建立线索甄别机制的必要性

一是完善行政公益诉讼制度的内在需要。据最高人民检察院 2016 年 8 月 17 日披露，自公益诉讼试点以来，检察机关在履行职责中发现公益案件线索 1942 件，向法院提起公益诉讼 30 件，成讼率 1.5%，行政成讼率更低。[①] 鉴于试点期间“稳妥慎重”的工作要求和“提起公益诉讼的，应当先行层报最高人民检察院审查批准”的程序规定，在 1942 件案件线索中甄别出 30 件公益诉讼案件，更多的带有检察机关主动选择的因素。这种“权宜之计”并不契合制度走向成熟和全面铺开的内在需求，因此有必要建立更科学、更客观的甄别机制。

二是构建行政公益诉讼立案审查程序的必然要求。民行检察部门接受有关案件线索后进行甄别的过程，也是行政公益诉讼案件的立案审查过程一部分。加强线索甄别，对已掌握的证据材料进行审查，判定是否符合行政公益诉讼案件的客观立案条件，有助于立案审查程序的进一步完善。

三是实现简案快办、繁案精办的有效途径。大量的行政违法线索可区分为三类：第一类是证据显示违法行政行为侵犯的是公民、法人或者其他组织合法权益，第二类是证据显示违法行政行为侵犯国家和社会公共利益，第三类介于两者之间，兼具两者特点，违法行为侵害了众多已知及潜在个人或者组织的合法权益。通过甄别机制，可将第一类线索作为一般的行政执法监督案件，第二

① 参见《提起公益诉讼 30 件　发现线索 1942 件　检察公益诉讼试点全面“破冰”》，载《法制日报》2016 年 8 月 17 日。

类线索作为行政公益诉讼案件立案，第三类线索是否作为行政公益诉讼案件立案应当慎重把握，这一点将在文章第三部分作一分析。

（二）线索甄别机制的主要内容

1. 国家和社会公共利益受损的可能性。《实施办法》第32条规定，经审查认为有关行政机关违法行使职权或者不作为可能损害国家和社会公共利益的，经检察长批准后立案。面对大量的行政违法线索，民行检察部门首先应按照该条所确定的立案条件（国家和社会公共利益可能受到损害）进行审查。确立该立案条件，就意味着检察机关办理行政公益诉讼案件应当秉持“宽进严出”的理念，不能将能否提起公益诉讼的结果预判带入立案审查阶段。从试点情况看，一年来试点地区检察机关发现公益诉讼线索1942件，立案办理公益诉讼诉前程序案件1106件，提起公益诉讼30件，比例为65∶37∶1，体现了“宽进严出”的办案思路，符合《实施办法》有关立案条件规定。

2. 公民诉权优先。“检察机关提起行政公益诉讼只是提供了国家和社会公共利益救济的一种新的途径，程序启动须穷尽其他救济途径。如果通过私益诉讼能达到公益保护目的，应实行公民诉权优先原则，由因公益侵权而受损的直接利害关系人起诉。”① 这就要求，即使有证据反映国家和社会公共利益受到损害，但存在直接利害关系人的情形下，检察机关也不能提起行政公益诉讼。具体工作中可按以下方式操作：在立案审查阶段已经能够确定有直接利害关系人的，检察机关不应作为行政公益诉讼立案；不能够确定是否存在直接利害关系人的，检察机关应当先行立案，立案后经调查确定有直接利害关系人的，终结审查。在上述过程中符合一般行政执法监督案件立案条件的，可立案予以监督。

二、法律监督的同质性要求建立检察建议落实机制

《实施办法》第40条规定，在提起行政公益诉讼之前，人民检察院应当先行向相关行政机关提出检察建议，督促其纠正违法行为或者依法履行职责。此条所规定的诉前建议程序内涵检察机关的行政执法监督职能。从普遍共识看，检察机关提起行政公益诉讼是办理行政执法监督案件的可选结果，从《实施办法》设计的程序看，进行行政执法监督是提起行政公益诉讼的前置程序，两者高度融合，均是检察机关履行法律监督职能的方式，但高度融合下的同质性并不等于是将两项制度进行简单的叠加。由于提起行政公益诉讼是行政

---

① 李旻：《检察机关提起行政公益诉讼的案件来源发现》，载《中国检察官》2016年第3期。

执法监督职能的充实与具体化，这就必然要求行政执法监督程序要进一步地提高实效性。实践中，因缺乏明确的法律依据和强制性要求，行政机关接受、采纳检察建议的意愿不足，而且行政机关即使采纳检察建议，是否真正地落实整改也难以加以监督，影响了检察建议的监督力度，降低了检察建议的监督效果。《实施办法》第40条规定，行政机关应当在收到检察建议书后一个月内依法办理，并将办理情况及时书面回复人民检察院。此条规定的“一个月”是行政机关办理及回复的期限，并不完全等同于落实检察建议的期限。检察机关提出建议后如何强化监督以保证建议得到不折不扣的落实，法律没有规定，《实施办法》也予以“留白”，需要进一步地探索和研究。

（一）建立检察建议落实机制的必要性

一是履行好法律监督职能的应有之义。监督如止步于建议，在事实上是不成为监督的。习近平总书记指出，检察机关“如果对这类违法行为置之不理、任其发展，一方面不可能根本扭转一些地方和部门的行政乱象，另一方面可能使一些苗头性问题演变成刑事犯罪，检察机关对在执法办案中发现的行政机关及其工作人员的违法行为及时提出建议并督促其纠正”。因此，行政执法监督应当采取“建议+”的工作方式，把重点落实到督促纠正上而非提出建议上。

二是实现诉前程序独立价值的必要内容。行政公益诉讼的诉前程序并不是提起行政公益诉讼前的应景程序，其有着独立的价值追求。“检察机关提起行政公益诉讼是抗衡行政违法的最后手段，这种方式耗时较长且成本较为高昂，非确有必要不应发动。如果行政机关在检察机关提起公诉前能及时纠正违法行为，行政公益诉讼的目的即已实现。建立诉讼前置程序，其一，能够节约司法资源；其二，体现了对行政自制的尊重；其三，采取非诉讼行使解决社会矛盾，有利于促进社会和谐。”① 建议落实到位，违法行为得到纠正，是设置诉前程序的目的。

三是人民法院受理行政公益诉讼的前提条件。虽然《实施办法》第40条仅规定人民检察院提起行政公益诉讼应提交起诉书、国家和社会公共利益受到侵害的初步证明材料，但根据最高人民法院制定的《人民法院审理人民检察院提起公益诉讼案件试点工作实施办法》第12条的规定，人民检察院提起行政公益诉讼除了提交以上两项材料外，还须提交人民检察院已经履行诉前程序的证明材料。此处微妙的差别显示了最高人民法院对法院系统受理行政公益诉讼案件更为严格的立场。如果不能提供证据反映行政机关拒绝纠正违法行为，

① 应松年：《行政公益诉讼试点亟待解决的几个问题》，载《人民论坛》2015年第24期。

检察机关提起行政公益诉讼将面临一定的障碍。建立检察建议落实机制，收集相应的证据反映行政机关拒绝纠正违法行为的事实，是促使人民法院受理行政公益诉讼案件必不可少的功课。

（二）检察建议落实机制的主要内容

1. 严格执行行政机关对检察建议进行书面回复的规定。规范检察建议的格式，在提出建议的同时告知行政机关应当在收到检察建议后的一个月内将办理情况书面回复检察机关，逾期回复的视为拒绝纠正违法行为。行政机关根据实际工作情况，认为需要延长回复期限的，应当在回复期限届满前十日内向检察机关提出书面申请并说明理由，经检察机关同意可延长一个月的期限。

2. 对行政机关的书面回复进行调查核实。检察机关在收到行政机关的书面回复后，应当及时尽心调查核实，根据实际需要采取相应的调查核实手段，必要的时候可以委托第三方评估。这一举措已有试点实践支撑，如最高人民检察院 2016 年 1 月 6 日公布的“福建省清流县人民检察院对清流县环境保护局提起行政公益诉讼”案例，福建省清流县环境保护局在接到检察机关提出的“对扣押的电子废料和焚烧电子垃圾残留物进行无害化处置”的建议后，该环境保护局虽及时回函答复已将有关危废物品交由有资质的单位处置，但清流县检察院调查发现该局并未对危废物品进行无害化处置，而是将其转移到不具有危险废物经营资质的某公司仓库贮存。在确定清流县环境保护局“阳奉阴违”后，检察机关提起了行政公益诉讼。①

3. 明确行政机关拒不纠正违法行为的惩戒措施。检察机关发出的虽仅是建议，但该建议指出的是行政机关的违法行为，行政机关应当自觉纠正违法行政行为。行政机关不认真落实检察建议，实质上是不履行纠错义务，需对其进行惩戒，可以采取以下措施：（1）将行政机关拒绝纠正的情况予以公告；（2）向监察机关或者该行政机关的上一级行政机关提出处理建议；（3）拒不纠正违法行为的造成国家和社会公共利益遭受重大损害涉嫌渎职犯罪的，依法追究刑事责任。

三、法律监督手段的多元化要求建立程序转换机制

根据《实施办法》第 28 条的规定，违法行政行为造成社会公共利益受到损害，在没有直接利害关系人的情况下，即公民、法人或者其他组织没有也无法提起诉讼的情况下，可以提起行政公益诉讼。在实践中，除了行政机关作出

① 《福建省清流县人民检察院对清流县环保局提起的行政公益诉讼一审胜诉》，载 http://www.spp.gov.cn/xwfbh/wsfbh/201603/t20160301_113562.shtml，2016 年 3 月 1 日访问。

抽象行政行为可能存在没有直接利害关系人的情形，其他类型的行政行为都很难存在这种现象。试点工作启动后，山东省庆云县人民检察院因县环保部门不依法履行职责而提起诉讼系全国首例行政公益诉讼案件，该案中某公司污水处理厂在未通过环保设施竣工验收的情况下长期违法生产，排放大量污水造成环境污染，当地群众多次拨打“3612345”民生服务热线进行举报，但庆云县环保部门一直未依法履行职责。[①] 因环境污染受到影响的当地群众与该县环保部门不作为之间是否存在直接的利害关系，并未影响检察机关提起行政公益诉讼的正当性。因此，《实施办法》第28条有关规定，既指不存在直接利害关系人，也未排斥已知或潜在的直接利害关系人没有提起行政诉讼之情形。近年来，食品药品安全、环境监测污染等领域因不作为而引发的公共事件频频发生，检察机关进行行政执法监督的需求越来越大。在行政执法监督和行政公益诉讼之间，检察机关面临着双重选择，为了正确发挥法律监督作用，需要厘定两者的界限以及相应的程序转换机制。

（一）建立程序转换机制的必要性

一是综合运用多种手段保护国家和社会公共利益的程序体现。检察机关是国家的法律监督机关，可以综合运用多种手段保护国家和社会公共利益，提起公益诉讼是检察机关履行法律监督职责的一种方式和手段。行政执法监督与行政公益诉讼尽管有很多相同之处，但也存在一定的差异，行政执法监督中行政机关是被监督者，检察机关承担督促职责，而行政公益诉讼中行政机关是与检察机关法律地位平等的被告，检察机关肩负一定的说服责任。鉴于法律监督机关的地位和检察机关人力和物力的限制，将行政执法监督和行政公益诉讼之间的关系界定为顺位关系更为妥当，即优先运用行政执法监督解决违法行政行为的，在穷尽其他途径的情况下方可提起行政公益诉讼。明确程序转换机制，综合运用多种手段，实现公益保护最优化。

二是监督行政机关依职权不作为违法的有效方法。前文已述，检察机关获取的大量的行政机关违法行为线索，所涉及依职权不作为行为往往对众多已知及潜在个人或者组织合法权益产生不利影响。对这类行为，一律提起公益诉讼或者一律不提起公益诉讼均非长久之计，可行的思路是能督则督、当诉则诉、督诉结合、纠正违法。在督与诉的选择上应保留一定的贯通性，避免程序上的隔断导致监督实效降低。

---

① 《山东省庆云县检察院提起全国首例行政公益诉讼案件》，载 http：//www. jcrb. com/xztpd/dkf/96k/jdlsf/dfh/201601/t20160108_ 1581521. html，2016 年 1 月 8 日访问。

（二）程序转换机制的主要内容

1. 行政公益诉讼立案后应将利害关系人及其起诉意愿作为一项重要的调查内容。《实施办法》第 33 条规定，人民检察院可以询问行政相对人和利害关系人调查核实有关情况。这似乎与《实施办法》第 28 条有关没有直接利害关系人的表述有所冲突，但实际上是对“没有直接利害关系人”的一种补充。实践中，违法行为侵害了众多已知及潜在个人或者组织的合法权益，但一些行政相对人或者利害关系人不愿意提起诉讼的情况仍较常见。直接的利害关系人不愿意提起行政诉讼，可纳入第 28 条规定的“没有直接利害关系人”的范畴，在满足一定条件的前提下检察机关可以提起公益诉讼。

2. 允许检察机关支持起诉，并在支持起诉后将行政公益诉讼案件转为一般行政执法监督案件。“对于公益诉讼案件，各国一般均设有较为完备的支持起诉制度。根据我国有关法律，特定的组织对于特定类型的案件也具备支持起诉的资格。在行政公益诉讼中，也可以规定检察机关和公益社团具备支持起诉的资格，以更好地实现行政公益诉讼的价值目标。”[①] 当有侵害国家利益、社会公共利益的违法行政行为发生，不特定的受损害单位或个人不知道如何起诉、无力起诉，经检察机关询问征求其同意，可接受检察机关的支持进行诉讼。检察机关支持起诉的方式主要有：参与诉讼，对整个诉讼活动进行监督，向行政机关发出检察建议要求其主动改变违法行政行为。不过，对于起诉人的实体诉求，检察机关不应介入。直接利害关系人败诉后，在提起抗诉不足以保护国家和社会公共利益的情况下，检察机关可将一般行政执法监督案件再次转为行政公益诉讼案件。

① 应松年：《行政公益诉讼试点亟待解决的几个问题》，载《人民论坛》2015 年第 24 期。

论坛综述

聚焦新一轮司法体制改革重大理论与实践问题　促进中国特色社会主义检察制度更加成熟定型

——第六届中国检察基础理论论坛观点综述

阮志勇　谢振中　沈红波　李雪诚*

为落实全面推进司法体制改革的决策部署，推动我国检察基础理论的繁荣发展，2016年9月24日至25日，由中国检察学研究会检察基础理论专业委员会主办、湖北省人民检察院承办的第六届中国检察基础理论论坛在湖北省武汉市召开。最高人民检察院、国内知名专家学者以及来自全国各地的检察同仁80余人参加了会议。与会代表紧扣“检察机关深入推进新一轮司法体制改革的重大理论与实践问题研究”的主题，分别就“检察机关司法责任制改革研究”、“以审判为中心的诉讼制度改革研究”、“检察机关公益诉讼制度研究”等专题展开深入交流研讨，总结了新鲜经验，形成了普遍共识。新当选的中国检察学研究会检察基础理论专业委员会主任、湖北省人民检察院检察长王晋在开幕式上指出，今年7月中央政法委和高检院相继召开了全国司法体制改革推进会和第十四次全国检察工作会议，明确了下一步深化司法体制改革的方向、任务和措施。在此大背景下举办本届论坛，可谓恰逢其时，具有重要的理论和现实意义。他强调改革要突出重点、抓住关键。司法责任制改革是整个司法体制改革的“牛鼻子”，居于核心地位。以审判为中心的诉讼制度改革事关刑事司法公正，牵一发而动全身。检察机关提起公益诉讼试点，有利于促进依法行政、严格执法，维护宪法法律权威，维护社会公平正义，维护国家和社会公共利益。这些都是司法体制改革领域标志性、支柱性的改革任务，对建设公正高效权威的社会主义司法制度具有引领性、全局性意义。

---

* 作者单位：湖北省人民检察院。

一、关于检察机关司法责任制改革研究

司法责任制改革在司法体制改革中的地位十分重要。与会代表围绕司法责任制与检察一体化、办案组织、业务运行机制、检察官权力清单、司法责任体系等重大理论与实践问题开展深入研讨。

司法责任制改革要遵循检察权运行规律，处理好检察一体与检察官独立之间的关系。中国政法大学教授樊崇义指出，检察机关法律监督的地位和性质具有正当性、科学性，不能动摇。要坚持检察权的监督属性、司法属性和行政属性，界定各自的内涵与范围，坚持行政属性保证司法属性，司法属性高于行政属性，正确处理三种属性及其相互关系。检察机关司法责任制改革的重点不是追责，而是权力清单的问题，要确保检察官职责明确、严格履职，解决好检察官尊荣、职责的问题，切实保障履职，实行责任豁免。华东政法大学教授蒋德海认为，只有当依法独立行使司法权实现个体化时，司法责任才具有意义和正当性。要理直气壮地高扬宪法规定的依法独立司法权的旗帜，积极推进司法官向法律负责的体制。清华大学教授张建伟指出，检察一体化强调检察机关整体上是命运共同体，对外体现为检察长对立法机关责任，对内体现为检察官向检察长负责。我国检察一体化尚未完全建立起来，更多强调的是检察机关作为整体对外独立。从检察权、检察制度未来发展来看，已形成了相对分权与集权结构下的责任制。法院实行的应是相对分权下的责任制，检察院则应探索集权结构下的责任制度。在责任追究中，办案责任与决定责任是相分离的，办案中行使司法权会带来责任，但重点是决定责任。同时，要加强对司法豁免权的研究，给检察官吃一颗“定心丸”，真正使责任和权力相均衡，实现权力下放、责任跟进、权责协调。湖北省人民检察院法律政策研究室主任王磊认为，检察一体与检察官相对独立的关系在不同的历史时期，应根据不同情势和任务作出相应调适、有所偏向。目前司法责任制改革的价值追求，应偏重于突出检察官相对独立的办案主体地位，通过逐步扩大授权范围、优化权力运行方式，平衡两者关系、完善制度设计。河北省人民检察院法律政策研究室主任杨新义认为，正确认识完善检察机关司法责任制和检察一体化的辩证关系，要明确检察机关司法责任制和审判机关司法责任制的差异，突出检察官办案主体和责任主体地位，构建检察机关新型内部工作关系，加强检察官行使职权的监督制约。

制定权力清单是司法责任制改革的基础。郴州市人民检察院检察长江涛指出建立检察机关权力清单，应当遵循职权法定、依程序授权、分层配置、分类配置管理、权责一致等原则，处理好授权与限权、突出检察官主体地位与加强监督制约、责任与激励、检察官与检察辅助人员、司法行政人员、权力清单与

其他配套措施等方面的关系。湖北省武汉市人民检察院法律政策研究室检察官杨玲娜建议，检察官在司法办案中的具体权限可采取“正面清单”“负面清单”相结合方式加以明确；完善重大、疑难、复杂案件的标准，增强清单的可操作性；调整统一业务系统配置，适用司法责任制改革后的办案需要。明确各类检察人员的职责要求是司法责任制改革的重要内容。安徽省六安市裕安区人民检察院检察长汪长华认为，除制定权力清单外，还应根据各项检察业务的运行特点，参考高检院制定的《岗位素能标准》，明确各类检察人员工作职责标准。安徽省人民检察院副检察长高宗祥指出，各类检察辅助人员具体定位和作用不尽相同，司法警察、检察技术人员、书记员职责相对独立，检察官助理享有案件事务的具体承办权，但不享有决定权，不能代替检察官行使司法亲历性的职权；辅助人员不对案件办理结果直接负责，但要对自己的行为负责。

司法责任制改革要求构建职权明确、协作紧密、制约有力、运行高效的办案组织。湖北省人民检察院汉江分院检察长吴忠良认为，建立检察机关办案组织，要体现亲历性、中立性、公开性等司法活动的内在要求；凸显检察特色，建立契合检察职能多样性、涵盖不同检察业务的组织形式；突出检察官主体地位，赋予其承办权和部分案件的决定权。湖北省人民检察院舒晓辉检察官认为，独任检察官是检察机关办案组织的基础形式，检察官办案组是独任制检察官办案组的补充形式。司法实践中采取什么形式的办案组织，需结合各检察院的人力资源配置情况、不同类型检察业务的实际、案件复杂程度等情况而定。

司法责任制改革要求整合检察机关内设机构、完善检委会运行机制。贵州省人民检察院副检察长肖振猛指出，检察机关内设业务机构改革的重点在基层，应着重考量职权属性的种类、案件办理数量、入额比例和领导职数等因素。吉林省人民检察院检委会专职委员张书华建议，对领导机构要注重统合职能、集约管理，建构统一、高效的领导中枢；对业务机构要着重处理好司法管理和办案活动的关系，使其回归检察权运行平台的功能定位，注重检察官办案组织的发育和完善；对综合管理机构要坚持必要、精简、效能原则，服从服务于检察权的实现。湖北省襄阳市人民检察院检察长常本勇认为，检察机关内设机构设置要遵循我国检察机关内设机构设置的历史演变所反映的基本规律，注重岗位职责规范的科学设置，进行岗位目标管理，为检察事务具体运作提供保障。湖北省人民检察院检察官沈红波认为，检委会审议案件不是行政活动，要尊重司法办案规律，依照法定程序和条件对案件定性、适用法律作出司法判断，借助现代化信息手段，探索增强审议案件亲历性的方式方法。

司法责任制改革的核心是落实“谁办案谁负责，谁决定谁负责”。中南财经政法大学法治发展与司法改革研究中心主任徐汉明教授指出，司法责任的构成要件包括客观要件，即司法人员履行司法职责过程中客观上存在不当行为；主体要件，即责任主体必须是依法代表国家行使司法权力，并办理、决定具体案件的适格司法人员；主观要件，即司法人员履行司法职责过程中主观上存在过错，及没有尽到必要注意的义务。司法责任的形式包括党纪处分、纪律处分和法律处理。湖北警官学院院长刘茂林教授认为，要准确理解司法责任的内涵和外延，广义上的司法责任制包括政治责任、道德（职业）责任、法律责任、纪律责任等，这些责任追究的主体、程序与后果均有所不同。在强调追责的同时，应注意与司法责任豁免相结合。江西省吉安市人民检察院检察长谢健认为，建构检察官惩戒规则体系要在“准司法型”这一定位之下，遵循统一、精细与协调的价值指导，为检察官惩戒机制的构建闯出一条符合检察改革规律的新路。

司法责任制改革是一项复杂的系统工程，需完善相关配套措施。上海市浦东新区人民检察院课题组认为，检察人员分类管理改革应符合我国司法体制改革的基本方向和人力资源管理专业化、职业化的管理原则，对目前检察机关不同岗位的工作人员进行合理梳理和归类，在减少改革阻力的同时保证改革地有效推进。湖北省荆州市人民检察院检察长汪存锋指出，实行司法责任制改革后，绩效考评要根据每类人员岗位职责和工作特点设置不同的考评指标和考评方法，完善考核评价机构，开发考评管理软件，解决好“考什么”、“怎么考”等问题。江西省赣州市人民检察院副检察长温波认为，检察机关应建立与司法责任制相适应的检察官履职保护和待遇保障机制，完善职务任免程序、权利救济途径、职务豁免制度和安全保障机制。最高人民检察院民事行政检察厅案件指导处处长邱景辉指出，要准确把握人民监督员制度改革与司法责任制改革的关联度与耦合性，拓展人民监督员参与检察工作的广度和深度，增强对检察权外部监督制约的合力。

司法责任制改革启动以来，各地检察机关取得了阶段性成效。武汉市人民检察院检察长孙光骏介绍了该市检察机关在组织形式、运行机制、监督考评等方面进行的大胆尝试，在深入剖析司法责任制建立和运行情况的基础上指出，进一步加强检察队伍职业化、专业化建设，坚持检察一体化与检察官独立办案的有机统一，科学合理设置办案组织，同步推进职业保障体系建设。海南省人民检察院法律政策研究室主任刘建介绍了海南省检察机关试行的核阅制度，作为司法责任制改革中的创新产物，核阅制度与三级审批制有着本质不同，对内部监督制约机制的完善具有现实意义。北京市人民检察院法律政策研究室主任闫俊瑛介绍了该市检察机关落实司法责任制的主要特色，注重司法责任制改革与其他三项改革的内在关联性，一并推进内设机构整合与员额制等改革举措。

二、关于以审判为中心的刑事诉讼制度改革研究

推进以审判为中心的刑事诉讼制度改革，是十八届四中全会部署的重大改革任务。与会代表普遍认为，此项制度改革对于实现刑事庭审实质化、调整优化刑事诉讼结构、保障当事人诉讼权利、提高司法公信力，具有重要而深远的意义。

正确理解以审判为中心的刑事诉讼制度改革的内涵，是顺利推进此项改革的前提。中国人民大学法学院教授陈卫东指出，以审判为中心的刑事诉讼制度改革实质上是回归刑事诉讼侦查、起诉、审判职能关系的定位，实现以审判为座标、以侦查与起诉为对应参照。以审判中心并不意味着三种职能谁轻谁重，也不是相互之间谁服从谁、谁领导谁，更不能抹杀侦查、起诉的作用。以审判为中心不是以法院为中心，不简单等同于以庭审为中心，以庭审为中心只是其重点。宪法、刑诉法所确立的分工负责、互相制约、互相配合的原则调整规范的是职权分工及相互关系，以审判为中心是对该原则的修正。以审判为中心的刑事诉讼制度改革是整体性改革，改革的是整个刑事诉讼制度，改变的是刑事诉讼结构，以使之更加合理、科学。中国政法大学教授樊崇义强调，以审判为中心的刑事诉讼制度改革不是技术问题、权宜之计，而是长远改革，要把握改革进程，明确改革的近期、中期、远期目标。近期目标重点是解决庭审虚化、质证形式化，实现庭审实质化；中期目标是着重解决侦查与控诉、辩护、审判三大诉讼职能的调整和优化问题，对分工负责、互相制约、互相配合的基本宪法原则重新理解、正确规划；远景目标则是实现刑诉法的第三次大修。武汉大学法学院教授陈岚认为，司法体制改革针对的不仅是“侦查中心主义”所导致的冤假错案问题，更重要的是解决由其引起的司法纷争，理顺侦查、起诉、审判三种职能的关系，回归司法体系原貌，落脚点是实现司法公正。北京大学法学院教授朱苏力认为，不应全盘否定“以侦查为中心主义”，许多案件出现问题客观上并不是因为审判引起的，而是由于侦查引起的。最高人民检察院理论研究所副所长谢鹏程认为，要正确把握侦查、起诉与审判之间的关系，由原来的流水线转变为以审判为中心，围绕着审判开展侦查和起诉，保证庭审在认定事实、适用法律中起到决定性作用，并对侦查体制、检察体制作出相应调整。中国社会科学院法学所研究员熊秋红指出，对以审判为中心的刑事诉讼制度改革要防止出现泛化和过窄的理解，切实落实“两高三部”《关于推进以审判为中心的刑事诉讼制度改革的意见》的规定；此项改革是在严格司法的宏大背景下提出的，要不折不扣执行宪法和法律；检察机关既要立足当下考虑有何作为，又要面向未来考虑有何作为。

检察机关如何有效应对以审判为中心的刑事诉讼制度改革，成为研讨交流的焦点。中国人民大学法学院教授陈卫东认为，检察机关要加强对侦查工作的特别是侦查取证工作的引导和指导，建立对侦查机关收集证据的指引制度，公诉部门要担负起这一职责。要加强公诉案件审查起诉和出庭公诉工作，审查起诉要严把事实关、证据关，防止带病起诉；完善退回补充侦查的引导和说理机制和撤回起诉制度；做好不认罪案件的庭前准备和当庭举证、质证、辩论工作，提高诉讼技巧。要加强对侦查和审判的诉讼监督，侦查监督要走向指挥和引导，审判监督要改变监督方式，规范和加强对法院确有错误的判决、裁定的抗诉工作。四川大学法学院教授万毅指出，检察机关应对以审判为中心的刑事诉讼制度改革要树立“一个中心、两个基本点”的观念，即坚持检察官的司法官身份和立场这个中心；诉审关系的基本点是“协查监督义务”，诉辩关系的基本点是“客观公正义务”。辽宁省人民检察院法律政策研究室调研员周习武认为，对侦查、起诉的刑事案件，应把事实认定、证据采集、法律适用的重心前移至审判环节，按照刑事审判规则和要求，经庭审检验其合法性、合理性。湖北省黄石市人民检察院检察长尹晔斌认为，推进以审判为中心的诉讼制度改革要切实发挥审判程序的职能作用，促使侦查程序始终围绕审判程序的要求进行，确保侦查程序的办案标准符合审判程序的法定定案标准。上海市静安区人民检察院检察员史硕洪认为，检察机关侦查监督部门要充分发挥处于刑事诉讼前沿的优势，加强和改进对刑事侦查的监督和引导，提高侦查取证质量，构建新型侦捕诉关系，保障当事人合法权益。湖北省宜昌市人民检察院副检察长毕奎明认为，当前检察机关职务犯罪侦查工作要构建新型检警关系，明确检察官为职务犯罪侦查主体，司法警察为职务犯罪侦查辅助机关。

完善刑事证据制度在以审判为中心刑事诉讼制度改革中具有关键作用。四川大学法学院教授万毅指出，检察官应不断加强自身在庭审过程中处理技术性问题的能力，特别是增加自身庭前证据认定能力、非法证据排除应变能力和处理庭审证据信息化等方面的能力。重庆市江北区人民检察院检察员王东海认为，刑事证据的审查判断需坚持客观性证据绝对优先的理念，证据审查应坚持从客观性证据到主观性证据的路径。安徽省芜湖市人民检察院检察员陈广计认为，在庭审中要贯彻直接言词原则，控辩双方以直接言词的方式向法庭提供证据、陈述诉讼主张、开展辩论，并进行当庭质证，由法庭居中审判，使控辩双方都有机会提供各自的证据。江西省人民检察院法律政策研究室主任罗军认为，我国证据立法应坚持以对抗制为基础、以人证为逻辑主线、以证明标准为核心、以自由心证为辅助来完善证据规则和证明方式，为实现庭审实质化提供制度保障。

实行案件繁简分流是以审判为中心刑事诉讼制度改革落地的有力保障。北京大学法学院朱苏力教授认为，认罪认罚从宽处理是中国式的辩诉交易，在故意杀人、抢劫、盗窃案件中要注重保护被害人的利益，平衡法、检办案利益关系。河北省人民检察院检察员尹孟良认为，认罪认罚从宽制度应坚守公平正义的原则，明确侦查阶段适用禁止、坚守诉讼基本形态、充分保障被追诉人的辩护权、完善从宽认同机制、完善司法责任制等。上海市黄浦区人民检察院检察长陈明认为，实行认罪认罚从宽制度，有助于提高司法效率，节约司法成本，在更高层次上实现公正与效率的平衡。该制度体现了合作型司法的基本特征，被追诉人自愿认罪使诉讼程序的对抗性大为降低，控辩双方获得相应的诉讼利益，诉讼效率得到提升。天津市宝坻区人民检察院检察员周德松认为，刑事速裁程序作为我国刑事司法实践中一项新的诉讼制度，对于提高办案效率、缓解“案多人少”矛盾起到了显著作用，但不应忽视其所蕴含的公正价值的重要性。

三、关于检察机关提起公益诉讼制度研究

探索建立检察机关提起公益诉讼制度，是中央作出的重大战略决策。与会代表共同指出，这是党和人民赋予检察机关的重大政治责任，试点地区检察机关要加大公益诉讼案件办理力度，为完善相关法律制度提供实践依据。

关于公益诉讼的法律地位，高检院司改办副厅级检察员张步洪认为，要注意检察机关和一般原告的区别，检察机关不应是民事公益诉讼的唯一主体。武汉大学法学院教授洪浩指出，检察机关提起公益诉讼具有正当性、有限性和科学性，首先要界定公益的内涵与外延。检察机关作为公益代表之一，具有维护公益的优势；它介于民事纠纷和政府救济之间，是有益补充；要强化诉前审查，强化行政公益诉讼探索，淡化民事公益诉讼之扩展；要强化理论和制度研究，淡化程序研究。湖北省人民检察院民事诉讼监督处副处长毛婵婵认为，我国检察机关在民事公益诉讼中的程序地位是当事人，诉讼地位不是原告，法律称谓宜界定为“民事公诉人”。江西省人民检察院法律政策研究室副主任宋尚华认为，检察机关在民事公诉中以“民事公诉人”的定位比较妥当。这种定位要求检察机关出庭不能像普通民事诉讼中的原告对被告那样实行追诉，为了胜诉而不择手段，避免在民事公诉中“当事人化”的倾向，这也决定了民事公诉中不存在反诉或者上诉的程序。湖北省人民检察院副检察长郑青认为，检察机关提起行政公益诉讼的本质是检察机关代表国家对损害国家和社会公共利益的行政违法行为进行追诉，是检察权监督行政权的一种具体体现。因此，应明确检察机关在行政公益诉讼中作为“行政公诉人”的法律地位，体现检察

机关起诉的国家性、监督性、公益性的特点；下一步应基于“行政公诉人”的定位，建构与完善检察机关在行政公益诉讼中的权力配置、举证责任、出庭规则、判决执行等制度体系。湖北省十堰市人民检察院副检察长李学武认为，在湖北省首例检察机关提起的行政公益诉讼案中，检察机关是以“公益诉讼人”的角色参与其中的，这一定位契合检察机关的宪法定位与行政公益诉讼的本质，当前亟需建构与之相适应的诉讼方式、举证责任、诉讼时效以及监督模式等方面的体制机制。

关于公益诉讼的范围，天津市静海区人民检察院检察员宋洪磊认为，在确定检察机关参与行政公益诉讼的范围时，要综合考虑公益类别和参与的适度性，不宜采取类似民事公益诉讼的规定，建议将生存权、发展权作为基础，设置具体的受侵害权利类别。北京市人民检察院第三分院检察员姜雨奇认为，完善检察机关提起预算行政公益诉讼的制度，可以有效解决当前预算运行体制中违法追究层面遇到的种种难题，使依法保障预算公共利益变为现实。

关于公益诉讼中检察机关的调查权，北京市海淀区人民检察院吴羿认为，在民事公益诉讼中，公民、法人、其他组织、行政机关等向检察机关提供证据材料的，检察机关应当调查核实；对于有线索证明证据材料存在的，检察机关可以行使调查取证权获得证据材料。关于行政公益诉讼与行政执法监督的衔接问题，江西省人民检察院检委会办公室主任黎娟认为，我国行政执法检察监督与行政公益诉讼两者之间的关系并不明朗，衔接不顺畅，影响制度功效的发挥和检察机关法律监督职能的有效拓展，亟需建立案源甄别机制、检察建议落实机制以及一般行政执法监督与行政公益诉讼的程序转换机制。安徽省马鞍山市人民检察院法律政策研究室主任余建平认为，在充分发挥诉前程序作用的同时，要准备提起公益诉讼的梯次跟进，发挥诉讼监督职能的刚性作用，扩大司法最后一道防线的震慑力、强制力和影响力。

关于公益诉讼制度程序的完善，高检院理论所研究员刘方指出，不少国家都有公益诉讼，但各国都有差异。美国、日本较开放，公益诉讼制度也较为发达；但英德法较为保守。公益诉讼制度设计应立足于国情，不能照搬照抄。福建省人民检察院民事检察处处长许志鹏认为，行政公益诉讼的诉前程序应以履行诉前程序为原则、以不履行诉前程序为例外；民事公益诉讼的诉前程序应以不履行诉前程序为原则，以履行诉前程序为例外。湖北省武汉市江岸区人民检察院检察长黄定海认为，公益诉讼诉前程序的设定是发挥行政救济，提升司法效率的必要渠道。实行事前审查的国家在正式向法院起诉前要履行通知行政机关的法定义务，直接起诉的国家则采取对原告资格进行严格限制，主张穷尽行政救济手段的情况下才能提起诉讼。在我国今后对公益诉讼正式立法时，应当予以借鉴。甘肃省人民检察院法律政策研究室主任金石建议，具体程序应考虑从诉前的督促程序、受理和立案程序、调查、出庭、一审再审、诉讼费用、撤诉、调解与和解等方面作研究完善。广东省广州市人民检察院法律政策研究室副主任钟琦认为，检察机关提起公益诉讼制度的构建，有必要在受案范围、立案标准、调查权配置、参与方式、审理程序等方面作出相应的特殊制度安排。福建省泉州市人民检察院金融检察处处长吴美满认为，我国台湾地区生态环境行政公益诉讼在借鉴世界法学理论、立法经验以及在本土司法实践中已经积累了较丰富的经验，建议借鉴诸如损害因果关系的“可能性”理论，公益私益的混合模式等做法。上海市青浦区人民检察院检察长徐燕平建议，推动立法机关通过修改民诉法、行政诉讼法，明确检察机关提起公益诉讼的主体地位、受案范围与基本程序，通过修改人民检察院组织法赋予检察机关提起公益诉讼的职权。

中国检察学研究会检察基础理论专业委员会常务副主任、最高人民检察院法律政策研究室主任万春总结指出，本届论坛对司法责任制中办案组织、权力清单、司法责任的认定、划分和承担、检委会运行机制等提出了有益的建议；对以审判为中心的刑事诉讼改革中证据审查、侦诉关系、诉审关系、检律关系等进行了实证分析；对检察机关提起公益诉讼的法理基础、诉前程序、举证规则等问题达成了共识。总体上讲，本次论坛取得了预期效果，为下一步全面推开司法体制改革提供了理论武装和智力储备。